Joditz
Saalenstein
LKR HOF
HOF
Nentschau
tein-
iesen
Wurlitz
Kleinschwarzen-
bach
SAALE
Fohrenreuth
Neuhausen
Schönwald
KR
ULMBACH
Kleinlosnitz
Niederlamitz
Erbsbühl
EGER
Untersteinach
IBACH
Holzmühl
Fischern
Bergnersreuth
Schlömen
zettlitz
LKR WUNSIEDEL
WEISSER M.
WUNSIEDEL
OTER M.
Grassemann
Forkenhof
BAYREUTH
UTH
Gro weiglareuth
Prebitz
PEGNITZ
ch
UNTERFRANKEN
OBERFRANKEN
Bayreuth
Würzburg
Nürnberg
OBERPFALZ
Ansbach
MITTEL-
FRANKEN
Regensburg
NIEDERBAYERN
Landshut
Augsburg
SCHWABEN
München
OBERBAYERN

BAUERNHÄUSER IN BAYERN

Oberfranken

Bauernhäuser in Bayern

Dokumentation

Band 2

Herausgegeben vom
Bayerischen Staatsministerium für Ernährung, Landwirtschaft und Forsten
und dem Bayerischen Landesverein für Heimatpflege e. V.

Eine Fördermaßnahme der
Europäischen Union und des Freistaates Bayern

Bauernhäuser in Bayern

Oberfranken

Herausgegeben von
Helmut Gebhard
Bertram Popp

Hugendubel

Herausgeber	Bayerisches Staatsministerium für Ernährung, Landwirtschaft und Forsten und Bayerischer Landesverein für Heimatpflege e. V.
Autoren	Univ. Prof. Dr.-Ing. Helmut Gebhard, Architekt BDA Bertram Popp M. A., Museumsdirektor mit Adolf Mörtl M. A. und Margrit Seuling M. A. Dr. Thomas Gunzelmann Dr. Karl-Heinz Betz Heinz Stark Christiane Reichert M. A. Dipl.-Ing. Univ. Ludwig Menner
Plandarstellungen und Berechnungen	Lehrstuhl für Entwerfen und ländliches Bauwesen, TU München Univ. Prof. Dipl.-Ing. Matthias Reichenbach-Klinke, Architekt BDA Dipl.-Ing. Vinzenz Dufter Architekturbüro Gebhard, München Dipl.-Ing. Klaus Beutler
Koordinierung	Univ. Prof. Dr.-Ing. Helmut Gebhard
Idee und Gesamtleitung	Ministerialrat Dipl.-Ing. Univ. Ludwig Menner

Die Deutsche Bibliothek – CIP-Einheitsaufnahme
Bauernhäuser in Bayern: Dokumentation / hrsg. vom
Bayerischen Staatsministerium für Ernährung,
Landwirtschaft und Forsten und dem Bayerischen
Landesverein für Heimatpflege e.V. – München: Hugendubel.
NE: Bayern / Staatsministerium für Ernährung,
Landwirtschaft und Forsten
Bd. 2. Oberfranken / hrsg. von Helmut Gebhard; Bertram Popp. – 1995
ISBN 3-88034-816-2
NE: Gebhard, Helmut [Hrsg.]

Umschlaggestaltung: Zembsch' Werkstatt, München
Produktion: Tillmann Roeder, München
Satz: Uhl + Massopust, Aalen
Reproduktion: Fotolito Longo, Frangart
Druck und Bindung: Passavia, Passau
Papier: Mega matt, aus wiederaufbereiteten Fasern und chlorfrei gebleichtem Zellstoff, Zanders
Printed in Germany

ISBN 3-88034-816-2

Inhalt

Zum Buch

Oberfranken, der Regierungsbezirk im Nordosten Bayerns, der fast ein halbes Jahrhundert das Schicksal eines Grenzlandes am »Eisernen Vorhang« erdulden mußte, hat seit einigen Jahren seine alte Funktion als Drehscheibe zwischen Nord und Süd, als Mittler zwischen Thüringen, Sachsen und dem bairisch-fränkischen Kulturraum wiedererlangt.
Oberfranken ist geschichtlich geprägt als Zusammenschluß verschiedenartiger geistlicher und weltlicher Herrschaftsbereiche, des Hochstifts Bamberg, der Markgrafschaft Bayreuth und des Herzogtums Coburg. Diese Entwicklung hat ihre Spuren hinterlassen in einem umfangreichen baulichen Erbe, das Residenzen und Burgen, Dom und Festspielhaus, Rathäuser und bürgerliches Bauen umfaßt. Dem bäuerlichen, ländlichen Element ist die vorliegende Dokumentation gewidmet.
Die Darstellungen des landwirtschaftlichen Bauens im Regierungsbezirk beschränkten sich bisher auf einen Beitrag »Oberfranken« zum Kapitel »Bayern« des Sammelwerkes »Das Bauernhaus im Deutschen Reich und in seinen Grenzgebieten«, das 1904 der Verband deutscher Architekten- und Ingenieurvereine herausgab und auf das Buch »Das Bauernhaus im Fichtelgebirge und Frankenwald«. Dieses kleine, aber umfassende Werk des Grafikers und Hausforschers Karl Bedal, dem Gründer des Oberfränkischen Bauernhofmuseums Kleinlosnitz, zeigt die hier heimische bäuerliche Baukultur im Aufbau und Detail. Viele der in Zeichnungen und Bildern gezeigten Häuser und Höfe sind seit dem Erscheinungsjahr des Buches – 1975 – untergegangen.
Bereits in den dreißiger Jahren hatten angesichts der Verluste an gewachsener Bausubstanz die Vorarbeiten für ein auf sechs Bände angelegtes »Bayerisches Bauernhauswerk« begonnen. Beim Bayerischen Landesverein für Heimatschutz war unter Leitung des Hausforschers Rudolf Hoferer ein eigener Ausschuß zur Realisierung dieses Vorhabens gebildet worden Aber erst 1960 konnte als 1. Teilband »Das Bauernhaus in Bayerisch-Schwaben« von Heinrich Götzger und Helmut Prechter erscheinen, herausgegeben von der damals noch zum Landesverein gehörenden Landesstelle für Volkskunde und dem Landesamt für Denkmalpflege. – Es ist ein inzwischen gesuchtes Standardwerk ebenso wie der »Wegweiser zur Bauernhausforschung in Bayern« von Torsten Gebhard, der 1975 als Heft 11 der »Bayerischen Heimatforschung« erschienen ist.
Einige jüngere Veröffentlichungen befassen sich – ausgehend vom historischen Baubestand – vor allem mit der Gestaltung neuer Bauaufgaben, so die Broschüren »Landschaftsgebundenes Bauen im Landkreis Kronach« aus dem Jahr 1984, »Bauen und Gestalten im Sechsämterland«, 1990 herausgegeben vom Landkreis Wunsiedel, oder »Unser Dorf – Dorferneuerung und ländliches Bauen«, 1991 herausgegeben von der Regierung von Oberfranken und der Flurbereinigungsdirektion Bamberg.
Diesen verdienstvollen regionalen Aktionen, die meist von Landräten und Kreisbaumeistern, den Baufachleuten der Mittelbehörden und den Heimatpflegern ausgingen, schließen sich die Bemühungen des Bayerischen Staatsministeriums für Ernährung, Landwirtschaft und Forsten um eine gute Gestaltung bei Baumaßnahmen der Landwirte und bei der Dorferneuerung und die ständige Bauberatung des Bayerischen Landesvereins für Heimatpflege an.
Freilich blieben alle diese Bemühungen oft wirkungslos, weil es – trotz vieler hauskundlicher Einzeluntersuchungen – an einer umfassenden Gesamtdarstellung und damit an einer Orientierungshilfe für die Praxis fehlte. Diese Arbeits- und Informationshilfe soll nun mit diesem Dokumentationswerk geboten werden.
Landschaftsgerechtes Bauen und die dafür notwendige Grundlagenforschung wurden zu einem wichtigen Aufgabenfeld in dem 1988 von der Kommission der Europäischen Union erstmalig aufgelegten sogenannten 5b-Programm zur Förderung bestimmter ländlicher Gebiete, für welches das Bayerische Staatsministerium für Ernährung, Landwirtschaft und Forsten federführend zeichnet. Dieses Förderungskonzept, das auch bauliche und bauplanerische Aufgaben einschließt, verfolgt ganzheitlich das Ziel, den Strukturwandel auf dem Lande zu berücksichtigen und Verbesserungen der Lebens- und Wirtschaftsverhältnisse im ländlichen Raum zu bewirken. Belastungen des Naturhaushalts und der Umwelt sollen dabei ebenso vermieden werden wie Verluste im überlieferten Orts- und Landschaftsbild.
Das vorliegende Werk ist deshalb eine wichtige Vorleistung dazu, den Bürgern, Planern und Gemeinden die Gestaltwerte der Hauslandschaften bewußt zu machen, dadurch auch Qualitätsmaßstäbe für neue Bauaufgaben zu vermitteln und insgesamt den ländlichen Raum attraktiv und lebenswert zu gestalten.
Örtlich verfügbare Baumaterialien, handwerkliche Praktiken, regionale Traditionen und unterschiedliche Formen der Bewirtschaftung und Nutzung waren für die Entstehung und Entwicklung der Haus-

landschaften maßgebend. Die historischen Bauformen demonstrieren, wie fließend im alten Europa die Übergänge zwischen den Kulturräumen waren – Einflüsse, die sich in ihrer Wechselwirkung auch im Kleinräumigen nachvollziehen lassen. Politische oder verwaltungsmäßige Grenzen spielten dabei nur eine geringe Rolle. Gleichwohl hält sich diese Dokumentation an die Einteilung in Regierungsbezirke und Landkreise, die in Bayern historisch begründet ist. Dadurch wird die Benutzung des Bandes als Nachschlagewerk und rasche Informationshilfe erleichtert.

Die Übereinstimmung des Bayerischen Staatsministeriums für Ernährung, Landwirtschaft und Forsten und des Bayerischen Landesvereins für Heimatpflege in den Zielen der Bau- und Ortsbildpflege und ihr gutes Einvernehmen sind eine wesentliche Grundlage für dieses interdisziplinäre Gemeinschaftswerk, das Bauernhof- und Bauernhausforschung nicht nur als eine von historischem Interesse bestimmte Aufgabe wertet, sondern Anregungen geben soll für eine künftige Gestaltung des ländlichen Raumes. Die Einbeziehung aller fachlich damit befaßten Einrichtungen wie Universitätsinstitute, Museen, Bauverwaltung und Denkmalschutzbehörden, von Architekten, Hausforschern und Heimatpflegern spricht für das Bemühen, einzelwissenschaftliche Fachkenntnisse zu einem interdisziplinären Gesamtüberblick zu verbinden. In gleicher Weise sollen mit diesem Werk nicht nur Fachleute, sondern durch eine übersichtliche und verständliche Darstellung der Gegebenheiten eine breite Leserschaft angesprochen werden. In diesem Gesamtwerk ist bereits der Band Mittelfranken erschienen.

Durch das Zusammenwirken der verschiedenen Fachdisziplinen entsteht ein vielschichtiges Gesamtbild des bäuerlichen Wirtschaftens und Bauens, das deutlich macht, wie die natürlichen Gegebenheiten des Bodens, des Klimas und der Landschaft, Herrschaftsstukturen und historische Entwicklungen, aus der Natur gewonnene Baustoffe und örtliches Handwerk das Baugeschehen in den Höfen und Dörfern in Oberfranken geprägt haben. Die Baugeschichte des einzelnen Gehöfts und die dabei einfließenden Angaben über die Hofbesitzer lassen aber auch unmittelbar die Menschen aufscheinen, deren Leben und Schicksal mit diesen Gebäuden verknüpft war. Dadurch wird diese Buchreihe auch zu einer Dokumentation vergangener ländlicher Baukultur und des gegenwärtigen historischen Bestands.

Eigentliches Ziel ist es, das Bewußtsein und das Verständnis zu wecken für die überlieferten Haus-, Hof- und Siedlungsformen in den einzelnen Kulturlandschaften Bayerns, für die Erhaltung der historischen Bausubstanz und vor allem dafür, daß dieser Reichtum an Erfahrung und Kultur Grundlage sein kann für eine zeitgemäße Weiterentwicklung von Bautraditionen, die der Landschaft und dem Land verpflichtet sind, damit das kulturelle Erbe zum kulturellen Auftrag für Gegenwart und Zukunft wird.

Diese Gemeinschaftsarbeit verdankt ihre Entstehung einer großen Zahl von Mitarbeitern, Beratern und unterstützenden Institutionen. Ein Wort des Dankes und die Nennung aller Beteiligten bildet den Abschluß der Dokumentation. Die finanziellen Mittel gewährten zu gleichen Teilen die Europäische Gemeinschaft und der Freistaat Bayern.

München, im Juni 1995

Bayerisches Staatsministerium
für Ernährung, Landwirtschaft und Forsten

Reinhold Bocklet
Staatsminister

Bayerischer Landesverein
für Heimatpflege e. V.

Dr. h. c. Max Streibl
Ministerpräsident a. D., Vorsitzender

Ziele der Dokumentation

Helmut Gebhard

Bedeutung der Bauernhäuser

Europa ist heute vor die Aufgabe gestellt, sich selbst und der Welt zu beweisen, daß es aus einem in die Zukunft gerichteten Verantwortungsbewußtsein heraus fähig ist, die Kulturlandschaft seiner ländlichen Räume weiterzuentwickeln und gleichzeitig ihre natürliche und kulturelle Tragfähigkeit als Überlebensbasis zu bewahren. Europa wird daran gemessen werden, nicht nur welche Beiträge es zur Selbsthilfe der Entwicklungsländer leistet, sondern noch mehr, ob es ihm gelingt, die Probleme des Umweltverbrauchs und der Energieverschwendung in den eigenen Regionen durch technische Innovation und Veränderung der Lebensweisen soweit zu lösen, daß die nachwachsende Generation tragfähige Zukunftsperspektiven erkennen kann, für die es lohnt, sich einzusetzen.[1]

Dazu sind die Kräfte der Regionen selbst, das Bewußtsein für ihre naturräumlichen und kulturellen Werte zu aktivieren.[2] In der von der menschlichen Gesellschaft geschaffenen Kulturlandschaft bilden die Bauernhöfe besondere Zeugnisse des Zusammenwirkens von Mensch und Natur. In den Bauernhöfen stehen Beispiele des Lebens ländlicher Räume vor uns, die zeigen, wie die vorausgehenden Generationen aus den örtlichen Materialien und Energiequellen Wohn- und Arbeitsstätten schaffen konnten, die Schutz für Menschen, Tiere und Erntevorräte gewährten und Raum zur Entfaltung sozialer, wirtschaftlicher und kultureller Werte boten.

In dieser Dokumentation werden, wie im bereits erschienenen Band Mittelfranken und in künftigen Bänden dieser Reihe, Bauernhäuser aus den Regionen Oberfrankens zusammenfassend mit Abbildungen, Plänen und Übersichtstabellen vorgestellt.[3] Neu an diesen von Hausforschern und Architekten gemeinsam erarbeiteten Werken ist, daß jedes einzelne Hausbeispiel in seiner Vergangenheit, der Hausgeschichte, den Schicksalen und Tätigkeiten der Bewohner gezeigt wird, ebenso wie in seinen heutigen Gebäudemerkmalen und seinen Zukunftsperspektiven. Es wird also nicht nur erzählt, warum und wie es geworden ist, sondern ebenso zur Diskussion gestellt, was es uns heute bedeutet und wie wir daraus lernen könnten, diese regionale Baukultur mit den gegenwärtigen technischen Mitteln bei einem verantwortlichen Umgang mit Rohstoffen und Energie fortzuschreiben und weiterzuentwickeln.

Der Titel Dokumentation weist auch darauf hin, daß hier die raumprägenden Bauten der Kulturlandschaften Oberfrankens gezeigt werden, gleich ob es sich um neue Forschungsergebnisse oder um die Einarbeitung von früher veröffentlichten, einzelnen Untersuchungen handelt, die im Literaturverzeichnis aufgeführt werden. Das Neue liegt nicht allein in der Grundlagenforschung bisher unbekannter Objekte, sondern ebenso in der zusammenfassenden Darstellung vorhandener Bauaufnahmen, ihrer Auswertung und ihrer archivalischen Aufarbeitung, umgezeichnet auf den gleichen Maßstab, damit die Querbeziehungen zwischen den Fachbereichen sichtbar werden.

Dabei soll eine Vielzahl von Eindrücken vermittelt werden. Jeder Leser kann in einem ersten Blick die Gestaltqualitäten von Landschaft und Bauwerk genießen und sich dabei vergegenwärtigen, welche hohe kulturelle Leistung im Erbe der alltäglichen Wohn- und Arbeitsstätten auf dem Lande vorliegt. Nicht nur die herausragenden Monumentalbauten der Kirchen und Klöster, Rathäuser und Schlösser prägen die regionale Kulturlandschaft, sondern ebenso oder noch mehr die vielen und einander ähnlichen, aber in ihrer Eigenart deutlich unterscheidbaren Häuser der Bürger und Bauern. Jedem Interessierten wird eine Entdeckungsreise geboten zu seinem regionalen Kulturerbe, das gerade in den Bauernhäusern der jeweiligen Orte, Täler oder Landkreise Gestalt gewonnen hat.

Zum besseren Verständnis zwischen den Fachbereichen und auch für interessierte Laien wird auf eine spezialisierte Fachsprache verzichtet. Die fachliche Präzision wird darunter nicht leiden, wenn die Aussagen in der Alltagssprache[4] ähnlich wie in wissenschaftlichen Veröffentlichungen angelsächsischer Länder dazu führen, den Kern der Forschungsergebnisse in Wort und Bild allen Lesern verständlich zu vermitteln. Fachausdrücke, die für eine kundige Beschreibung unerläßlich sind, werden im Glossar kurz erläutert. Das Buch soll ebenso Freude an der Schönheit des ländlichen Bauens vermitteln, wie auch der wissenschaftlichen Information der kritischen Fachwelt dienen.

Gliederung der Dokumentation

Ziel der Dokumentation ist es, die naturnahe Materialwahl und die selbstverständliche Schönheit der ländlichen Bauten Oberfrankens umfassend in Text und Bild zur Anschauung zu bringen. Zu den Abbildungen wird in den Hausgeschichten und den Plänen allen Lesern, ohne die Voraussetzung einer fachli-

Bauernhäuser, 1994

Oberküps
Gemeinde Ebensfeld
Landkreis Lichtenfels
Erdgeschossiger Fachwerkbau
Zierfachwerkgiebel

Hausen
Gemeinde Hausen
Landkreis Forchheim
Erdgeschossiger Fachwerkbau
Giebel mit Klebdächern

Mürsbach
Gemeinde Rattelsdorf
Landkreis Bamberg
Erdgeschossiger Fachwerkbau
Giebel mit Halbwalm

Fachwerkbauten

Zettlitz
Gemeinde Marktzeuln
Landkreis Lichtenfels
Erdgeschossiger Fachwerkbau
Zierfachwerkgiebel

Pretzfeld
Gemeinde Pretzfeld
Landkreis Forchheim
Zweigeschossiger Fachwerkbau
Erdgeschoß verputzt

Hetzles
Gemeinde Hetzles
Landkreis Forchheim
Erdgeschossiger Fachwerkbau
Stall Natursteinmauerwerk

chen Kenntnis, eine erweiterte Sicht vermittelt. Von der Landschafts- und Siedlungsentwicklung her wird über die Hofgeschichte und die Bauernhausforschung eine Brücke geschlagen zu den handlungsorientierten Ingenieurwissenschaften der Gebäudeplanung und der konstruktiven Baugestaltung. In dieser interdisziplinären Verflechtung wird die Chance einer tiefergehenden Auseinandersetzung mit den Fragen des Herkommens und des Weiterbauens mit neuen Akzenten eröffnet. Dabei ist neben der räumlichen auch die zeitliche Dimension der Bauernhausentwicklung von großer Bedeutung.

Die Hausbeispiele der Dokumentation weisen überwiegend Zustandsformen aus dem 19. und 20. Jahrhundert auf, die jedoch vielfach von älteren Konstruktionen getragen werden. Dabei sind trotz aller Zeitabhängigkeit örtliche Schwerpunkte zu erkennen, wie in den Fachwerkbauten des Maintales, den Blockbauweisen und Schieferverkleidungen des Frankenwaldes, den Holzverschalungen des östlichen Oberfrankens und den späteren Natursteinbauten der Bayreuther Gegend.[5]

Die Dokumentation stellt zuerst die Naturräume und Siedlungen Oberfrankens dar.[6] Die Hausgeschichte wird in durchgehenden Entwicklungslinien zusammenfassend skizziert. Den Stand der wissenschaftlichen Hausforschung weist das Beispiel einer archivalisch belegten Hausgeschichte mit verformungsgerechtem Aufmaß nach.

Den Mittelpunkt der Dokumentation bilden die 67 Hausbeispiele, die in ihren Lagebedingungen, ihren sozialen und baulichen Schicksalen und in den typischen Gebäudemerkmalen für die Bauberatung aufgezeigt werden. Jedes Hausbeispiel ist mit einem Lageplan, seinen Grundrissen und Ansichten sowie mit historischen und neuen Fotos dokumentiert. Hinzu kommt die Merkmalübersicht, aus der Größenordnungen der Bauten in Durchschnittswerten abgelesen werden können. Sie bietet konkrete Ansatzpunkte für eine Weiterentwicklung. Damit wird durch die Verbindung fachkundiger Darstellung ökologischer und historischer Grundlagen zu sanierten Beispielen eine vertiefte Sicht des Bauens in Oberfranken vermittelt, aus der auch Hinweise für künftiges Bauen gewonnen werden können. Dem Fachinteresse werden bisher wenig sichtbare Querbeziehungen erschlossen. Erleichtert wird dies mit dem durchgehenden Maßstab der Lagepläne (M1/2500) und der Gebäudepläne (M1/200). Damit sind auch Größen- und Maßstabvergleiche zwischen alten und neuen Bauten möglich. Insgesamt steht die Zusammenführung von Forschungsergebnissen im Vordergrund der Beiträge, die alle für diese Publikation neu verfaßt und ebenso wie die Zeichnungen von den einzelnen Autoren wissenschaftlich verantwortet werden.

In der Frage der Abgrenzung der Hausbeispiele gaben die Verfasser nach einer Reihe von Überlegungen über naturräumliche Zusammenhänge, historische Gebietsaufteilungen oder kulturgeschichtliche Merkmalkombinationen letztlich der aus den historischen Entwicklungen hervorgegangenen heutigen regionalen Gliederung, dem Regierungsbezirk Oberfranken, den Vorzug. Damit kann die Dokumentation auch zur Grundlage für eine eigene Hausgeschichte der baulichen Kultur Oberfrankens werden. Die Beschreibung von Sonderbauten, wie Backöfen, Brechhäusern und Brauhäusern, soll zur Abrundung der Geschichte des ländlichen Bauens beitragen.

Die Dokumentation tritt hiermit in ein wechselseitiges Verhältnis zur Denkmalpflege. Sie erhält von der Denkmalpflege Hinweise auf Daten der Hausobjekte und gibt dafür eine neue vertiefte Übersicht des ländlichen Bauwesens in Oberfranken zurück.

Wie früh in Oberfranken das Bewußtsein für den Wert des baulichen Erbes geweckt war, zeigt das 1780 für die Markgrafschaft Bayreuth ergangene »Landesväterliche Anschreiben« zur Erhaltung der Monumente – auch weltlicher Gebäude –, das in den Zunftläden der Schreiner, Schlosser, Maurer und Zimmerleute hinterlegt wurde und an jedem ihrer Jahrtage öffentlich zu verlesen war.[7]

Dieses Zeugnis eines für seine Zeit fortschrittlichen Bewußtseins, steht nicht isoliert in der Entwicklung Oberfrankens, die von kulturellen und wirtschaftlichen Wechselbeziehungen zwischen Nürnberg und Leipzig, Weimar und Karlsbad gefördert und angeregt wurde. Diese nach 1945 zum Grenzland gewordene Region hat ihre zentrale Lage in Mitteleuropa 1989 zurückerhalten und sollte heute wieder darauf aufbauen.

Oberfranken, Regionen und Kulturlandschaft

Das Ziel, für die vorgefundenen naturräumlichen und baulichen Werte der Kulturlandschaften Bayerns, die historischen Wurzeln sowie die gegenwärtigen und zukünftigen Entwicklungspotentiale offenzulegen, war maßgeblich für die Gliederung der einzelnen Bände.

Die Frage nach der Region wird mehr von der Mitte als von ihren Rändern her beantwortet werden können. Das aus dem Latein des Spätmittelalters herkommende Wort »regio« bezeichnet eine bestimmte Gegend, die durch natürliche und kulturelle Merkmale als eine Gesamtheit in Erscheinung tritt oder die als politisches Gebiet und Verwaltungseinheit festgelegt ist.

Oberfranken gliedert sich in den Grenzen des heutigen Regierungsbezirkes in eine westliche, den klimatisch milderen Tälern von Main, Regnitz und Itz zugewandte Region (Planungsregion 4, Oberfranken West) und einen östlichen, von den rauhen Mittelgebirgen des Frankenwaldes, des Fichtelgebirges und des Vogtlandes gekennzeichneten Teil (Planungsregion 5, Oberfranken Ost).[8] Um die Dokumentation auch als Handbuch für den eiligen Leser übersichtlich zu gestalten, folgt sie bei den Hausbeispielen der alphabetischen Reihenfolge der Gebietsgliederungen der kreisfreien Städte und Landkreise beider Regionen.

Da alles Bauen in Europa ein Weiterbauen in vorgefundener Kulturlandschaft ist, bilden zunächst die landschaftlichen, am jeweiligen Standort auftretenden Naturbedingungen und die vom Menschen geschaffenen kulturellen Verhältnisse erste Ansatzpunkte für neue technische Maßnahmen. Jedes Bauvorhaben besetzt eine Teilfläche einer Gemeinde, die selbst wieder Teil eines Landkreises und der Region ist. Bei der gegenwärtigen Reichweite der sozioökonomischen Verflechtungen und der Regionalisierung der Lebensvorgänge über die Grenzen der Gemeinden hinaus, werden die Lage im größeren Raum und seine Entwicklungsziele zu einer entscheidenden Voraussetzung für alles Bauen. Die hausgeschichtliche Dokumentation stellt auch die Frage nach der künftigen Erhaltung historischer Bausubstanzen oder nach der Fortschreibung ihrer Erfahrungspotentiale für ein zukünftiges wirtschaftliches, ressourcenschonendes und energiesparendes Bauen. Welche Bedeutung diese Fragen für die Zukunft Oberfrankens haben, wird an den neuen Leitlinien des Landesentwicklungsprogrammes Bayern 1994 sichtbar. Da das Bauen einen wesentlichen Teil der Gesamtentwicklung eines Landes darstellt, müssen für die Zukunftsfragen der ländlichen Räume die Zielsetzungen der Landesentwicklung in die Diskussion einbezogen werden.

Für Oberfranken wird deutlich, daß sich die Rahmenbedingungen durch die europäische Union und die Öffnung der Grenzen zu den östlichen Nachbarstaaten ebenso grundlegend geändert haben wie durch die deutsche Wiedervereinigung mit den offenen Übergängen nach Thüringen und Sachsen. Die bisherige extreme Randlage im freien Europa, mit einem großen Anteil von Zonenrandgebieten wird durch eine zentrale Verbindungsfunktion in Mitteleuropa abgelöst. Die Chancen einer hervorragenden Erreichbarkeit für die wirtschaftlichen, sozialen und kulturellen Verflechtungen sind auch mit Gefahren verbunden, da die gegenwärtigen Trends zur industriellen Konzentration ländliche Regionen vor allem mit dem Transitverkehr belasten, es sei denn, es gelingt dort, die Eigenwerte so zu entwickeln, daß sie als Standorte für Wohn- und Arbeitsstätten attraktiv werden. Die zentrale Leitlinie »der Festigung der Stellung Bayerns in einem Europa der Regionen« erfordert auch die Werte in Landschaft und Siedlung der eigenen Regionen zu erkennen, zu bewahren und weiterzuentwickeln.[9]

Wenn in den Leitlinien davon gesprochen wird, daß entscheidende »Vorzüge Bayerns in seiner räumlichen Vielfalt, in der Identifikation der Bevölkerung mit ihrer Heimat« liegen, dann ist es nur folgerichtig,

Bauernhof
Ausschnitt aus dem Kupferstich »Der verlorene Sohn«
Albrecht Dürer, 1496

daß dem »durch eine auf die jeweilige räumliche Gegebenheit zugeschnittene Landesentwicklung Rechnung getragen werden soll, insbesondere durch die nachhaltige Zukunftssicherung und bevorzugte Entwicklung des ländlichen Raumes«.[10]

Entsprechend den übergeordneten Zielen sollen die Teilräume so entwickelt werden, daß »die strukturelle Vielfalt, das reiche Kultur- und Naturerbe, die räumliche und geschichtliche Identität sowie die darauf aufbauende dezentrale Raum- und Siedlungsstruktur erhalten und gestärkt werden«.

Eine eigene Aussage erfolgt für die Grenzlandregionen zur Tschechischen Republik und den Nachbarregionen in Sachsen und Thüringen, deren Lagenachteile bevorzugt abgebaut werden sollen, um sie zu »eigenständigen attraktiven Lebens- und Wirtschaftsräumen, die innerhalb Deutschlands und Europas wettbewerbsfähig sind«, zu entwickeln.[11] Auf die Aktivierung der besonderen regionalen Fähigkeiten als Möglichkeit der eigenverantwortlichen Entwicklung wird dabei besonders hingewiesen.

Nur wenn alle verfügbaren Kräfte zusammenwirken, können in diesen Grenzlandregionen nach der jahrzehntelangen Randlage die neu aufgetretenen Aufgaben gelöst werden. Da eine nachhaltige Entwicklung der Städte als zentrale Orte ohne das Umland nicht zu erzielen ist, müssen die Planungszonen und damit Verantwortungsbereiche entsprechend ausgeweitet werden. Diese Wechselbeziehungen zwischen den einzelnen Maßnahmen und den Standortangeboten im größeren Raum werden in Zukunft die Erfolge von Investitionen bestimmen. Hier bieten die Grundsätze der Raumordnung und die von der

Bauernhäuser, 1994

Effelter
Gemeinde Wilhelmsthal
Landkreis Kronach
Zweigeschossiges Satteldachhaus mit Schieferverkleidung

Eila
Gemeinde Pressig
Landkreis Kronach
Erdgeschossiges Satteldachhaus mit Schieferverkleidung

Neuses an der Eichen
Gemeinde Großheirath
Landkreis Coburg
Zweigeschossiges Fachwerkhaus mit Schieferverkleidung im Obergeschoß

Massivbauten/ Schieferverkleidung

Kleinlosnitz
Markt Zell
Landkreis Hof
Zweigeschossiger Massivbau mit Halbwalmdach

Kottersreuth
Gemeinde Goldkronach
Landkreis Bayreuth
Erdgeschossiges Satteldachhaus
Sandsteinquadermauer

Grassemann
Gemeinde Warmensteinach
Landkreis Bayreuth
Erdgeschossiges Satteldachhaus

Staatsregierung im Landesentwicklungsprogramm 1994 festgelegten Leitlinien und Ziele generelle Ansatzpunkte für eine wirkungsvollere Regionalplanung zur Unterstützung der gemeindlichen Entwicklung. Bauen ist nicht nur eine private, sondern immer auch eine öffentliche Angelegenheit, allein durch die Auswirkungen auf Nachbarschaft und Gemeinde. Deshalb ist es möglich und notwendig, aus dem hohen Stellenwert, den die Landesentwicklung der strukturellen Vielfalt und dem Kultur- und Naturerbe zuweist, konkrete Maßnahmen für Erhaltung und Weiterentwicklung von Kulturlandschaft und Siedlung und damit der Baukultur im ländlichen Raum abzuleiten.

Zum Stellenwert, dem alles Bauen für die Öffentlichkeit und damit für die politische Verantwortung zukommt, hat Manfred Sack zum 90. Gründungstag des Bundes Deutscher Architekten (BDA) Bremen 1993 ausgeführt, »daß das Bauen von vornherein und unvermeidlich eine öffentliche Aufgabe sei, einfacher, daß auch das privateste Haus eine öffentliche Affäre ist. Wer ein Haus baut, baut es für sich selber – es existiert aber zugleich vor den Augen vieler.« Jedes Bauwerk wirkt ständig »auf die Menschen draußen, die es sehen, sehen müssen, die als Nachbarn nebenan und gegenüber gar nicht darum herumkommen, es tagtäglich zu betrachten, die sich daran weiden, sich darüber belustigen oder aber erleiden müssen«.[12]

Das Bauen in ländlichen Räumen

Um zu überleben, hat die menschliche Gesellschaft der vorgefundenen Naturlandschaft eine selbstgeschaffene Kulturlandschaft eingefügt. Das Bauen zählt dabei zu den fundamentalen Kulturleistungen. Das hierbei erworbene Wissen wurde von Generation zu Generation weitergegeben, um nicht in Vergessenheit zu geraten. Wie sehr Alltagskultur angewiesen ist auf unmittelbar überliefertes Wissen und technisches Können und die daraus entwickelten Rechts-, Sozial- und Wirtschaftssysteme und auch die Bereitschaft diese nach innen und außen zu verteidigen[13], beweisen Aufbau und Zusammenbruch ganzer Kulturen, die den verantwortlichen Umgang mit Naturgrundlagen und Kulturgütern vernachlässigt haben. Die Fragen nach der künftigen Entwicklung Europas enthalten zwangsläufig auch die Fragen, wie es zu den gegenwärtigen Problemen gekommen ist, also nach den vorausgegangenen gesellschaftlichen Entscheidungen und den bis in die Gegenwart reichenden Kräften. Bei allen Innovationen der Automatisierung und Elektronik darf nicht vergessen werden, daß die gesamte industrielle Technik Europas letztlich aus dem Können der Bauern und Handwerker entwickelt wurde.[14] Auch wenn Schwerpunkte der Forschungsfelder technische Innovationen ansteuern, bleibt ein Grundwissen auf handwerklicher Basis letzten Endes unersetzlich. Damit ist keine Rückkehr zu Handwerk und Kleinstadt gefordert, wie es ein Teil der Reformer zu Beginn des Jahrhunderts formulierte.[15] Heute kann es sich nicht um eine Rückkehr zu früheren Zuständen handeln, sondern um eine Erweiterung des Bewußtseins der unersetzlichen handwerklichen Grundlagen und ebenso der industriellen Weiterentwicklung.

Von den Bauernhäusern einer Region lernen heißt daher, die zeitbedingten Ausformungen und personenbezogenen Nutzungsvariationen von den Grundlagen und Tiefendimensionen der Behausungsfrage zu unterscheiden.

Die Bauernhäuser zeigen in ihrer Geschichte das Grundthema eines naturbezogenen Bauens mit den zeitabhängigen Variationen der technischen Erfindungen und gesellschaftlichen Veränderungen. So ist das schützende Dach als hervorstechendes Merkmal bis zu den großen europäischen Umwälzungen des 15. und 16. Jahrhunderts als allseitiges Walmdach auf dem Lande üblich. Wie in der gleichen Zeit in großen Anwesen schon die Technik der gemauerten Giebel und der knapp aufsitzenden Satteldächer angewandt wurde, zeigt Albrecht Dürer in dem Kupferstich »Der verlorene Sohn« von 1497 (s. S. 13).[16] Zu den ältesten Dorfbildern Oberfrankens zählt die Ansicht des Dorfes Kirchehrenbach mit dem Höhenzug des Walberla bei Forchheim, das Albrecht Dürer 1517 als landschaftlichen Hintergrund für seine Eisenradierung »Die Kanone« aufgenommen hat.[17] Während die herausragende Dorfkirche als öffentliches Bauwerk die fortgeschrittenen technischen Mittel, Satteldach mit Giebelausbildung und Ziegelbedeckung zeigt, tragen die Bauernhäuser noch die tief heruntergezogenen Walmdächer aus Stroh. Schon in diesen frühen Abbildungen bäuerlichen Bauens wird die Gleichzeitigkeit verschiedener technischer Entwicklungsstufen deutlich.

Langfristige Gültigkeit hat der geschlossene, der Witterung standhaltende Baukörper, der gegen Kälte und Wärme schützt, ebenso wie die geneigten Dachflächen gegen Regen und Wind. Der nachwachsende Rohstoff Holz wurde je nach der örtlichen Vegetation konstruktiv verarbeitet. In Nadelholzgebieten mit geradwüchsigem Holz bevorzugte man die Blockbauweise, wie im östlichen Oberfranken, wogegen in Laubwaldgebieten vor allem Fachwerkkonstruktionen entwickelt wurden, wie im westlichen Oberfranken.[18] Aus Sorge um die Überlastung der Wälder forderte man in der frühen Neuzeit den Massivbau, der sich dann im 18. und 19. Jahrhundert auch in den ländlichen Räumen immer mehr durchsetzte.[19] In der Regel verwendete man die örtlich verfügbaren Materialien, da Ferntransporte, gerade für das bäuerliche Bauen zu aufwendig waren.

Bei den derzeitigen Forschungen für ein Bauen mit niedrigen Entstehungskosten kommen, bildlich gesprochen, Grundprinzipien des Bauens auf der anderen Seite der Weltbühne wieder herein, die eine sich

Dorf Kirchehrenbach mit Höhenzug Walberla
Ausschnitt aus der Eisenradierung »Die Kanone«
Albrecht Dürer, 1518

der Natur überlegen dünkende Industriegesellschaft vor einem halben Jahrhundert verabschiedet hat. Die Dokumentation legt deshalb einen Schwerpunkt auf die Grundstrukturen der bäuerlichen Wohnbauten, mit ihren langfristig nutzbaren Raumaufteilungen und ihren wirtschaftlichen Konstruktionen und materialgerechten Gestaltungen. Die Ausstattung und Ausschmückung durch Sekundärelemente wird nicht geringer bewertet, kann aber wegen ihrer größeren Zeitbezogenheit und des notwendigen Überblicks in dieser Dokumentation nicht näher behandelt werden.[20] Das gleiche gilt auch für die Innenraummöblierung, die in der Hausgeschichte für Stube und Kammer angesprochen wird.[21]

Die bauhistorische Beschreibung weist auf die zeitliche Dimension hin, während die Gebäudemerkmale der Bauberatung für die räumliche Analyse stehen. Damit soll eine, die Fachbereiche übergreifende Information vermittelt werden, die über die äußere Erscheinung in die Tiefendimension des Hausbaus Einsicht gewährt, von der aus eine Fortschreibung möglich wird. Dann sind Bauernhäuser nicht mehr tote Gegenstände der Vergangenheit oder unverbindliche Besichtigungsobjekte des Tourismus, sondern Hinweise, wie mit begrenzten naturnahen Mitteln zweckmäßige und würdige Behausungen errichtet wurden.

Die heutigen Umweltprobleme sind so komplex, daß ihre Lösung, aus der Sicht des einzelnen Bürgers, zunächst unmöglich erscheint. Geht man aber auf Teilprobleme des Hausbaus ein, dann zeigen sich Lösungsansätze für alle konkreten Details, über die von jedem Handwerker oder Bürger fortwährend entschieden wird. Die globale Verantwortung für die natürliche und kulturelle Umwelt steht bei allen Einzelmaßnahmen zur Entscheidung an. Hier ist von den vorindustriellen Überlebensgesellschaften Grundsätzliches zu lernen. Sie zeigen, wie man auf regionaler Basis für die Errichtung und auch für den Betrieb und Unterhalt der Wohn- und Arbeitsstätten die verfügbaren Energien und örtlichen Materialien so einsetzen kann, daß bei Schonung tierischer und menschlicher Kräfte auch mit begrenzten technischen Mitteln schöne und sichere Bauten entstehen, die Schutz gewähren und Entfaltung ermöglichen. Diese Grundsätze sind auf jeder Stufe der technischen Entwicklung anwendbar und werden für die Industriegesellschaft an Bedeutung gewinnen, wenn sie ihre Verantwortung für das Leben kommender Generationen erkennt und die natürliche Tragfähigkeit der Kulturlandschaften erhält sowie das kulturelle Erbe bewahrt und für die Zukunft weiterentwickelt.

Dazu sollen die in Landschaft und Siedlung und damit auch in den raumprägenden Bauernhäusern liegenden Werte entdeckt werden, um mit einem tiefer begründeten Selbstbewußtsein nach innen und außen ein neues Gesicht Oberfrankens zu vermitteln.

Landschaft des östlichen Oberfranken. Blick von der Münchberger Hochfläche über Kleinlosnitz nach Zell am großen Waldstein, Landkreis Hof.

Landschaft des westlichen Oberfranken. Blick auf Obstwiesen und Scheunen des Ortsrandes von Reuth, Stadt Burgkunstadt, Landkreis Lichtenfels.

Räumliche Grundlagen und zeitliche Entwicklung

Landschaft und Siedlung in Oberfranken

Thomas Gunzelmann

Oberfranken ist von der Naturausstattung und auch von der territorialgeschichtlichen Entwicklung her der vielgestaltigste der drei fränkischen Regierungsbezirke. Während Unterfranken und Mittelfranken fast ausschließlich dem fränkischen Stufenland angehören, zählt ein großer Teil des oberfränkischen Raumes zum nordostbayerischen Grundgebirge und damit siedlungsgeschichtlich zum Jungsiedelland, hier sogar im Übergangsraum zum Gebiet der deutschen Ostsiedlung. Über viele Jahrhunderte hinweg wurde Unterfranken mit dem Hochstift Würzburg durch einen Landesherrn flächenmäßig und politisch dominiert. Dagegen hat sich in Oberfranken schon seit dem hohen Mittelalter eine Zweipoligkeit zwischen West und Ost, zwischen der geistlichen Herrschaft des Hochstifts Bamberg und der weltlichen der Markgrafen von Bayreuth herausgebildet, wozu als dritte ergänzende Kraft, schon nicht mehr zum fränkischen, sondern zum obersächsischen Reichskreis zählend, das Herzogtum Coburg trat, das damit die Brückenfunktion Oberfrankens nach Norden und Osten verdeutlicht.

Das traditionelle Bauernhaus und das historische Dorf Oberfrankens spiegeln diese natur- und kulturräumliche Vielgestaltigkeit noch heute wider. Die Naturlandschaft mit ihren klimatischen Bedingungen und mit ihren regionalen Baustoffressourcen prägte Baukörper und Material des Bauernhauses. Aber auch indirekte Wirkungen der naturräumlichen Rahmenbedingungen, beispielsweise über bestimmte Wirtschaftsformen und Sozialstrukturen, wie sie sich in den hochgelegenen, kargen und holzreichen Naturräumen des Frankenwaldes und des Fichtelgebirges herausbildeten, lassen sich an Größe und Struktur von Haus und Hof ablesen. Dabei verlief diese Beziehung aber nicht einseitig, auch der Mensch wandelte durch sein Wirtschaften und Wohnen die Naturlandschaft immer stärker zur Kulturlandschaft um. Dieses Zusammenwirken von Landschaft, Siedlung und Haus wird deswegen auch als »Ko-Evolution« bezeichnet.[1]

Die kulturräumlichen Bedingungen der Vergangenheit, seien es politisch-administrative wie herrschaftliche Bauvorschriften, wirtschaftliche wie das Vorherrschen bestimmter Agrarnutzungssysteme, oder soziale, wie die Bildung unterschiedlicher sozialer Schichten innerhalb der Dorfgemeinschaft, prägten das Bild des Dorfes ebenso wie das des einzelnen Hauses.

Die Naturlandschaft

Aus der Naturlandschaft schöpfte der Mensch seine wesentlichen Ressourcen, so konnte er sich mit Haus und Siedlung harmonisch einfügen. Dies geschah nicht, weil er ein starkes Umweltbewußtsein besaß, sondern weil er nicht über technische Mittel und Energien verfügte, um ohne Bezug zur Landschaft zu wirtschaften und zu bauen, wie es heute vielfach geschieht.

Geologische und geomorphologische Grundlagen der Landschaft

Oberfranken ist in geologischer Hinsicht entlang einer Südost-Nordwest verlaufenden Linie zweigeteilt.[2] Das östliche Drittel gehört zum »Alten Gebirge«, zum Grundgebirge des Erdaltertums (Paläozoikum), der Westen zum »Deckgebirge«, zum Schichtstufenland des Erdmittelalters (Mesozoikum).

Dieses Deckgebirge zeigt dabei nicht nur die regelmäßige, weiträumige Stufenabfolge wie in Mittelfranken oder Unterfranken, sondern es treten in einer etwa 10–20 km breiten Zone vor der Trennlinie, die die »Fränkische Linie« genannt wird, nochmals alle geologischen Schichten auf, die von West nach Ost das fränkische Stufenland aufbauen: Buntsandstein, Muschelkalk, Keuper und die Schichten des Juras. So kommt es, daß man im 25 km-Umkreis um die oberfränkische Bezirkshauptstadt Bayreuth jede in Bayern vorkommende geologische Formation in obertägigen Aufschlüssen finden kann.[3]

Der Westteil Oberfrankens wird durch die nach Südosten einfallende Schichtenfolge der Sedimentgesteine des Fränkischen Stufenlandes geprägt. Dieses Schichtfallen bildet zusammen mit der Abfolge unterschiedlich resistenter Gesteine die Grundvoraussetzung für die Herausbildung des Stufenlandes. Die sich 100–200 m erhebenden Stufen, die man aus der Ferne fast als einheitliche Front oder Mauer wahrnimmt, sind jedoch durch Stirntäler und Zeugenberge vielfältig zerlappt. Dem flacheren Unterhang einer solchen »Schichtstufe«, der aus einem wenig widerstandsfähigen, wasserstauenden Gestein, dem Stufensockel, besteht, folgt ein steiler Oberhang, der aus einem wasserdurchlässigen, widerstandsfähigen Gestein, dem Stufenbildner, aufgebaut ist. Sehr häufig finden sich gerade in diesen

Hangzonen die kleinen historischen Steinbrüche, in denen das örtliche und regionale Baumaterial gewonnen wurde. An die Stufe selbst schließt dann die Stufenfläche an, die zumeist leicht nach Osten abfällt, jedoch weniger stark als das Schichtfallen, so daß sie geologisch unterschiedliche Schichten schneidet.[4]

Dies ist jedoch in Oberfranken nicht in der Regelmäßigkeit wie in Unterfranken oder Mittelfranken zu beobachten, da gerade die zentrale Stufenfläche Oberfrankens, die Hochfläche der nördlichen Frankenalb, von diesem Grundmuster erheblich abweicht. Zwar fällt sie von den westlichen Randhöhen von bis zu 595 m (Geisberger Forst westlich Herzogenreuth) bis auf Höhen um 370 m in der Hollfelder Mulde ab, wo auf die Schichten des Weißen Juras (Malm) noch solche der Kreide aufgelagert sind. Hier aber kehrt sich mit der »Hollfelder Störungslinie«, schon ein Vorbote der gewaltigen Verwerfung der Fränkischen Linie, das Schichtfallen um, so daß die Hochfläche nach Osten zu wieder ansteigt. Dort werden auch die höchsten Erhebungen der oberfränkischen Alb erreicht (Hohenmirsberger Platte 614 m). Daher weist die Nördliche Frankenalb auch an ihrer Rückseite eine Schichtstufe auf, die sie aus dem östlich anschließenden Bruchschollenland heraushebt. In ihrem zentralen Teil ist das sonst eher eintönige, nur selten von tief eingeschnittenen Tälern durchzogene Relief stärker bewegt. Dies ist die sogenannte »Kuppenalb« um das Tal der Wiesent, wo immer wieder Dolomitriffe über die Hochfläche hinausragen. In den Dörfern der Hochfläche und der Täler fand dieser graue bis gelbbraune Dolomit auch als Baustein Verwendung, bei den Wohnbauten zunächst als Quaderstein für den Sockel, später auch für das ganze Mauerwerk. Noch heute wird dieses Material als »Kleinziegenfelder Dolomit« abgebaut.[5] Dagegen wurde der weiße bis graue, oftmals plattig anfallende Werkkalk des Malm β häufig für verputztes Bruchsteinmauerwerk verwendet. Erst das 20. Jahrhundert mit seiner Idee der Materialgerechtigkeit hat auch Wohnbauten auf dem Land mit Werkkalk-Sichtmauerwerk entstehen lassen, lediglich untergeordnete Nebengebäude besaßen bereits früher aus Sparsamkeitsgründen unverputztes Kalkmauerwerk.

Die Bergländer der Keuperschichtstufe, die Haßberge und der Steigerwald, deren Stufen das mainfränkische Becken im Osten begrenzen, laufen im westlichen Oberfranken aus. Dank der weit nach Westen ragenden Zunge des heute zu Oberfranken gehörenden früheren Ebracher Klosterlandes ist die gesamte Gesteinsabfolge des Sandsteinkeupers im oberfränkischen Steigerwald anzutreffen. An den Stufenbildner Blasensandstein schließt sich im Osten der Burgsandstein an, der als örtliches Baumaterial intensive Verwendung fand. Bestimmte dolomitisierte und harte Schichten des Mittleren Burgsandsteins wurden seit der Frühen Neuzeit zwischen Aurach und Main abgebaut und als »Tütschengereuther Pflaster« für städtische Pflasterungen, aber auch als Hofpflaster wohlhabender ländlicher Anwesen verwendet.

Obwohl die Steigerwald-Abdachung in ihrem südlichen Teil durchaus Anklänge an den sanftwelligen mittelfränkischen Bereich mit seinen weiten Tälern mit geringem Gefälle zeigt und daher naturräumlich noch zum mittelfränkischen Becken gezählt wird, so unterscheidet sich der nördliche Teil südwestlich von Bamberg wegen der Nähe zu den Vorflutern Main und Regnitz doch durch ein stärker bewegtes Landschaftsbild, da hier Rhät- und Liasinseln als Zeugenberge der Abdachung aufsitzen (Altenburg bei Bamberg).

In noch stärkerem Maße gilt dies für das nordfränkische Keuper-Lias-Land, naturräumlich als Itz-Baunach-Hügelland bezeichnet, etwa zwischen dem Mündungsdreieck Main-Itz-Baunach bis nach Coburg reichend. Das Tal des Oberen Maines bildet die Ostgrenze dieses Gebietes. Auch hier sitzen auf den Schichten des Sandsteinkeupers die des Schwarzen Juras (Lias) auf, im Bereich des Banzer Waldes und auf der Sonnefelder Hochfläche sogar noch der Braune Jura (Dogger). Der Kulch im Banzer Wald erreicht eine Höhe von 484 m und markiert damit deutlich das Hinausgreifen des Juras über das Obermaintal nach Nordwesten. Da die Schichtenfolge in den Tälern vom Burgsandstein des Mittleren Keupers bis hin zum Eisensandstein des Braunen Juras (Dogger β) reicht, ist es nicht verwunderlich, daß sich hier zahlreiche historische Steinbrüche finden lassen, deren Material zunächst das Bild der Sakral- und Monumentalbauten der Landschaft, spätestens im 19. Jahrhundert auch das des ländlichen Bauwesens prägte. Neben den bereits beschriebenen Sandsteinen des Burgsandsteins, deren dolomitische Arkose hier auch »Coburger Festungssandstein« genannt wird, sind dies vor allem die graugelben, recht harten Sandsteine des Rhäts, die in zahlreichen örtlichen Steinbrüchen abgebaut wurden. Selbstverständlich dürfen in diesem Zusammenhang nicht die reichen Tonvorkommen des Keupers und des Lias außer acht gelassen werden, die als Grundmaterial zunächst für die Herstellung von Dachziegeln, vor allem für den charakteristischen »Rinnenziegel« Westoberfrankens dienten, ab dem 19. Jahrhundert in zunehmendem Maß auch zur Herstellung von Backstein Verwendung fanden.

Östlich des Maines schließt sich mit ruhigeren Oberflächenformen das Vorland der nördlichen Frankenalb an, aus Gesteinen des Oberen Keupers und des Lias aufgebaut, durchzogen mit von Osten nach Westen zum Main und zur Regnitz entwässernden Albrandtälern. In den Dörfern dieser Täler spielte der ockergelbbraune, feinkörnige Eisensandstein eine wichtige Rolle als Bausandstein. Zahlreiche alte Steinbrüche an den alten Hohlwegen, die auf die Hochfläche hinaufführen, zeugen noch heute davon.

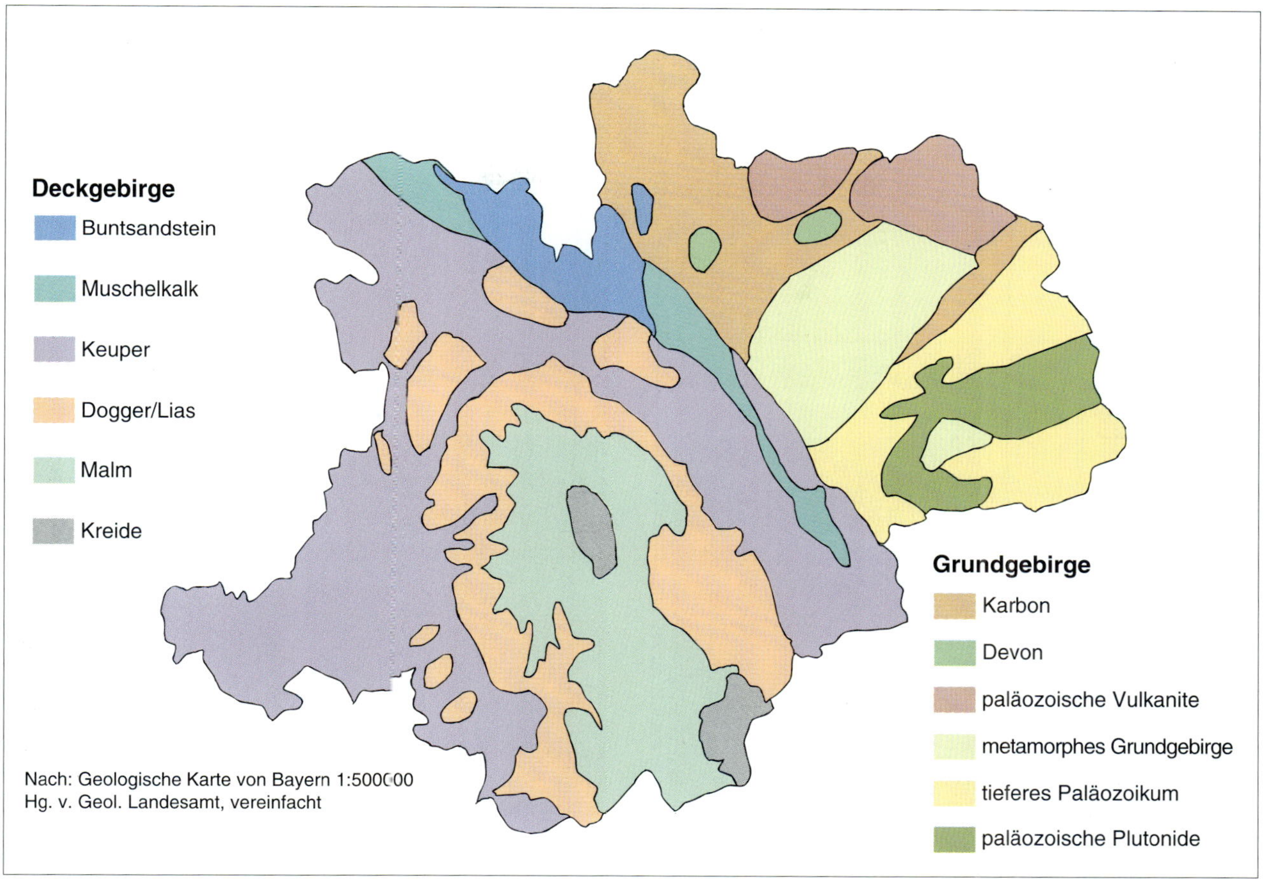

Geologie Oberfrankens.

Ein verbreitetes Baumaterial war auch der Kalktuff, im Volksmund »Dauch« genannt, ein poröser, weicher Stein, der durch Kalkausfällung aus dem Quellwasser der Stufenrandbäche entstand. Er konnte mit Axt und Spaten in Handarbeit abgebaut werden und härtete, ähnlich wie Kalkmörtel, an der Luft aus. Solche Abbaustellen fanden sich am westlichen Albrand um Scheßlitz[6] oder am östlichen bei Kasendorf.

Von Südosten nach Nordwesten durchzieht das Obermainische Bruchschollenland Oberfranken. Bei der Hebung des Grundgebirges wurde das Deckgebirge zerlegt, versteilt, verbogen und gehoben, so daß hier auf engstem Raum alle seine Schichten erneut an die Oberfläche gelangen. So entstand eine dichte Abfolge von Schichtstufen und Schichtkämmen mit sehr kurzen Schichtflächen. Im nordwestlichen Teil sind die Stufen gegen das Grundgebirge gerichtet, südöstlich von Kulmbach dagegen gegen die Fränkische Alb. In geologischer und geomorphologischer Hinsicht ist dies das kleinsträumige Teilgebiet Oberfrankens. Bemerkenswert ist, daß hier auch die Leitgesteine Mainfrankens, der Buntsandstein und der Muschelkalk, die Landschaft prägen. Von Weidenberg bis Zeyern bei Kronach zieht sich ein schmales Band aus den Schichten des Muschelkalks, das östlich von einem noch schmäleren Buntsandsteinstreifen begleitet wird. Flächiger ist der Buntsandstein dagegen westlich von Kronach bis Neustadt bei Coburg ausgebildet. Dort erreicht die Buntsandsteinscholle des Muppbergs 516 m. Westlich daran schließt sich mit den »Langen Bergen« ein Muschelkalk-Plateau an, das ebenfalls Höhen von über 500 m erreicht. Auch der Buntsandstein, vor allem um die Städte Kulmbach und Kronach, und der bankige Kalkstein des Muschelkalks haben in der Vergangenheit erhebliche Bedeutung als regionales Baumaterial besessen. Natürlich wurden auch Keupersandsteine im Bruchschollenland abgebaut. Erwähnung finden soll hier der »Benker Sandstein«, ein weiß-grauer, fein- bis mittelkörniger, gut bearbeitbarer Sandstein des Unteren Keupers.

200–300 m, ja im Fall des Fichtelgebirges sogar 500–600 m, erhebt sich das Alte Gebirge über das Bruchschollenland. Das hufeneisenförmige Fichtelgebirge stellt einen »Knoten« dar, in dem sich die beiden Hauptlinien mitteleuropäischer Gebirgsbildung verknüpfen. Dies sind stellvertretend für die »herzynische« Richtung die Nordwest-Südost streichenden Gebirge Thüringer Wald, Frankenwald, Oberpfälzer Wald, Bayerischer Wald und für die »variszische« Richtung die Südwest-Nordost verlaufenden Elster- und Erzgebirge. Alle wesentlichen Teilbereiche des Grundgebirges sind aus den Gesteinen des Erdaltertums aufgebaut, jedoch in recht unterschiedlicher Ausprägung, was schließlich auch auf ihre Oberflächenformen und damit auf den Landschaftscharakter Auswirkungen hat.

1

2

3

4

5

6

7

8

Historische Baustoffe Oberfrankens.
1 Rhätsandstein – Birkach, Markt Ebensfeld.
3 Buntsandstein – Rüttmannsdorf, Stadt Neustadt bei Coburg.
5 Waldsteingranit – Sparneck, Markt Sparneck.
7 Rinnenziegel Großgarnstadt, Gemeinde Ebersdorf bei Coburg.

2 Eisensandstein – Serkendorf, Stadt Staffelstein.
4 Frankendolomit – Teuchatz, Markt Heiligenstadt.
6 Weißenstadter Granit mit Feldsteinen – Vordorf, Gemeinde Tröstau.
8 Schiefer – Glosberg, Stadt Kronach.

Der Frankenwald ist als Teil des thüringisch-fränkischen Schiefergebirges überwiegend aus gefalteten Schiefergesteinen und Grauwacken des Karbons aufgebaut. Den Gebirgscharakter bezieht er aus den engen, tief eingeschnittenen Tälern, die ihn in der Faltungsrichtung Nordost-Südwest durchziehen, seine Hochflächen sind eher eben und werden nur bisweilen von höheren Flächenresten überragt wie beispielsweise dem Döbraberg, mit 794 m die höchste Erhebung.[7] Die Grauwacken, Sandsteine des Karbons, und der Kulmschiefer wurden in der Vergangenheit auch als Bruchsteinmaterial für Mauerwerk verwendet; prägend für die Hauslandschaft des Frankenwaldes ist jedoch der Einsatz des Schiefers als Dachdeckungsmaterial, Wandverkleidung und Bodenplatten. Dieses dünnplattig spaltbare Material tritt jedoch nur an einigen Stellen in hoher Qualität auf, so daß sich der Abbau schon in den vergangenen Jahrhunderten auf wenige Orte konzentrierte. Der bedeutendste dieser Orte, Lehesten, liegt dicht an der oberfränkischen Grenze in Thüringen. Aber auch bei Ludwigsstadt, in Lotharheil bei Dürrenwaid oder an der Schieferleite bei Eisenbühl fanden sich Abbaustätten.
Zwischen Frankenwald und Fichtelgebirge schiebt sich die Münchberger Hochfläche, eine im wesentlichen aus Gneisen bestehende Berglandschaft, geologisch daher oft »Münchberger Gneismasse« genannt. Es handelt sich ebenfalls um eine Hochfläche, die jedoch unruhiger und kuppiger ist und in den Kuppen Höhen bis 650 m erreicht. Der eigentliche Gegensatz zum Frankenwald besteht im Fehlen der tief eingeschnittenen Täler. Diese geologisch komplexe Gneismasse, die an den Rändern von Amphiboliten und Phylliten begleitet wird, hat sich als Decke über die Schiefer des Frankenwaldes geschoben. Etliche dieser Gesteine wurden in kleinen örtlichen Steinbrüchen als Bausteine, zumeist in Form von Bruchsteinen, abgebaut.
Aus der Münchberger Hochfläche steigt im Südosten das Fichtelgebirge empor. Die Nordumrahmung erreicht mit dem Waldstein 877 m Höhe, während der zentrale Bereich mit Ochsenkopf in 1024 m und mit dem Schneeberg in 1051 m Höhe gipfelt. Der südliche Arm des Hufeisens wird vom Kösseine-Massiv (939 m) und vom zum größten Teil schon in der Oberpfalz liegenden Steinwald (Platte 946 m) gebildet. Im Inneren des Hufeisens liegt die Wunsiedler Hochfläche, die im Westen Höhen um 650 m aufweist und im Osten bei Schirnding bis auf 450 m abfällt. Die Umwallung besteht im wesentlichen aus Graniten, die wiederum von Phylliten eingerahmt sind. Die innere Hochfläche ist dagegen weit differenzierter strukturiert. Im Osten um Arzberg finden sich tertiäre Tonablagerungen, während die Mulde zwischen Wunsiedel und Thiersheim aus Phylliten aufgebaut ist. Aber auch in der inneren Hochfläche tritt der Granit an die Oberfläche, so vor allem in deren Nordhälfte von Weißenstadt bis Selb. Sogar junge Basalte drangen durch die älteren Schichten, die heute als markante Bergkuppen aus der sanftwelligen Fläche aufragen, so der Steinberg bei Hohenberg a. d. Eger oder der Thiersteiner Schloßberg. Dazu kommt noch eine ganze Reihe sogenannter »Kontaktgesteine«, die beim Emporsteigen des granitischen Magmas durch Hitze und Druck umgewandelt wurden.
Der harte Fichtelgebirgsgranit fand frühzeitig als Baumaterial in unterschiedlicher Ausprägung Verwendung. Dabei wurden zuerst die zahlreichen Blockmeere und anstehenden Felsen an den Hängen der hohen Randberge verbaut, bevor man im 18. Jahrhundert geregelte Steinbrüche anlegte. Um den Epprechtstein, den Waldstein, den Kornberg, die Kösseine und die Luisenburg entstand eine große Anzahl von Steinbrüchen. Das Material wurde als Bruchstein für das verputzte Mauerwerk, aber auch als Werkstein für Fenster- und Türgewände sowie Bodenplatten im ländlichen Bauwesen eingesetzt.

Klima, Gewässer, Boden und Vegetation

Im Westen findet Oberfranken im Maintal bei Staffelbach und Viereth Anschluß an das unterfränkische Weinbauklima, dagegen werden die Höhenlagen von Frankenwald und Fichtelgebirge wegen ihrer klimatischen Bedingungen oft als »Klein-Sibirien« verspottet.
Das Großklima wird zwar noch im wesentlichen von westlichen, ozeanischen Luftmassen bestimmt, die aber, vor allem im östlichen Teil, namentlich in den Wintermonaten die Herrschaft an Luftmassen aus dem Osten abtreten müssen, die sogenannten »Böhmischen Winde«. Es läßt sich somit ein Wachsen der Kontinentalität des Klimas von West nach Ost anhand der Zunahme der mittleren Jahresschwankung feststellen. Allerdings wird das Großklima immer wieder durch die orographischen Verhältnisse modifiziert. Die Tieflagen des Westens, wie das Obermaintal oder das Albvorland, sind eher kontinental geprägt, während die Gebirgszüge der Frankenalb und des Grundgebirges im Osten ozeanische Inseln in ihrem sonst eher kontinental bestimmten Umland darstellen.
In den Gebieten im Regenschatten der Keuperstufe im westlichen Oberfranken werden teilweise nicht einmal 600 mm Niederschlag erreicht; Bamberg hat bei einer Jahresmitteltemperatur von 8,5° C ebenfalls nur 637 mm. Die Albstufe verursacht dagegen einen Regenstau, so daß Gößweinstein auf der Albhochfläche bei nur 7,1° C Jahresmitteltemperatur bereits 894 mm aufweist. In Bayreuth, im Bruchschollenland in etwa 330 m Höhe in Beckenlage gelegen, sinkt der Jahresniederschlag wieder auf 668 mm, während die Jahresmitteltemperatur auf 7,8° C ansteigt. Diese Beckenlage sorgt, ähnlich wie die vergleichbare Bambergs, für typisch kontinentale Winterminima, wo in Inversionswetterlagen die kalte

Luftschicht in Bodennähe durch wärmere Schichten am Aufsteigen gehindert wird. Stellvertretend für die klimatischen Bedingungen des Fichtelgebirges sei der mit 705 m nahezu an der oberen Siedlungsgrenze gelegene Ort Fichtelberg angeführt, der 1080 mm Niederschlag bei einer Jahresmitteltemperatur von 5,5° C aufweist. Hier liegt das Januarmittel bei – 3,4° C, das Julimittel erreicht nur 14,8° C. Die innere Hochfläche des Fichtelgebirges (Schirnding nur mehr 596 mm) liegt dagegen ebenso im Regenschatten wie das Vogtland um Hof (677 mm).

Die für die agrarische Nutzung eines Raumes entscheidende Wachstumsperiode, d.h. die Zahl der Tage mit einer Mitteltemperatur über 5° C, nimmt in Oberfranken von West nach Ost ab, im wesentlichen ist sie jedoch durch die Höhenlage bestimmt. So hat das Obermaintal zwischen Bamberg und Lichtenfels mit Höhen um 250 m eine Wachstumsperiode von 225–222 Tagen, die Albhochfläche bei Höhen zwischen 500 und 600 m 208–206 Tage. Im etwas tiefer gelegenen Bruchschollenland steigt die Zahl der Tage wieder auf 212–209 Tage an, während es an der oberen Siedlungsgrenze im Fichtelgebirge in einer Höhe von 700–750 m nur noch 180–175 Tage sind. Dagegen sind es auf der inneren Hochfläche des Fichtelgebirges wiederum 190–185 Tage. Somit herrschen in Oberfranken sehr unterschiedliche Verhältnisse hinsichtlich der Siedlungsgunst.

Die europäische Hauptwasserscheide durchzieht Oberfranken am südöstlichen Rand, der weitaus größte Teil des Landes zählt zum Flußsystem des Rheines. Der Gebirgsknoten des Fichtelgebirges ist auch Knotenpunkt bedeutender mitteleuropäischer Flußsysteme. Die Fichtelnaab als Teil des danubischen Systems entwässert das Bergland nach Süden, das elbische System ist durch die Saale, die nach Norden fließt, und die in die Moldau mündende Eger vertreten. Der Weiße Main, der zum rhenanischen Flußsystem gehört, bildet nach dem Zusammenfluß mit dem Roten Main bei Schloß Steinenhausen (Kulmbach) den Hauptfluß Oberfrankens. Der Obermainbogen von Kulmbach bis Bamberg formt das Rückgrat der Region, dem alle anderen wesentlichen Flüsse zufließen: von Norden Baunach, Itz und Rodach, von Süden die Regnitz als zweitwichtigster Fluß, die bereits die Flüsse der Alb mit der Wiesent und des Steigerwaldes (Aurach, drei Ebrach, Aisch) gesammelt hat. Dies ist jedoch das Ergebnis einer jüngeren flußgeschichtlichen Entwicklung. Bis ins ausgehende Tertiär entwässerten alle Flüsse Oberfrankens nach Südosten zum sogenannten Molassebecken, dann zur Ur-Donau, was ja dem Einfallen der Schichten des Stufenlandes entspricht. Erst um die Wende vom Pliozän zum Pleistozän, also etwa vor 2 Millionen Jahren, einem geologisch kurzen Zeitraum, hat das aktivere Rheinsystem das alte danubische System schrittweise durch rückschreitende Erosion angezapft und schließlich vollends umgekehrt.

Karstquellen als Keimzellen der Siedlung in der Fränkischen Alb – historische Aufnahme des gefaßten Quelltopfes der Weismain in Kleinziegenfeld, Stadt Weismain.

Auf orohydrographischen Karten Oberfrankens sticht die Fränkische Alb durch ein ausgesprochen dünnes Gewässernetz hervor. Dies ist ein Kennzeichen der Verkarstung der Alb, wo die Wasserlöslichkeit des Kalksteins zu einem unterirdischen Entwässerungssystem führte, welches das Wasser erst in ergiebigen Karstquellen über den tieferen, wasserstauenden Schichten zutage treten läßt, zum Beispiel in der Aufseßquelle bei Königsfeld, in der Wiesentquelle in Steinfeld oder in der Weismainquelle in Kleinziegenfeld.

An natürlichen Stillgewässern ist Oberfranken arm, die meisten der heute doch recht zahlreichen Teiche und Seen sind von Menschenhand geschaffen, seien es die Fischteiche, die in der ganzen Region vorkommen, die in der Vergangenheit oft von Klöstern angelegt wurden, oder die Floß-, Hammer- und Mühlteiche der Bergländer. In jüngerer Zeit sind die Baggerseen der großen Flußtäler dazugetreten und schließlich die Trinkwasserspeicher wie die Ködeltalsperre oder Hochwasserrückhaltungen wie der Froschgrundsee.

Der Boden ist ein komplexes System, das sich aus einem Ausgangsgestein unter dem Einfluß des Wassers, der Verwitterung, aber auch von Organismen über einen längeren Zeitraum herausbildet. Bei der Vielfalt der Ausgangsgesteine Oberfrankens ist auch mit einer entsprechenden Vielfalt an Bodentypen zu rechnen, die sich unter dem Einfluß des Klimas und damit der zunehmenden Niederschläge mit der Höhenlage zonal verändern. In den Regionen des Sandsteinkeupers überwiegen leicht bearbeitbare, aber vergleichsweise nährstoffarme »Braun- und Parabraunerden«, auf den mergeligen und tonigen Schichten des Keupers, des Lias und des Doggers sind die gleichen Bodentypen dagegen schwer bearbeitbar und eher nährstoffreich. Das Kalkgestein der Alb bildet zumeist steinige und flachgründige Böden aus, die sogenannten »Rendzinen«. Diese treten auch in den Muschelkalkgebieten des Bruchschollenlandes auf. Die Böden der Talauen oder auch über stark wasserstauenden Schichten dagegen zeigen die Tendenz zu »vergleyen«; es entsteht ein Boden, der durch den ständigen Wechsel von Grundwasser und Luftzutritt gekennzeichnet ist. Im Grundgebirge überwiegen auf Granit, Gneis und Schiefer sandig-tonige Böden geringen Nährstoffgehalts, die in den tieferen Lagen besser aufgeschlossen sind. Auf Phylliten treten lehmige, nasse Böden auf, die zumeist nur als Wiesen genutzt werden können.

Auch in dieser Hinsicht zeigt Oberfranken wieder ein vielfältiges Mosaik unterschiedlichster Ausgangsbedingungen für den ackerbauenden Menschen, das auf engstem Raum differenziert ist. Besonders augenscheinlich ist dies im Obermainischen Hügelland, wo dicht neben verhältnismäßig fruchtbaren Böden auf Muschelkalk ackerbaulich kaum nutzbare Buntsandstein-Sandböden liegen, die auch heute noch bewaldet sind. Hinsichtlich der Bodenfruchtbarkeit ist zu sagen, daß die sehr guten Böden in Oberfranken in großflächiger Verbreitung fehlen, wie sie beispielweise Mainfranken in seinen Gäuregionen zu bieten hat. Lediglich kleinere Gebiete im Regnitztal um Forchheim und im östlichen Ausläufer des Grabfeldes um Rodach besitzen gute, kleinflächig sogar sehr gute Böden. Dagegen weisen die Hochfläche der Alb und die Regionen des Grundgebirges allenfalls mittlere, häufig auch schlechte Bodenfruchtbarkeit auf. Es darf jedoch nicht unerwähnt bleiben, daß durch jahrhundertelange Bodenbearbeitung und, vor allem in den letzten 100 Jahren, durch Düngung das natürliche System des Bodens vielerorts abgewandelt wurde.

Bei der Betrachtung der Vegetation muß unterschieden werden zwischen den natürlichen Lebensgemeinschaften, die ohne den Einfluß des Menschen zu beobachten wären, der »potentiellen natürlichen Vegetation«, und dem, was heute durch den Ackerbau, Viehzucht und Forstwirtschaft betreibenden Menschen aus den natürlichen Vorgaben gemacht wurde. Ohne den Menschen wäre Oberfranken ein Waldland, dessen Differenzierung nach Boden und Höhenlage relativ übersichtlich wäre. Die sandigen und klimatisch begünstigten Keuperregionen würden überwiegend Kiefernwälder tragen, so wie es auch heute noch im Hauptmoorwald östlich Bambergs auf pleistozänen Sanddünen der Fall ist. Ansonsten ist in diesen westlichen Räumen Oberfrankens mit Eichen-Hainbuchenwald zu rechnen, ebenso wie in weiten Bereichen des Obermainischen Hügellandes. Auf der Fränkischen Alb würde überwiegend ein kalkliebender Buchenwald zu finden sein. In den Hochregionen des Frankenwaldes, der Münchberger Hochfläche und der Inneren Hochfläche des Fichtelgebirges würde ein Eichen-Tannen-Mischwald auftreten, und nur in den Hochregionen der Fichtelgebirgsumwallung würde ein Fichten-Tannen- oder gar ein reiner Fichtenwald anzutreffen sein. So läßt sich auch der Name des Fichtelgebirges erklären: der heutige Allerweltsbaum Fichte hatte früher einen so engen Lebensraum in Höhenlagen über 1000 m, daß seine seltene Erscheinung namensgebend für dieses Bergland werden konnte. Nur ganz wenige Bereiche, wie die Moore des Fichtelgebirges und des Obermainischen Hügellandes und vielleicht die Bereiche der Trockenrasen auf kalkigen und sonnigen Hängen der Alb, waren waldarm oder waldfrei.

Wacholderheide bei Roßdach, Stadt Scheßlitz – ökologisch wertvolle Pflanzengesellschaft als Anzeiger der historischen Landnutzungsform Schafbeweidung.

In dieses Waldland hat der Mensch nun rodend, ackerbauend und beweidend eingegriffen und damit das ursprüngliche Raster der Vegetation entscheidend verändert. Er hat jedoch nicht nur Pflanzengesellschaften vernichtet, er hat auch das Entstehen neuer, direkt von der Bewirtschaftung abhängiger ermöglicht. Als Beispiel seien hier die durch Schafbeweidung entstandenen Wacholderheiden der Fränkischen Alb genannt.

Die Naturräume Oberfrankens

Nachdem die grundsätzlichen Charakterzüge der oberfränkischen Naturlandschaft beschrieben wurden, sollen nun die einzelnen naturräumlichen Einheiten in ihrer Eigenart vorgestellt werden, auch im Hinblick auf ihre Eignung zur Besiedlung und Inwertsetzung durch landwirtschaftlich orientierte Siedler, da ja der Zusammenhang zwischen Naturlandschaft, Siedlung und Haus in dieser Betrachtung im Vordergrund steht. Eine grobe Zuordnung zu den siedlungsgeschichtlichen Perioden, zum altbesiedelten oder zum jungbesiedelten Land soll dadurch ermöglicht werden.[8]

Im äußersten Nordwesten findet Oberfranken sogar noch Anschluß an die fruchtbaren Gäulandschaften der Mainfränkischen Platten. Die Rodachniederung

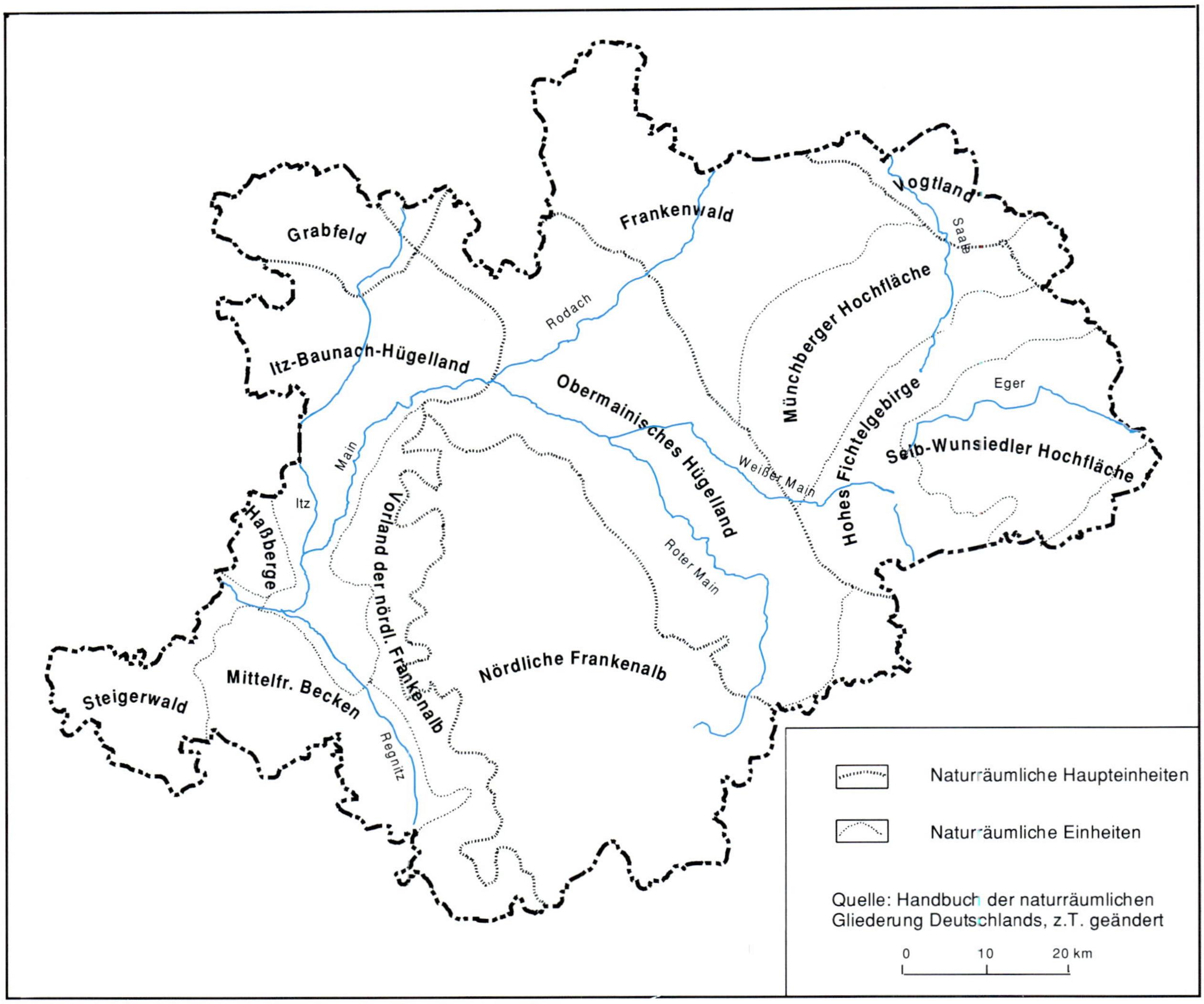

Naturräume Oberfrankens.

und der Muschelkalkrücken der Langen Berge sind der östlichste Ausläufer des Grabfeldes. Allerdings sind hier die Schichten des Muschelkalks durch tektonische Vorgänge verstellt, so daß sich in diesem Bereich keine ebene Gäulandschaft, sondern ein langgestreckter Bergrücken ausgebildet hat. Gleichwohl finden sich auch hier kalktypische Karsterscheinungen wie Dolinen. Der Typ der Gäulandschaft ist erst südlich im Bereich der Lettenkohlenkeuperauflagerung in der Rodachniederung zwischen Meeder und Heldritt ausgeprägt, wie sie sich auch im zentralen Grabfeld um Königshofen zeigt. Hier finden sich im oberfränkischen Rahmen durchaus gute Bodenqualitäten.

Der überwiegende Teil des westlichen Oberfrankens zählt zum Fränkischen Keuper-Lias-Land und zwar mit den Einheiten des Itz-Baunach-Hügellandes im Nordwesten, mit Steigerwald um Ebrach im Westen, mit einem Anteil am Mittelfränkischen Becken östlich anschließend und mit dem Vorland der Nördlichen Frankenalb. Als naturräumliche Einheiten nicht eigens ausgewiesen, aber im Zusammenhang mit der Besiedlung des Raumes wichtig zu erwähnen, gehören zu diesem Raum auch die großen Talräume Oberfrankens mit dem Obermaintal zwischen Lichtenfels und Bamberg und der Regnitzfurche zwischen Forchheim und Bamberg.

Bedingt durch die starke Zergliederung durch die beiden Hauptflüsse Main und Regnitz, aber auch durch Itz und Baunach und die Steigerwaldflüsse, ist hier ein recht kleingekammertes, abwechslungsreiches Landschaftsbild festzustellen. Im Itz-Baunach-Hügelland wechseln vergleichsweise fruchtbare, weitgehend waldfreie Siedlungskammern auf den schweren, aber nährstoffreichen Liasböden, beispielweise im ehemaligen Banzer Stiftsland, mit bewaldeten Höhenrücken auf Eisensandstein wie dem Banzer Wald oder dem fast siedlungsfeindlichen, auf den sandigen Böden des Burgsandsteins stockenden Lichtenfelser Forst. Die Täler der Itz, der Baunach sowie der kleineren Bäche bieten dem Wiesenbau gute Voraussetzungen.

Das Landschaftsbild des oberfränkischen Anteils am Steigerwald bestimmt auch heute noch der Wald, im Fall der ehemaligen Ebrachischen Klosterwaldungen ein stattlicher Laubmischwald. Die Siedlungen reihen sich entlang der von West nach Ost parallel verlaufenden Täler, lediglich einzelne, schon seit über einem Jahrhundert auf dem Rückzug befindliche Rodungsinseln wie Neudorf bei Ebrach oder Buch, schon im Ortsnamen ihren Rodungscharakter bestätigend, liegen auf den über 400 m hohen Bergrücken dazwischen.[9]

Im östlich anschließenden Bereich des Mittelfränkischen Beckens werden die Talräume weiter und die dazwischenliegenden Höhenrücken flacher, auf die der Wald zurückgedrängt ist. Die stark mäandrierenden Flüsse in den gefällsarmen Tälern bringen häufig Überschwemmungen, sorgen aber auch für brauchbares Wiesenland, während sich die mittelmäßig fruchtbaren Felder die sanften Hänge hinaufziehen.

Die Tallandschaften von Obermain und Regnitz sind die klimatisch am stärksten begünstigten Regionen von Oberfranken. Die Flüsse mäandrieren innerhalb des von ihnen aufgeschütteten Schotterbettes, wenn auch durch die korrigierenden Eingriffe der letzten beiden Jahrhunderte stark vereinfacht, zwischen den steilen »Prallhängen« auf der Außenseite und den flacheren »Gleithängen« auf der Innenseite des Flußbogens. Eindrucksvolle aktive Prallhänge wie am »Trimeusel« bei Nedensdorf (Stadt Staffelstein) zeugen noch heute von der talbildenden Kraft der Flüsse. Die höhergelegenen Schotterterrassen erbrachten leicht bearbeitbare mittlere bis gute Böden. Die Talhänge östlich der Flüsse sind zuweilen mit sandigen Ausblasungen aus den Talschottern überweht, was im Fall des Hauptmoorwaldes zur einer mit Kiefern bestockten Dünenlandschaft geführt hat. Verkehrsgunst, Wasserangebot, Klima und Bodengüte haben diese Talräume schließlich zur ältesten oberfränkischen Siedlungslandschaft werden lassen.

Etwa 100 m über die Täler erhebt sich das schmale Band des Vorlandes der Nördlichen Frankenalb, das in seinen Tälern, vor allem im Wiesenttal, auch in die Alb hinein ausgreift. Bestimmend für den Feldbau sind hier die schweren tonigen Böden des Lias, die bei guter Entwässerung brauchbare Erträge liefern können. Die stark zertalte Landschaft bietet an ihren Hängen immer wieder mikroklimatisch günstige Standorte für den Obstbau, häufig sogar auf historischen Weinbaustandorten. So konnte sich östlich Forchheims eines der bedeutendsten Kirschanbaugebiete Deutschlands herausbilden, aber auch andere Teilregionen waren bedeutsame Obstbaugebiete.

Der Naturraum der Fränkischen Alb ist von anderem Charakter. Er wurde in der Vergangenheit in erster Linie geprägt von der Wasserarmut. In die Hochfläche sind nur wenige steile und enge Täler eingeschnitten, wie das Wiesent-, Aufseß- und Leinleitertal sowie im Norden das Kleinziegenfelder Tal der Weismain. Aufgrund der Enge dieser Täler liegen die meisten Siedlungen auf der flachwelligen Hochfläche, die nur durch »Knock« oder »Bühl« genannte, zumeist bewaldete, kleinere Erhebungen oder durch sanfte, gering eingeschnittene Trockentäler unterbrochen wird. Zu diesen Reliefeinheiten treten weitere hinzu, die den Charakter der Alb als Karstlandschaft bestimmen. Dies sind vor allem die »Dolinen«, an der Oberfläche als trichterförmige Vertiefung sichtbare Einbruchstellen unterirdischer Hohlräume. Zahlreich sind auch die Tropfsteinhöhlen, deren bekannteste, wie die Teufelshöhle bei Pottenstein, die Binghöhle bei Streitberg oder die Sophienhöhle bei Oberailsfeld, seit langem für den Fremdenverkehr erschlossen sind. Für die Besiedlung der Hochfläche ergab sich durch das Fehlen des Oberflächenwassers ein enormes Problem. Vielfältig waren daher auch die Versuche in der Vergangenheit, diesem Notstand zumindest teilweise abzuhelfen. Da sind zum einen die »Hüllen«, mit dem Lehm der Albüberdeckung ausgekleidete Teiche im Dorf, die als Viehtränke und Löschteich dienten. Sie erlangten für die Dörfer der Albhochfläche eine so große Bedeutung, daß sie etliche Dörfer wie Groß- und Kleinhüll, Mährenhüll, Eichenhüll oder Gräfenbergerhüll im Namen führen. Das Trinkwasser für den

Der Steigerwald – Luftaufnahme aus den dreißiger Jahren mit Kloster Ebrach. Die Höhen sind bewaldet, die Täler werden landwirtschaftlich genutzt.

Das Vorland der nördlichen Frankenalb – Obstlandschaft am Walberla mit Kirchehrenbach. Historische Luftaufnahme.

Trockental auf der Hochfläche der Fränkischen Alb bei Lindach. Neben der Linde findet sich das Brunnenhäuschen, von dem die Bewohner des über einen Kilometer entfernten Dorfes Trinkwasser holen mußten.

Das obermainische Hügelland – Blick auf die fränkische Linie mit der Ködnitzer Weinleite im Vordergrund.

Menschen war jedoch noch schwerer zu erlangen. Häufig mußte daher das Wasser von einer Quelle aus dem nächstgelegenen Quellhorizont zu Fuß über einen »Brunnsteig« herangeschafft werden. Diese Quellen, zumeist grob mit Bruchsteinen gefaßt, erhielten die Namen der Dörfer, die aus ihnen Wasser schöpften.[10] Als einigermaßen ergiebiges Ackerland konnten die Böden der Alblehmüberdeckung genutzt werden, die steilen Talhänge blieben der Beweidung vorbehalten, Wiesen gab es außer jenen der tief eingeschnittenen Talgründe nahezu nicht.
Das Obermainische Hügelland, wie das Bruchschollenland naturräumlich genannt wird, zeigt ein vielfältiges, auf engstem Raum wechselndes Landschaftsmosaik, so daß ein einheitlicher Landschaftscharakter gar nicht beschrieben werden kann. Von den Böden her bieten sie jeweils die Qualitäten der weiter im Westen liegenden Buntsandstein-, Muschelkalk- und Keuperregionen, durch Höhenlage und Klima jedoch zumeist zum Mäßigeren hin modifiziert. So kommt es, daß in den, übrigens auch im Mainfränkischen, mit geringer Siedlungsgunst ausgestatteten Buntsandsteinlandschaften die mit am spätesten erschlossenen Räume Oberfrankens zu finden sind. Andererseits bilden gerade die Muschelkalkbereiche in Tallagen und bei günstiger Exposition landschaftliche Inseln des Südwestens am Fuß des Frankenwaldes, wie die Ködnitzer Weinleite, wo noch um die Mitte des 19. Jahrhunderts Wein angebaut wurde, dessen kulturlandschaftliche Relikte bis heute sichtbar sind.[11]
Dies mag etwa die Spannweite der naturräumlichen Vielfalt im Obermainischen Hügelland kennzeichnen, innerhalb derer auch Moore wie bei Lindau oder weite flache, aufgeschotterte Talräume wie die Steinachmulde um Mitwitz zu finden sind. Immerhin schieben die Täler des Roten und des Weißen Maines, der Steinach und der Rodach klimatisch günstigere Bedingungen weit nach Osten und Norden und geben somit auch Leitlinien der Besiedlung in diesem Naturraum vor.
Kennzeichnend für die Naturräume des Grundgebirges, also für Frankenwald, Münchberger Hochfläche, Vogtland, Hohes Fichtelgebirge und Selb-Wunsiedler Hochfläche ist die Höhenlage und damit verbunden ungünstige Klimaverhältnisse und karge Bodenqualitäten. Frankenwald und Fichtelgebirge sind aus diesem Grund bis heute Waldland geblieben. Alle diese Naturräume des oberfränkischen Ostens und Nordens gehören dem Jungsiedelland an.
Der Frankenwald ist gekennzeichnet durch eine weite Hochfläche, in die in fast regelmäßigen Abständen in etwa gleichgerichtete Täler eingeschnitten sind. Diese sind so eng und steilwandig, daß sie in den meisten Fällen weitgehend siedlungsfrei geblieben sind. Die Talgründe sind Wiesenland, wenn sie nicht schon aufgewaldet wurden, die Hänge tragen die weiten Nadelwälder, in denen die Fichte weitgehend die Tanne verdrängt hat. Die Hochfläche besetzen dagegen einzelne oder in Ketten zusammengeschlossene Rodungsinseln, wo die kurze Vegetationsperiode und die nährstoffarmen, steinigen Schieferböden nur eine karge Bewirtschaftung ermöglichen. Lediglich im Gebiet um Bad Steben, wo kalkhaltige Devonschiefer auftreten, ist ein ertragreicherer Akkerbau möglich.
Auf der Münchberger Hochfläche und im Hofer Vogtland sind die Täler weniger stark eingeschnitten.

Die Hochfläche des Frankenwaldes mit Steinbach a. d. Haide in Quellmuldenlage.

In diesen Tälern mit vergleichsweise geringem Gefälle, wie beispielsweise in dem der Selbitz, konnten sich kleinere Weiherlandschaften herausbilden, so bei Schauenstein, Volkmannsgrün und um Helmbrechts. Der Wald hat sich hier auf die Kuppen und die steileren Hänge zurückgezogen, auch aufgrund der Bodenverhältnisse ist hier ein etwas ergiebigerer Feldbau möglich gewesen. Grünlandflächen waren in den sanfteren Tälern und den weitflächigen Mulden weiter verbreitet als in den Talengen des Frankenwaldes.

Das Hohe Fichtelgebirge mit seinem über 1000 m hoch aufragenden Zentralstock hat sich einer Besiedlung auf landwirtschaftlicher Grundlage in Höhen über 700 m weitgehend widersetzt. Hohe Niederschläge und eine kurze Vegetationsperiode haben ein dauerhaftes Hinausgehen über diese Grenze verhindert, so daß heute eine weitgehend geschlossene Walddecke auf der Umwallung um die innere Hochfläche zieht. Laubwaldreste, vor allem Buchen, in Höhen bis zu 900 m, beispielsweise auf dem Waldstein oder am Schneeberghang, zeigen jedoch, daß die heute überwiegende Fichte früher nur in den höchsten Lagen dominierend war. Dagegen wurde die Innere Hochfläche mit Höhenlagen von 500–600 m weitgehend gerodet, jedoch immer wieder von größeren Waldinseln auf den sanften Erhebungen unterbrochen. Hier war ein karger Ackerbau und eine einigermaßen einträgliche Grünlandwirtschaft in der Vergangenheit möglich, wenngleich auch der Wald mit seinen vielfältigen Rohstoffen und Bodenschätzen immer zur Ergänzung der Nahrungsgrundlage herhalten mußte.

Die Kulturlandschaft

Die Kulturlandschaft ist das sich stetig wandelnde Produkt der Umformung der natürlichen Umwelt durch den Menschen im Laufe der Jahrhunderte. Haus und Siedlung sind wesentliche Bestandteile dieser Kulturlandschaft. Da hier die traditionellen und regionalen Ausprägungen von Haus und Siedlung im Vordergrund stehen, müssen die kulturlandschaftlichen Verhältnisse ihrer Entstehungszeit beschrieben werden, also die Kulturlandschaft des Mittelalters, der frühen Neuzeit und des 19. Jahrhunderts. Zu den die Kulturlandschaft bestimmenden Faktoren gehörten neben der Naturausstattung des Raumes vor allem die Wirtschaftsstruktur, aber auch rechtliche, politische oder staatliche Rahmenbedingungen sowie konfessionelle und soziale Verhältnisse, verknüpft in einem diffizilen Beziehungsgeflecht.

Die historische Territorialstruktur

Die Gründung des Bistums Bamberg durch Kaiser Heinrich II. im Jahr 1007 ist als die »eigentliche Geburtsstunde der kulturellen Eigenentwicklung Oberfrankens«[12] anzusehen. In dieser Zeit war der Raum in weiten Teilen siedlungsräumlich erschlossen, erste Vorposten der Rodung hatten das Grundgebirge im Osten bereits erreicht. Ein lockeres kirchliches Organisationssystem bestand ebenfalls, das dem 731 durch Bonifatius gegründeten Bistum Würzburg unterstand. Der Westteil des Raumes spielte durchaus schon eine Rolle in der Reichspolitik. Forchheim war einer der wichtigsten Pfalzorte des 9. Jahrhunderts, mit der Königswahl Konrads I. im Jahre 911 erreichte er den Höhepunkt seiner Bedeutung.

Das Bistum Bamberg wurde zum Musterbeispiel jenes »ottonischen Reichskirchensystems«, das der Zentralgewalt, dem Kaiser, loyale Verwaltungsorgane sichern sollte. So sollte das neugegründete Bistum einerseits das Machtvakuum, das bei der Niederwerfung der Grafen von Schweinfurt entstand, die bis dahin im östlichen Franken geherrscht hatten, ausfüllen, andererseits sollte es die Missionierung der am Obermain noch ansässigen Slawen vorantreiben. Früher Höhepunkt der Entwicklung auf dem Weg vom Bistum, der geistlichen Herrschaft, zum »Hochstift«, der weltlichen Herrschaft, war die Regierungszeit Bischofs Otto I., der den weltlichen Besitz sicherte und ausbaute sowie durch Klostergründungen wie in Langheim und -erneuerungen wie in Michelsberg und Banz die geistlichen und weltlichen Verwaltungsstrukturen stärkte.

Erben der 1057 ausgestorbenen Schweinfurter wurden jedoch nicht nur das Bistum Bamberg, sondern auch die Grafen von Andechs, die ab diesem Zeitpunkt neben ihren bayerischen Besitzungen einen umfangreichen oberfränkischen Besitzkomplex mit dem Schwerpunkt um die Plassenburg bei Kulmbach aufbauten. Damit begann sich ein territorial-politischer West-Ost-Gegensatz herauszubilden, der mit der Konfessionalisierung im Zeitalter der Reformation noch verstärkt wurde und bis zum Ende des Alten Reiches zu Beginn des 19. Jahrhunderts bestimmend blieb, ja sogar noch bis heute in manchen Resten spürbar ist. In ihrer Glanzzeit um 1200 konnten sich die Andechser sogar zu den alleinigen Herren Oberfrankens aufschwingen, denn drei Mitglieder ihrer Familie besetzten auch den Bamberger Bischofstuhl, darunter Ekbert, der Erbauer des heute bestehenden Bamberger Doms. 1248 starb das nunmehr Herzöge von Andechs-Meranien genannte Geschlecht aus, das noch in seinen letzten Jahren seine Grablege von Dießen am Ammersee nach Kloster Langheim verlegt hatte und damit die Verlagerung des Schwergewichts seiner Macht nach Oberfranken dokumentierte.

Im Nordwesten, um Rodach und Coburg, konnten sich die Grafen von Henneberg als weitere weltliche Macht etablieren; ihr Zentrum lag jedoch außerhalb Oberfrankens im südlichen Thüringen und im nördlichen Unterfranken. Bereits 1353 fiel ihre Herrschaft

Coburg an den Markgraf von Meißen, und damit an die Wettiner, wo sie bis 1918/20 verbleiben sollte.

Mit dem Aussterben der Meranier schien die klare Zweiteiligkeit Oberfrankens in Gefahr zu geraten, denn als Erben traten drei Adelsgeschlechter territorialpolitisch wirkungsvoll auf, die Truhendinger, die Orlamünder und die Zollern, von denen sich schließlich letztere zuerst als Burggrafen, nach der Verleihung der Mark Brandenburg als Markgrafen in einem hundertjährigen Verdrängungsprozeß als die eigentlichen Erben der Meranier herauskristallisierten. Im Verlauf des 14. Jahrhunderts konnten sie noch in das innere Fichtelgebirge und das Vogtland besitzrechtlich vorstoßen und so thüringische, egrische und oberpfälzische Einflüsse zurückdrängen. Damit waren Ende des 14. Jahrhunderts die Bamberger Fürstbischöfe und die Zollerschen Burggrafen endgültig zu den Hauptmächten in Oberfranken geworden und die bis zum Ende des Alten Reiches kaum veränderte territoriale Grundstruktur geschaffen.[13] Ebenfalls in dieser Zeit konstituierte sich ein letztes, nicht minder prägendes Element oberfränkischer Staatlichkeit: Die winzigen Herrschaftsgebiete der reichsunmittelbaren Ritterschaft, die bevorzugt in den Pufferzonen zwischen den größeren Herrschaftsgebieten zu finden waren. Um 1500 trat mit dem Fränkischen Reichskreis, der die nachbarschaftliche Zusammenarbeit der größeren Territorien regelte, ein mit seinen paritätisch-föderalen Strukturen weit in die Zukunft weisendes, einigendes Band hinzu, während wenig später die Reformation Oberfranken in evangelische und katholische Gebiete trennte. Die zunächst im Groben anschaulichen Verhältnisse der Doppelpoligkeit täuschen jedoch; Oberfranken blieb bis zur Auflösung des Alten Reiches ein klassisches Land des »Territorium non clausum« ohne scharfe Grenzen, mit Überschneidungen von Rechtsansprüchen und vielerlei abgestuften Herrschaftsformen.

Die wesentlichen Herrschaftsgebiete in Oberfranken, die über unterschiedliche Bauvorschriften direkt, über einen eher zurückhaltenden oder aktiv steuernden Umgang mit ihrem Territorium indirekt auf das Bild von Haus und Siedlung Einfluß nahmen, sollen nun kurz vorgestellt werden.[14]

An Regnitz, Obermain und im Frankenwald lag das Kerngebiet des Hochstifts Bamberg, das freilich auch in sich kein homogener Staatskörper war, sondern eine Reihe bedeutsamer »Mediatherrschaften« umfaßte, die mit der Ausübung der »Dorf- und Gemeindeherrschaft« ein für das Geschick von Haus und Siedlung ebenso bedeutsames Rechtsinstrument wie das der Landesherrschaft behaupteten.[15] Dies waren die Gebiete der Domprobstei, des Domkapitels und vor allem die Gebiete der landständischen Klöster wie Michelsberg, Langheim und Banz, die größere, teilweise geschlossene Herrschaftsgebiete besaßen.

Im Westen Oberfrankens wurde randlich mit den Städten Seßlach und Schlüsselfeld noch das Gebiet des Hochstifts Würzburg berührt, vor allem aber mit den steigerwäldischen Besitzungen des ebenfalls mediaten Klosters Ebrach, dem es trotz vielfältiger Bemühungen nie gelang, die hochstiftischen Fesseln abzustreifen und die Reichsfreiheit zu gewinnen. Gerade diese mediaten geistlichen Grundherrschaften betrieben eine Siedlungspolitik der Bestandswahrung, die darauf ausgerichtet war, ein Gleichgewicht zwischen bäuerlichen Betrieben und klösterlichen Interessen einerseits und den agrarökologischen Bedingungen andererseits aufrechtzuerhalten.[16] Dies hatte langfristig Auswirkungen auf die Stabilität der Höfe und damit auch auf den Baubestand.

Den Nordwesten dominiert das bereits zum obersächsischen Reichskreis gehörende, immerhin aber zu den »sächsischen Ortlanden zu Franken« zählende Herzogtum Sachsen-Coburg. Wegen der vielen Erbteilungen der ernestinischen Wettiner bildete sich aber auch hier trotz besserer Voraussetzungen, wie der Aufhebung der Klöster und der Landständigkeit der Ritter, kein geschlossenes Territorium heraus. Noch bis 1826 zählten das Gebiet um Sonnefeld und einige weitere Dörfer zum Herzogtum Sachsen-Hildburghausen; erst mit dem Vertrag von Hildburghausen konnte ein zumindest im Kernland um Coburg geschlossenes Staatsgebilde entstehen.

Den Ostteil und mit dem Amt Lauenstein auch den nördlichsten Zipfel Oberfrankens beherrschte die Markgrafschaft Brandenburg-Bayreuth, deren Regierungssitz 1606 durch Markgraf Christian von Kulmbach nach Bayreuth verlegt wurde. Weniger mit widerstrebenden Mediatherrschaften durchsetzt, hier sind vor allem die im Vogtland, zum Teil im Fichtelgebirge konzentrierten, landständischen Ritterschaften zu nennen, gliederte sich das für fränkische Verhältnisse recht geschlossene Territorium in die fünf Hauptmannschaften Bayreuth, Kulmbach, Hof, Wunsiedel – die Hauptstadt der »Sechsämter« – und das heute zu Mittelfranken gehörende »Unterland« um Neustadt a. d. Aisch. Gerade im Zeitalter des Merkantilismus im späten 17. und 18. Jahrhundert war diese Herrschaft die aktivere gegenüber dem Hochstift Bamberg. Hier sind vor allem die Aufnahme und Ansiedlung von Hugenotten und österreichischen Exulanten, aber auch die Förderung des Bergbaus und des Manufakturwesens zu nennen.

In die Grenzsäume dieser größeren Territorien schoben sich die kleinen Herrschaftsgebiete der Reichsritterschaft, die sich in Kantonen zusammengeschlossen hatten, von denen auf oberfränkischem Gebiet ganz oder teilweise die Kantone Gebirg, Steigerwald und Baunach lagen. Diese Kleinstherrschaften entwickelten in der Zeit nach dem Dreißigjährigen Krieg, aus stetem Geldbedürfnis heraus, eine höchst aktive Siedlungspolitik, die unter dem Stichwort »Peuplierung« zu fassen ist, die eine weitgehende Verarmung der Bevölkerung bewirkte, was

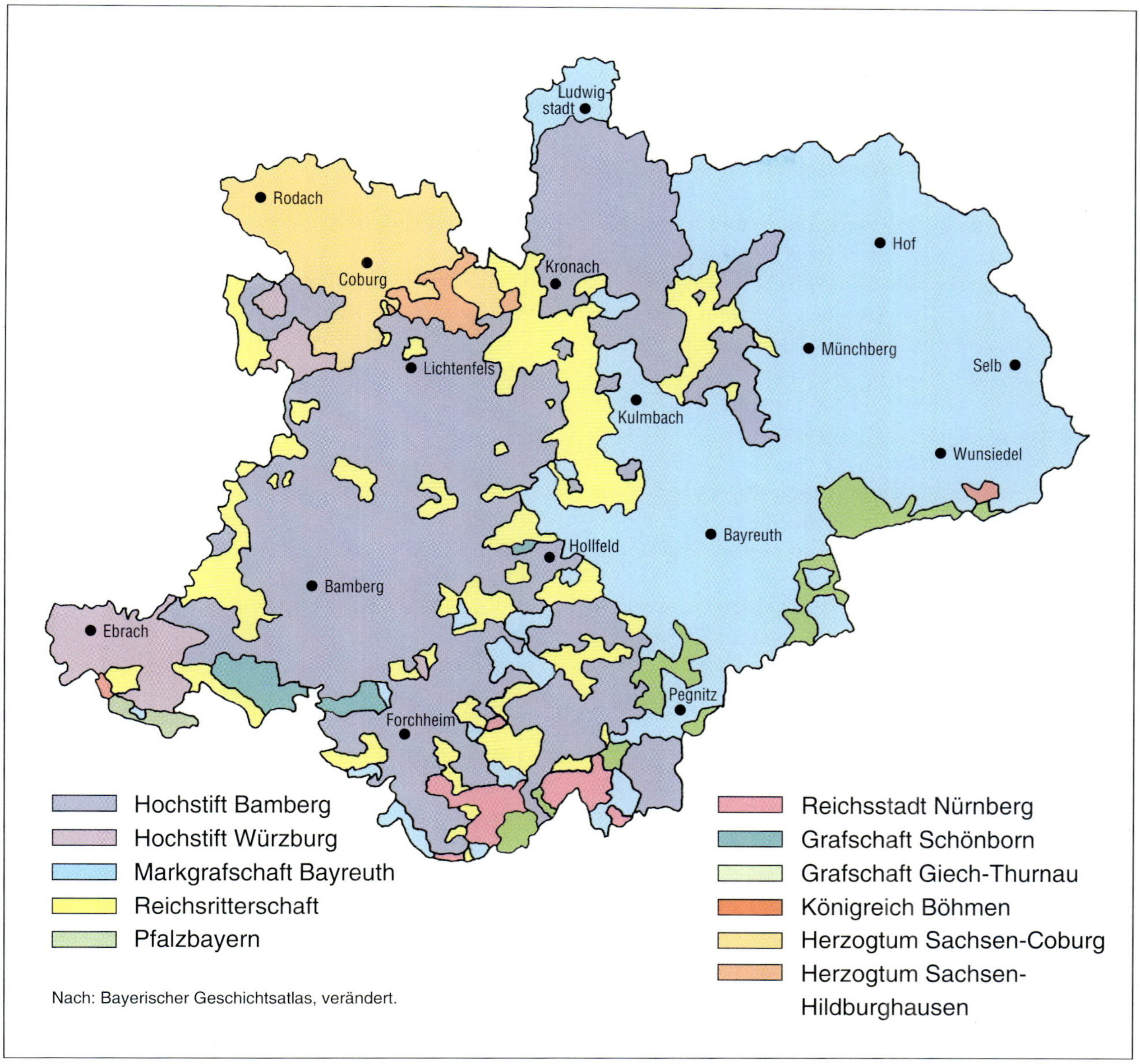

Die Territorien Oberfrankens am Ende des alten Reiches.

wiederum erhebliche Auswirkungen auf die Dorfbilder bis hin zum einzelnen Haus mit sich brachte.[17] Aus diesem Kreis der Reichsritter konnten schließlich noch im 18. Jahrhundert die Schönborn als Grafen in die Stände des Fränkischen Reichskreises aufsteigen, was nicht verwunderlich war, denn Bischöfe aus diesem Haus bestimmten über ein halbes Jahrhundert lang die Geschicke der Hochstifte Bamberg und Würzburg. Nach 1711 entstand so aus ehemals ritterschaftlichem Besitz die kleine Herrschaft Pommersfelden. Auf ähnliche Weise gelang der Familie von Giech etwas später der Sprung auf die Grafenbank des Fränkischen Reichskreises, obwohl die Eigenständigkeit ihrer Herrschaft Thurnau von den benachbarten Markgrafen nie vollständig anerkannt wurde.[18]

Im Osten Oberfrankens ragte um Warmensteinach und Fichtelberg geschlossenes pfalzbairisches Territorium in heute oberfränkisches Gebiet, um Büchenbach bei Pegnitz bestand eine kleine pfalzbairische Enklave. Im Süden gehörten die Ämter Gräfenberg, Hiltpoltstein und Betzenstein zum Landgebiet der Reichsstadt Nürnberg. Hier befand sich auch mit dem kleinen Territorium des landständischen Benediktinerklosters Weißenohe eine weitere pfalzbairische Enklave.

Dieses komplexe Gebilde mittlerer, kleiner und winziger Herrschaften erlitt einen ersten gravierenden Einbruch, als der letzte Markgraf Karl Alexander von Bayreuth und Ansbach zurücktrat und seine beiden Fürstentümer 1792 gegen eine Leibrente an Preußen abtrat. Ein ähnliches Schicksal ereilte den Großteil der oberfränkischen Territorien 10 Jahre später, als nach den Koalitionskriegen deutsche Fürsten für linksrheinische Gebietsverluste durch die Säkularisation kirchlicher Territorien entschädigt werden sollten. Besonders profitierte davon Bayern, das noch vor dem Reichsdeputations-Hauptschluß vom 25. Februar 1803, der das Geschehen rechtlich sanktionierte, seine Beute in Gestalt des Hochstifts Bamberg in Besitz nahm. 1805 und 1806 wurden die Gebiete der Reichsritterschaft und der Standesherren im Zuge der Mediatisierung endgültig annektiert. Nach einem kurzem Zwischenspiel französischer Herrschaft von 1806–1810 gelangte auch die ehemalige Markgrafschaft Bayreuth schließlich unter bayerische Herrschaft.

Die Kreiseinteilung Bayerns folgte ab 1808 in Ziel und Benennung dem Vorbild des französischen Departements. Bayreuth wurde 1810 die Hauptstadt des neugebildeten »Mainkreises«, zu welchem auch noch die nördlichen oberpfälzischen Landgerichte gehörten. 1816 wurde die egrische und damit böhmisch-österreichische Enklave (Markt-)Redwitz im Tauschverfahren dem Kreis eingegliedert. Mit der Bildung des »Untermainkreises« 1817 wurde der bisherige Mainkreis konsequenterweise in »Obermainkreis« umbenannt, gleichzeitig wurde er um die Landgerichte Höchstadt/Aisch, Forchheim und Gräfenberg erweitert.

Der historisch denkende bayerische König Ludwig I. wollte die »Benennung der einzelnen Haupt-Landestheile auf die ehrwürdigen Grundlagen der Geschichte« zurückführen.[19] So erhielt der Obermainkreis 1838 den heutigen Namen Oberfranken. Diese Umbenennung war mit einer erneuten Gebietsreform verbunden. Die oberpfälzischen Landgerichte wurden abgegeben, das Landgericht Herzogenaurach kam neu hinzu.

Wesentlich erweitert wurde Oberfranken noch einmal im Jahre 1920, als das Land Coburg, dessen Herzog als letzter fränkischer Fürst 1918 zurückgetreten war, sich in einer Volksabstimmung dem Freistaat Bayern anschloß.

Seine heutige Gestalt erhielt Oberfranken jedoch erst mit der Gebietsreform von 1972, als Teile des Südwestens um Höchstadt an Mittelfranken abgegeben wurden, das alte Bamberger Amt Baunach, bisher Unterfranken, jedoch wieder an Oberfranken angebunden wurde.

Die historische Sozialstruktur des ländlichen Raumes

Das Dorf der Vergangenheit, besonders das der frühen Neuzeit, in der die wesentliche Herausbildung der heute als prägend angesehenen Haustypen stattgefunden hat, war beileibe kein homogenes Gebilde gleichberechtigter Bauern. Vielmehr war es ein sozial differenzierter Komplex, in dem neben unterschiedlichen sozialen Schichten, vom in den Quellen nur schwer faßbaren Gesinde über die Dorfhandwerker bis hin zum Vollbauern oder gar zum Gutsbesitzer, auch das Verhältnis von Herrschaft und »Gemein«, der genossenschaftlichen Dorfgemeinschaft, das soziale Dorfleben bestimmte. Dieser durchaus vielschichtige Aufbau schlug sich auch im Dorfbild nieder. Das Kleinhaus eines Taglöhners zeigt, wenn auch in den Grundformen und dem Baumaterial ähnlich, doch einen anderen Charakter als der Dreiseithof des Vollbauern. Weitere Differenzierung brachten die Bauten der Dorfgemeinschaft, wie Brauhaus, Backhaus oder Hirtenhaus, aber auch die Bauten der Herrschaft, wie Zehntscheuer, Klosterhof oder Schloß.

Neben dem Dorfverband der frühmittelalterlichen fränkischen Königsfreien gab es im Früh- und noch im Hochmittelalter eine wesentliche Grundstruktur der ländlichen Siedlung, die der Villikation. Einem herrschaftlichen, sei es adeligen oder kirchlichen, Großhof (»curia«) waren abhängige bäuerliche Höfe (»mansi«) im Sinne eines Fronhofverbandes zugeordnet. Erst nachdem diese Villikationsverfassung sich im 11./12. Jahrhundert aufzulösen begann und durch das System der Erbzinsleihe abgelöst wurde, konnte sich ein im Rahmen der mittelalterlichen Grundherrschaft relativ selbständiges, intensiv wirtschaftendes und über Generationen seßhaftes Bauerntum herausbilden.[20] Mit dieser Umwandlung ging der Prozeß der Verdorfung, der Vergetreidung und der Verzelgung der Flur einher.

Der im modernen Sinn vollbäuerliche Betrieb wird nun in der reichlicher fließenden urbariellen Überlieferung des 14. Jahrhunderts »mansus« (Hube) genannt. Bereits in dieser Zeit hatte aber ein Prozeß der sozialen Differenzierung eingesetzt, der durch »halbe Huben« oder auch durch das »feudum« (Lehen) faßbar wird. In den Dörfern des westlichen Oberfrankens bestanden zu dieser Zeit beide Hofgrößen nebeneinander. In den Ausbau- und Rodungsregionen des mittleren Oberfrankens entstanden schließlich Dörfer, in denen das Lehen, also eigentlich die halbe Hofeinheit, zum Grundgerüst wird; man spricht daher von Dörfern des »Lehentyps«.[21] Ein solches Dorf im westlichen Oberfranken ist beispielsweise Kümmersreuth (Stadt Staffelstein), das im Langheimer Urbar um 1390 mit 20 Lehen aufgeführt ist.[22] Im Rodungsland des Fichtelgebirges ist die älteste Grundeinheit der Hof, eine Besitzeinheit, die sich zwar sprachlich von Hube, Hufe herleitet, von der Besitzgröße her jedoch neu definiert wurde und den agrarökologischen Rahmenbedingungen angepaßt wurde.

Zu diesen Grundeinheiten traten noch im späten Mittelalter eine Reihe weiterer, zumeist kleinerer Besitzeinheiten, die die zunehmende soziale Differenzierung des Dorfes verdeutlichen. Es sind dies das Gut (»bonum«) oder auch das »Gütlein«, manchmal in der Größe des Lehens, zumeist jedoch kleiner. In vielen Fällen war das Gütlein gleichbedeutend mit der »Selde« oder »Sölde«, die zur wesentlichen kleinbäuerlichen Besitzeinheit bei der spätmittelalterlichen und frühneuzeitlichen Verdichtung der Dörfer wurde.[23] Im Fichtelgebirge tritt für eine vergleichbare Größenordnung des kleinbäuerlichen Betriebes auch die Bezeichnung »Herberge« auf.[24] Die kleinste Einheit schließlich, bewohnt von Kleinhandwerkern oder Tagelöhnern, manchmal mit einer geringfügi-

Dorf	Natur-raum	Häuser um 1850	Ein-wohner um 1850	durchschn. Besitzgröße (in Tagwerk)	Bauern-anteil in %	Einw. Zahl pro 100 ha LN	Dorftyp	ehem. Dorf- u. Gemeinde-herrschaft
Michelau	Ober-maintal	141	1337	7,84	20,1	219	Korbmacher-dorf	Bbg. Amt Burgkunstadt
Alten-kunstadt	Ober-maintal	122	764	5,88	16,7	227	Judendorf	Bbg. Amt Weismain
Neudes	Fichtel-gebirge	11	86	65,81	91	35	Bauerndorf	Bayreuth. Amt Wunsiedel
Mainroth	Ober-maintal	62	298	23,06	43,5	60	Bauern-Hand-werker-Dorf	Bbg. Dom-probsteiamt Maineck
Isaar	Vogtland	35	246	45,37 (darin Rittergut mit 785,38)	34,3	46	Gutsdorf	landständisch-bayreuthisches Rittergut
Pausdorf	Albvorland	22	105	26,00	68,2	56	Bauerndorf	Bbg. Amt Scheßlitz
Steinbach a. d. H.	Franken-wald	40	223	41,77	57,5	37	Bauerndorf	Bayreuth. Amt Lauenstein
Konrads-reuth	Münch-berger Hochfläche	181	1103	10,89 (darin Rittergut mit 634)	8,2	202	Weberdorf	landständisch-bayreuthisches Rittergut
Daschen-dorf	Itzgrund	25	108	6,23	48,0	177	Kleinbauern-Handwerker-dorf mit Son-derkulturen	Bbg. Oberamt Baunach

Strukturmerkmale oberfränkischer Dörfer um die Mitte des 19. Jahrhunderts.

gen Landwirtschaft verbunden, kündigt sich mit den »heuslein« des 16. Jahrhunderts an, die schließlich als »Leerhäuser«, »Trüpf-« oder »Tropfhäuser« im 18. Jahrhundert die unterste Klasse der Besitzeinheiten bildeten. Obwohl der Begriff »Tropfhaus« keine Hausform in hauskundlicher Sicht vermittelt, sondern zunächst rechtlichen Charakters ist, hat sich doch ein recht einheitlicher ein-, selten zweigeschossiger Kleinhaustyp ohne Nebengebäude auf winzigem Grundstück herausgebildet, der in seiner starken Häufung prägend vor allem für die ritterschaftlichen Siedlungen war.[25]

Sicherlich haben sich im Verlauf der Jahrhunderte, vor allem in Gebieten mit Realerbteilung, Nivellierungen durch Hofteilungen, Ausbrüche, aber auch durch Besitzzuwächse bei kleineren Besitzeinheiten ergeben. Zumeist tritt uns aber noch in den Katasterbüchern der Mitte des 19. Jahrhunderts, die in Oberfranken größtenteils erst nach der endgültigen »Bauernbefreiung« von 1848 aufgenommen wurden, deutlich das differenzierte Sozialsystem des mittelalterlichen und nachmittelalterlichen Dorfes entgegen.

Selbstverständlich gab es auch im Dorf Schichten, die nach oben oder nach unten aus dieser breiten bäuerlich-handwerklichen Mittelschicht herausfielen. Im späten Mittelalter ist dies beispielsweise der niedere Dorfadel, der, soweit er nicht den Aufstieg in die Ritterschaft schaffte, in den Bauernstand absank. In dieser Zeit lassen sich beispielsweise im Bayreuther Raum noch »Muntleute« feststellen, die nur geringe Abgaben und Fron leisten mußten. In ihnen sind wohl Reste jener freibäuerlichen oder königsbäuerlichen Gruppen der Rodungszeit zu sehen.[26] In der frühen Neuzeit lassen sich die Oberschichten weit deutlicher als Gutsbesitzer, zumeist reichsritterliche oder landständische Adlige, in der Umgebung der Städte in einigen Fällen auch Großbürger, von der bäuerlichen Hauptschicht des Dorfes abgrenzen. Weit zahlreicher waren dagegen, vor allem im Zuge des Bevölkerungswachstums nach dem 30jährigen Krieg, die Unterschichten, die sich zwar nicht durch Hausbesitz im Dorfbild artikulierten, im Alltagsleben und im Bewußtsein der Zeit jedoch eine nicht zu unterschätzende Bedeutung, oft auch in negativer Sicht, hatten.[27] Es sind dies, noch relativ abgesichert und in die Dorfgemeinschaft eingebunden, das Gesinde, auch die Hirten und Schullehrer. Außerhalb der ländlichen Rechtsgemeinschaft, aber stets gegenwärtig, blieben »gefallene Mädchen« mit unehelichen Kindern, Landfahrer, Bettler und Zigeuner. Gesondert betrachtet werden müssen die Landjuden, die es immerhin auch zu Hausbesitz bringen konnten, und damit auch im Bild des alten fränkischen Dorfes in Erscheinung traten. Vornehmlich in ritterschaftlichen Orten, aber auch in bestimmten, für sie offenen Dörfern des Hochstifts Bamberg, wie Demmelsdorf und Zeckendorf (Stadt Scheßlitz), konnten sie sich niederlassen.[28] Der Zugang zu Landwirtschaft und Handwerk blieb ihnen verschlossen, daher war der Landjude »Handelsjud«, zumeist Hausierer oder Viehhändler.[29] Ihre Häuser haben sich nicht von denen der sonstigen kleinbäuerlich-handwerklichen Bevölkerung unterschieden. Eine Ausnahme bildet das in den Dörfern mit hohem jüdischen Bevölkerungsanteil häufig vorkommende Doppelhaus. Da die Zahl der jüdischen Häuser durch Zuzugsbeschränkungen und noch im frühen 19. Jahrhundert durch den »Matrikelparagraphen« von der Obrigkeit festgesetzt wurde, lebten oft zwei oder mehr jüdische Familien in quer- oder längsgeteilten Häusern, die äußerlich durch zwei Hauseingänge kenntlich sind. Siedlungsstrukturell waren die jüdischen Häuser zumeist dispers über das ganze Dorf verteilt, in manchen Fällen lassen sich jedoch auch fast gettoartige Konzentrationen feststellen, wie in Altenkunstadt, wo sich im sogenannten »Judenhof« um die Synagoge etwa 20 jüdische Wohnhäuser in fast geschlossener, städtischer Bauweise gruppierten.[30]

Das Ergebnis dieses langen Prozesses der sozialen Differenzierung waren Dörfer, die keineswegs einen homogenen, einheitlichen Typus verkörperten, sondern die eine große Bandbreite unterschiedlicher Dorftypen repräsentierten. Die Tabelle der Strukturmerkmale oberfränkischer Dörfer um die Mitte des 19. Jahrhunderts kann diese Vielfalt aufzeigen, kaum jedoch die sozialen Härten verdeutlichen, die sich hinter mancher dieser Zahlen verbergen.

Die historische Agrarlandschaft

Die Agrarlandschaft Oberfrankens erhielt ihr Gepräge in der Vergangenheit durch das Zusammenwirken von Wohnplatz und Wirtschaftsfläche, also von Dorf und Flur, durch die jeweilige Bodennutzung und Viehhaltung. Natürlich war dieses System nicht statisch, sondern es entwickelte sich, wenn auch langsam, bis in das 19. Jahrhundert, um dann, vor allem im 20. Jahrhundert, eine ungeheure Dynamik anzunehmen, die heute droht, die über mehr als ein Jahrtausend gewachsene Struktur vollkommen zu verändern. Daher soll hier, im Sinne eines Zeitfensters, im wesentlichen der Zustand der Agrarlandschaft des 17. bis 19. Jahrhunderts beschrieben werden, jener Zeitraum also, in dem sich unsere traditionelle Hauslandschaft auch in Abhängigkeit von der jeweiligen Agrarstruktur herausgebildet hat.

Diese Agrarlandschaft war primär durch den Ackerbau geprägt, so daß die überspitzte Formulierung: »Das Beste am Vieh ist der Dung«[31] bis weit in das 19. Jahrhundert hinein ihre gewisse Berechtigung hatte. Dies gilt jedoch in stärkerem Maße für die vergleichsweise dicht bevölkerten Altsiedellandschaften und für die wasserarme Fränkische Alb, weniger für die Bergregionen des Fichtelgebirges, wo schon aufgrund der Niederschlagsmenge der Grünlandanteil höher sein mußte. Um 1500 war dort die Wiesenfläche größer als die Ackerfläche.[32]

Das Bodennutzungssystem in den meisten Teilen Oberfrankens war das der Dreifelderwirtschaft, zum Teil im Zelgensystem mit Flurzwang. Dabei wurde die Flur des Dorfes in drei oder sechs gleichwertige Teile, die Zelgen, in Oberfranken auch Felder genannt, untergliedert, die in einem festen, rotierenden System jeweils mit Wintergetreide (Weizen, Roggen), mit Sommergetreide (Gerste, Hafer, Sommerweizen) bebaut wurden oder jeweils brach liegenblieben und als Hutung genutzt wurden. Dieses Zelgensystem war mit vielen genossenschaftlichen Regelungen verbunden, eben dem »Flurzwang«, der die Zeit der gemeinsamen Aussaat und Ernte, die Möglichkeit der Überfahrt über fremde Felder und die Zeiten der Beweidung von Stoppelfelder und Brache festsetzte. Ohne ein Mindestmaß an Gemengelagen der Flurparzellen ist dieses Bodennutzungssystem jedoch nicht denkbar und auch nicht nötig[33], so daß in den Rodungslandschaften Oberfrankens, zumindest dort, wo Hufen das Flurbild bestimmten, eine individuelle Bewirtschaftungsweise vorherrschte, wenn auch durchaus im Sinne des Fruchtwechsels der Dreifelderwirtschaft. Erst gegen Ende des 18. Jahrhunderts begann sich die verbesserte Dreifelderwirtschaft mit bebauter Brachfläche durchzusetzen.

In den agrarökologischen Ungunsträumen Oberfrankens war ein weiteres Bodennutzungssystem verbreitet, zumeist an den Rändern der Gemarkungen oder auf Grenzertragsflächen. Dies war die »Egertenwirtschaft«, eine Form der Feld-Weide- oder Feld-Gras-Wechselwirtschaft, bei der eine Fläche nur für relativ kurze Dauer zu extensivem Ackerland umgebrochen, dann aber für eine längere Zeit als Weide genutzt wird. Solche Egerten waren der Herrschaft im Sechsämterland schon um 1500 ein Dorn im Auge[34], da sie die Abgaben minderten. Dabei entstand dieses System jedoch aus agrarökologischen Notwendigkeiten heraus, um auch sehr schlechte Standorte noch nutzen zu können. Auf der Hochfläche der Fränkischen Alb mit ihren zum Teil recht kümmerlichen Böden war dieses System noch bis in unser Jahrhundert hinein üblich.[35]

Die Hauptanbaufrucht war seit dem Mittelalter in den begünstigten Räumen der Roggen, daher in den Quellen auch das »Korn« genannt, in den Bergländern übernahm der Hafer die führende Rolle. Im Fichtelgebirge war um 1500 der Getreidezehnt von Hafer doppelt so hoch als der von Roggen.[36] Dagegen traten die anderen Getreidearten Weizen und Gerste sowie Dinkel und »Haidel« (Buchweizen) zurück. Der Anbau von Hirse, im Mittelalter noch höchst

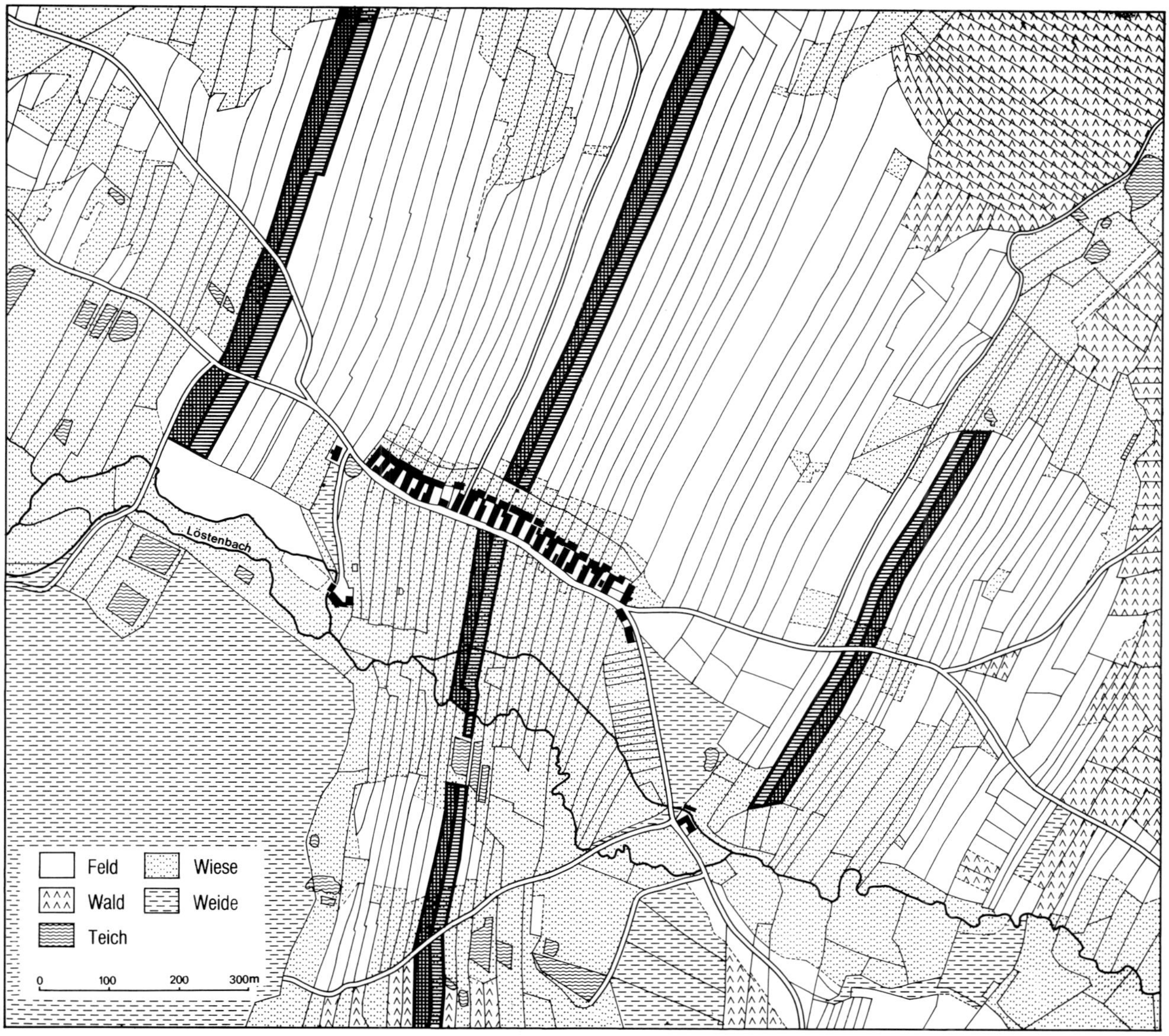

Die Gemarkung des Zeilendorfes Reicholdsgrün 1856. Die Flurform ist für die Dreifelderwirtschaft im Zelgensystem ausgerichtet. Jeder Hof hatte einen Besitzstreifen in den drei Zelgen und im hofanschließenden Grünland südlich des Dorfes, das durch seinen Flurnamen »Peunt« seine Stellung außerhalb des Zelgensystems zeigt.

bedeutsam, hatte sich um 1800 auf Restflächen, beispielsweise um Hirschaid, zurückgezogen.[37] Mit der Zunahme der Bedeutung des Brauwesens auf dem Lande steigerte sich auch der Gerstenanbau, der schließlich im 19. Jahrhundert in manchen Landgerichten die Fläche des Roggenanbaus erreichte.[38] Die Ertragsverhältnisse waren bis weit in das 19. Jahrhundert hinein so bescheiden, daß man sich nicht wundern muß, wenn die Hungersnot stets als Bedrohung vor der Tür der Landbevölkerung stand. Im durchaus begünstigten Naturraum des Albvorlandes konnte um 1830 oft nur die dreifache Aussaat bei Roggen und Weizen und die fünffache bei Hafer erreicht werden.[39] In guten Jahren trug das »Korn« sechsfach. Seit der Mitte des 19. Jahrhunderts lassen sich konkrete Werte ermitteln. So erntete man im Landgericht Lichtenfels von Weizen 8,8, von Roggen 9,5 sowie von Gerste und Hafer 11,4 dt/ha.[40]

Im 18. Jahrhundert begann, verstärkt durch die Hungersnöte von 1771 und 1816, der Siegeszug der Kartoffel, die schließlich das Brot als Hauptnahrungsmittel überrunden sollte. Sie nahm in der Ernährung der ländlichen Bevölkerung des 19. Jahrhunderts eine so überragende Rolle ein, daß der Spruch »Kartoffeln zum Frühstück, Mittags Erdäpfel, Potaken des Abends« kaum übertrieben scheint.[41]

Die Bedeutung der Viehzucht war abhängig von den Weide- und Grünlandverhältnissen. Grundsätzlich besaß sie daher in den niederschlagsreicheren Gebieten der Bergländer eine höhere Bedeutung auf letztlich niedrigem Niveau. Die heute übliche ganzjährige Stallfütterung begann sich erst zu Beginn des 19. Jahrhunderts langsam durchzusetzen, von den Agrarreformern dieser Zeit immer wieder gefordert. Bis dahin war es in der von der Dreifelderwirtschaft geprägten Flur üblich, daß das Vieh täglich vom Gemeindehirten auf die Allmendweiden, also die Weideflächen im Gemeindebesitz, geführt wurde. Nach der Ernte konnten auch die Stoppelfelder

Triftweg des Klosters Banzischen Schafhofs Heinach bei Schönsreuth, Landkreis Lichtenfels. Innerhalb der breiten, von Schafen beweideten Wegflächen mäandriert der eigentliche Weg.

beweidet werden, in vielen Fällen mußte auch der bäuerliche Wald als Waldweide zur Ergänzung des Futterbestandes herhalten. Manchmal beweideten auch mehrere Dörfer gemeinsam eine sogenannte »Landsgemeinde«, eine zwischen den Dorfgemarkungen gelegene, meist mit schlechteren Böden ausgestattete Fläche, teils Weide, teils Ödland, teils Wald. Solche Landsgemeinden oder auch »Landsweiden« gab es beispielweise bei Nankendorf/Kirchahorn, zwischen Hohengüßbach, Laubend und Zückshut oder bei Hallstadt auf dem Semberg.[42]

Die Rinderhaltung war der wichtigste Zweig der Viehzucht, die Schafhaltung spielte eine weit größere Rolle als heute. Zumeist war sie grundherrliches Privileg, wovon noch etliche ehemalige Schafhöfe von Klöstern oder Rittergütern zeugen. In ihrem wichtigsten Verbreitungsgebiet, in den Tälern und auf der Hochfläche der Fränkischen Alb, wurde sie auch von Gemeinden oder Privatpersonen betrieben.

Vor allem in den größeren Flußtälern wurde seit dem späten Mittelalter ein intensiver Wiesenbau betrieben. Schon 1472 wird dem Jörg Mulner zu Rattelsdorf im Itzgrund erlaubt, ein Wasserschöpfrad zur Wiesenbewässerung in den Mühlgraben zu hängen.[43] Auch am Roten Main bestanden bis in das 20. Jahrhundert Wasserschöpfräder[44], das Zentrum der künstlichen Wiesenbewässerung mit Schöpfrädern lag jedoch im Tal der Regnitz mit ihren Nebenflüssen zwischen Erlangen und Forchheim, wo sich Ende des 19. Jahrhunderts etwa 250 Stück drehten.[45] Ab etwa 1850 breiteten sich dann aufgrund staatlicher Förderung recht schnell in allen größeren Fluß- und Bachtälern Bewässerungsanlagen im Grabenstausystem aus, wo das Wasser über immer kleiner werdende Kanäle und Gräben auf jede einzelne Wiesenparzelle geleitet wurde. Eine der größten dieser Anlagen war die von Baunach-Daschendorf mit 277 ha, erbaut 1875–78.[46]

Zumindest in den landwirtschaftlich bevorzugten westlichen Teilen Oberfrankens war der Anbau von Sonderkulturen ein wesentlicher Faktor des Wirtschaftslebens. Die klassische Sonderkultur Frankens, der Weinbau, war zwar bis in die Frühe Neuzeit bis an den Fuß der Grundgebirge verbreitet, konnte aber nur in Ausnahmefällen das Wirtschaftsgefüge eines Dorfes bestimmen, wie er es in den Weinbaulandschaften Unterfrankens tat. Die Zentren des oberfränkischen Weinbaus, die als Rückzugsgebiete noch im 19. Jahrhundert, in Resten noch heute bestehen, waren das Maintal westlich von Bamberg, das Gebiet der Stadt Bamberg selbst, das Regnitztal um Forchheim und Reuth sowie das Obere Maintal um den Staffelberg.[47]

Im Verlauf des 18. und des 19. Jahrhunderts wurde der Weinbau fast überall als Sonderkultur durch den Hopfenanbau abgelöst. Schließlich bestanden Hopfengärten in fast allen Brauereidörfern des westlichen und mittleren Oberfrankens. Fürstbischof Friedrich Adam von Seinsheim erließ 1767, ganz im Sinne des Merkantilismus, eine Verordnung zur Förderung des Hopfenanbaus, die bei der Neuanlage von Hopfengärten eine befristete Steuerfreiheit versprach, um die bisher nötigen Importe aus dem Saazer Anbaugebiet in Böhmen zu verringern. Die Zentren des Hopfenanbaus lagen um Forchheim, um Bamberg, auf der südöstlichen Frankenalb im Anschluß an das Hersbrucker Gebiet und um Baunach. Alleine in der Gemarkung Baunach waren 79 ha mit Hopfen bestockt, die Ernte von 1853 erbrachte 1162 Zentner und somit immerhin 1,42 Prozent der gesamtbayerischen Hopfenernte.[48] Mit dem Aufstieg der Hallertau zum bedeutendsten Hopfenanbaugebiet der Welt, und mit den Stillegungsmaßnahmen im Dritten Reich fand der oberfränkische Hopfenanbau sein Ende in den dreißiger Jahren unseres Jahrhunderts.

Noch heute von Bedeutung ist dagegen der Obstbau als Sonderkultur. Sein Hauptverbreitungsgebiet fand er im Vorland der Fränkischen Alb sowie in ihren Tälern und zum Teil auch auf der Hochfläche. Keimzelle des blühenden Obstbaus um 1800 war das Dorf Effeltrich, wo es zu dieser Zeit etwa 40–50 Baumschulen gab, deren Inhaber auch als Baumhändler hausierend in ganz Europa Obstbäume verkauften.[49] In den bambergischen Ämtern Forchheim und Neunkirchen war es vor allem die Kirsche, am Obermain sowie in den Ämtern Scheßlitz und Ebermannstadt die Zwetschgen,[50] und im Lautergrund und Kehlbachgrund südöstlich von Staffelstein lag der Schwerpunkt auf dem Anbau von Walnüssen, die nach Sachsen exportiert wurden. Auch im Bayreuthischen war der Anbau von Zwetschgen verbreitet. Der Obstbau prägte die Landschaft so sehr, daß manche Dörfer, wie beispielsweise Würgau, »... in Bäumen ganz versteckt«[51] lagen. Das Obst wurde vor allem als Dörrobst in den Handel gebracht (siehe Beitrag Reichert, S. 95 ff.), aber auch zu Branntwein und Essig verarbeitet.

In der Bamberger und Hallstadter Flur lag das marktorientierte oberfränkische Zentrum des Gemüseanbaus. Ende des 18. Jahrhunderts gehörten beinahe 400 Gärtner der Bamberger Innung an. Sie bauten alle nur denkbaren Gemüse, Salate und Gewürzkräuter an. Das Gemüse wurde nach Sachsen, Thüringen und in die Oberpfalz exportiert. Die Bamberger Spezialität aber war das Süßholz, wovon um 1800 mehrere hundert Zentner in alle Teile Europas ausgeführt wurden.[52] Wenn auch die Sonderkulturen Wein, Hopfen und Obst nur geringen baulichen Niederschlag in Oberfranken fanden, so konnte sich in Bamberg ein eigenständiger Typ des Gärtnerhauses herausbilden, der von der zweiten Hälfte des 18. bis zum Ende des 19. Jahrhunderts verbindlich blieb.[53]

Der Wald war ein wesentlicher Bestandteil des bäuerlichen Betriebssystems. Er war die wichtigste Energiequelle als Brennholzlieferant und übernahm ergänzende Funktionen für die Flur, da er der Waldweide und der Streugewinnung diente. Für die traditionelle Siedlungs- und Hauslandschaft war er aber vor allem als Bauholzreservoir von Bedeutung. Dabei konnte die ländliche Bevölkerung nicht alleine auf die eigenen, meist als Niederwälder genutzten Bestände zurückgreifen, sondern in vielen Fällen auch auf die herrschaftlichen Wälder, in denen man Holzrechte besaß. »Gerechtigkeitsholz« aus dem großen, geschlossenen Waldgebiet des Lichtenfelser Forstes, das dem Bamberger Bischof gehörte, bezogen fast alle umliegenden Dörfer, auch die im Coburgischen Territorium gelegenen.[54]

Die Siedlung

Unter dem Aspekt der Bauernhausforschung soll unter »Siedlung« die ländliche Siedlung verstanden werden, selbstverständlich sind auch Städte Siedlungen. Die ländliche Siedlung wird hier aufgefaßt als die Gesamtheit von Wohn- und Wirtschaftsfläche, also als Einheit von Dorf und Flur.[55] Grundsätzliches Unterscheidungsmerkmal von Siedlungen ist ihre jeweilige Parzellierung, somit die Art und Weise, wie die Grundstücke von Dorf und Flur aufgeteilt und angeordnet sind. Beeinflußt wird diese Gestaltung durch zahlreiche Faktoren, darunter die naturräumlichen und agrarökologischen Rahmenbedingungen, die topographische Lage und die Lage im Verkehrsnetz der Anlagezeit der Siedlung. Rechtliche, darunter vor allem erbrechtliche Maßgaben wirken ebenso auf die Gestaltung der Siedlung ein wie soziale und wirtschaftliche Gegebenheiten. Dies zeigt schon, daß die Grundmerkmale einer Siedlung nicht stabil bleiben, sondern sich nach der jeweiligen Dynamik der Einflußfaktoren mehr oder weniger stark im Verlauf der Zeit verändern. Trotzdem haben sich die Eigenarten oberfränkischer ländlicher Siedlungen bis zum Zweiten Weltkrieg nur langsam gewandelt; erst danach setzten dynamische Prozesse ein, die Dorfbilder und Dorfstrukturen in vielen Fällen dramatisch verändert haben, wenn sich auch feststellen läßt, daß in peripheren Räumen manche Dörfer ihren Grundcharakter erstaunlich gut bis heute bewahren konnten.

Die Perioden der Siedlungsgeschichte

Obwohl Oberfranken zumindest in seinem westlichen Teil seit der Altsteinzeit besiedelt war, sollen hier nur jene Perioden der Siedlungsgeschichte vorgestellt werden, in denen sich unser heute vorhandenes Netz ländlicher Siedlungen herausgebildet, verdichtet oder auch zurückgebildet hat, denn dieses Siedlungsnetz bildet schließlich die Grundlage für die Herausbildung traditioneller Hauslandschaften. Charakteristische Siedlungsformen sind, zusammen mit der Interpretation von Ortsnamen, schriftlichen Quellen und archäologischen Zeugnissen, Wegweiser zur Herausarbeitung von Siedlungsperioden.

Die Landnahmezeit und die fränkische Staatskolonisation

Als einziger der bayerischen Regierungsbezirke blieb das heutige Oberfranken mit allen seinen Teilen außerhalb des Römischen Reiches, so daß bis heute dauerhafte Siedlungen erst mit dem Abklingen der Völkerwanderung entstanden sein können.[56] Während der Völkerwanderungszeit im Grenzbereich zwischen den germanischen Stämmen der Alamannen im Südwesten, der Juthungen im Süden und der Thüringer im Norden gelegen,[57] läßt sich auch in der Zeit der Landnahme Oberfranken nicht eindeutig dem Herrschaftsbereich eines Stammes zuordnen. Ab der zweiten Hälfte des 5. Jahrhunderts ist mit einer Ausweitung des thüringischen Einflußgebietes nach Süden zu rechnen. Die Ortsnamen auf »-stadt«, wie im coburgischen Grabfeld die Orte Ahlstadt, Grattstadt und »Trufalistat« (= Ur-Coburg)[58], sowie im Obermaingebiet und im nördlichen Regnitztal Döringstadt, Hallstadt, Trunstadt, Amlingstadt, vielleicht auch Ebermannstadt, werden hierfür als Belege herangezogen. Weitere Hinweise auf vorfränkische, vielleicht alamannische Besiedlung mögen die Ortsnamen auf »-ingen« geben. Wie die auf »-stadt« endenden Orte sind auch sie im naturräumlich begünstigten westoberfränkischen Bereich verbreitet, sie reichen in den Nebentälern des Obermaines jedoch bis an den Fuß der Fränkischen Alb heran. Dies sind die Dörfer Seußling, Ebing und in den Nebentälern Prächting, Ützing und Isling.[59] Mit dem Sieg der Franken über die Alamannen 497 und danach über die Thüringer 531 gelangte das Obermaingebiet in den Einflußbereich der fränkischen Expansionspolitik. Die Kraft der planmäßig vorgetragenen Durchdringung des Raumes, andernorts als fränkische Staatskolonisation bezeichnet, reichte aber zunächst nicht aus, um bis ins späte 6. und frühe 7. Jahrhundert mehr als einige Stützpunkte im Kernraum des nördlichen Regnitzgebietes zu besetzen. Diese Gruppe tritt uns in den Ortsnamen auf »-heim« in Verbindung mit Personennamen entgegen, wie Eggolsheim, Forchheim, Buttenheim und Gundelsheim, die, wenn sie wie die beiden erstgenannten auch alte Martinskirchen besitzen, mit sehr hoher Wahrscheinlichkeit auf gelenkte Gründungen der Merowingerzeit zurückzuführen sind. Diese fränkische Ostexpansion verlor jedoch an Schwung mit der Niederlage des austrasischen Königs Dagobert gegen die Slawen unter Samo bei der Wogastisburg 630/631, in deren Folge auch mit einer Landnahme slawischer Siedler im westlichen Oberfranken zu rechnen ist. In dieser Zeit der fränkischen Defensive schien das thüringische Herzogtum der »Hedene«, in lockerer Abhängigkeit von den merowingischen Franken, das Maingebiet beherrscht zu haben. Mit dem Aufstieg der Karolinger, nach der Mission des Hl. Kilian in Würzburg 689, wurde das ostfränkische Gebiet jedoch direkt der fränkischen Königsherrschaft unterstellt.

Die Siedlungsformen dieser Landnahme lassen sich nur schwer rekonstruieren. In der Regel ist von Einzelhöfen oder Weilern auszugehen, die sich im Laufe der Zeit zu Haufendörfern verdichtet haben. Gerade die Siedlungen, die auf die fränkische Staatskolonisation zurückgeführt werden können, zeigen jedoch eher regelhafte Siedlungsbilder langgestreckter Straßen- oder Straßenangerdörfer, an Bachläufen orientiert, in Verbindung mit einer stark zersplitterten Gewannflur, wie Eggolsheim oder Gundelsheim. Allerdings ist in diesen Fällen auch an eine hoch- oder spätmittelalterliche Regulierung der Siedlung zu denken.

Der frühmittelalterliche Landesausbau

Entscheidender Ansatzpunkt für eine stärkere fränkische Durchdringung des Siedlungsraumes und die festere Einbindung in den fränkischen Staatsverband war auch für Oberfranken die Gründung des Bistums Würzburg 741/42. Damit wird die Königsgewalt, die bisher allein die zentrale Macht in unserem Raum ausübte, durch eine weitere stabile Herrschaft ergänzt. Bei der Ausstattung des Bistums Würzburg hellt sich die bisherige merowingisch-karolingische Herrschaftsorganisation im westlichen Oberfranken etwas auf, sie wurde durch Königshöfe als politische und kirchliche Schwerpunktorte gewährleistet. Dies waren die Orte Hallstadt, vielleicht auch schon das auf der Albhochfläche gelegene Königsfeld und etwas später Forchheim, von denen aus Siedlung und Pfarreiorganisation betrieben wurden.[60] Zur Festigung der fränkischen Herrschaftsstruktur im westlichen Oberfranken diente sicherlich auch der berühmte Befehl Karls des Großen, Kirchen in der »terra sclavorum« zu errichten, in der die »Main- und Regnitzwenden« lebten. Kurz nach 800 wurden 14 Kirchen im westlichen Radenzgau erbaut, dem östlichsten fränkischen Gau an der Regnitz, deren Lokalisierung bis heute umstritten ist.[61]

Diese und andere schriftliche Quellen, neuerdings auch archäologische Funde und Befunde zeigen, daß ein wesentlicher Anteil der Siedler in Oberfranken Slawen waren, die nach der fränkischen Niederlage gegen Samo in enger Nachbarschaft mit germanischen Siedlern Teile des Landes besetzten.[62] Eine eigene Staatlichkeit oder Stammesherrschaft konnten sie zwar in dieser intensiven fränkischen Expansionszone nicht ausbilden, doch belegt das vorhandene Namensgut eine Verbreitung slawischer Dörfer nahezu im gesamten Oberfranken. Von sprachwissenschaftlicher Seite wurde versucht, slawische Herrschaftsstrukturen zu rekonstruieren; man glaubt, im späteren Banzgau einen solchen slawischen Bezirk mit dem Zentrum »Lucelowa«, dem späteren Lichtenfels, erkennen zu können.[63]

Es ist auch mit einer Beteiligung von Sachsen und Friesen am Landesausbau zu rechnen, die im Zuge der Kriege Karls des Großen zwangsumgesiedelt wurden. Ortsnamen wie Sachsendorf, Sassendorf, Sassanfahrt oder Friesen legen dies nahe.[64]

Oberfranken war in dieser Zeit noch kein Klosterland. Jedoch besaß das außerhalb der Region gelegene, 744 gegründete Reichskloster Fulda für den Obermainraum eine erhebliche Bedeutung.

Weltlicher Zentralgewalt und Kirche folgen im Landesausbau seit der Karolingerzeit auch adelige Geschlechter, die im 10. Jahrhundert zum eigentlichen Motor der Siedlungsausweitung wurden. Die bedeutendste Rolle kommt hierbei den Grafen von Schweinfurt zu, die die Grafschaft im Radenzgau, aber auch im Volkfeld und im Nordgau an sich ziehen konnten. Es scheint, daß diese sich bei ihrem Landesausbau auch slawischer Siedler bedienten.

In diesem Zeitraum schritt die Besiedlung Oberfrankens schließlich von den ältesten Ansätzen im Main-Regnitzraum bis zum Rand des Grundgebirges fort. Auch jenseits der Grundgebirgsstufe ist in begünstigten Räumen bereits mit Siedlungszellen zu rechnen, so an der Saale im späteren Vogtland.

Kennzeichnend für den fortschreitenden Landesausbau sind die Orte auf »-feld«, die mit ihren Großgemarkungen auf die grundherrschaftliche Organisationsform der »Marken« verweisen, wie Ebensfeld, Grundfeld und Pretzfeld in den Talräumen, Beuerfeld, Wiesenfeld, Roßfeld im coburgischen Grabfeld, dagegen Waischenfeld, Königsfeld, Steinfeld und Schönfeld schon in den günstigeren Räumen der Fränkischen Alb. Ebenfalls in den Zeitraum des karolingischen Landesausbaus zu stellen sind die Ortsnamen auf »-ach« oder »-bach«, während das Grundwort »-dorf«, das die Ortsnamen von Albvorland, Fränkischer Alb und Obermainischem Hügelland weithin bestimmt, dem etwas jüngeren Ausbau des 9. und des 10. Jahrhunderts nach Osten folgt. Diese Dörfer sind häufig in Ketten an Bächen angeordnet, wie Dreuschendorf, Gunzendorf, Stackendorf und Frankendorf am Deichselbach oberhalb der lokalen fränkischen Siedlungskeimzelle Buttenheim. Eine weitere wichtige Namensgruppe sind schließlich die slawischen Ortsnamen, häufig auf »-itz« endend, die nur in dieser Zeit weitgehender Eigenständigkeit auf lokaler Ebene entstanden sein können.[65]

Die Einbeziehung dieses mittleren Oberfrankens in die herrschaftliche und kirchliche Organisation wird greifbar in den Kirchenzehnten, die noch lange nach der Gründung des Bistums Bamberg an Würzburg abgeliefert werden müssen.[66] Um 1000 war eine solche Siedlungsdichte in diesem Raum erreicht, daß nunmehr mit dem Bistum Bamberg eine verbesserte kirchliche und verwaltungsmäßige Organisationsstruktur und damit herrschaftliche Durchdringung erforderlich wurde.

Die ursprünglichen Siedlungsformen dieser Ausbauzeit lassen sich bisher nur schwer fassen; im westlichen Bereich waren es wohl Weiler, die sich später zu größeren Haufendörfern mit Gewannfluren entwickelten, während es auf der Alb und im Obermainischen Hügelland häufig kleinere Dörfer mit Blockgemengefluren blieben.

Die hoch- und spätmittelalterliche Rodungsperiode

Die Errichtung des Bistums Bamberg 1007 schaffte die Voraussetzung für weiteres Ausgreifen der Besiedlung in das östliche und nördliche Oberfranken, wenngleich das Bistum keinesfalls als »Kolonisationsbistum« anzusehen ist. Ausgelöst durch einen starken Bevölkerungsdruck, der nicht mehr durch Siedlungsverdichtung in den bereits besiedelten Räumen abgebaut werden konnte, und begünstigt durch eine langsame Klimaverbesserung, deren Optimum um 1100 erreicht wurde, und die es erlaubte, auch die höheren Lagen Oberfrankens landwirtschaftlich zu nutzen, begann man die Waldlandschaften des Frankenwaldes, des Fichtelgebirges und der Münchberger Hochfläche zu besiedeln.

Sicherlich führten Verkehrswege durch diese Berg- und Waldländer, wie die bereits 1061 erwähnte »via que procedit de Egire« in der Kössein-Röslau-Senke[67]. Auch im Frankenwald ist eine Altstraße von Kronach durch das Haßlachtal nach Saalfeld zu vermuten, die Ansatzpunkt für die spätere Erschließung gewesen sein könnte,[68] ebenso über die Münchberger Hochfläche ins spätere Vogtland. Vielleicht waren auch Orte mit vermeintlich alten Namen wie Schirnding oder Thiersheim im östlichen Fichtelgebirge an diesen Altstraßen vor der eigentlichen Rodungsperiode bereits besiedelt.[69] Im wesentlichen waren jedoch die Waldgebirge siedlungsleer.

Auch in dieser Zeit schreitet die Rodung nicht von West nach Ost regelmäßig voran, sondern sie setzt, hier wiederum die Brückenfunktion unseres Raumes anzeigend, aus verschiedenen Richtungen an. Große Teile des Fichtelgebirges, vor allem der inneren Hochfläche, wurden Anfang des 12. Jahrhunderts von Süden aus durch bairische Siedler erschlossen, gelenkt durch die Grafen von Vohburg (Diepoldinger) und die Grafen von Sulzbach.[70] Sie finden sich als Rodungsherren in manchen Ortsnamen, wie Bergnersreuth (Graf Berengar von Sulzbach) oder Grafenreuth (Grafen von Sulzbach). An der westlichen und nördlichen Fichtelgebirgsumwallung markiert noch heute die Bistumsgrenze zwischen Bamberg und Regensburg das Aufeinandertreffen der Siedlungsbewegungen aus Süden und Westen, ebenso wie die Dialektgrenze zwischen dem Ostfränkischen und Nordbairischen. Von Norden her, wohl vom 1071 gegründeten Kloster Saalfeld, begann die Rodung des nördlichen Frankenwaldes, oberfränkisches Gebiet im Raum Ludwigsstadt bis zur Wasserscheide und damit bis zur Altstraße des Rennsteigs betreffend, wo eine Dialektgrenze zwischen dem Ostfränkischen und dem Thüringischen die Rodungsbahnen von Süd und von Nord kennzeichnet.

Aus dem Südwesten siedelte das junge Bistum Bamberg, nach 1130 auch seine Klöster, vor allem Langheim. Trotzdem wird der Anteil der Zisterzienserklöster Langheim und Ebrach an der Waldrodung zumeist überschätzt. Bei den meisten der mehr als 30 Dörfer und Wüstungen des Langheimer »Eigens zu Teuschnitz« lassen sich Vorbesitzer feststellen, so daß nur etwa zehn als langheimische Gründungen gelten können. Sicher ist dies für Rappoltengrün, das nach dem zweiten Abt Langheims benannt wurde, und wohl auch für Marienroth, da das Kloster unter dem Patronat der Mutter Gottes stand.[71]

Stärker als die Kirche beteiligten sich Adelsgeschlechter am Siedlungswerk. Es scheint so, daß der von Kaiser Heinrich II. unterworfene Graf Heinrich von Schweinfurt um Kulmbach und Bayreuth zu Beginn des Jahrtausends weiter gesiedelt hätte. Alleine vier Dörfer mit dem Namen Heinersreuth mögen dies anzeigen.[72] Im 12. Jahrhundert rodeten die Walpoten und später die Andechser auch im Frankenwald, im südlichen Teil der Münchberger Hochfläche und in der nordwestlichen Randzone des Fichtelgebirges. Manche Dorfgründungen der Walpoten geben sich durch ihren Ortsnamen zu erkennen, wie Walberngrün und Walpenreuth, vielleicht auch Wölbattendorf und Wölbersbach bei Hof.[73]

Der Höhepunkt dieser Rodungswelle ist in der zweiten Hälfte des 12. und Anfang des 13. Jahrhunderts erreicht, dies schließt aber nicht aus, daß noch im 14. Jahrhundert Siedlungen neu angelegt wurden, zum Teil schon als Wiederbegründung einer bereits abgegangenen Siedlung, wie beispielweise Neuengrün im Frankenwald, das im Bamberger Bischofsurbar A von 1323 als wüst erwähnt wird und im Urbar B von 1352 bereits wieder besiedelt ist.

Die klassischen Rodungsnamen Oberfrankens sind das etwas ältere »-reuth« und das im Fichtelgebirge

und östlichen Frankenwald dominierende jüngere Leitwort »-grün«, das auch für das Vogtland, die höheren Lagen des Egerlandes und des westlichen Erzgebirges kennzeichnend ist und somit auf die vermittelnde Stellung des östlichen Oberfrankens zwischen Binnenkolonisation und Ostsiedlung hinweist. Seltener sind Grundwörter wie »-brunn«, »-berg« oder »-stein«, letzteres meist einen niederadligen Ansitz im Ort anzeigend. Bei der Siedlungsverdichtung im älter besiedelten Bereich, die auch in dieser Zeit noch stattfand, wurden häufig Bildungen mit »Neu-«, wie Neuses oder Neudorf verwendet.
Die charakteristischen Siedlungsformen dieser Epoche zeigen einen geregelten Charakter. Nicht das anderswo in Waldgebirgen dominierende Reihendorf mit hofanschließender Breitstreifenflur (Waldhufenflur) ist die Leitform des oberfränkischen Jungsiedellandes, sondern das Rundangerdorf mit radialer Breitstreifenflur mit Hofanschluß (Radialwaldhufendorf).

Der kulturlandschaftliche Umbau des späten Mittelalters

Für die Entwicklung des ländlichen Siedlungsraumes ist der kulturlandschaftliche Umbau vor allem als Wüstungsphase, einer Periode rückläufiger Siedlungsentwicklung, in Erscheinung getreten. Gleichzeitig entstanden aber im oberfränkischen Raum zahlreiche Klein- und Zwergstädte, ergänzend zu den zentralen Orten, die sich bereits im Hochmittelalter herausgebildet hatten, sowie eine Reihe gewerblicher und bergbaulicher Siedlungen, gerade in den jungbesiedelten Grundgebirgsbereichen. Nach der Verleihung des Bergregals an den Burggrafen Friedrich IV. von Nürnberg 1323 setzte im Fichtelgebirge um Wunsiedel (Stadtrecht 1324) und Weißenstadt (Stadtrecht 1348) ein intensiver Bergbau auf Zinn ein, etwas später in Goldkronach der Bergbau auf Gold und andere Metalle.[74] Etliche Hammersiedlungen zur Verarbeitung des Erzes entstanden im 15. Jahrhundert als neue Elemente der ländlichen Siedlungslandschaft.
Insgesamt fielen in Oberfranken im Zeitraum zwischen 1250 und 1500 etwa 500 Orte wüst, eine Zahl, die zunächst auf einen gravierenden Einschnitt ins Siedlungsbild schließen läßt.[75] Betrachtet man die abgegangenen Siedlungen genauer, so stellt man fest, daß es sich dabei häufig nur um Einzelhöfe oder Weiler handelte. Am Beispiel der Wüstungen im Gebiet der Abtei Ebrach konnte gezeigt werden, daß ein Rückgang der Siedlungssubstanz, bezogen auf die Gesamtzahl der Höfe, von etwa 1–3 Prozent zu verzeichnen war.[76] Zumeist wurden die Fluren der verschwundenen Höfe und kleinen Dörfer auch von umliegenden Orten weiter bewirtschaftet. So kann der Wüstungsvorgang in Oberfranken eher als ein Konzentrationsprozeß und, in den Mittelgebirgen, als ein Zurückweichen auf agrarökologisch sinnvolle Standorte aufgefaßt werden, weniger als krisenhafte Bedrohung des ländlichen Siedlungsraumes.
Verantwortlich für diesen Vorgang wurde die Agrarkrise des späten Mittelalters gemacht, die entstand, als durch den Bevölkerungsrückgang im Gefolge der Pest die Getreidepreise sanken und somit eine Entvölkerung des ländlichen Raumes eingeleitet wurde.[77] In unserer Region müssen jedoch andere Ursachen stärker beachtet werden, da eine marktorientierte Landwirtschaft, die von Preiskrisen getroffen werden konnte, hier kaum vorhanden war. Eine dieser Ursachen ist die Entstehung der zahlreichen Kleinstädte im Zuge der Territorialisierung. Außerdem ist es die Umstrukturierung der Landwirtschaft, die im Zuge der Vergetreidung und der Verzelgung grundsätzlich größere Siedlungseinheiten erforderlich machte. Diesen Prozeß der Verdorfung, also das Wüstfallen kleinerer Weiler und Einzelhöfe und die Konzentration der Hofstellen in den größeren Orten, zumeist dem Sitz eines ehemaligen Fronhofs, kann man recht deutlich am Beispiel des bambergischen Domprobsteiamtes Döringstadt nachvollziehen, wo von neun im Jahr 1057 zum Fronhof (»curtis«) Döringstadt gehörenden Orten sieben im Verlauf des Mittelalters wüst fielen, ohne eine merkliche Einschränkung der bebauten Flur zu bewirken.

Vom frühneuzeitlichen Landesausbau zur merkantilistischen Siedlungspolitik

Ein erneutes Bevölkerungswachstum zu Beginn der frühen Neuzeit führte noch einmal zu Neurodungen, die jedoch bei weitem nicht mehr die Dynamik der vorangegangenen Rodungsperiode erreichten. Kennzeichnend für die mangelnde Kraft dieses Siedlungsvorgangs ist die Verwendung des Einzelhofes als Leitform der Siedlung, da für die Anlage ganzer Dörfer die Zahl der potentiellen Siedler nicht mehr ausreichte. Die Rodung erfolgte, wie auch schon im Spätmittelalter, in den Ungunsträumen des Landes. Träger der Siedlung waren nun schon die kleinen Herrschaften der Ritter, die versuchten, ihr Kleinstterritorium zu verdichten.
Gleichzeitig verstärkte sich in den bestehenden Dörfern die soziale Differenzierung durch Siedlungsausbau mit klein- und nachbäuerlichen Schichten, die an der landwirtschaftlichen Nutzfläche des Dorfes nur noch in geringem Ausmaß beteiligt wurden. Dabei begannen sich die ursprünglichen Siedlungsstrukturen durch Verdichtung im Kern und Erweiterung an den Rändern erheblich zu verändern.
Der Dreißigjährige Krieg unterbrach diese Entwicklung um mehr als ein halbes Jahrhundert. Erst zu Beginn des 18. Jahrhunderts bestimmte die Problematik der nachbäuerlichen Schichten erneut die Siedlungspolitik, was in den größeren Territorien zu Heiratsbeschränkungen und zum Verbot des Tropfhausbaus führte. Dies nutzten wiederum die Reichsritter im Zuge ihrer »Peuplierungspolitik« aus, die

Ansiedlungswilligen in ihren Herrschaftgebieten Kleinststellen anboten. Ziel dieser Politik war die Verbesserung ihrer Finanzkraft. Das extremste Beispiel dieser Siedlungspolitik ist das Dorf Sassanfahrt, das zwischen 1784 und 1808 von nur fünf auf 94 Häuser anwuchs.[79] Nicht nur die eigenständigen Reichsritter, auch die landständischen Ritterschaften im Coburgischen, beispielsweise in Hassenberg, und im Bayreuthischen verfuhren so.[80]
Unter den größeren Herrschaften war am ehesten die Markgrafschaft Bayreuth im merkantilistischen und populationistischen Sinne aktiv. So gründete Markgraf Georg Wilhelm 1701 St. Georgen am See, ein winziges Städtchen auf planvollem Grundriß mit mehreren Manufakturen, das seine Selbständigkeit gegenüber der Hauptstadt Bayreuth nur bis 1811 behaupten konnte.
Schon seit dem Ende des Dreißigjährigen Krieges fanden auch österreichische Exulanten in der Markgrafschaft Aufnahme. Für sie wurden jedoch keine eigenen Dörfer gegründet, denn nach der Entvölkerung während der langen Kriegszeit waren genügend Bauernstellen in den bestehenden Dörfern unbesetzt, so daß die österreichischen Protestanten willkommen waren.[81] Ein recht erheblicher Siedlungsausbau fand in dieser Zeit überall im Bayreuther Territorium durch die Anlage von Einzelhöfen innerhalb oder am Rande der Gemarkungen größerer Dörfer statt.
Neue, größere Siedlungsstandorte entstanden nur in geringem Umfang, sei es durch die Wiederbesiedlung von Wüstungen, wie beispielsweise der Weiler Stammberg auf dem gleichnamigen Berg bei Scheßlitz, 1799 durch das Hochstift Bamberg angelegt, ein Lehrbeispiel verfehlter Siedlungspolitik. Schon nach 50 Jahren fiel dieser Ort erneut wüst.[82] Völlige Neugründungen von Dörfern sind zumeist ritterschaftlicher Initiative zu verdanken, wie die Dörfer Wilhelmsthal und Johannisthal bei Kronach. Sie wurden in der ersten Hälfte des 18. Jahrhunderts angelegt; schon in ihrer Namensgebung barocken Gründerstolz anzeigend. Allerdings verarmten sie sehr bald mangels Nutzflächen – ein Schicksal, das sie mit den meisten erweiterten oder neugegründeten Siedlungen dieser Epoche teilten. Dies ist auf eine ungenügende merkantilistische Gewerbepolitik zurückzuführen, die der angewachsenen Bevölkerung trotz etlicher Ansätze keine ausreichenden Betätigungsmöglichkeiten außerhalb der Landwirtschaft verschaffen konnte.

Die Siedlungsformen

Dörfer und Fluren sind nicht einmal angelegte und seither in ihren Grundzügen unveränderte Gebilde, wie die ältere Siedlungsforschung annahm, sondern sie befinden sich in einem Prozeß stetiger Veränderung, der gerade heute besonders spürbar wird. Dabei geht diese Entwicklung nicht immer vorwärts zu einer Vergrößerung und Verdichtung, sie konnte auch in bestimmten Zeiten rückläufig sein. Der Zustand der Siedlungsformen, die hier als landschaftsprägend für Oberfranken vorgestellt werden sollen, ist daher nicht der heutige nach Flurbereinigung, Stadt-Umland-Wanderung und der Zurückdrängung der Bedeutung der Landwirtschaft auch in den peripheren Regionen. Da das Augenmerk auf die traditionellen Hauslandschaften Oberfrankens gerichtet ist, soll hier die Siedlung in den Blütezeiten dieser Haustypen charakterisiert werden.

Einzel- und Streusiedlung

Die Einzelsiedlung ist ein von anderen Siedlungen räumlich getrennter Hof, mit dem gewöhnlich die gesamte ihm gehörende Flur verbunden ist. Man spricht dann von »Einödlage«. Mehrere Einzelsiedlungen in räumlicher Verbindung bilden eine Streusiedlung.
Streusiedlungsgebiete treten mehrfach in Oberfranken auf, vor allem in den agrarökologischen Ungunsträumen. Meist sind sie das Ergebnis junger Besiedlung, so auch im Fichtelgebirge. Hier erreichen die Höfe bis um 700 m Höhenlage (Wagenthal bei Warmensteinach 730 m). Auf der inneren Fichtelgebirgshochfläche finden sich ebenso Einzelhöfe und Streusiedlungen. Südlich von Heidelheim wurde die Streusiedlung Leuthenforst, Ende des 18. Jahrhunderts aus zehn »Reuthgütern« bestehend, ab 1687 aus dem Forst herausgerodet.[83] Manchmal liegen solche jungen Einzelhöfe als Kranz um den Mutterort herum, beispielsweise um den Amtsort Thierstein. Dort wurde zunächst das Schlößlein 1602 als neuer Amtssitz in Einzellage östlich des Burgortes errichtet. 1696 sollten die Schloßgüter »in gewisse Güthlein zertheilet, ...« werden, wodurch »... gnädigster Herrschaft beßerer Nutzen, als durch Verpachtung geschaffet werden ...« konnte, zuteil wurde.[84] Bald darauf entstanden die Einzeln Wäschteich, Schwarzteich, Pfannenstiel und als Nachzügler Neudürlas, dessen zwei Tropfhäuser erst 1801 erbaut wurden.
Die Herren von Würtzburg erschlossen die unfruchtbare Buntsandsteinlandschaft nordöstlich von Mitwitz bis 1608 mit 23 Einzelhöfen, den sogenannten »Wustungen«. Etwas später folgten die Herren von Redwitz zu Hassenberg, die in der benachbarten Gemarkung Rotheul (heute Landkreis Sonneberg, Thüringen) vor 1632 insgesamt 36 Wustungen anlegten. So entstand im Grenzsaum mehrerer kleinerer und größerer Herrschaften ein für fränkische Verhältnisse großes Streusiedlungsgebiet, das an seinen Rändern zusammenhängende Rodungsflächen bildete, in seinem Innern jedoch noch heute das Muster kleinster, aus dem Wald hergestanzter Rodungsinseln zeigt.[85]
Eine Sonderform der Einzelsiedlung ist die herrschaftliche Gutssiedlung, die in Form von Klosterhöfen im westlichen Oberfranken zuweilen auftritt, wie

Das Streusiedlungsgebiet der Rotheul-Mitwitzer »Wustungen«.

der Johannishof des Klosters Michelsberg, der Rothhof des Katharinenspitals bei Bamberg oder die Güter Sandhof und Leimershof (seit 1615) der Bamberger Jesuiten. Vergleichbar sind auch die Schafhöfe von Klöstern oder anderen Herrschaften, beispielsweise der Schafhof Heinach des Klosters Banz oder Ahorn des Rittergutes Ahorn. Ein recht junges Beispiel des Einzelhofes sind die Musterfarmen, die der Coburger Herzog Ernst II. nach englischem Vorbild anlegen ließ: die Callenberger Farm 1863 und die Ernstfarm 1878. Zu den Einzelsiedlungen zählen schließlich auch die zahlreichen außerhalb der Dörfer gelegenen Mahl- und Schneidmühlen der oberfränkischen Bach- und Flußtäler.

Weiler

Der Weiler oder das lockere Dorf ist ein kleines Dorf mit weitständigen Gebäuden oder Hofanlagen, schon mit einem innerörtlichen Wegenetz versehen. Die dazugehörige Flurform ist in Oberfranken häufig die Blockflur. Siedlungsgeschichtlich kann das lokkere Dorf vielfach als Frühform des geschlossenen Dorfes (Haufendorf) gesehen werden. Wo diese Siedlungsform heute noch erhalten ist, sorgten in der Vergangenheit Anerbenrecht und geringer Bevölkerungsdruck in Räumen niedriger wirtschaftlicher Tragfähigkeit dafür. Zum Teil spielt auch die Topographie bei der Entstehung von Weilersiedlungen eine Rolle. Gerade diese Siedlungsform ist charakteristisch für kleinkammrige Landschaftsräume, wie sie vor allem im Osten Oberfrankens häufig sind.
Die wesentlichen Verbreitungsgebiete des Weilers sind das Gebiet des Steigerwaldes, die Hochfläche der Fränkischen Alb, vor allem aber das Obermainische Hügelland und die Münchberger Hochfläche. Der Weiler mit Blockflur stellt häufig die Form der Rodungssiedlung des 10./11. Jahrhunderts dar, bevor sich die regelhaften Formen durchsetzen konnten. Zahlreiche typologische Übergänge zwischen Weiler und Angerdorf im östlichen Oberfranken können diese Entwicklungslinie belegen. Als Beispiele hierfür können die Weiler Langenbach (Schwarzenbach a. d. S.) oder Waldbuch (Gemeinde Marktrodach) genannt werden.
Ein Weiler kann aus einem Einzelhof hervorgegangen sein, wie der Weiler Dörnhof (bei Oberpreuschwitz, Landkreis Bayreuth), dessen Keimzelle ein Herrschaftshof war und durch Ansiedlung von kleinen Gutsarbeiterstellen zum lockeren Dorf gewachsen ist.[86] Vergleichbar ist der Weiler Stollen (Stadt Schwarzenbach a. d. Saale, Landkreis Hof), dessen Entstehung aus einem Einzelhof der noch bis ins 19. Jahrhundert gebräuchliche Ortsname »Stollenhof« anzeigte. Dieser Name verweist auf den Anlaß der Entstehung der Siedlung: Hier wurde seit dem 14. Jahrhundert Eisenerz abgebaut.[87]
Zahlreicher sind jedoch die Fälle, in denen Weiler bereits als Gruppe mehrerer Höfe angelegt wurden. So sind die acht bereits um 1500 bestehenden Stellen des Weilers Küschwitz (Stadt Rehau) durch Teilung entstanden. Durch die Rückschreibung der Hofteilungen ließ sich ein Siedlungskern von vier, vielleicht sogar nur von drei Höfen ermitteln, die ihren Fluranteil weitgehend in Einödlage arrondiert hatten. Somit stellt diese Siedlung wohl eine Vorstufe der späteren Rodungssiedlung mit Waldhufen dar.[88]

Haufendorf

Das Haufendorf oder, in neuerer Terminologie, das geschlossene Dorf zeichnet sich durch eine innere Verdichtung, einen zumeist regellosen Grundriß und eine deutliche Außengrenze aus. In der Regel entstand es aus lockeren Dörfern durch Bevölkerungswachstum und der damit verbundenen Hofteilung. Rechtsnormen wie die Realerbteilung und der besondere Rechtsbereich innerhalb des »Etters«, des Dorfzauns, der die rechtliche Grenze zwischen Dorf und Flur markierte, haben zur besonderen Ausprägung des flächenhaften, kompakten Haufendorfes beigetragen. Im Westen gehört zum Haufendorf zumeist eine kleinparzellierte Gewannflur, im mittleren Teil Oberfrankens ist es häufig eine geringer zersplitterte Gewannflur oder eine Blockflur.
Das klassische Haufendorf mit kleinstadtähnlichem Grundriß, hoher innerer Verdichtung und scharfer Außengrenze, manchmal verdeutlicht durch eine

Weiler Stollen.

Haufendorf Rattelsdorf.

Dorfmauer, wie es charakteristisch für die Gäulandschaften Unterfrankens und auch noch des westlichen Mittelfrankens ist, tritt in Oberfranken seltener auf. Am ehesten sind ähnlich dichte und große Formen noch im coburgischen Grabfeld und an Obermain, Itz und Regnitz zu finden. Gleichwohl ist das geschlossene Dorf als weniger verdichtetes Haufendorf mit regellosen, auf ein weitständiges, überörtlich definiertes Straßennetz gegründetem Grundriß im westlichen und mittleren Oberfranken die häufigste Siedlungsform.

Als eines jener wenigen Haufendörfer zeigt Großwalbur bei Rodach die Merkmale des dichten westfränkischen Typs. Das innere Grundgerüst bildete ein breiter, West-Ost verlaufender Straßenzug, von dem recht regelmäßig im rechten Winkel Stichgassen nach Süden abzweigen, die stumpf am Dorfrand enden, der hier durch den Mühlbach gebildet wird. An den anderen Seiten war das Dorf von einem Wall mit vorgelagertem Graben umgeben, wovon noch heute Reste erhalten sind. Die Verbindungsstraßen zu den umliegenden Nachbardörfern wurden vor der Dorfbefestigung gebündelt und durch zwei, vielleicht auch drei Torhäuser in das Dorf geführt. Nur wenige kleinere Anwesen hatten bis in die zweite Hälfte des 19. Jahrhunderts die scharfe Bebauungsgrenze überschritten. Dieser Grundriß findet eine gute Parallele in dem unterfränkischen Dorf Hendungen im Grabfeld und erinnert an das kleinstädtische Leitersystem, das in Franken verbreitet ist. Bereits 837 wird das Dorf erstmals erwähnt und gehört damit wohl zu den Siedlungen des frühen karolingischen Landesausbaus. Die Regelhaftigkeit des Grundrisses läßt eine gelenkte Dorfanlage oder, wahrscheinlicher, eine Regulierung im späten Mittelalter vermuten. Sie steht im Gegensatz zu der durch überörtliche Wegeführungen bestimmten Haufendorfanlage des mittleren Oberfrankens.

Rattelsdorf im südlichen Itzgrund, hier stellvertretend für die großen Haufendörfer des ehemaligen Hochstifts Bamberg, war bis 1802 Hauptort des gleichnamigen Michelsbergischen Klosteramtes. Es ist eines jener Dörfer, die auch funktional einige kleinstädtische Merkmale aufweisen. Dazu zählt der Marktplatz an einer T-förmigen Weggabelung bedeutsamer mittelalterlicher und frühneuzeitlicher Landstraßen, der von einer geschlossenen, überwiegend traufständigen Bebauung umgeben ist, ebenso wie die ehemalige Dorfbefestigung mit Graben, Zaun und drei Toren in Form von Torhäusern, die

auch gemeindliche Funktionen, beispielsweise als Hirtenhaus, erfüllten.[89]
Die scharfe Umgrenzung des Haufendorfes, betont durch Dorfzaun und Etterweg, zeigen viele größere Dörfer des westlichen Oberfrankens. Gut erhaltene Etterwege finden sich beispielsweise in Ebing, Isling, Pettstadt oder Geisfeld.
Stellvertretend für die kleineren Haufendörfer des mittleren Oberfrankens sei hier Harsdorf im Trebgasttal angeführt. Es ist eine jener »-dorf« -Siedlungen, die in der Zeit des frühmittelalterlichen Landesausbaus gegründet wurden, und die in Oberfranken das Voranschreiten der Besiedlung bis an den Rand des Grundgebirges markieren. Kern der Siedlung war wohl ein Turmhügel an Stelle der heutigen Kirche, ein dazugehöriger Wirtschaftshof, der als sogenannter »Edelmannshof« heute noch ein wichtiger Bestandteil des historischen Ortsbildes ist, sowie einige vom Fronhof abhängige Güter.[90]

Platzdorf

Bei Platzdörfern sind die einzelnen Höfe um eine den gesamten Ortsgrundriß bestimmende Freifläche herum angeordnet, die oval oder rund, aber auch rechteckig oder dreieckig sein kann. Der Umriß des Dorfes ist eher flächig-kompakt, im Unterschied zum ebenfalls durch eine Freifläche bestimmten Angerdorf, das eine eindeutige Längserstreckung aufweist. Zwischen beiden Typen bestehen jedoch Übergangsformen. In der Mehrzahl aller Fälle sind Platzdörfer das Ergebnis eines gestalterischen Aktes, es handelt sich also um Formen der gelenkten oder geplanten Besiedlung.
Eine Form des Rundplatzdorfes, das Rundangerdorf mit hofanschließender Streifenflur, kann in den Jungsiedellandschaften Oberfrankens als Leitform der Besiedlung angesprochen werden. Hufeisenförmig bis kreisförmig liegen hier die Gehöfte um den in Gemeinschaftsbesitz befindlichen Anger, der in größeren Dörfern seit der frühen Neuzeit oft mit Nachsiedlerstellen überbaut wurde.[91] Von den Höfen aus ziehen die Hufen über die Flur und teilweise in den Wald hinein bis an die Gemarkungsgrenze.
Ein geradezu klassisch ausgeprägtes Rundangerdorf ist Neuengrün im Frankenwald. Hier sind diese Dörfer im allgemeinen größer als im Fichtelgebirge, die Hofzahlen im 19. Jahrhundert liegen zwischen 30 und 50. Charakteristische Beispiele sind Lahm, Neufang oder Birnbaum. Letzteres liegt auf ca. 600 m Höhe in einer Quellmulde, um die hufeisenförmig die giebelständigen Wohnstallhäuser angeordnet sind. Die Scheunen liegen quergestellt im hinteren Hofbereich und gaben damit dem Ort einen deutlichen, durch die dunklen Farben des Schiefers und des Holzes verstärkten, fast abweisend wirkenden Abschluß nach außen hin. So war es noch bis in die fünfziger Jahre unseres Jahrhunderts »...ein starkes Erlebnis, wenn man auf das Dorf zuschreitet und

Rundangerdorf Steinbach a. d. Haide.

Kleines Rundangerdorf Quellenreuth.

dieser klaren Umgrenzung ansichtig wird.«[92] Im Inneren, auf dem Anger, liegen die öffentlichen Gebäude und Anlagen, wie die Kirche mit dem Friedhof, die Schule, das Feuerwehrhaus und der Löschteich. Im westlichen Teil des Angers gruppieren sich recht dicht kleine Anwesen, der bauliche Ausdruck der Herausbildung einer klein- und nachbäuerlichen Schicht in der frühen Neuzeit.
Ein besonders ansprechendes Beispiel für ein Rundangerdorf des Frankenwaldes im typologischen Übergang zum Angerdorf ist Steinbach a.d. Haide. Es liegt in einer langgestreckten Quellmulde (Quellwanne) und die damit schon die Siedlungsform als talseitig offenes Angerdorf vorgibt. Durch den Windschutz der Mulde, der noch verbessert wurde durch einen fast geschlossenen Scheunenkranz, war es sogar in der Vergangenheit möglich, einen einigermaßen einträglichen Gartenbau zu betreiben, wovon heute noch der große Gemeinschaftsgarten auf dem Anger zeugt. Der Zugang zur Quelle und der aufgestaute Dorfteich verbesserten die Wasserversorgung des Dorfes erheblich.
Ein kleines, für das Fichtelgebirge und die Münchberger Hochfläche typisches Rundangerdorf ist Quellenreuth, das im 19. Jahrhundert aus zwölf Wohngebäuden bestand, heute aber aufgrund seiner abseitigen Lage nur noch neun zählt. Schon der Name des Dorfes weist auf die Rodung und die Lage in einer Quellmulde hin.[93]

Angerdorf

Das Angerdorf unterscheidet sich vom Platzdorf durch die lineare Erstreckung der die Ortsform bestimmenden Freifläche. So entsteht eine zweireihige Begrenzung der Freifläche durch die Hofparzellen. Es ist ein Musterbeispiel einer gelenkten oder geplanten Ortsanlage, charakteristisch für die hoch- und spätmittelalterliche Rodungsperiode, wenngleich auch Initialformen bereits im frühen Mittelalter entstanden sein können. Auf dem zumeist in Gemeinschaftsbesitz befindlichen Anger liegen wie beim Platzdorf die öffentlichen Einrichtungen wie Kirche, Gemeindehaus, Hirtenhaus bis hin zum

Angerdorf Effelter.

Dorfteich. In der Sonderform des Straßenangerdorfes ändert der längsgestreckte Anger seine Breite nur geringfügig, während er in der Idealform einen spindelförmigen Grundriß aufweist. Es sind aber auch andere Spielarten bis hin zum Übergang zum eher kompakten Platzdorf denkbar.

Das klassische spindelförmige Angerdorf ist in Oberfranken selten. Trotzdem gibt es einige hervorragend ausgeprägte Beispiele, wie das Dorf Effelter im Frankenwald, das schon aus topographischen Gründen – hier rücken zwei Quellmulden eng aneinander –, von der Standardform des Rundangerdorfes abweicht. In seiner Flurform, der Hufenflur, orientiert es sich jedoch an seinen Nachbarn, mit denen es wohl im späten 12. oder 13. Jahrhundert angelegt worden ist, während ansonsten das Angerdorf häufig in Verbindung mit einer mehrteiligen Streifenflur, bewußt auf die Dreizelgenwirtschaft ausgerichtet, auftritt. In nicht ganz so vollendeter Ausprägung zeigt sich das kleine Angerdorf Herzogenreuth, am westlichen Albtrauf in einer Höhe von 550 m gelegen. Es gibt sich schon durch seinen Namen als Rodungsgründung der Herzöge von Andechs-Meran aus der Zeit um 1200 zu erkennen.

Ein langgestrecktes Angerdorf am Übergang zum Straßenangerdorf ist Eggolsheim, siedlungsgeschichtlich einer der bedeutendsten Orte Oberfrankens. Achse des Dorfes ist der Eggerbach, der beidseitig von Straßen begleitet wird, die immer wieder über Stege verbunden sind. Die giebelständige Bebauung beidseits des Angers ist so stark verdichtet, daß hier nicht wie sonst in Oberfranken die Scheune den Hof quer abschließt (Hakenhof), sondern sie steht auf den engen Parzellen in Firstrichtung des Wohnstallhauses. Die öffentlichen Gebäude wie Rathaus und Schule liegen auf dem Anger, die Kirche dagegen rückt hinter die nördliche Angerfront. Das Dorf war ganz streng durch einen Etter von seiner kleinparzellierten Gewannflur geschieden. Dieser Etter wurde wohl im Verlauf des Mittelalters zu einer Dorfbefestigung mit Toren, Dorfgraben, Zaun, Mauer und Wall ausgebaut. Reste dieser Befestigung bestehen noch heute, als eines der wenigen Relikte von Dorfbefestigungen in Oberfranken. Einzigartig ist die dichte Reihung der Obstdörrhäuschen am Ende der jeweiligen Parzelle, kurz vor der Dorfmauer, um die Brandgefahr zu verringern. Dies verweist auf die hohe wirtschaftliche Bedeutung des Obstbaus für das Dorf.

Straßendorf

Die Ortsform des Straßendorfes wird durch eine dominierende innerörtliche, möglichst geradlinige Wegführung charakterisiert, zu deren beiden Seiten die Höfe eng aufgereiht sind. Das einfache Grundprinzip dieser Ortsanlage führte dazu, daß in allen Epochen der Siedlungsgeschichte Straßendörfer entstanden, wenn auch mit unterschiedlichem Grad der Regelhaftigkeit. In der Frühzeit finden meist lokkere, auch gekrümmte, der Topographie angepaßte Formen Verwendung, während gerade in der Periode des absolutistischen Landesausbaus das Straßendorf in seiner strengen, geradlinigen Hochform als Plansiedlung angelegt wurde. Bei einer in Oberfranken recht häufigen Sonderform, die vermehrt im Vorland der Fränkischen Alb auftritt, verläuft ein Bach in der Mitte des Straßenraumes, was zu einer Aufteilung der Dorfstraße in zwei Äste führt.

Ein Beispiel eines Straßendorfes, das nicht primär als solches angelegt wurde, sondern aus verschiedenen Elementen zu einem solchen wuchs, ist Mainroth.[94] Es stellt sich dar als Straßendorf mit einer kleinen

Straßendorf Mainroth.

Straßenraum des Straßendorfes Mainroth – Aufnahme um 1900.

haufendorfartigen Verdichtung im Bereich der Kirche und jüngeren Siedlungserweiterungen an historischen Ortsverbindungsstraßen im Südwesten und Nordosten. Der Ort ist aus einer Villikation entstanden, d. h. aus einem frühmittelalterlichen herrschaftlichen Wirtschaftshof, an dem in einem Fronhofsverband weitere bäuerliche Höfe angeschlossen waren. Der Siedlungskern ist im Bereich dieses im 9./10. Jahrhundert entstandenen Hofes zu suchen, der sich an der topographisch höchstgelegenen Stelle im Bereich der heutigen Kirche befand. Nach der Auflösung dieses Urhofes wohl im 13./14. Jahrhundert konnten die bis dahin abhängigen bäuerlichen Höfe über mehr Fläche verfügen. Eine Analyse des Extraditionsplans ergibt eindeutig, daß diese älteren und größeren bäuerlichen Höfe konzentriert auf der Südseite der Straße standen. Sie waren in der Regel als Hakenhöfe auf schmalen langen Hofreiten ausgebildet, lediglich wenige große Höfe waren als Dreiseithöfe ausgeprägt. Somit ergab sich ein weitgehend geschlossener Scheunenrand nach Süden. Durch die Hofteilung im Lauf des Mittelalters und der frühen Neuzeit entstand eine recht dichte, giebelständige Reihung der Wohngebäude entlang der Straße. Dagegen sind die Hofeinheiten auf der Nordseite der Straße nur Sölden bzw. Tropfhäuser, was ihre Entstehung vereinzelt im späten Mittelalter und dann in der frühen Neuzeit erwarten läßt.

Zeilendorf

Das Zeilendorf besitzt nur eine einzige Gehöftzeile, man könnte es also als halbes Straßendorf bezeichnen. Somit besitzt es auch keinen eigentlichen Dorfinnenraum, denn die der Zeile vorgelagerte Straße ist bereits die Außengrenze. Häufig markiert die Gehöftzeile eine Geländestufe, die zwei unterschiedliche Nutzungsbereiche auf feuchten und trockeneren Standorten voneinander trennt. Im Unterschied zu Reihendörfern, die in ihren einfacheren Initialformen ebenfalls oft nur aus einer Reihe bestehen, weist das Zeilendorf eine stärkere Verdichtung und einen geringeren Bezug zur Flurform auf. Zeilendörfer gehen auf einen gelenkten Siedlungsvorgang zurück und lassen sich somit oft der Rodungsperiode oder dem frühneuzeitlichen Landesausbau zuweisen.
Das Zeilendorf ist in Oberfranken nur punktuell verbreitet, zumeist eng an die Topographie größerer oder kleinerer Flußtäler gebunden. Mit dem Dorf Reicholdsgrün im Fichtelgebirge besitzt Oberfranken jedoch das einprägsamste Beispiel dieser Siedlungsform in Bayern. Es setzt sich aus einer regelhaften, nur leicht geschwungenen Zeile von relativ engständigen Hakenhöfen zusammen. Vor der Flurbereinigung besaß Reicholdsgrün eine deutlich ausgeprägte einteilige Streifenflur mit einigen späteren Zurodungen, deren Ackerlandanteil nördlich des Ortes in drei Zelgen gegliedert war. Jede Hofeinheit hatte in jeder Zelge einen Streifen, in der mittleren Zelge mit Hofanschluß, dazu einen Streifen Grünland mit Hofanschluß südlich der Zeile. Es scheint

Zeilendorf Reicholdsgrün.

also, daß die Siedlungsanlage mit der Gründung bereits auf das Agrarnutzungssystem der Dreifelderwirtschaft mit Flurzwang ausgerichtet war. Das Dorf wird erst 1499 mit neun ganzen und vier halben Höfen erstmals erwähnt, so daß sich elf Urhöfe rekonstruieren lassen, die gegen Ende der Rodungsperiode im Fichtelgebirge in der zweiten Hälfte des 14. Jahrhunderts angelegt wurden. Bis in die Mitte des 19. Jahrhunderts fand eine kontinuierliche Verdichtung der Zeile statt, bis schließlich jeder Hof einmal geteilt war. Dörfliche Sonderbauten wie die beiden Mühlen, die Schule und das Wirtshaus wurden nicht in die Zeile integriert. Bis zum Ende des 19. Jahrhunderts blieb die der Zeile gegenüberliegende Straßenseite unbebaut, mit der Zunahme des Raumbedarfs der Landwirtschaft entstand hier jedoch eine Reihe von Nebengebäuden.
Der Siedlungsstandort zeigt eine geschickte Anpassung an die naturräumlichen Verhältnisse. Das Dorf erstreckt sich zwischen den agrarökologischen Nutzungsbereichen, so daß sowohl Ackerland als auch Grünland Hofanschluß erhalten konnten. Zudem sitzt die Zeile im Bereich eines Quellhorizontes, was die Anlage von Hausbrunnen ermöglichte. Die Siedlungsform des Zeilendorfes brachte es mit sich, daß alle Wohnteile der Wohnstallhäuser nach Süden ausgerichtet werden konnten, was eine bessere Belichtung und Durchwärmung im vergleichsweise rauhen Klima des Fichtelgebirges ermöglichte.[95]

Reihendorf

Das Reihendorf mit hofanschließender Breitstreifenflur, besser bekannt unter dem älteren Begriff Waldhufendorf, gilt als die klassische Siedlungsform der Rodung in Waldgebirgen, vor allem auch in den Gebieten der deutschen Ostkolonisation. Gerade in Oberfranken ist dieser Typ jedoch vergleichsweise selten, seine Leitfunktion übernimmt hier das Rundangerdorf. Sein Grundmerkmal ist eine einfache oder doppelte lockere Reihung von Gehöften, die einer natürlichen oder einer künstlichen Leitlinie folgt, zumeist einem Bachlauf oder einer Straße. Das Reihendorf ist einer der ältesten Typen der Rodungssiedlung. Es behielt diese Bedeutung als zweckmäßige und erweiterbare Rodungssiedlungsform bis zum Ende des 18. Jahrhunderts bei, als letztmals in den hochgelegenen Waldgebirgen gerodet wurde.
In Oberfranken ist diese Siedlungsform weitgehend auf das Zweimainland dicht vor der Grundgebirgsschwelle beschränkt. Es scheint fast so, als ob die Andechs-Meranier im 12. Jahrhundert diesen Typ der Rodungssiedlung hier getestet hätten, bevor die Besiedlung der Waldgebirge in Angriff genommen wurde.
Zu beiden Seiten der Dorfstraße von Hegnabrunn, die von einem unregelmäßig breiten Grünstreifen umgeben ist, liegen die Gehöfte, die aber nicht regelmäßig auf die Straße hin orientiert sind. Im Gegensatz zum Straßen- oder Angerdorf ist hier nicht die lineare Erstreckung entlang einer Achse in erster Linie formgebend, sondern die Nebeneinanderreihung von Höfen mit jeweils einem hofanschließenden Flurstreifen (»Hufe«). Bei der Siedlungsgründung wurde die Gemarkung in 32 oder 34 solcher Hufen aufgeteilt, jeweils zur Hälfte nördlich und südlich der Straße liegend. Die Grundform der Siedlung blieb bis ins 19. Jahrhundert fast vollständig erhalten. Lediglich am Westrand kamen wohl schon ab dem 14. Jahrhundert einige wenige Söldengüter hinzu. Einige Tropfhäuser, die zum Teil Zwecken der Dorfgemeinschaft (Gemeindeschmiede, Hirtenhaus) dienten, entstanden im Verlauf der Frühneuzeit in der Ortsmitte.[96]

Oberfränkische Dörfer in Beispielen

Die Dörfer Mürsbach, Plech und Fischern wurden ausgewählt, um das soziale, politische und wirtschaftliche Umfeld von Beispielhäusern der Hausdokumentation in der Vergangenheit zu verdeutlichen. Daß dabei alle drei Beispieldörfer an der Grenze unseres Regierungsbezirkes liegen, ist nicht beabsichtigt, sondern ergab sich aus den Zufälligkeiten der Auswahl der Häuser und des vorhandenen Materials. Gleichwohl sind es recht charakteristische Beispiele für den Westen, die Mitte und den Osten der Region, sie vertreten auch recht gut das kleine Dorf, das mittlere Dorf und den Marktort, der in Oberfranken kleinstädtische zentrale Funktion teilweise übernimmt, aber doch dem ländlichen Raum zuzuordnen ist.
Besonders deutlich vermögen die Beispielorte durch ihre Lage an der Grenze den fließenden Übergang von Dorfstrukturen und Hauslandschaften innerhalb Frankens, innerhalb Bayerns und sogar über die Landesgrenzen hinaus darzustellen, sie stehen somit auch für die kulturelle Brückenfunktion Oberfrankens.

Mürsbach

Gelegen auf der rechten Seite des Itzgrundes, gehört Mürsbach erst seit der Gebietsreform 1972 zu Oberfranken (Gemeinde Rattelsdorf, Landkreis Bamberg). Seine Zugehörigkeit zum Bistum Würzburg verweist noch heute auf seine Bindungen nach Unterfranken. Es ist eines jener fränkischen Dörfer, die spätestens seit der Jahrhundertwende immer wieder im Blickpunkt von Heimatschutzbewegung und Denkmalpflege standen, vor allem aufgrund des malerischen Ortsbildes mit seinem reichen Bestand an Zierfachwerk.[97]
Der Dorfkern von Mürsbach liegt im Talausgang des gleichnamigen Baches in den Itzgrund in einer Höhe von 250–270 m Höhe.[98] Eine straßendorfartige jüngere Siedlungserweiterung zieht sich zu beiden Sei-

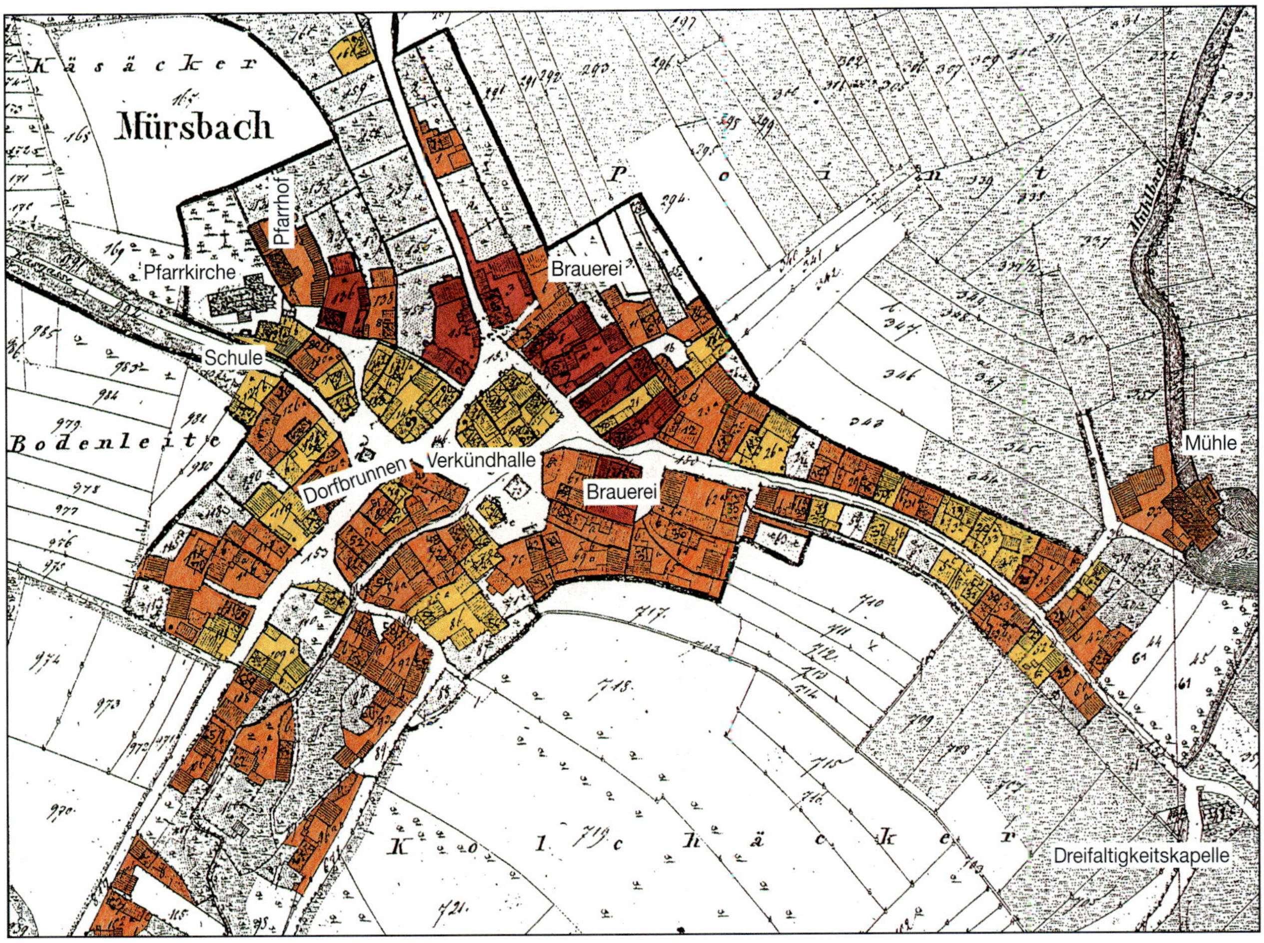

Mürsbach, Sozialtopographie und Gebäude mit besonderen Funktionen um 1850
Besitzgröße in Tagwerk: 0 - 10 10 - 40 über 40
Vermessungsamt Bamberg, Besitzgrößenermittlung zu Erstellung des Grundsteuerkatasters
Kartengrundlage: Extraditionsplan Mürsbach 1851 Vermessungsamt Bamberg

ten des heute verrohrten Dorfbaches entlang des Talrandes des Itzgrundes nach Süden, dabei soweit wie möglich die hochwassergefährdete Talaue meidend. Relikt des historischen Umgangs mit dieser ständigen Bedrohung ist der Hochwassersteg, der beide Talränder für Fußgänger miteinander verbindet. Überragt wird das Dorf im Nordwesten vom Kirchhügel, auf dem sich mit der Kirche, dem Pfarrhaus und dem alten Schulhaus die markantesten öffentlichen Gebäude befinden. Den südöstlichen Abschluß des Dorfes bildet die spätgotische Dreifaltigkeitskapelle, so daß das Dorf, blickt man aus südlicher Richtung, eingespannt zwischen den beiden Kirchen erscheint.

Der geologische Untergrund wird durch die Schichtenfolge des Oberen Keupers bestimmt, wobei der Rhätsandstein trotz des Überwiegens von Fachwerk häufig im Ortsbild zu finden ist. Die Flur schied sich früher deutlich in den ackerbaulich genutzten Hangbereich und der als Wiesenland genutzten Talaue des Itzgrundes.

Die älteste Erwähnung von »Miresbach« im Jahr 802 ist zwar eine spätere Fälschung, trotzdem verweist das Ortsnamengrundwort »-bach« in die Zeit des karolingischen Landesausbaus. Wohl schon seit 1018 bildet Mürsbach nach der Loslösung von der Urpfarrei Altenbanz eine eigenständige Großpfarrei, deren Sprengel 27 Orte im Baunach- und Itzgrund sowie im Maintal umfaßte. Im 12. Jahrhundert wird schließlich ein niederadeliges Geschlecht »de Mirspach« genannt, dessen Ansitz im Bereich des Kirchhügels zu suchen ist. Die heute noch teilweise vorhandene Befestigung des Kirchhofs geht auf das 15. Jahrhundert zurück. Im Spätmittelalter und in der frühen Neuzeit war Mürsbach ein typischer Vertreter des »Ganerbendorfes«, dessen Dorf- und Gemeindeherrschaft alternierend durch die wichtigsten Vertreter der zahlreichen Grundherren ausgeübt wurde. Landesherrlich zum Hochstift Würzburg gehörig, waren neben dessen Amt Ebern zahlreiche ritterschaftliche Grundherren begütert, wie die Herren von Lichtenstein, von Rotenhan, von Giech, von Künsberg und andere. Diese Konstellation wechselnder Herrschaften verschaffte der bäuerlichen Dorfgemeinde eine vergleichsweise hohe Eigenständigkeit, stärker jedenfalls als in Dörfern mit einheitlicher Landes- und Grundherrschaft. Bildhaftes Zeugnis dafür legt noch heute die »Verkündhalle« in der Dorfmitte ab, in der die gemeindlichen Beschlüsse gefaßt und verkündet wurden.

Am Ende des Alten Reiches um 1800 zählte das Dorf 80 Häuser, die größten Grundherren waren Würzburg, gefolgt von den Freiherrn von Lichtenstein zu Lahm. 1832 wurde dem Ort das Marktrecht verliehen, das jedoch gegen Ende des 19. Jahrhunderts wieder erlosch. Dieser Zeitraum war auch die Blütezeit des Dorfes, denn 1852 verzeichnete man in Mürsbach 587 Einwohner, während es 1990 nur 467 waren.
Die historische Ortsform von Mürsbach ist die eines Haufendorfes um eine sichelförmige, dem Dorfbach folgende Dorfstraße mit einer stark verdichteten Mitte am Fuß des Kirchhügels. Im Zentrum lassen sich die charakteristischen Merkmale des engen unterfränkischen Haufendorfs feststellen, verursacht durch die topographische Einengung und zahlreiche Hofteilungen. Enge Hofparzellen mit kleinen oder gar fehlenden Nebengebäuden verweisen darauf, daß der Kern bereits früher durch das Handwerk geprägt wurde. Dies trifft auch für die beiden Beispielhäuser zu. Auf der langgestreckten, schmalen Hofparzelle von Nr. 11, 1853 das Haus eines Metzgers, fanden immerhin noch Scheune, Holzlege und Kellerhaus Platz, auf dem Grundstück von Nr. 97, dem Haus eines Schuhmachers, stand neben dem Wohnstallhaus nur noch ein kleiner Schweinestall.[99]
Die Wohnstallhäuser des Dorfes waren giebelständig zur Straße orientiert, lediglich wenige Bauten, wie die beiden Brau- und Gasthäuser Nr. 2 und Nr. 38, wiesen traufständig auf ihre Sonderstellung hin. Die Scheunen standen, wenn vorhanden, quer zum Wohnhaus.
Um die Mitte des 19. Jahrhunderts war Mürsbach kein reines Bauerndorf mehr, neben 36 Bauern gab es 26 Handwerker, 17 Taglöhner und 32 Dienstboten. Die durchschnittliche Betriebsgröße betrug 17 Tagwerk und lag damit leicht unter dem Durchschnitt der Region, was aber bei den vergleichsweise günstigen agrarökologischen Bedingungen der Flur in vielen Fällen für Vollerwerbsbetriebe ausreichte.

Mürsbach – Staffelung der Häuser am Kirchberg. Aufnahme aus den dreißiger Jahren.

Diese Bedingungen ermöglichten auch den Anbau von Sonderkulturen wie Wein und Hopfen. 1539 werden Weinlagen in der Flur »Pfaffenloh« und hinter der Pfarrkirche erwähnt. Spätestens im Verlauf des 19. Jahrhunderts löste jedoch der Hopfen den Wein ab. In Mürsbach hatte damals fast jedes landwirtschaftliche Anwesen einen kleinen Hopfengarten, der für das »Hausbrauen« notwendig war. An die Hausbrautradition erinnern die Felsenkeller in der »Käßgasse« (19 Keller) und in der »Wärbelsgasse« (30 Keller). Eine weitere Sonderkultur war der Obstbau, was auch die Existenz von acht Obstbrennereien im Ort um 1850 belegt, von denen heute nur noch eine besteht.

Mürsbach – Verkündhalle mit dem Dorfplatz »Sutte« im Hintergrund. Aufnahme aus den dreißiger Jahren.

Der Obere Markt in Plech mit seinen überwiegend giebelständigen, zweigeschossigen Häusern um die Jahrhundertwende.

Plech

Der Markt Plech (Landkreis Bayreuth)[100] liegt auf der Hochfläche der Nördlichen Frankenalb in einer Höhe von 460 m. Die Wald-Offenland-Verteilung in der Flur zeichnet den geologischen Untergrund nach: Die bis zu 530 m hohen Dolomitkuppen sind bewaldet, während das Ackerland auf den sandigen und tonigen Schichten der Oberkreide zu finden ist, die hier noch die Weißjuraschichten überdecken. Der Ort selbst lehnt sich an den östlichen Hang des Gottvaterberges, wobei die zentralen Bereiche um die Kirche am höchsten liegen. Dies hat zur Folge, daß die Nord-Süd-gerichtete Anlage des zentralen Straßenmarktes von Plech etwa in ihrer Mitte einen topographischen Gipfelpunkt erreicht und zu beiden Seiten abfällt.
In der Stiftungsurkunde für das Kloster Michelfeld 1119, das der Bamberger Bischof Otto I. mit fast 50 Dörfern ausstattete, wird Plech erstmals erwähnt.[101] Der Ortsname verweist auf die mittelalterlichen Erzgruben, Schmelzen und Hüttenwerkstätten, 1280 werden jedenfalls zwei »Feuer« erwähnt. Nachteilig war jedoch, daß in Plech, wie überall auf der Hochfläche der Alb, kein fließendes Wasser zur Verfügung stand. Somit mußten die Blasebälge mit »fabricae pedales«, also mit Treträdern, betrieben werden. Einige der Plecher »Hüllen« standen wohl als Wasserspeicher in direktem Zusammenhang mit der Eisenverarbeitung.[102] Schließlich ging wegen des Wassermangels der regionale Schwerpunkt der Verarbeitungswerkstätten spätestens im 15. Jahrhundert an die Orte im Pegnitztal und im Tal der Fichtenohe über, trotzdem wurde, ohne größere wirtschaftliche Bedeutung, noch bis ins 18. Jahrhundert Eisen in Plech gewonnen und verarbeitet.
Plech ist somit eine jener oberfränkischen Siedlungen, deren Anlagegrund nicht primär ein agrarischer war. Es war die Möglichkeit der Rohstoffgewinnung und -verarbeitung, die ebenso wie verkehrsgeographische, territorialpolitische oder fortifikatorische Gründe zur Anlage einer Siedlung führen konnte. Viele dieser Dörfer waren allerdings, wie auch Plech, im Verlaufe ihrer weiteren Entwicklung einem Prozeß der Reagrarisierung unterworfen, in dem Maße, in dem die Bedeutung des ursprünglichen Anlagegrundes zurückging.
In Plech erlangte zunächst jedoch ein anderer Faktor Gewicht, denn es wurde bereits 1329 als Markt genannt. 1268 war es in die Hände der Wittelsbacher gekommen und in dieser Zeit der sich festigenden Territorialstaaten als nordwestlicher Vorposten wittelsbachischer Herrschaft gegen das bambergische Pottenstein und das leuchtenbergische Pegnitz zum Markt erhoben worden.
Damals entstand, wohl durch Neuanlage oder zumindest Regulierung der ursprünglichen, an den Bedürfnissen der Eisenverarbeitung ausgerichteten, eher dispersen Siedlungsform, der sehr regelhafte, eng bebaute Straßenmarkt. Zur Verdichtung des Kernes trug sicherlich auch die Aufgabe der in der Gemarkung verstreuten Einzelhofsiedlungen Pillungs-, Gebhards-, Sperbers-, Üblers- und Konradshof bei, Beispiel des Prozesses der »Verdorfung«, der im 13. und 14. Jahrhundert vielfach zu beobachten ist. Über ein kurzes Zwischenspiel im »Neuböhmen« Kaiser Karls IV. ab 1353, gelangte Plech schließlich 1401 an den Burggrafen von Nürnberg, später als Markgrafen von Bayreuth firmierend, wo es bis 1792 verblieb. Mit der Markgrafschaft wurde auch Plech 1528 evangelisch und wenig später, 1543, zur eigenständigen Pfarrei erhoben. Territorialpolitisch und nunmehr auch konfessionell lag Plech als markgräfliche Enklave im Überschneidungsgebiet mehrerer Herrschaften: dem Gebiet der Reichsstadt Nürnberg um Betzenstein und Velden, dem Hochstift Bamberg mit Neuhaus und dem Veldensteiner Forst sowie dem pfalzbairischen Amt Auerbach.

Zahlreiche Brände nach kriegerischen Auseinandersetzungen oder Truppendurchmärschen zerstörten immer wieder den Ort, 1673 brannten 40 Häuser und 33 Städel ab, 1881 waren es elf Häuser und sieben Scheunen. Ein Grund für die meist katastrophalen Brandereignisse war der bereits angesprochene Wassermangel, dem auch der 1539/40 gegrabene Brunnen nicht vollständig abhelfen konnte.
1791 hatte Plech 110 Häuser mit 585 Bewohnern. Die Einwohnerzahl stieg im 19. Jahrhundert zunächst erheblich an (1885: 887 Einwohner), um dann aufgrund fehlender außerlandwirtschaftlicher Arbeitsplätze und weitgehender Bedeutungslosigkeit der Marktfunktion bis 1939 auf 542 abzusinken. Nach dem Krieg läßt sich erneut eine Aufwärtsentwicklung feststellen, 1987 waren es wieder 841 Einwohner.
Die historische Ortsform von Plech ist die eines geschlossenen Dorfes, dessen auffälligster Bestandteil der sich von Nord nach Süd erstreckende Straßenmarkt ist. Deutliche Raumabschlüsse fand er nicht wie bei den Kleinstädten der Region durch Tore, sondern durch in den Straßenraum gestellte Häuser, die damit einen einer verengenden Torsituation vergleichbaren Eingang schufen. An dieser Marktstraße reihten sich in enger, zumeist giebelständiger Reihung die einzelnen Anwesen auf. Nicht alle Anwesen hatten eigenständige Scheunenbauten. Im Bereich, wo die Marktstraße ihren topographischen Höhepunkt überschreitet, münden die bogenförmigen nördlichen und südlichen Nebengassen in die Marktstraße. Hier fanden sich auch, zum Teil etwas zurückgezogen von der Marktstraße, wichtige öffentliche Gebäude, wie die Kirche, das Pfarrhaus, die Schule, das Kommunbrauhaus sowie einige Gasthäuser, die für den Marktort, Zollort und zeitweise auch Amtsort wichtige Funktionen erfüllten. Damit ist der nach der Markterhebung und dem darauf folgenden Umbau der Siedlung um 1400 bestehende Siedlungskern umrissen, der sich durch eine Kartierung der Plecher Holzrechte im Veldensteiner Forst deutlich darstellen ließ.[103] In der frühen Neuzeit kamen nur noch geringe Siedlungserweiterungen vor allem im Süden an den Ortsverbindungswegen hinzu, an denen die Häuser im Gegensatz zur Marktstraße traufständig stehen.
Die Wirtschaftsstruktur wurde in der Frühzeit durch die Eisenverarbeitung bestimmt, im 19. Jahrhundert waren sechs Nagelschmiede und ein Waffenschmied letzte Reste dieses Gewerbes. Auch die Marktfunktion konnte aufgrund der starken Konkurrenz in der näheren Umgebung und des kleinen Gebietes der Enklave Plech nicht alleine die wirtschaftliche Grundlage des Ortes bilden. So bestimmte das traditionelle ländliche Handwerk in Verbindung mit einer Nebenerwerbslandwirtschaft die Wirtschaftsstruktur von Plech. Um die Mitte des 19. Jahrhunderts gab es zehn Schuhmacher, neun Metzger, acht Maurer, acht Büttner, acht Schneider, acht Wagner und fünf Bäcker. Auf eine gewisse Bedeutung des Hopfens als Sonderkultur verweisen auch vier Hopfenhändler. Ein Privileg der Marktorte und Kleinstädte und damit eine einträgliche Geldquelle war das Braurecht, das in Plech mindestens seit dem 16. Jahrhundert nachgewiesen ist. Jeder Bürger hatte das Braurecht, das im gemeindlichen Brauhaus ausgeübt wurde. Nachdem das ehemalige Kommunbrauhaus 1993 abgebrochen wurde, erinnern noch die in den Dolomit geschlagenen Felsenkeller am Gottvaterberg und das ehemalige Malz- und Dörrhaus an die einstige Bedeutung des Kommunbrauwesens, zu dem ab 1798 auch noch Privatbrauereien traten.

Fischern

Fischern (Landkreis Wunsiedel) liegt an der östlichen Grenze Oberfrankens in der Schirndinger Pforte am Übergang zwischen der inneren Fichtelgebirgshochfläche und dem Egerer Becken in einer Höhe von 450 m.[104] Die Flüsse Röslau und Eger bilden die Grenze der Flur von Fischern, gleichzeitig aber auch die Landesgrenze. Das Dorf selbst folgt, leicht erhöht situiert, der naturräumlichen Grenze zwischen dem Grünland in der Egeraue und dem Ackerland auf der Verebnung zwischen Röslau- und dem Egertal. Die Bodenverhältnisse und die klimatischen Bedingungen sind für die Fichtelgebirgsregion vergleichsweise gut.

Fischern.

Diese kurze Analyse betrifft den heutigen, nicht den seit der Dorfanlage bestehenden Zustand. Das ursprüngliche Dorf Fischern, 1300 als »Vyschern« erstmals genannt, lag zu beiden Seiten der Eger, dabei die überschwemmungsgefährdete Aue aussparend. Im Egerer Landsteuerbuch von 1392 werden sieben steuerpflichtige Bauern in Fischern genannt.[105] Einen entscheidenden Wendepunkt der Geschichte des Ortes Fischern markiert das Jahr 1415, als es den Burggrafen von Nürnberg gelang, mit anderen Orten im Fichtelgebirge auch die südlich der Eger gelegene Hälfte von Fischern in ihren Besitz zu bringen. Fortan gab es ein Brandenburgisch-, später Markgräflich-Fischern und ein Egrisch-Fischern, später

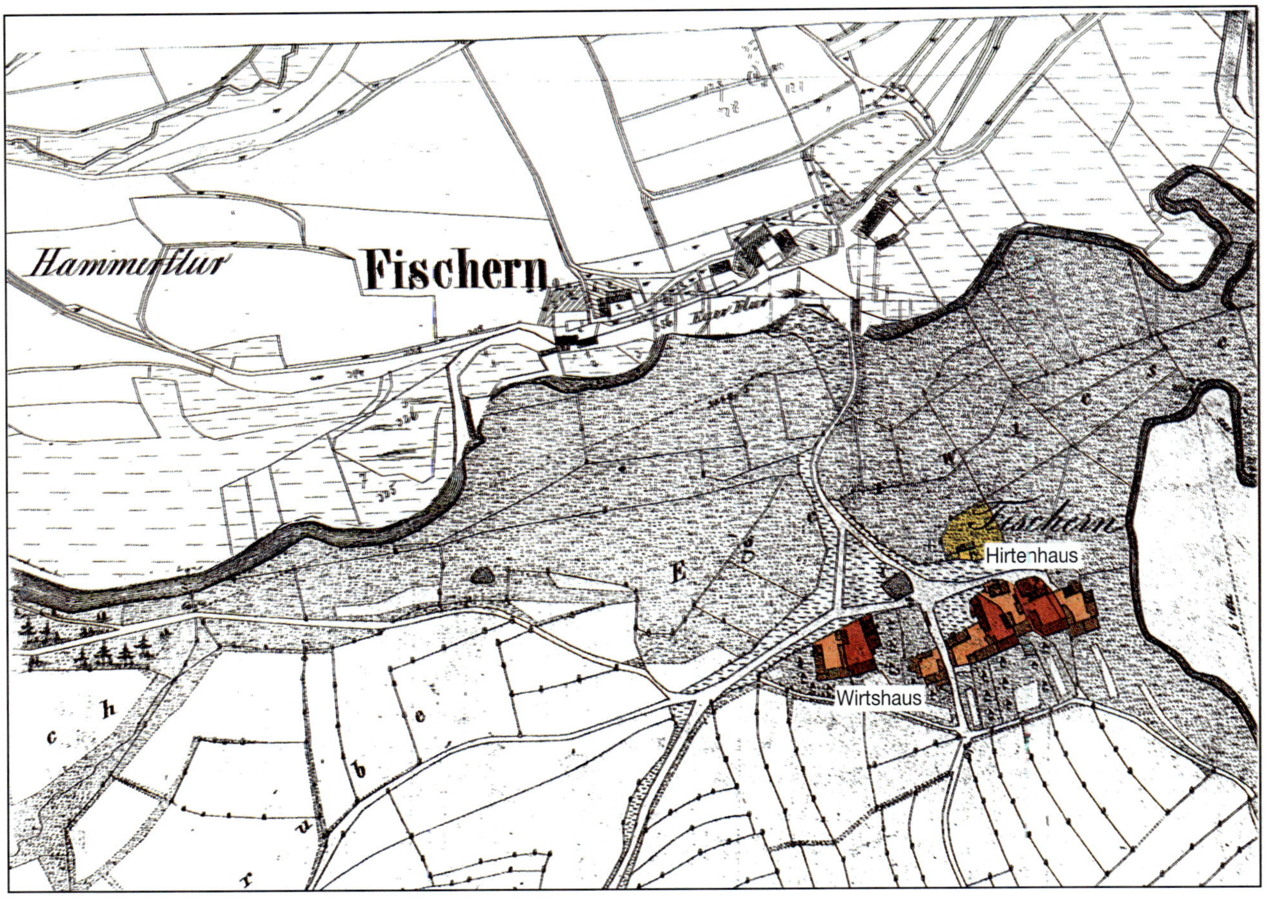

Fischern, Hofbezeichnungen und Gebäude mit besonderen Funktionen um1850
Tropfhaus Viertelhof Halber Hof
Quelle: StA BA K 239 Finanzamt Wunsiedel Nr.151. Kartengrundlage: Extraditionsplan Fischern 1855, Vermessungsamt Wunsiedel, Katasterplan Fischern in Böhmen 1851, Státní okresní archiv Cheb.

Fischern – Extraditionsplan mit Eintragungen der historischen Hofbezeichnungen

Böhmisch-Fischern. Ein solcher Vorgang ist in Oberfranken durchaus nicht singulär, man vergleiche nur das ehemals als »Klein-Berlin« bekannte Dorf Mödlareuth im Vogtland, das ebenfalls, nur durch einen Bach getrennt, zwei unterschiedlichen Herrschaften angehörte.

Das Landbuch der Sechsämter von 1499 verzeichnet lediglich die Untertanen der anderen Herrschaften in Fischern, es waren acht egrische Bauern und zwei Untertanen des Niclas von Schirnding in Röthenbach. In der Mitte des 19. Jahrhunderts hatte der nunmehr Bayrisch-Fischern genannte Ort elf Wohngebäude, zumeist aus der Teilung der ursprünglichen Höfe entstandene Halb- oder Viertelshöfe, wobei der Halbhof, wie das Beispielhaus Nr. 9, etwa 50 Tagwerk besaß, der Viertelshof um 25 Tagwerk. Böhmisch-Fischern bestand aus sieben Anwesen, Haus Nr. 1 am westlichen Ortsrand war die Mühle, zu der ein Mühlgraben aus der Eger geleitet wurde, Nr. 7 am östlichen Ortsrand war die Wirtschaft. Zumindest bis an das Ende des Alten Reiches bildeten beide Fischern eine »Gemein«, noch um die Mitte des 19. Jahrhunderts war das vor der Höfezeile des bayerischen Fischern gelegene Hirtenhaus im Besitz beider Dorfgemeinschaften. Noch in dieser Zeit war Fischern ein rein agrarisch geprägtes Dorf, außer dem Wirt gab es in Bayrisch-Fischern keinen nichtlandwirtschaftlichen Beruf.

Die historische Ortsform beider Fischern war die eines Zeilendorfes. Charakteristisch für diesen Typ ist die Erstreckung längs einer naturräumlichen Leitlinie, wie in unserem Fall der hochwasserfreie Rand der Egeraue, die gleichzeitig feuchteres Wiesenland in der Aue vom trockeneren Ackerland auf dem leichten Höhenrücken hinter dem Dorf trennte. Etwas ungewöhnlich ist das Zurücktreten der Höfe Nr. 6 und 4 in der Mitte der Zeile, so daß vor ihnen eine Platzaufweitung entstand. Der Raum vor der Zeile wurde als Anger und damit auch als Viehtrieb genutzt, so daß sich vor den Höfen ein breiter Grünstreifen herausbildete, der heute noch erhalten ist. Die Hofformen verweisen in einigen Fällen als Vierseithöfe schon ins benachbarte Egerland, besonders der Hof Nr. 4, in dem sich auch das Wirtshaus mit einem Tanzsaal befand, bildete eine geschlossene vierseitige Anlage mit Tordurchfahrt.[106]

Bäuerlicher Hausbau in Oberfranken

Bertram Popp

Entwicklung der Hausforschung

Der ländliche Hausbau in Franken ist in den letzten zwanzig Jahren mit großem Erfolg untersucht und dokumentiert worden. Dies war jedoch nicht von Anfang an so. Besonders in Oberfranken beschäftigte man sich erst ziemlich spät mit diesem Thema. Viele benachbarte Landschaften, deren Bauentwicklung einen Einfluß auf Oberfranken hatte, wurden viel früher Ziel wissenschaftlicher Betrachtung und Blickpunkt öffentlichen Interesses.

In medizinischen und topographischen Beschreibungen finden sich nur wenige und meist allgemeine Hinweise auf das Bauwesen. Eduard Fentsch berichtete 1864 in der »Bavaria«, der großen volks- und landeskundlichen Beschreibung, erstmals ausführlich über das Bauernhaus in Oberfranken. Er teilte die Beschreibung entsprechend der historischen Gebietsstruktur in Bamberger und Bayreuther Land.[1] Zur gleichen Zeit gab es aber zum Beispiel für Thüringen durch Georg Landau, Georg Brückner und Eduard Fritze (1849–1926) bereits umfassende Darstellungen, und auch in Sachsen und im Egerland fanden sich um die Jahrhundertwende zahlreiche Bearbeiter.[2] Im großen Bauernhauswerk der Architekten- und Ingenieurvereinigung ist Oberfranken lange nicht in dem Maße berücksichtigt wie Sachsen, der südbayerische Raum oder die ehemaligen deutschen Ostgebiete. Nur ein Haus aus Neukenroth im Landkreis Kronach, ein Hof aus Edlendorf im Landkreis Hof und außerdem Konstruktionsdetails eines Hauses aus Rothenkirchen, ebenfalls im Landkreis Kronach, wurden dort veröffentlicht. Der Bearbeiter charakterisierte allerdings nur den nordöstlichen Teil Oberfrankens: »Die nördlichste Gegend, der Frankenwald, mit den Bezirksämtern Teuschnitz und Kronach weist meist Dörfer auf mit kleinen ebenerdigen Blockbauten, die unter steilem Stroh- oder Ziegeldach Wohnung und Stall vereinigen. Die Giebel bestehen aus Fachwerk und sind mit Brettern oder Schindeln bekleidet.«[3] Eine kurze Bemerkung findet man über die einhüftige Dachbauweise um Münchberg, und der westliche oberfränkische Raum wird mit einer Bemerkung über die Bauweise im östlichen Nürnberger Land erwähnt. Mit einer solchen Verkürzung kann man der oberfränkischen Hauslandschaft nicht gerecht werden.

Im benachbarten Thüringen war ein großer Bestand an spätmittelalterlichen und frühneuzeitlichen Fachwerkbauten vorhanden. Hier wurden durch das Technikum in Hildburghausen um die Jahrhundertwende viele Bauaufnahmen, vor allem im alten hennebergischen Gebiet, erarbeitet und veröffentlicht. Das Egerland zeichnet sich aus durch eine späte Blütezeit des Fachwerkbaues. Hier rückten Darstellungen der Egerländer Volkskultur in das Interesse der Öffentlichkeit – nicht zuletzt in der Aufbereitung für die Gäste der Bäderorte Karlsbad, Marienbad und Franzensbad. In Mittelfranken und besonders im Nürnberger Raum konnte man auf mehrhundertjährige Quellen zurückgreifen, angefangen bei den Zeichnungen und Aquarellen von Albrecht Dürer bis hin zu frühen Beständen von Bauakten Nürnberger Ämter, die einen dichten Bestand mittelalterlicher Häuser beleuchten. Derartig dichte Überlieferungen oder qualitativ reichhaltigen Bestand alter Bausubstanz – besonders von Fachwerkbauten – fehlen in weiten Teilen Oberfrankens ganz. Auch die relativ frühe Beschäftigung mit dem historischen Bauwesen auf dem Lande im Zuge der Heimatkunstbewegung fehlt in Oberfranken weitgehend.

Bis heute ist die Arbeit von Ernst Zeh, eine breit angelegte volkskundliche Darstellung des Bezirksamts Rehau für die Zeit nach der Jahrhundertwende, einzigartig in Oberfranken geblieben.[4] Erst seit den dreißiger Jahren dieses Jahrhunderts, als die Hausforschung insgesamt neuen Auftrieb erhielt, wurde auch Oberfranken zielstrebig bearbeitet. Hatten zu Beginn dieser Phase Hausforscher aus den Nachbarregionen Randbereiche Oberfrankens mit untersucht[5], so entwickelte sich, ausgehend von Bruno Schier (1902–1984), Conrad Scherzer (1893–1965), Rudolf Helm (1899–1985) und später Karl Bedal, eine eigenständige oberfränkische Bauernhausforschung, die sich vor allem auf den Frankenwald, das Fichtelgebirge und die Randgebiete zur Oberpfalz konzentrierte.[6] Die südlichen Randbereiche, die von der Reichsstadt Nürnberg beeinflußten Gebiete im Landkreis Forchheim und Bayreuth, finden kurze Erwähnung in den Arbeiten von Rudolf Helm und Maria Winter. Der südwestliche oberfränkische Raum wurde nie Ziel einer umfangreichen hauskundlichen Beschreibung. In der jüngeren Bauforschung der 60er Jahre sind allein die Arbeiten von Wolfgang Geremus für den Landkreis Coburg und von Konrad Bedal zu verzeichnen.[7]

Heute gibt es in Oberfranken eine große Zahl kulturgeschichtlicher Museen, Heimatmuseen oder Sammlungen, die in historischen Gebäuden untergebracht sind. Sie besitzen aber im wesentlichen nur eine mehr oder weniger umfangreiche Dokumentation ihres Gebäudes. Darüber hinaus haben sie aber nicht den Auftrag, und auch nicht die Mittel, zur Weiterführung dieser Forschungsarbeit. Eine breit

angelegte Bauforschung im ländlichen Bereich ist in Oberfranken kaum möglich. So kann für diese Arbeit im wesentlichen nur auf vorhandene und nicht immer aussagekräftige Unterlagen verschiedener Herkunft zurückgegriffen werden.
Das Bayerische Landesamt für Denkmalpflege und die Universität Bamberg, Lehrstuhl für Bauforschung, befassen sich entsprechend ihrem Aufgabengebiet unter anderem auch mit dem ländlichen Hausbau. Als einzige museale Einrichtung konnte das Oberfränkische Bauernhofmuseum Kleinlosnitz in den letzten Jahren, neben den beiden in situ erhaltenen Höfen, noch weitere Gebäude untersuchen und dokumentieren. Mit Unterstützung der Landesstelle für die nichtstaatlichen Museen konnte hier ein Archiv zur Hausforschung in Oberfranken eingerichtet werden.

Vielfältige Bautechnik und Materialien

Geht man von der Vielgestaltigkeit Oberfrankens aus, die sich nicht nur in der Landschaft abzeichnet, so ist man geneigt, eine ähnliche Vielfalt an ländlichen Hausformen zu erwarten. Die Vielgestaltigkeit besteht ja auf mehreren Ebenen. Zuerst fällt die klimatische Zweiteilung in das freundliche und wohlhabende Unterland um Main, Regnitz und Itz und das karge, rauhe und auch ärmlichere Oberland in Frankenwald und Fichtelgebirge ins Auge. Ähnlich karge und einfache Bauten wie im Mittelgebirge findet man wieder ganz im Südwesten, im beginnenden Steigerwald, der gegenüber dem Mainland benachteiligt ist. Im westlichen Oberfranken herrschen große, früh besiedelte Ortschaften mit enger Hofstruktur vor, Orte mit fast städtischem Charakter, mit Mauerring oder wenigstens Dorfzaun. Im Osten nehmen die spätmittelalterlichen Rodungsdörfer zu, die vom 12. bis zum 14. Jahrhundert durch planmäßige Rodung der Waldgebiete erschlossen wurden. Hier herrschen kleine Ortschaften und Weiler vor, weitläufig angelegt und mit offenen Übergängen in die Mittelgebirgslandschaft eingebettet.
Im milden Klima Westoberfrankens gab und gibt es neben der traditionellen Landwirtschaft eine Reihe von Sonderkulturen: Weinbau und Gemüse in den Landkreisen Bamberg und Forchheim, Obst um Forchheim und Bayreuth, auch Tabak und Hopfen im südöstlichsten Teil. In Nordostoberfranken findet nur der traditionelle Feld- und Wiesenbau statt. Die wesentlichen Bestandteile des Hofes sind Haus und Scheune. Im westlichen Oberfranken zeigt sich eine etwas stärkere Differenzierung und Spezialisierung der Gebäude, die wegen bestimmter Sonderkulturen erforderlich wurden.
Neben der topographisch und klimatisch bedingten Scheide von Oberfranken, teilt auch die historische Entwicklung den heutigen Regierungsbezirk von Norden nach Süden in das Hochstift Bamberg und das Markgrafentum Kulmbach-Bayreuth. Beide Teile sind im wesentlichen erst seit der Neuorganisation im bayerischen Obermainkreis 1817 eine Einheit. Das Herzogtum Coburg kam erst 1920 zu Oberfranken und besaß von jeher ein starke Bindung an Thüringen und zum alten hennebergischen Herrschaftsbereich. Die genannten drei Herrschaften prägen den Regierungsbezirk bis heute.
Ebenso verlief die wirtschaftliche Entwicklung recht unterschiedlich. Wir kennen in den von Natur aus kargen Mittelgebirgen frühzeitige Ansätze der Industrialisierung, die bereits Mitte des 19. Jahrhunderts eine neue Arbeiterschicht hervorgebracht hatte. Die Porzellan- und Textilindustrie brachten in den Landkreisen Hof, Wunsiedel, zum Teil auch Kronach, Kulmbach und Bayreuth gravierende Veränderungen mit sich. Der oberfränkische Kernraum mit der Fränkischen Alb und ihren Randgebieten blieb jedoch bis weit ins 20. Jahrhundert hinein bäuerlich strukturiert. Die bäuerlichen Wohn- und Wirtschaftsstrukturen prägen in ganz Franken aber nicht nur das flache Land, sondern auch die Märkte und kleinen Städte. Manche Aussagen über historische Bauweisen lassen sich hier ebenso auf das Land wie auf die Kleinstadt beziehen.
Am Beginn des 19. Jahrhunderts hatten die beiden großen oberfränkischen Herrschaftsbereiche jeweils rund 230 000 Einwohner. Im Bambergischen gab es neben 81 Städten und Märkten fast 1000 Dörfer und ebensoviele Weiler und Einöden. Dagegen zählte man im Bayreuthischen rund 62 Städte und Märkte, aber nur 175 Dörfer, dafür über 1600 Weiler und Einöden. Die dünnere Besiedlung Oberfrankens und die Ballung mehrerer großer Städte wird hier deutlich. Im Markgrafentum gab es an der Wende zum 19. Jahrhundert rund 18 000 alte, einstöckige Häuser mit Stroh- oder Schindeldächern auf dem flachen Land dagegen nur rund 7000 massive und halbmassive Gebäude. Aus der Beschreibung der Bauweise wird deutlich, daß die sogenannten alten Häuser in Holzbauweise errichtet waren. Bestätigt wird die Gesamtzahl auch durch die Angaben in der Würdigung von Hardenbergs Tätigkeit in Franken, die für die Zeit um 1780 rund 22 000 Feuerstellen in der Markgrafschaft Bayreuth angibt.[8] Trotzdem zeigt sich die Vielgestaltigkeit im Hausbau dieser Region mehr in der konstruktiven Gestaltung als in der inneren Raumaufteilung. Selten findet man Gegenden, in denen Baustoffe so vielfältig und gleichsam wieder räumlich begrenzt Anwendung finden. Dies führte auch im frühen 20. Jahrhundert dazu, regionale Haustypen zu definieren: das Frankenwaldhaus, das Fichtelgebirgshaus, das Sandsteinhaus des Bayreuther Landes, so die Terminologie von Conrad Scherzer.[9] Tatsächlich bieten die verschiedenen Baustoffe in ihrer Anwendung das Bild eines räumlich leicht umgreifbaren Vorkommens bestimmter Haustypen. Diese Merkmale sind aber nur äußerli-

Dorfplatz in Rüssenbach, Landkreis Forchheim, mit giebelständigen Häusern, Backhaus und einem traufenständigen Neubau, um 1910.

Dorfplatz in Birnbaum, Landkreis Kronach, mit giebelständigen schieferverkleideten Häusern, um 1950.

Dorfplatz in Holzmühl, Landkreis Wunsiedel, mit Bebauung des Angers durch Kleinbauernhaus und Hirtenhaus (ganz rechts), um 1910.

che Charakteristika. Die innere Struktur der Häuser ist in Oberfranken und darüber hinaus in ganz Oberdeutschland ziemlich einheitlich, und das unabhängig von der sozialen Stellung der Besitzer. Diese schlägt sich allenfalls in der Größe und in einer zusätzlichen Anzahl von möglichen Kammern und Stalleinteilungen nieder.

Die Grundform des ländlichen Hauses in Oberfranken ist ein Wohnstallhaus, in dem Wohnbereich, Flur, Ställe und bei kleinen Anwesen sogar Scheune hintereinander unter einem First angeordnet sind. Das hat einen langgestreckten Grundriß zur Folge, bei einer geringen Hausbreite. Die Stube nimmt oft die ganze Hausbreite ein. Man spricht vom einraumtiefen Haus. Falls eine Zweiteilung besteht, dann in der Regel in eine Stube und eine Kammer mit dem Breitenverhältnis 2 zu 1. Immer ergibt sich aus dem Grundriß ein Steildach mit einer Neigung von über 45 Prozent. Nur nach Südwesten hin ändert sich der Grundriß mehr zum breitgelagerten Haus mit giebelseitiger Erschließung, wie er im mittelfränkischen und oberpfälzer Raum eher üblich ist. Der Flur trennt den Wohnbereich vom Stall. Dabei erstreckt er sich im Frankenwald ursprünglich meist ungeteilt über die ganze Hausbreite. Im Fichtelgebirge ist er schon früh durch den Einbau der Küchengewölbe der Länge nach geteilt. Im westlichen Oberfranken dagegen ist der Hausgrundriß durch die Lage von Küche und Kammern nicht mehr so klar in drei Zonen einzuteilen. Dort ist der querliegende Hausplatz, im Coburger Raum auch Ern genannt, mit einem Längsgang kombiniert. Dieser Gang erschließt Kammer und Stall im hinteren Hausteil und besitzt dort in manchen Fällen einen Ausgang.

Charakteristisch ist eine regelmäßige geschlossene Hofanlage. Bei einer Einfirstanlage, einem sogenannten Streckhof, liegen Wohnteil, Stall und Scheune unter einem Dach (in diesem Band das Haus in Grassemann, S. 165). Dabei bilden alle Teile eine bauliche Einheit und sind nicht etwa selbständige Gebäude, die nacheinander angebaut wurden. Dies gilt vor allem für die Anwesen in den hohen Lagen der Mittelgebirge und allgemein für sozial niedriger angesiedelte Haushalte, die nach dem Dreißigjährigen Krieg entstanden. Die Regel des oberfränkischen Hofes ist eine Zwei-, Drei- oder Vierseitanlage, die aus dem Wohnstallhaus und mehreren, meist rechtwinklig dazu angeordneten Nebengebäuden besteht. Die Scheune schließt im rechten Winkel an das Haus an und bildet den hinteren Hofabschluß. Weitere Nebengebäude, zusätzliche Ställe, Schupfen oder Austragshäuser runden den Hofraum ab. Klassische Beispiele dafür sind die Dreiseithöfe in Frensdorf, Holzmühl oder Joditz, die Vierseithöfe in Neuhausen oder Kleinlosnitz.

Im engeren Dorfbereich überwiegen langgestreckte, oft sehr schmale Hofräume, die zum Dorf hin mit einer Hofmauer und einem Tor abgegrenzt sind. Im westlichen Oberfranken ist die Einfriedung mit Steinmauern häufig, wobei ein Fußgängertürchen neben einem breiten Hoftor vorkommen kann. Im östlichen Oberfranken gibt es zwischen den manchmal eng zusammengerückten Gebäuden Holzzäune oder Bretterwände. Bei besonders engen Anlagen ist die Hofeinfahrt oft auch überbaut, wie bei dem Hof aus Kleukheim (S. 322), wo die Einfahrt in den Hausgrundriß integriert und mit einer Kammer unter einem großen Walmdach Bestandteil des Hauses ist. Auch bei dem Ackerbürgerhaus in Seßlach (S. 207) führte die räumliche Enge zu einer ganz kompakten Hofanlage, wie sie für den westlichen oberfränkischen Raum typisch ist. Die Einfahrt zum Hof ist im Grundriß integriert. Die Schupfen mit einer Oberlaube und die Scheune sind jeweils im rechten Winkel lückenlos aneinandergebaut. Der enge Hofraum wird durch die Hausrückwand des Nachbarn abgeschlossen. In Dörfern wie Eggolsheim oder Gosberg sind die Scheunen grundsätzlich in Firstrichtung des Hauses, aber seitlich versetzt, errichtet. Dies ist möglicherweise eine Folge der engen Parzellierung.

Auch die Gärtnerhäuser in Bamberg besitzen vor allem in der jüngeren Ausbauphase, im 19. Jahrhundert, in der Regel überbaute Durchfahrten und

Weitläufiger Dreiseithof bei Döringstadt, Landkreis Bamberg, mit Wohnstallhaus, Austragshaus, Schupfen und fünfzoniger Scheune.

Dichtgedrängter Vierseithof in Schönlind, Landkreis Hof, abgerissen.

vermitteln insgesamt eine geschlossene traufseitige Straßenfront. Die Übergänge vom Dorf zum Markt und zur Stadt sind hier fließend. Grundbedingung ist allerdings eine Tor- oder Hofeinfahrt, die die im hinteren Grundstück liegenden Wirtschaftsgebäude erschließt. Der Hof in Unterzettlitz (S. 328) dagegen besitzt seine überbaute Einfahrt nicht aus Gründen der räumlichen Enge, sondern als Repräsentationsobjekt. Dort bilden Wohnhaus und Nebenhaus mit dem Zwischenbau einen geschlossenen, breitgelagerten Baukörper. Der Hofraum selbst richtet sich meist nach den topographischen Gegebenheiten. Außerdem finden sich, je nach Teilungsgewohnheiten verstreut, große Hofräume neben engen, die sich eine ehemals ganze Parzelle teilen. In offenen Siedlungslagen Ostoberfrankens gibt es Hofanlagen mit Zugängen aus allen Richtungen. Dabei ist der Hof, wenn möglich, entsprechend den jeweiligen Klimaeinflüssen orientiert: abweisend nach Nordwesten und Norden, offen mit Zäunen und Wohnbereich nach Südosten oder Süden.

In abschüssigen Lagen sind Häuser auch gestelzt, das heißt auf hohem Keller- oder Stallgeschoß errichtet. Dabei ist es möglich, daß die einzelnen Zonen im Erdgeschoß etwas unterschiedliches Niveau besitzen. Der Gang vor dem Haus liegt erhaben über dem Hofraum und Mistplatz. Im westlichen Oberfranken wird er Tritt oder »Dried« genannt, im Fichtelgebirge bezeichnet man ihn als Treppe oder »Trebbm«. Im Westen ist er oft überdacht und birgt darunter die Schweinekoben.

Profane Bauten des ländlichen Raumes vor 1600 findet man in Oberfranken kaum. Bamberg und Forchheim sind die einzigen Städte, die viele Bauten aus dieser Zeit aufzuweisen haben. Auf dem flachen Land lassen sich die spätmittelalterlichen Häuser, die man auf den ersten Blick als solche erkennt, an einer Hand abzählen. Sie sind auch eher im westlichen Oberfranken zu finden als im gebirgigen Teil. Aus anderen Regionen Frankens weiß man, daß die Grundrisse im 15. Jahrhundert im wesentlichen entwickelt waren. Bei den Baustoffen zeigt sich für das 16. Jahrhundert, daß alles schon bekannt ist, was in den folgenden Jahrhunderten Anwendung findet. Die 1590 erbaute Grabenmühle in Marktredwitz ist durch einen Stich aus dem 17. Jahrhundert gut dokumentiert. Dort sind ein Mahl- und ein Wohngebäude abgebildet. Beide Häuser stehen auf einem hohen Steinsockel, die Mühle ist in Blockbauweise, das Wohnhaus in Fachwerkbauweise mit einem überdachten Laubengang im Obergeschoß errichtet. Das Wohnhaus besitzt ein Frackdach, und alle Dachflächen sind mit Schindeln gedeckt.[10]

Daß nicht viele Häuser aus der Zeit vor 1600 erhalten sind, liegt besonders an den Verwüstungen des Drei-

Enge Dorflage in Honings, Landkreis Forchheim. Giebelständiges Wohnstallhaus mit Klebdächern und Schupfen des Nachbarhofes mit einhüftigem Dach.

Dreiseithof des späten 19. Jahrhunderts in Schönwald, Landkreis Wunsiedel.

Massive zweistöckige Einfirstanlage von 1830 in Ruppertsgrün, Landkreis Wunsiedel, um 1920.

Ländern ließen sich unter anderem im protestantischen Markgrafentum nieder und sorgten schneller Hochstift Bamberg wurde in 150 Orten ein Bevölkerungsverlust von rund 45 Prozent verzeichnet. Das bedeutet, daß auch ein erheblicher Teil an Höfen nicht nur wüst, sondern zerstört gewesen sein muß. Im Fürstentum Coburg wurden durch Kriegshandlungen rund 48 Prozent der Häuser zerstört. In Nordostoberfranken fielen zum Beispiel in den Ämtern Münchberg und Sparneck von 756 Häusern 526 den Verwüstungen zum Opfer. Insgesamt kann man davon ausgehen, daß mindestens die Hälfte der oberfränkischen Häuser und Höfe neu aufgebaut werden mußte.[11] Geremus zeigt für den Coburger Raum, daß sich der Wiederaufbau über mehrere Generationen hinzog. In manchen Dörfern existierten noch im 18. Jahrhundert Brandstätten oder öd liegende Güter, die im Dreißigjährigen Krieg zerstört worden waren.

Die Nachkriegsphase muß aber, je nach konfessioneller Ausrichtung des jeweiligen Landesteiles, differenziert betrachtet werden. Der Wiederaufbau geschah in den protestantischen Landesteilen schneller als im Hochstift. Exulanten aus den katholischen ßigjährigen Krieges, der Oberfranken bis um 1630 zwar verschonte, aber danach um so härter traf. Im für einen Ausgleich in der Bevölkerungszahl. Der Wiederaufbau und der Anschluß an die Produktivität vor 1618 wurden dort in ein bis zwei Generationen erreicht. In der Phase des wirtschaftlichen Aufschwunges entstanden die schmuckreichen Fachwerkbauten Mainfrankens, die an die Bautradition um 1600 anknüpften. Zur gleichen Zeit wurden die frühen massiven Häuser in Ostoberfranken errichtet.

Der frühe Fachwerkbau – alles unter Dach und Fach

Der Fachwerkbau scheint als Inbegriff des Fränkischen im Bewußtsein verankert zu sein. Tatsächlich verleiht diese Bauweise den meisten fränkischen Landschaften ein unverwechselbares Gesicht. Trotzdem ist Franken nicht die Fachwerklandschaft schlechthin, sondern nur eine kleine Randzone des großen westeuropäischen Fachwerkgebietes. Weiter nach Osten kann man das Verschwinden dieser Bauweise im böhmischen und Oberpfälzer Gebiet feststellen. Auch in Ostoberfranken hat der Fachwerkbau lange keine so große Bedeutung wie in den Landschaften um Main, Itz und Regnitz.[12]

Der Fachwerkbau besteht aus einem tragenden Holzgerüst. Mittelalterliche Häuser besitzen in der Regel weit auseinanderliegende Ständer mit angeblatteten Kopf- und Fußbändern und wenig Querriegeln. Die Technik der Verzapfung bei Holzverbindungen ist im ländlichen Hausbau meist jünger, wobei allerdings auch schon um 1500 gezapfte Verbindungen vorkommen. Im Gegensatz dazu werden die als mittelalterlich angesehenen Verblattungen von Hölzern zum Beispiel im Scheunenbau im Frankenwald und im Fichtelgebirge noch im 18. Jahrhundert ausgeführt.

Beim Hausbau mit Fachwerk gibt es zwei verschiedene Bauprinzipien. Die in Oberfranken dominierende Bauweise ist der Stockwerkbau, bei dem jedes Stockwerk für sich abgezimmert ist. Der Geschoß- oder Ständerbau, bei dem Ständer über mehrere Geschosse durchgehen, spielt im ländlichen Hausbau Oberfrankens im Gegensatz zu anderen Regionen kaum eine Rolle. Geschoßbauten mit durchgehenden Ständern sind in Franken bis zur Mitte des 15. Jahrhunderts bekannt. Im östlichen Erzgebirge und vor allem in der Oberlausitz kommt diese Technik bis ins 18. Jahrhundert vor. Schwache Hinweise auf diese altartige Fachwerkkonstruktion finden sich allerdings im Haus aus Windischletten (S. 146) von 1616(d) und in einem Haus aus Trieb bei Lichtenfels, ebenfalls wohl um 1600 erbaut. Damit gehören sie aber nicht zu den ältesten Fachwerkhäusern. Ein Wohnstallhaus in Neukenroth mit eichenem Fachwerkobergeschoß von 1556(i) stand noch bis zum Beginn der 1970er Jahre. Das Fachwerkhaus in Mistendorf (S. 140) wurde um 1510–20 errichtet. Weitere Gebäude, die offensichtlich in das 16. Jahrhundert zu datieren sind, stehen in Metzdorf bei Kulmbach, in Hallstadt und in Poxdorf bei Forchheim (S. 236) von 1581(d).

In Mittelfranken gibt es noch viele Häuser aus dem Mittelalter. Darunter sind auch Ständerbauten mit Innengerüst und weit herabgeschlepptem Dach. Von dieser Bauweise, die man im Nürnberger Raum mit der Bezeichnung »Schwedenhäuser« versehen hat, findet man in Oberfranken keine Beispiele, allenfalls gewisse Anklänge in steilen Schopfwalmdächern.[13] Auch die ältesten bekannten Fachwerkhäuser in Oberfranken besitzen Wandständer und Sparrendächer mit Kehlbalkenlage. Nur für den Landkreis Forchheim ist zumindest ein graphischer Beleg in der Dürerschen Radierung »Die große Kanone« vorhanden, der für das Dorf Kirchehrenbach eine relativ ausgewogene Mischung von steilgiebeligen Fachwerkhäusern mit Wandständern und Häusern mit Vollwalm- oder Manteldächern auf Innengerüsten dokumentiert.

Die Zwischenräume beim Fachwerk, die Gefache, sind mit Lehmflechtwerk gefüllt, mit Bruch- oder Backsteinen ausgemauert oder mit Balkenstücken

Fachwerkhaus des 17. Jahrhunderts mit betonter Stube rechts und stark vergrößerten Fenstern in der Kammer, in Dörnwasserlos, Landkreis Bamberg, 1994.

ausgeblockt. Aus der Bauzeit vieler Häuser sind, zum großen Teil noch unerkannt, Lehmfüllungen unter jüngeren Putzen erhalten. Dieses Material hat im oberfränkischen Fachwerkbau die größte Bedeutung. Die sehr gut dämmenden Füllungen sind entweder auf einem im Gefach angebrachten Geflecht aus Zweigen aufgebracht worden (Oberküps, Zeyern), oder man hat in vorbereitete Nuten mit Stroh und Lehm umwickelte Hölzer eingekeilt und verklebt (Windischletten, Heiligenstadt, Kleinschwarzenbach). In vielen Häusern, wie zum Beispiel in Zeyern, Ebing oder Kleukheim, kann man eine allmähliche Erneuerung der Füllungen durch Ziegelausfachungen feststellen. Ziegelgefache tauchen vor allem im 18. Jahrhundert in der Phase der nüchternen Fachwerkausbildung auf. Grundsätzlich wurden für eine Steinausmauerung die Gefache kleiner gemacht als für eine Füllung mit Lehmflechtwerk. Zur sicheren Befestigung der Steine war eine Hilfskonstruktion nötig. Die Ziegel erhielten am Kopf eine Kerbe, die genau in eine an den Ständer oder die Strebe genagelte Leiste paßte (Kleinlosnitz, in Saalenstein ungebrannte Ziegel). Gefachfüllungen mit Holzbalken findet man in den waldreichen Gegenden. Solche Füllungen wurden gerne mit Schiefer- oder Bretterverschalung geschützt (Dörfles, Landkreis Kronach). Bruch- und Werksteinfüllungen aus der Bauzeit sind im frühen 18. Jahrhundert geläufig, zum Beispiel in Schlömen oder in Niederlamitz. Am häufigsten kommt die Ausmauerung mit Stein bei Nebengebäuden vor. Dabei finden sich Füllungen aus Kalk- und Sandsteinbrocken ebenso wie Granit. Für den Wohnbereich bevorzugte man aber nach wie vor Lehm. Verputzt wurde in der Regel mit Kalkputz. Der Lehmstrich wurde mit einem Kratzmuster versehen, um dem Putz mehr Haftung zu verleihen. Dies geschah nicht aus ästhetischen Gründen und ist nicht zu verwechseln mit der in Unterfranken häufig

Fachwerkhaus um 1500 mit jungem massivem Stubenbereich in Rüssenbach, Landkreis Forchheim, um 1920, abgerissen.

Fachwerkhaus um 1600 in Stübig, Landkreis Bamberg, 1994.

vorkommenden Kratzputztechnik. Diese ist in Oberfranken kaum bekannt. An der Mühlenscheune in Leesten im Landkreis Bamberg ist ein Kratzputz mit inschriftlicher Datierung 1801 erhalten. Farbfassungen auf Fachwerkfassaden des ländlichen Raumes sind bisher nicht ausreichend untersucht. Ein großer Teil von Fachwerken wurde im Laufe der Zeit weiß gekalkt, verputzt oder massiv ausgewechselt. Sanierte Häuser zeigen in der Regel stereotype Lösungen mit roten, braunen oder schwarzen Hölzern und weißen Gefachen. In Mistendorf ist eine derart einfache Fassung für die Zeit nach 1830 gut überliefert: schwarze Balken und Begleiter auf weißen Gefachen.

Zu den frühesten bekannten Häusern mit Zierfachwerk in Oberfranken gehört das Gasthaus in Gleußen 1603(i) mit doppelten profilierten Brüstungsriegeln und ungewöhnlich dichten Gitterfüllungen aus ebenfalls profilierten Bohlenplatten. Die Gegend zwischen Baunach, Rodach und Weismain, deren Mitte Gleußen annähernd beschreibt, besitzt heute noch die dichteste Verbreitung von Fachwerkbauten. Die größte Blüte zeichnet sich hier für die Zeit zwischen 1670 und 1730 ab. Die Prototypen derartiger Bauten sind Rat- und Zunfthäuser[14], aber in dieser Epoche wurden für alle denkbaren sozialen Gruppen Fachwerkbauten errichtet. Vom einstöckigen Armen- und Hirtenhaus bis zum Gutshof mit zweistöckigem Wohnstallhaus, ja bis zum Schloß waren alle Gebäudegrößen und Fachwerkqualitäten im Dorf des 17. und 18. Jahrhunderts vertreten. Zweistöckige Fachwerkhäuser bildeten dabei keinesfalls eine Ausnahme.

Das frühe ländliche Fachwerk hob in Weiterführung mittelalterlicher Tradition noch die Baustruktur und die Ecklage der Stube hervor. Die Stube zeichnete sich meist durch reichere Verstrebung gegenüber dem Rest des Hauses aus. Die Fenster wurden manchmal noch in Riegeln, sogenannten Fensterbändern, eingefaßt, die Schiebeläden aufnehmen konnten. Diese Elemente verschwanden zunehmend im 17. Jahrhundert. Die Häuser wurden mit einem flächendeckenden Gitter, gleichsam einem graphischen Ornament überzogen, welches das Bauprinzip des Hauses und dessen innere Struktur eher verunklärt als verdeutlicht. Die Schmuckformen wurden in ihren Spielarten immer komplexer. Zu den üblichen Grundelementen gehört das Andreaskreuz und das doppelte Kreuz. Darunter gibt es eine Vielzahl von Varianten mit geschweiften, gebogenen Formen. Kunsthandwerkliche Meisterleistungen dieses Baukastensystems erzielte man durch Kombinationen einzelner Elemente, zum Beispiel durchkreuzter Kreise und Rauten. Zusätzlich zu den komplizierten geometrischen Figuren verzierte man die Ecksäulen mit plastischem Schnitzwerk oder die Schwellen- und Rähmbalken mit einem Zahnschnittfries. Die vollplastischen Schnitzarbeiten für Gefachfüllungen sind allerdings im dörflichen Bereich unbekannt. Ebenso blieben repräsentative Elemente wie Erker und Zwerchhäuser oder Türmchen dem städtischen Bereich vorbehalten.

Überraschend zeigt sich, daß es im Frankenwald, der heute für verschieferte Fassaden bekannt ist, auch unverkleidete Fachwerkgiebel mit Rauten und Andreaskreuzen gegeben hat (Häuser in Steinberg, eines davon von 1725).[15] Trotzdem hat im Frankenwald und im Fichtelgebirge das Fachwerk eine eher untergeordnete Rolle gespielt. Alte Fachwerkbauweise von vor 1750 findet man nur an wenigen herausgehobenen Beispielen: so bei der Troglau-

Fachwerkhaus des 18. Jahrhunderts mit Walmdach, Oberoberndorf, Landkreis Bamberg, 1993.

mühle in Marktredwitz 1664(a), der Fattigsmühle bei Joditz 1677(i), dem Pfarrhaus in Schauenstein 1680(a), dem Kantorat St. Lorenz in Hof 1700(a), dem Hof Frank in Joditz 1705(i) (S. 249) oder dem Haus Kirchstraße 6 in Förbau 1708(d) (abgerissen 1993). Weitere Häuser wie die Posterlitzmühle und andere wurden bereits vor 30 bis 40 Jahren abgerissen. Die hier genannten sind bis auf das Haus aus Förbau stattliche und reich gestaltete privilegierte Häuser, wie Mühlen, Pfarrhäuser und große Höfe, aber keine alltäglichen Bauten der bäuerlichen Mittelschicht. Die häufigsten Schmuckelemente in Nordostoberfranken sind die doppelten Andreaskreuze. Im Coburger Raum findet man viele Schwellen aus Eichenholz und aufgehendes Fachwerk ebenfalls aus Nadelholz. Reine Eichenfachwerke sind in Westoberfranken vorhanden. Im Raum um Forchheim gibt es Fachwerkbauten ohne Schwellen, bei denen die Ständer auf Steinsockeln stehen. Eine prägnante Scheide für den Fachwerkbau etwa an der Linie Mitwitz, Burgkunstadt, Pegnitz trennt das östliche Gebiet, wo Fachwerk im Erdgeschoß unbekannt ist, vom Westen, wo Fachwerk sich grundsätzlich bereits im Erdgeschoß zeigt.

Manche Fachwerkhäuser des 18. Jahrhunderts sind zwar als solche bekannt, aber seit Generationen verputzt. Mit der Zuwendung zu einem nüchternen und schmucklosen Fachwerkbau wurde es immer mehr üblich, Fachwerk flächig zu verputzen, da die Tendenz in der Baugesetzgebung hin zum Massivbau ging. Die ästhetischen Vorstellungen wurden damit auch besser befriedigt. Außerdem war ein dauerhafter Schutz des Fachwerkbaues nur mit einer Verkleidung gegeben. Im gebirgigen Oberfranken geschah dies entweder mit einer Holzverschalung oder einer zusätzlichen Schieferverkleidung auf der Schalung.

Funktionale Elemente am Fachwerkbau, die zum Teil auch repräsentativ ausgeschmückt wurden, sind Laubengänge. Sie kommen beim zweistöckigen Fachwerkbau meist traufseitig im Obergeschoß vor, können überkragen oder liegen mit der Brüstung bündig in der Wand. Im gesamten oberfränkischen Raum und auch in den benachbarten Gebieten Mittel- und Unterfrankens, Thüringens, Sachsens und des Egerlands sind Laubengänge verbreitet. Man findet sie an Wohnhäusern, aber auch an Schupfen und Wagenremisen, ja sogar an Scheunen. Sie hatten natürlich in erster Linie einen praktischen Nutzen für den bäuerlichen oder handwerklichen Haushalt. Vielfach dienten sie aber auch über eine äußere Treppe zur Erschließung der oberen Kammern, wie beim Kasten in Schlömen (S. 306). Im westlichen Oberfranken sind sie recht einladend gestaltet. Die Brüstungsbretter sind verziert, die Ständer für das Dächlein plastisch geschnitzt oder sogar gedrechselt. In Frankenwald und Fichtelgebirge und weiter nach Osten sind die Laubengänge manchmal ganz verbrettert (s. Abb. S. 73, 74). In großen ostoberfränkischen Häusern gibt es noch oft einen langen Gang im Obergeschoß, der entlang der Traufseite die Kammern über dem Stall erschließt. Er bildet sozusagen einen in den Hausgrundriß einbezogenen Laubengang, wie im Haus in Joditz (S. 249). Häuser im Raum Coburg und Lichtenfels besitzen oft einen erhöhten und überdachten Gang (Dried) vor dem eingeschossigen Haus, der wie auch im angrenzenden Thüringen die Bezeichnung Borlaube (Borlaam) trägt. Die Verwendung dieses Begriffs ist allerdings nicht ganz eindeutig. Zum einen

Fachwerkhaus um 1700 mit Oberlaube und Schweineställen unter dem Steingang, Weißenbrunn am Forst, Landkreis Coburg, um 1909.

wird in Thüringen ein Laubengang im Obergeschoß als Borlaube bezeichnet, zum anderen findet sich derselbe Name auch für einen überdachten Gang vor dem Haus auf hohem Sockel. Eine zeitliche Entwicklung der Laube läßt sich anhand der oberfränkischen Beispiele kaum darstellen. Der älteste bekannte Laubengang auf hohem Hausgang steht in Busendorf im Landkreis Bamberg mit der inschriftlichen Bezeichnung 1669. Bei zweistöckigen Häusern scheint die Laube im Erdgeschoß eine spätere Zutat zu sein. In Weitramsdorf existiert sogar eine zweigeschossige überdachte Laube. Der obere Teil ist eingebunden in die Fachwerkkonstruktion des 18. Jahrhunderts, während der untere Teil inschriftlich auf 1844 datiert ist.[16]

Fachwerkhaus mit Klebdächern um 1700 in Mürsbach, Landkreis Bamberg, um 1920.

Später Fachwerkbau mit Klebdächern von 1833 in Mittelehrenbach, Landkreis Forchheim, 1994.

Ein weiteres spezifisches Element am Fachwerkbau sind die sogenannten Klebdächer. Sie schützen die über die Fassade vorstehenden Geschoßbalken und die Fassade vor Schlagregen. Freilich sind sie nicht nur zur Wetterseite hin ausgebildet worden, sondern sie schmücken vielfach auch den Schaugiebel. Die große Scheune in Gosberg (S. 217) besitzt zum Dorfplatz hin einen reichen Fachwerkgiebel mit Klebdächern, während die Traufen und die wetterzugewandte hintere Giebelseite aus einfachster Konstruktion mit zwei Riegeln und wandhohen Streben bestehen. Bei hohen Gebäuden mit steilem Dach gibt es bis zu drei Klebdächer übereinander. Unter den Dächern konnte Erntegut zum Trocknen aufgehängt werden. Sinnvoll wäre dies zum Beispiel im Anbaugebiet von Tabak. Aber an Wohnhäusern gibt es Klebdächer, die keinen nennenswerten Dachüberstand bilden, der irgendeinen praktischen Nutzen haben könnte. Das Vorkommen der Klebdächer erstreckt sich nur auf den westlichen Landkreis Forchheim bis südlich von Bamberg und auf die Umgebung von Baunach und Mürsbach im Itzgrund. Allerdings ist diese Besonderheit am Fachwerkbau sogar soweit zur Mode geworden, daß man

Wohnstallhaus mit nüchternem, einhüftigem Fachwerkobergeschoß von 1753 in Harsdorf, Landkreis Kulmbach, 1990.

Giebel aus Quadermauerwerk mit Klebdächern versah, wie in Zeegendorf im Landkreis Bamberg eine Scheune von 1861(a). Dort ist für die Fassade aus Sandsteinquadern der Witterungsschutz des Klebdaches überhaupt nicht mehr nötig, ja es mußten sogar Holzbalken durch die Giebelwand hindurchgeführt werden, um den Simsbalken des Dächleins zu tragen.

In den meisten Gebieten Oberfrankens führten die Wald- und Feuerordnungen zu einer Ernüchterung beim Fachwerkbau. Noch in der Mitte des 19. Jahrhunderts wurde die große Holzverschwendung im Fachwerkbau des Fichtelgebirges angeprangert. Dabei war hier die Schmuckfreude nicht einmal so groß wie im westlichen Oberfranken. Bereits hundert Jahre vorher war man auf gerade Formen zurückgegangen, baute zwar zum Teil dichtes, aber doch ganz regelmäßiges, rechteckiges Rasterfachwerk aus Ständern und Riegeln mit wenigen wandhohen, steilen Streben. Dekorative Elemente traten fast ganz in den Hintergrund. Die Häuser in Plech (S. 172), Kleinlosnitz (S. 253) oder Meschenbach (S. 201) zeigen, daß diese Phase unabhängig von Regionen oder Baumeistern flächendeckend in Erscheinung trat.

Nur im Bereich der südlichen und westlichen Fränkischen Alb gab es eine späte Blütezeit des Fachwerkbaues bis um 1860. Im südöstlichen Landkreis Bayreuth und im Landkreis Forchheim erkennt man deutliche Bezüge zum angrenzenden Nürnberger Land. Die breitgelagerten Häuser zeichnen sich durch ein stämmiges Fachwerk mit doppelten Fußstreben aus. Dort wurden noch bis um 1800 altartige Fachwerke gebaut. Im recht eng begrenzten Forchheimer Raum gibt es noch bis um 1860 Fachwerke mit den traditionellen Figuren wie Andreaskreuz und Raute, aber auch mit bis dahin unbekannten Strukturen wie dem sogenannten Ährenmuster oder mehrfach ansteigenden und fallenden Riegeln. Das Austragshaus aus Großweiglareuth von 1835(i) im Landkreis Bayreuth (S. 155) ist ein Beispiel für den späten ornamental geprägten Fachwerkbau mit Sternen und durchkreuzten Rauten. Für die späte Blüte des Fachwerkbaues in der Forchheimer Umgebung war maßgebend verantwortlich der Zimmermeister Johann Ochs (1770–1828) aus Mittelehrenbach, dessen Sohn und Enkel die Werkstatt weiterführten.

Der Blockbau – Häuser aus Schrotholz

Neben dem Fachwerk ist die Blockbauweise aus liegenden Balken die zweite bedeutende historische Bautechnik. Auch wenn allgemein der Fachwerkbau als dominante historische Bauweise erscheint, findet man im gebirgigen Oberfranken viele Hinweise auf eine ehemals flächendeckende Verbreitung der Blockbauweise. Franken gehört damit zu einem Randgebiet dieser Bautechnik, deren Verbreitung sich über Skandinavien und Osteuropa bis in den Alpenraum und den Balkan erstreckt. In Franken und vor allem im alpinen Raum erreicht der Blockbau seine weiteste Ausdehnung nach Westen. Oberfranken wird dadurch etwa auf der Linie Mitwitz–Kulmbach–Pegnitz zweigeteilt. Im östlichen Bereich kann man mit flächendeckenden Vorkommen rechnen, westlich der beschriebenen Region findet man allenfalls vereinzelte Hinweise. Oberfranken zeigt sich in dieser Hinsicht und aufgrund der oben zur Fachwerkverbreitung gegebenen Hinweise als ein hauskundlich überaus interessantes Gebiet. Hier treffen nicht nur Randzonen des Fachwerk- und des Blockbaues aufeinander. Beide Bauweisen kommen hier in einem Überschneidungsbereich kombiniert vor.

In alten Unterlagen wurde der Blockbau auch als Schrotbau bezeichnet. Schrothölzer sind roh abgeschnittene Stammstücke. Meistens handelt es sich dabei um Fichtenholz (Saalenstein, Unterdornlach), seltener um Föhrenholz (Grassemann). Die Stämme wurden vierkantig zugehauen. Bei ärmlichen Häusern blieben oft größere Waldkanten erhalten. Die Balken wurden in den Ecken gegenseitig verkämmt. Damit sie auf der ganzen Länge nicht ausscheren konnten, dübelte man sie aufeinander. Die Abdichtung zwischen den Balken erfolgte durch Moos oder Werg. Nur wenige Häuser dieser Art standen längere Zeit unverschalt, denn die Witterungsbedingungen in Nordostoberfranken brachten die Bewohner schnell dazu, die Wände durch Verschalungen aus Holz oder mit Schiefer zu schützen. Im Fichtelgebirge und im Obermaingebiet waren vor allem Holzverschalungen üblich. Im Frankenwald entwickelte sich ein hoher kunsthandwerklicher Stand in der Verschieferung.

Die zwei wesentlichen Verbindungsarten sind die Schwalbenschwanzverbindung, die allgemeine Verbreitung besitzt, und die Hakenblattverbindung, deren Herstellung zwar kunstvoller ist, aber nicht die zähe Haltbarkeit des Schwalbenschwanzes erreicht. An Ställen und Nebengebäuden ist öfter die Hakenblattverbindung festzustellen, manchmal kommen beide Verbindungen an einem Gebäude vor, wie beim Nebenhaus des Hofes Nr. 15 in Brunn, Landkreis Wunsiedel. Im Frankenwald gab es sogar die besonders kunstvolle Kombination beider Techniken in einem Verband (so bei den Häusern in Birnbaum S. 275).

1864 hatte Fentsch in der Bavaria, der umfangreichen volkskundlichen Landesbeschreibung Bayerns, die besondere Bedeutung des Blockhauses im Fichtelgebirge hervorgehoben: »Namentlich findet sich im Warmensteinachthale ein Reichtum an Hütten, die bloß aus aufgediebelten und geblätteten Balken auf steinernem Grundbau errichtet und innen verkleidet sind.«[17] Tatsächlich findet man im östlichen Landkreis Bayreuth, im nördlichen Raum des ehemaligen Landkreises Kemnath und im westlichen Landkreis Wunsiedel, also am Zentralstock des Fichtelgebirges, noch viele Relikte des Blockbaues. Rela-

Blockbau mit Schindeldeckung in Nagel, Landkreis Wunsiedel, um 1900.

Blockbau aus dem Frankenwald mit neuem Falzziegeldach, Landkreis Kronach, um 1900.

tiv geringe Vorkommen dieser Bauweise liegen in manchen Landstrichen vor, in denen bereits im 18. Jahrhundert eine wohlhabende bäuerliche Schicht lebte, die so wie im Sechsämterland stattliche Steinbauten errichtete. Mit der Zunahme der ärmlichen Behausungen auf dem Lande kam wohl die größte Verbreitung der Blockbauten. Die Frondienste wurden im 17. Jahrhundert zunehmend vernachlässigt. Die Klagen der ritterschaftlichen Herren nahmen immer mehr zu, und die Obrigkeit erlaubte dafür die Ansiedlung weiterer Tagelöhner und Handwerker. Mit der Neusiedlungswelle gingen viele Verbote des Stubenschrotbaues einher. Die flächendekkende Verbreitung von Blockbauten kann man in den Grundbuchakten um 1810 feststellen. Damals bestanden Orte im Landkreis Bayreuth wie Oberwarmensteinach, Geiersberg, Grub, Lienlas oder Mukkenreuth fast vollständig aus Blockhäusern.[18] Die wenigen Gebäude, die nicht aus Holz gezimmert wurden, waren Mühlen und Hammerwerke.

Allgemein wird der Blockbau als die urtümliche und althergebrachte Bauweise erachtet. Allerdings gibt es bisher nur wenig konkrete Datierungen und darunter keine von vor 1600. Ein Blockhaus in Neukenroth 1601(i) ist seit vielen Jahrzehnten abgebrochen.[19] Es besaß bereits die Grundrißstruktur, die von den Häusern des 18. Jahrhunderts bekannt ist. Der Wohnbereich war durch eine feste Blockwand in Stube und Kammer unterschieden. Die Deckenbalkenlage war über dem Wohnbereich weit, über dem Stall eng gesetzt. Die Küche im hinteren Hausplatz, eine Knechtkammer im Stall und eine Stalltür an der hinteren Giebelseite waren wohl jüngere Veränderungen. Das einzige konstruktive Element, das diesem Haus gegenüber den jüngeren fehlte, war der weite Dachüberstand an der Traufseite. Das Haus in Fischern von 1658(d) (S. 339) besitzt aus der Bauzeit auch keine weit überstehende Traufe. Diese Eigenart scheint sich im oberfränkischen Blockbau erst im 18. Jahrhundert durchgesetzt zu haben. In Fischern erhielt der Blockbau 1794 einen neuen massiven und breiteren Stall. Mit dieser Baumaßnahme wurde auch der alte Dachstuhl auf einem überstehenden Balkenkranz der neuen Hausbreite angepaßt, während das Erdgeschoß in der alten Hausbreite erhalten blieb. Erst das Haus in Grassemann von 1698(d) (S. 165) zeigt die typische Qualität des breitgelagerten Blockbaues mit weitem Dachüberstand.

Blockbauten sind in Oberfranken in der Regel einstökkige Häuser. Sie wurden im Laufe der Zeit mit Zwerchhäusern oder Erkern erweitert, um im Dachgeschoß zusätzlichen Wohnraum zu schaffen. Die starke Nutzung hatte aber auch massive Auswechslungen im Erdgeschoß zur Folge. Im Hof in Brunn bei Schönwald

Hofanlage in Brunn, Landkreis Wunsiedel. Nebenhaus Blockbau von 1810, Haupthaus im Hintergrund ehemaliger Blockbau von 1730 mit massivem Erdgeschoß von 1825–1830, 1990.

wurde 1730 ein Blockhaus errichtet. 1810 kam das Nebenhaus in derselben Bauweise dazu. Ab 1829 wurde das Erdgeschoß des Haupthauses schrittweise mit Bruchsteinwänden ausgemauert und teilweise gewölbt. Aufstockungen von Blockhäusern blieben die Ausnahme, da statische Probleme damit verbunden waren. Beim Haus aus Saalenstein (S. 272) wurde auf das Erdgeschoß von 1785 um 1850 ein Fachwerkobergeschoß errichtet. Zur Stützung dieses neuen Obergeschosses wurde ein Balkengerüst vor der Traufe eingebaut. Zweistöckige Blockhäuser haben sich nur

Blockbau mit Fachwerkobergeschoß und Mansarddach in Ebersdorf, Landkreis Kronach, um 1900.

Ständerbalkenbau von 1730 (?) mit sekundär ausgemauerter Kammer in Obersteben, Landkreis Hof, um 1910.

selten erhalten. Beispiele gibt es in Zeyern im Landkreis Kronach (S. 296) und in Neuhausen (S. 266) und Nentschau (S. 263) im Landkreis Hof.
Seit dem 18. Jahrhundert wurde der Blockbau im Bayreuther Land, im Sechsämterland und im Vogtland durch die in Mode kommenden Steinbauten verdrängt. Die bayerische Baugesetzgebung führte im 19. Jahrhundert endgültig dazu, daß keine neuen Holzblockbauten entstanden. Zu den wenigen Rückzugsgebieten, in denen Blockbauten noch in größerer Zahl erhalten sind, gehören der Frankenwald, das südliche sächsische Vogtland und das Egerland mit dem bayerischen Grenzraum von Regnitzlosau bis hinunter in den Raum um Neualbenreuth.
Eine Sonderform des Holzbaues, die eine nähere Beziehung zum Fachwerkbau hat, ist der Ständerbohlenbau. Die Besonderheit dieser Bauart liegt in den weit auseinanderliegenden Ständern, die seitlich eingeschlitzt sind und in die liegende Balken oder Bohlen mit ihren Enden eingeschoben sind. Datierbare Gebäude dieser Bauart sind nicht mehr vorhanden, so daß eine chronologische Einordnung kaum möglich ist. Seine Verbreitung und tatsächliche Bedeutung ist nur noch schwer zu belegen. Bis in die 1960er Jahre gab es noch einige dieser Häuser im westlichen Randgebiet des Frankenwaldes und des Fichtelgebirges. Die letzten noch vorhandenen Beispiele sind Scheunen, die vor allem aus dem 18. Jahrhundert stammen und im unteren Drittel ausgeblockt sind, und Stallwände wie beim Haus aus Saalenstein. Im Wohnbereich gibt es die Ständerbalkenbauweise kaum mehr. Eines der letzten Hausbeispiele steht in Wallenfels. Dabei war die Bohlenfüllung im Stubenbereich wohl bis ins 17. Jahrhundert ziemlich verbreitet. Im Haus in Mistendorf (S. 140) sind noch zwei Stubenwände aus Bohlen mit Lehmschlag aus der Bauzeit um 1510 erhalten. Im Haus in Zeyern (S. 296) sind zur Bauzeit 1658 die Trennwände zwischen Stube und Kammer aus Bohlen gezimmert gewesen, ebenso wie im Haus aus Grassemann von 1698.
Große zweistöckige Wohnstallhäuser mit Blockstuben und Fachwerkobergeschoß finden sich im sächsischen Vogtland, hin zum Erzgebirge, im Egerland und in der nördlichen Oberpfalz. Damit ist auch die regionale Verbreitung des Umgebindes beschrieben, das bei zweistöckigen Bauten normalerweise vor die Stubenwand im Erdgeschoß gebaut ist, um die Last des oberen Geschosses abzuleiten. Es handelt sich dabei um ein Gerüst aus Holzsäulen, die mit Kopfbändern an einen Schwellenbalken geblattet oder gezapft sind. Dieser trägt die Fachwerkkonstruktion des Obergeschosses, so daß die Blockstube des Erdgeschosses völlig unabhängig davon abgezimmert ist. Ostoberfranken gehört genau genommen nicht mehr zum Verbreitungsgebiet des Umgebindes. Nur in einer gewissen Kümmerform ist es gebräuchlich.[20] In Verbindung mit dieser Bautechnik findet man im Raum südöstlich von Selb und im angrenzenden Egerland den sogenannten Umschrot, einen drei bis fünf Balken hohen Blockwerkkranz über dem Erdgeschoß. Dieses Konstruktionselement dient zur statischen Sicherung der Holzbauten. Wie ein Ringanker hält es die Wände eines Hauses zusammen. Zusätzliche Stabilität bewirken die Schwellen der Binnenwände, die in der Art von Ankerbalken in den Umschrot eingefügt sind. Damit ist es möglich den Schub des Daches auf die Außenwände aufzufangen.

Der Steinbau

Im 16. Jahrhundert wurde als Folge von Waldbegehungen geplant, die Holzbauweise einzudämmen oder abzuschaffen. Seit dem 17. Jahrhundert wurde deshalb der Steinbau durch die Obrigkeit gefördert oder zumindest empfohlen. Einzelne frühe archivalische Belege zeigen, daß die Bautechnik bekannt und gebräuchlich war. 1598 wird in Rügersgrün ein gemauerter Kasten, 1698 ein gemauerter Getreidekasten in Fleisnitz, 1697 ein massiver Stall in Hohenberg erwähnt.[21]
Je nach Gegend findet man den ortsüblichen Bruch- und Lesestein vor, im Fichtelgebirge den Granit, im Unterland den Sandstein, auf der Albhochfläche

Wohnstallhäuser aus Sandsteinquadern in Heßlach, Landkreis Bayreuth. Mitte 1842 bezeichnet, rechts im 20. Jahrhundert aufgestockt.

Zweistöckiges massives Wohnstallhaus mit schiefergedecktem Krüppelwalmdach in Bärlas, Landkreis Hof. 1799 bezeichnet.

Jurakalksteine. Granit, schiefriges Gestein, Gneis und Dolomit kommen gebrochen, aber auch als Findlinge im breiten zweischaligen Mauerwerk vor. Diese Mauern besitzen Stärken von 60 bis 90 Zentimeter und haben nur kleine Fensteröffnungen. Werksteine für Tür- und Fensterwände und Eckquaderung wurden vorzüglich aus Granit und Dolomit gefertigt und im Bruchsteinmauerwerk eingefügt. Dabei spielen die Zwicker eine große Rolle, kleinste Steine, mit denen die Spalten zwischen den großen Mauerbrocken gefüllt (»ausgezwickt«) wurden. Sichtmauerwerk ist aber aus den genannten Materialien kaum bekannt. Allenfalls junge Gebäude, vorzüglich in der näheren Umgebung von Steinbrüchen, und Nebengebäude oder Mauersokkel sind aus unverputztem Brockenmauerwerk errichtet. Vom 17. bis ins 19. Jahrhundert war der Bruchsteinbau verputzt. Auch Tür- und Fenstergewände wurden farbig gefaßt, also nicht steinsichtig verarbeitet. Sandstein dagegen ist vor allem im Quadermauerwerk bekannt. Naturgemäß ließ er sich plastisch leicht bearbeiten und führte zu einem kostengünstigen und schnellen Baubetrieb. Der früheste bekannte dörfliche Sandsteinbau mit spätbarocken Zierformen ist die Mühle in Altdrossenfeld von 1781(i). Von da an erreichte der ländliche Sandsteinbau mit profilierten Gewänden und Friesen und mit verzierten Fensterschürzen seine Blütezeit zwischen 1820 und 1860.

Massives herrschaftliches Haus des 17. Jahrhunderts in Königsfeld, Landkreis Bamberg, 1994.

Der ostoberfränkische Steinbau, der seit dem 19. Jahrhundert gegenüber den anderen Bauweisen dominiert, besitzt in der Entwicklungsgeschichte des Bauwesens in Bayern eine wegweisende und beispielgebende Funktion. So äußerte auch Torsten Gebhard die Vermutung, »daß er (der Steinbau) von den Baubehörden seit dem 18. Jahrhundert mit Nachdruck gefördert wurde«. Die Bezirksämter Wunsiedel und Münchberg seien in dieser innovativen Ausrichtung führend in der bayerischen Bauverwaltung gewesen.[22] Das Haus in Holzmühl im Landkreis Wunsiedel (S. 342) stellt den klassischen zweistöckigen Massivbau des Sechsämterlandes im ausgehenden 18. Jahrhundert dar, der wegweisend für den bäuerlichen Hausbau bis in 20. Jahrhundert hinein war. Am fortschrittlichsten zeigte sich in Franken die Markgrafschaft Ansbach. Hier gab es bereits 1754 die Musterpläne des Baumeisters Steingruber. Hier wurde auch die erste Brandversicherungsanstalt gegründet. Erst später folgten die Versicherungsanstalten in Bayreuth, Bamberg und Würzburg in dieser Reihenfolge. Im Königreich Bayern entstand 1811, in einer Neuordnung des Brandschutzes, die allgemeine bayerische Brandversicherungsanstalt. In Bamberg, Bayreuth und Hof wurden Baupolizeikommissionen gegründet. Die Baubeamten prüften eingereichte Baugesuche und Pläne vor allem in Hinsicht auf Feuersicherheit. Die direkte und bereitwillige Umsetzung der Musterpläne für den Massivbau kann aber mit Recht bezweifelt werden. Erst infolge der immer wiederkehrenden Brandkatastrophen gelang eine effektive Einflußnahme auf die Bautätigkeit, die ihren deutlichsten Ausdruck in Nordostoberfranken hinterließ.

Im Normalfall versteinerte ein Blockbau mit der Zeit, und zwar von seiner Rückseite her. Die Lebensdauer eines Holzstalles war so niedrig, daß oft schon im Laufe von zwei Generationen eine vollständige Aus-

Massives Kleinbauernhaus von 1829 in Döberschütz, Landkreis Bayreuth, 1991.

wechslung nötig war. Für die notgedrungene Erneuerung ehemaliger Block- und Fachwerkhäuser mit massiven Erdgeschoßwänden gibt es in Nordostoberfranken sehr viele Hinweise und Befunde. Beispielhaft für die häufigsten Auswechslungen über Stall und Flur stehen zum Teil unvollständig ausgeführte Arbeiten, wie am Giebel des Hauses aus Hammerbühl im Landkreis Forchheim (S. 277), der im unteren Drittel massiv ersetzt wurde, oder an der Traufe des Hauses in Kleinschwarzenbach im Landkreis Hof (S. 260), die stückweise nach Entfernung des Fachwerks ausgemauert wurde. Doch nicht nur aus Not, auch aus Repräsentationsgründen wurde der Holz- oder Fachwerkbau abgelöst. Am Haus in Plech (S. 172) wurde 1842 der Fachwerkgiebel an der Straße mit einem massiven Sandsteingiebel versehen.

Mit statistischen Erhebungen versuchte die preußische Verwaltung die Einführung einer Bauordnung in der ehemaligen Markgrafschaft Bayreuth vorzubereiten. Die folgenden Daten stammen aus der hierfür entworfenen Tabelle von 1798 über die in der Amtshauptmannschaft Hof vorhandenen Feuerstellen:[23]

Ort	Massivbau	Halbmassiv	Fachwerk	Scheunen und Backhäuser
Kammeramt Münchberg	79	447	585	1036
Amt Stockenroth	32	118	56	116
Summe Städte und Märkte	350,5	835,5	539	925
Summe Land	309	1618	4202	4261

In vielen Orten waren die Massivbauten an einer Hand abzuzählen. Fachwerkbauten und »halbmassive« Häuser, das heißt Häuser in gemischter Bauweise unter Verwendung von Blockbau, überwogen bei weitem. Zwar war das Verhältnis in Städten und Märkten etwas ausgeglichener, aber auch hier gab es keine Stadt, in der der Massivbau eine nennenswerte Größenordnung erreicht hätte.

Nur eine Generation später, 1836, wurde durch die bayerische Verwaltung der Fortgang der Modernisierungs- und Neubautätigkeit statistisch erfaßt. Der Austausch der alten Fachwerkhäuser durch neue Steinbauten war in vollem Gange, wobei ein deutliches Übergewicht in Ostoberfranken bestand:[24]

Landgericht	Gesamtzahl der neu errichteten Gebäude	neues massives Wohngebäude	neues massives Nebengebäude
Münchberg	436	237	199
Naila	369	311	58
Hof	179		
Rehau	550		
Stadtsteinach	205	143	62
Berneck	187		
Ludwigstadt	20		
Mitwitz	6		
Kronach	418		
Seßlach	21		
Weismain	73		
Scheßlitz	74		
Bamberg II	280	201	79

Einheitliche innere Struktur

In ganz Oberfranken, wie überhaupt in Franken ist das Wohnstallhaus die Regel. Der Viehstall ist immer im Wohnhaus integriert. Zusätzliche Ställe in Nebengebäuden sind bei großen Höfen vorhanden. Die Dreiteilung in Stuben-, Flur- und Stallzone auf einem langen Grundriß herrscht im gesamten Betrachtungsgebiet vor, wobei es nur graduelle Unterschiede gibt. Im Frankenwald und im Fichtelgebirge ist die Dreiteilung am klarsten. Im Frankenwald gab es Häuser ohne Küche, bei denen sich der Flur über die ganze Hausbreite erstreckte. Manchmal erhielt der Hausplatz sogar eine zweite Tür zur hinteren Traufseite. Hier entwickelte sich eine Wohnküche erst zu Beginn des 20. Jahrhunderts. Im Fichtelgebirge ist die Flurzone grundsätzlich geteilt. Zur vorderen Traufseite hin liegt der Flur, in der hinteren das massive Küchengewölbe. Die Flurzone wird je nach Größe des Hauses um Kammer oder Speicher

Wohnstallhaus mit erneuertem Dachstuhl im Stallbereich in Hohberg, Landkreis Hof, um 1920.

Giebelseitig erschlossenes Wohnstallhaus um 1800 mit jüngerem Erker, Landkreis Bayreuth, um 1940.

erweitert. Der Stall ist – ganz kleine Anwesen ausgenommen – durch eine eigene Tür erschlossen. Bei großen Höfen gibt es sogar zwei traufseitige Türen zum Stall, der entsprechend in Pferde- und Viehstall unterteilt ist. In der Regel liegen alle Zonen auf einer Ebene. Häuser auf hohem Kellergeschoß, sogenannte gestelzte Häuser, kennt man im Raum zwischen Coburg, Kulmbach und Lichtenfels. Dort sind Häuser in Hanglage oft auf einem hohen Sockel errichtet, der den Stall beherbergt.

Die Küche, die in Nordostoberfranken vollständig in der Flurzone eingeordnet ist, liegt im Westen und Süden Oberfrankens teilweise oder sogar ganz in der Stubenzone wie bei den Häusern in Prebitz, in Hammerbühl oder in Oberzettlitz. Vom Raum Forchheim und dem südlichen Landkreis Bayreuth setzt sich dieses Grundrißschema fort nach Mittelfranken und in die westliche Oberpfalz. Mit dieser Anordnung geht eine Verbreiterung des Hauses einher, so daß der Hausgrundriß, je nach Anzahl zusätzlicher Kammern oder der Lage des Stalles, fast eine quadratische Form annimmt. Eine nach Süden gerichtete Ecklage der Stube und die Erschließung des Hauses von der Giebelseite aus sind hier bezeichnend.

Eine Grundrißanordnung, bei der die Küche zum Teil in die Stubenzone hineinragt, findet man vermehrt in den Landkreisen Coburg, Kulmbach und Lichtenfels. Der Vorsprung der Küche in die Stube wird entweder als Kammer massiv abgetrennt oder in Leichtbauweise als Kabinett abgeteilt. Dabei ist die Küche nicht grundsätzlich gemauert und gewölbt, sondern sie besitzt mitunter eine flache Decke und Fachwerkwände.

Stube und Kammer – Wärme und Licht

Im Verbreitungsgebiet des sogenannten einraumtiefen Hauses muß man bis ins beginnende 20. Jahrhundert mit einem einzigen heizbaren Raum rechnen. Diese Wohnstube erstreckt sich über die ganze Hausbreite und ist nicht Kochraum, sondern Wohn- und Eßraum, wie in den Häusern aus Joditz, Nentschau und Kleinschwarzenbach. Im letzten Fall wurde die Trennung der Stube mit einem Bretterverschlag erst 1953 durchgeführt. Als beheizbarer und trotzdem rauchfreier Raum hat die Stube im ländlichen Haushalt die größte Bedeutung. Belege für einen heizbaren Stubenboden finden sich auch für wohlhabende Haushalte erst im 18. Jahrhundert. Die Vorzüge einer aus Holz oder aus Lehmfachwerk gebauten Stube wurden teilweise im 18. Jahrhundert in Physikatsberichten anerkannt, wenngleich der Holzbau damals gegenüber dem Steinbau als besonders altmodisch galt. Im Laufe der Zeit wurden Blockbauwände auch von unten her durch Steinmauern in dem Maß ersetzt, wie die Hölzer faulten. Erst mit dem allmählichen Funktionsverlust des Küchengewölbes als Kochraum, etwa ab 1840, wird der Drang nach einer Teilung der Stube spürbar. Diese Trennung geschah durch den sogenannten Unterschied oder die Schiedung, entweder durch einen hölzernen Verschlag oder durch eine Ziegelwand in der Hausmitte, oder im Breitenverhältnis 2 zu 1. Diese Teilung geht meist einher mit dem Wegrücken des Ofens von der Stubenrückwand in die Mitte des Raumes, indem der Ofen in die Trennwand integriert wird. Die Doppelfunktion als Wärmeofen für die gute Stube und als Kochofen für die Wohnküche bestimmt seine unterschiedlichen Ansichten.

Die Beleuchtung der Stube erzielte man mit einem Kienspan. Für die Halterung der sogenannten Schleiße – man liest auch die Bezeichnung »Schleißenlicht« – gab es eiserne Klammern oder Ringe, die an der Wand befestigt oder auf einem beweglichen Holzständer angebracht waren. In wenigen Orten, aber in ganz Oberfranken verteilt, konnte eine Kienspanhalterung und in Verbindung damit ein Rauch- oder Zugloch nach oben festgestellt werden.[25] In Verbindung mit dem Ofen war im Grenzraum nach Böhmen der »Lien« geläufig. Hierbei wurden Harzbrocken in einer Pfanne verbrannt. Der Rauch wurde

Sogenannter Schindel- oder Schöllofen in Siegmannsbrunn, Landkreis Bayreuth, um 1940.

Hinterladerofen in einem Frankenwaldhaus, Landkreis Kronach, um 1900.

durch den Lienhut, einen großen Blechhut oder Trichter, aufgenommen und über ein Rohr aus der Stube geleitet.[26]

Das zweiraumtiefe Haus zeugt dagegen schon früh von hoher Wohnqualität. Meist ist die Innenstruktur dieses Typs schon von außen an Fenstergröße und -rhythmus abzulesen. Auch in der Verwendung verschiedener Baustoffe wird diese Teilung manifestiert. Neben der annähernd quadratischen Stube mit zwei bis drei Fenstern auf der Giebelseite gibt es noch einen schmalen Raum mit nur einem, manchmal sehr kleinen Fenster. Dieser ist entweder als Speicher oder als Kammer anzusprechen. Als Kammer kann dieser Nebenraum vom Stubenofen mit geheizt werden und dient als Schlafkammer oder als Zimmer für die Auszügler (Grassemann). Eine andere Nutzung ist die des Speichers oder der kalten Vorratskammer. Dafür ist der Raum manchmal gewölbt, wie im Haus in Niederlamitz (S. 345). Bei den Häusern in Grassemann und Zeyern ist die Stube jeweils in Blockbauweise errichtet, die Kammer dagegen aus Granitbruchstein beziehungsweise aus Sandsteinquadern. Im zweiten Fall war die Kammer in der Bauzeit allerdings auch in Blockbauweise errichtet und ist sekundär massiv ausgebaut worden. Diese relativ komfortable Grundrißanordnung blieb

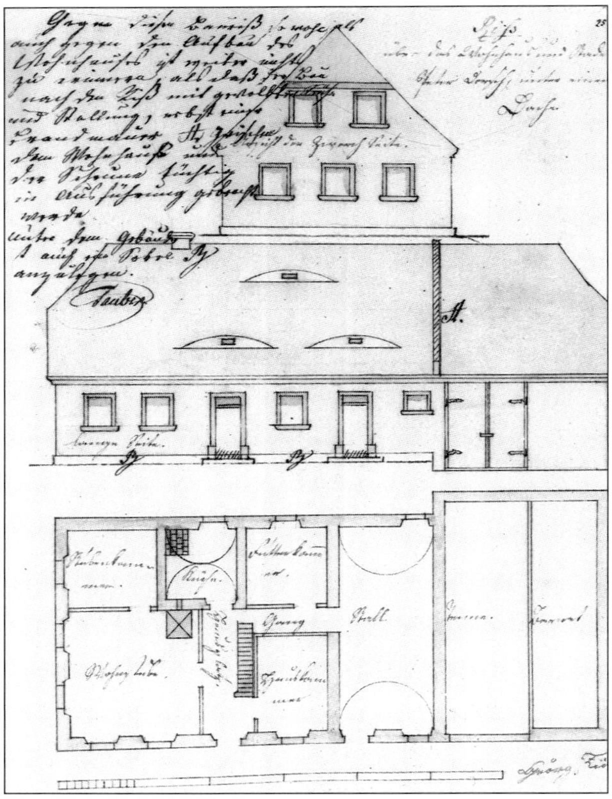

Bauplan aus Poxdorf, Landkreis Bamberg, 1825.

aber nicht nur den wohlhabenden Hausbesitzern vorbehalten. Das Haus in Oberküps (S. 325) belegt, daß die Zweiräumigkeit auch bei kleinen Anwesen geläufig war.
Eine Eigenart, die mit den verschiedenen Fußbodenhöhen in gestelzten Häusern zusammenhängen kann, tritt im westlichen Oberfranken noch vereinzelt auf: Die Stubendecke ist abgehängt, und es entsteht ein Hohlraum zum Boden hin, der im Coburger Raum als »Hohle Stube« bekannt ist, wie zum Beispiel in Buchenrod (S. 186). Aber das Beispiel aus Mistendorf (S. 140) zeigt, daß diese niedere Stubendecke im gesamten Fachwerkbau des westlichen Oberfrankens nicht unbekannt war. Eine Funktion – man spricht manchmal von einem geheimen Bergeraum – hatte der Luftraum über der Stube des Mistendorfer Hauses kaum. Er war von der seitlichen Küche aus offen erreichbar, also nicht verborgen. Der Rauch zog durch den Raum, und der Boden war nicht begehbar. Dieses frühe Beispiel einer solchen niederen Stubendecke scheint vielmehr an den mittelalterlichen Fachwerkbau zu erinnern, in dem Stuben gerne unabhängig von Geschoßdecken eingestellt wurden, die infolge ihrer niedrigeren Höhe leichter zu wärmen waren. Zweifellos ist die Stube der zentrale Raum des Hauses. Sie ist durch ihre Einrichtung der Wohn- und Aufenthaltsraum der Familie, birgt aber für diesen Zweck nur das Notwendigste: Sitzgelegenheiten um den Tisch, Anrichte und einfachste Aufbewahrmöbel für Küchengeräte sowie einen Ofen. Alle anderen Gegenstände sind variabel. Die Stubendecke ist in aller Regel als Balkenkonstruktion mit Bohlenfüllung ausgebildet. Die Balken und – wenn vorhanden – die Unterzüge sind in der Regel profiliert. Darüber befindet sich ein Fehlboden mit Lehm-, Schlacken- oder Holzkohlefüllung. In untergeordneten Räumen sind die Decken eher mit Stickscheiten und Lehmwicklung ausgefüllt oder auch völlig ohne Dämmung nur gebrettert. Aus Brandschutzgründen wurde im 19. Jahrhundert darauf gedrängt, die Decken zu verputzen.
Der Raum zur Aufbewahrung des wertvollen Hausrats, der Prunkstücke, die mit dem Kammerwagen in das Haus gekommen waren, befindet sich meist im Obergeschoß. Beim zweistöckigen Haus war eine heizbare obere Stube im 18. Jahrhundert vorhanden. Erstaunlicherweise gab es sogar bei ärmeren Häusern, wie zum Beispiel in Saalenstein Nr. 3, in der Mitte des 19. Jahrhunderts eine mit Kachelofen beheizbare obere Stube. Die Benutzung dieser oberen Stube scheint wegen der Aufbewahrfunktion nicht allzu groß gewesen zu sein. In der jüngeren Vergangenheit kennt man sie eher als kalte Stube. Nicht selten findet sich bei zwei- oder eineinhalbstöckigen Häusern eine Stuckdecke in der oberen Stube. Beim einstöckigen Haus ist der Dachraum ohnehin wenig wohnlich. Schlafraum war dort unter der Dachschräge mit Hilfe von Bretterverschlägen abzugrenzen. Im westlichen Oberfranken gibt es dagegen Hinweise auf eine Dachstube im einstöckigen Haus. Dieser Einbau liegt mittig im Dachstuhl und besitzt entweder ausgeblockte, mit Bohlen ausgefüllte Riegelwände, oder Fachwerkwände. Über die Heizbarkeit solcher Stuben läßt sich aber bisher keine Aussage treffen. Hinweise finden sich für das 18. Jahrhundert, aber kaum früher.

Küche für Feuer und Rauch

Immer direkt an die Stube angrenzend liegt die Küche. Ihr Name wird durch Zusätze wie Rauch-, Ruß- oder Schwarz- noch genauer charakterisiert. Nur im Frankenwald sind Hausgrundrisse bekannt, denen ursprünglich die Küche fehlte. Dort gab es im Hausflur lediglich einen gezimmerten Funkenhut, der mit Lehm beworfen war. Hier wurde erst ziemlich spät durch eine Teilung des Hausplatzes eine sogenannte Vorküche geschaffen. In der Markgrafschaft Bayreuth gab es seit der Mitte des 18. Jahrhunderts eine starke Tendenz zur Einrichtung von Küchengewölben. Etwa ab 1760 kann man mit der allgemeinen Akzeptanz dieses gewölbten Raumes rechnen. Wie das Eindringen eines Fremdkörpers in das bis dahin homogene Holzhaus erscheint der Küchenbau im Haus aus Unterdornlach (S. 309). 1740 wurde der Blockbau mit einer aus Sandsteinquadern gemauerten Küche errichtet. Zusätzlich zu den beiden Schildmauern der Küche sind die Wände der angrenzenden Räume in Blockbauweise voll ausgeführt. Die baulichen Möglichkeiten, eine

Rauchhut aus Weidengeflecht mit Lehmschlag an hölzerner Stubenwand in Birnbaum, Landkreis Kronach, 1960.

Blockwand an einem massiven Mauerteil anzuschließen, waren wohl noch nicht ganz durchdacht und die Annehmlichkeit hölzerner Stuben zu groß. Aber unabhängig von den Küchengewölben war bereits im Mittelalter ein Küchenraum zur Befeuerung des Ofens, zum Kochen und für den Abzug des Rauches vorhanden. Der Rauch wurde durch die Küche in einen Schlot oder in den offenen Dachraum geleitet. Viele Häuser aus der Zeit vor 1700 besitzen noch auffällig verschmauchte und verrußte Balken im Dachstuhl, die auf ehemals offenen Rauchzug hindeuten (Grassemann, Mistendorf, Poxdorf).

Die schwarzen Küchen im Fichtelgebirgsraum sind besonders klein. Sie beherbergen neben dem auf einem Tonnengewölbe aufsitzenden offenen Schlot das Schürloch für den Stubenofen, das Ofenloch des Backofens und zum Teil einen eigenständigen Herd. Selten besitzt dieser Raum ein Fenster, die Ausstattung mit Geräten und Möbeln war äußerst spärlich. Viel geräumiger dagegen sind die Küchen im westlichen Oberfranken. In der Regel durch Fenster beleuchtet und häufig ungewölbt, besitzen sie einen großen Herd und eine etwas wohnlichere Ausstattung als im Osten. Der Backofen steht in der Regel frei. Schon im hohen Frankenwald von Nordhalben über Stadtsteinach bis nach Bayreuth ist nach Westen hin ein freistehendes Backhäuschen üblich. Damit ist die Küche in ihrer Funktion auch bei höheren Ansprüchen noch länger gebräuchlich als im Osten. Neben der Küche ist vielfach noch eine Kammer oder ein Gewölberaum vorhanden, der nicht vom Hausplatz aus zugänglich ist, sondern nur durch die Küche. Dieser Raum ist als Vorratskammer für die häusliche Wirtschaft besonders wichtig und entsprechend gut auch nach außen hin verwahrt.

Grundsätzlich erfüllte der Ofen in Oberfranken beide Funktionen, das Kochen und das Wärmen. Die Befeuerung des Stubenofens erfolgte von der Küche aus (Hinterladerofen). Dieser Ofentyp läßt sich in ganz Oberfranken nachweisen, ist aber nur noch in ganz wenigen Häusern erhalten, wie im Haus in Grassemann.[27] Im westlichen Oberfranken wurde er noch wesentlich länger genutzt, weil die Küche eben auch länger ihre Funktion behielt. Vor allem auf der Fränkischen Alb gibt es noch Belege, daß auf dem Kachelofen geschlafen wurde. Dazu war ein hölzernes Gerüst um den Ofen gezimmert, an dem Sachen zum Trocknen aufgehängt werden konnten und das oben durch eine Liegefläche abgeschlossen wurde (Schill- oder Schindelofen). Auch in Nordostoberfranken gibt es noch zwei Belege für das Schlafen auf dem Ofen, die möglicherweise darauf beruhen, daß der Backofen in die Stube hineinragte und von dort aus bestiegen werden konnte.[28] Unabhängig von der Besteigbarkeit des Ofens diente er seit jeher als Ruhepunkt in der Stube. Der warme Winkel zwischen Ofen und Wand trägt den Namen »Höll«, »Hell« oder Hölle. Doch die vielseitige Nutzung solcher großen Öfen änderte sich in der Mitte des 19. Jahrhunderts. Die Regierung von Oberfranken führte 1837–43 einen Wettbewerb zur Entwicklung moderner und sparsamer Öfen durch. Viele Töpfer und Ofensetzer beteiligten sich und reichten Entwürfe und Modelle ein. Das Ergebnis war der sogenannte Zugofen mit der Feuerung auf einem Rost. In die Züge wurden Klappen oder Schieber eingebaut, die eine Reinigung erlaubten. Das Abdecken der Feuerstelle mit einer Eisenplatte wurde mit großem Interesse zur Kenntnis genommen, sollte man doch dadurch etwa ein Drittel Holz sparen. Dies war also erst der Einzug der Herdplatte in Oberfranken. Der Pfarrer Florian Clöter aus Schönbrunn bei Wunsiedel (1795–1883) galt als anerkannter Fachmann für Heizungsfragen. Sein Heizsystem fand als »Clöterofen« im städtischen Bereich Anwendung. Auf dem Land fand dieser schlanke und hohe Typ keine Verbreitung. Der Ofen im ländlichen Haus war viel breiter und behäbiger. Durch die neue Technik wurde im Fichtelgebirge das Kochen ziemlich schnell in die Stube verlagert. Nicht notwendigerweise war damit das Abrücken des Ofens von der Stubenrückwand verbunden, aber meist geschah es. Neben den großen Kachelöfen mit eingemauerten Ofenhäfen und Wasserschiff und bis zu drei Röhren, fanden damit auch kleinere Kochöfen Einzug in das ländliche Wohnhaus. Industriell hergestellte gußeiserne Öfen wurden erschwinglich. Außerdem fanden Herde Verbreitung, bei denen nicht mehr versteckt in der Röhre, sondern auf offener Platte gekocht wurde. Bis dahin hatte man allgemein im Feuerraum des Ofens gekocht. Nur im Raum Kulmbach und Lichtenfels und vor dem Westanstieg zur Fränkischen Alb, also zwischen Bamberg und Forchheim, ist das Kochen in der Röhre belegt. Im Fichtelgebirge kann man das Kochen in der Röhre auf die Umstellung der Ofentechnik zurückführen. Unterstützt wird die Feststellung dieser Kochgewohnheit durch das Vorkommen der Ofengabel, des Werkzeugs, mit dem Töpfe in die Glut geschoben und wieder herausgezogen werden können. Die Geräte, die für das Kochen auf offener Flamme nötig waren, sind bisher in keinem Verlassenschaftsinventar nachzuweisen. Ein Herd und damit das Kochen auf einer Platte hatten geringe Bedeutung, wenngleich sich primitive Herdstellen in den Küchengewölben in Nordostoberfranken finden. Meist sind dies große Granitplatten, auf denen man mit Feuerbock und Dreifuß hantierte.

Der Backofen gehörte bis ins 20. Jahrhundert zum ländlichen Hauswesen. In manchen Landstrichen Oberfrankens ist bis heute und gerade in den letzten zehn Jahren das Brotbacken wieder üblich. Im westlichen Oberfranken bis zum Anstieg der fränkischen Linie ist der Backofen frei stehend und dabei so überdacht, daß sich vorne ein kleiner Arbeitsraum anfügt, der zum Holzlagern und Brotablegen dient. Bisweilen ist die Kombination mit anderen Gebäuden möglich, mit einem Kellerhaus, einem Kleinstall wie in Pettensiedel, einem Austragshaus wie in Frensdorf oder Schlömen oder sogar mit einem Tanzboden. Im Fichtelgebirge ist der Backofen in einem an das Haus gebauten Erker untergebracht und vom Küchengewölbe aus zu schüren. Seltener ist er direkt in den Hausgrundriß eingegliedert, wenn es aus topographischen Gründen erforderlich war. Ebenso gibt es die seltene Variante, daß der Backofen in die Stube hineinreicht.

Gemeindebacköfen findet man lediglich im Coburger Raum. Sonst sind sie in Oberfranken kaum bekannt, obwohl sie in der Baugesetzgebung des 19. Jahrhunderts regelmäßig gefordert wurden. Man argumentierte mit der Brennholzersparnis und der besseren Ausnutzung. Auch die Brandgefahr wurde als Argument herangezogen, sollten doch die Gemeindebacköfen nicht mehr im oder am Haus angebaut sein, sondern mit dem nötigen Abstand davor.

Hofgrößen und soziale Dimensionen

Der Stall

Der Stall des Hauses ist in Oberfranken grundsätzlich der Viehstall. Bei kleineren Anwesen sind Pferde und Rinder erst seit dem 20. Jahrhundert in einem Raum beisammen, denn Pferde waren bis in diese Zeit für den kleinen Bauern im gebirgigen Oberfranken ein Luxus. Bei großen Anwesen sind getrennte Ställe unter dem Wohnhausdach oder in separaten Nebengebäuden vorhanden. Nur für den Schweine- und den Schafstall gibt es eine Ausnahme. Der Schafstall war immer in einem eigenen Gebäude untergebracht, weil die Schafe grundsätzlich in einem Tiefstall gehalten wurden. Die Schweine versuchte man wegen ihres Geruches vom Wohnhaus etwas fernzuhalten, was aber wegen ihrer Empfindlichkeit und wegen ihres hohen Wertes nicht gut gelang. In Nordostoberfranken ist der Schweinestall meist im Viehstall integriert und nur durch einen festen Holzdeckel abgeschlossen. Selten findet man auch eine Anordnung unter der Treppe, wie in Häusern in Fohrenreuth und Neuhausen im Landkreis Hof. Ganz außerhalb des Hauses wurden die Schweine im westlichen Oberfranken untergebracht, und zwar in gewölbten Koben unter dem steinernen Hausgang, dem »Dried« (in Buchenrod, Mürsbach). Obwohl Wohnhaus und Stallteil immer unter einem Dach waren, wurden schon sehr früh in Steuerakten und auch später in Baugenehmigungen Wohnteil und Stall als unabhängige Elemente betrachtet und unterschiedlich behandelt (Fischern, Forkenhof, Kleinlosnitz, Mistendorf). Sehr viel seltener als Stuben haben sich Ställe aus der Bauzeit erhalten. Sicher ist dies der stärkeren Abnutzung und Beanspruchung der Bausubstanz durch das Vieh zuzuschreiben, aber auch der Fürsorge der Bauern für das Vieh. Im Blockbaugebiet Oberfrankens sind Holzställe mit ebensolchen Dekken üblich gewesen, die natürlich von nicht zu großer Lebensdauer sein konnten. Ställe mit reinen Holzdekken sind noch erhalten in Grassemann und in Prebitz, dort allerdings unter einem sekundär eingezogenen preußischen Kappengewölbe. Im Fachwerkbereich war die Lebenserwartung für einen Viehstall schon etwas größer. Trotz allem haben sich aber auch dort nur wenige Ställe mit bauzeitlicher Decke erhalten. Denn meist sind zuerst die Ställe modernisiert und ausgebaut worden. Verbunden mit diesen Baumaßnahmen war in der Regel der Einbau einer massiven Decke oder eines Gewölbes. Im westlichen Oberfranken konnte dies aber grundsätzlich nicht im bestehenden Fachwerkbau geschehen, sondern nur im Sandstein-Quaderbau. Dort sind massive Stalldecken fast ausschließlich mit preußischen Kappengewölben errichtet, also kaum vor 1870. In diese Zeit fällt auch wieder eine Wandlung der Stallnutzung. Dies hat allerdings unterschiedliche Konsequenzen, je nach sozialer Stellung der Besitzer. In großen Höfen wurden seit dieser Zeit Ställe bereits aus dem Haus ausgelagert (Meschenbach, Landkreis Coburg ab 1870, Bergnersreuth, Landkreis Wunsiedel 1938). In ärmeren Anwesen sind völlig verschiedene Bewegungen zu verzeichnen. Seit dem Beginn des 19. Jahrhunderts wurden Ställe zunehmend in Wohnraum umgewandelt und dadurch verkleinert oder ganz aufgegeben. Seit dem dritten Viertel zeichnet sich eine gegenläufige Bewegung darin ab, daß der landwirtschaftliche Nebenerwerb wieder zunahm und Ställe im Haus stärker genutzt wurden.

Bis Ende des 19. Jahrhunderts war der Mistplatz im Hof. Seine Verbannung aus dem Hof schreibt man der Agrarpolitik des Dritten Reiches zu. Im Bayreuther und Kulmbacher Raum gibt es jedoch schon ab Mitte des 19. Jahrhunderts Häuser mit einem Stallausgang auf die hofabgewandte Seite des Hauses, wie in Forkenhof (S. 160) oder Bayreuth (S. 158). Das Haus aus Wörlsdorf (S. 214) besaß einen Laden zur Entmistung auf die hofabgewandte Seite.

Hinter dem Stall schließt sich bei der Einfirstanlage noch die Scheune an, wie in Grassemann, beim Wohnstallhaus in Kleinschwarzenbach, eine Wagenremise. Die Besonderheit liegt nun darin, daß nicht eine spätere Verlängerung vorliegt, sondern das Obergeschoß beziehungsweise das Dach über eine Einfahrt hinausgebaut ist – und zwar von Anfang an. Von dieser Ein- oder Unterfahrt aus erreicht man den offen zugänglichen Stallboden.

Das Dach

Die übliche Dachform in Oberfranken ist ein steiles Satteldach. Große Walmdächer, wie man sie aus dem Nürnberger Gebiet kennt, sind in Oberfranken kaum bekannt. Der einzige Nachweis über diese Dachform findet sich in der Radierung »Die große Kanone« von Albrecht Dürer mit dem Dorf Kirchehrenbach im Mittelgrund. Erst im 18. Jahrhundert wurden in der barocken Tradition sowohl das Walmdach, als auch das Mansarddach gebräuchlich, und besonders bei großen Höfen wird die repräsentative Funktion eines solchen Daches für die Geltung des Wohnstallhauses genutzt. Dadurch entstanden in dieser Zeit bäuerliche Gebäude mit der Ausstrahlung von Herrenhäusern. Eine besondere Form des Satteldaches findet man in Oberfranken sehr häufig, am meisten jedoch in den gebirgigen Gegenden. »Gegen außen (Wetterseite) fällt das Dach tief herab; nach dem Innern des Hofes zu ist der Dachfuß um die Höhe des Obergeschosses hinaufgerückt. Der Halbstock erhält somit Fenster nach dem Hofe zu. Das so gebildete ungleichseitige Dach hat den Namen ›Frackdach‹.«[29] Thiersch führte für die einhüftige Dachkonstruktion die Bezeichnung Frackdach ein. Diese Bauart ist zwar im gesamten süd- und mitteldeutschen Raum bekannt, kommt aber gerade im östlichen Franken in ganz dichter Verbreitung vor. Die einzige Voraussetzung scheint das Vorhandensein von Fachwerk im Obergeschoß zu sein.
Unabhängig von regionalen Traditionen findet, vor allem im 18. und 19. Jahrhundert, eine Erweiterung des Wohnraumes durch einseitiges Aufstocken oder durch Verbreiterung des Hauses unter gleichzeitiger Herabschleppung des Daches statt. Diese sekundären Ausbauten sind typische Zeiterscheinungen, um den Wohnkomfort eines einstöckigen Hauses mit offenem Dachraum oder eines einraumtiefen Hauses zu verbessern. Im westlichen Oberfranken gibt es viele Häuser mit einhüftigem Dach, deren Dachflächen unterschiedliche Neigungen besitzen. Diese Form läßt aber nicht von sich aus auf eine sekundäre Aufstockung schließen. Vielfach mag dies so sein, aber bei manchen Häusern konnte nachgewiesen werden, daß der unsymmetrische Dachausbau nicht auf eine spätere Erweiterung zurückzuführen ist. Das stärkste Vorkommen von Frackdächern liegt in den Landkreisen Hof und Wunsiedel. Dabei handelt es sich fast ausschließlich um Häuser, deren Dach

Frackdachhaus mit verschalter Oberlaube und Strohdach in Thron, Landkreis Hof, 1931.

aus einer Bauphase stammt und als einhüftiges Dach geplant und gebaut wurde. Mittelalterliche Prototypen sind in Mittelfranken bekannt. In Oberfranken stammen die bisher bekannten durchweg aus dem 18. Jahrhundert, wie ein Haus in Plech von 1738(i), in Harsdorf von 1753(a) oder in Kleinlosnitz von 1791(a). Nur wenige Bauten mit Frackdach aus der Zeit vor 1700 sind bekannt.[30] Die meisten Frackdachbauten fallen also in eine Zeit, in der sich wachsende Wohnansprüche und veränderte bäuerliche Wirtschaftsprozesse ankündigten. In dieser Hinsicht erscheint das Frackdach als eine kostengünstige Möglichkeit bei begrenzten Mitteln doch Stuben im Obergeschoß einrichten zu können. Der Witterungsschutz ist eine zusätzliche Funktion, die die lang zur Wetterseite herabgezogenen Dächer erfüllten. Wie schon erwähnt, kennt man in Oberfranken bisher keine Häuser mit Innengerüst. Die Dachkonstruktionen sind alle Sparrenkonstruktionen mit Kehlbalken. Der Sparrenfuß sitzt in einem Deckenbalken oder in einem Fußbalken auf der Außenwand. In der Regel ist die Traufe über einen Aufschiebling nach außen

Dachlandschaft mit Rinnenziegel einer Hofanlage in Ahorn, Landkreis Coburg, um 1900. Wohnteil einseitig aufgestockt, Stalldach über Hausgang verlängert, Scheune aufgestockt.

hin verlängert. Am deutlichsten ausgeprägt ist der Aufschiebling am Blockhaus des Frankenwaldes, wo er die Verbindung vom Sparren hinaus auf den vorkragenden Deckenbalken herstellt. Bei der Strohdachdeckung in Nordostoberfranken ist ein Aufschiebling in der Regel nicht vorhanden.
Weitere Ausbauvarianten des Sparrendaches gibt es im 18. Jahrhundert: Das Walmdach (s. Abb. S. 61), das in dieser Zeit in der Regel nicht mehr die Steilheit erreicht wie die älteren Satteldächer, und das Mansarddach, das in geringer Zahl auch auf dem flachen Land errichtet wurde, wie zum Beispiel in Meschenbach (S. 201).
Unterschiede in der Konstruktion finden sich allenfalls in der Anwendung von stehenden und liegenden Dachstühlen und in der Art der Holzverbindung. Jedoch kann man anhand des erhaltenen Bestands keine Aussagen über eine zeitliche Entwicklung von der einen Technik zur anderen treffen. Bei den einstöckigen und kleinen Häusern kommt in der Regel ein Dachstuhl mit stehenden Stuhlsäulen vor. Liegende Säulen findet man vor allem über der Stallzone, also im offenen Bodenbereich, der als Bergeraum diente. Bereits in den frühesten erhaltenen Gebäuden sind stehende und liegende Stuhlsäulen gleichermaßen verzimmert. Die gängigste Holzverbindung im Dachstuhlbau ist die Verzapfung. Angeblattete Streben und Kehlbalken findet man nur noch in ganz wenigen Beispielen, die auf die Zeit vor 1600 zurückgehen, wie in Mistendorf (S. 140) oder in Metzdorf bei Kulmbach. Im Scheunenbau haben sich allerdings Dachstühle erhalten, die selbst im 18. Jahrhundert noch ausschließlich mit Verblattungen gezimmert wurden.

Nebengebäude im Hof

Neben dem Wohnstallhaus ist die Scheune oder der Stadel, wie die Bezeichnung im Sechsämterischen lautet, das wichtigste Gebäude im Hof. Daß sie unter einem First an das Haus anschließt, kommt nur bei kleineren Anwesen vor. Beim Streckhof bildet sie noch eine Einheit mit dem Haus, seit der Mitte des 19. Jahrhunderts ist sie aber grundsätzlich durch eine Brandwand vom Hauptgebäude getrennt. In der Regel ist sie ein eigenständiger Bau, im rechten Winkel an das Haus anschließend. Bei enger Parzellenstruktur oder besonderer topographischer Lage schließt die Scheune auch in gleicher Firstrichtung hinter dem Haus an, wie das Beispiel von Gosberg zeigt. Die Grundrißstruktur der Scheune ist in ganz Oberfranken ziemlich einheitlich: ein dreizoniger Zuschnitt mit Tenne in der Mitte und zwei Stauräumen (Bansen, Barren, Barnet) seitlich, je nach Hofgröße aber auch zwei- oder vierzonige Struktur. Die Erschließung erfolgt von der Traufseite, wobei gegebenenfalls die Dachtraufe über dem Tor höher gestellt ist, oder von der Giebelseite her in eine Längstenne.

Zweizonige Scheune von 1778 in Ständerbohlenbauweise mit Längstenne in Eggolsheim, Landkreis Forchheim.

Dreizonige Scheune in Blockbauweise in Eckartsreuth, Landkreis Bayreuth, 1993 abgerissen.

Im Scheunenbau finden sich dieselben Bautechniken wieder, die für das Wohnstallhaus oben bereits beschrieben wurden. Die Regel ist Fachwerkbau im Westen, verschaltes Riegelwerk im Osten. Aber auch die anderen Wandtechniken sind bekannt, wenngleich nicht in der breiten Streuung. In Eckartsreuth im Landkreis Bayreuth stand bis 1993 eine zweizonige Scheune mit raumhoher Blockwand. In Eggolsheim gibt es eine Scheune mit Längserschließung in Ständerbohlenbauweise von 1778(i). Selten findet man Scheunen, die bereits im 18. Jahrhundert eineinhalbstöckig oder zweistöckig waren. Die spätere Aufstockung, meist in Form eines Kniestockes, ist jedoch sehr häufig festzustellen. Erst seit dem zweiten Viertel des 20. Jahrhunderts wurden große Scheunen mit Hocheinfahrten und völlig neuem Grundrißschema gebaut.
Die oder der Schupfen, im Coburger Raum »Bäula«, ist neben der Scheune das nächstkleinere Lagergebäude. Sicher ist es baugeschichtlich von untergeordnetem Interesse, es zeichnet sich aber ab einer bestimmten Größe doch durch zwei auffallende Merkmale aus. Die Schupfen ist im Dreiseithof meist dem Haus gegenübergestellt, dient als Stauraum für Stroh, Heu und Holz und auch als Wagenremise. Zur

besseren Nutzung ist sie zum Hofraum hin zweistökkig. Dabei ist sie aber so niedrig gebaut, daß man von einem Wagen aus leicht ins das Obergeschoß reichen kann. Auf der abgewandten Seite zieht sich das Dach oftmals bis zum Erdgeschoß herab. Wir haben es also hier mit einem einhüftigen Dachstuhl zu tun, der aufgrund von technischen Anforderungen so geplant und gebaut wurde. Die Schupfen birgt oft Schaf- oder Schweineställe in Block- oder Fachwerkbauweise, außerdem sind Geflügelställe, Wagenremisen, Backöfen in der Schupfen untergebracht.
Der Kasten, ein Speichergebäude für Getreide ist in Lehenbriefen des 17. Jahrhunderts manchmal erwähnt. Das Getreidelager war in der jüngeren Vergangenheit immer der Spitzboden im Haus. Das gestreute Vorkommen des Kastens läßt aber doch den Schluß zu, daß ein eigenes Speichergebäude im Hof keine allzu große Ausnahme war. In Niederndobrach bei Kulmbach ist ein Kasten von 1698(i) in Blockbauweise mit Fachwerkobergeschoß überliefert.[31] In Rangen bei Gräfenberg stehen zweistöckige Nebengebäude mit Backofen und Wagenremise im Erdgeschoß, die als Kasten bezeichnet werden. Oben wurden die archivalischen Hinweise auf Kastengebäude im Fichtelgebirge erwähnt, und nicht zuletzt ist der Kasten in Schlömen Beispiel dieser Dokumentation (S. 306).
In Oberfranken ist der Austrag in der Regel nicht in einem eigenen Gebäude möglich gewesen. Im südwestlichen Oberfranken kennt man für das Altenteil die vielsagende Bezeichnung »Winkel«. Die bescheidenen Verhältnisse ließen allenfalls einen Rückzugsort für die ältere Generation unter demselben Dach zu. Archivalisch wurde im Auszug meist das Wohnrecht in der Stube, manchmal ein Platz am oder hinter dem Ofen zugesichert. Das Wohnrecht in einer eigenen Bodenkammer war für ärmere Dorfbewohner gar nicht zu realisieren, sondern hier mußten die Alten oft die Kammer mit anderen teilen. Austragshäuser gibt es nur in den großen Höfen. Sie liegen meist dem Wohnstallhaus gegenüber. Das

Dreizonige verbretterte Scheune des 18. Jahrhunderts mit Oberlaube in Göpfersgrün, Landkreis Wunsiedel.

Austragshaus der Papiermühle in Zettelsdorf, Landkreis Bamberg (S. 149), ist ein reines Wohnhaus. Meist ist die Wohnfunktion aber noch mit anderen Zwecken kombiniert. Im Erdgeschoß sind häufig Backofen und Stall untergebracht, im Obergeschoß Speicher und Austragsstube, die, wenn sie nicht von den Alten benötigt wurden, auch Dienstboten als Unterkunft gereichten. In Schlömen, Landkreis Kulmbach, ist die Funktion des Speichers und des Backofens integriert, während in Großweiglareuth, Landkreis Bayreuth (S. 169), und in Holzmühl, Landkreis Wunsiedel (S. 342), ein Stall Bestandteil des Auszüglerhauses ist.
Keller finden sich in unterschiedlichen Gebäuden. Je nach geologischen Voraussetzungen sind sie verschieden angelegt. In vielen vom Bergbau geprägten Orten sind ehemalige Stollen als Keller umgenutzt worden. Felsenkeller sind an Dorfrändern im Be-

Schafstall in Blockbauweise mit Schindeldeckung, an das Wohnstallhaus angebaut, Edlendorf, Landkreis Hof, um 1900.

Hofraum in Holzmühl, Landkreis Wunsiedel, mit Wohnstallhaus von 1794, Hoftor und Austragshaus, um 1924.

Kasten, Massivbau mit Backofen, Remise, Austragswohnung und Speicher in Rangen, Landkreis Forchheim, um 1940.

Speicher auf hohem Kellergeschoß mit angebautem Backofen in Waldbuch, Landkreis Kronach.

reich von Hohlwegen zugänglich, aber auch von Häusern aus erschlossen. Die Vorstufe zu künstlichen Kellergewölben waren einfache Schächte unter der Stube, die mit einem Deckel im Fußboden verschlossen werden konnten. Vor allem in kleinen Häusern haben sich solche Kellerlöcher erhalten. Eine seltene Art der Kellerkonstruktion gibt es im westlichen Oberfranken in der Verbindung mit Fachwerkhäusern. In Mistendorf, Landkreis Bamberg, und in Buchenrod, Landkreis Coburg, sind Keller vorhanden, deren Decke eine tragende Balkenlage bildet. Direkt darüber liegt der Holzfußboden der Stube. Mit Tonnen gewölbte Keller findet man in allen Gebäuden. Ihre Zahl nahm seit der Mitte des 18. Jahrhunderts besonders stark zu. Die Datierung von Kellern ist jedoch nicht immer ganz einfach. Oft sind ältere Keller unter jüngeren Bauten erhalten und in diese einbezogen, wie in Buchenrod (S. 186). Ihre Anlage erfolgte aber auch sekundär unter bereits bestehenden Bauten. Unter dem Haus in Unterdornlach (S. 309) wurde zwanzig Jahre nach der Bauzeit ein Keller gegraben.

Große und kleine Leute

Die soziale Differenzierung im Dorf des Mittelalters war deutlich ausgebildet. Auch Kleinhandwerker wohnten nach kleinbäuerlicher Struktur. Die Zunahme der ärmlichen Behausungen ist jedoch im Hinblick auf die Geschichte des Hausbaues recht jung. Sie ist vor allen Dingen auf die verstärkte Ansiedlung von Tagelöhnerhaushalten durch die Grundherrschaften seit dem 18. Jahrhundert zurückzuführen. Diese beklagten sich über die seit dem Dreißigjährigen Krieg nachlassenden Handfrondienste. Als Ausgleich baten sie darum, mehr Handwerker und Tagelöhner in Trüpfhäusern ansiedeln zu dürfen. Durch die Handfrongüter sicherten sich die Grundherren die Arbeitskräfte, die in den Rittergütern notwendig waren. Die Ansiedlung ärmerer Bevölkerungsschichten auf dem Land wurde seit dem 17. Jahrhundert reglementiert. Die Bevölkerung wuchs schneller, die Hofgrößen wurden durch Teilungen geringer. Im westlichen Oberfranken scheint dabei die Parzellierung zu mehr gleichmäßig kleinen Höfen geführt zu haben. Im östlichen Oberfranken überwog dagegen die Ansiedlung grundbesitzloser Anwohner, die das Potential für die entstehende Industriearbeiterschaft bildeten, bei weitgehender Beibehaltung der sonstigen Hofgrößen.

Die kleinen Anwesen der Handwerker und Tagelöhner scheinen in der Regel aus billigen, leicht verfügbaren und oft sogar minderwertigen Baustoffen errichtet gewesen zu sein. Beim Blockbau und Fachwerkbau wurden schwach dimensionierte Hölzer mit Waldkanten verwendet. Stein und Schiefer kommen bei den ärmeren Haushalten erst in der zweiten Hälfte des 19. Jahrhunderts vor. Die Raumstruktur dieser kleinen Handwerkerhäuser leitet sich direkt vom dreizonigen Wohnstallhaus ab. Sie beinhaltet ebenso wie beim bäuerlichen Vorbild eine Dreiteilung in Stube, Hausplatz und Stall oder bei den kleinsten Häusern in Stube und Hausplatz. Die Hausteilung war in den unteren sozialen Schichten keine Ausnahme. Während in wohlhabenden bäuerlichen Haushalten um die Mitte des 19. Jahrhunderts der Wohnraum durch Verlagerung in den oberen Stock eher zunahm, gab es bei ärmeren Haushalten eine zunehmende Verringerung des Wohnraumes durch Überbelegung. In den Kleinhäusern fanden in ausgebauten Ställen oder Dachstuben Untermieter, sogenannte Herberger, Platz. Hausteilungen längs oder quer zum First sind manchmal bis heute noch an Gebäuden ablesbar. Vielfach sind im 19. und sogar im 20. Jahrhundert Stallbereiche zu Wohnungen ausgebaut worden, wie bei den Häusern in Schönwald (S. 349) und in Waldbuch (S. 293). Die Teilung des Hauses in Steinwiesen (S. 287) führte zu einer ziemlich starken Verunklärung des Hausgrundrisses. Im nachhinein entstanden somit Doppelhäuser, deren einzelne Hälften später ganz unterschiedliche Entwicklungen nehmen konnten. Jedoch nicht jedes Doppelhaus ist auf eine sekundäre Hausteilung zurückzuführen. Vor allem im westlichen Oberfranken,

Kleine strohgedeckte Handwerkerhäuser in Kleinschwarzenbach, Landkreis Hof, um 1950.

Längsgeteiltes Blockhaus in Nagel, Landkreis Wunsiedel, um 1910.

am oberen Main und auf der Fränkischen Alb gab es große Anteile jüdischer Einwohner. Sie zeichneten sich durch eigene kulturelle und religiöse Traditionen aus, wurden aber auch durch die Obrigkeit in besonderer Weise in ihrem Lebensalltag reglementiert. Bestimmte Berufe waren ihnen nicht zugänglich. Die Anzahl der jüdischen Häuser durfte eine festgelegte Größenordnung nicht überschreiten. Aus diesem Grunde teilten sich Familien ihren Wohnraum unter einem Dach, wie im Beispiel des Hauses aus Altenkunstadt (S. 316), das im 18. Jahrhundert als Doppelhaus ohne bäuerliche Wirtschaftsräume entstand.

Anfänge der Baugesetzgebung

Nach dem Ende des Dreißigjährigen Krieges wurde die Wiederbelebung der Bautätigkeit als eine staatliche Aufgabe angesehen. Das Bauwesen ruhte während der Kriegszeit nicht völlig. Bemerkenswerte Bauten entstanden in dieser wirren Zeit zum Beispiel in Mürsbach 1628. Aber die Verheerungen waren doch sehr weitgehend. Bereits vor dem großen Krieg war die Sorge um feuersichere Bauweise in den Städten beachtet worden. Die ältesten Vorschriften zum Baurecht in den fränkischen Fürstentümern, die überliefert wurden, stehen in Zusammenhang mit dem Forstwesen. Schon die Waldordnungen von 1526 und 1531 legten eine holzsparende Bauweise nahe. Die Anordnungen zum Gebrauch bestimmter Baumaterialien waren von forstwirtschaftlichen Überlegungen geleitet. Die Erdgeschosse massiv zu bauen und zu wölben, war ein frühe Forderung. Wenigstens die Küchen und Räume, in denen mit Feuer hantiert wurde, sollten gewölbt sein. Die Umsetzung dieser Anordnung läßt sich allenthalben heute noch nachvollziehen, haben doch gerade die gewölbten Räume der Erdgeschosse Brände überdauert. Um so verwunderlicher ist es, daß die Baubehörde noch 1808 fordert, »künftig« alle Küchen und Ställe zu wölben, mit Ausnahme der Schaf- und Schweineställe.

Ansätze zur landesweiten Bauaufsicht wurden im ausgehenden 18. Jahrhundert von den preußischen Verwaltungsbeamten im Markgrafentum gemacht. Ab 1797 wurden Versuche unternommen, eine allgemeine Landbauordnung zu entwerfen. Der Oberbergrat Freudel und der Geheime Oberbaurat Riedel erledigten die Vorarbeiten zu einer Erhebung über das örtliche Bauwesen. Diese endete aber als Stoffsammlung. Erhalten sind die Pläne der Kreisconducteure Feiler aus Kulmbach und Dietrich aus Wunsiedel. Die idealtypischen Pläne, sogenannte Probebaurisse, nahmen tradierte Strukturen auf, waren aber quer durch die markgräflichen Ämter vergleichbar, was die stereotype Dimensionierung und die Art des Daches mit den Fledermausgauben betraf. Ihre Verwirklichungen im Hausbau finden sich nur vereinzelt. Ein Hof in Sinatengrün von 1789

Kleines Wohnstallhaus des 18. Jahrhunderts mit Erneuerung des Erdgeschosses aus Sandsteinquadern 1814. Trebgast, Landkreis Kulmbach, 1986.

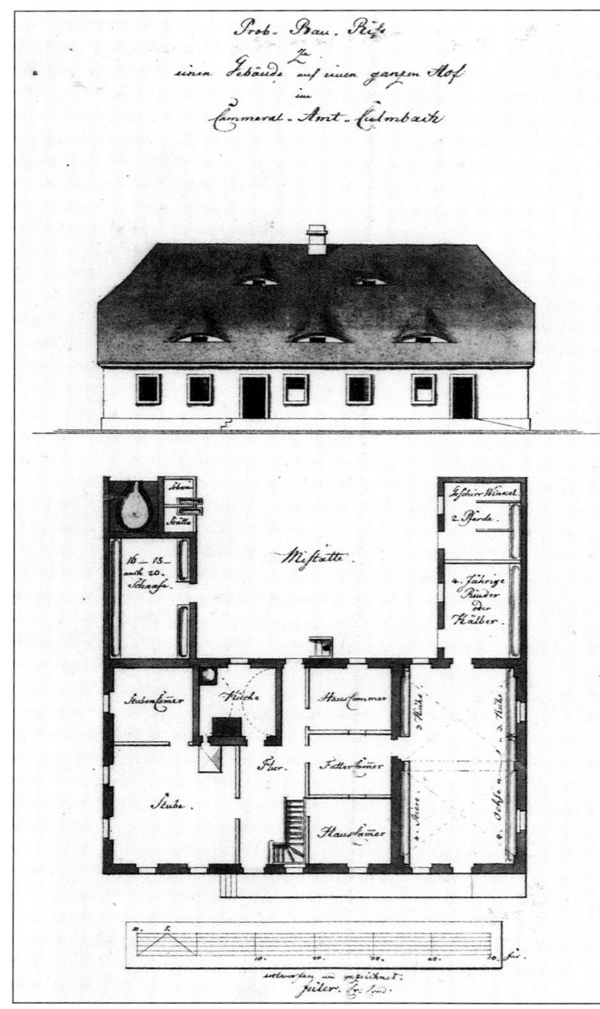

Idealtypischer Plan eines Hofes im ehemaligen Kammeramt Kulmbach, entworfen vom Baubeamten Feiler, 1800/1804.

kann als Prototyp für eine solche Planvorlage angesprochen werden. Bis dahin waren in der Regel die Ansätze zur Baugesetzgebung Reaktionen auf bereits vorhandene Zeiterscheinungen oder technische Entwicklungen. Die Überlieferung der Baupläne aus

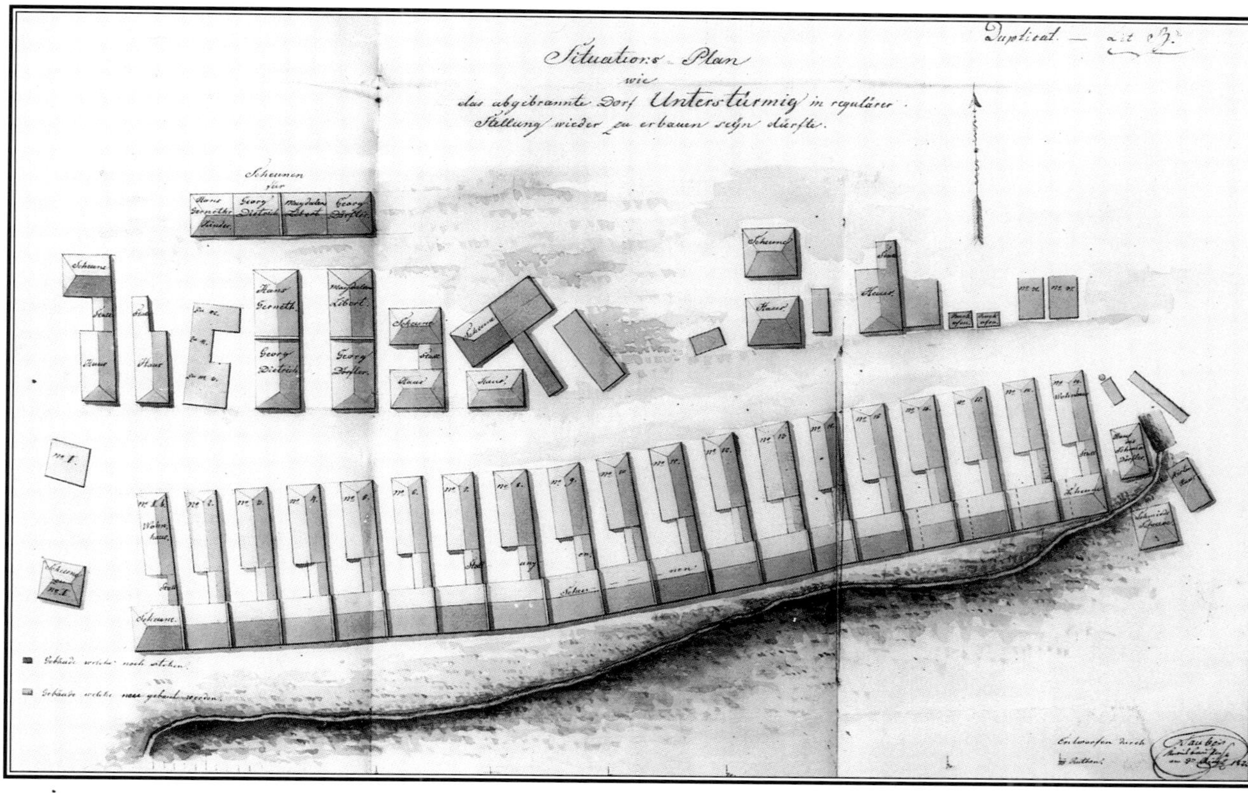

Wiederaufbauplan des abgebrannten Orts Unterstürmig von Kreisbauinspektor Tauber, Landkreis Forchheim, 1825.

dem Forstamt St. Sebald in Nürnberg zeigt für den Ort Dormitz im Landkreis Forchheim über mehr als einhundert Jahre eine Bauentwicklung, die wohl von Geschmacksfragen und technischen Möglichkeiten, kaum aber von direkter Gesetzesanwendung beeinflußt wurde. Die überlieferten Pläne sind nicht als genaue Bauanweisung zu verstehen, sie geben jedoch zuverlässig die wesentlichen Baumerkmale wieder. Ab 1712 sind für Dormitz Pläne vorhanden, die belegen, daß Häuser und Scheunen in Blockbauweise durch Fachwerkbauten ersetzt wurden. Die Ausmaße der Gebäude wurden stetig vergrößert. 1734 wurde das erste Fachwerkhaus aus Witterungsgründen mit massivem Giebel errichtet. 1739 entstand der erste zweigeschossige Neubau, um 1800 die ersten Sandsteinquaderbauten.[32] In Nordostoberfranken führten die vielen Brände gezwungenermaßen zu einer laufenden Modifizierung und konsequenteren Anwendung der Baugesetze. Nach dem Brand von 1763 in Rehau wurde die Stadt auf altem dörflichen Grundriß wieder aufgebaut. Die einzige Bauvorschrift bestand in der Anordnung, die Umfassungswände der Erdgeschosse massiv zu mauern. Die Obergeschosse wurden wieder in Holzbauweise errichtet, was letztlich dazu führte, daß sich der Brand von 1817 noch verheerender auswirken konnte. Der Brand von 1770 in Weidenberg, direkt vor den Toren Bayreuths, führte dagegen zu einer städtebaulichen Neuordnung. Dort wurden Baulinien vorgeschrieben und Häuser zweistöckig massiv errichtet. Während in Nordostoberfranken im 19. Jahrhundert fast 50 Großbrände wüteten, die Ortschaften zu großen Teilen einäscherten, sind im westlichen Oberfranken nur fünf große Brände aktenkundig: die zwei schwerwiegendsten 1825 in Poxdorf und in Unterstürmig, beide Orte im Landkreis Bamberg.[33]

Aufklärerisches Gedankengut wurde in Rat- und Hilfsbüchern verbreitet und wirkte sich auf den Hausbau aus. Ludwig von Feilitzsch gab 1802 in seinem Buch genaue Anweisungen zum rationellen und wirtschaftlichen Hausbau. Dabei übernahm er Bewährtes und verband es mit nur geringen Neuerungen. Leicht kommt man in Schwierigkeiten, wenn man aus einer Verordnung gleich die lückenlose Umsetzung der Gesetze folgert. Die Schnelligkeit, mit der Landesverordnungen unmittelbar befolgt wurden und zu Veränderungen führten, darf – gerade in Franken – nicht allzu optimistisch eingeschätzt werden. Schon die jahrzehntelangen Wiederholungen mancher Vorschriften, einhergehend mit Klagen, daß es an der Befolgung mangele, werfen ein deutliches Licht auf die Gesetzestreue der Untertanen.

Um einer Bauaufsicht die nötige Grundlage zu verschaffen, war in der Markgrafschaft 1769 angeordnet worden, daß Baurisse zur Beurteilung an die Baubehörde einzusenden seien. Bis zur preußischen Verwaltungsreform war diese Forderung allerdings nicht umgesetzt.[34] Fürstliche Befehle entsprachen zum Teil schon einer gewohnheitsmäßigen Ausübung. In den Formulierungen wurde regelmäßig auf das Gewohnheitsrecht hingewiesen. Man bediente sich allerdings unbestimmter Rechtsbegriffe, wenn es um Bauanforderungen ging. Mit relativ weichen Formulierungen wurde das Ziel beschrieben, das erreicht

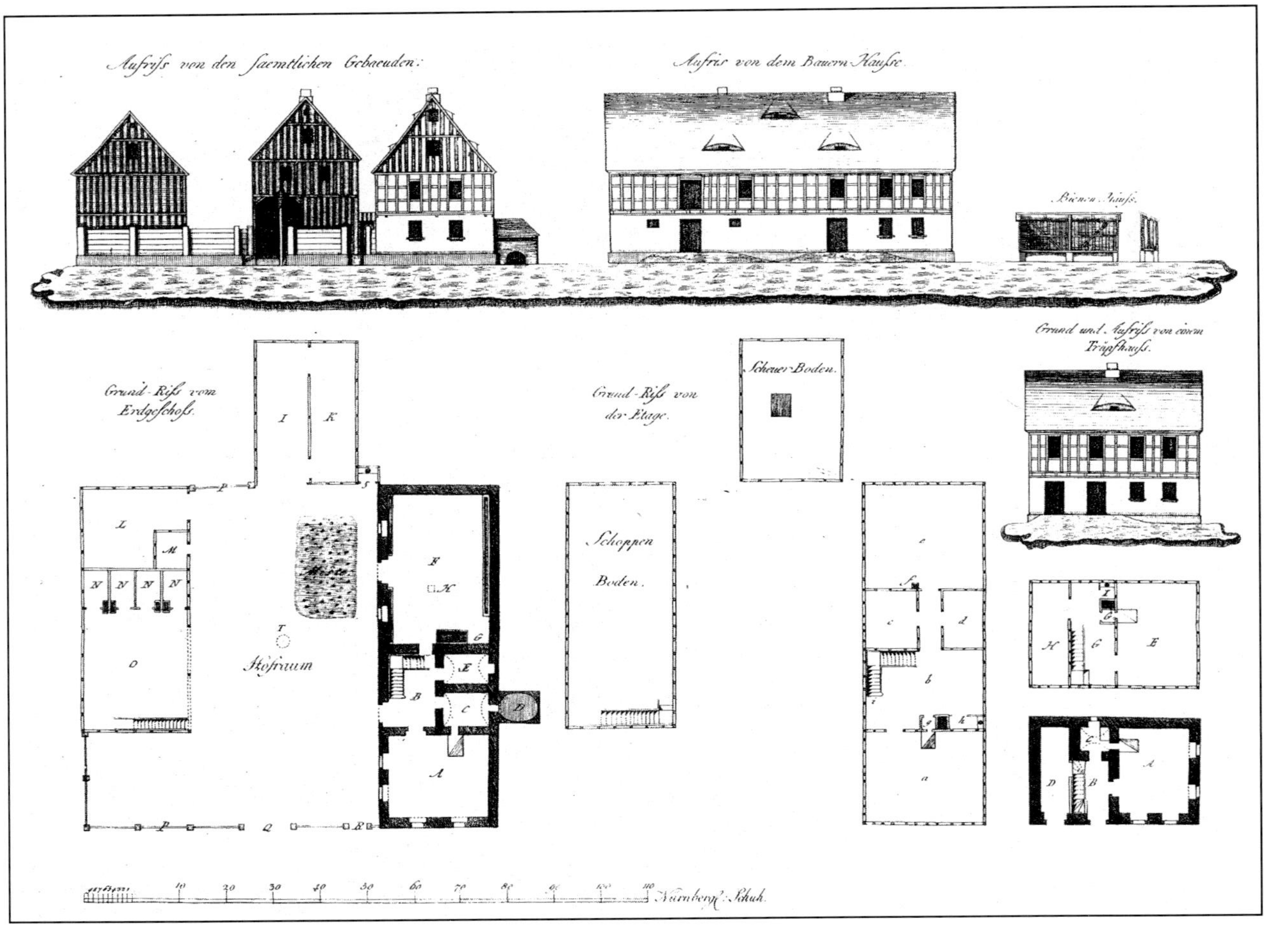

Bauempfehlung des Ludwig von Feilitzsch aufgrund seiner auch in Sachsen gesammelten Erfahrungen von 1802.

werden sollte, doch wurden keine Durchführungsbestimmungen entwickelt. Handwerker wurden als Gutachter gehört, nachrichtliche Übermittlung versuchte man über die Zünfte zu organisieren. Die Durchführung von Bestimmungen konnte aber mangels einer funktionierenden Baubehörde nicht geprüft und nicht eingefordert werden.[35] Die erste allgemeine Bauordnung für Bayern, auf die die gegenwärtige aufbaut, wurde 1864 erlassen. Die für die damalige Zeit wichtigsten Neuerungen waren die Regelung des Genehmigungsverfahrens und die Förderung der Feuersicherheit. Ausnahmen vom Massivbau wurden gewährt in den waldreichen Mittelgebirgen in Streusiedellagen, die eine Gefährdung von Nachbargebäuden im Brandfall ausschlossen.[36] Bis ins 20. Jahrhundert hinein verließen sich die Baubehörden allerdings auf Erfahrungswerte der Bauhandwerker. Das wird durch Bemerkungen in Plänen immer wieder bestätigt, die festlegen, Träger, Dekken oder Wände »genügend« stark, fest oder kräftig zu bauen.

Wald- und Feuerordnungen

Die wesentlichen Interessen der Obrigkeit am Bauwesen zeigen sich in zwei Bereichen: erstens in den Wald- und zweitens in den Feuerordnungen. Die Forstordnungen befassen sich im wesentlichen mit den hoheitlichen Interessen, ja entspringen sogar in gewisser Weise reinem Eigennutz der Grundherrschaften, nämlich der Sicherung des Waldreichtums und der damit verbundenen Erhaltung von Wild, der Bereitstellung von Grubenholz und Bauholz für eigenen Bedarf und nicht zuletzt des Anspruchs auf Bodenschätze. Forstordnungen reglementierten die Nutzung des meist herrschaftlichen Waldes. Ein Augenmerk lag im 17. und 18. Jahrhundert auf der anscheinend zu starken Verschwendung von Bauholz, »weil die Waldungen aller Orten in Unserm Lande sehr eingehen, und der Holzmangel sich täglich mehr äußert«. Es wurden Vorschriften erlassen (1739), die sogar den Abstand von Säulen im Fachwerk definierten, damit »das Holzwerk nicht zu dichte an einander verbunden« werde. Säulen könnten im Fachwerkbau durchaus bis 3½ Schuh, also 105 cm auseinanderstehen.[37]
Gegen Ende des 18. Jahrhunderts wurde das Verbot der Blockbauweise auch auf dem Land so vorangetrieben, daß nach 1800 tatsächlich kaum mehr mit einem neuen Holzblockbau zu rechnen ist. Schon im frühen 18. Jahrhundert wurde der Stubenschrotbau, also der Blockbau, untersagt. Die geduldeten Ausnahmen waren aber noch die Regel. In einer baupolizeilichen Anordnung von 1759 wurde das Neubauen von sogenannten Trüpfhäusern in den Rittergütern verboten. Neben der unerwünschten Zunahme armer Haus-

halte war das Hauptargument die Schonung der herrschaftlichen Wälder.[38] Auch 1791 wurde noch ein solches Verbot erlassen.[39] Inzwischen fand allerdings der Blockbau allein aus praktischen und technischen Gründen kaum mehr Anwendung. Einer der jüngsten Schrotbauten ist das Nebenhaus eines großen Hofes in Brunn bei Schönwald von 1810(d). 1837 wurde in Fleisnitz ein Blockbau geplant. Er kam aber trotz Genehmigung wohl nicht mehr zur Ausführung. 1842 lag ein Umbauplan für ein Blockhaus in Föllmar vor, bei dem die Wände und Decken aus Gründen des Feuerschutzes mit Rohrmatten benagelt und verputzt werden sollten.[40]

Der zweite Themenbereich hat stärker mit der Fürsorge für den Untertanen, sein Wohl und seine Schaffenskraft zu tun. Seit dem 17. Jahrhundert erließ die Obrigkeit Feuerordnungen. Natürlich wurden aus Schäden Lehren gezogen, die sich in Bauvorschriften niederschlugen. Im Jahre 1748 wurden bereits auf dem flachen Land steinerne Umfassungswände gefordert.

Im »Decret, daß auf dem Lande die Häuser mit äußerer steinerner Führung und Ziegeln zu bauen« sind, wurden die Forstbeamten verpflichtet, Bauholz erst dann zuzuweisen, wenn die Außenmauern aus Steinen errichtet waren. Allerdings wiederum mit der Einschränkung, »wo solche (also Steine) zu haben sind«.[41] Daß ein Bauherr im Fichtelgebirge oder im Frankenwald leichter und billiger Holz zur Verfügung hatte, liegt auf der Hand.

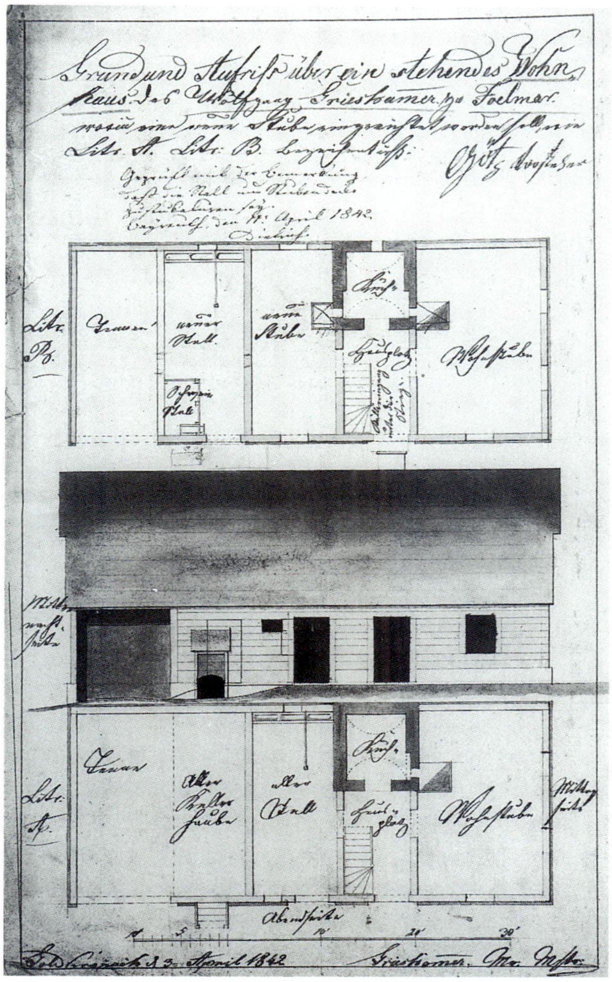

Umbauplan, Ausbau eines Stalles zu einer Stube im Blockhaus in Föllmar, Landkreis Bayreuth, 1842.

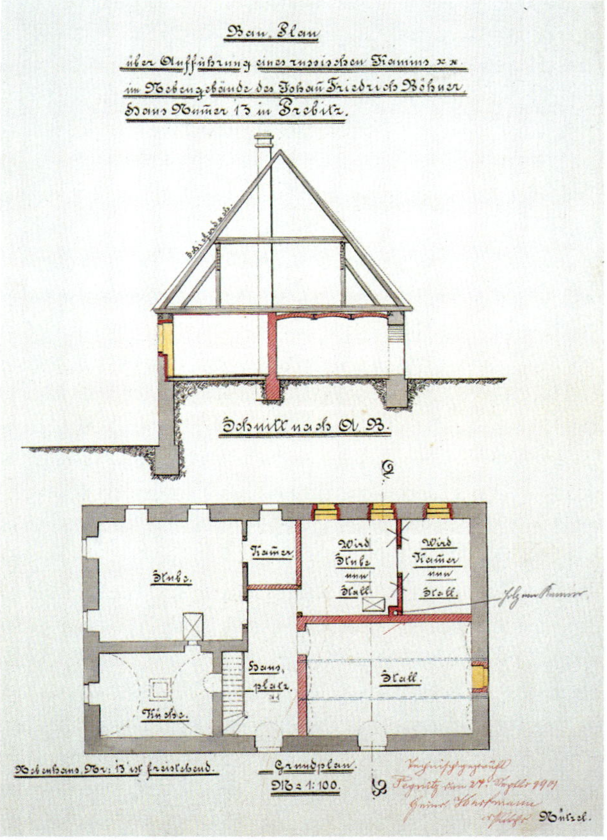

Umbauplan, Einbau einer Stube im Stall in Prebitz, Landkreis Bayreuth, 1901.

Die Feuerordnungen zielen in erster Linie auf die Vorsichtsmaßnahmen beim Umgang mit der gefährlichen Materie ab und bieten am Rande Einblick in bauliche Vorkehrungen. Die markgräfliche Baubehörde hatte darauf verwiesen, daß die Vorlage von Baurissen zur Bauerlaubnis nötig sei. Eine tatsächliche »Approbation« wurde praktisch nicht durchgeführt. Unter der preußischen Herrschaft mußte man dem Minister Hardenberg eingestehen, die Erfahrung lehre, »daß die Unterthanen und Werkleute vorzüglich auf dem platten Lande noch häufig darwider handeln und sich mit der Unwissenheit des Gesetzes entschuldigen«. Dieser Zustand sollte dadurch behoben werden, »daß alle Baugesuche bei den treffenden Polizeibehörden wenigstens 6 Monate (!) vor Anfang der Bauzeit (...) angebracht werden« mußten. Über die Kreisbehörden sollte dies den Zünften bekanntgemacht werden.[42]

Mit den Überlegungen, die Hardenberg in das Bauwesen einbrachte, traten erstmals soziale Fragen in den Bereich des Wohnungsbaus. Denn bis dahin hatte es keiner Überlegung zu einer Art Bauleitplan bedurft. Mit der starken Zunahme der Bevölkerung im ausgehenden 18. Jahrhundert und der beginnenden Freisetzung von Gewerbe und Handel ergaben sich völlig neue Anforderungen. Hardenberg schrieb im Auftrag des preußischen Königs 1793: »So sehr Wir den Anbau in den Städten und auf dem Lande zu begünstigen, den Erwerbsfleiß und die Volksmenge durch nützliche Anbauer zu vermehren geneigt sind, so wenig ist es auf der anderen Seite Unsere Meynung, die Ansetzung solcher Anbauer zu gestatten, die offenbar dem Staate keinen Nutzen bringen, vielmehr demselben zu Last fallen können, indem sie sich auf den erbauten von allen Grundstücken entblößten Häußern zu ernähren nicht im Stande sind.«[43]

Man bedauerte außerdem, daß auf dem Lande noch die Gewohnheit vorherrsche, sich des »Schleißenlichts« auch in Scheunen und ungewölbten Ställen zu bedienen. Die Regierung vermutete, daß in den meisten Fällen Brandstiftung zugrunde liege. Sicher waren nicht alle Brände auf die Unachtsamkeit oder Dummheit mancher Bewohner zurückzuführen. Jedoch der Brand in Stammbach 1800 soll dadurch seine enorme Verbreitung gefunden haben, daß ein Bewohner bei der Rettung seines Saatgutes vom Dachboden, mit einem Kienspan das eigene Dach angezündet und somit einen zweiten Brandherd geschaffen hat.[44]

Die vorgesehenen Sicherheitsmaßnahmen des Landgerichts wurden der Regierung mitgeteilt:

»1. Die Feuerschau öfters und unvermuthet vorzunehmen.
2. sogleich Anzeige zu erstatten, wenn sich irgend jemand mit Schleißenlicht oder blosem Lichte ohne Laterne in Ställen antreffen läßt,
3. das Tabakrauchen in Ställen, Schupfen oder Scheunen durchaus nicht zu gestatten sondern die Contravenienten empfindlich zu strafen, oder solche hieher zur Anzeige zu bringen,
4. den Feuerlöschapparat unverzüglich in vollkommen guten Zustand herstellen zu lassen und Sorge zu tragen, daß dieser Zustand fortwährend bestehe,
5. dafür zu sorgen, daß in jedem Hause innen die gehörige Quantität von Wasser vorräthig ist,
6. die vollen Nachtwachen zu verdoppeln und daß solche ihre Schuldigkeit thun strengstens zu kontrollieren,
7. auf verdächtige, boshafte Individuen, die sich in einigen Gemeinden befinden ein besonders und unausgesetztes Augenmerk zu richten, und solche in ihrem Thun und Treiben zu beobachten und beobachten zu lassen,
8. überhaupt alles, was nur in den Kräften jedes gutgesinnten Gemeindevorstandes steht anzuwenden ...«

Die Antwort aus Bayreuth war kurz:
»(...) der in obgt. Lg. erstattete Bericht vom 30. v. Ms. hat den Erwartungen der unterfertigten h. Stelle nicht entsprochen.«[45] Die Durchsetzung der Bauvorschriften wurde allerdings immer noch recht unterschiedlich verfolgt. Die in Oberfranken tätigen Brandversicherungsinspektoren waren auch im Reisedienst tätig. Je nach Amt sind ihre Genehmigungsvermerke unterschiedlich gewichtet. Besonderer Wert wurde auf die Feuereinrichtungen gelegt. Angesichts der Tatsache, daß nicht immer gleich die gewünschten Baustoffe zur Verfügung standen oder für den Bauherren erschwinglich waren, wurden unter Anleitung von Baubeamten Versuche durchgeführt, die Entzündungsgefahr mit zusätzlichen Mitteln zu dämpfen. Hierzu gehörten Anstriche mit Wasserglas, Teerbäder für Holzschindeln oder Teeranstriche auf Fachwerk. Auch die Anwendung der neuartigen Steinpappe wurde seit den siebziger Jahren des 19. Jahrhunderts empfohlen. Die Umfrage nach der Anwendung der Pappe war aber sehr ernüchternd. Sie wurde kaum benutzt.

Regionalisierung und Wandlungen seit dem 19. Jahrhundert

Thüringer Schiefer für Wand und Dach

Am besten geläufig ist in der Terminologie der Hauskunde der Begriff Frankenwaldhaus. Damit weiß man sofort, daß man von einem einstöckigen Haus mit Schieferverkleidung spricht. Nun ist aber klar, daß im Frankenwald nicht nur einstöckige Häuser existierten. Neben den eingeschossigen Blockbauten mit Satteldach finden sich zweistöckige Wohnstallhäuser des 17. und 18. Jahrhunderts teilweise mit Halbwalm-, ja sogar mit Vollwalmdach. Trotz der Vielgestaltigkeit der sozial bedingten Größenstruktur verleiht aber die dunkle Schieferfassade den Häusern eine gewisse Einheitlichkeit, die den Anschein einer fest umrissenen Hauslandschaft geben. Der gesamte Frankenwald wird durch Schiefervorkommen geprägt, die jedoch nicht alle gleiche Qualität und Verarbeitungseigenschaften besitzen. In Bayern gibt es kleine Abbauorte wie in Nordhalben oder Ludwigstadt. Durch den Schieferabbau in den großen Thüringer Brüchen um Lehesten wurde nicht nur der hohe Frankenwald mit Baumaterial versorgt. Vor dem 18. Jahrhundert muß man für den ländlichen Standard wohl auch im Frankenwald noch mit Stroh und Schindeldach rechnen und die umfangreiche Verwendung von Schiefer nur bei wohlhabenden Anwesen erwarten. Die Frage, ob die Anwendung zur Dachdeckung eine längere Tradition hat als die Verschalung von Fassaden, erscheint müßig. Sicher ist der Schiefer auf dem Dach nicht so lange haltbar wie an der Fassade. Die ältesten überkommenen und datierbaren Verschieferungen sind allerdings Fassadenverkleidungen. Daß Blockhäuser in der Region eine Verschalung als Schutz brauchten – nicht nur als Zierde – liegt auf der Hand. Daß schon im 17. Jahrhundert Fassaden verschiefert wurden, ist durchaus möglich. In Zeyern (S. 296) ist eine Giebelverkleidung erhalten, auf der neben drei Flößerrädern die inschriftliche Datierung 1673 (!) erkennbar

Scheune, Backofen, Nebenhaus und Wohnstallhaus des Nachbaranwesens in Lahm, Landkreis Kronach, 1968.

Einfirstanlage mit Schieferdeckung und stehenden Dachgauben, Voitsumra, Landkreis Wunsiedel, 1938.

ist. Weiter im Süden, in Mistelfeld bei Lichtenfels ist eine vergleichbare Verschieferung mit der Inschrift 1711 erhalten, das Haus aus Wörlsdorf besaß eine gleichartige Giebelverschieferung, die inschriftlich 1757 datiert war. Die meisten genau datierten Verschieferungen stammen allerdings aus dem 19. Jahrhundert, sind also in der Regel einige Generationen jünger als die Gebäude, die sie zieren. Die Durchsetzung der Schieferdachdeckung wird von den Baubehörden ebenfalls in diese Zeit gerückt, wie eine Umfrage aus dem Jahre 1870 belegt.[46]

Bis in die Mitte des 19. Jahrhunderts ist grundsätzlich die sogenannte altdeutsche Deckung angewandt worden. Die Steine sind freihändig nach einem festen Formenschema, allerdings in unterschiedlicher Größe zugeschlagen worden. Vor dem Decken mußten die passenden Größen sortiert werden. Angefangen von den sogenannten Fußsteinen bis hin zum First nahm die Größe der Steinformate stetig ab, so daß ein sehr lebendiges Bild entstand. Ab 1845 wurden in der Schieferproduktion Schablonen eingeführt, die einheitliche Formen und Größen bestimmten. Für die Dachdeckung kam damit die Festlegung auf eine gleichmäßig durchlaufende Größe. Für die Fassadenverkleidung wurden Schablonen der verschiedensten Art bis hin zu kleinteiligen Ornamentplättchen produziert.

Durch die vereinfachte Herstellung eines einheitlichen Steines wurde der Schiefer preisgünstiger. Die neuerschlossenen Bahnverbindungen unterstützten die weite Verbreitung des Schiefers bis in den Bamberger und Forchheimer Raum. Dort gibt es nicht wenige verkleidete Fassaden mit Schablonenschiefer aus der zweiten Hälfte des 19. Jahrhunderts.

Blockbau des 18. Jahrhunderts mit Schieferverkleidung inschriftlich bezeichnet 1883 in Welitsch, Landkreis Kronach, 1993.

Ein besonderer Kontrast ergibt sich auf der Schieferfassade durch weiße Fensterrahmen und silbrig glänzende Stanniolverzierungen. Diese Ornamente wurden durch den Schieferdecker ausgeführt. Aus Stanniol geschnittene Plättchen wurden mit Leinöl aufgeklebt. Für die Bemalung wurden Zink- oder Bleiweiß verwendet. Neben Säulen und Girlanden gliedern vor allem Räder, Rosetten und Fensterschürzen die Fassaden. Teilweise handelt es sich um florale Muster, aber es gibt auch Darstellungen von Heiligenfiguren und von Tieren. Mittels der aufgemalten Ornamente stattete man sein Haus mit einer preiswerten Prachtarchitektur aus. Diese Art der Schieferverzierung ist aber nicht nur auf den Frankenwald beschränkt, wenngleich sie dort sehr dicht überliefert ist. Man stößt auch auf sie im Lichtenfelser und im Forchheimer Raum. Eine weitere Möglichkeit der Fassadengestaltung bot der Einsatz von verschiedenfarbigem Schiefer. Neben dem anthrazitfarbigen Stein wurden auch Grauschiefer und bräunlich glänzender Schiefer abgebaut und durch gezielte Kombination zu farbiger Struktur verarbeitet, wie man am Haus in Dörfles (S. 283) erkennt.
Weniger bedeutende Schiefervorkommen wurden im Landkreis Hof abgebaut. Beim sogenannten Tiefengrüner Schiefer handelt es sich um einen sehr dauerhaften Stein, der in Ostoberfranken in erster Linie zum Dachdecken verwendet wurde. Der Frankenwaldschiefer hat seine Bedeutung ebenso für die Wandverkleidungen, denn bereits nördlich von Kronach wurden Dächer kaum mehr mit Schiefer gedeckt. Weiter nach Süden gibt es viele, teilweise sehr alte, Ziegeleistandorte. Hier ist der sogenannte Kremperziegel, ein breiter Falzziegel, seit dem 17. Jahrhundert üblich. Daher kommt es zwischen Kronach, Coburg und Lichtenfels zu der interessanten Erscheinung, daß Dächer mit Ziegel gedeckt sind, die Fassaden aber mit Schiefer verkleidet.[47]

Quaderbau für jedermann

Obwohl der Massivbau schon im 17. Jahrhundert durch behördliche Einflußnahme gegenüber den anderen Bautechniken bevorzugt wurde, dauerte es noch ziemlich lange, bis er sich auf breiter Fläche durchsetzte. Im nordöstlichen Oberfranken fand er allgemeine Anwendung bereits um die Mitte des 18. Jahrhunderts. Hier handelte es sich in der Regel aber nicht um Quadermauerwerk, sondern um Bruchstein. Für eine leichte Bearbeitung zum Quader eignen sich weder der Granit des Fichtelgebirges noch die schiefrigen Gesteine des Frankenwaldes. Allein der Sandstein, der allerdings in den weitesten Teilen Oberfrankens zur Verfügung steht, kann hier leichte Anwendung finden. Vorbildfunktion hatten hier die Städte und die Grundherrschaften inne. Die Ermahnung nach dem Bayreuther Brand von 1605, sich genau an die Wiederaufbaupläne zu halten, wurde erlassen, »damit nicht ein Dorff, sondern eine Statt unserer Intention gemäß daraus werde«.[48] Von dieser Zeit, der Mitte des 18. Jahrhunderts an, hat die ästhetisch geprägte Bevorzugung des Quaderbaues von der Stadt auf das flache Land abgefärbt. Vor allem nach 1800 findet der Sandstein durch technischen Einsatz und verbesserte Transportmöglichkeiten weite Verbreitung, die durch obrigkeitliche Einflußnahme infolge der Erfahrungen mit Bränden forciert wurde. Bei diesen Bauten zeigt sich die allmähliche Übernahme städtischer Ziergewohnheiten. Je näher man den städtischen Zentren kommt, um so mehr frühe, völlig massive Gebäude trifft man an. Gerade im südlichen Oberfranken wird die Ausstrahlung der Städte Nürnberg und Erlangen deutlich, ebenso wie die Bauentwicklung in Bayreuth das Umland geprägt hat. Die Baupolitik hat sich am stärksten mit der Verbreitung des Massivbaues im Fichtelgebirge durchgesetzt – nicht zuletzt ausgelöst durch die großen Brandkatastrophen des 18. und 19. Jahrhunderts, denen Dörfer, Märkte und Städte mehrmals und in großen Teilen zum Opfer fielen. Die Wiederaufbaumaßnahmen wurden zunehmend durch die Baugesetzgebung bestimmt und durch Baubeamte der Regierung betreut und beaufsichtigt. Die Baugesetzgebung war mit Beginn der bayerischen Regierungszeit nicht mehr in der Verantwortung von Kommunen, sondern staatlich geregelt und allgemein gültig.
Die jüngere Generation der Steinbauten wurde vor allem aus Sandsteinquadern errichtet. Die auf Sicht gearbeiteten Quader wurden je nach Status des

Massives eingeschossiges Wohnstallhaus mit Zwerchgiebel aus Sandsteinquader- und Sichtziegel-Mauerwerk von 1890 in Hauenreuth, Landkreis Bayreuth, 1994.

Bauherren recht vielfältig bearbeitet. Die Verbreitung von Sandsteinquadern erfolgte schon im ausgehenden 18. Jahrhundert über erhebliche Entfernungen. So kann man weitab der Abbauorte sogar in Frankenwald und Fichtelgebirge Quaderbauten feststellen. Der Sandstein ist in seinen unterschiedlichen Zusammensetzungen das Steinmaterial, das den oberfränkischen Hausbau am meisten prägt. Der Granit fand lange nicht die weite Verbreitung über seine örtlichen Vorkommen hinaus. Sandsteinbauten gibt es jedoch bereits in Großenau bei Zell und sogar in Reichenbach bei Selb. In Weickenreuth gibt es ein Haus von 1780(i), das im Erdgeschoß aus Sandsteinquadern mit Granitgewänden gebaut ist. Der allgemein übliche Baustoff zum Quaderbau ist der Sandstein. Granitquaderbau findet sich dagegen kaum. Nur im unmittelbaren Bereich von Steinbrüchen sind relativ junge Arbeiterwohnhäuser aus steinsichtigem Granitmauerwerk errichtet. Daß man noch im 19. Jahrhundert die Oberfläche der Steingewände farbig gefaßt hat, belegen viele Befunde. Westlich der fränkischen Linie kann man vom Sandsteinquader als Standardbaustoff ausgehen. Eine Ausnahme bildet hier die Albhochfläche, wo Bruchmaterial aus Dolomit vorherrscht. Bei dem inselartigen Vorkommen des Bruchsteinmauerwerks aus Dolomit finden sich kaum steinsichtige Fassaden. Allenfalls bei Nebengebäuden wird auf den Putz verzichtet. Hier ergibt sich nun ein interessanter Aspekt, weil Putze in dieser Gegend auch bei ärmeren Anwesen wohl öfter farbig gefaßt waren, um die Verwendung von Quadersteinen vorzugeben. Es kamen aufgemalte Eckquaderungen und Rahmungen in roten, blauen und violetten Tönen auf glattem Putz vor, während die großen Wandflächen im Putz eine grobe Struktur aufweisen. Beispiele hierfür stehen in Mandlau von 1792 und in Ottenhof aus der zweiten Hälfte des 18. Jahrhunderts, beide im südlichen Landkreis Bayreuth.

Zweifellos besaß seit der Barockzeit der Steinquaderbau ein derartiges Ansehen, daß er mit verschiedenen Mitteln auf den zur Verfügung stehenden Baustoffen nachgeahmt wurde. Echter Quaderbau wurde wohl erst im 19. Jahrhundert allgemein erschwinglich. Die große Blütezeit des Sandsteinschmucks, Fensterschürzen, scharierte Gewände, Eckpilaster und profilierte Gurtgesimse blieben den besser gestellten Dörflern vorbehalten. Beispiele für diese von herrschaftlichen Bauten beeinflußten Häuser gibt es in den Flößerdörfern des Frankenwaldes. Dort errichteten die im Holzhandel reich gewordenen Floßherren stattliche zweigeschossige Massivbauten mit repräsentativen Elementen, wie Mittelrisaliten, Lisenen- und Pilastergliederungen. Die große Masse der sozial niedriger gestellten Hausbesitzer von Kleinbauern bis zum Tagelöhner mußten mit glatten Quadern vorlieb nehmen, obwohl Schmuckteile zunehmend preiswerter, weil in Serie hergestellt wurden. Im Steigerwald fallen zum Beispiel die Sandsteinfriese an den Hausgiebeln auf, die sich in wenigen Variationen immer wieder gleichen. Auch die vielfältigen Fensterschürzen im Bayreuther Raum täuschen besondere Individualität vor. Diese Schmuckelemente wurden in Serie von den Steinmetzen gefertigt, die sich allerdings auch auf die speziellen Wünsche der Bauherren einstellen konnten. Der Quaderbau ist an sich schmucklos und bis auf das Türgewände meist austauschbar. Nur die unter dem Fenstergewände eingefügten Reliefplatten und die Simsbänder sind gestaltetes Schmuckelement, wobei sich die besondere Individualität oft auf einen Stein mit Jahreszahl und Initialen beschränkt.[49] In der zweiten Hälfte des 19. Jahrhunderts wurden die Zierformen auch bei reichen Bauern wieder einfacher, bis hin zur strengen Reduzierung auf ein glattes Gesimsband. Der Baukastencharakter wird sogar bei so reichen Anwesen wie dem

Sandsteinquaderbau des 19. Jahrhunderts unter Dach des frühen 18. Jahrhunderts in Weidenberg, Landkreis Bayreuth, um 1920.

Wohnstallhaus des 18. Jahrhunderts mit Fachwerkobergeschoß und massivem Erdgeschoß. Unter dem jungen Putz ist die ursprüngliche farbige Eckquaderung aufgemalt erhalten. Ottenhof, Landkreis Bayreuth, 1992.

Gablerhof in Bayreuth (S. 151) deutlich. Die Besonderheit liegt nicht im Detail und in der Zierde, sondern in der Masse und der strengen Durchbildung. Von 44 Fenstern haben 38 die gleiche Größe. Alle Gewände wären beliebig austauschbar – sogar zwischen Stall und Stube, denn die Gewände der Stallfenster sind identisch mit denen der Stube. Die Öffnungen sind nur deshalb kleiner, weil sie im Stall von unten her zur Hälfte mit Quadern zugesetzt sind. Die nüchterne Quaderbautechnik wurde bis in die dreißiger Jahre unseres Jahrhunderts ausgeführt.

Wohnen unter dem Dach

In den vom Fachwerkbau beherrschten Gegenden war, soweit man die Entwicklung des Hausbaus verfolgen kann, das zweigeschossige Haus im Dorf ebenbürtig neben dem einstöckigen vertreten. In der vom Blockbau dominierten ärmeren Mittelgebirgsgegend herrschte der eingeschossige Bau vor. Erst im ausgehenden 19. Jahrhundert änderte sich dieses Verhältnis in Nordostoberfranken. Im einstöckigen Wohnhaus gibt es in der Regel keine heizbare Dachstube, sondern allenfalls Verschläge oder Kammern unter der Dachschräge. Die Belichtung erfolgte nur von den Giebelfenstern oder durch primitive Deckel in der Dachfläche, die bei Bedarf geöffnet werden konnten. Dachgauben gab es beim Strohdach nur selten, in kleinen Ausführungen bei Schindel- und Ziegeldächern. Ausgebaute und heizbare Dachstuben sind auch in kleinen Häusern seit dem 18. Jahrhundert bekannt, aber eher die Ausnahme. Die Heizbarkeit von Dachräumen war nicht allein auf die wohlhabende Schicht beschränkt. Der Ausbau zahlreicher Dachstuben, die sich durch gute Belichtung und verputzte, raumhohe Wände auszeichneten, wurden aber erst in der zweiten Hälfte des 19. Jahrhunderts allgemeiner Brauch. Vorbilder gibt es in den Anwesen des 18. Jahrhunderts, und zwar mit Dachkammern in Blockbauweise, wie im Haus auf dem Mühlberg in Kauerndorf bei Kulmbach. Einseitige Aufstockungen oder die Einrichtung von Zwerchhäusern erfolgten in Fachwerk- oder Ständerbalkenbauweise (s. Abb. S. 73). Bei einer einseitigen Aufstockung verwendete man die alten Sparren wieder. Lange ergaben sich aus der Baugesetzgebung Beanstandungen der traditionellen Ausführungen. Aufbauten mußten nach der bayerischen Bauordnung massiv sein und mit feuersicherer Dacheindeckung versehen werden. Von Brandversicherungsinspektor Baehr wurden die Vorschriften zum Feuerschutz sehr genau angewandt. Er untersagte viele Ausbauten im Bayreuther und Kulmbacher Raum. Auch die Baubeamten Tauber und Baumann waren seit Beginn des 19. Jahrhunderts maßgeblich an der Durchsetzung von Vorschriften zur Feuersicherheit beteiligt. Der Zimmermeister Michael Schmidt aus Himmelkron reichte etwa ab 1840 bis in die sechziger Jahre wider besseres Wissen Pläne für Fachwerkerker ein, die immer wieder beanstandet wurden.

Eine allgemeine Modeerscheinung wurde im ausgehenden 19. Jahrhundert das Aufstocken von Erkern. Im Zuge solcher Baumaßnahmen wurden die Erker teilweise in ihrer Grundfläche erweitert, denn die üblichen Ausmaße für einen Backofenerker waren natürlich für einen Wohnraum viel zu gering. In Oberzettlitz, Landkreis Kulmbach (S. 303), wurden 1891 die Stube und die Küche um ein Drittel der ehemaligen Hausbreite nach außen erweitert. Im Gegensatz zum ursprünglichen Haus wurde der Anbau sogar zweistöckig. In Großwalbur (S. 195), dort allerdings schon um 1700, wurde die Firstrichtung im vorderen Teil des Hauses durch ein neues Obergeschoß um 90 Grad gedreht. In der Flurzone sind derartige Aufstockungen meist ziemlich jung, wie zum Beispiel das Zwerchhaus auf dem Anwesen in Gosberg, Landkreis Forchheim (S. 217). Ältere Anbauten über Erkern sind an den Häusern in Forkenhof, Landkreis Bayreuth (als Tanzsaal), in Joditz, Landkreis Hof (als kalter Speicher), oder in Nentschau (als Austragsstube) erhalten. Diese Beispiele stammen alle aus der Mitte des 19. Jahrhunderts oder aus früherer Zeit.

Vom Strohdach zum Hartdach

Die Art der Dachdeckung wird seit dem ausgehenden 17. Jahrhundert vorgeschrieben, wie in der Bayreuther Feuerordnung von 1681. Dort heißt es, daß »die Häußer mit Ziegel gedeckt werden sollten, damit (...) allenfalls eine Brunst, durch Unglücks oder andere Fälle, entstünde, das Feuer nicht so sehr als bey den Schindeldächern, um sich greifen und überhand nehmen möchte«. Dafür ist eine Bestandsaufnahme über die Tragfähigkeit der Dachstühle gemacht worden. »Haben sich alßo bey dieser Besichtigung in der Ringmauer befunden 55 Häußer, so mit Ziegeltächern versehen, jedoch seindt bey denen meisten die Hintergebäude nur mit Schindeln bedeckt; 141 Häußer, welche dann mit Schindeln bedacht, darunter 63 uff Ziegeltach abgebunden und 78 welche darzu zu untüchtig und zu schwach.«[50] Innerhalb von zwei Jahren sollten sämtliche Dächer mit harter Deckung versehen sein. Dies hätte aber zur Folge gehabt, daß mehr als ein Viertel aller Häuser mit einem neuen Dachstuhl oder mit statischen Sicherungseinbauten hätten versehen werden müssen. Auch die Schonung der Wälder lag seit dem 16. Jahrhundert im Interesse der Herrschaften, die aus diesem Grund das Schlagen von Schindelholz zu unterbinden versuchten. Dies gelang vor allem dort gut, wo ausreichend andere Deckmaterialien zur Verfügung standen, wie eben im Coburger und Bamberger Raum durch alte Ziegeleien.

Das Stroh und die Holzschindel werden in den Mittelgebirgsgegenden zu den althergebrachten Deckmaterialien gerechnet, die sich zum Teil bis in

Abnahme der Strohschauben (links) von einem Kleinbauernhaus in Nentschau, Landkreis Hof, 1913. Der Stubenteil ist gemauert, der hintere Hausteil in Holzbauweise erhalten.

das 20. Jahrhundert behauptet haben. Sie waren natürlich auch die billigsten und ausreichend vorhandenen Materialien. Im alten Landkreis Münchberg gab es Ende der fünfziger Jahre anteilig die meisten Strohdächer ganz Bayerns. Stroh war vorhanden, und die Eigenleistung des Hausbesitzers und vieler Helfer tat das übrige. Das Strohdach Nordostoberfrankens ist so gebaut, daß die Strohbüschel (»Schaab«) mit den Ähren nach unten an die Dachstangen angebunden werden. Zum Binden verwendet man ein Strohband, das mit dem des neuen Schaab zu einem endlosen Band gedreht wird. Die Randbereiche des Strohdaches werden mit Holzschindeln gesichert. Der Unterschied zu den in anderen Regionen überlieferten Deckungsarten liegt in der Deckrichtung des Halmes (sonst mit der Spitze nach oben) und in der Verwendung von Hilfsmitteln, wie Weidenruten, zur Befestigung. Diese im südlichen Oberfranken und vor allem in Mittelfranken überlieferte Technik benötigte eine sehr viel größere Menge an Stroh. Sie zeichnete sich dadurch aus, daß First, Ortgang und Traufe allein aus Stroh, ohne die Zuhilfenahme von Brettern oder Schindeln gebildet wurden. Im Raum nördlich des Fichtelgebirgskammes wurde für das beginnende 19. Jahrhundert eine Strohdachdichte von rund 80 Prozent, im restlichen Oberfranken von immerhin 20 Prozent festgestellt. Nur der Coburger Raum war mit noch geringerem Vorkommen eingestuft.[51] Allgemein scheint das Strohdach bei armen Haushalten länger überdauert zu haben. Abgesehen von ästhetischen Gesichtspunkten hat diese Deckart aber einige Vorteile, die auch im 19. Jahrhundert gewürdigt wurden. Das Strohdach hat eine unerwartet hohe Lebensdauer. Es besitzt bei äußerst geringem Eigengewicht eine sehr gute Dämmwirkung.

Dem Strohdach ist in seinen Eigenschaften und seiner Verbreitung das Holzschindeldach vergleichbar, nur die Wärmedämmung ist kaum gegeben. In Oberfranken ist es nur als steiles Nutschindeldach bekannt. Leg- oder Scharschindeln sind weder beim Dachdecken noch bei der Fassadenverkleidung be-

Abnahme des Schindeldaches und Eindeckung mit Blech in Grassemann, Landkreis Bayreuth, um 1930.

Wohnstallhaus mit steilem Schopfwalmdach und Biberschwanzeindeckung in Hetzles, Landkreis Forchheim.

kannt. In den nadelholzreichen Gegenden besaß das Holzschindeldach eine dichtere Verbreitung als das Strohdach. Die Holzschindel war sogar ein wichtiges Exportprodukt des Frankenwaldes, denn als Ladegut auf den Flößen wurden Dachschindeln in das Unterland exportiert und hatten somit in Märkten und Städten den Vorzug gegenüber dem Strohdach. Schindeln wurden handwerklich produziert und geliefert, während der wichtige Rohstoff Stroh in erster Linie den Eigenbedarf des Bauern deckte und nicht zum Verkauf zur Verfügung stand. In Oberfranken gibt es allerdings kaum Hinweise auf Maschinenschindeln. Alle Schindeldeckungen, die bisher vorgefunden werden konnten, bestanden aus radial aus dem Stamm gespaltenen und mit dem Ziehmesser bearbeiteten Schindeln. Die Schindelherstellung läßt sich mit Hilfe aufgefundener Spezialwerkzeuge (sogenannter Wolf, Nuthobel und Nuteisen) Zimmerleuten, Büttnern, aber auch Bauern zuordnen. Den selbständigen Beruf des Schindelmachers hat es in Oberfranken nicht gegeben. Schindeln aus gesägten Brettern sind bisher nur am Haus aus Saalenstein vorgefunden worden. Sie stammen aus einer größeren Reparatur des älteren Daches. Die industrielle Herstellung der Schindeln wurde mit Maschinen möglich, die den Brettrohling zusägten und alle Fräsarbeiten in einem Arbeitsgang ausführten. Als im ersten Viertel des 20. Jahrhunderts im Erzgebirge die Maschinenschindel verbreitet wurde, war das Schindeldach in Oberfranken nur noch in Restbeständen vorhanden und wurde schnell durch andere Materialien abgelöst. 1878 führte die Regierung von Oberfranken eine Umfrage zur Anwendung von Schindeldeckung durch, da die neue Bauordnung ja feuersichere Dachdeckung vorschrieb. Nur in den Bezirksämtern Ebermannstadt, Hof, Kronach, Kulmbach, Naila, Rehau und Wunsiedel wurden noch das Vorkommen von Holzschindeln bestätigt, allerdings unter dem Hinweis, daß die Schieferdekkung diese gerade ablöse. In den genau formulierten Antworten wurde deutlich, daß es sich bei den vorhandenen Schindeln durchweg um lange Nutschindeln mit Keil oder Nase handelte.[52]

Viele Dachstühle weisen noch heute durch Sparrenabstände von bis zu 1,80 m aus, daß sie Stroh oder Schindeln getragen haben. Diese derart leicht gezimmerten Konstruktionen konnten ein schwereres

Mansarddach mit Kremperziegel, an den Randbereichen im Mörtel verlegt. Zeyern, Landkreis Kronach.

Dach nicht tragen. Deshalb finden sich öfter sekundär eingezogene Sparrenpaare, die in der Mitte zwischen zwei ursprünglichen Gebinden liegen. In den Gegenden mit frühem Ziegeldachvorkommen findet man diese Ergänzungen allerdings nicht. Dagegen gibt es unter den sogenannten harten Eindekkungen wie Schiefer und Ziegel auch eine sehr leichte Variante, die für viele Häuser mit schwach abgebundenen Dachstühlen taugte: Das Blechdach besitzt im hohen Fichtelgebirge eine unerwartet frühe Anwendung bedingt durch die dort ansässige Eisenindustrie. Mit der industriellen Entwicklung der Eisenerzeugung und der verkehrstechnischen Erschließung wurde das Blechdach verbreitet. Es wurde vielfach auf vorhandene Holzschindeln, die als Schalung ihren Zweck noch erfüllten, aufgebracht (s. Abb. S. 64, 87).

Wie oben erwähnt, war das Ziegeldach dank der guten Lehmvorkommen im Coburger und Bamberger Raum dort seit dem 17. Jahrhundert allgemein verbreitet. Im wesentlichen kennt man in Oberfranken drei Formen von Dachziegeln. Zwei werden mit gewissen Veränderungen bis heute produziert. Im südlichen Oberfranken, vom Steigerwald bis in die Fränkische Alb, gibt es die frühen Flachziegel in Biberschwanzform oder als Spitzziegel. Die einfache Verlegung erforderte einen Holzspan unter der Stoßfuge. Bei einer doppelten Verlegung auf Lücke war dieser nicht mehr nötig. Schmale, jedoch sehr lange Ziegel gibt es als sogenannte Rinnenziegel im südlichen Coburger Raum bis in den Lichtenfelser Umkreis. Sie haben ein S-förmiges Profil und wurden im Mörtelbett verlegt. Ebenfalls im Coburger Land und ostwärts bis an die fränkische Linie sind Pfannen- oder Kremperziegel unter verschiedenen örtlichen Bezeichnungen verbreitet. Diese Ziegel besitzen je nach Herkunft ein flaches Profil oder eine etwas gewellte Form. Alle haben aber den charakteristischen Falz, der diese Art zum Vorläufer unserer modernen Falzziegel macht. Diese Ziegel wurden an den Ortgängen und am First mit Mörtel verlegt, um eine bessere Haltbarkeit zu erreichen. Auf den idealtypischen Plänen der markgräflichen Bauconducteure sind zwar auch im Amt Wunsiedel Biberschwanzziegel als Dachdeckung dargestellt, und in wenigen Beispielen haben sich Reste noch ins 20. Jahrhundert erhalten, durchgesetzt haben sie sich jedoch nicht. Industriell hergestellte Flachziegel tauchen in Nordostoberfranken im 20. Jahrhundert hie und da auf. Auch im 19. Jahrhundert wurden Biberschwanzziegel produziert. Bauberater bescheinigten den Produkten eine schlechte Qualität, die sich angesichts der strengen und niederschlagsreichen Winter sehr schnell äußere.[53] Eine schier unverwüstliche Ziegelart wurde im ausgehenden 19. Jahrhundert in Oeslau bei Coburg produziert. Es handelt sich dabei um einen dunkel, fast schwarz engobierten, schweren Schamotteziegel. Dieser unverwüstliche Ziegel fand seine Verbreitung im gesamten westlichen Oberfranken bis in den Frankenwald hinein. Von nicht ganz so großer Lebensdauer ist eine Ziegelart, die um die Zeit des Ersten Weltkrieges als billige Variante angeboten wurde. Maurer produzierten während der Wintermonate in der Werkstatt Zementziegel in Biberschwanzform und auch als Falzziegel.

Komfort ohne Rauch

Daß die Stube im fränkischen Haus schon sehr früh frei von Rauch war, wurde bereits erwähnt. Trotzdem zeigt sich die zögerliche Behandlung des Themas Feuer und Rauch deutlich an den Versuchen, die ländlichen Häuser mit Schloten auszustatten. Bereits im 17. Jahrhundert gab es im Markgrafentum Verbote der hölzernen Schlote. In enger Verbindung mit der Küche ist der Schlot zu sehen. In Rauschensteig bei Wunsiedel entstand 1680 ein Brand durch ein schadhaftes Rohr vom Lienhut zum Schlot.[54] Dieser Hinweis auf einen Schlot in einem kleinen Weiler liegt verhältnismäßig früh, denn es gab bis ins 18. Jahrhundert viele Häuser ohne Schlot. In einem Regierungsdekret von 1720 wird empfohlen, Untertanen, die noch keinen Schlot im Haus hätten, zu dessen Einbau anzuhalten und alle hölzernen Schlote abzureißen. 1784 entschloß man sich dann endlich dazu, eine Statistik über die noch vorhandenen anzulegen.[55] Zwar hatte man eine rauchfreie Stube, aber von der Ofenrückwand zog der Rauch offen durch Hausplatz und Dachstuhl ab, oder er wurde durch einen hölzernen mit Lehmbewurf bewehrten Rauchschacht nach oben geführt. Diese hölzernen Schlote wurden im 18. Jahrhundert mit Nachdruck bekämpft. Daß auch hier lange die eingeschliffenen Gewohnheiten nicht durchbrochen werden konnten, zeigt das Beispiel eines Bauherrn in Enchenreuth im Landkreis Hof, der ausdrücklich gegen die gängige Gewohnheit 1781 den Schlot aus Stein bauen lassen wollte.[56] Erst im 19. Jahrhundert wird der Einbau von Schloten nicht mehr angemahnt. Dann hat sich der sogenannte altdeutsche, nach unten hin weit offene Schlot, der im Obergeschoß manchmal noch die Größe einer Kammer besaß, durchgesetzt. Schon Mitte des 19. Jahrhunderts war der Einbau der engen Kamine, der sogenannten »Russenschlote« üblich geworden. 1838 wurde nach längerer Erprobung gestattet, auch enge, russische Kamine zu bauen. Man mahnte allerdings zu besonderer Vorsicht, »weil bei dem bedeutenden Zug derselben das Ausbrennen leichter vorkommt, als bei weiten, besteigbaren Schlöten«.[57] Die allgemeine Feuerordnung vom 30. Mai 1791 bestimmte in § 10, »daß alle Kamine ohne Ausnahme wohl feuerfest und dick von Ziegelsteinen gemauert im Viereck auf jeder Seite 20 bis 24 Zoll (48–56 cm) weit seyn müssen, damit man mit selbe täglich und leicht ausschliefen und abkehren kann«.

In dieser Hinsicht erkennt man, daß die Entwicklung des Hausbaues durchaus nicht so einheitlich und

Vierzonige Fachwerkscheune des 17. Jahrhunderts mit Lehmausfachung und Rinnenziegeldeckung in Krögelhof, Landkreis Lichtenfels, 1994.

folgerichtig verläuft. Hatte sich im Zuge des Massivbaues der Schlot zum Beispiel im Fichtelgebirge bereits im 18. Jahrhundert eingebürgert, so wurde im Frankenwald noch bis ins 20. Jahrhundert der Rauchfang aus Weidengeflecht mit Lehmbewurf benutzt. Das schließt jedoch nicht aus, daß, wenn nötig, ein zweiter russischer Schlot im Haus eingerichtet wurde. Denn der enge Querschnitt ermöglichte den nachträglichen Einbau fast an jeder beliebigen Stelle des Hauses. Damit war das Heizen nicht nur mehr auf den unmittelbar an die Küche anschließenden Bereich beschränkt. Die Verteilung der Wärme wurde im ganzen Haus möglich.

Wirtschaft und Technik verändern den Hof

Bis in das 18. Jahrhundert hinein war die Dreifelderwirtschaft gebräuchlich. Im gebirgigen Ostoberfranken war es noch im 19. Jahrhundert üblich, manche Äcker einige Jahre brachliegen zu lassen, da eine jährliche Bebauung nicht zum Erfolg geführt hätte. Im ausgehenden 18. Jahrhundert war mit der Verteilung der Gemeindegrundstücke begonnen worden. Zwar beklagte sich der preußische Minister Hardenberg über den schleppenden Vorgang in der Markgrafschaft Bayreuth, aber im allgemeinen wurde die Aufteilung der Gemeindefluren in Franken im ersten Viertel des 19. Jahrhunderts größtenteils abgeschlossen. Nach anfänglichen Mißernten stellten sich die ersten maßgeblichen Ertragssteigerungen seit dem Mittelalter ein. Die Ertragsprognosen gaben der Stallfütterung und der intensiven Bewirtschaftung der geteilten Gemeingüter den Vorrang vor einer extensiven Beweidung. Die Durchsetzung der Stallfütterung gegenüber der Landbevölkerung war wohl nicht so einfach, wie man allgemein vermutet hatte. Sowohl in der Markgrafschaft als auch im Fürstbistum bemängelte man die zögerliche Umsetzung der Empfehlungen. Die Schweizerei des Schlosses Seehof bei Memmelsdorf war ein fürstbischöflicher Anschauungsbetrieb, der die Stallfütterung bekannt machen sollte. Erst durch die Stallhaltung wurden ansehnliche Mengen an Mist produziert und auf Vorrat im Hof angelegt.[58] Die Verbesserungen der ursprünglichen Dreifelderwirtschaft durch Grünsaaten und Hackfrüchte führten zu merklichen Ertragserhöhungen. Diese Maßnahmen zur besseren Verfügbarmachung des Bodens waren die ersten Schritte hin zur Befreiung der Bauern aus dem überkommenen Feudalsystem. In einem jahrzehntelangen Prozeß veränderte sich der Status des Landmannes und Untertanen zum Landwirt und eigenverantwortlichen Unternehmer.

Die Förderung der Landwirtschaft wurde aber nicht nur auf der rechtlichen Ebene vorangetrieben, sondern auch zunehmend in der Forschung und der praktischen und betrieblichen Umsetzung von Forschungsergebnissen. Der landwirtschaftliche Verein in Bayern wurde unmittelbar nach der Eingliederung der fränkischen Provinzen in das Königreich gegründet. Gleichwohl erstreckten sich seine Tätigkeiten in den ersten Jahrzehnten vor allen Dingen auf den altbayerischen Raum. In der beruflichen Bildung und der genossenschaftlichen Organisation holte

Massive dreizonige Scheune des 19. Jahrhunderts in Tannenreuth, Landkreis Hof, 1990.

Franken aber schnell auf. Die ersten Ansätze zur Lehre erwuchsen aus der Einrichtung von Musterlandwirtschaften. Die Betreiber verpflichteten sich, Landwirtschaftsschüler aufzunehmen. 1839 wurde in Bayreuth die erste Wiesenbauschule Oberfrankens gegründet, aus der nach wechselndem Erfolg das spätere Lehrgut des Bezirks Oberfranken wurde. Die praktische Umsetzung neuer Entwicklungen gelang aber in weiten Teilen Oberfrankens nicht sehr schnell. Die geographische Randlage und die ungünstigen Wirtschaftsbedingungen in den Mittelgebirgen führten zu großen Ungleichzeitigkeiten. Justus Liebig (1803–1873) hatte bereits in den vierziger Jahren den Vorteil von Mineraldünger für die landwirtschaftliche Produktion dargelegt. In Nordostoberfranken konnte erst zum Ende des 19. Jahrhunderts der Mineraldünger allgemeine Aufnahme finden und den Ertrag merklich steigern.

Die Folgen waren, daß in den Betrieben seit dem 19. Jahrhundert, in der ersten Phase der Gemeinheitsteilung und in der zweiten Phase der künstlichen Düngung und Pflanzenzucht, mehr Lagerplatz für Erntegut und Futter notwendig wurde als bisher. Die intensive Bebauung der Gemeindeflächen bewirkte eine große Zunahme des Grünfutteranteils. Hackfrüchte und moderne Düngung machten mehr Raum in Keller und Scheune notwendig. Im Haus änderte sich vielfach der Grundriß durch Umnutzung im Erdgeschoß. Für die Stallfütterung brauchte man eine Futterkammer, die bis dahin nicht vorgesehen war. In größeren Höfen konnte sie leicht aus einem vorhandenen Raum entstehen. Im Frankenwald finden sich auch Beispiele, daß im Stallbereich eine neue Kammer eingebaut wurde. Im Zweifelsfall wurde vorhandener Wohnraum im Erdgeschoß kleiner.

Die Scheune mußte nicht nur größerem Platzbedarf genügen, sondern auch mehrere Funktionen erfüllen. Neben dem Bergeraum für Heu, Grummet und Stroh, wurde sie seit dem ausgehenden 18. Jahrhundert Lager für Hackfrüchte. Dafür besitzt sie in den meisten Fällen einen Keller, der über eine Treppe und durch Schüttlöcher erreichbar ist. Die Drescharbeit wurde mit dem ausgehenden 19. Jahrhundert zunehmend maschinisiert. 1859 wurde, rund ein Jahrzehnt nach der Entstehung der großen Pflugfabriken, die Firma Heinrich Lanz gegründet. 1872 zählte man in Oberfranken 72 Dampfdreschsätze und 317 göpel- und handgetriebene Dreschmaschinen.[59] Für ihren Betrieb war die Unterbringung in unmittelbarer Nähe zur Tenne notwendig. Die Folge davon war entweder der Verlust eines Bansenraumes, der durch einen Längsanbau ausgeglichen werden mußte, oder gleich der Queranbau einer Göpelhalle. Beim Dreschen und Reinigen des Getreides wurden die ersten Maschinen auf dem Hof eingesetzt. Hier zeigte sich ganz auffällig der Sprung vom handwerklich geprägten Arbeitsvorgang zum industriellen Verarbeitungsprozeß, der der Anwen-

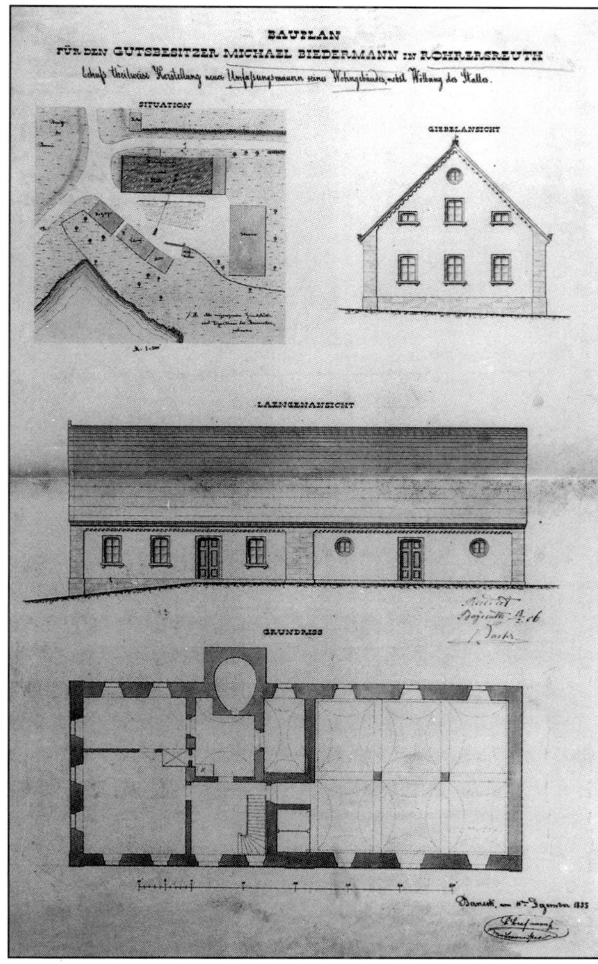

Klassizistischer Neubauentwurf in Rohrersreuth, Landkreis Bayreuth, 1855.

dung von Fremdenergie die Bahn brach. War im 19. Jahrhundert noch das Dreschen mit dem Flegel üblich, so zog gegen Ende dieser Phase die Göpelübersetzung ein, die eine Dreschmaschine antrieb. Ab 1860 gab es transmissionsgetriebene Dreschmaschinen. Später folgten Putzereien und Häcksler und nach dem Ersten Weltkrieg Breitdreschmaschinen mit Putz- und Sortiereinrichtung. Mit deren breiter Akzeptanz wurden die Göpel bereits abgelöst und durch Verbrennungs- oder Elektromotoren ersetzt.

Gewölbebau aus Stein und aus Stahl

Bis in die zwanziger Jahre des 19. Jahrhunderts waren Tonnengewölbe mit Stichkappen oder Kreuzgratgewölbe im Stallbau üblich, wie man in den Häusern in Neuhausen, Fohrenreuth oder Plech erkennt. Diese Gewölbe wurden auf einer Schalung mit Ziegeln oder mit flachen Bruchsteinen, sogenannten Wölbschalen, gemauert. Diese Gewölbe besitzen eine enorme Masse und führen beim Stallbau im Gegensatz zum Kellerbau zu einer starken Belastung der Außenwände. Die Setzungserscheinungen versuchte man vielfach durch den Einzug von eisernen Maueranken, die die beiden Traufseiten zusammenspan-

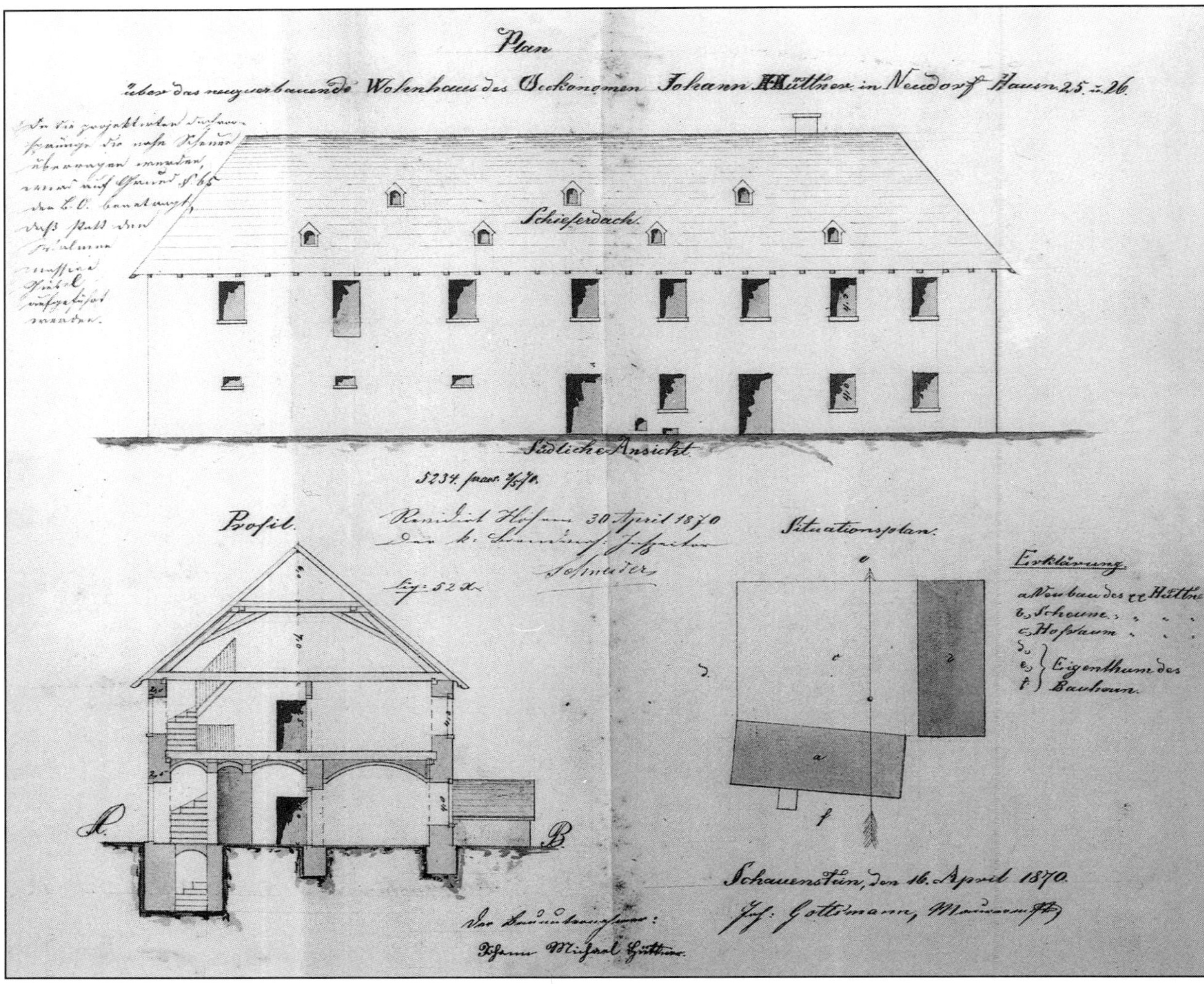

Neubauentwurf eines traditionellen Wohnstallhauses mit zwei Geschossen und klassischem Walmdach in Neudorf, Landkreis Hof, 1870.

nen, aufzuhalten. Im Stubenbereich fand diese Art der Gewölbe keine Anwendung. Dort war bis zur Durchsetzung von Brandverhütungsvorschriften eine Bohlenbalkendecke üblicher Standard. Im ersten Viertel des 19. Jahrhunderts kam von Osten her eine neue Wölbtechnik in Mode, die zum Beispiel im Hof Nr. 6 in Kleinlosnitz überliefert ist: das Mauern mit Ziegeln ohne Schaltung, die sogenannten böhmischen Kappengewölbe, die von der Oberpfalz aus über das Sechsämterland in Nordostoberfranken Einzug fanden und von den zwanziger bis in die siebziger Jahre des 19. Jahrhunderts den Gewölbebau bestimmten. Standen die auf Lehren herausgemauerten Gurtbögen, so konnten zwei geschickte Handwerker ohne Schalung die Felder mit Reihen von diagonal laufenden Ziegeln schließen. Die Ziegel im Feld sitzen auf vorspringenden Nasen der Gurtsteine, die extra in dieser Form angefertigt wurden. Das Gewicht und die nach außen wirkenden Kräfte waren gegenüber den Bruchsteingewölben gering. Auch die Herstellung war sehr viel preiswerter. Die Wölbung mit böhmischen Kappen war nicht an ein gleichmäßiges Feldraster gebunden. Im Gegenteil: Es war sehr leicht, kleine und große Felder zu kombinieren, was aber mit fortschreitender Entwicklung bald zu unausgewogenen Größen- und Kräfteverhältnissen und damit zu statischen Problemen führte. Im westlichen Oberfranken fand diese Gewölbetechnik kaum Anwendung. Dagegen kommt sie in Ostoberfranken noch in sehr traditionell geplanten Wohnstallhäusern vor, während parallel dazu bereits

Kleinbauernhaus mit angebauter Scheune. Massivbau mit Kniestock und ausgebautem Dach von 1911 in Hallerstein, Landkreis Hof.

der Deckenbau mit Eisenschienen modern wurde. Die Wölbung mit böhmischen Kappen geschah noch bis nach 1870. Beide Techniken fanden wegen ihrer leichten Anwendbarkeit und der geringen Höhe, die sie beanspruchten, auch Einzug im Wohnbereich. Im Gablerhof in Bayreuth ist der Hausplatz ebenso gewölbt wie der Stall. Gewölbte Stuben in Bauernhäusern gibt es in Ostoberfranken seit dem Aufkommen der böhmischen Kappengewölbe, wie der Bauplan des Hauses in Neudorf belegt.
Die jüngste Gewölbetechnik, das sogenannte »Preußische Kappengewölbe« kommt seit etwa 1870 in ganz Oberfranken, erstmals unabhängig von regionalen Gesichtspunkten, vor. Es besteht aus einer Reihe von parallel verlegten Eisenträgern, die, wenn nötig, auf einem Doppel-T-Träger als Unterzug ruhen. Die Zwischenräume werden mit Ziegelsteinen leicht bogenförmig ausgemauert. Der Unterzug wird je nach Größe des Raumes noch von gußeisernen Säulen gestützt. Diese Gewölbetechnik hat den Vorteil, daß kaum Schubkräfte nach außen entstehen. Sekundäre Ausbauten in bestehenden Gebäuden konnten mit dieser nur wenig Höhe beanspruchenden Bauart leicht realisiert werden. In dieser Technik sind sowohl Stuben wie Hausplätze, Küchen und Ställe neu eingewölbt worden. Die Haltbarkeit im Stallbau ist allerdings kritisch zu prüfen, wenn im bäuerlichen Betrieb nichts zur Konservierung der Eisenträger unternommen worden ist.

Dampfziegel und Kunststein

Bis in das letzte Viertel des 19. Jahrhunderts waren Industrieprodukte am ländlichen Haus unbekannt. Die ersten in großen Mengen ins Haus einziehenden Fabrikerzeugnisse waren Eisenträger.

Massives Wohnstallhaus von 1826 mit Aufstockung von 1930 in Albertsreuth, Landkreis Hof, 1994.

Besonders augenscheinlich wird die technische Entwicklung bei der Herstellung von Steinbaumaterial. Die alten Ziegeleien wurden stolz als Dampfziegelei, andere Betriebe als Kunststeinfabriken bezeichnet. Das bedeutet nur, daß zur Herstellung der Steine inzwischen Maschinen eingesetzt wurden, die in der Regel durch die Dampfkraft angetrieben wurden, man also den Energiebedarf auf künstlichem Wege deckte. Noch bevor die industrielle Herstellung von Baustoffen in Deutschland Einzug hielt, versuchten die Behörden Maße und Bezeichnungen zu standardisieren. Zuerst wurde ab 1858 ein einheitliches Ziegelmaß angestrebt. Mit der Einführung des metrischen Systems war der Standard um 1871 für die

Wohnstallhaus mit Fachwerkobergeschoß des 18. Jahrhunderts. Fachwerkaufstockung mit Kniestock von 1943 in Pfaffendorf, Landkreis Lichtenfels, 1994.

wesentlichen Produkte erreicht. Unterstützt durch die inzwischen nahezu vollständig ausgebaute Eisenbahn konnten die Hersteller ihre Erzeugnisse flächendeckend anbieten. Der landwirtschaftliche Handel wie auch manche Handwerksbetriebe übernahmen den Baustoffhandel.

Der älteste »Kunststein«, der Ziegel, wurde als Mauerstein bis zur Mitte des 19. Jahrhunderts nur sehr sparsam eingesetzt. Für die Masse der ländlichen Bevölkerung war er einfach zu teuer. So beschränkte man sich darauf, Fensternischen, Mauerbänke und Gewölbe aus Ziegel zu mauern, sonst aber die natürlich vorhandenen Bruch- und Lesesteine zu verwenden. Sichtziegelmauerwerk taucht erst nach der Jahrhundertmitte in der neoklassizistischen Architektur auf, anfänglich als Fries, später auch vollflächig. Eine der frühesten neugotischen Fassaden eines Bauernhauses ist 1855 in Rohrersreuth bei Marktleugast von Maurermeister Kaufmann aus Berneck geplant worden. In dieser Zeit wurde die Backsteinarchitektur durch die maschinelle Ziegelproduktion für viele erschwinglich. Vorbereitet wurde der repräsentative Baustil aber schon früher mit Entwürfen zweistöckiger massiver Wohnstallhäuser, die vorzüglich mit Walmdach ausgestattet wurden und damit Anklänge an einen italienischen Landhausstil vermittelten. Um 1900 wurden dann sogar verschiedenfarbige Ziegel verwendet, um Gewände oder Friese vom Mauerwerk abzuheben.

Bis 1850 waren die wichtigsten Betonbautechniken entwickelt und teilweise patentiert. In den folgenden Jahrzehnten entstanden Zementfabriken. Zement wurde nicht mehr nur als Bindemittel für Mörtel verwendet, sondern zur Herstellung von Kunststeinen, mit denen die Ornamentik im Bauwesen völlig neue Möglichkeiten erhielt. Sowohl mit Formsteinen, die als Eckquader oder Simsbänder Verwendung fanden, als auch mit Gewänden für Fenster und Türen entwickelte sich der aufstrebende Baustoffhandel. Die Produktion von Fertigteilen in Beton war für Maurerbetriebe eine willkommene Wintertätigkeit. Dazu gehört auch die handwerkliche Herstellung von Zementziegeln.

Heimatbild

Die Bewegung zur Denkmalpflege ging Ende des 19. Jahrhunderts von Museen und Bauschulen aus, die auch frühe Quellen zur Hauskunde lieferten. Unter dem Gesichtspunkt der Landesverschönerung besannen sich Baumeister und Heimtfreunde auf traditionelle Formen. Alte Häuser wurden untersucht und von Studenten aufgemessen und gezeichnet. Ein Ziel war, die überlieferte heimische Bauweise zu bewahren und zu fördern. In dieser Tradition entstanden erste Sammlungen von Dorfbildern und Baufibeln.[60] Diese Anregungen zielten aber vor allem auf ästhetische Aspekte. Sie wandten sich gegen Industrieprodukte, gegen eine Verschönerung, die ein unreflektiertes Vorbild im bürgerlich-städtischen Bereich anstrebte. Gegen die moderne Entwicklung hielten sie anheimelnde Fachwerkfiguren, natürliche Baustoffe und dörfliche Einheit. Der betriebliche Zweig der ländlichen Bauberatung wurde in den zwanziger Jahren bei den Landbauämtern und den Gewerbeanstalten angesiedelt. Hier wurden vor allem die jungen Entwicklungen in der Futter- und Viehhaltung vermittelt: Gärfutterbehälter mit dem Prototyp bei Rittergutsbesitzer Benecke in Trieb, Landkreis Lichtenfels, aus dem Jahre 1902; Hochtenne, Lüftungsanlagen für Ställe, Verlegung von Dungstätten, neuartige Entmistung. Die technisch und betriebswirtschaftlich motivierten Neuerungen griffen nach dem Ende des Ersten Weltkrieges allmählich bei den Höfen durchschnittlicher Größe und gingen einher mit der steigenden Nutzung von Fremdenergie, Elektrizität für stationäre Maschinen im Hof und Verbrennungsmotoren für Zug- und Transportmaschinen und für die Lastenbewegung überhaupt.

Ländliche Wirtschaftsbauten

Christiane Reichert

Das oberfränkische Brauwesen

Das Brauwesen entwickelte sich in Abhängigkeit von den jeweiligen Landesherren. Der Bischof von Bamberg verfügte bereits zu Beginn des 14. Jahrhunderts, daß im Stadtgebiet künftig nur noch Gerste und Dinkel vermälzt werden durfte. Für den Hausbedarf war es jedoch erlaubt, auch Weizen und Hafer zu verwenden.[1] Dennoch ist nicht zu vergessen, daß bis um 1600 und im westlichen Oberfranken sogar bis um 1800 insbesondere auf dem Lande der Wein das vorherrschende Getränk gegenüber dem Bier war.[2]

Im Gebiet des heutigen Oberfranken konzentrierte sich das Brau- und Schankrecht zunächst auf die Klöster, die Reichsritterschaften sowie die Städte und Märkte. Nur in der ehemaligen Markgrafschaft Bayreuth war es allein in bürgerlicher Hand, da die Klöster in der Reformation aufgehoben worden waren und die Adeligen hier nur für den Eigenbedarf brauen durften.[3] Zentren der Brauwirtschaft waren die Städte Bamberg, Kulmbach, Bayreuth und Hof.

In den Städten und Märkten ging das Braurecht mit dem Bürgerrecht einher. Den Brauberechtigten standen gegen eine Gebühr die für die heutigen Regierungsbezirke Ober- und Unterfranken sowie die Oberpfalz einst typischen Kommunbrauhäuser zur Verfügung. Im ehemaligen Fürstentum Coburg, wo das kommunale Bauwesen besonders stark entwickelt war, fand man sie in nahezu jeder Ortschaft vor. Für das damalige Hochstift Bamberg wußte Roppelt 1801 von 17 gemeindeeigenen Brauhäusern.[4]

Der Markt Eggolsheim hatte sein Bierprivileg beispielsweise schon 1595 vom damaligen Bamberger Fürstbischof erhalten. Jeder Bürger durfte zwei Gebräu Bier pro Jahr brauen und ausschenken. Nur den eigens dazu berechtigten Erbschenkstätten war es erlaubt, auch größere Mengen nach Bedarf zu brauen. Im Jahre 1848 besaßen vier der insgesamt sieben Eggolsheimer Gast- und Schankwirte ein privates Brauhaus.[5] Daneben unterhielt die Gemeinde ein Kommunbrauhaus mit einem eigens bestellten »Gemeindebräuer«.[6]

Im Gegensatz zu den Schankwirten durften die Gastwirte ihr Bier auch außerhalb des Hauses verkaufen und Reisende beherbergen. Innerhalb einer festgelegten »Bannmeile« im Umkreis einer brauberechtigten Stadt aber war das Brauen verboten. Aufgrund seiner wirtschaftlichen Bedeutung waren die Bürger bestrebt, ihr Bierverlagsrecht auch jederzeit zu verteidigen. Bei Verstößen kam es nicht selten zu regelrechten »Bierkriegen«. Als sich zum Beispiel in der Nachbarschaft von Lichtenfels unberechtigterweise eine neue Bierwirtschaft niedergelassen hatte, zogen die erbosten Lichtenfelser Brauer mit 30 Mann aus, »welche den eingemauerten (Brau)kessel abzueholen befelcht gewesen, haben solchen nicht allein glücklich herein in die statt gebracht, sondern auch den übrigen breuzeug aldorten, wie auch ein malz im keller völlig ruiniert«.[7] Das schwarz gebraute Bier durfte konfisziert werden und stand zur freien Verfügung.

Erst ab dem 18. Jahrhundert wurden auch Braukonzessionen an einzelne Personen verliehen. Sie bestanden entweder als radizierte Gewerbe, wobei sie an ein bestimmtes Grundstück gebunden waren, oder konnten als Realrechte vererbt und veräußert werden.[8] Doch zu Beginn des 18. Jahrhunderts hatte das Brauwesen auf dem Lande noch keinen Eingang gefunden. Nicht ohne Grund hatte sich das Sprichwort eingebürgert: »Das Bier ist bitter, das trinken die Ritter, den Wein, den sauern, den trinken die Bauern.«[9]

Maßgebend für die Überwachung von Qualität, Handel und Verzehr des Bieres war das sogenannte Umgeld, eine indirekte Getränkesteuer, über die der Fiskus jeden trinkfreudigen Untertan erreichen konnte. Diese Gelder hatten einen nicht unwesentlichen Anteil am Steueraufkommen. Im ehemaligen Hochstift Bamberg betrugen sie seit dem 17. Jahrhundert zum Beispiel 12 Prozent der jährlichen Gesamteinnahmen. Während zunächst das fertige Produkt zu versteuern war, ging man später auf die sogenannte »Kesselsteuer« über und führte schließlich mit der Angliederung an den bayerischen Staat das bayerische Malzaufschlaggesetz ein.[10] Den Städten und Märkten wurde die Umgeldeinnahme häufig auch verpachtet. Neben dem Adel waren zum Beispiel Beamte, Geistliche, Bürgermeister und Räte von der Biersteuer befreit, was ihnen einen ungleichen Vorteil gegenüber den anderen Brauberechtigten einbrachte.[11]

Die landesherrliche Erlaubnis zum Bierbrauen verfolgte auch das Ziel, die wirtschaftliche Situation im Lande zu verbessern. Unter Fürstbischof Adam Friedrich von Seinsheim wurde am 8. April 1768 ein Dekret zur Förderung des Hopfenanbaus erlassen. Dies gewährte den Bauern fünf bis zehn Jahre Zehnt- und Steuerfreiheit und zusätzlich 30 Reichstaler Prämie demjenigen, der in einem Jahr 12 Zentner Eigenhopfenanbau nachweisen konnte. Grund dafür war, daß der arbeitsintensive Anbau des witterungsanfälligen Hopfens bei den Bauern unbeliebt war. Mit dieser staatlichen Förderung aber konnte seine Einfuhr aus Böhmen, dem Elsaß und der Oberpfalz um zwei Drittel gesenkt werden.[12] In Zusammenhang mit der Aufgabe des Weinbaus breitete sich der Hopfenanbau immer weiter aus. Er konzentrierte sich in der zweiten Hälfte des 19. Jahrhunderts auf die Bezirke Forchheim, Bamberg I und II, Scheßlitz, Höchstadt und Pegnitz,[13] die jedoch später von den mittelfränkischen und ausländischen Gebieten abgelöst wurden. Hauptumschlagplatz für den Handel war Bamberg.

Im 19. Jahrhundert, als die alten Zwangs- und Bannrechte fielen, wurden die kommunalen Brauhäuser immer mehr von den privaten und kommerziellen Brauereien verdrängt. Die Bierwirtschaft gelangte zu industrieller Bedeutung. Mit der Einführung der Gewerbefreiheit im Jahre 1868 war die Errichtung einer Brauerei auch nicht mehr von einer besonderen Konzession abhängig.

Oberfranken besaß im Jahre 1847 insgesamt 854 Brauereien, davon allein 60 in der Stadt Bamberg; 1867 bestanden 123 Kommunbrauhäuser.[14] Neben den kommerziellen Betrieben gehörte die »Hausbräu« zum Charakteristikum des oberfränkischen Brauwesens. Noch im Jahre 1945 waren im Kreis Bamberg mit 4387 die meisten Hausbrauer im Regierungsbezirk registriert.[15] Sie durften nur für den Eigenbedarf brauen und taten dies gegen Lohn bzw. Gebühr in einem der privaten oder kommunalen Brauhäuser.

Die Privatbrauerei in Oberoberndorf, die weiter unten ausführlich vorgestellt wird, war bei ihrer Gründung im Jahre 1826 mit einem Fassungsvermögen des Braukessels von drei Eimern die kleinste im Landgerichtsbezirk Scheßlitz. In diesem Bezirk wurden 1835/36 60 Brauereien gezählt, wovon die überwiegende Zahl einen Kessel mit einem Rauminhalt von 10–30 Eimern besaß.[16]

Da aus technischen Gründen nur in der kalten Jahreszeit gebraut werden konnte, waren die Brauer in den Sommermonaten zusätzlich in der Landwirtschaft, häufig aber auch im Baugewerbe tätig. Insbesondere auf dem Lande war die Brauerei mehr oder weniger ein Zuerwerb. Im 19. Jahrhundert besaß nahezu jedes Dorf sein Brauhaus, das den Konsum der eigenen Bevölkerung deckte und wo die Geselligkeit in den zugehörigen Schenkstätten nicht zu kurz kam.

Die Brauhäuser

Das übliche Inventar einer Brauerei im späten 18. Jahrhundert bestand aus einem Malzhaus mit Quellbottich und einer Braustube mit Braupfanne oder Braukessel und Gärbottich. Im weiteren mußten eine Malzdarre, ein Schüttboden zum Lagern von Hopfen und Malz sowie ein Bierkeller vorhanden sein.[17]

Hausbrauer aus Mürsbach, Landkreis Bamberg.

Noch bis ins frühe 20. Jahrhundert hinein war es zumindest auf dem Lande üblich, von der gewachsenen Gerste über das Mälzen, Darren, Schroten und Brauen bis hin zum Ausschank alle Prozesse in einer Hand zu vereinen. Auch der Hopfen wurde meist noch auf einem eigenen Feld angebaut. Die beschriebenen Arbeitsbereiche bestanden in der Regel unter einem Dach. Die Schrotmühle fand ihren Platz allerdings meist in der Scheune. Auch die Malzdarre lag aus Feuerschutzgründen häufig separat. In den Städten befand sie sich aus Platzmangel auch in den Dachgeschossen der Brauhäuser[18] und reichte bei größeren Anlagen über zwei Geschosse. Sie unterschied sich von den weiter unten beschriebenen Obst- und Flachsdarren insofern, als die Körner auf einem Metallgitter lagen. Insbesondere im Bambergischen wurde das Grünmalz über Scheitholz im offenen Rauch gedarrt, wodurch das »Rauchbier« seinen typischen Geschmack erhielt.

Bei den Kommunbrauhäusern aber war schon aus organisatorischen Gründen eine räumliche Trennung von Malzhaus, Brauhaus und Kelleranlagen notwendig. Das Schroten des Malzes geschah meist im Hof des Brauenden. Wurde in kurzen Abständen hintereinander gebraut, so mußten beim Brauhaus gleich mehrere Gärbottiche bereitstehen. Auch bedurfte es keines Kellers, da die Kommunbrauer das Bier selbst einlagerten.[19]

Besondere Felsenkeller, wo das Bier bei einer kühleren Temperatur länger gelagert werden konnte, wurden mit der Produktion von untergärigem Bier im 19. Jahrhundert notwendig. In dieser Zeit kam auch das Kegeln als beliebter Sport auf dem Lande auf, infolgedessen zahlreiche Kegelbahnen bei den Sommerkellern oder den Gaststätten errichtet wurden.[20]

Eine Privatbrauerei in Oberoberndorf, Markt Zapfendorf, Landkreis Bamberg

Oberoberndorf liegt an einer Nebenstraße zwischen Scheßlitz und Zapfendorf. Der rein landwirtschaftlich geprägte Ort gehörte vor der Säkularisation zum hochfürstlich bambergischen Vogteiamt Zapfendorf und zählte im Jahre 1818 120 Einwohner.[21]
Seit dem 11. Juli 1826 ist ein »Brau-, Schenk- und Brandweinbrennereirecht« belegt, das als reales Gewerbe[22] auf dem Wohnhaus mit der Hausnummer 1, der ehemaligen Pfarrsölde, ruhte.[23] Erworben wurde es von Andreas Schneider, der das Söldenhaus durch Heirat mit Dorothea Rattelsdorfer am 17. August 1814 erhalten hatte[24] und in deren Familienbesitz es schon im 18. Jahrhundert nachzuweisen ist.[25] Sein Besitz belief sich im Jahre 1812 auf 3 1/2 Morgen und 1 1/2 Tagwerk Grundfläche: er war der zweitgrößte der insgesamt 23 Höfe. Der Vorbesitzer Andreas Rattelsdorfer hatte zwar eine personelle Büttnerkonzession inne,[26] eine Brauerei ist auf dieser Sölde jedoch vor 1826 nicht nachzuweisen. Dorothea Schneider, die Erbin der Familie, tauschte den Grund 1838 mit Friedrich Kriebel, der noch 1841 als Wirt von Oberoberndorf genannt wird.[27]
Im Jahre 1847 ging die Braugerechtigkeit vom Anwesen mit der Hausnummer 1 auf das »Rattelsdorfergut« mit der Hausnummer 20 über. Joseph Rattelsdorfer erwarb die Braugerechtigkeit zusammen mit einem Felsenkeller im Südosten des Dorfes als Ausbrüche aus der Pfarrsölde. Das Rattelsdorfergut hatte er im gleichen Jahr von seinem Bruder Georg erhalten. Mit 18,99 Tagwerk Grundfläche gehörte sein Besitz zur mittleren Betriebsgröße des Ortes. Neben der Braugerechtigkeit ruhte die Gastgerechtigkeit als radiziertes Gewerbe auf dem Wohnhaus. Den Grundsteuerakten von 1850 zufolge, besaß Joseph Rattelsdorfer ein Wohnstallhaus mit Brauhaus, Stadel, Backofen, Schweinestall und Hofrait.[28] Das Brauhaus, das hier erstmals urkundlich erwähnt wird, ist inschriftlich auf das Jahr 1719 datiert. Offensichtlich wurde die Brauerei erst Mitte des 19. Jahrhunderts in einem bereits bestehenden Gebäude eingerichtet. Dafür sprechen auch die nachträglichen Veränderungen an der Bausubstanz des Erdgeschosses. Gleichzeitig mit dem Umbau zum Brauhaus entstand wohl auch der Tanzsaal im Obergeschoß.
Neben der Brauerei und der Gastwirtschaft betrieb Joseph Rattelsdorfer zwei Kegelbahnen. Im Jahre 1860 ließ er im südlichen Anschluß an das Brauhaus eine gedeckte Kegelbahn errichten, die 1927 verkürzt und zu einem Gärkeller umgebaut wurde.[29] Die Halle für den Aufenthalt der Kegler bestand, ebenso wie das darüberliegende offene Kühlschiff, noch bis zur letzten Umbauphase 1983/84. Zusätzlich erwarb er 1864 von der Gemeinde ein Grundstück in unmittelbarer Nähe seines Felsenkellers. Hier befand sich bereits eine ungedeckte Kegelbahn, die auf den

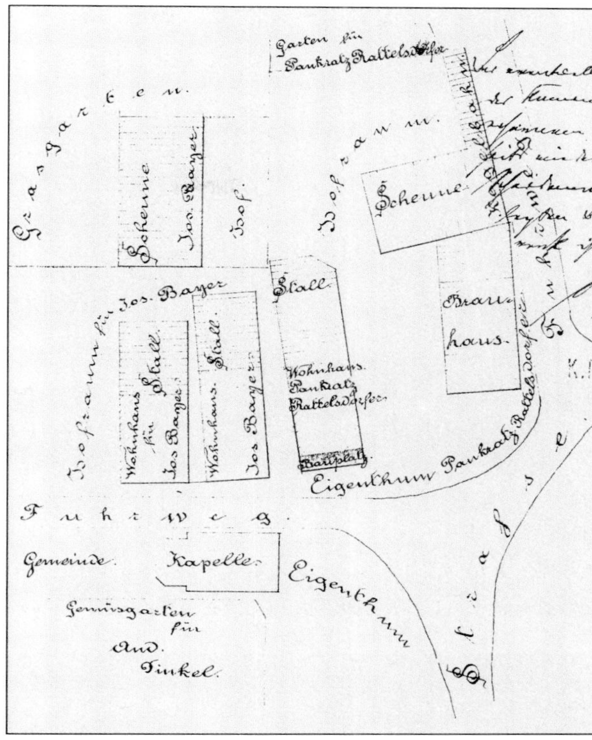

Oberoberndorf Nr. 20, Situationsplan von 1897, Maßstab 1:500.

Betrieb eines Sommerkellers hindeutet. Die Hofanlage wurde 1884 durch den Bau eines Eiskellers und 1911 durch Errichtung eines Trockenkellers erweitert. Das Wohn- und Gasthaus war in den Jahren 1897/98 als zweigeschossiger Bau erneuert worden. Es wurde zuletzt 1977 renoviert.
Im Brauhaus selbst fand Ende der 1920er Jahre eine größere Modernisierung statt. In diesem Zuge wurde der alte Braukessel durch einen größeren, nunmehr ca. 35 hl fassenden Kessel ersetzt. Der Kamin scheint aufgrund seiner Gestaltung jedoch schon früher errichtet worden zu sein. Da der Kessel mit seiner Höhe bis in das Obergeschoß hineingriff, mußte die Decke in der südwestlichen Raumecke durchgebrochen werden. Diese Maßnahme wurde während der letzten Renovierung 1983/84 rückgängig gemacht. Auch die bis dahin noch erhaltene ehemalige Brauereieinrichtung fiel dabei dem Einbau von Garagen zum Opfer. Nur der Tanzsaal im Obergeschoß mit seiner originalen Ausstattung blieb erhalten.

Das Brauhaus mit seinen Nebengebäuden

Das Anwesen Nr. 20 in Oberoberndorf liegt nordwestlich des Kirchplatzes. Es bildet eine schiefwinkelige, nach Norden offene Dreiseitanlage, deren Hauptgebäude aber ursprünglich separat standen. Während sich das Brauhaus und das heutige Wohnhaus mit ihren Anbauten gegenüber liegen, bildet die Scheune den rückwärtigen Hofabschluß. Hier befinden sich zwei Keller, wovon der linke zum Lagern der Bierfässer genutzt wurde.
Das zweigeschossige Brauhaus steht auf einem Sandsteinsockel und trägt ein ziegelgedecktes Satteldach

Das ehemalige Brauhaus in Oberoberndorf, datiert 1719, Ansicht von Nordosten.

Der Tanzsaal im Obergeschoß des Oberoberndorfer Brauhauses Mitte des 19. Jahrhunderts.

mit einseitigem Schopfwalm. Auf dem überwiegend gemauerten und durch spätere Renovierungen veränderten Erdgeschoß liegt ein reiner Fachwerkaufbau mit jeweils doppelter Riegellage und unregelmäßiger Ständer- und Strebeneinteilung. Die dreiachsige Giebelseite ist zusammen mit der ersten Fensterachse der zum Hof gerichteten Ostseite des Gebäudes als Schauseite ausgebildet. Kennzeichnend sind die geohrten Fenstergewände und die Andreaskreuze der Brüstungszone des Obergeschosses sowie die reicher profilierten Gurtgesimse.

Der ehemalige Tanzsaal im Obergeschoß ist über eine hölzerne, heute erneuerte Außentreppe an der Südseite des Gebäudes zu erreichen. Mit zwei mal drei Fensterachsen erstreckt er sich über die gesamte nördliche Haushälfte. Er liegt am Ende eines Mittelganges, von dem zwei weitere Nebenräume abgehen: nach Osten eine Kammer, vermutlich für den Aufenthalt der Musiker, und nach Westen ein kleiner Raum für den Ausschank. Dieser ist über eine Theke zum anschließenden Tanzsaal hin geöffnet. Der Saal enthält als Besonderheit noch seine originale Ausstattung aus dem 19. Jahrhundert. Dazu gehören die einfachen Sitzbänke unter den Fenstern. Bemerkenswert aber ist die im Südwesten des Raumes über Eck laufende Musikantenbühne mit Bank und Notenablage.

Die eigentliche Brauerei befand sich ursprünglich nur im Erdgeschoß. Dieses war auf der Ostseite bis zum Einbau der Garagen in verputztem Ziegelmauerwerk errichtet. Im westlichen Drittel der Nordseite sowie auf der gesamten Westseite ist das Fachwerk durch verputztes Sandsteinmauerwerk ersetzt und durch kleinere, querrechteckige Fenster unterbrochen. Diese Maßnahme wurde vermutlich aus Feuerschutzgründen beim Umbau zum Brauhaus in der Mitte des 19. Jahrhunderts nötig. Auf dieser Seite des Gebäudes befanden sich nämlich der Maischbottich

Nordansicht.

Ostansicht Stand 1985. Im Erdgeschoß sind heute Garagen eingebaut. Das offene Kühlschiff befand sich über der Außentreppe.

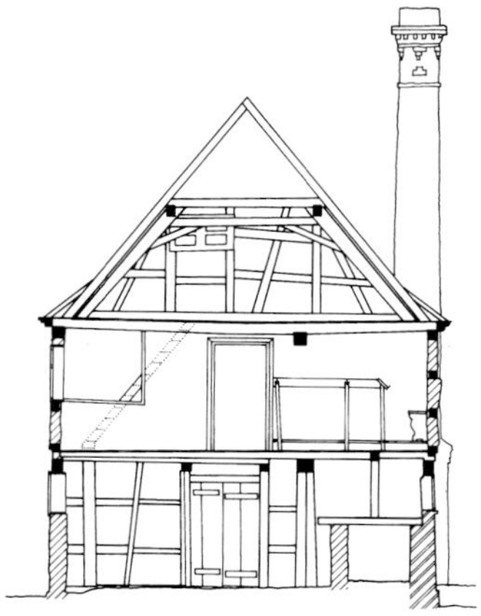

Querschnitt.

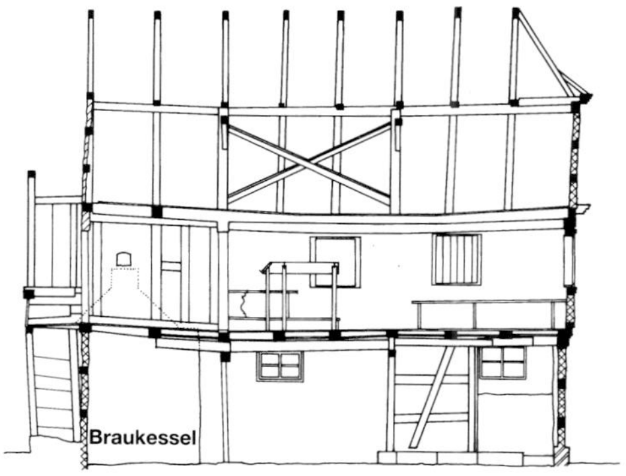

Längsschnitt mit dem in das Obergeschoß hineinreichenden Braukessel und dem Tanzsaal.

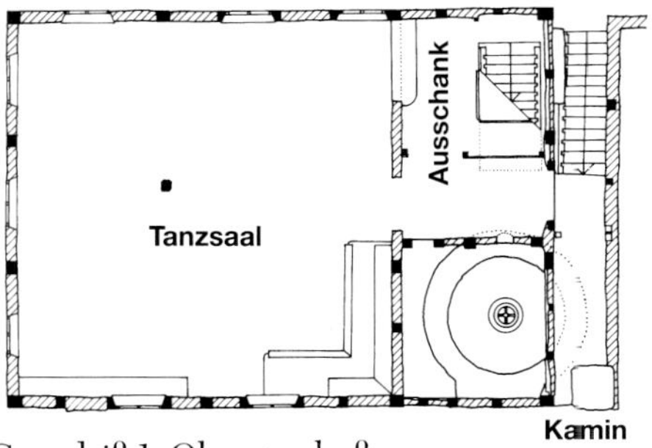

Grundriß 1. Obergeschoß.

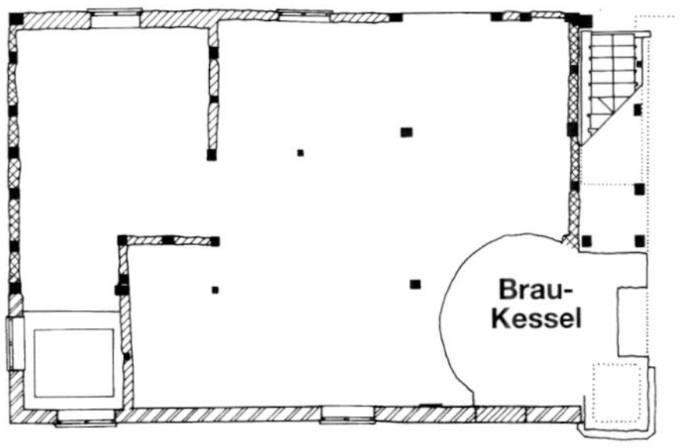

Grundriß Erdgeschoß. Zustand vor dem Umbau.

und der Braukessel mit der Ofenanlage. Auf die Lage des Kessels in der südwestlichen Raumecke weist noch heute der am Außenbau markant aufragende Kamin aus unverputzten Ziegelsteinen hin. Südlich an die Brauerei schloß sich die heute nicht mehr erhaltene Kegelbahn an. Dem Brauhaus zunächst lag der Aufenthaltsraum für die Kegler. Er war über Fachwerkständer zum Hof hin geöffnet; gekegelt wurde also nur im Sommer. Direkt darüber befand sich das offene Kühlschiff, eine blecherne Wanne, die von hölzernen Stacheten eingefaßt war. Ein solches ist bei der Brauerei Feiler in Mürsbach noch heute in Gebrauch.

In Oberoberndorf aber blieb von der einstigen Brauereieinrichtung leider nichts erhalten. Sie konnte jedoch mit Hilfe der letzten Besitzerin nachvollzogen werden, die auch die Bedienung der Anlage noch in lebhafter Erinnerung hat.[30]

Die ehemalige Brauereieinrichtung und ihre Bedienung

Schon zu Beginn des 20. Jahrhunderts wurde das Malz von auswärts bezogen und nur noch in der Scheune in einer eigenen Schrotmühle verarbeitet. Damit fiel das Putzen, Einweichen, Vorkeimen und Darren des Getreides weg, das jedoch im 19. Jahr-

Freistehender Backofen, Unterkotzau, Stadt Hof.

hundert noch zum Arbeitsprozeß auch in dieser Brauerei gehört haben dürfte.
Am Abend zwischen 18 und 19 Uhr wurde mit dem Brauen begonnen. Drei Familienmitglieder und ein bis zwei Tagelöhner waren unter anderem damit beschäftigt, die Arbeit an den noch bis zuletzt handbetriebenen Pumpen und Rührgeräten zu verrichten. Zunächst wurde das zuvor im Braukessel erhitzte Wasser zusammen mit dem Malz im hölzernen Maischbottich gerührt. Das Feuer wurde von außen geschürt, wo unter der Treppe, die zum Tanzsaal führte, das Brennholz lagerte. Ein eigener Brunnen lieferte das Wasser. Es gelangte bis zur Umbauphase um 1927 über eine handbetriebene und später über eine elektrische Pumpe in das Brauhaus.
Zirka drei Stunden später wurde die Maische in eine gemauerte Bodenwanne abgelassen, die jeweils 1 hl fassen konnte. Der dabei zurückbehaltene Treber war als eiweißreiches Zusatzfutter für das Vieh sehr beliebt. Von der Wanne mußte die Maische in den benachbarten Braukessel gepumpt werden, wo sie unter Zugabe von Wasser und Hopfen gesotten wurde. Der nach dem Umbau eingebaute, größere Kessel reichte bis in das Obergeschoß und nahm hier den westlichen Nebenraum ein. Sein Rührwerk wurde über eine Handkurbel vom Mittelgang aus betrieben.
Bis vor dem Zweiten Weltkrieg baute die Familie den Hopfen noch selbst an. Er wurde zur Erntezeit abends im Tanzsaal unter Mithilfe der Nachbarschaft gepflockt und anschließend im Dachgeschoß getrocknet.
Nach dem Sudvorgang floß die Würze wiederum in die Bodenwanne und mußte in das offene Kühlschiff im Obergeschoß des südlichen Anbaus gepumpt werden. Abgekühlt und mit dem nötigen Sauerstoff angereichert, floß sie von hier hinunter in den Gärkeller, der an Stelle der Kegelbahn eingerichtet worden war. Dort befanden sich ein eiserner und ein hölzerner Gärbottich. Unter Zugabe von Hefe war das untergärige Bier bei einer Temperatur von 5 bis 9 Grad nach zirka acht Tagen abgegärt.
Jetzt konnte es auf die vor jedem Brauvorgang neu ausgepichten Fässer abgefüllt werden. Das Winterbier gelangte über eine Pumpe und eine frei gelegte Leitung in den Bierkeller. Im Frühjahr aber mußte das Lagerbier mit Butten in den entfernteren und kühleren Felsenkeller getragen werden. Dieses wurde im März zwei bis drei Mal gebraut und war stärker eingebraut und gehopft, da es die lange Lagerzeit bis zur nächsten Brauzeit Anfang November überdauern mußte. Den ganzen Winter über aber wurde nach Bedarf gebraut. War es in der Übergangszeit zum Brauen noch zu warm, mußte das Gebräu im Gärbottich durch Zugabe von Eis gekühlt werden.
Neben dem Bedarf für das eigene Wirtshaus wurde auch für die anderen Hausbrauer des Ortes gebraut. Diese hatten, neben einem zu entrichtenden Entgelt, auch für die erforderlichen Rohstoffe und das notwendige Heizmaterial selbst zu sorgen. Mit dem Bier, das sie in eigenen Fässern oder Butten nach Hause brachten, erhielten sie auch ihren Anteil an dem so begehrten Treber zurück.
Gebraut wurde in der Familie Schulz bis zum Jahre 1956. Als nach dem Krieg der Flaschenhandel in das Dorf kam, lohnte sich das arbeitsintensive Geschäft immer weniger. Vorher wurden vor allem zur Dreschzeit oft ganze Fässer von den Dorfbewohnern abgekauft und kamen die Bauern allabendlich, um sich ein bis zwei Krüge füllen zu lassen. Der Tanzsaal wurde zuletzt noch zweimal im Jahr, zu Fastnacht und an Kirchweih, zum Feiern genutzt. Auch das zum Hofkomplex gehörige Wirtshaus, in dem das Faßbier ausschließlich zum Ausschank kam, mußte 1977 geschlossen werden.

Backhäuser und Backöfen in Oberfranken

Der ehemalige Backofen auf dem Anwesen Birnbaum Nr. 2, Markt Steinwiesen, Landkreis Kronach.

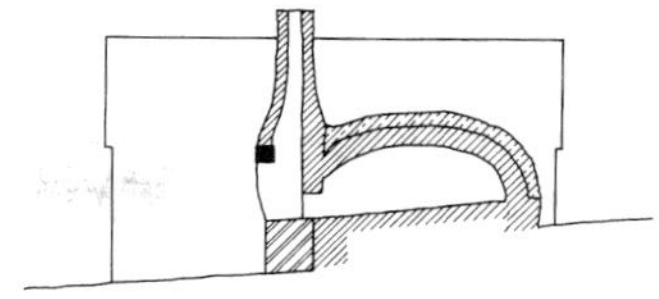

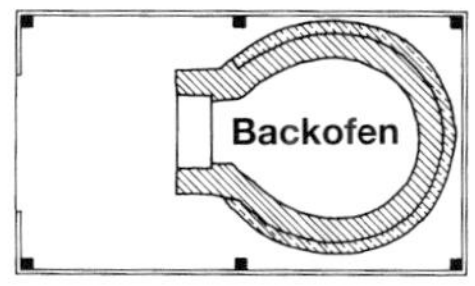

Längsschnitt des Backofens. Die äußere Wand besteht aus einem 15 cm starken Mantel aus einem Lehm-Stroh-Gemisch. Die Backfläche ist nach oben geneigt.

Grundriß des Backofens. Der Belag der Backfläche besteht aus 26 × 28 cm großen Ziegelsteinen, das Gewölbe ist aus 28 × 15 × 6 cm großen Ziegelsteinen errichtet.

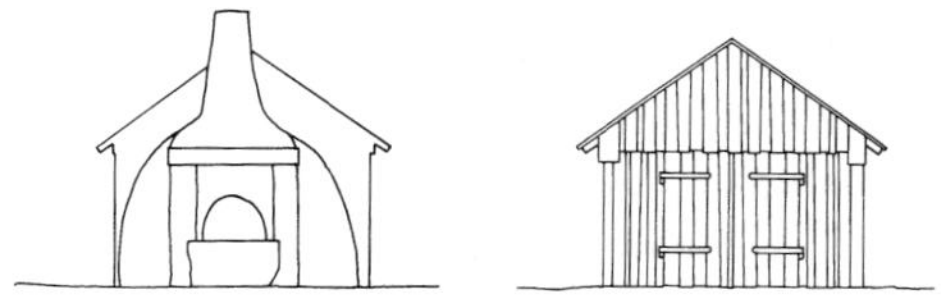

Ansicht des Backofens von innen und außen.

Bis weit ins 20. Jahrhundert hinein waren in Oberfranken auf dem Lande die Backöfen in Gebrauch, während sie in den Städten schon zuvor von gewerblichen Bäckereien abgelöst worden waren. Das eigene Backen lohnte sich in den kleinen Dörfern noch so lange, bis fahrende Händler ihre Ware anboten und schließlich die Gefriertruhe ihren Einzug hielt.
Neben den privaten Backöfen, die bisweilen auch von mehreren gemeinsam betrieben wurden, bestanden vielerorts gemeindeeigene Backöfen. Im ehemaligen Fürstentum Coburg haben sie die privaten schon Ende des 18. Jahrhunderts abgelöst.[31] Diese Gemeindebackhäuser befanden sich von den Wohnhäusern separiert, häufig in zentraler Lage auf dem Dorfplatz, oft auch in der Nähe eines Gewässers. Häufig wurden sie mit anderen Gemeindebauten, so zum Beispiel Spritzenhäusern, kombiniert und dienten zum Teil auch als Armenwohnungen. Mitunter standen sie unmittelbar am oder im Rathaus oder Gemeindehaus. Im coburgischen Meeder befand sich das Dorfbackhaus zum Beispiel im Gemeindewirtshaus.[32] Wie den Männern das Wirtshaus, bot den Frauen das Gemeindebackhaus eine willkommene Kommunikationsmöglichkeit.
Im Bamberger und Bayreuther Gebiet war das kommunale Bauwesen dagegen weniger stark entwickelt. Roppelt nennt in seiner Beschreibung des Hochstifts Bamberg von 1801 gerade zwei gemeindeeigene Backhäuser.[33] Im Verlauf des 19. Jahrhunderts entstanden solche aber auch hier und vor allem in den größeren Orten. In der Regel wirkte wohl die Obrigkeit aus Gründen des Feuerschutzes und der Rentabilität auf die Errichtung ein.[34] Da die erste Familie am Backtag das meiste Holz zum Anschüren benötigte, wurde die Reihenfolge ausgelost. Eine Backgebühr sollte die anfallenden Reparaturen decken.
Im Markt Eggolsheim, Landkreis Forchheim, wurden im Jahre 1856 beispielsweise fünf Gemeindebacköfen erbaut.[35] Ungefähr gleichzeitig bestanden bei den insgesamt 167 Anwesen 33 private Öfen. Einer davon lag auf der Grenze zwischen zwei Anwesen und wurde von den beiden Familien gemeinsam benutzt. Daneben gab es drei gewerbsmäßige Bäcker im Markt. Zwei von ihnen betrieben – was nicht ungewöhnlich war – zugleich eine Wirtschaft.[36]
Bei der Lage der privaten Backöfen am oder im Haus sind regionale Unterschiede festzustellen. Als freistehender Bau kommt er vor allem im westlichen Frankenwald und auf der gesamten Frankenalb mit ihrem westlichen Vorland vor. Im Nordosten von Oberfranken dagegen wechseln sich erkerartig an das Wohnhaus angebaute Öfen mit solchen ab, die ganz in das Gebäude integriert sind.[37]
Auch freistehende private Backhäuser wurden häufig mit anderen Nutzungen kombiniert, so zum Beispiel mit Ställen, worauf zahlreiche Katastereinträge aus dem 19. Jahrhundert hinweisen. Ein besonders stattlicher Kasten in Rangen, Landkreis Forchheim, vereint einen Backofen mit einer Remise und einem Speicher.[38]
So wie die anderen Feuerstellen in Haus und Hof unterlagen auch die Backöfen besonderen polizeilichen Bestimmungen. Es war verboten, in ihrer Nähe Holz zu lagern oder beispielsweise, wie in Pettensiedel, Gespinstpflanzen darauf zu trocknen. Um die Einhaltung der Feuerschutzmaßnahmen zu kontrollieren, wurden die Backöfen hier monatlich von den Dorfaufsehern inspiziert.[39] In Egloffstein, Landkreis Forchheim, geriet um 1780 ein Backofen, »der zum Obstdörren geheizet gewesen, oben darauf aber gespinst zum Dörren gelegen«, in Brand, »wodurch den anstoßenden mit Stroh gedeckten Gebäuden die gröste Gefahr imminiret«[40]. Wurden im Ofen dennoch Gespinstpflanzen gedörrt, so mußte zuvor jegliche Glut entfernt und der Ofenraum naß ausgewischt werden. Im Brandfall bestand die einzige Rettung darin, sofort sämtliche Öffnungen mit Lehm luftdicht zu verschließen. Hinweise wie oben belegen, daß die Öfen eben nicht nur zum Brotbacken, sondern auch – ob verboten oder nicht – zum Dörren von Flachs und darüber hinaus zum Dörren von Obst benutzt wurden. Im besonderen Fall standen hierfür allerdings eigene Flachs- oder Obstdarren zur Verfügung.[41]

Die Konstruktion der Backöfen

In ihrer äußeren Form waren sich die frei stehenden Backöfen meist sehr ähnlich: ein länglicher, kaum mannshoher Bau mit Satteldach, dem häufig nur ein offener Windfang vorgelagert war, der auch mit einem Tor geschlossen sein konnte. Unterschiede gab es vor allem in der Art des verwendeten Baumaterials, so zum Beispiel Schieferstein und ebensolche Dächer im Frankenwald oder Bruchsteinmauerwerk auf der Frankenalb. Größere Backhäuser besaßen dagegen einen zusätzlichen geräumigen Vorraum. Die älteren Ofenräume hatten einen birnenförmigen Grundriß. Der Herd, das heißt, die Fläche auf dem das Backgut lag, bestand aus gebrannten Ziegeln, aber auch aus Stein oder Lehm. Im günstigen Fall stieg er nach hinten zu leicht an. Das Gewölbe war aus Ziegeln gemauert und wurde ab dem Ende des 19. Jahrhunderts zunehmend flacher.[42]

Für die Form des Rauchabzuges gab es drei verschiedene Möglichkeiten.[43] Bei den meisten erhaltenen Gebäuden zog der Rauch über einen oder zwei Kanäle im Gewölbe des Ofens ab. Diese sogenannten »Füchse« führten von seinem Ende bis vor an die Ofenwand, wo der Rauch über einen gemeinsamen Austritt in den Schlot mündete. Dieses Zugloch befand sich über der Schüröffnung und war mit einem Ziegelstein zuzuschieben oder zuzustecken. Ganz ähnliche Anlagen beschreibt Johann Georg Krünitz in seiner ökonomischen Encyklopädie aus dem Jahre 1787. Es handelt sich jedoch um eine technisch versiertere Form mit vier Zugkanälen und getrennten Austritten.[44] Bei einfacheren Backöfen erfüllte die Schüröffnung die Funktion des Zugloches. Solche, die mit dem Wohnhaus verbunden waren, besaßen häufig keinen eigenen Kamin; der Rauch zog dann über den Küchenschlot ab. Gegenüber diesen hatte die Konstruktion mit den Zugkanälen den großen Vorteil, daß die Abwärme noch zur Beheizung des Ofens genutzt werden konnte.

Ein ehemaliges Backhaus mit Schweinestall aus Pettensiedel, Markt Igensdorf, Landkreis Forchheim

Die am Südhang des Hetzleszuges gelegene Ortschaft Pettensiedel lag vor der Säkularisation im nürnbergischen Territorium. Wirtschaftlich blieb der Ort aber weiterhin zum mittelfränkischen Schwabachgrund orientiert. Mehrere stattliche Hopfenstadel weisen noch heute auf den ehemals stark betriebenen Hopfenanbau hin, der seinerseits den Weinbau abgelöst hat. Die Anwesen waren überdurchschnittlich groß. In der Mitte des 19. Jahrhunderts besaßen allein sieben der insgesamt 19 Höfe mehr als 50 Tagwerk Grundfläche.[45]

Pettensiedel hat nie über ein gemeindeeigenes Backhaus verfügt. Im Jahre 1808 besaßen 10 von 13 und vierzig Jahre später 11 von 19 Wohnstätten einen eigenen Backofen.[46] Bis auf eine Ausnahme war er vom Wohnhaus separiert. Es waren durchwegs die Kleinbauern, die keinen eigenen Ofen hatten. Ab der Mitte des 19. Jahrhunderts verzichtete man bei Neubauten von vorneherein darauf.[47] Man buk sein Brot statt dessen bei den Nachbarn. Die noch bestehenden Öfen wurden vielfach zu Beginn des 20. Jahrhunderts erneuert. Bis heute blieb nur das Backhaus bei der Hausnummer 22 erhalten – und auch dieses lediglich in reduzierter Form.

Das Gebäude kann mit Sicherheit erst ab Mitte des 19. Jahrhunderts an der heutigen Stelle nachgewiesen werden. Besitzer des Anwesens mit der alten Hausnummer 19 waren im Jahre 1847 der Schmiedmeister Johann Schmidt und seine Frau Klara. Johann Schmidt war erst fünf Jahre zuvor durch Einheirat auf den Hof gekommen, der zu Beginn des Jahrhunderts von dem benachbarten »Kutschergut« abgespalten worden war.[48] Nach einer örtlichen Auskunft soll er das Backhaus errichtet haben.

Einer Inschrift im Türsturz zufolge wurde das zugehörige Wohnhaus im Jahre 1816 erbaut.[49] Nach dem Grundsteuerkataster von 1848 gehörten zur Hofanlage ein »Wohnhaus mit Stallung, angebautem Schweinstall und Schmiedsbruck, dann Backofen, Scheuer, Hofraum«.[50] Mit 16,43 Tagwerk zählte der Besitz zu den kleineren Anwesen im Ort. Die Scheune wurde 1903 mit einem Göpelhaus neu errichtet und zu Beginn der dreißiger Jahre eine Schmiedewerkstätte an das Wohnhaus angebaut.[51]

Leider überdauerte der Backofen selbst die Zeit nicht. Bei Erneuerungsarbeiten an der Beschlaghalle im Jahre 1983 stürzte sein Gewölbe mitsamt dem Vorraum ein. Nachdem bereits zuvor ein Abbruchantrag gestellt worden war, konnten die Umfassungsmauern des Gebäudes nun doch erhalten werden. Der Schweinestall im unteren Geschoß wurde zugeschüttet, und der ehemalige Backofenraum dient heute als Garage.[52]

Das Gebäude

An das Wohnhaus, das traufseitig zur Straße steht, reihen sich in die Tiefe des Grundstückes Schmiedewerkstätte, Scheune und Stall hintereinander. Die offene Beschlaghalle schließt sich firstparallel an das Haupthaus an, und zwar an den hinteren Teil des Südgiebels. Auf dieser Seite befindet sich auch der Hauptzugang zum Wohnhaus. Die Halle war ursprünglich nach drei Seiten offen und ist erst 1983 auf der Südseite durch eine Riegelwand geschlossen worden. An die südliche Hälfte der östlichen Traufe fügt sich das zweigeschossige Gebäude mit Backofen und Schweinestall an. Zapfenlöcher im Rähmbalken weisen auf einen nachträglichen Anbau hin.

Da das Gelände nach Süden zu abfällt, war der Backofen von der Halle aus und der darunterliegende Schweinestall ebenfalls ebenerdig von der südlichen Traufseite her zugänglich. Beide Geschosse des Gebäudes sind aus Sandsteinquadern gefügt, die außen sehr sorgfältig, innen aber nur grob behauen sind. Das Dach besteht aus einem erneuerten Sparrendach.

Der Schweinestall teilte sich quer in drei Zonen, einen Mittelgang und zwei Stallboxen, die für jeweils

Backhaus mit Schweinestall aus Pettensiedel.

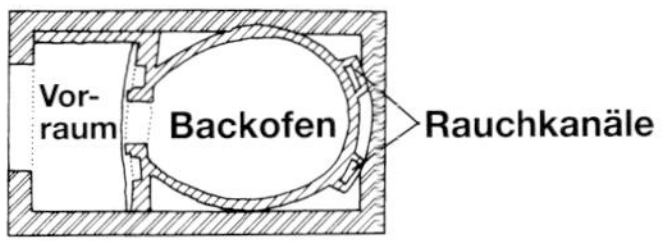

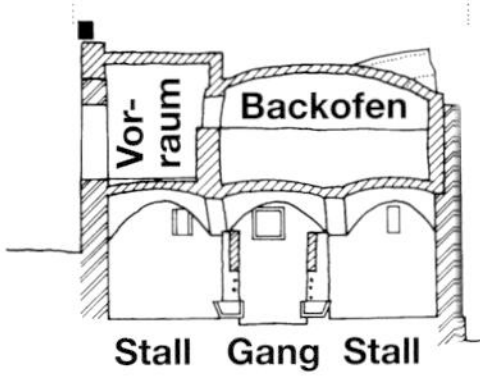

Grundriß des Backofens im Obergeschoß (oben).
Längsschnitt mit Schweinestall im Untergeschoß und Backofen im Obergeschoß (unten).

zwei Tiere Platz boten. Der Raum war mit böhmischen Kappen überwölbt und wurde über drei Fenster in der nördlichen Traufwand beleuchtet. Die Trennwände der Boxen waren zirka 1,20 m hoch und aus verputztem Ziegelmauerwerk. Jede Wand besaß eine Brettertüre und im hinteren Bereich einen eisernen Futtertrog. Über diesen Trögen bestand der Wandabschluß aus waagrechten Eisenstäben. Der Boden, zuletzt ein Zementestrich, fiel von Norden nach Süden leicht ab. So konnte die Jauche problemlos über eine Rinne in eine Sinkgrube vor der östlichen Außenwand fließen. Die letzten Schweine wurden bis 1983 im Stall gehalten.
Die zweite Funktion des Gebäudes übernahm der Backofen im Obergeschoß. Er bestand aus einem querrechteckigen Vorraum und dem anschließenden Ofen. Der kleine Vorraum war mit einer Tonne überwölbt und über eine rundbogige Türöffnung zugänglich. Mittig in der Ofenwand befand sich das Schürloch, das mit einen Segmentbogen abschloß und eine Eisentüre besaß. Auf gleicher Höhe lagen seitlich davon zwei spitz abschließende Lichtnischen. Auf einem sockelartigen Absatz vor dem Ofenloch konnte der Brotschieber vor dem Einschießen abgesetzt werden. Der Ofen selbst besaß ein Ziegelgewölbe über eiförmigem Grundriß. Der Rauch zog vom östlichen Ende des Ofens über zwei Kanäle im Gewölbe bis vor an die Ofenwand. Über ein gemeinsames Zugloch, das mit einem Ziegelstein zu verschließen war, zog er in den offenen Kamin ab. Die Rauchkanäle bestanden jeweils aus zwei Reihen hochkant gestellter Ziegel, die von quer gelegten Ziegeln abgedeckt waren. Sie waren, wie das Ziegelgewölbe, mit einem Lehmstrohmörtel isoliert.

Die Bedienung des Backofens

Der Backofen wurde bis um 1950 betrieben und faßte maximal 40 Sechspfundlaibe Brot. Am Vorabend des Backtages, der alle drei bis vier Wochen stattfand, wurde der Sauerteig mit dem Roggenmehl angesetzt und über Nacht in der warmen Küche ruhen gelassen. Am nächsten Morgen mußte er zirka zwei Stunden lang im Backtrog geknetet werden und anschließend nochmals mehrere Stunden in den Brotkörben gehen. Unterdessen wurde der Backofen mit einem nassen Strohwisch gereinigt und mit Scheitholz angeschürt. War das Holz weitgehend abgebrannt, zog man die Glut mit einem Schieber nach vorne und auf die Seite. Um die richtige Temperatur zu prüfen, wurde ein Korn auf die Spitze des Brotschiebers gelegt und kurz in den Ofen geschoben. Verfärbte es sich goldbraun, so war es Zeit, die Brotlaibe einzuschießen. Unmittelbar zuvor wurden sie noch mit einer nassen Bürste befeuchtet. Die erste Backzeit dauerte zirka 2,5 Stunden. Dann wurden sie wiederum mit Wasser bestrichen und weitere 30 Minuten gebacken. So erhielten sie ihre schöne braune Kruste.
Im Anschluß an den ersten Backvorgang kamen die Nachbarn, die keinen eigenen Backofen besaßen, um die noch vorhandene Glut auszunutzen. Gleichzeitig mit dem Brot wurden jetzt auch Hefekuchen eingeschoben. Die Resthitze nutzte man zum Darren von Obst, vor allem für Zwetschgen und Äpfelschnitze. Sie blieben mehrere Tage auf der Herdplatte liegen und mußten nur ab und zu gewendet werden. Aufbewahrt wurden sie in Kisten in der »Brotkammer« im ersten Stock des Hauses, wo auch die Brotlaibe lagerten, bis der nächste Backtag anstand. Als schließlich ein Bäcker von auswärts in den Ort gefahren kam, lohnte sich das eigene Backen für die Familie nicht mehr und wurde aufgegeben.

Der Flachsanbau in Nordostoberfranken

Der Flachsanbau war in Oberfranken besonders im Fichtelgebirge und hier vor allem im Sechsämterland sowie im Vogtland von großer Bedeutung.[53] Mit einem Kern um Münchberg und Naila besaß Oberfranken das letzte geschlossene Heimwebergebiet Deutschlands.[54] Anders als dem Ackerbau kam dem Anbau der Gespinstpflanze das rauhe und vor allem feuchte Klima dieser höher gelegenen Region zugute. Im Landbuch der Sechsämter von 1499 wird der Flachs bereits als verbreitete Anbauform bezeugt. Der Flachszehnt als Abgabe an den Grundherrn war in dieser Gegend allgemein üblich.[55]
Nachdem der Zunftzwang bereits 1789 aufgehoben worden war, wurde der Leinenstoff in der Regel auch von den Bauern selbst gewoben. Die Heimarbeit sicherte ihnen ein zusätzliches oder ausschließliches Einkommen. Trotz technischer Innovationen, insbesondere aus England, und einer zunehmenden Industrialisierung, war die oberfränkische Textilbranche bis zum Ersten Weltkrieg von Kleinbetrieben geprägt. Einer Gewerbezählung von 1875 zufolge standen 12 231 kleinen nur 67 Großbetriebe gegenüber. Darunter befand sich die erste mechanische Flachs-

spinnerei Bayerns in Bayreuth, die 1846 ihre Produktion aufgenommen hatte.[56]

Durch Konkurrenz der weniger arbeitsintensiven Baumwolle verlor der Flachsanbau im Verlauf des 19. Jahrhunderts immer mehr an Bedeutung. In ganz Oberfranken wurden im Jahre 1861 13 378 Webstühle für Baumwolle und Halbbaumwolle und nur 1667 Leinenwebstühle gezählt.[57] Hinzu trat der zunehmende Import von billigerem Flachs, vorzugsweise aus Rußland. Allzuoft kamen auch Klagen über die schlechte Qualität des einheimischen Saatgutes und mangelnde Sorgfalt bei der Weiterbehandlung auf. Deshalb waren zur Förderung der Wirtschaft in der ehemaligen Markgrafschaft Bayreuth bereits Ende des 18. Jahrhunderts Richtlinien für die Flachsverarbeitung entwickelt worden.[58] Um die Zuchtqualität und damit die Konkurrenzfähigkeit zu erhöhen, wurde seit 1838 systematisch Kronlein aus dem russischen Riga importiert.[59]

Im Jahre 1853 baute man im Regierungsbezirk 9600 Tagwerk Lein an und lieferte 20 000 Zentner Rohflachs.[60] Im Bezirksamt Rehau belief sich die Anbaufläche im Jahre 1893 auf 92 ha und lag im Bezirk Münchberg bei einer Spitze von 137 ha. Sie sank im Bezirk Rehau bis 1913 auf 6 ha herab.[61] Der Ertrag von einem Tagwerk betrug 175–180 Büschel, die 150 Pfund reinem Flachs und zirka 50 Pfund Werg entsprachen. Für den Eigenbedarf eines bäuerlichen Haushaltes kann von einer Anbaufläche von 1/2–2 Tagwerk ausgegangen werden.[62]

Trotz absteigender Tendenzen hielt sich der Flachsanbau in Oberfranken bis zum Beginn des 20. Jahrhunderts und erfuhr durch Förderung im Dritten Reich nochmals einen Aufschwung. Zuletzt stand in dieser Region aber nur noch die Selbstversorgung in den kleinbäuerlichen Betrieben im Vordergrund. Außer zur Herstellung von Bett-, Tisch- und Leibwäsche sowie Säcken und Grastüchern, nutzte man den Leinsamen in der Jungviehaufzucht.[63] Die zur Flachsverarbeitung notwendigen Geräte, wie Breche, Riffelstock, Spindel und Spinnrad waren in jedem bäuerlichen Haushalt vorhanden.

Die Verarbeitung des Flachses

Das Riffeln, Dörren und Brechen des Flachses wurde in der Regel in Gemeinschaftsarbeit in der Scheune oder in einem eigenen Brechhaus verrichtet. Nachdem der Lein im August »gerauft« war, stellte man ihn zunächst in Büscheln zum Trocknen auf, um ihn nach etwa 8–14 Tagen zu »riffeln«. Zum Abstreifen der Samenkapseln zog man die Flachsbüschel von beiden Seiten durch einen Nagelkamm. Bei der anschließenden Tauröste wurde das Stroh auf eine Wiese »hingezettelt« und blieb dort in der feuchten Witterung bis in den Oktober hinein liegen, wodurch die Faser ihre Geschmeidigkeit erhielt. Das notwendige Trocknen an der Luft, das dem Flachs am besten verträglich gewesen wäre, war in den nordostoberfränkischen Bezirken wegen der feuchten Witterung nicht möglich. Er mußte in Backöfen oder speziellen Flachsdörren geröstet werden. Direkt im Anschluß daran wurden die Flachsfasern »gebrecht«, das heißt weichgeklopft und wiederum durch einen Kamm »gehechelt«. Die dabei erhaltenen Faserbüschel drehte man zu Zöpfen zusammen und bewahrte sie so bis zur Weiterverarbeitung am Spinnrad auf.[64]

Flachsdörren und Flachsbrechhäuser

Die Blüte der Flachsdörren und Flachsbrechhäuser lag in der zweiten Hälfte des 19. Jahrhunderts. Bis um 1930 gehörten sie zur Grundausstattung fast jeden Dorfes. Im Landkreis Hof, den nördlichen Landkreisen Wunsiedel und Bayreuth sowie im östlichen Kulmbacher Landkreis wurden bei einer Untersuchung insgesamt 72 Standorte ermittelt. Davon standen zuletzt bei zwölf Gebäuden zumindest noch die Umfassungsmauern.[65]

Die Flachsdörren waren wegen der möglichen Entzündung herabfallender Fasern noch mehr als andere Dörranlagen von der drohenden Feuergefahr betroffen. Auch wenn der bereits gedörrte Flachs abends bei offenem Licht und in geselliger Runde weiterverarbeitet wurde, konnte durch Unachtsamkeit schnell ein Unfall passieren. Die typische Lage der Flachsdörren befand sich deshalb außerhalb der Ortschaft oder zumindest in sicherer Entfernung zur nächsten Behausung. Bisweilen baute man sie auch in unmittelbarer Nähe von Gewässern. Aus dem oben genannten Grund waren sie viel häufiger als zum Beispiel die im nachfolgenden Kapitel zu beschreibenden Obstdörren in Stein errichtet.

Obwohl das Dörren von Flachs im Brotbackofen verboten war, bestand diese Praxis selbst in den Gegenden, wo dafür besondere Dörreinrichtungen verbreitet waren. Allgemein üblich war sie im oberen Frankenwald, da die Backhäuser hier in der Regel frei standen und die übrigen Gebäude im Brandfall nicht in Gefahr waren.[66]

Da die Anlagen nur wenige Wochen im Jahr in Gebrauch waren, bot sich für einen effektiven Betrieb eine gemeinschaftliche Nutzung an. Viele Dörren waren deshalb Eigentum der Gemeinde. Ein besonders großes Flachsbrechhaus besaß die Gemeinde Bernstein bei Wunsiedel. Zur Aufbesserung der gemeindeeigenen Dörrofenkasse mußte die Stube des zweigeschossigen Gebäudes sogar zeitweilig vermietet werden.[67]

Neben Verbesserungsvorschlägen für den Anbau und die Weiterverarbeitung des Flachses, wurden im Verlauf des 19. Jahrhunderts auch Modelle für Flachsdörren mit verschiedenen Heizkonstruktionen entwickelt. Sie hatten einen größtmöglichen Brandschutz und eine effektive Ausnutzung des Feuerungsmaterials zur Grundlage. Florian Clöter, ein damals in ganz Bayern bekannter Fachmann für

Heizanlagen, beschrieb 1837 eine Anlage zum Dörren von Flachs, Obst oder Getreide, die sich in der Gegend um Wunsiedel schon in mehreren Fällen in der Praxis bewährt hatte.[68] Das Prinzip beruhte auf einer Heizung mittels rauchfreier Luft. Dazu wurde die Hitze in einem Ofen an der Schmalseite der Dörrkammer erzeugt und der Rauch über ein mehrmals gewundenes Rohr am Boden der Darre in den Schlot hinausgeführt. An eben dieser Stelle trat von außen Luft in den gemauerten Kanal, mit dem das Rohr ummantelt war. Diese erwärmte sich entlang des Heizrohres und strömte durch einen über der Feuerstelle gelegenen Schacht in den Dörraum. Die verbrauchte Luft sank auf den Boden der Kammer zurück, wo sie über Kanäle in den Längswänden abzog. Da heute von den Heizanlagen häufig nicht viel mehr als die Fundamente erhalten sind, ist es jedoch nur schwer möglich, die praktische Umsetzung dieser und anderer theoretischer Abhandlungen nachzuvollziehen.

Grundsätzlich sind zwei verschiedene Bautypen zu unterscheiden. Der »Dörrofen« bestand nur aus einem meist gemauerten und überdachten Dörraum, eventuell mit einem offenen Bretterverschlag als Windfang. Er überwog im oben genannten Untersuchungsgebiet mit 55 Objekten, wovon bis 1990 noch drei erhalten waren. Das »Flachsbrechhaus« besaß dagegen einen zusätzlichen Arbeitsraum, in dem der Flachs an Ort und Stelle weiterverarbeitet wurde. Diese Häuser waren zum Teil massiv, oft aber nur im Bereich des besonders gefährdeten Dörraumes gemauert. Als Garagen oder Feuerwehrgerätehäuser haben einige von ihnen die Zeit überdauert.

Auch in bezug auf ihre Heizanlagen unterschieden sich die Dörranlagen. Bei den kleineren befand sich die Feuerstelle außerhalb des Gebäudes. Die Heißluft strömte durch einen unterirdischen Kanal, der im Dörraum mit einem Holzrost abgedeckt war. Feuersicherer war es jedoch, den Flachs rauchfrei zu trocknen. Bei diesen Konstruktionen befand sich die Heizquelle als Rohr oder gemauerter Zug über oder unter der Sohle der Dörre. Geschürt wurde von einem Nebenraum aus. Der Rauch entwich über einen Schlot. Hinzu kam das Darren mittels erhitzter Luft, wie es oben bereits beschrieben wurde. Es hatte den Vorteil, daß herabfallendes Stroh nicht unmittelbar auf die Heizquelle fiel, wo es sich leichter entzünden konnte.[69]

Ein Flachsbrechhaus aus Wurlitz, Landkreis Rehau

Die im Sechsämterland gelegene protestantische Gemeinde Wurlitz gehörte vor der Säkularisation zum markgräflichen Vogteiamt Rehau. Sie zählte im Jahre 1856 33 Gebäude, darunter eine gemeindeeigene Schmiede, eine Mühle, eine Ziegelhütte und ein Schulhaus.[70] Ihre Gesamtfläche an nutzbarem Boden betrug Ende des 19. Jahrhunderts 947 ha,

Das Wurlitzer Flachsbrechhaus, erbaut in der 2. Hälfte des 19. Jahrhunderts, an seinem heutigen Standort im Oberfränkischen Bauernhofmuseum in Kleinlosnitz.

wovon die Äcker und Gärten 333 ha ausmachten.[71] Neben einem gemeinschaftlich genutzten Flachsbrechhaus, bestanden gleichzeitig noch zwei weitere private Dörröfen im Ort.[72]

In der zweiten Hälfte des 19. Jahrhunderts errichteten die drei verwandten Familien Schödel auf einem Acker in der »Sutten«, zirka 200 m südlich der Ortschaft ein Flachsbrechhaus. Laut amtlicher Feststellung ist es im Jahre 1897 auf einem bislang unbebauten Flurstück erbaut worden, dessen Besitzer Johann Wolfgang Schödel war.[73] Einem dendrochronologischen Gutachten zufolge, wurde das Holz aber bereits 1842 gefällt.[74] Möglicherweise kam beim Aufbau länger gelagertes Material zur Verwendung oder ist das jüngere Datum auf einen grundlegenden Umbau zurückzuführen.

Der Lein wurde nur für den Eigenbedarf angebaut und bis zum gesponnenen Garn selbst verarbeitet. Ein Münchberger Weber fertigte dann den Leinenstoff. In den Familien wußte man nur von Johann Nikolaus Schödel (1861–1910), der noch einen eigenen Webstuhl besessen hatte. Die Flachsdörre war bis in die 20er Jahre in Gebrauch. Zwar wurde um die Zeit des Zweiten Weltkriegs im Brechhaus noch geriffelt, doch kam der Flachs dann zur weiteren Verarbeitung in eine Flachsrösterei in Wendenhammer bei Marktleuthen. Als die Firma ihren Betrieb einstellte, gab auch die Familie den Flachsanbau auf.

Das Flachsbrechhaus wurde im Oktober 1989 geborgen und im folgenden Jahr im oberfränkischen Bauernhofmuseum in Kleinlosnitz wieder aufgebaut. Bis zuletzt hatte das Gebäude als Abstellraum für Ackergeräte gedient. Inzwischen waren die Innenwand des Dörraums mitsamt der Ofenanlage sowie ein späterer Anbau, der als Flachslager gedient hatte, abgeris-

Flachsbrechhaus aus Wurlitz.

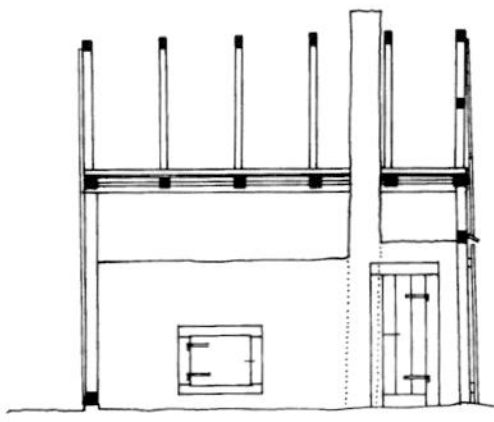

Längsschnitt. Links Blick auf die rekonstruierte Wand des Dörraums, rechts der Zugang zum Schürraum.

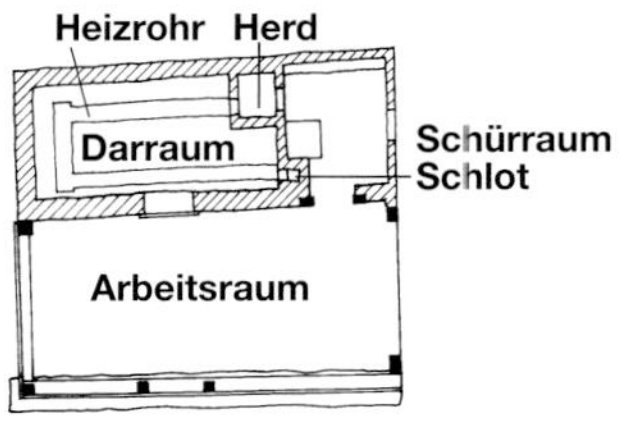

Grundriß. Der Darraum und das Heizrohr wurden nach dem Wiederaufbau rekonstruiert.

sen worden. Dadurch bedingt, fehlte auch die hintere, giebelseitige Bretterverschalung. Sie wurde zusammen mit der Dörreinrichtung nach dem Wiederaufbau im Museum rekonstruiert.[75]

Das Gebäude

Das Wurlitzer Flachsbrechhaus ist ein eingeschossiger, längsrechteckiger Bau mit einem Satteldach, das, für die Gegend typisch, mit Schiefer gedeckt ist. Aus Feuerschutzgründen ist die rechte Gebäudehälfte mit der Dörranlage und dem Schürraum bis in Traufhöhe in Ziegel gemauert. Den gegenüberliegenden Arbeitsraum schließt traufseitig bis in Brusthöhe eine Bruchsteinwand ab, die ebenfalls unverputzt ist. Die übrigen Wände bestehen aus bretterverschaltem Fachwerk.

Der Arbeitsraum ist über eine giebelseitige, zweiflügelige Brettertür zugänglich und wird über einen Laden in der Traufwand beleuchtet. Während Arbeits- und Schürraum einen Boden aus gestampftem Lehm besitzen, ist dieser im Dörraum mit Ziegeln belegt.

Die Wände des Dörrraumes sind zirka 1,70 m hoch und wurden in verputztem Ziegelmauerwerk rekonstruiert. Das rechteckige Granitgewände der Innenwand, über das der Raum zu beschicken war, schließt mit einer eisernen Türe. Für die Decke wurde beim Wiederaufbau eine einfache Bretterlage angenommen. Zur besseren Isolierung und um den Raum wegen der drohenden Entzündungsgefahr jederzeit luftdicht abschließen zu können, muß sie aber mit Lehmmörtel abgedichtet gewesen sein. Wie auch als Auflage für die Decke ragen im Innern der Dörre zwei weitere Ebenen einzelner Backsteine quer aus dem Mauerverband heraus. Auf einem Gerüst aus Stämmen standen hier kopfüber die Flachsbüschel zum Dörren. Die untere Ziegelebene befindet sich heute auf Höhe des Heizrohres, das eine ältere Heizanlage abgelöst hat. Anhand der Fundamente und erhaltener Metallteile wurde ein U-förmiges Rohr als Heizquelle rekonstruiert. Es führt von der Herdstelle bis kurz vor die Rückwand der Darre und zurück in den Schlot.

Über der Decke des Schürraumes befindet sich der Zugang zum Dachboden, der über eine Leiter zu erreichen war. Der freie Raum oberhalb der Dörre wurde vermutlich zum Lagern der Arbeitsgeräte genutzt. Befunde sprechen allerdings dafür, daß die Umfassungsmauern des Dörrraumes ursprünglich höher waren.

Das Wurlitzer Flachsbrechhaus wurde durch Zufall im Jahre 1986 entdeckt. Es ist nicht wie viele andere seiner Art der Flurbereinigung anheimgefallen, weil es als Geräteschuppen eine zwischenzeitliche Existenzberechtigung gefunden hatte.

Die Tradition des Obstbaus in Oberfranken

Der Obstbau war in einigen Gebieten Oberfrankens schon früh ein bedeutender Erwerbszweig. Pfeufer schrieb im Jahre 1791 über den großen Handel mit gedörrtem Obst »als Hutzeln (gedörrte Birnen), Schnitzen, Twetschgen, Welschennüssen, gedörrte Kirschen und Weichseln, geschälten Zwetschgen oder Prünellen ...«[76] im Hochstift Bamberg. Mehrere tausend Zentner gingen teils zu Wasser bis nach Holland und teils zu Lande bis nach Ober- und Niedersachsen sowie nach Böhmen. Auch brandenburgische und sächsische Fuhrleute, die mit Farben, Salz und Hopfen in das Hochstift kamen, nahmen die Früchte als Rückladung mit zurück in ihre Heimat.[77] Daneben wurde auch frisches Obst nach Nürnberg, Erlangen und in einige würzburgische Landstädte geliefert.[78]

Das Zentrum des Obstbaus bildeten die Regionen um Bamberg, Forchheim, Staffelstein, Lichtenfels und Höchstadt, das heißt das gesamte Regnitz- und Obermaintal mit seinen Seitentälern. Während in den Tälern und vor allem um Bamberg die Zwetschgen überwogen, konzentrierten sich Kirschen und Nüsse an den Jurahängen und auf dem Jura.[79]

Der Bezirk Forchheim war im Obstbau führend in Oberfranken. Einer Statistik aus dem Jahre 1893 zufolge standen einer Gesamtfläche von 20 248 ha Acker- und Gartenland 518 ha Hausobstgärten gegenüber. Mit 543 ha im Jahre 1913 übertraf er die übrigen Bezirke um ein Vielfaches, weit gefolgt von den Bezirken Bamberg I und II mit 17 bzw. 19 ha. Am schwächsten vertreten war der Obstbau in den ostoberfränkischen Bezirken wie zum Beispiel Rehau oder Naila.[80] Im Bezirk Forchheim zählte man im Jahre 1913 insgesamt 387 000 Obstbäume, darunter 45 000 Birnen-, 80 000 Äpfel-, 126 000 Zwetschgen- und 130 000 Kirschbäume. Im gesamten Regierungsbezirk soll es 2,1 Millionen Obstbäume gegeben haben.[81]

Im fruchtbaren Regnitzgrund gelegen, wurde der Markt Eggolsheim schon zu Zeiten des Hochstifts wegen seines Reichtums an Feld- und Baumfrüchten hervorgehoben. Ein mildes Klima sowie die schützenden Jurahöhen im Osten und die Ausläufer des Steigerwaldes jenseits der Regnitz taten ihres dazu. Noch bis in die jüngste Zeit war der Ort mit einem Wald von Obstbäumen umgeben, deren Erträge über den Eigenbedarf hinaus für den Handel bestimmt waren.

Die Gemeinde Eggolsheim besaß im Jahre 1862 2726,14 Tagwerk kultiviertes Land mit 23,52 Tagwerk Gärten, 2192,20 Tagwerk Äckern und 510,42 Tagwerk Wiesen, die als Obstbaumstandorte in Frage kamen.[82] Schon Bundschuh klagte im Jahre 1799 darüber, daß der Feldbau im Amt Eggolsheim ergiebiger sein könnte, »wenn die vielen in den Feldern gepflanzte Obstbäume der Aernde nicht nachtheilig wären«.[83] Sie erschwerten vor allem die Bearbeitung der als Unterkultur angepflanzten Getreide- und Kartoffelfelder mit neuzeitlichen Akkerbaugeräten. Typische Obstanlagen waren in Oberfranken dagegen selten.[84]

Obstdarren

Eine historische Form der Obstkonservierung war das Trocknen bzw. Darren der Früchte. Dort, wo das Obst im Überfluß anfiel und in den Handel kam, ersetzten besondere Obstdarren das Trocknen an der Luft, in beheizten Stuben oder im Backofen. Für den Hausgebrauch war es jedoch weiterhin üblich, die Restwärme des Backofens nach dem Brotbacken auszunützen und das Obst im Anschluß daran zu dörren.

Eigene »Dörr-Stuben« für das Obst waren mindestens schon im 17. Jahrhundert bekannt.[85] In der historischen Literatur wurden dazu die verschiedensten Konstruktionen beschrieben. Eine idealisierende Darstellung, die sich zum Beispiel im größtmöglichen Feuerschutz ausdrückt, ist ihnen allen gemeinsam. Dennoch sind diesen Werken viele interessante Informationen zu entnehmen.

Die Obstdarren wurden gegenüber den Backöfen propagiert, da die beim Darren des Obstes entstehende Feuchtigkeit den gemauerten Öfen zu Schaden gereichte. Dem zu begegnen, wurden massive Darren mit komplizierten Abzugskanälen entwikkelt.[86] Darüber hinaus ist auch vom Darren über glühenden Kohlen in besonders präparierten Kastenschränken in der Küche zu lesen.[87] Bei größeren Anlagen wurde zwischen dem Darren im offenen Rauch und solchen Vorrichtungen mit zirkulierenden Röhren oder Rauchgängen unterschieden. Vorteil der Rauchdarren war es, daß die für das Mauerwerk schädliche Feuchtigkeit mit dem Rauch entweichen konnte.

Die Darren sollten grundsätzlich weit entfernt von anderen Gebäuden errichtet und massiv gemauert

Obstdarren in Eggolsheim, Brückenstraße.

sein. Ein Vergleich mit den Eggolsheimer Obstdarren zeigt jedoch, daß ein Fachwerkbau mit Lehmstakenausfachung in der Praxis durchaus für ausreichend empfunden wurde, zumal bei einer solchen der notwendige Feuchtigkeitsaustausch von vorne herein gewährleistet war.

Obstdarren im Markt Eggolsheim, Landkreis Forchheim

Eggolsheim gehörte seit 1012 zum Hochstift Bamberg. Der Ort war Sitz eines Oberamtmannes und besaß seit Ende des 14. Jahrhunderts einen eigenen geschworenen Rat. Maßgebend für seine spätere Entwicklung war das Jahr 1456, als ihm Bischof Anton von Rotenhan das Recht zu vier Märkten im Jahr verlieh. In diese Zeit fällt auch die Anlage eines Befestigungsgrabens, in dessen Begrenzung sich der Markt fortan entwickelte. Bereits im Jahre 1527 wurden 136 Herdstätten gezählt. Die heutige Bebauung stammt jedoch erst aus der Zeit nach den beiden großen Bränden von 1615 und 1632.[88] Bundschuh berichtet 1799 von 749 Seelen und 149 Häusern,[89] die bis 1848 auf 167 Anwesen anwuchsen.[90]

Der Markt Eggolsheim besaß städtischen Charakter. Dies belegen die Gewerbeansiedlungen, die verliehenen Zunftgerechtigkeiten und sein Bierverlagsrecht.[91] Mitte des 19. Jahrhunderts machte die Zahl der Vollerwerbsbauern nur kaum mehr als die Hälfte der Hausbesitzer aus. Neben mehreren Gast- und Schankwirten, waren darüber hinaus alle Gewerbe des täglichen Bedarfs, die Bau- und Textilgewerbe sowie die Zulieferbetriebe wie Drechsler oder Seiler und auch ein Kauf- und ein Handelsmann im Markt vertreten.[92]

Im Jahre 1809 waren in den damals angefertigten Besitzlisten 39 Obstdarren registriert.[93] Sie wurden auf verschiedene Art, zum Beispiel als »Zwezer-Tharr« oder schlicht als »Tehr« charakterisiert. Bei den Brauhäusern bestanden darüber hinaus sechs weitere »Malßtherren«. Die Ziegeldeckung, die aus

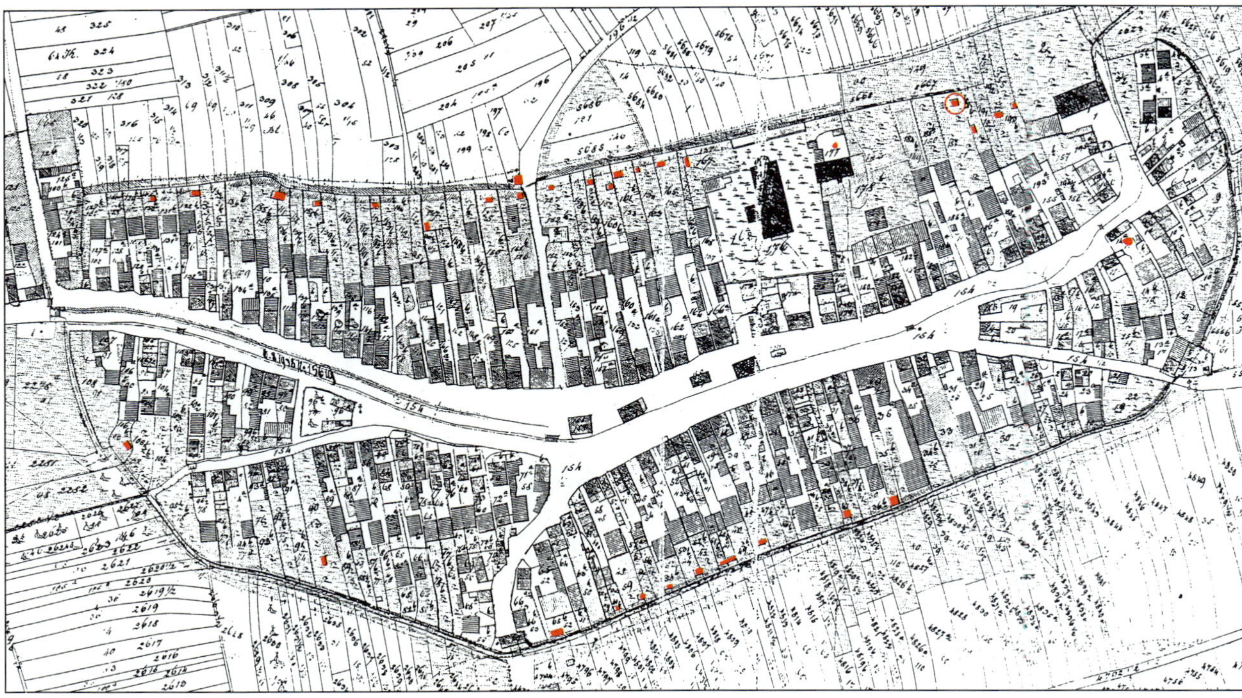

■ Obstdarre ● Obstdarre belegt, Standort unbekannt ◉ Obstdarre auf dem Anwesen Brückenstraße 4

Der Markt Eggolsheim. Extraditionsplan von 1848 mit der typischen Lage der Obstdarren am äußersten Rand der Grundstücke.

Obstdarre auf dem Anwesen Brückenstraße 4 in Eggolsheim.

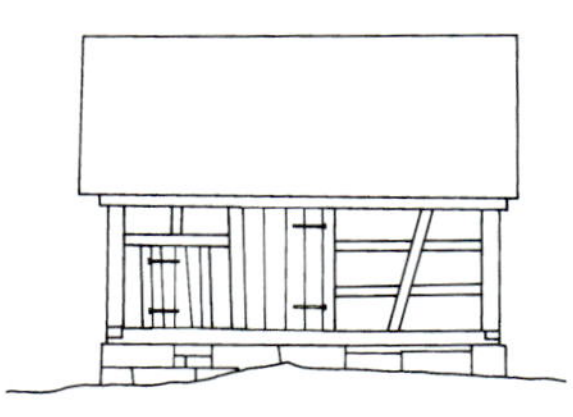

Südansicht.

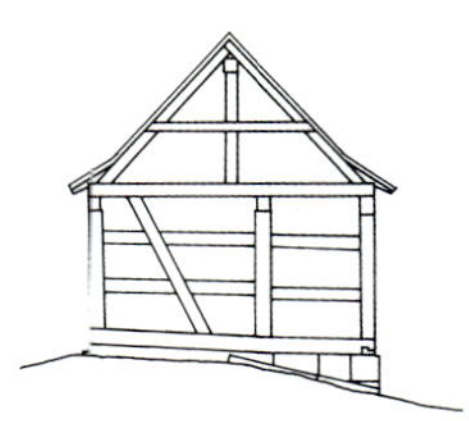

Westansicht.

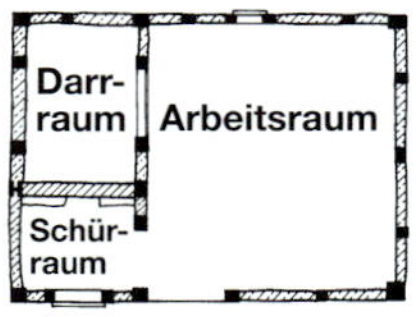

Grundriß. Rechts der Arbeitsraum, links der Schürraum mit anschließendem Darraum.

Gründen des Feuerschutzes nötig war, wurde immer eigens vermerkt. Doch nur zwei Gebäude waren nachweislich ganz aus Stein und zwei weitere in Mischbauweise errichtet. Bei den übrigen muß eine einfache Fachwerkkonstruktion mit Lehmstakenausfachung angenommen werden, wie sie unter anderem beim unten beschriebenen Darrhaus auf dem Anwesen Brückenstraße 4 erhalten ist. Zwei der ausgewiesenen Darren werden in direktem Zusammenhang mit einem Backhaus genannt, so daß eine kombinierte Einrichtung angenommen werden kann. Abgesehen von den Malzdarren, befanden sich die überwiegende Zahl, nämlich 19 Darreinrichtungen, direkt auf dem Hofgrundstück und nur 14 in einem angrenzenden Grasgarten. Diese Situation sollte sich 40 Jahre später bereits geändert haben.

Mit dem Grundsteuerkataster von 1848 und dem zugehörigen Extraditionsplan läßt sich die ursprüngliche Lage der Darren weitaus exakter nachvollziehen.[94] Insgesamt bestanden zu diesem Zeitpunkt 29 Darren, die als »Obstdörre« oder »Dörrhaus« bezeichnet wurden.[95] Nur zirka fünf der 29 Objekte lagen noch unmittelbar auf dem Hofgrundstück. Die übrigen befanden sich im angrenzenden Würz- oder Grasgarten und zwar im rückwärtigen Teil der schmalen Parzellen.[96]

Zwar besaßen die wohlhabendsten Bauern des Marktes im Verhältnis auch die meisten Darren, doch finden sie sich ebenso im Besitz von Kleinbetrieben. Nach dem Kataster von 1848 hatten die Anwesen mit einer Besitzfläche von weniger als fünf Tagwerken nur in ein Prozent der Fälle auch eine eigene Darre. Bei einer Betriebsgröße von bis zu zehn Tagwerken traten sie bereits mit ca. 15 Prozent auf und steigerten sich bei den großen landwirtschaftlichen Anwesen zwischen 20 und 50 Tagwerken auf zirka 30–40 Prozent. Im Besitz von Handwerkern waren sie nur im Einzelfall nachzuweisen, bei Gewerbebetrieben wie Metzgern oder Bäckern häufiger und besonders oft bei Wirten, und zwar zusätzlich zu ihrer Malzdarre. Erst in der zweiten Hälfte des 19. Jahrhunderts wurden zwei Darren auf Flurstücken außerhalb des historischen Ortskerns errichtet.

Heute sind in Eggolsheim noch zirka zwölf der ehemaligen Obstdarren an ihrem Standort nachzu-

Das Obstdarrhaus nach der Restaurierung 1992.

weisen. Sie haben zumeist als Hühnerstall oder Gartenhaus eine neue Funktion gefunden. Auf eine neue oder vielmehr überkommene Tradition des Obstdarrens deutet eine in allerjüngster Zeit südlich der Ortschaft errichtete Anlage hin.

Das Obstdarrhaus auf dem Anwesen Brückenstraße 4

Das Anwesen Brückenstraße 4 war ehemals Lehen der Dompropstei und wurde nach der Zerstörung im Schwedenkrieg 1632 neu bebaut. Durch Heirat mit der bereits neunundvierzigjährigen Maria Kunigunda Seuberth kam der noch junge Michael Rickert am 26. 7. 1784 in den Besitz des Hofes.[97]

Das Obstdarrhaus muß in der ersten Hälfte des 19. Jahrhunderts errichtet worden sein. In den Besitzfassionen von 1808 wird es noch nicht erwähnt. Demnach besaß Michael Rückert ein »ein Stockwerk hohes Haus von Holz, mit ausgemeuerten Riegelwenden, Stadl samtlich mit Ziegel bedeckt nebst eine Holzlege« mit einem anschließenden Grasgarten sowie zwei Felsenkeller im Eggolsheimer Wald. Sein Hof hatte eine für den Ort überdurchschnittliche Größe von ca. 14 Tagwerken.[98] Als offensichtlich angesehener Bürger wurde er insgesamt dreimal zum Bürgermeister gewählt. Darüber hinaus führte er seit 1800 eine Schenkstatt und war als Taxator bei der Aufnahme der Feldgrundstücke für den Häuser- und Rustikalsteuerkataster von 1810 beteiligt.[99]

Im Jahre 1839 überschrieb Michael Rickert seinem in zweiter Ehe geborenen Sohn Andreas das Anwesen. Wie schon sein Vater war auch er Bürgermeister, und zwar in der Zeit von 1862 bis 1876. Erst jetzt, im Grundsteuerkataster von 1848, wurde eine Obstdörre im Grasgarten ausgewiesen, der sich unmittelbar an die Wohn- und Wirtschaftsgebäude anschloß.[100]

Außer dem Wohnhaus, das 1955 neu errichtet wurde, blieben die übrigen genannten Gebäude bis heute erhalten. Die gegenwärtigen Besitzer erwarben das Anwesen im Jahre 1988 und ließen sowohl die Scheune als auch die Darre behutsam wiederherstellen.[101] Eine ursprünglich geplante Translozierung des Darrhauses auf ein gemeindeeigenes Grundstück wurde wieder verworfen.

Das Obstdarrhaus auf dem Anwesen Brückenstraße 4, erbaut in der 1. Hälfte des 19. Jahrhunderts. Zustand vor der Restaurierung. Links Blick in den eigentlichen Darrraum.

Das Gebäude

Bedingt durch die schmale Parzellierung der Grundstücke, sind Wohnhaus, Schuppen und Scheune versetzt hintereinander angeordnet. Das Obstdarrhaus steht auf einem Sandsteinsockel quer in der rückwärtigen Ecke des anschließenden Gartens. Es ist ein schlichter, eingeschossiger Fachwerkbau mit einer verzapften Holzkonstruktion aus Ständern, Streben, doppelter Riegellage und ziegelgedecktem Sparrendach. Auf der Wetterseite im Norden ist die Oberfläche der Hölzer wellenförmig abgearbeitet. Die Ausfachungen bestehen aus Stickhölzern mit Weidengeflecht und Lehmschlag. Der Gefachputz ist sowohl innen als auch außen in der Art strukturiert, daß die Felder mit einem Reisigbesen aufgestupft und zum Gefachrand hin geglättet sind. Die Deckengefache im Innern sind dagegen glatt verputzt.

Der Innenraum gliedert sich in zwei Bereiche. Davon nimmt der mit einem Bretterboden ausgestattete östliche Arbeitsraum zwei Drittel der Grundfläche ein. Die eigentliche Darreinrichtung auf der anderen Seite liegt etwas tiefer auf gewachsenem Boden. Im Arbeitsraum wurde das Obst zum Darren vorbereitet. Er ist nur über eine unverglaste Luke mit Holzladen in der Nordwand zu beleuchten. Eine Deckenöffnung in der nordwestlichen Raumecke bezeichnet den ehemaligen Zugang zum Dachboden. Vor der östlichen Giebelwand sind über die Querseite des Raumes in Arbeitshöhe zwei Holzstämme eingeschoben, die zum Auflegen der Horden für das Obst dienten. Diese werden im Eggolsheimer Raum noch heute als »Zentla« bezeichnet und bestehen aus einem Weidengeflecht mit rechteckigem Holzrahmen.

Die Darreinrichtung selbst teilt sich in einen kleinen Schürraum, der über eine Brettertüre vom Hauptraum aus zugänglich ist, und den nach Norden anschließenden Darraum. Allein die zum Schürraum weisende Ofenwand der Darre ist aus Feuerschutzgründen gemauert und verputzt. Der Deckenabschluß besteht aus verputzten Lehmstrohwickeln. Durch eine kleine Öffnung über dem Schürloch konnte die beim Darren entstehende Feuchtigkeit entweichen.

Da vom Ofen zuletzt nur noch die Fundamente erhalten waren, mußte sein Aufbau rekonstruiert werden. In Ziegeln gemauert und verputzt, zieht er sich als gerader, geschlossener Schlauch bis kurz vor die nördliche Außenwand. Die Darre besaß keinen Kamin, sondern der Rauch entwich über den offenen Dachstuhl des Schürraumes. Aus diesem Grund blieb das traufseitige Stirnbrett in diesem Bereich ausgespart.

Beschickt wurde die Darre über eine Öffnung vom Arbeitsraum aus, die mit einem Laden zu verschließen war. Den Schlitzen in den Eckständern zufolge war der Innenraum in Längsrichtung mit einem Gerüst aus Stämmen auf vier Ebenen ausgestattet, die jeweils Platz für drei nebeneinanderliegende Horden boten. Um ein gleichmäßiges Dörren der Früchte zu erreichen, wurden sie von Zeit zu Zeit von oben nach unten ausgetauscht. Das gedörrte Obst mußte nach dem Darren an einem warmen Ort, in der Sonne oder zum Beispiel auf dem Kachelofen in der Stube, nachgetrocknet werden. Sofern sie nicht in den Handel kamen, wurden die Früchte in Kisten, Fässern oder Strohkörben und in einer trockenen Kammer im Haus gelagert.

Das Obstdarrhaus auf dem Anwesen Brückenstraße 4 wurde soweit instand gesetzt, daß jederzeit wieder darin gedarrt werden kann. Es blieb als Denkmal ländlicher Wirtschaftsbauten an seinem ursprünglichen Standort erhalten.

Dokumentation der Hausbeispiele

Überblick

HELMUT GEBHARD

Weg der Darstellung

Die vorausgehenden Ausführungen über die räumlichen Grundlagen und die zeitliche Entwicklung von Landschaft und Siedlung sowie über die Geschichte des bäuerlichen Hausbaus stecken einen umfassenden ökologisch-geographischen und hauskundlich-historischen Rahmen für den Hauptteil des Buches, die einzelnen Hausbeispiele ab. Der folgende Überblick soll dem Leser den Aufbau der interdisziplinären Dokumentation erklären.
Den Hausbeispielen geht als Nachweis über den derzeitigen Stand der Hausforschung die ausführliche wissenschaftliche Darstellung eines Fallbeispieles, des Hauses in Plech, Landkreis Bayreuth, voraus. Die archivalisch erhobene Geschichte des Bauwerks und die Methoden verformungsgerechten Aufmaßes werden in der für jedes Objekt wünschenswerten Breite aufgezeigt. Ziel der Dokumentation ist jedoch eine zusammenfassende Darstellung der raumprägenden ländlichen Bauten. Dies erfordert bei den folgenden Hausbeispielen eine Konzentration auf die kennzeichnenden Daten, die zwar ebenfalls auf neuen Archiverhebungen und Aufmaßtechniken beruhen, aber im Interesse der Übersichtlichkeit in kürzerer Form dargeboten werden.

Mürsbach: Ansicht Ortsteil
Gemeinde Rattelsdorf, Landkreis Bamberg.
Straßenraum mit den Bauernhäusern Nr. 72 und 73.

Mürsbach: Lageplan 1/2500
Gemeinde Rattelsdorf, Landkreis Bamberg
Häuser Nr. 72 und 73 in der Darstellung hervorgehoben.

Wenn bei der Dokumentation der Hausbeispiele der Schwerpunkt beim Gebäude selbst liegt, müssen seine Zusammenhänge mit Landschaft und Siedlung, das gesamte Anwesen mit Erschließung und dem landschaftlichen Freiraum bewußt bleiben, auch wenn sie in der Veröffentlichung jeweils nur kurz erwähnt werden. Als Wohn- und Arbeitsstätte ist jedes Haus mit seiner räumlichen Umwelt verbunden. Haus, Straße und Freiraum, sei es ein Hof oder Garten, bilden eine Einheit für die Lebensabläufe seiner Bewohner, aber auch seiner Nachbarn und darüber hinaus der Gemeinde. Niemand baut für sich allein. Immer greift er damit in den über sein Grundstück hinausgehenden öffentlichen Raum ein, z. B. der Straße, auch der Nachbarn, die das Bauwerk täglich ertragen und ansehen müssen, oder der Gemeinde, deren anziehender oder abstoßender Charakter durch die Summe ihrer Bauten geprägt wird.
Nur in Ausnahmefällen besonderer geschichtlicher Entwicklungen finden wir einzeln stehende Höfe, die Regel sind gemeinschaftliche Ansiedlungen nach Rodung und Urbarmachung der vorgefundenen Landschaft. Auf dieses gemeinschaftliche Miteinander-Leben und -Arbeiten deuten auch die alten Flurverfassungen wie die Dreifelderwirtschaft und die Siedlungsorganisation der Weiler und Kirchdörfer, unabhängig von den Dorfformen, hin.
Die Wirkungszusammenhänge vom größeren Raum bis zum einzelnen Haus sind an der Bildfolge eines

Mürsbach: Ansicht Nachbarschaft
Bauernhof Nr. 73 mit anschließender Scheune und Baumgruppe des Dorfplatzes.

Straßenraumes, einer Nachbarschaft und des Hausbeispieles in dem Dorf Mürsbach abzulesen.[1]
Auf den weiteren Umgriff weist ein Ausschnitt des Dorfplanes im Maßstab 1/2500 mit Eintragung der Gebäude- und Grundstücksgrenzen hin. Das Pfarrdorf Mürsbach[2], heute eingemeindet in den Markt Rattelsdorf, Landkreis Bamberg, liegt am westlichen Talhang der nach Süden zum Main fließenden Itz. Bemerkenswert ist die überzeugende Siedlungsorganisation der dichtbebauten Ortslage. Die schmalen, in die Tiefe entwickelten Hofgrundstücke weisen alle eine Grenzbebauung auf, jedes Haus steht an der Nordgrenze seines Grundstücks, um einen möglichst großen Hofraum freizuhalten. Jeder billigt auch dem Nachbarn das gleiche Grenzanbaurecht zu. Damit wird bei offener Bauweise eine äußerst wirtschaftliche Grundstücksausnutzung erreicht und eine hohe Baudichte erzielt.[3]
Die erste Abbildung zeigt den Straßenraum mit Blick zur Dorfmitte. Eine freie Abfolge grundsätzlich ähnlicher, aber individuell gestalteter Bauernhäuser, mit verputzten Giebeln oder reicher Fachwerkausbildung begleiten den leicht geschwungenen Straßenverlauf. Die zweigeschossigen Wohnstallhäuser stehen jeweils auf der Nordgrenze ihres Grundstücks und sind durch die nach Süden offenen Höfe vom folgenden Nachbarhaus abgesetzt.
Die zweite Abbildung geht näher an eine Hausgruppe heran: das Fachwerkhaus Nr. 73 mit seinem Hoftor, dem folgenden Nachbargebäude und die darüber hinausragenden Kronen der Laubbäume des Dorfplatzes.[4] Die Häuser sind direkt auf den Straßenraum ausgerichtet, der damit auch zum Vorfeld für das Wohnen im Dorf wird. Darauf muß auch seine Nutzung als Verkehrsraum, z. B. durch Geschwindigkeitsbegrenzung, Rücksicht nehmen, soll die eng bebaute Dorfmitte auch künftig mit Leben erfüllt bleiben.
Mit der dritten Abbildung wird die Planebene des Einzelgebäudes am Beispiel des Hauses Nr. 72 vorgestellt.[5] Das Haus selbst mit seiner Geschichte und dem Schicksal seiner Bewohner und mit seiner räumlichen Organisation und konstruktiven Gestaltung steht im Mittelpunkt der Dokumentation.
Durch diese Bildfolge soll für die gesamte Dokumentation deutlich werden, daß jedes Bauwerk mit seinem Umfeld, mit seiner Nachbarschaft und dem größeren Raum zusammenwirkt und eine räumliche Gesamtheit bildet.

Folge der Hausbeispiele

Pläne und Abbildungen

Die Hausbeispiele sind leicht zu finden. Sie folgen den Landkreisen Oberfrankens und in ihnen den Orten, die beide alphabetisch geordnet sind. Hier werden die alten Orte genannt, die nach der Gebietsreform von 1972 vielfach Teile größerer Gemeinden wurden.
Die Hausbeispiele sind von unterschiedlichen Quellen, wie dem Archiv für Hausforschung des Bayerischen Landesvereins für Heimatpflege, der Landesstelle für die nicht staatlichen Museen, den Aufmaßen des Bayerischen Landesamtes für Denkmalpflege in Schloß Seehof und den Plansammlungen der Freilandmuseen in Bad Windsheim und Kleinlosnitz für die interdisziplinäre Dokumentation zur Verfügung gestellt. In der Regel bilden verformungsgerechte Aufmaße die Grundlage der Plandarstellung, die für alle Beispiele in einheitlichem Maßstab 1/50 neu gezeichnet und durchgehend im Maßstab 1/200 veröffentlicht werden. Die unterschiedliche

Quellenlage wurde soweit ausgeglichen, daß zu jedem Landkreis exemplarische Gebäudebeispiele vorliegen. Um eine umfassende Darstellung für Oberfranken zu erreichen, wurden auch ältere Aufmaße einbezogen und in gleicher Weise neu gezeichnet.

Hofgeschichte

Ortsnamen, heutige Gemeinden und Landkreise leiten ebenso wie eine schlagwortartige Kennzeichnung, z. B. eingeschossiges Wohnstallhaus, Fachwerk um 1700, 1890 Handwerkerhaus, jedes der dokumentierten Beispiele ein.

Die archivalische Hausforschung beginnt mit Hinweisen zur Siedlung, ihrer Lage und Sozialstruktur, den Herrschaftsverhältnissen und der Baugeschichte. Die Hausgeschichte berichtet über den Zeitraum der Errichtung, historische Zusammenhänge von Baumaterial und Bauformen, die Stationen der Raumnutzung und die sozialen Verhältnisse. Ebenso werden spätere Umbauten und Veränderungen am Gebäude genannt. Mit den wechselnden Schicksalen der Bewohner und ihrer Häuser soll ein vertieftes Verständnis für das Herkommen der regionalen Baukultur vermittelt werden, ihrer Beständigkeit, aber auch ihrer Veränderung durch das fortwährende Wirken der Naturkräfte oder Umbauten. Eindringlich zeigt die Hausgeschichte, wie keine Baukultur ohne die aktive Zuwendung der Erben Bestand haben kann.

Gebäudemerkmale für die Bauberatung

Die Gebäudemerkmale, zum einen als Tabelle mit typologischen Übersichtszeichnungen (Maßstab 1/500) und zum andern im Text analysiert, schlagen eine Brücke zwischen der im Gebäude weiterwirkenden Vergangenheit und ihrer gegenwartsbezogenen Interpretation. Es kann hier jedoch nicht eine lückenlose Baubeschreibung des Rohbaus, Ausbaus und der Geräte geboten werden. Vielmehr geht es gezielt um wenige, aber das Bauwerk in seiner Tiefendimension als Raumfolge und Baukörper erfassende Erklärungen.

Aufgeführt werden folgende Merkmalgruppen:

- die Standortwahl im Hofgrundriß
- die Lage zur Himmelsrichtung
- die Wahl des Baumaterials und seine konstruktive Verarbeitung

Mürsbach: Ansicht Haus Nr. 72
Giebelseite des zweigeschossigen Wohnstallhauses mit Zierfachwerk.

- der Baukörper in seinen Abmessungen
- die innere Raumfolge mit Erschließung, Aufenthaltsräumen und Heizungssystem
- das Belichtungsmaß der Stube als Verhältniszahl zwischen Fensterfläche und Grundfläche
- die Größenordnung der aus der Grundfläche abzuschätzenden Nutzfläche, die mit dem Erfahrungsfaktor 0,75 angesetzt wird.

Die Checklisten der Hausbeispiele sind einheitlich aufgebaut, um Querbeziehungen zu anderen Analysen leicht lesbar zu machen. Wenn bei den angegebenen Maßen Mittelwerte gewählt wurden, so können sich bei unterschiedlicher Schnittführung auch abweichende Größenordnungen ergeben. Diese Mittelwerte ersetzen in keiner Weise die genauen Maßeintragungen in den verformungsgerechten Aufmaßen, sollen hier jedoch als Annäherungswerte dem Leser eine konkrete Information, über den optischen Eindruck hinaus, vermitteln.

Beispiel einer wissenschaftlichen Hausdokumentation und Bauforschung

Bäuerliches Anwesen Neuhauser Straße 3 in Plech, Landkreis Bayreuth

Karl-Heinz Betz und Heinz Stark

»Nur was man kennt, kann man erhalten«. Dieses geflügelte Wort in der Denkmalpflege liefert die Begründung, weshalb sich Volkskundler, Bauforscher und Denkmalpfleger dem Bauernhaus mit wissenschaftlichem Interesse zuwenden. Während die Archäologie bereits zu Beginn des 19. Jahrhunderts damit begann, die Bauten der klassischen Antike zu erforschen, Kunsthistoriker im weiteren Verlauf dieses Jahrhunderts die Baugeschichte von Kirchen, Burgen und Schlössern untersuchten, rückten erst in unserem Jahrhundert bürgerliche und noch später bäuerliche Zweckbauten ins Blickfeld der Forschung.

Diese Hinwendung entspricht zum einen einer deutlichen Interessenverlagerung in den historischen Wissenschaften, die sich zunehmend von der Herrschergeschichte den Geschicken der Beherrschten zuwandten und auch den Alltag entdeckten; zum andern entsprang sie der Wahrnehmung eines tiefgreifenden und anscheinend unaufhaltsamen Verlustes, da mit dem Strukturwandel in der Landwirtschaft neben der ursprünglichen bäuerlichen Wirtschaftsweise auch die ländliche Baukultur in nie zuvor erlebter Geschwindigkeit dahingerafft wurde.

Das Bestreben, durch die Darstellung der Vielfältigkeit und des unerhörten Reichtums der ländlichen Architektur einer breiten Öffentlichkeit deren Wert und damit die Notwendigkeit ihrer Erhaltung zu vermitteln, mündet allzuoft in eine Nachlaßverwaltung. Im günstigsten Fall konnte man dabei zumindest die materiellen Bestandteile eines Bauernanwesens durch Übertragung in ein Freilichtmuseum retten. In der Regel bleibt jedoch von einem ehemaligen Hof nur das an bildlichen und schriftlichen Zeugnissen zurück, was im Rahmen einer Dokumentation zusammengetragen werden konnte.

Auch die Erkenntnis, daß selbst die Erhaltung eines Gebäudes an sich noch nicht die Überlieferung des aussagefähigen historischen Bestandes oder seines Wesens garantiert, daß jede noch so behutsame Umnutzung charakterverändernde Eingriffe mit sich bringt, jede Sanierungsmaßnahme oft auch erhebliche Substanzverluste zur Folge hat, zwangen den verantwortungsbewußt arbeitenden Bauernhausforscher und Denkmalpfleger dazu, vorgefundene Zustände nach bestem Vermögen zu erforschen und zu dokumentieren.

Die Methoden der Bauforschung

Die Methoden, deren er sich dabei bedient, waren bereits entwickelt und in anderen Disziplinen der Bau- und Geschichtsforschung erprobt. Zusammengefaßt bezeichnet als historische Bauforschung bzw. Hausforschung[1] sollen sie nachfolgend kurz dargestellt werden:

Maßgenaues und verformungsgetreues Aufmaß

Grundlage und Kern jeder Beschäftigung mit einem Gebäude stellt die zeichnerische Bestandsaufnahme[2] dar. Mit Grundrissen, Schnitten und Aufrissen (Ansichten) lassen sich nicht nur die Raumaufteilungen eines Hauses darstellen, sondern auch seine bauliche Struktur, Konstruktionsart, Wandstärken, Deckenaufbau, verwendete Materialien usw. Gegenüber dem landläufigen Architektenaufmaß, das ein stark abstrahiertes Bild von Raum- und Konstruktionsgefüge eines Hauses vermittelt, ist das »verformungsgerechte Aufmaß« (eine Reihe weiterer Bezeichnungen sind geläufig) um ein Höchstmaß an Genauigkeit bei der Darstellung der tatsächlichen Maßverhältnisse und der materiellen Beschaffenheit eines Gebäudes bemüht. Als Grundlage dient ein gebäudeunabhängiges Meßnetz, das mit Hilfe von optischen Geräten, die in der Landvermessung entwickelt wurden, eingerichtet wird. Von diesem Achsensystem nimmt ein zweites, das sogenannte Schnurgerüst, seinen Ausgang, das auf Meterrißebene in allen Geschossen über Winkelmessung die exakte Festlegung jedes Punktes im Gebäudeinneren ermöglicht. Durch unmittelbaren Auftrag der Meßergebnisse an Ort und Stelle (mit Blei auf Karton) können Fehlerquellen ausgeschaltet und Beobachtungen am Original unmittelbar in die Darstellung übertragen werden. Entgegen der selbstverständlich zugrunde gelegten Annahme herkömmlicher Bauaufmaße wird durch diese Aufnahmetechnik deutlich, daß es in einem historischen, ländlichen Bauwerk kaum einen rechten Winkel gibt und Mauern wechselnde Stärken haben können. Als besonders hilfreich erweist sich die Methode bei der Beobachtung und Beurteilung nachträglich eingetretener Verformungen (daher der Begriff), insbesondere am Fachwerkbau. Setzungen, Durchbiegungen, gelöste Holzverbindungen werden anschaulich und ermöglichen Rückschlüsse auf Scha-

Ansicht des Anwesens Plech Nr. 28 (Neuhauser Straße 3) von Südwesten um 1895.

densursachen oder spätere bauliche Veränderungen, die entsprechende Auswirkungen hatten. Durch den Zwang zu genauem Hinsehen und exakter Darstellung, die diese Methode dem Bearbeiter abverlangt, ist sie ein unentbehrliches Hilfsmittel bei der Klärung bau- und stilgeschichtlicher Zusammenhänge und Grundlage einer tiefer eindringenden Bauforschung. Die Wiedergabe von Putzrissen als Hinweis auf mögliche Baufugen, ein Wechsel in den Materialstärken als Kennzeichen nachträglicher Erweiterungen und leere Blattsassen als Nachweis für Umbauarbeiten im Fachwerkbau sind nur einige Beispiele für die vielfältigen Auswertungsmöglichkeiten. Ein gutes Aufmaß in hinreichend großem Maßstab liefert schließlich noch eine Fülle an Informationen über Art und Beschaffenheit von Oberflächen und ortsfester Ausstattung im historischen Bau.

Fotogrammetrie

Neben neueren Entwicklungen wie der Bauaufnahme mit Laser und anderen computergestützten Aufmaßtechniken bietet vor allem die Fotogrammetrie,[3] eine Art Stereofotografie, die Möglichkeit, Aufrisse großer Objekte ohne die für ein Handaufmaß erforderliche Gerüststellung maßgenau und verzerrungsfrei zu gewinnen. Der scheinbare Vorteil an Genauigkeit, die diese automatisierten Aufnahmetechniken bieten, wird aufgehoben durch die erforderliche Auswertung, die von Hand über einen Rechner in eine zweidimensionale zeichnerische Darstellung erfolgt.

Fotodokumentation

Die zeichnerische Aufnahme eines Gebäudes wird sinnvoll ergänzt durch eine Dokumentation mit (archivsicheren) Schwarz-Weiß-Fotos, wo die farbige Erscheinung für das Verständnis eines Baues eine Rolle spielt, auch durch Diapositive. Neben der Erfassung von Raumwirkungen, die durch ein Aufmaß nicht geleistet werden kann, und Wandabwicklungen, die den Plänen nicht zu entnehmen sind, ist besonderer Wert auf das Festhalten gebäudeprägender, handwerklicher Details, vom profilierten Unterzug bis zum Fensterbeschlag, zu legen. Bei Außenaufnahmen kommt es vor allem auf die zeichnerisch ebenfalls nicht darstellbare Einbindung eines Gebäudes in die landschaftliche oder dörfliche Situation an.

Restauratorische Befunduntersuchung

Im Wortsinn »tiefergehende« Erkenntnisse vermittelt die restauratorische Befunduntersuchung,[4] die neben der Klärung baugeschichtlicher Fragen auch

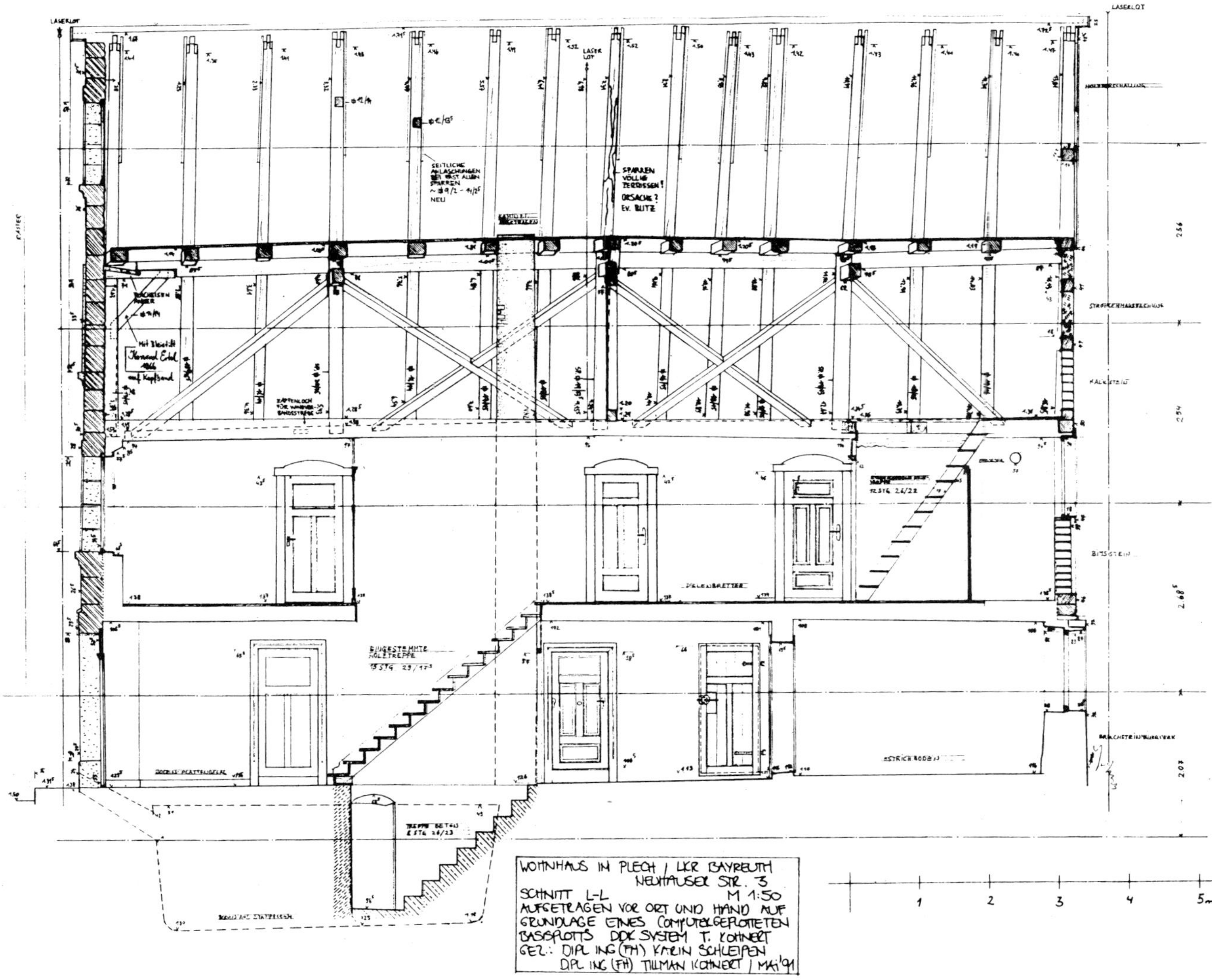

Längsschnitt des Hauses Neuhauser Straße 3, Plech, Aufmaß 1991, Maßstab 1:50. Deutlich sind bei der Dachkonstruktion die Abweichung vom orthogonalen Achsensystem sowie die unterschiedlichen im Mauerwerk verwendeten Materialien erkennbar.

Aufschlüsse über die Nutzungsgeschichte, Ansprüche und geschmackliche Vorlieben seiner Bewohner u. ä. zum Ziel hat. Durch gezielte Freilegungen an Wand- und Deckenflächen, über sogenannte Sondageöffnungen und Schichtentreppen, öffnet der Restaurator mit seinem Skalpell gleichsam ein Fenster in die Vergangenheit. Die Zahl der dabei durchstoßenen Kalk- und Leimfarbtünchungen läßt bei bekanntem Baualter unmittelbare Rückschlüsse auf die Renovierungsintervalle und damit die Nutzungsintensität einzelner Räume zu. Farbigkeit und Raumdekorationen gewähren Einblicke in die Wohnbedürfnisse früherer Generationen. Dabei läßt sich, etwa am Beispiel sehr farbintensiver und dekorativ aufwendiger Schablonenmalereien im 19. Jahrhundert, die Wandbespannungen und Tapeten mit malerischen Mitteln nachzuahmen suchen, die Vorbildfunktion adeliger Interieurs über die bürgerliche Wohnkultur bis in die Bauernstube nachweisen. Mitunter fördert die Suche des Restaurators auch Datierungen, Bau- und Weiheinschriften oder auch aus unterschiedlichstem Anlaß entstandene Wandmalereien zutage. Daß die baufesten Teile der Ausstattung, Treppengeländer, Türen, Wandvertäfelungen u. ä., in die Untersuchung mit einbezogen werden, ist selbstverständlich.

Eine besonders wichtige Hilfe ist der Restaurator mit seiner eindringenden Untersuchungsmethode dem Bauforscher bei der Beurteilung des relativen Baualters einzelner Gebäudeteile, bei der Feststellung von An- und Umbauten und dem Erkennen von Reparaturen. Feine Sprünge im Putz führen auf die Spur von zugesetzten Wandnischen, Tür- und Fensteröffnungen oder eines Anschlußputzes, durchgehender Putz mit älteren Anstrichen hinter der Ansatzstelle einer Wand macht diese als nachträglich eingestellt kenntlich. Die Analyse und der Vergleich von Setz-, Fug- und Putzmörtel hinsichtlich Färbung, Körnung, Bindemittelanteil usw. ermöglichen die Zuordnung zeitgleicher Bauteile bzw. erleichtern die Abgrenzung einzelner Bauphasen. Unterschiedliche Verschmutzungsgrade lassen Rückschlüsse auf die Standzeiten von Oberflächen zu, durch auffällige Verfärbungen, Verrußung oder Oxydation etwa, werden die Lage ehemaliger Feuerstellen oder stattgefundene Brände erkennbar.

PLZ/Ort	Ortsteil	Lkr	Reg.-Bez.	Befund-Nr.	Seite
8571	Plech	Bayreuth	Oberfranken	I d	
Str./Platz/Nr.	Objekt				
	Neuhauser Straße 3				

☒ Fassade
☐ Innen
☐ ....
☐ ....

Beschreibung der Fundstelle
Gefachfeld, Balken

Bekannte Bau./Restaurierungsd...
Bezeichnet 1842, Bauliche Veränderungen im 20. Jahrhundert

Löwen-Restaurierung, Denkmalpflege, Erlenbach
Untersuchung am: Juni 1991
Ausführender: Hartmann E., Uihlein J.

Art d. Untersuchung: ☐ ohne Eing. ☒ mech. ☐ chem.

Art der Probenentnahme: (mit Angabe der Schicht)

1	Kalkmörtel, Holz
2	gebrochen Weiß, gräulich, fehlt
3	Rosefarbenes Ockergelblich, hell, kräftiges Rot — 2.F
4	zementhaltige dünne Scheibschicht
5	helles Gelblich, kräftiges Rot — 3.F

Blatt aus dem Befundbericht. Die an der Fachwerkfassade feststellbaren Fassungen sind im Überblick farbig dargestellt. 2 = 1. Fassung; 3 = 2. Fassung; 5 = 3. Fassung.

Alle Einzelerkenntnisse der genannten Art, verknüpft mit den Ergebnissen anderer Untersuchungsmethoden, münden nach ihrer Auswertung in den sogenannten Baualtersplan, der durch farbige Anlage das relative, nach Möglichkeit sogar das absolute Alter der einzelnen Bauelemente ablesbar macht.

Dendrochronologie

Ein zuverlässiges Instrument zur Feststellung der Entstehungszeit eines Gebäudes oder zumindest eines Bauteils stellt die Altersbestimmung von Bauholz mit der Jahresringmethode[5] dar. Zugrunde liegt die Erkenntnis, daß Bäume in Jahren mit guten Wachstumsbedingungen kräftige Jahresringe ausbilden, während wachstumshemmender Perioden dagegen schwächere. Durch systematische Untersuchungen gelang es, für einige Jahrtausende weitgehend, für die letzten Jahrhunderte lückenlos, die signifikanten Wachstumskurven zu ermitteln, die durch Vergleich die Einordnung einzelner Hölzer in bestimmte Wachstumsperioden ermöglichen. Ist es möglich, ein verbautes Holz mit Waldkante oder zumindest Splintholz zu finden, läßt sich nach Entnahme eines Bohrkerns in spezialisierten Instituten das Fällungsjahr des verarbeiteten Baumes exakt

Raumgestaltungen in kräftigen Farben waren auf dem Land besonders um die Jahrhundertwende sehr geschätzt.

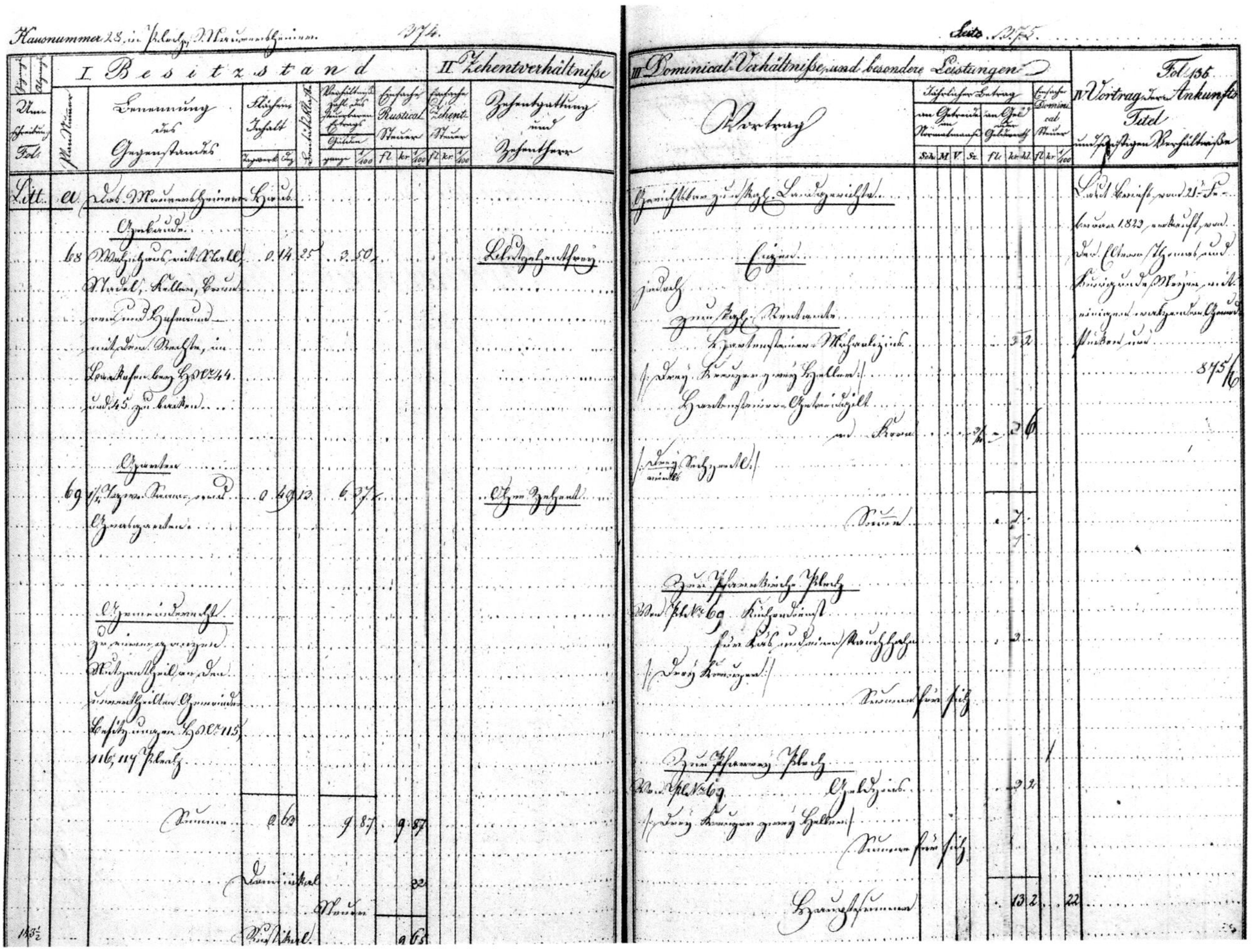

Plech, Grundsteuer. Kataster von 1844 mit Angaben zum Grund- und Baubestand des Anwesens Nr. 28.

bestimmen. Da frisch geschlagenes Holz meist im selben, zumindest im darauffolgenden Jahr verbaut wurde, ist auf diese Weise eine zutreffende Datierung des Hauses möglich. Zuverlässig ist eine derartige Altersbestimmung natürlich nur dann, wenn sich gleiche Fällungsdaten für verschiedene im Gebäude verbaute Hölzer ergeben: Man konnte natürlich auch auf ältere Vorräte zurückgegriffen haben und setzte selbstverständlich auch gebrauchtes Bauholz in Zweitverwendung ein.

Bautechnische Voruntersuchungen

Eine nicht zu unterschätzende Erkenntnisquelle auch für die Hausforschung stellen die in erster Linie auf die Fragestellungen des Architekten zugeschnittenen technischen Bestandsuntersuchungen,[6] insbesondere die statisch-konstruktive und die bauphysikalische Untersuchung dar. Absenkungen, Brüche im Mauerwerk und gelöste Fachwerkverbindungen können durch nutzungsbedingte oder gestalterische Eingriffe verursacht worden sein, die sich über die Untersuchung der Schadensursache erkennen und thematisch oder zeitlich einordnen lassen. Die chemische Analyse besonders belasteten, fleckigen oder bröckelnden Mauerwerks läßt durch den Nachweis beispielsweise starker Versalzung die Lokalisierung aufgelassener Ställe oder Aborte zu.

Raumbuch

In bestimmten Fällen, bei sehr reichem historischen Bestand, bei komplizierten Bauwerken oder hohen Anforderungen an eine denkmalgerechte Sanierung, ist das Raumbuch[7] ein bewährtes Instrument, die Ergebnisse sämtlicher Teiluntersuchungen konzentriert Raum für Raum, Wand für Wand zu bündeln und detailliert darzustellen. Diese sehr eingehende, auch den technischen Zustand einschließende Dokumentation des Bestands bietet neben dem Vorteil, den zu einer bestimmten Zeit vorgefundenen Zustand unabhängig vom weiteren Schicksal des Objektes jederzeit nahezu lückenlos nachvollziehen zu können, vor allem auch eine vorzügliche Grundlage für eine bestandsbezogene Sanierung in der denkmalpflegerischen Praxis.

Archäologie

Begleitende Baubeobachtungen[8] während einer Instandsetzung, vor allem auch bei Eingriffen in den Boden, vermögen weitere Erkenntnisquellen zu eröffnen. Es muß nicht gleich der vor den anrückenden Schweden im Dreißigjährigen Krieg vergrabene Schatz sein, auch eine in den Ritzen der Dielung verschwundene, datierbare Münze kann einen verwertbaren Hinweis enthalten. Beim Ausheben von Drainagegräben, beim Freilegen von Fundamenten für eine Unterfangung, ist mit Spuren oder Resten von Vorgängerbauten zu rechnen. Auch Tonscherben oder ähnliche Funde in der Fehlbodenfüllung bieten dem Volkskundler willkommene Studienobjekte. Die sorgfältige, schichtenweise Sichtung verfüllter Abort- und Abfallgruben hat häufig schon ein überraschend klares Bild der Lebensumstände von Hausbewohnern über längere Zeiträume hinweg ergeben.

Quellenforschung

Um einen Bau im Rahmen des Möglichen vollständig erfassen und zum Sprechen bringen zu können, ist neben dem Studium des Objektes auch die Auswertung aller bildlichen, schriftlichen und mündlichen Quellen[9] erforderlich.

Während man bei einem Bauernhaus kaum zeichnerische oder malerische Darstellungen von vedutenhafter Genauigkeit erwarten kann, gibt es doch von zahlreichen Dörfern und ländlichen Einzelgebäuden seit der Jahrhundertwende historische Fotos, die vorzüglich den Zustand zum damaligen Zeitpunkt überliefern und beispielsweise Auskünfte über längst verlorene Putzgliederungen, Sprossenfenster, Fensterläden u. ä. geben. Archivalische Unterlagen können auf sehr vielfältige Weise, aber nicht immer zuverlässig auf allen Ebenen, Erkenntnisse zur Hausgeschichte beitragen. Grundbücher der unterschiedlichsten Art, erstellt meist als Besteuerungsgrundlage, enthalten neben Aussagen zur Nutzung und Größe eines bäuerlichen Anwesens mitunter auch Angaben zum Baubestand. Seit dem 19. Jahrhundert treten an deren Stelle die Urkataster, deren Lagepläne präzise Auskunft über die Anzahl, Nutzung und Lage der zum Zeitpunkt der Erhebung vorhandenen Gebäude erteilen.

Recht differenzierte Angaben zur Inneneinteilung von Häusern, zu Raumnutzung und Größe, ergänzt teilweise durch maßhaltige Grundrißskizzen, enthalten die Unterlagen der Brandversicherungskammern. Im Einzelfall lassen erhaltene Inventare, etwa im Zusammenhang mit Sterbefällen, Einblick auch in die Ausstattung der Häuser mit ihrem Hausrat nehmen.

Unentbehrlich für die Ermittlung der Bewohnergeschichte eines Hauses sind die Geburts-, Heirats- und Sterbematrikel der jeweiligen Pfarreien. Auch die mündliche Überlieferung, durch Befragung älterer Ortsbewohner erschlossen, vermag zumindest für die jüngere Hausgeschichte Informationen über Schicksale von Bewohnern, Besitzverhältnisse, Hausnamen u. ä. zu erbringen.

Geschichte einer Hofanlage: Plech, Neuhauser Straße 3

Der mittelalterliche Hof

Der Platz, auf dem sich das Wohnhaus befindet, war bereits im 14. Jahrhundert mit einem Haus bebaut, denn zu dieser Hofstelle gehörte ein altes Bau-, Brenn- und Lichtholzrecht im bambergischen Veldensteiner Forst, das jüngeren Anwesen nicht mehr zugestanden wurde.[10] Allerdings lag der Hof außerhalb der geschlossenen Marktstraße, die früher an beiden Enden ihren Abschluß durch torartig in die Straße einspringende Häuser fand.[11] Die bauliche Ausprägung des Marktes erfolgte offenbar im 13. Jahrhundert,[12] da Plech schon 1329 als Markt urkundlich erwähnt wird.[13] Durch den Ort führte die Altstraße Nürnberg-Eger, »die von Lauf über Schnaittach und Plech weiter nach Auerbach verlief.«[14] Die Form der Siedlung war also wohl bereits vor der Anlage der Marktstraße, die sich in Nord-Süd-Richtung über eine Anhöhe erstreckt, von diesem wichtigen mittelalterlichen Verkehrsweg beeinflußt worden.[15]

Das Haus steht im »Unteren Markt«, denn es liegt südlich der Anhöhe. Die Einteilung des Ortes in den »oberen« nördlichen und den »unteren« südlichen Teil beiderseits dieser Anhöhe war schon im Mittelalter gebräuchlich, wie die Bezeichnungen »obnPlech« und »vntnPlech« im Lehenbuch von Friedrich III. von Aufseß, Bischof zu Bamberg 1421 bis 1432, beweisen.[16]

Die Zerstörung im Dreißigjährigen Krieg

Als ältester dendrochronologischer Befund des Hauses fand sich ein Deckenbalken im Erdgeschoß, der um 1643 geschlagen wurde.[17] Es ist deshalb möglich, daß der Vorgängerbau 1634 den Flammen zum Opfer fiel, als die Schweden, genauer gesagt das birkenfeldische Heer unter General Vitztum, den Markt Plech auf ihrem Rückzug in Richtung Nürnberg plünderten und niederbrannten.[18] Der 1643 noch während des Krieges in Angriff genommene Neubau war sicherlich nicht einfach, die geschundene und verarmte Bevölkerung hatte sich zum Beispiel erst 1651 soweit erholt, daß sie die ebenfalls durch die Schweden ausgebrannte Kirche wieder herstellen konnte.[19]

Das Wohnhaus von 1778

Der Bau des Wohnhauses wurde nach dem Ergebnis der dendrochronologischen Untersuchung 1778 begonnen.[17] Das Anwesen gehörte zu dieser Zeit dem Plecher Maurermeister und Ratsbürger Friedrich Prey.[20]

Fried(e)rich (Martin) Prey wurde am 10. November 1700 in Plech geboren. Er war der jüngste Sohn von

Meister Friedrich Prey, Ratsbürger, Ziegler und Maurer in Plech, und seiner Frau Magdalena, einer geborenen Kugler aus Betzenstein. Pate stand Meister Friedrich Nopitsch, Bürger und Leinweber in Plech.[21]

Der junge Prey verheiratete sich am 1. Juli 1726 mit »Jungfer Christina, Herrn Georg Dauthens Raths-Bürgers und Metzgers allhier ältester Tochter«. Zu diesem Zeitpunkt war Prey zwar schon im Besitz des Meistertitels, aber er wurde hier noch als »angehender Bürger« bezeichnet. Das Bürgerrecht erwarb er allerdings kurz darauf, denn in einem Kirchenbucheintrag vom 7. Januar 1727 wird er bereits als Bürger geführt. Seine Ehefrau Christina gebar ihm in den Jahren 1727 bis 1736 sieben Kinder, zwei Jungen und fünf Mädchen, von denen jedoch nur das am 19. Dezember 1727 geborene zweite Kind Katharina überlebte.[21]

Friedrich Prey war im damaligen Plech eine herausragende Persönlichkeit und dürfte auch finanziell ein gutes Auskommen gehabt haben. Er hat nicht nur 1740 das Plecher Pfarrhaus gebaut und 1753 größere Reparaturen an Kirche und Kirchturm ausgeführt,[22] sondern 1779 auch, als Krönung seiner beruflichen Laufbahn, den Rohbau des Kirchenschiffes der Plecher Pfarrkirche errichtet.[23] Aus den Bauakten geht hervor, daß der damals 78jährige Prey das Kirchenschiff mit bis zu 21 Gesellen aufmauerte und dafür in der Stunde 20 Kreuzer fränkisch als Meisterlohn erhielt.[23]

Das Wohnhaus von 1778 muß deshalb ebenfalls Friedrich Prey zugeschrieben werden, denn es ist unvorstellbar, daß dieser Mann, der sich nicht einmal vor dem Bau der Kirche fürchtete, ausgerechnet die Errichtung seines eigenen Hauses einem anderen überlassen hätte. Das Gebäude hat übrigens nahezu die gleiche Grundfläche wie das von Prey erbaute Pfarrhaus,[24] diese Ähnlichkeit ist bestimmt nicht zufällig. Der hochgeachtete Baumeister, von dem ein Grundriß mit Maßangaben der Pfarrkirche vor dem Neubau als eindrucksvoller Beweis seiner theoretischen Fähigkeiten erhalten ist,[25] wurde noch mit 80 Jahren nach einer Brandkatastrophe als Schätzer an die Spitze einer Gruppe weiterer Sachverständiger berufen.[26]

Preys Leben war reich an Schicksalsschlägen: Erst wurden ihm sechs Kinder genommen, dann verstarb am 24. Mai 1746 seine Frau Christina, die nur 47 Jahre alt wurde. Später verlor er auch noch seine zweite und seine dritte Ehefrau.[21] Für den alternden Maurermeister war es aber sicher eine große Freude, als seine Tochter Katharina, die 1756 den Plecher Bäckermeister Balthasar Meyer geheiratet hatte, am 31. März 1757 einem gesunden Zwillingspärchen, Thomas und Catarina, das Leben schenkte.[21]

Inwieweit das Wohnhaus im Kern noch im Originalverband liegende Bauteile von 1643 enthält, konnte nicht geklärt werden. Der 1643 geschlagene Rähm kann in Zweitverwendung hier eingefügt worden sein, weitere datierende Hinweise wurden nicht gefunden. Laut dendrochronologischem Befund muß das Gebäude in seiner wesentlichen Gestalt ab 1778 erbaut worden sein,[17] so daß ein nennenswerter Bestand dieses Vorgängerbaus wohl nicht mehr vorhanden war. Die einheitlich wirkende innere und äußere Hausgestalt legt darüber hinaus den Schluß nahe, daß sich Baumeister Prey einen völligen Neubau errichtete. Möglich wäre jedoch, daß der kleine tonnengewölbte Keller aus dem Jahr 1643 stammt. Bei der Instandsetzung des Gebäudes wurde nämlich

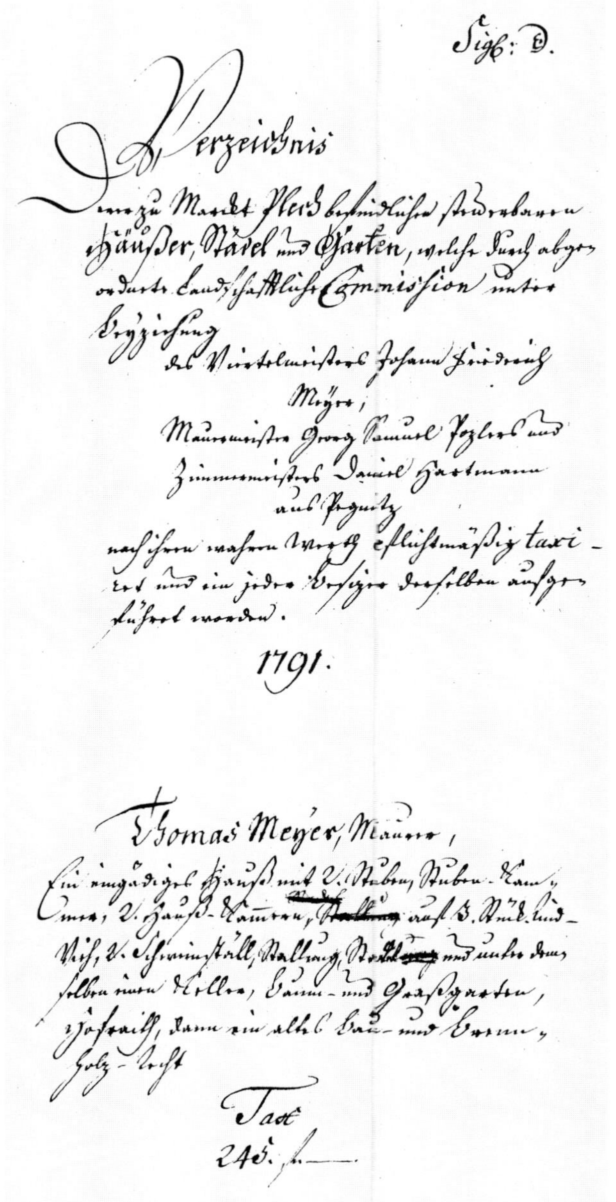

Hausbeschreibung in einem Steuerverzeichnis von 1791: Verzeichnis.
Derer zu Marckt Plech befindlichen steuerbaren Häußer, Städel und Gärten, welche durch abgeordnete landschafftliche Commission unter Beyziehung des Viertelmeisters Johann Friederich Meyer, Mauermeister Georg Samuel Pozlers und Zimmermeisters Daniel Hartmann aus Pegnitz nach ihren wahren Werth pflichtmäßig taxiret und ein jeder Besizer derselben aufgeführet worden.
1791.

der aufgefüllte alte Eingang dieses Kellers freigelegt, der nach diesem Befund von der Nordseite her erschlossen wurde. Der neue Zugang, der mit der Geschoßtreppe korrespondiert, wurde wohl zugleich mit dieser angelegt.

Preys Enkel Thomas Meyer erlernte ebenfalls den Maurerberuf,[21] und zwar höchstwahrscheinlich bei seinem Großvater, der ja keinen eigenen Sohn hatte. Es ist aber ungewiß, ob Prey beim Bau seines Hauses von seinem Enkel unterstützt wurde, da dieser auch in den Akten zum Kirchenbau nicht unter den Gesellen seines Großvaters aufgeführt ist.[23] Vielleicht hat Thomas Meyer zur fraglichen Zeit gerade seine Wanderjahre abgeleistet.

Friedrich Prey starb am 3. September 1784,[21] sein Haus hatte er schon im Januar 1781 an seinen Enkel und Erben Thomas Meyer »verkauft«,[20] wie das in dieser Zeit, als es noch keine gesetzliche Alterssicherung gab, üblich war.

Die Beschreibung des Anwesens von 1791

Die älteste bisher bekannte Beschreibung der Anwesen des Marktes Plech stammt aus dem Jahre 1791 und ist in einem Steuerverzeichnis enthalten, das noch unter dem letzten Markgrafen Christian Friedrich Carl Alexander angefertigt wurde, der am 2. Dezember 1791 abdankte.[27]

Darin wird das Wohnhaus von 1778 so beschrieben:

»Thomas Meyer, Maurer,

Ein eingädiges Hauß mit 2 Stuben, Stuben-Kammer, 2 Hauß-Kammern, Stallung auf 3 Stück Rind-Vieh, 2 Schweinställ, Stallung, Stadel und unter demselben einen Keller, Baum- und Graßgarten, Hofraith, dann ein altes Bau- und Brennholz-Recht

Tax 245 fl.«[28]

Diese Darstellung bedarf einer näheren Erläuterung, denn es ist hier von einem »eingädigen« Haus die Rede. Dagegen wird zum Beispiel das alte Anwesen Badstraße 1, das einstöckig war, im gleichen Dokument als »halbzweygädig« eingestuft.[28]

Das Wort »Gaden« stand ursprünglich für das Haus überhaupt, sofern es aus einem Raum bestand, ferner bedeutet es Gemach, Zimmer oder Kammer; unter Gaden versteht man aber auch Stockwerk.[29] Im Steuerverzeichnis von 1791, wo die einzelnen Räume ja gesondert aufgezählt werden, muß mit Gaden deshalb das Stockwerk gemeint sein. Die in den Hausbeschreibungen verwendeten Begriffe »eingädig« und »zweygädig« bedeuten somit »einstöckig« und »zweistöckig«. Demzufolge steht die Mischform »halbzweygädig« dann für die Häuser, die an der einen Traufseite einstöckig und an der anderen Traufseite zweistöckig sind (sogenannte Frackdachbauten).

Obwohl also dendrochronologisch feststeht, daß das Wohnhaus 1778 zweistöckig erbaut worden ist, wird es 1791 als »eingädig« bezeichnet. Andererseits wird das einstöckige Anwesen Badstraße 1 nicht als »eingädig«, sondern als »halbzweygädig« aufgeführt. Wenn man nicht von vornherein fehlerhafte Eintragungen des Protokollführers als Ursache für diese Ungereimtheiten annimmt, könnte eine mögliche Erklärung sein, daß für die steuerliche Einordnung als »eingädig«, »halbzweygädig« oder »zweygädig« ergänzend auch die Nutzung und/oder der jeweilige Ausbauzustand der Häuser herangezogen wurden. Eine derartige zusätzliche Differenzierung wäre im Hinblick auf die gebotene Gleichbehandlung der Steuerpflichtigen durchaus logisch. Außerdem deuten von 1778 erhaltene Farb- und Putzbefunde des Wohnhauses ebenfalls darauf hin, daß das Obergeschoß überwiegend nicht zum Wohnen diente, sondern eher wirtschaftlich, vermutlich für Lagerzwecke, genutzt wurde.[30]

Gleichzeitig werden aber in der Beschreibung auch »2 Stuben« genannt, die am Vorhandensein eines zweiten Stockes keinen Zweifel lassen. Bei diesen

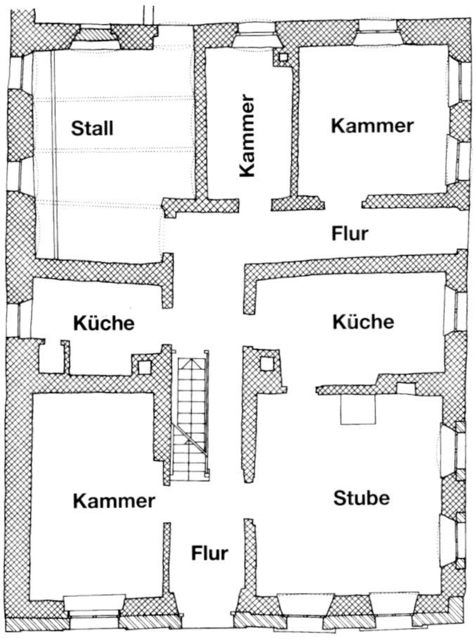

Grundriß des Erdgeschosses.

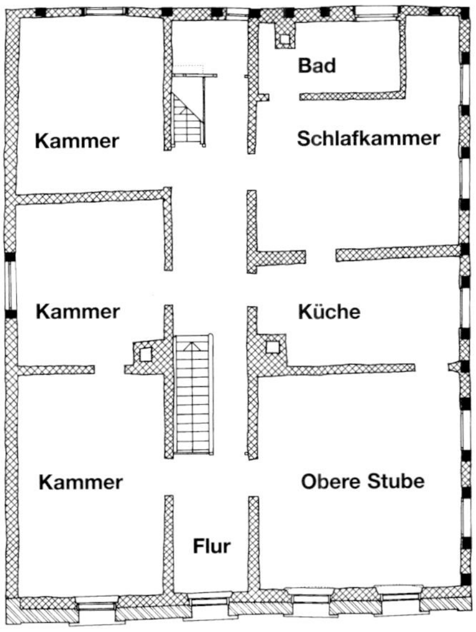

Grundriß des Obergeschosses.

Fensterchen in der Balkenwand. Die eingeschlagenen, handgeschmiedeten Nägel dienten als Putzträger.

Zugemauerte Feuerungsnische mit gleichfalls nachträglich zugesetztem Wandschränkchen. Ein mitaufgenommener Meterstab macht die Größenverhältnisse ablesbar.

»Stuben« kann es sich nämlich nur um die im Erdgeschoß und im ersten Stockwerk liegenden südwestlichen Eckzimmer handeln, die beide von Anfang an mit einer repräsentativen »Balkenbohlendecke« ausgestattet wurden und die durch ihren großzügigen Zuschnitt auffallen.
Bei dem Neubau von 1778 handelt es sich, sieht man von der straßenseitigen Fassade ab, im wesentlichen um den heute noch bestehenden Bau: ein zweigeschossiges, giebelständiges Wohngebäude mit Satteldach, das aufgrund der überdurchschnittlichen Hausbreite eine nur knapp über 45 Grad steile Dachneigung aufweist. Das Haus ist im Erdgeschoß massiv aus Bruchsteinen gemauert, das Obergeschoß und der rückwärtige Giebel bestehen aus Fachwerk, das mit Bruchsteinen ausgefacht ist. Das Fachwerk stellt sich als gleichmäßig gereihtes Ständerriegelsystem dar, das zumindest auf der Traufseite auf jegliche Strebe verzichtet. Die Haupterschließung erfolgt, leicht aus der Mitte versetzt, von der Giebelseite aus. Das Innere der zweihüftigen Anlage wird durch Flure, die in Längsrichtung verlaufen, erschlossen, wobei der erdgeschossige Flur im rückwärtigen Teil rechtwinkelig zu einem Hofausgang abknickt. Die Geschoßverbindung erfolgt im vorderen Hausteil durch eine gerade, einläufige Treppe. Die wesentlichen, zur Straße hin orientierten Räume entsprechen sich in den beiden Geschossen: auf der Südseite die erwähnten repräsentativen Stuben, daran anschließend jeweils eine früher gewölbte Küche. Auf der nördlichen Gangseite liegt je ein etwas schmäleres Zimmer. Im Erdgeschoß schloß daran ein früher gleichfalls gewölbter Raum, ehemals wohl eine Wasch- oder Futterküche, an.
Wie also aus der Quellenlage und dem Putzvergleich hervorgeht, wurden die beiden Geschosse zeitgleich errichtet, jedoch zunächst nur das Erdgeschoß für Wohnzwecke genutzt. Als Hauptwohnraum diente, ländlicher Tradition zufolge, die Stube, die gestalterisch gegenüber den anderen Räumen durch eine gefaste Balkenbohlendecke hervorgehoben war. Dieses seit dem Mittelalter bekannte konstruktive System, bei dem von oben Bohlen in die Aussparungen der tragenden Deckenbalken geschoben wurden, hielt sich auf dem Land sehr lange; wenn man bedenkt, daß in städtischen Wohngebäuden bereits mit dem ausgehenden 17. Jahrhundert Putzdecken, meist mit Stuck verziert, bevorzugt wurden, läßt sich das Beharrungsvermögen ländlicher Bautraditionen ermessen. Eine noch altertümlichere Konstruktionsform ist zwischen Flur und Stube im Erdgeschoß zu beobachten: eine mit Balken ausgefachte Ständerwand, die überputzt wurde. Ein kleines Fensterchen zum Flur ermöglichte hier die Kontrolle des Hauszuganges. In Verlängerung dieser Wand zur Küche hin befindet sich ein massiv gemauerter Abschnitt mit einer zugesetzten Öffnung, in die ein Wandschränkchen eingelassen worden war. Ursprünglich konnte hier von außen der Stubenofen befeuert werden.

Die Hausnummer

Der älteste urkundliche Nachweis für Hausnummern in Plech ist in den Geburtsmatrikeln der Pfarrei Plech von 1801 enthalten, da in einem neu angelegten Kirchenbuch die ersten Aufzeichnungen für Plech vom damaligen Pfarrer Johann Erhard Liebermann zusätzlich mit der jeweiligen Hausnummer versehen wurden. Obwohl dies nur in drei Fällen geschah, findet sich hier auch erstmals die Hausnummer des Wohnhauses von Thomas Meyer;[21] bei der Eintragung »Plech Nro. 28« aus dem Jahre 1801 heißt es: »Dem Bürger und Mauermeister Thomas Meyer allhier ist von seiner Ehefrau Cunigunda einer gebohrnen Farnbauerin von hier den 19. Jan. zu Nacht um 9 Uhr ein Söhnlein gebohren und den 19. dessel-

ben Monaths getauft und Lorenz Heinrich genennet worden; ...«.[21]
Es ist sehr unwahrscheinlich, daß es schon 1791 Hausnummern gegeben hat, denn die Beschreibung der Plecher Anwesen von 1791 wurde in einer völlig anderen Reihenfolge erstellt und begann nicht im Norden, wie die Hausnumerierung, sondern nahm am südlichen Ortsrand ihren Anfang.[31]
Von den Hausnummern sind die (Steuer-) Hausnummern des Häuser- und Rustikal-Katasters zu unterscheiden, der für Plech 1811 verfaßt wurde. Diese Steuerhausnummern wurden in den Häuser- und Rustikal-Kataster mit römischen Ziffern eingetragen und weichen von den tatsächlichen Hausnummern, die darin nicht enthalten sind, größtenteils ab. So erhielt auch das »Wohnhauß mit Stadel und Gaertlein« des Maurermeisters Thomas Meyer im Kataster von 1811 die abweichende (Steuer-) Hausnummer XXIX.[32]
Die Hausnummer 28 galt für das Anwesen über 170 Jahre lang. Erst zum 31. Juli 1974, als in Plech die Umstellung der Hausnumerierung wegen der Einführung von Straßennamen erfolgte, wurde daraus die »Neuhauser Straße 3«.[33]

Bauliche Veränderungen

Unmittelbar nach dem Tod des Großvaters verheiratete sich Thomas Meyer, »angehender Bürger und Mauer Meister dahier«, am 14. September 1784 mit Kunigunda Farnbauer aus Plech. Aus dieser Ehe gingen von 1785 bis 1813 elf Kinder hervor, sieben Jungen und vier Mädchen, wobei ein Mädchen und ein Junge kurz nach der Geburt starben und ein weiterer Junge nur elf Monate alt wurde.[21] Das Wohnhaus mußte also Platz für eine immer zahlreicher werdende Familie bieten.
Obwohl Thomas Meyer Maurermeister war, finden sich keine Spuren von Baumaßnahmen, die er durchgeführt hat. Das ist aber auch nicht verwunderlich, hatte dieser doch das Gebäude praktisch als Neubau übernommen.
Am 21. Februar 1823 kaufte der vierte Sohn (Lorenz) Heinrich Meyer seinen Eltern das Haus Nr. 28 »mit einigen walzenden Grundstücken« um 875 fl. (Gulden) ab.[34] Walzende Grundstücke, die an die Erben ohne Unterschied gleich geteilt wurden und nach Belieben veräußert werden konnten, waren das Gegenteil vom geschlossenen Besitz;[35] 1833 wird dazu berichtet: »Die Niederlassung in Plech war, obgleich die Einwohner größtentheils nur vom Ackerbau lebten, und noch leben, so schwierig nicht, indem die Feldgüter nicht geschlossen, sondern walzend waren, und noch sind, und also von einem Familienvater leicht unter mehrere Kinder vertheilt, oder an mehrere Käufer veräußert werden konnten«.[35]
Der »angehende Bürger und Maurermeister« Heinrich Meyer heiratete am 24. April 1825 Magdalena Tauber aus Plech, Hausnummer 33. Bereits am 13. Januar 1825 war den beiden ein unehelicher Sohn, Johann, geboren worden und am 26. Juli 1828 kam die Tochter Anna Margaretha zur Welt, die jedoch im Alter von acht Monaten verstarb.[21] Nach nur vier Jahren Ehe verlor Heinrich Meyer auch seine junge Frau und sein neugeborenes Söhnlein Georg, die Eintragungen in den Sterbematrikeln von 1829 lauten: »Magdalena Meierin, geb. Tauberin (geb. den 7. Nov. 1796), Ehefrau des Maurermeister Heinrich Meier starb den 21. Decemb. N.M. um 2 U. nach 2monatl. Krankheit an der Herzwassersucht ... NB. Sie starb 4 Tage nach ihrer Entbindung. Ihr Tod war zugleich auch eine Folge einer schweren Entbindung. ... Georg Meier, frühzeitig gebornes Söhnlein der vorstehenden Magdalena Meierin starb den 23. Decemb. früh um 7 U. an Schwäche ...«[21]
Am 26. Dezember 1830 ging der Witwer mit Margaretha Schmidt aus Plech seine zweite Ehe ein. Die Söhne Johann Georg, Andreas und Johann Adam Christoph wurden am 22. Mai 1832, am 22. Dezember 1834 und am 12. März 1840 geboren, die anderen Kinder starben schon kurz nach der Geburt.[21]
Dieser Heinrich Meyer muß sehr tatkräftig und tüchtig gewesen sein, er war es auch, der das Aussehen des Wohnhauses entscheidend veränderte. Schon fünf Jahre nach der Übernahme des Anwesens findet sich ein Beleg für erste Aktivitäten: In der südwestlichen Eckstube im Obergeschoß ließ er einen neuen Fußboden einbauen, was mit Bleistift auf der Rückseite eines der Fußbodenbretter vermerkt wurde. Erwähnt werden außer dem Datum 12.9. (18)28 der Name des Bauherrn Heinrich Meyer und die Personalien des Handwerkers: »Jakob Meyer, Zimmermeister, Plech«. Ein erster Schritt zur Nutzbarmachung des für Wohnzwecke bis dahin offensichtlich nicht geeigneten Obergeschosses war damit getan.
Heinrich Meyer war beruflich erfolgreich und dehnte seine Tätigkeit auch auf die nähere Umgebung aus. So hat er zum Beispiel 1836 das Schulhaus in Riegelstein erbaut,[36] das heute einen Kindergarten beherbergt. Seine auffallendste Arbeit dürfte aber der nachträglich errichtete westliche »Schmuckgiebel« seines Wohnhauses sein: Bei diesem Werk, das nach der Inschrift des Schlußsteines im Jahre 1842 geschaffen wurde, handelte es sich wahrscheinlich um einen reinen »Prestigebau« des aufstrebenden Maurermeisters. Der ursprüngliche Westgiebel, der nach Art des östlichen Giebels sicherlich aus Bruchsteinen gemauert war und wohl oberhalb des Erdgeschosses aus Fachwerk bestand, hatte nach nur 60 Jahren schwerlich Schäden, die einen völligen Neubau erforderlich gemacht hätten. Auch der für diese Schmuckfassade gewählte Baustoff ist ungewöhnlich, denn der ganze Giebel wurde aus dem einheimischen, im Veldensteiner Forst gebrochenen Sandstein hergestellt. Diesen Sandstein verwendete man sonst wegen seiner grobkörnigen Beschaffenheit und seiner eher minderen Qualität und Stabilität grund-

Das zweischalige Mauerwerk der Giebelseite.

sätzlich nur für Eingangsstufen, Fenstergewände oder in Bruchsteinmauern, wie noch viele Beispiele zeigen.
Um die Sandsteinquader an der Innenseite nicht behauen zu müssen, vor allem aber auch um das Gefüge des Hauses nicht unnötig zu stören und wegen der damit verbundenen Dämmwirkung, beließ man das erdgeschossige Mauerwerk als innere Schicht und setzte im Obergeschoß eine Bruchsteinwand anstelle der ursprünglich wohl vorhandenen Fachwerkwand. Die gesamte Sandsteinfassade wurde mit Kalk in einem hellen Farbton, vermutlich Altweiß, flächig überfaßt. Auf einem um die Jahrhundertwende entstandenen Foto (vgl. Abbildung) sind noch deutliche Reste dieser früheren Fassung erkennbar. Fugenritzungen,[30] in denen noch schwarze Farbspuren nachweisbar sind, sind Reste einer Überarbeitung dieses Jahrhunderts und haben alle früheren Fassungsreste beseitigt. Wie man sich zu dieser dekorativen Giebellösung die aus Fachwerk bestehende Südfassade vorzustellen hat, ist nach der Befundlage nicht eindeutig geklärt. Da das Haus entsprechend seiner Ortslage aber als Hauptansicht Straßen- und Hoffassade über Eck gleichzeitig präsentiert, muß das Bestreben nach einheitlicher Gestaltung des Äußeren vorausgesetzt werden. Eine Überputzung des Fachwerks, wie häufig in dieser Zeit zu finden, war nicht nachzuweisen. Ein grauweißer Anstrich auf dem Putz der Gefache, der mit dem ehemaligen Anstrich der Steinfassade korrespondiert, läßt sich als Hinweis deuten, daß auch das Stabwerk monochrom mit überfaßt und damit dem Haus ein einheitliches farbiges Erscheinungsbild verliehen worden war.
Im Zuge der äußeren Aufwertung des Hauses ist wohl auch das Obergeschoß für Wohnzwecke hergerichtet worden, da der Innenputz aus der Erbauungszeit, der nach Ausweis seiner starken Verschmutzung für längere Zeit nicht überstrichen wurde, nun mit einer dünnen Putzschlämme überzogen und die Räume getüncht worden waren. Fugmörtel der Fassade und Innenputz sind strukturell identisch, wie der Vergleich erwies.
Meyer ging es finanziell gut, was nicht nur aus dem Bau des Sandsteingiebels ersichtlich ist. Sein von den Eltern übernommenes Anwesen gewann durch das Heiratsgut seiner ersten und zweiten Ehefrau und durch verschiedene Zukäufe einen ansehnlichen Umfang. Außerdem ersteigerte er am 21. April 1843 Haus Nr. 2 in Plech um 686 fl. Meistgebot »aus dem Schuldenwesen des Georg Sebald« und kaufte am 30. April 1846 Haus Nr. 11 in Plech um 715 fl. aus der »Konkursmasse« des Christian Albrecht.[34]
Laut dem für Plech 1844 angefertigten Grundsteuer-Kataster (auch Urkataster genannt) bestand Haus Nr. 28 aus einem »Wohnhaus mit Stall, Stadel, Keller, Brunnen und Hofraum« (Plan-Nummer 68) und einem viertel Tagwerk »Saam- und Grasgarten« (Plan-Nummer 69).[34] Die in den Urkatastern verwendeten Plan-Nummern (jetzige Bezeichnung Flur-Nummern) bilden auch heute noch die Grundlage für die Vermessung und werden bei Neuvermessungen durch sogenannte Veränderungsnachweise von den Vermessungsämtern fortgeschrieben. Im Urkataster wird der Besitz mit allen Zugehörungen auf 22,12 Tagwerk beziffert, Haus Nr. 28 war damit eines der größten und ertragreichsten Anwesen in Plech.[34] Zum Urkataster wurde ein Lageplan, der Extraditionsplan, erstellt,[37] aus dem hervorgeht, daß das Wohnhaus im Erdgeschoß zu einem guten Viertel als Stall diente.
Heinrich Meyer erreichte nur ein Alter von 50 Jahren, fünf Monaten und neun Tagen.[21] Eine kurze Eintragung in den Sterbematrikeln kündet davon, daß der Bürger und Maurermeister Lorenz Heinrich Meyer am 28. Juni 1851, »Abends 17 Uhr, an der Wassersucht« starb.[21]
Das Haus Nr. 28 erbten zunächst seine Witwe Margaretha Meyer und ihre drei Kinder Johann Georg, Andreas und Johann Adam Christoph.[38] Nachdem seine Brüder Johann Georg und Johann Adam Christoph beide im Alter von nur 20 Jahren 1853 und 1860 an »Abzehrung« gestorben waren,[21] erwarb Andreas das Anwesen laut Kaufbrief vom 22. März 1862 um 1500 fl. zum Alleineigentum. Der Gesamtbesitz bestand zu diesem Zeitpunkt aus 20,89 Tagwerk.[39] Andreas Meyer, Ackerbürger zu Plech, verheiratete sich am 25. Januar 1863 mit Elisabetha

Ansicht des Hauses von der Gartenseite (Südosten). Die Aufnahme vor Beginn der Sanierung läßt die stattliche Erscheinung des Hauses, aber auch abträgliche Veränderungen und Spuren fortgeschrittenen Verfalls erkennen.

Das Haus im Januar 1995 nach Abschluß der Sanierungsarbeiten.

Hengelein aus Höflas. Am 11. November 1863 wurde ihnen das einzige Kind Johann Peter geboren, das aber schon am 7. Dezember 1863 verstarb.[21]
Mehr als 40 Jahre war das Anwesen in der Hand des Andreas Meyer, dem es bis zu seinem Tod am 1. Februar 1903 gehörte. Seine Ehefrau und Erbin Elisabetha Meyer veräußerte es aber bereits am 13. März 1903 mit Besitz in der Steuergemeinde Viehhofen an Johann Jakob Meyer aus Nürnberg, der für die 19,68 Tagwerk Immobilien 10 000 Mark und für die Mobilien 3000 Mark bezahlte.[39] Das Wohnhaus wird in einer Eintragung vom 10. Juni 1904 in den Umschreibheften zum Grundsteuer-Kataster noch so beschrieben wie 1844, es scheint also seitdem nicht verändert worden zu sein. Der Grundbesitz wurde von Johann Jakob Meyer völlig zerschlagen und Stück für Stück zu Geld gemacht. Am 26. Mai 1906 verkaufte er schließlich auch den kläglichen Rest von 1,61 Tagwerk einschließlich des Hauses für 5100 Mark an den Hopfenhändler Johann Georg Hutzler aus Plech, Hausnummer 43. Hutzler, der das Anwesen nochmals um 0,65 Tagwerk verkleinerte, verkaufte es laut Urkunde des königlichen Notariats Pegnitz vom 31. März 1909 für 7900 Mark an den Ökonomen Johann Georg Böhner mit seinen Kindern Johann Christof, Johann Paul, Johann Michael und Anna Katharina Böhner.[39]
Leider sind von Haus Nr. 28 keine Baupläne aus dem 19. Jahrhundert bekannt. Grundrisse von Erd- und Obergeschoß des Gebäudes sind jedoch in eine »Aufnahms-Tabelle« eingezeichnet, die aus den Beständen des Brandversicherungsamtes Bayreuth stammt und am 21. Juli 1908 angefertigt wurde, als der Wirt und Ökonom Johann Georg Hutzler das Anwesen schätzen ließ. Dabei wurde der Zustand des Hauses als gut eingestuft, der geschätzte »Jetztwert« belief sich auf 5580 Mark.
Die wichtigste Veränderung, die sich diesem Dokument entnehmen läßt, war im Erdgeschoß der Umbau des Stalles in zwei Zimmer und eine Kammer. Diese Baumaßnahme geht offensichtlich auf Johann Georg Hutzler zurück, denn wie ließe sich sonst eine Wertsteigerung des durch ihn sogar noch verkleinerten Anwesens von 5100 Mark auf 7900 Mark in knapp drei Jahren erklären. Die »Aufnahms-Tabelle« liefert weitere interessante Details: So waren drei Küchen vorhanden, zwei im Erdgeschoß und eine im Obergeschoß, die alle noch ein Tonnengewölbe aufwiesen. Die nördliche Küche im Erdgeschoß war zusätzlich mit einem deutschen Kamin ausgestattet. Außerdem war die Treppe vom Obergeschoß zum Dachgeschoß damals nicht im Flur, sondern noch in der nordöstlichen Kammer eingebaut.
Wesentliche Eingriffe waren danach der Umbau des deutschen Kamins, der Bau zweier weiterer Kamine und die Entfernung der drei Tonnengewölbe. Ein Rückschritt war es, daß im nordöstlichen Zimmer im Erdgeschoß wieder ein Stall eingerichtet wurde. Dazu vergrößerte man den Raum etwas, versah ihn mit einem eigenen Eingang und zog »Preußische-Kappen« ein. Die letzte feststellbare Neuerung war der Einbau eines Bades im südöstlichen Eckzimmer des Obergeschosses in den 70er Jahren.
Nicht mehr erhalten sind der zum Anwesen gehörende Stadel, die Schweineställe und der Brunnen. Der eingeschossige, unterkellerte Stadel fiel dem Ausbau der durch Plech führenden Staatsstraße 2163 zum Opfer, der Abbruch erfolgte um 1972/73. Die Schweineställe waren an die Stützmauer hinter dem Ostgiebel angebaut und mußten 1993 mit entfernt werden, als die einsturzgefährdete Stützmauer erneuert wurde. Vom Brunnen schließlich, der sich laut Urkataster auf Plan-Nummer 68 befand, ist nicht einmal mehr die genaue Lage bekannt.

Der Hausname

Im Urkataster von 1844 ist für jedes Haus oder jede selbständige Haushälfte ein eigener Hausname enthalten, wie etwa »Eschersthamer-Haus« oder »Böhneradl-Haus«. Bei genauerem Hinsehen stellt man aber fest, daß es sich nur um den Namen oder Spitznamen der jeweiligen Besitzer handelt, die mit dem Wort »Haus« verknüpft wurden, also hier zum Beispiel »Eschers-Thomas« und »Böhner-Adam«. Die Plecher Hausnamen sind daher grundsätzlich alte Personennamen.[40] Bemerkenswert ist aber vor allem das Alter von manchen dieser Namen. So taucht im Urkataster unter anderem auch der Hausname »Kunzenwirth« auf, der noch heute gebräuchlich ist. In einer Untertanen- und Gütertabelle über das Amt und den Markt Plech von 1697 ist von zwei »Wirthschafften« die Rede, als Bewohner der einen wird »Conradt Büttner sodabey ein Metzger« genannt. Als Kurzform des alten deutschen Konrad war der Vorname Kunz (eigentlich »Contz«) sehr verbreitet und kam auch im 17. Jahrhundert in Plech noch oft vor. »Conradt Büttner« und der »Kunzenwirth« waren also ein und dieselbe Person.[40]
Nicht minder aufschlußreich ist der Name für Haus Nr. 28. Der Bürger und Maurermeister Heinrich Meyer war als »Maurersheiner« bekannt, somit erhielt das Anwesen, das ihm gehörte, im Urkataster den Namen »Maurersheiner-Haus«.[40] Obwohl die im Urkataster vergebenen Hausnamen die Zeit oft überdauert haben, wird Haus Nr. 28 nicht mehr mit dem »Maurersheiner« in Verbindung gebracht. Als nämlich dieses Haus von Johann Georg Böhner und seinen Kindern erworben wurde, war es nur folgerichtig, daß sich im Laufe der Zeit auch ein neuer Hausname einbürgerte. Und tatsächlich heißt das Anwesen Neuhauser Straße 3 bei den Plechern bis zum heutigen Tage »Böhnerhaus«.
Nachdem das Haus aufgrund seines schlechten Bauzustands von den Ortsbewohnern schon aufgegeben worden war, wurde 1991 doch der Versuch gemacht, es zu retten. Ende 1994 konnte die Sanierung erfolgreich abgeschlossen werden.

Die Hausbeispiele

Hofgeschichte, bauhistorische Beschreibung

BERTRAM POPP, ADOLF MÖRTL, MARGRIT SEULING

Gebäudemerkmale für die Bauberatung

HELMUT GEBHARD

Hofgeschichte und Gebäudemerkmale

In der Übersichtskarte des Regierungsbezirks Oberfranken sind die einzelnen Landkreise und die Standorte aller Hausbeispiele eingetragen.
Die Hausbeispiele sind alphabetisch geordnet, zunächst nach den Landkreisen und innerhalb dieser nach den alten Ortsnamen. Die neuen Gemeinden nach der Gebietsreform werden aufgeführt.
Jedes Hausbeispiel ist mit Hinweisen zur Siedlung, der Hofgeschichte und den Gebäudemerkmalen für die Bauberatung aufgenommen.

Die Pläne beginnen mit einem Lageplan im Maßstab 1/2500. Es folgen Grundrisse, Schnitte und Ansichten, einheitlich im Maßstab 1/200. Den Gebäudemerkmalen zugeordnet sind Merkmallisten mit den wichtigsten Maßangaben und typologische Darstellungen der Häuser im Maßstab 1/500. Die Texte zu den Gebäudemerkmalen weisen auf charakteristische Schwerpunkte hin. Sie sind bewußt ähnlich gegliedert, um wiederkehrende Merkmale besser erkennen zu lassen.
Zu den Abbildungen sind historische und neuere Aufnahmen in gleicher Weise herangezogen, deren Autoren im Anhang genannt sind.

Kennzeichnung der Baumaterialien in Grundrissen und Schnitten

- Natursteinmauer
- Ziegelmauer
- Lehmmauer
- ■ Holzquerschnitt

Ebing

Bahnhofstraße 5

Marktgemeinde Rattelsdorf, Landkreis Bamberg

Zweigeschossiges Wohnstallhaus
Fachwerkbau des 18. Jahrhunderts
1853: »Tropfhaus«
1981: Abbruch

Zur Siedlung

Die 797 erstmals erwähnte Siedlung schenkte Kaiser Heinrich II. 1017 den Bamberger Benediktinern am Michelsberg. Bis zur Säkularisation 1803 hatte das Kloster die Dorf- und Gemeindeherrschaft inne. Schon im 12. Jahrhundert waren die alten Höfe in 20 Hufen geteilt. Die um 1800 bestehende Zahl von 114 Anwesen blieb bis Mitte des 19. Jahrhunderts konstant.

Der Ort ist im Kern ein Angerdorf, das sich zu einem geschlossenen Dorf verdichtete. Die Güter der wenigen größeren Bauern reihen sich meist giebelständig um den Anger. Siedlungserweiterungen fanden im 18. und 19. Jahrhundert an den Ortsrändern im Süden und Norden statt, wo sich die zahlreichen Sölden und Tropfhäuser der Kleinbauern und der hier auch stark vertretenen Dorfhandwerker häuften.

Zur Hofgeschichte

Der Hof lag am südöstlichen Dorfrand, am heute teilweise eingefüllten Altarm des Mains. Er war zu Beginn des 19. Jahrhunderts im Besitz des Nikolaus Schmitt, der als eigentliches Hauptanwesen den Hof Nr. 97 besaß. Er war einer der wenigen Vollbauern im Ort. Bei der Erbteilung 1843 fiel der größere Hof an seinen Sohn, den kleineren Hof Nr. 34 mit nur 8 Tagwerk Grund erhielt seine Tochter. Sie war mit dem Bauern Andreas Gunzelmann verheiratet. Über wechselnde Besitzer wurde das Anwesen bis in die jüngste Zeit bewirtschaftet. 1981 wurde das Gebäude abgebrochen.

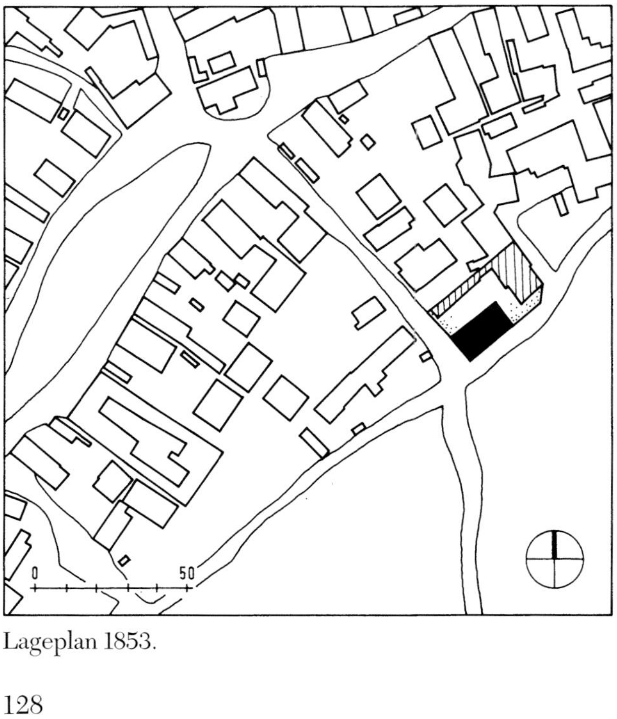

Lageplan 1853.

Das Wohnstallhaus bildete mit den Nebengebäuden einen geschlossenen Dreiseithof. Schon in seiner Größe dokumentierte es, daß es zur Erbauungszeit einem der wohlhabenderen Bauern gehörte. Wie in anderen Orten Westoberfrankens (siehe Gosberg, Bahnhofstraße Nr. 6, S. 220) änderte sich auch hier bei den späteren Erbteilungen stark die Besitzgröße.

Das fünfachsige Wohnstallhaus war als zweigeschossiger Fachwerkbau errichtet worden. Die Hauptansichtsseiten waren der südliche Giebel und die Traufseite zum Hof, wobei an dieser das Obergeschoß noch am ehesten das einst repräsentative Aussehen wiederspiegelte. Die zwischen den Ständern nahezu gleich breiten Wandachsen waren hier seitlich der Fenster ebenso wie die durchgehende Brüstungszone mit Andreaskreuzen verziert. Die Achse über dem Hauseingang war zudem durch seine Breite und Auszimmerung, etwa mit K-Streben und zwei Riegellagen hervorgehoben.

Das Fachwerk im Erdgeschoß dürfte in der Ständerstellung mit dem Obergeschoß übereingestimmt haben, möglicherweise noch mit K-Verbänden, wie der Vergleich mit der östlichen Traufseite vermuten läßt.

Dort entsprach das Obergeschoßfachwerk dem der Hofseite. Die südöstliche Wandzone war allerdings zusammen mit der Giebelseite schon im frühen 19. Jahrhundert in einer einfacheren Konstruktion ausgewechselt worden. Das Erdgeschoß richtete sich in seinen Wandzonen nicht nach dem Obergeschoß, vielmehr folgte es der innen anschließenden Binnenteilung. Die Fenster waren hier auch kleiner angelegt.

Das Haus war queraufgeschlossen und umfaßte im Wohnbereich die mit einer Bohlenbalkendecke ausgestattete Stube, eine kleinere Nebenkammer und die Küche. Diese wurde 1957 mit der Nebenkammer zu einer großen Wohnküche ausgebaut. Die Küchenkammer wurde durch eine Zwischenwand unterteilt. Der Stall war schon im späten 19. Jahrhundert um eine neben dem Hausplatz liegende Nebenkammer vergrößert, in seinen Umfassungswänden mit Sandsteinen aufgemauert und mit preußischen Kappen eingewölbt worden. Die Eisenträger der Wölbung wurden dabei in die im Obergeschoß durchwegs mit Ziegeln ausgemauerten Gefache eingesetzt, was eine Erhöhung des darüberliegenden Stallbodens zur Folge hatte. Das Obergeschoß entsprach in der Raumaufteilung dem Erdgeschoß. Hier wurde in jüngerer Zeit die Küchenkammer zugunsten der Küche um eine Achse verkleinert. Über dem Stallbereich schlossen sich auf beiden Seiten des Längsganges mehrere Kammern und Bodenkammern an.

Ansicht von Nordosten.

Ansicht von Nordwesten.

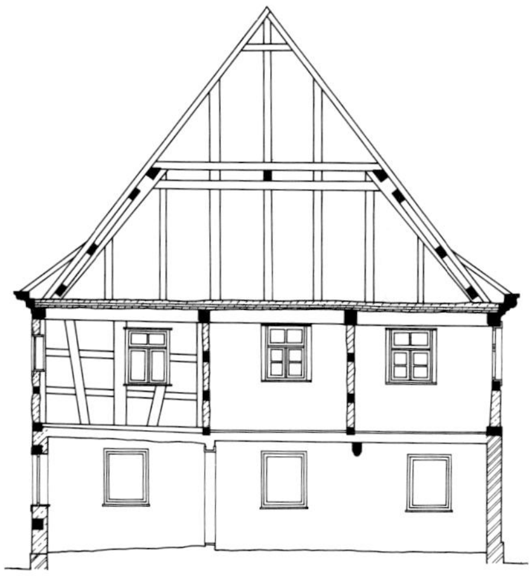

Querschnitt des Hauses.

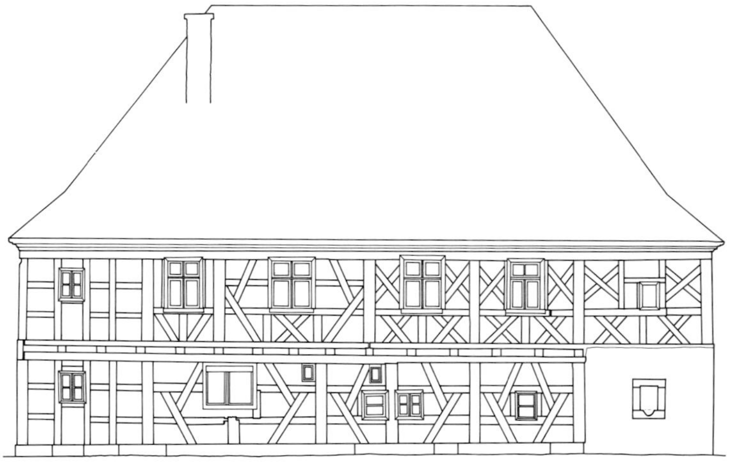

Ansicht von Südosten.

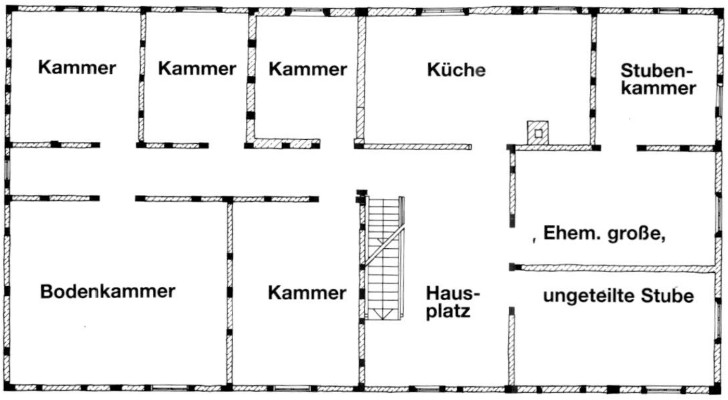

Obergeschoß.

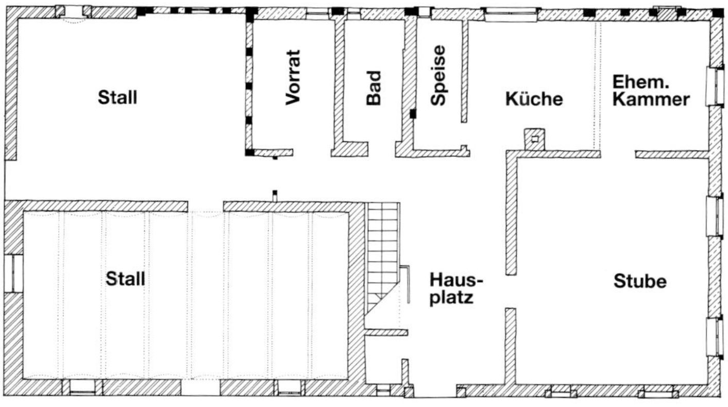

Erdgeschoß.

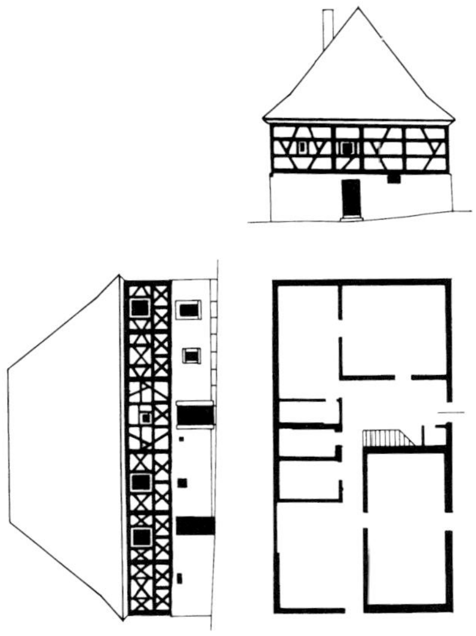

Ort	
Ebing, Bahnhofstr. 5	
Gebäude	
Gebäudeart	Wohnstallhaus
Wandkonstruktion	Ziegel/Naturstein/ Lehm/Fachwerk
Geschoßzahl	2 + Dach
Geschoßhöhe	2,5 m
Grundfläche (B × L)	183 qm (9,9 × 18,5 m)
Umbauter Raum	
Vollgeschosse	950 cbm
Dachgeschoß	400 cbm
Dach	
Dachart	Walmdach
Dachneigung	52°
Dachdeckung	Biberschwanzziegel
Dachüberstand	35 cm (Giebelseite)
Erschließung	
Hauseingang Lage	Traufseite
Flur Lage	Querflur
Grundfläche (B × L)	21,5 qm (3,7 × 5,8 m)
Treppe Art	einläufig
Laufbreite	75 cm
Steigungsverhältnis	17,9/22,2 cm, 39°
Stube	
Lage	Westecke
Grundfläche (B × L)	29 qm (5,9 × 5,8 m)
Fensterzahl	4 (heute 2)
Fensteröffnung (B × H)	2 × 90 × 110 cm 1 × 70 × 100 cm 1 × 50 × 70 cm
Belichtungsfaktor Fensteröffnung: Grundfläche	1:9,6
Stubenofen	
Küche	
Lage	hinter Stube
Grundfläche (B × L)	20,5 qm (3,3 × 6,2 m)

Gebäudemerkmale für Bauberatung

Das Wohnstallhaus steht mit seiner südöstlichen Längsseite an der Grenze der Hofstelle. In der verdichteten Bauweise des Dorfes ist dieser Grenzanbau üblich, um für die schmalen, in die Tiefe entwickelten Grundstücke einen möglichst großen, ungeteilten Freiraum für Zufahrt und Arbeitsvorgänge zu erhalten. Der Rechteckbaukörper von 9,9 × 18,5 m Seitenlänge zeigt hohe Gestaltsqualität in der inneren Raumaufteilung und den Außenansichten. Das Vollwalmdach weist auf allen Seiten dieselben Neigungswinkel von 52° auf. Kräftige Aufschieblinge leiten zu dem reich profilierten Gesims am Dachfuß über.

Die Grundrißanalyse läßt in der Mitte der Längs- und Querseite jeweils durchgehende Wände erkennen, die auch in den Fachwerkständern der Fassaden, auf der Stallseite im Obergeschoß, nach außen in Erscheinung treten. Den von der Traufseite erschlossenen Flur trennt die Querwand vom Stallteil. Die in der Längsseite errichtete Wand teilt den Stall in zwei Hälften. Davon weichen die Stuben des Erd- und Obergeschosses in der westlichen Hausecke wegen der nahezu quadratischen Maßverhältnisse von 5,8 × 5,9 m ab. Die Trennwand zwischen Stube und Küche setzt sich in beiden Geschossen als zweite seitlich verschobene Längswand nach Osten bis zum Stall fort, im Obergeschoß durch das ganze Gebäude. Somit kann auch, besonders im Obergeschoß, von einer Längsteilung der Grundrisse in eine breitere Raumzone mit den Stuben und eine schmälere mit den Küchen und Kammern gesprochen werden.

Auch im Erschließungssystem ist auf die spannungsreiche und Orientierung vermittelnde Abstufung der Raumgrößen von dem breiten Erschließungsflur mit der einläufigen Treppe zu dem schmalen Längsflur für die rückwärtigen Kammern hinzuweisen. Unter der Gesamtform des großen Walmdaches zeichnen sich mehrere Umbauphasen ab. Der nachträgliche massive Stallausbau ist eine häufig festzustellende Maßnahme bei Bauernhäusern in Fachwerkkonstruktion. Die zeitliche Abfolge der Fachwerkkonstruktionen kann aus dem Vergleich zwischen den älteren Teilen mit den großen Abständen der Ständer und K-Streben gegenüber den späteren Auswechslungen an der Südwestseite mit dem einfachen rasterartigen Fachwerk und enger Stellung der Ständer abgelesen werden.

Zur Weiternutzung für Wohnzwecke würden sich mit einem Umrechnungsfaktor von 0,75 pro Geschoß je 137 qm Wohnfläche ergeben eine Größenordnung, die zwei Wohneinheiten aufnehmen könnte.

Wohnstallhaus von Südosten.

Ansicht der Längsseite von Osten.

Frensdorf

Hauptstraße 5

Gemeinde Frensdorf, Landkreis Bamberg

Eingeschossiges Wohnstallhaus und Austragshaus
Massivbau des 19. Jahrhunderts
1708/09: »Söldengut«
1981: Übernahme durch den Verein »Bauernmuseum Landkreis Bamberg e. V.«

Zur Siedlung

Der südlich von Bamberg gelegene Ort war im 12. Jahrhundert Herrschaftssitz der Grafen von Abenberg-Frensdorf. 1248 kam er an das Hochstift Bamberg und war nachfolgend als Lehen im Besitz verschiedener Adelsfamilien. Nach dem Aussterben der letzten Grundherren, der Marschalk von Ebneth, fiel Frensdorf 1728 dem Hochstift anheim.
1348 wurden hier zwölf Höfe gezählt. Spätere Hofteilungen und die Anlage einer zweiten Häuserreihe ließen aus dem Zeilendorf das heutige Straßendorf entstehen. 1708 wurden die Anwesen noch als eingeschossige, strohgedeckte Fachwerkgebäude beschrieben, die vorwiegend Söldengüter waren. 1810 bestand Frensdorf aus 40 Sölden und 41 Tropfhäusern. Das Ortsbild prägen heute vor allem die im 19. Jahrhundert errichteten Steingebäude.

Zur Hofgeschichte

Das in der Dorfmitte gelegene Anwesen befand sich seit 1671 im Besitz der aus Böhmen zugewanderten Familie Bonhans. Noch 1810 wird das Wohnhaus als »hölzernes Haus«, d. h. als Fachwerkgebäude bezeichnet. Zu dieser Zeit gehörten zur Sölde lediglich 18 Tagwerk Grund. 1833 erwarb Michael Fischer den Hof für 1520 Gulden von Heinrich Bonhans. Durch ererbten Besitz und durch Zukäufe konnte er das Anwesen auf 38 Tagwerk vergrößern, das damit einer der sechs großen Höfe im Ort war. Wenige Jahre nach dem Kauf gab Michael Fischer dem Hof sein heutiges Erscheinungsbild als Massivbau. Bis zu seiner Übernahme durch den Verein »Bauernmuseum Landkreis Bamberg e. V.« blieb der Hof im Besitz der Familie, von der er auch den Hausnamen »Fischerhof« erhielt. Ab 1986 setzte der Verein das Anwesen instand. Das Konzept für das hier eingerichtete Museum sah vor, den vorgefundenen Bestand zu erhalten, wobei als Zeitstand für die Präsentation das Jahr 1920 gewählt wurde, als der Hof am besten bewirtschaftet war.
Das Anwesen bildet mit seinen Nebengebäuden eine regelmäßige Dreiseitanlage. Es kann als klassisches Beispiel für diese in Oberfranken verbreitete Hofform gelten. Das eingeschossige Wohnhaus und das kleinere Austragshaus stehen giebelständig zur Straße. Die Nebengebäude gruppieren sich dahinter um den Hof, der in seiner Mitte einen Brunnen besitzt. Zur Straße ist das Grundstück mit einem gußeisernen Zaun von 1930 abgeschlossen. Drei schwere Sandsteinpfeiler begrenzen Fußgängerpforte und Toreinfahrt.
Das Wohnstallhaus ist ein gut proportionierter Putzbau aus der Mitte des 19. Jahrhunderts, wie er sich auch häufig im anschließenden Steigerwald wiederfindet. Der Straßengiebel ist durch Gurtgesimse aus Sandstein gegliedert, die Hausecken sind durch eine Pilastergliederung markiert, Tür- und Fenstergewände besitzen profilierte Steingewände. Der Stallbereich ist nur wenig schlichter gestaltet.
Der typische Grundriß des queraufgeschlossenen Hauses, der im Wohnbereich Stube, Kammer und Küche aufweist, ist noch unverändert erhalten. Auf die Wohlhabenheit des Bauern weisen die beiden Gesindekammern hin, die zwischen Flur und Stall angelegt sind. Eine erste größere Instandsetzung des Hauses fand 1879 statt, wobei hier insbesondere der Stall mit einem damals zeitgemäßen preußischen Gewölbe versehen wurde.
Das eingeschossige Austragshaus ist wie das Haupthaus gegliedert, nur zeigt es über dem massiven Erdgeschoß einen Fachwerkgiebel. Es birgt die bescheidenen Räume für den Altenteil mit Küche, Stube und Schlafkammer. Hier ist auch der Backofen untergebracht. Veränderungen des 20. Jahrhunderts betrafen lediglich die Nebengebäude. 1902 wurde die Scheune zwischen Hof und rückwärtigem Grasgarten neu gebaut. 1915 vervollständigte ein Bullenstall die Reihe der Nebengebäude hinter dem Austragshaus. 1957 wurde am Platz der alten Holzlege hinter dem Wohnstallhaus eine Maschinenhalle errichtet.

Lageplan 1848.

Grundriß des Dreiseithofes.

Ansicht der Straßenfront von Süden.

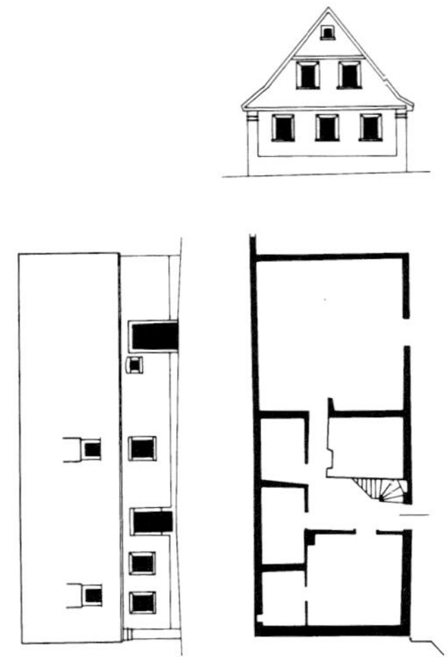

Ort	
Frensdorf, Hauptstr. 5	
Gebäude	
Gebäudeart	Wohnstallhaus
Wandkonstruktion	Naturstein, verputzt Ziegel, verputzt
Geschoßzahl	1 + Dach
Geschoßhöhe	2,5 m
Grundfläche (B × L)	139,8 qm (7,6 × 18,4 m)
Umbauter Raum	
Vollgeschoß	350 cbm
Dachgeschoß	320 cbm
Dach	
Dachart	Satteldach
Dachneigung	53°
Dachdeckung	Biberschwanzziegel
Dachüberstand	10 cm (Giebelseite)
Erschließung	
Hauseingang Lage	Traufseite
Flur Lage	Querflur
Grundfläche (B × L)	11,5 qm (2,5 × 4,6 m)
Treppe Art	einläufig über Eck
Laufbreite	85 cm
Steigungsverhältnis	
Stube	
Lage	Südostecke
Grundfläche (B × L)	20,2 qm (4,4 × 4,6 m)
Fensterzahl	4
Fensteröffnung (B × H)	80 × 100 cm
Belichtungsfaktor Fensteröffnung: Grundfläche	1 : 6,3
Stubenofen	ehem. Hinterlader von Küche
Küche	
Lage	Flurende
Grundfläche (B × L)	7,8 qm (2,1 × 3,7 m)

Querschnitt des Wohnstallhauses.

Gebäudemerkmale für Bauberatung, Wohnstallhaus

Der dreiseitig umbaute Hof kann als typisches Beispiel der Grenzbebauung in engen Dorflagen gelten. Beide seitlichen Grenzen sind mit Gebäuden besetzt, im Westen das drei Fensterachsen breite Wohnstallhaus und im Osten das nur zwei Fenster aufweisende schmale Gebäude für Austragswohnung und Nebenräume. Eine querstehende Scheune schließt nach Norden den zur Straße hin offenen Hofraum ab.

Das Wohnstallhaus ist bei 7,6 m Breite und 18,4 m Länge deutlich in die Tiefe gestreckt, um einen möglichst freien Hofraum zu erhalten. Das 53° steile Satteldach wird im Giebel durch zwei Fenster und in der seitlichen Dachfläche mit Schleppgauben belichtet. Die Haustür liegt an der östlichen Traufseite. Die im Querflur angeordnete einläufige Treppe führt ohne kostspielige Auswechslung zwischen den zum Tragwerk des Sparrendachs gehörenden Deckenbalken in das Dachgeschoß hinauf. Diese ebenso raumsparende wie wirtschaftliche einläufige Treppe ist im ganzen Verbreitungsgebiet des quererschlossenen Bauernhauses anzutreffen.

Von der quadratischen Stube (4,4 × 4,6 m), mit vier Fenstern an der Südostecke, kann die Hofeinfahrt überwacht werden. Der Erdgeschoßgrundriß ist durch eine Längswand in eine breitere Zone von Flur und Stube und eine schmälere von Schlafkabinett, Küche und Nebenräumen geteilt. Der Stubenofen wird als Hinterlader von der Küche aus beheizt. Die Baugestaltung zeigt die entwickelten Merkmale des Massivbaus. Sockel, Eckpilaster und Gesimse zwischen den Geschossen gliedern die verputzte Fassade. Sandsteingewände und zurückgesetzte Fenster betonen die Öffnungen in der flächigen Fassade. Bei 140 qm Grundfläche ergibt sich allein für das Erdgeschoß mit einem Umrechnungsfaktor von 0,75 eine Wohnfläche von 105 qm.

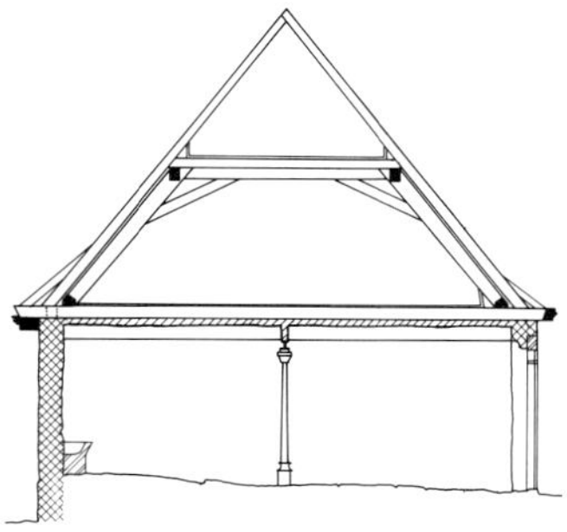
Schnitt durch den Stall.

Ansicht des Wohnstallhauses von Osten.

Südansicht des Dreiseithofes.

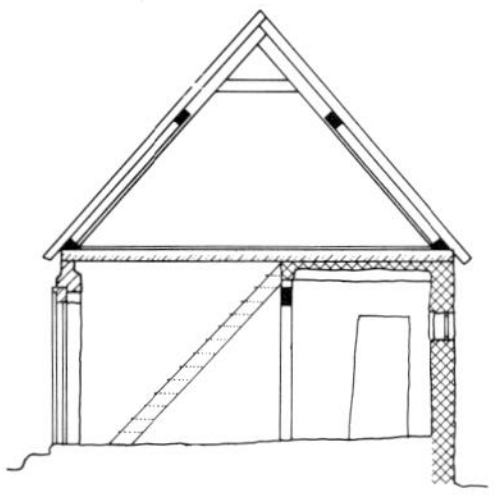
Querschnitt des Austragshauses.

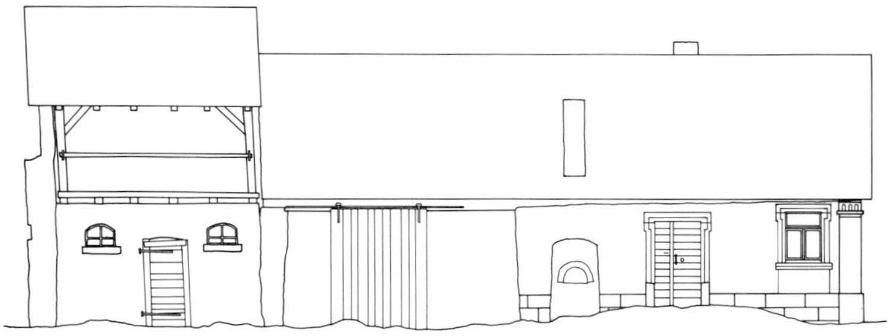
Das Austragshaus von Westen.

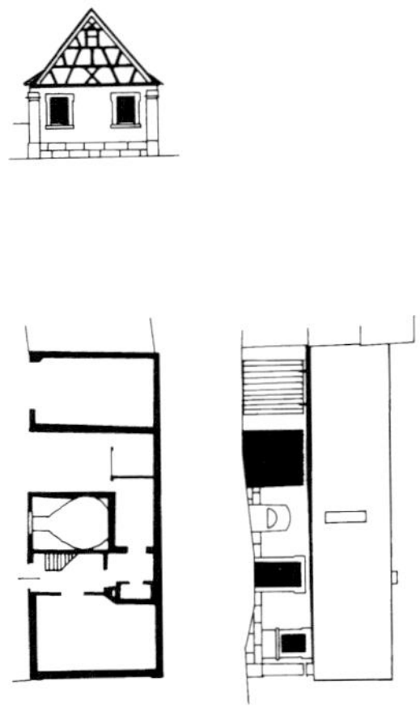

Ort	
Frensdorf, Hauptstr. 5	
Gebäude	
Gebäudeart	Wohnstallhaus (Austragshaus)
Wandkonstruktion	Naturstein/Ziegel, verputzt/Fachwerk
Geschoßzahl	1 + Dach
Geschoßhöhe	2,6 m
Grundfläche (B × L)	73 qm (5,4 × 13,5 m)
Umbauter Raum	
Vollgeschoß	190 cbm
Dachgeschoß	110 cbm
Dach	
Dachart	Satteldach
Dachneigung	50°
Dachdeckung	Biberschwanzziegel
Dachüberstand	25 cm (Giebelseite)
Erschließung	
Hauseingang Lage	Traufseite
Flur Lage	Querflur
Grundfläche (B × L)	4,2 qm (1,5 × 2,8 m)
Treppe Art	einläufig
Laufbreite	50 cm
Steigungsverhältnis	17,3/16,2 cm, 47°
Stube	
Lage	Südostseite
Grundfläche (B × L)	14 qm (2,6/3,1 × 4,8 m)
Fensterzahl	3
Fensteröffnung (B × H)	85 × 110 cm
Belichtungsfaktor Fensteröffnung: Grundfläche	1 : 5,0
Stubenofen	
Küche	
Lage	Flurende
Grundfläche (B × L)	3,4 qm (1,8 × 1,9 m)

Gebäudemerkmale für Bauberatung, Austragshaus

Das schmale Austragshaus folgt mit dem 50° steilen Satteldach, der Querflurerschließung und der einläufigen Treppe demselben Grundtypus wie das Haupthaus, jedoch nur in einer Raumtiefe von 5,4 m. Die Stube liegt am Südende mit 2 Fenstern zur Straße und einem Fenster zum Hof. Das gemauerte Erdgeschoß zeigt die gleichen Einzeldetails an Türen und Fenstern wie das Hauptgebäude. Dagegen wird das Giebeldreieck als Fachwerk ausgeführt.

Hinzuweisen ist bei dem Dachüberstand am Ortgang des Giebels auf das schmale Windbrett, das von überstehenden Dachlatten getragen wird und die vollentwickelte Gestalt des Ortgangs beim steilen Sparrendach darstellt.

Mit der großen, querstehenden Scheune bildet die Baugruppe von Wohnstall- und Austragshaus einen Dreiseithof, der heute als »Bauernmuseum, Landkreis Bamberg« genützt und erhalten wird.

Straßengiebel des Nebenhauses.

Heiligenstadt

Mühlengasse 7

Gemeinde Heiligenstadt, Landkreis Bamberg

Zweigeschossiges Wohnstallhaus
Fachwerkbau des 17. Jahrhunderts
1808: »Tropfhaus«
1987: Abbruch

Zur Siedlung

Heiligenstadt liegt im Fränkischen Jura, im Tal der Leinleiter. Der schon vor der Jahrtausendwende bestehende Ort gehörte im Spätmittelalter herrschaftlich den Streitbergern auf Greifenstein. Kaiser Karl V. verlieh 1541 die Marktrechte, was zur Siedlungserweiterung um den großen Marktplatz am östlichen Flußufer führte. Nach dem Aussterben der Streitberger 1690 gelangte der Besitz an die Stauffenberger, die bis zum 19. Jahrhundert die Grundherren waren.
Schon vor dem 19. Jahrhundert bestanden im ritterschaftlichen Ort zahlreiche Handwerksbetriebe. Neben der kleinen Oberschicht von Großbauern, Wirten und Metzgern gab es eine Mehrzahl von Sölden- und Tropfhausbesitzern, die den verschiedensten Gewerbesparten nachgingen. Noch im 19. Jahrhundert, als der Ort nur 76 Anwesen umfaßte, wurden alljährlich mehrere Kram- und Viehmärkte abgehalten.

Zur Hofgeschichte

Das Anwesen liegt nördlich des alten Siedlungskerns am Kirchenhügel. Es gehörte zu Beginn des 19. Jahrhunderts dem Nagelschmied Johann Schmidt, der es 1800 aus der elterlichen Erbteilung übernommen hatte. 1808 wird es als »ein zwei Stockwerk hohes Tropfhaus« mit der Nagelschmiedsgerechtigkeit bezeichnet.

Lageplan 1840.

Heiligenstadt, Mühlengasse 7.

Zusätzlich zu seinem Handwerk ging Johann Schmidt noch dem Handel mit Eisen, Seife und Salz nach. Er war nicht unvermögend, denn 1806 konnte er für 1500 Gulden ein zweites Haus in Heiligenstadt erwerben. Beide Güter wurden veräußert, als sein Sohn Friedrich, ebenfalls Nagelschmied, 1830 in das Anwesen Nr. 15 einheiratete. Mitte des 19. Jahrhunderts war das Haus im Besitz der Metzgersfamilie Hofmann, die zugleich den größeren Hof Nr. 65 besaß. Aus dieser Zeit stammt auch die entsprechende Umnutzung der Schmiede zu einem Stall. 1987 wurde das Anwesen abgebrochen und durch einen »historisierenden« Fachwerkbau ersetzt.
Von seiner äußeren Erscheinung entsprach das »Tropfhaus« nicht der üblichen Ärmlichkeit eines solchen Anwesens. Es beherrschte mit seinen zwei Geschossen den davorliegenden, kleinen Platz. Das Haus stammte in den wesentlichen Teilen des Innenausbaues aus der Mitte des 17. Jahrhunderts, im Kern kann es aber noch älter gewesen sein. Dem massiven Erdgeschoß war ein Fachwerkobergeschoß aufgesetzt. Im 18. Jahrhundert wurde die Fassade erstmals überarbeitet, bei der das Haus mit verputztem Obergeschoß und neuen geohrten Fenstergewänden aus Sandstein insgesamt einem Massivbau angeglichen wurde.
Trotz seiner Nutzung als Handwerkerhaus entsprach der Grundriß in seiner Dreizonigkeit dem eines Wohnstallhauses. Die Erschließung der Räume erfolgte von der Traufseite über den Hausplatz und einen seitlich anschließenden Längsgang. Bis auf Stube und Flur waren im Erdgeschoß alle Räume

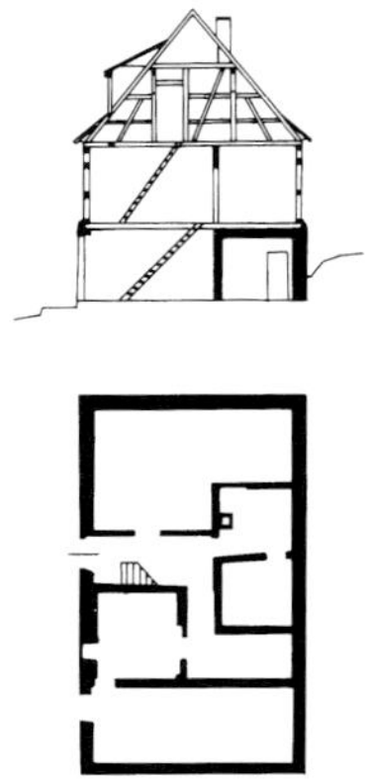

Ort	
Heiligenstadt, Mühlengasse 7	
Gebäude	
Gebäudeart	Wohnstallhaus
Wandkonstruktion	Naturstein/Fachwerk
Geschoßzahl	2 + Dach
Geschoßhöhe	2,6 m
Grundfläche (B × L)	95,8 qm (7,6 × 12,6 m)
Umbauter Raum	
Vollgeschosse	590 cbm
Dachgeschoß	180 cbm
Dach	
Dachart	Satteldach
Dachneigung	50°
Dachdeckung	Falzziegel
Dachüberstand	
Erschließung	
Hauseingang	Traufseite
Flur Lage	Querflur
Grundfläche (B × L)	6,4 qm (1,6 × 4,0 m)
Treppe Art	einläufig
Laufbreite	55 cm
Steigungsverhältnis	20/20,8 cm, 44°
Stube	
Lage	Südostecke
Grundfläche (B × L)	16 qm (4,0 × 4,0 m)
Fensterzahl	4
Fensteröffnung (B × H)	
Belichtungsfaktor	
Fensteröffnung: Grundfläche	
Stubenofen	Hinterlader von Küche
Küche	
Lage	Flurende
Grundfläche (B × L)	5,3 qm (2,2 × 2,4 m)

gewölbt. Die Wohnstube war mit einer Bohlenbalkendecke ausgestattet. Die gewölbte Nebenkammer schloß ohne Zwischenwand an die Stube an, wobei ursprünglich aber eine hölzerne Trennwand bestanden haben dürfte. Seitlich davon folgten mit nahezu gleicher Grundfläche Küche, Küchenkammer sowie ein schmälerer Lagerraum. Der Schmiederaum, der spätere Stall, lag neben dem Hausplatz. Von ihm war auch der kleine Anbau erschlossen, der noch 1849 als »Holzhalle«, als Lager für das Feuerholz und für die Holzkohle der Schmiede, bezeichnet wurde.
Das Obergeschoß zeigte eine dem Erdgeschoß entsprechende Aufteilung. Allerdings waren hier statt der kleinen, rückwärtigen Wirtschaftsräume zwei große Kammern angelegt. Die obere Stube war ebenfalls mit einer repräsentativen Bohlenbalkendecke ausgestattet. Die unmittelbar daranliegende Kammer könnte, wie bei größeren Bauern- oder Handwerkerhäusern durchaus üblich, als zweite, obere Küche gedient haben, da durch sie der von der Rauchküche nach oben geführte Kamin lief.

Gebäudemerkmale für Bauberatung

Das Handwerkerhaus steht auf dem kleinen Grundstück des nicht landwirtschaftlichen Söldenanwesens. Auf der westlichen Grenze des Hofes erbaut, wird es von der östlich vorbeiführenden Straße erschlossen. Der Rechteckgrundriß trägt ein 50° steiles Satteldach mit dem schmalen Dachüberstand des knappen Windbrettdetails am Giebel. Trotz mehrerer archivalisch nachgewiesener Umbaumaßnahmen zeigt das Haus, auch in seinem letzten Bauzustand, die typische Raumfolge von traufseitiger Erschließung, Querflur mit einläufiger Treppe zum Obergeschoß und seitlich anschließender Stube. Die Stube folgt mit dem quadratischen Zuschnitt von 4 × 4 m, ihrer Ecklage und dem Stubenofen an der Innenecke zur Küche der auch bei größeren Wohnstallhäusern üblichen Grundrißorganisation. Damit wird der in Mittelfranken festgestellte Tatbestand für Oberfranken bestätigt, daß vom großen Bauernhaus bis zum kleinen Handwerkeranwesen, quer durch die sozialen Schichten, dem Bauen dieselbe grundsätzliche Bedeutung zugemessen wurde, die sich in der typologischen Ähnlichkeit, wenn auch in unterschiedlichen Größenordnungen widerspiegelt.
In dem Gebäude könnten bei 95,8 qm Grundfläche nach dem Umrechnungsfaktor von 0,75 pro Geschoß je 71 qm Wohnfläche gewonnen werden.

Außenansicht von Südwesten.

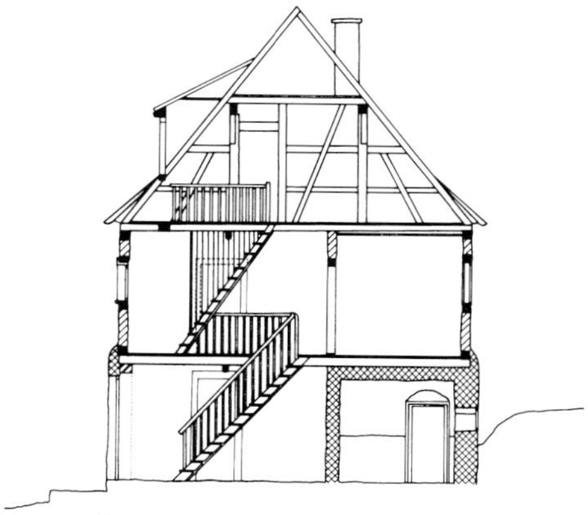

Querschnitt.

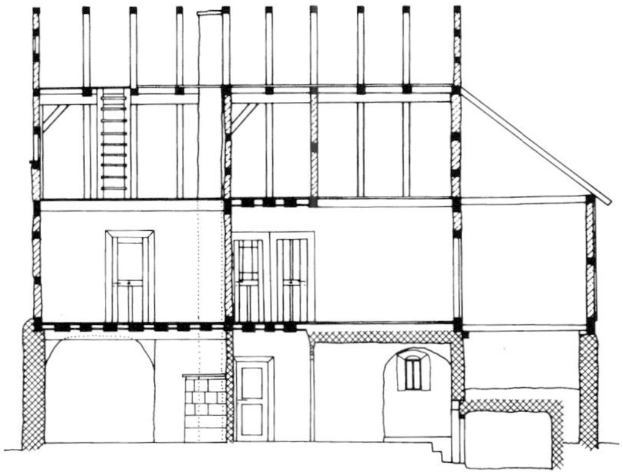

Längsschnitt.

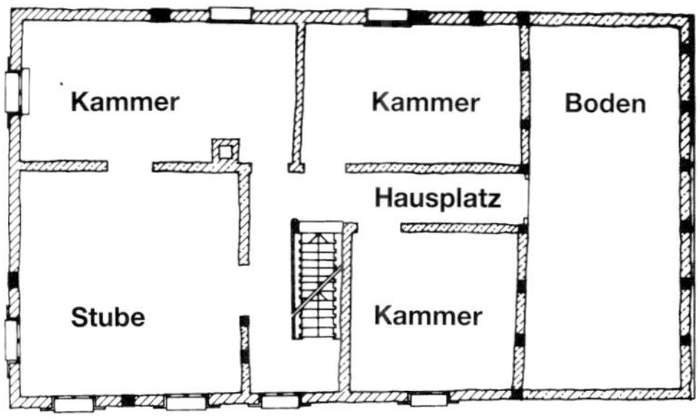

Obergeschoß.

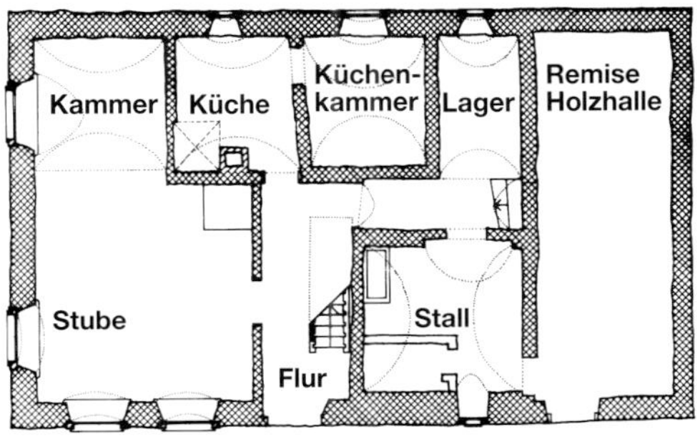

Erdgeschoß.

Mistendorf

Lindenplatz 6

Gemeinde Strullendorf, Landkreis Bamberg

Eingeschossiges Wohnstallhaus
Fachwerkbau zwischen 1506 und 1517
1847: »Pöllatssöldengütlein«

Zur Siedlung

Der östlich von Bamberg vor dem Fränkischen Jura gelegene Ort zählt aufgrund seines Ortsnamens zu den vor der Jahrtausendwende gegründeten vorbambergischen Orten. Wichtigster Grundherr war bis 1803 das Hochstift, die Dorf- und Gemeindeherrschaft übte das bambergische Amt Memmelsdorf aus.

Das bestehende Dorf bildete sich aus mehreren alten, noch heute relativ separaten Kernen, wobei sich der nördliche Siedlungsbereich, in dem sich auch das Anwesen Lindenplatz 6 befindet, um einen kleinen Anger gruppiert. 1800 gab es in dem Bauern- und Handwerkerdorf, in dem man auch Obstbau betrieb, 52 Anwesen. Noch 1950 bestand die gleiche Anzahl von Höfen mit 296 Einwohnern.

Zur Hofgeschichte

Zu Beginn des 19. Jahrhunderts war das Söldengut im Besitz des Nikolaus Schick, der 1808 den Hof von seinem Vater übernommen hatte. Mit seinen 15 Tagwerk zählte er zu den kleineren vollbäuerlichen Betrieben im Ort. 1841 wird es als Wohnhaus mit Backofen und Stadel bezeichnet, zinsbar war es zur von Aufseßschen Seminarstiftung in Bamberg. Nach weiterem Besitzwechsel gelangte es an die Familie Hofmann, deren Nachfahren es noch heute besitzen.

Das Gebäude zählt zu den ältesten erhaltenen Wohnstallhäusern Oberfrankens. Aufgrund des Fälldatums der verbauten Hölzer läßt sich die Entstehungszeit

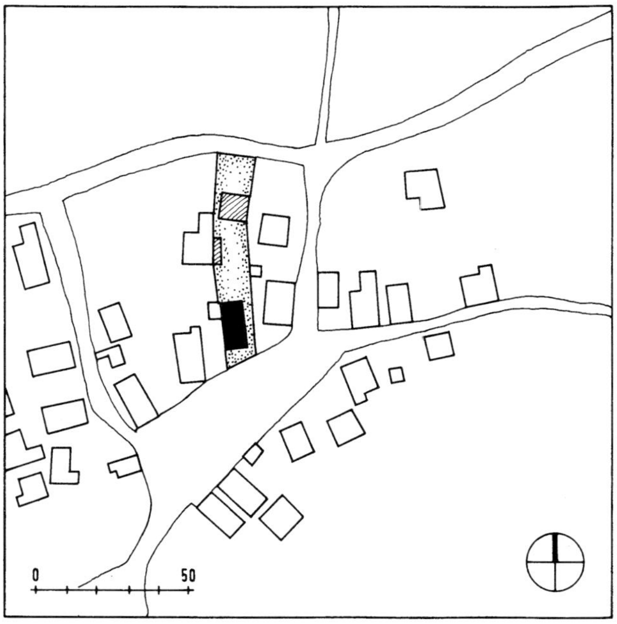

Lageplan von 1848.

Südliche Giebelansicht.

zwischen die Jahre 1506 und 1517 eingrenzen. Die besondere Bedeutung dieses Hauses liegt darin, daß es zumindest in seinem Wohnbereich über die Jahrhunderte hinweg noch weitgehend in seinem ursprünglichen Raumgefüge erhalten blieb. Zudem handelt es sich, wie der geschwärzte Dachstuhl und der fehlende Kamin aufzeigen, um eines der selten gewordenen Rauchhäuser.

Das mit einem steilen Satteldach versehene Wohnstallhaus orientiert sich wie die Nachbaranwesen giebelständig zum Dorfplatz. Es ist eingeschossig und steht auf einem hohen Sandsteinsockel. Der im Hausbereich unter der Wohnstube angelegte Keller war ursprünglich über einen außenliegenden Kellerhals zugänglich.

Das hohe Fachwerkgerüst des Erdgeschosses steht auf einem durchgehenden Schwellenkranz. Am vorderen Giebel zeichnet sich im dreizonigen Fachwerkverband der breitere, zweiachsige Stubenbereich vom schmäleren Kammerbereich deutlich ab. Die hohen Ständer besaßen verzapfte, später abgesägte Fußstreben. Die langen, an Ständer und Rähm angeblatteten Kopfstreben sind noch vorhanden. Das Giebelgesperre steht einige Zentimeter vor der Erdgeschoßfassade auf den vorkragenden Pfettenköpfen des Wandrähms auf, wobei dieses selbst hinter der Giebelschwelle liegt.

Das zweigeschossige Giebeldreieck besaß im Untergeschoß verzapfte, leicht gebogene Fußstreben, im Giebelspitz eine Spitzsäule mit verzapften Fußstreben. Im Giebeldreieck wurde bei einer späteren Vergrößerung der Fenster, die wohl im 19. Jahrhundert erfolgte, der alte Verband durch neuere Hölzer ergänzt und zum Teil ersetzt.

Das ursprünglich durchgehend eingeschossige, traufseitig erschlossene Haus war bereits zur Erbauungszeit dreizonig angelegt. An den Hausplatz

Ansicht von Süden.

Ansicht von Osten.

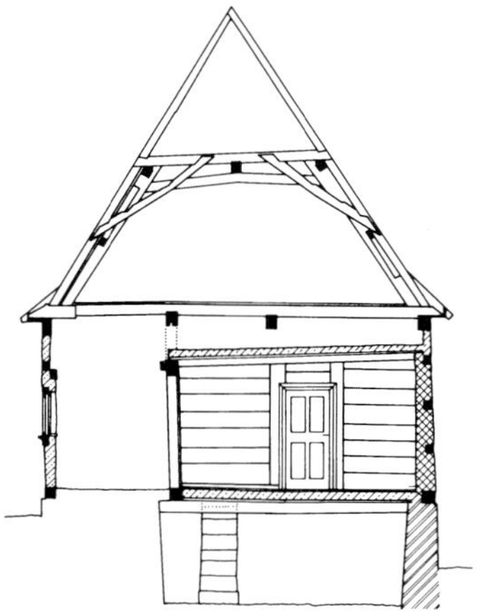

Querschnitt.

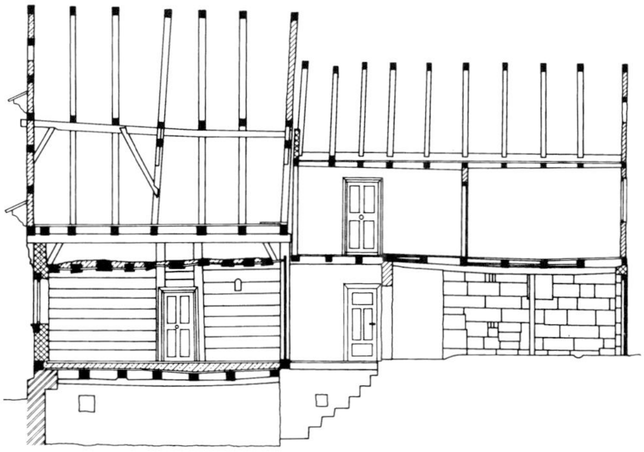

Längsschnitt.

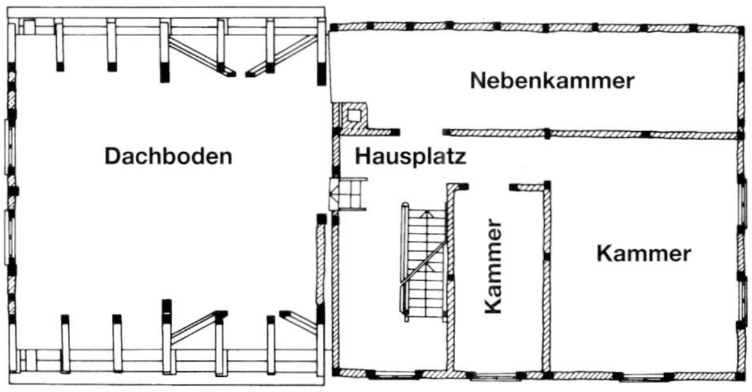

Obergeschoß.

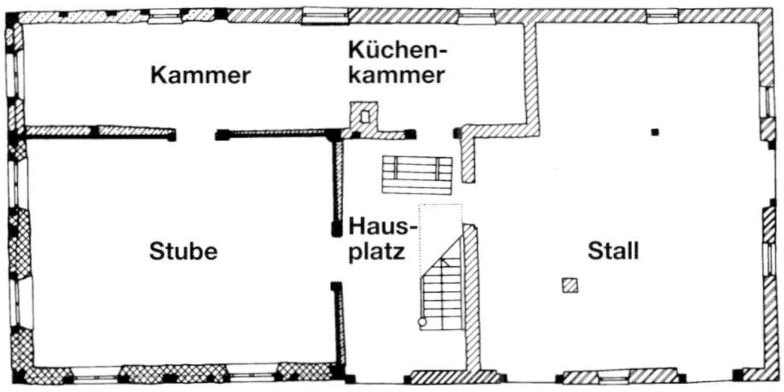

Erdgeschoß.

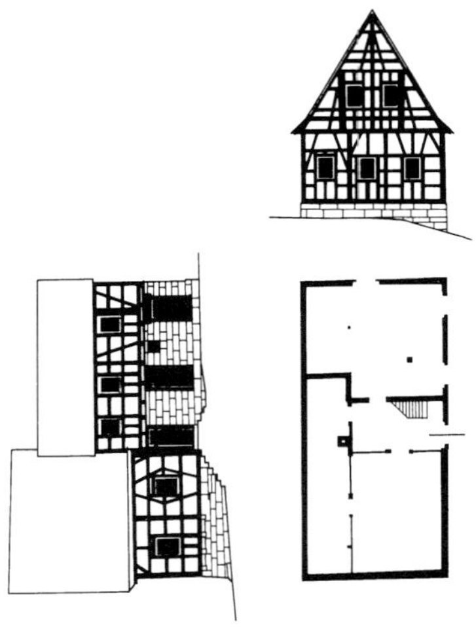

Ort	
Mistendorf, Lindenplatz 6	
Gebäude	
Gebäudeart	Wohnstallhaus
Wandkonstruktion	Naturstein/Fachwerk
Geschoßzahl	1 + Dach, z. T. 2 + Dach
Geschoßhöhe	2,7 m/3,5 m
Grundfläche (B × L)	111 qm (7,3 × 15,2 m)
Umbauter Raum	
Vollgeschosse	500 cbm
Dachgeschoß	220 cbm
Dach	
Dachart	Satteldach
Dachneigung	56°
Dachdeckung	Falzziegel
Dachüberstand	45/20 cm (Giebelseite)
Erschließung	
Hauseingang Lage	Traufseite
Flur Lage	Querflur
Grundfläche (B × L)	11,5 qm (2,5 × 4,6 m)
Treppe Art	einläufig
Laufbreite	75 cm
Steigungsverhältnis	18/16,4 cm, 48°
Stube	
Lage	Südostecke
Grundfläche (B × L)	27 qm (4,5 × 6,0 m)
Fensterzahl	4
Fensteröffnung (B × H)	90 × 110 cm
Belichtungsfaktor Fensteröffnung: Grundfläche	1 : 6,8
Stubenofen	Hinterlader von Küche
Küche	
Lage	Flurende
Grundfläche (B × L)	12 qm (2,0 × 5,9 m)

schließt die große Stube an. Wie die genuteten Ständer hier aufzeigen, war sie ursprünglich als Bohlenstube angelegt. Die beiden innenliegenden Wände besitzen noch die alte Verbohlung, die in die Nuten der Ständer eingelassen ist. Die Außenwände wurden ebenso wie die der Kammer, deren Wände mit Lehmflechtwerk ausgefacht waren, nachträglich bei einer Instandsetzungsmaßnahme im Jahre 1833 massiv ausgemauert. Die Stubendecke besteht aus einer Bohlenbalkendecke, die oberseitig zur Wärmedämmung mit Lehmschlag bedeckt ist. Auf die Stube folgt die große querliegende Küche. Eine Unterteilung in Nebenkammer und Küche, wie sie möglicherweise ursprünglich vorhanden war, ist durch fehlende Wandanschlüsse nicht mehr feststellbar.
Der jenseits des Flures gelegene alte Stallbereich wurde 1833 abgebrochen und durch einen neuen zweigeschossigen Bau ersetzt. Über dem Stall wurden hierbei neue Kammern eingerichtet. 1922 wurde dieser Hausbereich erneut instandgesetzt.

Gebäudemerkmale für Bauberatung

Die Hofstelle geht als schmaler Grundstücksstreifen von dem Anger im Süden bis zur Straße nach Norden durch. Der Grenzanbau ist bei allen Gebäuden zu verzeichnen: das Wohnstallhaus im Südteil an der westlichen Nachbargrenze, ebenso ein kleiner Schupfen und die Scheune im Nordteil an der Grenze zum östlichen Nachbarn. Der eingeschossige Rechteckbaukörper weist ein Seitenverhältnis von nahezu 1:2 (7,3 × 15,2 m) auf und trägt ein 56° steiles Satteldach über dem älteren südlichen Wohnteil, während der rückwärtige Stall nachträglich um ein Geschoß aufgestockt wurde.
Das Raumgefüge zeigt den Typus eines Querflurhauses. Der von Osten her erschlossene Flur (Hausplatz) nimmt seitlich die einläufige Treppe in das Dach- bzw. Obergeschoß auf und reicht bis zu der durchgehenden Längswand, die den Grundriß in zwei unterschiedlich breite Raumzonen teilt. Diese klare Raumdisposition wird im Stall durch eine Holzstütze und im später ausgebauten Obergeschoß durch eine Wand fortgesetzt. Die Stube erhält die bevorzugte Ecklage im Südosten, mit Blick auf Straße und Hofzugang. Sie wird von zwei Ost- bzw. Südfenstern belichtet und bildet damit die typische Fensterecke. Diagonal gegenüber liegt die Ofenecke mit Anschluß an die Küche.
Hinter dem Fachwerkgiebel, der das Haus an der Südseite prägt, tritt die flachere Dachneigung des rückwärtigen zweigeschossigen Stallteils in der Erscheinung zurück. Das Fachwerk des Erdgeschosses ist verändert worden, das Giebeldreieck zeigt eine axialsymmetrische Ausrichtung.

Mürsbach

Nr. 97

Marktgemeinde Rattelsdorf, Landkreis Bamberg

Eingeschossiges Wohnstallhaus
Fachwerkbau des frühen 18. Jahrhunderts
1853: Wohnhaus mit Stall

Zur Siedlung

Mürsbach wird schon kurz nach 800 mit anderen Orten des mittleren Itzgrundes genannt. Der erste Siedlungsbereich lag am Rande des heutigen Ortskerns um den einst befestigten Kirchberg, wo das geschlossene Dorf heute eine starke bauliche Verdichtung aufweist. Zwei jüngere Dorferweiterungen schlossen sich an diesen Kern an. Der Ort war ein Condominatsort, in dem sich neben dem Hochstift auch ritterschaftliche Familien die Grundherrschaft teilten. Die Dorfherrschaft übte das Würzburgische Amt Ebern aus. Im 19. Jahrhundert hatte Mürsbach für die umliegenden Dörfer Marktfunktion, das Marktrecht besaß die Gemeinde jedoch nur von 1832 bis 1889. Das Dorf mit seinem weitgehend erhalten gebliebenen Ortsbild ist auch heute noch nicht wesentlich über den alten Kern hinausgewachsen.

Zur Hofgeschichte

Der Hof liegt am südwestlichen Rand des verdichteten Ortskernes, am Übergangsbereich zu einer lockerer bebauten, spätmittelalterlichen Siedlungserweiterung.

Der kleinbäuerliche Betrieb mit 7 Tagwerk gehörte 1853 dem Nebenerwerbslandwirt und Schuhmacher Walter Jacob. Es handelte sich zu dieser Zeit um eines der zahlreichen Kleinanwesen im Dorf, das sich in seiner reichen Fachwerkgestaltung an den größeren Bauerngütern orientierte. Es steht giebelständig zu einem davorliegenden platzartigen Straßenraum.

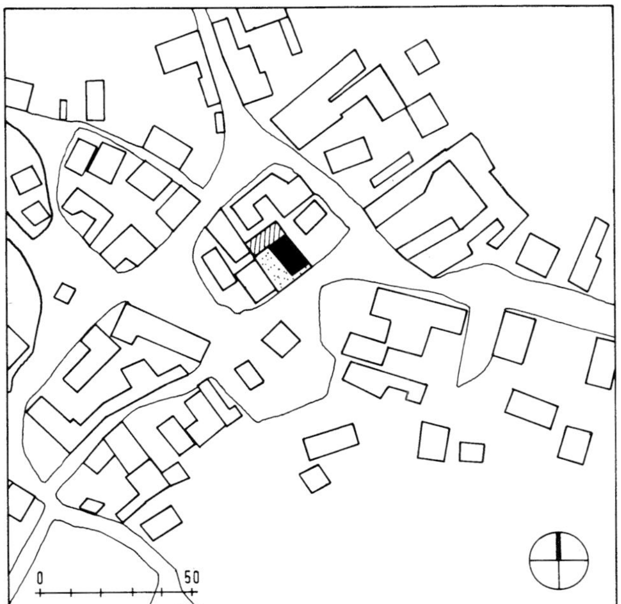

Lageplan.

Ansicht von Südosten.

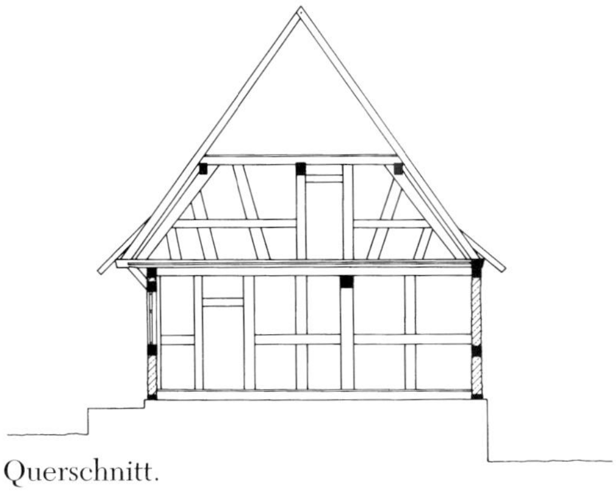

Querschnitt.

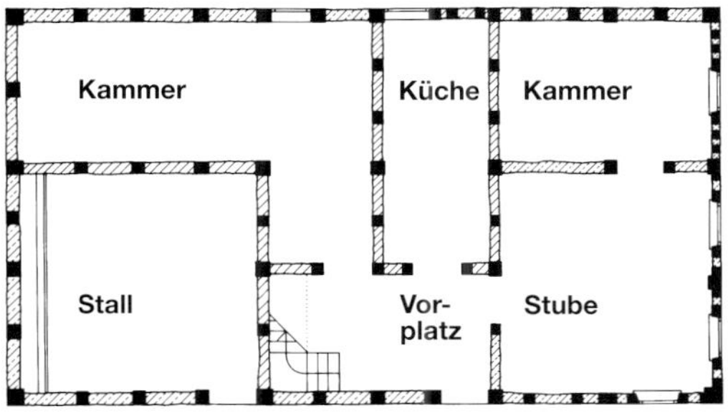

Erdgeschoß.

Das eingeschossige Wohnstallhaus steht auf einem niedrigen Sandsteinsockel. Im Gegensatz zu dem mit aufwendigem Zierfachwerk gestalteten straßenseitigen Giebel bestehen die Traufseiten und der rückwärtige Giebel aus einem einfacheren Fachwerksverband. Am Giebel zeigt sich in den unterschiedlichen Fensterachsen die Lage von Kammer und Stube.

Der durchgehende Brüstungsbereich unterhalb der Fenster ist mit genasten Feuerböcken verziert, zwischen denen die Ständer und Stiele balusterförmig bearbeitet sind. Der zweigeschossige Fachwerkgiebel ist entsprechend der in Mürsbach häufig auftretenden Giebelauszimmerung gestaltet. Er besitzt im ersten Geschoß eine durchlaufende Brüstungszone mit durchkreuzten Rauten, die Wandflächen neben und über den ursprünglich kleineren Fenstern sind ähnlich gestaltet. Das Giebeldreieck darüber zeigt weite genaste Feuerböcke.

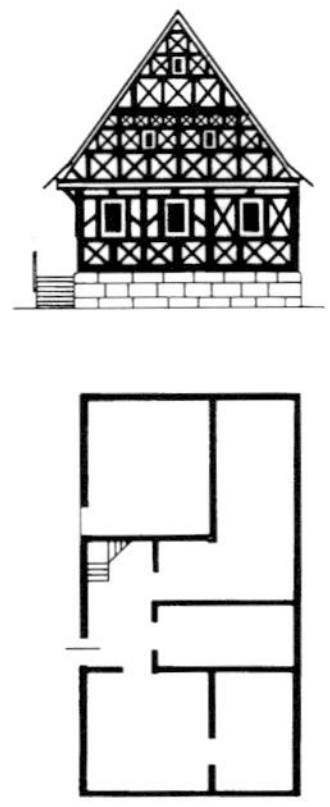

Ort	
Mürsbach, Nr. 97	
Gebäude	
Gebäudeart	Wohnstallhaus
Wandkonstruktion	Fachwerk
Geschoßzahl	1 + Dach
Geschoßhöhe	2,75 m
Grundfläche (B × L)	97,1 qm (7,3 × 13,3 m)
Umbauter Raum	
Vollgeschoß	270 cbm
Dachgeschoß	290 cbm
Dach	
Dachart	Satteldach
Dachneigung	55°
Dachdeckung	Falzziegel (ehem. Rinnenziegel)
Dachüberstand	110/50 cm (Traufseite)
Erschließung	
Hauseingang Lage	Traufseite
Flur Lage	Längsflur
Grundfläche (B × L)	8,6 qm (2,1 × 4,1 m)
Treppe Art	einläufig über Eck
Laufbreite	70 cm
Steigungsverhältnis	
Stube	
Lage	Südecke
Grundfläche (B × L)	16 qm (3,9 × 4,1 m)
Fensterzahl	3
Fensteröffnung (B × H)	70 × 110 cm
Belichtungsfaktor Fensteröffnung: Grundfläche	1:6,9
Stubenofen	
Küche	
Lage	neben Stube
Grundfläche (B × L)	9 qm (2,0 × 4,5 m)

Die Fachwerkkonstruktion der Traufseiten besteht aus zweifach verriegelten Verbänden mit langen Fuß- und Kopfstreben. Der Stallteil ist lediglich aus einem weitgehend konstruktiven Fachwerk aus Ständern und Riegeln errichtet. An der südwestlichen Traufseite bildet das Kehlbalkendach mit liegendem Stuhl über dem Tritt einen leichten Dachüberstand aus, der als Wetterschutz dient.
Das queraufgeschlossene Haus entspricht in seiner Dreizonigkeit dem Vorbild größerer Wohnstallhäuser. Der ursprüngliche Grundriß ist nur noch in überformter Gestalt erhalten. An den Hausplatz schließt die große unveränderte Stube an, hinter der eine kleine Nebenkammer gelegen war. Ihr folgte die vom Hausplatz direkt erschlossene Küche. Zu Beginn dieses Jahrhunderts wurde die rückwärtige Kammer zugunsten der Küche auf die gleiche Breite der Stube vergrößert, die Stube selbst in den Hausplatz hinein verlängert. Die ursprünglich steilere, direkt vom Hausplatz ins Obergeschoß führende Treppe wurde bereits im letzten Jahrhundert unter Entfernung einer Seitenwand des Hausganges in den ursprünglich hier bestehenden Kammerteil verlegt. Die Treppe besteht jetzt aus einer jüngeren zweiläufigen Treppe mit Wendepodest. Der kleine Stall nimmt mit einer großen dahinterliegenden Kammer die übrige Haushälfte ein. Aufgrund der veränderten Raumsituation ist der ursprünglich direkt vom Hausplatz erschlossene Stall nur noch von außen zu betreten.
Das Dachgeschoß wurde erst in der Nachkriegszeit ausgebaut. Hierbei wurden zwei Gefachzonen entfernt und größere Fenster eingebracht. Zwei Fassadeninstandsetzungen fanden 1962 und 1984 statt.

Gebäudemerkmale für Bauberatung

Die Bauern- und Handwerkeranwesen des dicht bebauten Dorfes Mürsbach weisen überwiegend eine grenzständige Bauweise auf, so auch das Haus Nr. 97. Es steht an der Ostgrenze seiner kleinen Hofstelle, die nach Norden von einer Scheune abgeschlossen wird. Der Baukörper von 7,3 × 13,3 m Seitenlänge trägt ein 55° steiles Satteldach. Der Zugang erfolgt über den Hof von der westlichen Traufseite, an der das Satteldach ca. 1 m auskragt, um den Hauseingang und die Stalltür gegen Niederschläge zu schützen. Dieser Verschiebung aus der Mittelachse entspricht die Fensteranordnung des Erdgeschosses. Das mittlere Fenster folgt der Symmetrieachse des nach Westen versetzten Giebeldreiecks und verläßt damit die Mittelachse der Erdgeschoßwand. So ergeben sich für die Stube in das Südwestecke zwei schmälere Fensterachsen mit je zwei Brüstungsfeldern gegenüber der drei Felder breiten Kammer. Der betont kunstvollen Fachwerkgestaltung entspricht auch das sorgfältige Sandsteinquadermauerwerk des Sockels. Sucht man hinter der reich ornamentierten Verstrebung der Wandfelder (Rauten, geschweifte Andreaskreuze) die konstruk-

Giebelansicht von Süden.

tive Grundstruktur, so entdeckt man eine einfache Folge von senkrechten Pfosten und waagrechten Bändern, die mit dem später folgenden Rasterfachwerk mehr Ähnlichkeit besitzt als mit den früheren Entwicklungsstufen der weiten Pfostenabstände und Fußstreben.

Das Innenraumgefüge wurde durch Umbau der Erdgeschoßzone der Treppe und Ausbau des Dachgeschosses in diesem Jahrhundert verändert. Aus einer Grundfläche von 97 qm errechnet sich bei einem Umrechnungsfaktor von 0,75 eine Wohnfläche, ohne Dachgeschoßausbau, von 73 qm.

Windischletten

Nr. 31

Stadt Scheßlitz, Landkreis Bamberg

Zweigeschossiges Wohnstallhaus
Fachwerkbau von 1616
1850: »Sölde«
1990: Abbruch

Zur Siedlung

Der nordöstlich von Bamberg gelegene Ort, dessen Name auf eine frühmittelalterliche slawische Ansiedlung zurückgeht, wird erstmals 1302 erwähnt. Die Grundherrschaft teilten sich bis 1803 mehrere Bamberger Klöster und geistliche Einrichtungen. 1818 umfaßte der Ort 47 Häuser mit 262 Einwohnern. Er war zu dieser Zeit ausschließlich ein Bauerndorf.
Das Straßendorf weist entlang des Ortsweges eine regelmäßige Parzellenteilung auf, wobei die bestehenden Halb- und Viertelhöfe, auch halbe Huben, auf eine systematische Teilung einst weniger großer Höfe hinweisen. Im heutigen Ortsbild dominieren der regelmäßige Zwei- und Dreiseithof, wobei die überwiegend aus dem 19. Jahrhundert stammenden Wohnstallhäuser giebelständig zur Straße stehen.

Zur Hofgeschichte

Das Wohnstallhaus, das im östlichen Ortsbereich lag, bildete zusammen mit der rückwärtigen Scheune und der gegenüberliegenden Holzlege mit Schweinestall einen regelmäßigen Dreiseithof.
Zu Beginn des 19. Jahrhunderts gehörte das als Sölde bezeichnete Anwesen dem Großbauern Sebastian Griebel. Er hatte es 1798 von seinem Vetter geerbt. Er war zugleich Besitzer des benachbarten Halbhofes Nr. 30. Mit 29 Tagwerk Grund zählte die Sölde zu den mittleren, der Halbhof mit 42 Tagwerk zu den größeren Anwesen im Ort. Mitte des 19. Jahrhunderts waren die Güter bereits auf verschiedene Familienzweige vererbt, der Hof Nr. 31 blieb bis in dieses Jahrhundert im Familienbesitz.

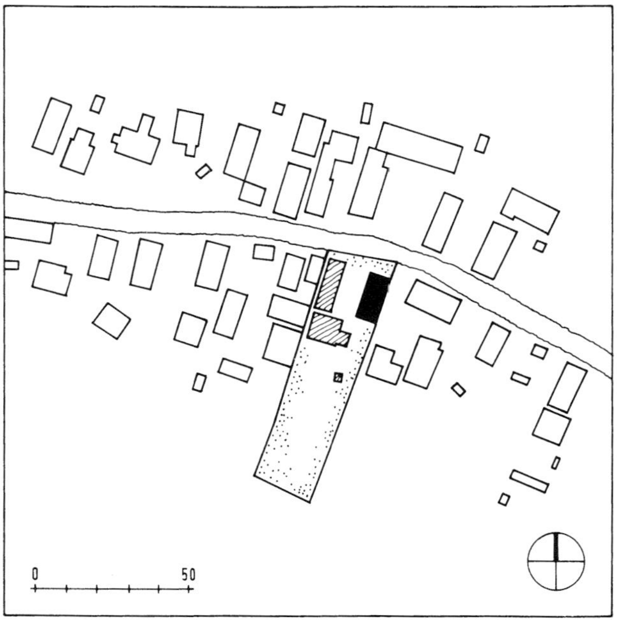

Lageplan 1850.

Nordöstlicher Fachwerkgiebel des 17. Jahrhunderts mit ausgemauertem Erdgeschoß des 19. Jahrhunderts.

Das giebelständige Wohnstallhaus war zur Erbauungszeit ein zweigeschossiger Ständerbau mit über beide Stockwerke gehenden Stützen und einer Aussteifung durch Riegel und lange Kopfstreben. Aufgrund dendrochronologischer Untersuchungen läßt er sich in das Jahr 1616 datieren. Teile dieses Baues waren noch in dem von der Straße abgewandten Hausbereich erhalten. Der Giebel zeigte hier deutlich die Konstruktionsmerkmale eines Ständerbaues. Nach einem Brand im 17. Jahrhundert wurden im vorderen Hausbereich Teile des Gefüges und der Außenwände erneuert. Der neue Straßengiebel zeigte in seinem Giebeldreieck verzapfte K-Verbände aus dieser Zeit.
Die ursprüngliche Raumaufteilung des älteren Kernhauses läßt sich aufgrund stärkerer Veränderungen zu Beginn des 20. Jahrhunderts nicht mehr eindeutig ermitteln. Die ursprüngliche Raumaufteilung des älteren Kernbaues und der späteren Instandsetzung läßt sich aufgrund stärkerer Veränderungen zu Beginn des 20. Jahrhunderts nicht mehr eindeutig ermitteln. Das queraufgeschlossene Gebäude war im Erdgeschoß – entsprechend wie im Obergeschoß – durch einen mittig in Firstrichtung verlaufenden Unterzug zweischiffig. Stube, Kammer, Küche und Küchenkammer paßten sich hier in ihrer typischen Zuordnung ein. Jenseits des Hausplatzes befand sich der Stall, der ursprünglich mit einer Balkendecke ausgestattet war. Er wurde Ende des 19. Jahrhunderts durch einen eingeschossigen Anbau vergrößert und mit preußischen Kappen überwölbt.
Das Obergeschoß wies eine Binnenteilung entsprechend der des Erdgeschosses, mit Stube, Kammer, Küche und Küchenkammer auf. Stube und Kammer waren mit einer Balkendecke ausgestattet, die lediglich von oben verbrettert war.

Wie durch den unregelmäßigen Steinverband ersichtlich, wurde im 19. Jahrhundert das Erdgeschoßfachwerk abschnittsweise durch Sandsteinquader ersetzt, beginnend an der Giebelseite, die hier außerdem profilierte Fenstergewände und eine Eckquaderung erhielt. An den Traufseiten wurden dabei die Stützen des Ständerbaues abgeschnitten und jeweils durch eine über die Ausmauerung neu eingezogene Schwelle ausgesteift. Die ehemals vorhandenen langen Kopfstreben wurden ebenfalls abgeschnitten.

Eine letzte Veränderung im Innenbau fand in den zwanziger Jahren dieses Jahrhunderts statt, als in beiden Geschossen Küche und Küchenkammer zu einer großen Wohnküche zusammengefaßt wurden und auch ein neuer russischer Kamin eingezogen wurde. Stube, Wohnküche und Hausflur erhielten zur Wärmedämmung eine Vormauerung. Die gerade, einläufige Treppe im Hausplatz wurde durch eine viertelgewendelte Treppe ersetzt. 1991 wurde das Gebäude abgebrochen.

Ansicht von Norden.

Ansicht von Westen.

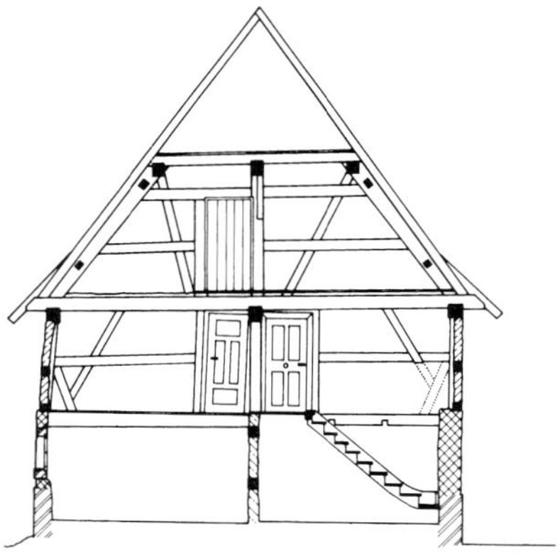

Querschnitt.

Ansicht von Osten.

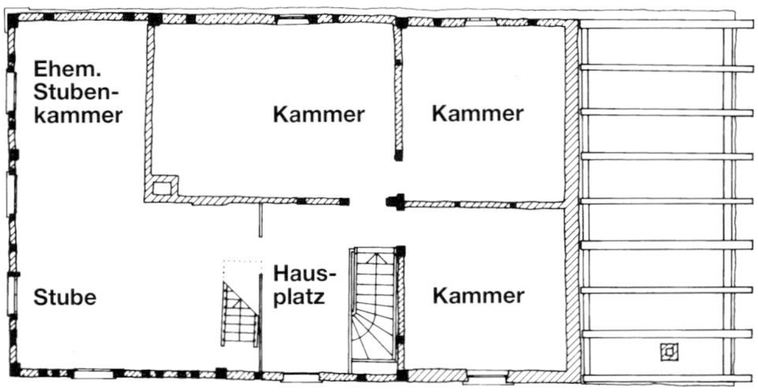

Obergeschoß.

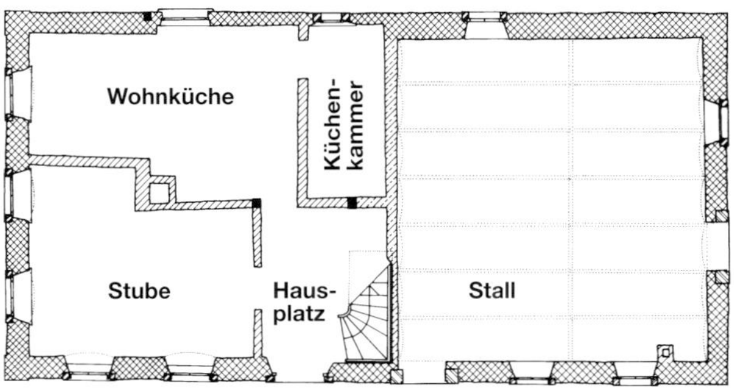

Erdgeschoß.

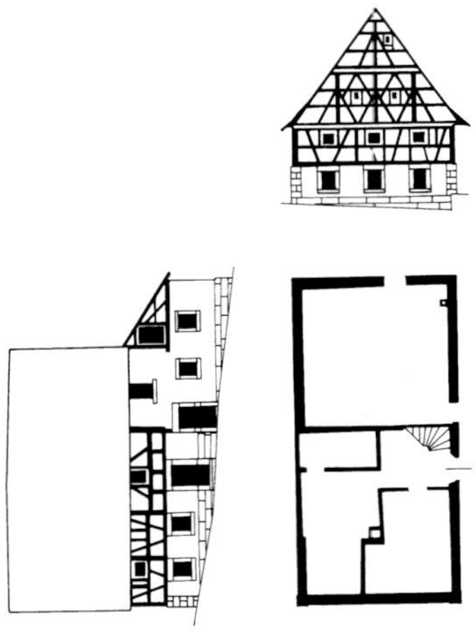

Ort	
Windischletten, Nr. 31	
Gebäude	
Gebäudeart	Wohnstallhaus
Wandkonstruktion	Fachwerk/Ziegel/Naturstein
Geschoßzahl	2 + Dach
Geschoßhöhe	2,0 m
Grundfläche (B × L)	124 qm (7,9 × 15,7 m)
Umbauter Raum	
Vollgeschosse	460 cbm
Dachgeschoß	280 cbm
Dach	
Dachart	Satteldach/Pultdach
Dachneigung	55°/32°
Dachdeckung	Biberschwanzziegel
Dachüberstand	20 cm (Giebelseite)
Erschließung	
Hauseingang Lage	Traufseite
Flur Lage	Querflur
Grundfläche (B × L)	8,9 qm (2,7 × 3,3 m)
Treppe Art	einläufig über Eck
Laufbreite	80 cm
Steigungsverhältnis	18,1/21,7 cm, 40°
Stube	
Lage	Nordwestecke
Grundfläche (B × L)	17 qm (3,1/4,0 × 4,8 m)
Fensterzahl	4
Fensteröffnung (B × H)	80 × 100 cm
Belichtungsfaktor Fensteröffnung: Grundfläche	1:5,3
Stubenofen	Stubenofen
Küche	
Lage	hinter Stube
Grundfläche (B × L)	17,6 qm (2,6/3,4 × 5,8 m)

Gebäudemerkmale für Bauberatung
Der Dreiseithof ist zur Straße nach Norden hin offen und wird im Osten von der Traufseite des grenzständigen Wohnstallhauses, im Westen von dem kleineren Schweinestall begrenzt. Die nach Süden abfallende Hofstelle schließt eine querstehende Scheune ab. Die Aufnahme vor dem Abbruch 1990 weist nach, daß die neu ausgebaute Ortsstraße über die Fensterbrüstung des Erdgeschosses angehoben und damit indirekt das Haus abgesenkt wurde. Folge davon ist, daß die abfließenden Niederschläge das Mauerwerk durchfeuchten und das Gebäude vom Durchfahrtsverkehr in seiner Wohnqualität geschädigt und damit zum Untergang verurteilt war. Straßenbaumaßnahmen, die auf schadhaft gewordene Fahrbahndecken einfach neue Beläge aufbringen, führen immer wieder zu der schrittweisen Anhebung des Straßenniveaus und damit indirekt zur Zerstörung der anliegenden Bausubstanz. Ein siedlungsverträglicher Straßenbau ist so zu konzipieren, daß die Fahrbahnhöhe mit der anliegenden Bebauung als Einheit gesehen wird und deshalb auf dem gleichen Niveau, auch nach der Reparatur, bleiben muß.
Der Rechteckbaukörper von 7,9 m Breite und 15,7 m Länge ist mit einem 55° geneigten Satteldach abgeschlossen. Zur Stallerweiterung wurde das Erdgeschoß querschnittgleich nach Süden verlängert und mit einem querliegenden Pultdach konstruktiv richtig abgeschlossen. Die durch das Pultdach verdeckten Kammern im Altbau erhalten von Osten und Westen ausreichende Belichtung. Das an der westlichen Traufseite erschlossene Haus läßt auch nach mehreren Umbaumaßnahmen seine einfache Grundstruktur, vor allem im Obergeschoß, erkennen: eine in der Hausmitte angeordnete Längswand teilt das Gebäude in zwei gleiche Hälften, mit Hausplatz, Küche und Kammern. Um für die Stube an der Nordwestecke 2 × 2 Fenster zu erhalten, wird hier die Längswand seitlich versetzt und an die Ecke zur Küche der Stubenofen eingefügt.
Im letzten Bauzustand war das Erdgeschoß als Massivbau mit abgeschrägten Tür- und Fensterlaibungen ausgebildet. Im Fachwerk des Obergeschosses und des Giebeldreiecks zeigte sich eine frühere Konstruktion mit weiteren Ständerabständen und hohen Kopf- und Fußstreben. Bei der geringen lichten Höhe des Fachwerkobergeschosses hatte die Nutzungsminderung des Erdgeschosses durch die Anhebung des Straßenniveaus besonders schwerwiegende Auswirkungen auf den Fortbestand des denkmalgeschützten Bauwerks.

Zettelsdorf

Nr. 7

Gemeinde Walsdorf, Landkreis Bamberg

Eingeschossiges Gesindehaus aus der zweiten Hälfte des 19. Jahrhunderts

Nordwestliche Traufansicht.

Zur Siedlung

Das südwestlich von Bamberg im Aurachtal gelegene Dorf dürfte wie das 802 erwähnte Walsdorf auf eine während des frühmittelalterlichen Landesausbaues entlang des Baches angelegte Siedlungskette zurückgehen. Bis zum frühen 19. Jahrhundert gehörte das heutige Zeilendorf zur Crailsheimschen Grundherrschaft in Walsdorf.

In der Mitte des 19. Jahrhunderts bestanden hier fünf Anwesen, darunter eine Papiermühle. Zwei zertrümmerte Halbhöfe, ein neugebildetes Gut, eine Sölde sowie ein Tropfhaus lassen vermuten, daß die Siedlung aus einem mittelalterlichen Einzelhof entstanden ist.

Zur Hofgeschichte

Das Gesindehaus gehört als Nebenhaus zur Papiermühle. Besitzer dieses Anwesens war 1846 der Müller Kaspar Knorr, der es 1815 von seiner Mutter um 4500 Gulden übernommen hatte. Es umfaßte zu dieser Zeit das Wohnhaus mit Mühle, ein Dörrhaus sowie Scheune, Stallung und Backofen. Der zugehörige Grundbesitz betrug sechs Tagwerk. Ein Nebenhaus ist hier noch nicht erwähnt.

Das Gebäude entstand um 1880 als Anbau an das ehemalige Dörrhaus, das, aus Feuerschutzgründen vom Wohnhaus entfernt, am südöstlichen Eck des hakenförmigen Grundstücks angelegt war. Ob das Dörrhaus dabei abgebrochen wurde, ist nicht mehr festzustellen. Zumindest wurde das jetzt bestehende Gesindehaus unter Einbeziehung einer älteren Giebelwand dieses Häuschens aufgeführt. Der heutige Nordostgiebel zeigt noch die zugesetzte, ehemalige Eingangsöffnung und die ursprüngliche Giebelhöhe, die um ein Beträchtliches durch den Neubau aufgestockt wurde.

Das neu errichtete eingeschossige, zwei zu drei Achsen umfassende Gebäude besteht aus Bruchsteinmauerwerk. Während die Gewände der Eingangstür und die großen, dem Zeitgeschmack folgenden segmentbogigen Fenster aus Sandstein gefertigt sind, zeigt das halbrunde Giebelfenster bereits eine aus modernem Zementgußstein hergestellte Sohlbank.

Das von der nordwestlichen Traufseite erschlossene Gebäude besitzt einen durchgehenden Flur mit einer einläufigen Treppe zur Kammer im Dachgeschoß. An ihn schließt die große, von drei Seiten belichtete' Stube an. Sie ist von einem mittigen Unterzug durchzogen, der die Bundbalkenlage des Kehlbalkendachstuhls unterstützt. Der über einen russischen Kamin beheizbare Wohnraum gibt mit seiner Innenausstattung, dem Holzboden, der gestemmten Türe und der alten Befensterung noch unverfälscht den Charakter aus der Erbauungszeit wieder.

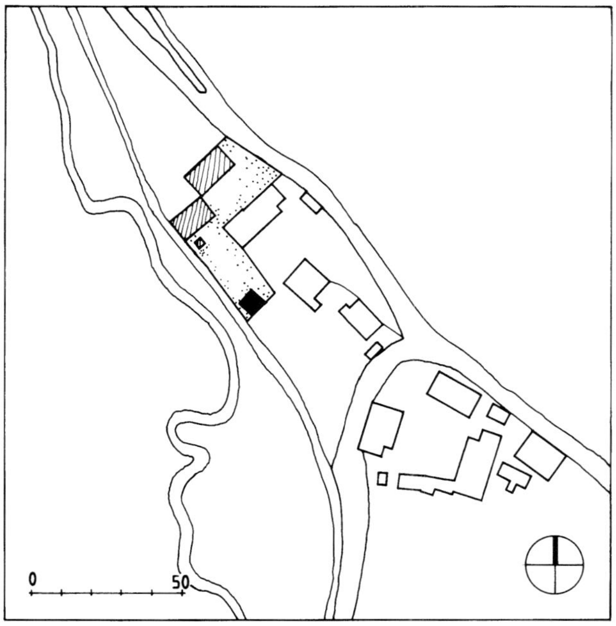

Lageplan 1847.

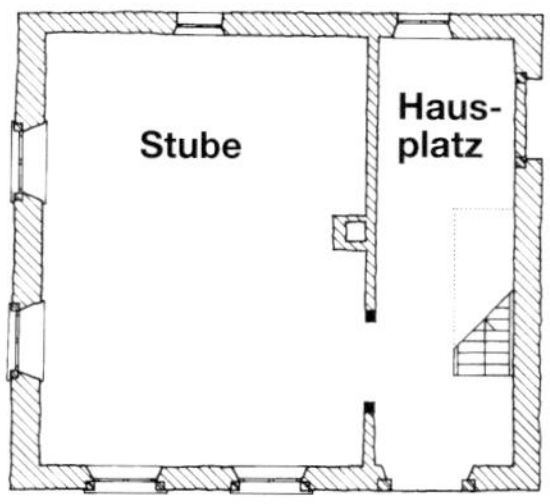

Erdgeschoß.

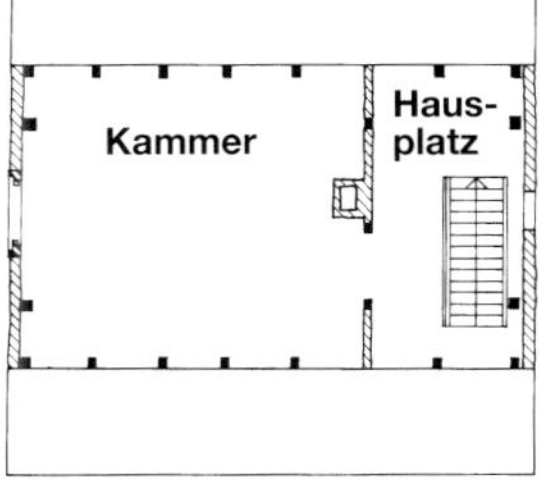

Obergeschoß.

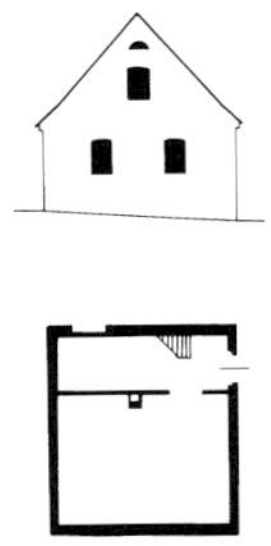

Ort	
Zettelsdorf, Nr. 7	

Gebäude	
Gebäudeart	Wohnhaus (Austragshaus)
Wandkonstruktion	Ziegel
Geschoßzahl	1 + Dach
Geschoßhöhe	2,7 m
Grundfläche (B × L)	44 qm (6,3 × 7,0 m)
Umbauter Raum	
Vollgeschoß	120 cbm
Dachgeschoß	80 cbm

Dach	
Dachart	Satteldach
Dachneigung	49°
Dachdeckung	Biberschwanzziegel
Dachüberstand	

Erschließung	
Hauseingang Lage	Traufseite
Flur Lage	Querflur
Grundfläche (B × L)	10 qm (1,8 × 5,6 m)
Treppe Art	einläufig
Laufbreite	70 cm
Steigungsverhältnis	19,3/15 cm, 52°

Stube	
Lage	Norden
Grundfläche (B × L)	24 qm (4,3 × 5,6 m)
Fensterzahl	5
Fensteröffnung (B × H)	4 × 80 × 120 cm 1 × 60 × 70 cm
Belichtungsfaktor Fensteröffnung: Grundfläche	1 : 5,6
Stubenofen	Vorderlader

Gebäudemerkmale für Bauberatung

Die Lage des Gesindewohnhauses am südöstlichen Ende der Hofstelle, abseits des Wohnstallhauses, ist aus der Baugeschichte mit dem ehemaligen feuergefährdeten Dörrhaus zu erklären.

Der nahezu quadratische Baukörper von 6,3 m Breite und 7,0 m Länge trägt ein 49° steiles Satteldach. Der Zugang erfolgt an der Traufseite von Nordwesten in einen die ganze Haustiefe einnehmenden Flur, der auch die einläufige Treppe zu dem ausgebauten Dachgeschoß enthält. Die Stube des Erdgeschosses ist auf beiden Seiten mit je zwei großen Fenstern, die abgeschrägte Gewände haben, belichtet. An der Gebäudeseite nach Südosten ist ein kleines Belichtungsfenster eingefügt, wogegen im Dachgeschoß die Kammer ein großes, dem Erdgeschoß angeglichenes Fenster aufweist.

Die regelmäßige Fensteranordnung zeigt die für das Ende des 19. Jahrhunderts repräsentative Grundhaltung des Massivbaus auch in diesem Kleinhaus. Bei 44 qm Grundfläche ergibt sich mit einem Umrechnungsfaktor von 0,75 eine Wohnfläche von 33 qm, ohne Ausbau des Dachgeschosses.

Querschnitt.

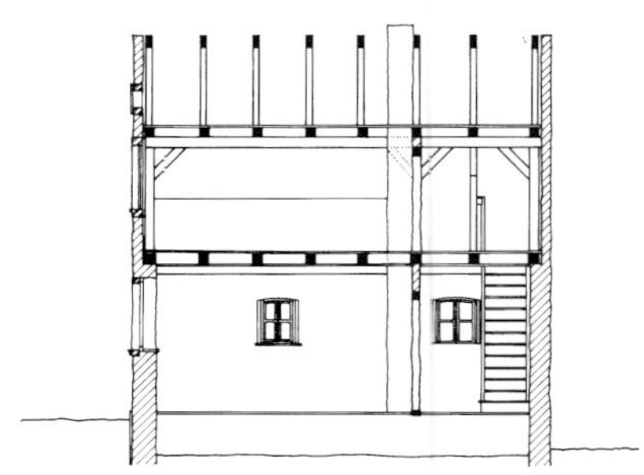

Längsschnitt.

Bamberg

Kaimsgasse 30

Stadt Bamberg

Eingeschossiges Gärtnerhaus
Massivbau um 1880
1986: Sanierung und Instandsetzung

Zur Siedlung

Das Anwesen liegt in der Bamberger Theuerstadt, jenseits des rechten Regnitzsarmes. Bis in dieses Jahrhundert prägte das Bamberger Gärtnerwesen dieses Stadtviertel. Insbesondere mit ihren Sonderkulturen wie Arzneipflanzen und vor allem der Süßholzwurzel blicken die Bamberger Gärtner auf eine bedeutende, über 600jährige Tradition zurück.

Im Stadtviertel dominieren zwei Haustypen. Der ältere Zweiseit- oder Hakenhof steht durchweg giebelständig zur Straße. Häufiger ist jedoch der jüngere Haustyp vertreten, der im 18. und 19. Jahrhundert in der Verdichtung der ursprünglich offenen Bauweise zu geschlossenen, traufständigen Häuserzeilen entstand.

Die Häuser sind durchweg eingeschossig, mit großen mittigen oder seitlichen Toreinfahrten. Hinter den rückwärtigen Hofflächen erstrecken sich die Fluren als schmale Streifen mitunter bis zu 100 m lang.

Nördliche Traufseite mit Tordurchfahrt.

Zur Hofgeschichte

Auf der zuverlässigen Stadtansicht des Landvermessers Petrus Zweidler vom Jahr 1602 ist an der Stelle des heutigen Hauses ein kleinerer, spätmittelalterlicher Vorgänger dargestellt. 1831 wurde das Anwesen von dem Gärtnermeister Sixt an die ledige Hausmagd Barbara Spatting verkauft. Wegen ihres langjährigen Aufenthaltes in der Stadt hatte ihr 1828 der Magistrat das Hausrecht eingeräumt.

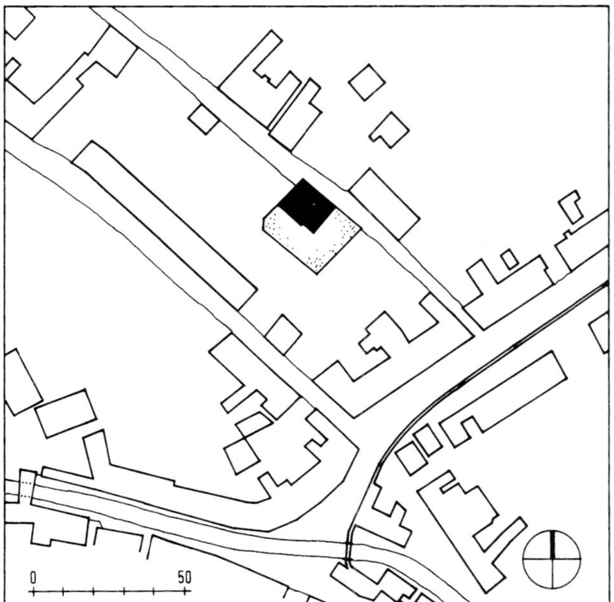

Lageplan 1869.

Der Grundriß dieses eingeschossigen Kleinhauses läßt sich noch aus den städtischen Bauakten entnehmen. In seiner Dreizonigkeit mit Küche, Stube, Kammer sowie dem Stall jenseits des Flures entsprach es dem Typus größerer Wohnstallhäuser. Es lag traufständig zur Kaimsgasse, seine Erschließung hatte es aber vom rückwärtigen Garten aus.

1869 war das Anwesen im Besitz des Gärtnermeisters Förtsch, der es um 1880 zu einem typischen Gärtnerhaus umbaute. Im Extraditionsplan von 1890 ist diese Erweiterung schon eingezeichnet. Das Haus wurde an der südöstlichen Giebelseite entlang der Straße verlängert. Im Wechsel vom älteren, liegenden zum neueren, stehenden Stuhl zeigt sich deutlich der Umfang des Anbaues.

Die Anordnung der Räume im Inneren des Hauses wurde grundlegend verändert. Vor allem wirkte sich die Drehung des bisherigen Zugangs vom Garten zur Straße entscheidend auf das Raumgefüge aus.

Das neue Gebäude wurde wiederum dreizonig, aber mit breiter Mitteldurchfahrt angelegt. Die schmälere, westliche Hausseite nimmt den Wirtschaftsbereich auf. Hier liegen in die Haustiefe zwei Kammern sowie der Stall. Dieser ist mit preußischen Kappen eingewölbt. In der Mitteldurchfahrt führte ursprünglich eine gerade einläufige Treppe in das Dachgeschoß, das als Trocken- und Speicherboden diente. 1907 wurde die Treppe von hier in die vordere, jetzt durch eine eingezogene Zwischenwand verkleinerte Kammer verlegt.

Der Wohnbereich zeigt eine auch bei Bamberger Bürgerhäusern übliche Staffelung der Räume in die Haustiefe. Die Wohnstube befindet sich an der Straße. Die Küche ist in der Mitte des Hauses angelegt. Sie wird üblicherweise durch Binnenfenster von den umliegenden Zimmern erhellt, hier von der Küchenkammer und der südlich anschließenden Schlafkammer aus. Das Einfügen einer kleinen Küchenkammer ermöglicht die direkte Verbindung zwischen Stube und Kammer, ohne etwa im Winter die kalte Durchfahrt betreten zu müssen.
Obwohl isoliert auf dem Grundstück stehend, folgt das Haus in der Kaimsgasse in Form und Raumstruktur dem traditionellen Muster des jüngeren Bamberger Gärtnerhauses. Ein späteres Baugesuch für Giebelfenster zum westlichen Nachbargrundstück wurde unter Hinweis auf die hier vorgesehene »geschlossene Bauweise«, d. h. die Verdichtung zur Häuserzeile, abgelehnt, was auf einen vorhandenen Baulinienplan hinweist, der allerdings später nicht konsequent durchgeführt wurde.
1924 wurde hinter dem Gebäude eine kleine Wagenhalle errichtet, die man 1945 bis zum Haus verlängerte. Bis 1970 wurde das Anwesen bewohnt. 1986 erwarb es der heutige Besitzer. Bei der Sanierung des Gebäudes wurden der charakteristische Grundriß und die zahlreichen Ausstattungsdetails unverändert übernommen. Die 1907 versetzte Treppe wurde in die Durchfahrt zurückverlegt, diese selbst zur großzügigen Wohnhalle ausgebaut. Das Gärtnerhaus wurde zum Muster einer behutsamen Instandsetzung.

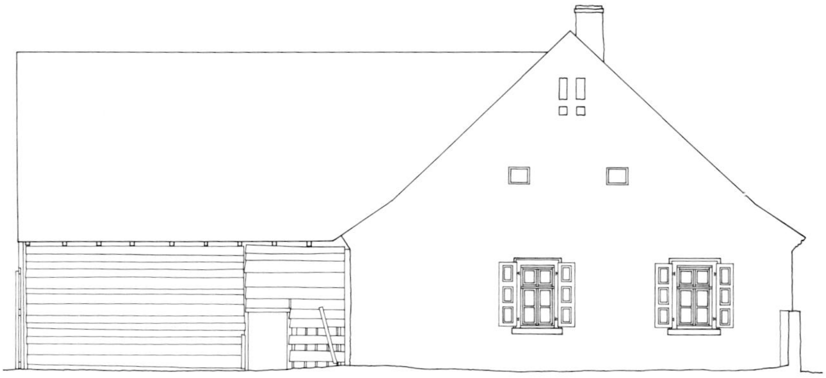

Ansicht von Südosten.

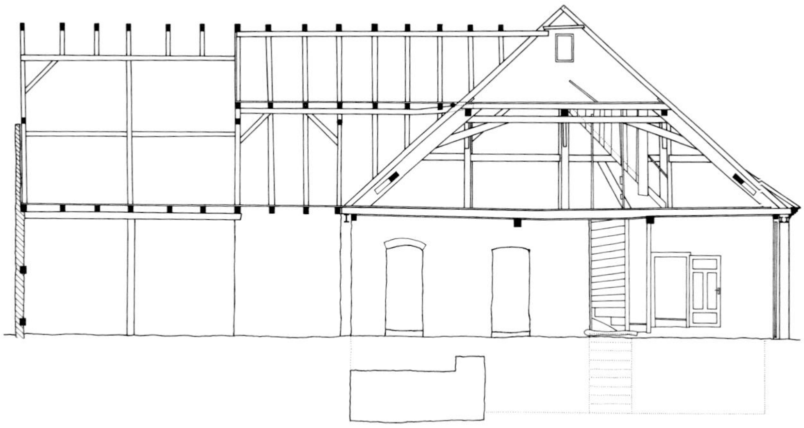

Schnitt.

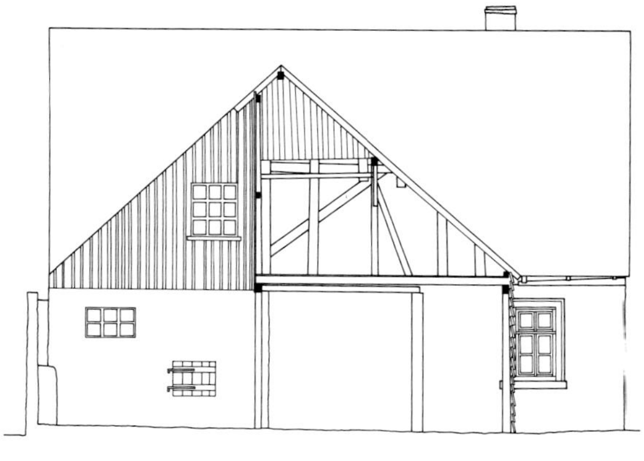

Schnitt.

Östliche Giebelansicht nach der Sanierung.

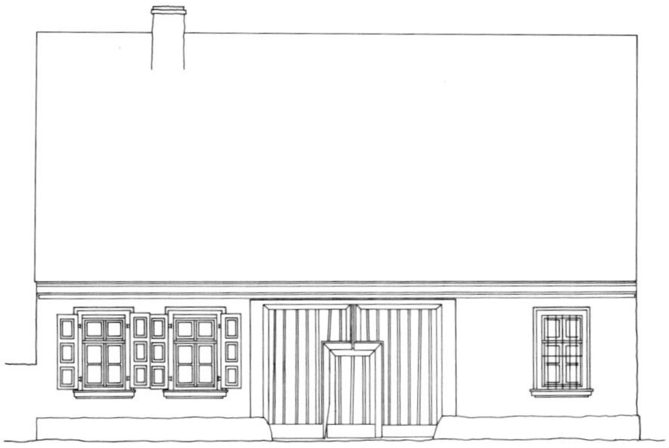

Ansicht von Nordosten.

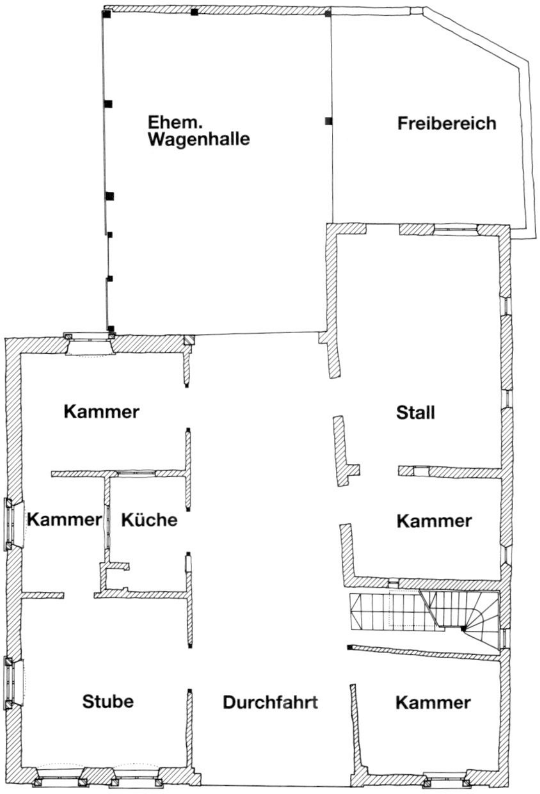

Erdgeschoß.

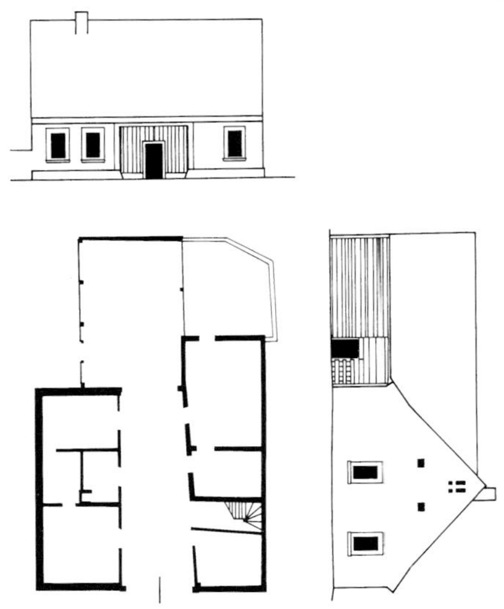

Ort	
Bamberg, Kaimsgasse 30	
Gebäude	
Gebäudeart	Wohnstallhaus (Gärtnerhaus)
Wandkonstruktion	Ziegel, verputzt
Geschoßzahl	1 + Dach
Geschoßhöhe	3,4 m
Grundfläche (B × L)	225 qm (13,4 × 11,9/14,9 + 8,6 × 6,0 m)
Umbauter Raum	
Vollgeschoß	765 cbm
Dachgeschoß	590 cbm
Dach	
Dachart	Satteldach
Dachneigung	43°
Dachdeckung	Biberschwanzziegel
Erschließung	
Hauseingang Lage	Traufseite
Flur Lage	Querflur
Grundfläche (B × L)	44,7 qm (3,5/4,2 × 11,6 m)
Treppe Art	einläufig über Eck
Laufbreite	85 cm
Stube	
Lage	Ostecke
Grundfläche (B × L)	19,8 qm (4,4 × 4,5 m)
Fensterzahl	3
Fensteröffnung (B × H)	90 × 160 cm
Belichtungsfaktor Fensteröffnung: Grundfläche	1 : 4,6
Stubenofen	Hinterlader von Küche
Küche	
Lage	hinter Stube
Grundfläche (B × L)	6 qm (2,0 × 3,0 m)

Gebäudemerkmale für Bauberatung

Die Traufstellung des an der Grenze der Hofstelle zur Straße errichteten Wohnstallhauses stellt einen für das 18. und 19. Jahrhundert typischen Ansatz zur geschlossenen Bauweise dar. Die vorausgehende giebelständige Bauweise wurde in den Städten und Dörfern auch nach Stadtbränden, z. B. in Münchberg und Rehau, systematisch in eine traufständige Bauweise überführt. Der 13,4 m lange und 11,9 m tiefe Baukörper trägt ein 43° steiles Satteldach. Der Zugang erfolgt von der nordöstlichen Traufseite mit der für geschlossene Bauweisen üblichen Tordurchfahrt, um die hofseitigen Wirtschaftsräume auch mit Fahrzeugen zu erreichen. Der quadratischen Stube mit 4,4 × 4,5 m wird die bevorzugte Straßen- bzw. Südostfront zugewiesen. Anschließend folgen Küche und Kammer. Auf der gegenüberliegenden Seite der ausgebauten Durchfahrt sind Kammern, die Treppe zum Dachgeschoß und an der Hofseite ein Stall angeordnet.

Bei der Sanierung nach 1986 konnte die ursprüngliche einläufige Treppe quer zum First in der Hofdurchfahrt wieder eingebaut werden. Damit ist heute ein durch zwischenzeitliche Umbauten verunklärter Zustand wieder zur ursprünglichen Einfachheit zurückgeführt. Die Gestaltung der traufseitigen Straßenfront zeigt eine bescheidene Repräsentation mit profilierten Gewänden der großen, durch Fensterläden geschützten Fenster und der Toreinfahrt mit der kleinen Fußgängerpforte. Für den sanierten Zustand errechnen sich einschließlich Durchfahrt, die als Wohnhalle genutzt wird, 168 qm Wohnfläche (75% der Grundfläche).

Bayreuth

Fürsetzer Straße 50

Zweigeschossiges Bauernhaus von 1860
1987: Renovierung

Zur Siedlung

Fürsetz ist ein kleiner Weiler südlich von Bayreuth. Erstmals erwähnt ist es 1399 als »zu Fürsetze«, was »zum vorderen Sitz« bedeutet. Im Bayreuther Landbuch B 1421/24 sind drei Besitzeinheiten erwähnt. Es gehörte zum Landgericht und zur Pfarrei Bayreuth. Der Ort, der im 19. Jahrhundert zur Oberkonnersreuth gehörte, bestand 1853 aus drei Hofanlagen, wovon zwei der landwirtschaftlichen Anwesen mit über 180 Tagwerk eine ungewöhnlich große Wirtschaftsfläche besaßen.

Zur Hofgeschichte

Das als Gablerhof bekannte Anwesen repräsentiert eines der für das Bayreuther Umland typischen wohlhabenden Gehöfte. 1846 hatte der Bauer Johann Gabler laut Brief von 1846 den Hof aus der Verlassenschaft des Vaters Johann Gabler um 10 026 Gulden übernommen. Die Wirtschaftsfläche betrug 182,02 Tagwerk. Der Halbe Hof bestand damals aus einem Wohnhaus mit Stallung, Backofen, zwei Stadeln mit Holzschlicht, einem Nebenhaus mit Stall, Schweineställen, Ochsenstall und Hofraum mit Brunnen. Der heutige Bau wurde 1860 errichtet. Eine Inschrift am Sturz der Haustür trägt diese Jahreszahl und den Namen J. Gabler. Das Anwesen wurde 1987 vom Besitzer behutsam restauriert.
Das Anwesen umfaßt das Wohnstallhaus und mehrere Nebengebäude. Das Wohnstallhaus ist ein stattliches, zweigeschossiges Bauernhaus aus Sandsteinquadern. Zugänglich ist das Wohnstallhaus über drei Türen an der Traufseite. Der Bau präsentiert sich bis

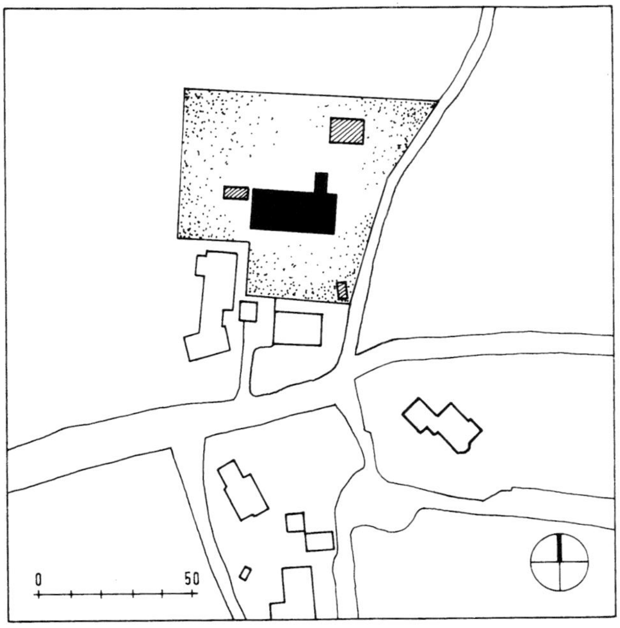

Lageplan 1994.

Giebelansicht.

auf die nur leicht profilierten Fenstergewände mit gebogenen Fensterstürzen eher schmucklos, typisch für die zweite Hälfte des 19. Jahrhunderts. Die Stockwerksteilung erfolgt durch umlaufende Gurtgesimse, welche sich im Giebel wiederholen. Alle Fenster sind nahezu gleich groß und gleich gestaltet. Nur die Stallfenster sind kleiner, weil die Fensteröffnungen von unten her zur Hälfte mit Quadern zugesetzt sind. Das Satteldach mit mehreren Stehgauben ist mit Schiefer gedeckt.
Der Grundriß des Wohnstallhauses zeichnet sich durch einen besonders großen Stalltrakt aus, der durch einen vom Hausplatz abknickenden Längsgang erschlossen war. Der Stall war wohl ursprünglich zweigeteilt in einen Rinder- und einen Pferdestall. Beide Stallbereiche haben einen separaten Eingang.
Sie haben eine breitere Mittelachse und zwei schmälere Achsen und sind mit böhmischen Kappen gewölbt. Dabei verkürzen sich die Gewölbefelder in die Tiefe hinein. Unter dem Stall befindet sich ein kleiner Gewölbekeller.
Die ebenfalls mit böhmischen Kappen vorgenommene Einwölbung im Flur ist, bedingt durch den Treppenaufgang ins Obergeschoß, aufwendig gestaltet. Vom Hauptflur führt ein Längserschließungsgang zum Stallbereich.
Stube und anschließende Kammer sowie die an die Küche angegliederte »Speis« sind nicht gewölbt. Von der tonnengewölbten Küche geht ein Zugang zum ehemaligen erkerartig ausgebauten Backofen. Bei der Renovierung wurde die ursprüngliche Wand zwischen Stube und Kammer wiederhergestellt. Vorher war durch Verkleinerung von Stube und Kammer ein weiterer Raum geschaffen worden. Das Obergeschoß ist durch jeweils ein Treppenhaus im Stall- und Wohnbereich zugänglich. Die Grundrißeinteilung entsprach dem Erdgeschoß mit oberer Stube, Kammer und Küche sowie einem Längsflur, der beidseitig mehrere Kammern erschloß. Am Flurende hatte sich der abschließende Stallboden befunden.

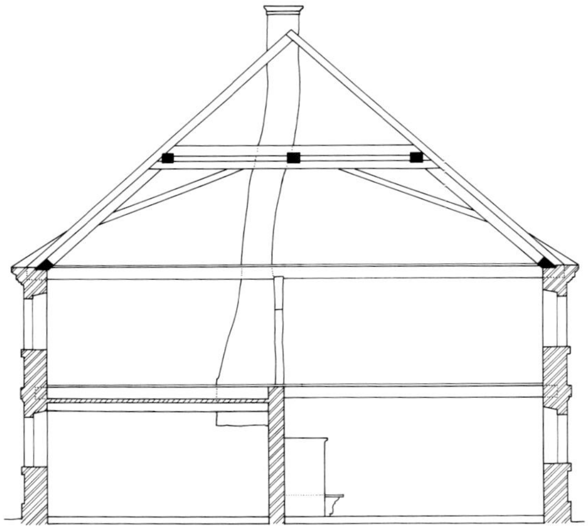

Querschnitt.

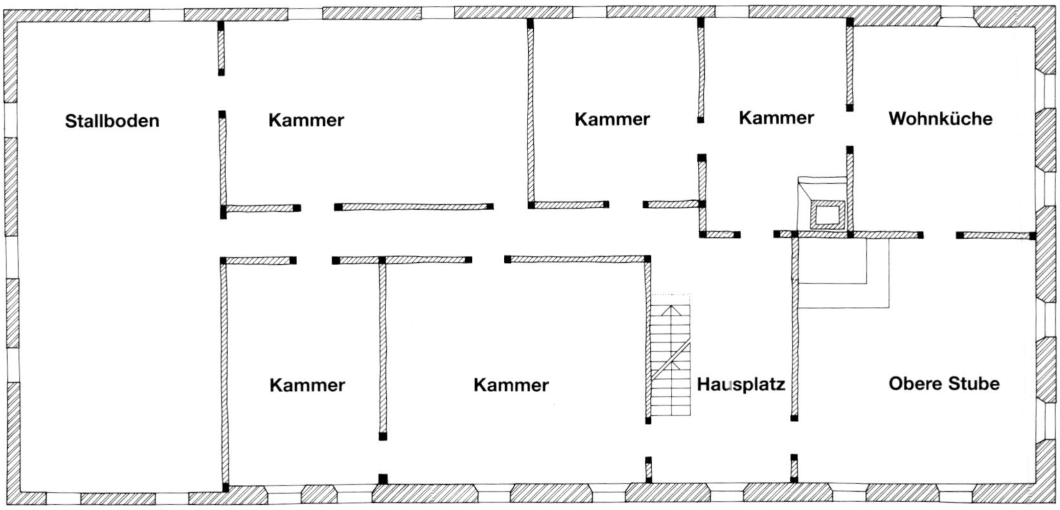

Obergeschoß.

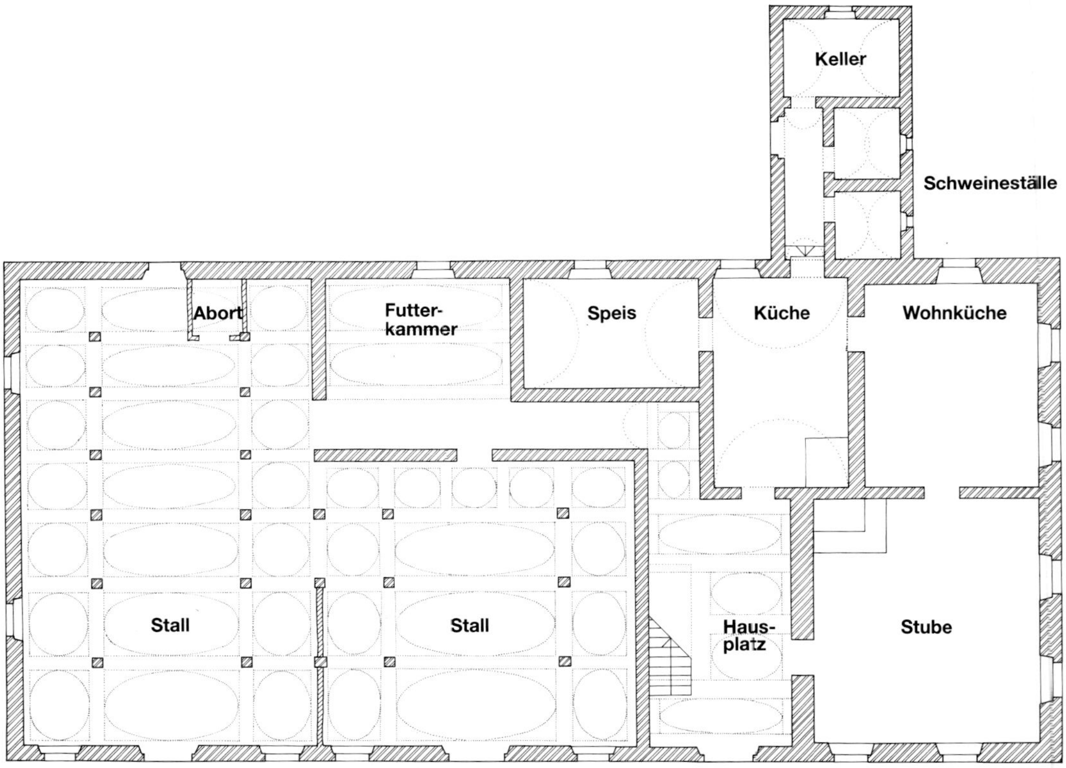

Erdgeschoß.

Ansicht von Westen.

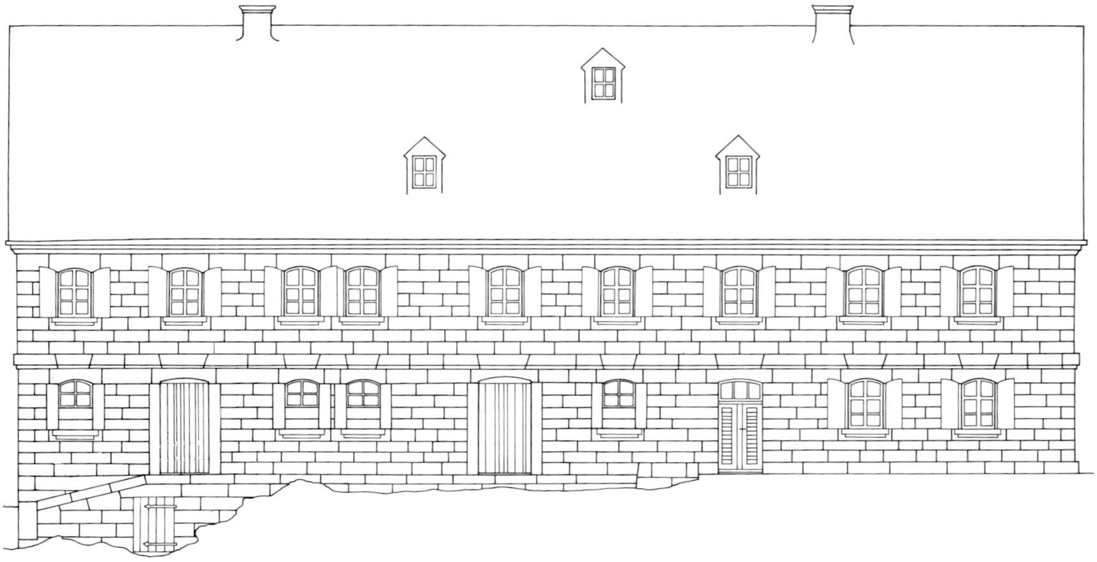

Ansicht von Süden.

Ansicht von Norden.

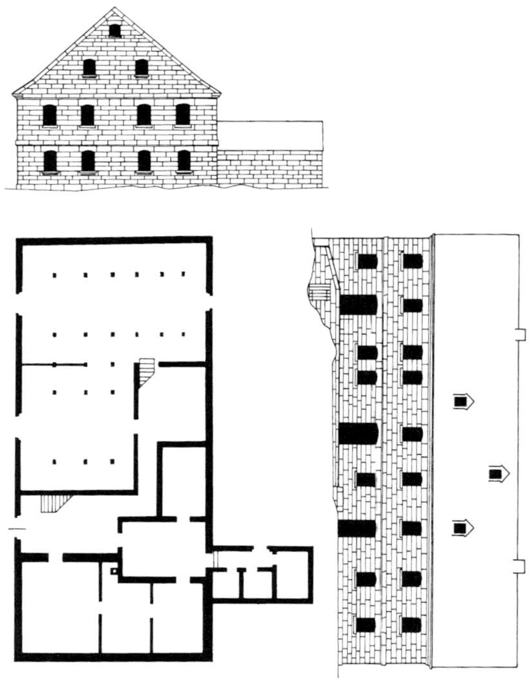

Ort	
Bayreuth, Fürsetzer Straße 50	
Gebäude	
Gebäudeart	Wohnstallhaus
Wandkonstruktion	Naturstein
Geschoßzahl	2 + Dach
Geschoßhöhe	3,2 m
Grundfläche (B × L)	369,6 qm (13,2 × 28,0 m)
Umbauter Raum	
Vollgeschosse	2270 cbm
Dachgeschoß	1090 cbm
Dach	
Dachart	Satteldach
Dachneigung	41°
Dachdeckung	Schiefer
Dachüberstand	25 cm (Giebelseite)
Erschließung	
Hauseingang Lage	Traufseite
Flur Lage	Querflur
Grundfläche (B × L)	24,7 qm (3,8 × 6,5 m)
Treppe Art	einläufig
Laufbreite	110 cm
Steigungsverhältnis	21,3/24,6 cm, 41°
Stube	
Lage	Südostecke
Grundfläche (B × L)	37,8 qm (6,0 × 6,3 m)
Fensterzahl	4
Fensteröffnung (B × H)	90 × 120 cm
Belichtungsfaktor Fensteröffnung: Grundfläche	1 : 8,8
Stubenofen	Hinterlader von Küche
Küche	
Lage	Flurende
Grundfläche (B × L)	19,8 qm (3,6 × 5,5 m)

Gebäudemerkmale für Bauberatung

In der freien Lage des Weilers ist das Wohnstallhaus mit dem Ostgiebel auf die Straße ausgerichtet, steht jedoch in der Mitte seines Grundstücks. Der zweigeschossige Rechteckbaukörper erreicht mit 13,2 m Breite und 28,0 m Länge eine beachtliche Größenordnung. Er ist mit einem 41° steilen schiefergedeckten Satteldach abgeschlossen und aus regelmäßigem Sandsteinquadermauerwerk erbaut.

Die Grundrißorganisation folgt dem Typus des von der Traufseite her erschlossenen Querflurhauses. Man betritt an der Südseite einen von böhmischen Kappen überwölbten Flur (3,8 × 6,5 m), in dem links die 110 cm breite Treppe in einem geraden Lauf zum Obergeschoß führt. Die Stube (6,0 × 6,3 m) schließt an der Südostecke an und wird von je zwei Fenstern der Süd- und Ostfront belichtet. Die Küche ist mit einem ehemaligen, an der nördlichen Traufseite angebauten Stall für Schweine direkt verbunden.

Den Westteil des Hauses nehmen die ebenfalls mit böhmischen Kappen gewölbten Ställe ein, deren Stalltüren nach Süden in den Hofraum führen. Wie die besonnte Traufseite bewußt für die Großviehställe (Pferde und Rinder) herangezogen wurde, zeigt die innere Raumorganisation. Hier reichen die Stallungen auf der Südseite vom Querflur bis zum Westgiebel, wogegen im Norden Nebenraum und Futterkammer angeordnet sind.

Das Sandsteinquadermauerwerk besteht aus regelmäßigen Schichten, die an den Geschoßdecken und dem Dachansatz durch breite, knapp ausladende Gesimse gegliedert werden. Auch der Ortgang des Giebels leitet mit einem Sandsteinprofil zu der Schieferdeckung über. Die in gleichmäßigen Achsen eingefügten, im ganzen Haus nahezu gleich großen Fenster, sind mit Segmentbögen abgeschlossen, die aus den Steinen des jeweiligen Fensterstockes herausgehauen sind. Der Steinschnitt des unmittelbar darüberliegenden Gesimses zeigt mit seinen abgeschrägten Fugen, daß der Sturzstein von dem Gewicht der darüberliegenden Wandfläche entlastet werden soll.

Die repräsentative Gestaltung wird auch an der östlichen Giebelseite sichtbar, in der vier Achsen der Vollgeschosse mit zwei bzw. einem Fenster im Giebeldreieck kombiniert sind. Alle Fenster haben eine ähnliche Grundform, nehmen jedoch vom Vollgeschoß bis zum Dachfirst in ihrer Größenordnung ab. Die überlegte Gestaltung setzt sich auch in der Lage der schieferverkleideten Dachgauben fort.

Das Haus wurde sorgfältig saniert und ist in den Abschnitt Bauberatung aufgenommen.

Hofansicht.

Gablerhof. Ansicht von Norden mit angebautem Schweinestall.

Hausplatz im Obergeschoß.

Forkenhof

Nr. 8

Gemeinde Bindlach, Landkreis Bayreuth

Dreiseithof
1827: »Ein ganzer Hof«
bis 1992: Sanierung der Anlage

Zur Siedlung

Forkenhof liegt in nördlicher Richtung von Bayreuth in einer Talsenke und gehört zur Gemeinde Bindlach. Erwähnt ist Forkenhof bereits 1362 und 1398. Es besteht als Einzelhofanlage aus dem genannten Anwesen Forkenhof Nr. 8.

Zur Hofgeschichte

Bereits 1386 wurde Heinrich Weigel als Besitzer des Forkenhofs genannt. Der vollständige Nachweis der Besitzer liegt ab 1624 vor. Erbauer des Forkenhofs, wie er sich in seiner überkommenen Gestalt präsentiert, war Johann Peter Popp, der von 1790 bis 1860 gelebt hat. Der Besitz des Bauern und Wirtes Johann Peter Popp bestand damals aus einem Ganzen Hof mit Wohnhaus, Stall, Streuschupfen, Stadel, Schafstall, Backofen und Hofraum. Laut Vertrag vom 22. Mai 1827 hatte Popp von den Eltern Johann und Margaretha Barbara Popp den Hof mit einer Wiese in der Steuergemeinde Heinersreuth für 4375 Gulden übernommen. Die Hofgröße betrug 138 Tagwerk. Der große, ungeteilte Hof war ein Straßenwirtshaus.

1832 hatte Johann Peter Popp den zweigeschossigen Wohnteil errichten lassen und den ursprünglichen Bau verbreitert, 1835 die quer zum Wohnstallhaus stehende Scheune. Der Fachwerkanbau mit dem alten Saal wurde ebenfalls von ihm erbaut. 1867 hat Johann Popp, der Enkel des Johann Peter Popp, etwa 100 m vom Gehöft ein kleines Brauhaus erbaut, das um 1950 abgebrochen wurde. 1872 ließ dessen Witwe Katharina Popp das Nebengebäude gegenüber dem Wohnhaus zu einer Schmiede mit einer kleinen Wohnung für den Schmied ausbauen. Allerdings wurde auch dieses Gebäude während des Zweiten Weltkrieges abgebrochen. Eine weitere Scheune wurde 1939 errichtet. 1905 wurde ein neuer Saal, ein Massivbau gebaut.

Nachdem der landwirtschaftliche Betrieb eingestellt worden war, wurde der Zustand der Gebäude zunehmend schlechter, bis sie der jetzige Besitzer 1977 übernahm und behutsam instand setzen ließ.

Der Forkenhof besteht aus einer Gruppe von vier Gebäuden: dem Wohnstallhaus, der alten Scheune, der neuen Scheune und dem »neuen« Saal.

Auf das ursprüngliche eingeschossige Wohnstallhaus weist heute lediglich der Stalltrakt hin. Der Wohnteil des Hofes präsentiert sich jetzt als ansehnlicher Sandsteinbau mit betonten Eckquadern und an den Brüstungen der Obergeschoßfenster klassizistisch gestalteten Fensterschürzen. Die beiden Geschosse sind durch ein kräftiges Gurtband mit profilierten Rändern getrennt. An der dreiachsigen Giebelseite befinden sich im Obergeschoß drei Fensterschürzen. Sie sind von Heinrich Kreutzer hergestellt, von dem im Bayreuther Umland noch weitere charakteristische Fensterschürzen erhalten sind (zum Beispiel in Gössenreuth). Das Krüppelwalmdach ist im Bereich des Wohnteils mit Schiefer gedeckt. Am Wohnteil besteht ein niedriger Fachwerkanbau mit sichtbarem Fachwerk an der Südwestseite.

Das Baudatum des zweigeschossigen Wohnteils ist aufgrund einer stark verblichenen Beschriftung in Stanniolmalerei am verschieferten Giebel auf die Jahreszahl 1832 festzusetzen.

Zum Altbestand des eingeschossigen Stallbereichs gehören eine kleine Kammer, ein eingewölbter Raum, der als Futterkammer diente und der mit böhmischen Kappen gewölbte dreischiffige Viehstall. Im hinteren Bereich ist er aufgrund eines Einsturzes auf einer Breite von zwei Jochen mit preußischen Kappen überdeckt. Die Deckung des Daches besteht aus handgestrichenen Biberschwanzziegeln.

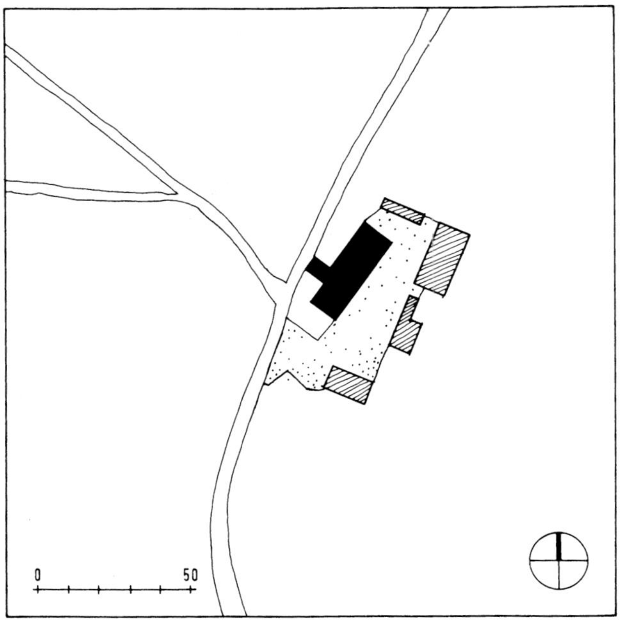

Lageplan 1855.

Südliche Giebelseite mit verschiefertem Dachgeschoß und Saalanbau in Fachwerkbauweise.

Wohnteil mit Anbau.

Langgestrecktes Wohnstallhaus von Westen mit zweistockigem Wohnteil.

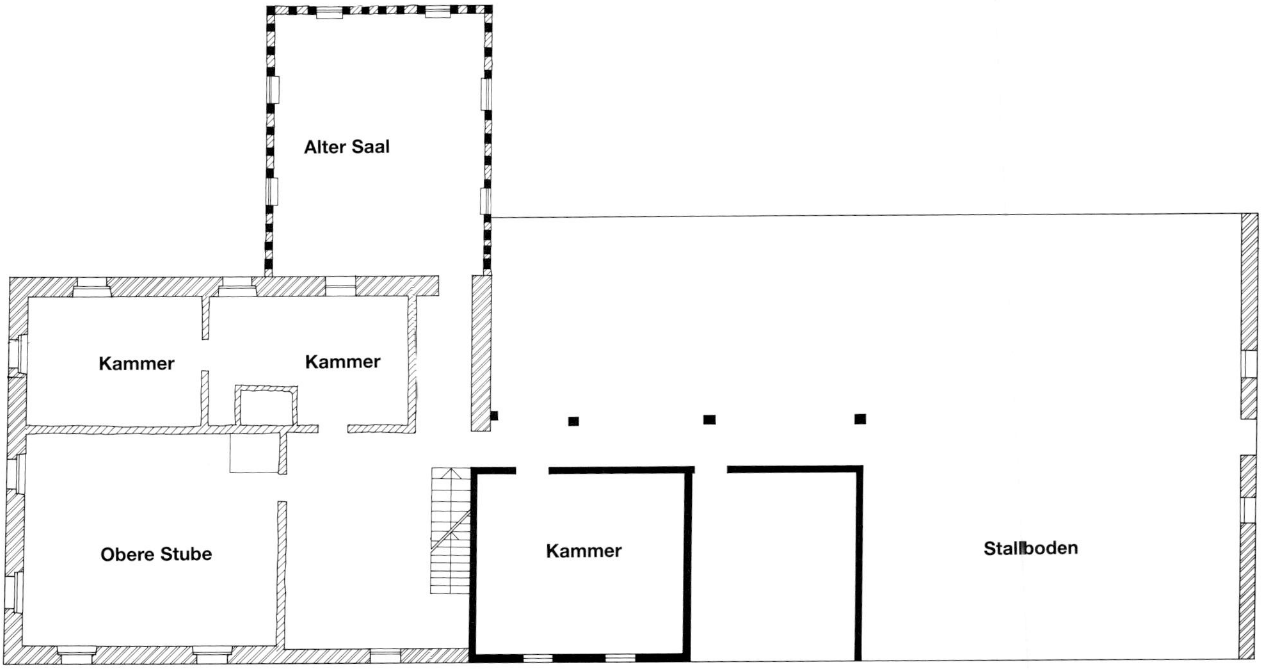

Obergeschoß.

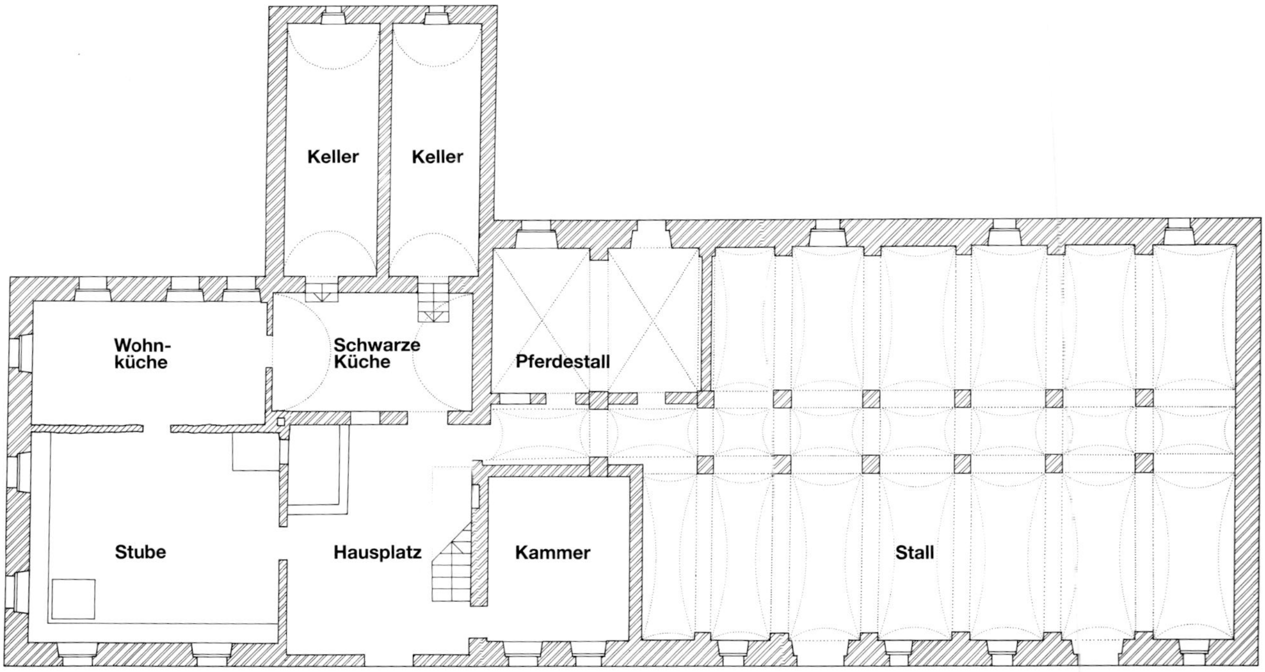

Erdgeschoß.

Ansicht von Nordwesten.

Ansicht von Nordosten.

Ansicht von Südwesten.

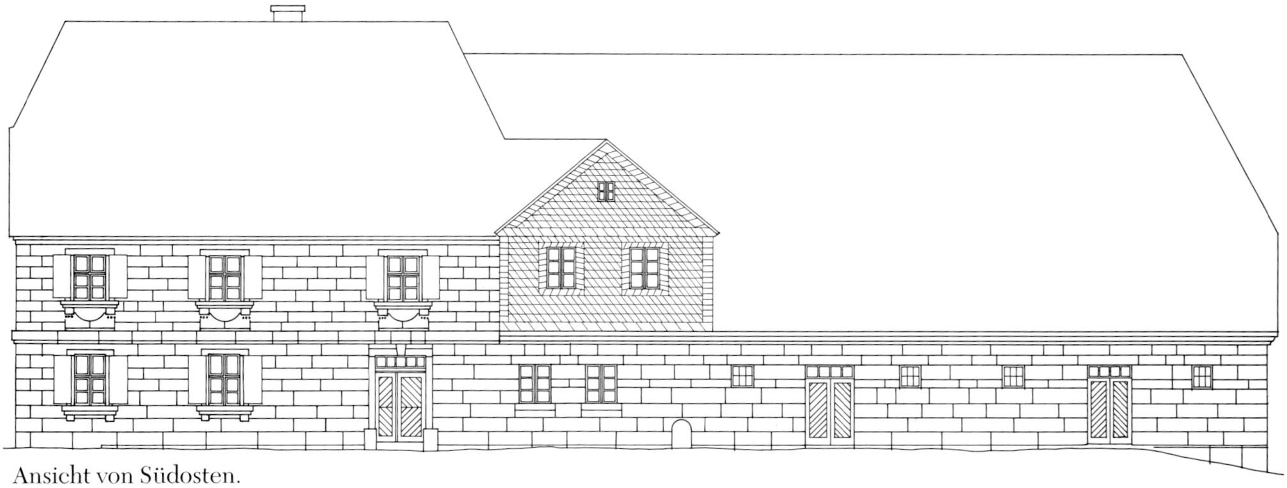

Ansicht von Südosten.

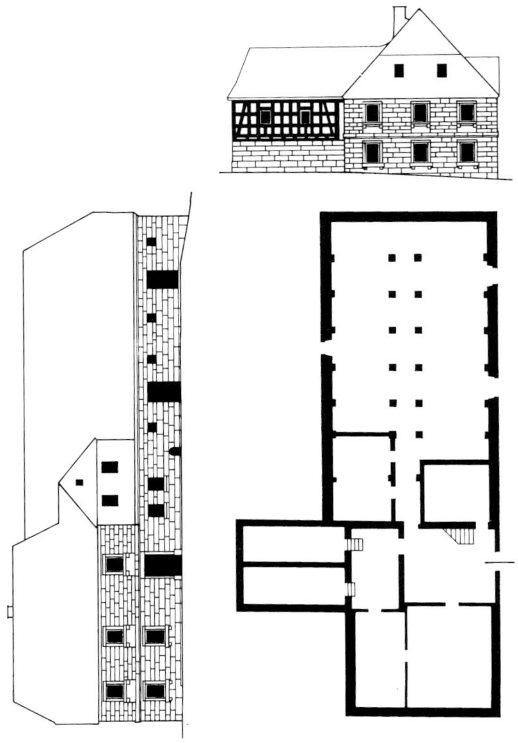

Ort	
Forkenhof, Nr. 8	
Gebäude	
Gebäudeart	Wohnstallhaus
Wandkonstruktion	Naturstein/Fachwerk/ Blockbau
Geschoßzahl	2 + Dach/z. T. 1 + Dach
Geschoßhöhe	ca. 2,8 m
Grundfläche (B × L)	411,5 qm (11,7/10,2 × 33,2 m + 6,0 × 7,1 m)
Umbauter Raum	
Vollgeschosse	ca. 1580 cbm
Dachgeschoß	ca. 1280 cbm
Dach	
Dachart	Halbwalmdach
Dachneigung	51°
Dachdeckung	Schiefer (Haus) Biberschwanzziegel (Stall)
Dachüberstand	20 cm (Giebelseite)
Erschließung	
Hauseingang Lage	Traufseite
Flur Lage	Querflur
Grundfläche (B × L)	29,4 qm (4,9 × 6,0 m)
Treppe Art	einläufig
Laufbreite	100 cm
Steigungsverhältnis	21,5/29,2 cm, 36°
Küche	
Lage	hinter Stube
Grundfläche (B × L)	19,8 qm (3,2 × 6,2 m)

Gebäudemerkmale für Bauberatung

Das Wohnstallhaus bildet mit den Wirtschaftsbauten ein auf vier Seiten offen umbautes Einzelgehöft. Die Zufahrt erfolgt von der im Westen vorbeiführenden Straße in den von Süden nach Norden langgestreckten Hofraum. Wohnteil und Ställe werden von der Ostseite her betreten.

In dem 33,2 m langen, am Westgiebel 11,7 m und am Ostgiebel 10,2 m breiten Gebäude zeichnen sich mehrere Baustufen ab. Der älteste Bauteil, der eingeschossige Stall, trägt ein ziegelgedecktes, 51° geneigtes Halbwalmdach. Dagegen ist der südlich anschließende Wohnteil in zwei Geschossen errichtet und von einem 48° geneigten Halbwalmdach abgeschlossen, das mit Schiefer gedeckt ist. Ebenso trägt der an der Nordseite angefügte alte Saalbau ein Walmdach mit Schieferdeckung. Diese mehrfachen Veränderungen des großen Bauernhauses sind aus seiner Nutzung als Straßenwirtshaus zu erklären. Bemerkenswert dabei ist, das Beharrungsvermögen der Grundrißorganisation, die letztlich ein großes, von der südlichen Traufseite her erschlossenes Querflurhaus bleibt. Die von zwei Seiten belichtete Stube liegt in der Südecke, direkt zugänglich vom Hausplatz, von dem aus der Stubenofen geheizt wurde. Küchen- und Wirtschaftsräume schließen nach Norden an, für die auch das Erdgeschoß des Saalanbaus genutzt wurde. Die breite einläufige Treppe und die rechts vom Flur eingefügte Kammer entsprechen ebenfalls dem regionalen Typus. Die Wände des Obergeschosses stimmen mit dem Erdgeschoß überein, eine konstruktive Konsequenz des Massivbaus. Davon weicht lediglich die Holzkonstruktion einer Kammer ab, die auf dem erdgeschossigen Stallteil aufgesetzt und mit Schiefer verkleidet ist. Diese nachträgliche Ausbaumaßnahme wirkt etwas kleinlich gegenüber dem sonst in Sandsteinquadermauerwerk großzügig gestalteten Bauwerk.

Das Wohnstallhaus wurde vorbildlich saniert und ist mit seinen Ausbaudetails für die Bauberatung eingehender dargestellt.

Stube	
Lage	Südecke
Grundfläche (B × L)	36,3 qm (5,5 × 6,6 m)
Fensterzahl	4
Fensteröffnung (B × H)	80 × 135 cm
Belichtungsfaktor Fensteröffnung: Grundfläche	1:8,4
Stubenofen	Hinterlader von Hausplatz

Grassemann

Nr. 3

Gemeinde Warmensteinach, Landkreis Bayreuth

Trüpfhaus

Eingeschossiges Wohnstallhaus von 1697 (d)

1990: Sanierung

Zur Siedlung

Die Streusiedlung Grassemann liegt am Südhang des Ochsenkopfes und gehört als Ortsteil zur Gemeinde Warmensteinach. Die Anlage geht wohl auf eine frühere vom Bergbau geprägte Rodungsinsel zurück. Alle Anwesen »auf dem Grassemann« waren kleine Bauernhöfe mit einem geringen Nebenerwerb im Wald oder Bergbau. Bis ins 18. Jahrhundert wurde in Grassemann die Holzflößerei betrieben. In einer Ämterbeschreibung von 1734 werden in Grassemann drei, 1752 vier Anwesen erwähnt. Bis 1802 entstanden durch Güterteilungen acht Haushalte. Zur Zeit gibt es im Ort 14 Häuser. Mit ihrer Eingeschossigkeit, den kleinen Fenstern und den steilen Dächern, die mit Blechbahnen überzogen sind, vermitteln sie nahezu alle ein einheitliches Bild.

Zur Hofgeschichte

Grassemann Nr. 3 ist in der oberfränkischen Hausforschung aufgrund seiner Bedeutung als typischer Bau des Fichtelgebirges seit Jahrzehnten bekannt. Bis zu Beginn der siebziger Jahre waren Blockbauten im Fichtelgebirge noch in einigen Exemplaren erhalten.

Das sogenannte »Schwärzer-Haus« in Grassemann wurde von Christoph Daniel Schmidt etwa 1698 als Holzblockbau errichtet. Von dessen Schwiegersohn Hans Erhardt Wirth wurde es 1736 an den Bauern und Weber Johann Adam Grießhammer verkauft. Die letzte Generation der Grießhammers mußte das Haus 1870 verlassen, als es an den Bauern und Weber Konrad Schwärzer versteigert wurde. Bis zum Jahre 1965 wurde der Bauernhof von den vier unverheirateten Schwärzer-Geschwistern bewirtschaftet. Die beiden Männer waren Waldarbeiter, die Frauen betrieben die Landwirtschaft. Bewohnt war das Haus bis 1974.

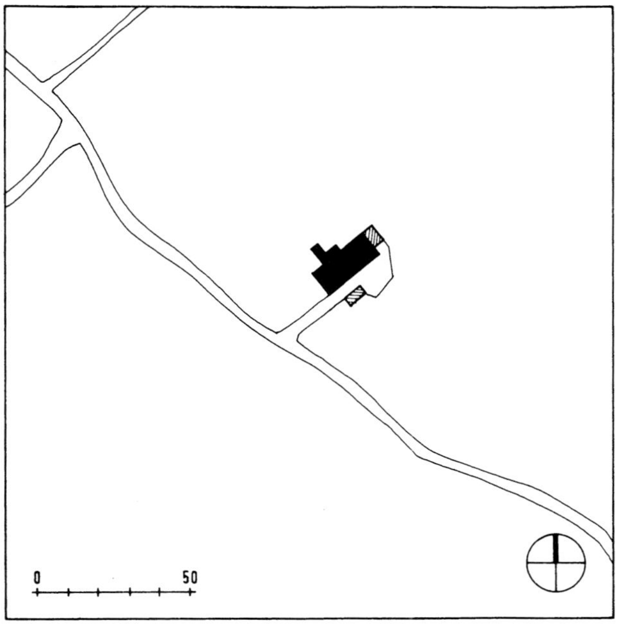

Lageplan.

Grassemann Nr. 3 war mit 11,3 Tagwerk das größte Anwesen im Ort. Zum Wohnstallhaus gehören ein Streuschupfen, der aus Bruchsteinmauerwerk errichtet ist, ein Abort- und ein Wasserhäuschen.

Das Haus war ursprünglich als reiner Blockbau errichtet. Heute stellt sich das Haus mit gemischter Bauweise dar, also mit Holzwänden und Bruchsteinwänden. Aus Bruchstein bestehen im wesentlichen der Sockelbereich der Stube bis zur Fenstersolbank und die Umfassungswände der Kammer. Die noch erhaltenen Blockwände sind außen verschalt, genauso wie auch der vorkragende Giebel.

Ursprünglich stand der Blockbau ohne Verschalung und war einfach gekalkt. Stube und Kammer waren bereits in der Erbauungszeit getrennt worden und wurden beide durch den Kachelofen beheizt. Dessen Besonderheit besteht darin, daß er als Hinterlader von der schwarzen Küche aus geschürt wird. Die im Fichtelgebirge einst häufig anzutreffende Heizart ist jetzt nur noch in Grassemann Nr. 3 bekannt. Vom Gründungsbau von 1698 sind die Stube, die Bohlenbalkendecke und das Dachgeschoß über elf Sparrengebinde erhalten. Die gewölbte schwarze Küche und der gemauerte Schlot wurden um 1760 eingebaut, was die Inschrift im Türsturz der Küche: »Adam Grieszhammer 1760« belegt. Die Küche ist aus Stein gemauert, fensterlos und mit einer Tonne überwölbt. Wie der Dachstuhl, der über Stube- und Hausplatzzone stark verschmaucht ist, aufzeigt, war das Gebäude zu seiner Erbauungszeit ein altes Rauchhaus. Der Stall schließt an den Flurbereich an. Seine Balkendecke wurde in der Mitte des 19. Jahrhunderts erneuert (1846 d). Der Bodenraum über der Stube diente als Schlafkammer, der Raum über dem Stall als Heuboden. Er ist zur Scheune hin offen. In den dreißiger Jahren wurde die ehemalige Holzschindeldeckung durch ein Blechdach ersetzt.

Giebelansicht nach der Sanierung.

Stubenofen, Hinterlader nach der Sanierung.

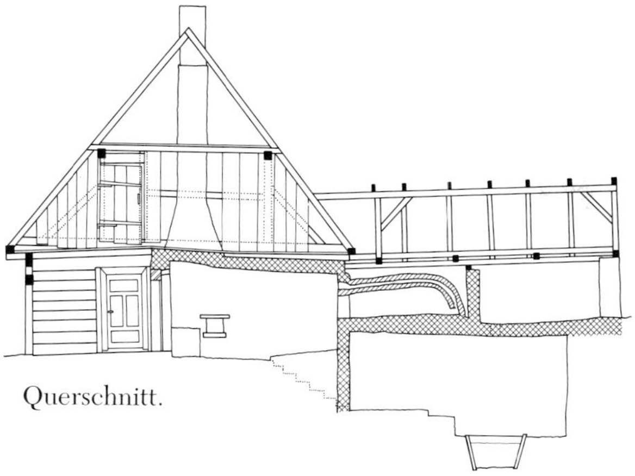

Querschnitt.

Ansicht von Südwesten.

Ansicht von Südosten.

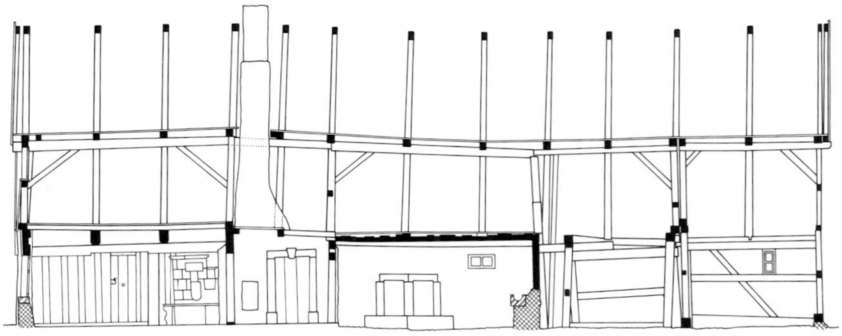

Längsschnitt.

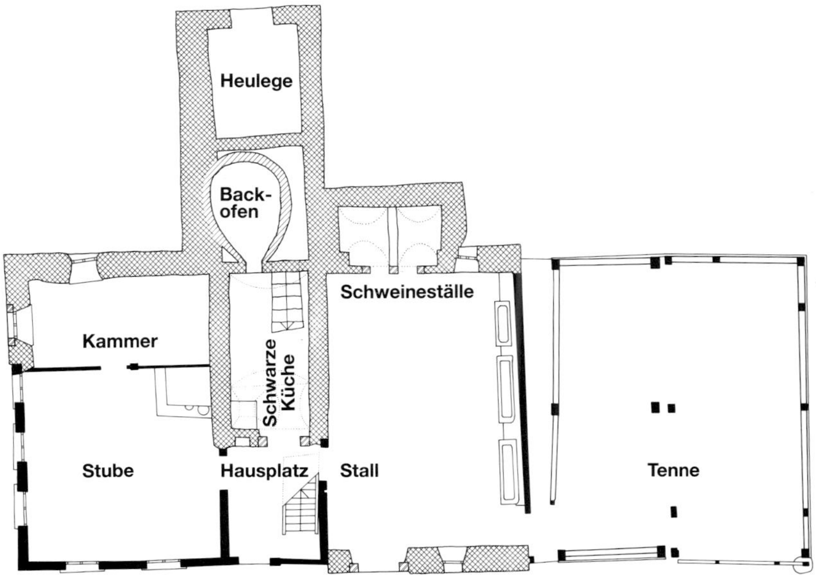

Erdgeschoß.

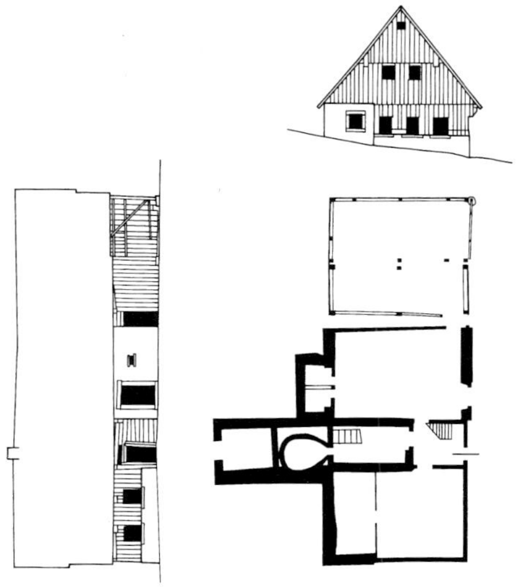

Ort	
Grassemann, Nr. 3	
Gebäude	
Gebäudeart	Wohnstallhaus
Wandkonstruktion	Naturstein/Blockbau/Fachwerk
Geschoßzahl	1 + Dach
Geschoßhöhe	2,6 m
Grundfläche (B × L)	174,7 qm (8,2 × 21,3 m)
Umbauter Raum	
Vollgeschoß	450 cbm
Dachgeschoß	480 cbm
Dach	
Dachart	Satteldach
Dachneigung	53°
Dachdeckung	Holzschindeln, heute Blech
Dachüberstand	20/40 cm (Giebelseite)
Erschließung	
Hauseingang Lage	Traufseite
Flur Lage	Querflur
Grundfläche (B × L)	7,0 qm (2,4 × 2,9 m)
Treppe Art	einläufig
Laufbreite	80 cm
Steigungsverhältnis	
Stube	
Lage	Südecke
Grundfläche (B × L)	25,5 qm (5,0 × 5,1 m)
Fensterzahl	5
Fensteröffnung (B × H)	3 × 90 × 105 cm 2 × 80 × 105 cm
Belichtungsfaktor Fensteröffnung: Grundfläche	1 : 5,6
Stubenofen	Hinterlader von Küche
Küche	
Lage	Flurende
Grundfläche (B × L)	8,6 qm (2,1 × 4,1 m)

Gebäudemerkmale für Bauberatung
Der frei stehende Einzelhof zählt zur Streusiedlung Grassemann im Fichtelgebirge. Der Baukörper von 8,2 auf 21,3 m Seitenlänge bildet ein langgezogenes Rechteck, das Wohnteil, Stall und Scheune unter dem 53° geneigten Satteldach zusammenfaßt. An der nordwestlichen Traufseite nimmt ein schmaler Anbau Backofen und darunter einen Vorratskeller auf. Beide sind direkt mit der Küche verbunden. Der Hauseingang liegt auf der südöstlichen Traufseite und führt in einen Flur, an dem sich in gleicher Breite die Schwarze Küche anschließt. Von dieser Küche aus wird der Ofen in der südwestlich angeordneten quadratischen Stube (5,0 × 5,1 m) als Hinterlader beheizt. Der Blockbau der Stube stellt den ältesten erhaltenen Teil des Hauses dar. Die übrigen Wände der Umfassung, der gewölbten Küche und des anschließenden Stalles sind in Bruchstein aufgeführt und verputzt. Der nordöstlich anschließende Scheunenteil (Tenne) besteht aus einer bretterverschalten Holzständerkonstruktion.
Die südöstliche Traufseite zeigt die hohe Gestaltqualität des Fichtelgebirgshauses. Sie beruht weitgehend auf der freien Anwendung von wenigen Materialien. Der verputzte Massivbau, der waagrecht konstruierte Holzblockbau und die senkrechte Holzverschalung stehen in einem Spannungsverhältnis zu dem sie zusammenfassenden langgezogenen Satteldach. Die Abfolge von holzverschalter Stube über dem massiven Sockel, dem Blockbau des Hausplatzes mit Haustür, dem verputzten Massivbau des Stalles und der senkrechten Holzschalung des Scheunenteils mit der wandhohen Toreinfahrt vermitteln den Eindruck einer nahezu unbegrenzten Gestaltungsfreiheit, wenn wenige Grundsätze beachtet werden, wie hier die Konzentration auf regionale Baumaterialien: Holz und Stein und die Zusammenfassung unter einem gemeinsamen Dach.
Auch die Giebelansicht im Südwesten bietet ein Lehrstück gestalterischer Freiheit und charakteristischen Ausdrucks, selbst nach mehreren, hintereinander vorgenommenen Umbauten. Im Erdgeschoß zeigen die drei Stubenfenster den wichtigsten Raum des Hauses an. Daneben liegt eine Kammer, deren Massivbau nur mit einem kleineren Fenster durchbrochen ist. Im Dachdreieck folgen die beiden Fenster der Axialsymmetrie des Firstes. Die geschoßweise abgesetzte senkrechte Holzschalung faßt bis zu den Fensterbänken der Stube die Giebelseite in Material und Struktur zusammen. Im Spannungsverhältnis steht dazu der massive Bauteil des Stubensockels und der Kammerwand.
Der Querschnitt gibt Aufschluß über die Konstruktion des Pfettendaches mit stehendem Stuhl und daher dem Fehlen der Aufschieblinge am Dachfuß. Das gesamte Dachdreieck ist über der südöstlichen Traufseite seitlich herausgeschoben um für die Türen zu Wohnung und Stall einen schützenden Dachüberstand zu erhalten.

Großweiglareuth

Nr. 1

Stadt Creußen, Landkreis Bayreuth

Austragshaus von 1835
1845: »Nebenhäuschen mit angebautem Schafstall, Keller und Hofraum«
1985: Umbau zur Wohnung

Zur Siedlung

Der nordwestlich von Creußen liegende Ort ist auf eine Siedlung der Rodungsperiode zurückzuführen. Erstmals erwähnt wurde Großweiglareuth 1398. 1840 zählte der Weiler elf Wohngebäude und 60 Einwohner. Die Bevölkerung bestand fast ausschließlich aus Bauern. Die durchschnittliche Wirtschaftsfläche betrug 62 Tagwerk.

Zur Hofgeschichte

Das Nebenhäuschen mit angebautem Schafstall, Keller und Hofraum gehörte 1845 zum »Halben Hof« des Bauern Johann Georg Schamel. Die Hofanlage umfaßte neben genanntem Austragshaus ein Wohngebäude mit Stallung, angebautem Wagenschupfen, Stadel und Backofen. Laut Brief von 1817 hatte Johann Georg Schamel das gesamte Anwesen von seinem Vater Georg Schamel übernommen. Der Grundbesitz belief sich auf 95,63 Tagwerk.
Das Nebenhaus wurde in der zweiten Hälfte des 20. Jahrhunderts mehrmals umgebaut und schließlich 1984/85 vom Besitzer instand gesetzt und als Wohnung genutzt.
Es ist zweigeschossig mit Satteldach und in Hanglage erbaut. Während sich im Erdgeschoß die Stallräume befanden, waren im Obergeschoß die Wohnräume untergebracht. Sie wurden damals wie heute ebenerdig von der Hausrückseite erschlossen. Über dem Untergeschoß aus Sandsteinquadern erhebt sich auf

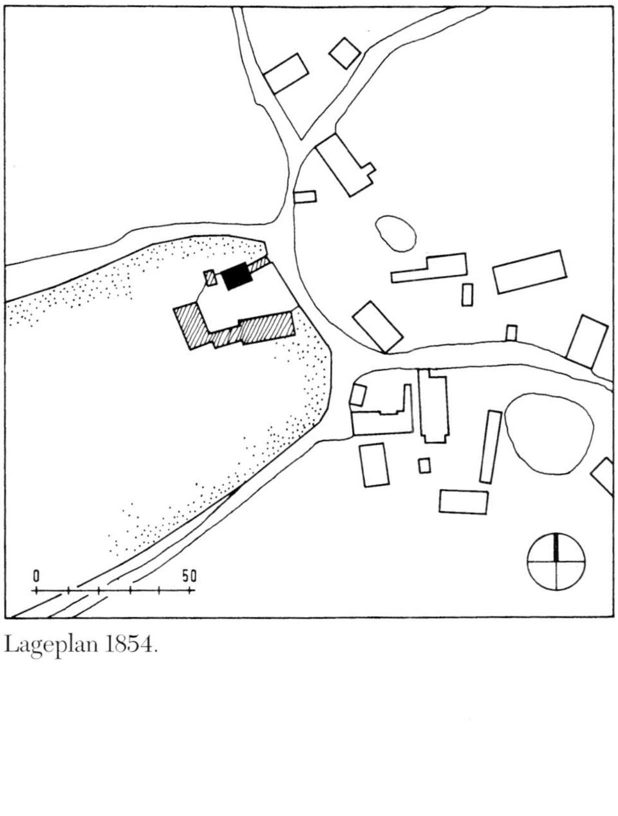

Lageplan 1854.

Austragshaus.

der Süd- und Ostseite das Erdgeschoß mit reich dekoriertem Gitterfachwerk. Die Gefache sind mit geschweiften bzw. einfach durchkreuzten Rauten, Schrägriegeln und Sternen bzw. seitlich angebrachten wandhohen Streben versehen. An der Nord- und Westfassade wurde 1949 bei einem größeren Umbau das Fachwerk durch eine massive Ausmauerung ersetzt und verputzt.
Obwohl die Gestaltung des Zierfachwerks einen älteren Bau vermuten läßt, zeigt sich, daß gerade im Bayreuther Umland derartige Schmuckausformungen üblich und häufig waren. Nur wenige Kilometer von Großweiglareuth entfernt, weist ein Austragshaus in Schwürz Nr. 10, 1819 datiert, eine nahezu identische Fachwerkgestaltung auf.
Erschlossen wird das Untergeschoß von Süden über zwei Türen und ein Tor. Die Schlußsteine der beiden Türstürze tragen die Bezeichnung 18. Mey – J.S. 1835 und deuten auf die Erbauungszeit hin. Im nordöstlichen Gebäudeteil liegt ein Keller mit Tonnengewölbe aus Sandsteinen, der schräg zum Grundriß verdreht ist. Seine Hinterkammer ragt über die rückwärtige Wand des Gebäudes weiter in den Berg hinein. Die übrigen Teile des Untergeschosses wiesen bis zur Sanierung eine preußische Kappendecke auf.
Die Raumaufteilung im Obergeschoß läßt sich nur noch ansatzweise rekonstruieren. Die ehemalige Wohnstube befand sich wohl, wie außen am Fachwerk sichtbar ist, in der südöstlichen Ecke des Hauses. Sie umfaßte das jetzige Wohnzimmer sowie das Kinderzimmer und das Bad. Daran schloß sich im Südosten die ehemalige Hinterkammer bzw. der Alkoven an. Der nördliche Teil des Hauses gliederte sich in Wohnküche, Hausplatz und ehemalige Treppe zum Dachgeschoß. Dort befand sich, wie das Schmuckfachwerk an der Ostfassade erkennen läßt,

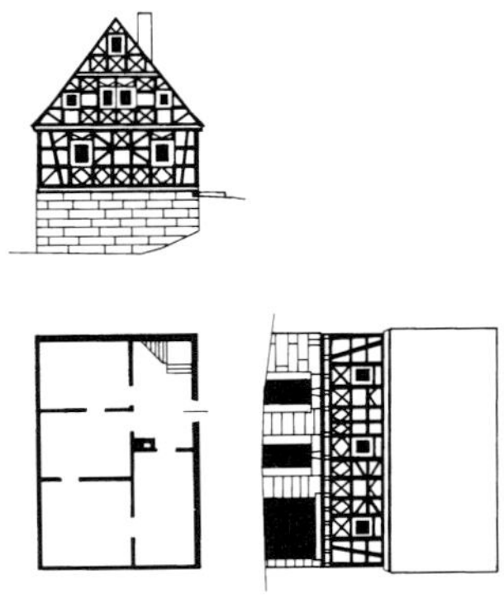

Ort	
Großweiglareuth, Nr. 1	
Gebäude	
Gebäudeart	Wohnstallhaus (Austragshaus)
Wandkonstruktion	Fachwerk/Naturstein/Ziegel
Geschoßzahl	2 + Dach
Geschoßhöhe	2,7 m
Grundfläche (B × L)	61,1 qm (6,5 × 9,4 m)
Umbauter Raum	
Vollgeschosse	315 cbm
Dachgeschoß	135 cbm
Dach	
Dachart	Satteldach
Dachneigung	52°
Dachdeckung	Biberschwanzziegel
Dachüberstand	20 cm (Giebelseite)
Erschließung	
Hauseingang Lage	Traufseite
Flur Lage	Eckflur
Grundfläche (B × L)	9,9 qm (2,3 × 4,3 m)
Treppe Art	zweiläufig
Laufbreite	80 cm
Steigungsverhältnis	18,5/15 cm, 51°
Stube	
Lage	Südostecke
Grundfläche (B × L)	12,2 qm (3,4 × 3,6 m)
Fensterzahl	2
Fensteröffnung (B × H)	75 × 85 cm
Belichtungsfaktor Fensteröffnung: Grundfläche	1 : 9,6
Stubenofen	Stubenofen
Küche	
Lage	Flurende
Grundfläche (B × L)	10,4 qm (2,3 × 4,5 m)

mindestens eine bauzeitlich ausgebaute Dachkammer.
Das Austragshaus in Großweiglareuth vertritt einen früher recht häufig anzutreffenden Bautyp, der jedoch aufgrund beträchtlicher sozialer Verschiebungen auf dem Lande mehr und mehr verschwindet.

Gebäudemerkmale für Bauberatung

Das Nebengebäude bildet den nördlichen Teil des auf drei Seiten umbauten Bauernhofes. Ebenso wie das in Sandsteinquadermauerwerk erbaute zweigeschossige Wohnstallhaus ist es mit dem Giebel nach Osten zu der vorbeiführenden Straße hin ausgerichtet.
Der 6,5 m breite und 9,4 m lange Baukörper trägt ein ziegelgedecktes Satteldach mit einem Neigungswinkel von 52°. Das aus Sandsteinquadermauerwerk errichtete Erdgeschoß ist in den nach Norden ansteigenden Hang hineingebaut. Daher wird es auf der Südseite als Vollgeschoß mit Zugang zu Stall und Keller genutzt, während es auf der Nordseite den Sockel des dort direkt zugänglichen Obergeschosses bildet. Die Lage der Wohnräume über dem Stall weist auf das sogenannte gestelzte Haus hin, das in den Hügellandschaften der Mittelgebirge, z. B. Spessart, Rhön, häufig anzutreffen ist.
Das Obergeschoß, von Norden her ebenerdig betreten, ist durch eine Längswand in zwei verschieden breite Zonen geteilt. Im Süden liegen Stube und Kammern, im Norden Hausplatz und Küche. Die Anordnung der Treppe an der Westwand stellt aus der Sicht der Bauberatung keine überzeugende Lösung dar, da sie die gut belichtete Westseite im Dachgiebel beansprucht, so daß nur der Ostgiebel eine Bodenkammer erhalten konnte. Bei kleinen Häusern mit Satteldächern führt die Anordnung der Treppe quer zum First in einem Querflur oder entlang einer Längswand zu einem besseren Ergebnis, wie es das Beispiel des Austragshauses in Schwurz zeigt, das im Abschnitt Bauberatung besprochen wird.
Das Mitte des 19. Jahrhunderts konstruierte Fachwerk stellt eine Kombination von gleichmäßiger Abfolge der senkrechten Ständer mit reicher Ornamentierung der Fachwerkfelder dar. Dieser Reichtum an geraden, gebogenen und gekreuzten Rautenfeldern soll nicht den Blick für die Klarheit der Baukonstruktion verstellen, die in den geschoßhohen Ständern die weitere Entwicklung des Holzbaues bis zur Vorfertigung ankündigt. Hinzuweisen ist auch auf die gleiche Höhenlage der waagrecht eingesetzten Riegel, die zusammen mit den senkrechten Ständern einen nahezu gleichmäßigen Raster von Feldern ergeben, der dann unterschiedlich ausgefüllt werden konnte.

Ansicht von Osten.

Ansicht von Süden.

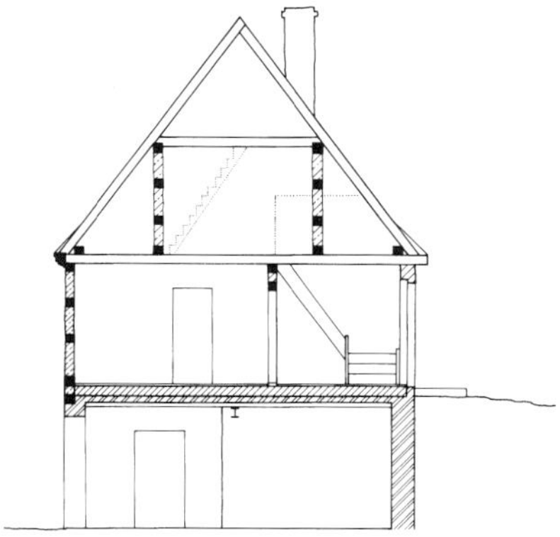
Querschnitt.

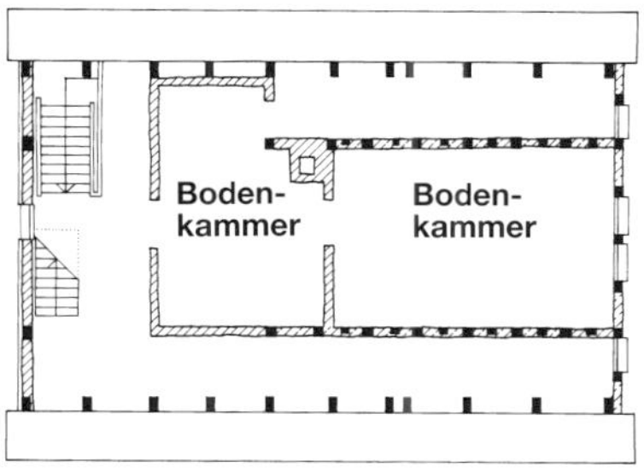

Dachgeschoß.

Detailansicht, südliche Traufseite.

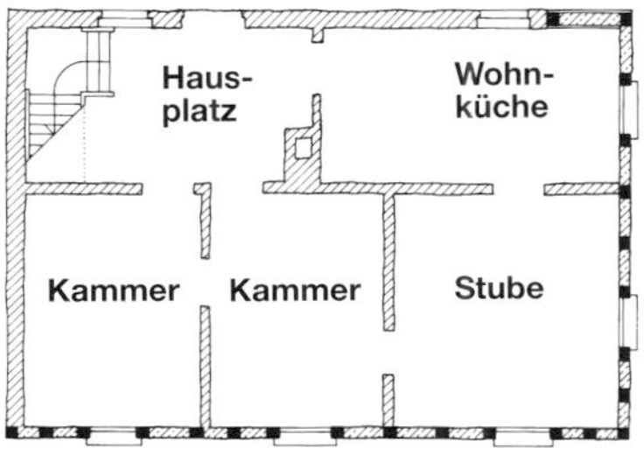

Obergeschoß.

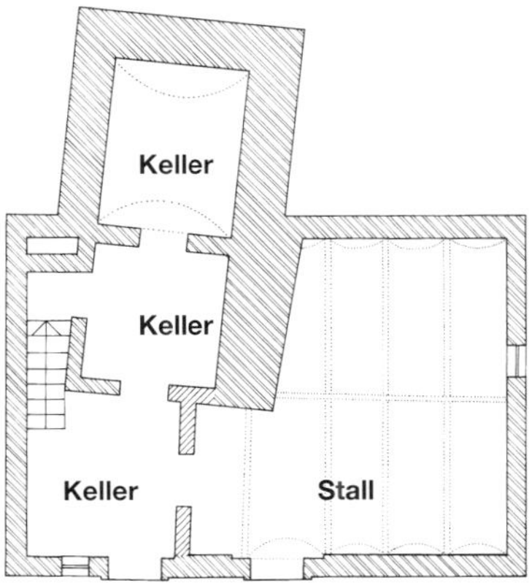

Erdgeschoß.

Plech

Neuhauser Straße 3, Markt Plech, Landkreis Bayreuth

Zweigeschossiges Wohnstallhaus von 1778
1842 Massivbau Westgiebel
1994 Abschluß der Sanierung

Für die Siedlung und die Hofgeschichte wird auf den Abschnitt »Beispiel einer wissenschaftlichen Dokumentation und Hausgeschichte« von Karl Heinz Betz und Heinz Stark (S. 114 ff.) sowie auf die Ausführungen über Plech im Beitrag von Thomas Gunzelmann (S. 50 f.) verwiesen.

Ansicht von Süden.

Das Ackerbürgerhaus mit dem restaurierten Sandsteingiebel.

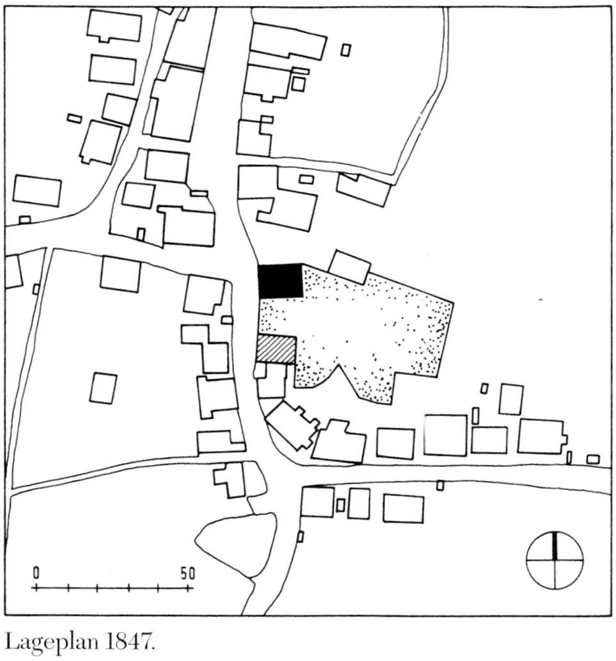

Lageplan 1847.

Ansicht von Osten.

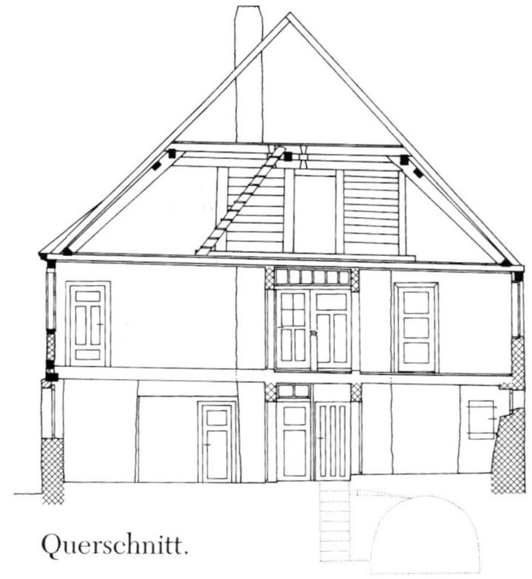

Querschnitt.

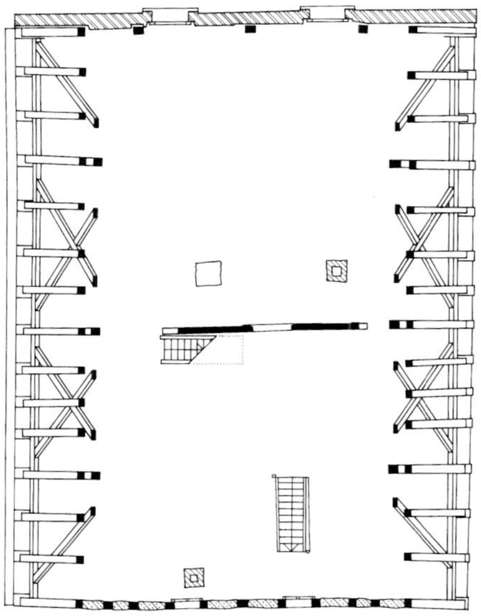

Dachgeschoß.

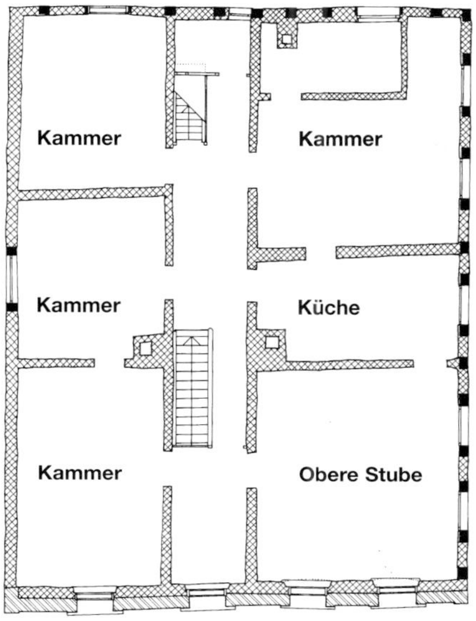

Obergeschoß.

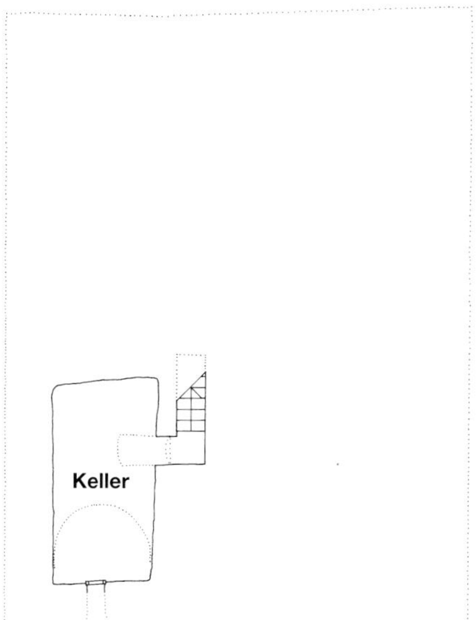

Kellergeschoß.

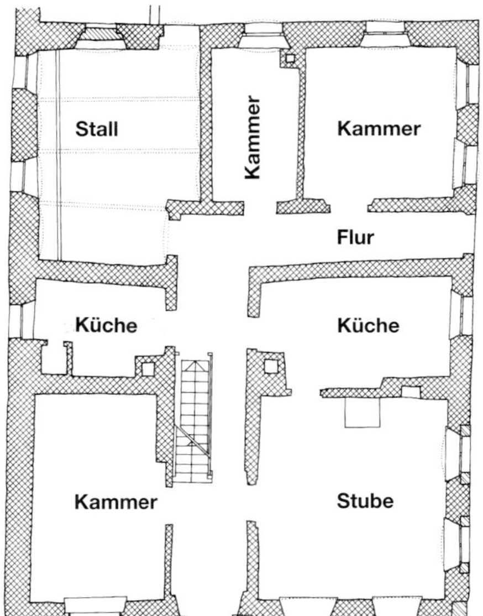

Erdgeschoß.

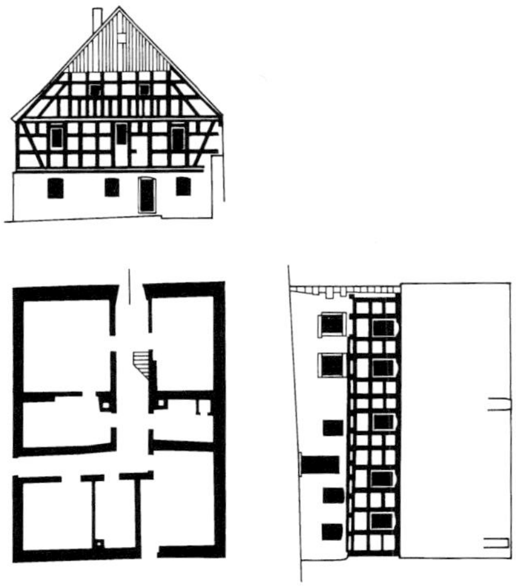

Ort	
Plech, Neuhauser Str. 3	
Gebäude	
Gebäudeart	Wohnstallhaus
Wandkonstruktion	Naturstein/Fachwerk
Geschoßzahl	2 + Dach
Geschoßhöhe	2,7 m
Grundfläche (B × L)	158 qm (11,0 × 14,4 m)
Umbauter Raum	
Vollgeschosse	840 cbm
Dachgeschoß	440 cbm
Dach	
Dachart	Satteldach
Dachneigung	46°
Dachdeckung	Biberschwanzziegel
Dachüberstand	20 cm (Giebelseite)
Erschließung	
Hauseingang Lage	Giebelseite
Flur Lage	Längsflur
Grundfläche (B × L)	17,0 qm (1,7 × 10,0 m)
Treppe Art	einläufig
Laufbreite	70 cm
Steigungsverhältnis	18,0/21,4 cm, 40°
Stube	
Lage	Südwestecke
Grundfläche (B × L)	22,1 qm (4,5 × 4,9 m)
Fensterzahl	4
Fensteröffnung (B × H)	90 × 110 cm
Belichtungsfaktor Fensteröffnung: Grundfläche	1 : 5,6
Stubenofen	
Küche	
Lage	hinter Stube
Grundfläche (B × L)	12,0 qm (2,6 × 4,6 m)

Gebäudemerkmale für Bauberatung

Das zweigeschossige Ackerbürgerhaus wurde an der nördlichen Nachbargrenze der Hofstelle und unmittelbar an der Straße, Unterer Markt genannt, errichtet.

Der 11 m breite und 14,4 m lange Rechteckbaukörper wird von einem 46° steilen Satteldach abgeschlossen. Die Grundrißeinteilung entspricht dem des von der Giebelseite her erschlossenen Bauernhauses, wie es im östlichen Mittelfranken oder der westlichen Oberpfalz zu finden ist. Zum Vergleich seien aus der »Dokumentation Mittelfranken« die Hausbeispiele aus dem Landkreis Nürnberger Land: Eschenbach Nr. 14 (S. 239–242), Rampertshof Nr. 3 (S. 249–251) und Unterferrieden Nr. 137 (S. 257–258) genannt. Diese typologische Ähnlichkeit bleibt ein wesentliches Kennzeichen, auch wenn das Wohnstallhaus der Maurermeisterfamilie im Marktort Plech in die Gruppe der Ackerbürgerhäuser eingeordnet werden kann.

Das Haus wird von der westlichen Straßenseite her betreten. Entlang einer in der Mitte des Grundrisses durchgehenden Längswand führt ein Flur, der auch die einläufige Treppe in das Obergeschoß enthält, in die Tiefe des Gebäudes bis zum Stall und den rückwärtigen Kammern. Dort stellt ein schmaler Querflur die Verbindung zum Hofraum an der südlichen Traufseite her. Die Stube liegt an der Südwestecke und ist nach jeder Seite mit je zwei Fenstern ausgestattet, die der Überwachung der Hofzufahrt dienen. Der Stubenofen wurde von der anschließenden Küche aus beheizt.

Über dem in Bruchstein gemauerten Erdgeschoß ist im Obergeschoß ein regelmäßiges Rasterfachwerk mit senkrechten Pfosten und dazwischen eingefügten Riegeln an der Ost- und Südseite noch sichtbar. Der Straßenfront im Westen wurde 1842 eine neue repräsentative Natursteinwand aus Sandsteinquadermauerwerk vorgesetzt, in deren vier Fensterachsen auch die Haustür eingeordnet ist.

Für die Bauberatung wird die klare Raumfolge vor allem im Grundriß des Obergeschosses sichtbar. Die in der Mitte angeordnete Längswand trennt auf der Südseite Stube, Küche und Kammer von dem durchgehenden Längsflur, der die einläufige Treppe enthält und an seiner Nordseite eine schmälere Raumzone für weitere Kammern ausbildet. Aus der Grundfläche von 158 qm ergibt der Umrechnungsfaktor 0,75 eine Wohnfläche von 2 × 118 qm.

Prebitz

Nr. 13

Gemeinde Prebitz, Landkreis Bayreuth

Wohnstallhaus von 1688/89 (d)
1901: Umbaumaßnahmen

Zur Siedlung

Prebitz liegt östlich von Creußen. Zurückführen läßt sich die 1280 erstmals erwähnte Siedlung auf eine slawische Ortsgründung. Prebitz gehörte zum Fürstentum Bayreuth und somit zum Kammer- und Justizamt Pegnitz. 1802 bestand Prebitz aus 14 Scheunen und 17 Häusern, davon zwei Mühlen. Im 19. Jahrhundert war das lockere Dorf hauptsächlich von großen landwirtschaftlichen Anwesen geprägt. Dabei betrug die Wirtschaftsfläche der meisten Anwesen mehr als 80 Tagwerk.

Zur Hofgeschichte

Das Haus Prebitz Nr. 13 liegt im nördlichen Bereich des Dorfes und stammt in seiner jetzigen Form aus dem späten 17. Jahrhundert. Darauf weisen auch die Fenstergewände der Stube hin.

1845 war der »Halbe Hof« mit Wohnhaus, Keller, Stall, Stadel, Schafstall, Schweineställen, Backofen, Streuschupfen, zwei Kellern, Hofraum und Backofen im Besitz des Bauern Johann Bauer Junior. Er hatte den Hof laut Brief von 1836 von seinem Vater für 2500 Gulden übernommen. 1901 wurde das Haus Nr. 13 als Nebenhaus des Ökonoms Johann Friedrich Böhner genannt.

Das Wohnstallhaus ist ein eingeschossiger Massivbau auf hohem Kellersockel und vermittelt den Eindruck einer kleinbäuerlichen Behausung. Das verschieferte Dach ist als Kehlbalkendach mit dreifach stehendem Stuhl ausgebildet. Bei Umbaumaßnahmen um 1818 wurde am nördlichen Giebel das hier bestehende

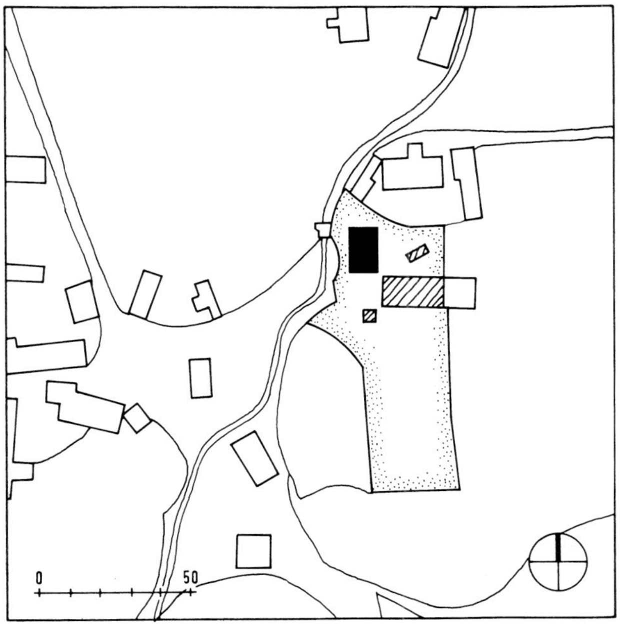

Lageplan ca. 1854.

Giebelansicht Stallseite.

Fachwerk entfernt und durch eine einfache Holzkonstruktion, die von außen mit Brettern verschalt wurde, ersetzt. Das obere Giebeldreieck des südlichen Giebels zeigt ebenfalls eine Verbretterung.

Neben dem Hausplatz des quererschlossenen Gebäudes führt eine viertelgewendelte Treppe aus dem frühen 20. Jahrhundert in den nicht ausgebauten Dachboden. Vom Hausplatz erschließt man die Küche, die Stube und den Stall. Bei den Umbaumaßnahmen zu Beginn des 20. Jahrhunderts wurde am Ende des Flures eine Trennwand eingezogen und die entstandene Kammer zur Stube hin geöffnet. Die tonnengewölbte Schwarze Küche hat mittig im Scheitel den bauzeitlichen Rauchabzug. In der Trennwand zwischen der Küche und der Stube weist ein Portal auf eine ehemalige Rundbogentür hin, die eine direkte Verbindung von Stube und Küche gebildet hatte. Links dieser Tür befindet sich das Schürloch, das damals zur Beheizung des Kachelofens in der Stube benutzt wurde. Noch im 19. Jahrhundert wurde die Türe zugesetzt, ein neues Schürloch eingefügt und der Ofen direkt vor die Türe geschoben. In einer weiteren Phase wurde dieses Schürloch für den Hinterlader aufgegeben, da ein Stubenofen eingestellt wurde.

In der Südwand der Küche befindet sich auch der Zugang zum unterkellerten Wohnbereich. In den Kellerboden ist ein Fischkasten eingelassen, der noch heute von einer Quelle gespeist wird.

Der ehemals mit einer freitragenden Holzdecke versehene Stall, der die ganze Hausbreite einnahm, wurde bei Umbauten 1901 in eine neue Stube und einen nun kleineren Stall geteilt. Unter die bestehende Decke wurde ein Schienengewölbe eingezogen und ein russischer Kamin in der neuen Stube aufgeführt. Gleichzeitig wurden an der abgewandten Traufseite drei neue Fenster eingebaut.

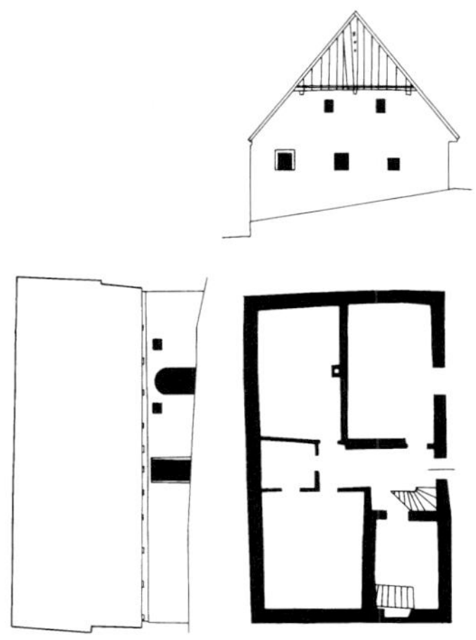

Ort	
Prebitz, Nr. 13	
Gebäude	
Gebäudeart	Wohnstallhaus
Wandkonstruktion	Naturstein/Fachwerk
Geschoßzahl	1 + Dach
Geschoßhöhe	2,6 m
Grundfläche (B × L)	143,8 qm (9,4 × 15,3 m)
Umbauter Raum	
Vollgeschoß	380 cbm
Dachgeschoß	400 cbm
Dach	
Dachart	Satteldach
Dachneigung	50°
Dachdeckung	Schiefer
Dachüberstand	30/50 cm (Giebelseite)
Erschließung	
Hauseingang Lage	Traufseite
Flur Lage	Querflur
Grundfläche (B × L)	12,8 qm (2,9 × 3,0 m + 1,7 × 2,4 m)
Treppe Art	einläufig über Eck
Laufbreite	80 cm
Steigungsverhältnis	
Stube	
Lage	Südwestecke
Grundfläche (B × L)	26 qm (4,8 × 5,4 m)
Fensterzahl	4
Fensteröffnung (B × H)	80 × 85 cm
Belichtungsfaktor Fensteröffnung: Grundfläche	1 : 9,5
Stubenofen	Hinterlader von Küche
Küche	
Lage	neben Flur
Grundfläche (B × L)	11,9 qm (2,9 × 4,1 m)

Gebäudemerkmale für Bauberatung

In der geräumigen Hofstelle steht das Wohnstallhaus, abgesetzt von den Grundstücksgrenzen, im rechten Winkel zu einer Scheune. Der Baukörper von 9,4 m Breite und 15,3 m Länge trägt ein 50° steiles Satteldach, das mit Schiefer gedeckt ist. Die Zugänge zum Wohnteil und zum Stall finden sich auf der östlichen Traufseite. Der Querflur nimmt seitlich die Treppe zum Dachgeschoß auf und erschließt alle Räume des Erdgeschosses. Die Stube (4,8 × 5,4 m) liegt an der Südwestecke und wird von je zwei Fenstern belichtet.

Die kleinen Fensteröffnungen lassen im ganzen Haus die geschlossenen Wände des verputzten Bruchsteinmauerwerks als beherrschendes Kennzeichen erscheinen. Die Raumbelichtung liegt jedoch unter den Grenzwerten der Bauordnung. Die Umbauten des 20. Jahrhunderts, eine Kammer am Ende des Flurs und eine neue Stube in dem nordwestlichen Stallteil beeinträchtigen das vorher einfache und klare Grundrißgefüge. Das Wohnstallhaus hatte einen durchgehenden Querflur mit Treppe in das Obergeschoß, der das Haus in eine südliche Hälfte für Stube und Küche und den nördlich gelegenen Stall teilte. Aus dem konstruktiven Gefüge kann auch der Unterschied zwischen der freien Modellierung verputzter Bruchsteinmauern gegenüber den linearen gradlinigen Wänden im Holzbau ersehen werden.

Traufansicht.

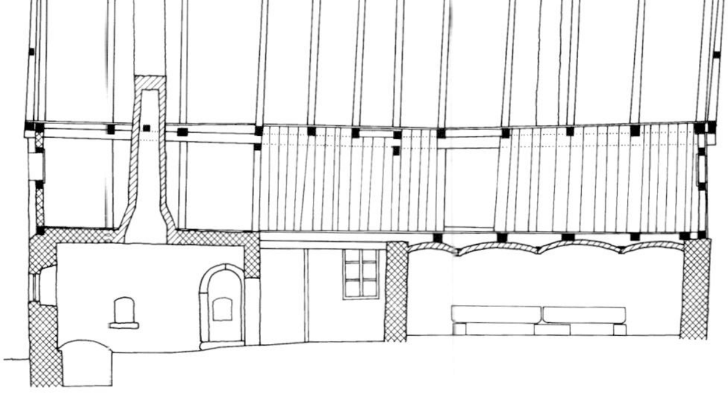

Längsschnitt.

Giebelansicht Stubenseite.

Ansicht von Süden.

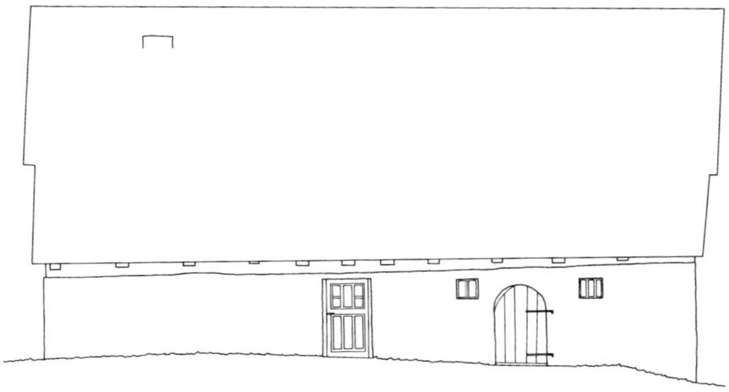

Ansicht von Osten.

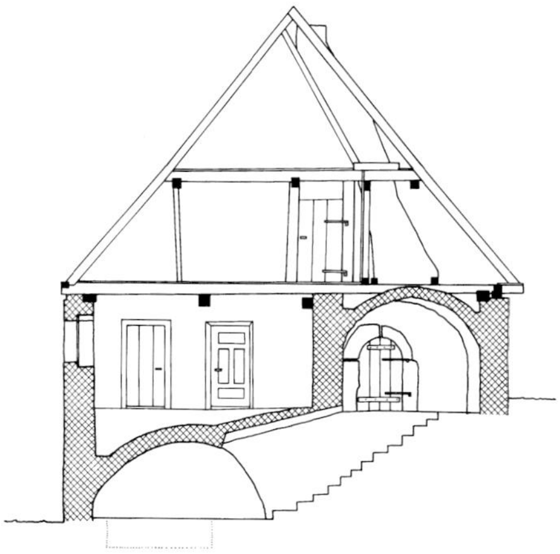

Querschnitt.

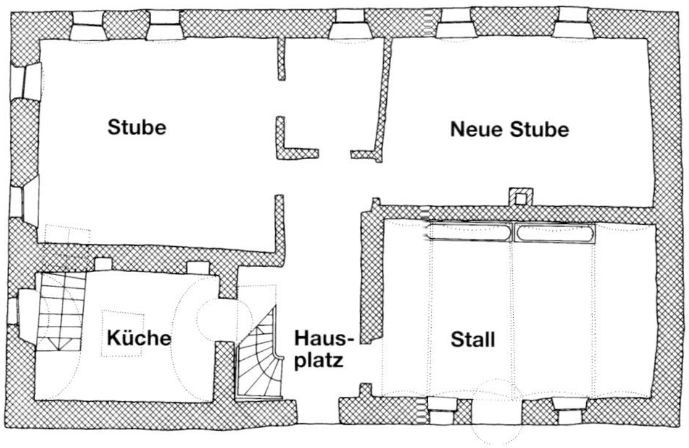

Erdgeschoß.

Ahorn

Alte Schäferei, Nr. 2

Gemeinde Ahorn, Landkreis Coburg

Herrschaftlicher Schafstall
Massivbau von 1713
1975/80: Sanierung durch den »Förderverein Gerätemuseum des Coburger Landes e. V.«

Zur Siedlung
Der südwestlich von Coburg, am Rand des städtischen Weichbildes gelegene Ort gelangte 1056 als Schenkung an Bischof Anno von Köln. Er stattete damit das neugegründete Benediktinerkloster Saalfeld in Thüringen aus. Den schon um 1100 belegten Ministerialensitz hatten in späterer Zeit verschiedene Geschlechter als Saalfelder Lehen inne.
1447 zählte das in einem engen Seitental des Itzgrundes liegende lockere Dorf mit dem Schloßgut neun Höfe. Da sich im Herzogtum Coburg die kleinen Adelsherrschaften nicht der fränkischen Reichsritterschaft anschließen durften, blieb Ahorn ein der Landesherrschaft unterworfenes »landständisches« Rittergut. Durch Peuplierungsmaßnahmen der Gutsherren stieg die Häuserzahl um 1700 auf 27 Anwesen, der Bau von weiteren »Leer- und Tropfhäusern« um 1800 ließ den Ort zu einem geschlossenen Dorf mit 59 Häusern im Jahr 1855 wachsen.

Zur Hofgeschichte
1701 hatte Georg Paul von Hendrich das Rittergut erworben, auf dem man schon seit dem Mittelalter Schafzucht betrieb. 1713 verlegte er den alten Schafhof vom Ort an den Fuß des außerhalb gelegenen Hühnerberges.
Die neu angelegte Zweiseitanlage bietet ein anschauliches Beispiel für eine Gutsschäferei des 18. Jahrhunderts. Zur Hofreit gehörten auch ein eigenes

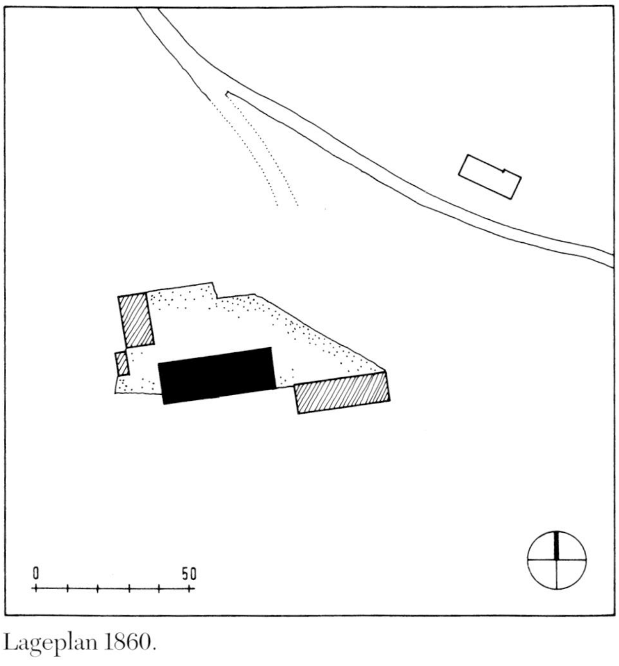

Lageplan 1860.

Ansicht des alten Schafstalles mit östlichem Fachwerkgiebel.

Back- und Brunnenhaus. Das Wohnhaus des Schäfers ist ein kleiner, mit einem Walmdach hervorgehobener Massivbau von zwei zu fünf Achsen. Der Schafstall schließt im rechten Winkel an. In gleicher Firstrichtung folgt seitlich versetzt die große Scheune.
Der Schafstall ist ein langgestreckter, eingeschossiger Bau mit einem hohen Halbwalmdach. Nach dem Kontrakt mit den Coburger Maurermeistern Hans Brückner und Georg Fischer sollte er im Proportionsverhältnis von 120 zu 40 Nürnberger Schuh errichtet werden. Sein Bruchsteinmauerwerk war ursprünglich verputzt, wobei die Ecken eine Quadrierung aus behauenen Sandsteinen aufweisen. Während die Rückseite einfache Rechteckfenster zeigt, ist die Ansichtsseite zum Hof repräsentativer gestaltet. Die Gebäudemitte besetzt ein Rundbogenportal, das seitlich von rustizierten Ovalfenstern flankiert ist. Die Schmalseiten sind entsprechend gegliedert. Die Giebelfelder weisen zusätzlich Fachwerk auf, wobei die mittleren Zonen durch geschweifte Andreaskreuze hervorgehoben sind.
Der dreischiffige, von zwei Ständerreihen durchzogene Binnenraum des Stalles ist ungeteilt. Seine Fläche reichte aus, um die 500 bis 600 Tiere aufzunehmen, die Mitte des 18. Jahrhunderts auf dem Gut gehalten wurden. Das von den Zimmermeistern Johann Hübner und Hans Eberhardt errichtete, 13 m weit gespannte Dachwerk mit zwei übereinanderliegenden Stuhlreihen wird von zwei Längsunterzügen unterstützt. Sie lasten auf den Holzständern auf, wobei Sattelhölzer zur Verbreiterung des Auflagers dienen.
Noch bis zur Mitte dieses Jahrhunderts wurde das Gebäude zur Unterbringung der Gutsschafe genutzt. Aus dem Besitz der Freiherren von Erffa ging der verfallende Schafhof nach 1970 an den Förderverein »Gerätemuseum des Coburger Landes e. V.« über. Für die Einrichtung eines Museums bäuerlicher Sachkultur wurden die Gebäude umfassend instand gesetzt. 1975 erfolgte die Sanierung des ehemaligen Schäferhauses, 1977 bis 1980 die des Schafstalles. Seit 1987 sind die Räume für Dauerausstellungen geöffnet.

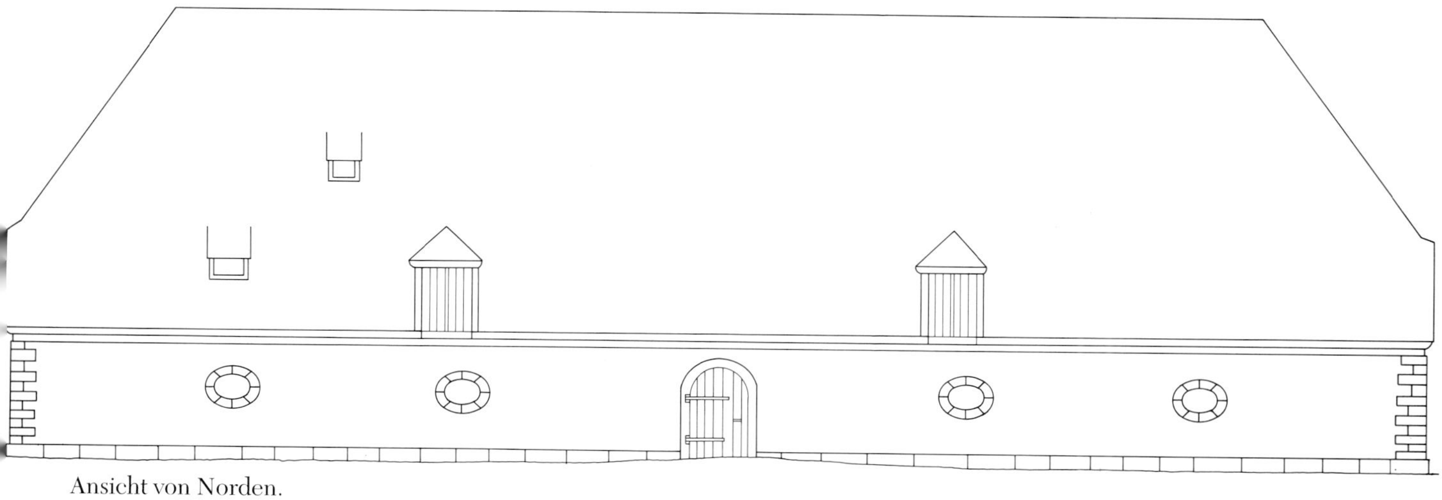

Ansicht von Norden.

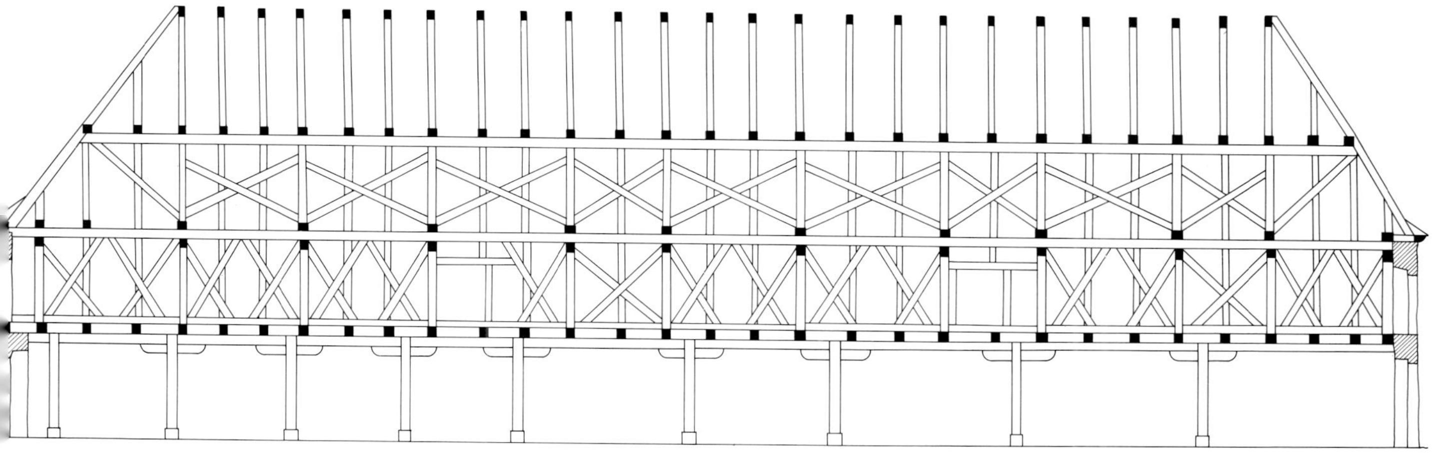

Längsschnitt.

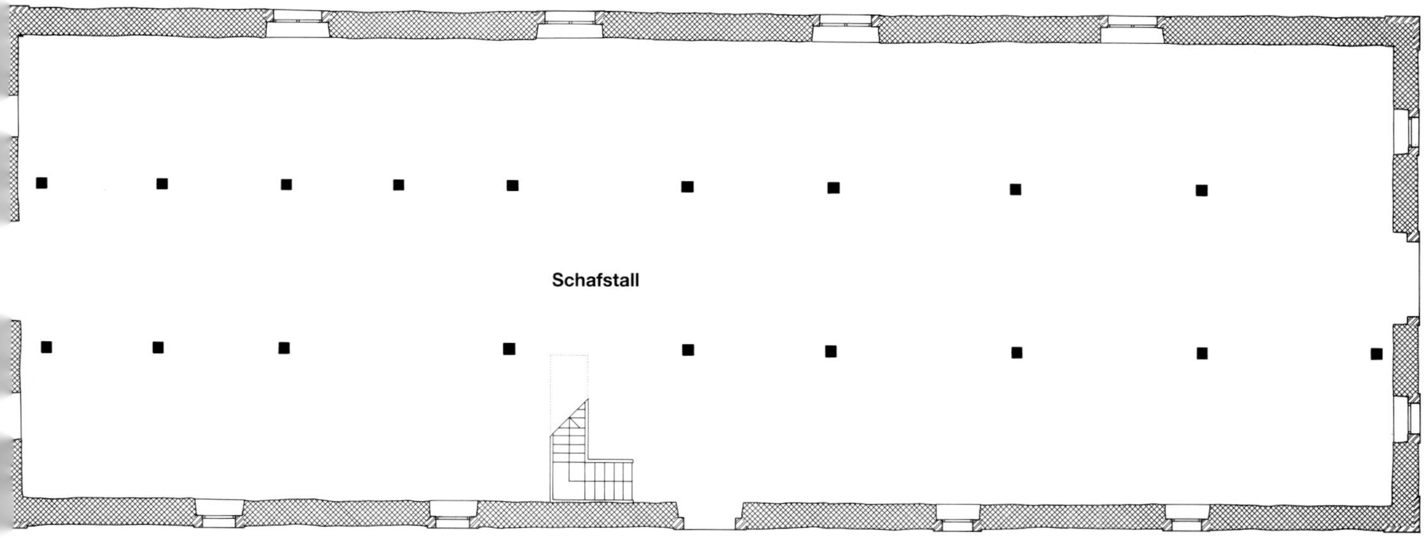

Erdgeschoß.

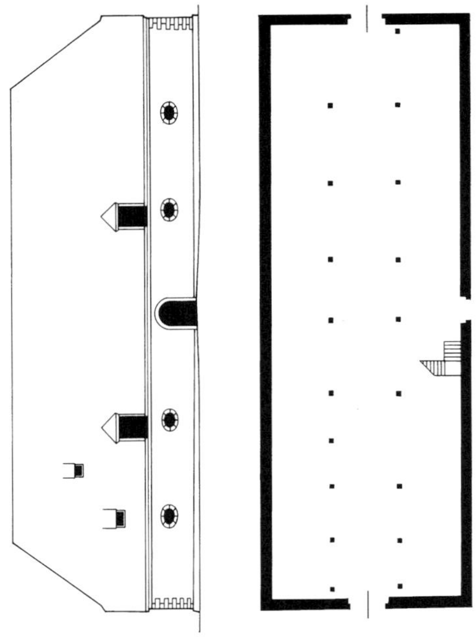

Ort	
Ahorn, Nr. 2	
Gebäude	
Gebäudeart	Schafstall
Wandkonstruktion	Naturstein/Fachwerk
Geschoßzahl	1 + Dach
Geschoßhöhe	3,1 m
Grundfläche (B × L)	514 qm (13,6 × 37,8 m)
Umbauter Raum	
Vollgeschoß	1590 cbm
Dachgeschoß	ca. 2050 cbm
Dach	
Dachart	Halbwalmdach
Dachneigung	51°
Dachdeckung	Falzziegel
Dachüberstand	20 cm (Giebelseite)

Schafstall nach der Renovierung.

Gebäudemerkmale für Bauberatung

Die Schäferei liegt als Einzelhof in der freien Landschaft. Die Hofstelle selbst ist auf drei Seiten bebaut: am Westrand das querstehende Schäferhaus, am Nordrand ein Nebengebäude und im Süden der große Schafstall mit seinem ostwestgerichteten First. Parallel dazu wurde, seitlich versetzt, im Osten ein weiteres Scheunengebäude errichtet.

Der rechteckige Baukörper weist mit 37,8 m Länge und 13,6 m Breite ein Seitenverhältnis von 1:3 auf. In der Hofgeschichte wird belegt, daß die Scheune mit 40:120 Nürnberger Schuh erbaut werden sollte.

Die Dachneigung beträgt 51° und deutet ebenfalls auf eine bewußte Gestaltung hin, da hier Dachhöhe und Hausbreite im Maßverhältnis des Goldenen Schnittes, in 5:8 zueinander stehen. Die Annäherung an die Zahlenverhältnisse des Goldenen Schnittes, bei dem in unendlicher Reihe der kleine Abschnitt einer geteilten Strecke sich zu dem größeren so verhält wie dieser zur ganzen Strecke, ist in der Zahlenreihe 5:8:13:21:34 usw. als sogenannte Fibonaccireihe bekannt, die mit zunehmenden Zahlenwerten an die Verhältniszahl von 0,618 heranreicht. Es muß auffallen, daß gerade in Franken der Winkel von 51° Dachneigung sehr häufig angewandt wird, was auf bewußte Gestaltungsabsichten schließen läßt. Wie sehr eine bauliche Repräsentation durch gleichmäßige Verhältnisse angestrebt wurde, beweisen auch die Achsen der Öffnungen im Natursteinmauerwerk, sowohl in der Symmetrie von Torbogen und zwei flankierenden Rundöffnungen am Giebel als auch an der nördlichen Traufseite. Hier wird die Mitte durch eine Rundbogentür betont, der auf beiden Seiten je zwei Rundöffnungen folgen. Die Pilasterpfeiler der Gebäudeecken betonen ebenfalls wie die Werksteinlaibungen aller Öffnungen den Anspruch der Architektur eines Gutsbetriebes. Die Südseite erhielt in diesem Jahrhundert vier neue Rechteckfenster, die ebenfalls sorgfältig in gleichen Achsabständen eingefügt wurden.

Das innere Konstruktionsgefüge der Dachbinder und Sparren und damit auch die Lage der stehenden Gauben zeigen Abweichungen von der geordneten Regelmäßigkeit der Längsansichten. An den Fachwerkgiebeln nimmt das Rasterfachwerk, teilweise geschmückt durch gebogene Andreaskreuze, die Axialsymmetrie des Giebels auf.

Birkach am Forst

Siemauer Straße 4

Gemeinde Untersiemau, Landkreis Coburg

Zweigeschossiges Wohnstallhaus
Fachwerkbau Mitte des 18. Jahrhunderts
1728: »Gülthof«, »Der Spintelhof«

Zur Siedlung

Das südlich von Coburg gelegene Dorf zählt aufgrund seines Ortsnamens zu den jüngeren, hochmittelalterlichen Rodungsorten. Zusammen mit Weissenbrunn, Unter- und Obersiemau gehörte Birkach zum Kern der um Untersiemau gelegenen Grundherrschaft der Schenken von Siemau. Das im Hochmittelalter lockere Dorf mit nur vier Großen Höfen, die sich noch im 18. Jahrhundert lokalisieren lassen, verdichtete die Siemauer Adelsherrschaft im 17. und 18. Jahrhundert durch die Anlage von Sölden zu einem geschlossenen Dorf. Um 1728 bestanden 29 Anwesen, Mitte des 19. Jahrhunderts waren es 31 Bauernhöfe.

Zur Hofgeschichte

Das mit dem Hausnamen »Spintelhof« bezeichnete Anwesen war einer der vier alten Gülthöfe im Ort. Mit seinen 56 Coburger Ackern gehörte er noch im 19. Jahrhundert zu den vier großen Gehöften im Ort. 1728 war Hans Peter Oerl der Besitzer, dem auch das benachbarte Anwesen Nr. 16 gehörte. Zu dieser Zeit wird das Gebäude als »altes Haus von einem Stock« bezeichnet und war der Vorgängerbau des jetzigen Hofes, der aus der Wiederaufbauzeit nach dem Dreißigjährigen Krieg stammte.

Noch unter Peter Oerl wurde der Neubau des jetzt bestehenden Hauses vorgenommen. Im späten 18. Jahrhundert gelangte der Hof an Jacob Ehrsam und blieb über einen kurzen Besitzwechsel bis zu

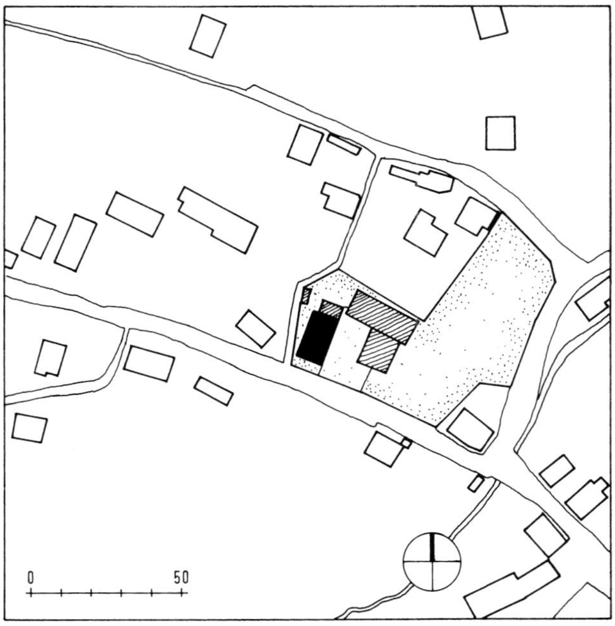

Lageplan 1862.

Ansicht des Südwestgiebels.

Beginn dieses Jahrhunderts im Besitz dieser Familie. Bis in das 19. Jahrhundert war der Hof eines der wenigen zweistöckigen Anwesen im Ort.

Das breitgelagerte Wohnstallhaus, das mit einem Walmdach versehen ist, war ursprünglich in beiden Geschossen durchgehend als Fachwerkbau errichtet. Die Konstruktion zeigt über beide Geschosse eine fast regelmäßige Ständerstellung mit sich entsprechenden Wandzonen. Das Gefüge ist bereits weitgehend konstruktiv, mit zweifacher Verriegelung und wandhohen Streben.

Sowohl an Hof- und Giebelseite zeichnet sich noch in der unterschiedlichen Achsenstellung der Fenster die Lage von Stube und Hinterkammer ab, wobei die Traufseite zum Hof aber in sich schon symmetrisch ausgebildet ist. In der zweiten Hälfte des 19. Jahrhunderts erhielt der westliche Giebel eine Verschieferung mit altdeutschem Deckstein. Reste von Stanniolmalerei sind noch auf den Ortssteinen zu erkennen, wobei das ornamentale Muster unter dem Traufgesims in jüngerer Zeit erneuert wurde.

Die Raumdisposition im Inneren war in Erd- und Obergeschoß bis zu einem Umbau 1877 nahezu identisch. Sie umfaßte im Wohnbereich die mit einer Bohlenbalkendecke versehene Stube an der Südwestecke des Hauses mit anschließender Nebenkammer, Küche und Küchenkammer. Im Erdgeschoß waren an dem vom Hausplatz anschließenden Längsgang noch zwei Nebenkammern gelegen, die 1877 zugunsten der Stallvergrößerung aufgegeben wurden. Dabei ersetzte man die Fachwerkwände des Stalles durch Sandsteinquader, wobei das Rähm noch vorhanden ist. Der Stall selbst wurde mit preußischen Kappen eingewölbt.

Im Obergeschoß waren über dem Stallbereich beiderseits des Erschließungsganges weitere Kammern angelegt. Es besaß auch einen eigenen Abtritt am Ende des Ganges. Das Gebäude hat bis heute seinen bauzeitlichen Charakter bewahrt, abgesehen vom Fachwerkaustausch im Bereich des Stalles und vom Abbruch des deutschen Kamines 1908. In jüngerer Zeit wurden noch in beiden Geschossen zwischen Küche und Nebenkammern direkte Verbindungstüren angelegt.

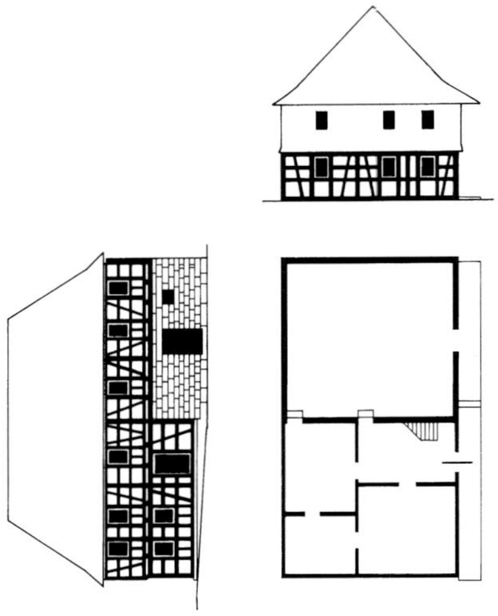

Ort	
Birkach am Forst, Siemauer Straße 4	
Gebäude	
Gebäudeart	Wohnstallhaus
Wandkonstruktion	Naturstein/Fachwerk
Geschoßzahl	2 + Dach
Geschoßhöhe	2,4 m
Grundfläche (B × L)	161 qm (9,4 m × 17,1 m)
Umbauter Raum	
Vollgeschosse	760 cbm
Dachgeschoß	390 cbm
Dach	
Dachart	Walmdach
Dachneigung	47°
Dachdeckung	Falzziegel
Dachüberstand	40 cm (Giebelseite)
Erschließung	
Hauseingang Lage	Traufseite
Flur Lage	Querflur
Grundfläche (B × L)	16,3 qm (3,2 × 5,1 m)
Treppe Art	einläufig
Laufbreite	80 cm
Steigungsverhältnis	16/21,8 cm, 36°
Stube	
Lage	Südostecke
Grundfläche (B × L)	23,5 qm (4,6 × 5,1 m)
Fensterzahl	4
Fensteröffnung (B × H)	80 × 115 cm
Belichtungsfaktor Fensteröffnung: Grundfläche	1:6,4
Stubenofen	seit 19. Jh. Stubenofen als Vorderlader
Küche	
Lage	Flurende
Grundfläche (B × L)	17,4 qm (3,7 × 4,7 m)

Gebäudemerkmale für Bauberatung

Das in Nordsüdrichtung stehende Wohnstallhaus bildet den Westteil des auf drei Seiten umbauten, nach Süden zur Straße hin offenen Hofes. Der zweigeschossige Baukörper von 9,4 × 17,1 m Seitenlänge trägt ein an den Längsseiten mit 47° und an den Schmalseiten mit 58° geneigtes Walmdach. Das Sparrendreieck und damit die Firstlinien sitzen symmetrisch auf dem Baukörper, auch wenn das Dach selbst an der Ostseite auskragt. An dieser Ostseite bilden Deckenbalken und größere Aufschieblinge eine Auskragung von 80 cm als Wetterschutz für die Haustür und den Stallzugang. Entlang der Ostseite ist ein gemauerter Zugangsstreifen angelegt, hier Tritt genannt, in Südbayern als Gred bekannt.

Den Grundriß teilt, im Obergeschoß auch über den Stallzonen, eine durchgehende Längswand in eine breite Zone mit Flur und Stube und eine schmale Zone mit Küche und Kammern. Man betritt das Haus von Osten durch einen Querflur, der an der Stallseite auch die einläufige Treppe ins Obergeschoß enthält. Die Stube nimmt die Ecke nach Süden und Osten mit Blick auf Straße und Hofzufahrt ein. Der einem Quadrat angenäherte Raum von 4,6 × 5,1 m wird von 4 Fenstern belichtet. Stube und Küche sind an der Längswand um ein Fachwerkfeld überschoben, um einen einfachen Kaminanschluß für den Stubenofen, der seit dem 19. Jahrhundert als Vorderlader beheizt wird, zu erhalten.

In der Grundrißposition ist ein überlegtes Ordnungsprinzip erkennbar. Eine durchgehende Querwand teilt den Grundriß in der Hausmitte in zwei gleiche Zonen. Nach der Vergrößerung des jetzt in Massivbauweise aufgeführten Stalles enthält das Erdgeschoß ein südliche Wohnhälfte und eine nördliche Stallhälfte. Ebenso läßt das Obergeschoß beidseits dieser mittigen Querwand eine Spiegelung der Raumabmessungen erkennen. Diese Raumaufteilung tritt auch in der Ostansicht des Fachwerks in Erscheinung, mit der geringen Abweichung, daß an der Stube die Fenster enger zusammengezogen sind. Daß diese durchgehende Querwand in der Mitte des Baukörpers keinen Einzelfall darstellt, zeigen Beispiele in Mittelfranken, wie Waldhausen im Landkreis Ansbach und Ergersheim und Hambühl im Landkreis Neustadt an der Aisch, die in der Dokumentation Mittelfranken veröffentlicht sind.

Aus der Bruttogeschoßfläche von 2 × 160 qm ergibt sich über den Umrechnungsfaktor von 0,75 eine Wohnfläche von 2 × 120 qm.

Ansicht von Südosten.

Ansicht von Süden.

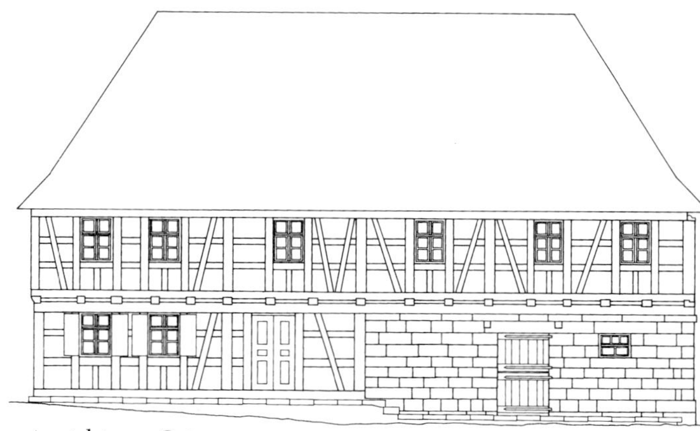

Ansicht von Osten.

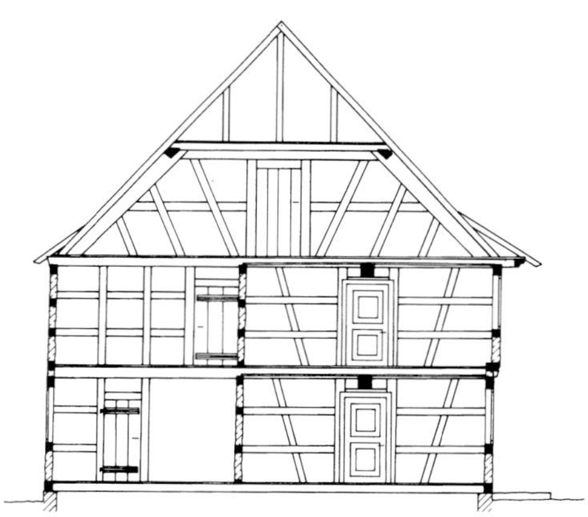

Querschnitt.

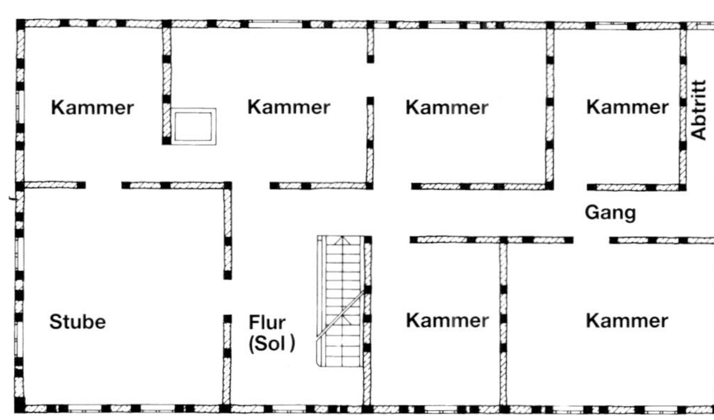

Obergeschoß.

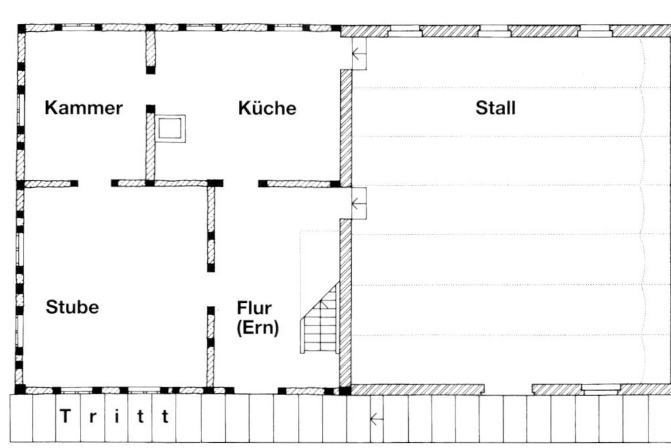

Erdgeschoß.

Bauernhäuser, 1994

Mistendorf
Gemeinde Strullendorf
Landkreis Bamberg
Fachwerkbau
mit Klebdächern

Effeltrich
Gemeinde Effeltrich
Landkreis Forchheim
Erdgeschossiger
Fachwerkbau
auf Natursteinsockel

Honings
Gemeinde Hetzles
Landkreis Forchheim
Erdgeschossiger
Fachwerkbau mit vier
Fensterachsen

Westliches Oberfranken

Mühle Leesten
Gemeinde Strullenhof
Landkreis Bamberg
Fachwerkscheune
Traufseite

Kösten
Stadt Lichtenfels
Landkreis Lichtenfels
Erdgeschossiger
Fachwerkbau
mit Halbwalmdach

Honings
Gemeinde Hetzles
Landkreis Forchheim
Erdgeschossiger
Fachwerkbau,
Fassade weiß gefaßt

Buchenrod

Bergstraße 6

Gemeinde Großheirath, Landkreis Coburg

Eingeschossiges Wohnstallhaus
Fachwerkbau von 1708
1729: »Der halbe Lambeinshof«
1993: Sanierung und Wiederherstellung

Südliche Traufansicht mit überdachtem Tritt.

Zur Siedlung

Der südlich von Coburg gelegene Ort wird erstmals im 9. Jahrhundert erwähnt. Die Grundherrschaft teilten sich im späten Mittelalter verschiedene Adelsfamilien. Noch im 18. Jahrhundert lassen sich die alten Anwesen mit dem Schenkenhof der Schenken von Siemau, dem Lichtensteinhof, den das Kloster Banz erworben hatte und dem Sternberghof der Greiffenclau auf Gereuth bestimmen. Bis zum 19. Jahrhundert wechselte die Dorfherrschaft zwischen dem fürstlichen Amt Coburg und dem Kloster Banz.
1729 gab es in dem geschlossenen Dorf bereits 44 Anwesen, wobei die zahlreichen Sölden auf eine Siedlungsverdichtung durch Hofteilungen hinweisen. Der Ort hat sich bis heute nur unwesentlich vergrößert.

Zur Hofgeschichte

Das 1728 als der »Lambeinshof« bezeichnete Anwesen bildete ursprünglich zusammen mit dem benachbarten, unmittelbar oberhalb gelegenen Hof Nr. 17 einen Ganzen Hof. Beide Bauerngüter gehen auf den alten, im Ortskern an einer Straßengabelung gelegenen Lichtensteinhof zurück, von dem schon im Spätmittelalter mehrere Sölden abgetrennt wurden. Nachfolgend wurde auch der Hof selbst geteilt. 1728 wird er noch als halber Gülthof bezeichnet. Sein Besitzer war zu dieser Zeit Andreas Schramm, der auch den heutigen Bau errichten ließ, wie aus der Jahreszahl 1708 und den Initialen AS am Sandsteinsockel der südwestlichen Hausseite hervorgeht.

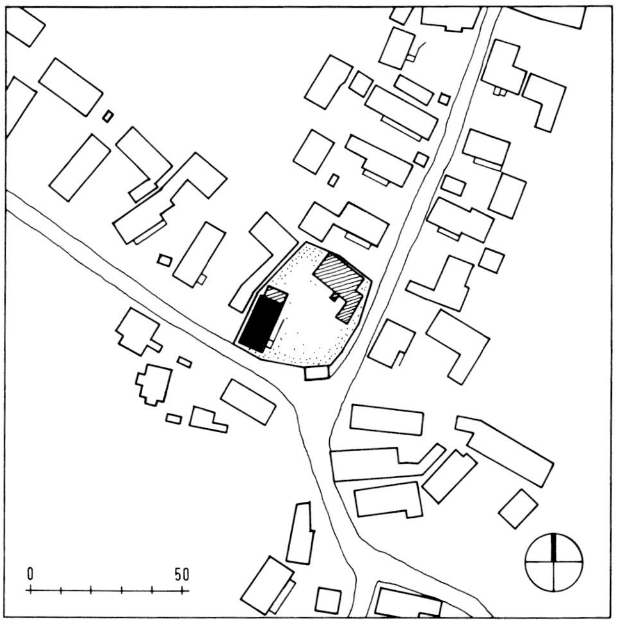

Lageplan ca. 1870.

Das eingeschossige, mit einem Halbwalm versehene Wohnstallhaus bildete ursprünglich zusammen mit der Scheune und einem in der zweiten Hälfte des 19. Jahrhunderts abgegangenen Nebengebäude eine Dreitseitanlage.
Das am Hang der Ortsstraße liegende Haus nimmt den Platz eines ähnlich großen Vorgängerbaus ein, der bereits 1593 bestand. Von ihm ist noch der große, unterhalb von Stube und Kammer gelegene »Tramkeller« erhalten, der im Coburger Umland eher selten, im thüringischen Raum dafür häufiger auftritt. Er besitzt eine auf Steinkonsolen und Streichbalken aufliegende flache Balkendecke. Der zugehörige kleine Gewölbekeller unter der Küche ist im Türbogen mit der Jahreszahl 1593 und den Initialen HL für Hans Lambein bezeichnet. Im Erdgeschoß stammen noch die Innenwände der Küchenkammer aus dieser Zeit, ebenso die Nordwand des Längsganges, die wandhohe, in die Schwelle gezapfte und am Rähm angeblattete Streben besitzt. Das alte Gebäude war wie das heutige im Grundriß queraufgeschlossen und dreizonig.
Die schiefe Stellung der alten Wände zur Straße hin zeigt, daß durch den Schub des Hanges Schäden entstanden, die 1708 den Neubau notwendig machten. Die beiden Außenwände des Flachkellers wurden dabei tiefer gegründet und teilweise erneuert.
Das jetzige Haus in Buchenrod entspricht einem gängigen Haustyp des Coburger Umlandes. Das Fachwerkgerüst ist weitgehend konstruktiv, mit zweifacher Verriegelung und wandhohen Streben. Lediglich die Wandzone neben der Eingangstür besitzt rautenförmiges Zierfachwerk.
Die Erschließung erfolgt traufseitig vom hohen Tritt, der mit einer Borlaube überdacht ist. Der Wohnbereich umfaßt Stube, Stubenkammer, Küche mit Küchenkammer. Die Stube ist mit einer Bohlenbalkendecke ausgestattet, über der eine bei Coburger Bauernhäusern häufiger anzutreffende »hohle Stube« angelegt ist. Beiderseits des Längsganges zum Stall liegen zwei Kammern, wobei die südliche große

Kammer ursprünglich durch eine Trennwand unterteilt war. An den Stall war unter einem abgeschleppten Dach eine Futterkammer mit einem Aborthäuschen angebaut.
Die Giebelkammer im Obergeschoß war vom Hausplatz durch eine geradläufige Treppe erschlossen, die um 1860 durch eine in den Küchenraum eingebaute zweiläufige Treppe ersetzt wurde. Zu dieser Zeit wurde die Bohlenbalkendecke der Stube verputzt, ebenso die Decken von Küche und Hausplatz.

1869 ließ Margaretha Ehrsam den zwischenzeitlich wieder fachwerksichtigen südlichen Wohnbereich verschiefern, etwas später die westliche Giebelseite. Der Bau von 1708 blieb bis heute im Gefüge unverändert. Da das Haus in jüngster Zeit lange leer stand, stürzte der rückwärtige Hausbereich ein. Ab 1993 wurde das Anwesen vom neuen Besitzer saniert, der Stallbereich unter Anlage von größeren Fenster- und einer Türöffnung rekonstruiert. Ebenso wurde die abgegangene Borlaube wiederhergestellt.

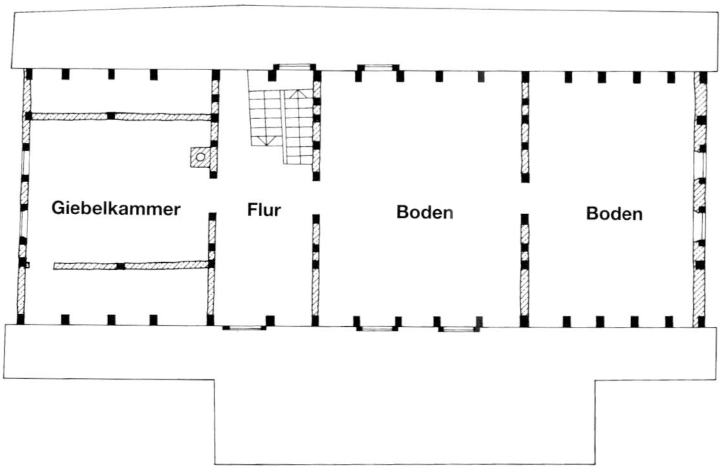

Obergeschoß.

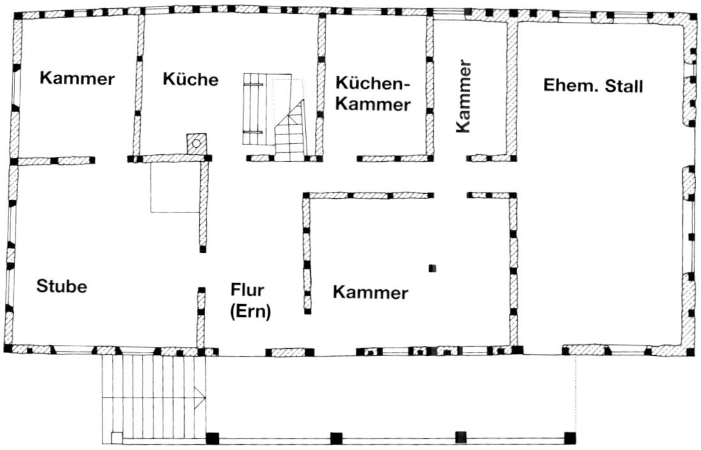

Erdgeschoß.

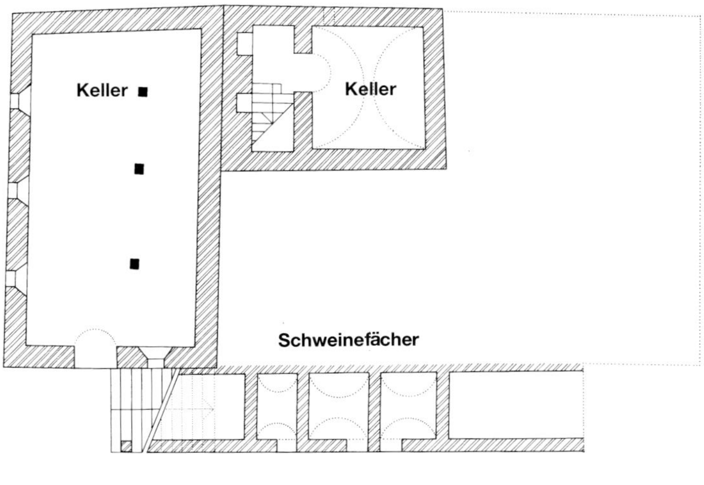

Untergeschoß.

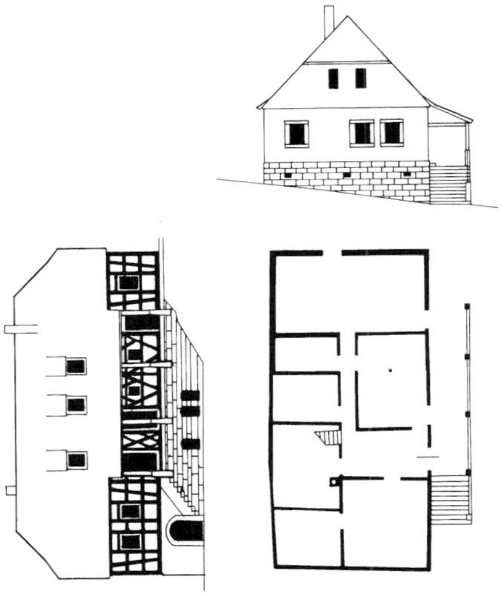

Ort	
Buchenrod, Bergstraße 6	
Gebäude	
Gebäudeart	Wohnstallhaus
Wandkonstruktion	Fachwerk/Naturstein
Geschoßzahl	1 + Dach
Geschoßhöhe	3,2 m
Grundfläche (B × L)	165 qm (9,1 × 18,1 m)
Umbauter Raum	
Vollgeschoß	530 cbm
Dachgeschoß	390 cbm
Dach	
Dachart	Halbwalmdach
Dachneigung	48°
Dachdeckung	Rinnenziegel
Dachüberstand	25 cm (Giebelseite)
Erschließung	
Hauseingang Lage	Traufseite
Flur Lage	Querflur
Grundfläche (B × L)	12,7 qm (2,6 × 4,9 m)
Treppe Art	zweiläufig
Laufbreite	75 cm
Steigungsverhältnis	20/24,3 cm, 39°
Stube	
Lage	Südostecke
Grundfläche (B × L)	23,5 qm (4,8 × 4,9 m)
Fensterzahl	4
Fensteröffnung (B × H)	90 × 110 cm
Belichtungsfaktor Fensteröffnung: Grundfläche	1:5,9
Küche	
Lage	Flurende
Grundfläche (B × L)	17 qm (3,7 × 4,6 m)

Gebäudemerkmale für Bauberatung

Das Wohnstallhaus steht an der Nordwestgrenze der Hofstelle, die nach Norden von einer Scheune abgeschlossen wird, zu den im Süden und Osten vorbeiführenden Straßen hin offen ist und im Gelände abfällt. Der in einem Seitenverhältnis von 1:2 (9,1 × 18,1 m) angelegte Baukörper trägt ein 48° steiles Halbwalmdach. Über dem hohen Natursteinsockel erhebt sich ein heute an der Stirnseite mit Schiefer verkleideter Fachwerkbau. Der Zugang erfolgt über die an den Sockel angefügte Freitreppe mit anschließender Laube. Das Gebäude weist innen einen Querflur auf, der, wie die Hofgeschichte ausführt, ursprünglich auch die einläufige Treppe in das Dachgeschoß enthielt. Die heute in die Küche hineingeschobene zweiläufige Treppe stört das sonst klare Raumgefüge.

Die quadratische Stube mit 4,8 × 4,9 m wird in Ecklage über 2 × 2 Fenster ausreichend belichtet (Belichtungsfaktor 1:5,9). Ihre Ofenecke ist mit der Küche entlang der den ganzen Wohnteil durchziehenden Längswand um eine Achse überschoben, um den Stubenofen anschließen zu können. Die Südostansicht wird von dem Spannungsverhältnis zwischen dem Natursteinsockel und dem Fachwerk des Vollgeschosses geprägt. Die Rundbogentür zum Keller ist mit einem breiten Gewände gegen die waagrechten Schichten des Quadermauerwerks deutlich abgesetzt. Dagegen werden die Segmentbogen der schmalen Türen zum Schweinestall unter der Laube unmittelbar aus den Sturzsteinen ausgeschnitten. Das Dach der Traufseite ist von Schleppgauben unterbrochen, die sich wegen ihrer geringen Breite – trotz des stehenden Formates – gut in die Dachfläche einfügen. Für eine Weiternutzung ergibt sich im Erdgeschoß aus der Grundfläche von 165 qm über einen Umrechnungsfaktor von 0,75 eine Wohnfläche von 125 qm ohne Anrechnung des Dachgeschosses.

Giebelansicht Straßenseite.

Ansicht von Südwesten.

Ansicht von Südosten.

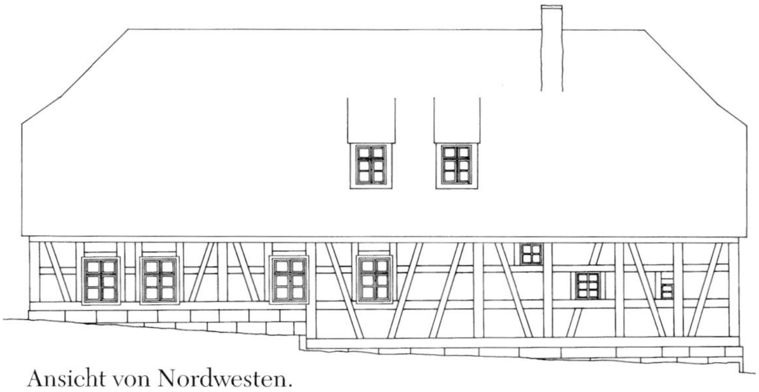
Ansicht von Nordwesten.

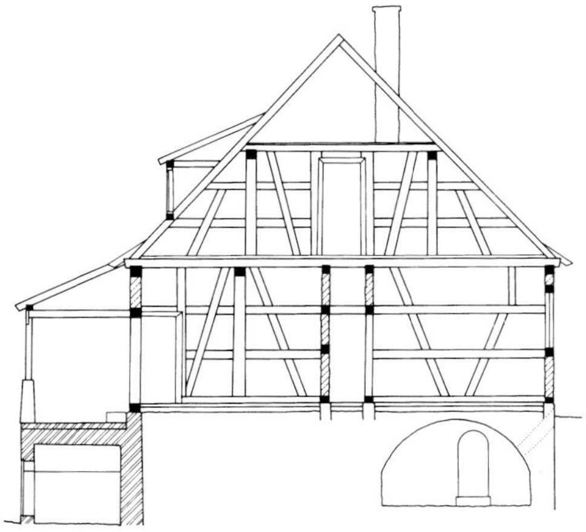
Querschnitt.

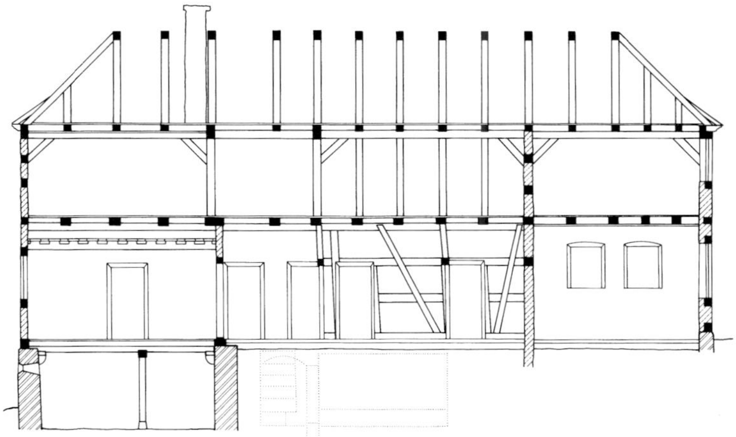
Längsschnitt.

Gleußen

Nr. 3

Gemeinde Itzgrund, Landkreis Coburg

Eingeschossiges Wohnstallhaus, Scheune und Schweinestall
Fachwerkbau aus der zweiten Hälfte des 18. Jahrhunderts
1812: »Söldengut«

Zur Siedlung

Der im Itzgrund zwischen Bamberg und Coburg liegende Ort wird bereits im 9. Jahrhundert als größere Siedlung mit 15 Huben erwähnt. Im 13. Jahrhundert kamen mehrere Bauerngüter von den damaligen Grundherren, den Rotenhan, Hirschberg und Lichtenstein an das Kloster Banz. Landesherrlich gehörte der Ort aber zur »Pflege Coburg«. Bis zum 19. Jahrhundert war Gleußen Grenzort zwischen dem Hochstift Bamberg und dem Fürstentum Coburg, die Dorfherrschaft wechselte alle Jahre zwischen Coburg und Kloster Banz. Der Ort war an der alten »Hohen Straße« durch den Itzgrund gelegen, der im 18. Jahrhundert chaussierten »Post- und Commerzialstraße« zwischen Franken und Sachsen.

Zur Hofgeschichte

1812 war das als Sölde eingestufte Anwesen, das neben dem Wohnhaus noch Stadel, Backhaus und Gärtchen umfaßte, im Besitz des Bauern Johann Georg Dinkel. Ihm gehörte zugleich der 35 Tagwerk große halbe Gülthof Nr. 45. Beide Höfe hatte er 1789 und 1801 geerbt. Den größeren Gülthof vermachte er 1824 seinem älteren Sohn Johann Georg für 2415 Gulden, die kleinere Sölde ging an dessen Bruder Gottlieb Dinkel. 1853 erwarb Johann Georg Dinkel die Sölde von seinem nach Lahm verheirateten Bruder Gottlieb zurück.

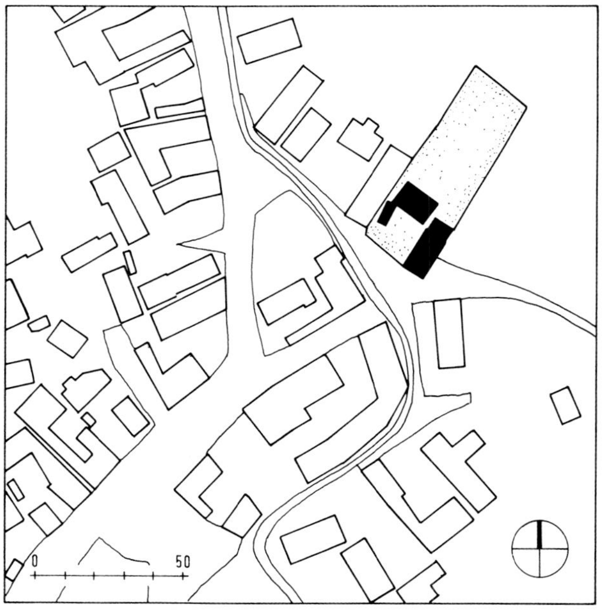

Lageplan.

Der Hof repräsentiert mit seinen zehn Tagwerk eines der Kleinanwesen des Dorfes. Zusammen mit seinen Nebengebäuden bildet das einstöckige Wohnstallhaus einen Dreiseithof.
Das auf einem hohen Sandsteinsockel stehende, eingeschossige Wohnstallhaus ist mit einem großen, quer zur Firstrichtung verlaufenden, von außen erschlossenen Gewölbekeller ausgestattet. Der Zugang zum Haus erfolgt über einen mit Schweinefächern versehenen hohen Tritt, der durch eine vom Dach des Hauses abgeschleppte erdgeschossige Borlaube überdacht wird.
Das Fachwerk des eingeschossigen Gebäudes war im Wohnbereich als weitgehend konstruktives Gefüge mit Ständern und zweifacher Verriegelung errichtet, wobei der Giebel erst im 19. Jahrhundert verschiefert wurde. Der rückwärtige Stallbereich setzt sich durch ein Fachwerk aus zwei höheren Riegellagen mit langen Kopf- und Fußbändern davon ab.
Der Grundriß des queraufgeschlossenen Hauses ist vierzonig. Der Wohnbereich umfaßt neben der mit einer Bohlenbalkendecke ausgestatteten Stube eine kleinere Nebenkammer und eine große Küche. Im Obergeschoß liegt noch eine kleine Giebelkammer. Beiderseits des Längsganges zum Stall ist zusätzlich eine Kammerzone zwischengelegt. Der Stall, dessen Umfassungswände am nordöstlichen Giebel im späten 19. Jahrhundert massiv ausgemauert wurden, besitzt noch die flache Deckung.
Während die Raumeinteilung im Inneren des Hauses noch weitgehend im ursprünglichen Zustand erhalten ist, mußten 1967 durch Übereifer der Feuerschau die Außenwände des Fachwerkbaues durch Hohlblocksteine ersetzt werden.
Zur Dreiseitanlage gehört auch eine große queraufgeschlossene, vierzonige Scheune, die traufseitig mit einer größeren Einfahrt zur Tenne und einer kleineren zum Wagen- und Geräteraum versehen ist. Das auf einem niedrigen Sandsteinsockel stehende Fachwerkgerüst ist zweifach verriegelt und mit langen Kopf- und Fußstreben ausgesteift. Im Innenbereich zeigen die Kopfbänder zwischen Ständern und Bundbalken noch Überblattungen. Der hohe Kehlbalkendachstuhl wird von einem liegenden Stuhl mit Spannriegeln unterstützt. Dem Wohnstallhaus gegenüber liegt noch ein kleines »Bäula«, das im Erdgeschoß vier Schweinefächer aus Sandstein enthält. Der zur Aufbewahrung von Holz dienende Oberstock ist mit einem Frackdach versehen. Die Hofanlage schließt eine breite, von Sandsteinpfeilern begrenzte Tordurchfahrt mit einer kleineren Fußgängerpforte ab.

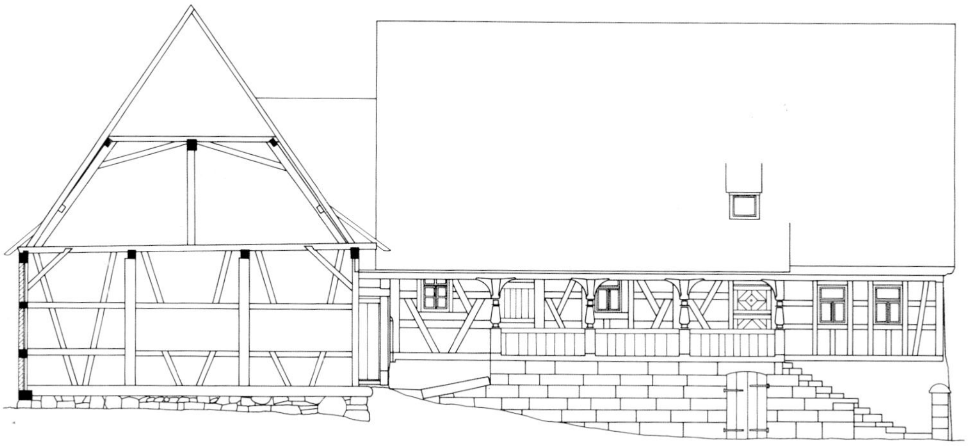

Querschnitt Scheune und Ansicht Wohnstallhaus von Nordwesten.

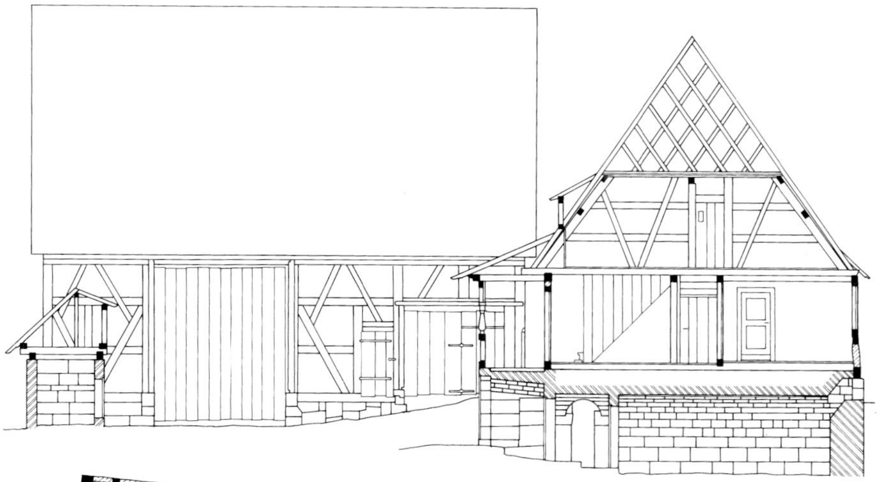

Ansicht Scheune von Südwesten und Querschnitt Wohnstallhaus.

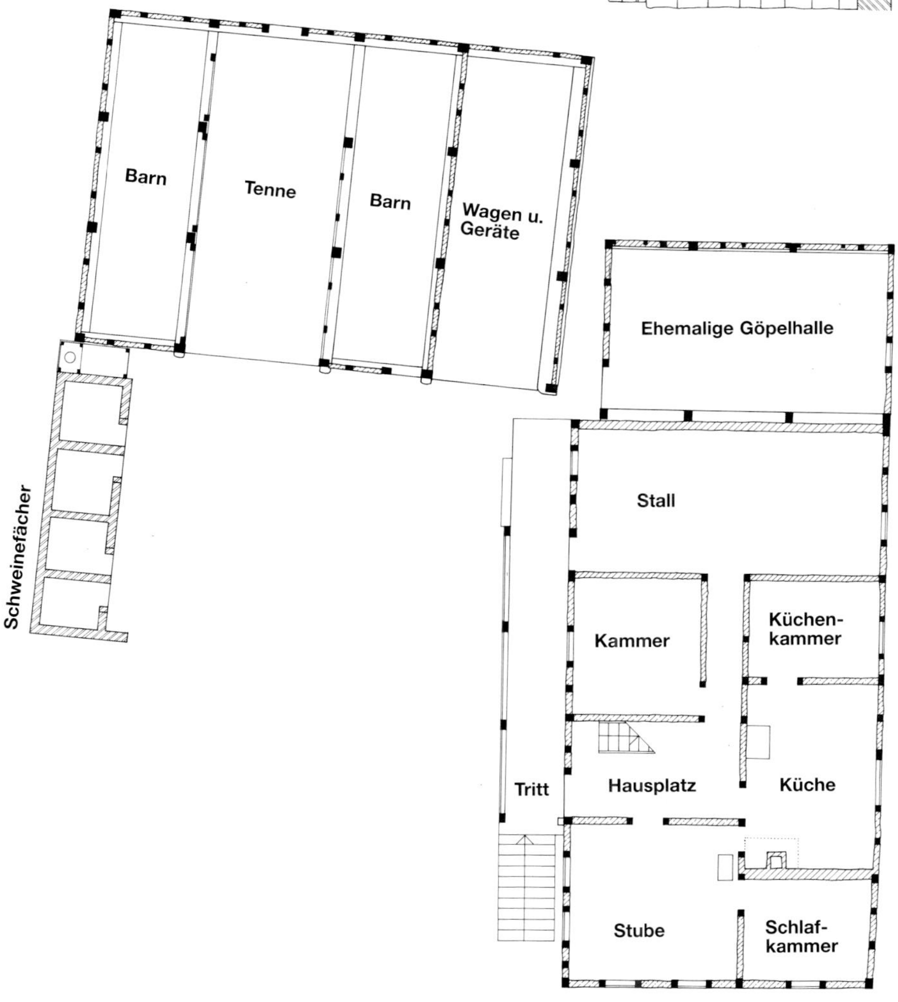

Grundriß Erdgeschoß.

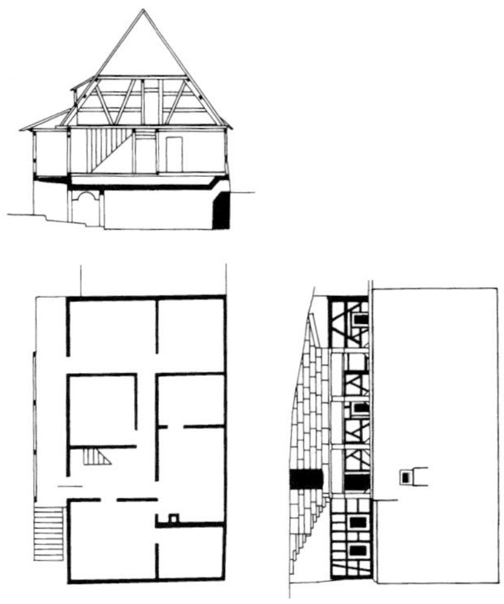

Ort	
Gleußen, Nr. 3	
Gebäude	
Gebäudeart	Wohnstallhaus
Wandkonstruktion	Fachwerk/Naturstein
Geschoßzahl	1 + Dach
Geschoßhöhe	2,5 m
Grundfläche (B × L)	128 qm (8,5 × 15,0 m)
Umbauter Raum	
Vollgeschoß	330 cbm
Dachgeschoß	390 cbm
Dach	
Dachart	Satteldach
Dachneigung	55°
Dachdeckung	Rinnenziegel
Dachüberstand	30 cm (Giebelseite)
Erschließung	
Hauseingang Lage	Traufseite
Flur Lage	Querflur
Grundfläche (B × L)	11,7 qm (2,6 × 4,5 m)
Treppe Art	einläufig
Laufbreite	75 cm
Steigungsverhältnis	
Stube	
Lage	Südwestecke
Grundfläche (B × L)	18,5 qm (4,1 × 4,5 m)
Fensterzahl	4
Fensteröffnung (B × H)	80 × 100 cm
Belichtungsfaktor Fensteröffnung: Grundfläche	1 : 5,8
Küche	
Lage	Flurende
Grundfläche (B × L)	17,2 qm (3,5 × 4,9 m)

Gebäudemerkmale für Bauberatung
Wohnstallhaus

Das in die Tiefe gestreckte Grundstück ist an der südwestlichen Schmalseite, mit einem Dreiseithof bebaut. Wohnstallhaus und Nebengebäude liegen einander gegenüber, jeweils an der seitlichen Nachbargrenze. Das Wohnstallhaus von 8,5 m Breite und 15 m Länge wird von einem 55° steilen Satteldach abgeschlossen. Das Hofgrundstück fällt zur Straßenzufahrt hin so stark ab, daß der Steinsockel am Südwestgiebel annähernd die Höhe eines Vollgeschosses erreicht und den Eindruck eines gestelzten Hauses vermittelt. Eine Freitreppe aus Sandsteinblockstufen führt zum Podest des traufseitigen Hauseinganges hinauf. Auf dieser Traufseite wird der Aufschiebling des Sparrendaches 2,5 m herausgezogen, um für das Podest einen schützenden Laubengang zu erhalten. Die Grundrißorganisation zeigt eine durchgehende Längswand, die eine breitere Raumzone für Querflur mit einläufiger Treppe und die Stube von der schmäleren Zone für Küche und Kammern trennt. Ein schmaler Längsflur erschließt vom Eingangsflur aus Kammern und Stallräume im Nordteil. Die quadratische Stube liegt in der bevorzugten Ecke an der Straße und Hofeinfahrt. Durch je zwei größere Fenster erreicht sie einen guten Belichtungsfaktor von 1:5,8. Küche und Stube sind in gleicher Weise wie in den Hausbeispielen Birkach und Buchenrod an der Längswand um ein Feld überschoben, um den Stubenofen an den Küchenkamin anschließen zu können.

Das Raumgefüge dieses im Coburger Land verbreiteten Haustyps erreicht eine bemerkenswerte Übersichtlichkeit der Grundrißaufteilung und eine überzeugende Einfachheit in der konstruktiven Gestaltung. Diese Gestaltqualitäten werden auch in den Ansichten der Traufseite bis in die Einzeldetails der Sandsteinfreitreppe, der Laubenausbildung und der Fensterverteilung sichtbar. Auch die Giebelseite zeigt in dem Gegensatz zwischen den geschoßweisen Gliederungen der dunklen Schieferverkleidung und den weiß gestrichenen Fenstern ein bemerkenswertes Können der hier tätigen Handwerker.

Ansicht von Südosten.

Ansicht von Südwesten.

Giebelansicht mit Tritt.

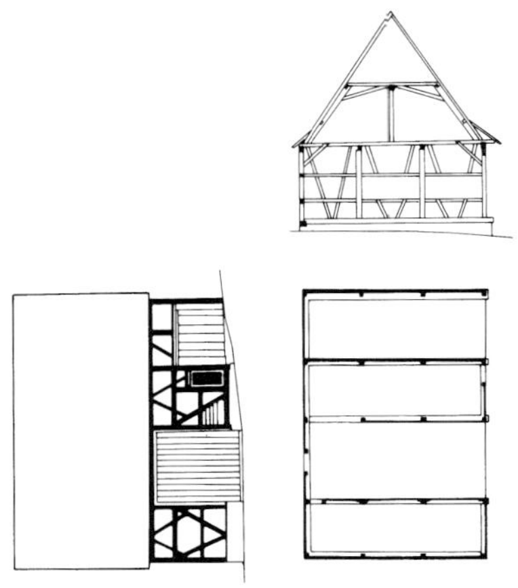

Ort	
Gleußen, Nr. 3	
Gebäude	
Gebäudeart	Scheune
Wandkonstruktion	Fachwerk
Geschoßzahl	1 + Dach
Geschoßhöhe	ca. 4,0 m
Grundfläche (B × L)	118 qm (9,0 × 13,1 m)
Umbauter Raum	
Vollgeschoß	ca. 470 cbm
Dachgeschoß	ca. 370 cbm
Dach	
Dachart	Satteldach
Dachneigung	56°
Dachdeckung	
Dachüberstand	30 cm (Giebelseite)
Erschließung	
Tor (B × H)	360 × 420 cm

Gebäudemerkmale für Bauberatung Scheune

Die Hofstelle wird nach Norden durch eine Scheune von 9 × 13,1 m Seitenlänge geschlossen, deren Satteldach denselben Neigungswinkel wie das Wohnstallgebäude, nämlich 56°, aufweist. Auch hier wird der Aufschiebling über den beiden Toren, der großen Tenneneinfahrt und dem kleinen Tor des Geräteunterstellraums durch einen auskragenden Deckenbalken zur Konstruktion eines 90 cm tiefen Vordaches herausgezogen. An der anderen Scheunenseite schließt der Dachbalken mit der Fachwerkwand ab, so daß durch den Aufschiebling nur ein geringer Dachüberstand von 40 cm entsteht. Damit kann die symmetrische Lage des Dachdreiecks über dem Baukörper beibehalten werden, da nur durch unterschiedliche Ausformung der Aufschieblinge am Dachfuß die Vordachkonstruktion ausgebildet wird.

Ort	
Gleußen Nr. 3	
Gebäude	
Gebäudeart	Schweinestall
Wandkonstruktion	Naturstein
Geschoßzahl	1 + Dach
Geschoßhöhe	2,0 m
Grundfläche (B × L)	13,8 qm (2,0 × 6,9 m)
Umbauter Raum	
Vollgeschoß	30 cbm
Dachgeschoß	20 cbm
Dach	
Dachart	Satteldach (Frackdach)
Dachneigung	44°/21°

Gebäudemerkmale für Bauberatung Schweinestall

Die westliche Begrenzung des Dreiseithofes wird durch ein schmales Nebengebäude gebildet, das über einem Erdgeschoß aus Sandsteinquadermauerwerk eine Holzlege mit asymmetrischer Frackdachausbildung trägt. Die in Sandsteinquadermauerwerk aufgeführten Schweineställe mit darüber angeordneter, nur zum Innenbereich der Hofstelle offenen Holzlege bilden einen nicht seltenen Typus, der auch in der Dokumentation Mittelfranken, z. B. Herrenberchtheim, Landkreis Neustadt a. d. Aisch, aufgenommen ist.

Gesamtansicht des Hofes.

Großwalbur

Hauptstraße 23

Gemeinde Meeder, Landkreis Coburg

Schweinestall mit Holzlege
Fachwerkbau des späten 18. Jahrhunderts
1868: »Holzhaus«
1970: Abbruch

Zur Siedlung

Der nordwestlich von Coburg an der Grenze zum unterfränkischen Grabfeldgau gelegene Ort wurde 837 dem Kloster Fulda geschenkt. Im späteren Mittelalter gehörte er zur hennebergischen Herrschaft, der späteren »Pflege Coburg«.
Schon im Spätmittelalter war Großwalbur zu einem mittelgroßen Haufendorf gewachsen, das mit Wall, Graben und drei Torhäusern gesichert war. Der Kirchbereich besaß eine Wehrmauer mit Kirchgaden, die zusammen 1772 weitestgehend abgetragen wurden.
Die Grundherrschaft war im Ort stark vermengt, wobei bis zum 19. Jahrhundert das fürstliche Amt in Coburg die Dorfherrschaft besaß. 1618 umfaßte der Ort einen Herrenhof, einen herrschaftlichen Kleinhof, fünf Güter, 75 Sölden sowie eine kleinere Zahl an Tropfhäusern. Um 1800 lebten in 98 Wohnhäusern 439 Einwohner. Das herrschaftliche Kammergut, zu dem auch eine Schäferei gehörte, wurde im 19. Jahrhundert zertrümmert.

Zur Hofgeschichte

Zum verbreiteten Hoftyp des Coburger Landes zählt der Dreiseithof. Dem Wohnhaus liegt dabei meist ein niedriges, gestrecktes Nebengebäude gegenüber, das in der Umgangssprache nur »Bäula« genannt wird. In praktischer Weise verbindet es den vom Wohnhaus separierten Schweinestall mit einem Unterstell- und Geräteraum. Im durchwegs offenen Dachraum befand sich oft eine Holzlege. Diese kombinierten Stall- und Speicherbauten, die in ihrer Form den jeweiligen wirtschaftlichen Anforderungen angepaßt wurden, entstanden zunehmend im 18. Jahrhundert, als sich die Stallfütterung der Schweine durchsetzte.
Das Anwesen, zu dem das »Bäula« gehörte, zählte mit seinen fünf »Coburger Ackern« in der Mitte des 19. Jahrhunderts zu den Kleinanwesen im Dorf. Es war damals im Besitz der Familie Bühling. In der Hofbeschreibung von 1868 wird das »Bäula« als separates »Holzhaus« neben dem Bauernhaus und dem Stadel erwähnt. Auch in Großwalbur lag es dem Wohnhaus gegenüber.
Der langgestreckte Fachwerkbau war zweigeschossig und besaß ein charakteristisches Frackdach. Die Gefache waren durchgehend mit Lehmflechtwerk geschlossen. Der Schweinestall war allerdings wegen der Temperaturempfindlichkeit der Tiere aus Sandsteinquadern gesetzt. Das dreigegliederte Erdgeschoß nahm zwischen dem straßenseitigen Schafstall und dem rückwärtigen Schweinestall eine breite, offene Mittelhalle auf. In ihr führte eine Treppe zum Obergeschoß.
Die Fachwerkkonstruktion war auf einen Steinsockel gestellt, der unterschiedliche Höhen, Steinformate und verspringende Schwellenlagen besaß, was möglicherweise darauf zurückzuführen ist, daß das bestehende Gebäude unter Einbeziehung eines älteren, kleineren Vorgängers entstand. Bei verschieden weiter Ständerstellung zeigten die Wandzonen auch eine unterschiedliche Gefachverriegelung, wie etwa beim Schafstall, der zwei Riegellagen besaß. Der Oberstock bildete hingegen von seiner Konstruktion eine bauliche Einheit.
Der Überstand der Deckenbalken ermöglichte die Ausbildung einer hofseitigen, oberen »Borlaube«, wie sie im Coburger Umland auch bei Bauernhäusern häufiger anzutreffen ist. Durch sie war ein bequemer, zugleich überdachter Zugang zu dem dahinterliegenden großen Speicherraum gewährleistet. Die Säulen waren zum Schmuck balusterartig geschnitten.
Das »Bäula« in Großwalbur gehörte zu den anspruchsvolleren Exemplaren dieses Typs von landwirtschaftlichem Nebengebäude. Es war nicht nur im Coburger Umland, sondern auch im anschließenden Unter- und nördlichen Mittelfranken weit verbreitet. 1970 wurde das Gebäude abgebrochen.

Lageplan.

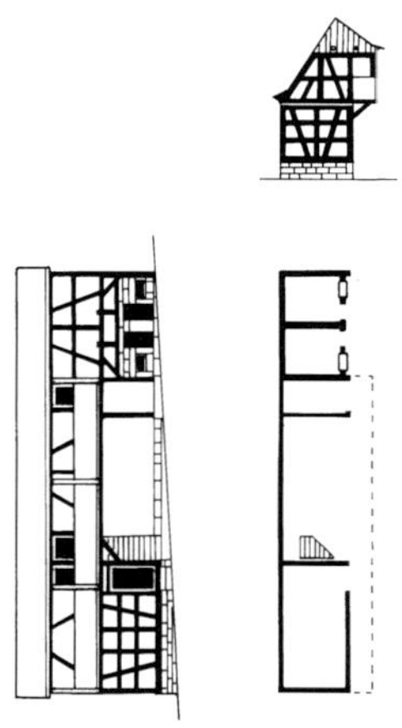

Ort	
Großwalbur, Hauptstraße 23	
Gebäude	
Gebäudeart	Stall/Lager, »Bäula«
Wandkonstruktion	Fachwerk/Naturstein
Geschoßzahl	1 + Dach
Geschoßhöhe	2,4 m
Grundfläche (B × L)	48,7 qm (2,9 × 16,8 m)
Umbauter Raum	
Vollgeschoß	120 cbm
Dachgeschoß	115 cbm
Dach	
Dachart	Satteldach (Frackdach)
Dachneigung	57°/37°
Dachdeckung	Falzziegel
Dachüberstand	20 cm (Giebelseite)
Erschließung	
Treppe Art	einläufig
Laufbreite	80 cm

Gebäudemerkmale für Bauberatung

Das schmale Nebengebäude mit einer Breite von 2,9 m und einer Länge von 16,8 m steht am Westrand der Hofstelle, unmittelbar an der Nachbargrenze. Der nach Süden zur Straße hin offene Hof ist auf der Ostseite durch das Wohnstallhaus und im Norden durch die zurückgesetzte Scheune zu einer Dreiseitanlage geschlossen.

Das zweigeschossige, aus mehreren unterscheidbaren Abschnitten errichtete Gebäude wird von einem durchgehenden einhüftigen Satteldach zusammengefaßt, dessen Neigung nach Westen zur Nachbargrenze über dem Erdgeschoß 57° steil abfällt, dagegen über dem Obergeschoß im Innenbereich des Hofes nur 37° geneigt ist.

Im Grundriß folgen auf einen Schafstall mit traufseitigem Zugang eine offene Unterstellhalle, von der eine einläufige Treppe mit ca. 60° Steigung – also über dem nach der heutigen Bauordnung zulässigen Maß von 45° – zu dem auskragenden Laubengang des Obergeschosses hinaufführt. Die Fachwerkkonstruktionen von Schafstall und offener Halle werden im nördlich anschließenden Schweinestall von Sandsteinquadermauerwerk abgelöst. Die Türen beider Stallfächer sind ebenso wie die beiden Futtertröge unmittelbar vom Hof aus zu beschicken. Während der Laubengang des Obergeschosses nur bis zur Halle und dem Futterfach reicht, geht die Dachfläche als Auskragung bis zum Gebäudeende unverändert weiter und bildet damit für die Türen zum Schweinestall einen hochliegenden Wetterschutz.

Das Gebäude ist funktional in den Schafstall, die Unterstellhalle und den Schweinestall und konstruktiv in unterschiedliche Fachwerkausbildungen und Natursteinwände des Schweinestalls gegliedert. Diese drei Hauptteile werden zu einer Einheit zusammengefaßt, nicht nur durch das gemeinsame Dach, sondern auch durch die architektonische Gliederung der Säulen des Laubenganges. Dort werden drei gleiche Felder ausgebildet, deren Achsmaß der anschließende Schweinestall aufnimmt. Damit entsteht im Obergeschoß eine durchgehende Folge von vier Achsen. Die bewußte Baugestaltung kann auch an der spiegelsymmetrischen Ausbildung des Schweinestalls, der Lage der vertikalen Türen, der horizontalen Futterluken und der Anordnung der Ständer und Streben im Fachwerk abgelesen werden. Aus diesem bescheidenen Nebengebäude ist zu ersehen, welche Wertschätzung auch untergeordneten Baumaßnahmen als wichtigem Bestandteil des Bauernhofes entgegengebracht wurde.

Dorfansicht – am rechten Bildrand das Anwesen Nr. 23 mit dem »Bäula«.

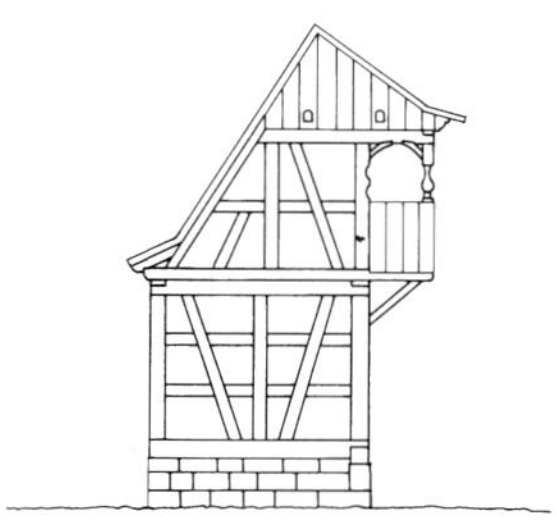

Ansicht von Süden.

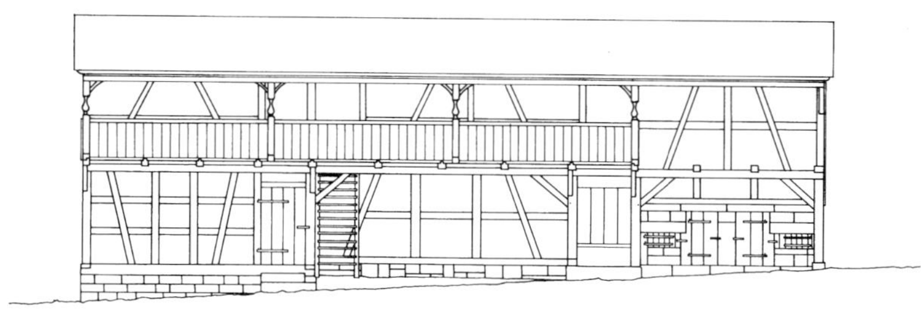

Ansicht von Osten.

Ansicht von Norden.

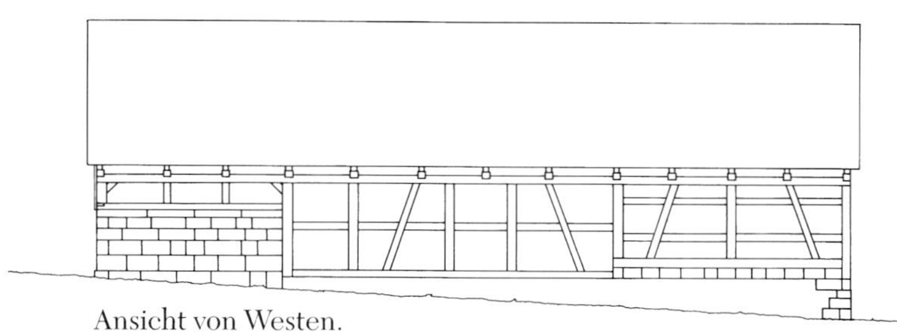

Ansicht von Westen.

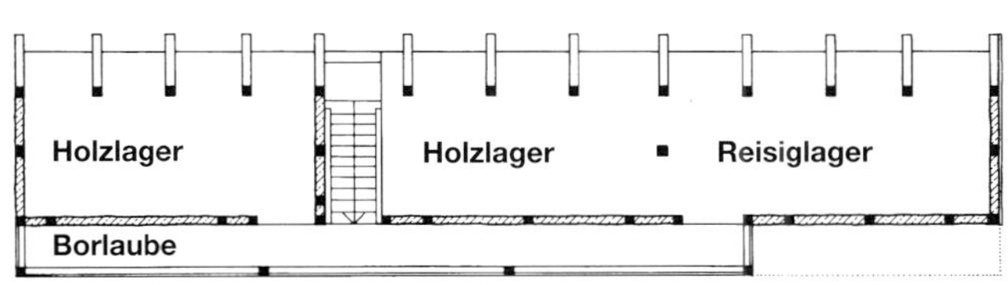

Obergeschoß.

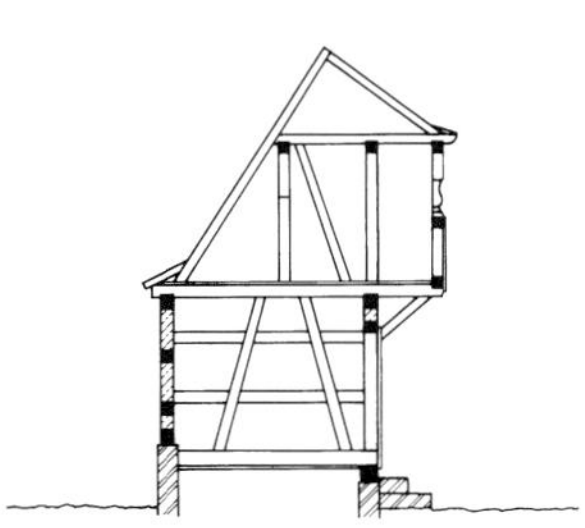

Querschnitt.

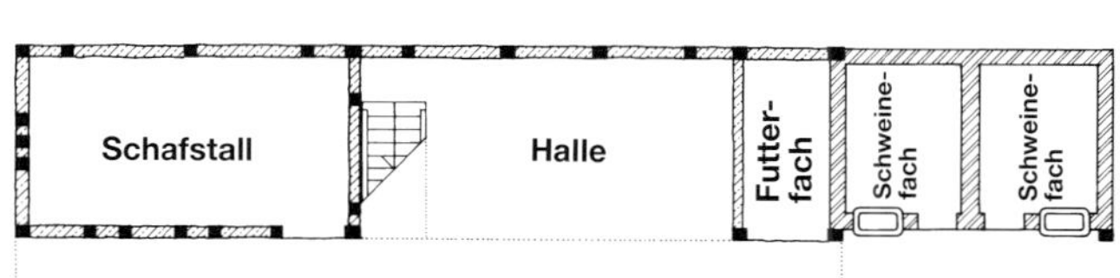

Erdgeschoß.

Großwalbur

Rodacher Straße 4

Gemeinde Meeder, Landkreis Coburg

Zweigeschossiges Wohnstallhaus
Fachwerkbau aus der Mitte des 17. Jahrhunderts
1868: »Wohnhaus mit Stall«

Ansicht von Südosten.

Zur Hofgeschichte

Das Anwesen liegt außerhalb der ehemaligen Umwallung des Haufendorfes. 1868 war es im Besitz von Johann Georg Klett, der das zweistöckige Wohnhaus mit Stall sowie ein weiteres Wohnhaus mit Stallung, Stadel und Backofen für 1500 Gulden 1848 übernommen hatte. Mit einem Grundbesitz von drei Coburger Ackern zählte es zu der großen Anzahl der Sölden- und Kleinanwesen im Ort.

Um 1920 gelangte das Anwesen in den Besitz der Familie Völker, deren Nachkommen es auch noch heute besitzen.

Bis in neuere Zeit erfuhr das Haus keine eingreifenden Veränderungen im bestehenden Grundrißgefüge.

Das Bauernhaus besitzt eine für das Coburger Umland ungewöhnliche Gebäudeform, die sich dadurch ergab, daß einem bereits in der Mitte des 17. Jahrhunderts errichteten, eingeschossigen Wohnstallhaus mit Satteldach und erdgeschossiger »Borlaube« im vorderen Giebelbereich ein zweites Fachwerkobergeschoß aufgesetzt wurde. Durch die gleichzeitige Firstdrehung des neuen Oberstocks präsentiert sich der eigentliche Wohnbereich daher nahezu als eigenständiger Baukörper gegenüber dem rückwärtig anschließenden, niedrigeren Stallbereich.

Wie das Schmuckfachwerk im Quergiebel zeigt, erfolgte diese Aufstockung noch vor 1700. Sie ging mit einer Nutzungsänderung im Inneren einher, bei der man im oberen Stock eine Schankstätte, bestehend aus einem heizbaren Saal mit Nebenkammer, einrichtete.

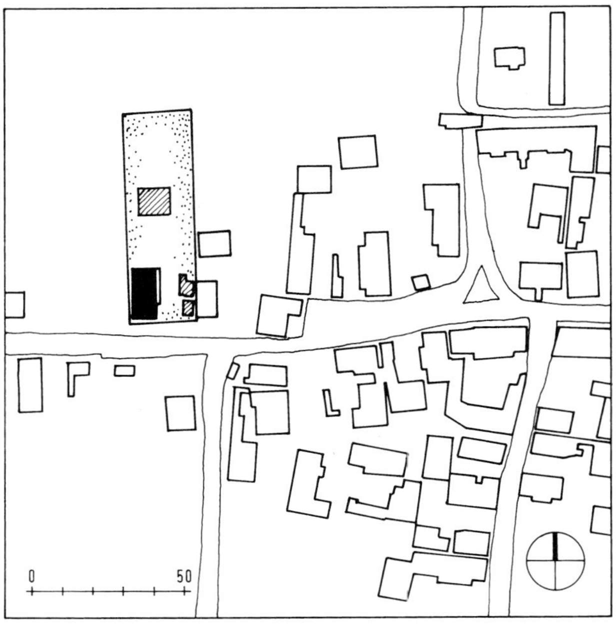

Lageplan ca. 1870.

Der vordere Wohnbereich zeigt im Erdgeschoß ein nüchternes, aus Ständern und Riegeln bestehendes Fachwerkgerüst, das vermutlich auf eine Auswechslung des späten 18. Jahrhunderts zurückgeht.

Das über einem Zahnschnittfries ansetzende Obergeschoß weist an der Traufseite eine gleichmäßige Reihung der Ständer mit durchlaufender Brüstungszone auf, die durch zwischengestellte Stiele engmaschig wirkt. Die Wandzonen zwischen den Fenstern sind mit schrägen Riegeln ausgezimmert.

Das hofseitige Giebelfachwerk ist repräsentativer angelegt, mit Andreaskreuz im Brüstungsbereich unterhalb der Fenster sowie zwischen den Fensterachsen und im Giebel. Zwischen Erdgeschoß und Oberstock sind die Zwischenräume der leicht vorstehenden Balkenköpfe mit Füllhölzern geschlossen, die Oberstockschwelle ist über den Ständern gefast.

Im Inneren entspricht die Raumanordnung des Gebäudes im Erdgeschoß dem des queraufgeschlossenen Wohnstallhauses. Es ist durch zwei Längsunterzüge dreischiffig, Lage und Größe der Innenräume richten sich danach aus. An den breiten Hausflur – mit geradläufiger Treppe zum Obergeschoß – schließen Wohnstube, kleinere Schlafkammer und Küche an. Beiderseits des vom Hausflur abgehenden Längserschließungsgangs liegen Küchenkammer, Kammer und Stall. Im Obergeschoß befindet sich der zwei zu zwei Achsen große Saal- oder Schankraum, der vom oberen Hausplatz erschlossen wird. Sein großer Kachelofen wurde vom dahinterliegenden Nebenzimmer, das gleichzeitig wohl als Küche und Anrichte diente, beheizt.

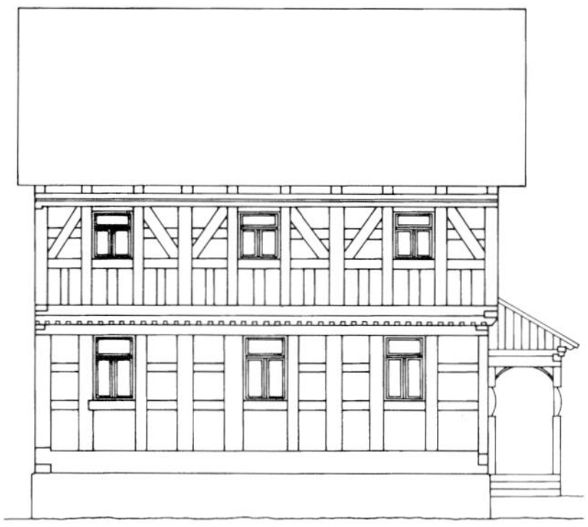

Ansicht von Süden.

Ansicht von Osten.

Östliche Traufseite, »Borlaube«.

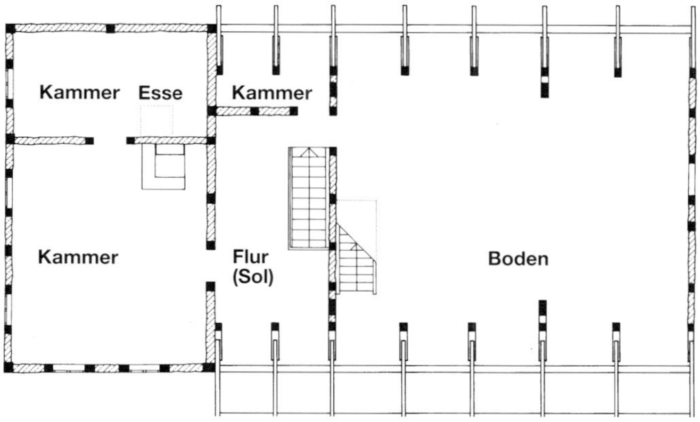

Obergeschoß.

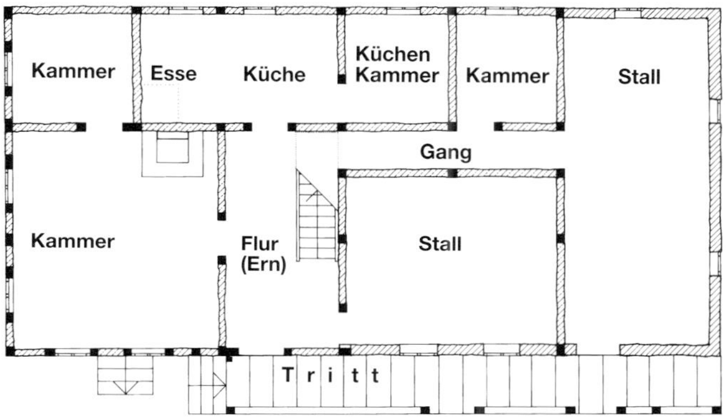

Erdgeschoß.

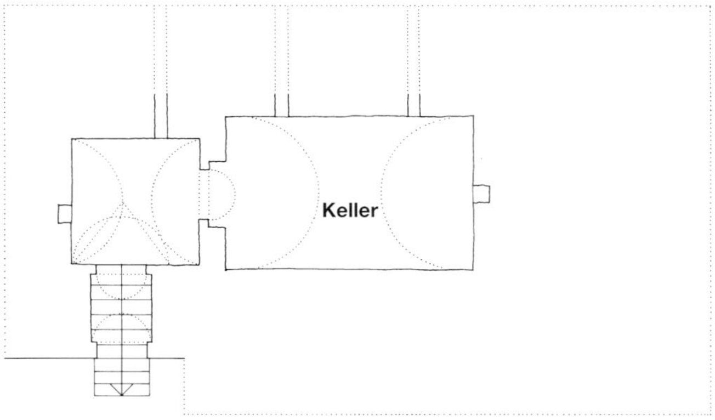

Keller.

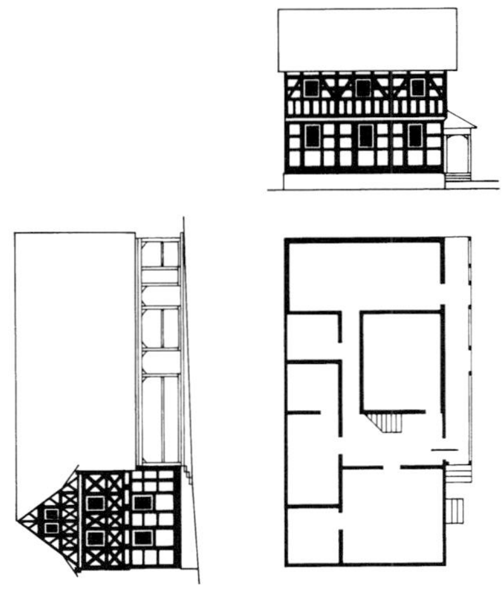

Ort

Großwalbur, Rodacher Straße 4

Gebäude	
Gebäudeart	Wohnstallhaus
Wandkonstruktion	Fachwerk/Ziegel
Geschoßzahl	2 + Dach, z. T. 1 + Dach
Geschoßhöhe	ca. 2,9 m
Grundfläche (B × L)	144 qm (8,4 × 17,1 m)
Umbauter Raum	
Vollgeschosse	ca. 540 cbm
Dachgeschoß	ca. 360 cbm

Dach	
Dachart	Satteldach
Dachneigung	53°
Dachdeckung	Falzziegel
Dachüberstand	50/30 cm (Giebelseite)

Erschließung	
Hauseingang Lage	Traufseite
Flur Lage	Querflur
Grundfläche (B × L)	14 qm (2,7 × 5,2 m)
Treppe Art	einläufig
Laufbreite	85 cm
Steigungsverhältnis	

Stube	
Lage	Südostecke
Grundfläche (B × L)	25,5 qm (4,9 × 5,2 m)
Fensterzahl	4
Fensteröffnung (B × H)	80 × 120 cm
Belichtungsfaktor Fensteröffnung: Grundfläche	1:6,6
Stubenofen	Hinterlader von Küche

Küche	
Lage	Flurende
Grundfläche (B × L)	12,2 qm (2,6 × 4,7 m)

Gebäudemerkmale für Bauberatung

Im Dorfkern weisen innerhalb der Umwallung die schmalen Hofstellen durchgehend eine Grenzbebauung auf, bei Dreiseithöfen an beiden Grundstücksseiten, bei Hakenhöfen und Wohnstallhäusern ohne querstehende Scheune an einer Seite. Diese grenzständige Bauweise setzt sich auch außerhalb des Ortskerns in dem hier gezeigten Hausbeispiel fort. Das Wohnstallhaus ist an der westlichen Grenze der Hofstelle errichtet. Der Rechteckgrundriß des Erdgeschosses von 8,4 × 17,1 m trägt ein steiles Satteldach, das an der Straßenseite von einer zweistöckigen Aufstockung mit querlaufendem First und Satteldach mit 53° abgeschlossen wird. Der zweigeschossige Teil ersetzt den Südgiebel, verändert aber nicht das Grundrißgefüge, da er die Stubenwände im Obergeschoß fortführt.

Die räumliche Organisation folgt dem Typus des Querflurhauses mit Zugang an der östlichen Traufseite in einen Flur, der auch die einläufige Treppe zum Dachgeschoß enthält. Auch hier findet sich die bis zum rückwärtigen Stallteil gezogene Längswand, die den Grundriß in zwei unterschiedlich breite Zonen teilt, den breiteren Teil für Querflur und Stube und den schmäleren Teil für Küche und Kammern. Ein gegenüber dem Querflur deutlich abgesetzter schmaler Längsflur führt zum Stall und zu weiteren Kammern. Auf typologische Ähnlichkeiten der Grundrißeinteilung zu den Hausbeispielen in Meschenbach (S. 201) und Wörlsdorf (S. 214) ist hier hinzuweisen. In dem aufgestockten Obergeschoßteil wurde eine Stube mit den gleichen Abmessungen wie im Erdgeschoß und eine Kammer als Nebenzimmer für den Betrieb der ehemaligen Schankstätte (s. Hofgeschichte) gewonnen.

Entlang der östlichen Traufe ist durch Verlängerung der Aufschieblinge des Sparrendachs eine überdeckte Laube vorgesetzt, die den angehobenen »Tritt« und damit Hauseingänge und Stalltüren gegen die Witterung schützt. Die spätere Aufstockung des Südteils ist auch aus der veränderten reichen Fachwerkgestaltung ablesbar. Dabei weichen besonders die Brüstungsfelder mit Andreaskreuzen in den Quergiebeln und die eng gestellten Senkrechtausfachungen an der Südtraufe von den einfachen Konstruktionen des Erdgeschosses ab.

Aus der Grundfläche von 144 qm ergibt sich über den Umrechnungsfaktor von 0,75 eine Wohnfläche von 108 qm ohne Ober- und Dachgeschoß.

Meschenbach

Bamberger Straße 10

Gemeinde Untersiemau, Landkreis Coburg

Zweigeschossiges Wohnstallhaus
Fachwerkbau Ende des 18. Jahrhunderts
1728: »Gut«, »Das Hans Heubleinsgut«

Zur Siedlung

Der südlich von Coburg, am Ostrand des Itzgrundes gelegene Ort wird 1288 erstmals als »Eschenbach« erwähnt. Bis zum 19. Jahrhundert war das fürstliche Amt in Coburg der Dorfherr. Es besaß dort einen großen, herrschaftlichen Hof, den »Castenhof«, der aber schon im 18. Jahrhundert auf Erbrecht vergeben war. Der Weiler ging vermutlich aus diesem alten Herrenhof hervor. 1800 umfaßte Meschenbach 11 Höfe mit 73 Einwohnern. Es lag an der alten, im 18. Jahrhundert zur Chaussee ausgebauten »Post- und Commerzialstraße« von Franken nach Sachsen.

Zur Hofgeschichte

Im 18. Jahrhundert wurde das Anwesen ebenso wie der zur Straße folgende Hof das Heubleinsgut genannt. Sie gehen beide auf eines der alten, wohl nach dem Dreißigjährigen Krieg geteilten Bauerngüter von Meschenbach zurück. Schon der Vorgängerbau war ein zweigeschossiges Haus, das einzige am Ort. 1728 gehörte es dem Barbier Johann Schuster, der sich hier wie zwei andere Coburger Bürger ein Bauerngut erworben hatte. Mitte des 18. Jahrhunderts ging der Hof auf den Müller Johann Reisenweber über, der aus einer in Meschenbach begüterten Familie stammte. Unter ihm wurde der jetzt bestehende, repräsentative Bau errichtet.

In seiner Architektur und insbesondere mit seinem »französischen Dach«, einem Mansarddach, hebt es sich aus der Masse der Bauernhäuser des Coburger Umlandes hervor. Die von der Durchgangsstraße abgesetzte Lage gibt dem Gebäude zudem das Erscheinungsbild eines kleinen Herrenhauses.

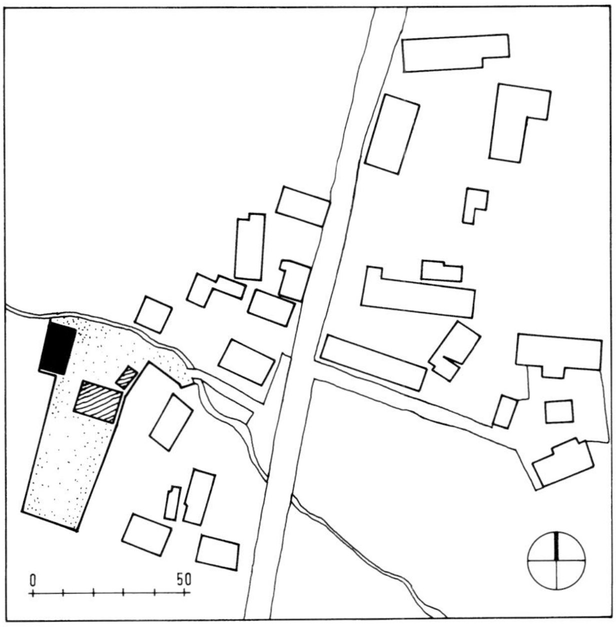

Lageplan 1859.

Das Erdgeschoß bestand schon zur Erbauungszeit weitgehend aus den damals teuren Sandsteinquadern. Die Ecken sind durch genutete Eckvorlagen betont. Das Obergeschoß zeigt, wie gegen Ende des 18. Jahrhunderts üblich, ein reduziertes, weitgehend konstruktives Fachwerk. Das Bestreben, die Außenansicht in eine strenge, einheitliche Achsenabfolge zu gliedern, führte zu einer gleichmäßigen Anordnung der Bund- und Zwischenständer. Im Inneren sitzen daher die Fenster mitunter asymmetrisch im Raum. Die Innen- und Außenwände sind im Obergeschoß noch mit Lehmschlag ausgefacht. Im 19. Jahrhundert wurden die südliche Giebel- und westliche Traufseite verschiefert, sie weisen noch die Reste einer einst reichen Bemalung auf.

Im inneren Raumgefüge entspricht das Haus, abgesehen von der Größe und Anzahl der Räume, doch der Grundrißlösung eines Bauernhauses. Erdgeschoß und Obergeschoß entsprechen sich in der Aufteilung. Der Wohnbereich umfaßt in beiden Stockwerken Stube – im Erdgeschoß besitzt diese eine Lambris –, Schlafkammer, Küche und mehrere Nebenkammern. Diese sind entlang eines vom Hausplatz abgehenden Längserschließungsganges aufgereiht. Im Erdgeschoß entstand dieser Gang allerdings erst nach der Verlegung des Stalles 1930 aus dem Haus und der Neuanlage von zwei Kammern. Die traufseitige Stalltür zum Tritt wurde hierbei vermauert und die kleineren Stallfenster vergrößert. In beiden Stockwerken sind auch eigene Abtritte angelegt.

Im Besitz der Reisenwebers blieb das Anwesen bis Mitte des 19. Jahrhunderts. Nachfolgend kam es an den Dorfschultheiß Johann Nikol Bischoff, von dem es seinen noch heute gebräuchlichen Namen »Bischoffsgut« erhielt. Durch seine Heirat war er auch Mitbesitzer des benachbarten Anwesens Nr. 6. Unter ihm nahm der Hof einen starken wirtschaftlichen Aufschwung, der sich vor allem im Neubau der Wirtschaftsgebäude dokumentiert. Die Anlage von neuen Pferdeställen 1872, die Scheunenvergrößerung 1832 und ein Stallneubau 1913, den bereits sein Sohn Georg vornahm, fanden alle im Bereich der bestehenden alten Scheune statt. 1930 wurde schließlich der Stall gänzlich aus dem Haus verlegt und hier zwei neue Wohnräume angelegt.

Unter den nachfolgenden Besitzern, die alle zusätzliche Anwesen besaßen, wurde das Haus nur wenig genutzt. Wegen des reduzierten Bauunterhalts hat sich noch weitgehend der wertvolle alte Bestand erhalten. 1994 wurde mit einer Sanierung begonnen.

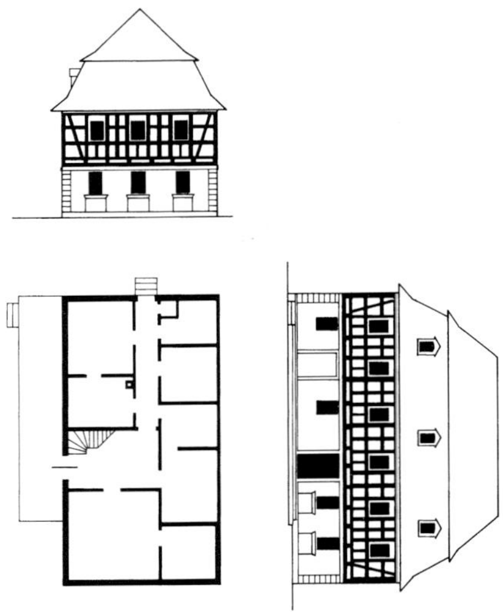

Ort	
Meschenbach, Bamberger Straße 10	
Gebäude	
Gebäudeart	Wohnstallhaus
Wandkonstruktion	Fachwerk/Naturstein
Geschoßzahl	2 + Dach
Geschoßhöhe	2,9 m
Grundfläche (B × L)	138 qm (8,6 × 16,0 m)
Umbauter Raum	
Vollgeschosse	790 cbm
Dachgeschoß	370 cbm
Dach	
Dachart	Mansarddach
Dachneigung	63° unten, 50/43° oben
Dachdeckung	Falzziegel
Dachüberstand	50 cm (Walmseite)
Erschließung	
Hauseingang Lage	Traufseite
Flur Lage	Querflur
Grundfläche (B × L)	15,7 qm (3,2 × 4,9 m)
Treppe Art	einläufig über Eck
Laufbreite	85 cm
Steigungsverhältnis	17,0/21,7 cm, 38°
Stube	
Lage	Nordostecke
Grundfläche (B × L)	24 qm (4,9 × 4,9 m)
Fensterzahl	4
Fensteröffnung (B × H)	90 × 130 cm
Belichtungsfaktor Fensteröffnung: Grundfläche	1 : 5,1
Stubenofen	ehem. Hinterlader von Küche
Küche	
Lage	Flurende
Grundfläche (B × L)	11,7 qm (3,0 × 3,9 m)

Gebäudemerkmale für Bauberatung

Das Wohnstallhaus ist an der Westgrenze des Grundstücks angeordnet. Nach rückwärts bildet eine Scheune den südlichen Abschluß des Hofraums. Der zweigeschossige Baukörper erreicht mit 8,6 m Breite und 15,0 m Länge nahezu ein Seitenverhältnis von 1:2, das in den vorausgehenden Hausbeispielen des Landkreises Coburg häufiger festzustellen ist, ebenso bei größeren Anwesen im nördlichen Mittelfranken, wie z. B. Herrenberchtheim im Landkreis Neustadt a. d. Aisch, Bad Windsheim.

Das Mansarddach weist im unteren Bereich mit den Dachgauben an Schmalseite und Längsseite die gleichen Neigungswinkel von 63° auf, wogegen im oberen, zum First zusammenlaufenden Walm die Schmalseiten mit 50° steiler geneigt sind. Hier ist nach einer Baumeisterregel verfahren, die empfiehlt, die Walme der Schmalseiten steiler zu konstruieren als an den Längsseiten, um das optische Hineinfallen des Firstes zu verhindern.

Die Grundrißaufteilungen des Erd- und Obergeschosses sind identisch. Der breite Querflur mit Treppe und der schmale Längsflur bilden die klar gegliederte Erschließungszone für Küchen und Kammern. Der quadratischen Stube (4,9 × 4,9 m) wird die bevorzugte Ecklage mit Blick auf Hofzufahrt im Osten zugeteilt. In den Ansichten der Schmalseiten von Norden sind beide Geschosse, das massiv gemauerte Erdgeschoß und das Fachwerkobergeschoß axialsymmetrisch auf den Mittelfirst ausgerichtet. Auf der östlichen Längsseite treten die unterschiedlichen Materialschichten und Fensterachsen stärker in Erscheinung. Gegenüber dem massiven Erdgeschoß zeigt das Obergeschoß mit der regelmäßigen Abfolge von sechs Fensterachsen und den darüber auf Lücke gesetzten drei Dachgauben eine repräsentative Symmetrie. Diese Regelmäßigkeit wird durch das vereinfachte Rasterfachwerk mit geschoßhohen Ständen und kurzen waagrechten Riegeln zusätzlich unterstützt. Schräge Streben finden sich nur an den beiden Gebäudeecken. Wie unterschiedliche Architekturen über ähnlichen Grundrissen entwickelt wurden, zeigen Vergleiche mit den Hausbeispielen in Großwalbur (S. 195) und Wörlsdorf (S. 214).

In jedem Geschoß ergeben sich bei 138 qm Grundfläche über den Umrechnungsfaktor von 0,75 je 103 qm Wohnfläche.

Östliche Traufansicht
mit Hof.

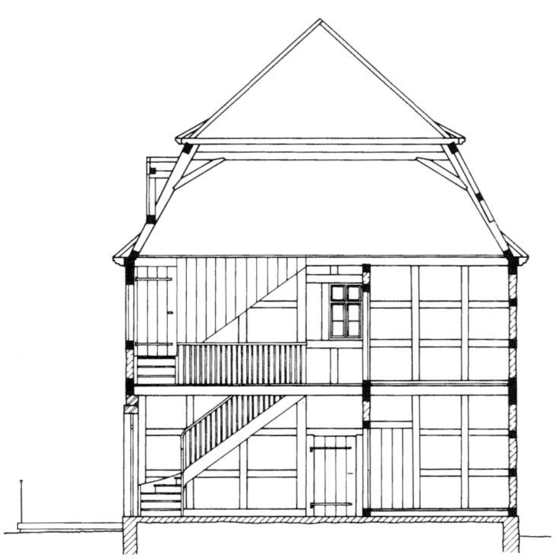

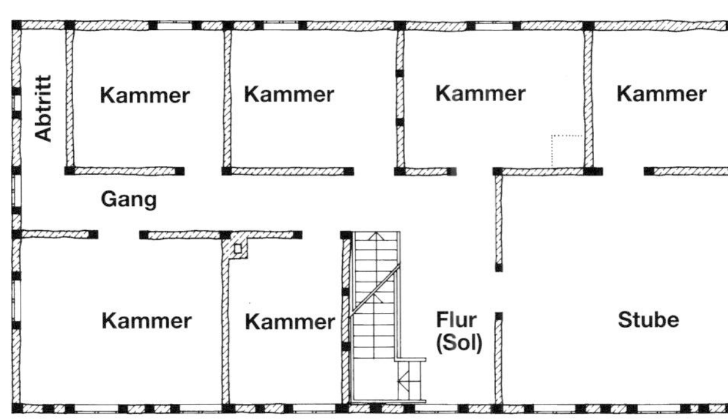

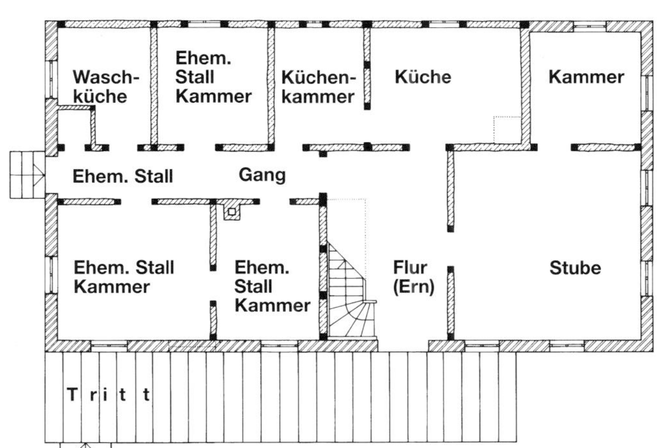

Oben links: Ansicht von Norden.
Oben rechts: Ansicht von Osten.
Mitte links: Querschnitt.
Mitte rechts: Grundriß Obergeschoß.
Unten rechts: Grundriß Erdgeschoß.

Rossach

Coburger Straße 29

Gemeinde Großheirath, Landkreis Coburg

Zweigeschossiges Wohnstallhaus
Fachwerkbau von 1701
1792: »halber Hof«, »der halbe Zincken- oder Heroldshof«

Zur Siedlung

Auf einer Schotterterrasse im Itzgrund, südlich von Coburg gelegen, wird der Ort im 9. Jahrhundert erstmals genannt. Die Dorfherrschaft hatte bis zum 19. Jahrhundert das fürstliche Amt Coburg inne, das, wie das Rittergut Untersiemau, die Schernecker Adjunktur und das Kloster Banz, hier Grunduntertanen besaß. Um 1800 bestanden in dem geschlossenen Dorf 52 Wohnhäuser mit 291 Einwohnern. Der Haupterwerb der Einwohner waren die Landwirtschaft und Viehzucht, einen nicht unwichtigen Erwerbszweig bildete auch der Obstanbau. 1900 gab es hier 1300 Apfel-, 300 Birnen- sowie 650 Zwetschgenbäume.

Zur Hofgeschichte

Das Anwesen liegt in der Mitte des langgestreckten Dorfes, am Südende einer platzartigen Erweiterung, die auch als Markt genutzt wurde. Um ihn gruppieren sich Gemeindehaus, Brunnen und Gasthaus. 1729 gehörte das als »halber Zincken- oder Heroldshof« genannte Anwesen dem Bauern Nikolaus Hüllß. Die zweite Hälfte des wohl im 17. Jahrhundert geteilten Hofes, das benachbarte Anwesen mit der alten Hausnummer 42, gehörte Hans Hauck. Außer diesem Halbhof besaß Nikolaus Hüllß noch zwei Söldengüter, die untere und obere »Kirchsölde«, mit den alten Hausnummern 47 und 48. Die kleinere Kirchsölde wurde an Johann Georg Hüllß vererbt, der

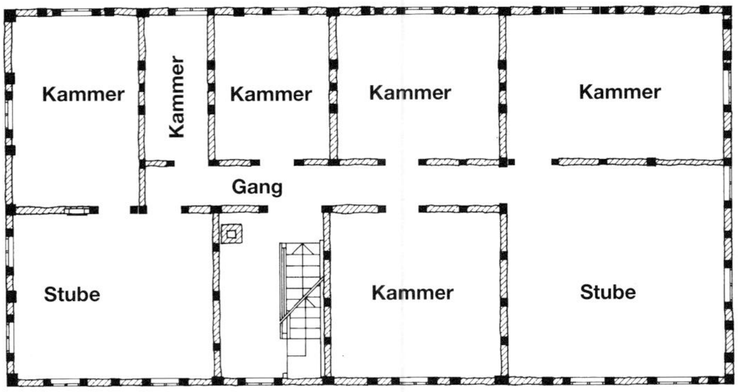

Obergeschoß.

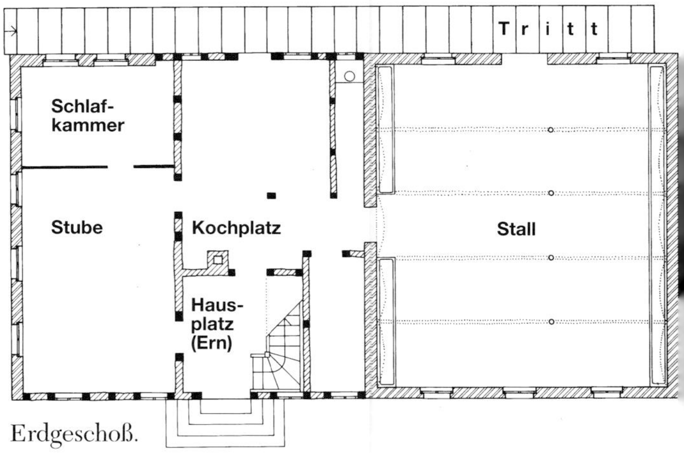

Erdgeschoß.

halbe Heroldshof an Gottlieb Hüllß. 1824 erwarb diesen Elisabeth Dietz aus Coburg, von der er 1855 von Georg Rauschert für 12 000 Gulden gekauft wurde. Mit 51 Coburger Ackern war er der größte Hof am Ort.

Das jetzt bestehende Haus wurde 1701 von Nikolaus Hüllß errichtet, wie ein datierter Eckständer der Giebelseite zeigt. Das Wohnstallhaus ist einer der prägnanten Vertreter des mit reichem Zierfachwerk ausgestatteten Fachwerkbaus des 17. Jahrhunderts, wie er insbesondere am Obermain und auch im Itzgrund stärker vertreten ist. Das noch erhaltene Obergeschoß und der Nordwestgiebel zeigen vor allem unterhalb der Fenster im durchgehenden Brüstungsbereich eine sehr aufwendige Gefachauszimmerung mit durchkreuzten geraden und gebogenen Rauten. Der Giebel zeichnet sich in den Wandzonen neben den Fenstern durch weitere dekorative Formen wie geschweifte Riegel, geschweifte Andreaskreuze mit Nasen und Gitterwerk aus.

Bis zu einem eingreifenden Umbau im Jahr 1881 war das ursprünglich auch im Erdgeschoß aus Fachwerk bestehende Gebäude von der Ostseite über den breiten Tritt erschlossen. Die große Wohnstube lag, etwas ungünstig belichtet, an der Nordostecke des Hauses. Daran schlossen kleinere Kammer, Küche und Küchenkammer an. Zwischen ihr und dem Stall

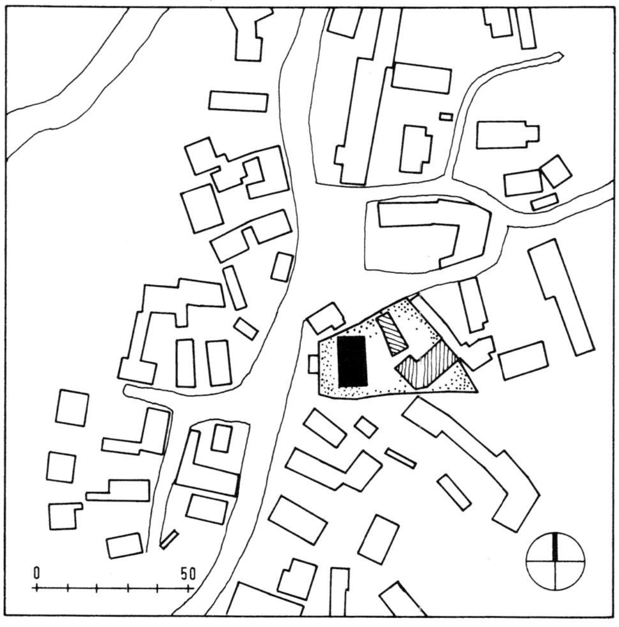

Lageplan 1860.

Ansicht von Norden.

Ansicht von Osten.

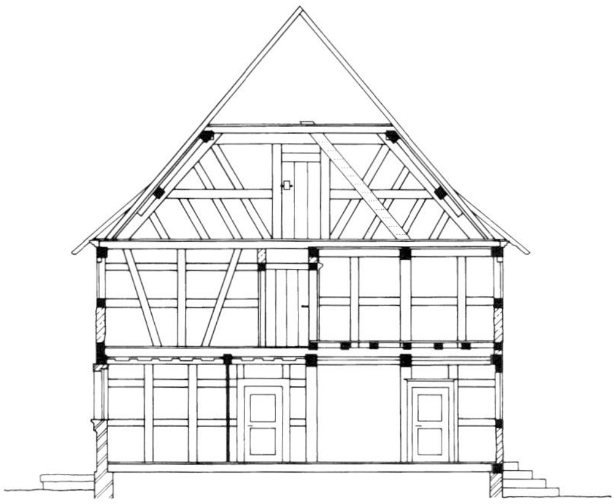
Querschnitt.

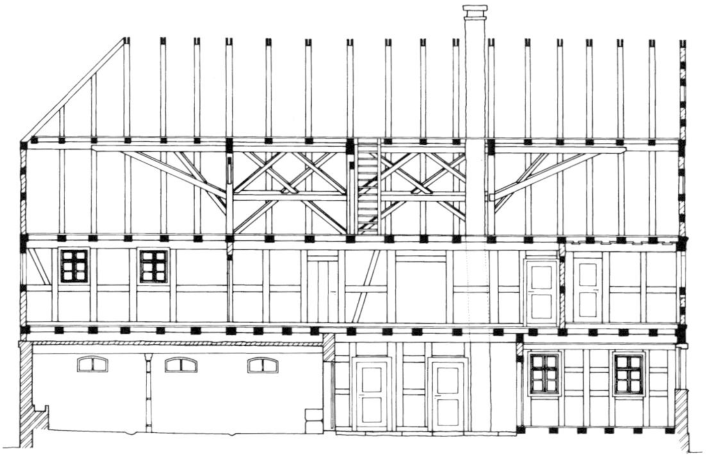
Längsschnitt.

war ein eigener, vom Hausplatz über einen Längsgang erschlossener Abtritt angelegt. An der Eingangsseite befand sich neben der einläufigen Treppe zum Obergeschoß eine weitere Nebenkammer. Die Raumeinteilung entsprach auch im Obergeschoß dieser Anordnung, allerdings war sie um 180 Grad verdreht. Die obere Stube war im Gegensatz zur Stube darunter zur helleren Südwestseite hin ausgerichtet.

1881 ließ Friedrich Rauschert den Stall vergrößern und das Gebäude dabei insgesamt an der nordöstlichen Giebelseite verlängern. Der bisherige Krüppelwalm wurde durch Ansetzung zweier neuer Dachgespärre zum Halbwalm. Die Fachwerkwände des Stalles wurden ebenso wie die des Wohnbereiches durch Sandsteinquader ersetzt, der Stall zudem mit preußischen Kappen eingewölbt. Im Erdgeschoß verlegte man die bestehende Erschließung auf die Westseite. Die ehemalige Kammer, jetzt Stube, wurde auf die gleiche Breite wie die alte Stube vergrößert, die Wand zwischen Stube und Kammer entfernt und eine neue, versetzte hölzerne Trennwand eingefügt. Tür, Hausplatz und Treppe wechselten den Standort mit Küche und Küchenkammer. Die neue Küche umfaßte den alten Hausplatz mitsamt der Nebenkammer. Im Obergeschoß blieb die alte Raumordnung bestehen, lediglich bei der Vergrößerung des ehemaligen Stallbodens wurden hier eine neue Kammer und Stube angelegt. Das Gebäude hat sich bis heute in dieser Raumordnung erhalten.

Nördliche Giebelseite.

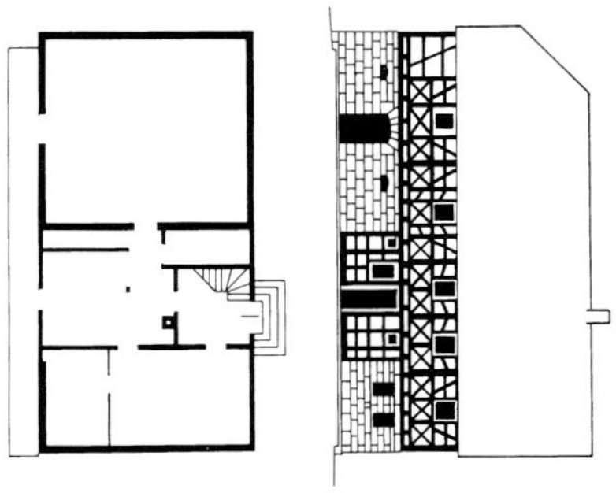

Ort	
Rossach, Coburger Straße 29	
Gebäude	
Gebäudeart	Wohnstallhaus
Wandkonstruktion	Naturstein/Fachwerk
Geschoßzahl	2 + Dach
Geschoßhöhe	2,6 m
Grundfläche (B × L)	161 qm (9,1 × 17,7 m)
Umbauter Raum	
Vollgeschosse	805 cbm
Dachgeschoß	410 cbm
Dach	
Dachart	Satteldach/Halbwalmdach
Dachneigung	50°
Dachdeckung	ehem. Rinnenziegel, heute Falzziegel
Dachüberstand	20/30 cm (Giebelseite)
Erschließung	
Hauseingang Lage	Traufseite
Flur Lage	Querflur
Grundfläche (B × L)	9,6 qm (3,0 × 3,2 m)
Treppe Art	einläufig über Eck
Laufbreite	80 cm
Steigungsverhältnis	
Stube	
Lage	Nordwestecke
Grundfläche (B × L)	23,6 qm (4,0 × 5,9 m)
Fensterzahl	5
Fensteröffnung (B × H)	75 × 105 cm
Belichtungsfaktor Fensteröffnung: Grundfläche	1 : 6,4
Stubenofen	ehem. Hinterlader, ab 1881 als Vorderlader
Küche	
Lage	Flurende
Grundfläche (B × L)	21,5 qm (3,9 × 5,5 m)

Östliche Traufansicht mit Stall.

Gebäudemerkmale für Bauberatung

Der unregelmäßige Haufenhof wird von Norden her erschlossen. Das Wohnstallhaus steht im Westteil gegenüber von Scheune und Nebengebäude. Der heutige Bauzustand des Wohnstallgebäudes von 9,1 × 17,7 m Seitenlänge vereinigt unter seinem Satteldach von 50° Neigung bzw. dem Halbwalm am Südgiebel zwei unterschiedliche Bauphasen: den Neubau von 1701 und den Umbau mit Verlängerung von 1881 (s. Hausgeschichte).

Beim Umbau wurden 1881 Zugang und Lage der Stube von der östlichen auf die westliche Traufseite verlegt. Daraus erklärten sich auch der für die Treppe sehr kurze Flur und die querliegende Stube (4,0 × 5,9 m) mit der kleinen Schlafkammer. Im Obergeschoß ergeben der breitere Querflur und der schmale Längsflur ein besseres Erschließungssystem. Dennoch zeigen die schmale Kammer und die weitere Stube an der Südwestecke (5,1 × 5,3 m), daß man mit den Gegebenheiten des früheren Bauzustandes zurechtkommen mußte.

Die äußere Erscheinung ist durch die Gliederung in ein massives Erdgeschoß aus Sandsteinquadermauerwerk und ein Obergeschoß in Fachwerkkonstruktion gekennzeichnet. Zwischen den senkrechten Pfosten sind kurze Riegel eingesetzt, und die dabei entstehenden Brüstungsfelder mit durchkreuzten geraden und geschweiften Rauten oder Andreaskreuzen ausgefüllt. Die horizontale Gliederung zwischen Massivbau des Erdgeschosses und dem Holzbau des Obergeschosses betonen die Lagerbalken und Schwellenbalken des Fachwerks. Durch die klare Abfolge der senkrechten Pfosten und der bis zum Brustriegel der Fenster reichenden Stiele geht vom Obergeschoß eine starke zusammenfassende Wirkung aus.

Das Beispiel erlaubt Hinweise für Umbauten, die dann gelingen, wenn wie hier im Obergeschoß ein Konstruktionsprinzip konsequent durchgehalten und gezeigt wird.

Aus 161 qm Bruttogeschoßfläche errechnen sich bei einem Ansatz von 0,75 für jedes Geschoß 120 qm Wohnfläche.

Seßlach

Luitpoldstraße 31

Stadt Seßlach, Landkreis Coburg

Zweigeschossiges Ackerbürgerhaus
Fachwerkbau des frühen 17. Jahrhunderts
1845: »zweistöckiges Bürgerhaus in der Langgasse«

Zur Siedlung

Der 837 dem Kloster Fulda geschenkte Ort gelangte im 12. Jahrhundert an das Hochstift Würzburg. 1335 wurde der im Spätmittelalter aufstrebenden Siedlung durch Kaiser Ludwig dem Bayern das Stadtrecht verliehen. Im Dreißigjährigen Krieg 1637 in Mitleidenschaft gezogen, stagnierte bis in das 20. Jahrhundert die Wirtschaft. 1840 besaß das Landstädtchen gerade 665 Einwohner. Das Erwerbsleben war weitgehend durch die Landwirtschaft bestimmt. Mit seinen fünf Kram- und Viehmärkten im Jahr sowie mit den unterschiedlichen Sparten handwerklichen Gewerbes hatte aber Seßlach die Funktion eines Markt- und Versorgungsortes für das fruchtbare, bäuerliche Umland. Seßlach hat bis heute das Stadtbild einer kleinen oberfränkischen Landstadt bewahrt.

Nordöstliche Traufansicht.

Zur Hofgeschichte

Das in der Nähe des Marktplatzes, in der ehemaligen Langgasse gelegene Ackerbürgerhaus wurde bereits in der ersten Hälfte des 17. Jahrhunderts über einem älteren Keller errichtet. Es ist in die durchwegs zweigeschossige Bebauung der Gasse eingebunden. Das zweigeschossige, traufständige Haus entspricht in seiner Anlageform dem innerstädtischen Ackerbürgerhaus, das sich der schmalen, aber sehr tiefen Grundstücksparzelle anzupassen hatte. Das drei Fensterachsen aufweisende Erdgeschoß bestand ursprünglich aus Fachwerk und wurde später massiv ausgemauert. Die große, aus Sandstein gefertigte Tordurchfahrt, die in zwei Wappenschilden mit Initialen auf die Erbauer des Hauses aus der alten Seßlacher Familie Schoder hinweist, eröffnet seitlich den Zugang zum rückwärtigen Hof. Dieser war von Remisen und Stallbauten flankiert. Das Obergeschoß zeigt ein schlichtes, konstruktives Fachwerk des 18. Jahrhunderts, das ursprünglich verputzt war.

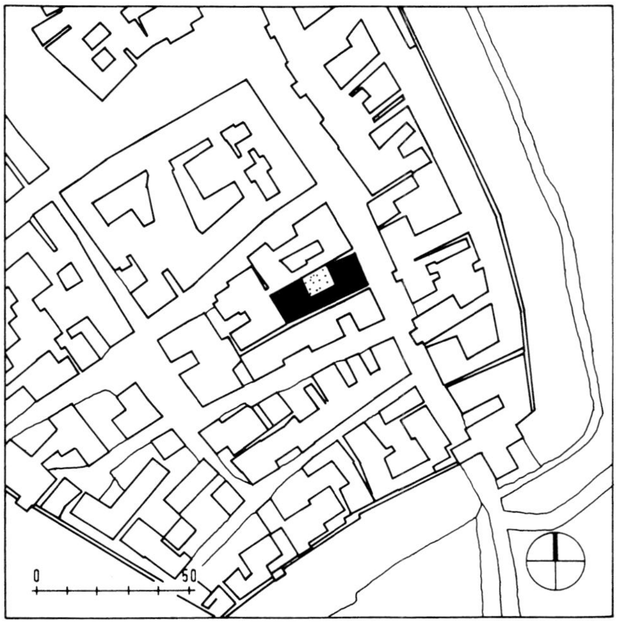

Lageplan.

Die Fensterachsen der beiden Geschosse der Fassade beziehen sich nicht aufeinander, wobei die drei engeren, mittleren Fenster im Obergeschoß schon von außen einen dahinterliegenden repräsentativen Wohnraum anzeigen. Das Fachwerkgefüge weist hier zudem einen Versprung in den Riegellagen auf, was auf eine nachträgliche Auswechslung von Teilen des Obergeschoßfachwerks während einer im 18. Jahrhundert im Inneren vorgenommenen Veränderung der Raumdisposition schließen läßt.

Die innere Raumaufteilung mit in die Haustiefe gestaffelten Räumen entspricht städtischem Charakter. Die Wohnräume mit großer Stube und Nebenzimmer liegen zur Straße, zur Hausmitte folgt die innenliegende Küche. Hofseitig sind die Nebenkammern angeordnet. Beide Geschosse des Hauses in Seßlach folgen diesem Schema. Allerdings zeigt das Obergeschoß entlang der Straße eine Dreierfolge von einem größeren Mittelzimmer und zwei kleinen Nebenzimmern, die als typische Enfilade des 18. Jahrhunderts angelegt sind. Wie auch eine ehemals vorhandene Stuckdecke im Hauptraum des Erdgeschosses aufzeigte, wurde das im Kern ältere

Haus im frühen 18. Jahrhundert dem Zeitgeschmack entsprechend umgestaltet.
Zu Beginn des 19. Jahrhunderts war das Anwesen im Besitz der Familie Leber, die es 1841 an den Gastwirt Georg Bornschlegel verkaufte. Bereits 1840 hatte dieser das Nachbarhaus Nr. 30 erworben. Durch Erbe, standesgemäße Heirat und Zukäufe, so auch 1831 des Gasthauses zur Krone, war er Mitte des Jahrhunderts einer der vermögendsten Grundbesitzer in Seßlach. Bis Mitte dieses Jahrhunderts blieb das Haus, abgesehen vom Abbruch der alten deutschen Kamine 1914, weitgehend unverändert. Dem Zeittrend der »Materialsichtigkeit« folgend, wurde 1927 das Fachwerk des Obergeschosses freigelegt.
Erst in der Nachkriegszeit zog die Einrichtung einer Bäckerei größere Veränderungen mit sich. Rückwärtige Küche und Kammer im Erdgeschoß wurden zur Backstube. Die beiden Vorderräume legte man 1970 zu einem großen Verkaufsraum zusammen, mit neuem Zugang und Ladenfenster. Die Hofbebauung war bereits 1961 abgebrochen und durch neue Lager- und Wohnräume darüber ersetzt worden.

Blick in die Luitpoldstraße.

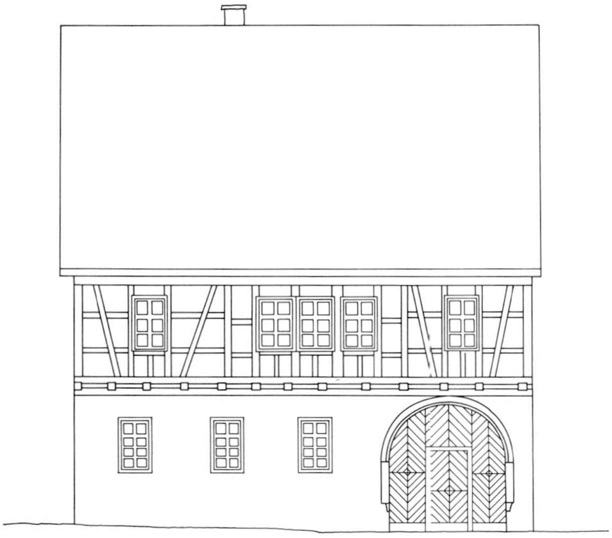
Ansicht von Osten, Straßenseite.

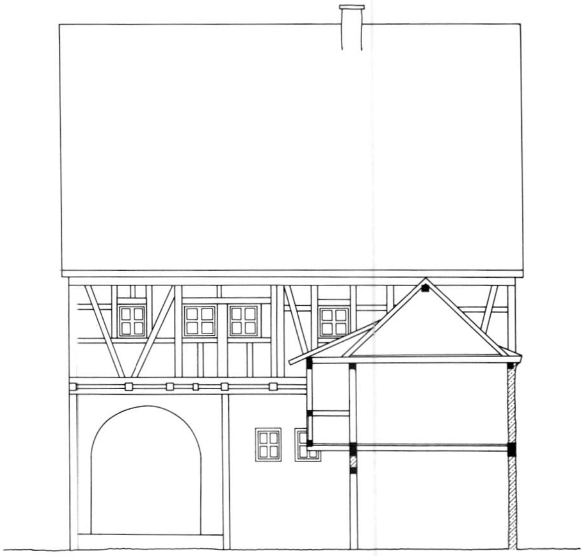
Querschnitt durch den Schuppen, Ansicht vom Hof.

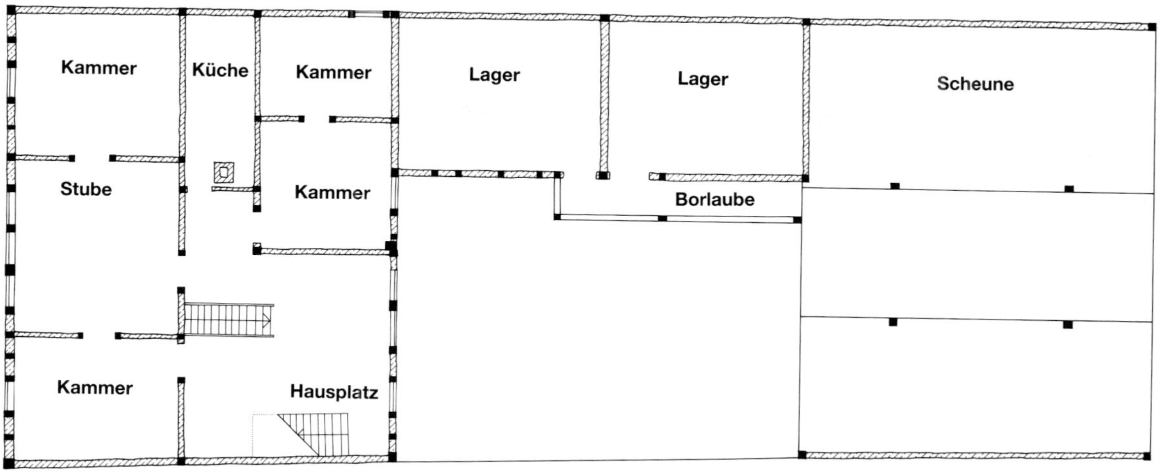

Obergeschoß.

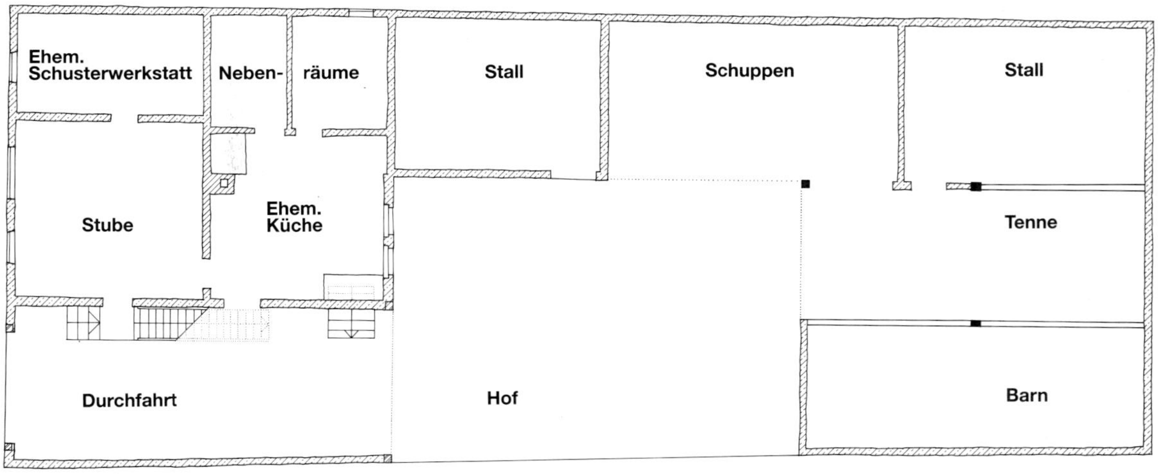

Erdgeschoß.

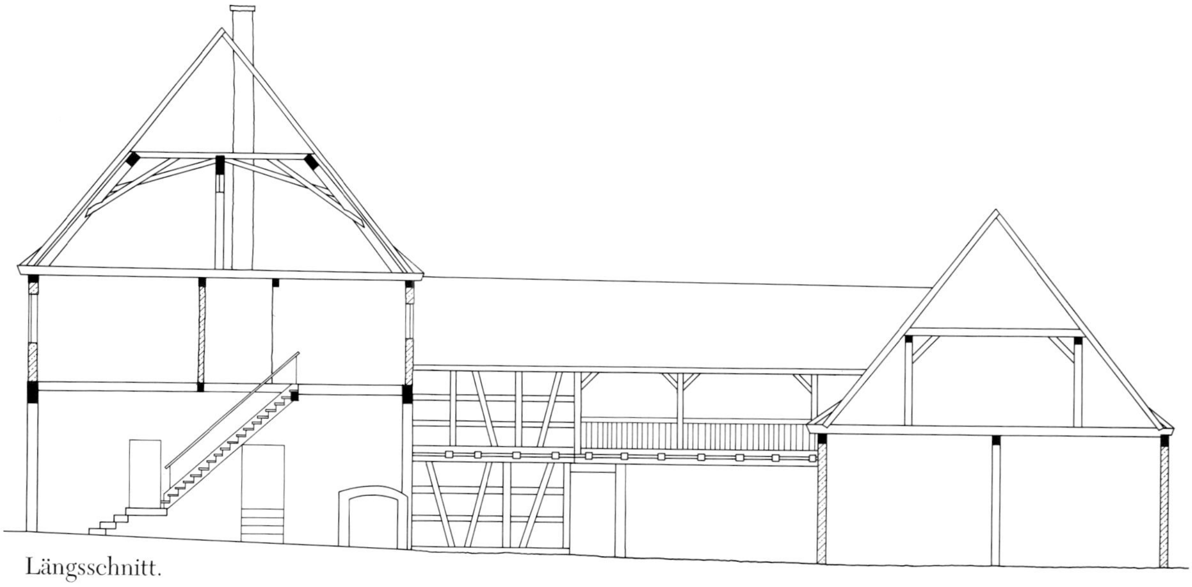
Längsschnitt.

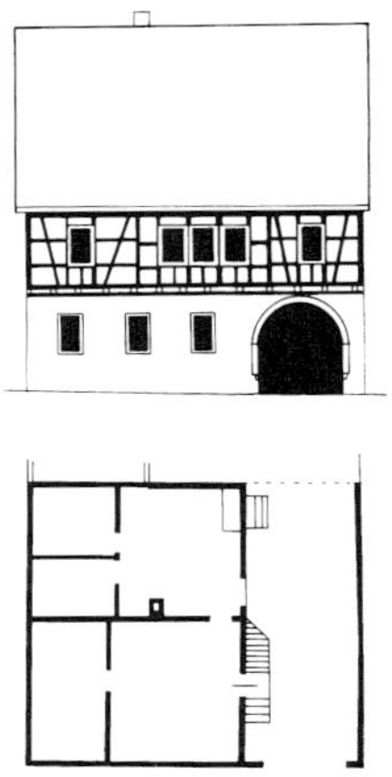

Ort	
Seßlach, Luitpoldstraße 31	
Gebäude	
Gebäudeart	Ackerbürgerhaus
Wandkonstruktion	Lehm/Fachwerk
Geschoßzahl	2 + Dach
Geschoßhöhe	3,3 m
Grundfläche (B × L)	123,6 qm (10,3 × 12,0 m)
Umbauter Raum	
Vollgeschosse	780 cbm
Dachgeschoß	400 cbm
Dach	
Dachart	Satteldach
Dachneigung	51°
Dachdeckung	Falzziegel
Dachüberstand	25/40 cm (Giebelseite)
Erschließung	
Hauseingang Lage	Traufseite
Flur Lage	Durchfahrt
Grundfläche (B × L)	41 qm (4,1 × 10,0 m)
Treppe Art	einläufig
Laufbreite	80 cm
Steigungsverhältnis	17,4/20,6 cm, 40°
Stube	
Lage	Nordostseite
Grundfläche (B × L)	23,5 qm (4,7 × 5,0 m)
Fensterzahl	2
Fensteröffnung (B × H)	70 × 130 cm
Belichtungsfaktor Fensteröffnung: Grundfläche	1:12,9
Stubenofen	
Küche	
Lage	hinter Stube
Grundfläche (B × L)	20,2 qm (4,4 × 4,6 m)

Gebäudemerkmale für Bauberatung

Das Grundstück wird im Osten von der zum Marktplatz führenden Hauptstraße erschlossen. Die Bebauung mit dem vorderen Wohnhaus, seitlichen Stallgebäuden am Innenhof und rückwärtiger Stallscheune entspricht der traditionellen Grundstücksnutzung, wie sie sich in mittelalterlichen Stadtgrundrissen herausgebildet hatte. Diesem Ziel dient auch die geschlossene Bebauung mit den Traufseiten zur Straße und dem Giebel als Brandmauer zu den beiden Nachbaranwesen. Auch im Innenhof schließt die Scheune mit dem Giebel an die Nachbargrundstücke an. Gegenüber der Grenzbebauung mit giebelständigen Häusern und seitlicher Hofzufahrt stellt die traufständige Bauweise mit Durchfahrt eine noch mehr verdichtete Grundstücksausnutzung dar.

Die 12 m breite Hofstätte ist mit einem 10,3 m tiefen Wohnhaus bebaut, das ein 51° steiles Satteldach trägt, an dessen Giebel die Nachbarhäuser angebaut sind. Haus und Innenhof werden von einer Tordurchfahrt erschlossen, in der seitlich eine einläufige Treppe in das Obergeschoß hinaufführt. Die nahezu quadratische Stube (4,7 × 5,0 m) liegt unmittelbar neben der Durchfahrt und wird über eine Podesttreppe erreicht, die dann in die Haupttreppe übergeht. Die Küche schließt zum Hofraum hin an. Das Obergeschoß ist durch einen großen Hausplatz gekennzeichnet, in den die Treppe mündet und von dem aus Stuben und Kammern erreicht werden. Die zur Straßenseite hin liegende Raumzone besteht aus einer mittleren Stube und zwei gleich großen seitlichen Kammern, deren Türen aufeinander ausgerichtet sind, so daß eine zusammenhängende Raumflucht über die ganze Breite des Hauses im Obergeschoß entsteht.

Die Ansicht der Straßenseite ist von dem Gegensatz zwischen gemauertem Erdgeschoß und dem Fachwerk des Obergeschosses geprägt. Hinzu kommt, daß die große, mit einem Rundbogengewände versehene Tordurchfahrt einen deutlichen asymmetrischen Gestaltschwerpunkt bildet, dem im Obergeschoß eine symmetrische Regelmäßigkeit des Fachwerkes gegenübersteht. Aus der inneren Raumaufteilung ist dort der Mittelraum mit drei gekoppelten Fenstern hervorgehoben gegenüber den beiden seitlichen Räumen, die nur eine Fensterachse aufweisen. Durch Umbau des Erdgeschosses und Schließung von Fenstern im Obergeschoß strahlt das Haus nicht mehr die ursprüngliche Gestaltqualität aus.

Weitramsdorf

Schlettacher Straße 17

Gemeinde Weitramsdorf, Landkreis Coburg

Eineinhalbgeschossiges Wohnstallhaus
Fachwerkbau zweite Hälfte des 18. Jahrhunderts
1721: »Enders Gütlein«
1962: Abbruch

Östliche Traufansicht.

Zur Siedlung

Der westlich von Coburg zwischen Itz- und Rodachtal gelegene Ort entstand schon während des karolingischen Siedlungsausbaues im 9. Jahrhundert. Kurz nach 1100 waren die Grundherren die Edelfreien von Callenberg, die den Ort 1177 dem Kloster Langheim verkauften. Vom Klosterhof wurde er bis ans Ende des Alten Reiches verwaltet, landesherrlich gehörte er jedoch zum hennebergischen, später coburgischen Territorium.
1492 umfaßte der Ort 18 Anwesen, bis 1631 stieg die Zahl auf 58. Durch die Verdichtung entwickelte sich die Siedlung zu einem geschlossenen Dorf. Im Dreissigjährigen Krieg wurde der Ort stark verwüstet. 1634 waren gerade noch zwei Häuser bewohnbar. In der zweiten Hälfte des 18. Jahrhunderts zählte der Ort wieder 46 Häuser mit 174 Einwohnern.

Zur Hofgeschichte

Der am nördlichen Dorfrand, etwas zurückversetzt am Hang über der Straße nach Schlettach gelegene Dreiviertel-Hof führte 1721 nach seinem Besitzer Nikolaus Ender den Hofnamen »Endersgut«. Er war dem Klosterhof Tambach lehenbar. Das zu diesem Zeitpunkt noch als »altes Haus« bezeichnete Anwesen ging nachfolgend an Christoph Weiß über, unter dem auch das neue Wohnstallhaus errichtet wurde. Der zugehörige Stadel war mit 1741 datiert. Im Besitz der Familie Weiß blieb das Anwesen bis Anfang dieses Jahrhunderts. Mit 29 Coburger Äckern war der Hof Mitte des 19. Jahrhunderts einer der mittleren Betriebe, nach 1870 konnte er durch Zukäufe auf 36 Äcker vergrößert werden. Der wirtschaftliche Aufschwung führte bis Ende des Jahrhunderts vor allem zum Neubau größerer Wirtschaftsgebäude und eines neuen Wohnhauses.

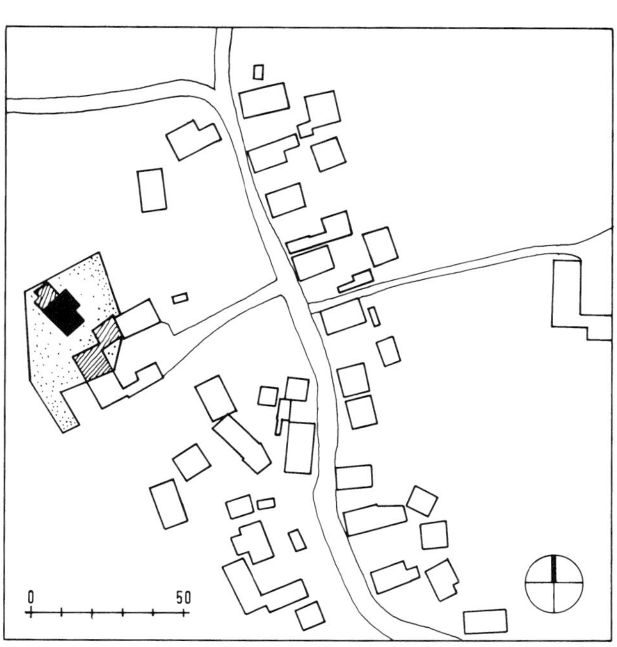

Lageplan 1859.

Das alte Wohnstallhaus war eineinhalbstöckig und als Frackdachhaus angelegt, das als Sonderform auch im westlichen Oberfranken häufiger verbreitet war. Diese Hausform wurde früher zu den einstöckigen Gebäuden gezählt, um der höheren Besteuerung zweistöckiger Gebäude zu entgehen.
Die zweigeschossige, mit einer Borlaube versehene Hoffront stand traufseitig zum Hang. Das Fachwerkgerüst war weitgehend konstruktiv, aus Ständern, zweifacher Verriegelung mit wandhohen Streben, wobei sich die Haupt- und Nebenräume durch unterschiedliche Stützenstellung bereits außen abzeichneten.
Die parallel zum Giebel gelegten Deckenbalken des Erdgeschosses waren mit dem Rähm verkämmt und bildeten über dem Hauseingang und dem Stall einen weiten Überstand, auf dem eine obere Borlaube angelegt wurde. Ihre Verdachung war am Kehlbalkendach des Hauses abgeschleppt und wurde von Ständern mit Knaggen getragen. Die Brüstung besaß eine einfache senkrechte Verbretterung.
Die Anordnung der Räume in dem teilweise unterkellerten Gebäude entsprach dem im Coburger Umland queraufgeteilten, traufständigen Bauernhaus.
Die Dreierfolge der Wohnräume umfaßte große Stube, Kammer und Küche mit Rauchfang im südöstlichen Teil des Hauses. Eine eigene Küchenkammer fehlte. An ihrer Stelle war der Stall einseitig bis etwa zur Mitte des Hausplatzes vorgezogen und hatte an dieser Stelle auch den direkten Zugang. Der Stall besaß zwei Ausgänge, einen zur rückwärtigen Traufseite sowie einen zum davorliegenden Tritt. An diesem war auch das Aborthäuschen angelegt. Der Tritt wurde 1844, wie mit der Jahreszahl datiert, bei der Anlage von drei neuen Schweinefächern verbrei-

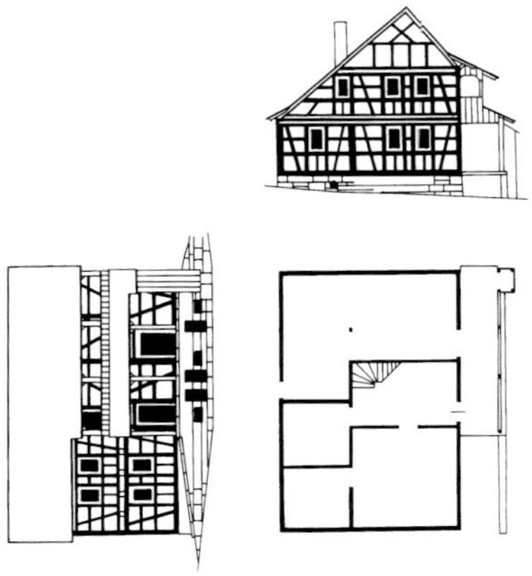

Ort	
Weitramsdorf, Schlettacher Straße 17	
Gebäude	
Gebäudeart	Wohnstallhaus
Wandkonstruktion	Fachwerk
Geschoßzahl	1 + Dach
Geschoßhöhe	2,7 m
Grundfläche (B × L)	105 qm (8,5 × 12,3 m)
Umbauter Raum	
Vollgeschoß	280 cbm
Dachgeschoß	310 cbm
Dach	
Dachart	Satteldach (Frackdach)
Dachneigung	40°/50°
Dachdeckung	Falzziegel
Dachüberstand	30 cm (Giebelseite)
Erschließung	
Hauseingang Lage	Traufseite
Flur Lage	Querflur
Grundfläche (B × L)	14,2 qm (2,9 × 4,9 m)
Treppe Art	einläufig über Eck
Laufbreite	80 cm
Steigungsverhältnis	18/21,7 cm, 40°
Stube	
Lage	Ostecke
Grundfläche (B × L)	22,5 qm (4,6 × 4,9 m)
Fensterzahl	4
Fensteröffnung (B × H)	70 × 100 cm
Belichtungsfaktor Fensteröffnung: Grundfläche	1:8,0
Stubenofen	Hinterlader von Küche
Küche	
Lage	Flurende
Grundfläche (B × L)	8,7 qm (2,9 × 3,0 m)

tert. Dabei wurde auch im Erdgeschoß eine überdachte Borlaube angelegt.
Das Obergeschoß besaß eine große, von der angrenzenden Kammer beheizbare Stube. In Verlängerung des oberen Hausplatzes war eine weitere Stube abgetrennt. Der Stallboden war unausgebaut. Das Haus hatte bis zu seinem Abbruch im Jahr 1962 noch die ursprüngliche Raumaufteilung bewahrt, Umbauten und Veränderungen des 19. Jahrhunderts sind durch die Bauakten nicht belegt.

Gebäudemerkmale für Bauberatung

Die Lage der Hofstelle außerhalb des im Zusammenhang bebauten Dorfgebietes erlaubt eine allseitig freie Stellung des Wohnstallhauses. Das Gebäude mit einer Breite von 8,5 und einer Länge von 12,3 m trägt ein Frackdach, das auf der Westseite mit einer Neigung von 40° bis zum Erdgeschoß herabreicht, dagegen an der Ostseite zwei Vollgeschosse bei einer Dachneigung von 50° aufweist. Umbaumaßnahmen werden auf der östlichen Traufseite in den abgestaffelten Vordächern des Laubenganges vor dem Obergeschoß und über dem 1844 verbreiterten Eingangspodest (Tritt) des Erdgeschosses deutlich sichtbar. Konstruktiv unbefriedigend ist der Ansatz des Erdgeschoßvordaches an den offenen Laubengang des Obergeschosses, da dessen Boden keine wasserundurchlässige Schicht bildet, und deshalb Dichtungsprobleme auftreten. Auf diesen konstruktiven Mangel soll hier hingewiesen werden, da ähnliche Zusammensetzung von Balkonen und Vordächern immer wieder zu Bauschäden führen.
Der Grundriß wird von einer außermittig angeordneten Längswand durchzogen, deren Lage sich aus der Unterstützung des Dachbalkens über dem Obergeschoß ergibt, wie der Schnitt erkennen läßt. Im Querflur des Hauses steigt die Treppe nicht parallel zur Dachneigung an. Dies führt im Dachgeschoß zu dem Konflikt, daß am Treppenaustritt die erforderliche Stehhöhe nicht erreicht wird. Die Ecklage im Südosten ist in beiden Geschossen den nahezu quadratischen Stuben (4,6 × 4,9 m) vorbehalten, die an Kammern und Küche anschließen. Das auf Natursteinsockel errichtete Fachwerk ist im Erdgeschoß und Obergeschoß aufeinander abgestimmt, wie die gleiche Lage der Ständer und Streben sowie die Fensterkonstruktion der Stuben erkennen lassen.

Ansicht von Südosten.

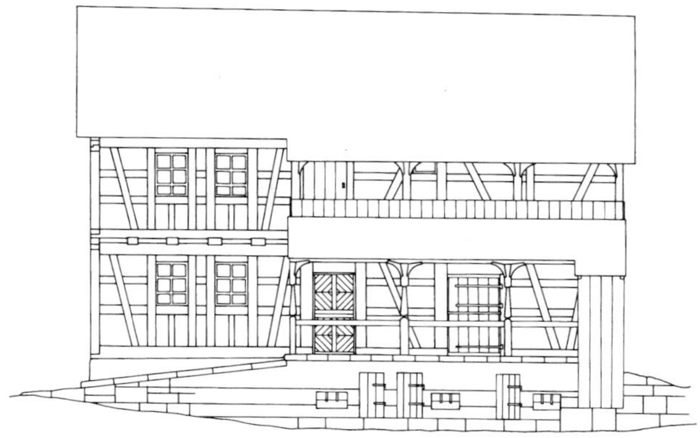

Ansicht von Nordosten.

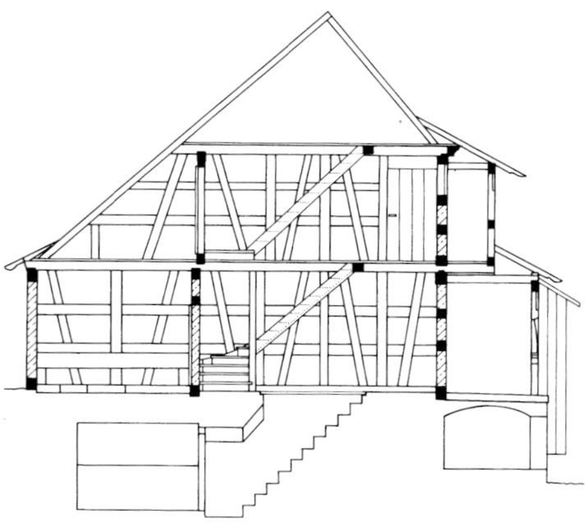

Querschnitt.

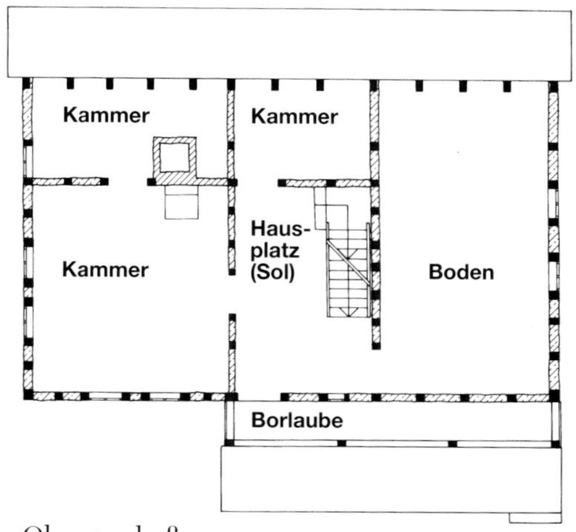

Obergeschoß.

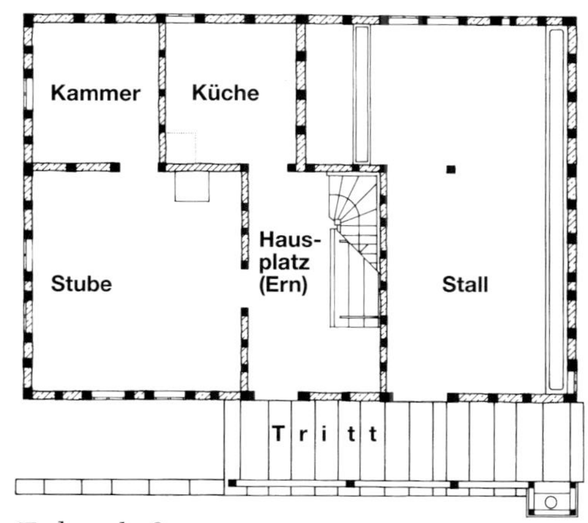

Erdgeschoß.

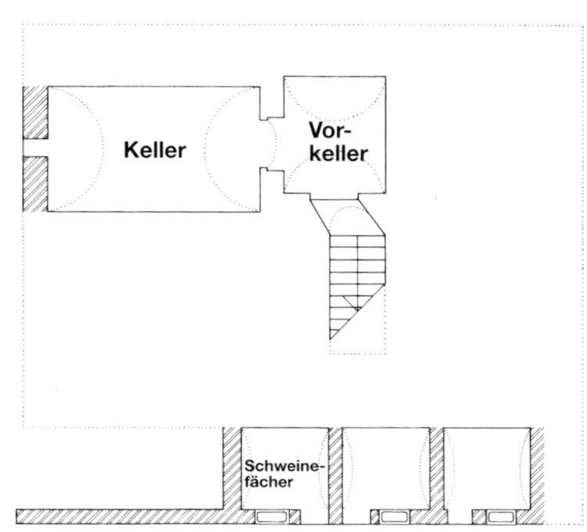

Keller.

Wörlsdorf

Hauptstraße 12

Gemeinde Sonnefeld, Landkreis Coburg

Zweigeschossiges Wohnstallhaus
Fachwerkbau um 1720
1924: »halbes Gülthöflein, das halbe Mechtoldshöflein«

Zur Siedlung

Der Ort liegt am Auslauf des vom Thüringer Wald nach Süden entwässernden Steinachtales. 1149 erstmals in der Gründungsurkunde des Klosters Mönchröden erwähnt, geht die Siedlung auf karolingischen Siedlungsausbau zurück. Sie gehörte zum coburgischen Teil der hennebergischen Herrschaft. Die Dorfherrschaft lag beim Rittergut Niederlind, dem 13 Anwesen lehenbar waren. Eine Sölde zinste dem Kloster Banz. Hof- und Einwohnerzahl des aus einer längsgerichteten, dichten Gehöftreihe bestehenden Zeilendorfes blieben bis zur Mitte des 19. Jahrhunderts konstant. 1857 lebten hier 68 Personen.

Zur Hofgeschichte

1724 gehörte der halbe »Gülthof« dem Bauern Hans Georg Mechtold, von dem er auch seinen Hausnamen »Mechtoldshof« erhielt. Er war auch der Erbauer des jetzigen Hauses, da es zu diesem Zeitpunkt als »ein neues Haus von zwei Stockwerken« bezeichnet wird. Zugehörig waren Stadel, Hofreit und Grasgarten. 1740 erwarb er von Georg Wittmann die benachbarte »Wittmanssölde«. Beide Höfe gingen an seine mit dem Schulmeister Johann Nicol Faber verheiratete Tochter über. Mitte des 19. Jahrhunderts besaß Anna Margareth Faber beide Höfe, die Johann Nicol Wittman aus Wörlsdorf heiratete. Über sie gelangte der Hof an diese Familie, deren Nachfahren ihn noch heute besitzen. Mit 54 Coburger Acker zählte das Anwesen im 19. Jahrhundert zu den großen Höfen des wohlhabenden Dorfes.

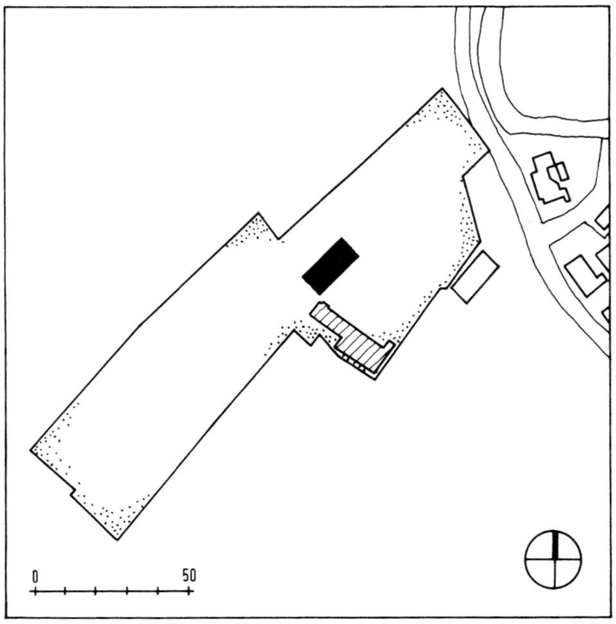

Lageplan.

Ansicht von Osten.

Dem entspricht auch das Erscheinungsbild des zweigeschossigen Stockwerkbaues. Der Wohnbereich setzt sich mit seinem Fachwerk am Giebel und an den Traufseiten vom einfacheren Gefüge des Stalles ab. Das Erdgeschoß ist mit einem konstruktiven Fachwerk versehen, das ebenso wie die leicht verschobene Stellung der Ständer und der Fensterachsen auf eine spätere Auswechslung des frühen 19. Jahrhunderts zurückgeht.
Das Obergeschoß weist dagegen eine aufwendigere Gefügekonstruktion mit einer symmetrischen Einteilung auf. Hier wechseln am Giebel die regelmäßig angeordneten Fensterachsen mit K-Verbänden in den seitlichen Wandzonen. Beiderseits des Mittelfensters ergeben sich dabei Mann-Figuren. Ähnlich ist die Anordnung im Giebelfeld, wobei die K-Streben und eine Mann-Figur von langen Fußstreben darüber und einem Andreaskreuz im Giebelspitz abgelöst werden.
Die Stallzone weist einfachen Verbände mit langen Fuß- und Kopfstreben bei zweifacher Verriegelung auf. Hier ist auch ein bedachter Laubengang über dem Tritt angelegt. Das hohe Kehlbalkendach besitzt einen liegenden Stuhl mit waagrechtem Spannriegel, wobei die Kopfstreben an der Stuhlsäule verzapft, am Spannriegel noch verblattet sind.
Das Haus ist im Grundriß vierzonig. Der Wohnbereich umfaßt Wohnstube, Hinterkammer, Küche mit gewölbtem Rauchfang sowie die von ihr zugängliche Küchenkammer. Die große Wohnstube ist mit einer aufwendig profilierten, mittig vom durchlaufenden Unterzug gestützten Bohlenbalkendecke ausgestattet.
Vom Hausplatz direkt erschlossen ist der kleine Pferdestall, der – wie seine Tür und die seitlich anschließenden Fachwerkzonen zeigen – bereits beim Bau des Hauses anstelle einer Nebenkammer angelegt war. Abschließend folgte der Rinderstall, der neben seinen beiden Zugängen an seiner rück-

Ansicht von Nordosten.

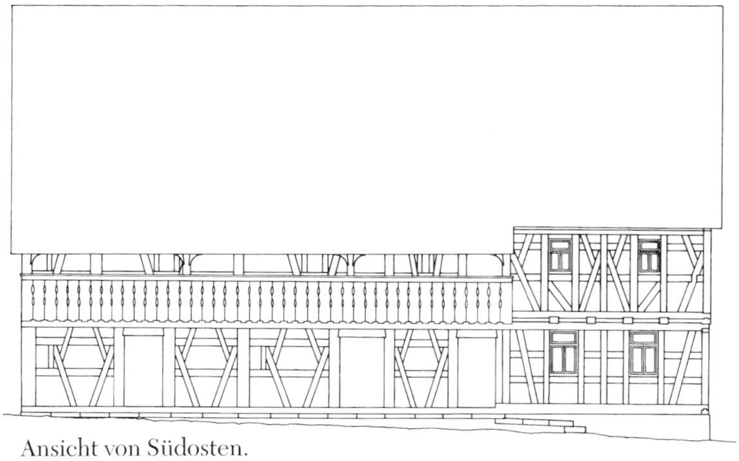

Ansicht von Südosten.

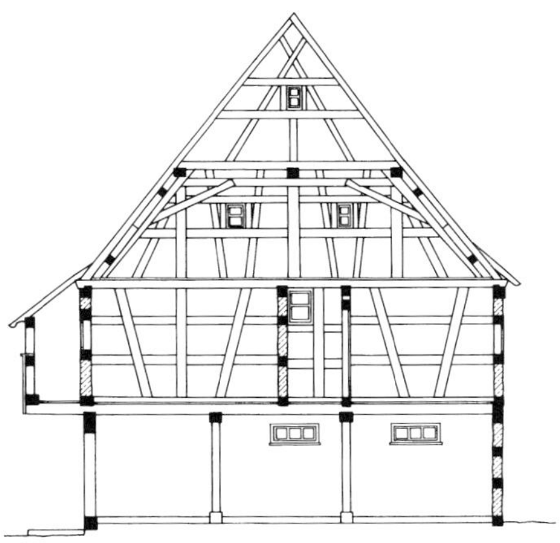

Querschnitt.

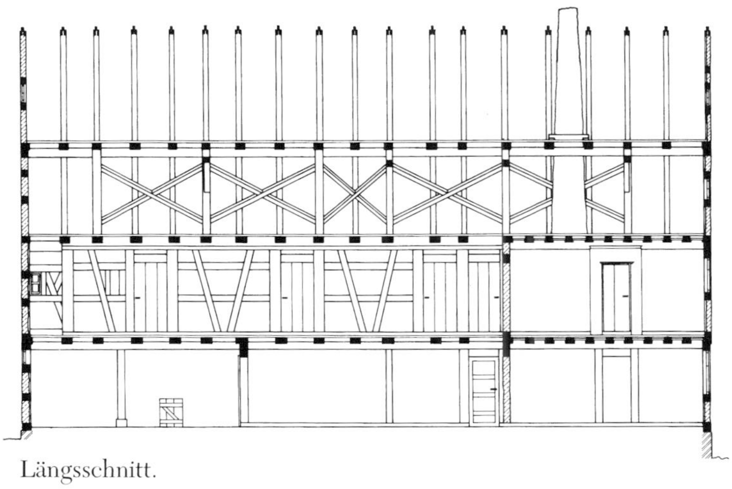

Längsschnitt.

Giebelansicht von Nordosten.

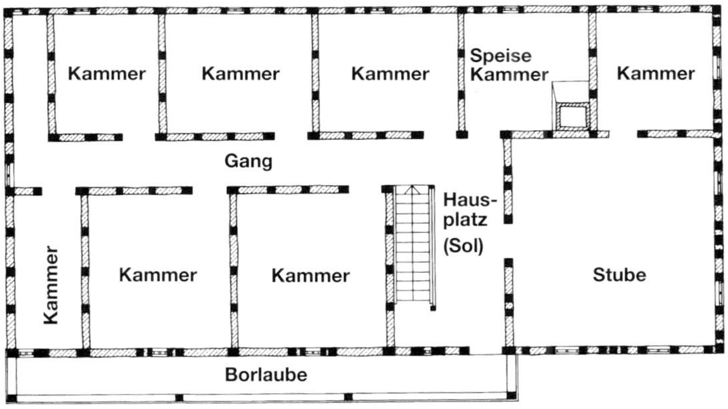

Obergeschoß.

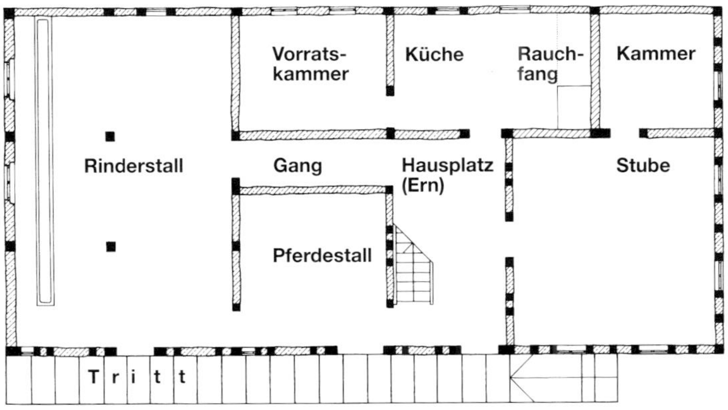

Erdgeschoß.

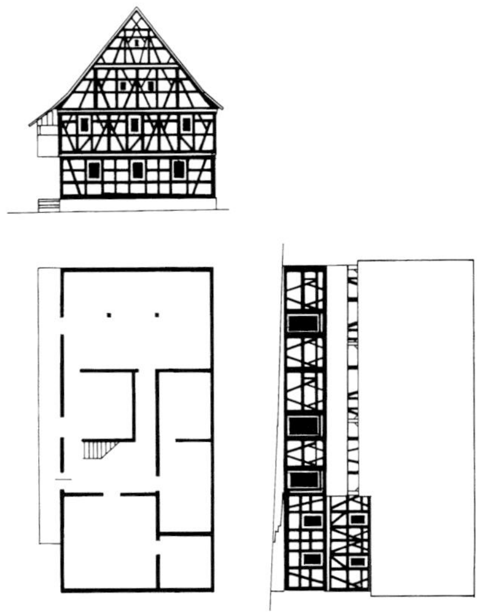

Ort	
Wörlsdorf, Hauptstraße 12	
Gebäude	
Gebäudeart	Wohnstallhaus
Wandkonstruktion	Fachwerk
Geschoßzahl	2 + Dach
Geschoßhöhe	2,5 m
Grundfläche (B × L)	159 qm (8,7 × 18,2 m)
Umbauter Raum	
Vollgeschosse	790 cbm
Dachgeschoß	440 cbm
Dach	
Dachart	Satteldach
Dachneigung	51°
Dachdeckung	Falzziegel
Dachüberstand	30 cm (Giebelseite)
Erschließung	
Hauseingang Lage	Traufseite
Flur Lage	Querflur
Grundfläche (B × L)	14,5 qm (2,85 × 5,1 m)
Treppe Art	einläufig
Laufbreite	85 cm
Steigungsverhältnis	18,8/24,2 cm, 38°
Stube	
Lage	Ostecke
Grundfläche (B × L)	26,5 qm (5,1 × 5,2 m)
Fensterzahl	4
Fensteröffnung (B × H)	75 × 120 cm
Belichtungsfaktor Fensteröffnung: Grundfläche	1 : 7,4
Stubenofen	ehem. Hinterlader von Küche, jetzt Stubenofen
Küche	
Lage	Flurende
Grundfläche (B × L)	14,5 qm (2,9 × 5,0 m)

wärtigen Traufe eine Luke zur Entmistung besaß. Das Obergeschoß des Hauses folgte dem Prinzip der Erdgeschoßeinteilung, wobei die an die obere Küche anschließenden Nebenkammern bedingt durch den kleineren Grundriß der Küche, um eine Wandachse verschoben waren. Die obere Stube besaß, wie bei Bauernhäusern um Coburg häufiger vorhanden, zusätzlich zur Ofenheizung eine verschließbare Warmluftöffnung von der unteren Stube. Abgesehen vom Einbau eines russischen Kamines 1908 erfuhr das Wohnstallhaus keine einschneidenden Veränderungen.

Gebäudemerkmale für Bauberatung

Das große Bauernhaus liegt frei in seinem Grundstück und bildet mit der an der Südgrenze errichteten Scheune einen nach Nordosten offenen Hofraum aus. Bei einer Breite von 8,7 m und Länge von 18,2 m geht der langgezogene zweigeschossige Bau über das Seitenverhältnis von 1:2 hinaus. Das 51° geneigte Satteldach hat zwei Dachböden. Auf ca. zwei Drittel der südlichen Traufseite kragen die Deckenbalken aus, um im Obergeschoß einen Laubengang zu tragen, dessen Dach von herausgezogenen Aufschieblingen gebildet wird. Darunter ist im Erdgeschoß ein schmales Eingangspodest (Tritt) vor die Türen von Wohnung, Pferde- und Rinderstall gesetzt, um das Gefälle der Hofstelle auszugleichen.

Das langgestreckte Rechteck des Grundrisses wird von einer durchgehenden Längswand in eine breitere Zone für den Querflur mit Treppe und die Stube und einen schmäleren Bereich für Küche und Kammern aufgeteilt. Die Stützen der beiden symmetrisch angeordneten Längsunterzüge sind dabei einmal in die genannte Längswand und zum anderen in Querwände eingebaut. Die Grundrißorganisation weist typologische Übereinstimmungen mit den Hausbeispielen Großwalbur (S. 195) und Meschenbach (S. 201) auf.

Durch den Gegensatz zwischen dem breiten Querflur, an dem Stube, Küche und Pferdestall liegen, zu dem schmalen Längsflur, der zu Rinderstall und Kammern führt, entsteht ein übersichtliches Erschließungssystem. Die quadratische Stube (5,1 × 5,2 m) erhält Licht von zwei über Eck angeordneten Fenstern und erreicht einen Belichtungsfaktor von 1:7,4.

Das zweigeschossige Haus zeigt in Giebel und Obergeschoß ein klar konstruiertes Fachwerk mit Ständern und K-Streben. Eine spätere Umbaustufe stellt das einfache Rasterfachwerk des Erdgeschosses dar, das nur in den Gebäudeecken durch wandhohe Streben eine zusätzliche Windaussteifung erhält.

Bei einer Grundfläche von 159 qm ergibt sich aus dem Umrechnungsfaktor von 0,75 je Geschoß eine Wohnfläche von 120 qm ohne Dachgeschoß. Die auskragende Borlaube im Obergeschoß könnte als Modell dienen, wie Anbauzonen an einen Hauptbaukörper in überzeugender Weise angefügt werden.

Gosberg

Gosberger Straße 8

Gemeinde Pinzberg, Landkreis Forchheim

Scheune
Fachwerkbau von 1783
1809: »Stadel«

Zur Siedlung

Gosberg wurde 1062 von Heinrich IV. dem Hochstift Bamberg übergeben, das bis zur Säkularisation auch der Dorfherr blieb. Der Ort liegt östlich von Forchheim, am Südrand des Wiesenttales. Das Straßendorf weist eine regelmäßige Parzellenteilung entlang des Ortsweges auf. Durch den schmalen Zuschnitt der Grundstücke stehen die Scheunen in Firstrichtung des Wohnstallhauses, also giebelständig zur Straße. Die Anwesen sind in der Regel eingeschossig, wobei lediglich in der Ortsmitte zwei große, barocke Mansarddachbauten begüterter Bauern diese Maßstäblichkeit sprengen. Im westlichen, unteren Dorfbereich gruppieren sich die kleineren Anwesen der weniger wohlhabenden Bauern.

Der Ort umfaßte in der Mitte des 19. Jahrhunderts neben Kirche, Schule und Hirtenhaus 52 Gehöfte. Die durchschnittliche Größe der Vollbauern lag zwischen 20 bis 30 Tagwerk, neun Höfe besaßen mehr als 30 Tagwerk.

Zur Hofgeschichte

Das »Jüngersgut«, die alte Hausnummer 16, zu dem die Scheune gehörte, war 1809 im Besitz von Georg Lauger. Er hatte es von seinem Vater geerbt. Zu diesem Hof besaß er noch zwei weitere Anwesen, das ebenfalls ererbte Labersgut Nr. 11, eine Dreizwölftelhube, sowie ein Tropfhaus, die Nr. 24. Noch in der zweiten Hälfte des 19. Jahrhunderts waren die beiden Bauernhöfe im Besitz seiner Nachkommen, das

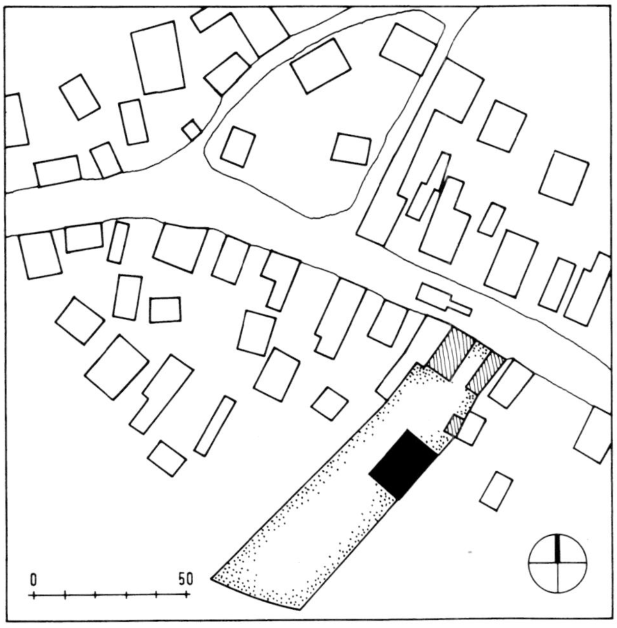

Lageplan 1866.

Nördliche Giebelansicht der Scheune mit Zierfachwerk.

Tropfhaus hatte eine Tochter geerbt. Der als »Gütlein« eingestufte Hof liegt im Ortskern, in unmittelbarer Nachbarschaft der Kirche. 1847 umfaßte er, als er im Besitz des Johann Lauger war, als mittlerer Betrieb 35 Tagwerk. Zugehörig waren das kleine, noch heute dem Wohnhaus gegenüberliegende »Nebenhaus«, das Austragsgebäude sowie der Stadel und ein eigener Backofen.

Im Vergleich zu dem schlichten, einstöckigen Wohnstallhaus, das 1809 noch als »mit Holz gebaut«, d. h. als Fachwerkbau, bezeichnet wird, überrascht die Scheune durch ihr reiches Fachwerk. Allerdings ist nur der hofseitige Giebel der längs zum Grundstück stehenden Scheune derart aufwendig gestaltet. Der großzügig bemessene Stadel ist trotz anderer landwirtschaftlicher Anforderungen bis heute weitgehend unverändert überkommen.

Die Scheune steht auf einem soliden, sauber verarbeiteten Sandsteinsockel, der die leichte Abschüssigkeit des Terrains ausgleicht. Der Fachwerkverband besteht aus regelmäßig gestellten Ständern und ist dreifach verriegelt, Kopf- und Fußstreben in halber Wandhöhe steifen zusätzlich aus. An den zwei Langseiten und am rückwärtigen Giebel beschränkt sich die Konstruktion auf diese notwendigen Teile. Die Gefache besitzen noch weitgehend das alte Lehmgeflecht. Der nordwestliche Eckständer ist mit der Jahreszahl 1783, dem Erbauungsdatum der Scheune, bezeichnet.

Die Scheune ist am hofseitigen Giebel durch drei Tore längs aufgeschlossen. Das größere, zweiflügelige Mitteltor, das bis unter das Vordach reicht, führt zur Mitteltenne. Die beiden seitlichen Tore sind etwas niedriger. Der Giebel ist durch Klebdächer in

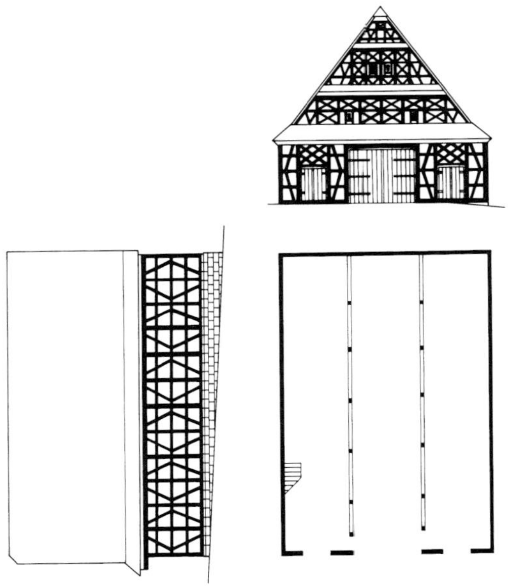

Ort
Gosberg, Gosberger Straße 8

Gebäude	
Gebäudeart	Scheune
Wandkonstruktion	Fachwerk
Geschoßzahl	1 + Dach
Geschoßhöhe	4,0 m
Grundfläche (B × L)	275 qm (13,9 × 19,8 m)
Umbauter Raum	
Vollgeschoß	1100 cbm
Dachgeschoß	1210 cbm
Dach	
Dachart	Satteldach
Dachneigung	52°
Dachdeckung	Biberschwanzziegel
Dachüberstand	130/25 cm (Giebelseite)
Erschließung	
Tor (B × H)	440 × 360 cm
Flur Lage	
Grundfläche (B × L)	
Treppe Art	
Laufbreite	
Steigungsverhältnis	

drei Geschosse geteilt, wobei die Gefache hier sehr aufwendig ausgezimmert sind. Drei Grundformen wechseln ab: das einfache Andreaskreuz, Andreaskreuze mit Viertelbögen in Sternform sowie die von einem Andreaskreuz durchkreuzte Raute.

Gebäudemerkmale für Bauberatung

Das Hofgrundstück weist die in engen Dorflagen häufige schmale Straßenfront, hier 20 m auf, der eine sehr große Grundstückstiefe (ca. 110 m) gegenübersteht. Die Gebäude des Bauernhofes, Wohnstallhaus und Wirtschaftsbau an der Straße und rückwärtigen Scheune sind an den Nachbargrenzen errichtet. Die Scheune steht hier nicht quer, sondern in Längsrichtung zur Hofstätte und wendet ihren Giebel in den Hofraum und zur Straße. Mit ihrer hohen Gestaltsqualität prägt sie das Erscheinungsbild des Bauernanwesens.

Bei 13,9 m Breite und 19,8 m Länge erreicht der Rechteckgrundriß ein Seitenverhältnis von 2 : 3, eine Proportion, die auch zwischen den Stützen der inneren Tragwerkskonstruktion anklingt. Geht man von der reichen Variation der Andreaskreuze in den Ausfachungen zu den Grundstrukturen der Konstruktion weiter, so erkennt man auch in den Erdgeschoßwänden die klare Abfolge der Stützen in den durchgehenden Ständern. In allen Feldern, auch auf der Traufseite werden die schrägen Streben durch mittlere Querriegel getrennt.

Das Satteldach von 52° Neigung kommt dem Verhältnis des goldenen Schnitts, zwischen Breite und Höhe des Giebels nahe. Der Giebel wird durch Klebdächer am Dachfuß und an den ersten und zweiten Dachböden geschützt. Ein knapper Schopfwalm schließt den Spitzboden ab. Besonders ist auf die Ecklösung zwischen Giebel- und Traufseite des untersten Giebelsdaches hinzuweisen. Mit einer Abwalmung werden durch die Aufschieblinge flacher geneigten Dachstreifen bruchlos ineinander übergeführt. In der Kombination zwischen Satteldach, Giebel und dem umlaufenden Walm des Klebdaches offenbart sich ein überlegenes handwerkliches Können. Die Schönheit der konstruktiven Komposition allein rechtfertigt die Erhaltung dieses Bauwerks, auch ohne seine Denkmaleigenschaft. Die Konstruktion der zwei liegenden Dachstühle schafft stützenlose Dachräume. So können die Fachwerkwände des Giebelfeldes frei gestaltet werden. Die senkrechten Ständer werden in jedem Geschoß gegeneinander versetzt, und mit zunehmender Höhe engere Achsabstände gewählt.

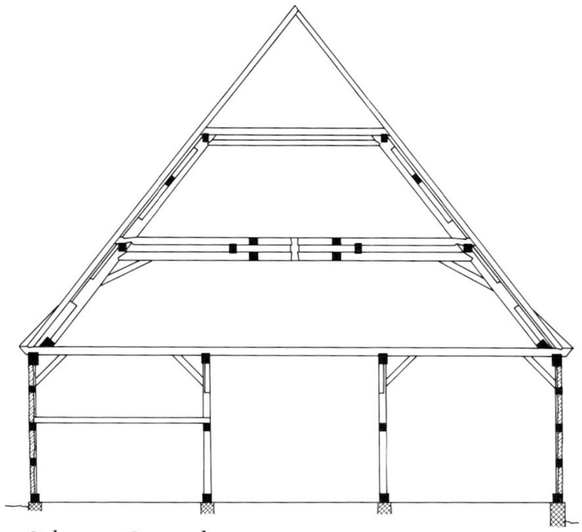

Scheune Querschnitt.

Ansicht der Scheune von Nordosten.

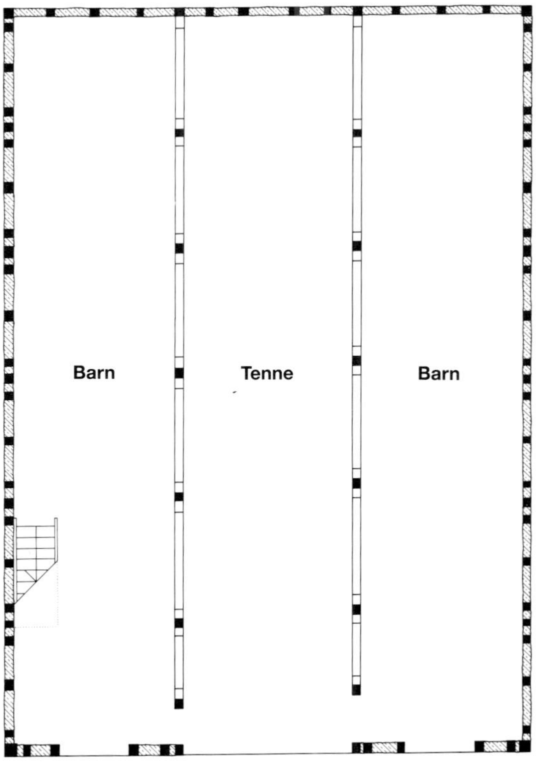

Scheune Erdgeschoß.

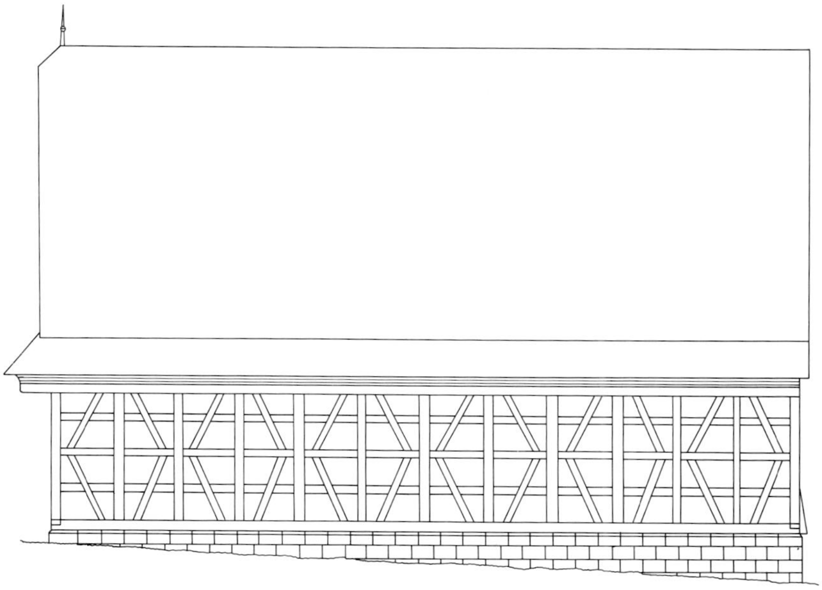

Ansicht der Scheune von Nordwesten.

Gosberg

Bahnhofstraße 6

Gemeinde Pinzberg, Landkreis Forchheim

Eingeschossiges Wohnstallhaus
Massivbau von 1842
1809: »Kellersgut«

Zur Hofgeschichte

Mit seinen acht Tagwerk gehörte das Kellersgut zu den kleinen Anwesen des Ortes. Sein Besitzer war Mitte des 19. Jahrhunderts Georg Preusch, wobei den Hof seine Frau mit in die Ehe gebracht hatte. Als jüngerer Sohn eines Gastwirts und Großbauern hatte er selbst von den Eltern das nur fünf Tagwerk große Leisgangsanwesen überschrieben bekommen. Die geringe Größe seines eigenen, in die Ehe eingebrachten Besitzes überrascht, da es sich doch bei seinem Hof um den herrschaftlichen, zweigeschossigen Sandsteinbau Nr. 42 handelt. Durch seine Heirat mit der Tochter eines der vermögendsten Großbauern von Gosberg im Jahr 1820 konnte er seinen eigenen Hof wieder zu einem Vollerwerbsbetrieb machen, da seine Frau neben dem Kellersgut noch 19 Tagwerk Grund mit in die Ehe gebracht hatte.

Das giebelständig zur Straße stehende Wohnstallhaus des kleinen Kellersgutes bildet mit seinen Nebengebäuden einen kleinen Dreiseithof. Noch zu Beginn des 19. Jahrhunderts wird es als Fachwerkbau beschrieben. Wie inschriftlich datiert, wurde das Gebäude 1842 von Georg Preusch neu errichtet.

Das eingeschossige, massive Wohnstallhaus ist ein gutes Beispiel für die in der ersten Hälfte des 19. Jahrhunderts auch im Forchheimer Umland einsetzende Steinbauweise. Es zeichnet sich trotz seiner bescheidenen Größe im Außenbau durch seine ausgewogenen Proportionen und die präzise Durchgestaltung der Architektur aus. Das Erdgeschoß besteht durchgehend aus sorgfältig gesetzten Sandsteinquadern, wobei die Hausecken durch Eckpilaster akzentuiert sind. Die feinprofilierten, segmentbogigen Fensteröffnungen besitzen noch die alten Kreuzstockfenster mit Bleisprossen. Im Gegensatz zum Erdgeschoß sind die Giebel darüber aus Ziegeln aufgemauert. Sie sind verputzt und durch Gurtgesimse aus Sandstein gegliedert. An der Traufseite zum Hof ist ein großes, mit einem Dreiecksgiebel versehenes Zwerchhaus aufgesetzt.

Ansicht von Südwesten.

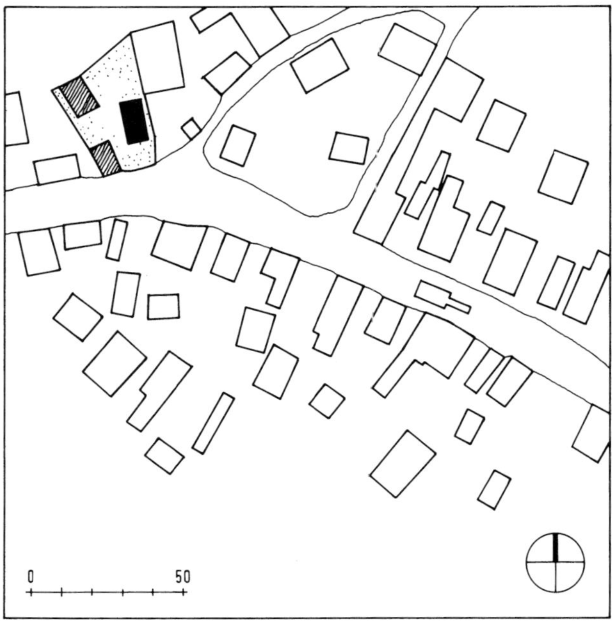

Lageplan 1866.

Im Inneren weist das Wohnstallhaus den herkömmlichen Grundriß eines queraufgeschlossenen Bauernhauses auf. Das ursprüngliche Raumgefüge ist im Wohnbereich noch weitgehend erhalten. An den kleinen Hausflur schließt die große, von einem Unterzug durchzogene Wohnstube an. Sie besitzt eine einfache Putzdecke und ist mit einem Friesboden ausgelegt. Die dahinter folgende kleine, mit einer Lamberie ausgestattete Nebenkammer wurde in jüngerer Zeit mit der ehemaligen Küche zu einer großen Wohnküche zusammengelegt. Im Bereich des alten deutschen Kamines ist dabei noch das Rauchgewölbe vorhanden, das Ende des 19. Jahrhunderts über dem Auflager eines Eisenträgers hier eingezogen wurde.

Der ehemalige Stallbereich wurde in jüngerer Zeit nach Aufgabe der Landwirtschaft zu Wohnräumen ausgebaut. Durch den Einzug neuer Querwände wurden dabei die alten Nebenkammerfenster an der östlichen Traufe zugemauert und zur alten, regelmäßigen Achsenteilung versetzt und neue Fensteröffnungen in die massiven Außenmauern eingebrochen. Dabei wurden auch die kleineren Stallfenster an der Hofseite aufgeweitet.

Das bereits 1842 halb ausgebaute Dachgeschoß besitzt noch die alte heizbare Giebelkammer, mit einer kleinen Nebenkammer. Im Bereich über der Küche ist auch eine große, direkt vom Hausplatz erschlossene Räucherkammer angelegt.

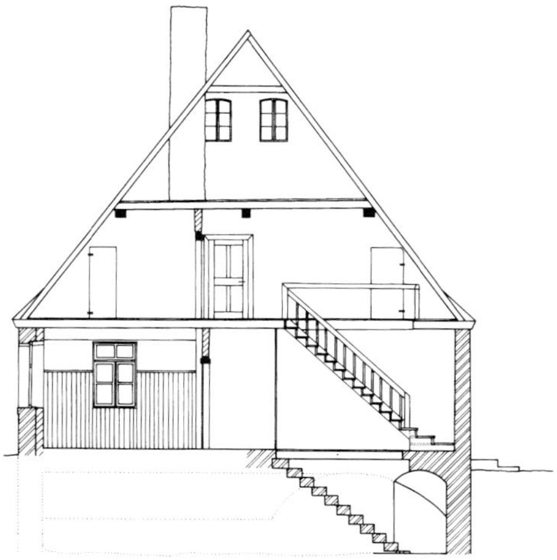

Querschnitt.

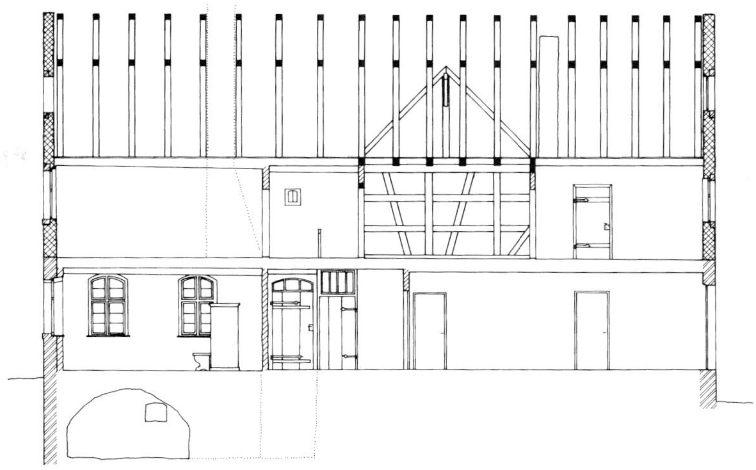

Längsschnitt.

Ansicht von Südosten.

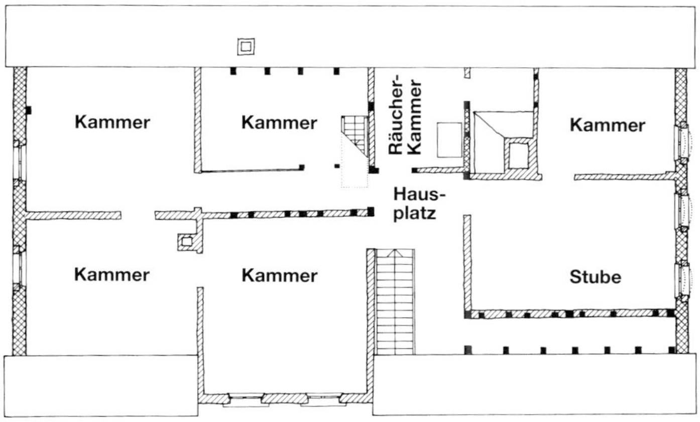

Obergeschoß.

Keller.

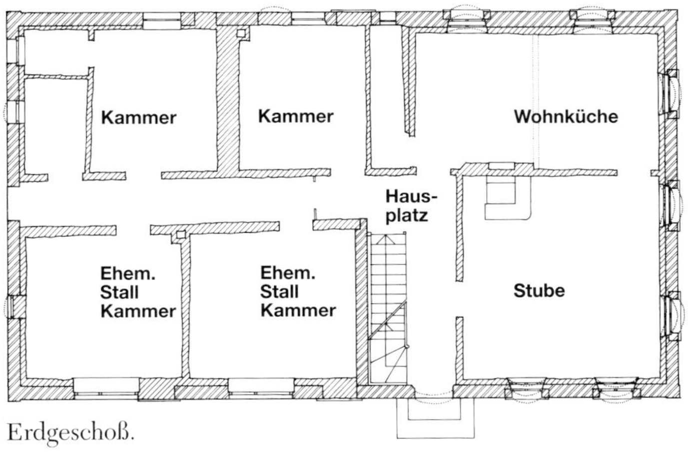

Erdgeschoß.

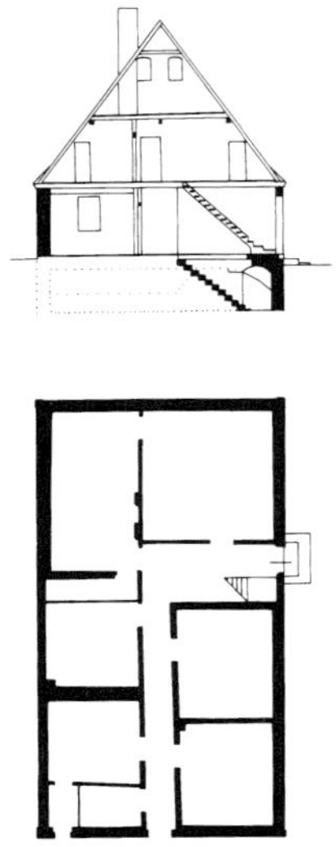

Ort	
Gosberg, Bahnhofstraße 6	
Gebäude	
Gebäudeart	Wohnstallhaus
Wandkonstruktion	Naturstein
Geschoßzahl	1 + Dach
Geschoßhöhe	2,9 m
Grundfläche (B × L)	180 qm (10,1 × 17,8 m)
Umbauter Raum	
Vollgeschoß	520 cbm
Dachgeschoß	590 cbm
Dach	
Dachart	Satteldach
Dachneigung	53°
Dachdeckung	Biberschwanzziegel
Dachüberstand	
Erschließung	
Hauseingang Lage	Traufseite
Flur Lage	Querflur
Grundfläche (B × L)	12,7 qm (2,3 × 5,5 m)
Treppe Art	einläufig
Laufbreite	90 cm
Steigungsverhältnis	18,1/20 cm, 42°
Stube	
Lage	Südwestecke
Grundfläche (B × L)	27,6 qm (5,2 × 5,3 m)
Fensterzahl	4
Fensteröffnung (B × H)	90 × 140 cm
Belichtungsfaktor Fensteröffnung: Grundfläche	1 : 5,5
Stubenofen	ehem. Hinterlader von Küche
Küche	
Lage	Flurende
Grundfläche (B × L)	23,0 qm (3,6 × 6,4 m)

Gebäudemerkmale für Hausberatung

Das Wohnstallhaus steht am Ostrand seines Grundstückes, ist von der im Süden vorbeiführenden Straße durch einen Bauerngarten abgesetzt und bildet mit den beiden an der Westgrenze errichteten Wirtschaftsgebäuden einen offenen, dreiseitig umbauten Hofraum aus. Der 10,1 m breite und 17,8 m lange Rechteckbaukörper trägt ein 53° steiles, mit Biberschwanzziegeln gedecktes Satteldach, an dessen Giebelseite der Ortgang des knappen Dachüberstandes von einem Steinprofil abgedeckt wird. Die Dachfläche ist auf der Westseite durch ein bündig aus der Erdgeschoßwand hochgezogenes Zwerchhaus unterbrochen. Mit seinem an Giebeln und Traufe weiter überstehenden Dach weicht es von der straffen Detailausbildung des Hauptgiebels ab und mindert die Schönheit des sonst sorgfältig durchgebildeten Baukörpers.

Der Grundriß entspricht dem Querflurhaus mit quadratischer Stube in Ecklage und anschließender Kammer. Die Heizung des Stubenofens erfolgte von der Küche. Stall und Küche zeigen heute eine neue Raumaufteilung.

In das Sandsteinquadermauerwerk des Erdgeschosses sind an Giebel- und Traufseiten gleich große, mit seitlichen Klappläden gesicherte Fenster in stehenden Formaten eingefügt. Die Fenstergewände werden oben von einem Segmentbogen des Fenstersturzes und unten von einer auskragenden, mehrfach profilierten Sohlbank abgeschlossen. In dieser Profilierung sind die Fensterstöcke selbst tief in die Laibung zurückgesetzt und betonen so durch die starke Schattenwirkung die Gliederung des Gebäudes. Dieser repräsentativen Gesamthaltung entsprechen auch die gleichen Abstände der Fensterachsen der Giebelseite, die auf die seitliche Lage der Stube in der Südwestecke nicht mehr reagieren. Gegenüber einer vom Innenraum her ausgewogenen Fensteranordnung erhält die regelmäßige Gestaltung der Außenfassade den Vorrang. Auf der Giebelseite setzt sich die bewußte Symmetriebildung in den Fenstern der verputzten Dachgeschosse fort. Das Ziel einer repräsentativen Ansicht wird durch die Wandgliederungen der Eckpilaster und die Gliederung der Geschosse durch Sandsteingesimse hervorgehoben.

Der Umbau des Stallteils für Wohnnutzungen nahm auf die vorhandene Altbausubstanz zu wenig Rücksicht und führt vor allem in den neu ausgebrochenen Fenstern mit den asymmetrischen Teilen zu einer Beeinträchtigung des sonst gut gestalteten Bauernhauses des 19. Jahrhunderts.

Gosberg

Gosberger Straße 3

Gemeinde Pinzberg, Landkreis Forchheim

Zweigeschossiges Wohnstallhaus
Fachwerkbau des späten 18. Jahrhunderts
1809: »Knorrgut«

Zur Hofgeschichte

Mit seinen knapp 54 Tagwerk war das Knorrgut 1847 das größte Bauerngut im Dorf. Sein Besitzer war damals der aus einer begüterten Gosberger Bauernfamilie stammende Johann Stöhr, der 1826 hier eingeheiratet hatte. Sein Schwiegervater Johann Lauger hatte das Anwesen 1796 von seinem Vater ererbt. Dieser dürfte der Bauherr dieses für Gosberg repräsentativen und markanten Gebäudes gewesen sein. Der Hof war zu dieser Zeit mit sieben Zubaugütern, d. h. von Bauerngütern abgetrennten, walzenden Grundstücken versehen. Mit diesen Grundstükken als Heiratsgut wurde die Versorgung der nachgeborenen Kinder der wohlhabenderen Gosberger Bauernfamilien gesichert.

1847 wird es als Wohnhaus mit Stall unter einem Dache, mit angebautem Pferde- und Schafstall, Backofen mit Dörr und Schweinestall bezeichnet.

Das zweigeschossige, mit einem Mansarddach versehene Wohnstallhaus stellt allein durch seine Größe und Architektur einen der bedeutendsten Höfe Gosbergs dar. Mit dem Nachbarhaus, einem in Proportionen und Anspruch vergleichbaren, steinernen Mansarddachbau gehört es zu den repräsentativsten Bauernhäusern Westoberfrankens.

Der mächtige Bau umfaßt vier zu sieben Achsen. Das Erdgeschoß besteht durchgehend aus sorgfältig behauenen und gesetzten Sandsteinquadern. Es nimmt in seiner Gliederung in vereinfachter Ausführung spätbarocke Formen des städtischen Bürgerhaus-

Ansicht von Südosten im Straßenraum.

baus auf, etwa mit den profilierten Fensterrahmungen, den vortretenden Brüstungsfeldern unter den Fenstern und der pilasterähnlichen Gliederung an der Giebelseite zur Straße.

Das Fachwerkobergeschoß ist im Gefüge bereits weitgehend konstruktiv, aber dennoch als Sichtfachwerk gearbeitet. Es setzt über dem durchgehenden Gurtgesims des Erdgeschosses und einer kleinen Sockelzone darüber an. Der Fachwerkverband besteht, der Gliederung und Proportionierung des Erdgeschosses folgend, aus einer regelmäßig gereihten Ständerstellung. Der Brüstungsbereich unterhalb der Fenster ist in den abgeteilten Brüstungsfeldern mit Andreaskreuzen ausgezimmert, seitlich schließen jeweils zueinander geneigte, schräge Riegel an. Die Wandfelder zwischen den Fenstern sind ebenso mit Andreaskreuzen sowie schrägen Riegeln verziert, die im Verbund stehende Rauten ergeben. Die Fenster besaßen bis um 1970 noch die alten Kreuzstockfenster mit Bleisprossen.

Das hohe Mansarddach, ein Kehlbalkendach mit zwei Reihen übereinandergesetzter, liegender

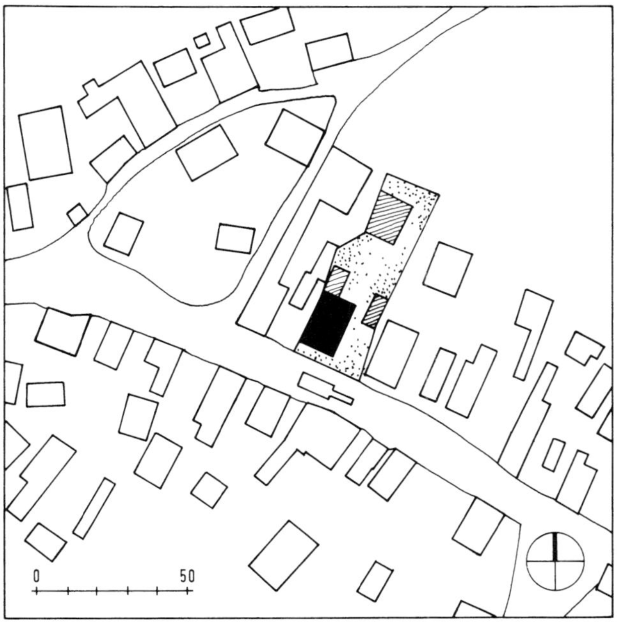

Lageplan 1866.

Ansicht von Süden.

Ansicht von Südwesten.

Stühle mit waagrechten Spannriegeln, ist unausgebaut. Ihm sind zwei Reihen stehender, mit geohrten Umrahmungen versehene Giebelgaupen aufgesetzt. Die alte Spitzbiberdeckung wurde in jüngerer Zeit erneuert.
Die Raumanordnung im Inneren des vierzonigen Hauses entspricht nur im Erdgeschoß der eines queraufgeschlossenen Wohnstallhauses, hier jedoch in viel großzügigerer Bemessung. Der weiträumige Hausflur ist mit einer bequemen dreiläufigen, mit Wendepodesten versehenen Treppenanlage ausgestattet. Die alten Trittstufen und die gesägten Brettbaluster der seitlichen Treppenwangen wurden in den 70er Jahren allerdings durch eine neue Kunststeintreppe ersetzt. An den Hausflur schließt eine große Stube mit kleinerer Nebenkammer und großer Küche an, die zusammen mit der Nebenkammer direkt vom Hausflur erschlossen ist. Zwischen dem Hausplatz und dem kreuzgratgewölbten Stall ist noch eine weitere Kammerzone eingefügt.
Das Obergeschoß ist wesentlich repräsentativer mit Raumfolgen bürgerlichen Charakters ausgestattet. Entlang der Straße ist eine Dreierfolge von unterschiedlich großen, durch eine Enfilade erschlossenen Räumen angelegt, die in den Grundzügen einem barocken Appartement entsprechen. Diese Räume waren von der großen Küche durch Hinterlader beheizt, wobei das große Eckzimmer einen außergewöhnlich repräsentativen Rundofen besaß. Entlang des vom Hausplatz ausgehenden Längserschließungsganges reihen sich wenige großzügige Kammern auf.

Ansicht von Osten.

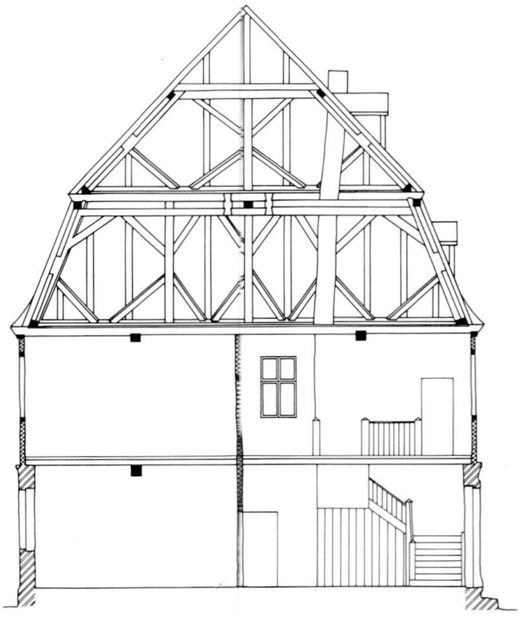

Querschnitt.

Gesamtansicht von Süd-
osten.

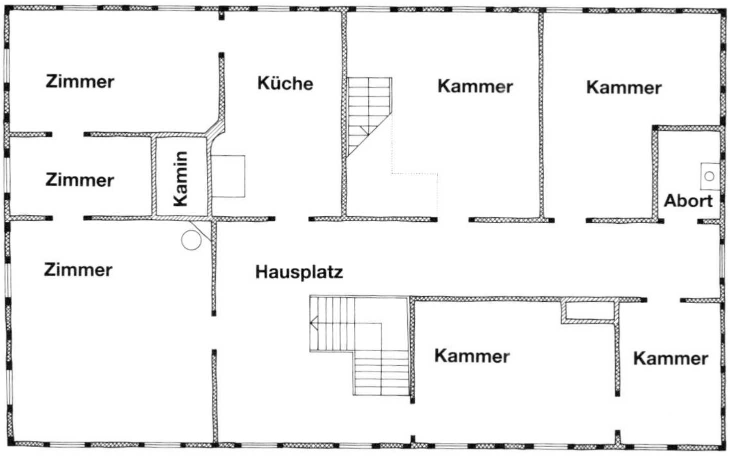

Obergeschoß.

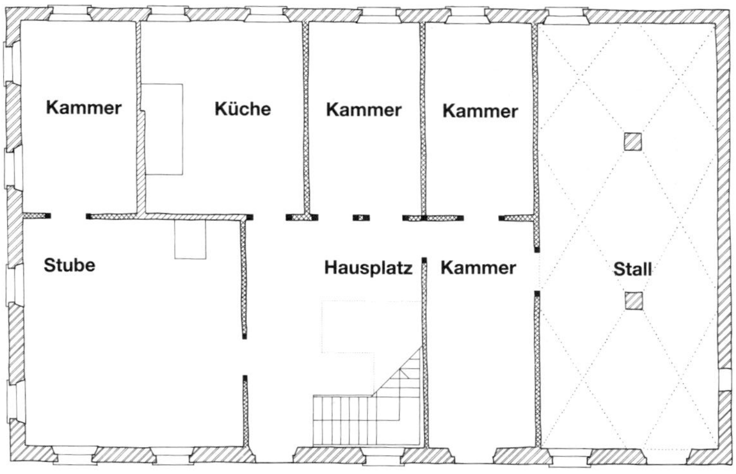

Erdgeschoß.

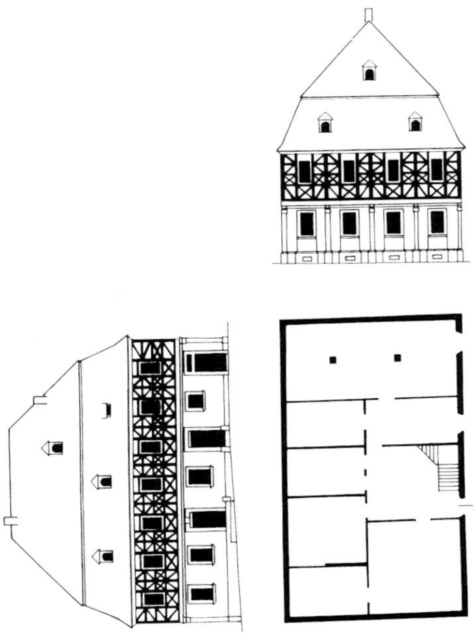

Ort	
Gosberg, Gosberger Straße 3	
Gebäude	
Gebäudeart	Wohnstallhaus
Wandkonstruktion	Naturstein/Fachwerk
Geschoßzahl	2 + Dach
Geschoßhöhe	3,4 m
Grundfläche (B × L)	228,5 qm (11,9 × 19,2 m)
Umbauter Raum	
Vollgeschosse	1580 cbm
Dachgeschoß	960 cbm
Dach	
Dachart	Mansarddach
Dachneigung	68°/46°
Dachdeckung	Biberschwanzziegel
Dachüberstand	35 cm (Walmseite)
Erschließung	
Hauseingang Lage	Traufseite
Flur Lage	Querflur
Grundfläche (B × L)	28,2 qm (4,7 × 6,0 m)
Treppe Art	dreiläufig
Laufbreite	120 cm
Steigungsverhältnis	16,2/24,3 cm, 34°
Stube	
Lage	Südecke
Grundfläche (B × L)	34,2 qm (5,7 × 6,0 m)
Fensterzahl	4
Fensteröffnung (B × H)	90 × 145 cm
Belichtungsfaktor	
Fensteröffnung:	
Grundfläche	1 : 6,6
Stubenofen	ehem. Hinterlader
Küche	
Lage	Flurende
Grundfläche (B × L)	21 qm (4,2 × 5,0 m)

Gebäudemerkmale für Bauberatung

In der seitlichen Grenzbebauung und dem schmalen, nach hinten langgestreckten Grundstückszuschnitt nimmt das Anwesen die Merkmale der Siedlungsorganisation eng bebauter Dörfer auf. Der 11,9 m breite und 19,2 m lange Rechteckbaukörper ist zweigeschossig und trägt ein Mansarddach. Er bildet mit dem östlichen Nachbarhaus eine einprägsame Baugruppe gegenüber der Dreifaltigkeitskirche in der Ortsmitte.

Das große Wohnstallhaus wird von der Längsseite her mit einem Querflur erschlossen. Aber auch hier überschreiten die Abmessungen von 4,7 × 6,0 m die übliche knappe Eingangszone von Bauernhäusern mit einläufiger Treppe. Deshalb steigt auch die 1,20 m breite Treppe in drei Läufen zum Hausplatz des Obergeschosses auf. Die Ecklage der Stube folgt dem Typus der Bauernhäuser, jedoch auch hier mit 5,7 × 6,0 m Seitenlänge in vergrößerten Dimensionen. Die anschließende Kammer und der von der Küche aus als Hinterlader beheizte Stubenofen entsprechen der regionalen Grundrißorganisation, ebenso der gewölbte Stall im Nordteil des Erdgeschosses. Der Materialwechsel zwischen dem in Sandsteinquadern gemauerten Erdgeschoß und der Fachwerkkonstruktion des Obergeschosses wird durch ein deutlich ausgeformtes Sandsteingesims unterhalb des Schwellenbalkens des Fachwerks betont. In der Schmalseite weisen Erd- und Obergeschoß je vier gleich große Fenster in deutlich senkrechten Proportionen auf. Auch die Gliederung der Sandsteinpilaster findet in den Ständern des Fachwerks eine Entsprechung. Die reiche Ausfachung der Felder mit Andreaskreuzen sollte nicht übersehen lassen, daß hier ein vereinfachtes Rasterfachwerk mit eng stehenden senkrechten Ständern und dazwischen eingefügten waagrechten Riegeln vorliegt. In diesem Rasterfachwerk sind schon die späteren rationellen Holzkonstruktionen bis hin zur heutigen industriellen Vorfertigung grundsätzlich angelegt.

Für die Schmalseite zur Hauptstraße soll noch auf die axialsymmetrische Lage der zwei Dachgauben des ersten und der mittigen Gaube der obersten Dachzone als wirksame Gestaltakzente hingewiesen werden. Die Längsseite zeigt im Erdgeschoß den Wechsel zwischen Wohn- und Stallteil, wobei auch hier durch den ähnlichen Achsabstand der drei mit Natursteingewänden betonten Türen ein Ordnungsprinzip erkennbar ist. Unabhängig davon wird im Obergeschoß mit sieben gleichen Fensterachsen ein hoher Grad an repräsentativer Regelmäßigkeit verwirklicht.

Hammerbühl

Nr. 5

Markt Egloffstein, Landkreis Forchheim

Eingeschossiges Kleinbauernhaus
Massivbau des späten 17. Jahrhunderts
1848: »Köbleranwesen«
1986: Abbruch

Zur Siedlung

Der Weiler Hammerbühl, der seinen Namen von den nahebei im Trubachtal gelegenen Hammermühlen herleitet, liegt in der Fränkischen Schweiz, südöstlich von Egloffstein. Die Gehöfte des kleinen Zeilendorfes reihen sich entlang der Straße am östlichen Talrand auf. Der Ort gehörte vom Mittelalter bis zu Beginn des 19. Jahrhunderts zur Grundherrschaft der Freiherren von Egloffstein. Fünf Höfe waren landwirtschaftliche Vollerwerbsbetriebe, wobei ihre Größe zwischen zehn und 24 Tagwerk lag. Die übrigen Häuser waren Sölden und Tropfhäuser.

Zur Hofgeschichte

Mit seinen fünf Tagwerk Grund war das »Gütlein«, wie es 1848 bezeichnet wird, eines der vier Kleinanwesen. Besitzer war zu dieser Zeit der »Köbler« Johann Backof, der es 1818 von seinen Eltern übernommen hatte. Da die Hofgröße nicht für die Ernährung einer Familie ausreichte, ging er zusätzlich einem Handwerk nach. Zum Hof gehörten neben dem Wohnhaus noch ein Stadel, ein Backofen sowie ein Wurzgärtlein.

Das kleine, eingeschossige Wohnstallhaus lag am Talanstieg und war traufseitig in den Hang gebaut. Auf das massive Erdgeschoß waren Fachwerkgiebel aufgesetzt, wobei im Westgiebel durch eine spätere Ausmauerung nur das obere Dreieck erhalten blieb. Das Mauerwerk bestand aus Kalkbruchsteinen, die

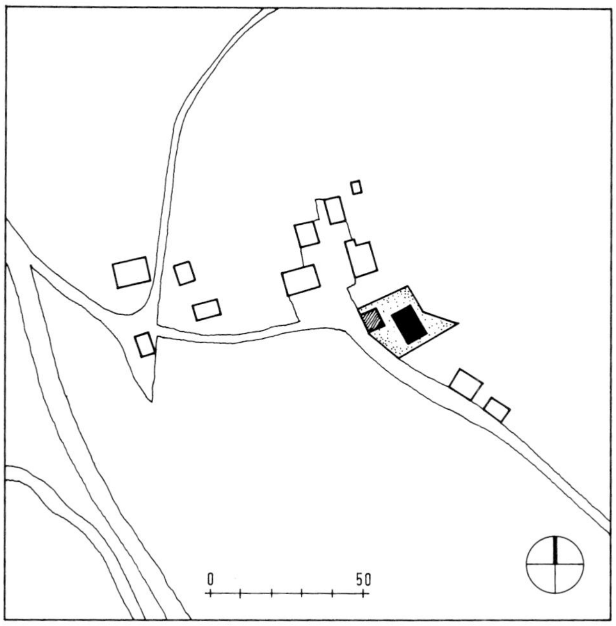

Lageplan 1849.

Südöstliche Giebelansicht.

Ecken zeigten eine Verstärkung aus verzahnten Kalkquadern. Bis auf die zwei Fachwerkwände, die den Flur seitlich begrenzten, waren im Erdgeschoß sämtliche Binnenwände gemauert.

Das Gebäude war von der südwestlichen Traufseite erschlossen. Trotz seiner reduzierten Größe zeigte es die typische Dreizonigkeit eines Wohnstallhauses. Die Stube befand sich an der Südostecke des Hauses. Zur Vergrößerung des Lichteinfalls waren innen die Fensterlaibungen abgeschrägt. Als relativ aufwendige Ausstattung besaß sie eine Bohlenbalkendecke. Der Boden war mit Dielen gebrettert, um den Ofenplatz war ein Ziegelboden gelegt. Der Kachelofen, ein Hinterlader des 19. Jahrhunderts, wurde von der Küche aus beheizt, die als schwarze, tonnengewölbte Küche nur vom Flur aus zugänglich war. Sie lag in voller Breite hinter der Stube.

Die nicht heizbare Kammer lag jenseits des Hausplatzes. Der kleine Stall schloß zum Hang hin an. Er hatte einen eigenen Zugang an der Giebelseite. Seine flache Holzdecke wurde im späten 19. Jahrhundert mit einem preußischen Gewölbe unterzogen. Das Obergeschoß war über eine einläufige Treppe erreichbar. Hier lag die erst später ausgebaute, schlichte Giebelkammer. Ihre mit Tuffstein ausgemauerten Gefache waren grob geputzt und einfach gekalkt. Als Raumabschluß besaß die Kammer nur eine schlichte Bretterdecke.

Im Südostgiebel war noch das gesamte Fachwerk, das verzapfte K-Streben aufwies, vorhanden. Die Mittelfelder des Giebeldreiecks waren durch Andreaskreuze hervorgehoben. Der Nordwestgiebel war im unteren Bereich durch eine spätere massive Ausmauerung fast vollständig erneuert worden.

Ort	
Hammerbühl, Nr. 5	
Gebäude	
Gebäudeart	Wohnstallhaus
Wandkonstruktion	Naturstein/Fachwerk
Geschoßzahl	1 + Dach
Geschoßhöhe	2,4 m
Grundfläche (B × L)	89 qm (7,8 × 11,4 m)
Umbauter Raum	
Vollgeschoß	210 cbm
Dachgeschoß	200 cbm
Dach	
Dachart	Satteldach
Dachneigung	49°
Dachdeckung	Biberschwanzziegel
Dachüberstand	
Erschließung	
Hauseingang Lage	Traufseite
Flur Lage	Querflur
Grundfläche (B × L)	8 qm (1,9 × 4,2 m)
Treppe Art	einläufig über Eck
Laufbreite	65 cm
Steigungsverhältnis	17,1/12,2 cm, 54°
Stube	
Lage	Südecke
Grundfläche (B × L)	21,5 qm (4,3 × 5,0 m)
Fensterzahl	3
Fensteröffnung (B × H)	70 × 90 cm
Belichtungsfaktor Fensteröffnung: Grundfläche	1:11,4
Stubenofen	ehem. Hinterlader von Küche
Küche	
Lage	hinter Stube
Grundfläche (B × L)	11,8 qm (2,1 × 5,6 m)

Das Haus war bis zu seinem Abbruch 1986 in seinem Raumgefüge außergewöhnlich unbeeinträchtigt erhalten. Vor allem die Ausstattung zeigte den charakteristischen Wohnstandard eines für die Gegend der Fränkischen Schweiz typischen Kobleranwesens.

Gebäudemerkmale für Bauberatung

Das mit der Firstrichtung parallel zum Hang stehende Kleinbauernhaus von 7,8 m Breite und 11,4 m Länge trägt ein 49° geneigtes Satteldach, das mit Biberschwanzziegeln gedeckt ist. Der Zugang erfolgt von Süden in einen Querflur (Hausplatz), der seitlich auch die im Antritt gewendelte Treppe aufnimmt. Die Stube (4,3 × 5,0 m) liegt in der Südecke des Hauses und wird von drei Fenstern mit nach innen abgeschrägten Laibungen belichtet. Der Stubenofen ist als Hinterlader ausgebildet und von der anschließenden Küche zu beheizen. Der vom Hausplatz aus zugängliche Stall hat eine weitere Tür im Nordwestgiebel. Das Dach ist mit einem stehenden Stuhl konstruiert, dessen Pfosten als Ständer auch in der Fachwerkfassade erscheinen.

Das eingeschossige Kleinbauernhaus zeigt mit dem Typ des traufseitigen erschlossenen Querflurs, der nahezu quadratischen Stube und der anschließend gewölbten Küche die gleiche räumliche Organisation wie große Bauernhäuser. Damit bilden die Bauten der verschiedenen Sozialschichten, vom Köbler bis zum Großbauern, gleiche Grundsätze im Hausbau aus, die sich in der Größenordnung, nicht aber in den baulichen Merkmalen unterscheiden.

Das Kleinhaus bietet bei 89 qm Geschoßfläche unter Umrechnung von 0,75 eine Wohnfläche von 66 qm, ohne Anrechung des Dachgeschosses.

Südwestliche Traufansicht.

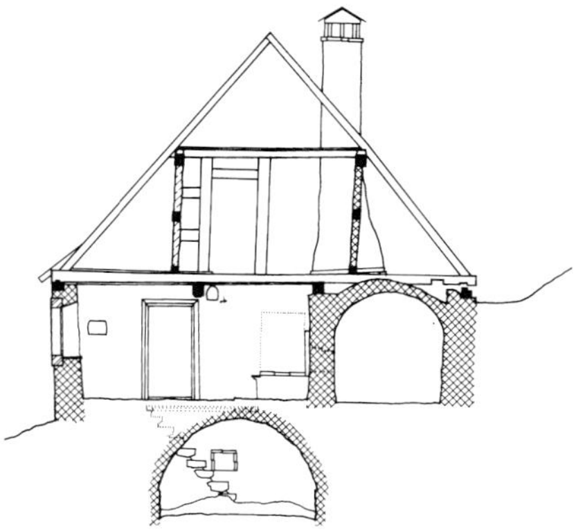

Querschnitt.

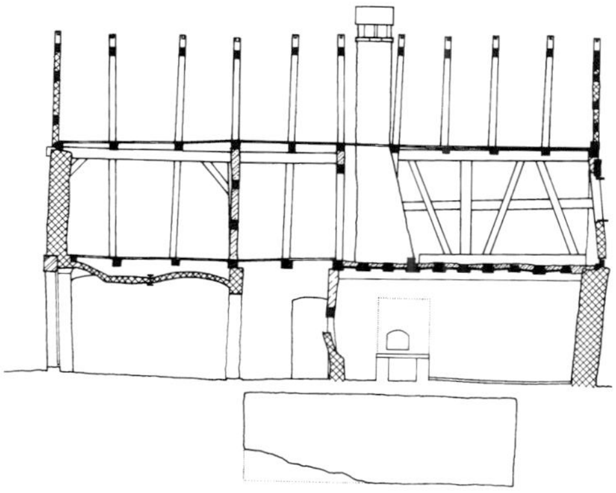

Längsschnitt.

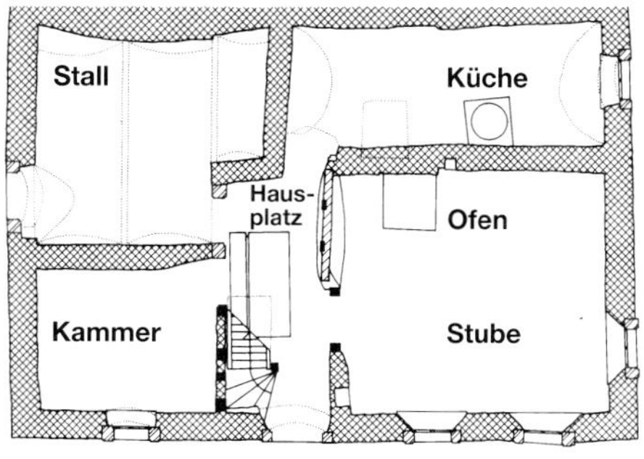

Erdgeschoß.

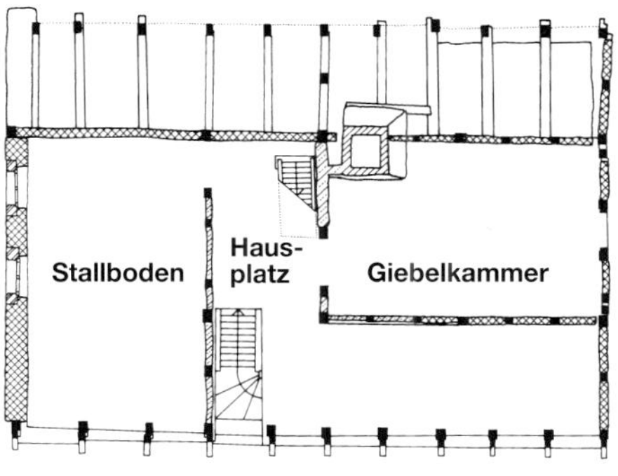

Dachgeschoß.

Hausen

Dr.-Kupfer-Straße 4

Gemeinde Hausen, Landkreis Forchheim

Eingeschossiges Wohnstallhaus
Fachwerkbau von 1836
1835: »Wohnhaus mit Viehstall«

Zur Siedlung

Den schon zu karolingischer Zeit bestehenden Ort übergab Kaiser Heinrich II. 1007 dem neugegründeten Hochstift Bamberg. Im Spätmittelalter teilten sich das Hochstift, die Nürnberger Burggrafen, Nürnberger Patrizierfamilien sowie das Nürnberger »Reiche Almosen« die Grundherrschaft. 1524 einigten sich Bamberg und die zollerischen Burggrafen zu einer gemeinsamen Dorfherrschaft. Zu Beginn des 19. Jahrhunderts umfaßte das geschlossene Dorf 85 Anwesen mit 450 Einwohnern. Zur Landwirtschaft gehörten in Hausen auch Sonderkulturen wie »Kren«, Hopfen und Spargel. Die Wiesen im Regnitztal wurden durch Schöpfräder bewässert.

Zur Hofgeschichte

Der im Ortskern liegende Hof war bis zum 19. Jahrhundert der Nürnberger Patrizierfamilie Tucher lehenbar, die hier elf Güter und zwei Gütlein besaß. Im Jahr 1833 hatte Andreas Wagner das Anwesen von seinem Vater übernommen. Mit seinen 14 Tagwerk gehörte es zu den kleineren Gehöften in Hausen. Durch Heirat war er 1827 auch Mitbesitzer des benachbarten, erheblich größeren »Greif'schen Hofes« geworden. Wenige Jahre später ließ er, wie am südöstlichen Eckständer durch die Initialien IHS AW JOM 1836 hervorgehoben, das väterliche Anwesen durch den Zimmermeister Johann Ochs aus Mittelehrenbach errichten.

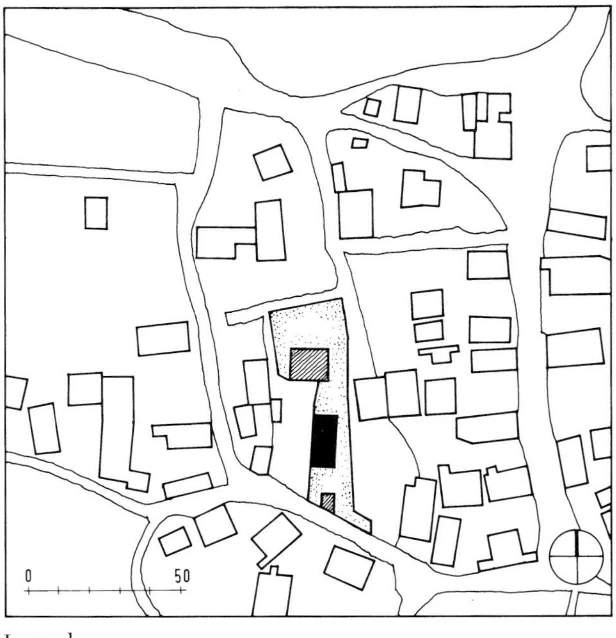

Lageplan.

Südlicher Fachwerkgiebel mit Eingangsseite.

Vom selben Baumeister stammt auch ein heute noch erhaltenes Haus in Kersbach. Beide Wohnstallhäuser zeichnen sich durch ihre reiche Gefachauszimmerung aus, die bisher wenig übliche Muster verwendet. Im Vergleich zu dem gleichzeitig um Forchheim einsetzenden Steinbau dokumentieren die Häuser des Zimmermeisters Ochs eine späte Blüte des Fachwerkbaues in dieser Gegend. Während der straßenseitige Giebel und der Wohnbereich an der östlichen Zugangsseite noch aus Fachwerk errichtet wurden, sind Stall, rückwärtiger Giebel und rückwärtige Traufe bereits aus sauber behauenen Sandsteinquadern gesetzt.

Das Fachwerkgerüst wurde auf einen Sockel aus quarzistisch gebundenem, wassersperrendem Sandstein gestellt, so daß auf eine durchgehende Schwelle verzichtet werden konnte. Die untere Aussteifung übernimmt eine tiefgelegte Riegellage. Während im Erdgeschoß die Gefache nur mit kurzen, schrägen Riegeln verziert sind, entsteht im Giebeldreieck durch die enge Stellung von Ständern, Gewändepfosten und Stielen sowie der Auszimmerung mit mehreren übereinander gesetzten schrägen Riegeln ein dichtes, fischgrätartiges Gefüge, das auch als »Ährenmuster« bezeichnet wird.

Wie durch Befunduntersuchung nachgewiesen, besaß das Haus, ähnlich wie das Marxengut in Honings, außen als erste Farbgebung eine durchgehende Weißfassung, die auch das Fachwerkgerüst überdeckte. Der Grundriß des traufseitig aufgeschlossenen Hauses entsprach mit Stube, kleiner Nebenkammer sowie Küche und Küchenkammer am Ende des Flures dem üblichen Schema. Das Dach besaß von Anbeginn eine ausgebaute, heizbare Giebelkammer. Bei einer Instandsetzung in der Nachkriegszeit legte man Kammer und Küche im Erdgeschoß zu einer großen Wohnküche zusammen. Dabei erhielten auch Stube und ehemalige Nebenkammer zur Wärmedämmung an der Innenseite eine Vormauerung. Die einst steilere, einläufige Treppe wurde durch einen neuen, viertelgewendelten Treppenlauf ersetzt.

Der Stall, der die ganze nördliche Haushälfte einnahm, besaß ursprünglich eine flache Decke, die Ende des 19. Jahrhunderts mit einem preußischen Kappengewölbe unterzogen wurde. Von ihm wurde in jüngerer Zeit durch eine Zwischenwand ein kleiner, vom Hausplatz zugänglicher Nebenraum abgetrennt. Er war damit nur noch von außen erschlossen. Auf eine jüngere Veränderung geht auch die Drehung des Futterganges in Firstrichtung mit einer Erschließung von der nördlichen Giebelseite einher.

Östliche Traufansicht.

Ansicht von Süden.

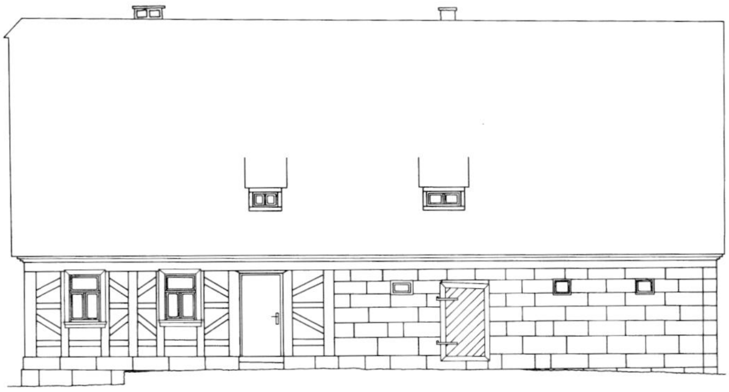

Ansicht von Osten.

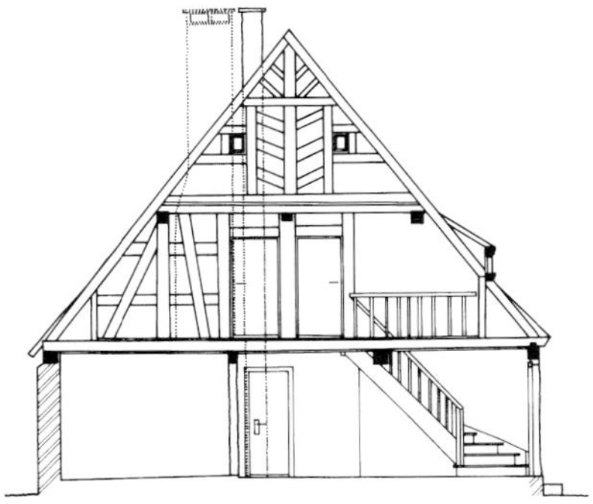

Querschnitt.

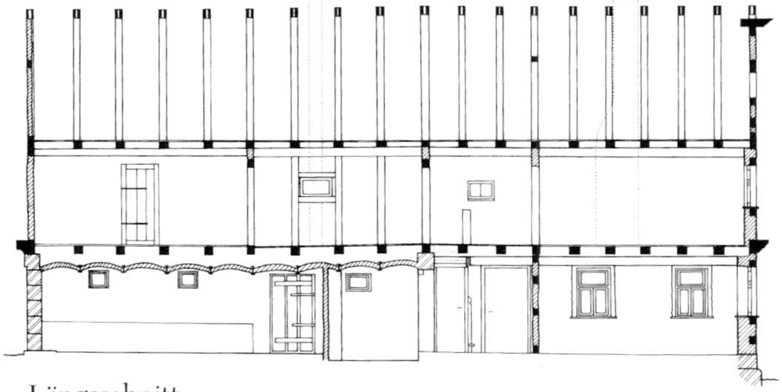

Längsschnitt.

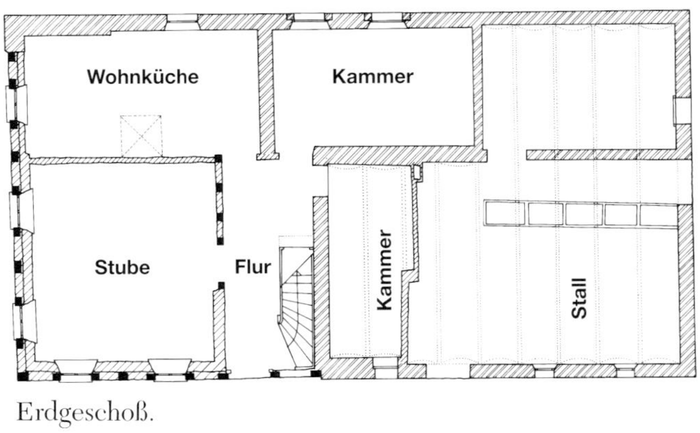

Erdgeschoß.

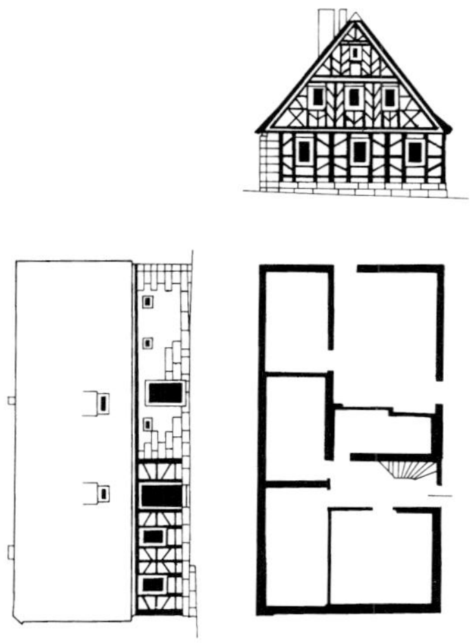

Ort	
Hausen, Dr.-Kupfer-Straße 4	
Gebäude	
Gebäudeart	Wohnstallhaus
Wandkonstruktion	Fachwerk/Naturstein
Geschoßzahl	1 + Dach
Geschoßhöhe	2,5 m
Grundfläche (B × L)	148,6 qm (8,9 × 16,7 m)
Umbauter Raum	
Vollgeschoß	370 cbm
Dachgeschoß	390 cbm
Dach	
Dachart	Satteldach
Dachneigung	52°
Dachdeckung	Biberschwanzziegel
Dachüberstand	30 cm (Giebelseite)
Erschließung	
Hauseingang Lage	Traufseite
Flur Lage	Querflur
Grundfläche (B × L)	11,2 qm (2,2 × 5,1 m)
Treppe Art	einläufig über Eck
Laufbreite	75 cm
Steigungsverhältnis	
Stube	
Lage	Südostecke
Grundfläche (B × L)	21,6 qm (4,8 × 4,5 m)
Fensterzahl	4
Fensteröffnung (B × H)	90 × 110 cm
Belichtungsfaktor Fensteröffnung: Grundfläche	1 : 6,1
Stubenofen	Stubenofen
Küche	
Lage	Flurende
Grundfläche (B × L)	17,4 qm (3,05 × 5,7 m)

Gebäudemerkmale für Bauberatung

In der schmalen Hofstelle ist das Wohnstallhaus an der westlichen Grundstücksgrenze errichtet, um für die traufseitigen Eingänge zu Wohnung und Stall ein Vorfeld zu schaffen. Der Rechteckbaukörper von 8,9 m Breite und 16,7 m Länge trägt ein 52° steiles, ziegelgedecktes Satteldach. Die Grundrißorganisation ist durch den Querflur mit der einläufigen Treppe zum Dachgeschoß ebenso gekennzeichnet wie durch eine Längswand, die das gesamte Gebäude in eine breite und schmälere Zone teilt. Dieses Ordnungsprinzip einer Längswand durchzieht, unabhängig vom konstruktiven Wechsel zwischen Fachwerk und Sandsteinmauerwerk des Stalles, das Haus von Süden nach Norden. In der breiten Zone sind Querflur und Stube sowie der große Stallteil, in der schmalen Zone Kammern, Nebenstube, die anschließende Küche und ein kleiner Stall untergebracht.

Die Stube mit 4,5 auf 4,8 m wird von je zwei regelmäßig in die Süd- und Ostwand eingesetzte Fenster belichtet. Die spätere im Inneren zur Verbesserung der Wärmedämmung vorgesetzte Ziegelmauer nimmt die Fensteröffnungen des Fachwerks auf und versieht sie mit abgeschrägten Mauerlaibungen, um den Lichteinfallswinkel zu verbessern. Das gleiche gilt für die aus der alten Küche und der Giebelkammer neu geschaffene größere Wohnküche. Auf der südlichen Giebelseite weist das Erdgeschoß drei Fenster auf, die in gleichen Abmessungen und Abständen eine regelmäßig gestaltete Gruppe ergeben. Sie sind jedoch insgesamt aus der Symmetrieachse des Dachdreieckes nach Osten seitlich verschoben. Der Grund dafür ist in dem Stubengrundriß zu suchen, der durch diese Maßnahme eine gleichmäßige Fensterabfolge erhält. Der Belichtung der Stube, als wichtiger Raum des Bauernhauses, wird in alten Bauten durch Zusammenziehung von Fensterachsen der Vorrang gegenüber einer gleichmäßigen Fassadengestaltung zuerkannt. Dieser Konflikt zwischen asymmetrischer Innenraumaufteilung und dem Wunsch nach einer regelmäßigen Fensteranordnung wird hier so gelöst, daß das in sich regelmäßige Fachwerk des Erdgeschosses zur Stubenseite hin seitlich versetzt wird. Der westliche Natursteinpfeiler des Hauses bildet den Ausgleich und leitet zum Sandsteinquadermauerwerk der Nordseite und des Stallteils über. Das Giebeldreieck selbst ist mit drei Fensterachsen im ersten Dachgeschoß und einer Luke im oberen Dreieck wieder auf die Symmetrieachse des Satteldaches bezogen.

Aus 148 qm Grundfläche errechnet sich eine Wohnfläche von ca. 110 qm, ohne Anrechnung des Dachgeschosses.

Honings

Nr. 4

Gemeinde Hetzles, Landkreis Forchheim

Eingeschossiges Wohnstallhaus
Fachwerkbau des frühen 18. Jahrhunderts
1781: Umfassende Erneuerung
1847: »Marxenhof«

Zur Siedlung

Der westlich von Hetzles gelegene, 1109 erstmals genannte Ort zählt aufgrund seines Ortsnamens zu den bereits vor der Jahrtausendwende bestehenden Siedlungen. Im Spätmittelalter kam er an das 1314 gegründete Chorherrenstift Neunkirchen am Brand. Nach dessen Aufhebung durch den Bamberger Fürstbischof im Jahr 1555 wurde es vom bambergischen Amt Neunkirchen verwaltet, das bis 1803 auch die Dorf- und Gemeindeherrschaft innehatte. Wohl durch die konservative Hofstellenpolitik der geistlichen Grundherren gab es im Ort wenige, relativ wohlhabende Bauernanwesen. 1801 bestanden in dem unregelmäßigen Straßendorf zehn Vollbauern und ein Tropfhaus.

Zur Hofgeschichte

1847 besaß der größte Bauer am Ort mit 93 Tagwerk noch einen zweiten Hof mit 61 Tagwerk. Ähnlich lagen auch die Besitzverhältnisse beim 67 Tagwerk großen Marxenhof, der zusammen mit dem Fünfachtel-Bayersgut dem Bauern Johann Gäck gehörte. Nach seinem Tod erhielt sein Sohn 1845 das 80 Tagwerk große Bayersgut, die noch ledige Tochter den 67 Tagwerk großen Marxenhof.
Das Anwesen bildet eine Dreiseitanlage. Das breitgelagerte Wohnstallhaus steht als eingeschossiger Fachwerkbau giebelständig zur Dorfstraße.

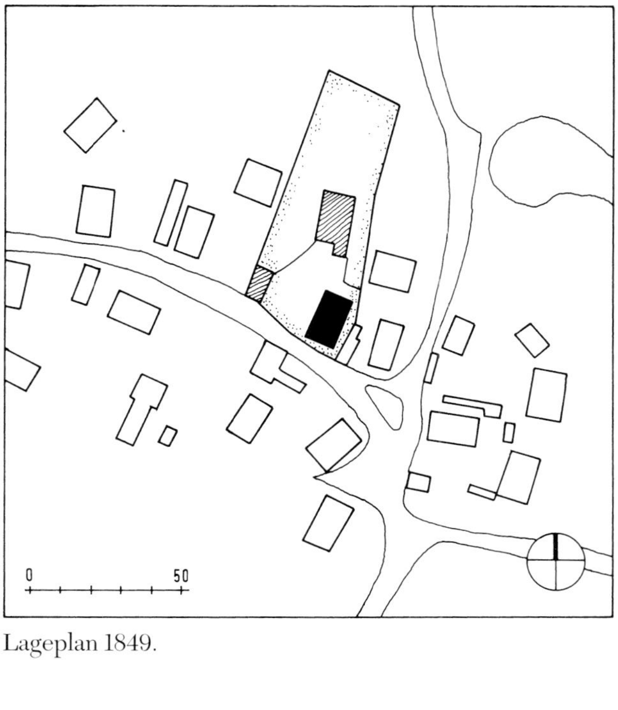

Lageplan 1849.

Giebelansicht von Südwesten.

Bis zu seiner Sanierung 1992 war das Gebäude verputzt, wobei Befunde an der Fassade ergaben, daß es zur Erbauungszeit fachwerksichtig war.
Das Gebäude besteht im Kern aus einem älteren Bau des frühen 18. Jahrhunderts. Es wurde, wie dendrochronologische Untersuchungen ergaben, 1781 in Teilbereichen erneuert. Darauf weisen auch die zahlreichen Nagel- und Zapflöcher an Giebel und hofseitiger Traufe hin.
Der alte, in seinem wesentlichen Konstruktionsgefüge noch erhaltene Fachwerkverband bestand sowohl an den Traufseiten als auch am Giebel aus einer regelmäßigen Ständerstellung. Der Stubenbereich war ursprünglich durch eine Gefachauszimmerung mit schrägen Riegeln in den Wandzonen und Andreaskreuzen unter den Fensterachsen hervorgehoben. Die zweifach verriegelten Wandzonen des hohen Giebeldreiecks besaßen K-Streben, die Traufseiten lediglich wandhohe Streben mit dreifacher Verriegelung.
Bei der Instandsetzungsmaßnahme 1781, die mit dem Einbau von Zimmern im unteren Dachgeschoß einherging, wurde das Fachwerk des Erdgeschosses und ersten Giebelgeschosses unter Beibehaltung der Ständer teilweise erneuert. Die bestehende Gefachauszimmerung wurde entfernt und ebenso wie die K-Streben im ersten Giebelgeschoß durch einfachere, wandhohe Streben ersetzt. Der obere Giebelbereich blieb unverändert.
Der Außenbau bekam bei dieser Erneuerung eine über die Fachwerkkonstruktion hinweggeführte, durchgehende Weißfassung. Lediglich das Giebeldreieck war mit einem horizontalen roten Wellenband und zwei ornamental bemalten Giebelfeldern geschmückt. Zusammen mit dem 1836 errichteten Bauernhaus in Hausen repräsentiert Honings eines der einst wohl häufiger vertretenen Beispiele von Fachwerkbauten des späten 18. und frühen 19. Jahrhunderts, die mit dieser im Klassizismus beliebten Farbe monochrom gestrichen waren.
Bei der Erneuerung wurde 1781 im Erdgeschoß die Grundrißsituation nicht verändert. Drei in Firstrich-

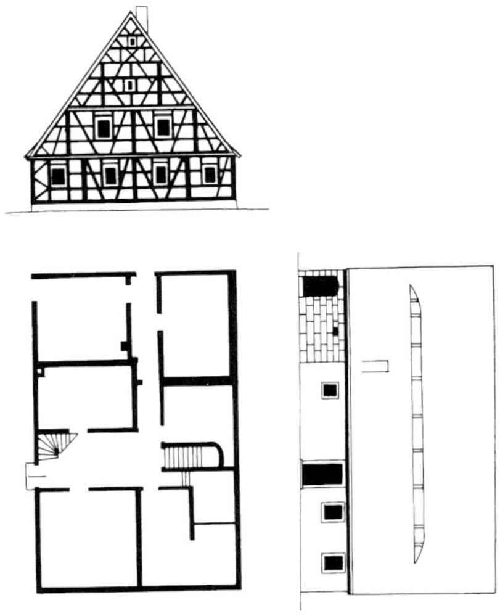

Ort	
Honings, Nr. 4	
Gebäude	
Gebäudeart	Wohnstallhaus
Wandkonstruktion	Fachwerk/Naturstein/ Ziegel
Geschoßzahl	1 + Dach
Geschoßhöhe	2,7 m
Grundfläche (B × L)	188 qm (11,0 × 17,1 m)
Umbauter Raum	
Vollgeschoß	510 cbm
Dachgeschoß	700 cbm
Dach	
Dachart	Satteldach
Dachneigung	54°
Dachdeckung	Biberschwanzziegel
Dachüberstand	15 cm (Giebelseite)
Erschließung	
Hauseingang Lage	Traufseite
Flur Lage	Querflur
Grundfläche (B × L)	18,5 qm (2,8 × 6,6 m)
Treppe Art	einläufig über Eck
Laufbreite	90 cm
Steigungsverhältnis	18/19,2 cm, 43°
Stube	
Lage	Südwestecke
Grundfläche (B × L)	26,5 qm (5,1 × 5,2 m)
Fensterzahl	4
Fensteröffnung (B × H)	85 × 105 cm
Belichtungsfaktor Fensteröffnung: Grundfläche	1 : 7,4
Stubenofen	Hinterlader von Küche
Küche	
Lage	hinter Stube
Grundfläche (B × L)	21,2 qm (2,6 × 5,1 m + 2,4 × 3,3 m)

tung verlaufende Längsunterzüge bestimmen die Binnenteilung des vierzonigen, queraufgeschlossenen Hauses. Im Wohnbereich greift es in der Anordnung von Stube, quer dahinterliegender Küche und anschließender Kammer die Grundrißlösung von Bauernhäusern des Nürnberger Umlandes auf. Beiderseits des Längsganges zum Stall lagen Speisekammer, zur Hofseite zwei Nebenkammern und an der rückwärtigen Traufe der kleine Stall.

Das 1781 im Wohnbereich ausgebaute Dachgeschoß erhielt eine Stube mit Nebenkammer und kleiner Küche. Die obere Stube ist, für ein Bauernhaus ungewöhnlich früh, mit einer sehr qualitätsvollen, frühklassizistischen Stuckdecke ausgestattet, die auf Wohlhabenheit der früheren Besitzer hinweist.

Der Stallbereich erhielt um 1860 neue Umfassungen aus Sandsteinquadern und wurde auch mit preußischen Kappen eingewölbt. Ab 1991 wurde das Anwesen einer Sanierung unterzogen.

Gebäudemerkmale für Bauberatung

Der Rechteckbaukörper mit Seitenlängen von 11,0 × 17,1 m trägt ein 54° steiles Satteldach. Bemerkenswert ist hier die langgezogene niedere Schleppgaube des zweiten Dachbodens, deren Enden wie Fledermausgauben in flachem Bogen aus der Dachfläche herausgezogen sind. Da sie nur der Belüftung diente, konnte sie so flach gehalten werden. Heute ist über der westlichen Traufe eine weitere langgezogene Gaube angeordnet, die jedoch eine größere Höhe zur Belichtung ihrer Fenster erfordert und nicht mehr so überzeugend in das Ziegeldach eingefügt wurde.

Haustür und Stallzugang liegen auf der dem Hof zugewandten westlichen Traufseite. Der Querflur mit der seitlichen Treppe zum Dachgeschoß erschließt Stube und Kammer. Der Stube ist der bevorzugte Platz der Südwestecke mit Blick auf Straße und Hofeinfahrt zugewiesen. Der quadratische Raum (5,1 × 5,2 m) wird von vier gleichen, in regelmäßigen Abständen eingesetzten Fenstern belichtet. Welche Bedeutung der Stube zugemessen wird, kann auch hier – wie in dem vorausgehenden Beispiel in Hausen – aus der regelmäßigen inneren Wandaufteilung ersehen werden, wobei die Fenster von den Stubenecken jeweils durch ein Fachwerkfeld und untereinander von zwei Fachwerkfeldern abgesetzt sind.

Bei der Hausbreite von vier Fensterachsen führt die Regelmäßigkeit der Fensterteilung zu keinem Konflikt in der Giebelfassade, da die durchgehende Längswand in der Mitte des Hauses verläuft. An die Stube schließt die Küche an, von der aus der Stubenofen als Hinterlader beheizt wird.

Die Axialsymmetrie wird im Erdgeschoß und in den darüberliegenden Dachgeschossen aufgenommen, jedoch in einer von Geschoß zu Geschoß wechselnden Stellung der Ständer.

Ansicht von Süden.

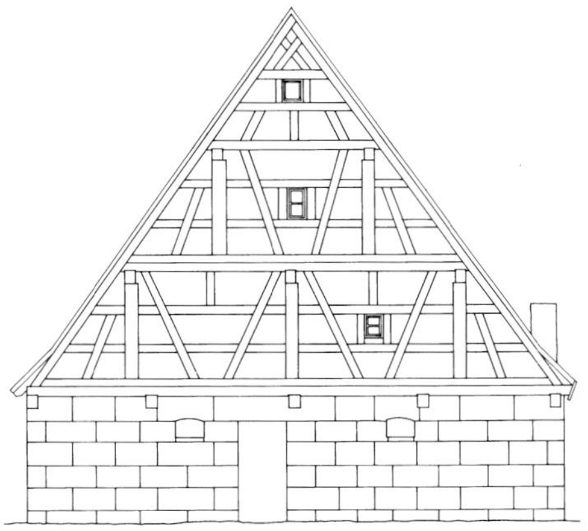

Ansicht von Norden.

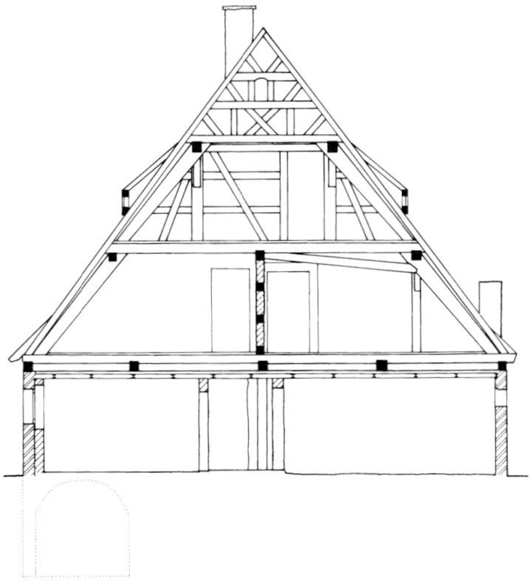

Querschnitt.

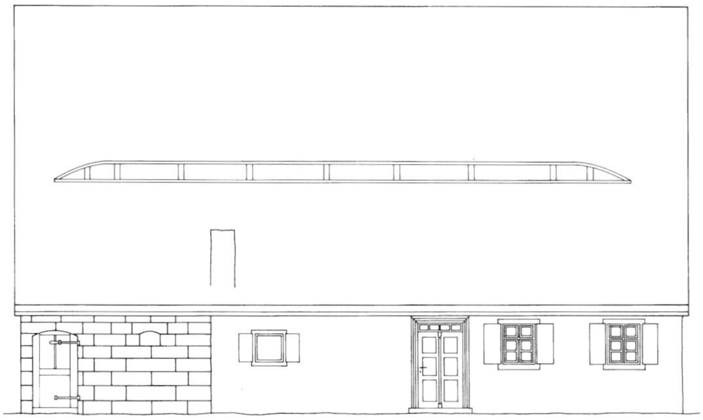

Ansicht von Westen.

Ansicht von Osten.

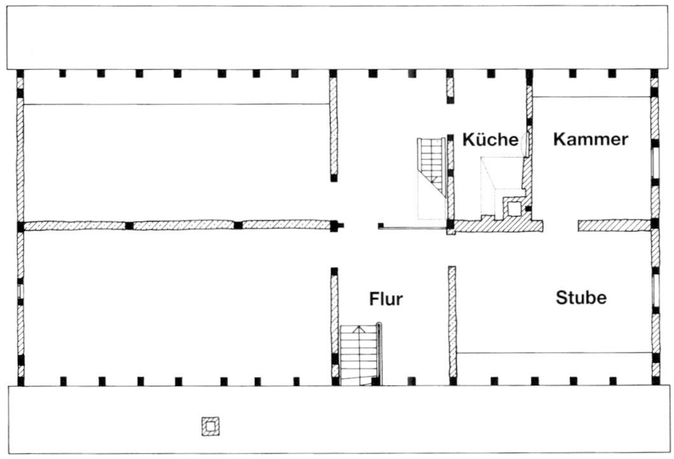

Obergeschoß.

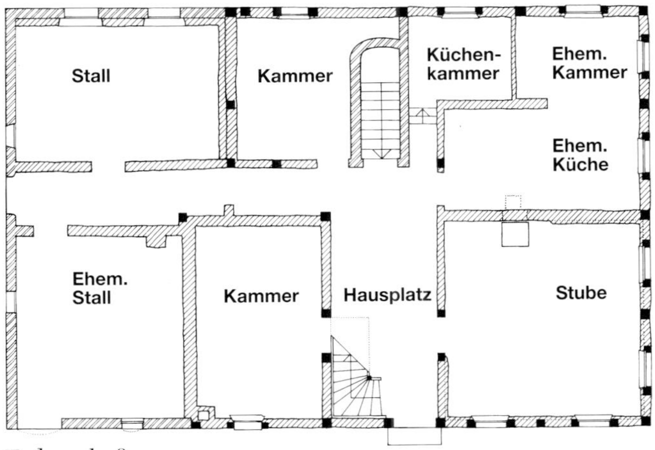

Erdgeschoß.

Poxdorf

Steinweg 6

Gemeinde Poxdorf, Landkreis Forchheim

Eingeschossiges Wohnstallhaus, Scheune und Stall
Fachwerkbau von 1581
1809: »Viertelshub«

Zur Siedlung

Der südlich von Forchheim liegende Ort zählt zu den vor der Jahrtausendwende bestehenden Siedlungen im Regnitztal. Im Spätmittelalter kam er an das Augustinerchorherrenstift Neunkirchen am Brand, nach dessen Aufhebung 1555 die Güter dem bambergischen Kastenamt Neunkirchen angegliedert wurden. Bis 1803 war es der Grundherr über 38 von 44 Gütern. Die Dorf- und Gemeindeherrschaft übte das Vogteiamt Neunkirchen aus.
Bereits im späten Mittelalter hatte die Teilung der alten Huben in Poxdorf zu einer Verdichtung der Bebauung geführt. Das heute geschlossene Dorf weist auch jüngere Siedlungserweiterungen an den Ortsrändern entlang der Straßen auf.

Zur Hofgeschichte

Der mit dem Hausnamen »Schusterhans« bezeichnete Hof zählt zu den alten Anwesen in Poxdorf. 1809 gehörte »das Haus von Holz« mit Schupfen, Scheuer und Hofreit dem Bauern Johann Langstengel, der es 1804 von seinem Vater übernommen hatte. Noch in der zweiten Hälfte des 19. Jahrhunderts war es im Besitz dieser Familie. Mit seinen knapp 45 Tagwerk gehörte es zu den zahlreichen großbäuerlichen Anwesen im Ort.
Das Poxdorfer Wohnstallhaus verkörpert einen von der frühen Neuzeit bis zum 17. Jahrhundert im südwestlichen Oberfranken häufiger verbreiteten Haustyp. Charakteristisch ist sein äußeres Erscheinungsbild. Der breitgelagerte Bau ist eingeschossig und besitzt ein an beiden Giebelseiten tief herabgezogenes Schopf-Walmdach, das mit zwei kleinen Firstöffnungen versehen ist. Aufgrund dendrochronologischer Untersuchungen läßt sich der Bau auf das Jahr 1581 datieren, wobei möglicherweise in der nördlichen Haushälfte noch ein älterer Kernbau steckt.
Das auf einem niedrigen Sandsteinsockel errichtete, schwellenlose Fachwerkgerüst besteht aus relativ regelmäßigen und weit gestellten Ständern. Wie an einigen erhaltenen Wandzonen der Trauf- und Giebelseiten ersichtlich, war es ursprünglich mit langen, gezapften Kopfstreben und zwei Riegellagen ausgesteift. Der südliche Giebel und die östliche Traufseite wurden im Wohnbereich im frühen 18. Jahrhundert mit größeren Fenstern versehen, wobei zum Teil neue Fensterpfosten, eine dreifache Verriegelung und eine dekorative Gefachauszimmerung mit schrägen Riegeln eingesetzt wurden. Ebenso wurden das südliche und das nördliche Giebeltrapez im 17. und im 18. Jahrhundert mit K-Verbänden und wand-

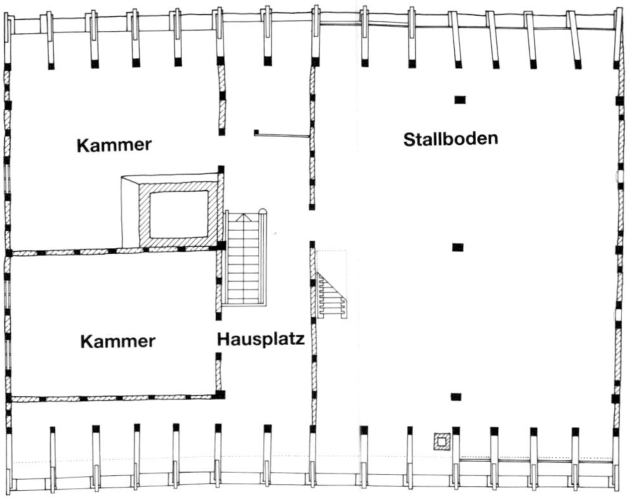

Dachgeschoß.

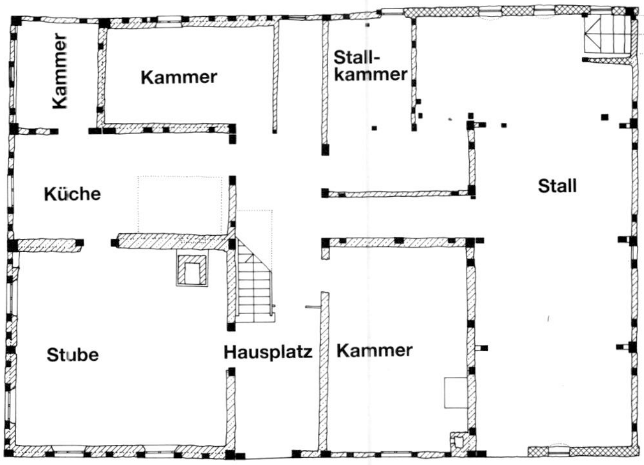

Erdgeschoß.

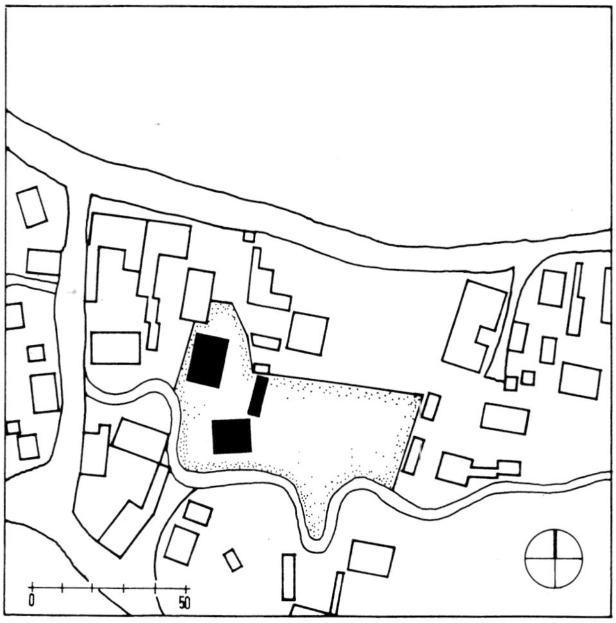

Lageplan.

Ansicht von Süden.

Ansicht von Osten.

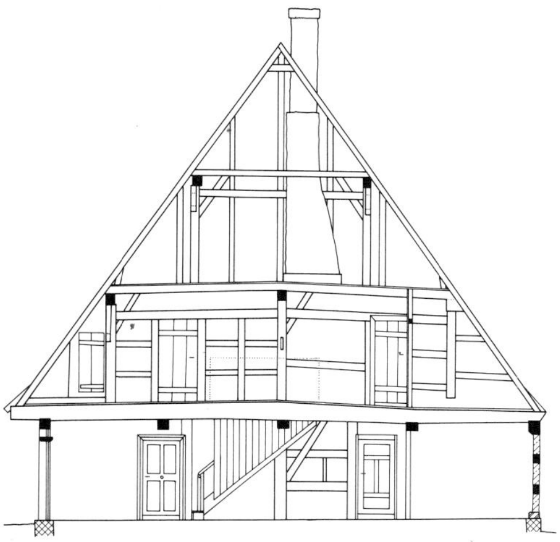

Querschnitt.

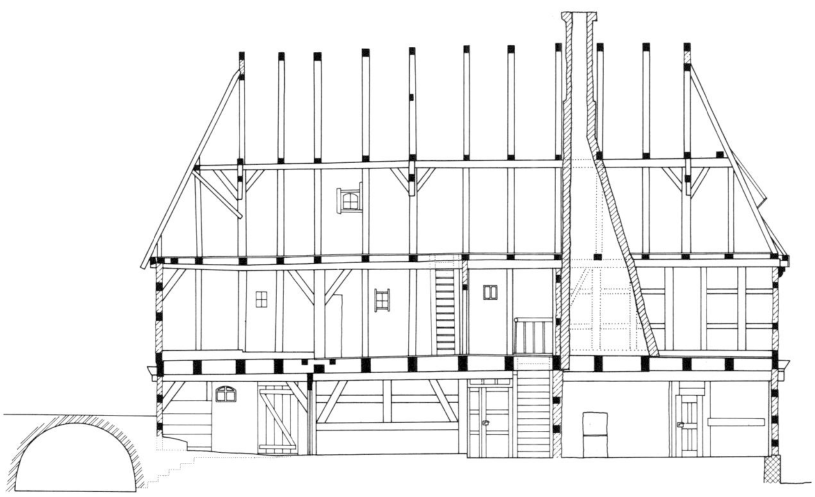

Längsschnitt.

hohen Streben erneuert. Der nördliche Stallbereich wurde im 19. Jahrhundert teilweise massiv ausgemauert.
Das hohe Kehlbalkendach wird von zwei übereinander gestellten Reihen von dreifach und zweifach stehenden Stühlen mit waagrechten Spannriegeln durchzogen. Auf der Traufseite zum Eingang ist über dem Tritt ein schmaler Dachüberstand als Wetterschutz ausgebildet.
Das heutige queraufgeschlossene Haus ist dreizonig angelegt. Der ältere Kernbau umfaßt den nördlichen Hausbereich und läßt durch Ständer mit allseits ansetzenden Kopfbändern eine frühere Vierschiffigkeit und Dreizonigkeit erkennen. Die alte Binnenteilung ist nur noch schwer zu ermitteln. Durch den späteren Einbau von Kammern und Nebenräumen wurde er zum Stallbereich des jetzigen Gebäudes.
Dieser Hausgrundriß wurde offenbar 1581 im südlichen Bereich durch einen in der Achse leicht abgeschwenkten, neueren Wohnteil erweitert. Wie im Nürnberger Umland häufiger anzutreffen, besitzt er neben dem durchgehenden Hausplatz, in gleicher Breite hintereinander gestaffelt, die große Wohnstube, Küche und zwei rückwärtige Nebenkammern. Die Stube besaß, wie ein genuteter Ständer im Inneren zeigt, Bohlenwände, die vermutlich auch im Außenbau vorhanden waren. In der Küche ist noch die mächtige Kaminhaube mit dem großen steigbaren Kamin erhalten.
Dieser Hausgrundriß hat sich im wesentlichen noch heute erhalten. Die Wohnräume erhielten zum Teil im Innern eine Vormauerung, die große rückwärtige Kammer wurde in jüngerer Zeit in den schmalen Hausplatz hinein erweitert. Das Obergeschoß ist über dem Wohnbereich mit zwei großen, ausgebauten Kammern versehen, über dem Stall liegt der große, unausgebaute Stallboden.
Das Wohnstallhaus in Poxdorf stellt in seiner Ursprünglichkeit und der noch in weiten Bereichen erhaltenen Innenausstattung eines der seltenen, herausragenden Beispiele eines frühneuzeitlichen Wohnstallhauses dar.

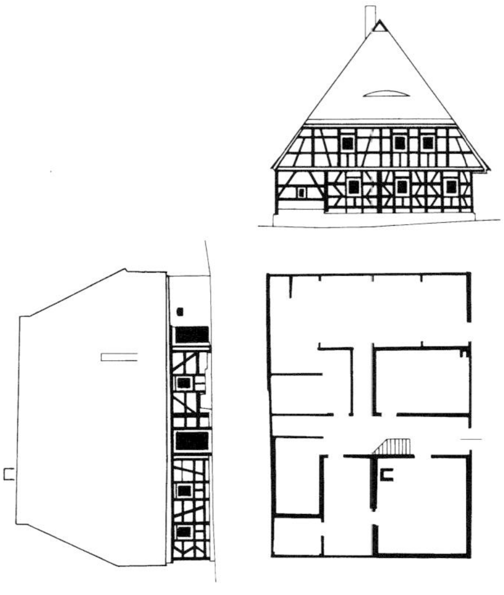

Ort	
Poxdorf, Steinweg 6	
Gebäude	
Gebäudeart	Wohnstallhaus
Wandkonstruktion	Fachwerk/Naturstein, verputzt
Geschoßzahl	1 + Dach
Geschoßfläche	2,7 m
Grundfläche (B × L)	195,9 qm (11,6 × 16,5 m)
Umbauter Raum	
Vollgeschoß	520 cbm
Dachgeschoß	760 cbm
Dach	
Dachart	Halbwalmdach
Dachneigung	54°
Dachdeckung	Biberschwanzziegel
Dachüberstand	30 cm (Giebelseite)
Erschließung	
Hauseingang Lage	Traufseite
Flur Lage	Querflur
Grundfläche (B × L)	18,3 qm (2,2 × 8,3 m)
Treppe Art	einläufig
Laufbreite	80 cm
Steigungsverhältnis	18,3/20,7 cm, 41°
Stube	
Lage	Südostecke
Grundfläche (B × L)	28,1 qm (5,1 × 5,5 m)
Fensterzahl	4
Fensteröffnung (B × H)	75 × 85 cm
Belichtungsfaktor Fensteröffnung: Grundfläche	1:11,0
Stubenofen	Hinterlader von Küche
Küche	
Lage	hinter Stube
Grundfläche (B × L)	14,6 qm (2,6 × 5,6 m)

Gebäudemerkmale für Bauberatung Wohnstallhaus

In dem großen Bauernanwesen bilden die freistehenden Gebäude von Wohnstallhaus, Schweine- und Stallschupfen einen unregelmäßig offenen Hofraum, wie er in dem benachbarten Mittelfranken um Fürth und Ansbach häufiger zu finden ist. Das Wohnstallhaus ist neben der westlichen Grundstücksgrenze erbaut und richtet den Giebel nach Süden. Es wird von der Traufseite im Osten betreten. Den Rechteckbaukörper von 11,6 m Breite und 16,5 m Länge schließt ein Halbwalmdach ab, das an der Traufseite 54°, am Halbwalm 65° geneigt ist.

Über dem geräumigen, in die Tiefe des Hauses führenden Querflur sind auf der Südseite Stube hinter Küche und Kammer und auf der Nordseite Stall und weitere Kammern erschlossen. Seitlich steigt die einläufige Treppe zum ausgebauten Dachgeschoß hinauf. Der Grundriß wird durch eine Längswand in zwei gleiche Seitenhälften geteilt, von der die östliche die nahezu quadratische Stube aufnimmt und die westliche Küche und Küchenkammer. Die vier Fensterachsen des Fachwerks der Giebelseite sind seit dem Umbau des 18. Jahrhunderts unterschiedlich ausgebildet. Die westliche Achse zeigt noch den alten Bauzustand mit kleinem Kammerfenster, wogegen die drei übrigen Fenster vergrößert in eine neue Fachwerkkonstruktion eingefügt wurden. Somit entsteht eine asymmetrische Betonung, die noch durch die Auskragung des Dachdreiecks über der östlichen Geschoßwand als Wetterschutz der Eingangsseite verstärkt wird. Die unterschiedliche Fensterteilung setzt sich auch im Obergeschoß fort, in dem zwei Fenster der Osthälfte einem Fenster der Westhälfte gegenüberstehen. Die Traufseite im Osten weist bei den Stubenfenstern ebenfalls die Merkmale des späteren Umbaus auf.

Das dendrochronologisch auf 1581 datierte Haus ist mehrmals umgebaut worden. Erhalten blieb die Fachwerkkonstruktion und das große, steil geneigte Dach, die beide die unterschiedlichen Baustufen zu einem beachtenswerten Denkmal zusammenfassen.

Ansicht von Südosten.

Westliche Traufansicht.

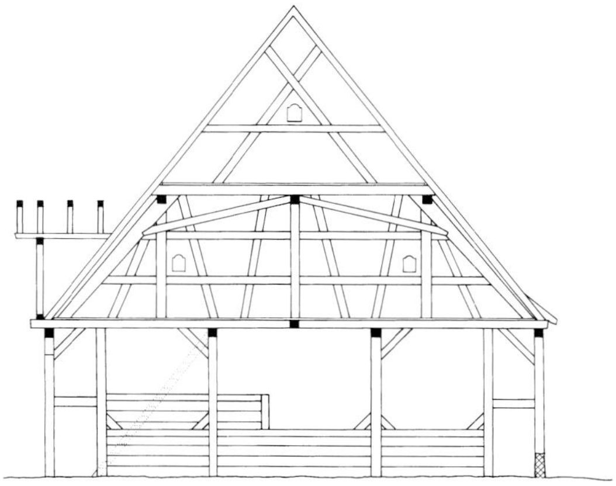

Scheune im Querschnitt.

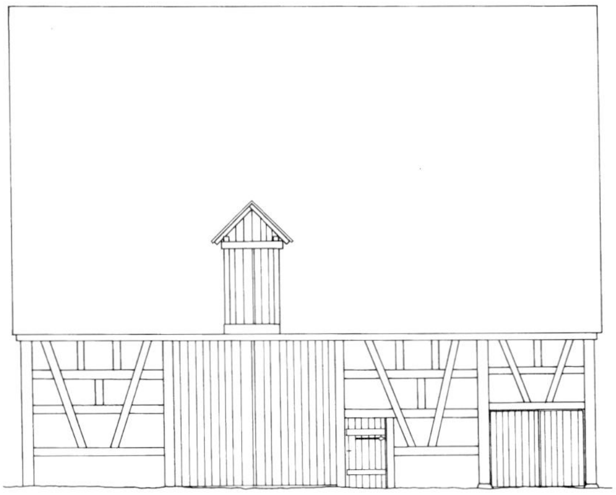

Ansicht der Scheune von Norden.

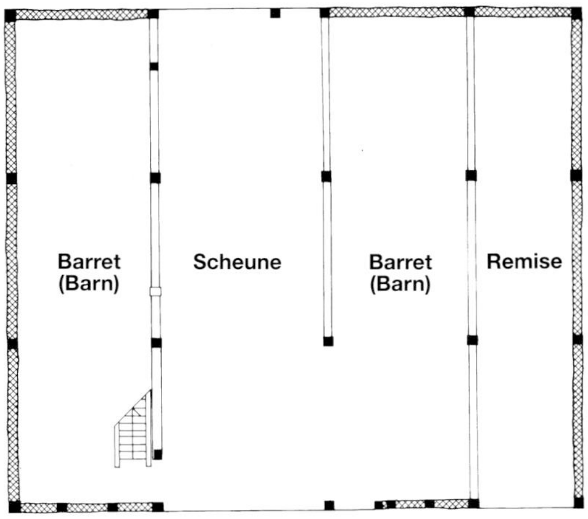

Scheune Erdgeschoß.

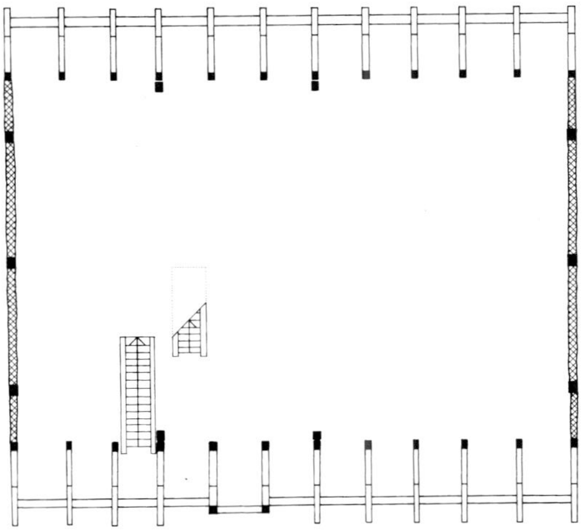

Scheune Obergeschoß.

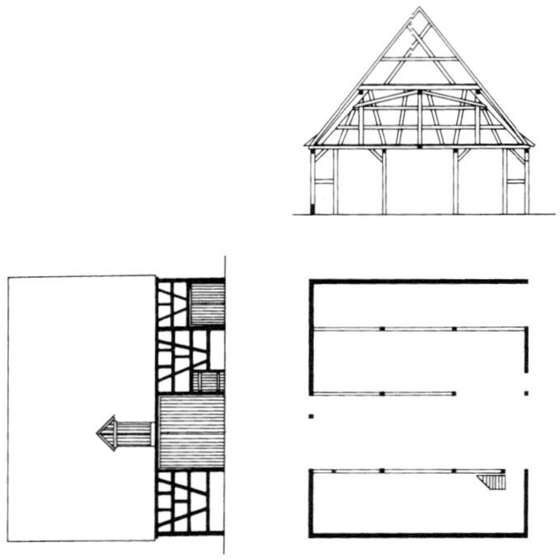

Ort	
Poxdorf, Steinweg 6	
Gebäude	
Gebäudeart	Scheune
Wandkonstruktion	Fachwerk
Geschoßzahl	1 + Dach
Geschoßhöhe	3,6 m
Grundfläche (B × L)	150,5 qm (11,4 × 13,2 m)
Umbauter Raum	
Vollgeschoß	540 cbm
Dachgeschoß	530 cbm
Dach	
Dachart	Satteldach
Dachneigung	51°
Dachdeckung	
Dachüberstand	20 cm (Giebelseite)
Erschließung	
Tor (B × H)	370 × 340 cm

Gebäudemerkmale für Bauberatung
Scheune

Die Fachwerkscheune steht auf der Südseite des offenen Hofraums. Der Rechteckbaukörper von 11,4 m Breite und 13,2 m Länge trägt ein 51° steiles Satteldach. Der Grundriß ist in eine Durchfahrt und zwei seitliche Bergeräume eingeteilt, an die im Osten noch eine vierte schmälere Zone als Geräteabstellplatz angefügt ist. Eine stehende Gaube kennzeichnet die Lage des großen, zweiflügeligen Haupttores, das unmittelbar bis an die Traufseite hinaufreicht, um als Einfahrt für die hoch beladenen Erntewagen die größtmögliche Durchfahrtshöhe zu erhalten. In dem Wandfeld rechts davon ist eine Tür für den täglichen Zugang eingesetzt. Das östlich anschließende vierte Feld ist durch ein niedriges, ebenfalls zweiflügeliges Tor erschlossen, im Innern jedoch mit den übrigen Achsen zu einem freien durchgehenden Raum zusammengefaßt.
Der Querschnitt läßt eine 50° steile Treppenkonstruktion erkennen, die parallel zur Dachneigung zwischen den Deckenbalken ohne Auswechslung auf den Boden führt. Diese Treppensteigung über 45° ist nach den Länderbauordnungen nicht zulässig, eine Frage, die für untergeordnete Wirtschaftsbauten neu diskutiert werden sollte, da sie hier bei historischen Gebäuden auftritt und auch bei seefahrenden Nationen aus den Erfahrungen des Schiffsbaus heraus geduldet wird.

Ansicht der Scheune von Nordwesten.

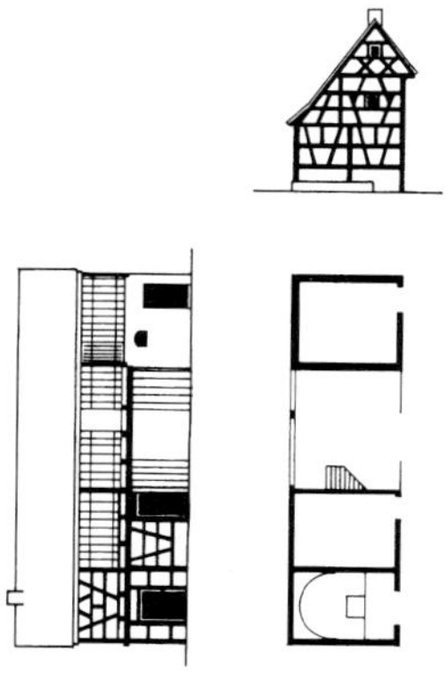

Ort

Poxdorf, Steinweg 6

Gebäude

Gebäudeart	Stall
Wandkonstruktion	Fachwerk/Naturstein
Geschoßzahl	1 + Dach
Geschoßhöhe	ca. 2,5 m
Grundfläche (B × L)	57,1 qm (4,2 × 13,6 m)
Umbauter Raum	
Vollgeschoß	140 cbm
Dachgeschoß	130 cbm

Dach

Dachart	Satteldach (Frackdach)
Dachneigung	53°
Dachdeckung	Biberschwanzziegel
Dachüberstand	15 cm (Giebelseite)

Erschließung

Hauseingang Lage	
Flur Lage	
Grundfläche (B × L)	
Treppe Art	einläufig
Laufbreite	80 cm
Steigungsverhältnis	20,8/17,3 cm, 50°

Gebäudemerkmale für Bauberatung
Stall

Das Stall- und Schupfengebäude schließt den Hofraum nach Osten ab und ist im nahezu rechten Winkel an die Scheune herangesetzt. Das schmale Bauwerk von 4,2 m Breite und 13,6 m Länge trägt ein 53° geneigtes Frackdach, d. h., es ist auf der dem Hof zugewandten Seite zweigeschossig und auf der Außenseite eingeschossig ausgebildet. Das Gebäude erfüllt mehrere Funktionen unter einem zusammenfassenden Dach. Ein Backofen ist am nördlichen Ende, ein gemauerter Schweinestall am südlichen Ende untergebracht, dazwischen ein Abstellraum und eine offene Unterstellhalle, von der auch die einläufige Treppe in das Obergeschoß führt, das als Holzlege genutzt wird.

Das Nebengebäude ist ein bemerkenswertes Beispiel, wie untergeordnete Aufgaben nicht beziehungslos nebeneinander in Schachteln oder Containern den Hofraum verstellen, sondern wie sie durch kluge Vorüberlegung zu einem, bei aller Detailfreiheit großzügig gestalteten Baukörper unter einem Dach zusammengefaßt werden können.

Ansicht von Norden.

Ansicht von Westen.

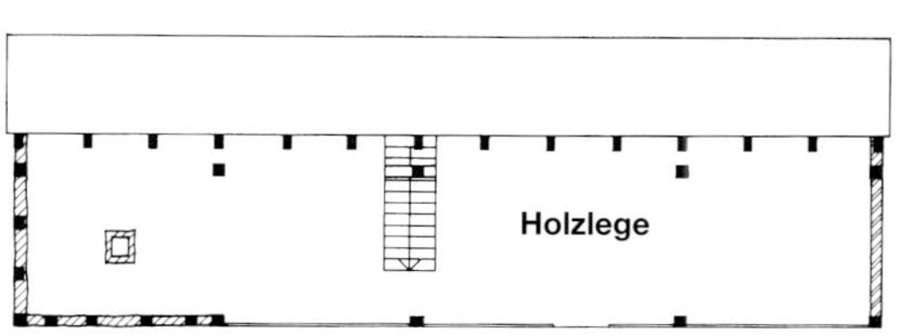

Obergeschoß.

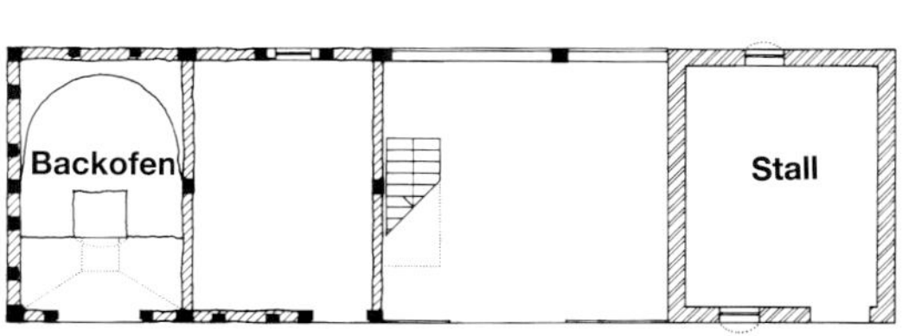

Erdgeschoß.

Erbsbühl

Nr. 7

Markt Zell, Landkreis Hof

Zweigeschossiger Wohnstallbau aus dem 18. Jahrhundert
Aufstockung im 19. Jahrhundert

Zur Siedlung

Erbsbühl liegt südlich von Kleinlosnitz. 1852 zählte der Weiler drei Anwesen, wobei das größte Gut mit 46,61 Tagwerk einem Wirt gehörte. Die beiden anderen Hofstätten waren rein landwirtschaftliche Betriebe. Heute existieren in Erbsbühl drei Haushalte mit sieben Bewohnern.

Zur Hofgeschichte

Die Bauzeit der Hofanlage wird ins 18. Jahrhundert gesetzt.
1852 bestand das Gehöft noch aus zwei besitzrechtlich getrennten Haushalten, die als Gebäude unter einer Firstlinie zusammengefaßt waren. Die eine Hälfte, der »Viertel-Hof«, bestehend aus Wohnhaus mit Stall, Backofen und Hofraum, aus einer Peunt und aus einem Stadel gehörte dem Bauern Johann Andreas Ultsch. Daran schloß das Wohnhaus mit Stallung, Schupfen und Hofraum des Bauern Johann Georg Möckl an. Die gesamte Wirtschaftsfläche betrug 34 Tagwerk. Ende des 19. Jahrhunderts wurden beide Bauernhäuser zu einer Hofanlage im Besitz der Familie Ultsch zusammengefaßt. Wenig später fanden umfangreiche Umbaumaßnahmen statt. Das ehemals eingeschossige Wohnstallhaus wurde aufgestockt, der Stall wurde umgestaltet und die Raumaufteilung verändert.
1979 wurde die Landwirtschaft aufgegeben, und zu Beginn der achtziger Jahre wurde das Anwesen saniert.

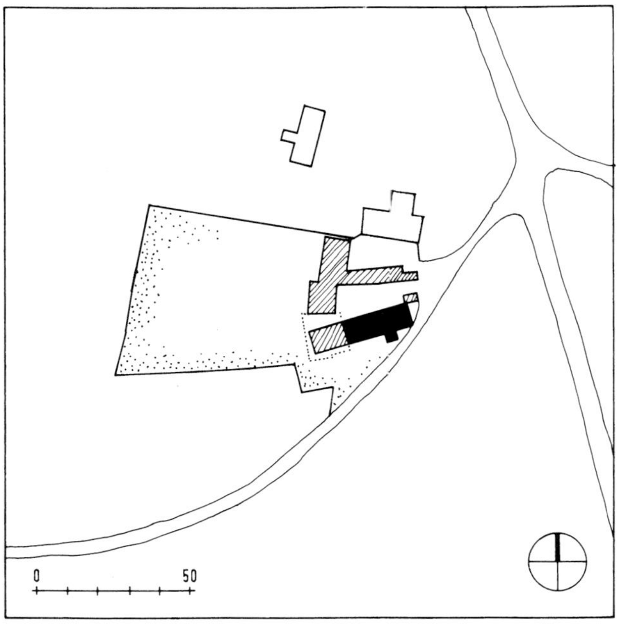

Lageplan.

Die Hofanlage besteht aus dem langgestreckten Wohnstallhaus, das nach hinten durch einen Anbau mit Scheune verlängert wird. Im rechten Winkel dazu schließen direkt zwei weitere Scheunen an, die unterkellert sind. Nach archivalischen Belegen entstand die eingeschossige Scheune 1720, die seit dem 19. Jahrhundert zweigeschossige 1790. Im Hof steht ein Nebengebäude, das einen Schweinestall und eine Werkstatt umfaßt.
Das Wohnstallhaus ist ein zweigeschossiger, langgestreckter Bau, der aus verputztem Bruchsteinmauerwerk besteht. Die Ecken der Giebelseite sind durch eine Eckquaderung aus profilierten Kunststeinen betont. Die Fassaden zeigen im Wohnbereich des Erdgeschosses und im Obergeschoß große Galgenfenster mit Sandsteingewänden, im Stallbereich kleine quadratische, meist zweigeteilte Fenster. Das Satteldach ist mit Kunstschiefer gedeckt und besaß im alten Zustand, gleichmäßig verteilt, mehrere Stehgauben.
Das Erdgeschoß ist queraufgeschlossen. Ursprünglich bestanden wohl vom quadratischen Hausplatz aus Zugänge zur geradeaus liegenden Küche, zur links davon liegenden Stube mit Nebenkammer und zum Stall. Vom Hausplatz führt eine viertelgewendelte Treppe ins Obergeschoß.
Im Zuge der Umbaumaßnahmen des 19. Jahrhunderts wurde ein russischer Kamin eingebaut und die ursprüngliche Wand zwischen Küche und Hausplatz

Ansicht von Osten.

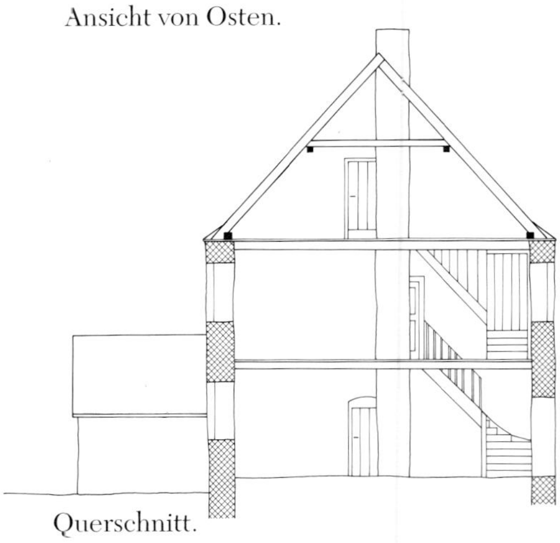

Querschnitt.

Scheune.

Giebelansicht.

in Richtung des Flures versetzt. Dadurch war der Stall nicht mehr direkt vom Hausplatz zu betreten und die Küche bildete den Durchgangsraum zu den Stallungen. Es entstand eine Wohnküche aus Teilen der alten Küche und der früheren Hinterkammer der Stube. Von der Küche ragte ehemals ein Backofen nach außen, der jedoch abgebrochen wurde. An seiner Stelle befindet sich jetzt ein neuer, in den äußeren Strukturen des alten Backofens errichteter Anbau. Daneben liegt ein Brunnen, zu dem früher ein direkter Zugang von der Küche aus bestanden hatte. Vom Stall, der jetzt zweischiffig ist, führt ein Zugang in den angegliederten Nebenbau. Das Obergeschoß wurde bereits bei der Errichtung im 19. Jahrhundert größtenteils zu Wohnzwecken genutzt. Darauf weist nicht nur die Raumaufteilung hin, sondern auch die Anordnung und Gestaltung der Fenster der Traufseiten. Lediglich im hinteren Bereich lag ein Stallboden, der durch eine Ladeluke an der Traufseite zu beschicken war.

Ansicht von Süden.

Ansicht von Norden.

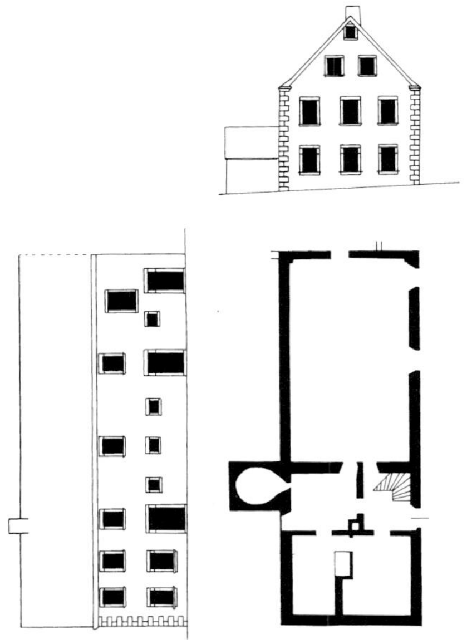

Ort	
Erbsbühl, Nr. 7	
Gebäude	
Gebäudeart	Wohnstallhaus
Wandkonstruktion	Naturstein, verputzt/Ziegel
Geschoßzahl	2 + Dach
Geschoßhöhe	2,7 m
Grundfläche (B × L)	184,3 qm (8,3 × 22,2 m)
Umbauter Raum	
Vollgeschosse	1010 cbm
Dachgeschoß	400 cbm
Dach	
Dachart	Satteldach
Dachneigung	47°
Dachdeckung	Schiefer
Dachüberstand	15 cm (Traufseite)
Erschließung	
Hauseingang Lage	Traufseite
Flur Lage	Querflur
Grundfläche (B × L)	9,5 qm (2,8 × 3,4 m)
Treppe Art	einläufig über Eck
Laufbreite	100 cm
Steigungsverhältnis	20,8/25 cm, 40°
Stube	
Lage	Nordostecke
Grundfläche (B × L)	16,8 qm (3,4/4,0 × 4,6 m)
Fensterzahl	4
Fensteröffnung (B × H)	90 × 140 cm
Belichtungsfaktor Fensteröffnung: Grundfläche	1 : 3,3
Stubenofen	Stubenofen
Küche (Vorküche)	
Lage	Flurende
Grundfläche (B × L)	12,9 qm (3,3 × 3,9 m)

Gebäudemerkmale für Bauberatung

In der freien Lage der großen Hofstelle konnte für das Wohnstallhaus die Ostwestrichtung unabhängig von der Wegeführung gewählt werden. Mit dem Wohnteil im Osten, der langen Traufseite nach Süden zur Sonne und der Scheune als Windschutz nach Westen nützt der dreiseitig umbaute Hof die Himmelsrichtungen für ein möglichst energiesparendes Wirtschaften.

Das Wohnstallhaus zeigt bei 8,3 m Breite und 22,2 m Länge einen geschlossenen Baukörper mit einem Seitenverhältnis von 1:2,7. Das 47° steile Satteldach ist mit Schiefer gedeckt. Die bei einem Umbau des 19. Jahrhunderts geschaffene Raumaufteilung entspricht mit dem langgestreckten Grundriß, der Erschließung an der Traufseite, der Treppe im Flur (Hausplatz) und der Stube in der Ecklage einem regionalen Typ. Dazu gehört auch der Anbau mit dem Backofen an der Längsseite, der von der Vorküche direkt zugänglich ist. Das Gebäude ist mit durchgehenden Querwänden in drei Abschnitte gegliedert. Stube und Wohnküche bilden die breite Raumzone am Ostgiebel. Es folgt ein schmälerer Bereich mit Hausplatz und Vorküche. Daran schließt der große Stall an, der den überwiegenden Teil des Gebäudes einnimmt. Am westlichen Ende weisen die seitlich versetzten Remisen mit Schweinestall und die Scheune auf ältere Bauzustände hin.

Alle Funktionen werden von dem langen First des Satteldaches zusammengefaßt. Das Ziel eines einheitlich und repräsentativen Bauwerks wird auch aus den gleichen Maßen der Fenster des Erd- und Obergeschosses deutlich. Der Ostgiebel zeigt drei, auf die Mittelachse des Firstes ausgerichtete Fenster gleicher Achsabstände. Ein Vergleich mit dem Grundriß der Stube läßt erkennen, wie die mittlere Fensterachse der Ostseite dort an die Küchenwand herangerückt wurde, und damit vom Innenraum aus die regelmäßige Fensteraufteilung verlassen wird, um in der Außenansicht eine axialsymmetrische Giebelfassade zu erhalten.

Während bei älteren Bauernhausbeispielen die gleichmäßige Ausleuchtung der seitlichen Stube zu einer asymmetrischen Fensteraufteilung im Vollgeschoß führt, wird hier der Axialsymmetrie der Außenerscheinung der Vorzug gegeben. Dieser Tatsache, die im späten 19. Jahrhundert häufig anzutreffen ist, liegt ein Wechsel der vorbildlich wirkenden Musterbeispiele zugrunde: Man baut nicht mehr von innen nach außen, sondern von außen nach innen. Die Bedeutung der Repräsentation wird weiter sichtbar an den Ecklisenen des verputzten Bruchsteinmauerwerks und den gleichen Proportionen aller Fenster des Giebels, die im Giebeldreieck kleinere Formate erhalten.

In diesem Zusammenhang ist auch auf die gleiche Dachneigung der Satteldächer von Hauptgebäude, Scheune und Backofenanbau (46–47°) hinzuweisen.

Traufansicht.

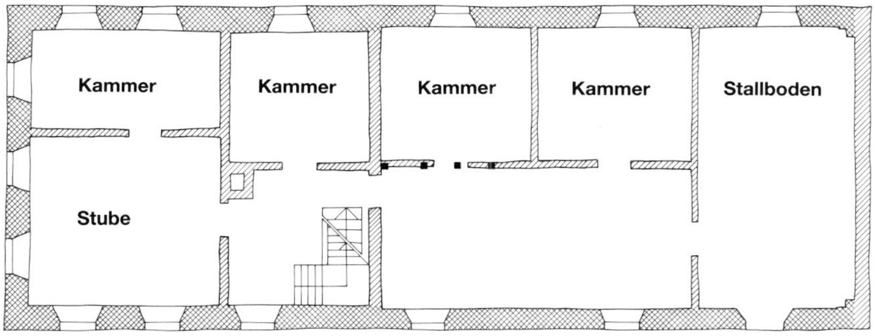

Obergeschoß und Erdgeschoß (unten).

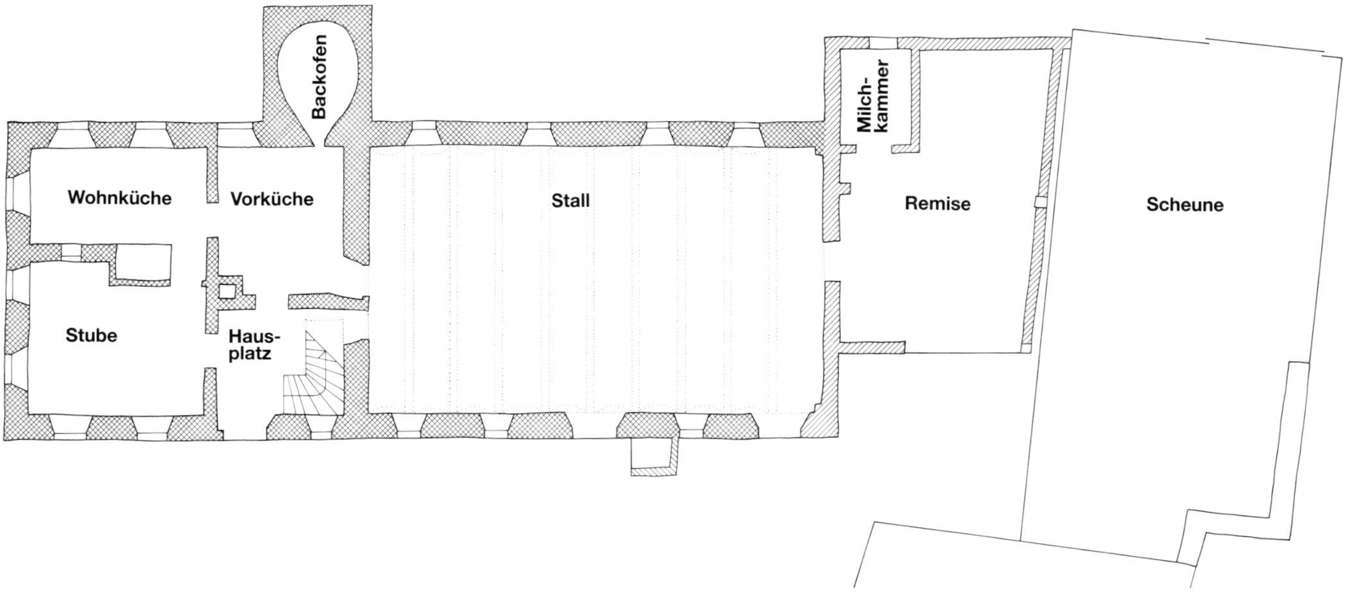

Fohrenreuth

Nr. 14

Stadt Rehau, Landkreis Hof

Dreiseithof
Fachwerkbau aus dem späten 18. Jahrhundert
1856: »Ein halber Hof«

Zur Siedlung

Fohrenreuth liegt südlich von Rehau. Urkundlich erwähnt wurde der Ort erstmals 1390. Neun Jahre später empfing Albrecht Hirsberg als Reichslehen eine halbe Wüstung zu »Forenreut«. Während der darauffolgenden Jahrhunderte besaßen verschiedene Geschlechter Herrschaftsrechte in Fohrenreuth. Im Jahre 1767 existierten in Fohrenreuth 15 Haushalte, wovon fünf zum Kastenamt Hof, fünf zum Rittergut Pilgramsreuth und fünf nach Döhlau zu den Rabensteinern gehörten. Um 1800 wird Fohrenreuth als Ganerbliches Dorf mit 16 Hofstätten bezeichnet, in der Mitte des 19. Jahrhunderts bestanden 18 Haushalte. Die durchschnittliche Wirtschaftsfläche der fast ausschließlich durch den landwirtschaftlichen Betrieb geprägten Anwesen betrug 55 Tagwerk. Die sich sehr ähnlichen Hofanlagen sind im Viereck angeordnet und umschließen einen weiträumigen Anger.

Zur Hofgeschichte

Das Anwesen war in der Mitte des 19. Jahrhunderts im Besitz des Bauern Johann Fritsch. Dieser hatte den Halben Hof mit Wohnhaus, Stall, Keller, Scheune, Schupfen und Gemüsegärtchen vor dem Schupfen im Jahre 1821 für 3000 Gulden von seinem Vater Egidius Fritsch, dem Erbauer des Dreiseithofes, übernommen. Mit einem Grundbesitz von 98,27 Tagwerk gehörte der »Hof Fritsch« zu den drei großen Anlagen des Dorfes.

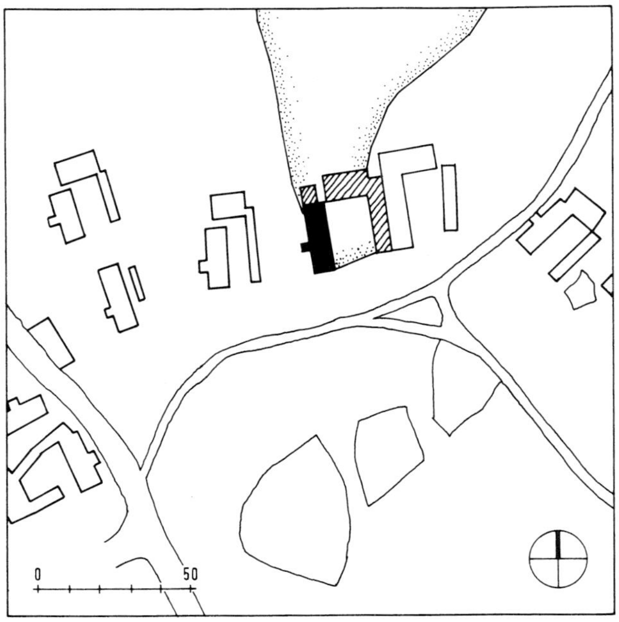

Lageplan.

Südliche Giebelansicht mit Hoftor.

Der zur Straße hin offene Dreiseithof besteht aus einem Haupthaus mit integriertem Stall sowie einer Scheune und einem Schupfen. Zum Weg hin wurde das Anwesen bis in die sechziger Jahre dieses Jahrhunderts durch eine kleine Toranlage mit danebenliegenden Gärten abgeschlossen.

Über einem massiven Erdgeschoß erhebt sich das Obergeschoß in Fachwerkbauweise. Dieses ist als zweifach verriegeltes Gitterfachwerk mit wandhohen Streben an den Eckständern ausgebildet. Unter den Fensterbrüstungen befinden sich als einziger Schmuck senkrecht geteilte Andreaskreuze. Der ehemals verbretterte Giebel wurde mit Kunstschiefer verschalt.

Der dreizonige, einraumtiefe, quererschlossene Bau trägt ein Satteldach. Nach dem Eingang erreicht man den gewölbten Hausplatz. Daneben befindet sich die ursprünglich große Stube, die später durch eine Trennwand geteilt wurde. Der Kachelofen wurde von der angrenzenden tonnengewölbten Küche beheizt. Sie befindet sich abgeteilt am Ende des Hausplatzes. Die Küche war bis in die fünfziger Jahre noch weitgehend im originalen Zustand und besaß einen rückwärtig angebauten Backofen, einen altdeutschen Kamin und eine offene Feuerstelle. Vom Hausplatz erschloß man durch einen Stichgang den Stall. Der kurze Flur war durch die Abteilung eines von außen zugänglichen Schweinekobens unter der Treppe entstanden. Der große, dreizonige Stall hat eine Flachdecke. Hinter dem Stall schließt sich ein später angebauter Heuschupfen mit innenliegendem Rübenkeller an. Der Heuboden darüber wird über einige Stufen erschlossen.

Das Obergeschoß entspricht dem Erdgeschoßgrundriß und ist ebenfalls dreizonig aufgeteilt. In der Mitte befindet sich der Hausplatz mit einer dahinter abgetrennten Kammer. Im Süden schließen zwei Kammern an, während im Norden der große, ungeteilte Stallboden liegt, der sich über die ganze Hausbreite erstreckt.

In den sechziger Jahren wurden die Fassade und das Haus in nicht fachgerechter Weise modernisiert. Der

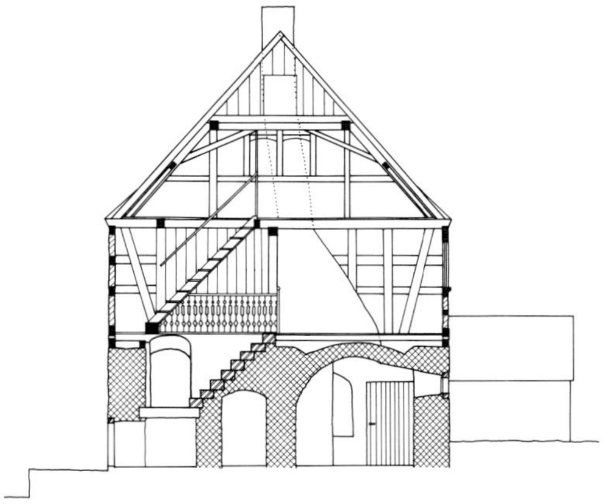

Querschnitt.

Ansicht von Süden.

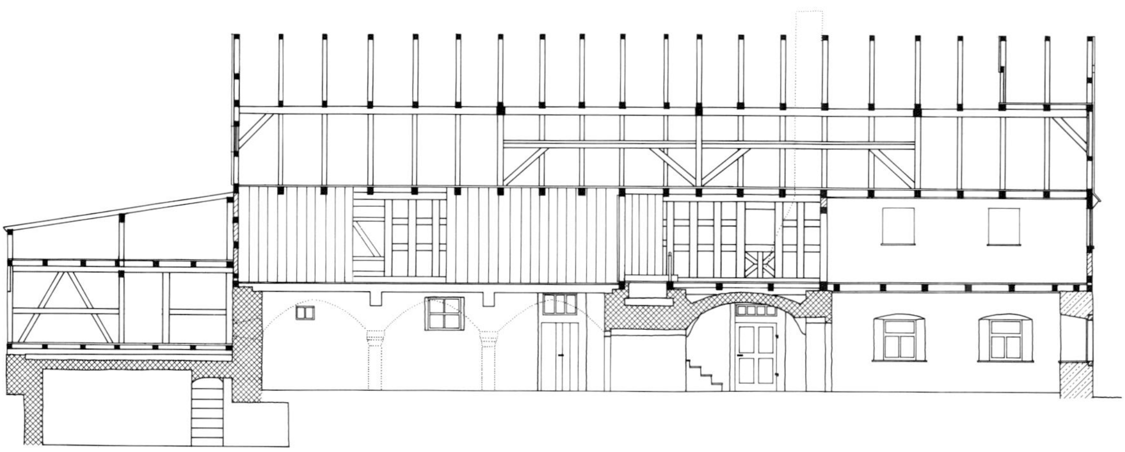

Längsschnitt.

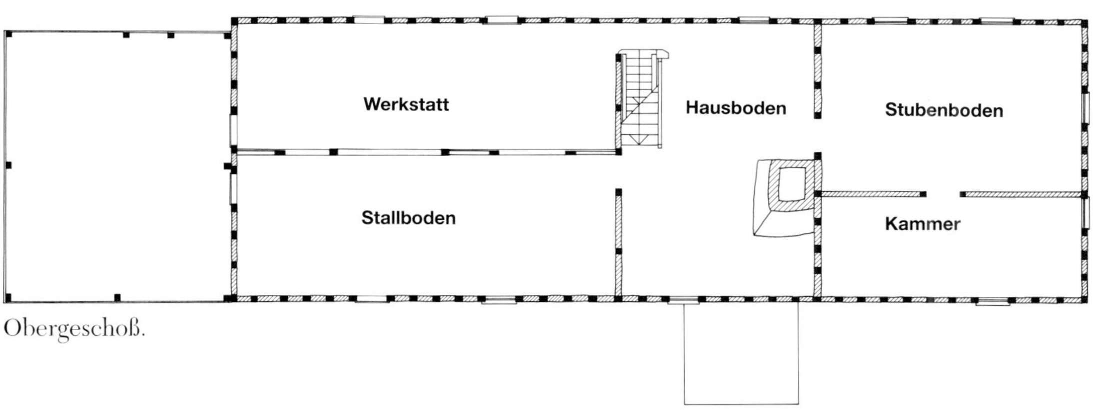

Obergeschoß.

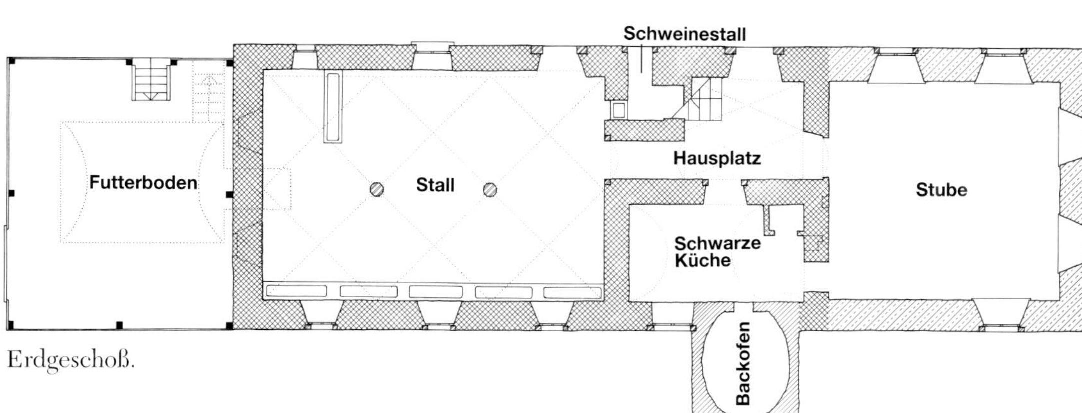

Erdgeschoß.

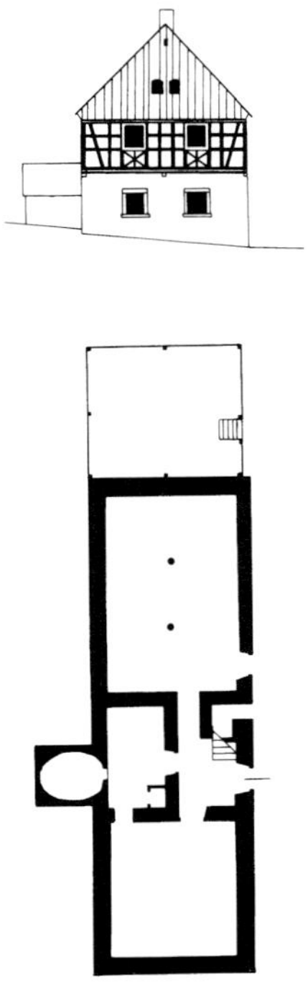

Ort	
Fohrenreuth, Nr. 14	
Gebäude	
Gebäudeart	Wohnstallhaus
Wandkonstruktion	Lehm/Naturstein/Fachwerk
Geschoßzahl	2 + Dach
Geschoßhöhe	2,9 m
Grundfläche (B × L)	171 qm (7,5 × 22,8 m)
Umbauter Raum	
Vollgeschosse	930 cbm
Dachgeschoß	350 cbm
Dach	
Dachart	Satteldach
Dachneigung	49°
Dachdeckung	Schiefer, ehem. Stroh
Dachüberstand	30/35 cm (Traufseite)
Erschließung	
Hauseingang Lage	Traufseite
Flur Lage	Querflur
Grundfläche (B × L)	8,4 qm (2,7 × 3,1 m)
Treppe Art	zweiläufig
Laufbreite	110 cm
Steigungsverhältnis	20/28 cm, 36°
Stube	
Lage	Süden
Grundfläche (B × L)	35,3 qm (5,7 × 6,2 m)
Fensterzahl	5
Fensteröffnung (B × H)	90 × 105 cm
Belichtungsfaktor Fensteröffnung: Grundfläche	1 : 7,5
Stubenofen	Hinterlader von Küche
Küche	
Lage	Flurende
Grundfläche (B × L)	12 qm (2,6 × 4,6 m)

Bereich der oberen Stube und Kammer wurde zu einer weiteren Wohneinheit umgebaut, fast alle Fenster wurden verbreitert, und der Backofen sowie der Zaun und das Zugangstor wurden abgebrochen.

Gebäudemerkmale für Bauberatung

Das Wohnstallhaus wurde an der westlichen Nachbargrenze des nach Süden hin offenen Dreiseithofes erbaut, der von einer querstehenden Scheune nach Norden abgeschlossen wird.

Der Baukörper erreicht bei nur 7,5 m Breite und einer Länge von 22,8 m ein betont langgestrecktes Seitenverhältnis von 1:3,3. Das schiefergedeckte Satteldach hat eine Dachneigung von 49° und sitzt mit einem knappen Gesimsbrett auf dem Fachwerk auf.

An der östlichen Traufseite werden Wohnteil und Stall vom Hof her erschlossen. Bei der geringen Hausbreite ist die Treppe im Hausplatz mit zwei Läufen angelegt, die an einem gemauerten Podest ihre Laufrichtung um 90° ändern. Unter dem Podest ist ein von außen zugänglicher kleiner Schweinestall untergebracht, der wegen seiner geringen Abmessungen aus der Sicht der Tierhaltung kein positives Beispiel darstellt.

Der Hausgrundriß gliedert sich in drei große Abschnitte. Im Süden erhält die Stube nach drei Seiten Fenster, die zum besseren Lichteinfall in den Laibungen abgeschrägt sind. Der mittlere Raumabschnitt ist kleiner ausgelegt und nimmt Hausplatz, Küche und den an der westlichen Traufseite angebauten Backofen auf. Den größten Teil des Hauses erhält der nach Norden anschließende Stall. Die räumliche Organisation des Obergeschosses folgt den Wänden des Erdgeschosses. Die bauliche Qualität des Dreiseithofes beruht auf seinem klaren Außenraum, der von den schmalen langgestreckten Baukörpern des Wohnstallhauses und des Nebengebäudes gebildet wird. Ein Umbau nach dem Zweiten Weltkrieg zeigt wenig Rücksichtnahme auf die vorhandene wertvolle Bausubstanz. Dabei hätte der Wunsch nach größerer Fensterfläche auch durch mehrere Fenster mit stehenden Formaten erfüllt werden können und nicht zwangsläufig zu der heutigen Verunstaltung des Hauses führen müssen. Das Beispiel zeigt, wie zu einem gelungenen Bauwerk nicht nur die großen Maßstabsbereiche des Baukörpers und des Daches, sondern ebenso die Einzeldetails der Ausbauelemente wie Fenster, Türen, Traufe und Sockel gehören. Bauliche Qualität ist nicht teilbar, sondern immer auf die Wechselbeziehungen der verschiedenen Maßstabsebenen angewiesen, die erst zusammen das Bauwerk ergeben. Dieser Umbau ist ein deutliches Beispiel, wie in Bayern durch ein neues Bauvorlagerecht die Planungsqualität im ländlichen Raum angemessen verbessert werden muß.

Joditz

Schlegelweg 2

Gemeinde Köditz, Landkreis Hof

Zweigeschossiges Wohnstallhaus
Fachwerkbau von 1705

Zur Siedlung

Joditz liegt nordwestlich von Hof und war ehemals eines der typischen ritterschaftlichen Dörfer im Grenzgebiet zwischen dem Markgrafentum Bayreuth und Reuß (Sachsen). Die Herrschaften wechselten dort recht häufig unter den hier ansässigen Familien, teilweise waren sie unter mehreren Familien aufgeteilt.
Entstanden ist das Dorf in Zusammenhang mit einer Saalefurt, die den Flußübergang der Altstraße Berg – Töpen bildete. Erstmals erwähnt wurde der Ort im Jahre 1365. 1390 kaufte der Burggraf von Nürnberg das Regnitzland, und damit auch Höfe in Joditz. Grundherren waren zu dieser Zeit die von Berg auf Geraer Lehen sowie Heinrich Steger von Hof und Hans von Feilitzsch auf nunmehr Brandenburger Lehen. Im 18./19. Jahrhundert zeigte Joditz eine differenzierte Sozialstruktur. Neben dem Rittergut (Nr. 3), das 260 Tagwerk besaß, gab es 12 vollbäuerliche Anwesen mit durchaus stattlichen Größen um 80 Tagwerk. Dazu traten noch 18 unter- und nachbäuerliche Anwesen mit geringem Grundbesitz. Die Bevölkerung Joditz' bestand zu einem Großteil aus Bauern und Webern.

Zur Hofgeschichte

Das Anwesen Schlegelweg 2, das nach Lage und Größe zu den Urhöfen des Ortes zu zählen ist, kann mit dem in der Dobenecker Erbteilung 1562 genannten »Gut« gleichgesetzt werden.

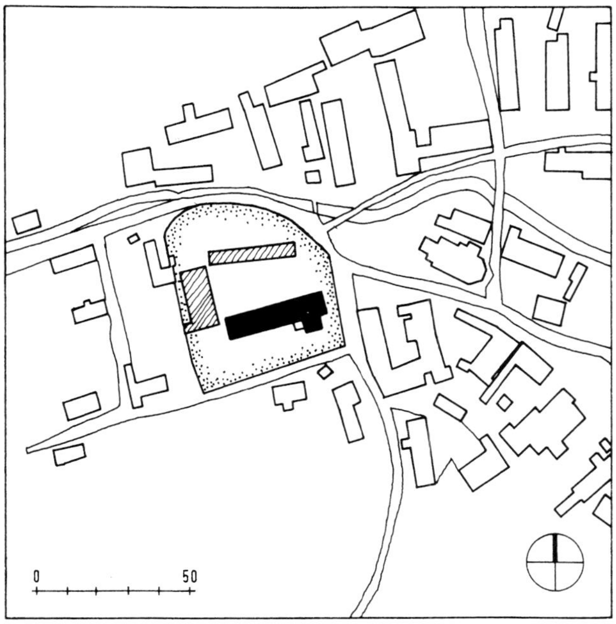

Lageplan.

Giebel des Wohnstallhauses.

Der heutige Hof wurde nach einer Inschrift im Giebel im Jahre 1705 errichtet. 1856 war dieses Anwesen mit 101 Tagwerk der größte der vollbäuerlichen Höfe von Joditz. Besitzer des Viertelshofes war der Bauer Johann Georg Frank. Seit 1973 steht das Anwesen leer.
Das Anwesen liegt im Blickpunkt am Dorfplatz. Es besteht aus einem langgestreckten Wohnstallhaus, einer quer dazu liegenden Scheune und einem gegenüber dem Wohnstallhaus stehenden Schupfen.
Das Erdgeschoß des dreizonigen Haupthauses ist durchgehend massiv gemauert, während das Obergeschoß in Fachwerkbauweise ausgeführt ist. Dies ist recht ungewöhnlich, da in der Region Fachwerkbauten vor 1750 eher selten vorkommen. Das durchgehende Satteldach ist mit Schiefer gedeckt.
Das Fachwerk und die Fensterachsen am Wohnbereich zeigen eine symmetrische und regelmäßige Aufteilung. Seitlich der mittleren Fensterzone sind

Ansicht von Osten.

Hof um 1940.

die Felder zweifach verriegelt und mit K-Streben versehen. Der Brüstungsbereich unterhalb der Fenster weist Zierfachwerk in Form von durchkreuzten, geschweiften Rauten auf.
Am Stallbereich ist das Fachwerk außenseitig einfach verbrettert. Lediglich der Westgiebel und die daran anschließenden zwei Meter der Nord- und Südfassade sind zum Wetterschutz verschiefert.
Der langgestreckte und einraumtiefe Grundriß zeigt eine für diese Gegend typische Einteilung in Stube, Hausplatz und Stallungen. Vom Hausgang erschließt sich zur Linken die große dreiseitig belichtete Wohnstube. Sie besaß eine Bohlenbalkendecke, die mit einem stark profilierten Unterzug versehen war. Die Deckenfelder zwischen den ebenfalls profilierten Deckenbalken wurden von in Zickzackmuster gelegten Bohlen gebildet. Der tonnengewölbte Keller, der unter dem nördlichen Teil der Stube liegt, ist durch eine Falltüre im Flur zugänglich. Die gewölbte Küche am Ende des Hausplatzes war mit einem außenliegenden Backofenerker versehen, der bereits im 19. Jahrhundert vergrößert und aufgestockt wurde und sich heute als giebelständiger Anbau präsentiert. Die Stallungen sind ebenfalls vom zentralen Flur zu erreichen. Sie sind als zweischiffige Halle mit Kreuzgratgewölben, die von vier Mittelstützen getragen werden, errichtet. Diese sind untereinander mit Gurtbögen versehen. Die viertelgewendelte Treppe des 19. Jahrhunderts führt in das Obergeschoß. Dieses war ursprünglich ähnlich dem Erdgeschoß aufgeteilt und wies nach dem großen Flur eine Kammer über der darunterliegenden Küche auf. Über der Stube befanden sich zwei längs zur Firstrichtung angelegte Kammern. An den Hausplatz schloß sich über dem Stall ein durchgehender Bodenraum an. Bei Umbaumaßnahmen im 19. Jahrhundert wurden der Hausplatz und die dahinterliegende Kammer verkleinert, um einen Quergang einzufügen, im Stallboden wurden zwei zusätzliche Kammern abgetrennt.
Im Dachgeschoß des Kehlbalkendachs mit liegendem Stuhl wurde bereits bauzeitlich eine Kammer eingebaut. Sie lag im östlichen Teil des Hauses und wurde durch ein Fenster im Giebel belichtet.

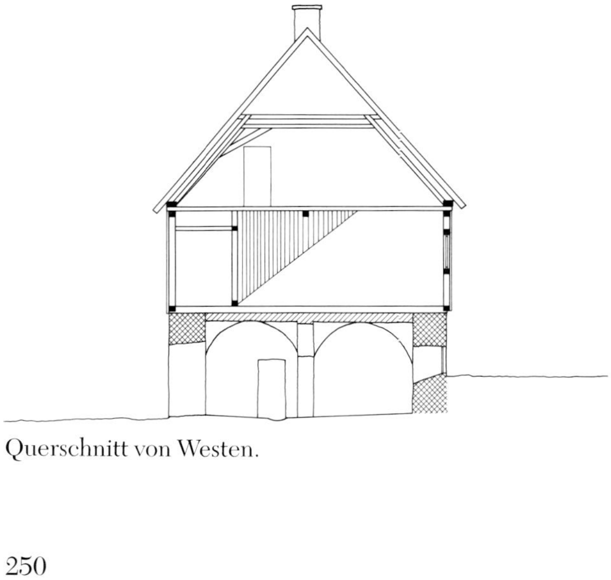

Querschnitt von Westen.

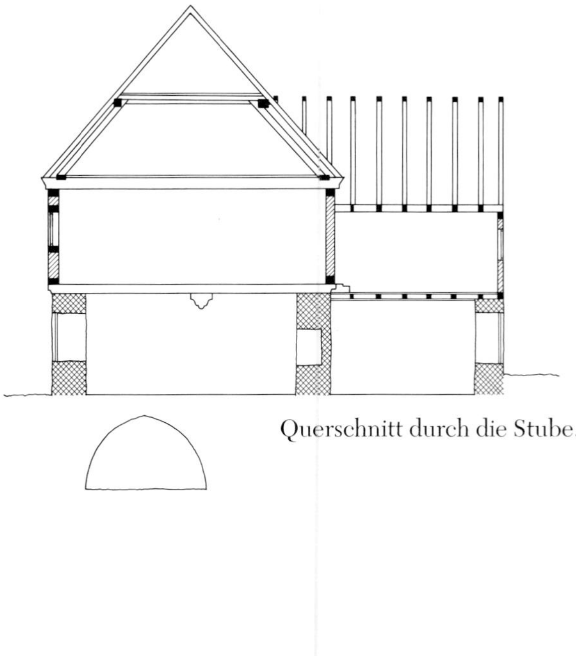

Querschnitt durch die Stube.

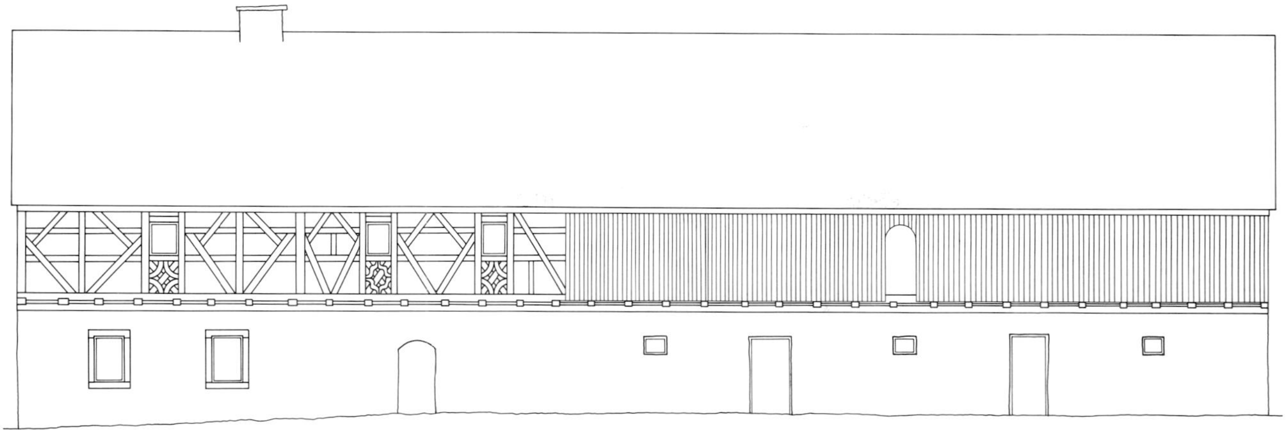

Ansicht von Norden.

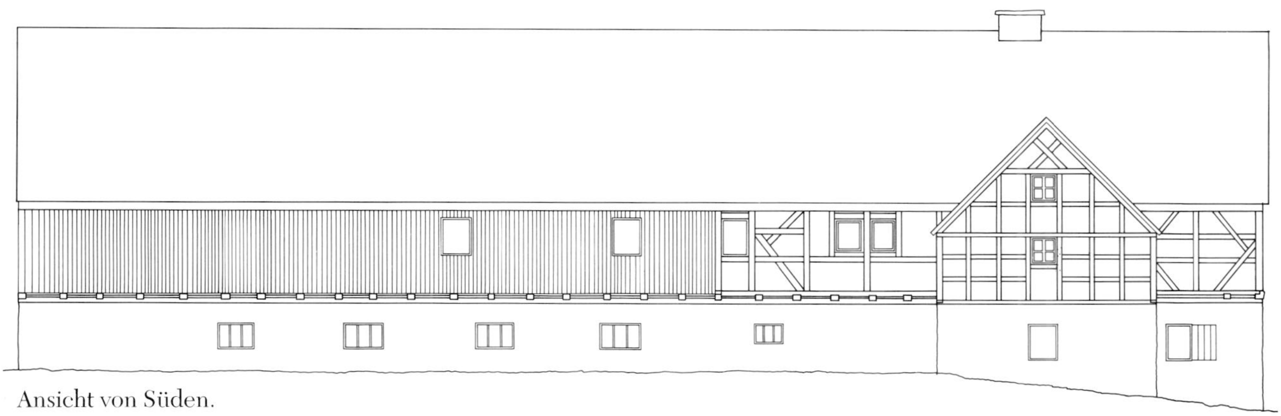

Ansicht von Süden.

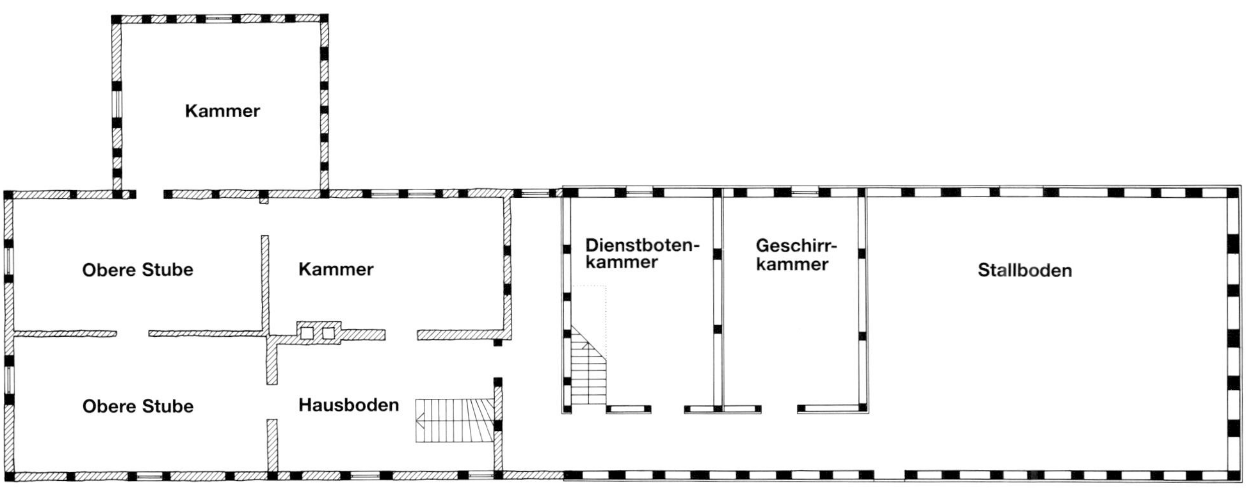

Obergeschoß und Erdgeschoß (unten).

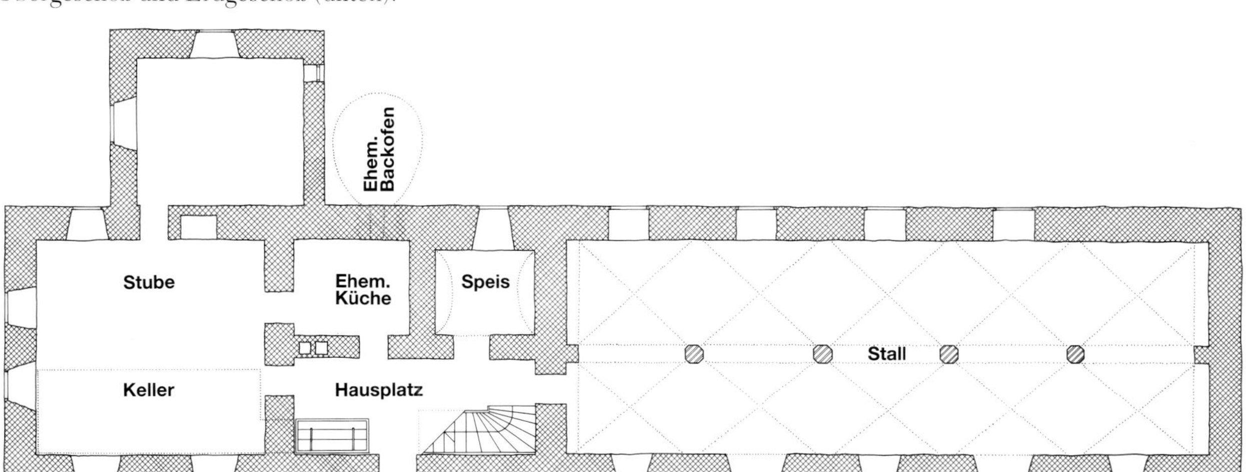

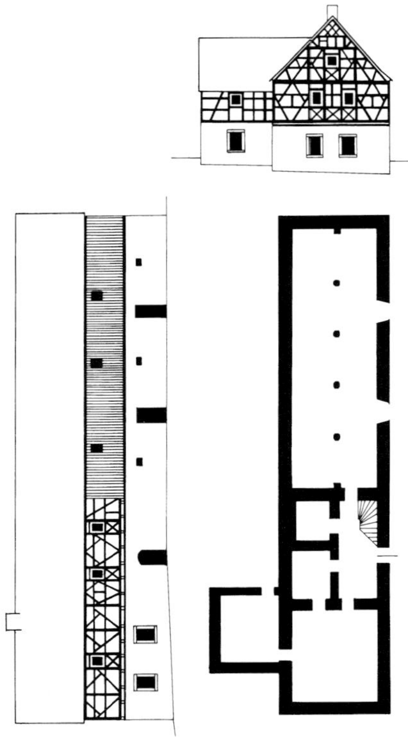

Ort	
Joditz, Schlegelweg 2	
Gebäude	
Gebäudeart	Wohnstallhaus
Wandkonstruktion	Naturstein/Fachwerk
Geschoßzahl	2 + Dach
Geschoßhöhe	2,9 m
Grundfläche (B × L)	268,5 qm (7,4 × 32,8 m + 4,6 × 5,6 m)
Umbauter Raum	
Vollgeschosse	1510 cbm
Dachgeschoß	590 cbm
Dach	
Dachart	Satteldach
Dachneigung	49°
Dachdeckung	Schiefer
Dachüberstand	15 cm (Giebelseite)
Erschließung	
Hauseingang Lage	Traufseite
Flur Lage	Längsflur
Grundfläche (B × L)	16 qm (2,5 × 6,4 m)
Treppe Art	einläufig über Eck
Laufbreite	100 cm
Steigungsverhältnis	
Stube	
Lage	Osten
Grundfläche (B × L)	33,6 qm (5,6 × 6,0 m)
Fensterzahl	5
Fensteröffnung (B × H)	80 × 130 cm
Belichtungsfaktor Fensteröffnung: Grundfläche	1 : 6,5
Stubenofen	ehem. Hinterlader

Gebäudemerkmale für Bauberatung

Die Gebäude des großen, nach Osten zur Straße hin offenen Dreiseithofes stehen frei in der Hofstelle, das Wohnhaus im Süden, die querstehende Scheune im Westen und die Schupfe auf der Nordseite.

Der langgestreckte Baukörper des Wohnstallhauses weist bei 7,4 m Breite und 32,8 m Länge ein Seitenverhältnis von 1:4,4 auf. Das 49° geneigte Satteldach ist mit Schiefer gedeckt und wird von einem liegenden Dachstuhl getragen, deshalb können die Dachsparren an der Traufseite ohne Aufschieblinge gerade über die Seitenwände auskragen.

Erschlossen sind Wohnteil und Stall von der Traufseite. Der schmale Grundriß führt hier zu einem Flur, der bei nur 2,5 m Tiefe parallel zur Traufe 6,4 m lang ist, und damit von der Raumgeometrie her als quererschlossener Längsflur anzusprechen ist. Folgerichtig führt auch die Treppe nach einem Antritt mit Viertelwendung parallel zur Längsrichtung in das Obergeschoß. Östlich vom Flur nimmt die einem Quadrat angenäherte Stube (5,6 × 6,0 m) die ganze Hausbreite ein. Die Fenster sitzen außen bündig in der verputzten Bruchsteinmauer und haben nach innen abgeschrägte Laibungen zur besseren Ausleuchtung des Raumes. Der Zone des Flurs im Norden entspricht im Süden die Küche mit seitlichem Anbau. Im Westteil ist der die volle Hausbreite ausfüllende Stall untergebracht, dem mit 17 m Länge mehr als die Hälfte des Hauses vorbehalten ist.

Das Obergeschoß zeigt die Problematik langgestreckter Grundrisse, die nur indirekt erschlossen sind, d. h. sogenannte gefangene Räume ergeben, wenn nicht zusätzlich seitliche Flure angelegt werden.

Die Traufseiten lassen eine besondere Gestaltqualität erkennen. Auf dem durchgehend massiv gemauerten Erdgeschoß sitzt ein Obergeschoß, das im östlichen Wohnteil ein Fachwerk und im westlichen Stallteil eine senkrechte Holzschalung zeigt. Alle Fenster der Fachwerkwände werden von zwei geschoßhohen Ständern seitlich gehalten. Die Brustriegel der seitlichen Felder laufen durch, die Stirnriegel sind an den Fensterachsen nach oben hin versetzt. An diesem Bauwerk kann auch ersehen werden, wie man einen Querflügel anfügt, der sich in der Größenordnung eindeutig dem Hauptgebäude unterordnet, jedoch in der konstruktiven Gestaltung keinen Fremdkörper bildet, da er Materialwahl und Konstruktion des Hauptgebäudes aufnimmt.

Bei 268 qm Grundfläche ergeben sich mit dem Umrechnungsfaktor 0,75 je Geschoß Wohnflächen von 200 qm.

Küche	
Lage	neben Stube
Grundfläche (B × L)	7,8 qm (2,5 × 3,1 m)

Kleinlosnitz

Nr. 5

Markt Zell, Landkreis Hof

Dreiseithof des frühen 20. Jahrhunderts
Wohnstallhaus von 1908/1913
seit 1978 Sanierung für das Oberfränkische Bauernhofmuseum Kleinlosnitz

Zur Siedlung

Der Weiler Kleinlosnitz, früher ein kleiner bayreuthischer Ort im Amte Sparneck, ist heute ein Ortsteil des südlich von Münchberg gelegenen Marktes Zell a. Waldenstein. In einem Lehensbrief von 1361 werden dem Hans von Sparneck die Güter »zu der Loßnitz« zugeschrieben. In einem Abgaberegister von 1536 werden vier Kleinlosnitzer Haushalte erwähnt, bereits 1550 sind es sieben. Diese Zahl hat sich im Laufe der Jahrhunderte nicht verändert, denn bis um 1960 zählte man im Ort auch noch sieben Hofstellen, darunter eine Mühle. Typisch für einen Weiler zeigt die Flur das Bild einer Blockflur.

Zur Hofgeschichte

Ursprünglich existierte am oberen Ortsrand von Kleinlosnitz ein großer Hof mit einer Fläche von 142 Tagwerk. Besitzer war Philipp Dietel. Im Jahre 1698 wurde dieser Hof geteilt und der jetzige Hof, Haus Nr. 5, weiterhin von der Familie Dietel bewohnt. 1767 verkaufte Wolfgang Dietel den Hof an seinen Schwager Johann Köhler, der den Hof an seinen Sohn Johann Philipp Köhler weitergab. Im Jahre 1789 brannte das gesamte Anwesen bis auf ein Nebengebäude ab, und es entstand unter Johann Philipp Köhler ein neuer Hof. 1837 wurde das Gehöft an die Familie Heinold verkauft, die den Hof bis 1971 bewirtschaftete.

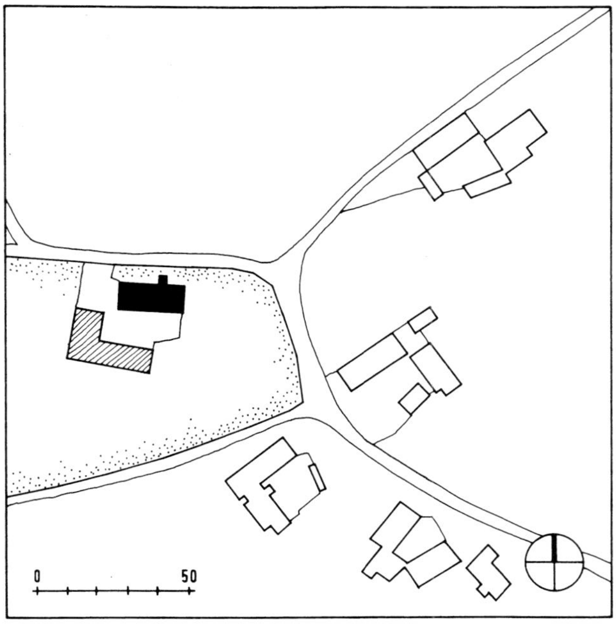

Lageplan.

In den frühen zwanziger Jahren dieses Jahrhunderts wurde der gesamte Hof zu seiner jetzigen Gestalt von Johann Heinrich Heinold umgebaut. Aus der Bauzeit von 1790 blieb lediglich der Brunnentrog aus Granit erhalten. Das als »Oberer Hof« bezeichnete Anwesen wurde 1978 vom Verein Oberfränkisches Bauernhofmuseum erworben und für das Oberfränkische Bauernhofmuseum Kleinlosnitz ausgebaut.
Es handelt sich um einen Dreiseithof, bestehend aus Wohnstallhaus, Scheune und Schupfen, mit einem Grundbesitz von 52 Tagwerk. Das 1790 neugebaute Bauernhaus war ein zweigeschossiges Gebäude mit massivem Erdgeschoß und einem Fachwerkobergeschoß aus einem engen Gitterfachwerk und ähnelte dem heute noch erhaltenen Haus Kleinlosnitz Nr. 6.
Das heutige Wohnstallhaus ist ein relativ junger zweigeschossiger Steinbau. 1900 wurde der Stallteil des alten Frackdachhauses abgerissen und als zweistöckiger Massivbau an den noch bestehenden Wohnteil angebaut. Die Stalldecke wurde mit einem Schienengewölbe versehen und mit gußeisernen Säulen unterzogen. Der Wohnteil wurde 1913 abgebrochen und massiv zweistöckig wieder aufgebaut.
Der Hausplatz schließt an die ehemalige Küche, die im Neubau nur noch als Vorraum zur Wohnküche dient, an. Er ist überdurchschnittlich groß und nimmt eine steinerne viertelgewendelte Treppe zum Obergeschoß auf. Auf diese Küche folgt ein erkerartig auskragender Backofen der unterkellert ist. In eine Trennwand zwischen Wohnküche und Stube war der Kachelofen integriert.
Die zeitversetzte Aufstockung von Wohn- und Stallbereich wird durch das Ziegelsims an der Dachtraufe, das über dem Wohnteil eine etwas aufwendigere Zierform aufweist, dokumentiert. Die Fenstergewände im älteren Stallteil sind aus Granit, während sie im Wohnteil aus Kunststein hergestellt sind.
Das Halbwalmdach mit in zwei Reihen versetzt stehenden Dachgauben ist schiefergedeckt.
Die Scheune des Dreiseithofes wurde 1947 erbaut. Es handelt sich um ein dreizoniges Gebäude aus einfach verschaltem Holzriegelwerk mit Bansen, Tenne und Bansen. Das Satteldach ist schiefergedeckt.
Der Schupfen stammt aus dem Jahre 1923. Das eineinhalbstöckige Gebäude beherbergt den ehemaligen Schafstall aus unverputzten Granitbrocken und die Wagenremisen. Er erhielt durch einen Kniestock Stauraum im Dachgeschoß, der über zwei Schiebeläden leicht zu beschicken war. Das Satteldach war ursprünglich ziegelgedeckt. Verlängert wurde der Bau durch den Hühnerstall- und den Garagenanbau. 1986 erfolgte eine Aufstockung. Beim Bau der Scheune und des Schupfens verwendete man im Erdgeschoß große Mengen von Altholz aus den vorhergehenden Bauten.

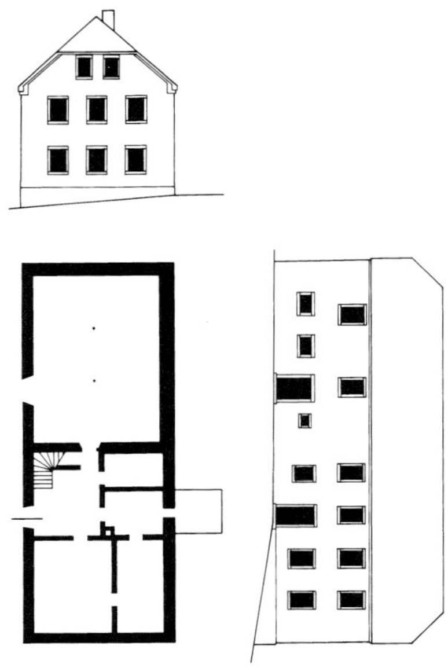

Ort	
Kleinlosnitz, Nr. 5	
Gebäude	
Gebäudeart	Wohnstallhaus
Wandkonstruktion	Naturstein
Geschoßzahl	2 + Dach
Geschoßfläche	2,9 m
Grundfläche (B × L)	189 qm (8,7 × 21,7 m)
Umbauter Raum	
Vollgeschosse	550 cbm
Dachgeschoß	340 cbm
Dach	
Dachart	Halbwalmdach
Dachneigung	41°
Dachdeckung	Schiefer
Dachüberstand	10 cm (Giebelseite)
Erschließung	
Hauseingang Lage	Traufseite
Flur Lage	Querflur
Grundfläche (B × L)	14 qm (3,7 × 3,8 m)
Treppe Art	einläufig über Eck
Laufbreite	100 cm
Steigungsverhältnis	19,3/23,3 cm, 40°
Stube	
Lage	Südostecke
Grundfläche (B × L)	23,3 qm (4,4 × 5,3 m)
Fensterzahl	4
Fensteröffnung (B × H)	80 × 130 cm
Belichtungsfaktor Fensteröffnung: Grundfläche	1 : 5,6
Stubenofen	Vorderlader
Küche	
Lage	hinter Stube
Grundfläche (B × L)	14,3 qm (2,7 × 5,3 m)

Gebäudemerkmale für Bauberatung
Das Wohnstallhaus zeigt beispielhaft, daß die Grundzüge des handwerklichen Bauens und die Überlieferung, wie ein Bauernhaus in seinen Räumen zu organisieren und in seinem Aufbau zu konstruieren ist, bis in das erste Viertel dieses Jahrhunderts im ländlichen Raum als selbstverständliches kulturelles Allgemeingut lebendig war. Gleichzeitig wurden jedoch zeitgemäße Neuerungen, wie z. B. größere Raumhöhen und größere Fensterabmessungen, in die Neubauten eingebracht.
Der Dreiseithof steht frei in seinem großen Grundstück, ebenso wie die benachbarten Anwesen des locker bebauten Weilers. Das ostwestgerichtete Wohnstallhaus bildet die nördliche Begrenzung des Hofraumes. Mit einer Breite von 8,7 m und einer Länge von 21,7 m erreicht der Baukörper ein Seitenverhältnis von 1:2,5. Das schiefergedeckte Halbwalmdach hat entlang der Traufseite eine Neigung von 41°, an den Halbwalmen jedoch von 46°. Hier könnten Rückschlüsse auf eine alte Baumeisterregel gezogen werden, die empfiehlt, die Walme der Giebelseiten steiler zu konstruieren als entlang der Traufseiten.
Die räumliche Organisation folgt dem regionalen Typus. Wohnteil und Stall sind von der südlichen Traufseite erschlossen. Der Flur (Hausplatz) mit der Treppe zum Obergeschoß erschließt den Küchenbereich, Stube und Stall. Die Stube (4,4 × 5,3 m) liegt an der Südostecke und ist von je zwei Fenstern mit abgeschrägten Laibungen belichtet. Der Stubenofen an der inneren Ecke zur Küche wird als Vorderlader von der Stube aus beschickt. Die Fensterachsen der Stube sind an der Ostseite zur Küchenwand hin verschoben, um in der Giebelansicht das mittlere der drei Fenster genau in die Symmetrieachse des Firstes zu bringen. Hier liegt wieder ein Anzeichen des repräsentativ gestalteten Massivbaus vor, bei dem die regelmäßige Achsfolge der äußeren Erscheinung den Vorrang vor der regelmäßigen Fensteraufteilung des Innenraums der Stube erhält (vgl. auch Erbsbühl). Die Fenster sitzen jedoch nicht wie bei dem älteren Beispiel Joditz bündig in der Mauer, sondern sind zurückgesetzt und mit Steingewänden eingefaßt.
Hinzuweisen ist auf die großen Fenster der Stube (Belichtungsfaktor 1:5,6), und die größere Geschoßhöhe (2,9 m) gegenüber den älteren Beispielen. Hier sind neue Zielvorstellungen der besseren Belichtung und Belüftung im Bauen verwirklicht.
Bei einer Grundfläche von 189 qm ergeben sich mit dem Umrechnungsfaktor von 0,75 140 qm Wohnfläche je Geschoß.

Ansicht von Osten.

Ansicht von Osten.

Ansicht von Süden.

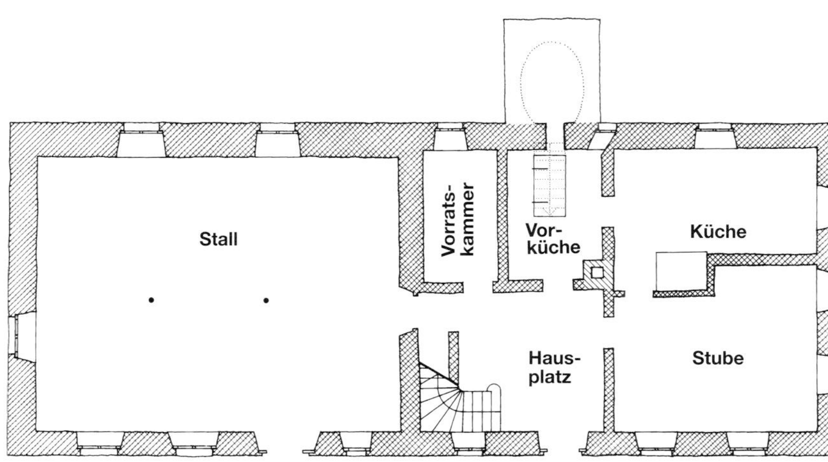

Erdgeschoß.

Kleinlosnitz

Nr. 6

Markt Zell, Landkreis Hof

Vierseithof von 1789–1791
seit 1983 Oberfränkisches Bauernhofmuseum Kleinlosnitz

Vierseithof, oben 1985, unten 1920.

Zur Hofgeschichte

Das Bauerngehöft Nr. 6 gilt als typischer Bauernhof des Fichtelgebirges.
Entstanden war das Anwesen Haus Nr. 6 aufgrund der 1689 vorgenommenen Teilung eines hier bestehenden Eineinhalb-Zinshofes. Die vorher einheitliche Flur wurde gleichmäßig auf die beiden Anwesen Kleinlosnitz Nr. 5 und Nr. 6 verteilt. Besitzer der beiden Hofstellen war bereits seit dem 16. Jahrhundert die Familie Dietel. Nach der Teilung wurde der Hof Nr. 6 in regelmäßiger Folge an den jüngsten Sohn weitervererbt.
Als 1789 der Hof abbrannte, wurde das Anwesen vom damaligen Besitzer Johann Georg Dietel nicht mehr an der gleichen Stelle aufgebaut, sondern er rückte ihn an den östlichen Ortsrand. Die alte Brandstätte blieb wüst liegen und diente als Schuttabladeplatz. 1839 wurde zwischen Johann Nikol Dietel vom »Unteren Hof« und Johann Heinrich Heinold vom »Oberen Hof« ein Tauschvertrag über die »ineinander verwickelten Peunten und Grundstücke« abgeschlossen. Heinold erhielt von Dietel das »Gartenfeld, die Brandstätte und das Grasort«. 1968 starb Richard Dietel als letzter Besitzer. Er hinterließ neben der gesamten Einrichtung des Hofes über 2000 Schriftstücke aus der Geschichte der Familie.
1976 wurde der Bauernhof vom »Verein Oberfränkisches Bauernhofmuseum« erworben. Noch im selben Jahr begannen die Instandsetzungsarbeiten. Seit 1982 ist der Träger des als Urkundhof bezeichneten Museums der »Zweckverband Oberfränkisches Bauernhofmuseum Kleinlosnitz«.
Der Hof umfaßte 60 Tagwerk Grundbesitz. Umschlossen wird der fast rechteckige Hofraum von vier Gebäuden, vom Wohnhaus mit der Stallung, der Scheune, der »Grummetschupfn« und dem Torhaus. Die Gebäude sind durch Zäune und Tore miteinander verbunden, der Hofraum ist somit zur Südseite offen, zur Wetterseite abgeschirmt.
Das massive Wohnhaus mit Fachwerkobergeschoß ist wohl noch im Brandjahr 1789 erbaut worden. 1790 folgte die Scheune und 1791 das Torhaus. Umfangreichere Veränderungen am Wohnhaus wurden durch Johann Nikol Dietel 1864 durchgeführt. Davon zeugen die beiden Türstöcke des Hauses, die mit »JND« und »1864« bezeichnet sind. Bei dieser Maßnahme wurden die Umfassungswände des Hausplatzes und Stalles repariert, das Stroh- und Schindeldach an einigen Stellen ausgebessert und die Holzdecken im Stall- und Hausplatz durch böhmische Kappengewölbe ersetzt.
Ursprünglich nahm die Stube die gesamte westliche Giebelbreite des Hauses ein.
In der Mitte des 19. Jahrhunderts wurde in der Stube eine Bretterwand eingezogen und ein neuer Raum, eine Wohnküche, abgetrennt. Früher hatte zum Kochen und Heizen ein Hinterladerofen gedient, der von der Schwarzen Küche aus bedient wurde. Mit der Stubenteilung trat ein Vorderlader an dessen Stelle.
Die Schwarze Küche ist vom Hausplatz und von der Wohnküche erschlossen und besitzt zur Stallseite hin

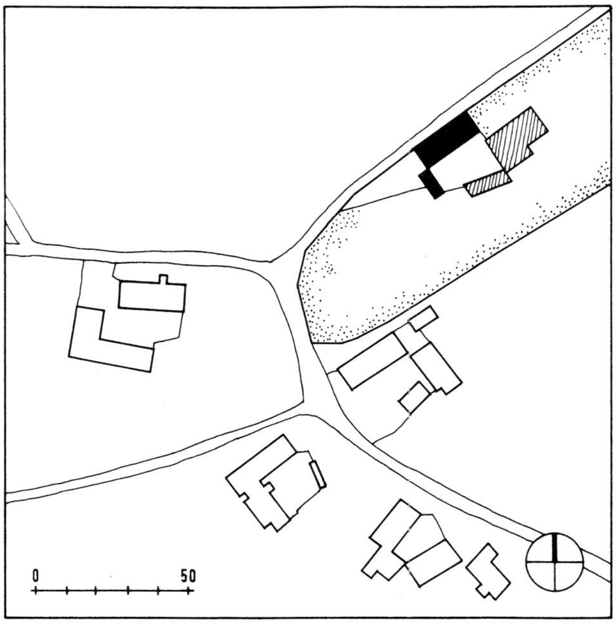

Lageplan.

Ansicht von Südwesten.

einen Backofen, der wegen der Weggrenze nicht erkerartig nach außen gezogen werden konnte. Neben dem Backofen ist im verbleibenden Eck ein kleiner gewölbter Speicherraum angelegt worden. Am Backofen mündet der offene Schlot. Die Küche erfuhr mit der Stubenteilung eine Entwertung. Sie wurde nun lediglich zum Brotbacken genutzt. Den Ostteil des Hauses nimmt der mit böhmischen Kappen gewölbte, dreischiffige Stall ein. Sowohl das Gewölbe des Stalls als auch das des Hausplatzes lassen sich mit dem Baudatum 1864 in Verbindung setzen.

Das Obergeschoß besitzt einen Stubenboden, eine Kammer, einen Stallboden mit einer weiteren integrierten Kammer und einen Hausboden. Hier wurde nach dem Zweiten Weltkrieg, Ende der vierziger Jahre eine weitere Kammer abgeteilt.

Das Fachwerk besteht aus einer engen Reihung von Ständern mit einer querlaufenden doppelten Verriegelung. Seit 1864 sind die Giebelwände des Obergeschosses und die Traufseite im Bereich des Stallbodens verbrettert. Das einhüftige Dachwerk ist als Kehlbalkendach angelegt. Die Dächer waren vor der Restaurierung mit Blech- und Betonziegeln gedeckt. Im Zuge der Wiederherstellung wurde die Strohdekkung, die bis in die dreißiger Jahre bestanden hatte, rekonstruiert.

Die Scheune ist ein breiter Bau von 1790 mit hohem strohgedecktem Satteldach. Sie zeigt einen vierzonigen Grundriß mit Remise, Bansen, Tenne, Bansen. Unter dem südlichen Bansenraum liegt ein tonnengewölbter Kartoffelkeller, dessen Einfüllöffnungen in die Tenne münden. Die Wände der Scheune sind unten in Ständerbohlentechnik, oben in reinem Ständerwerk gefügt. Auffallend ist der mächtige, liegende Stuhl, der das Dach trägt. 1858 war die Scheune repariert worden. Die alte Lehmtenne wurde gegen eine Tenne aus Holzbohlen ausgewechselt, und um eine ausreichende Hinterlüftung der Bohlentenne zu gewährleisten, wurde der gesamte Scheunenbau mit Winden etwas angehoben. Die zunehmende Technisierung der Landwirtschaft machte 1909 einen Göpelanbau an die Scheune notwendig. Bei der Einrichtung des Museums mußte das Göpelhaus leider abgebaut werden.

Die Inschrift »J. G. D. d. 16. May Anno 1791« am Torhaus dokumentiert den Abschluß der Baumaßnahmen durch Johann Georg Dietel. Der Torbau ist einstöckig und hat ein strohgedecktes Satteldach. In den Zwickeln des Torbogens finden sich Verzierungen in Form von Sechssternornamenten, die mit roter Farbe ausgelegt und für Nordostoberfranken eher ungewöhnlich sind. Südlich ist ein Bienenhäuschen angebaut.

Die »Grummetschupfe« wurde 1915 nach einem Brand neu erbaut. Das unter dem alten Schupfen 1857 eingebaute Kellergewölbe blieb beim Brand erhalten.

Der neue Schupfen ist ein zweistöckiger Bau mit flach geneigtem Satteldach mit Zementziegeldekkung. Im Erdgeschoß befinden sich der gemauerte Schafstall, der vor 1915 aus Holzbalken gezimmert war, und die Remise, die mit einem Tor versehen wurde. Die letzte maßgebliche Veränderung führte Richard Dietel durch. Er ließ in den Schafstall eine Traktorengarage einbauen.

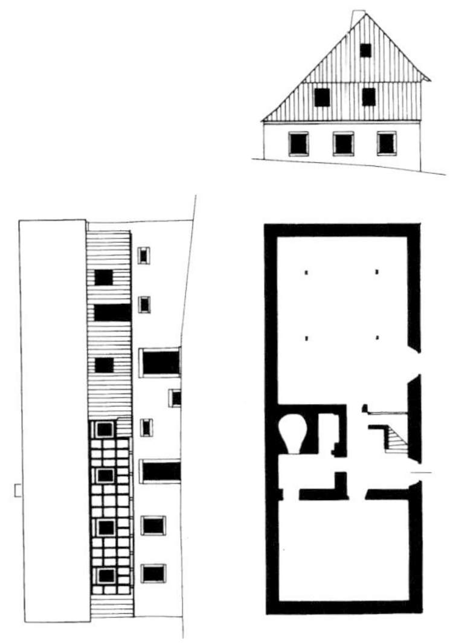

Ort	
Kleinlosnitz, Nr. 6	
Gebäude	
Gebäudeart	Wohnstallhaus
Wandkonstruktion	Naturstein/Fachwerk
Geschoßzahl	1 + Dach
Geschoßhöhe	2,8 m
Grundfläche (B × L)	184 qm (8,6 × 21,4 m)
Umbauter Raum	
Vollgeschoß	520 cbm
Dachgeschoß	630 cbm
Dach	
Dachart	Satteldach (Frackdach)
Dachneigung	48°/46°
Dachdeckung	Stroh
Dachüberstand	25 cm (Giebelseite)
Erschließung	
Hauseingang Lage	Traufseite
Flur Lage	Querflur
Grundfläche (B × L)	14 qm (3,4 × 4,1 m)
Treppe Art	einläufig über Eck
Laufbreite	100 cm
Steigungsverhältnis	18,7/24,2 cm, 38°
Stube	
Lage	Südwesten
Grundfläche	39 qm (5,5 × 7,1 m)
Fensterzahl	6
Fensteröffnung (B × H)	80 × 110 cm
Belichtungsfaktor Fensteröffnung: Grundfläche	1 : 7,4
Stubenofen	Vorderlader in Stube ehem. Hinterlader
Küche	
Lage	Flurende
Grundfläche (B × L)	5,9 qm (1,9 × 3,1 m)

Gebäudemerkmale für Bauberatung
Das Wohnstallhaus des Vierseithofes steht mit der nordwestlichen Traufe unmittelbar an der Straße, wogegen die übrigen drei Seiten mit Scheune, Schupfen und Torbau frei innerhalb des Grundstücks erbaut wurden. Das Frackdachhaus betont mit dem zur Hofstelle zweigeschossigen Ausbau und dem nach außen bis zum Erdgeschoß heruntergezogenen Dach die Abwendung von der Wetterseite und die Hinwendung zur Sonnenseite und den Innenbereich.
Die Gebäudemaße weisen im Grundriß eine ähnliche Größenordnung wie das Haus Nr. 5 auf. Der Baukörper von 8,6 m Breite und 21,4 m Länge trägt ein Frackdach, dessen beide Dachseiten mit 48 bzw. 46° nahezu gleiche Dachneigung haben. Daß auch das querstehende Torhaus von einem symmetrischen Satteldach mit ebenfalls 46° Dachneigung abgeschlossen wird, deutet auf bewußte Vorüberlegungen hin.
Für die Bauberatung ist von Interesse, daß der Grundriß trotz der späteren Abtrennung einer Wohnküche von der Stube eine klare Dreiteilung erkennen läßt. An der Südwestseite reicht die Stube durch die ganze Hausbreite. In der Mitte liegt die Zone von Hausplatz mit viertelgewendelter Treppe, Küche, Backofen und im Osten der Stall, der ebenfalls die ganze Hausbreite einnimmt.
Die Traufseite zeigt eine regelmäßige Abfolge von Fenster- und Türachsen im Wohnteil des Erd- und Obergeschosses. Dem gemauerten Erdgeschoß ist auf der Südseite ein Fachwerkgeschoß aufgesetzt, dessen Fenster nach Lage und Größe denen des Erdgeschosses entsprechen. Die regelmäßige Feldaufteilung des Rasterfachwerks weist voraus auf die späteren Holzelementbauweisen, wie sie auch heute unter veränderten technologischen Voraussetzungen wieder aufgegriffen werden.
Die Giebelseite zeigt im massiv gemauerten Erdgeschoß eine axialsymmetrische Anordnung der drei Fensterachsen. In dem holzverschalten Frackdachgeschoß sind die Dachluke und das darunterliegende Fenster auf die Firstmitte ausgerichtet, jedoch um eine halbe Achse gegenüber den Erdgeschoßfenstern versetzt.
Zusammen mit dem Torhaus ist hier eine Baugruppe von hoher Gestaltqualität erhalten, in der bei aller Freiheit des asymmetrischen Frackdachhauses durch Teilordnungen, z. B. Fensterachsen im Erdgeschoß oder in der Dachfirstachse, ein hervorragendes Zusammenspiel von unterschiedlichen, aber in sich geordneten Teilstrukturen erreicht ist.

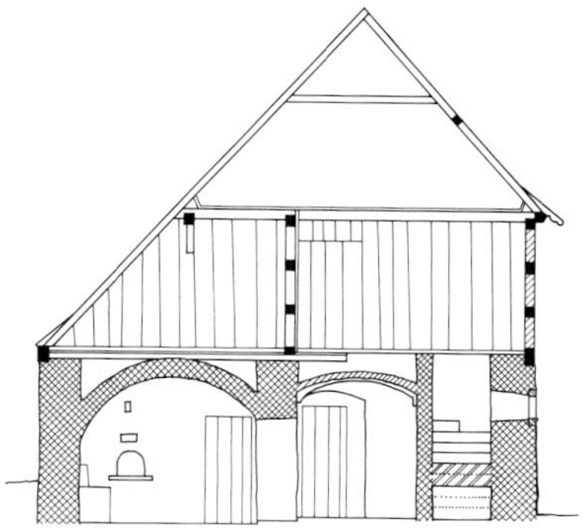

Querschnitt durch Hausplatz.

Ansicht von Südosten.

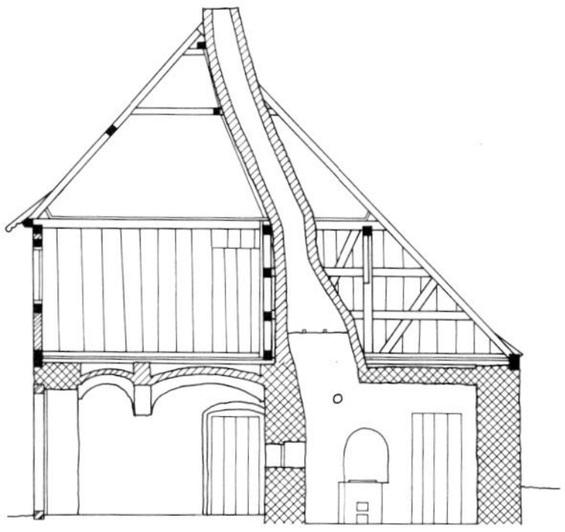

Querschnitt durch die Schwarze Küche.

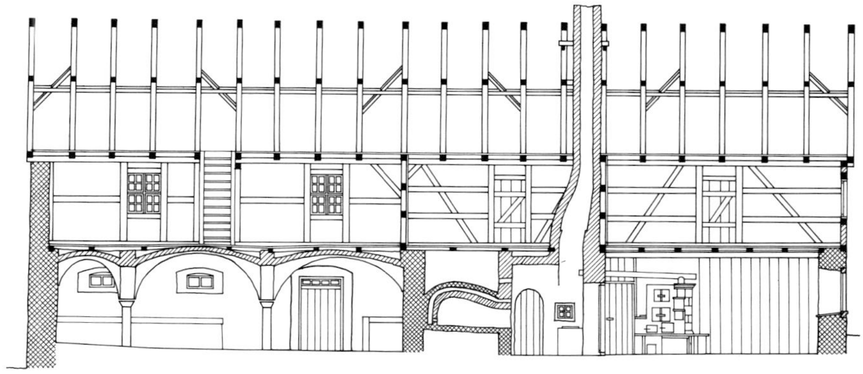

Längsschnitt von Nordosten.

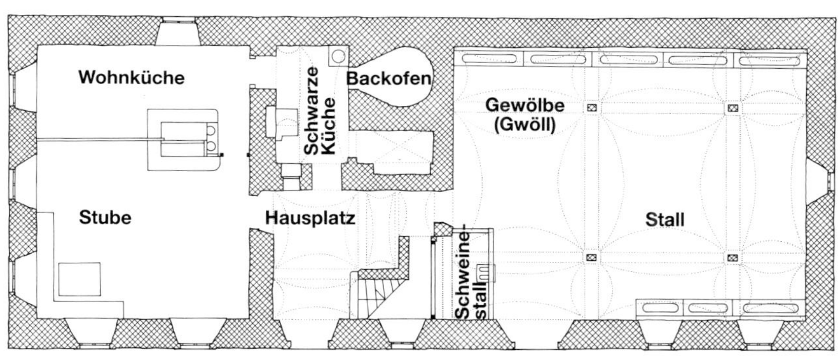

Erdgeschoß.

Ansicht des Torhauses von Südosten.

Ansicht von Südwest.

Kleinschwarzenbach

Nr. 39

Stadt Helmbrechts, Landkreis Hof

Kleinbauernhof
Frackdachhaus von 1789/90 (d)

Zur Siedlung

Kleinschwarzenbach liegt nordwestlich Helmbrechts und gehörte ins Vogteiamt Helmbrechts des Kulmbacher Kreis des Fürstentums Bayreuth. Die Streusiedlung erfuhr nach weitgehender Zerstörung im Dreißigjährigen Krieg einen grundlegenden Neuaufbau und nachfolgend überdurchschnittlich viele Güterteilungen.

Im 19. Jahrhundert setzte sich die Bevölkerung Kleinschwarzenbachs hauptsächlich aus Bauern und Webern zusammen. Es bestanden wenige größere Anwesen, aber viele Kleinbauernhöfe und Trüpfhäuser.

Zur Hofgeschichte

Den Halbhof hatte im 19. Jahrhundert der für den Bauern Johann Jacob Peetz bevollmächtigte Johann Konrad Pöhlmann erworben. Er zählte 5,46 Tagwerk und gehörte zu den kleineren Gehöften des Dorfes.

Bis etwa 1980 besaß das Haus noch ein intaktes Strohdach. Seit 1990 steht es leer.

Das Erdgeschoß des Frackdachhauses wurde aus Bruchsteinmauerwerk gemauert. Es ist mit Kalkmörtel verputzt und wurde mehrfach weiß gefaßt. Das nüchterne Gitterfachwerk mit enger Ständerstellung stammt nur noch im Bereich des Stubenbodens aus der Bauzeit 1789/90(d). Die Gefachzonen mit Lehmwerkfüllung sind dort durchwegs original erhalten. Der straßenseitige Giebel, dessen oberer Teil etwas vorkragt, und die rückwärtige Giebelseite sind mit Brettern verschalt. Das ehemals mit Stroh gedeckte Frackdach ist heute mit Dachpappe überzogen.

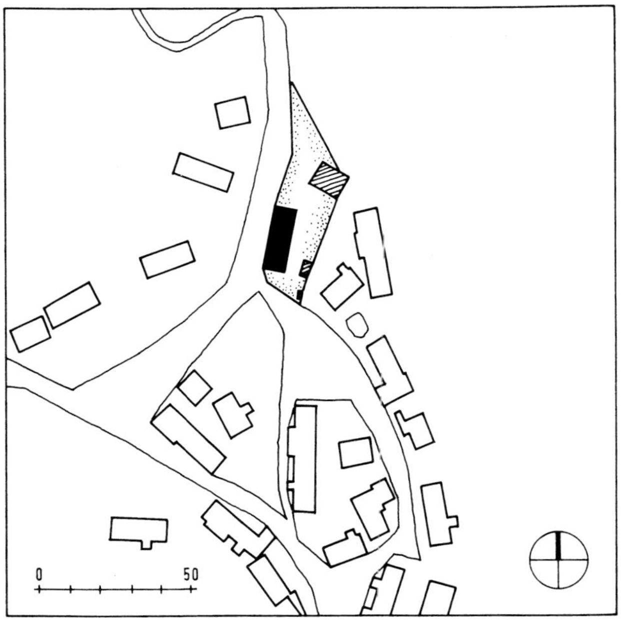

Lageplan 1857.

Südgiebel um 1960.

Das Wohnstallhaus ist quererschlossen. Vom großen Hausplatz gelangt man in die Stube mit Kachelofen. Von der tonnengewölbten Schwarzen Küche führt eine Treppe in den unter der Stube liegenden Keller. Neben der Küche liegt die Küchenkammer. Rechts des Hausplatzes erstreckt sich über die ganze Breite des Hauses der Stall. Daran schließt eine Holzlege aus Riegelwerk mit Bretterverschalung an, die vom Hof aus zu begehen ist. Ins Obergeschoß führt vom Hausplatz eine 90° Grad gewendelte Holzstiege. Im Obergeschoß befindet sich über dem Hausplatz, der Küche und der Kammer des Erdgeschosses ein großer Flur, über der Stube ein Schlafraum mit Abstellkammer in der Abseite des Frackdaches. Neben einer schrittweisen Ausmauerung der Traufseite, des Stall- und des Stubenbereiches zeichnet sich das Haus durch einige unverändert erhaltene Elemente aus. Die Stube ist großzügig belichtet und besitzt einheitliche und große, nachträglich eingefügte Fensteröffnungen. Die Einräumigkeit wurde erst im 20. Jahrhundert durch einen Bretterverschlag zwischen Kachelofen und Giebelwand aufgehoben. Das Fachwerk der Traufseite vor Haus- und Dachboden wurde seit dem ausgehenden 19. Jahrhundert durch Ziegelmauern ersetzt. Stall und Stube erhielten neue Decken mit Eisenschienen, während in Hausplatz, Speis und Holzlege die bauzeitlichen Deckenbalken mit Bretterlage offen erhalten blieben. Eine Besonderheit stellt die Holzlege (vergleichbar mit der Tenne in Grassemann S. 165) dar, die im Erdgeschoß nur von außen, im Obergeschoß aber vom Haus aus zugänglich ist und in einer Folge mit dem ganzen Dachstuhl abgebunden wurde.

Ansicht von Süden.

Ansicht von Osten.

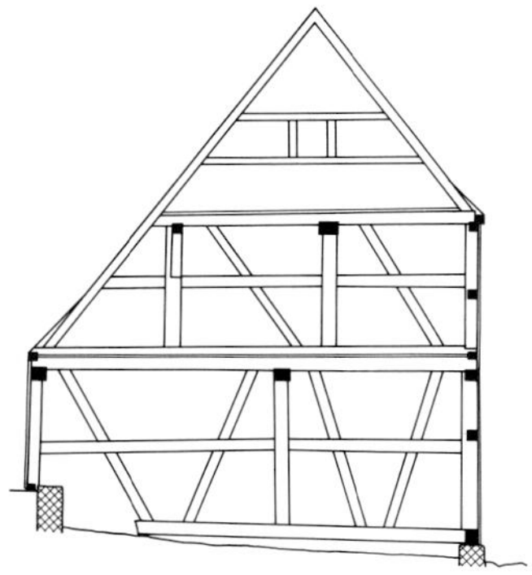

Querschnitt durch die
Holzlege von Süden.

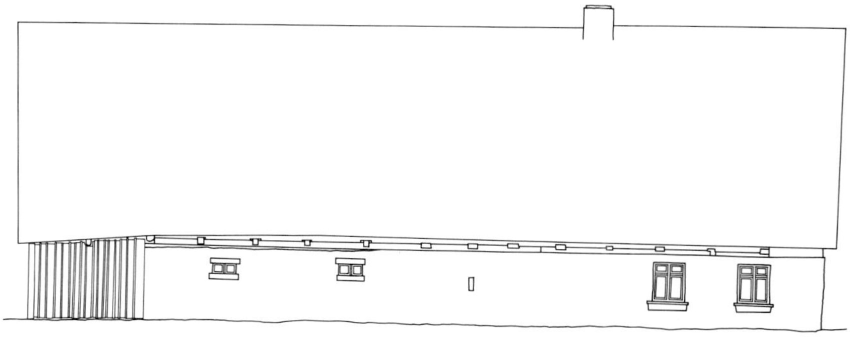

Ansicht von Westen.

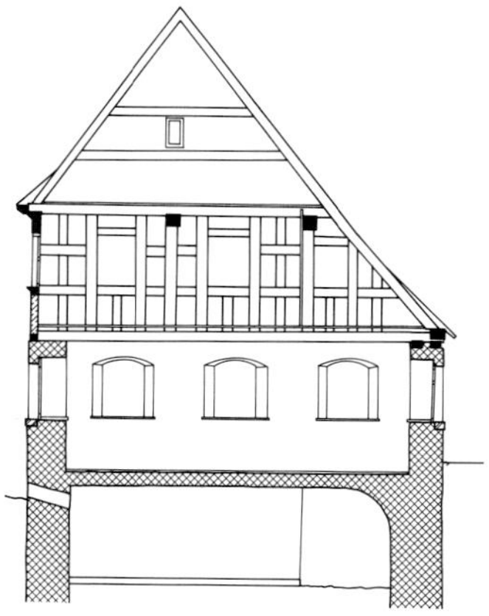

Querschnitt durch die
Stube von Norden.

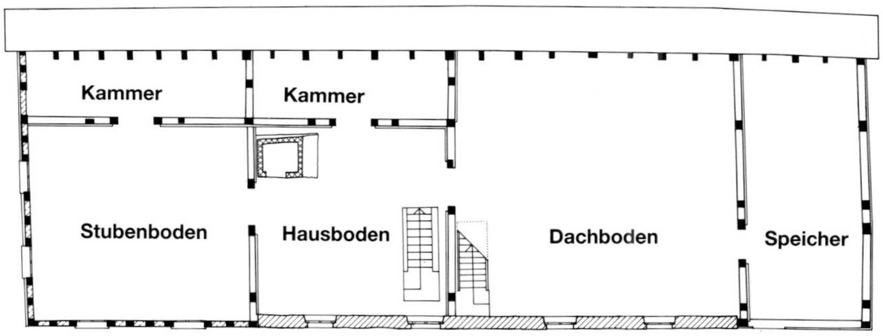

Obergeschoß und Erdgeschoß (unten).

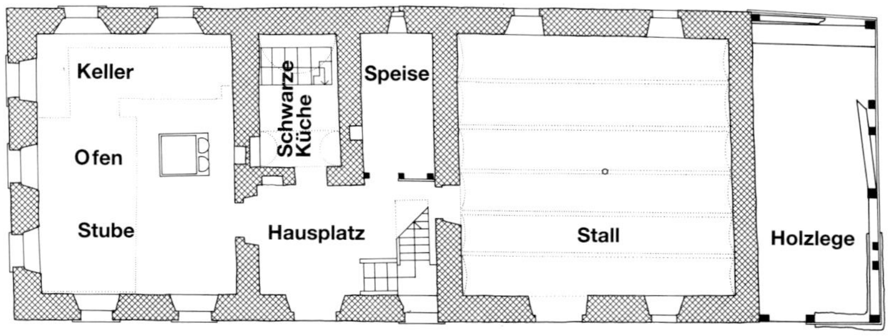

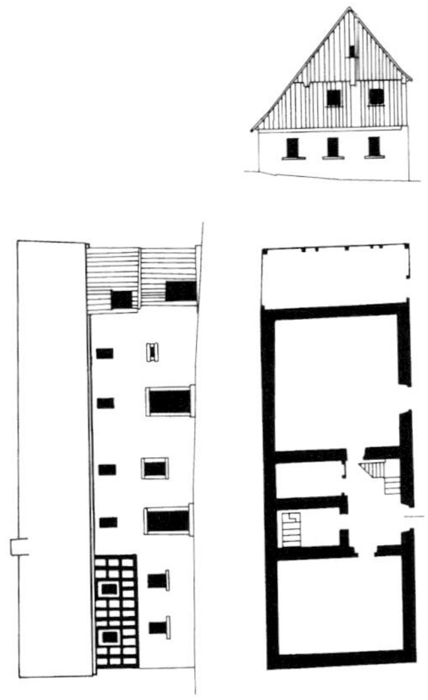

Ort	
Kleinschwarzenbach, Nr. 39	
Gebäude	
Gebäudeart	Wohnstallhaus
Wandkonstruktion	Naturstein/Fachwerk
Geschoßzahl	1 + Dach
Geschoßhöhe	2,7 m
Grundfläche (B × L)	157,5 qm (7,5 × 21,0 m)
Umbauter Raum	
Vollgeschoß	430 cbm
Dachgeschoß	500 cbm
Dach	
Dachart	Satteldach (Frackdach)
Dachneigung	51°
Dachdeckung	ehem. Stroh, nun Pappe
Dachüberstand	35 cm (Giebelseite)
Erschließung	
Hauseingang Lage	Traufseite
Flur Lage	Längsflur
Grundfläche (B × L)	11,2 qm (2,6 × 4,3 m)
Treppe Art	zweiläufig
Laufbreite	70 cm
Steigungsverhältnis	20,8/18,1 cm, 49°
Stube	
Lage	Süden
Grundfläche (B × L)	29,8 qm (4,8 × 6,2 m)
Fensterzahl	7
Fensteröffnung (B × H)	80 × 100 cm
Belichtungsfaktor Fensteröffnung: Grundfläche	1:5,3
Stubenofen	Vorderlader in Stube
Küche	
Lage	Flurende
Grundfläche (B × L)	6,1 qm (1,9 × 3,2 m)

Gebäudemerkmale für Bauberatung

Das Frackdachhaus ist auf der westlichen Grundstücksgrenze unmittelbar an der Straße erbaut. Die kleine Hofstelle wird von Süden her befahren und im Norden durch eine Scheune abgeschlossen. Das Wohnstallhaus ist mit der zweigeschossigen östlichen Traufseite in den Hof hinein ausgerichtet und schützt sich mit dem bis auf das Erdgeschoß heruntergezogenen Dach auf der Westseite gegen Wetter und die vorbeiführende Straße.

Der eineinhalbgeschossige Baukörper von 7,5 m Breite und 21,0 m Länge trägt ein auf beiden Seiten 51° geneigtes aufweist. Die Türen zum Wohnteil, zum Stall und zur Holzlege liegen auf der zweigeschossigen östlichen Traufseite. Der Flur hat bei der geringen Hausbreite nur eine Tiefe von 2,6 m, dagegen eine Länge parallel zur Traufe von 4,3 m, so daß er als quererschlossener Längsflur zu bezeichnen ist. Folgerichtig wird auch der erste Treppenlauf parallel zur Außenwand angetreten und nach einem Podest die Laufrichtung um 90° gedreht, um quer zum First ohne Auswechslung der Deckenbalken das Obergeschoß zu erreichen.

Die südliche Giebelseite wird von der Stube (4,8 × 6,2 m) eingenommen, die an drei Seiten Fenster hat. Der Belichtungsfaktor von 1:5,3 liegt über dem Grenzwert der Bauordnung von 1:8. Die drei Zonen des Grundrisses sind mit Stube, Hausplatz und Küche, Stall und angebauter Holzlege klar ablesbar. Auch das Obergeschoß zeigt die gleiche Raumaufteilung mit der Abfolge Schlafraum, Flur, Dachboden und Speicher.

Auf der östlichen Traufseite sind im Massivbauteil die Fenster bzw. Türen in ihren Achsen aufeinander bezogen. Das Fachwerk mit Schlafstuben weicht davon ab, bildet aber durch den Wechsel von Konstruktion und Material eine eigene Zone, die der Abmessung der Stube des Erdgeschosses entspricht.

Die Giebelseite ist durch das asymmetrische Frackdach geprägt, das jedoch deutliche Zuordnungen in Einzelteilen zeigt. So ist das gemauerte Erdgeschoß in sich mit drei Fenstern axialsymmetrisch ausgerichtet. Ebenso sind die zwei Fenster des Obergeschosses und die Dachluke des Spitzbodens auf das Giebeldreieck bezogen. Eine weitere Verbindung besteht auch in der Entsprechung der Fensterachsen von Erd- und Obergeschoß, wenn auch hier Abweichungen in cm-Toleranzen vorliegen.

Bei einer Grundfläche von 157 qm ergibt sich mit dem Umrechnungsfaktor 0,75 eine Wohnfläche von 118 qm im Erdgeschoß.

Nentschau

Nr. 34

Gemeinde Regnitzlosau, Landkreis Hof

Dreiseithof des 18. Jahrhunderts
1987: Abschluß der Sanierungsarbeiten

Zur Siedlung
Nentschau liegt östlich von Hof an der Regnitz. Ursprünglich angelegt als slawische Siedlung, gehörte Nentschau zu Beginn des 14. Jahrhunderts den Reitzensteinern als Grundherren, die hier auch eine Burg besaßen. 1418 verkaufte Konrad von Reitzenstein seine Burg und eine Sölde an die Brüder Jan und Heinrich von Feilitzsch. Neben diesen beiden Familien hatten noch weitere Geschlechter Lehen in Nentschau, so die Familien Dobeneck, Rabensteiner und Sparneck. Nentschau war Brandenburgisch-Bayerisches Mannlehen und »landsässiges« Rittergut. Im 18. Jahrhundert gehörte der Ort zum markgräflichen Amt Hof. Mit Einschluß des Schlosses hatte der Ort zu dieser Zeit 62 Haushalte. 1827 zählte der Ort 325 Einwohner. 30 Jahre später existierten in Nentschau 46 Häuser, zwei Mühlen, ein Ziegelhaus, drei Hammerwerke. Die kleinen Tropfhäuschen zahlreicher Handwerker liegen nördlich des Rittergutes und bezeugen so einen Peuplierungsvorgang im 18. Jahrhundert. Die größeren Höfe einiger weniger Bauern finden sich dagegen südlich des Gutes.

Zur Hofgeschichte
Der große Hof scheint in früheren Zeiten eine bedeutende Rolle gespielt zu haben. 1856 gehörte das Anwesen der Bauerswitwe Maria Catharina Trampler und ihren Kindern. Das Gut hatte ihr verstorbener Ehemann Johann Georg Trampler laut Kaufvertrag am 27. März 1832 von seinen Eltern Matthäus und Anna Maria Trampler um 1000 Gulden

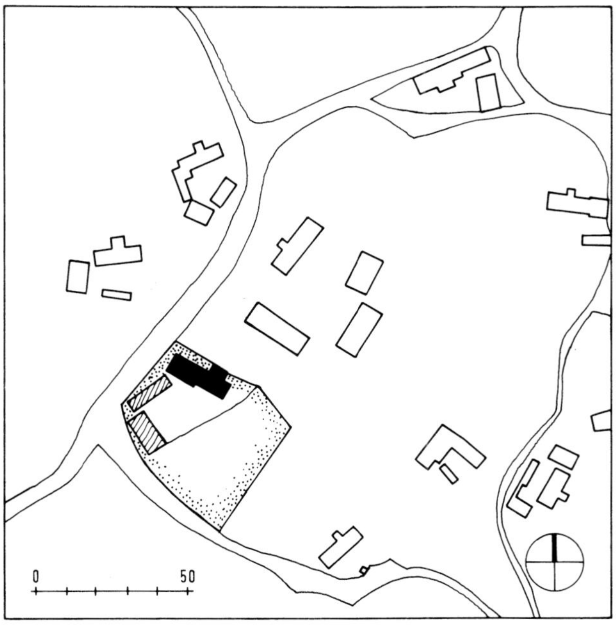

Lageplan 1853.

Ansicht des Dreiseithofes.

erkauft. Es handelte sich um eine Hofanlage mit einem Wohnhaus mit Stall, Backofen, Scheune, Schupfen und Hofraum.
Mit 79,26 Tagwerk gehörte das Gehöft zu den drei großen Anwesen Nentschaus. 1878 wurde das Gut von Greszel für seinen Schwiegersohn Bauriedel ersteigert. Erst 1975 wurde der jahrelang unbewohnt gebliebene Hof von Wolf Mändl aus dem Besitz der Erben Greszels erworben und von 1976 bis 1987 saniert. Zum Hof gehören ein Wohnstallhaus, ein Schupfenbau mit Wagendurchfahrt, eine Scheune sowie ein rückwärtiges Torhaus.
Das einraumtiefe Wohnstallhaus des Anwesens Nentschau Nr. 34 nimmt als Umgebindehaus eine Sonderstellung innerhalb der behandelten Objekte ein. Im Erdgeschoß des zweigeschossigen Gebäudes bestehen die Giebel- und die Traufwand im Bereich des Wohnteils aus Blockbau mit einem Steinsockel und einem umliegenden Stützgerüst. Das übrige Erdgeschoß ist massiv. Das Granitgewände der Stalltüre trägt die Bezeichnung SMT 1735, die auf den Familiennamen Trampler hinweist. Der Stall wird von böhmischen Kappen des 19. Jahrhunderts, die auf Granitsäulen ruhen, überwölbt. Vom Hausplatz aus erschließen sich ein Abgang in den Keller mit Brunnen und ein Zugang in die massive gewölbte Schwarze Küche. Von der Küche schließt nach außen der Backofen an. Er ist von einem großen massiven Erker umgeben, der von der Stube aus durch eine Tür zugänglich ist. Zugang zu diesem Anbau hat man auch von außen. Im Zusammenhang mit dem Ausbau des Backofenerkers wurde die rückwärtige Blockwand der Stube durch eine Bruchsteinmauer ersetzt.
Das gitterartige Fachwerk des Obergeschosses kragt über das Erdgeschoß hinaus und ruht auf dem Stützgerüst. Im Stall- und Hausplatzbereich ist das obere Stockwerk verbrettert. Das Dach des langgestreckten Wohnstallhauses war ursprünglich mit Stroh gedeckt, der kleine Anbau mit dem Austragsstübchen mit Schiefer.

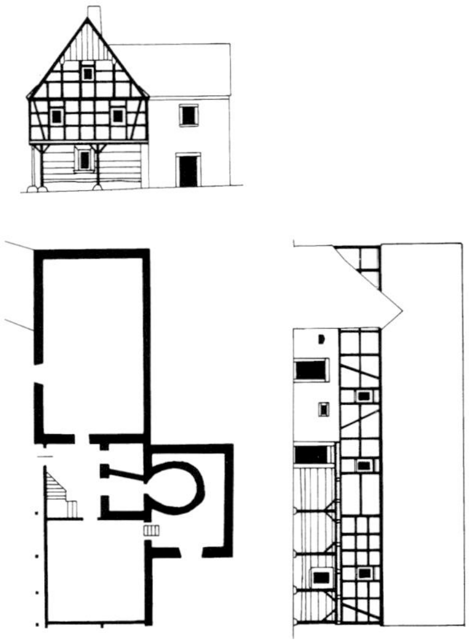

Ort	
Nentschau, Nr. 34	
Gebäude	
Gebäudeart	Wohnstallhaus
Wandkonstruktion	Naturstein, verputzt/ Fachwerk/Blockbau
Geschoßzahl	2 + Dach
Geschoßhöhe	ca. 2,6 m
Grundfläche (B × L)	168,7 qm (6,6 × 21,1 m + 4,6 × 6,4 m)
Umbauter Raum	175 qm
Vollgeschosse	ca. 840 cbm
Dachgeschoß	ca. 380 cbm
Dach	
Dachart	Satteldach
Dachneigung	54°
Dachdeckung	ehem. Stroh, nun Kunstschiefer
Dachüberstand	10 cm (Giebelseite)
Erschließung	
Hauseingang Lage	Traufseite
Flur Lage	Längsflur
Grundfläche (B × L)	12,3 qm (3,0 × 4,1 m)
Treppe Art	zweiläufig
Laufbreite	95 cm
Steigungsverhältnis	21,6/19,4 cm, 48°
Stube	
Lage	Südostecke
Grundfläche (B × L)	30,2 qm (5,4 × 5,6 m)
Fensterzahl	3
Fensteröffnung (B × H)	75 × 100 cm
Belichtungsfaktor Fensteröffnung: Grundfläche	1 : 13,4
Stubenofen	Hinterlader von Küche
Küche	
Lage	Flurende
Grundfläche (B × L)	3,6 qm (1,8 × 2,0 m)

Gebäudemerkmale für Bauberatung
In dem auf drei Seiten umbauten Hof sind alle Gebäude, das Wohnstallhaus im Norden, der Schuppen im Westen und die Scheune im Süden, nahe der Grundstücksgrenze errichtet. Dadurch entsteht ein großer, nach Südosten offener Hofraum, von dem aus Wohnteil und Stall erschlossen sind.
Das Umgebindehaus erregt über seine Bedeutung in der hausgeschichtlichen Forschung hinaus wegen seines klaren Grundrißgefüges und des gut gestalteten Baukörpers das Interesse des Architekten und Ingenieurs, der fragt, welchen Gebäudemerkmalen die Anlage ihre selbstverständliche Schönheit verdankt. Der Baukörper von 6,6 m Breite und 21,1 m Länge erreicht ein Seitenverhältnis von 1:3,2. Er wird über seine unterschiedlichen Funktions- und Konstruktionsbereiche hinweg von einem 54° geneigten, schiefergedeckten Satteldach zusammengefaßt.
Im Erdgeschoßgrundriß fällt zunächst der Wechsel des massiv gemauerten Stalls in der Nordwand des Wohnteils gegenüber der Stützenstellung auf der Ost- und Südseite des Gebäudes auf. Die eingerückte Blockwand umfaßt die Stube an der Südostecke (5,4 × 5,6 m) und den Hauseingang mit Flur (Hausplatz). Auch hier führt der schmale Grundriß zu einem quererschlossenen Längsflur, in dem die Treppe nach einem Antritt von drei Stufen und einem Zwischenpodest ihre Laufrichtung um 90° wechselt und parallel zur Traufseite in das Obergeschoß emporsteigt. Die Küche liegt in der Zone des Hausplatzes, ist aber wegen der Brandgefahr in den Massivbau einbezogen, ebenso der an sie angebaute seitliche Erker des Backofens.
In den Ansichten sind die Stützen und die dahinter waagrecht strukturierten Blockwände des Erdgeschosses (Umgebinde) und darüber das Rasterfachwerk des Obergeschosses besondere Kennzeichen. Mit dem Massivbau des Stalles und der darüber durchgehenden senkrechten Holzschalung sind alle Teile durch ein langgezogenes Satteldach zu einem gut gestalteten Bauwerk verbunden. Hier liegt ein konkretes Beispiel vor, wie in den Einzelteilen sehr unterschiedliche Strukturen durch einen einfachen und geschlossenen Baukörper und das Dach zu hoher Gestaltqualität gesteigert werden können.
Bei 169 qm Grundfläche ergibt sich mit einem Umrechnungsfaktor von 0,75 eine Wohnfläche von 127 qm je Geschoß.

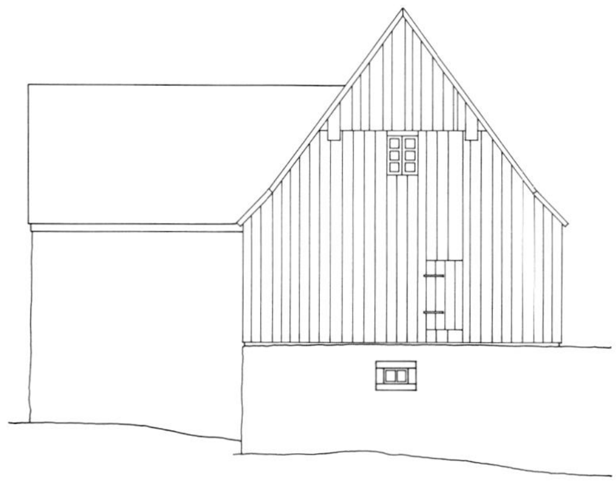

Ansicht von Westen.

Ansicht von Osten.

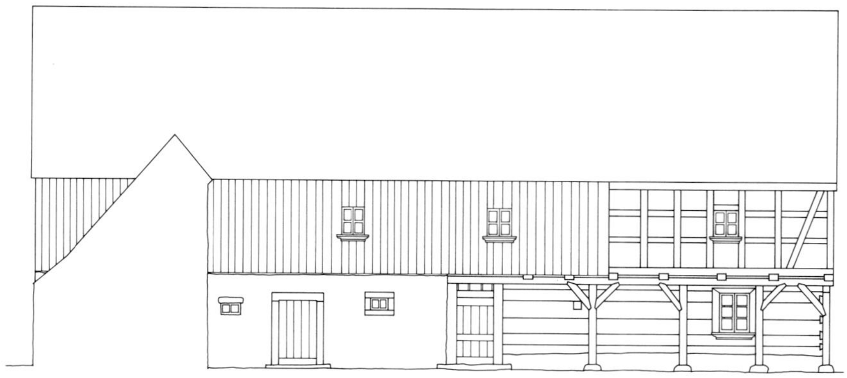

Ansicht von Süden.

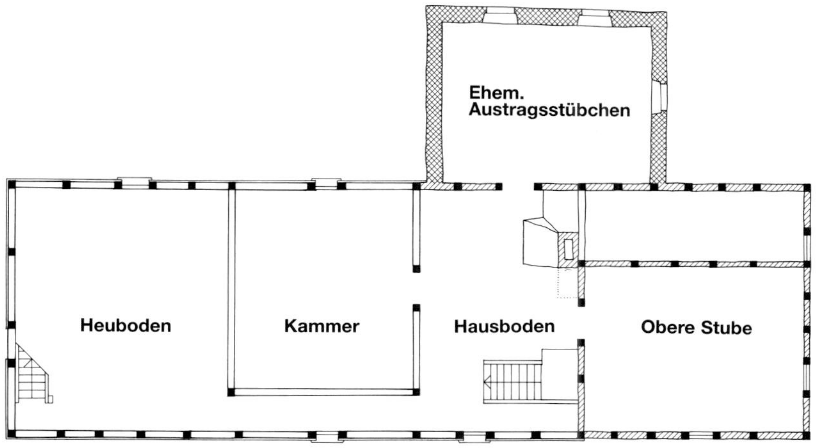

Obergeschoß.

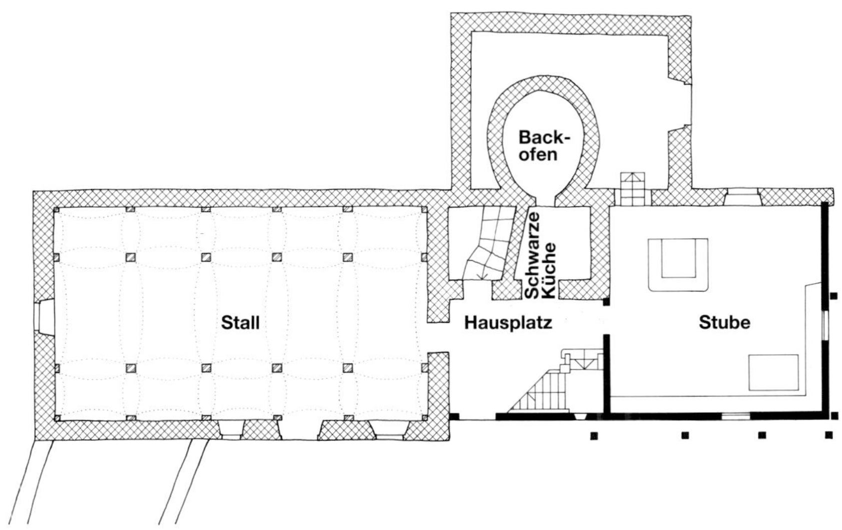

Erdgeschoß.

Neuhausen

Nr. 10

Stadt Rehau, Landkreis Hof

Vierseithof des 18. Jahrhunderts
Blockbau mit Fachwerkobergeschoß von 1788
1988: Instandsetzung des Gehöftes

Zur Siedlung

Neuhausen ist ein lockeres Reihendorf mit einer kleinen, ergänzenden Streusiedlung nahe der tschechischen Grenze. Einige Höfe des Dorfes liegen dicht an der Grenze, während sich der Kern des Ortes erst weiter südlich erstreckt. Um 1300 war die Siedlung Lehen der Ritter auf Neuberg, 1340 bis 1412 Lehen der Forster, welche ihre Besitzungen im Jahre 1412 an den Burggrafen von Nürnberg verkauften. 1555 verliehen die Burggrafen von Meißen den Zedtwitzern auf Neuberg vier Güter in Neuhausen. 1858 existierten in Neuhausen 23 Anwesen. Die Durchschnittsgröße der Höfe in Neuhausen betrug zwischen 30 und 40 Tagwerk. Lediglich vier Hofanlagen hatten einen größeren Grundbesitz. Der Großteil der Bevölkerung betrieb Landwirtschaft, daneben lebten zu dieser Zeit in Neuhausen zwei Müllermeister, ein Krämer, ein Schmied, ein Gastwirt und ein Gold- und Silbermeister.

Zur Hofgeschichte

Im Jahre 1858 gehörte zum Anwesen Haus Nr. 10 eine Wirtschaftsfläche von 34 Tagwerk.
Laut Kaufvertrag hat der Bauer Lorenz Reinel den »Dreiachtelshof mit Wohnhaus mit Stall, Keller, Backofen, Scheune, zwei Schupfen, Hofraum und Gemüsegärtchen« am 13. November 1848 von Johann Gäßlein um 9200 Gulden erkauft. Noch in den siebziger Jahren war das Gehöft im Besitz der Familie Reinel. Der jetzige Besitzer hat das Haus ab 1988 instand gesetzt. Der »Reinelsche Hof« liegt nicht im eigentlichen Ortskern, sondern, den Hang beherrschend, nur wenige Meter von der Landesgrenze entfernt am oberen Dorfrand. Es handelt sich um einen allseitig geschlossenen Vierseithof, der einen rechtwinkligen Hofraum einschließt. Die vier Seiten des Hofes werden vom Wohnhaus mit der Stallung, vom Schafstall, von der Durchfahrt gegenüber dem Wohnhaus und der neueren Scheune gebildet. Zwischen Scheune und Wohnhaus führt eine Fußgängerpforte in den Hof.
Das Wohnstallhaus ist zweigeschossig mit Satteldach und wurde 1788 erbaut. In die Bauzeit von 1788 gehören der Stall mit Kreuzgratgewölben und das Fachwerkobergeschoß. Der verbretterte Blockteil der Stube ist wohl als ältester Bauteil noch vor die Hälfte des 18. Jahrhunderts zu datieren. Hausplatz- und Stallbereich sind aus massivem Bruchsteinmauerwerk. Das Obergeschoß besteht aus einem regelmäßigen, rechtwinkligen Gitterfachwerk. An seiner Formenbildung wird die enge Beziehung zum Egerland deutlich.
Der Grundriß zeigte die typische Einteilung in Stube, Schwarze Küche, Flur und Stall. In der Schwarzen Küche war eine Herdplatte aus Granit vorhanden, die man als Feuerstein bezeichnet hat. Der ehemals offene Schlot ist inzwischen bis zum Küchenboden gemauert worden. Der Stubenofen stand bis 1964 als Hinterlader. Aus der Küchenwand ragt erkerartig der Backofen, der von einem Rundbogen getragen wird.
Das Hausdach ist mit Blech gedeckt, darunter sind noch die alten Holzschindeln erhalten.
Der Schafstall und die Durchfahrt sind ebenfalls im 18. Jahrhundert erbaut.
Die Durchfahrt zeigt ein für das Egerland und Ascher Gebiet typisches Merkmal: den Blockwerkkranz aus drei Balkenlagen unterhalb des Daches. Die in dieser Gegend häufiger anzutreffende Erscheinung ist als Umschrot bekannt.

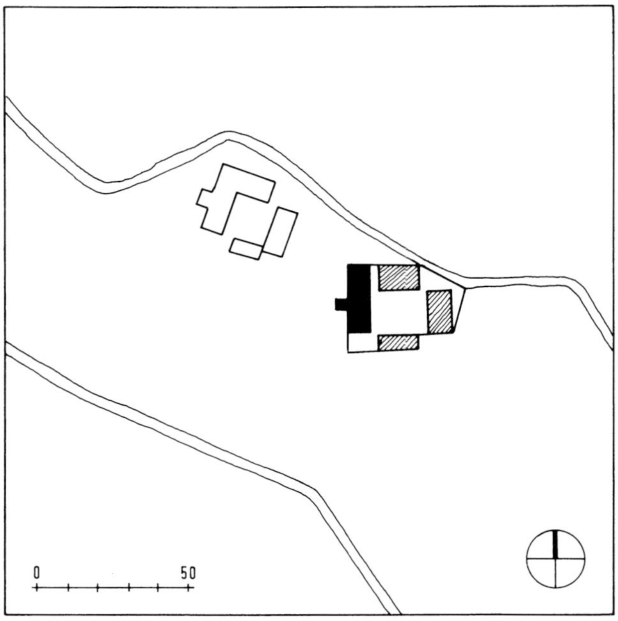

Lageplan.

Ansicht des Wohnstallhauses von Süden.

Ansicht mit Backofenerker, vor der Sanierung.

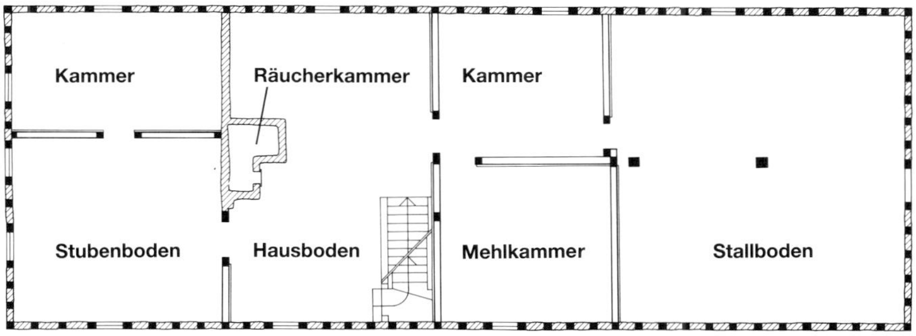

Obergeschoß des Wohnstallhauses.

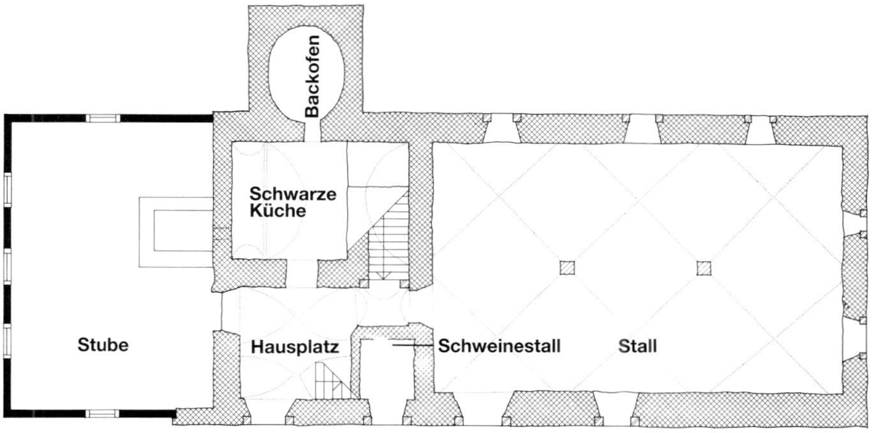

Erdgeschoß des Wohnstallhauses.

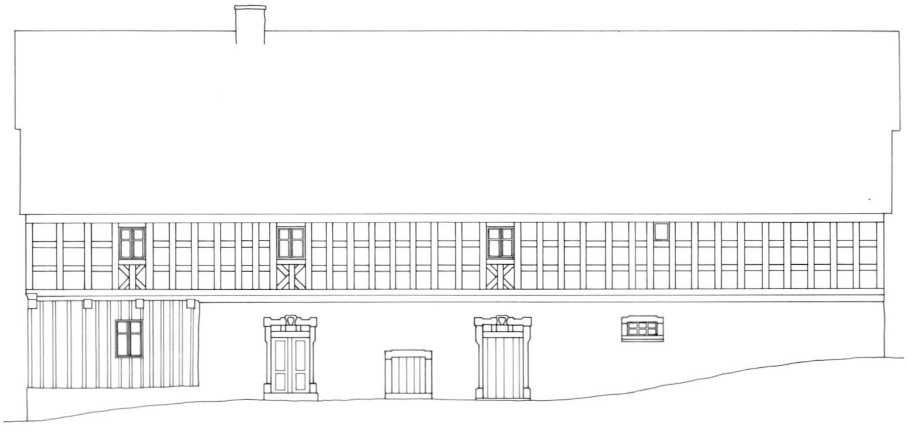

Ansicht des Wohnstallhauses von Osten.

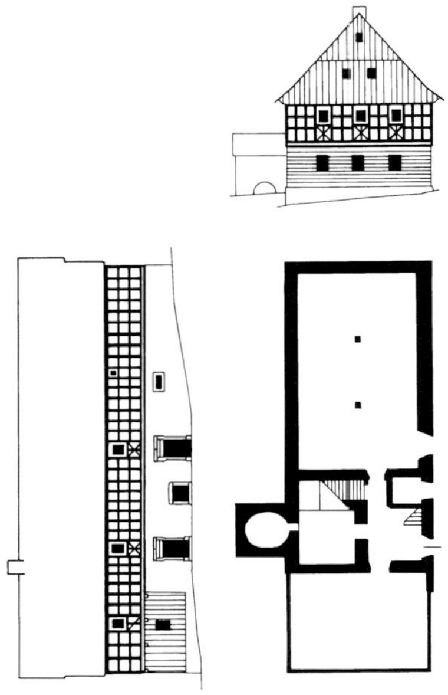

Ort	
Neuhausen, Nr. 10	
Gebäude	
Gebäudeart	Wohnstallhaus
Wandkonstruktion	Blockbau/Fachwerk/Naturstein
Geschoßzahl	2 + Dach
Geschoßhöhe	2,7 m
Grundfläche (B × L)	190 qm (8,3 × 22,9 m)
Umbauter Raum	
Vollgeschosse	950 cbm
Dachgeschoß	420 cbm
Dach	
Dachart	Satteldach
Dachneigung	48°
Dachdeckung	ehem. Holzschindeln, nun Blech
Dachüberstand	20 cm (Giebelseite)
Erschließung	
Hauseingang Lage	Traufseite
Flur Lage	Querflur
Grundfläche (B × L)	9 qm (3,0 × 3,0 m)
Treppe Art	zweiläufig
Laufbreite	100 cm
Steigungsverhältnis	16,9/20,6 cm, 39°
Stube	
Lage	Süden
Grundfläche (B × L)	40,8 qm (5,3 × 7,7 m)
Fensterzahl	5
Fensteröffnung (B × H)	70 × 100 cm
Belichtungsfaktor Fensteröffnung: Grundfläche	1:11,7
Stubenofen	Hinterlader von Küche
Küche	
Lage	Flurende
Grundfläche (B × L)	9,3 qm (3,0 × 3,1 m)

Die Scheune wurde in der jüngsten Form erst zu Beginn des 20. Jahrhunderts erbaut.
Da die Hofanlage des 2. Drittels des 18. Jahrhunderts ungewöhnlich gut erhalten ist, kann das große zweistöckige Haus als wichtiges Baudenkmal eingestuft werden. Die Blockstube des Wohnhauses und der Kleintierstall in reiner Blockbauweise sind besonders herausragende Merkmale dieses Hofes.

Gebäudemerkmale für Bauberatung
Der Vierseithof liegt frei in seinem Grundstück und ist als rechtwinklige Anlage, unabhängig von dem vorbeiführenden Zufahrtsweg, nordsüdlich ausgerichtet. Das Wohnstallhaus bildet den westlichen Abschluß des geschlossenen Hofraumes.
Der zweigeschossige Baukörper von 8,3 m Breite und 22,9 m Länge erreicht ein Seitenverhältnis von 1:2,8 und trägt ein 48° geneigtes, heute mit Blech gedecktes Satteldach. Das Raumgefüge ist konstruktiv in Holzbau und Massivbau, funktional in drei Zonen eingeteilt. Die volle Breite der Südseite nimmt die in Blockbauweise errichtete Stube ein. Die mittlere Zone wird vom Hausplatz und der Küche mit angebautem Backofenerker gebildet. Die geringe Tiefe des Hausplatzes zwingt dazu, die Laufrichtung der Treppe zum Obergeschoß an einem Podest um 90° zu ändern. Unter dem gemauerten Treppenpodest ist ein kleiner, von außen zugänglicher Schweinestall untergebracht. Dem Großviehstall ist die nördliche Hälfte des Wohnstallhauses zugeteilt. Im Obergeschoß erschließt der breite, durchgehende Flur seitlich je zwei Räume.
Auf der Ostseite sind unter dem langgestreckten Satteldach unterschiedlich konstruierte Hausteile zusammengefaßt. Im Süden des Erdgeschosses liegt der Blockbau der Stube, daran anschließend das verputzte Bruchsteinmauerwerk für die Zonen des Flurs und des Stalls. Das Obergeschoß ist als Rasterfachwerk mit eng gestellten geschoßhohen Ständern ohne Streben ausgebildet. Die Holzschalung des Giebels ist auf der Höhe des Kehlbalkens gestoßen und kragt im Spitzboden nach außen vor.
Die Westansicht des Hauses wird von der Einheit des durchgehenden Firstes und des Rasterfachwerks des Obergeschosses mit den stehenden Fensterformaten geprägt. Im Erdgeschoß überwiegt die große Fläche der massiv gebauten Wand, die nur durch kleine querliegende Stallfenster unterteilt ist. Am Südende zeigt die Holzkonstruktion der Stube eine senkrechte Struktur, in die auch das Stubenfenster eingefügt ist. Der Backofenanbau nimmt das Satteldach des Hauptgebäudes auf, ist im Giebeldreieck verschalt und im Erdgeschoß wie das Hauptgebäude massiv gemauert. Der Anbau bildet so zusammen mit dem Hauptgebäude eine überzeugende Gestalteinheit.
Bei 190 qm Grundfläche ergibt sich über den Umrechnungsfaktor von 0,75 eine Wohnfläche je Geschoß von 142 qm.

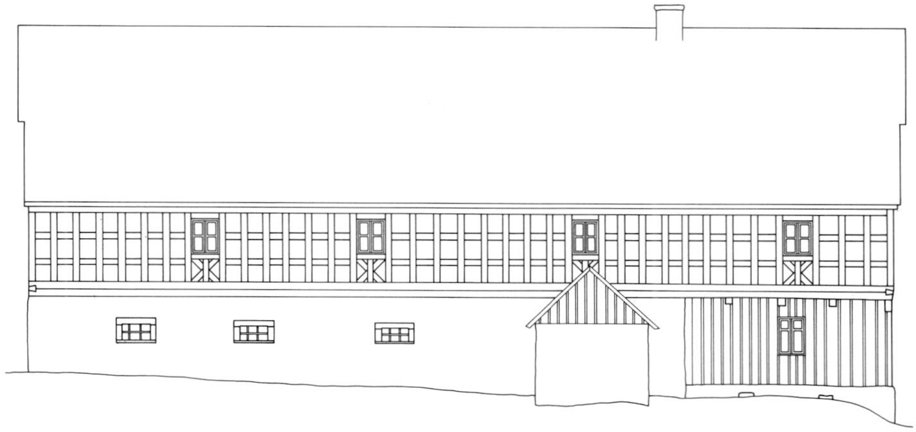

Ansicht des Wohnstallhauses von Westen.

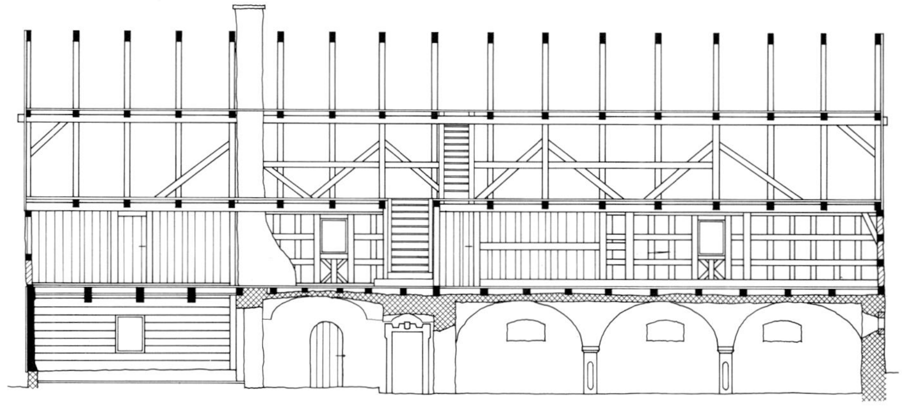

Längsschnitt.

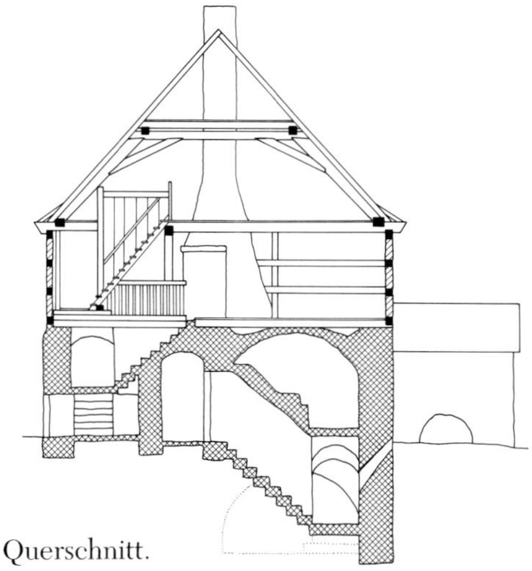

Querschnitt.

Durchfahrt von Süden.

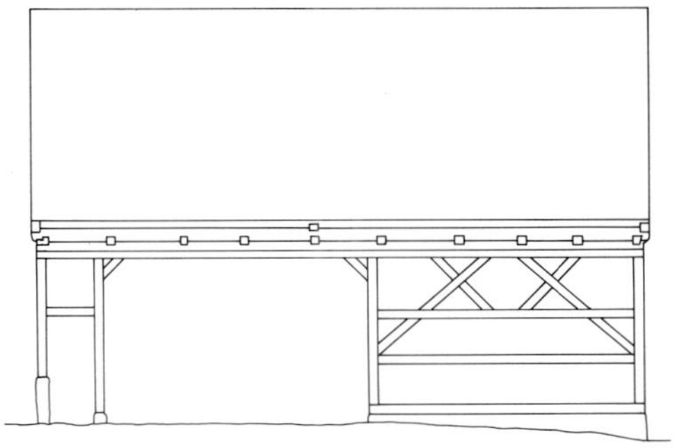

Durchfahrt von Westen.

Bauernhäuser, 1994

Birnbaum
Gemeinde Steinwiesen
Landkreis Kronach
Zweigeschossiges
Wohnstallhaus
Schieferverkleidung
Obergeschoß

Eila
Gemeinde Pressig
Landkreis Kronach
Wohnstallhaus
Schieferverkleidung

Holzmühl
Gemeinde Marktleuthen
Landkreis Wunsiedel
Erdgeschossiger Massivbau
mit Halbwalmdach

Nördliches und östliches Oberfranken

Kleinschwarzenbach
Gemeinde Helmbrechts
Landkreis Hof
Erdgeschossiges
Wohnstallhaus
Holzverschalung Giebel

Kleinlosnitz
Markt Zell
Landkreis Hof
Holzverkleidetes Frackdach
Erdgeschoß Massivbau

Martinlamnitz
Gemeinde Schwarzenbach
a. d. Saale
Landkreis Hof
Frackdachhaus

Saalenstein

Nr. 4

Gemeinde Köditz, Landkreis Hof

Trüpfhaus
Blockbau von 1785
1989: Wiederaufbau im Oberfränkischen Bauernhofmuseum Kleinlosnitz

Zur Siedlung

Saalenstein ist ein Weiler am Einfluß des Göstrabachs in die Saale und gehörte kirchlich und politisch zur Gemeinde Joditz. Mitte des 16. Jahrhunderts lag der Ort, der einst den Dobeneckern gehört hatte, wüst. 1654 bestanden hier sieben Häuser, die Brandsteiner Lehen waren. Im frühen 19. Jahrhundert gehörte das kleine Dorf Saalenstein zum Patrimonialgericht Zedtwitz.
Man spricht vom oberen und vom unteren Saalenstein, weil sich der Ort auseinandergezogen über den westlichen Hang des Saaletals erstreckt. Durch den vogtländischen Adel wurden seit der Mitte des 18. Jahrhunderts im nördlichen Teil der Markgrafschaft Bayreuth viele Trüpfhäusler angesiedelt. Im Jahre 1811 waren in Saalenstein zehn Wohngebäude registriert; 1928 elf Wohngebäude mit 71 Bewohnern. Von den elf Saalensteiner Familien waren acht eingesessene Bauern und drei Besitzer von Trüpfhäusern, die keinerlei Anspruch auf Hut-, Viehtrieb und Holzrecht hatten.

Zur Hofgeschichte

Das Haus Nr. 4 gehörte zu den drei Trüpfhäusern Saalensteins. Es stand hier am Südostrand des großen Angers. Es repräsentierte eines der seltenen, früher fast in jedem Dorf anzutreffenden Trüpfhäuschen, die als Handwerker- oder Tagelöhnerwohnungen genützt wurden.

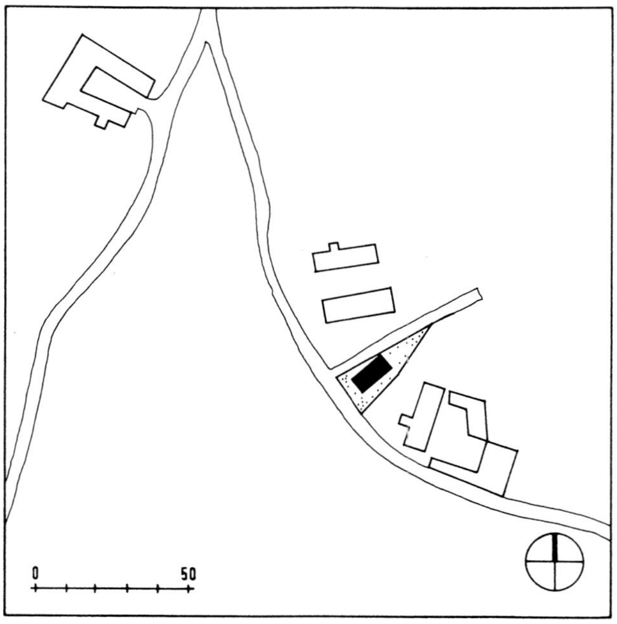

Lageplan.

Der Webermeister Nikolaus Merkel hatte das Trüpfhaus 1785, wie archivalische Belege und eine Inschrift über der Haustür beweisen, neu erbaut. Das kleine Blockhaus befand sich auf der Hofwiese seines Schwiegervaters Nikolaus Peetz. 1831 hatte Nikolaus Merkel sein Haus an den Weber Johann Georg Baumann, den Verlobten seiner Nichte, für 125 Gulden verkauft. Baumann war als Waldaufseher tätig und kaufte 1840 von seinem Schwiegervater, dem Besitzer von Saalenstein Haus Nr. 3, zwei kleine Grundstücke zum Haus. 1850 wurde das Satteldach abgetragen und von der Decke des Erdgeschosses an ein neues Stockwerk mit Frackdach aufgesetzt. Die Kinder der Familie Baumann wanderten nach Nordamerika aus. 1860 wurde das Anwesen an den Tagelöhner Ernler für 575 Gulden versteigert. Sein Sohn übernahm es 1888. Nach dem Tod der letzten Besitzer wurde es unter dem Namen »Ziegenklause« Treffpunkt der Dorfjugend. Nachdem das Haus seit 1974 unbewohnt war und an Ort und Stelle nicht mehr vor dem Verfall gerettet werden konnte, begann 1988 der Abbau und die Wiedererrichtung im Oberfränkischen Bauernhofmuseum in Kleinlosnitz. Dort wird es als dörfliches Handwerkerhaus um 1910 gezeigt.
Das ganze Anwesen besteht aus einem Wohnhaus mit Holzlege und Schweinestall. Vor der Giebelseite des Hauses liegt ein kleiner Garten. 1855 umfaßte es lediglich 0,06 Tagwerk Besitz. Der eingeschossige Bau aus dem Jahre 1785 ist im Wohn- und Stallbereich ein Blockbau. Im Stubenbereich wurden die untersten Balken teilweise durch einen Steinsockel ersetzt und an der Traufseite auch erneuert.
Die Ecken sind mit Schwalbenschwanzverbindungen ausgeführt. Der Stallbereich ist ein Ständerbau. Im traufseitigen Stubenbereich wurde aus statischen Gründen ein Stützgerüst vorgesetzt, um die Last des Obergeschosses aufzunehmen. Das Frackdach ist mit Holzschindeln gedeckt.
Auch dieses kleine Wohnstallhaus zeigt in seinem Grundriß die übliche Dreizonigkeit. Nahezu die gesamte westliche Haushälfte nimmt die große ungeteilte Stube als Wohn- und Arbeitsraum ein. Die Stube erstreckt sich über die ganze Hausbreite. Die helle Stubenecke war um 1920 der Arbeitsplatz des Besitzers, eines Büttners. Einen Kachelofen, dessen Lage noch gut an der gemauerten Wand zur Rauchküche zu erkennen ist, brach man vor Aufstellung des Eisenofens ab. Den neuen gußeisernen Ofen versetzte man mittels eines langen Rauchrohres in die Mitte der Stube. Die gewölbte Schwarze Küche ist aus Bruchsteinen gemauert. Sie ist direkt vom Hausplatz aus zugänglich. Der zugehörige Backofen aus ungebrannten Lehmziegeln ragt in den Stallbereich vor. In der Küche befindet sich ein mit einer Falltüre geschlossener Abgang zum tonnengewölbten Keller. Der Boden der Küche besteht aus gestampftem Lehmstrich. Der Hausplatz und der vordere Teil der Stube ist mit großen Steinplatten ausgelegt. Der den

Traufseite.

Ansicht und Querschnitt von Südwesten.

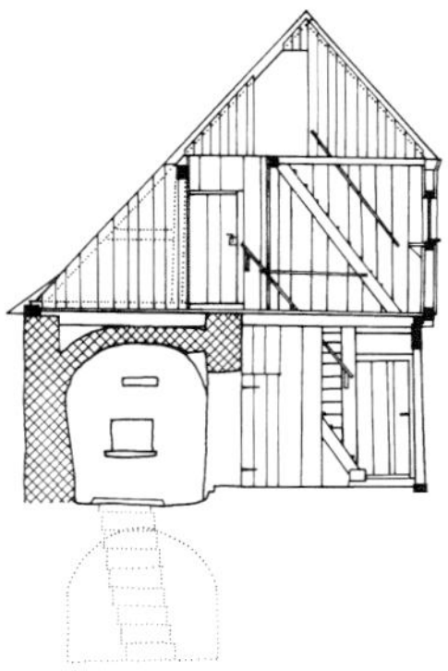

Trüpfhaus am ursprünglichen Standort.

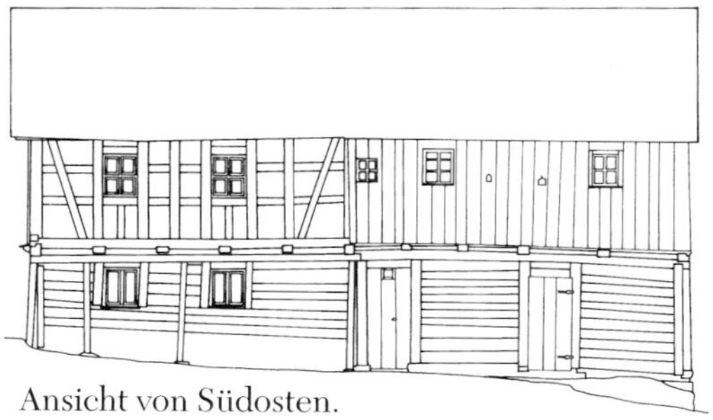

Ansicht von Südosten.

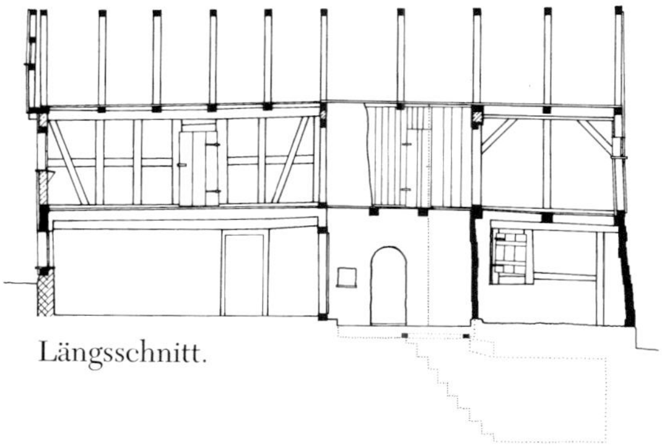

Längsschnitt.

östlichen Teil des Gebäudes einnehmende Stall wird von der Traufseite durch einen eigenen Eingang erschlossen. Hier waren Ziegen und ein Schwein untergebracht.
In den Jahren 1946 bis 1948 wurde das Haus innen etwas ausgebaut. Die ursprünglich ungeteilte Stube erhielt längs des Unterzugs eine Zwischenwand, um den Wohnraum der alten und der jungen Generation zu trennen. Der Backofen, der ohne veränderte Nutzung erhalten blieb, wurde, soweit sich die Besitzer erinnern, nie zum Backen verwendet. Im aufgesetzten Obergeschoß gibt es eine beheizbare Fachwerkstube. Ein abseitiger Raum unter der Dachschräge diente als Speicher. Die Gefache im Stubenbereich sind mit Lehmziegeln ausgemauert, die übrigen Wände bestehen aus verschaltem Riegelwerk. In der Umbauphase von 1946–48 wurden im oberen Stock die Wände innen verschalt, um den offenen Hausplatz und den Stallboden besser für Wohnzwecke nutzen zu können.
Hinter dem Haus gab es ursprünglich noch einen kleinen Verschlag, in welchem ein Leiterwagen untergestellt werden konnte. Nach 1906 wurde dieser Verschlag durch einen Schupfen für Heu und Holz hinter dem Haus ersetzt. In dieser Zeit vollzog sich auch der Wandel vom bäuerlich organisierten Handwerkerhaus zum Arbeiterwohnhaus auf dem Dorf.

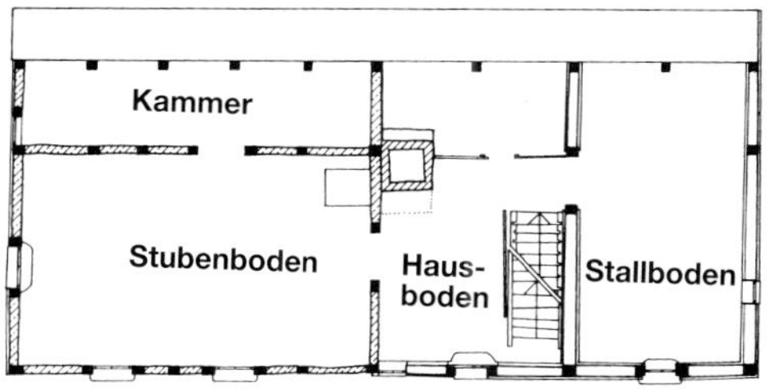

Obergeschoß.

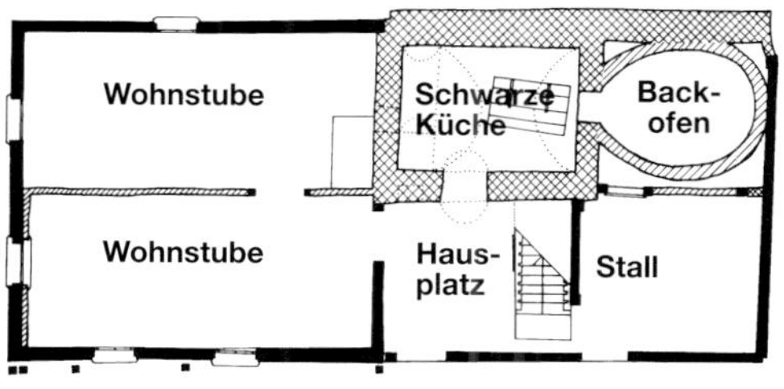

Grundriß Erdgeschoß.

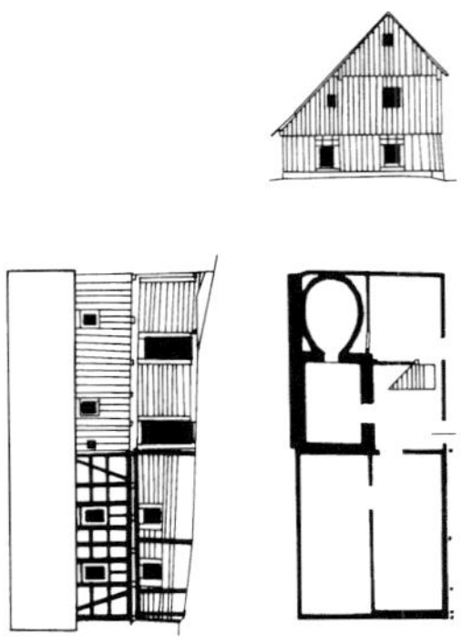

Ort	
Saalenstein, Nr. 4	
Gebäude	
Gebäudeart	Wohnstallhaus (Trüpfhaus)
Wandkonstruktion	Naturstein/Blockbau/ Fachwerk
Geschoßzahl	1 + Dach
Geschoßhöhe	2,3 m
Grundfläche (B × L)	70,5 qm (5,6 × 12,6 m)
Umbauter Raum	
Vollgeschoß	160 cbm
Dachgeschoß	180 cbm
Dach	
Dachart	Satteldach (Frackdach)
Dachneigung	47°
Dachdeckung	Holzschindeln
Dachüberstand	40/20 cm (Giebelseite)
Erschließung	
Hauseingang Lage	Traufseite
Flur Lage	Querflur
Grundfläche (B × L)	7,8 qm (2,5 × 3,1 m)
Treppe Art	einläufig
Laufbreite	70 cm
Steigungsverhältnis	17,7/15,7 cm, 48°
Stube vor 1946	
Lage	Südwestecke
Grundfläche (B × L)	29 qm (5,1 × 5,7 m)
Fensterzahl	5
Fensteröffnung (B × H)	70 × 80 cm
Belichtungsfaktor Fensteröffnung: Grundfläche	1:10,4
Stubenofen	Stubenofen ehem. Heizung von Küche
Küche	
Lage	Flurende
Grundfläche (B × L)	5,8 qm (2,0 × 2,9 m)

Gebäudemerkmale für Bauberatung
Das Handwerkerhaus steht an der Nordgrenze seines kleinen Grundstücks, um auf der Südseite einen schmalen Hofraum für den Zugang zu erhalten. Das Haus weist in der Ausprägung des Baukörpers, der Aufteilung der Räume, dieselben Grundmerkmale auf wie große Wohnstallhäuser der Bauernhöfe, nur in kleineren Abmessungen. Auch hier wird deutlich, wie die Baukultur der ländlichen Räume alle sozialen Schichten umfaßte, und auch kleine Anwesen mit derselben handwerklichen Qualität errichtet wurden.
Der Baukörper hat mit 5,6 m Breite und 12,6 m Länge ein Seitenverhältnis von 1:2,3. Er wird von einem 47° steilen Satteldach abgeschlossen, das auf der Wetterseite nach Nordwesten als Frackdach bis zum Erdgeschoß herabgezogen ist.
Haustür und Stalltür befinden sich auf der südöstlichen zweigeschossigen Traufseite, die in die Hofstelle hinein ausgerichtet ist. Im Flur (Hausplatz) führt eine steile, einläufige Treppe zum ausgebauten Obergeschoß. Die Treppe mit 17,7 × 15,7 cm Auftritt ist mit 48° Neigung steiler, als die Bauordnung mit maximal 45° zuläßt. Da viele Beispiele der Bauernhäuser in Bayern einläufige Treppen mit steilen Neigungen zeigen, wäre zu überprüfen, ob in eigengenützten Häusern – nicht im vermietbaren Wohnhausbau – für steilere Treppen Befreiungen im Baugenehmigungsverfahren erteilt werden könnten. Gerade in diesem Kleinhaus wird deutlich, wie die steile Treppe Voraussetzung für eine wirtschaftliche Grundrißlösung ist. Die Blockbaukonstruktion der nahezu quadratischen Wohnstube (5,1 × 5,7 m) wird im Küchenbereich von einer Bruchsteinmauer abgelöst, die mit dem Backofen bis zur östlichen Giebelwand durchgeht. Östlich des Hausplatzes ist noch ein kleiner Stall in den geschlossenen Rechteckbaukörper eingefügt.
In den Ansichten wird deutlich, wie sehr ein geschlossener Baukörper und ein einheitliches Dach eine großzügige Baugestalt ergeben, auch wenn unterschiedliche Bauphasen, wie hier vom erdgeschossigen Satteldachhaus zum eineinhalbgeschossigen Frackdachhaus, Veränderungen brachten. Als zusammenfassendes Gestaltmerkmal ist hier auch auf die unterschiedliche Verwendung desselben Baustoffes Holz hinzuweisen.
Mit 70 qm Grundfläche ergibt sich bei einem Umrechnungsfaktor von 0,75 eine Wohnfläche von 53 qm im Erdgeschoß.

Birnbaum

Nr. 2

Markt Steinwiesen, Landkreis Kronach

Eingeschossiger Wohnstallbau und Scheune
Blockbau des 18. Jahrhunderts
1706: »halbes Gut«
1992: Sanierungs- und Instandsetzungsarbeiten

Zur Siedlung

Birnbaum liegt auf dem Höhenrücken des westlichen Frankenwaldes. Es ist ein Rundangerdorf mit Radialwaldhufenflur. Seine Entstehung geht auf die Zeit der hochmittelalterlichen Rodungsbewegung zurück. Erwähnt ist Birnbaum zum ersten Mal 1352. In einem Urbar von 1507 wird das Dorf als dem Bischof von Bamberg gehörig bezeichnet. »Es hat 17 ganze Güter ist Runddorf in Dorf und Flur. Die Häuser liegen um den Weiher; außerdem liegen 8 Häuser uf der Gemein ommerhalb der Gutshäuser und bebauen 53 Geräume.« Im Jahre 1558 werden in Birnbaum 49 Haushalte gezählt. Bis ins 19. Jahrhundert veränderten sich Hof- und Einwohnerzahl kaum mehr. 1801 besaß Birnbaum 42 Häuser, 40 Stadel, ein Hirtenhaus und zwei oberschlächtige Schneidmühlen. Heute ist die traditionelle Land- und Forstwirtschaft zum Nebenerwerb geworden. Die historische Bausubstanz ist fast verschwunden.

Zur Hofgeschichte

Bereits im Kronacher Amtsurbar vom Jahre 1550 ist das Anwesen erwähnt: »Nr. 2 Hanns Wachter hat ein ganzes Gut«. Noch im 16. Jahrhundert wurde der ursprünglich größere Hof geteilt. Die eine Hälfte, das jetzige Anwesen Haus Nr. 2, gehörte 1706 Hanns Kolb Adamsohn als »halbes Gut mit Haus und Stadel«. Es war Cronacher Kastenlehen. Das Haus ist 1758 am Türsturz der Haustüre datiert. 1857 war es im Besitz der Ehefrau des Bauern Balthasar Reißig. Das halbe Dorfgut bestand aus »Wohnhaus mit Keller und Stall, Holzschupfe, Backofen, Hofraum«. Bei den im Frankenwald üblichen durchschnittlichen Besitzgrößen zwischen 40 und 50 Tagwerk gehörte das Anwesen zu den mittelgroßen Gehöften. Bis heute ist das Anwesen im Besitz der Familie Reißig. 1992 fanden durch den jetzigen Besitzer umfangreiche Sanierungsmaßnahmen statt.

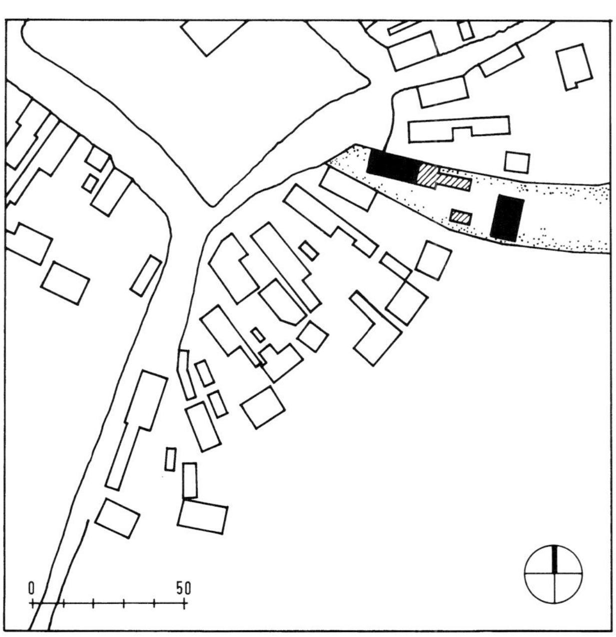

Lageplan.

Das Anwesen Birnbaum Nr. 2 verkörpert einen der typischen Vertreter des Frankenwaldhauses. Es ist ein eingeschossiger, verschieferter Blockbau mit einer zum Dorfrand querliegenden Scheune. Die für die Ortsbebauung typisch schmale Form des Grundstückes ließ eine auch bei den anderen Gehöften übliche Staffelung von Wohn- und Wirtschaftsgebäuden in die Grundstückstiefe entstehen. Das Wohnhaus mit Viehstall steht giebelständig zum Anger. Es ist eingeschossig mit teilweise ausgebautem Dach. Hinten schließen ein schmälerer Anbau und ein Bretterschuppen mit Satteldach an. Der quergestellte Stadel schließt den Hofraum ab und bietet Windschutz gegen Osten. Das Haus wird durch zwei Türen auf der Traufseite quer aufgeschlossen. Auf den Flur, der mit Sandsteinplatten belegt ist, folgt die ehemalige Küche. Von ihr war über eine Holzklappe der Keller zugänglich. Die Wohnstube lag an der Südwestecke. Sie war über Eck von je zwei Fenstern belichtet. Rückwärts schließt eine kleine Stubenkammer an. Vor etwa 60 Jahren wurde der Grundriß verändert. Die Wohnstube wurde unter Vergrößerung der Kammer und zur Gewinnung einer neuen Küche – im Bereich zwischen Stube und alter Küche – durch Versetzen der Längswand um ca. 80 cm verkleinert. Der alte Kachelofen wurde dabei abgebrochen und durch einen neuen ersetzt. Er beheizt die Stube und die durch Einziehung einer Bretterwand abgeteilte neue Küche gemeinsam. Die alte Küche wurde aufgegeben und ist jetzt Abstellkammer. Der abgebrochene deutsche Kamin im Bereich der alten Küche wurde von unten geschlossen. Im Wohnteil ist das Haus unterkellert. Unterhalb des Küchen- und Kammerbereichs besteht ein längs zur Firstlinie liegender, mit flachen Natursteinen gemauerter, tonnengewölbter Keller. Jenseits des Flures folgt der große, ungeteilte Stall. In den Stall integriert ist eine wohl später eingebaute Vorratskammer.

Das Wohnhaus steht auf einem verputzten Steinsockel. Das Dach hat einen stehenden Stuhl, auf der Dachfläche befinden sich drei Stehgauben. Das Gebäude ist verschiefert. An der südlichen Traufseite gewährleistet ein Dachüberstand einen Wetterschutz.

Der Hof wird rückwärts durch die Scheune abgeschlossen. Sie stammt, wie die Jahreszahl am Rähm über der Einfahrt dokumentiert, aus dem Jahr 1648. Das Gebäude ist queraufgeschlossen und vierzonig. Jenseits der durch ein breites Tor erschlossenen

Tenne befinden sich zwei Bansen und ein Remisenteil, der mit einer eigenen Tür versehen ist. Der breite Ständerbau weist lange, in die Ständer eingezapfte und dem Rähm aufgeblattete Kopfstreben auf. Die Wandzonen sind durchwegs zweifach verriegelt. Die Neigung des Kehlbalkendaches mit dreifach stehendem Stuhl ist relativ steil. An den Außenseiten ist die Scheune mit Brettern verschalt.

Auf dem Hof stand ehemals noch ein Backofen. Der eigentliche Ofen war von einem Bretterhäuschen umgeben, das gleichzeitig als Holzlege diente. Er wurde 1957 abgebrochen.
Das bis zu seiner Sanierung 1988 beinahe unverändert gebliebene Haus zeigt auch nach den behutsamen Instandsetzungsarbeiten noch seinen unverfälschten Charakter.

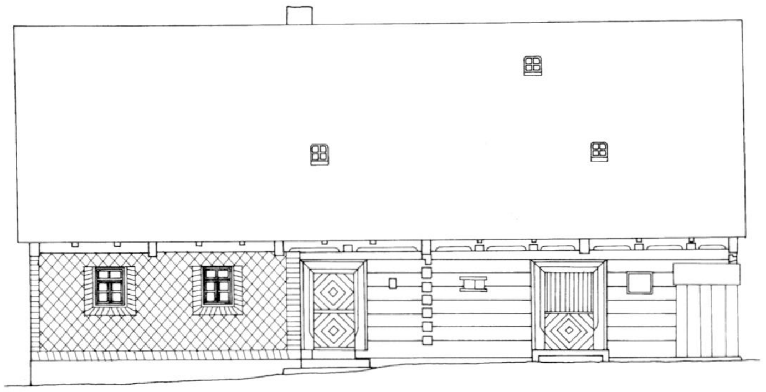

Ansicht von Süden.

Ansicht von Westen.

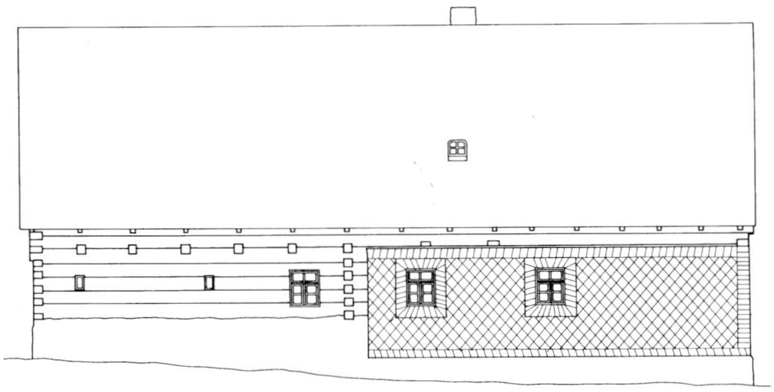

Ansicht von Norden.

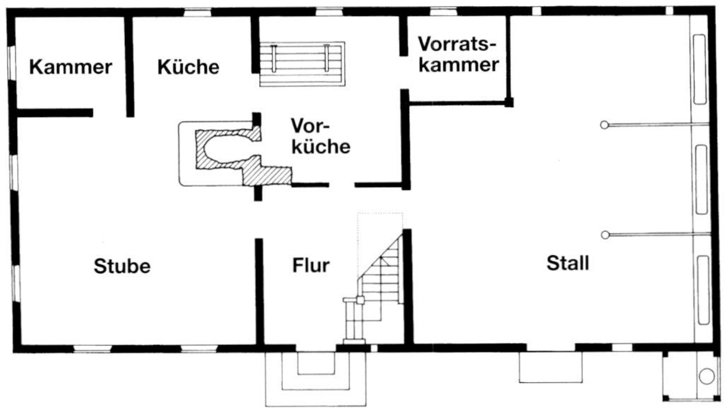

Grundriß Erdgeschoß.

Querschnitt von Osten.

Ansicht des verschieferten Wohnstallhauses.

Scheune von 1648.

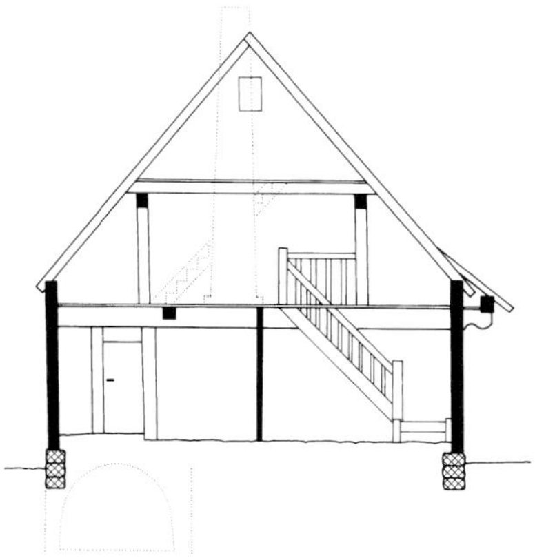

Querschnitt von Westen.

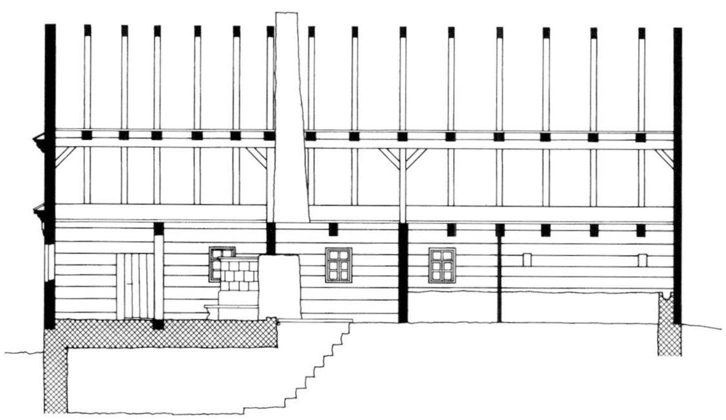

Längsschnitt.

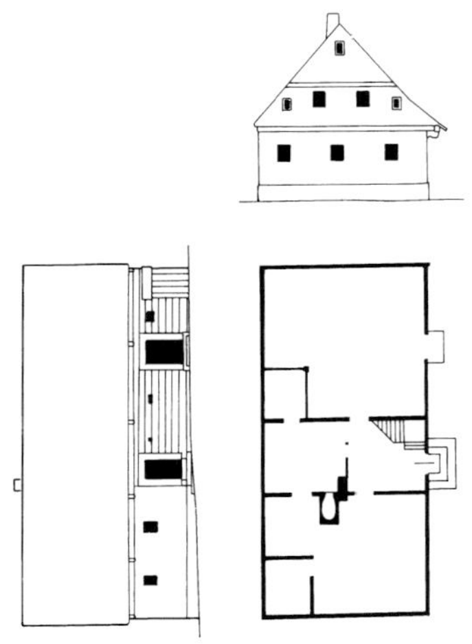

Ort	
Birnbaum, Nr. 2	
Gebäude	
Gebäudeart	Wohnstallhaus
Wandkonstruktion	Blockbau, z. T. mit Schindeln verkleidet
Geschoßzahl	1 + Dach
Geschoßhöhe	2,6 m
Grundfläche (B × L)	138 qm (8,1 × 17,0 m)
Umbauter Raum	
Vollgeschoß	360 cbm
Dachgeschoß	380 cbm
Dach	
Dachart	Satteldach
Dachneigung	49°
Dachdeckung	Schiefer
Dachüberstand	25/20 cm (Giebelseite)
Erschließung	
Hauseingang Lage	Traufseite
Flur Lage	Querflur
Grundfläche (B × L)	12,6 qm (3,4 × 3,7 m)
Treppe Art	zweiläufig
Laufbreite	85 cm
Steigungsverhältnis	
Stube	
Lage	Südwestecke
Grundfläche (B × L)	30 qm (5,4 × 5,6 m)
Fensterzahl	4
Fensteröffnung (B × H)	85 × 95 cm
Belichtungsfaktor Fensteröffnung: Grundfläche	1 : 10,8
Stubenofen	Hinterlader von Flur
Küche (ehemalige)	
Lage	Flurende
Grundfläche (B × L)	13,3 qm (3,4 × 3,9 m)

Gebäudemerkmale für Bauberatung
Wohnstallhaus

Bei den Grundungsdörfern des Frankenwaldes, die als mittelalterliche Rodungen in die Waldgebiete eingefügt wurden, wirkt sich die geschlossene Rundform mit der fächerförmigen Flur- und Wegeeinteilung bis in die einzelnen Hofstätten aus. Damit sind die schmalen, nach hinten breiter werdenden Zuschnitte der Hofstellen zu erklären. Wie bei anderen eng bebauten Siedlungen Oberfrankens ist der seitliche Grenzanbau die Regel, auch bei dem Wohnstallhaus Nr. 2 mit der rückwärts querstehenden Scheune.

Der geschlossene Rechteckbaukörper mit Seitenlängen von 8,1 × 17,0 m trägt ein 49° steiles, schiefergedecktes Satteldach. Das Wohnstallhaus ist über die Hofstelle erschlossen. Auf der südlichen Traufseite liegen Haustür und Stallzugang, die beide durch das seitlich überstehende Dach geschützt sind. Die auskragenden Deckenbalken werden durch ihre Profilierung betont und tragen mit der vorgesetzten Pfette die aus der Dachfläche herausgezogenen Aufschieblinge.

Die Grundrißorganisation weist mit der Ecklage der quadratischen Stube (5,4 × 5,6 m), der durchgehenden mittleren Zone von Flur und ehemaliger Küche und dem nach Osten anschließenden Stall die regionalen Hausmerkmale auf. Die Klarheit des Raumgefüges ist auch auf die Blockkonstruktion der Holzbauweise zurückzuführen, die einfache Wandflächen benötigt, um wirtschaftlich und materialgerecht errichtet zu werden. In dem kleinen Flur muß die Treppe nach einem Antritt von 3 Stufen am Podest die Laufrichtung um 90° ändern, um quer zum First, ohne Auswechslung der Deckenbalken, das Dachgeschoß zu erreichen.

Der Blockbau ist im Wohnteil mit Schiefer verkleidet und betont damit noch einmal seine Aufgabe als geschlossene Klimahülle für Mensch und Tier in der rauhen Höhenlage des Frankenwaldes. Die Schieferverkleidung läßt mit Querbändern die Hauptlinien der Konstruktion nach außen in Erscheinung treten, wie den Übergang des Blockbaus zum gemauerten Sockel, die Ecken des Gebäudes, den Ansatz des Daches und die Kehlbalkenlage im Giebeldreieck.

Die zwei Stubenfenster sind vom Innenraum aus gleichmäßig verteilt. Im Erdgeschoß der Giebelansicht wird das mittlere Fenster gegen die Firstachse seitlich verschoben, ebenso das nördliche anschließende Kammerfenster. Im Giebeldreieck selbst sind die beiden Kammerfenster und die kleinen seitlichen Luken sowie die Öffnung des Spitzbodens zu einer eindrucksvollen symmetrischen Gestalt zusammengefaßt.

Bei 138 qm Grundfläche ergibt der Umrechnungsfaktor von 0,75 eine Wohnfläche von 103 qm im Erdgeschoß.

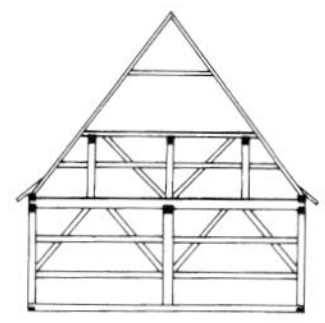

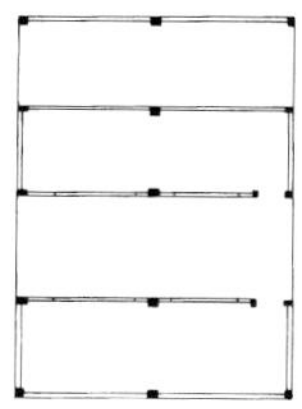

Ort	
Birnbaum, Nr. 2	

Gebäude	
Gebäudeart	Scheune
Wandkonstruktion	Riegelwerk
Geschoßzahl	1 + Dach
Geschoßhöhe	3,75 m
Grundfläche (B × L)	116 qm (9,2 × 12,6 m)
Umbauter Raum	
Vollgeschoß	440 cbm
Dachgeschoß	350 cbm

Dach	
Dachart	Satteldach
Dachneigung	54°
Dachdeckung	Schiefer
Dachüberstand	

Erschließung	
Tor (B × H)	300 × 340 cm

Gebäudemerkmale für Bauberatung
Scheune

Die Scheune steht an der südlichen Hofgrenze und schließt den schmalen Hofraum nach Osten hin ab. Die Tenne ist jedoch als Durchfahrt ausgebildet, um den rückwärtigen Grundstücksteil mit Wagen erreichen zu können. Der geschlossene Baukörper ist 9,2 m breit und 12,6 m lang und trägt ein 54° geneigtes Satteldach, das mit Schiefer gedeckt wird. An der Traufseite schützen die auskragenden Aufschieblinge des Dachfußes die holzverschalte Seitenwand.

Die Grundrißorganisation zeigt vier Achsen im Wechsel von Heuboden – Tennendurchfahrt – Heuboden – Wagenabstellplatz. Der einfachen Raumaufteilung entsprechen die klare Konstruktion einer mittleren Stützenreihe und die zur Wandaussteifung mit Streben versehenen Riegelwerkfelder. Das zweiflügelige Tennentor reicht bis zum traufseitigen Rähm des Fachwerks und fügt sich somit vollständig in die senkrechte Bretterschalung der Scheunenaußenwand ein.

Die Scheune kann als Beispiel dienen, wie ländliche Wirtschaftsbauten durch einfache Grundrisse rationell konstruiert und überzeugend gestaltet wurden.

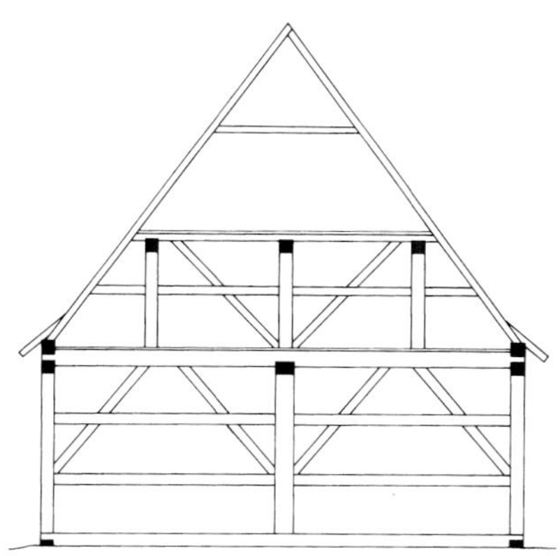

Scheune, Querschnitt.

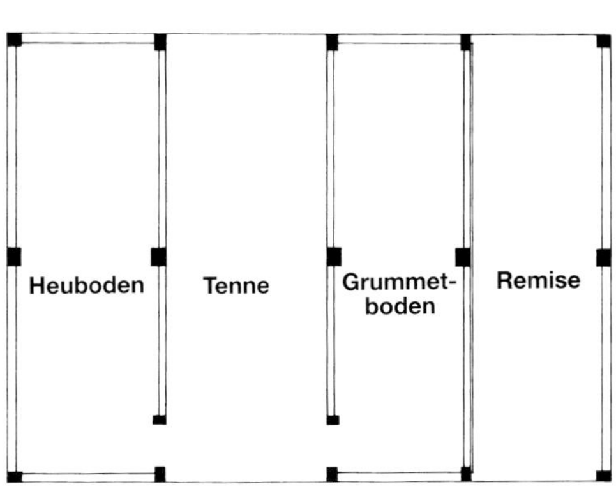

Grundriß der Scheune.

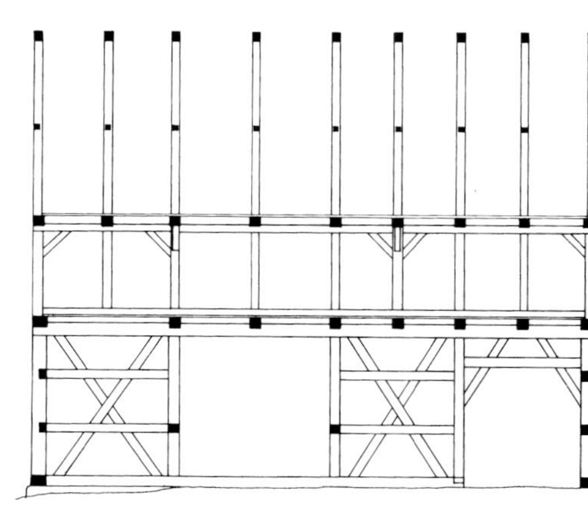

Scheune, Längsschnitt.

Birnbaum

Nr. 9

Markt Steinwiesen, Landkreis Kronach

Eingeschossiger Wohnstallbau
Blockbau des 18. Jahrhunderts
1706: »halbes Gut«
nach 1968 Abbruch

Zur Hofgeschichte

Der Hof führte den Hausnamen »Mühlhansen«. Es handelte sich um einen der alten Höfe des Ortes. Nach dem Kronacher Amtsurbar vom Jahre 1550 besaß zu dieser Zeit »Anna Josephum Kolbin nachgelassenes Weib« das »halbe Gut«. Das aus diesem ehemaligen Hof geteilte zweite Anwesen gehörte Heinz Prell. 1706 war das Anwesen Haus Nr. 9 Endres Erhardt zu eigen. Es wurde als »1/2 Gut mit Haus und Stadel« besteuert. Noch im 18. Jahrhundert ging das Anwesen an die Bauersfamilie Kotschenreuther, der es bis zum Abbruch gehörte. Der Hof bestand 1857 aus 58,43 Tagwerk und gehörte zu den mittelgroßen Gehöften des Ortes. Nach 1968 wurde das Wohnstallhaus abgebrochen.

Der Hof zeichnete sich durch die Länge des Hauses gegenüber den Nachbaranwesen aus. Zudem wies das Haus eine reichere Verzierung an der Giebelseite und an der Stalltüre auf. Das Gebäude zeigte den typischen dreigeteilten Grundriß eines Wohnstallhauses: Stall, Flur und äußere Küche, Stube und innere Küche mit Kammer. Stube und innere Küche wurden durch eine Bretterwand, die von der Kammerecke zur Ofenecke reichte, von der Stube getrennt.

Das gesamte Haus einschließlich Stall war als Blockbau ausgeführt, wobei die Eckverbindung eine Kombination von Schwalbenschwanz- und Hakenblattverbindung darstellt. Der Wohnteil und die Wetterseite des Stalles waren mit Schiefer verkleidet. Die übereinanderliegenden Balkenlagen der Außenwände waren durch vierkantige Holzdübel miteinander verbunden, um die Festigkeit der Wand zu verstärken. Diese Dübel fehlten bei den Innenwänden. Die übereinanderliegenden Balken waren unten leicht ausgekehlt, der Hohlraum mit Werg ausgefüllt.

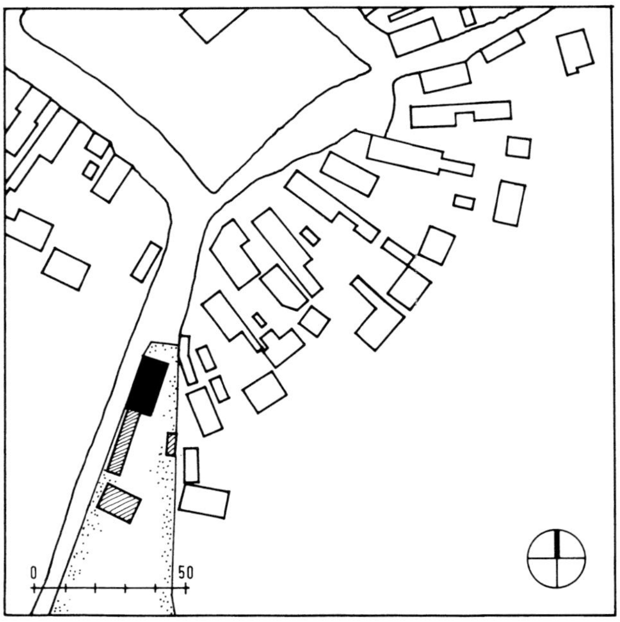

Lageplan.

Verschiefertes Wohnstallhaus.

Das Dachgerüst bestand aus einem Sparrendach mit stehendem Stuhl. Auf den senkrechten Stuhlsäulen lagen die Pfetten, auf denen wiederum die querliegenden Kehlbalken ruhten, die die Verbindung der einzelnen Sparrenpaare herstellten und die Auflage für den »oberen Boden« bildeten. Da das Dach außergewöhnlich steil war, wurde auch der Spitzboden höher. Um einem eventuellen Durchbiegen der Sparren bei dieser Höhe vorzubeugen wurde zusätzlich ein zweiter Kehlbalken im Spitzboden eingefügt. Zudem wurden im Spitzboden die Sparren paarweise durch Riegel verbunden. An der Eingangsseite kragte das Dach zum Wetterschutz etwa 90 cm weit vor, was durch die vorgezogenen Deckbalken und die darübergesetzten Aufschieblinge erreicht wurde. Das Dach war mit Schiefer gedeckt. Auf der Eingangsseite saßen auf dem Dach drei Stehgauben. Ursprünglich besaß der Stall an der Traufseite eine Tür, die jedoch mit Bohlen zugenagelt wurde. Der Türstock ist noch vorhanden. Die giebelseitige Türe zum Stall wurde erst später eingebaut. Die Fenster der inneren und der äußeren Küche waren in ihren Maßen wesentlich kleiner als die übrigen Fenster. Der untere Gesimsbalken des Giebels war mit einer Zahnleiste geschmückt. Die über die Wand hinausragenden Deckenbalken, auf die das Dach mittels langer Aufschieblinge vorkragte, waren in Form zweier großer gegenläufiger Bögen ausgesägt. An einigen Überresten konnte man noch feststellen, daß alle Türstöcke früher reich verziert waren. Die nicht verschieferten Holzteile des Giebels waren weiß gestrichen.

Ansicht von Norden.

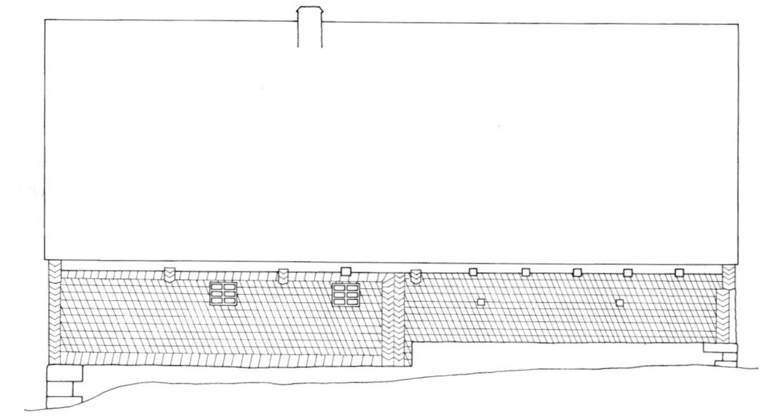
Ansicht von Westen.

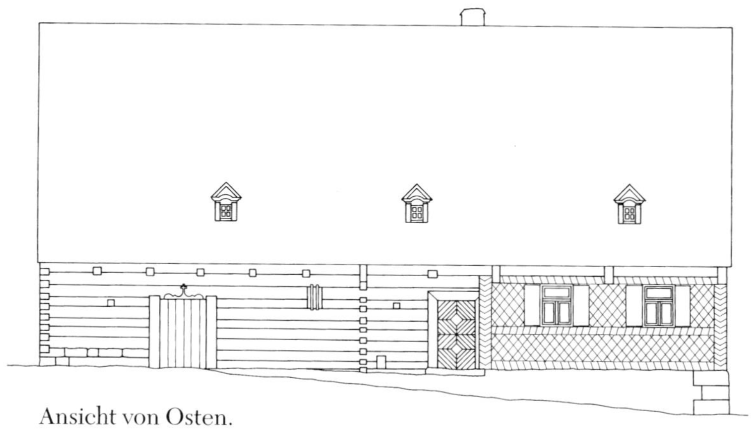
Ansicht von Osten.

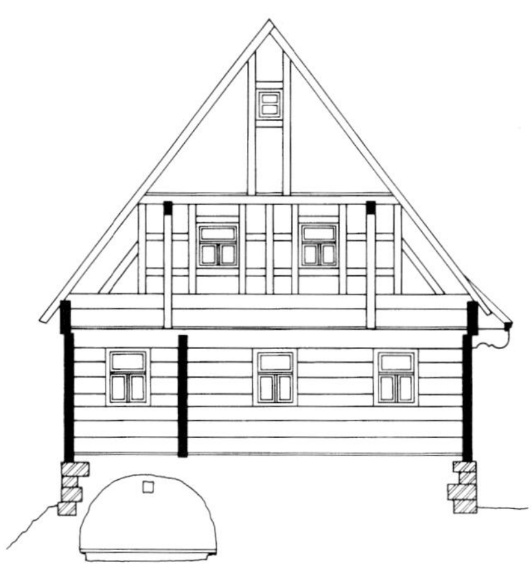
Querschnitt.

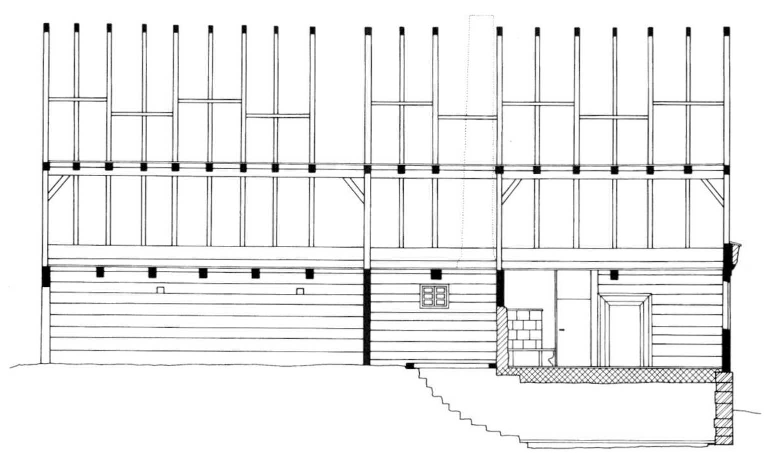
Längsschnitt.

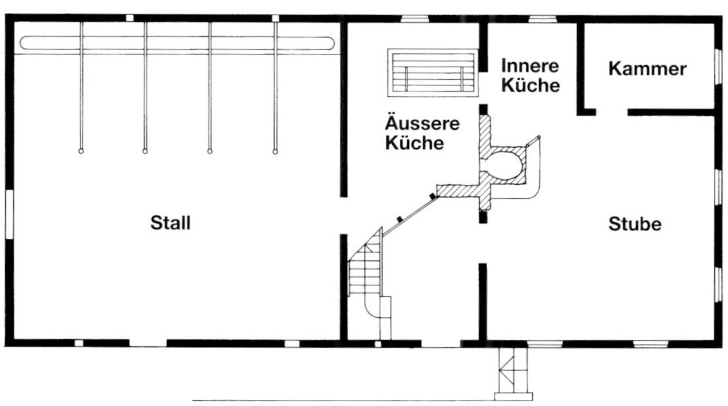

Erdgeschoß.

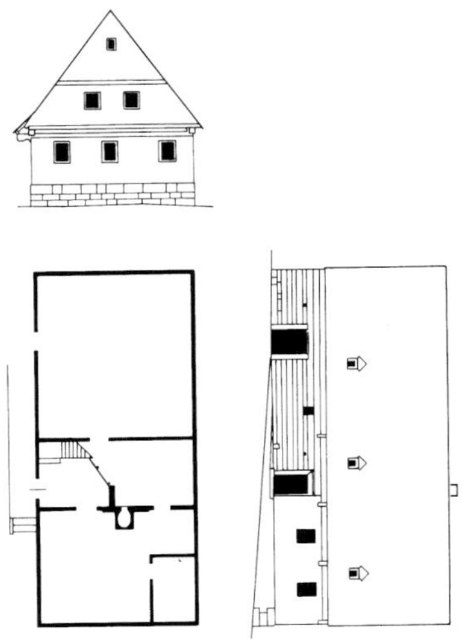

Ort	
Birnbaum, Nr. 9	
Gebäude	
Gebäudeart	Wohnstallhaus
Wandkonstruktion	Blockbau/Fachwerk
Geschoßzahl	1 + Dach
Geschoßhöhe	2,55 m
Grundfläche (B × L)	151 qm (8,3 × 18,2 m)
Umbauter Raum	
Vollgeschoß	385 cbm
Dachgeschoß	530 cbm
Dach	
Dachart	Satteldach
Dachneigung	53°
Dachdeckung	Schiefer
Dachüberstand	10 cm (Giebelseite)
Erschließung	
Hauseingang Lage	Traufseite
Flur Lage	Querflur
Grundfläche (B × L)	12 qm (3,4 × 3,6 m)
Treppe Art	einläufig über Eck
Laufbreite	80 cm
Steigungsverhältnis	
Stube	
Lage	Nordostecke
Grundfläche (B × L)	32,5 qm (5,6 × 5,8 m)
Fensterzahl	4
Fensteröffnung (B × H)	85 × 120 cm
Belichtungsfaktor Fensteröffnung: Grundfläche	1:7,8
Stubenofen	Hinterlader von Hausplatz
Küche (äußere)	
Lage	Flurende
Grundfläche (B × L)	13,5 qm (4,1 × 3,3 m)

Gebäudemerkmale für Bauberatung

Auch die am Südrand des Gründungsdorfes Birnbaum liegende Hofstelle zeigt den zum Anger hin schmäler werdenden Grundstückszuschnitt. Das Wohnstallhaus ist auf der westlichen Grenze erbaut. Es wird von der östlichen Traufseite her erschlossen.

Aus diesem Beispiel kann die Problematik der Rundform von Siedlungen ersehen werden, da die radiale Ausstrahlung der Grundstücksgrenzen die Himmelsrichtungen (Sonne und Wind) nicht bei allen Anwesen in gleicher Weise berücksichtigt. So liegt beim Haus Nr. 9 die Stube an der Nordostecke, um auf den gemeinsamen Hofanger zu blicken und die Hofeinfahrt zu überwachen.

Der Baukörper von 8,3 m Breite und 18,2 m Länge wird von einem 53° steilen Satteldach abgeschlossen. Nicht nur das Dach war mit Schiefer gedeckt, sondern auch der Wohnteil, die gesamte Westseite und der Giebel sind mit diesem regionalen Baustoff verkleidet. Wie lebendig Wandverkleidungen ausgebildet werden können, ist an den reichen Gliederungen der Schieferwände zu sehen. Nicht nur Gebäudeecken und Wandabschlüsse, sondern auch die Bänder unterhalb der Fenster zeigen eine bewußte Gestaltung, die vor allem die Giebelseite auszeichnet.

Das Raumgefüge wird von durchgehenden Blockwänden klar aufgeteilt. Einen größeren Abschnitt bildet die der Gebäudeecke zugeordnete, quadratische Stube (5,6 × 5,8 m). Eine schmälere Zone folgt mit Flur und älterer Küche, an die sich der Stall in der südlichen Haushälfte anschließt. Als Wetterschutz für Haus- und Stalltür kragt das Satteldach an der östlichen Traufseite mit herausgezogenen Aufschieblingen aus.

Die besonders sorgfältige Detailgestaltung von der Gliederung der Schieferverkleidung bis zur Aufdopplung der Wohnungstüren und dem geschweiften Türbalken der Stalltür zeigt die Bedeutung, die dem ländlichen Hausbau hier zugemessen wurde.

Dörfles

Nr. 13

Stadt Kronach, Landkreis Kronach

Zweigeschossiges Wohnhaus des 18. Jahrhunderts
1850: »Tropfsölden«
1988: Abbruch

Zur Siedlung

Dörfles liegt nordöstlich der Kreisstadt. Das Territorium, die Zehnt und die Steuer waren im Besitz des Hochstifts Bamberg, die niedere Vogteilichkeit, die Lehens-, Dorf- und Gemeindeherrschaft lagen beim Bürgermeister und Rath zu Kronach. Die Familie von Guttenberg hatte hier umgehende Geschlechtslehen, die zur Ritterschaft versteuert wurden. 1801 bestand das Dorf aus 16 Häusern und 15 Stadeln. Die Bevölkerung setzte sich im 19. Jahrhundert bis auf einige Handwerker und Tagelöhner hauptsächlich aus Bauern zusammen, die einen Grundbesitz bis zu 50 Tagwerk bewirtschafteten.

Zur Hofgeschichte

Errichtet wurde das Wohnstallhaus im 18. Jahrhundert. Im 19. Jahrhundert gehörte das Anwesen Nr. 13 mit einer Wirtschaftsfläche von 25,27 Tagwerk dem Bauern Lorenz Hanna und dessen Ehefrau Margaretha, die es laut Tauschvertrag aus dem Jahre 1850 von Johann Lieb zusammen mit der Plannummer 25 gegen ein anderes Haus eingetauscht hatten. Die Tropfsölde bestand aus einem Wohnhaus mit Keller und Stall, einem Stadel und angebautem Streuschupfen, Backofen und Hofraum. Noch im 19. Jahrhundert und schließlich im 20. Jahrhundert fanden umfangreiche Veränderungen am Bau statt.
1988 wurde das Haus abgebrochen und durch einen Neubau ersetzt.

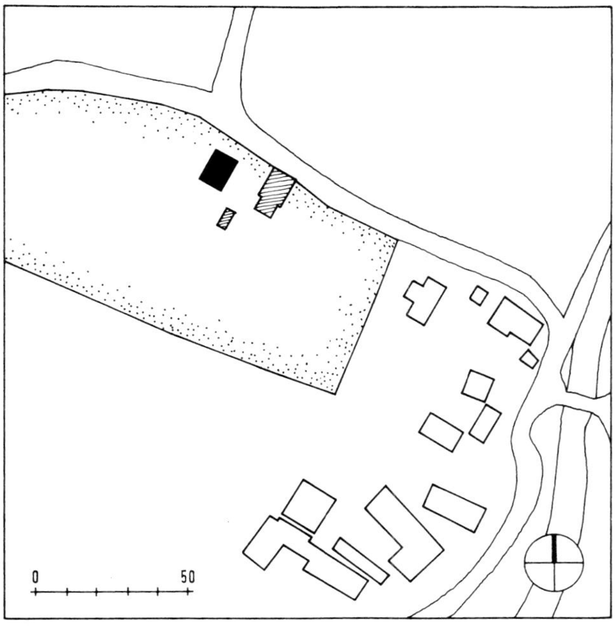

Lageplan.

Das zweigeschossige, traufständige Wohnstallhaus hatte ein Vollwalmdach.
Im Erdgeschoß zeigten sich Reste eines ehemaligen Blockbaus, der teilweise durch Massivmauern ersetzt worden war. Das vierachsige Obergeschoß ist durchwegs als Fachwerkbau ausgebildet. Die Südostfassade ist zweifach verriegelt und unterhalb der Fenster als durchgehende Zone in Schmuckfachwerk angelegt. Dabei waren unterhalb der Solbänke jeweils zwei durchkreuzte Rauten in jeder Hausachse. Seitlich der Fenster waren lediglich kurze Streben zwischen den Riegeln eingebracht. Die nordöstliche Schmalwand zeigte ein ebenfalls zweifach verriegeltes Fachwerk, bestehend aus zwei Achsen mit jeweils einer Mittelstütze. Die Aussteifung erfolgte über K-Streben. Das Gitterfachwerk an der Südwestfassade war mit stehenden Bohlen ausgefacht, die möglicherweise vom Abbruch der Bohlenwände im Inneren stammten.
Die rückwärtige Nordwestfassade war zweifach verriegelt und mit wandhohen Streben ausgesteift. Beim umfassenden Umbau Ende des 19. Jahrhunderts wurde die Fassade mit großen Fenstern mit neuen Steingewänden ausgestattet. Die Fensterumrahmungen mit den kleinen Giebeldreiecken und die ersetzte Tür wiesen auf die Erneuerung des 19. Jahrhunderts hin.
Die Wände des Obergeschosses und die Blockwände des Erdgeschosses waren mit Schablonenschiefer verkleidet. Sie zeigten Einlegungen mit hellen Schiefersteinen. Zwischen dem 2. und 3. Obergeschoßfenster der Südosttraufseite hatte sich ehemals eine Hausfigur befunden.
Die ursprüngliche Raumaufteilung läßt sich aufgrund starker Überformungen nur noch ansatzweise nachvollziehen. Es handelte sich ursprünglich um ein dreizoniges Gebäude. Nach dem mittigen Hausplatz mit Treppe zum Obergeschoß und rückwärtiger Küche schloß sich an der Nordostseite eine kleine Stube mit Hinterkammer an. Diese Räume wiesen an der Außenfassade noch den alten Blockverband auf. Im Südwesten des Hauses lag wohl der ehemalige Stall, von dem eine kleine Hinterkammer abgetrennt war, die man wahrscheinlich von der Küche erschloß. Im Obergeschoß läßt sich die entsprechende Raumaufteilung mit Kammer(n), Flur und Stallboden vermuten. Entlang der Nordwestfassade erstreckte sich über die ganze Hauslänge ein nach außen hin offener Laubengang. Das Dachgeschoß stammte voraussichtlich noch aus der ersten Bauphase und wurde vom Hausflur erschlossen. Es war ein zweigeschossiges Kehlbalkendach mit liegendem Stuhl und waagrechten Spannriegeln.
Nach einem größeren Umbau in der zweiten Hälfte des 19. Jahrhunderts wurde der Stallbereich in einen Anbau ausgelagert und die freiwerdenden Räumlichkeiten zu Wohnzwecken umgenutzt.
Der Hausflur blieb bestehen, und der ehemalige Wohnbereich erhielt dabei eine untergeordnete

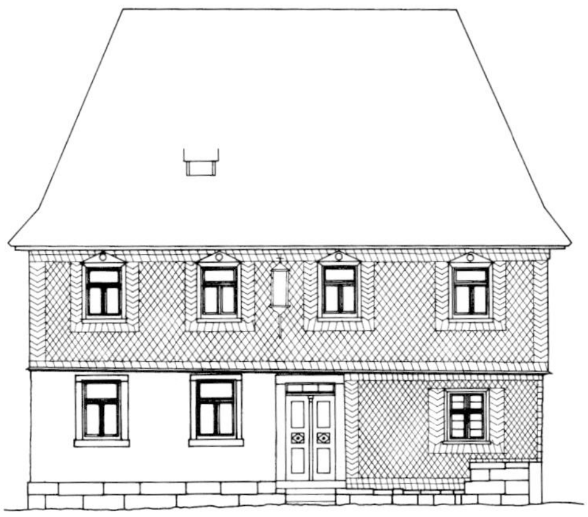
Ansicht von Südosten.

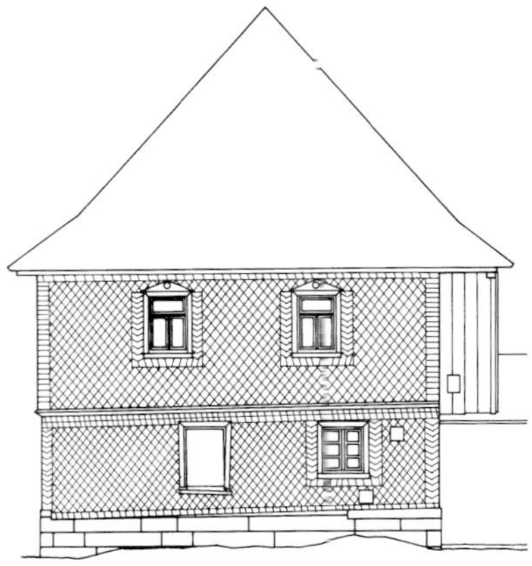
Ansicht von Nordosten.

Ansicht von Nordwesten.

Ansicht von Südwesten.

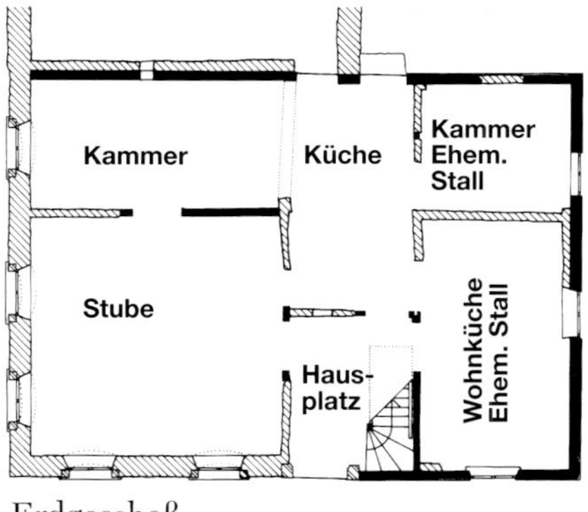

Erdgeschoß.

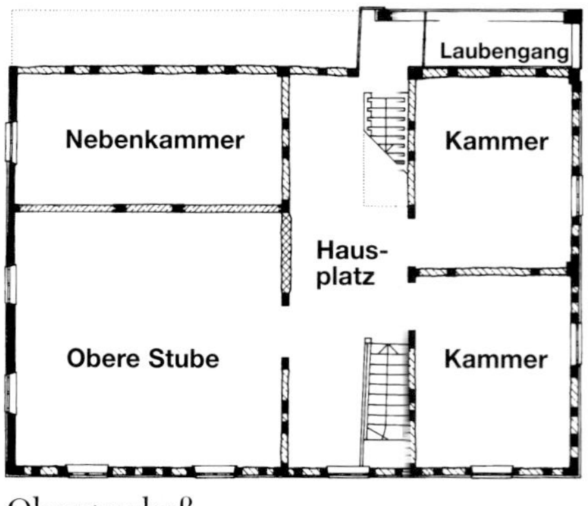

Obergeschoß.

Aufnahme vor dem Abbruch.

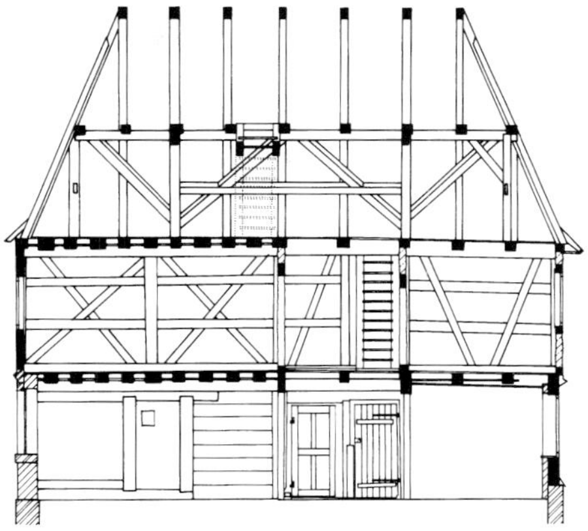

Längsschnitt.

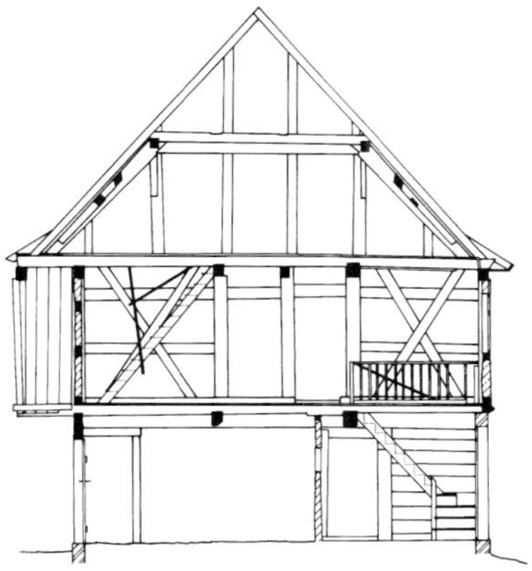

Querschnitt.

Kammernutzung. Im früheren Stallbereich wurden die Außenwände durch Ziegelmauerwerk ersetzt, der Raum selbst in eine große Wohnstube mit Bohlenbalkendecke umgewandelt. Der mittige Unterzug in der Stube sowie die darüberliegenden Balken waren mit einer Schiffskehle versehen. Die anschließende Kammer und der rückwärtige Flurbereich wurden ebenfalls abgetrennt und wohl zu einer großen Wohnküche umgewandelt.

Das Obergeschoß erhielt bei dieser Maßnahme eine ähnlich repräsentative Raumaufteilung wie das Erdgeschoß. In der mittleren Zone lag wie unten ein Hausplatz mit Kamin und Feuerstelle für den Kachelofen der Stube. Diese befand sich über der neuen Stube im Erdgeschoß und war mit einer gleich gestalteten Bohlenbalkendecke ausgestattet. Daran schloß sich wieder eine Hinterkammer an. Auf der gegenüberliegenden Seite des Hausflures befanden sich zwei gleich große Kammern. Der Laubengang entlang der Nordwestfassade wurde durch den Dachanschluß des Stalles verkürzt.

Die Unterzüge und Zerrbalken sowie die zwischengelegten Balken über der Stube lagen in diesem Geschoß frei. Diese sichtbaren Balken wiesen in den Wohnbereichen an der Unterseite Schiffskehlen auf.

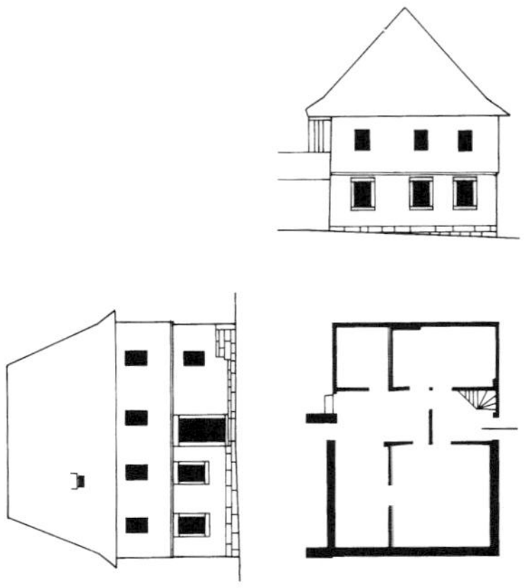

Ort	
Dörfles, Nr. 13	
Gebäude	
Gebäudeart	Wohnhaus
Wandkonstruktion	Ziegel/Blockbau/Fachwerk
Geschoßzahl	2 + Dach
Geschoßhöhe	2,55 m
Grundfläche (B × L)	84,7 qm (7,7 × 11,0 m)
Umbauter Raum	
Vollgeschosse	450 cbm
Dachgeschoß	175 cbm
Dach	
Dachart	Walmdach
Dachneigung	48°
Dachdeckung	Falzziegel
Dachüberstand	50/30 cm (Giebelseite)
Erschließung	
Hauseingang Lage	Traufseite
Flur Lage	Querflur
Grundfläche (B × L)	7,0 qm (2,4 × 2,9 m)
Treppe Art	einläufig über Eck
Laufbreite	70 cm
Steigungsverhältnis	19,6/18,1 cm, 47°
Stube	
Lage	Südecke
Grundfläche (B × L)	21,6 qm (4,5 × 4,8 m)
Fensterzahl	4
Fensteröffnung (B × H)	80 × 120 cm
Belichtungsfaktor Fensteröffnung: Grundfläche	1:5,6
Stubenofen	Stubenofen
Küche (Wohnküche)	
Lage	Flurende
Grundfläche (B × L)	22,3 qm (2,4 × 4,3 m + 2,5 × 4,8 m)

Gebäudemerkmale für Bauberatung

Das Wohnstallhaus steht frei in seinem Grundstück und bildete mit dem Backofen und der östlich errichteten Scheune eine offene, dreiseitig bebaute Hofstelle.

Das zweigeschossige Haus von 7,7 m Breite und 11,0 m Länge ist mit einem Walmdach gedeckt. Während der Neigungswinkel der Längsseiten 48° beträgt, wird er an den Schmalseiten auf 65° angehoben. Die Abbildung des Hauses von Osten zeigt deutlich die gute Dachgestaltung, die letztlich aus der Baumeisterregel entstanden ist, die empfiehlt, die Walme der Schmalseiten steiler zu neigen, um den Firstpunkt nicht optisch in das Dach hineinfallen zu lassen. Berühmte Beispiele dieser an den Schmalseiten steiler gestalteten Walme sind das Gartenhaus Goethes in Weimar und der Pfarrhof in Weißensee bei Füssen.

Bei mehrfachen Umbauten blieb die schmale durchgehende Mittelzone mit Hausplatz und Treppe erhalten. Verlegt wurden jedoch die Stube von Nordost auf die Südseite. Im letzten Bauzustand ist die quadratische Stube (4,5 × 4,8 m) mit je zwei Fenstern belichtet und hat Wände von verputztem Ziegelmauerwerk, wogegen Hausplatz und ehemaliger Stall noch in der alten Blockbauweise bestehen blieben und mit Schiefer verkleidet waren. Die Raumaufteilung des Obergeschosses, dessen Block- und Fachwerkwände ebenfalls mit Schiefer verkleidet sind, nimmt den klaren Grundriß des durchgehenden Flures (Hausplatz) mit den seitlich erschlossenen Räumen auf. Dem einfachen Obergeschoßgrundriß entspricht auch die regelmäßige Anordnung der Fensterachsen gegenüber dem von verschiedenen Bauphasen deutlich geprägten Erdgeschoß.

Bei 84,7 qm Grundfläche ergibt der Umrechnungsfaktor von 0,75 eine Wohnfläche von 64 qm je Geschoß.

Ansicht von Osten.

Steinwiesen

Frankenwaldstraße 9

Markt Steinwiesen, Landkreis Kronach

Eingeschossiger Wohnstallbau des 18. Jahrhunderts
1840: »Ein Wohnhaus mit Zubehör«
1993: Abbruch

Zur Siedlung

Steinwiesen liegt nördlich von Kronach. Gegründet um 1000, wurde Steinwiesen urkundlich erstmals 1323–1333 zum Besitz des Bischofs von Bamberg gehörig genannt. 1386 wurde Steinwiesen als erster Flößerort im Frankenwald bzw. in Zusammenhang mit der Flößerei erwähnt. Bereits 1421 hatte Steinwiesen eine eigene Pfarrei. 1528 wurden 28 Häuser, 1550 60 Häuser genannt. Geprägt wurde Steinwiesen durch die Flößerei, die den größten Erwerbszweig darstellte. So bestanden zu Beginn des 19. Jahrhunderts viele Wirtshäuser, zwei unterschlächtige mit Haus und Stadel versehene Mahlmühlen, eine oberschlächtige Mahlmühle mit Haus und Stadel sowie 7 Schneidmühlen.
Neben zahlreichen Bauern setzte sich die Bevölkerung auch aus mehreren Flößern und Tagelöhnern zusammen. Die Tagwerksgröße schwankte zwischen Kleinstanwesen unter einem Tagwerk und großen Anwesen mit 50 Tagwerk.

Zur Hofgeschichte

Das sogenannte »Frankenbücherlehaus« wurde im 18. Jahrhundert errichtet. In der Mitte des 19. Jahrhunderts gehörte es dem Tagelöhner Paul Simon Röhrenhöfer und dessen Ehefrau Anna. Dieser hatte das Wohnhaus mit Zubehör, d. h. Wohnhaus mit Stall, Holzlege, Wagenschupfen und Hofraum zusammen mit seiner Frau laut Vertrag von 1840 von seinen Eltern, den Georg Simon Röhrenhöferschen

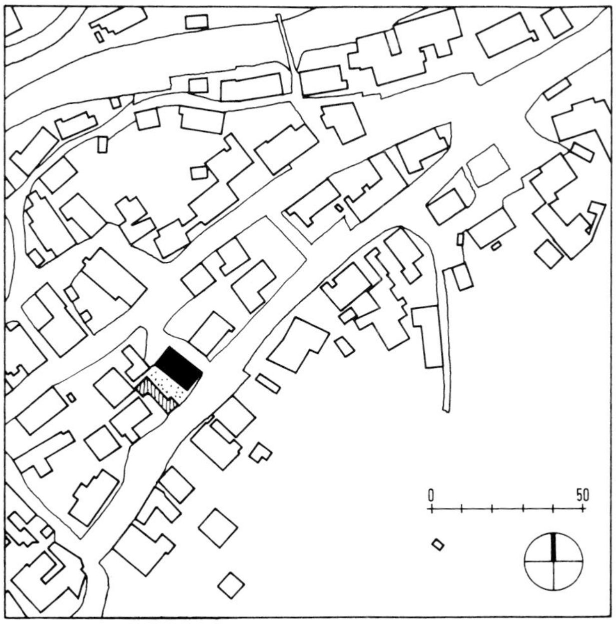

Lageplan.

Straßengiebel.

Eheleuten, übernommen. Die Wirtschaftsfläche betrug 5,35 Tagwerk. 1877 bestanden hier zwei eigenständige Wohneinheiten mit unterschiedlichen Besitzern.
1993 wurde das Anwesen abgerissen.
Das ursprüngliche Haus war ein eingeschossiger Blockbau auf einem niedrigen Sandsteinsockel. Das letzte Erscheinungsbild zeigte die Eingangsseite nach wie vor als Blockbau, während die rückwärtige Traufwand und die linke Giebelseite verschiefert waren. Die rechte Giebelseite war als verputzte Massivwand errichtet. Das Satteldach mit Aufschieblingen war als Kehlbalkendach mit zweifach stehendem Stuhl ausgebildet und mit Krempziegeln gedeckt.
Die ursprüngliche Hauseinteilung im Inneren läßt sich aufgrund starker Überformungen nicht mehr eindeutig nachvollziehen. Prinzipiell handelte es sich um einen quererschlossenen, dreizonig angelegten, zweiraumtiefen Grundriß. Rechts vom Hausplatz befand sich die Stube mit anschließender Kammer und Küchenkammer. Links von der Haupterschließung befand sich der ehemalige Stall, wohl mit einer hinteren Kammer, die vom Hausflur erschlossen wurde.
Der zuletzt erhaltene Zustand zeigte das Haus als zweigeteiltes Wohnhaus. Der ehemals breite Hausflur wurde quer zur Firstrichtung unterteilt und bildete so die Trennung zwischen den beiden eigenständigen Wohneinheiten. Zwischen den neu entstandenen Hausfluren bestand ein offener Durchgang.

Hofraufseite.

Im ehemaligen Wohnbereich wurde die Küche seitlich des Flures zur Hälfte aufgegeben und dort eine zweiläufige Treppe in das Dachgeschoß angelegt. Die Abseiten der ausgebauten Dachkammer waren durch Bretterverschalung abgeteilt. Die Küche wurde vergrößert und eine massive Steinwand als negative Ecke in die Stube eingebaut.
Aus wärmetechnischen Gründen wurde die Hinterkammer der Stube lediglich durch Holzwände mit Bretterverschalung von den angrenzenden Räumen abgetrennt. Gleichzeitig wurde die Giebelwand durch eine massive Steinwand ersetzt.
Bei der Teilung des Hauses wurde im ehemaligen Stallbereich eine neue Wohneinheit eingebracht. Dabei wurde die ehemalige Stalltür mit Balken zugesetzt und eine zweite Haustüre neben der bestehenden eingefügt. Links des Hausplatzes befand sich eine Kammer, von der aus eine Treppe zur ausgebauten Dachkammer führte. Die Wohnküche seitlich nahm nun den rückwärtigen Hausbereich ein. Von der Küche gelangte man in die Kammer, welche die danebenliegende Stube erschloß.
Bei der Teilung des Hauses wurden Teile der Bohlenwände im Innenbereich entfernt und durch massive Wände ersetzt. Weiterhin wurden neue Erschließungen des Dachgeschosses sowie zwei russische Kamine eingebracht, um die beiden Wohneinheiten zu trennen.

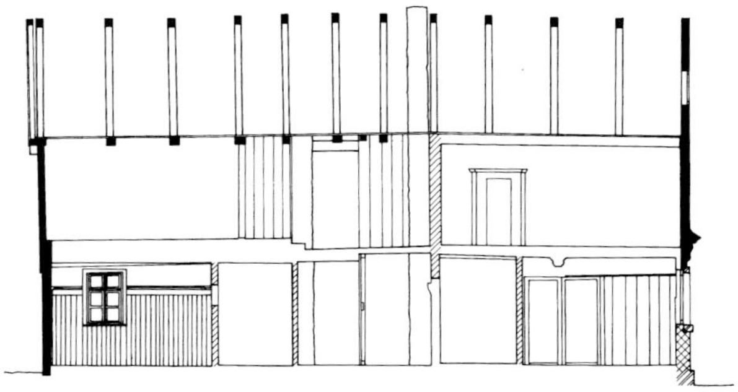

Längsschnitt.

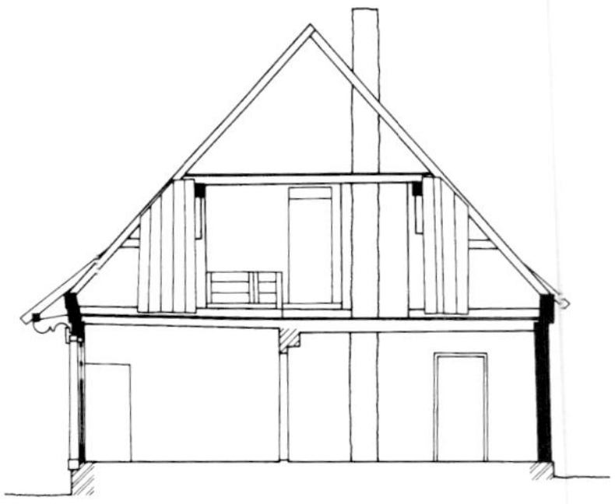

Querschnitt.

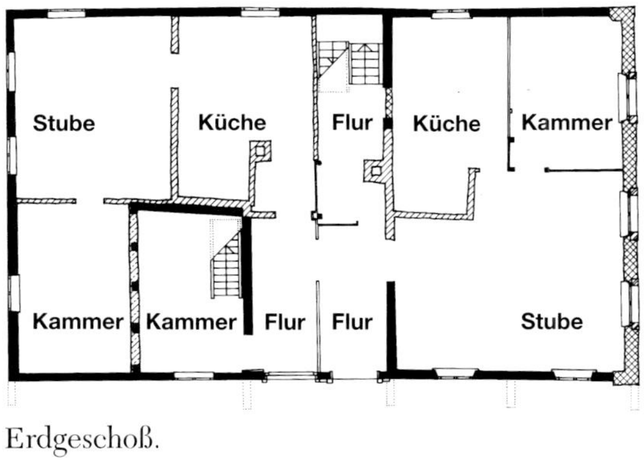

Erdgeschoß.

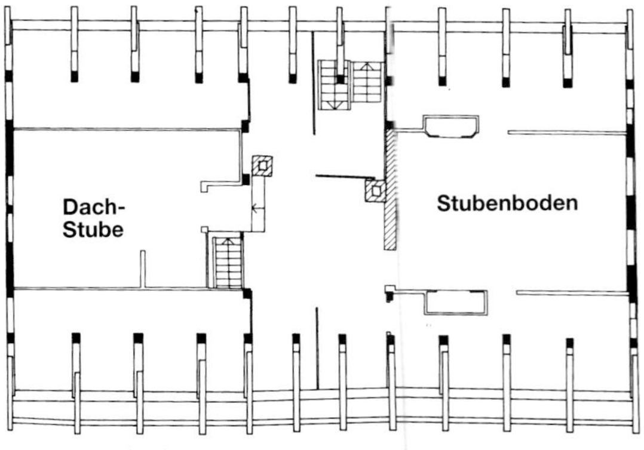

Obergeschoß.

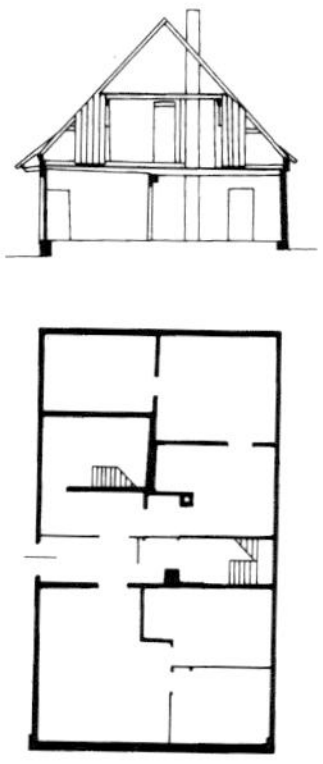

Ort	
Steinwiesen, Frankenwaldstraße 9	
Gebäude	
Gebäudeart	Doppelhaus, ehem. Wohnstallhaus
Wandkonstruktion	Naturstein/Fachwerk/ Blockbau
Geschoßzahl	1 + Dach
Geschoßhöhe	2,4 m
Grundfläche (B × L)	113 qm (8,1 × 13,9 m)
Umbauter Raum	
Vollgeschoß	270 cbm
Dachgeschoß	280 cbm
Dach	
Dachart	Satteldach
Dachneigung	48°
Dachdeckung	Falzziegel (Kremper)
Dachüberstand	
Erschließung	
Hauseingang Lage	Traufseite
Flur Lage	Querflur
Grundfläche (B × L)	
Treppe Art	zweiläufig
Laufbreite	60 cm
Steigungsverhältnis	18,5/18,2 cm, 46°
Stube	
Lage	Südecke/Nordecke
Grundfäche (B × L)	19,8 qm (3,3/4,3 × 5,0 m)/ 13,3 qm (3,4 × 3,9 m)
Fensterzahl	4/3
Fensteröffnung	75 × 110 cm
Belichtungsfaktor Fensteröffnung: Grundfläche	1 : 6/1 : 5,4
Stubenofen	Stufenofen als Vorderlader
Küche	
Lage	hinter Stube/Flurende
Grundfläche (B × L)	9,6 qm (1,6/3,2 × 3,5 m)/ 11,7 qm (3,0 × 3,9 m)

Gebäudemerkmale für Bauberatung

In dem eng bebauten Marktort steht, wie viele andere Nachbargebäude, das Doppelwohnhaus an seiner nordöstlichen Grundstücksgrenze unmittelbar an der Straße. Das in der Hausgeschichte ursprünglich als dreizoniges zweiraumtiefes Wohnstallhaus bezeichnete Bauwerk war in dem hier dargestellten Bauzustand zum Doppelwohnhaus umgebaut. Der Rechteckbaukörper von 8,1 m Breite und 13,9 m Länge, der in zwei fast gleiche Teile von 6,9 und 7,0 m geteilt war, trug ein 48° steiles, mit Falzziegeln gedecktes Satteldach.

Beide Wohnungstüren liegen — wie auch bei Kleinwohnungen in Städten – direkt nebeneinander an der südwestlichen Traufseite. Der Grund ist hier aber die nachträgliche Teilung des Flurs in zwei Hälften. Im Kleinwohnungsbau Europas bilden gespiegelte Grundrisse mit zwei nebeneinanderliegenden Wohnungstüren ein vielfach verwendetes Modell, von der Wohnanlage der Fuggerei in Augsburg über die Kleinwohnungen in Flandern bis hin zu den Reihenhäusern der Gartenstädte um die Jahrhundertwende. Im südöstlichen Wohnteil wird die Stube zugunsten der neuen Küche verkleinert, während im Westteil, dem ehemaligen Stall, die alte Küche erweitert und daneben eine Stube eingebaut wird. Befriedigende Lösungen im Sinne eines wirtschaftlichen und nutzungsgerechten Wohnens wurden hier kaum erreicht.

Es sei an die Doppelwohnhäuser in Mittelfranken erinnert, z. B. in Loch, Stadt Stein, Landkreis Fürth, oder in Reinhartshofen, Gemeinde Gutenstätten, Landkreis Neustadt a. d. Aisch, Bad Windsheim (siehe Dokumentation »Bauernhäuser in Bayern. Mittelfranken«. S. 168–170 und 224–226).

Gegenüber der Grundrißorganisation zeigen Baukörper und Fensteranordnung eine Übereinstimmung von Konstruktion und Gestalt. Blockwände, verputztes Erdgeschoßmauerwerk der Giebelseiten und die Schieferverkleidung bleiben innerhalb der Klimahülle des klaren Rechteckbaukörpers. Die unterschiedlichen Konstruktions- und Materialfelder werden durch das einfache Satteldach zusammengefaßt. Auch die vergrößerten Fenster ähnlichen Formates bilden eine gemeinsame Elementgruppe des Bauwerks. Die Stuben beider Wohnteile sind ausreichend belichtet (Belichtungsfaktoren 1:6,0 bzw. 1:5,4).

Bei einer Grundfläche von 113 qm ergibt sich über den Umrechnungsfaktor von 0,75 eine Wohnfläche des Erdgeschosses von 84 qm, d. h. zweimal 42 qm, ohne Einrechnung des Dachgeschosses.

Tschirn

Bergweg 11

Gemeinde Tschirn, Landkreis Kronach

Eingeschossiges Trüpfhäuschen um 1840/1850

Zur Siedlung

Im Jahre 1276 übereignete Bischof Berthold dem Kloster Langheim Güter zu Schirn und Pressans. Damals war Tschirn bereits eine stattliche Siedlung mit Pfarrkirche und mit Patronatsrecht, einer Pfarrstelle und zahlreichen Gebäuden. 1388 verkaufte das Kloster Langheim Tschirn mit allen bisherigen Pflichten an das Hochstift zu Bamberg. In der ersten Hälfte des 19. Jahrhunderts existierten 100 Besitzungen. Die Bevölkerung des Angerdorfes mit Waldhufen setzte sich hauptsächlich aus Bauern zusammen. Die durchschnittliche Wirtschaftsfläche betrug zwischen 20 und 30 Tagwerk. Das Dorf ist eine Hangsiedlung mit einem ehedem sehr breiten Anger, der bereits frühzeitig bebaut wurde.

Verschieferte Giebelseite.

Zur Hofgeschichte

Die Erbauungszeit wird aufgrund baugeschichtlicher Merkmale um 1840/1850 angesetzt. 1857 gehörte das Wohnhaus mit Keller, Stall und Scheune dem Wirt Andreas Wiesner, der das Anwesen laut Brief von 1844 für 1300 Gulden von seiner Mutter übernommen hatte. Der Grundbesitz belief sich auf 16,76 Tagwerk. Ende des 19. Jahrhunderts entstanden aufgrund einer Teilung zwei neue kleinere Hausanlagen. Das heutige Wohnhaus Bergweg 11 kam in den Besitz der Familie Deuerling. 1940 wurde es nach dem Tod des damaligen Eigentümers von einer Erbengemeinschaft der Familie Deuerling verwaltet, die es 1990 verkaufte.

Das kleine, etwas zurückgesetzte erdgeschossige Trüpfhäuschen schließt direkt an ein quer dazu stehendes, großes Haus an und weist noch die typischen Merkmale eines »Frankenwaldhauses« auf. Auf einem aus Bruchstein gemauerten Untergeschoß erhebt sich ein Blockbau. Dieser ist an der Hoftraufseite bis zum massiven ehemaligen Stallteil und der Straßengiebelseite mit Schiefer verkleidet. Die rückwärtige Traufseite ist verbrettert. Das Satteldach ist teilweise mit Natur-, teilweise mit Kunstschiefer gedeckt.

Das Haus ist queraufgeschlossen und dreizonig angelegt. Der Grundriß weist Hausplatz mit Küche, Stube, Kammer und Stall auf. Unter dem Stuben- und Kammerbereich befindet sich ein quer zum Haus liegender, tonnengewölbter Keller. Hinter dem Hausplatz liegt die weit in den Flurbereich ragende Küche, die vom Flur lediglich durch eine Bretterwand getrennt ist. Ursprünglich war die Küche als großer, querliegender Küchenraum ausgebildet. Bei späteren Veränderungen Ende des 19. Jahrhunderts wurde die Kammer zum Hausplatz hin vergrößert und die Küche in den Hausplatz verlängert. Dabei wurde – ungewöhnlich für einen Blockbau – eine Riegelwand eingestellt. In der Küche befinden sich der Kamin und ein Kochofen. Der Wohnbereich umfaßt neben dem Hausplatz eine große Stube mit Nebenkammer Die Stube hat einen Riemenboden und eine umlaufende Lamperie. Sie besitzt ebenso wie die Kammer die alten vierflügeligen Kreuzstockfenster. Der Kachelofen ist ein von der Küche aus beheizter Hinterladerofen, der ebenfalls aus der Umbauphase Ende des 19. Jahrhunderts stammt. Der Stall wurde früher für Kleinvieh genutzt, nach Aufgabe der Tierhaltung wurde er mit einer Längswand geteilt und der Boden mit Brettern belegt. Das durch eine Treppe im Hausflur erschlossene Dachgeschoß besitzt eine mittlere Stube sowie über dem Stall eine weitere kleine Dachraumstube.

Lageplan 1857.

Traufseite.

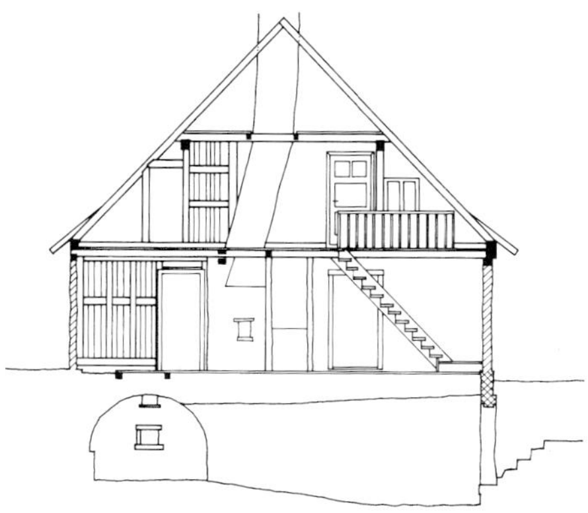

Querschnitt.

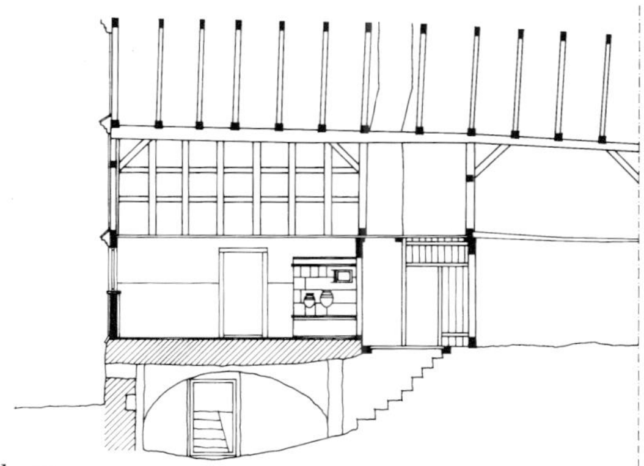

Längsschnitt.

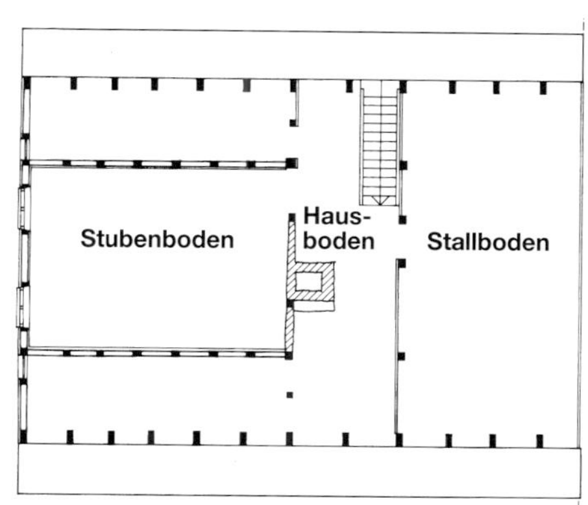

Obergeschoß.

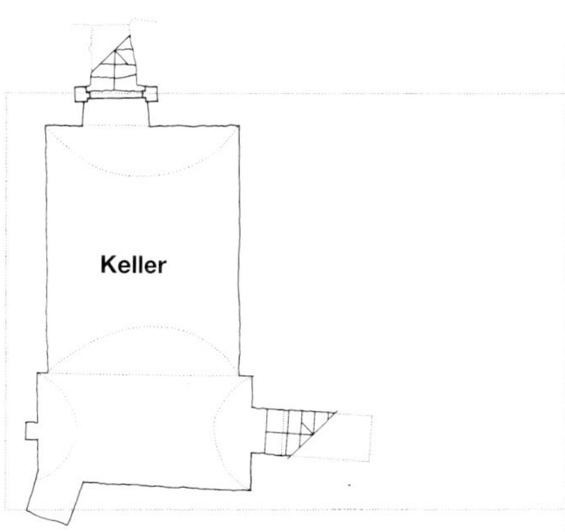

Keller.

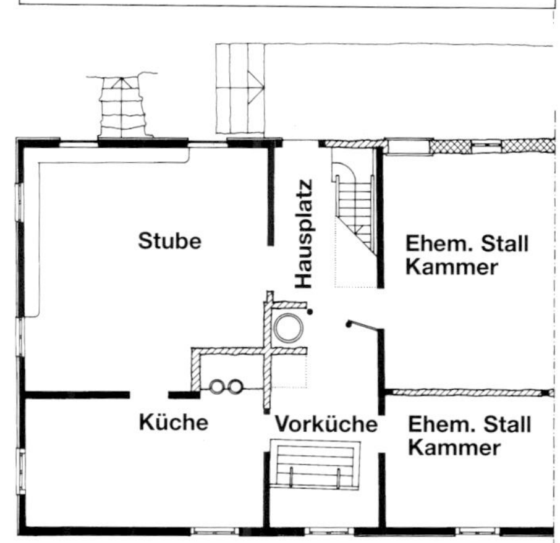

Erdgeschoß.

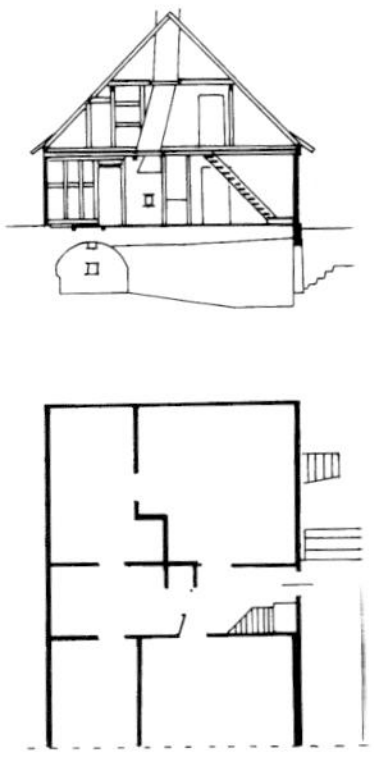

Ort	
Tschirn, Bergweg 11	
Gebäude	
Gebäudeart	Wohnstallhaus (Trüpfhaus)
Wandkonstruktion	Blockbau/Naturstein/Fachwerk
Geschoßzahl	1 + Dach
Geschoßhöhe	2,5 m
Grundfläche (B × L)	95,8 qm (8,4 × 11,4 m)
Umbauter Raum	
Vollgeschoß	230 cbm
Dachgeschoß	220 cbm
Dach	
Dachart	Satteldach
Dachneigung	46°
Dachdeckung	Schiefer
Dachüberstand	
Erschließung	
Hauseingang Lage	Traufseite
Flur Lage	Querflur
Grundfläche (B × L)	7,7 qm (5,1 × 5,2 m)
Treppe Art	einläufig
Laufbreite	70 cm
Steigungsverhältnis	17,9/16,6 cm, 47°
Stube	
Lage	Ostecke
Grundfläche (B × L)	27 qm (2,2 × 3,5 m)
Fensterzahl	4
Stubenofen	Hinterlader von Vorküche
Küche	
Lage	hinter Stube
Grundfläche (B × L)	14 qm (2,75 × 5,1 m)

Gebäudemerkmale für Bauberatung

Das kleine Wohnstallhaus ist auf dem ursprünglich freien Anger im Zuge einer späteren Siedlungsverdichtung von Tschirn erbaut. Der Rechteckbaukörper von 8,4 auf 11,4 m Seitenlänge wird von einem 46° geneigten Satteldach abgeschlossen. Die Aufschieblinge des Dachgeschosses kragen aus, um den Holzblockbau, der heute mit Schiefer verkleidet ist, zu schützen.

Im Raumgefüge folgt nach der großen quadratischen Stube (5,1 × 5,2 m), hier besonders klar ausgeprägt, eine schmale, nur 2,2 m breite Zone, die den Hausplatz mit der anschließenden Küche aufnimmt. Diese quer durch den ganzen Grundriß gelegte Zone bringt konstruktiv für das Tragwerk des Hauses, funktional für die Erschließung als Verkehrsraum mit der Treppe und räumlich durch die klare Orientierbarkeit, außerordentliche Vorteile. Dieses raumgeometrische Ordnungsmuster ist so leistungsfähig, daß es, auch noch gekürzt durch eingebaute Küchen- oder Nebenräume, seine Funktion als Eingangsteilung und Treppenraum erfüllt. Der Typus des Querflurhauses zählt zu den am weitest verbreiteten Mustern des ländlichen Hausbaus in Mitteleuropa. Die Giebelseite zeigt eine sehr interessante Fensterverteilung. Die Zahl der Fensterachsen nimmt mit der Zunahme der Geschoßzahl ab, jedoch alle Fenster sind geometrisch auf den Firstpunkt ausgerichtet. Das Erdgeschoß zeigt drei weit auseinandergezogene, große Fenster. Im ersten Dachgeschoß folgen zwei große Fenster, die auf Lücke des Erdgeschosses gesetzt sind, und im Spitzboden ein in der Symmetrieachse liegendes Fenster, das bis an den Rand des Ortganggesimses des Giebels heranreicht. So zeichnen die weiß gestrichenen großen Holzfenster das Dachdreieck in der Abfolge drei zu zwei zu eins nach. Betont wird die Dachschräge noch durch die beiden kleinen quadratischen Zusatzfenster des ersten Dachbodens.

Bei 95,8 qm Grundfläche ergibt sich mit dem Umrechnungsfaktor 0,75 eine Wohnfläche im Erdgeschoß von 72 qm.

Waldbuch

Nr. 7

Marktrodach, Landkreis Kronach

Wohnstallhaus aus der zweiten Hälfte des 16. Jahrhunderts
1853: »Gülthof«

Zur Siedlung

Der zwischen Seibelsdorf und Oberrodach gelegene Weiler Waldbuch gehörte ehemals zum Kastenamt Kulmbach. In der Mitte des 19. Jahrhunderts bestanden in Waldbuch fünf größere Höfe, die eine Wirtschaftsfläche von 63 Tagwerk bis 109 Tagwerk einnahmen. Daneben existierte noch ein Söldengütlein mit einer Größe von etwa 45 Tagwerk sowie ein Söldengut mit drei Tagwerk. Die Bevölkerung setzte sich nahezu ausschließlich aus Bauern zusammen. Waldbuch hat auch heute noch seine ursprüngliche Gestalt bewahrt.

Zur Hofgeschichte

Das Anwesen Waldbuch Nr. 7 liegt in der östlichen Ortshälfte. In der Mitte des 19. Jahrhunderts war das Anwesen Nr. 7 gemeinsam mit Nr. 6 zu einem Bauernhof mit einem Grundbesitz von 100,60 Tagwerk zusammengeschlossen. Es wurde bezeichnet als Gilthof und bestand aus Wohnhaus mit Keller, Stallung und Hofraum (Nr. 6) und aus Wohnhaus mit Keller, Stall und Hofraum (Nr. 7). Besitzer waren Gertraud und Margaretha Daig und Sophia und Laetitia Böhm, die nach Ableben des Friedrich Daig 1853 beide Anwesen ererbten. Friedrich Daig scheint ein recht wohlhabender Mann gewesen zu sein, da er auch im nahegelegenen Seibelsdorf ein Söldengut und ein Söldengütlein besaß.
Auch heute noch ist das Anwesen Nr. 7 im Besitz der Familie Böhm.

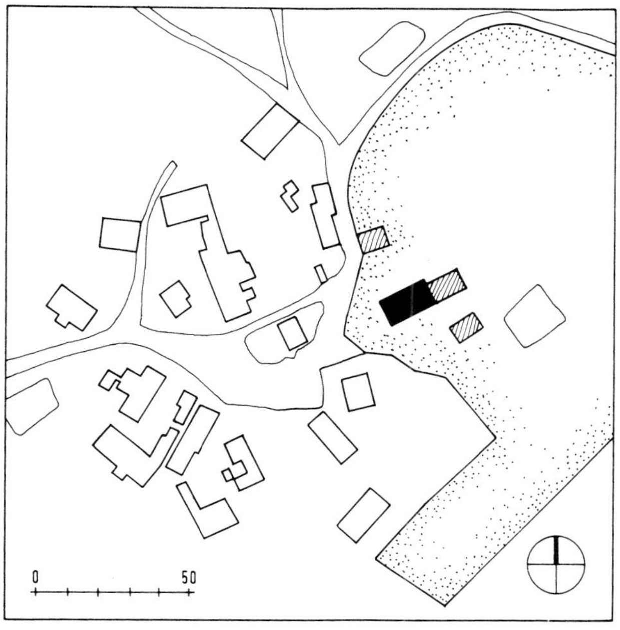

Lageplan.

Ansicht von der Straße.

Im Gegensatz zum Eintrag im Grundsteuerkataster zeigt der Katasterplan einen Streckhof mit gegenüberliegendem Nebengebäude. Dieses Nebengebäude wurde noch vor 1909 abgerissen.
Das eingeschossige Wohnstallhaus Nr. 7 weist einen dreizonigen Grundriß auf. Allerdings ist die Küche etwas versetzt und ragt in die Stube. Der Zugang zu Haus und Stall erfolgt über zwei Türen auf der Traufseite. Die Küche besitzt einen unten offenen Kamin. An die Küche war ehemals ein heute abgebrochener Backofenerker angebaut. Das Backofenloch der Schwarzen Küche ist heute zugemauert. Den östlichen Teil des Hauses nimmt der ehemalige Stall ein. Er wurde 1909 zur Wohnung umgebaut, dabei erfolgte der Einbruch zweier neuer Fenster an der Traufseite. Seitdem besteht ein kurzer kleiner Stall, der eine Tür an der hinteren Traufseite erhielt.
Das Erdgeschoß auf einem Sockel aus Sandstein ist aus Bruchsteinmauerwerk und verputzt. Die Giebelseite mit drei Achsen zeigt an den Rändern eine Betonung durch ungleichmäßig große Eckquaderung. Ungewöhnlich ist der frühe Massivbau, in einer Gegend wo zu jener Zeit der Blockbau vorherrschte. Noch in den fünfziger Jahren war der Giebel mit Schieferdecksteinen verkleidet. Heute ist diese Giebelseite verbrettert. Die rückwärtige Giebelseite zeigt nur im oberen Bereich des Giebels eine Verbretterung. Das Dach besitzt einen stehenden Dachstuhl und ist ziegelgedeckt und hatte auf der Hoftraufseite über der Eingangstür eine kleine Gaube, die jetzt durch ein Dachfenster ersetzt ist.

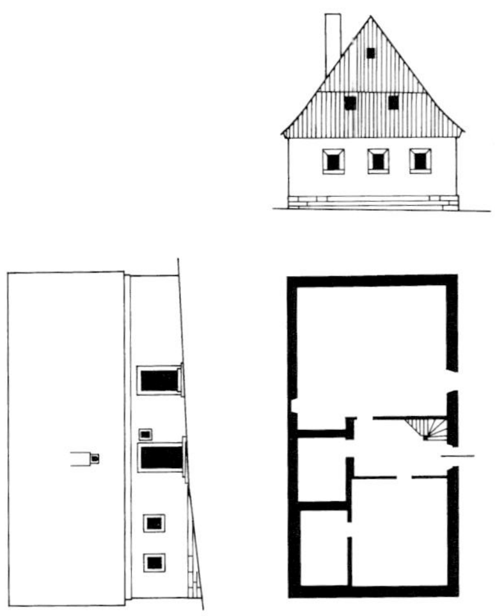

Ort	
Waldbuch, Nr. 7	
Gebäude	
Gebäudeart	Wohnstallhaus
Wandkonstruktion	Naturstein/Ziegel
Geschoßzahl	1 + Dach
Geschoßhöhe	2,8 m
Grundfläche (B × L)	147 qm (8,8 × 16,7 m)
Umbauter Raum	
Vollgeschoß	410 cbm
Dachgeschoß	430 cbm
Dach	
Dachart	Satteldach
Dachneigung	54°
Dachdeckung	Falzziegel
Dachüberstand	30 cm (Giebelseite)
Erschließung	
Hauseingang Lage	Traufseite
Flur Lage	Querflur
Grundfläche (B × L)	13,6 qm (2,9 × 4,7 m)
Treppe Art	einläufig über Eck
Laufbreite	85 cm
Steigungsverhältnis	20/18,75 cm, 47°
Stube	
Lage	Südwestecke
Grundfläche (B × L)	26,9 qm (4,8 × 5,6 m)
Fensterzahl	4
Fensteröffnung (B × H)	60 × 80 cm
Belichtungsfaktor Fensteröffnung: Grundfläche	1 : 14
Stubenofen	ehem. Hinterlader
Küche	
Lage	hinter Flur
Grundfläche (B × L)	7,9 qm (2,4 × 3,3 m)

Gebäudemerkmale für Bauberatung

Das eingeschossige Wohnstallhaus liegt frei in seinem großen Grundstück und blickt mit der südwestlichen Giebelseite zur platzartigen Mitte des Weilers.

Der geschlossene Rechteckbaukörper erreicht mit 8,8 m Breite und 16,7 m Länge ein Seitenverhältnis von nahezu 1:2 und trägt ein 54° geneigtes, mit Falzziegeln gedecktes Satteldach. Der Grundriß wird von einer Längswand in eine breitere Zone für die Stube und den Flur und einen schmäleren Teil für Stuben, Kammer und Küche unterteilt. Die dem Quadrat angenäherte Stube (4,8 × 5,6 m) ist an der Längswand mit der gewölbten Küche überschoben und konnte ehemals von dort mit dem Stubenofen als Hinterlader beheizt werden. Die Lage an der Hausecke ermöglicht die Belichtung der Stube mit je zwei Fenstern der südwestlichen Giebelseite und der südöstlichen Traufe. Die kleinen Fenster sitzen zurückgesetzt, sind mit Gewänden eingefaßt und haben nach innen abgeschrägte Laibungen. Der von der Traufseite her erschlossene Flur enthält die einläufige Treppe, deren Antrittsstufen um 90° gewendelt sind. Die Belichtung des Flures erfolgt über ein kleines Fenster seitlich von der Haustür, eine Lösung, die besonders wirtschaftlich ist, da das geschlossene Türblatt nicht von einer Fensteröffnung durchbrochen werden muß. Der Nordteil des Hauses war ursprünglich auf die ganze Breite als Stall genutzt. Der Giebel zeigt die aufeinander abgestimmte Abstufung von drei Fensterachsen im Erdgeschoß und einer kleinen Luke im Spitzboden. Die frühere Schieferverkleidung des Giebeldreiecks zeichnete in ihrer Gliederung die Lage des Kehlbalkens nach und wiederholte mit ihren Umrahmungen die Fenstergewände des massiven Erdgeschosses. Die Traufgesimse bestehen aus den knapp überstehenden, schräg abgeschnittenen Deckenbalken, deren Köpfe mit einem längslaufenden Traufbrett geschützt sind.

Das einfache Wohnstallhaus stellt ein grundsätzlich vorbildliches Beispiel des ländlichen Bauens dar.

Die Grundfläche von 147 qm ergibt bei einem Umrechnungsfaktor von 0,75 eine Wohnfläche von 118 qm.

Ansicht von Süden.

Ansicht der Straßenseite von Westen.

Ansicht der Hoffront von Süden.

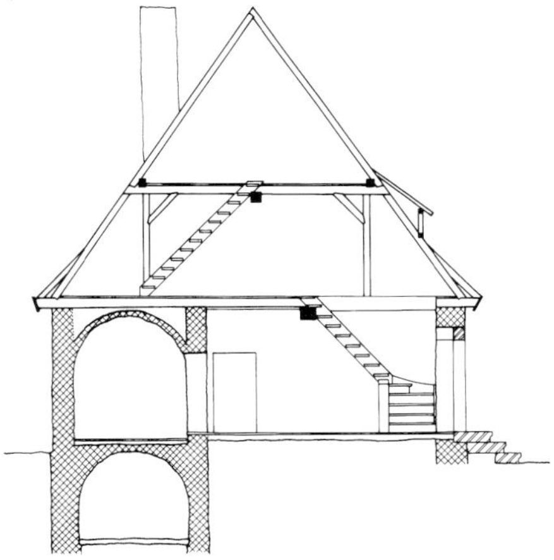

Querschnitt.

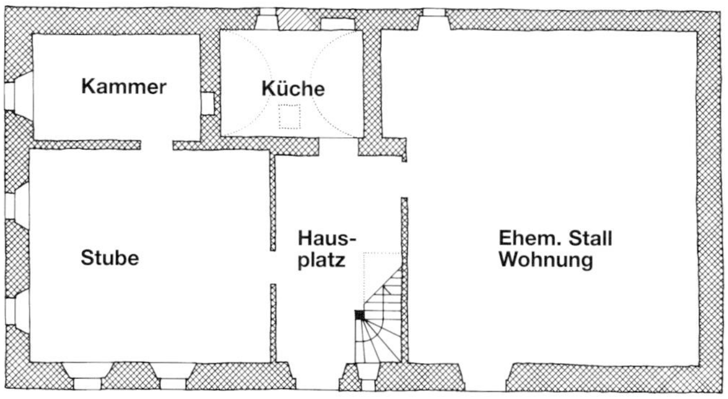

Erdgeschoß.

Zeyern

Kronacher Straße 5

Marktrodach, Landkreis Kronach

Wohnstallhaus
Blockbau mit Fachwerkobergeschoß von 1658 (i)
1856: Wohnhaus mit Zubehör

Wohnstallhaus mit Scheune von Nordwesten.

Zur Siedlung

Das Haufendorf Zeyern liegt nordöstlich von Kronach an der Mündung der Zeyern in die Rodach. Erwähnt wurde Zeyern zum ersten Mal 1288 und später 1313. Es gilt als altes Flößerdorf. Im Dreißigjährigen Krieg war es von den »Culmbachischen Völkern« abgebrannt worden. 1802 wurde es als großes Pfarrdorf zum Amte Kronach gehörig bezeichnet. Zeyern bestand in der Mitte des 19. Jahrhunderts aus 72 Wohnhäusern, einer Pfarrkirche mit Pfarrgütlein, einem Gemeinde-Schulhaus und 6 Mühlen. Die Bevölkerung setzte sich hauptsächlich aus Bauern und Flößern zusammen. Die Tagwerksgröße der Anwesen der Bauern variierte zwischen 30 und 70 Tagwerk, während die Flößerbesitzungen von kleinen Tropfhäusern mit fünf Tagwerk bis zu Halbhöfen mit 40 Tagwerk reichten.

Zur Hofgeschichte

Eine Inschrift im Sturz der Haustüre datiert das Gebäude in das Jahr 1658.
Das Anwesen Kronacher Straße 5 lag noch im 19. Jahrhundert vom eigentlichen Dorfkern etwas entfernt im nördlichen Ortsbereich am Fluß Rodach. 1856 zählte das Wohnhaus mit Zubehör 5,11 Tagwerk und gehörte somit eher zu den kleineren Höfen. Es bestand aus einem Wohnhaus mit Stall, Keller, Holzlege, Stadel, Backofen und Hofraum. Besitzer war der Schreiner Johann Wunder-Weiß und dessen Ehefrau Anna-Maria. Johann Wunder-Weiß hat das Wohnhaus mit Zubehör laut Kaufvertrag am 14. März 1855 von Barbara Kraus um 900 Gulden einschließlich eines Zehentstadelanteils erkauft.
Das Haus Kronacher Straße 5 ist seit mehreren Jahren unbewohnt und soll nun vom derzeitigen Besitzer einer neuen Nutzung zugeführt werden.
Der Hof besteht aus einem Wohnstallhaus und einem schräg dazu liegenden Stadel. Das Wohnstallhaus steht traufseitig zur Straße und ist zweigeschossig. Der Blockbau steht auf einem Steinsockel. Zur Bergseite hin ist der Blockbau im Kammerbereich nachträglich durch eine Sandsteinquadermauer ersetzt worden. Das Obergeschoß besteht aus Fachwerk mit Weidengeflecht und Lehmfüllung. Giebel und Stallbereich sind mit dem altdeutschen Schieferdeckstein verkleidet. An der Giebelfassade sind noch Überreste früherer Schieferverzierungen aus Staniolmalerei zu erkennen. Sie zeigen zwei Flößerräder und die Jahreszahl 1673. Unter dem Giebel befindet sich am Rähmbalken des Blockbaus ein Zahnschnittfries. Obergeschoß und Stube im Erdgeschoß zeigen eine Verschieferung mit der Spitzwinkelschablone, die nach 1870 Verbreitung fand. Das Satteldach ist mit Falzziegeln gedeckt.
Das Haus ist queraufgeschlossen. Neben dem Hausplatz befindet sich die Wohnstube, die durch einen Längsmittelunterzug mit Schiffskehlenprofilierung akzentuiert ist. Der Stall- und Küchenbereich des früher dreizonigen Grundrisses ist durch jüngere Ein- und Umbauten kaum mehr erhalten. Die »gute Stube« im Obergeschoß ist heizbar und besitzt eine Wandvertäfelung aus der ersten Hälfte des 20. Jahrhunderts, einen Unterzug und eine verputzte Decke. Von der Kammer über der Küche führt eine Blockkeilstufentreppe in das Dachgeschoß. Über dem Stall besteht ein kleiner mittlerer Stichflur. Von hier aus führen Zugänge zu den Kammern.
Einige interessante Details weisen noch auf die Bauzeit hin. In den hinteren Kammern sind noch kleine Fensteröffnungen mit einem mittleren Eisensteg vorhanden. Im Dachboden sind die Fußbodendielen mit Holznägeln versehen. Der stark abgezimmerte, zweifach stehende Dachstuhl ist im Flurbereich sehr verrußt.

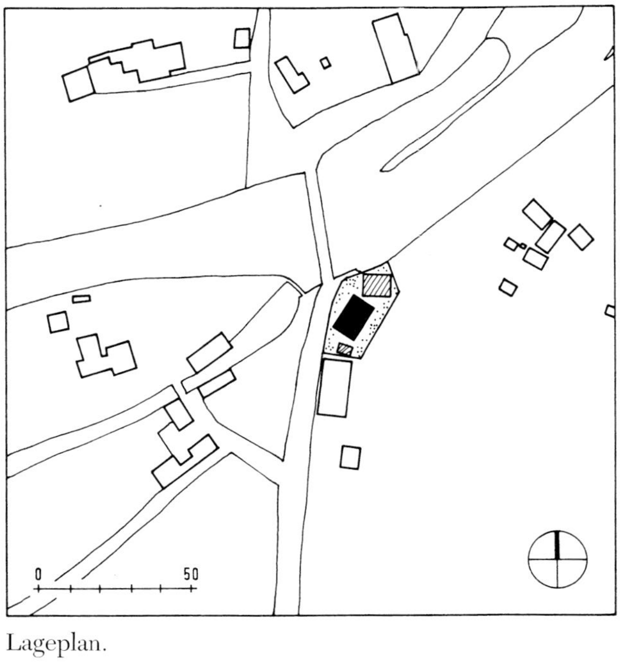

Lageplan.

Querschnitt.

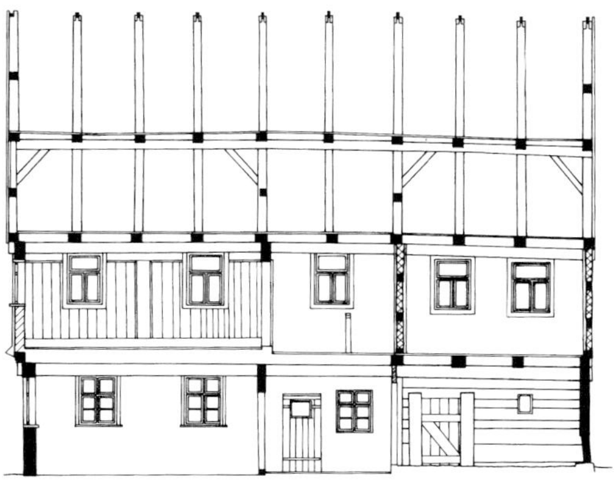

Längsschnitt.

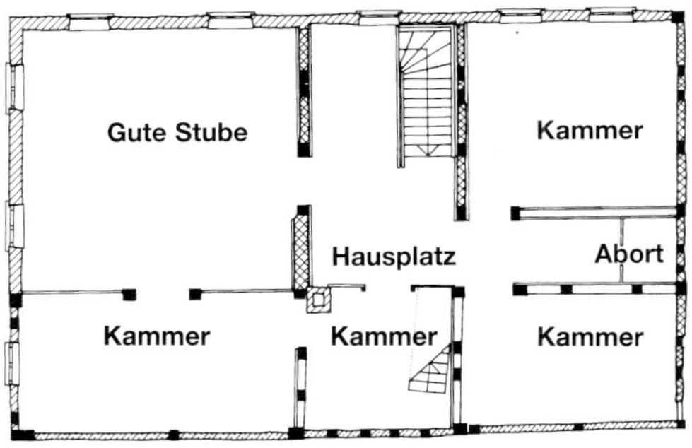

Obergeschoß.

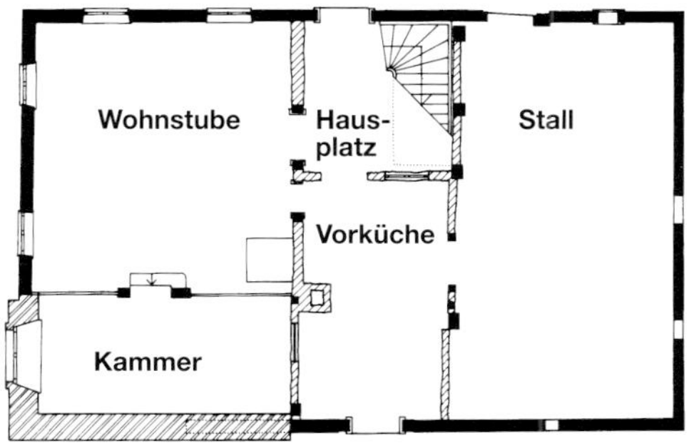

Erdgeschoß.

Giebelansicht. Noch bis 1993 war die Verschieferung im Erdgeschoß erhalten.

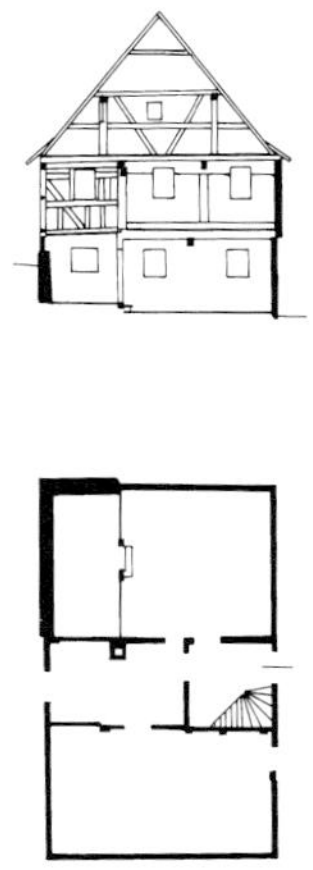

Ort	
Zeyern, Kronacher Straße 5	
Gebäude	
Gebäudeart	Wohnstallhaus
Wandkonstruktion	Fachwerk/Blockbau/Ziegel/ Naturstein
Geschoßzahl	2 + Dach
Geschoßhöhe	2,75 m
Grundfläche (B × L)	95 qm (7,7 × 12,3 m)
Umbauter Raum	
Vollgeschosse	500 cbm
Dachgeschoß	220 cbm
Dach	
Dachart	Satteldach
Dachneigung	51°
Dachdeckung	Falzziegel
Dachüberstand	
Erschließung	
Hauseingang Lage	Traufseite
Flur Lage	Querflur
Grundfläche (B × L)	7,8 qm (2,8 × 2,8 m)
Treppe Art	einläufig über Eck
Laufbreite	95 cm
Steigungsverhältnis	18,3/18,1 cm, 45°
Stube	
Lage	Südwestecke
Grundfläche (B × L)	24 qm (4,8 × 5,0 m)
Fensterzahl	4
Fensteröffnung (B × H)	80 × 100 cm
Belichtungsfaktor Fensteröffnung: Grundfläche	1 : 7,5
Stubenofen	ehem. Hinterlader
Küche	
Lage	Flurende
Grundfläche (B × L)	12 qm (2,7 × 4,4 m)

Gebäudemerkmale für Bauberatung

Das in den Uferhang des Rodachtals hineingebaute, zweigeschossige Wohnstallhaus bildet mit der Scheune eine Haufenstruktur, die auch durch die Geländeformation bedingt ist.

Der Rechteckbaukörper mit Seitenlängen von 7,7 auf 12,3 m wird von einem 51° geneigten Satteldach abgeschlossen. Obgleich umgebaut, zeigt der Grundriß das klare Raumgefüge einer mittleren Erschließungszone (Hausplatz), in der die Treppe und heute eine Vorküche liegen.

Die südliche Schmalseite wird von der quadratischen Stube (4,8 × 5,0 m), die jetzt als Wohnküche dient, und einer Kammer eingenommen. Auf der Nordseite liegt der Stall. Diese einfache Grundrißorganisation setzt sich im Obergeschoß fort mit dem durchgehenden Querflur, südlich davon einer Stube und Kammer, nördlich über dem Stall zwei weitere Kammern und ein Abort.

Der klaren Raumaufteilung entspricht auch die selbstverständlich wirkende gute Gestaltung der Giebel- und Traufansichten. Der Blockbau des Erdgeschosses trägt ein schieferverkleidetes Obergeschoß. In beiden Geschossen heben sich die weiß gestrichenen Fenster von der dunklen Holz- oder Schieferfarbe ab und betonen durch ihre gleiche Größe eine bewußte Baugestaltung.

Aus 95 qm Grundfläche können bei einem Umrechnungsfaktor von 0,75 je Geschoß 71 qm Wohnfläche, d. h. insgesamt 140 qm, gewonnen werden. Das einfache, gut proportionierte Gebäude stellt für die Bauberatung ein wertvolles Beispiel eines Familienwohnhauses dar.

Wohnstallhaus von Nordwesten.

Langenstadt

Nr. 24

Gemeinde Neudrossenfeld, Landkreis Kulmbach

Zweigeschossiges Wohnstallhaus
Blockbau um 1700 mit Erweiterungsbau von 1815 (d)
1854: »Ein Wohnhaus«
seit 1994: Sanierung

Zur Siedlung

Der südöstlich von Kulmbach am Rand der Talaue des Roten Mains gelegene Ort wurde als alte vorbambergische Siedlung gegründet. Das heutige Straßendorf entwickelte sich aus einem hochmittelalterlichen Fronhof und einer späteren Siedlungserweiterung. Grundherren waren im späteren Mittelalter das Kloster Langheim, das die Gemeindeherrschaft innehatte sowie die Markgrafen von Bayreuth, denen es landesherrlich untertan war.

Im 16. Jahrhundert wurden in Langenstadt 27 Wohngebäude, eine Schenkstätte, ein Weingut und ein weiteres Gut erwähnt. 1836 war der Ort auf 36 Wohngebäude angewachsen. Die Bevölkerung bestand zu diesem Zeitpunkt hauptsächlich aus Bauern, wobei 16 Söldnern, die Wirtschaftsflächen unter zehn Tagwerk besaßen, eine bäuerliche Mittelschicht mit Besitzungen bis zu 50 Tagwerk und zehn Großbauern mit Höfen über 50 Tagwerk gegenüberstanden. Die Söldner gingen teilweise einem Handwerk nach.

Zur Hofgeschichte

Das Anwesen gehörte 1830 dem Schneider Christoph Weigel und stellte mit 0,26 Tagwerk eines der Kleinanwesen des Ortes dar. Der Schneider hatte das Wohnhaus mit Stall, Stadel mit Keller, Backofen und Hofraum laut Kaufvertrag 1830 von den Erben des Kaspar Jungkunz für 800 Gulden erworben. 1854 war

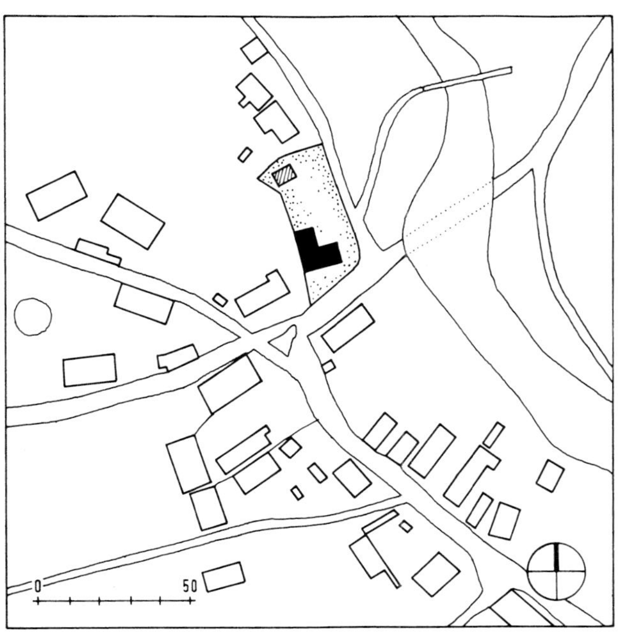

Lageplan.

Giebelansicht des Frackdachhauses.

das Anwesen an seine Witwe Anna Katharina Weigel gekommen. Bis Ende des 19. Jahrhunderts blieb das Anwesen im Besitz der Familie.

Im Jahre 1991 wurde eine Untersuchung des Bayerischen Landesamts für Denkmalpflege durchgeführt und Pläne für den Umbau und die Sanierung erstellt.

Das heutige Anwesen besteht aus einem winkelförmigen Wohnstallhaus zu dem weitere Nebengebäude gehören.

Das eigentliche Wohnhaus ist ein Frackdachhaus, das in seinen Grundzügen noch erhalten ist. Das Erdgeschoß besteht aus verputztem Bruchstein und wird an den Giebelseiten durch eine Eckquaderung betont. Die Fenster der Trauf- und Giebelseite an der Straße sowie die Haustüre zeigen gebogene Fensterstürze. Das Obergeschoß und der Giebel sind verbrettert. Im rechten Winkel zu diesem eineinhalbgeschossigen Wohnhaus schließt das zweigeschossige Stallgebäude an. Das Erdgeschoß ist aus Bruchstein gemauert und verputzt. Im Obergeschoß sind noch Reste eines Blockbaus vorhanden. Der Giebel ist verbrettert.

Errichtet wurde das vordere Frackdachhaus ursprünglich als Einfirstanlage. Es dürfte, wie die dendrochronologischen Untersuchungen in seinem hinteren, noch erhaltenen Teilbereich zeigen, als eingeschossiger Blockbau um 1700 erbaut worden sein. Das Frackdach wurde 1815 (d) aufgesetzt.

Das ursprüngliche Raumgefüge entsprach dem eines typischen Wohnstallhauses mit Stube, kleiner Kammer und Küche am Ende des Flures mit nebenliegendem Stall. Der Zugang lag auf der Traufseite. Im Obergeschoß befand sich ursprünglich nur eine Giebelkammer über der unteren Stube. Sie war wie die Stube darunter mit einer Bohlenbalkendecke mit gefastem Unterzug versehen. Eine weitere Kammer war Stallboden.

Eine spätere Umbauphase, die mit der Intensivierung der Landwirtschaft zusammenhängt, ist am Türsturz des Hauseingangs mit der Inschrift »18 E. Weigel 81 NO. 24« dokumentiert.

Ansicht von Südosten.

Ansicht von Nordwesten.

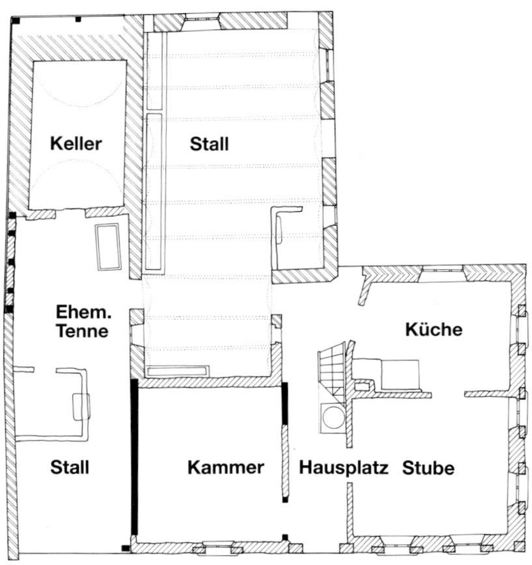

Erdgeschoß.

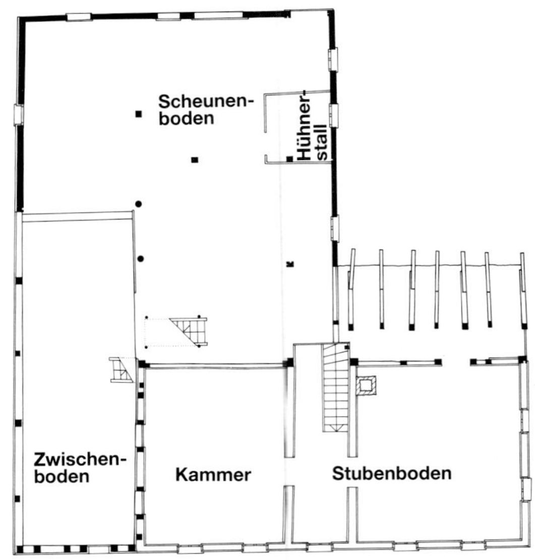

Obergeschoß.

Ansicht von Nordosten.

Längsschnitt.

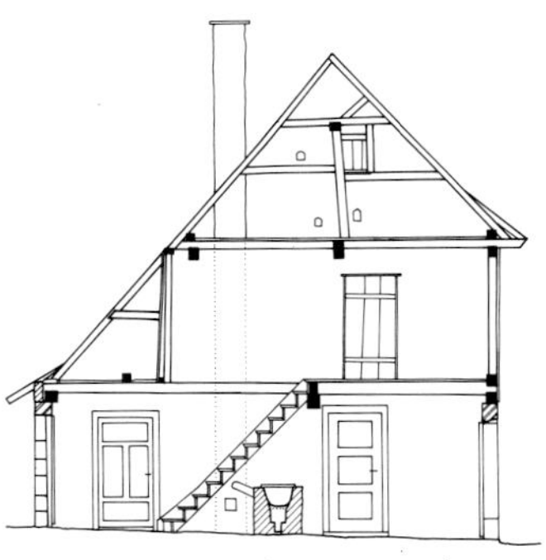

Querschnitt Hausplatz.

Querschnitt Stall.

Ansicht von Südosten.

Durch diesen Umbau entstand an der Nordwestecke des Haupthauses ein größerer Stall mit Stadel. Dabei wurde ein neben dem Wohnhaus gelegenes, zweigeschossiges Gebäude mit dem Haupthaus verbunden. Dieses war ursprünglich ebenfalls ein Blockbau, der ein vorkragendes Obergeschoß besaß.
Der neue Stall wurde im Erdgeschoß unter Entfernung der Blockwände – eine Wand ist noch erhalten – mit Sandsteinquadern ausgemauert. Im Obergeschoß wurde der ehemalige Blockbau umgenutzt. Die Binnenwände, die den ehemaligen Laubengang von der Wohnstube trennten, wurden entfernt, um den ehemaligen Wohnbereich einer Nutzung als Stallboden zuzuführen.
Im vorderen Wohnhaus wurden die Blockwände im Erdgeschoßbereich mit massiven Mauern ausgewechselt.

Fenster und Türen erhielten Sandsteingewände mit leicht gebogenen Stürzen. Um einen Zugang zum neuen Stall zu schaffen, mußte die alte Küche verlegt werden. Aus Teilen der Küche und Stubenkammer entstand eine neue und große Wohnküche, die auch unter Versetzung der Zwischenwand zur Stube um einen Teil des Stubenbereichs erweitert wurde. Der Unterzug in der Stube verläuft daher jetzt asymmetrisch. Küche und Stube erhielten eine neue sechsteilige Befensterung. Der ursprüngliche Stall jenseits des Flures wurde zur Kammer ausgebaut. Im ersten Obergeschoß erhielten die alte Kammer über der Stube und die Bodenkammer aus wärmetechnischen Gründen eine Bretterverschalung.
Besondere Bedeutung erhält der Bau dadurch, daß die Raumausstattung und die Ausmalung des Hauses nahezu vollständig erhalten sind.

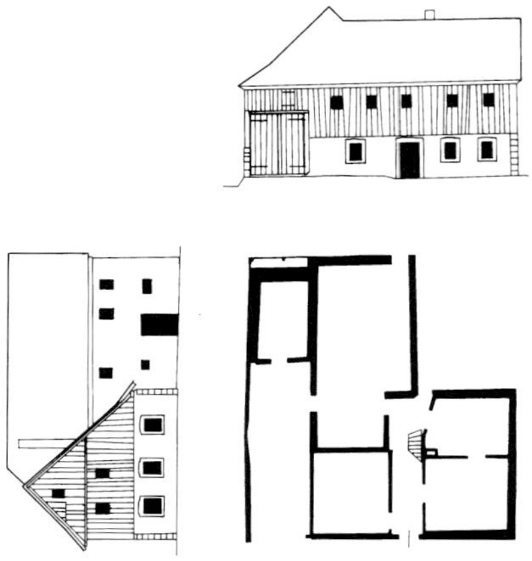

Ort
Langenstadt, Nr. 24

Gebäude	
Gebäudeart	Wohnstallhaus
Wandkonstruktion	Ziegel/Blockbau/Fachwerk/ Naturstein
Geschoßzahl	2 + Dach
Geschoßhöhe	2,3 m
Grundfläche (B × L)	157 qm (7,5 × 13,5 m + 6,7 × 8,4 m)
Umbauter Raum	
Vollgeschosse	630 cbm
Dachgeschoß	300 cbm

Dach	
Dachart	Satteldach/Frackdach
Dachneigung	48°/44°
Dachdeckung	Falzziegel
Dachüberstand	25 cm (Giebelseite)

Erschließung	
Hauseingang Lage	Traufseite
Flur Lage	Querflur
Grundfläche (B × L)	10,1 qm (1,5 × 6,7 m)
Treppe Art	einläufig
Laufbreite	60 cm
Steigungsverhältnis	20/21,8 cm, 43°

Stube	
Lage	Südostecke
Grundfläche (B × L)	14,8 qm (3,6 × 4,1 m)
Fensterzahl	4
Fensteröffnung (B × H)	65 × 90 cm
Belichtungsfaktor Fensteröffnung: Grundfläche	1:6,3
Stubenofen	Sesselofen

Küche	
Lage	hinter Stube
Grundfläche (B × L)	11 qm (2,8 × 4,1 m)

Gebäudemerkmale für Bauberatung
Das Wohnstallhaus steht an der westlichen Grundstücksgrenze der schmalen Hofstelle. Es ist aus einem älteren Frackdachhaus und einem später im rechten Winkel angefügten zweigeschossigen Wirtschaftsteil mit Stall und Heuboden zusammengesetzt. Die unterschiedlichen Bauphasen (1700, 1815, 1881) sind in der Hausgeschichte dargestellt.
Die zweigeschossige Traufseite des Frackdachhauses richtet sich nach Süden aus. Hier betritt man einen schmalen Flur, der das ganze Haus durchquert und in dem die einläufige Treppe zum Obergeschoß hinaufführt. Östlich vom Flur schließen die Stube (4,1 × 3,6 m) und die später vergrößerte Küche an. Westlich des Flurs liegt eine Kammer anstelle des früheren Stalls.
Für den neuen Stall wurde der Nordflügel ausgebaut, der, soweit möglich, die Grundrißaufteilung des alten Wohnstallhauses aufnimmt. Die westliche Blockwand des alten Stalles wird als massive Längswand des neuen Stalles nach Norden hin fortgesetzt. Ebenso bleibt die Raumaufteilung des Frackdachgeschosses erhalten, die von dem mittleren Querflur, der einläufigen Treppe und den beiden seitlich erschlossenen Stuben geprägt ist. Der zweigeschossige Stallbau erhält die gleiche Traufhöhe wie die Südfront des Frackdachhauses und bildet mit diesem einen einheitlichen Hakenbau. Aus der gleichen Dachneigung von 44° wird auch das Bestreben nach einem geschlossenen Gesamteindruck des erweiterten Hauses sichtbar.
Die vergrößerten Fenster des Erdgeschosses sind mit Sandsteingewänden eingefaßt und in die Laibungen zurückgesetzt. Sie werden an der östlichen Giebelseite mit Fensterläden gesichert. Hier zeigt sich, welche Gestaltqualität durch diese früher gegen Hagelschlag und Einbruch bei allen Bauernhäusern üblichen Klappläden erzielt wird. Das verputzte Erdgeschoß stellt mit den großen Fenstern das bestimmende Gestaltelement gegenüber den holzverschalten Teilen des Frackdaches und des Stallneubaus dar.
Das Bauernhaus kann als Beweis dienen, daß auch weitgehende Umbauten die ursprüngliche funktionale und konstruktive Einfachheit nicht zerstören müssen, wenn der Altbau in wesentlichen Teilen, z. B. der Lage der Wände, der Dachform und der Dachneigung weitergeführt wird.

Oberzettlitz

Nr. 5

Stadt Kulmbach, Landkreis Kulmbach

Eingeschossiges Bauernhaus
Blockbau von 1711 (i)
1859: »Ein Gut«
1984: Wiederaufbau im Fränkischen Freilandmuseum Bad Windsheim

Ansicht von Osten.

Zur Siedlung

Das kleine Straßendorf Oberzettlitz liegt südlich der Kreisstadt Kulmbach. 1388 verkaufte der Plassenberger zu Kauerndorf dem Burggrafen Friedrich zwei Güter und was er zu Zedlitz am Roten Main hatte. Damals bestanden im, noch Zedlitz genannten, Ort drei burggräfliche Halbbauhöfe, zwei Güter der Henlein, zwei Güter der von Wallenroth und drei Güter der Burggrafen zu Kulmbach. 1531 existierten im »Obern Zedlitz« sechs Anwesen, im Jahre 1838 zehn Wohngebäude. Die Bevölkerung bestand fast ausschließlich aus Bauern. Die Wirtschaftsfläche der einzelnen Anwesen betrug im Schnitt circa 40 Tagwerk. Lediglich ein Anwesen hatte 76 Tagwerk. Daneben bestand ein Trüpfhaus mit 0,41 Tagwerk und ein weiteres Gut eines Söldners mit elf Tagwerk. Auch heute noch hat das Dorf seinen bäuerlichen Charakter bewahrt.

Zur Hofgeschichte

Vermutlich entstand der Hof aus einer Teilung des einst dem Freiherrn von Guttenberg auf Steinenhausen gehörenden Hofes. Begründet ist dies durch die enge Verbindung mit dem Gehöft Nr. 6. So standen die zu den Höfen gehörenden Scheunen eng beieinander, der Hofraum davor war gemeinsamer Besitz. Das Haus Nr. 5 gehörte über Jahrhunderte der Familie Dörffler, einem weitverbreiteten und weitverzweigten Geschlecht. Erbauer war Michael Dörffler, auf den die Buchstaben MD in der Inschrift am Simsbalken des Giebels hinweisen. 1811 wurde der Hof als Wohnhaus, von Schrotwand mit Stallung, Stadel, Schupfen, Backofen und Hofreith beschrieben. Der Grundbesitz umfaßte 15 Tagwerk. 1859 gehörte der Halbe Hof mit Wohnhaus, Stall, Kasten mit Schafstall und Hofraum dem Eucharius Dörffler, der ihn von seinem Vater 1816 um 1500 Gulden übernommen hatte. Inzwischen war die Wirtschaftsfläche auf 54, 27 Tagwerk angewachsen. 1891 vergrößerte der damalige Besitzer – auch ein Dörffler – das Haus durch einen seitlichen massiven Anbau.

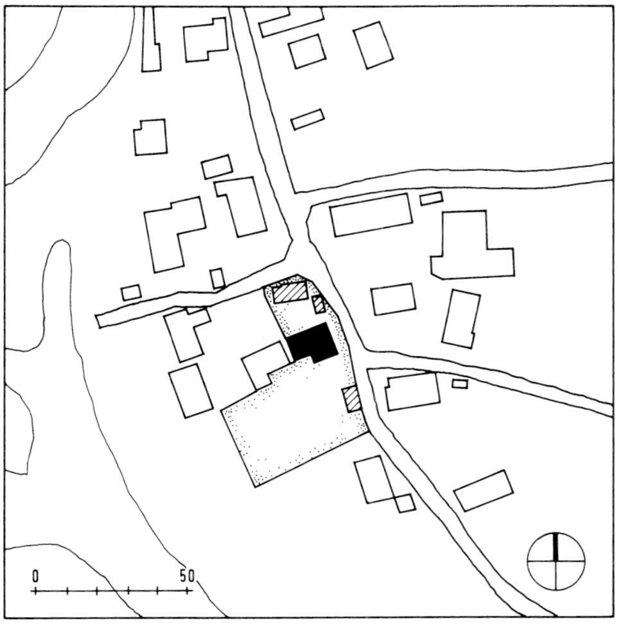

Lageplan 1978.

1977 wurde das Haus abgetragen. Der Wiederaufbau erfolgte bis 1984. Das Haus repräsentiert den Zustand vor 1891.

Das gestelzte in Hanglage errichtete Gebäude steht giebelseitig zur Straße. Auf einem gemauerten Untergeschoß erhebt sich ein Blockbau. Dabei wurde die Hanglage so ausgenutzt, daß das Erdgeschoß fast ebenerdig von außen zu erreichen war. Der Straßengiebel des Gebäudes war reich verziert. Er besitzt Zierfachwerk aus gekreuzten Rauten. Der Giebel wird durch drei Ständer geteilt. In der Mitte liegen zwei große Fenster, die den Stubenboden belichten. Außen befindet sich jeweils ein kleines Fenster, das die Lage einer Dachkammer anzeigt. Das Fachwerk wurde im 19. Jahrhundert gekalkt.

Der Grundriß des Erdgeschosses umfaßt den Wohnbereich mit Stube, anschließender Kammer, Küche, Hausplatz und zwei weitere Kammern. Bis auf die gewölbte Küche besaßen alle Räume Balkendecken, die Stube eine aufwendigere Bohlenbalkendecke. Der Stall und zwei Kellerräume befanden sich im Untergeschoß. 1891 wurde der Stall erneuert und ein seitlicher Anbau in Massivbauweise errichtet. Durch den Anbau wurden die Küche und die Kammer zu einer großen Wohnküche zusammengefaßt, wobei innerhalb der Wohnküche eine neue Kammer abgeteilt wurde.

Zum Anwesen gehörte ein Nebenhaus, ein Kasten mit ausgeblocktem Ständerwerk. Diese reine Holzbauweise, die mit dem Fachwerk die Säulen, den Blockbau und die waagerechten Balkenfüllungen gemeinsam hat, ist in Ostoberfranken, vor allem bei Scheunen noch weitverbreitet. Sie findet sich jedoch auch gelegentlich bei Scheunen und Schweineställen im Mittelfränkischen.

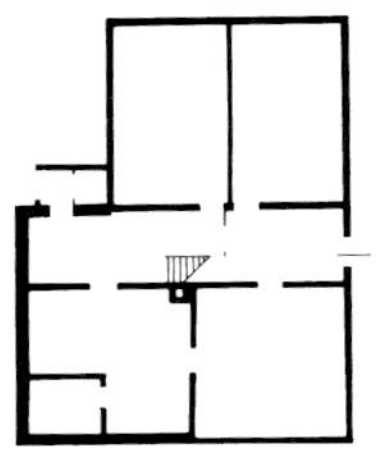

Ort	
Oberzettlitz, Nr. 5	
Gebäude	
Gebäudeart	Wohnstallhaus
Wandkonstruktion	Fachwerk/Blockbau/Ziegel, verputzt
Geschoßzahl	1 + Dach, z. T. 2 + Dach
Geschoßhöhe	2,4 m
Grundfläche (B × L)	135 qm (8,0/10,9 × 14,0 m)
Umbauter Raum	
Vollgeschosse	530 cbm
Dachgeschoß	240 cbm
Dach	
Dachart	Satteldach
Dachneigung	50°
Dachdeckaung	Falzziegel
Dachüberstand	80 cm (Traufseite)
Erschließung	
Hauseingang Lage	Traufseite
Flur Lage	Querflur
Grundfläche (B × L)	25 qm (2,4 × 10,4 m)
Treppe Art	einläufig
Laufbreite	75 cm
Steigungsverhältnis	20/20 cm, 45°
Stube	
Lage	Nordostecke
Grundfläche (B × L)	24 qm (4,9 × 4,9 m)
Fensterzahl	4
Fensteröffnung (B × H)	70 × 90 cm
Belichtungsfaktor Fensteröffnung: Grundfläche	1 : 9,5
Stubenofen	Stubenofen, ehem. Hinterlader
Küche	
Lage	hinter Stube
Grundfläche (B × L)	12,8 qm (5,3/2,75 × 4,7 m)

Gebäudemerkmale für Bauberatung
Die Lage des Wohnstallhauses mit dem Giebel an der Westgrenze erklärt sich aus der Entstehungsgeschichte, nämlich der Teilung eines großen Hofes und der gemeinsamen Weiternutzung des ehemals zusammengehörigen Grundstücks. An den fensterlosen Westgiebel des Wohnstallhauses schließt der Giebel des Nachbarhauses an. Vor dem Anbau eines zweigeschossigen, massiven Querhauses am Ostgiebel (1891) bestand das als Blockbau errichtete Wohnstallhaus aus einem geschlossenen Rechteckbaukörper von 8,0 m Breite und 14,0 m Länge. Es war von einem 50° steilen Satteldach abgeschlossen und mit Falzziegeln gedeckt.
Die klare Raumaufteilung zeigt einen durchgehenden Querflur (Hausplatz), der an der nördlichen Traufseite betreten wird und in dem sich die einläufige Treppe zum ausgebauten Dachgeschoß befindet. Links von der Haustür liegt die quadratische Stube (4,9 × 4,9 m), die von je zwei Fenstern der Ost- und Nordseite (Ausblick zum Hofraum) belichtet ist. Der Stubenofen wird als Hinterlader von der südlich anschließenden Küche beheizt. Im Zuge des Umbaus von 1891 wurde die Küche vergrößert und der Flur verlängert. Das Obergeschoß erhielt neben der bisherigen Dachkammer eine obere Stube mit Fenstern nach Süden und Osten.
Der Blockbau des Erdgeschosses steht auf einem Natursteinsockel, der in dem abfallenden Gelände an der Nordwestecke um ein ganzes Geschoß herausragt und so als Stall genutzt werden kann. An der Nordostecke dagegen wird das Erdgeschoß über eine Außentreppe unmittelbar erreicht. Der Stall in einem Sockel oder Erdgeschoß unterhalb des Wohngeschosses, das sogenannte gestelzte Haus, ist in dieser Dokumentation in Gleussen Nr. 33, in Großweiglareuth und Schwürz ebenfalls veröffentlicht.
Die Dokumentation »Mittelfranken« enthält mit dem Wohnstallhaus von Waldhausen ein Beispiel des gestelzten Hauses in der Nachbarschaft zur Grafschaft Hohenlohe, wie es auch von dem Pfarrer Johann Friedrich Mayer des Hohenlohe-Schillingsfürstlichen Amtes Kupferzell 1773 in seinem Lehrbuch für die Land- und Hauswirte empfohlen wurde.
Das Wohnstallhaus wurde ohne den späteren massiven Seitenanbau im Freilandmuseum Bad Windsheim wieder aufgerichtet. Es verkörpert in seinem rekonstruierten Zustand einen gut proportionierten Bauernhaustyp mit klaren Querflursystemen und den seitlich angeschlossenen Aufenthalts- bzw. Schlafräumen.

Traufansicht. Nach dem Wiederaufbau im Fränkischen Freilandmuseum Bad Windsheim.

Giebelansicht mit übermaltem Fachwerk am alten Standort.

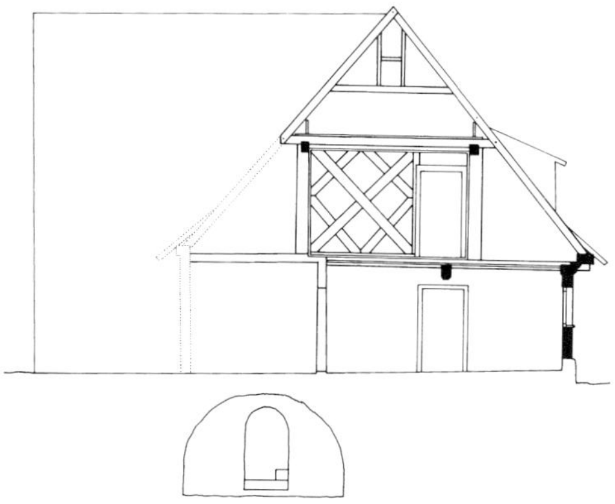

Querschnitt.

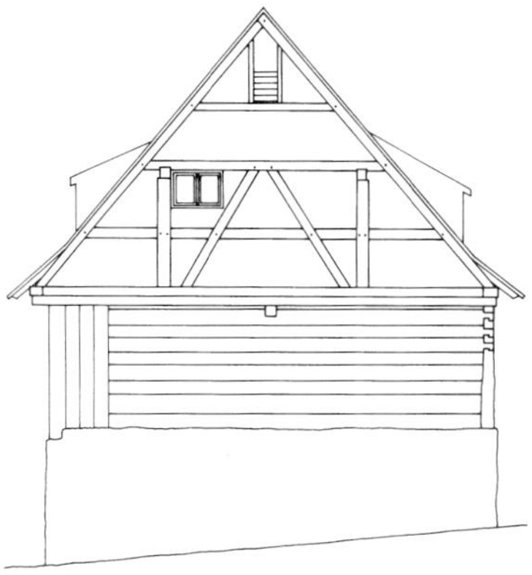

Ansicht von Westen.

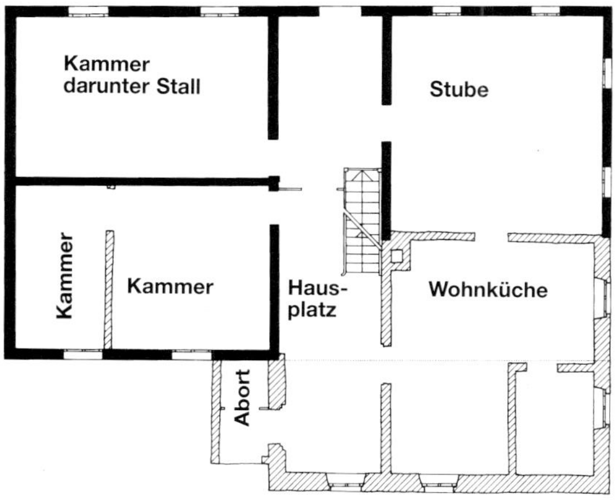

Erdgeschoß.

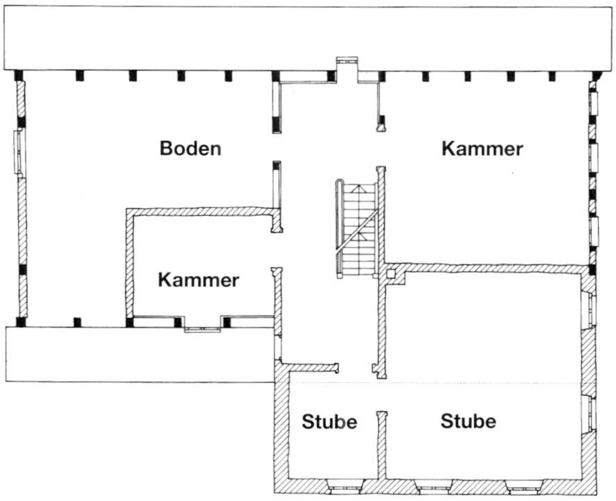

Obergeschoß.

Schlömen

Nr. 2

Gemeinde Neuenmarkt, Landkreis Kulmbach

Kastenhaus von 1722
1853: »Nebenhaus mit Stall und Backofen«
1989/1990: Sanierungs- und Umbaumaßnahmen

Zur Siedlung

Schlömen liegt nordöstlich von Trebgast im Talausgang des Laubenbachs kurz vor dessen Mündung in den Weißen Main. Erwähnt wurde der Ort erstmals 1398. Allerdings scheint hier bereits im 8. Jahrhundert eine slawische Siedlung mit drei Höfen existiert zu haben, die im 11. Jahrhundert durch deutsche Siedler mit sieben jüngeren Höfen ausgebaut wurde. Um 1850 hatte Schlömen 24 Wohngebäude. Die Durchschnittsbesitzgröße von 40 Tagwerk lag in dem rein agrarisch strukturierten Dorf noch über dem Mittelwert der Region. Allerdings war die historische Wirtschafts- und Sozialstruktur noch im 19. Jahrhundert durch zwei deutlich unterscheidbare Schichten geprägt. Zum einen durch wohlhabende Vollbauern, zum anderen durch eine Gruppe von Tagelöhnern und Handwerksgesellen. In der neueren Zeit hat die Zahl und Größe der landwirtschaftlichen Nebengebäude des ehemals kleinen geschlossenen Dorfes mit Blockflur stark zugenommen. Das Ortsbild wird überwiegend durch Gebäude des späten 19. und frühen 20. Jahrhunderts geprägt. Eine Ausnahme stellt der Hof Nr. 2 dar.

Zur Hofgeschichte

Das Kastenhaus gehörte 1853 zum Besitz der Witwe des Bauern Johann Adam Schlegel. Dieser hatte 1833 den »Halben Hof« bestehend aus Wohnhaus mit Stall, Nebenhaus mit Stall und Backofen, Scheune mit Wagenschupfen, Keller und Holzlege sowie einem Hofraum von seinem Vater übernommen. Mit 113,25 Tagwerk repräsentierte die Hofanlage Nr. 2 das größte Anwesen Schlömens.

Hofseite des Kastenbaus mit Laubengang.

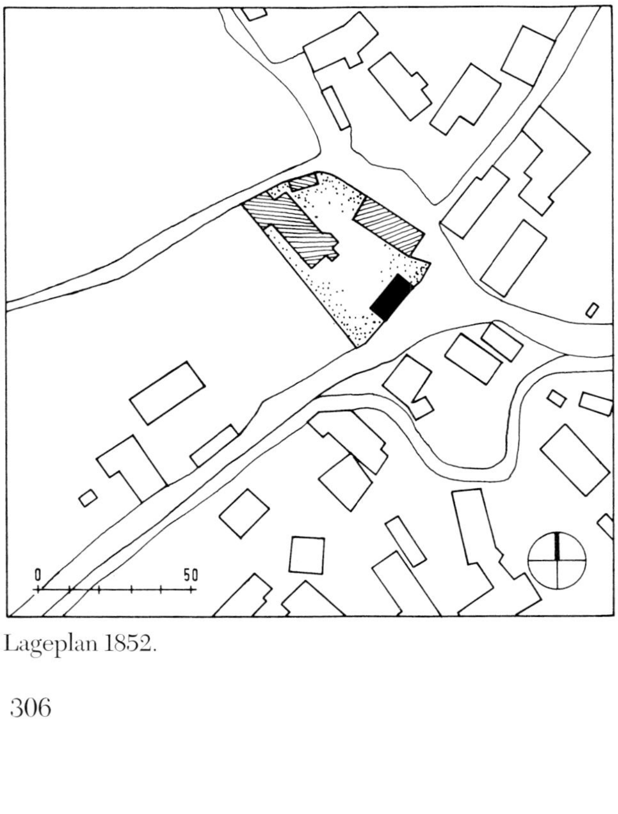

Lageplan 1852.

1989 wurde zunächst das Haupthaus, schließlich auch das Nebengebäude saniert. Nach Abschluß der Sanierungsarbeiten wurde das Gebäude 1990 einer neuen Nutzung als Dorfstadel zur Lagerung gemeinschaftlicher Maschinen und Geräte zugeführt.
Das Anwesen Nr. 2 umfaßt das erdgeschossige Wohnstallhaus aus dem Jahre 1835, eine Scheune und das Nebengebäude.
Das Kastenhaus liegt im Hof im rechten Winkel zum Wohnstallhaus. Aufgrund einer Bezeichnung 1722 kann der Gründungsbau auf dieses Datum festgesetzt werden. Vermutlich wurden im 19. Jahrhundert zahlreiche Eingriffe vorgenommen, die das ursprüngliche Aussehen nachhaltig veränderten.
Das zweigeschossige Gebäude zeigt im Erdgeschoß Sandsteinmauerwerk. Die Obergeschoßwände einschließlich der Giebelwände sind Fachwerkkonstruktionen, die mit Bruchsteinmauerwerk ausgemauert worden sind. Nordwest- und Nordostansicht zeigen Sichtfachwerk, Südwest- und Südostansicht sind verputzt. Im Obergeschoß befindet sich ein Laubengang, der sich über zwei Drittel der Hoftraufseite erstreckt. Das Obergeschoß ist im letzten Drittel bis auf die Höhe des Laubenganges hinausgezogen. Im Erdgeschoß war in diesem Bereich der offene Zugang zum Backofen. Das Satteldach ist mit Ziegeln gedeckt.
Ursprünglich waren im Erdgeschoß des Getreidekastens die Stallungen und der Backofen untergebracht. Das Obergeschoß enthielt den Getreideboden, die nördlich davon liegenden Räumlichkeiten

Ansicht von Nordwesten
vor der Sanierung.

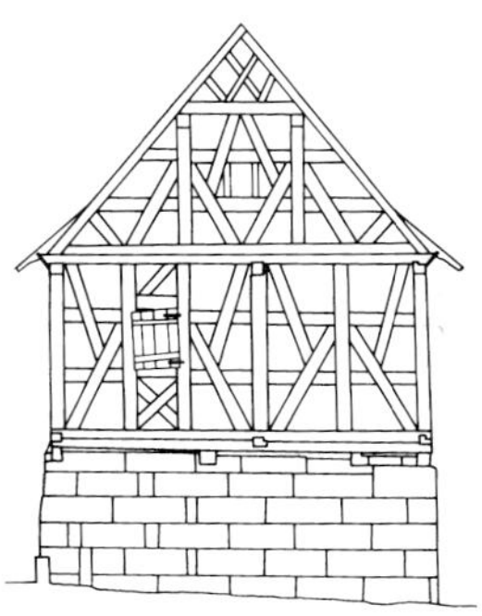

Giebelansicht.

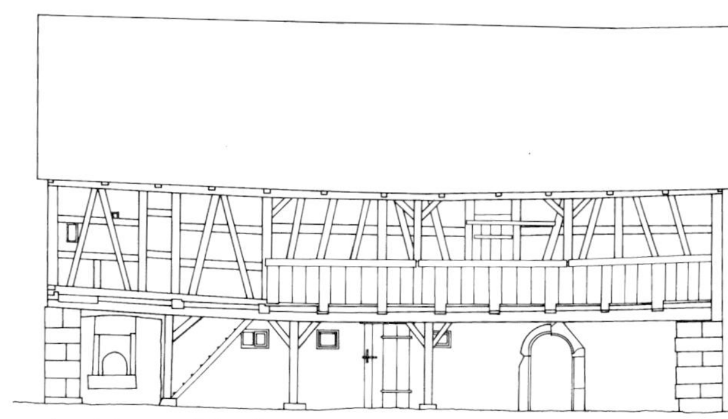

Ansicht von Nordwesten.

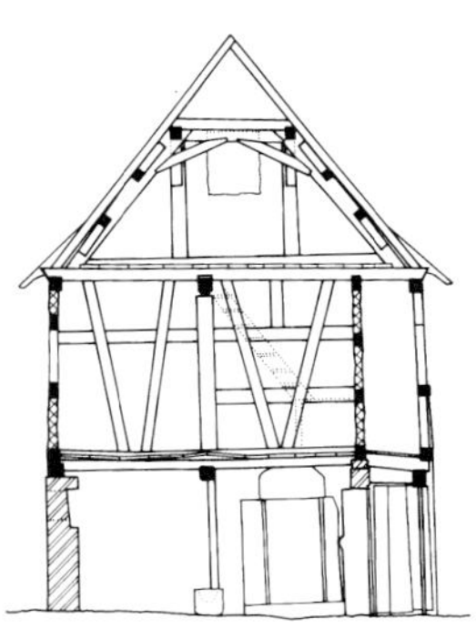

Querschnitt.

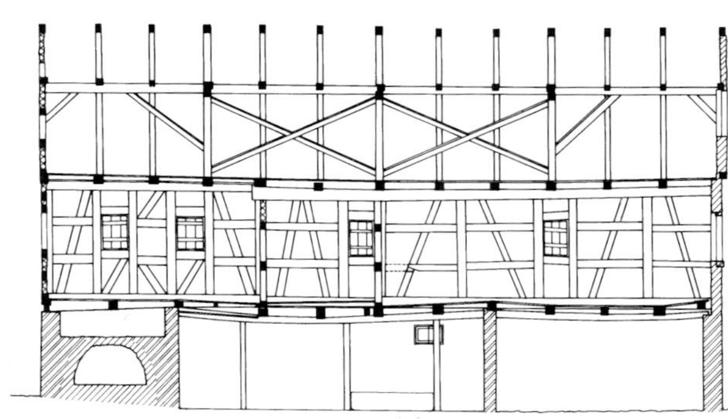

Längsschnitt.

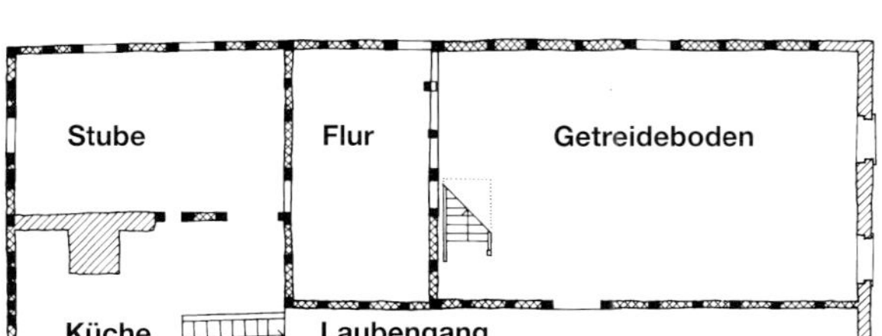

Obergeschoß.

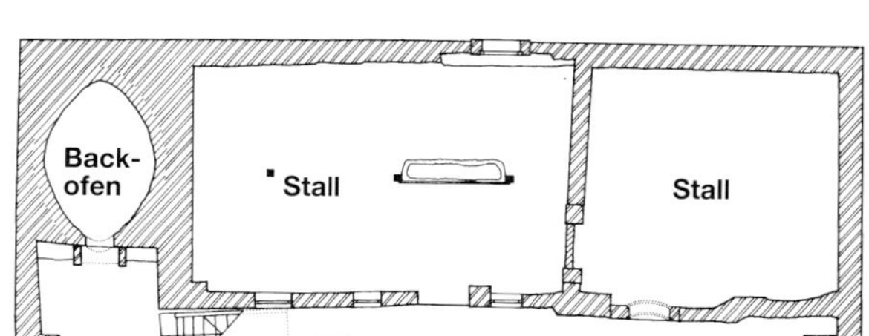

Erdgeschoß.

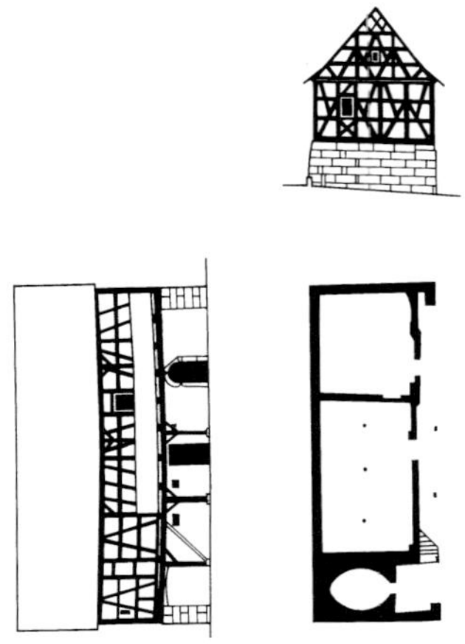

Ort	
Schlömen, Nr. 2	
Gebäude	
Gebäudeart	Kastenhaus
Wandkonstruktion	Naturstein/Fachwerk
Geschoßzahl	2 + Dach
Geschoßhöhe	2,3 m
Grundfläche (B × L)	85 qm (5,6 × 15,1 m)
Umbauter Raum	
Vollgeschosse	420 cbm
Dachgeschoß	140 cbm
Dach	
Dachart	Satteldach
Dachneigung	51°
Dachdeckung	Falzziegel
Dachüberstand	25 cm (Giebelseite)
Erschließung	
Hauseingang Lage	Traufseite
Flur Lage	Laubenerschließung
Grundfläche (B × L)	
Treppe Art	einläufig
Laufbreite	65 cm
Steigungsverhältnis	
Stube	
Lage	Nordostecke
Grundfläche (B × L)	13 qm (2,8 × 4,65 m)
Fensterzahl	3
Fensteröffnung (B × H)	60 × 80 cm
Belichtungsfaktor Fensteröffnung: Grundfläche	1:9,0
Stubenofen	
Küche	
Lage	neben Stube
Grundfläche (B × L)	8,2 qm (2,1/1,2 × 4,7 m)

wurden als Austragswohnung genutzt. Sie waren nur über den Heuboden erschlossen. Die Decken bestehen aus einer einfachen Holzbalkenlage (Zweifeldträger), die mit Fußbodendielen belegt ist.
Der Bautyp des Getreide- oder Fruchtkastens ist in Oberfranken zwar durch einige zum Teil ältere Beispiele belegt, fand jedoch kaum Verbreitung. So stellt der Getreidekasten Schlömen Nr. 2 ein seltenes Beispiel gerade dieser ländlichen Bauform dar.

Gebäudemerkmale für Bauberatung

Das schmale Nebengebäude des großen Bauernhofes ist an der Grenze der Hofstelle zu der vorbeiführenden Straße errichtet. Auch das Wohnstallhaus und die Scheune sind bis an die Grenze hinausgeschoben, um eine möglichst große zusammenhängende Hoffläche für den landwirtschaftlichen Betrieb zu erhalten. Dieser Grenzanbau ist auch bei den Nachbaranwesen festzustellen.
Das zweigeschossige Kastenhaus von 5,6 m Breite und 15,1 m Länge erreicht ein schlankes Seitenverhältnis von 1:2,7 und faßt unter seinem 51° geneigten, ziegelgedeckten Satteldach unterschiedliche Funktionen zusammen. Das Erdgeschoß ist mit einem Sandsteinquadermauerwerk an den Giebelseiten und der Traufseite zur Straße hin geschlossen. Dagegen ist die dem Hof zugewandte Längsseite deutlich hinter die Traufe und den Laubengang des Obergeschosses zurückgenommen, um für die zwei von außen zugänglichen Stallräume und den Backofen einen Wetterschutz zu erhalten. Die Holzständer des Laubengangs und des nordöstlich anschließenden Kubus der Austragswohnung zeigen auch konstruktiv die Auskragung des Obergeschosses an.
Das Obergeschoß ist als Fachwerk konstruiert, das im Nordgiebel durch K-Verbände, sonst von geschoßhohen Streben gegen die Querkräfte ausgesteift ist.
Die Giebelseiten sind geprägt von den geschlossenen Erdgeschoßmauern und dem darüber aufgerichteten Fachwerk. Die Traufseiten bieten ein besonders aufschlußreiches Beispiel, wie unterschiedliche Nutzungsanforderungen, Raumzuschnitte, Materialien und Konstruktionen durch den Rahmen eines langgezogenen Rechtecks und ein durchgehendes, ungebrochenes Satteldach zu einem nicht nur brauchbaren, sondern überzeugenden Gesamteindruck zusammengefaßt werden können.
Zum Vergleich sei auf das Beispiel Großwalbur, Hauptstraße 23, Landkreis Kronach, ein Nebengebäude mit Frackdach und auskragendem Laubengang, hingewiesen.

Unterdornlach

Nr. 5

Stadt Kulmbach, Landkreis Kulmbach

Kleinbauernhaus von 1760
1989: Antrag auf Abbruch

Zur Siedlung

Unterdornlach liegt zirca 8 km von Kulmbach entfernt in einer Talsenke. Eine erste herrschaftliche Plansiedlung wurde im 12. Jahrhundert erwähnt. 1390 waren im Urbar des Klosters Langheim für »Dornlach inferior« drei Lehen und eine Selde genannt. 1398 besaßen das Kloster Langheim, die von Waldenfels und die Burggrafen von Plassenberg Besitz in Nyderndornlach. Im Jahre 1740 zählte Unterdornlach elf Häuser und gehörte zur markgräflichen Vogtei. 1838 existierten hier zwölf Wohngebäude. Unterdornlach war im 19. Jahrhundert durch rein landwirtschaftliche Anwesen geprägt. Dabei belief sich die durchschnittliche Grundstücksgröße auf 42 Tagwerk. Auch heute noch liegen in Unterdornlach größtenteils bäuerliche Anwesen vor.

Zur Hofgeschichte

Die 1760 errichtete Anlage gehörte im 19. Jahrhundert dem Bauer Peter Leppert. Dieser hatte »das Gut« mit Wohnhaus, Keller, Stallung, Backofen, Stadel, Schafstall, Streuschupfen und Hofraum sowie Gemüsegärtlein durch Heirat der Anna Margaretha Pöhlmann erhalten. Anna Margaretha Pöhlmann hatte das Gesamtanwesen laut Brief von 1836 von der Mutter Katharina Pöhlmann um 2164 Gulden übernommen. Mit einer Wirtschaftsfläche von 41,51 Tagwerk erscheint die Anlage zu klein für diesen Grundbesitz.

Das Anwesen steht bereits seit mehreren Jahren leer. 1989 wurde ein Antrag auf Abbruch gestellt.

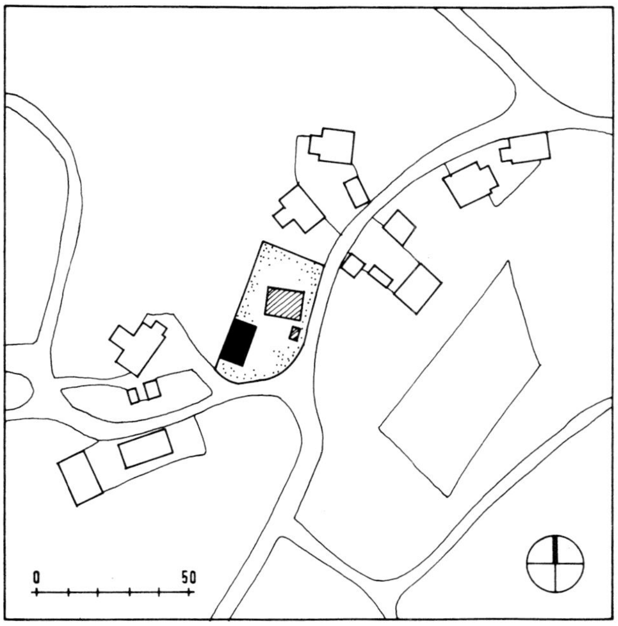

Lageplan.

Das eingeschossige Wohnstallhaus ist in Hanglage als Blockbau mit Satteldach mit Kremperziegeldeckung errichtet. An das Haupthaus schließt ein eingeschossiger Anbau mit breiter Toreinfahrt an.

Durch das abschüssige Gelände sind die nördlichen Teile der Ostfassade mit einem massiven Untergeschoß versehen. Hinter diesem befindet sich der bauzeitliche Stall, an dessen Rückseite zwei Schweinekoben angebaut sind. Die seitlichen Giebelwände und die rückwärtige Traufwand sind im Erdgeschoß noch größtenteils in Blockbauweise ausgeführt. Die Giebeldreiecke bestehen aus Fachwerk, das außenseitig senkrecht verbrettert ist.

Vor der Südfassade liegt eine Treppe, die nach einem sandsteingewölbten Vorraum in einen quer zur Firstrichtung liegenden, schmalen Keller führt. Dieser ist ebenfalls tonnengewölbt und besteht aus massiven Sandsteinquadern.

Die Binnenwände des Hauses sind außer der allseitig ummauerten Küche in Blockbauweise gezimmert.

Der Zugang zum Erdgeschoß erfolgt über eine konvex ausschwingende Sandsteintreppe. Über der Haustüre befindet sich ein profilierter Sturz mit Zahnschnitt. Wegen der sonst einfachen und schlichten Bauweise des Hauses ist der repräsentative Charakter des Zuganges eher ungewöhnlich.

Der Erdgeschoßgrundriß ist längs zur Firstrichtung als dreizoniger Bau angelegt. Vom mittigen Hausplatz, der mit Sandsteinplatten ausgelegt ist, erschließen sich eine große Stube, die Küche und zwei Kammern. Dort liegt auch die Treppe in das Dachgeschoß. Dieses ist als Kehlbalkendach mit zweifach stehendem Stuhl und verzapften Kopfbändern ausgebildet.

Das Dachgeschoß war als offener Raum ohne Einbauten konzipiert. Beide Giebelseiten waren ehemals fensterlos und nur mit kleinen Lüftungsöffnungen versehen. Der Einbau der Dachkammer erfolgte durch eine Bretterverschalung entlang der innenliegenden Binderebenen. Im Zuge dieses Umbaus erfolgte auch die Vergrößerung der Fenster. Südlich vom Hausplatz liegt die Stube mit Bohlenbalkendecke und anschließender Hinterkammer. Die südliche und östliche Außenwand der Stube ist für eine großflächige Befensterung als Stützenbalkenkonstruktion ausgebildet.

Die wahrscheinlich nachträglich aus Sandsteinquadern gemauerte und tonnengewölbte Küche am Ende des Hausflures hat einen offenen Rauchabzug über dem Herd. Von hier wurde ebenfalls der Kachelofen in der Stube beheizt. Die nördlich vom Hausplatz gelegenen Kammern über dem Stallbereich besitzen einfache Bretterdecken und sind durch winzige Fenster belichtet. Sie liegen im Niveau höher als der Hausplatz und sind über kleine steinerne Trittplatten zu erschließen.

Giebelansicht.

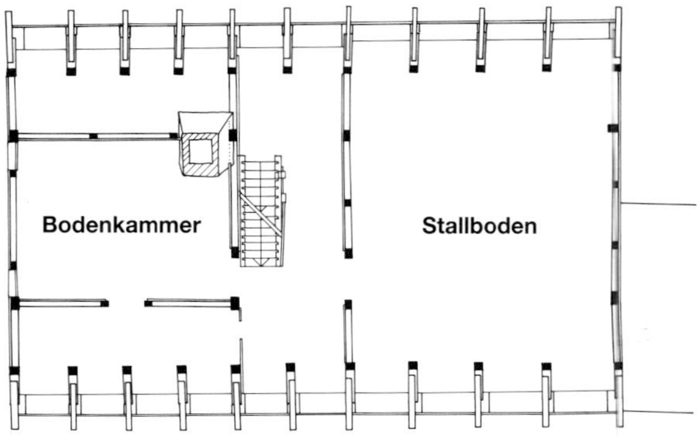

Dachgeschoß.

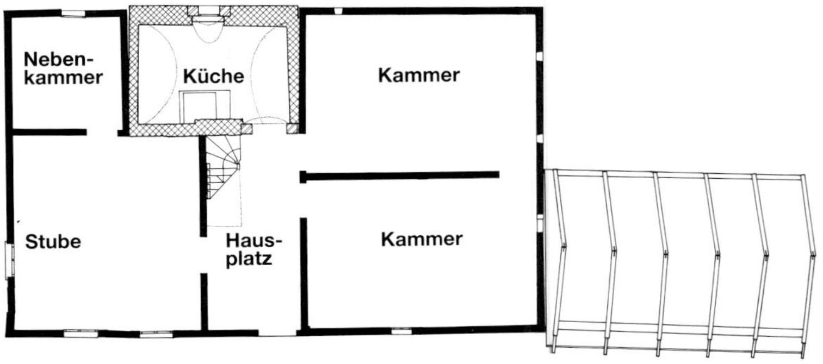

Erdgeschoß.

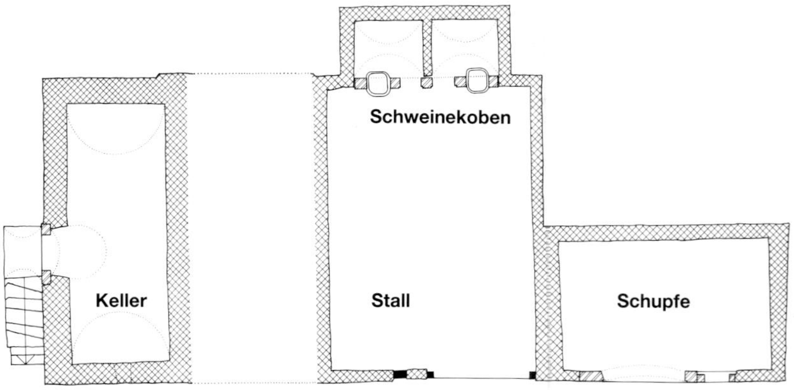

Keller.

Ansicht von Süden.

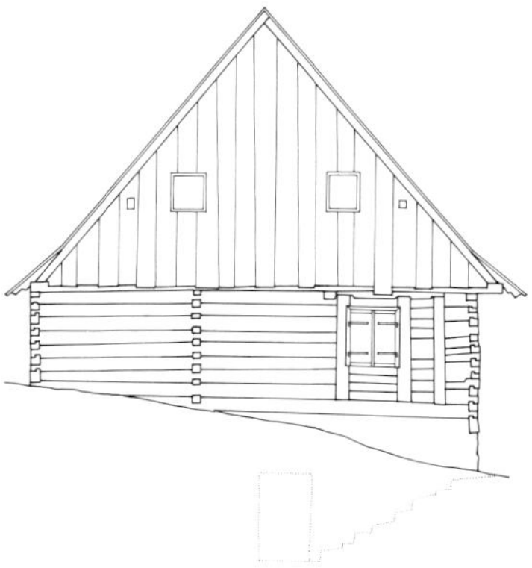

Ansicht von Süden.

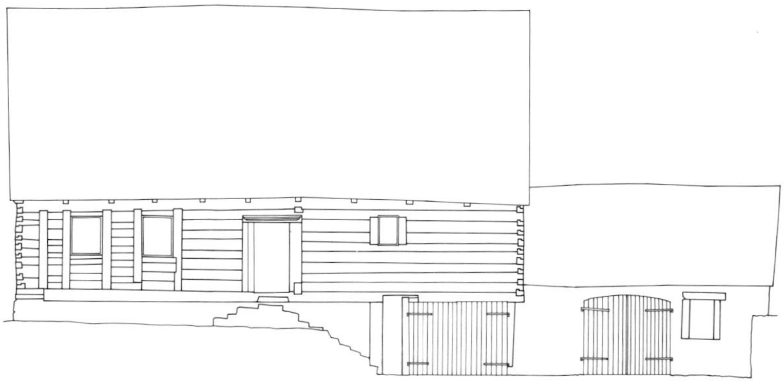

Ansicht von Osten.

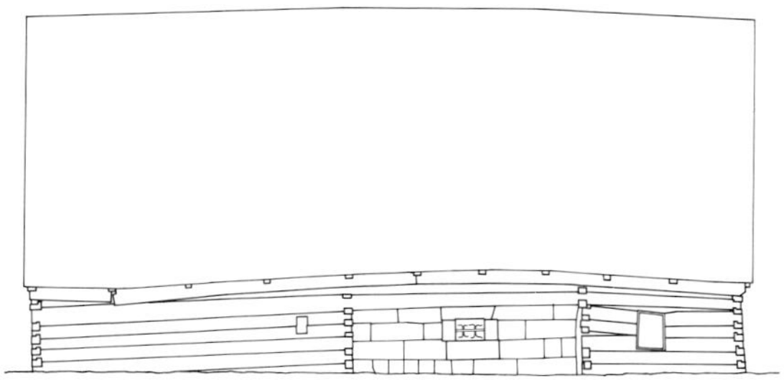

Ansicht von Westen.

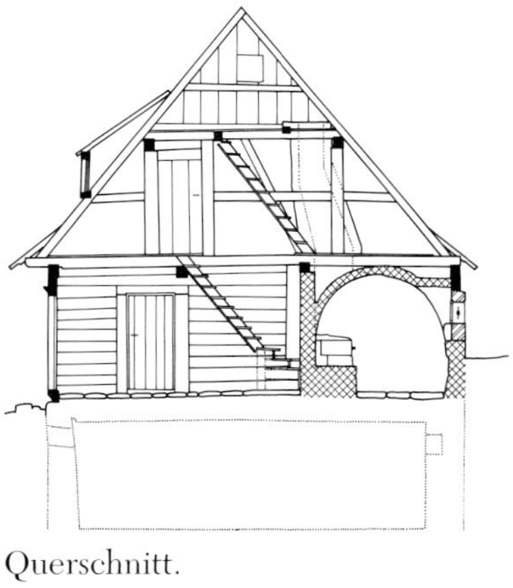

Querschnitt.

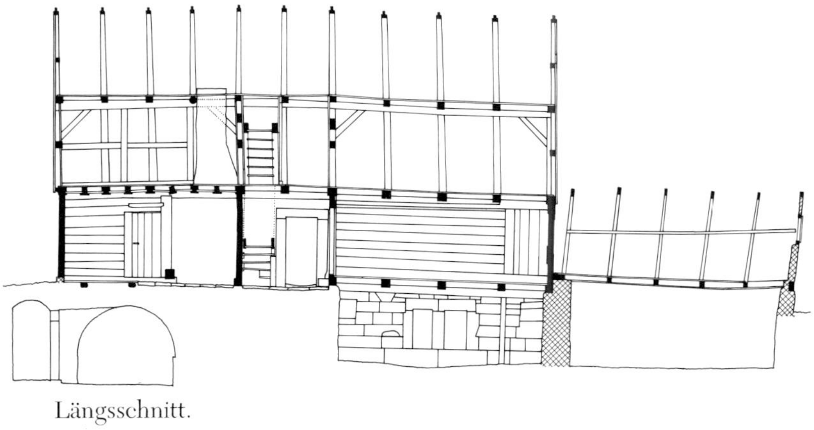

Längsschnitt.

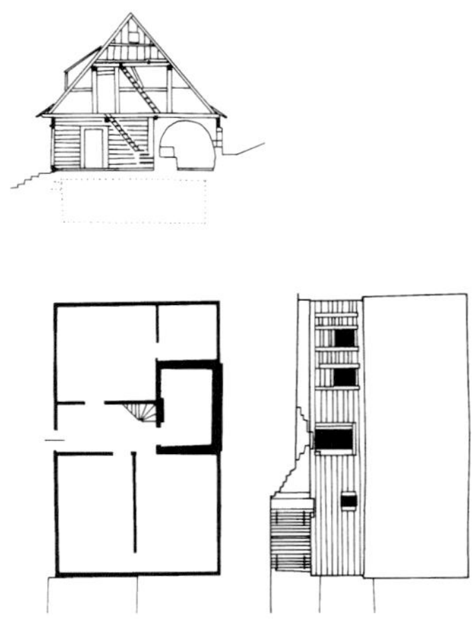

Ort	
Unterdornlach, Nr. 5	
Gebäude	
Gebäudeart	Wohnstallhaus
Wandkonstruktion	Blockbau/Fachwerk/Naturstein
Geschoßzahl	1 + Dach
Geschoßhöhe	2,7 m
Grundfläche (B × L)	105 qm (8,0 × 13,1 m)
Umbauter Raum	
Vollgeschoß	280 cbm
Dachgeschoß	250 cbm
Dach	
Dachart	Satteldach
Dachneigung	50°
Dachdeckung	Falzziegel (Kremper)
Dachüberstand	15 cm (Giebelseite)
Erschließung	
Hauseingang Lage	Traufseite
Flur Lage	Querflur
Grundfläche (B × L)	10,8 qm (2,3 × 4,7 m)
Treppe Art	einläufig über Eck
Laufbreite	
Steigungsverhältnis	20,8/16,6 cm, 51°
Stube	
Lage	Südecke
Grundfläche (B × L)	21,2 qm (4,5 × 4,7 m)
Fensterzahl	3
Fensteröffnung (B × H)	80 × 100 cm
Belichtungsfaktor Fensteröffnung: Grundfläche	1 : 8,8
Stubenofen	Hinterlader von Küche
Küche	
Lage	Flurende
Grundfläche (B × L)	8,6 qm (2,4 × 3,6 m)

Gebäudemerkmale für Bauberatung

Das Wohnstallhaus ist an der Westgrenze seines Grundstücks in den ansteigenden Hang so hineingebaut, daß der Natursteinsockel im Nordosten ein volles Geschoß ergibt und mit einer Freitreppe der Hauseingang an der südlichen Traufseite erreicht werden kann.

Der geschlossene Rechteckbaukörper von 8,0 m Breite und 13,1 m Länge trägt ein 50° steiles, ziegelgedecktes Satteldach. Das als Blockbau konstruierte Erdgeschoß zeigt die klare Raumaufteilung einer breiteren Zone mit der quadratischen Stube (4,5 × 4,7 m) in der Südostecke und dem Querflur mit der Treppe zum Obergeschoß. Die verbleibende schmälere Raumzone ist für die Stubenkammer und die gemauerte gewölbte Küche genutzt. In Querrichtung schließen Flur und Küche mit derselben durchgehenden Wand nach Norden hin ab, an die zwei vom Flur zugängliche Kammern anschließen. Ein großes, zweiflügeliges Tor und das auf der Abbildung erkennbare große, ziegelgedeckte Vordach lassen darauf schließen, daß der Stall im letzten Zustand als Wagenabstell- oder Lagerraum genutzt wurde, ebenso wie der am Nordgiebel angebaute Schuppen.

Die südöstliche Traufseite zeigt das massive Sockelgeschoß und die Außentreppen zur Haustür, die mit breiten Holzgewänden in die Blockwand eingesetzt ist. Eine ähnliche Ausbildung von seitlichen Wänden sind auch bei den Stubenfenstern zu finden, die nach der Hausgeschichte später vergrößert wurden. In der Blockwand des Südgiebels sind die Balkenköpfe der asymmetrisch eingesetzten Längswand zwischen Stube und Kammer deutlich abzulesen.

Die waagrechte Struktur des Blockbaus und der senkrecht verschalte Giebel mit den später vergrößerten Fenstern der Bodenkammer und kleinen seitlichen Lüftungsluken werden durch das gleiche Baumaterial Holz zu einer Einheit zusammengebunden. An der westlichen Traufseite bildet der konstruktive Wechsel zwischen dem Blockbau und dem dazwischen eingesetzten, etwas vorkragenden Sandsteinmauerwerk der Küche eine gut gestaltete Abfolge unterschiedlicher Wandfelder.

Traufansicht.

Untersteinach

Tradgasse 15

Stadt Stadtsteinach, Landkreis Kulmbach

Zweigeschossiges Bauernhaus mit Laube aus dem frühen 18. Jahrhundert
1854: »Trüpfhaus«
1991: Sanierungskonzept

Zur Siedlung

Das Pfarrdorf Untersteinach liegt am Zusammenfluß der Steinach und der Schorgast. Es ist eines der ältesten Orte des Kulmbacher Landes. Schon im Mittelalter kreuzten sich hier die Altstraßen. 1281 hatten die Schlüsselberger Brüder Eberhard IV. und Ulrich II. das Dorf Untersteinach als Bamberger Lehen und gaben es an die Plassenberger von Kulmbach weiter. Seit dieser Zeit war der Ort markgräflich. Im 19. Jahrhundert variierte der Grundbesitz der meisten Anwesen zwischen 20 und 30 Tagwerk. Der Großteil der Bevölkerung bestand aus Bauern, eine kleinere Gruppe setzte sich aus Handwerkern, hauptsächlich Webern, zusammen. Das ursprüngliche Straßenangerdorf hat heute aufgrund von Neubaugebieten seinen ursprünglichen Charakter verloren.

Zur Hofgeschichte

Das Haus, das in einigen Teilen wie Kellerstall, Blockbauteile und Laube ins frühe 18. Jahrhundert datiert wird, war das Nebengebäude eines nicht mehr vorhandenen großen Bauernhofes.
1854 besaß der Weber Konrad Grampp das »Trüpfgütlein« mit Wohnhaus, Schupfen, Stadel und Hofraum, einem Baum- und Würzgarten mit Backofen. Er hatte es laut Kaufvertrag vom 20. Juli 1850 von den Friedrich Gramppschen Eheleuten um 400 Gulden übernommen. Der Grundbesitz betrug 1,13 Tagwerk. Seit 1975 steht das Gebäude leer. Das Haus ist in Hanglage gebaut und erscheint zur Straße als zweigeschossiger, traufständiger Bau mit Satteldach und Kremperziegeldeckung. Das Erdgeschoß ist aus Sandsteinquadern gemauert, während das Obergeschoß in Blockbauweise errichtet wurde. Die heute massiv gemauerte Westseite ist eine nachträgliche Auswechslung und ersetzt die ehemalige Bohlenwand. Die Giebelwände des Dachgeschosses sind außenseitig mit Brettern verkleidet.
Das Untergeschoß besteht aus zwei Räumen. Östlich liegt quer zur Firstrichtung ein tonnengewölbter Kellerraum mit einer Verbindung zum westlichen Stall mit Holzbalkendecke. Dieser hat seinen Hauptzugang von der zur Straße gelegenen Südseite. In den Hausplatz des darüberliegenden Geschosses führt eine Holztreppe, die mit einer Falltür abgedeckt ist.
Das obere Geschoß ist dreizonig und wird von der Rückseite erschlossen. Vom mittigen, langgestreckten, ungeteilten Hausplatz führen Treppen in den Stall und das nicht ausgebaute Dachgeschoß. Statt einer eigenständigen Schwarzen Küche ist im Flurbereich eine Rauchkammer eingebaut.
Quer vor der südlichen Trauffassade ist ein überkragender Laubengang als Vorgelege angesetzt, der nur vom Hausplatz erschlossen wird. Auf beiden Seiten des Flures befindet sich seitlich des Eingangs je eine Kammer mit anschließender, großer Stube. Die Wohnstuben sind mit Bohlenbalkendecken versehen, wobei die Unterzüge wie auch die Kehlbalken und die zwischengelegten Hölzer Schiffskehlen aufweisen.
Der vorliegende Blockbau mit zwei eigenständigen Kleinwohnungen ist in dieser Art ohne Vergleichsbeispiel und nimmt sowohl bau- als auch sozialgeschichtlich eine Sonderstellung ein.

Traufseite zur Straße.

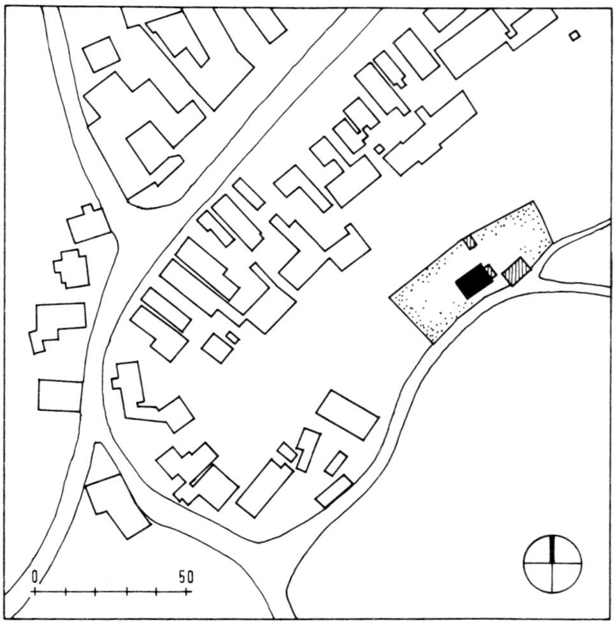

Lageplan.

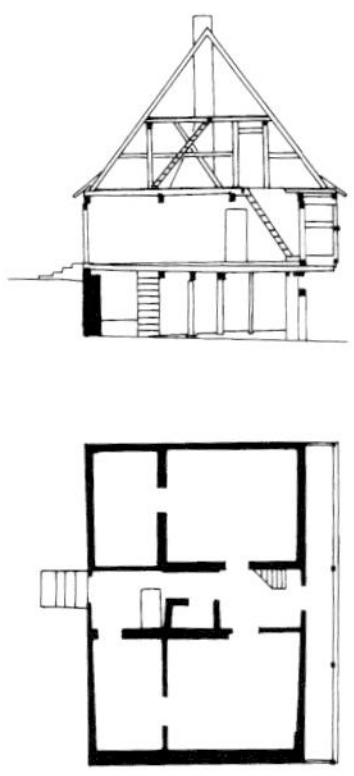

Ort	
Untersteinach, Tradgasse 15	
Gebäude	
Gebäudeart	Wohnstallhaus
Wandkonstruktion	Naturstein/Blockbau/Fachwerk
Geschoßzahl	2 + Dach
Geschoßhöhe	2,5 m
Grundfläche (B × L)	88 qm (8,3 × 10,6 m)
Umbauter Raum	
Vollgeschosse	410 cbm
Dachgeschoß	230 cbm
Dach	
Dachart	Satteldach
Dachneigung	54°
Dachdeckung	Falzziegel (Kremper)
Dachüberstand	
Erschließung	
Hauseingang Lage	Traufseite
Flur Lage	Querflur
Grundfläche (B × L)	13,1 qm (1,9 × 6,9 m)
Treppe Art	einläufig
Laufbreite	55 cm
Steigungsverhältnis	22,7/15,5 cm, 56°
Stuben	
Lage	Südostecke/Südwestecke
Grundfläche (B × L)	15,1 qm (3,6 × 4,2 m)/ 15,5 qm (3,7 × 4,2 m)
Fensterzahl	3/3
Fensteröffnung (B × H)	
Belichtungsfaktor	
Fensteröffnung: Grundfläche	
Stubenofen	Hinterlader vom Vorgelege im Hausplatz
Küche	
	Rauchkammer

Gebäudemerkmale für Bauberatung

Das Kleinhaus wendet seine südöstliche zweigeschossige Traufseite der Straße zu. Das Gelände steigt nach Norden an und ermöglicht dort, das talseitige Obergeschoß über einige vorgesetzte Stufen zu betreten.

Der Rechteckbaukörper mit Seitenlängen von 8,3 × 10,6 m wird von einem 54° steilen Satteldach abgeschlossen, das auch den Laubengang der südlichen Traufseite mit einbezieht. Das massive Sockelgeschoß wird auf der Talseite zum Erdgeschoß, in dem der Stall und ein Kellerraum untergebracht sind. Die Stalltür ist mit einem querliegenden Oberlicht versehen. Den Keller des danebenliegenden Vorratsraumes belüftet eine kleine Luke in dem Sandsteinmauerwerk. Das Obergeschoß ist auf die ganze Gebäudelänge entlang der südlichen Traufe als Laubengang ausgebildet. Das Raumgefüge wird durch eine Flurzone gekennzeichnet, die von der Haustür auf der Nordseite bis zum Laubengang der Südseite reicht und die Treppe aufnimmt. Zu beiden Seiten des Flurs liegen nahezu symmetrisch je zwei Stuben (3,6 bzw. 3,7 × 4,2 m) mit jeweils anschließender schmaler Kammer. Hier zeigt sich eine zweifache Grundrißordnung, einmal der durchgehende Querflur, und zum anderen die asymmetrische Längsaufteilung des Grundrisses in die breite Stuben- und die schmale Kammerzone. Diese Grundrißorganisation ist außerordentlich leistungsfähig, da sie unterschiedlich große Räume bildet, die je nach dem Raumbedarf der einzelnen Nutzungen innerhalb des geschlossenen Baukörpers ausgebaut werden können. Hinzu kommt die große Übersichtlichkeit der an einen Querflur angeschlossenen Aufenthaltsräume.

Unter Einbeziehung des Laubenganges auf der südlichen Traufseite hat das Obergeschoß eine Grundfläche von 88 qm, die mit einem Umrechnungsfaktor von 0,75 eine Wohnfläche von 66 qm ohne Dachausbau ergibt.

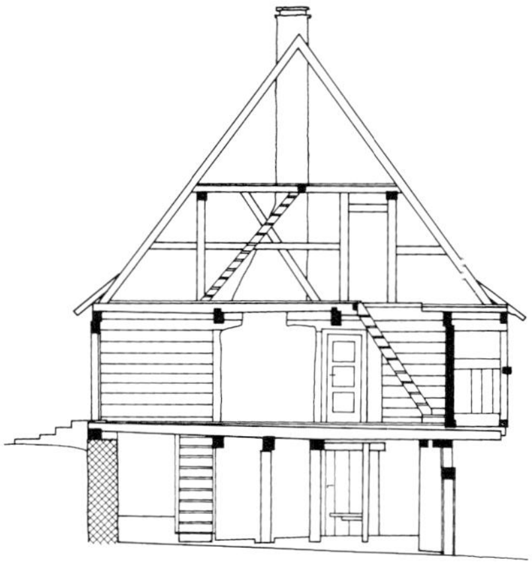

Querschnitt.

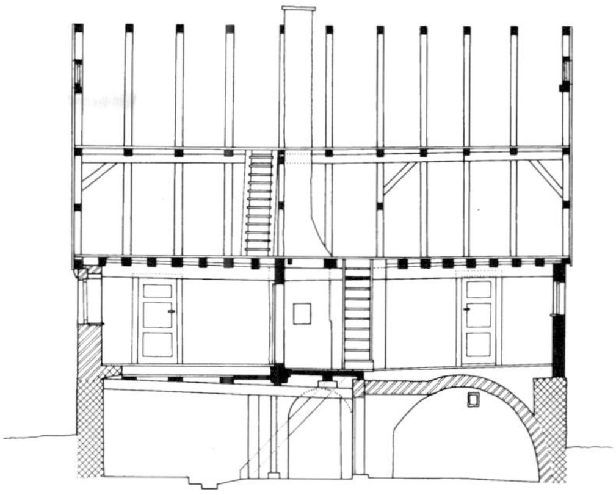

Längsschnitt.

Ansicht von Osten.

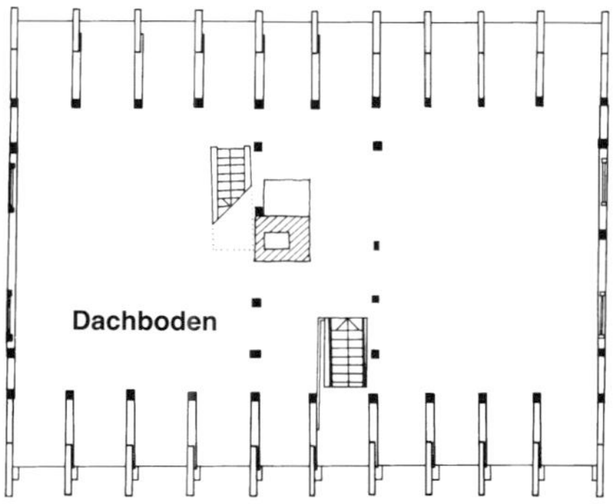

Dachgeschoß.

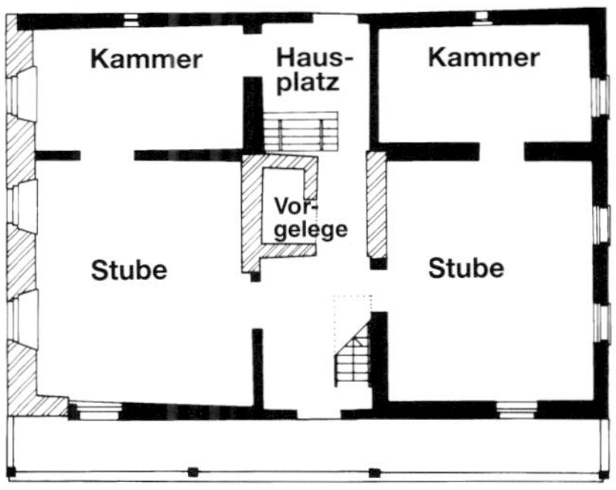

Erdgeschoß.

Ansicht von Süden.

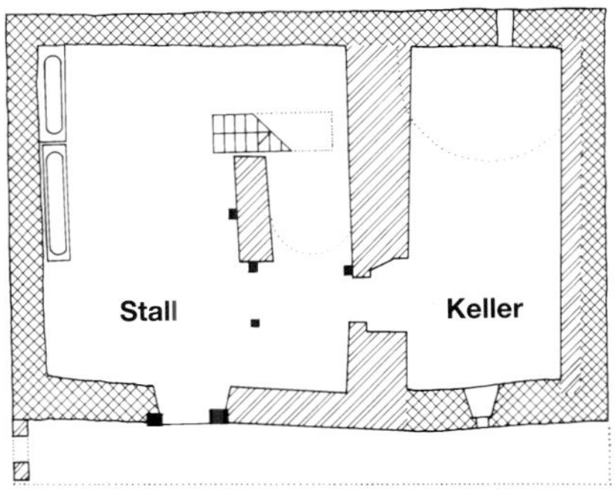

Keller.

Altenkunstadt

Theodor-Heuss-Straße 11/13

Gemeinde Altenkunstadt, Landkreis Lichtenfels

Zweigeschossiges Doppelhaus
Fachwerkbau des späten 18. Jahrhunderts
1812: »Zwei halbe Häuser«
1989: Abbruch

Zur Siedlung

Am östlichen Obermainbogen liegend, zählt Altenkunstadt zu den schon in Karolingischer Zeit bestehenden Siedlungen Oberfrankens. Seit dem 13. Jahrhundert waren hier Juden ansässig, wobei die örtlichen Grundherren, ritterschaftliche Familien, aber auch das Kloster Langheim, die Ansiedlung förderten.
Der am Schnittpunkt wichtiger Straßen gelegene Ort bot für ihre Handelstätigkeit mit Vieh, Textilien und Schnittwaren günstige Bedingungen und war schon im 19. Jahrhundert stark gewerblich orientiert. Mitte des 18. Jahrhunderts zählte der Ort bereits 267 jüdische Einwohner, 1837 umfaßte ihr Bevölkerungsanteil mit 400 Personen die Hälfte der Einwohner. Nach Gewährung der Freizügigkeit im Jahr 1861 sank der Anteil der Juden im Ort durch Abwanderung in die größeren Städte sehr schnell.

Zur Hofgeschichte

Das Wohnhaus lag im Einzugsbereich des sogenannten »Judenhofes«, eines alten Salhofes, auf dem durch ritterschaftliche Peuplierung ein Mittelpunkt jüdischer Ansiedlung und später auch das kulturelle Zentrum der Altenkunstädter Juden mit Synagoge und Schule entstanden war.
Das Haus steuerte den Grafen Giech zu Buchau und gehörte Ende des 18. Jahrhunderts drei verschiedenen Besitzern. Eine Haushälfte hatte Isaac David Fleischmann 1770 von seinem Vater geerbt, in der anderen Haushälfte hatte 1772 Mayer Abraham eine Wohnung von seinem Vater als Heiratsgut erhalten, die zweite Wohnung besaß seit 1770 Heium David. Vermutlich war das Gebäude kurz vor 1770 errichtet worden. 1854 war das Haus halbteilig im Besitz des »Handelsmannes« Philipp Bachmann und des letzten jüdischen Metzgers von Altenkunstadt Hirsch Ehrenberger. Sein Spitzname »Hasch« gab der vor dem Haus gelegenen Brücke den Namen »Haschenbrücke«. Ende des 19. Jahrhunderts gelangte das Haus in christlichen Besitz.
Die Konzeption als Doppelhaus ist charakteristisch für neuzeitliche Judenhäuser. Ihre Zahl war in den Ortschaften durch den Matrikelparagraphen festgelegt, damit war auch der Zuzug von Personen reglementiert. Die Umgehung dieser Restriktionen führte zu Hausteilungen mit mehr oder weniger normierten Wohnanteilen.
Das Gebäude in Altenkunstadt stellte einen der nur noch selten erhaltenen Typen eines solchen Mehrfamilienhauses dar. Der zweigeschossige Walmdachbau stand mit der Breitseite zu Straße und Fluß. Das Haus war quer zum First mit einer durchgehenden Trennwand geteilt und besaß in beiden Wohngeschossen je zwei im Grundriß identische und spiegelbildlich angeordnete Haushälften.
Der Raumzuschnitt entsprach kleinbürgerlichem Wohnstandard mit in die Haustiefe gestaffelten Räumen. Straßenseitig lag die große Stube mit dahinterliegender Küche und seitlich zugeordneter Nebenkammer. Eine abschließende rückwärtige Kammer nahm fast die ganze Hausbreite ein und wurde separat durch einen Stichgang vom Hausplatz erschlossen. An seinem Ende war auch der Abtritt der Wohnung gelegen.
Nach 1900 erfuhren diese Hausgrundrisse stärkere Überformungen, wobei auch an der Südseite ein zweigeschossiger Anbau unter abgeschlepptem Dach errichtet wurde. Er nahm jeweils zwei neue Zimmer und Kammern auf. Die Erdgeschoßwohnungen und die südliche Wohnung im Obergeschoß wurden dabei, entsprechend geändertem Raumbedarf, mehr oder weniger stark verändert. Lediglich die nördliche Wohneinheit im Obergeschoß behielt den bauzeitlichen Raumzuschnitt. Es wurde dabei nur die Trennwand zwischen Küche und Nebenkammer der Stube entfernt, vermutlich wurde dabei auch die Tür zwischen Küche und Hausplatz zugesetzt. 1989 wurde das Haus abgebrochen.

Lageplan.

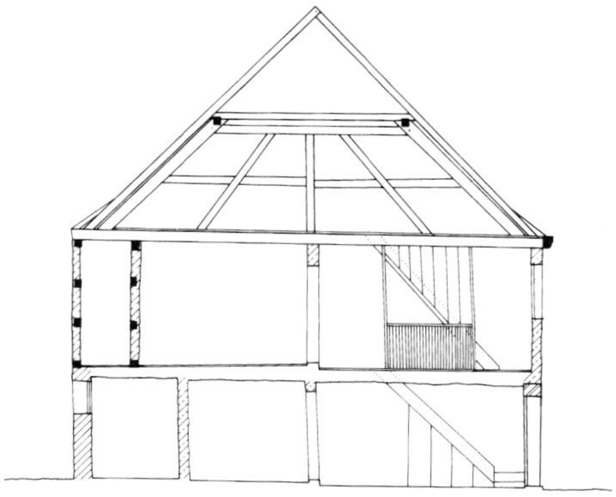

Querschnitt.

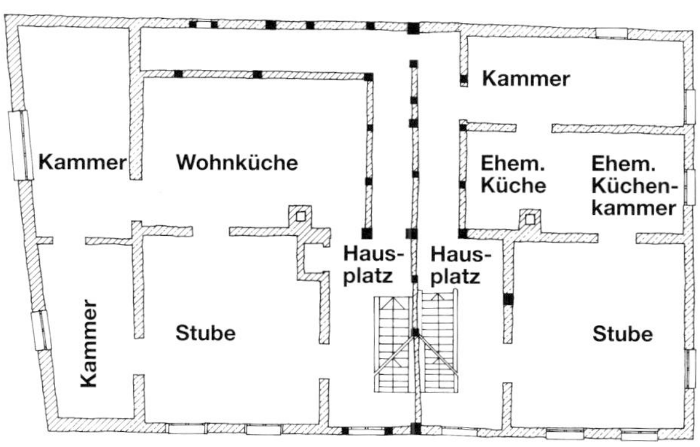

Obergeschoß.

Traufansicht von Osten.

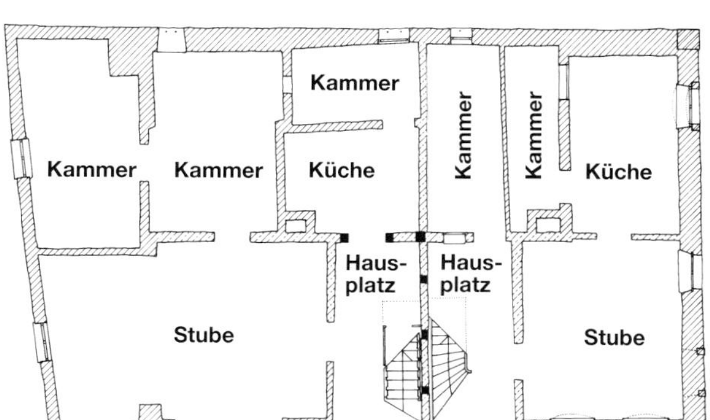

Erdgeschoß.

Die Theodor-Heuss-Straße entlang des Weismainufers mit Haus Nr. 11/13 und der »Haschenbrücke«.

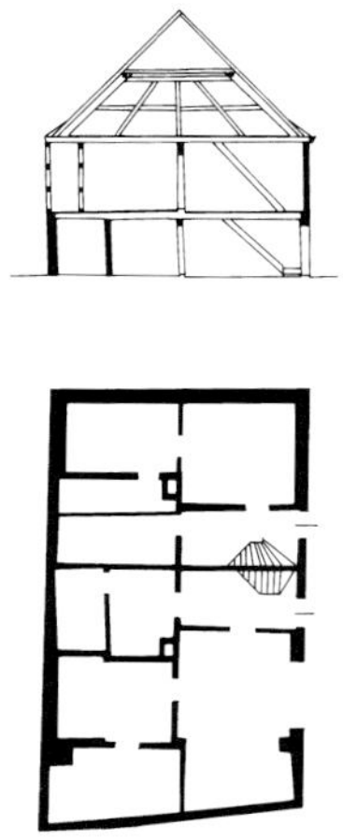

Ort
Altenkunstadt, Theodor-Heuss-Straße 11/13

Gebäude	
Gebäudeart	Doppelwohnhaus
Wandkonstruktion	Ziegel/Fachwerk/Lehm
Geschoßzahl	2 + Dach
Geschoßhöhe	2,35 m
Grundfläche (B × L)	139 qm (9,2 × 15,6/14,6 m)
Umbauter Raum	
Vollgeschosse	690 cbm
Dachgeschoß	240 cbm

Dach	
Dachart	Walmdach
Dachneigung	45°
Dachdeckung	Falzziegel
Dachüberstand	

Erschließung	
Hauseingang Lage	Traufseite
Flur Lage	Querflur
Grundfläche (B × L)	7,8 qm (1,9 × 4,1 m)
Treppe Art	einläufig
Laufbreite	75 cm
Steigungsverhältnis	18/20 cm, 42°

Stube (Nordhälfte)	
Lage	Nordostecke
Grundfläche (B × L)	14,4 qm (3,6 × 4,0 m)
Fensterzahl	4 (heute 3)
Ofen	Stubenofen

Küche (Nordhälfte)	
Lage	hinter Stube
Grundfläche (B × L)	9,6 qm (2,4 × 4,0 m)

Gebäudemerkmale für Bauberatung

Das Doppelwohnhaus stand mit der östlichen Längsseite an der den Fluß begleitenden Straße und wurde von zwei Haustüren erschlossen. Der durch einen südlichen Anbau und Fensterausbrüche stark beeinträchtigte Bau läßt bei näherer Betrachtung seine Bedeutung als mittig geteiltes Kleinwohnhaus erkennen. Erbaut war das Haus ursprünglich als klarer Rechteckbaukörper von 9,2 m Breite und 12,8 m Länge, mit einem ziegelgedeckten, 45° geneigten Walmdach. Der Grundriß ist in zwei Wohnungshälften geteilt, deren Räume – wie vielfach bei Kleinhäusern auf dem Lande und in den Städten – von der Mitte zur Schmalseite hin gespiegelt sind, um an den gut belichteten Gebäudeecken Stuben und Kammern anzuordnen, dagegen die schlechter belichteten Innenzonen für Flure, Treppen und Küchen zu nützen. Das zweigeschossige Doppelwohnhaus enthielt vier Wohnungen.

Auf beiden Seiten der mittleren Trennwand liegen die durchgehenden Querflure, die auf der Südseite breiter gehalten sind, um seitlich die einläufigen Treppen in die Obergeschosse aufzunehmen. Die Stuben erhalten die bevorzugte, zur Straße gewandte südöstliche oder nordöstliche Gebäudeecke. Eine in der Mitte der Schmalseite durchgehende Längswand trennt die quadratische Stube – die im Obergeschoß mit 4 × 4 m noch erhalten ist – von den Stubenkammern und den zum Flur hin anschließenden Küchen. Dahinter liegen an der Nordseite Kammern, die über den hier schmäler gehaltenen Querflur erreicht werden.

Die ursprünglich sorgfältig vorüberlegte Raumeinteilung mit zwei die Längsseite und die Schmalseite in der Mitte teilenden Wänden zeigt sich nur noch in der nördlichen Wohnung des Obergeschosses. Die mittige Anordnung von durchgehenden Wänden ist in den Dokumentationen der Bauernhäuser von Mittel- und Oberfranken häufig anzutreffen, sowohl in der Längsrichtung wie auch in der Querrichtung, und es wäre lohnend, durch eine eigene Forschungsarbeit diese Merkmale weiter zu untersuchen.

Auf die Kleinwohnungen des ehemaligen Wohnstallhauses in Steinwiesen, Landkreis Kronach (S. 287) sei in diesem Zusammenhang ebenfalls aufmerksam gemacht.

Döringstadt

Nr. 23

Markt Ebensfeld, Landkreis Lichtenfels

Zweigeschossiges Wohnstallhaus
Fachwerkbau um 1700
1812: »Viertelshube«
1952: Abbruch

Zur Siedlung

Südlich von Staffelstein am Main gelegen, wird der Ort 797 erstmals erwähnt. Im 11. Jahrhundert gelangte die Villikation Döringstadt an das Hochstift Bamberg. Das örtliche Dompropsteiamt hatte bis 1803 auch die Dorfherrschaft inne.
Der Kern des Dorfes entwickelte sich um den alten Fronhof, der im Bereich des Kirchhügels lag. Durch Teilung des Sallandes gab es 1458 bereits elf Vollhufen, acht halbe Hufen und sieben Lehen, ein Hof gehörte der Abtei Langheim. An den alten Kern lagerte sich als jüngere Siedlung ein Straßendorf mit Erweiterungen an. In der Mitte des 19. Jahrhunderts gab es neben Kirche, Schule und Amtshaus 82 Anwesen, wobei aufgrund der vielen landwirtschaftlichen Kleinbetriebe das Dorfhandwerk stark vertreten war.

Zur Hofgeschichte

Das Anwesen lag im Dorfzentrum. Mit seinen 30 Tagwerk gehörte es zu den vollbäuerlichen Betrieben, deren Wirtschaftsfläche zwischen 20 und 50 Tagwerk umfaßte. 1812 wird das Anwesen als Viertelshube bezeichnet. Besitzer war Johann Senger, der das Anwesen 1807 von seinen Eltern übernommen hatte. Bis in dieses Jahrhundert blieb der Hof im Besitz der Familie. Bereits um 1920 leerstehend, wurde das in seinem ursprünglichen Zustand weitgehend erhaltene Gebäude 1949 als baufällig bezeichnet und 1952 abgebrochen.

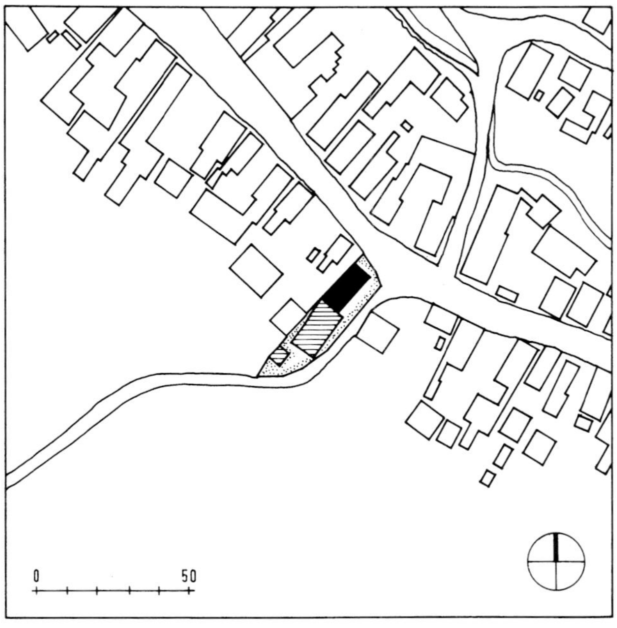

Lageplan.

Zum Anwesen gehörten das giebelständig zur Straße stehende Wohnstallhaus und eine Scheune mit angebauter Holzhalle, die aufgrund der engen Parzellenteilung in Firstrichtung hintereinander standen. Das Wohnstallhaus nahm unter den am Obermain zahlreich vertretenen, aufwendig verzierten Fachwerkbauten einen besonderen Rang ein. Es hob sich vor allem durch seine reiche Gefachauszimmerung an der Giebelseite hervor.
Der Stockwerksbau besaß im Wohnbereich in beiden Geschossen eine regelmäßige Achsenteilung, wobei aber die Ständer relativ weit gestellt waren. Unterhalb der ziemlich großzügig bemessenen Fensterachsen waren in beiden Geschossen durchgehende Brüstungszonen angelegt, die durch Stiele in Rechteckfelder unterteilt und mit Zierfachwerk ausgezimmert waren. Im Erdgeschoß waren dies einfache Andreaskreuze, im Stockwerk darüber Feuerböcke. Die Wandzonen zwischen den Fenstern waren mit schrägen Riegeln ausgezimmert.
Das zweigeschossige Giebeldreieck zeichnete sich durch ein besonders reiches, gitterartiges Zierfachwerk aus, das vorwiegend aus geraden, durchkreuzten Rauten bestand. Die Hofansicht war nicht weniger repräsentativ. Die rückwärtige Traufseite zeigte hingegen einen einfacheren Fachwerkverband mit zweifacher Verriegelung und langen Kopf- und Fußstreben. Die kleinen Fensteröffnungen waren hier zwischen die Riegellagen eingefügt.
Der Eingang zu dem auf einem hohen Sandsteinsokkel stehenden Haus erfolgte über einen erhöhten Tritt, der durch eine an der Traufseite angesetzte Borlaube überdacht war. Das queraufgeschlossene Haus war im Wohn- und Stallbereich durch zwei firstparallel verlaufende Unterzüge dreischiffig, was sich auch im Raumgefüge widerspiegelte.
Im Erdgeschoß waren vom großen Hausplatz, von dem eine Blockstufentreppe ins Obergeschoß führte, die Wohnstube, die Stubenkammer sowie Küche und Küchenkammer erschlossen. Das Obergeschoß umfaßte im Wohnbereich die gleich breit angelegten Räume von Stube und Nebenkammer. Jenseits des Hausplatzes lagen zwei weitere Kammern, wobei die hofseitige Kammer ebenso wie der rückwärtige Stallboden durch einen überdachten Gang, eine obere Borlaube erschlossen waren.
Dieses Raumgefüge blieb bis 1952 erhalten. Eine kleinere Umbaumaßnahme zu Beginn des 20. Jahrhunderts betraf lediglich Küche und Küchenkammer, die zu einer großen Wohnküche zusammengelegt wurden. Die Küche wurde dabei für den Anschluß eines Kachelofens in die Stube hinein verlängert. Die ursprünglich aus Fachwerk bestehenden Binnenwände der Küche wurden dabei mit Ziegeln ausgemauert. Die rückwärtige Fachwerkwand des Stalles war bereits Ende des 19. Jahrhunderts durch Sandsteinquader ersetzt worden.

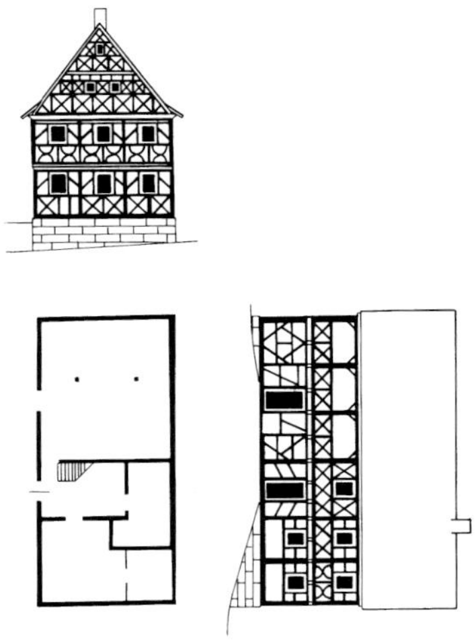

Ort	
Döringstadt, Nr. 23	
Gebäude	
Gebäudeart	Wohnstallhaus
Wandkonstruktion	Fachwerk/Naturstein/Lehm
Geschoßzahl	2 + Dach
Geschoßhöhe	2,5 m
Grundfläche (B × L)	97 qm (6,8 × 14,2 m)
Umbauter Raum	
Vollgeschosse	480 cbm
Dachgeschoß	210 cbm
Dach	
Dachart	Satteldach
Dachneigung	52°
Dachdeckung	Rinnenziegel
Dachüberstand	25 cm (Giebelseite)
Erschließung	
Hauseingang Lage	Traufseite
Flur Lage	Querflur
Grundfläche (B × L)	10,7 qm (2,6 × 4,1 m)
Treppe Art	einläufig
Laufbreite	85 cm
Steigungsverhältnis	15,7/19 cm, 39°
Stube	
Lage	Nordostecke
Grundfläche (B × L)	15,2 qm (3,3/4,1 × 4,4 m)
Fensterzahl	4
Fensteröffnung (B × H)	80 × 100 cm
Belichtungsfaktor Fensteröffnung: Grundfläche	1 : 4,8
Stubenofen	Hinterlader von Küche
Küche	
Lage	Flurende
Grundfläche (B × L)	9,7 qm (2,1/2,9 × 4,1 m)

Gebäudemerkmale für Bauberatung

Das Wohnstallhaus war auf der nordwestlichen Grundstücksgrenze der schmalen Hofstelle erbaut und mit dem Nordostgiebel auf die Hauptstraße ausgerichtet. Es bildete mit seiner am Südgiebel angefügten, breiten Scheune und deren versetztem First eine besonders eindrucksvolle Baugruppe, deren Abbruch 1952 einen unersetzlichen Verlust für den Ortsinnenraum und damit die Identität von Döringstadt darstellt. Die Baugruppe antwortete überzeugend auf die örtliche Situation, der Wegabzweigung von der Hauptstraße und des nach Süden ansteigenden Hanggeländes der Talmulde. Die in den Winkel zwischen der Traufseite des Hauses und der vorspringenden Scheune eingefügte Borlaube schützte den erhöhten Tritt vor der nördlichen Zugangsseite. Sie ist auf dem Foto von 1949 als wichtigstes Bauelement sichtbar, jedoch in dem Bauaufnahmeplan der Dokumentation nicht mehr enthalten.

Der zweigeschossige Rechteckbaukörper von 6,8 m Breite und 14,2 m Länge zeigt ein Seitenverhältnis von 1:2,08, das durch die regelmäßige Teilung der Giebelfront in drei und der Traufseite in sechs konstruktive Fachwerkfelder zwischen den geschoßhohen Ständern bewußt herausgearbeitet ist. Eine Querwand teilt das Innenraumgefüge des Hauses in zwei gleiche Abschnitte, rechts den Wohnbereich und links den Stall. Diese Teilung wird durch den offenen Laubengang des Obergeschosses auf die Länge der drei Felder des Stalles betont.

Die Stuben besetzen mit je 4,0 m Fensterfront je zwei Felder der Nordostecke des Hauses, das dritte Feld im Giebel dient der Kammer bzw. der Küche, das dritte Feld der Traufseite dem quer eingesetzten Hausflur. Da die einläufige Treppe zum Obergeschoß den Hausplatz seitlich einengt, wurde sein Fachwerkfeld geringfügig verbreitert zu Lasten der zwei anschließenden Felder der Stube. Im Stall sind, unabhängig vom Koordinatensystem des Fachwerks, zwei Holzstützen für die beiden Längsunterzüge der die Hausbreite überspannenden Deckenbalken eingesetzt. Der Sockelbereich bekräftigt mit dem regelmäßigen Fugenschnitt des Sandsteinquadermauerwerks die bewußte Baugestaltung. Entlang der südöstlichen Traufseite führt eine Freitreppe zum Hauseingang hinauf.

Der Giebel des Satteldaches sitzt knapp auf dem Baukörper und ist bei 52° Dachneigung im Verhältnis zwischen Giebelseite und Giebelhöhe der Proportion des Goldenen Schnitts angenähert.

Die geschoßhohen Ständer und die ähnlichen Fensterformate über den durchgehenden Brustriegeln verleihen den Ansichten einen hohen Grad von Ordnung, die erst die Grundlage bildet für die reiche Ausschmückung der dazwischen verbliebenen Fachwerkfelder.

Ansicht von Osten.

Ansicht von Nordosten.

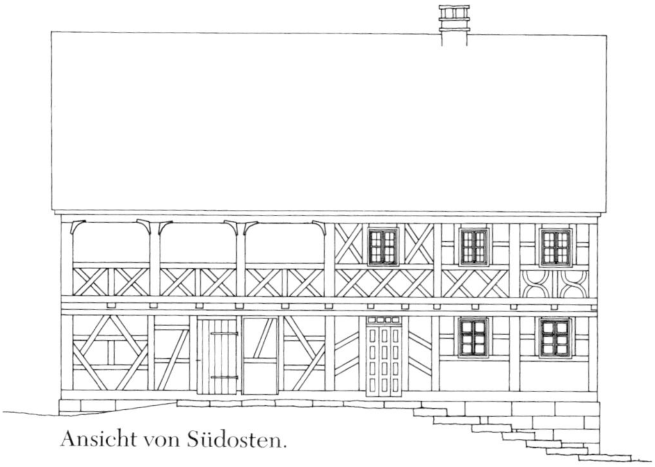

Ansicht von Südosten.

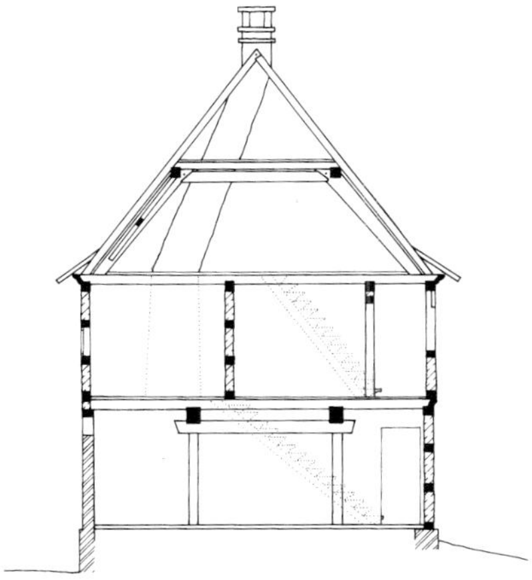

Querschnitt.

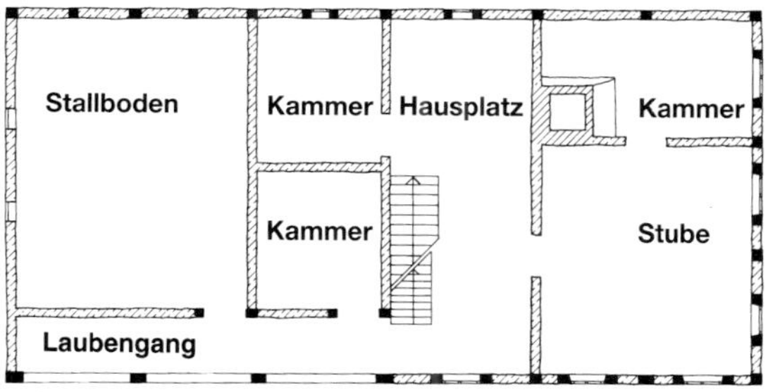

Obergeschoß.

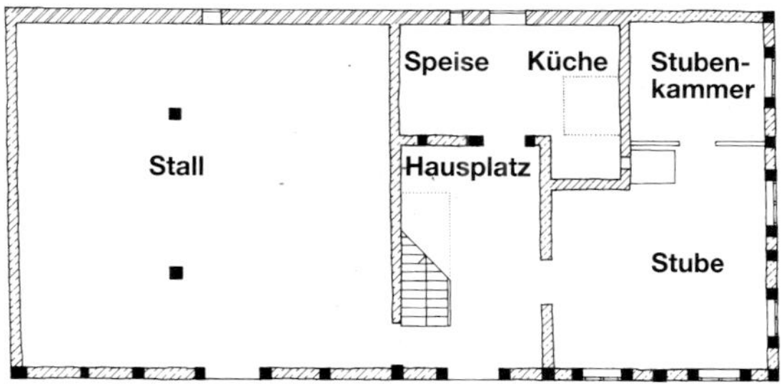

Erdgeschoß.

Kleukheim

Hauptstraße 45

Markt Ebensfeld, Landkreis Lichtenfels

Zweigeschossiges Wohnstallhaus
Fachwerkbau Mitte des 18. Jahrhunderts
1809: »Gütlein«

Zur Siedlung

Der nordöstlich von Bamberg, im Vorland der Frankenalb gelegene Ort findet sich 1137 unter der Grundausstattung für die Propstei St. Getreu des Benediktinerklosters Michelsberg. Ein Teil der Höfe wurde um 1500 vom Hochstift erworben, so daß bis zur Säkularisation Propstei und Hochstift die wichtigsten Grundherren waren.
Der Ort entwickelte sich als Straßendorf zu beiden Seiten des Ortsbaches. Die ältesten Höfe lagen in der Dorfmitte am Bach, wo sich heute in regelmäßiger Folge die trauf- und giebelständigen, meist zweigeschossigen Wohnstallhäuser des 18. Jahrhunderts aufreihen. Der Ortskern weist noch in hohem Maße seine historische Bausubstanz auf. Von seiner Sozialstruktur war Kleukheim schon Ende des 18. Jahrhunderts, als es 79 Anwesen umfaßte, ein Handwerker-/Bauerndorf. Es diente als Zentralort der Versorgung der umliegenden Dörfer.

Zur Hofgeschichte

Grundherrschaftlich gehörte das Anwesen bis 1803 zum Bamberger Kloster Michelsberg. Mitte des 19. Jahrhunderts war der Hofinhaber der Bäcker Pankraz Schmitt, der das Anwesen von seinem Vater in der elterlichen Erbteilung übernommen hatte. Er stammte aus einer in Kleukheim begüterten Familie, der noch weitere Anwesen gehörten. Zu Beginn des 19. Jahrhunderts wird das Anwesen als Wohnhaus mit Durchfahrt, angebauter Stallung, Holzlege, Schweineställe und Scheune bezeichnet.

Lageplan.

Südwestliche Traufansicht.

Der zweigeschossige, vierachsige Walmdachbau war zur Erbauungszeit Mitte des 18. Jahrhunderts ein durchgehender Fachwerkbau. Er steht traufständig an der Dorfstraße. Aufgrund der schmalen Grundstücksparzelle wurde die Hofeinfahrt in die westliche Hausseite integriert und im Obergeschoß überbaut. Das im wesentlichen noch im bauzeitlichen Zustand erhaltene, vierachsige Gebäude wird von der Einfahrt aus erschlossen. Das Erdgeschoßfachwerk wurde um 1900 ausgewechselt und durch Bruchsteinmauerwerk ersetzt. Das Fachwerkobergeschoß weist unterhalb der Fensterachsen eine durchlaufende Brüstungszone auf, die mit einem durchgehenden Band von Andreaskreuzen verziert ist. Die Wandfelder neben den Fenstern sind mit schrägen Riegeln ausgezimmert.
Im Inneren weist das Gebäude mit seinen drei in die Haustiefe gestaffelten Zonen eine Grundrißlösung und einen Raumzuschnitt bürgerlichen Charakters auf.
Nach dem mittigen, großen Hausplatz, an dessen Ende die Küche mit einer Küchenkammer liegt, schließen zur Straße die große Stube mit kleinerer Nebenkammer an. Jenseits des Hausplatzes, zur rückwärtigen Hausseite hin, war eine kleine Kammer angelegt.
Das Obergeschoß zeigt ein annähernd identisches Raumgefüge wie das Erdgeschoß. Am Ende des zentralen Hausplatzes, der sich bis zur westlichen Nebenseite erstreckt, befindet sich die ehemalige Küche mit einer im Norden anschließenden Küchenkammer. Zwei weitere Kammern lagen nördlich des Hausplatzes. Durch die Überbauung der Durchfahrt entstand entlang der Straße eine Raumfolge von drei Zimmern. Sie umfaßt zwei flankierende kleinere, einachsige Räume mit einem großen, zwei Fenster-

achsen umfassenden Mittelzimmer. Sie sind, bürgerlichem Wohnstandard des 18. Jahrhunderts entsprechend, durch eine Enfilade miteinander verbunden. Das Mittelzimmer ist zudem mit einer Spiegeldecke ausgestattet, die ein stuckiertes Mittelfeld in Form eines Vierpasses mit abgesetzten Ecken enthält. Die Abtrennung zur östlichen Nebenkammer erfolgt durch eine Holzwand, die mit hochrechteckigen Rahmenfeldern und abgesetzten Füllungen gegliedert ist. Der Deckenplafond des Nebenzimmers ist mit einfacherem Rahmenstuck und rundem Mittelfeld verziert.

Im 19. Jahrhundert wurde das Haus, das wohl zur Erbauungszeit nur zu Wohnzwecken diente, mit einem Stallanbau versehen, der 1904 durch einen größeren Neubau ersetzt wurde. Dabei wurden im Erd- und Obergeschoß die Küchen- und rückwärtigen Kammern erweitert. Hinzu kamen als neue Räume die Stallungen und weitere Kammern im Obergeschoß.

Die Einrichtung einer Gaststätte im Erdgeschoß brachte die Versetzung der Trennwand zwischen Küche und Hausplatz mit sich, wonach die Gaststube direkt von der Küche über ein Binnenfenster versorgt werden konnte.

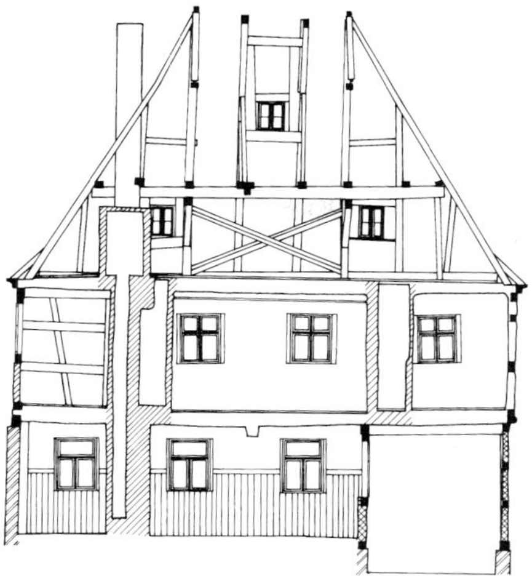

Querschnitt.

Längsschnitt.

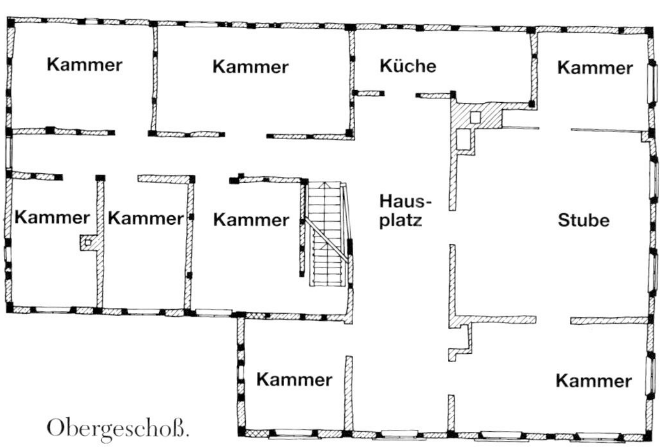

Obergeschoß.

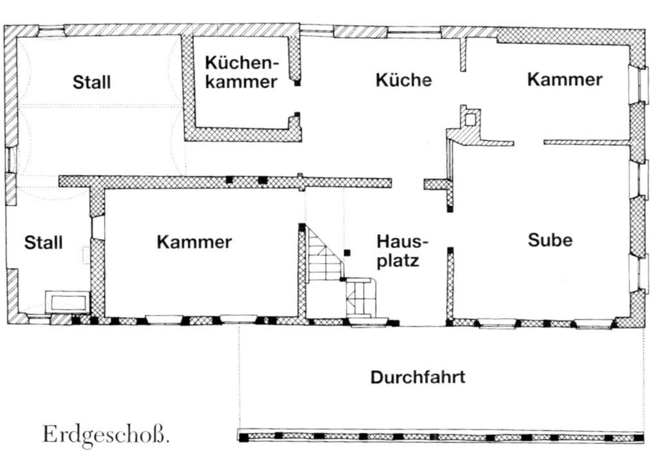

Erdgeschoß.

Südwestliche Traufseite mit verzierten Eckständern.

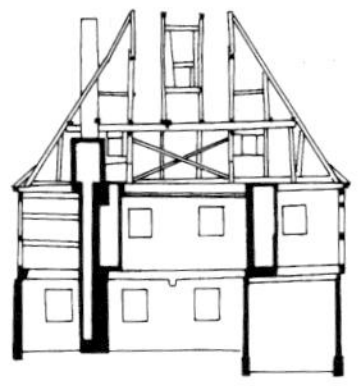

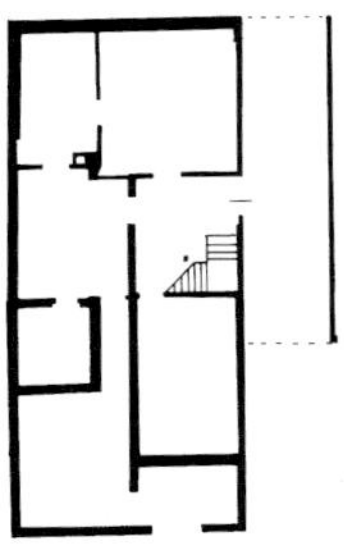

Ort	
Kleukheim, Hauptstraße 45	
Gebäude	
Gebäudeart	Wohnstallhaus
Wandkonstruktion	Naturstein/Fachwerk
Geschoßzahl	2 + Dach
Geschoßhöhe	2,65 m
Grundfläche (B × L)	165 qm (7,8 × 17 m + 3,0 × 10,8 m)
Umbauter Raum	
Vollgeschosse	930 cbm
Dachgeschoß	380 cbm
Dach	
Dachart	Walmdach/Satteldach
Dachneigung	48°/58°
Dachdeckung	
Dachüberstand	20 cm (Walmseite)
Erschließung	
Hauseingang Lage	Längsseite
Flur Lage	Querflur
Grundfläche (B × L)	12,6 qm (3,4 × 3,7 m)
Treppe Art	zweiläufig
Laufbreite	
Steigungsverhältnis	16,5/21,3 cm, 38°
Stube	
Lage	Südseite
Grundfläche (B × L)	21,2 qm (4,5 × 4,7 m)
Fensterzahl	4
Fensteröffnung (B × H)	2 × 80 × 110 cm 2 × 90 × 120 cm
Belichtungsfaktor Fensteröffnung: Grundfläche	1 : 5,4
Stubenofen	Stubenofen
Küche	
Lage	Flurende
Grundfläche (B × L)	15,1 qm (3,6 × 4,2 m)

Gebäudemerkmale für Bauberatung

Das Wohnstallhaus besetzt im heutigen Bauzustand die gesamte Grundstücksbreite an der südlich vorbeiführenden Straße. Die seitliche Durchfahrt entstand jedoch aus der Überbauung der ursprünglich freien Hofzufahrt an der westlichen Traufseite des bis in die Tiefe des Grundstücks entwickelten Gebäudes.

Für die Gebäudemerkmale ist hier aufschlußreich, daß im ersten Bauzustand ein Wohnstallhaus mit Querflurerschließung an der Ostgrenze der schmalen Hofstätte der regelmäßig bebauten Dorfstraße vorzufinden ist.

Das Raumgefüge folgte mit Hauszugang von der Traufe, dem Hausplatz mit Treppe zum Obergeschoß, der quadratischen Stube (4,5 × 4,7 m) in Ecklage und dahinter der Stubenkammer und Küche dem regionalen Typus eines Wohnstallhauses. Dies bestätigt auch die nach Norden anschließende Zone mit Kammer und Stall.

Der zweite heutige Bauzustand wurde mit der Verbreiterung der Straßenfront von drei auf vier Achsen des Obergeschosses und der Überbauung der ursprünglich freien Hofzufahrt geschaffen. Dabei suchte man wieder eine in sich stimmige Raumaufteilung und Baugestalt in dem erweiterten Obergeschoß zu erhalten. Zu den drei Achsen des Erdgeschosses wird eine vierte, etwas breitere Achse hinzugefügt, jedoch mit den gleichen Fensterformaten ein einheitlicher Gesamteindruck erzielt. Der Querflur ist auch im Anbau verlängert und erschließt an der Straßenseite eine neue Raumfolge. Die bisherige Stube des Obergeschosses mit zwei Achsen, bildet einen mittleren Raum, begleitet von zwei seitlichen Kammern mit je einer Fensterachse. Eine ähnliche repräsentative Raumfolge ist auch im Obergeschoß des Ackerbürgerhauses Sesslach, Luitpoldstraße 31, Landkreis Coburg, zu finden, allerdings mit der erweiterten Achsfolge 1:3:1.

Man begnügte sich in Kleukheim nicht mit einem beliebigen seitlichen Anbau, wie bei dem Hausbeispiel Altenkunstadt nach 1900, sondern schuf eine neue Gesamtanlage durch Umgestaltung des Walmdaches an der Straßenfront. Die Symmetrie des neuen Daches wird auch durch das Dreieck der übereinander angeordneten Schleppgauben betont.

Für die Bauberatung ist das Haus in Kleukheim ein Beweis, daß Umbauten und Erweiterungen nicht zur Zerstörung einer ursprünglich anderen Grundkonzeption führen müssen, sondern bei angemessenem Planungseinsatz eine neue überzeugende Gesamtanlage ergeben können.

Oberküps

Nr. 28

Markt Ebensfeld, Landkreis Lichtenfels

Eingeschossiges Wohnstallhaus
Fachwerkbau des späten 17. Jahrhunderts
1808: »bebautes Gut«
1987: Instandsetzung

Zur Siedlung

Nordöstlich von Kleukheim, in einem Taleinschnitt des Fränkischen Jura gelegen, gehörte Oberküps im hohen Mittelalter zu den Obermainbesitzungen der Andechs-Meranier. Im 13. Jahrhundert kamen ihre Besitzungen in »Chubitz« an das Kloster Langheim. Weitere Grundherren waren in späterer Zeit das Hochstift bzw. das Domkapitel, das Kollegiatsstift St. Stephan, das Seelhaus zu Bamberg und die von Egloffstein. Das unregelmäßige Straßendorf, das möglicherweise aus einem älteren Kern um die Kirche hervorging, umfaßte 1813 35 Anwesen mit 167 Einwohnern. Die Bevölkerung setzte sich neben einer geringeren Zahl von Häuslern und Kleinbauern überwiegend aus wohlhabenden Vollbauern zusammen.

Zur Hofgeschichte

Zu Beginn des 19. Jahrhunderts gehörte der Hof dem Bauern Peter Wohlleben, der ihn 1805 aus der elterlichen Teilung für 1250 Gulden übernommen hatte. Wahrscheinlich aus wirtschaftlichen Gründen erfolgte 1845 die Zertrümmerung des Gutes. Bei der Versteigerung des Anwesens erwarb der Maurergeselle Josef Hümmer das Wohnhaus mit Stall, Hofreit, Gras- und Baumgarten, insgesamt 0,26 Tagwerk, um 400 Gulden. Anhand der Ausbrüche an Wiesen und Äckern, die von anderen Hofbesitzern des Ortes erworben wurden, läßt sich die einstige Hofgröße mit 20 Tagwerk ermitteln. Es war somit eines der kleineren Bauernanwesen im Ort.

Lageplan 1848.

Straßenansicht.

Dem entspricht auch das äußere Erscheinungsbild des kleinen Fachwerkbaues. Sein straßenseitiger Giebel zeichnet sich allerdings durch reicheres Schmuckfachwerk aus. Im Erdgeschoß ist der Brüstungsbereich unterhalb der Fenster in quadratische Felder geteilt, die mit Andreaskreuzen ausgezimmert sind. Ebenso sind die schmalen Wandzonen neben den Fenstern verziert. Das Giebeldreieck zeigt unterhalb der Fensterreihen eine durchgehende Gefachauszimmerung mit abwechselnd geraden und geschweiften, durchkreuzten Rauten. Die Traufseiten und der rückwärtige Giebel sind einfacher gearbeitet, mit Verbänden von K-Streben und einer zum Wohnbereich versetzt angeordneten, zweifachen Verriegelung.

Obwohl nur ein Kleinbauernhaus, zeigt das Gebäude im Inneren dennoch die dreizonige Grundrißlösung eines größeren Wohnstallhauses. Der Wohnbereich umfaßt Stube, Küche, Kammer und obere Giebelkammer, wobei die Stube als besondere Ausstattung eine Bohlenbalkendecke aufweist. Die Küche besaß bis 1910 den alten deutschen Kamin, der in diesem Jahr durch einen schmäleren russischen ersetzt wurde. Der kleine Stall ist noch mit einer Balkendecke ausgestattet.

Das Haus ist in seinem Grundriß nahezu unverändert. In neuerer Zeit wurde lediglich die innere Stallwand massiv ausgemauert, ebenso die Außenwand von Küche und Kammer. Auch die unteren Gefachzonen, die mit Lehmflechtwerk versehen waren, wurden zum Teil mit Ziegeln ausgemauert.

Nach 1987 wurde das Gebäude einer Sanierung unterzogen, bei der die bestehende Raumaufteilung übernommen wurde. Die Ausfachung wurde wieder in Lehmflechtwerk erstellt.

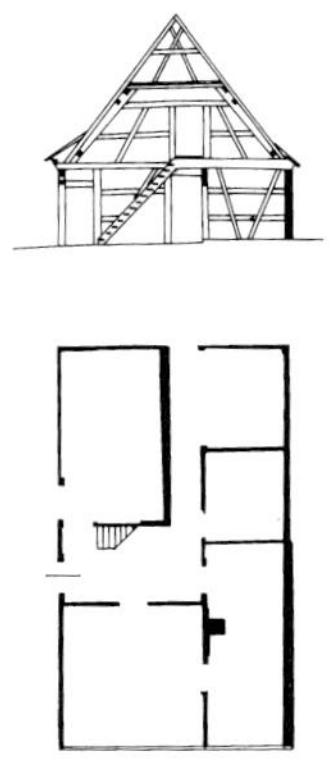

Ort	
Oberküps, Nr. 28	
Gebäude	
Gebäudeart	Wohnstallhaus
Wandkonstruktion	Fachwerk/Ziegel
Geschoßzahl	1 + Dach
Geschoßhöhe	2,8 m
Grundfläche (B × L)	105 qm (7,8 × 13,4 m)
Umbauter Raum	
Vollgeschoß	290 cbm
Dachgeschoß	250 cbm
Dach	
Dachart	Satteldach
Dachneigung	53°
Dachdeckung	Rinnenziegel, nun Falzziegel
Dachüberstand	
Erschließung	
Hauseingang Lage	Traufseite
Flur Lage	Querflur
Grundfläche (B × L)	11 qm (2,4 × 4,6 m)
Treppe Art	einläufig
Laufbreite	60 cm
Steigungsverhältnis	20,0/18,8 cm, 47°
Stube	
Lage	Südwestecke
Grundfläche (B × L)	21,2 qm (4,6 × 4,6 m)
Fensterzahl	4
Fensteröffnung (B × H)	85 × 90 cm
Belichtungsfaktor Fensteröffnung: Grundfläche	1 : 6,9
Stubenofen	Hinterlader
Küche	
Lage	Flurende
Grundfläche (B × L)	6,5 qm (2,5 × 2,6 m)

Gebäudemerkmale für Bauberatung

Das Wohnstallhaus steht am Straßenrand seines schmalen, von Süden nach Norden entwickelten Grundstücks und wird von der westlichen Traufseite her erschlossen. Der rechteckige Baukörper von 7,8 m Breite und 13,4 m Länge trägt ein 53° geneigtes Satteldach. Der Hauseingang auf der westlichen Traufseite führt in einen 2,4 m breiten Flur, in dem auch die einläufige Treppe in das Dachgeschoß hinaufsteigt. Nach Süden folgt die quadratische Stube (4,6 × 4,6 m). Sie wird über Eck von je zwei Fenstern der West- und Südseite belichtet und kann die Hofzufahrt überwachen.

Der Grundriß ist neben dem Querflur durch eine Längswand geprägt, die ihn vom Südgiebel bis über die Mitte des Gebäudes in eine breitere Raumzone von Stube und Flur und in eine schmälere Zone mit Stubenkammer, Küche und Küchenkammer teilt. Im Nordteil des Hauses steht ihr eine andere Längswand gegenüber, die in der Mitte des Grundrisses aufgemauert ist und bis zum Querflur reicht. Durch die Überschiebung der beiden Längswände wird in der Mitte des Hauses ein schmaler Längsflur zwischen Hausplatz und Stall gebildet.

Ein wichtiges Element für den einfachen Grundriß stellt die einläufige Treppe dar, deren Steigung mit 47° den in den heutigen Landesbauverordnungen festgelegten maximalen Winkel von 45° überschreitet.

Das Fachwerk des Südgiebels prägt die Erscheinung des Hauses. Den drei gleich großen, mit seitlichen Klappläden gesicherten Fenstern des Erdgeschosses entsprechen auch die klaren Fachwerkfelder mit geschoßhohen Ständern und den durchgehenden Brustriegeln. Die Fenster scheinen direkt an die Geschoßdecke anzuschließen, da der Sturzriegel mit dem Traufbalken und den Deckenbalken zu einer waagrechten Lage von drei Schichten zusammengefaßt ist. Diese dreifache Lage wird auch an der Traufseite unverändert weitergeführt und verleiht dem Haus eine großzügige Geschlossenheit. Im Giebeldreieck sind zwei einflügelige Fenster eingesetzt, deren Lage auf die Symmetrieachse des Firstes ausgerichtet ist.

Die reichen Fachwerkfüllungen der Felder mit Andreaskreuzen und durchkreuzten Rauten sollen nicht übersehen lassen, daß sie in ein klares Konstruktionsgefüge eingesetzt sind, das sich bis in die Raumaufteilung des Grundrisses hinein logisch fortsetzt.

Außenansicht von Südwesten zur Zeit der Untersuchung im August 1989.

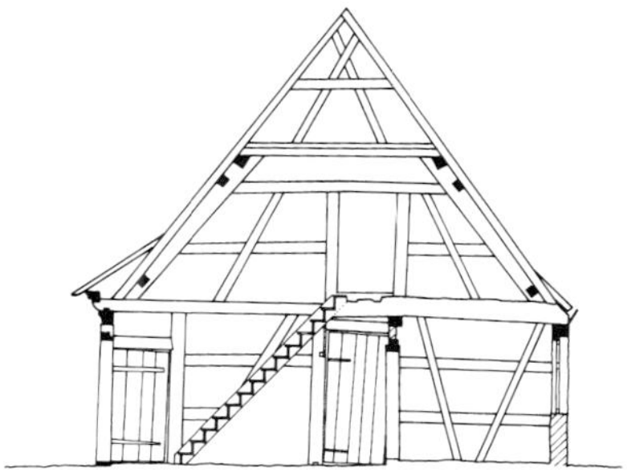

Querschnitt.

Detail der Giebelwand.

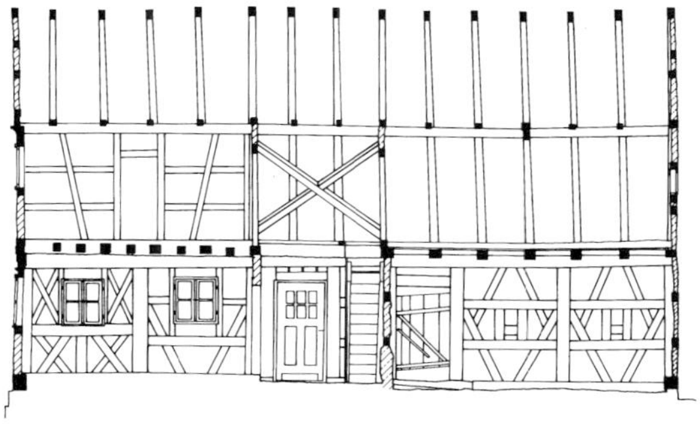

Längsschnitt.

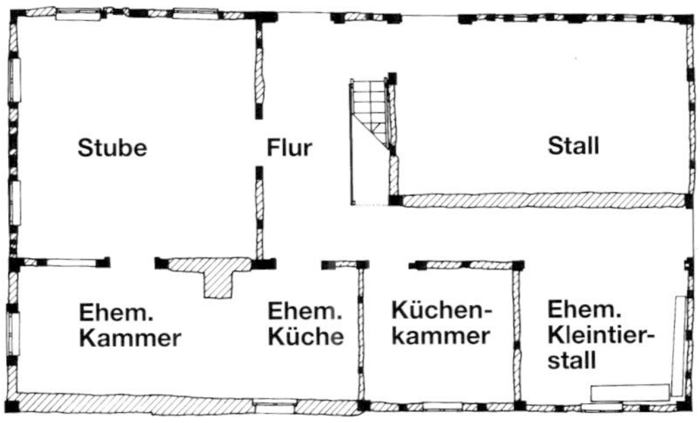

Erdgeschoß.

Unterzettlitz

Dorfplatz 1

Stadt Staffelstein, Landkreis Lichtenfels

Vierseitanlage
Fachwerkbau Mitte 18. Jahrhundert
1818: »Schmutzersgut«

Zur Siedlung

Der südlich von Staffelstein am Main gelegene Ort gehört aufgrund der slawischen Herkunft seines Namens zu den schon in karolingischer Zeit bestehenden Orten. Im 12. Jahrhundert besaß das Domstift die Villikation zu Staffelstein, zu der auch die »villa Zetlitz« gehörte. Bis 1803 gehörte das Dorf zum Domkapitelschen Amt Staffelstein, das als Grundherr von 23 der 26 Gehöfte auch die Dorf- und Gemeindeherrschaft innehatte.
Noch bis in die Mitte dieses Jahrhunderts war der Ort, der sich nur unwesentlich vergrößert hat, ein reines Bauerndorf. An den älteren, unregelmäßigen Kern des geschlossenen Dorfes, der auch den Dorfplatz aufnimmt, schließt sich gegen Südosten eine straßendorfartige Erweiterung an.

Zur Hofgeschichte

Abgesehen von einem bestehenden Tropfhaus, waren die Anwesen im Unterzettlitz durchwegs mittlere bis größere Höfe. Mit knapp 41 Tagwerk gehörte das »Schmutzersgut« dabei zu den fünf großen Gütern. Besitzer war Mitte des 19. Jahrhunderts Georg Meixner, der aus dem »Meixnerhof« im Ort stammte. Den Hof hatte aber seine Frau, eine geborene Lieb, mit in die Ehe gebracht, die ihn 1810 von ihren Eltern geerbt hatte. Noch heute befindet er sich im Besitz der Familie.
Das Anwesen ist eine der stattlichsten Vierseitanlagen am Obermainbogen. Es entstand in dieser Form

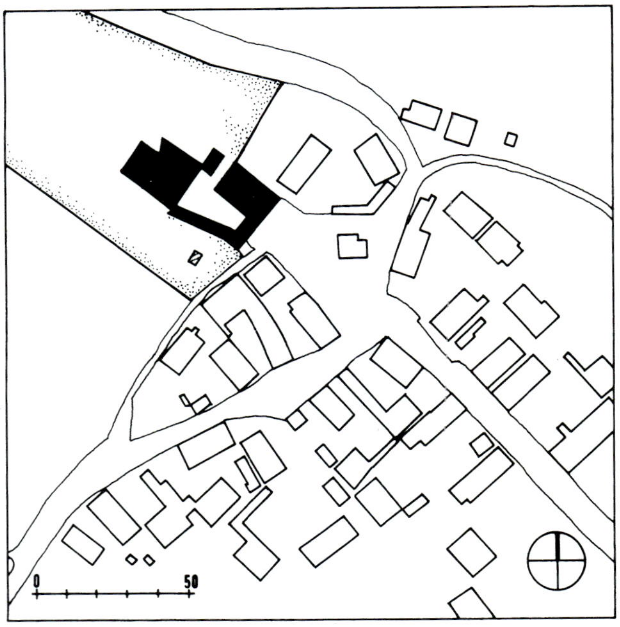

Lageplan 1855.

in der Mitte des 18. Jahrhunderts. Der Hof war zugleich die einzige Schenkstätte am Ort. Wohnhaus, Nebenhaus und der einen Tanzsaal aufnehmende Verbindungsbau über der Durchfahrt gruppieren sich in U-Form um die dahinterliegende Hoffläche. Zum Dorfplatz davor bildet sich jedoch eine repräsentative, durchgehende Front zu acht Achsen.
Das mit einem Vollwalmdach versehene Wohnstallhaus nimmt dabei den Nordostflügel ein. An der Fassade zeichnen sich die Stuben in beiden Geschossen durch die etwas engeren Wand- und Fensterachsen gegenüber den Kammern ab. Das nüchterne, konstruktive Erdgeschoßfachwerk geht auf eine frühere Auswechslung um 1800 zurück. Es entsprach, wie der Vergleich mit dem Nebenhaus zeigt, ursprünglich der reicheren Form im oberen Stock.
Die Wandzonen sind hier zwischen den Ständern weitgehend gleichmäßig gereiht, der mit Andreaskreuzen verzierte Brüstungsbereich unterhalb der Fenster läuft bis zu Saalbau und Nebenhaus durch. Dadurch wirkt die Fassade insgesamt optisch zusammengeschlossen. Die rückwärtigen Seiten von Wohnstallhaus und Nebengebäuden weisen durchwegs einfacheres Fachwerk auf.
In der Vielzahl der Zimmer und ihrer großzügigen Bemessung zeigt sich auch im Inneren des Wohnstallhauses die Wohlhabenheit der Besitzer. Trotz der Größe des Gebäudes folgt die Anordnung der Räume der Einteilung eines queraufgeschlossenen Bauernhauses. Der Wohnbereich umfaßt im Erdgeschoß eine große Stube, mit Nebenkammer und Küche. Diese ist mit der angrenzenden Küchenkammer direkt vom Hausplatz zugänglich. Ein davon abgehender Längsgang, an dem eine weitere Kammer liegt, führt zum Stall. Das Obergeschoß weist einen entsprechenden Grundriß auf, hier reihen sich entlang des mittigen Längsganges weitere Kammern auf. Der Grundriß ist noch heute in dieser Einteilung erhalten. Nur der Stall wurde 1934 mit preußischen Kappen eingewölbt, die Außenwände wurden dabei bis hin zur Küche massiv ausgemauert.
Dem Bauernhaus gegenüber liegt das etwas kleinere und niedrigere Nebenhaus. Ein hier im Sockel verbauter Sandsteinquader mit der Jahreszahl 1552 verweist auf einen abgebrochenen Vorgänger. Im Nebenhaus war früher die Schenkstätte eingerichtet. Der zugehörige Tanzsaal, mit abgetrennter offener Galerie zum Hof, legt sich als Verbindungstrakt über die breite Hofeinfahrt.
Er war über das Nebenhaus zugänglich, das im Erdgeschoß für den Altenteil eine großzügige Wohneinheit mit Stube, Schlafkammer und Küche sowie zwei weiteren Räumen aufnahm. Im Obergeschoß lag der Schankraum mit einer eigenen Küche. Er diente zugleich als Musikantenzimmer für Veranstaltungen im großen, von hier auch zugänglichen Saal. Den südlichen und westlichen Abschluß des Gehöfts bilden ein langgestreckter Schweinestall und die große zweitorige, queraufgeschlossene Scheune.

Östliche Hauptfassade mit Einfahrt und darüberliegendem Tanzsaal.

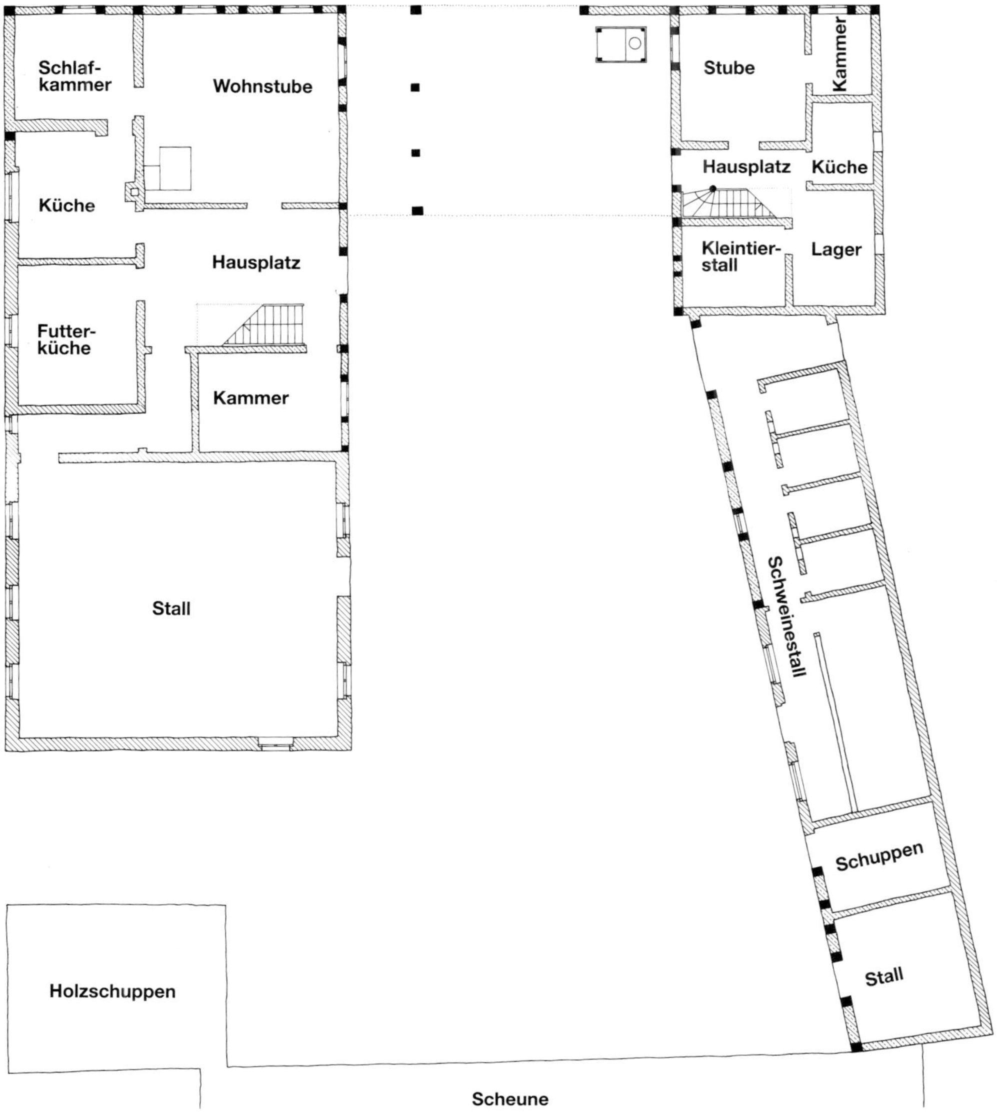

Erdgeschoß.

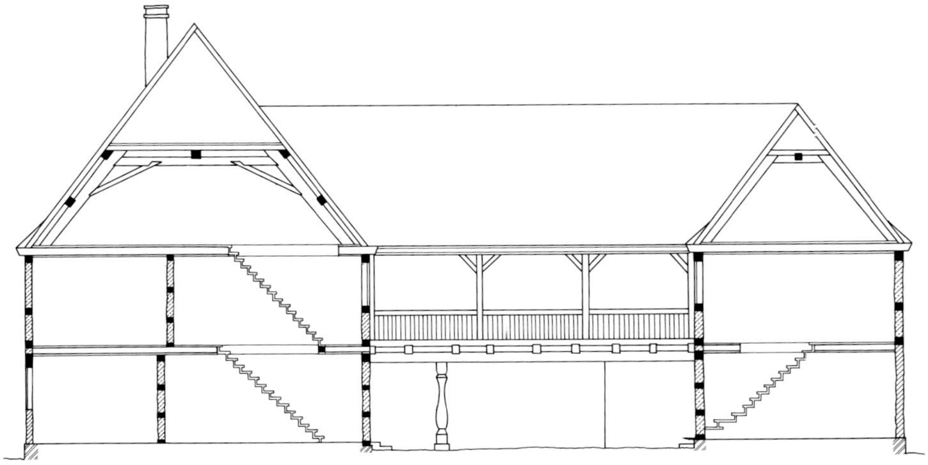

Querschnitt durch die Hofanlage.

Ansicht des Wohnstallhauses von Südosten.

Ansicht des Wohnstallhauses von Südwesten.

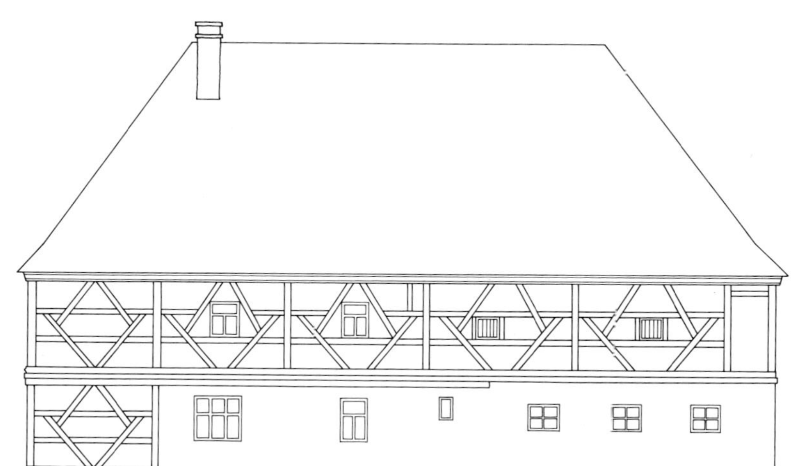

Ansicht des Wohnstallhauses von Nordosten.

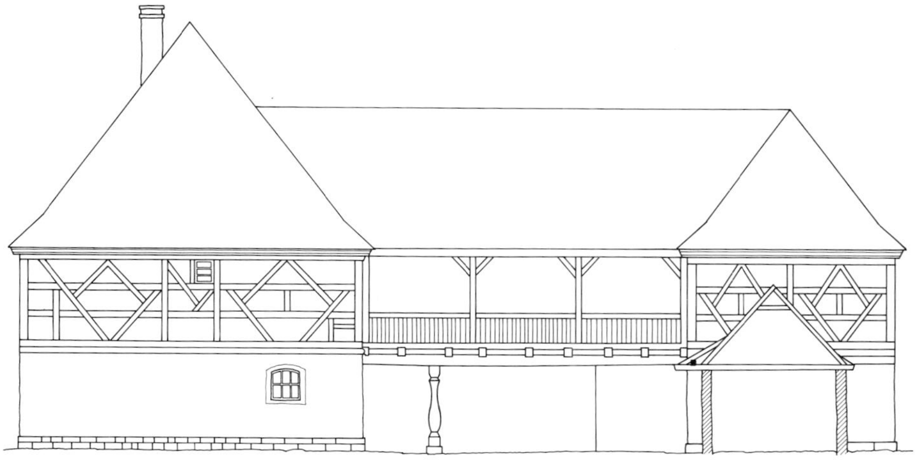

Ansicht des Wohnstallhauses von Nordwesten.

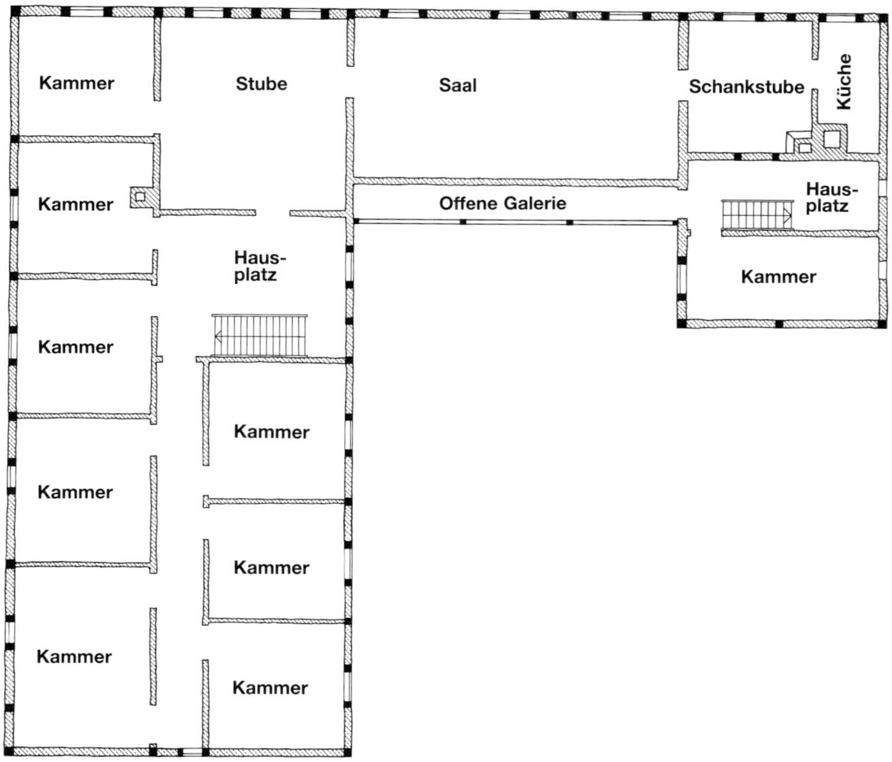

Wohnstallhaus Obergeschoß mit Torgebäude.

Straßenseite vor der Sanierung.

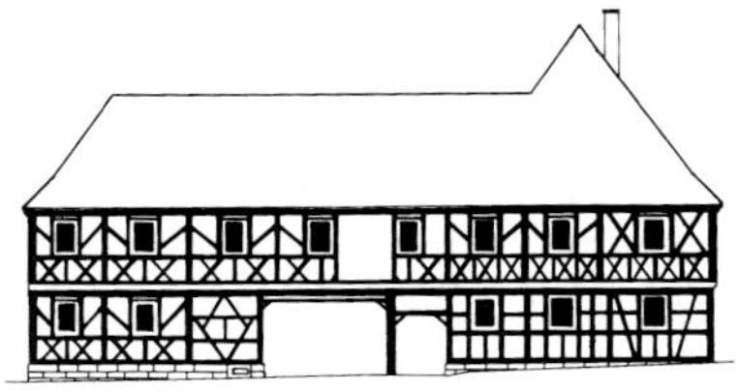

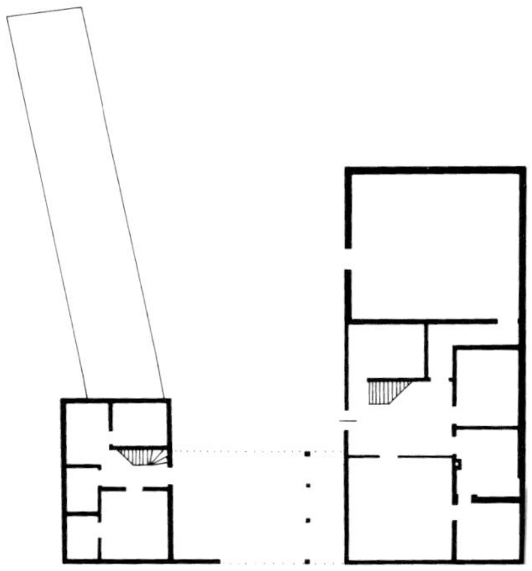

Ort	
Unterzettlitz, Dorfplatz 1	
Gebäude	
Gebäudeart	Wohnstallhaus
Wandkonstruktion	Fachwerk/Ziegel
Geschoßzahl	2 + Dach
Geschoßhöhe	2,65 m
Grundfläche (B × L)	282 qm (9,2 × 20,1 m + 5,7 × 8,6 m + 5,6 × 8,5 m)
Umbauter Raum	
Vollgeschosse	1490 cbm
Dachgeschoß	610 cbm
Dach	
Dachart	Walmdach
Dachneigung	53°
Dachdeckung	Rinnenziegel und Falzziegel
Dachüberstand	35 cm (Giebelseite)
Erschließung	
Hauseingang Lage	Traufseite
Flur Lage	Querflur
Grundfläche (B × L)	19,2 qm (3,7 × 5,2 m)
Treppe Art	einläufig
Laufbreite	100 cm
Steigungsverhältnis	17,6/19 cm, 43°
Stube	
Lage	Südecke
Grundfläche (B × L)	26,5 qm (5,1 × 5,2 m)
Fensterzahl	3
Fensteröffnung (B × H)	80 × 115 cm
Belichtungsfaktor Fensteröffnung: Grundfläche	1 : 9,6
Stubenofen	Hinterlader von Küche

Gebäudemerkmale für Bauberatung
Wohnstallhaus

Der Vierseithof ist an der Straßenfront auf die östliche Grenze seiner Hofstelle gesetzt. Das Wohnstallhaus und ein westliches Nebengebäude sind in der Bauanlage durch Überbauung der Hofzufahrt im Obergeschoß zu einer Gesamtkomposition zusammengefaßt. Im Norden wird der Hof durch eine quergestellte Scheune abgeschlossen. Die vor allem im Obergeschoß weiträumige Straßenfront ist aus der zusätzlichen Nutzung des Hofes als Schankwirtschaft mit Tanzsaal zu erklären. Betrachtet man die vielgliedrige Gesamtanlage näher, so zeichnen sich im Grundriß mehrere Teile ab, die in sich selbständige Bausteine des Ganzen bilden.

Das Wohnstallhaus ist als Rechteck von 9,2 m Breite und 20,1 m Länge vom Innenhof her erschlossen. Der breite Querflur mit der einläufigen Treppe zum Obergeschoß führt im Süden zu der großen, quadratischen Stube (5,1 × 5,2 m), die mit zwei Fensterachsen der Südfront auf die Straße blickt. Eine in den Grundriß asymmetrisch eingesetzte Längswand teilt das Haus in eine breitere Zone von Stube und Hausplatz und einen schmalen Raumbereich von Stubenkammer (Schlafkammer), Küche und Futterküche ab. Im Nordteil nimmt der Stall die ganze Hausbreite ein.

Dieses dem regionalen Typus folgende Raumgefüge wird kombiniert mit dem die Hofeinfahrt im Obergeschoß überbrückenden Saal. Dieser wird jedoch vom gegenüberliegenden Nebengebäude aus über eine Treppe erschlossen. Dieses Nebengebäude bildet den westlichen Kopfbau der Vierseitanlage. Für sich gesehen, ist es ein quererschlossenes Kleinhaus mit quadratischer Stube für die Altenteilwohnung. Der unter der Tordurchfahrt erschlossene Flur dient auch als Zugang für den Saal und die hofseitige Galerie über der Tordurchfahrt.

Die drei Gebäudeteile entlang der Straße, die Schmalseite des Wohnstallhauses, die Tordurchfahrt mit dem Tanzsaal und das Nebengebäude werden von einem gemeinsamen Walmdach zusammengefaßt. Die auf allen vier Seiten gleiche Dachneigung von 53° weist auf eine bewußte Gestaltungsabsicht hin, ein großes einheitliches Bauwerk aus den unterschiedlichen Einzelteilen herzustellen und mit einer Fassade von acht Fensterachsen den Dorfplatz zu prägen.

Küche	
Lage	Flurende
Grundfläche (B × L)	10,5 qm (3,1 × 3,4 m)

Westlicher Hofabschluß mit großer Scheune.

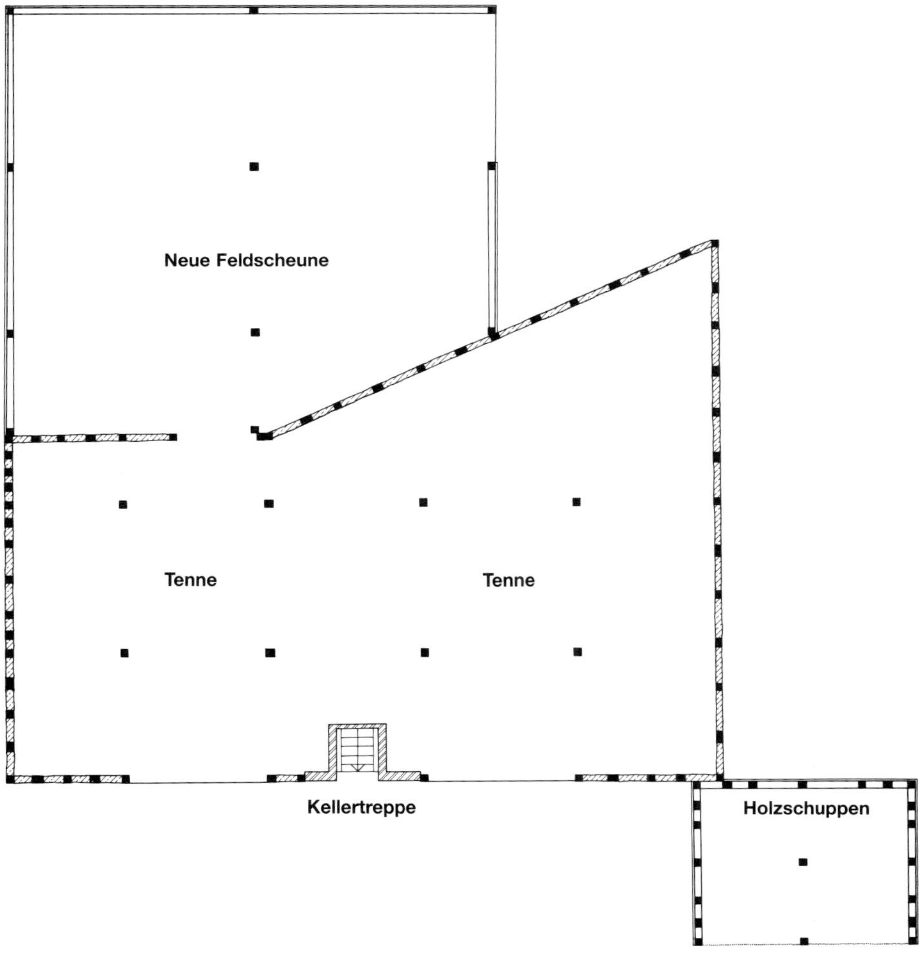

Erdgeschoß.

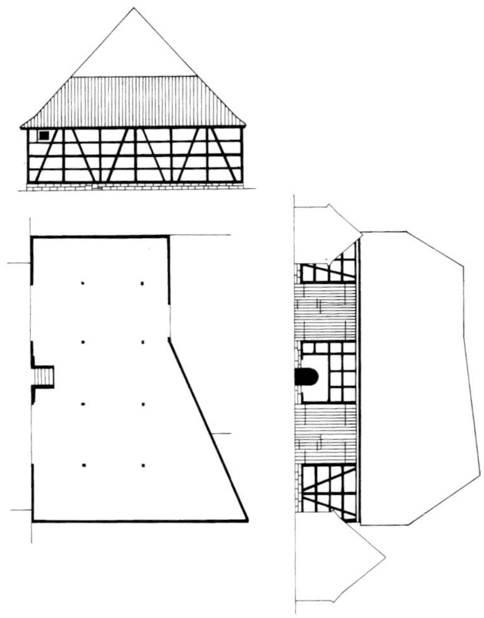

Ort	
Unterzettlitz, Dorfplatz 1	
Gebäude	
Gebäudeart	Scheune
Wandkonstruktion	Fachwerk/Naturstein
Geschoßzahl	1 + Dach
Geschoßhöhe	4,2 m
Grundfläche (B × L)	209 qm (9,3/14,5 × 19,1 m)
Umbauter Raum	
Vollgeschoß	880 cbm
Dachgeschoß	640 cbm
Dach	
Dachart	Halbwalmdach
Dachneigung	55°
Dachdeckung	Falzziegel
Dachüberstand	20 cm (Giebelseite)
Erschließung	
Tor (B × H)	370 × 400 cm

Gebäudemerkmale für Bauberatung
Scheune

Den großen Hofraum schließt im Norden eine querstehende Scheune mit einem Halbwalmdach ab. Bei einer Länge von 19,1 m weist sie unterschiedliche Giebelbreiten auf, im Westen 9,3 und im Osten 14,5 m. Damit entstehen auch bei symmetrischer Firstanordnung unterschiedliche Dachneigungen, am Westgiebel von 55°, am Ostgiebel von 48°. Die Traufhöhe bleibt gleich, der First steigt nach Osten hin an.

Der Grundriß ist in fünf Zonen geteilt, im Wechsel von Lagerfläche – Tenne – Lagerfläche – Tenne – Lagerfläche. Zum Hof nach Süden hin bilden die zweiflügeligen Tore wichtige Gestaltmerkmale. Sie nehmen die Höhe der ganzen Wand bis zum Traufbalken ein und vermitteln so den Eindruck einer besonders großzügigen Gestaltung. Zum Hof hin nach Süden wird die Symmetrie zwischen den Tennentoren noch betont durch die im Mittelfeld axial eingesetzte Rundbogentüre für den Kellerabgang. Das Fachwerk ist auf die notwendige Tragkonstruktion mit weit auseinandergezogenen Ständern und wandhohen Streben konzentriert.

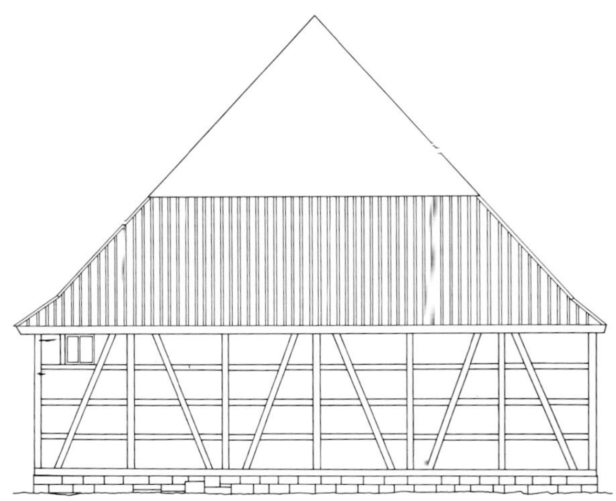

Ansicht der Scheune von Nordosten.

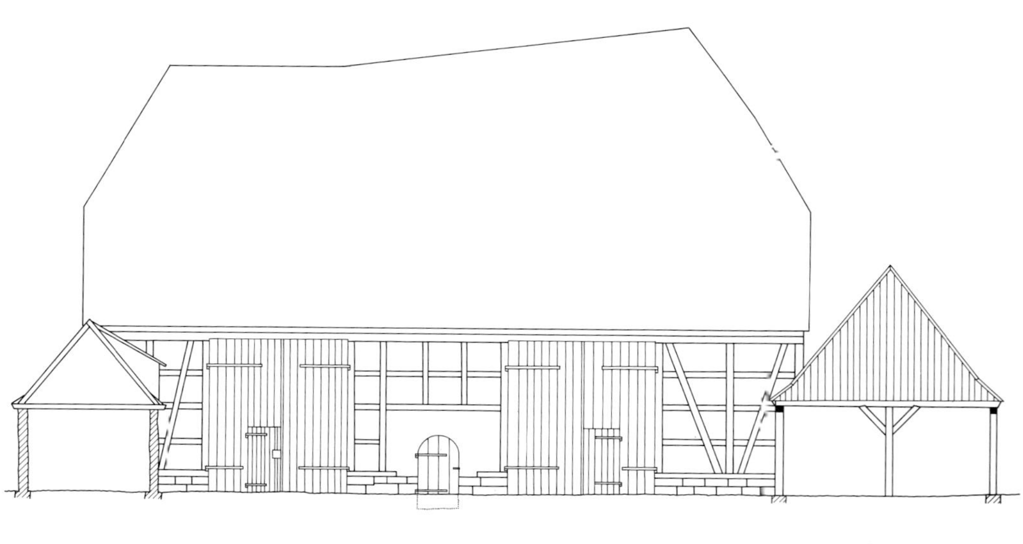

Ansicht der Scheune von Südosten.

Bergnersreuth

Wunsiedler Straße 12

Stadt Arzberg, Landkreis Wunsiedel

Bauerngehöft zu Beginn des 20. Jahrhunderts
Zweigeschossiges Wohnstallhaus von 1921
1994: Volkskundliches Gerätemuseum

Zur Siedlung

Der Ort Bergnersreuth liegt zwischen Thiersheim und Arzberg. Entstanden um 1100 als Rodung des Grafen Berengar von Sulzbach, wurde der Weiler 1386 als »Peringersreuth« genannt. Bereits um 1499 dürfte es zum Rittergut Röthenbach gehört haben. 1712 bestand das Dorf aus drei Ganzen, neun Halben und zwei Viertelshöfen sowie zwei Tropfhäuschen. In der Mitte des 18. Jahrhunderts existierten zehn Drittelshöfe, vier Sechstelhöfe, ein Halber und zwei Viertelshöfe, ein Güthlein und neun Tropfhäuser. Die Tropfhäuser dienten vermutlich den Tagelöhnern zum Rittergut als Behausung. Im Jahre 1843 löste sich Bergnersreuth von Röthenbach. Im 19. Jahrhundert war die Bevölkerung Bergnersreuths von zwei Schichten geprägt. Einer Gruppe von Bauern mit Besitzungen von einer Tagwerksgröße zwischen 20 und 40 Tagwerk stand eine Gruppe von Webern und Tagelöhnern mit kleinen Besitzungen, die zumeist unter einem Tagwerk lagen, gegenüber.

Zur Hofgeschichte

Das Anwesen Wunsiedler Straße 12 setzt sich aus den ehemaligen Höfen Haus Nr. 16 und Haus Nr. 17 zusammen. Der ehemals »Halbe Hof« Nr. 17 mit 34,14 Tagwerk war seit dem 18. Jahrhundert im Besitz der Familie Küspert. Das Haus Nr. 16 gehörte 1794 Johann Walther aus Bergnersreuth und hatte im 19. Jahrhundert eine Wirtschaftsfläche von 8,86 Tagwerk. Unter wechselnden Besitzern gelangte es

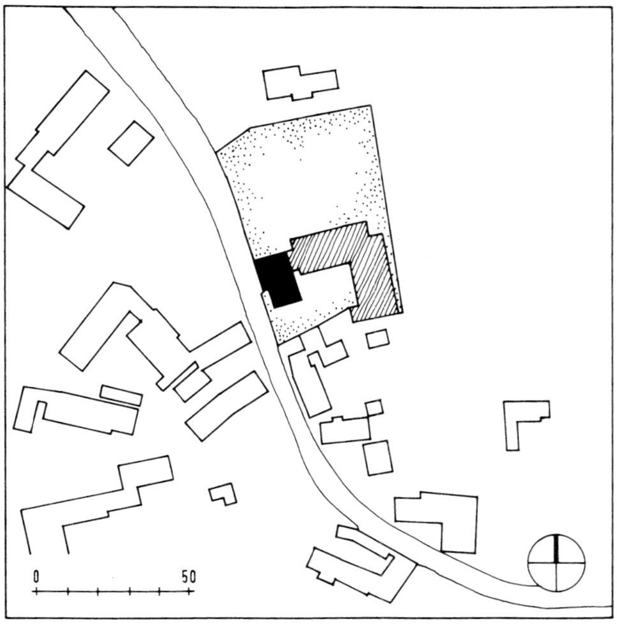

Lageplan 1986.

Wohnstallhaus nach Sanierung von Süden.

schließlich 1883 in den Besitz von Johann Küspert. 1891 ging der große Hof nach dem Tod Johann Küsperts an seine Witwe Katharina und deren drei Kinder über. Ein Jahr später erwarb Katharina Küspert das Anwesen für 16 574 M. zum alleinigen Besitz. 1908 übernahm Christoph Küspert den Hof von seinem Stiefvater Simon Wunderlich und baute im gleichen Jahr eine Scheune. Das Wohnhaus Nr. 16 mit Frackdach wurde 1921 durch einen Neubau ersetzt.

Im Jahre 1938 wurde das Haus Nr. 17 abgerissen, da ein Viehstall mit Scheune und Futterboden erbaut wurde. Bis zum Stallneubau hatte ein Verbindungsgang zwischen beiden Häusern bestanden. Nach 1945 wurden die Räume im ersten Stock mit Ausnahme der Stube und zweier Schlafzimmer vermietet.

Seit 1980 befindet sich der Hofkomplex im Besitz der Stadt Arzberg. Heute beherbergt der ehemalige Bauernhof das »Volkskundliche Gerätemuseum Bergnersreuth«.

Das Bauerngehöft aus dem ersten Drittel des 20. Jahrhunderts ist in seiner Gesamtheit als bäuerliche Hofanlage noch heute erhalten. Es setzt sich aus Wohnhaus (1921), Stallscheunengebäude (1938) und Scheune (1908) zusammen. Der im Wohnhaus befindliche Stall stammt aus dem Vorgängerbau und ist somit wesentlich älter als der Wohnteil.

Das zweigeschossige massive Wohngebäude mit schiefergedecktem Walmdach, das durch Fledermausgauben hervorgehoben wird, steht zur Straße hin. Es zeichnet sich zudem durch die architektonische Gliederung mit profilierten Fensterumrahmungen, der mit der Jahreszahl 1921 bezeichneten, plastisch durchgegliederten Türeinfassung und der differenzierenden Putzgestaltung in Erd- und Obergeschoß aus. Erwähnenswert ist die gut erhaltene, farbig fein differenzierte Schablonenmalerei an mehreren Wänden und Fußböden von Flur und Zimmern des Obergeschosses.

Mit dem Neubau des Wohnbereichs wurde die Hauptrichtung des Gebäudes um 90 Grad gedreht.

Da der alte Wohnteil abgerissen wurde, der alte Stall jedoch stehen blieb, setzte man Stützpfeiler an die Wand, die ursprünglich zwischen altem Stall und Wohnhaus bestanden hatte.
Im Wohnteil gruppieren sich um den quadratischen Hausplatz mit viertelgewendelter Treppe ins Obergeschoß an zwei Seiten ein Zimmer, die Küche und die Speise mit angegliederter Kammer. Der Zugang vom Hausplatz in den kreuzgewölbten Stall erfolgt durch die ehemalige äußere Stalltür. Er wurde überbaut und ist zweischiffig mit vier Jochen. An den Stall schließt nach hinten der Keller an.

Im rechten Winkel grenzt an das Wohnstallhaus, durch einen kleinen Zwischenbau abgetrennt, das 1938 erbaute Stallscheunengebäude an. Das Obergeschoß dieses neuen Stalls diente zur Futteraufbewahrung. Von zwei Luken in der Stalldecke wurde der in der Mitte angelegte Futtergang beschickt.
Gegen Osten wird die Anlage durch ein mächtiges, mit der Jahreszahl 1908 bezeichnetes, zweigeschossiges Scheunengebäude geschlossen. Die Scheune zeigt Stehgauben, die mit Laubsägearbeit verziert sind. Gegliedert ist die Scheune in Keller, Erdgeschoß, 1. und 2. Obergeschoß und einen Spitzboden.

Längsschnitt.

Stall nach Sanierung von Süden.

Westseite der Scheune nach der Sanierung.

Ansicht von Süden.

Ansicht von Westen.

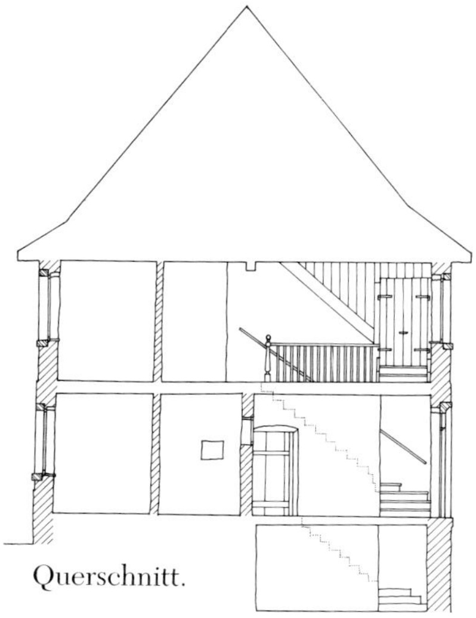

Querschnitt.

Querschnitt durch den Stall.

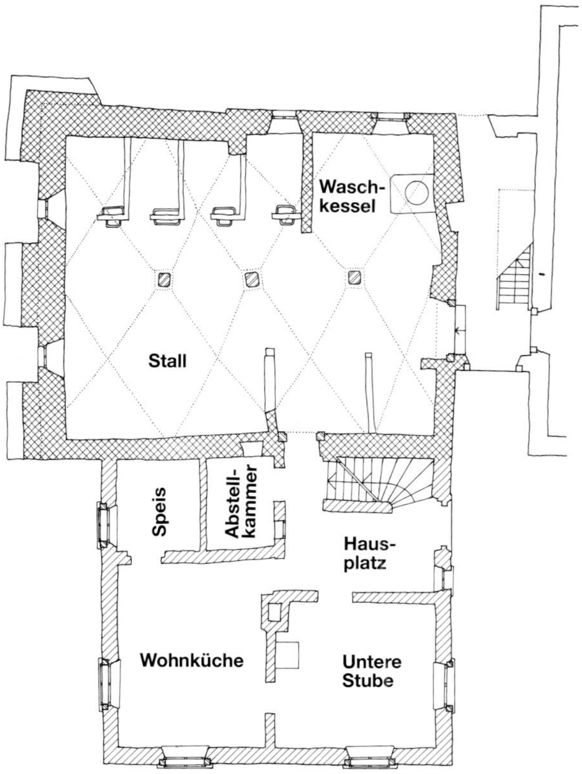

Erdgeschoß.

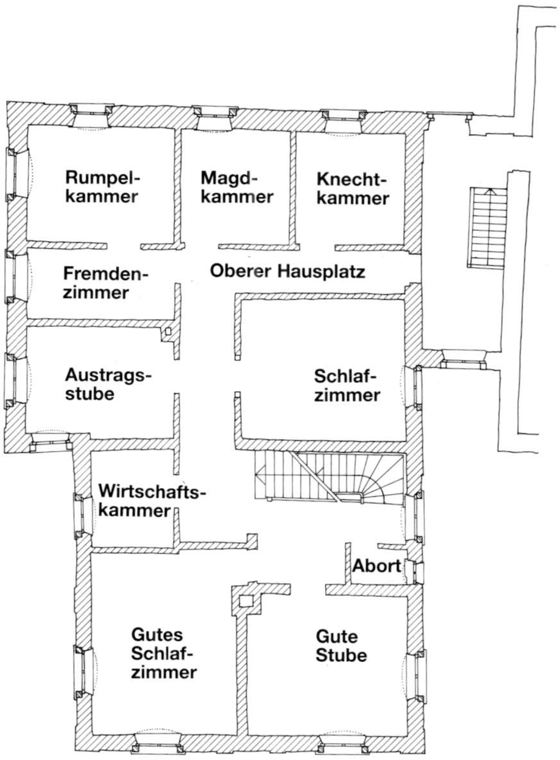

Obergeschoß.

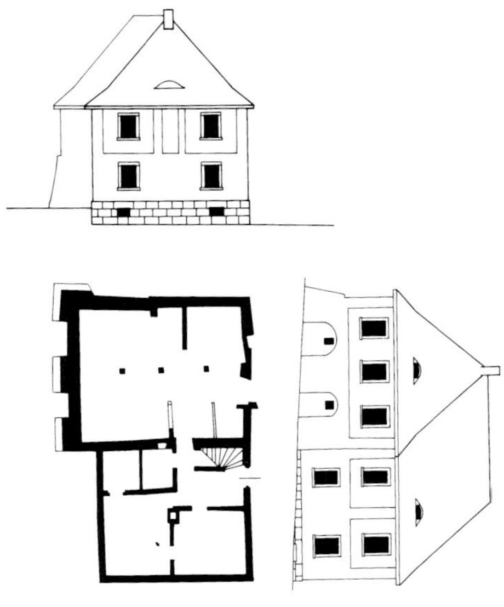

Ort	
Bergnersreuth, Wunsiedlerstraße 12	
Gebäude	
Gebäudeart	Wohnstallhaus
Wandkonstruktion	Ziegel/Naturstein
Geschoßzahl	2 + Dach
Geschoßhöhe	2,9 m
Grundfläche (B × L)	174,6 qm (9,1 × 11,1 m + 8,0 × 9,2 m)
Umbauter Raum	
Vollgeschosse	1000 cbm
Dachgeschoß	390 cbm
Dach	
Dachart	Walmdach
Dachneigung	50°
Dachdeckung	Schiefer
Dachüberstand	45 cm (Walmseite)
Erschließung	
Hauseingang Lage	Traufseite
Flur Lage	Querflur
Grundfläche (B × L)	14 qm (3,5 × 4,0 m)
Treppe Art	einläufig über Eck
Laufbreite	110 cm
Steigungsverhältnis	18/24 cm, 37°
Stube	
Lage	Südostecke
Grundfläche (B × L)	16,3 qm (3,8 × 4,3 m)
Fensterzahl	2
Fensteröffnung (B × H)	100 × 140 cm
Belichtungsfaktor Fensteröffnung: Grundfläche	1 : 5,8
Stubenofen	Stubenofen
Küche	
Lage	Flurende
Grundfläche (B × L)	19,2 qm (4,0 × 4,8 m)

Gebäudemerkmale für Bauberatung

Das repräsentative Wohnstallhaus des großen Anwesens ist in mehreren Bauabschnitten errichtet worden, zuletzt in weitgehender Umgestaltung 1921. Es bildet den westlichen Flügel des dreiseitig umbauten Hofes und steht unmittelbar an der Straße.

Das große Wohnstallhaus hat heute einen hakenförmigen Grundriß mit dem 11,1 m breiten Stallteil im Norden und dem 9,2 m breiten Wohnteil im Süden. Dieser neue Wohnteil wird von der Ostseite her durch einem Querflur mit Treppe betreten. Die Stube in der Ecklage nimmt grundsätzlich die regionalen Merkmale auf. Der Obergeschoßgrundriß zeigt jedoch mit dem unübersichtlich abgewinkelten oberen Hausplatz, welche Kompromisse dem Umbau im Anschluß an die übrigen Betriebsgebäude abverlangt waren.

Die großen senkrechten Fensterformate sind hell gestrichen und von Gewänden umrahmt. Ihre Gliederung wird im Obergeschoß durch farbig abgesetzte Felder betont und damit der Eindruck eines zusammenhängenden Gesamtbauwerkes vermittelt. Dieser Versuch eine Gesamtgestalt zu erreichen, wird auch durch die gleichen Dachneigungen von 50° bei allen Teilen des zusammengesetzten Walmdaches unterstrichen.

So sehr das Beispiel mehr einem landwirtschaftlichen Gutshaus gleicht, ist es doch ein Hinweis, wie verschiedene Bauabschnitte durch ein einheitlich gestaltetes Dach und klare große Fensterachsen zu einem Gesamtbauwerk zusammengefaßt werden können.

Bei 175 qm Grundfläche ergibt der Umrechnungsfaktor von 0,75 eine Wohnfläche von ca. 103 qm je Geschoß.

Fischern

Nr. 9

Gemeinde Schirnding, Landkreis Wunsiedel

Wohnstallhaus
Blockbau von 1658 (d)
1794: Erweiterung

Zur Siedlung

Das Zeilendorf Fischern liegt nordöstlich von Schirnding nahe der Grenze zur Tschechischen Republik am Egerfluß. Zum ersten Mal erwähnt wird der Ort als »Vischern« im Jahre 1300. In der Mitte des 19. Jahrhunderts bestand Fischern aus elf Wohngebäuden. Der Ort war bis auf den Wirtshof rein landwirtschaftlich geprägt. Die durchschnittliche Besitzgröße war mit 27 Tagwerk für die Verhältnisse im Fichtelgebirge eher gering.

Zur Hofgeschichte

Die Hofanlage besteht aus dem Wohnstallhaus, einer Scheune und einem Schupfen.

Aufgrund einer dendrochronologischen Untersuchung kann das Wohnstallhaus in das Jahr 1658 datiert werden. Eine größere Umbauphase fand 1794 statt, was sich ebenfalls durch dendrochronologische Ergebnisse und durch Inschriften J.N.K. 1794 (K. weist den Besitzer Küspert aus) an einem Pfeiler im Stall und am Sturz der Haustüre belegen läßt. 1855 gehörte das Anwesen dem Bauern Nikolaus Küspert, der 1846 den »Halben Hof« mit Wohnhaus, Backofen, Keller, Stallung, Stadel und weiteren Nebengebäuden übernommen hat. Mit 45,50 Tagwerk zählte der Hof zusammen mit dem »Halben Hof« Nr. 2 zu den beiden größten des Dorfes. Derzeit beginnt die Sanierung des Hauses.

Das eingeschossige, einraumtiefe Wohnstallhaus wird durch zwei Eingänge an der Hoftraufseite

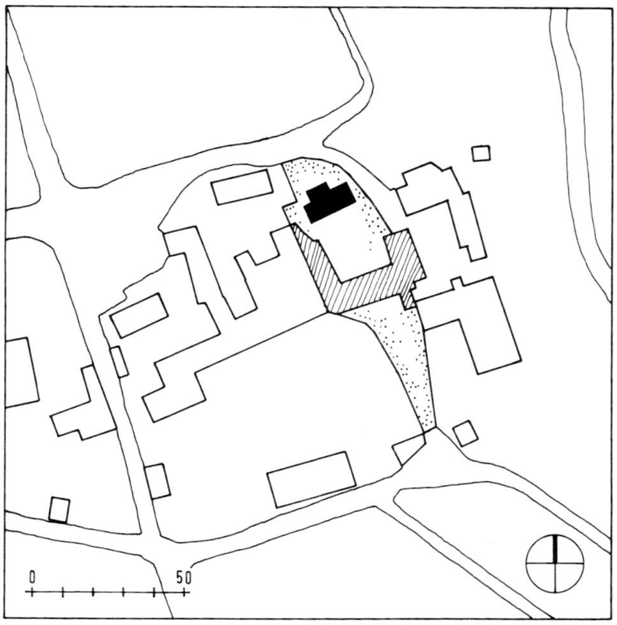

Lageplan.

Hoftraufseite.

erschlossen. Der ursprüngliche Blockbau, der im Wohnbereich noch erhalten ist, wurde auf einem Granitsteinsockel errichtet. Die Eckverbindungen der Blockwände sind einfache, gerade Schwalbenschwanz-Verbindungen. Der Blockbau zeigt eine vollflächige Verputzung. Stall- und Flurbereich sind mit Bruchstein massiv aufgemauert. Die traufständige Eingangsseite hat am Dachwerk über dem Wohnbereich einen Umschrot, der über die Blockwände der Stube hinausragt und auf die enge Verwandtschaft zum Bauernhaus im Egerland hinweist.

In der spätbarocken Umbauphase entstand die bemerkenswerte Granittürrahmung mit profiliertem Türstock, Oberlicht, Ohrung und Schlußstein. Die aufgedoppelte Tür ist quer teilbar, neben der Tür befindet sich ein Schlupfloch aus Granit für den Hund. Auch Flur- und Stallzone wurden in dieser Zeit etwas verbreitert. Um den Vorsprung zu überdachen, wurden die Dachsparren der südlichen Traufe auf der Höhe des Kehlbalkens abgesägt und mit einem langen Aufschiebling zur neuen Traufe hin ergänzt. Äußerlich ist diese Maßnahme am Knick des Daches zu erkennen. Das Dachwerk, das im 18. Jahrhundert leicht verändert wurde, zeigt ein einfaches Kehlbalkendach mit einem mittleren Unterzug über einer Stützenreihe unter den Kehlbalken. Die Deckung bestand ehemals aus genuteten Schindeln, heute aus Blechbahnen.

Im Grundriß liegen hintereinander die Stube, im Mittelteil der gemauerte Flur und die Schwarze Küche und abschließend der Stall. Bis zum späten 18. Jahrhundert war die Stube ein großer Raum, der die gesamte Breite der Giebelseite einnahm. Die Blockwände waren zwischen den Balkenlagen ausgefugt und die gesamte Wandfläche wie auch die Bohlenbalkendecke mit Kalkschlämme weiß gefaßt. In der zweiten Hälfte des 19. Jahrhunderts wurde die große Stube mit einem einfachen Bretterverschlag geteilt. Diese Teilung hing wohl mit der Verlegung der Kochstelle aus der Schwarzen Küche in die Stube zusammen. Der Hinterladerofen der Stube wurde durch einen neuen Vorderladerofen ersetzt. Die Bohlenbalkendecke wurde mit einer ocker-schwarzen, maserierten Fassung überzogen. Die fensterlose Küche ist heute leicht überformt. Das Tonnenge-

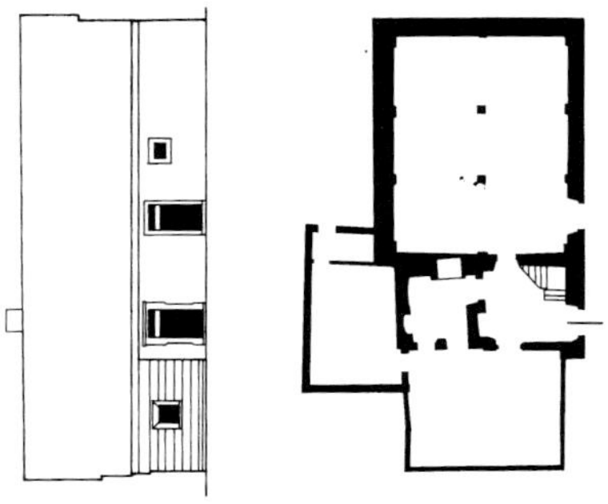

Ort	
Fischern, Nr. 9	
Gebäude	
Gebäudeart	Wohnstallhaus
Wandkonstruktion	Naturstein, verputzt/ Blockbau/Fachwerk/Ziegel
Geschoßzahl	1 + Dach
Geschoßhöhe	2,6 m
Grundfläche (B × L)	170 qm (7,3/8,7 × 18,7 m + 2,8 × 6,9 m)
Umbauter Raum	
Vollgeschoß	390 cbm
Dachgeschoß	400 cbm
Dach	
Dachart	Satteldach
Dachneigung	52°/44°
Dachdeckung	ehem. Holzschindeln/ nun Blech
Dachüberstand	30 cm (Giebelseite)
Erschließung	
Hauseingang Lage	Traufseite
Flur Lage	Querflur
Grundfläche (B × L)	10,5 qm (3,1 × 3,4 m)
Treppe Art	zweiläufig
Laufbreite	90 cm
Steigungsverhältnis	21,7/27,5 cm, 38°
Stube	
Lage	Westseite
Grundfläche (B × L)	30,9 qm (4,9 × 6,3 m)
Fensterzahl	4
Fensteröffnung (B × H)	70 × 90 cm
Belichtungsfaktor Fensteröffnung: Grundfläche	1:12,3
Stubenofen	Sesselofen
Küche	
Lage	Flurende
Grundfläche (B × L)	5,75 qm (2,3 × 2,5 m)

wölbe wurde in der zweiten Hälfte des 19. Jahrhunderts teilweise durch eine preußische Kappe ersetzt. Der früher offene Schlot wurde dadurch von unten geschlossen und für den ehemals erkerartig angebauten Backofen wurde ein Rauchabzug eingebaut. Der Backofen wurde abgebrochen und durch einen großen Anbau ersetzt.

Der 1794 erbaute Stallbereich ist zweischiffig mit je drei Jochen. Er schließt an den Wohnteil an. Er wurde anstelle eines Vorgängerbaus errichtet und hat ein sechsteiliges Kreuzgratgewölbe aus Bruchsteinen über einer mittleren Reihe von Granitpfeilern. Die südliche Stalleingangstüre wurde, wie die Inschrift über dem Türsturz zeigt, 1806 eingesetzt.

Gebäudemerkmale für Bauberatung

Das Wohnstallhaus bildet die Nordseite eines offenen, vierseitig umbauten Hofes. Mit dem ostwestgerichteten First wendet es seine südliche Traufseite dem inneren Hof zu.

Das 52° geneigte Satteldach überdeckt einen 18,7 m langen Rechteckbaukörper, der an der westlichen Blockwand 7,3 m, im massiv gemauerten Ostteil 8,7 m breit ist. An den alten Blockbau, in dem die große, die ganze Hausbreite einnehmende Stube (Innenraummaße 4,9 × 6,3 m) erhalten ist, wurde 1794 der Massivbau mit Hausplatz, Treppe und dem Stall angebaut. Diese mittlere Raumzone von Hausplatz, Treppe und Küche ist für die Grundrißorganisation von besonderem Interesse, da sie in sich komplizierte Funktionen abwickelt, aber klare gerade Außenseiten bildet, für den Anschluß der beiden anderen Zonen des Hauses, der Stube im Westen und dem Stall im Osten. Auch in der Konstruktion sind die drei Raumzonen voneinander abgesetzt: die Blockbaukonstruktion der Stube und der schmale, massiv gemauerte Mittelteil der Küche mit dem anschließenden gewölbten Stall. Das Stallgewölbe wird von zwei mittig angeordneten Pfeilern getragen, deren Richtung die Trennwand zwischen Hausplatz und Küche im Mittelteil aufnimmt.

Der später abgebrochene Backofen, der in der nördlichen Traufwand an die Küche anschloß, ist heute mit einem flach gedeckten Pultdach abgedeckt. Dies kann nur als eine Notlösung bezeichnet werden, die das klare Baugefüge des langgestreckten Wohnstallhauses beeinträchtigt. Im Gegensatz zu diesem unbefriedigendem Umgang mit vorhandener Bausubstanz steht eindrucksvoll die Umbaumaßnahme von 1791, die den bisherigen Blockbau zwar bis auf die Stube ersetzte, jedoch den alten Bestand mit dem Neubau durch das gemeinsame Satteldach zu einer neuen Einheit zusammenfaßte. Von den Fichtelgebirgshäusern kann man lernen, wie in sich komplizierte Bereiche wie der Hausplatz, abgewinkelte Treppe und Küche in den Außenanschlüssen klare Wandflächen bieten und so die drei Raumzonen eindeutig abgegrenzt werden können.

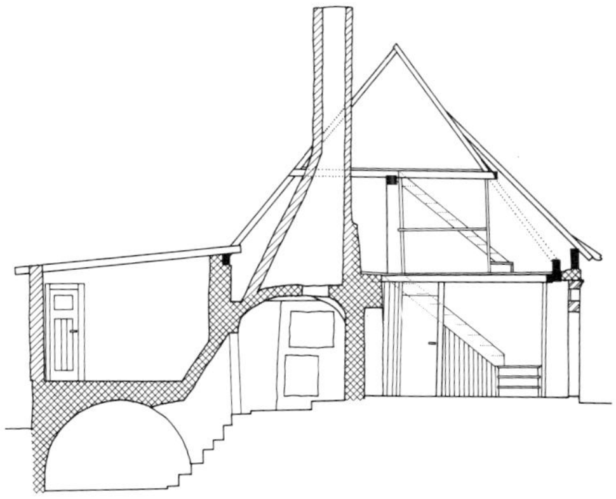

Querschnitt.

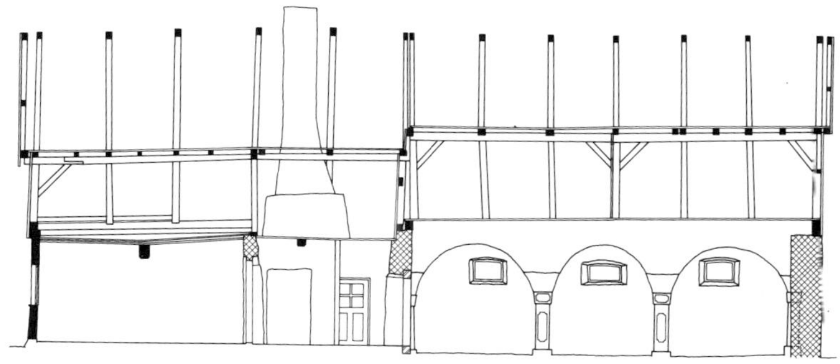

Längsschnitt.

Ansicht von Süden.

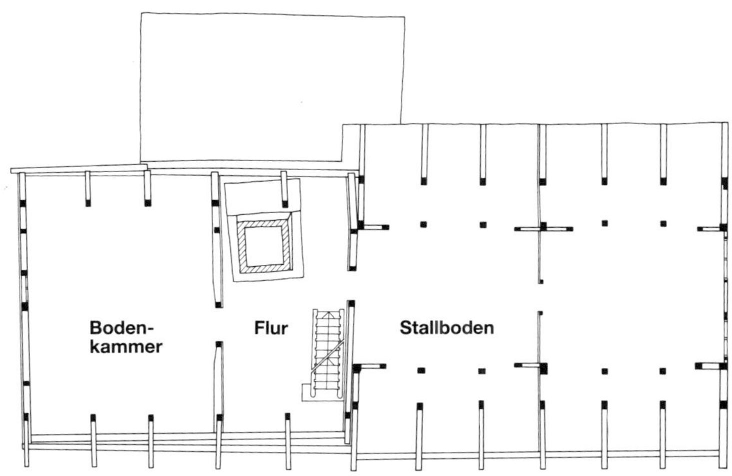

Obergeschoß.

Eingangstür mit Türrahmung aus Granit.

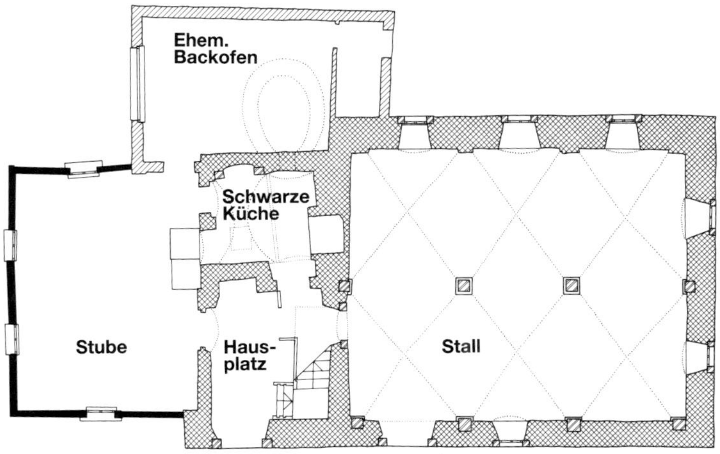

Erdgeschoß.

Holzmühl

Nr. 3

Stadt Marktleuthen, Landkreis Wunsiedel

Vierseithof des 18. Jahrhunderts
Zweigeschossiges Wohnstallhaus von 1794
1840: »Ein ganzes Gut«

Zur Siedlung

Holzmühl liegt nördlich von Wunsiedel in einer Senke. Gegründet wurde Holzmühl kurz vor 1368. Albrecht Nothaft hatte die Rodungssiedlung mit sechs Höfen und einer Mühle anlegen lassen. Die Herrschaft hatte Halsgericht und Fischrecht. 1388 verkaufte es Johann Nothaft Holzmühl mit allen Geld- und Getreideschuldigkeiten an den Bürgermeister und Rat der Stadt Wunsiedel. 1499 war der Ort auf acht Höfe angewachsen. 1787 sind es drei Ganze und sechs Halbe Höfe, die Mahlmühl, eine Herberg und der »Brunnersche Hof« mit Wirtshaus. Im 19. Jahrhundert bestanden in Holzmühl ein Ganzer Hof, ein Gutshof und acht Halbe Höfe sowie ein Halber Hof mit Mühle. Die Bevölkerung bestand bis auf einen Müllermeister aus Bauern. Die durchschnittliche Hofgröße betrug zwischen 50 und 60 Tagwerk, wobei die Mühle und der Ganze Hof der Familie Fraas mit einer Tagwerksgröße von über 70 Tagwerk herausragten.
Auch heute noch liegen die zumeist großen Gehöfte des Angerdorfes entlang der Dorfstraße. Der Weiler hat seinen dörflichen Charakter bewahrt.

Zur Hofgeschichte

Erbauer des Holzmühler Hofes war Johann Lorenz Fraas. Er stellte das Wohnhaus 1794 fertig, die Scheune 1798. Nachdem das Anwesen nach dessen Tod 1809 zunächst verpachtet wurde, übernahm 1823 der Enkel des Erbauers, Wolfgang Christoph Fraas,

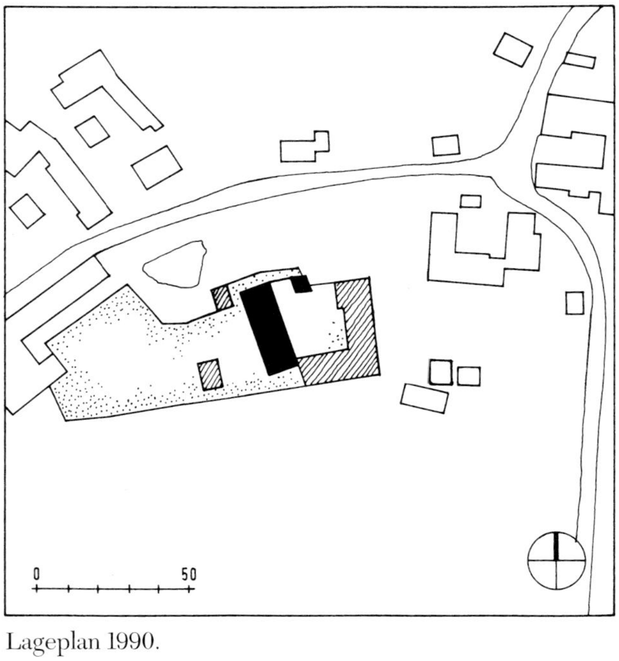

Lageplan 1990.

Ansicht des Gehöfts um 1960.

gegen Erbabgleichung den Hof für 6000 Gulden in Alleineigentum. Er besaß zu diesem Zeitpunkt den »Ganzen Hof« mit Wohnhaus, Keller, Backofen und Stall, Streuschupfen, Stadel mit zwei Kellern, Holzschupfen, Schweineställen und Hofraum. 1865 übergab Wolfgang Christoph Fraas den Holzmühler Hof an sein Patenkind und ältesten Sohn seines Bruders, Johann Christoph Fraas, für 18000 Gulden. Auch heute ist der Hof noch im Besitz der Familie Fraas.
Der Vierseithof am Dorfteich ist besonders ausgedehnt und zeugt von Tradition und Wohlstand. Er besteht aus dem Wohnstallhaus, einer Scheune, einem Schupfen, dem Austragshäuschen und einem rundbogig gemauerten Hoftor mit Fußgängerpförtchen.
Das stattliche, zweigeschossige Wohnstallhaus von 1794 ist aus Bruchsteinen gemauert und verputzt. An der Traufseite finden sich neun Achsen, an der Giebelseite drei Achsen. Die Fensterstöcke sind geohrt und fein profiliert, ebenso die Portale. Die Fenster waren ursprünglich vergittert.
Das Halbwalmdach ist seit 1865 verschiefert. Heute findet man die Dacheindeckung der Außenseite mit Naturschiefer, die restlichen Dachflächen sind mit Kunstschiefer gedeckt.
Der Zugang zum Wohnstallhaus erfolgt über zwei Türen der östlichen Hoftraufseite.
Den Wohnbereich betritt man über den kreuzgewölbten Hausplatz.
Die Stube besitzt eine verputzte Decke mit hübschem Rahmenstuck des Rokoko. An sie schließt ein schmaler Raum, eine Kammer mit Kreuzgewölben, an. Hinter der Treppe ins Obergeschoß gibt es einen weiterer kleiner gewölbter Raum. Vom Flur aus gelangt man in die Küche, an die ein kreuzgewölbter Raum angrenzt, der einen Backofen barg.

Ansicht von Norden.

Der zweischiffige Stall, dessen Kreuzgewölbe auf drei quadratischen Freipfeilern ruhen, nimmt fast die Hälfte des Hauses ein.
Gegenüber dem Wohnhaus, verbunden durch ein Hoftor, befindet sich das zweigeschossige Austragshaus mit Vollwalmdach. Es ist über eine kleine Freitreppe vom Hof her zugänglich. Das ehemalige Schindeldach wurde 1855 verschiefert und mit kleinen Stehgauben ausgestattet.
Die vierzonige Scheune befindet sich im südwestlichen Teil der Hofanlage. Sie wurde 1798 errichtet und trägt an einem Schwellenbalken die Inschrift »Johann Lorenz Fraasz den 25. Mai 1798«. Die Giebelseite ist heute mit Blech vernagelt.
In der Abschlußmauer der geschlossenen Hofanlage befindet sich ein Rundbogentor mit Profilkämpfern und Keilstein, der durch eine Kugel bekrönt wird. Das westlich daneben angeordnete Fußpförtchen ist formal gleichgestaltet.

Erdgeschoß, Wohnstallhaus mit Toreinfahrt und Nebengebäude.

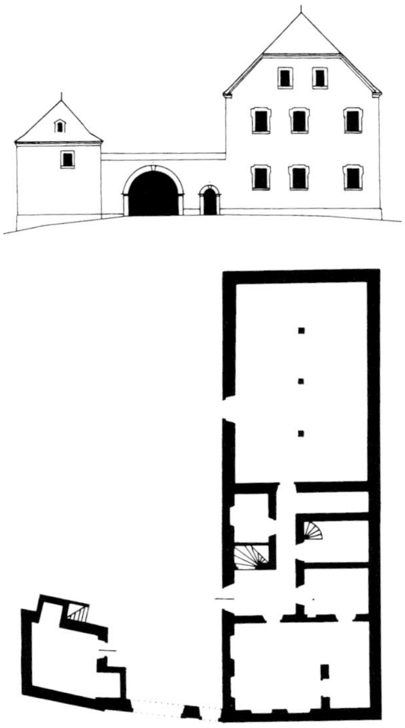

Ort	
Holzmühl, Nr. 3	
Gebäude	
Gebäudeart	Wohnstallhaus
Wandkonstruktion	Naturstein, verputzt
Geschoßzahl	2 + Dach
Geschoßhöhe	
Grundfläche (B × L)	290 qm (10,1 × 28,7 m)
Umbauter Raum	
Vollgeschosse	ca. 2030 cbm
Dachgeschoß	ca. 790 cbm
Dach	
Dachart	Halbwalmdach
Dachneigung	46°
Dachdeckung	Schiefer
Dachüberstand	20 cm (Traufseite)
Erschließung	
Hauseingang Lage	Traufseite
Flur Lage	Querflur
Grundfläche (B × L)	11,3 qm (2,9 × 3,9 m)
Treppe Art	einläufig über Eck
Laufbreite	
Steigungsverhältnis	
Stube	
Lage	Nordostecke
Grundfläche (B × L)	30,2 qm (5,5 × 5,5 m)
Fensterzahl	4
Fensteröffnung (B × H)	80 × 130 cm
Belichtungsfaktor	
Fensteröffnung:	
Grundfläche	1 : 7,3
Stubenofen	Vorderlader, ehem. Hinterlader
Küche	
Lage	Flurende
Grundfläche (B × L)	11,9 qm (2,9 × 4,1 m)

Gebäudemerkmale für Bauberatung

Das große Wohnstallhaus schließt den Vierseithof nach Westen hin ab und blickt mit dem Giebel nach Norden auf den Anger und die Erschließungsstraße.
Der zweigeschossige Rechteckbaukörper erreicht bei 10,1 m Breite und 28,7 m Länge ein gestrecktes Seitenverhältnis von 1:2,8. Das Halbwalmdach hat eine Neigung von 46° und ist mit Schiefer gedeckt.
Das Bauwerk kann als Beispiel dienen, wie die regionale Grundrißorganisation der drei Zonen sowohl im Kleinhaus, wie z. B. in Fischern, als auch in dem großen Hof in Holzmühl aufgenommen wird.
Man betritt das Wohnstallhaus an der östlichen Traufseite und gelangt in den Flur (Hausplatz), in dem seitlich eine viertelgewendelte Treppe in das Obergeschoß hinaufführt. Geradeaus folgt die ebenfalls gewölbte Küche mit dem anschließenden ehemaligen Backofenraum, heute Speise.
Davon klar von einer durchgehenden Trennwand geschieden ist die Stubenzone mit der Kammer an der Giebelseite. Die quadratische Stube (5,5 × 5,5 m) liegt an der Nordostecke, um die Einfahrt zu überwachen und auf die Straße als Vorfeld des Hofes hinauszublicken. Mit je zwei Fenstern der Nord- und Ostecke wird ein Belichtungsfaktor von 1:7,3, also im zulässigen Bereich bis 1:8, erreicht.
Auch die dritte Zone, der Stall, ist mit einer gerade durchgezogenen Querwand von Küche und Flur klar getrennt.
Neben der Grundrißorganisation der drei durch Querteilung entstandenen Raumzonen, fällt ein weiteres Ordnungselement auf: die mittige Längsteilung des Stalls. Die drei, das Kreuzgewölbe tragenden Pfeiler sind in der mittleren Längsachse angeordnet, die auch von der Trennwand zwischen Küchenraum und Hausplatz aufgenommen wird.
Die dominierende Stellung der Stube wird in der Lage der drei Fensterachsen der Giebelfassade sichtbar. Der gleichmäßigen Innenraumabwicklung der je zwei Stubenfenster wird hier ein höherer Stellenwert eingeräumt als der Axialsymmetrie unter dem Dachgiebel. Da auch in der Kammer die symmetrische Lage des Nordfensters im Innenraum den Vorzug erhält, sitzen alle drei Fensterachsen des Giebels nicht nur asymmetrisch zum Dachdreieck, sondern auch unterschiedlich weit von den Gebäudeecken entfernt. Der Bau gehört noch zu dem Zeitabschnitt des Bauens von innen nach außen
Bei 290 qm Grundfläche ergeben sich mit dem Umrechnungsfaktor von 0,75 je Geschoß ca. 218 qm Wohnfläche.

Niederlamitz

Hauptstraße 3

Stadt Kirchenlamitz, Landkreis Wunsiedel

Zweigeschossiges Wohnstallhaus aus dem 18. Jahrhundert
1855: Ein Halbhof

Giebelansicht.

Zur Siedlung

Niederlamitz liegt nordöstlich von Kirchenlamitz. Im Lehenbuch des Burggrafen Johann III. aus dem Jahre 1398, der »zu Niederlamitz zu Lehen empfangen hat«, wurde Niederlamitz zum ersten Mal erwähnt. 1499 hatte Niederlamitz 14 Höfe. 1698 umfaßte Niederlamitz zwei Kammergüter, auf denen sechs Wohnungen errichtet waren, zwei Höfe Canzleymannlehen mit einer Mühle, 17 Fronhöfe, vier Söldengütlein und fünf Tropfhäuser. 1818 wurde Niederlamitz im Landgericht Kirchenlamitz ein eigener Steuerdistrikt. Im 19. Jahrhundert gab es in Niederlamitz 42 Anwesen. Die Bevölkerung setzte sich hauptsächlich aus Bauern zusammen, deren durchschnittlicher Grundbesitz bei 25 Tagwerk lag.

Zur Hofgeschichte

Die Hofanlage stammte im wesentlichen aus dem 18. Jahrhundert. 1855 war der Bauer Andreas Reichel Besitzer des aus zwei Viertelshöfen bestehenden Halbhofes. Das Anwesen umfaßte ein Wohnhaus mit Backofen, Keller, Schweineställen, Stall, Stadel, Holzschupfen und Hofraum. Den gesamten Besitz hatte Reichel 1828 durch die Heirat mit der Katharina Plechschmidt erhalten. Diese hatte im selben Jahre beide Viertelshöfe jeweils um 1850 Gulden erkauft; einen von dem Müller Johann Heinrich Reichel, den anderen von der ledigen Anna Katharina Tröger.

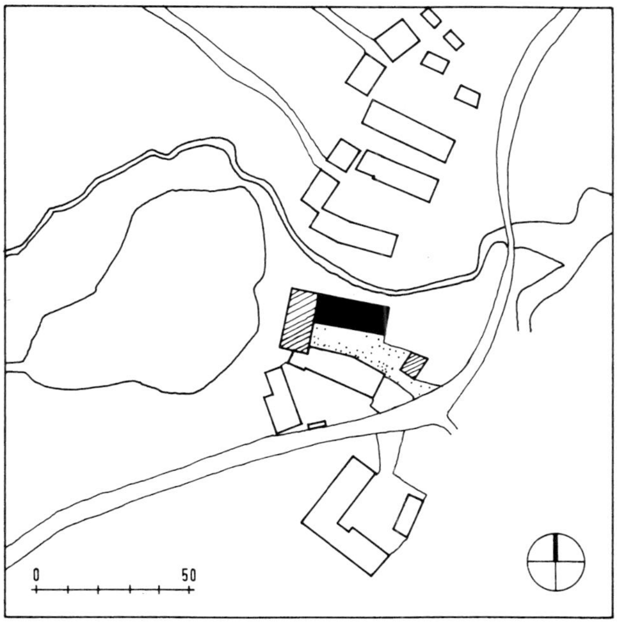

Lageplan.

Das Gehöft umfaßt das Wohnstallhaus mit angebautem Geflügelstall und die im rechten Winkel dazu errichtete Scheune.

Das zweigeschossige Wohnstallhaus besteht im Erdgeschoß aus Bruchsteinmauerwerk. Das Obergeschoß und der Giebel sind in reichem Fachwerk errichtet. Es repräsentiert ein schönes Beispiel für die Anwendung des Rautenmusters. Das oberste Giebelfeld und die beiden seitlichen Giebeldreiecke sind mit diagonal gestellten Gitterfeldern ausgestattet. Die Gefache sind mit Bruchstein ausgefüllt. Ober-, Dachgeschoß und Spitzboden werden durch einen Gesimsbalken mit Zahnfries getrennt.

Das Satteldach war ehemals mit Stroh gedeckt, seit 1938 zeigt es eine Schieferdeckung.

Der zweiraumtiefe Grundriß läßt sich an der Giebelfassade gut nachvollziehen. Der Fensterrhythmus weist auf die breite Stube und die schmale Kammer hin, zudem unterstreicht die Profilierung des Schwellenbalkens diese Unterteilung.

In der Stube hatte ehemals eine Holzbalkendecke bestanden. Von hier aus wird eine kleine tonnengewölbte Kammer erschlossen, die auch heute noch als kalter Speicherraum genutzt wird. Dahinter liegt, in den Hausgrundriß einbezogen, der Backofen. Für die Bauart des Erdgeschosses mit einer gewölbten Schwarzen Küche scheint die Datierung am Sturz der Haustüre 1747 plausibel. Die Inschrift zeigt auch die Initialen E.R. und weist somit auf den damaligen Besitzer Reichel hin.

Der große Hausplatz und der Stall wurden 1893 mit einem preußischen Schienengewölbe versehen.

Großzügige Raumeinteilung und Ausstattung des Obergeschosses weisen auf den Wohlstand der Er-

Ansicht von Osten.

bauer hin. Auch war bereits zur Erbauungszeit die obere Stube heizbar. Der Schlot nimmt einen erheblichen Raum ein. Das gesamte Obergeschoß über dem Stall wurde als Heuboden genutzt, lediglich die kleine Kammer neben dem Hausflur ragt in den Stallboden hinein. Die 1727 errichtete, dreizonige Scheune wurde 1947 durch einen neuen zweistöckigen Bau mit Hochfahrt ersetzt. Zur Bauzeit mußte der hintere Teil des Wohnstallhauses etwas schmäler angelegt werden, um die Zufahrt zur Tenne zu gewährleisten.
Ende der sechziger Jahre wurde der Stallboden zu Wohnzwecken ausgebaut, 1974 wurde die Landwirtschaft aufgegeben.

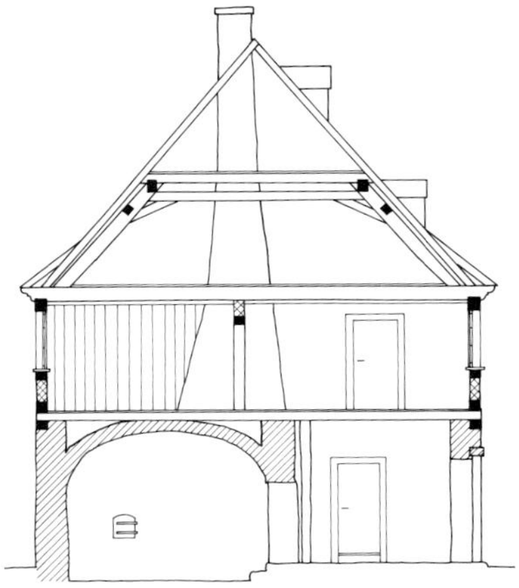

Querschnitt.

Ansicht von Süden.

Rückwärtige Hofansicht.

Ansicht von Süden.

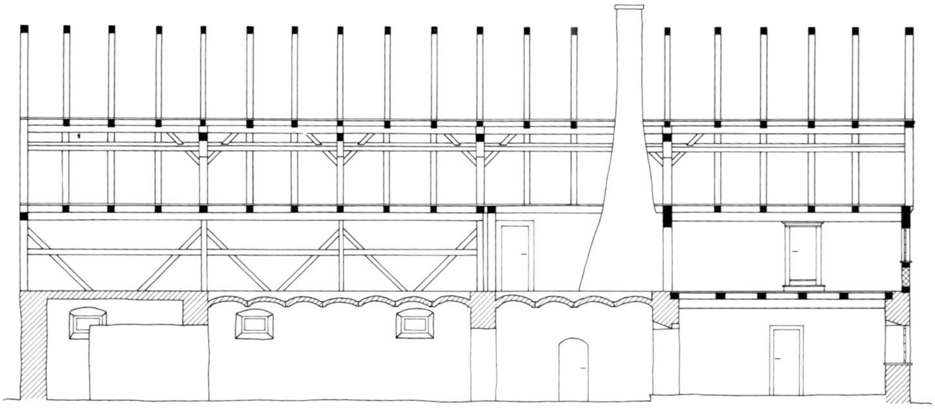

Längsschnitt.

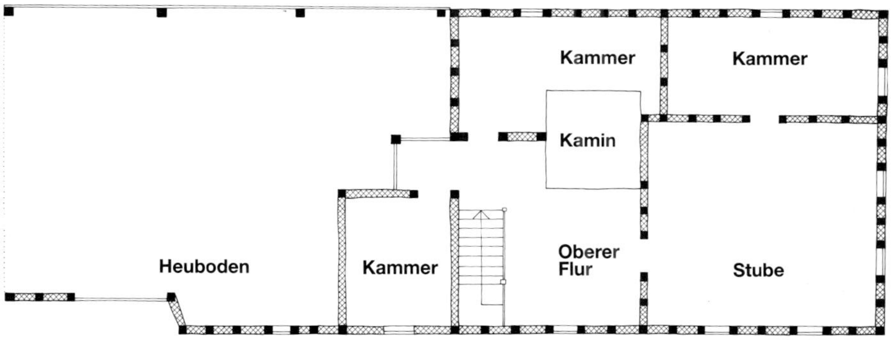

Obergeschoß.

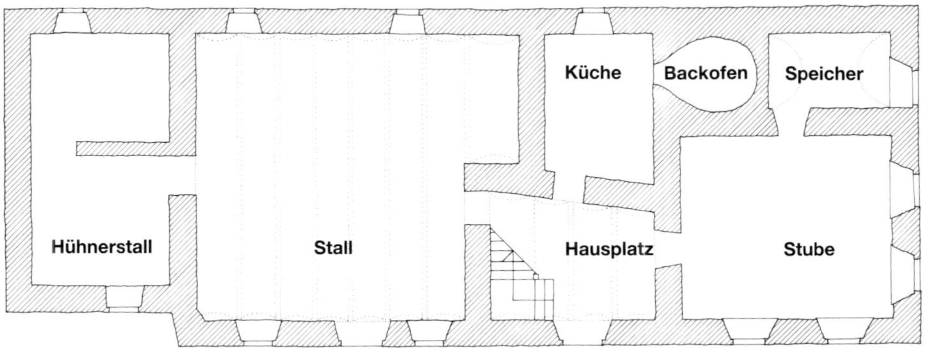

Erdgeschoß.

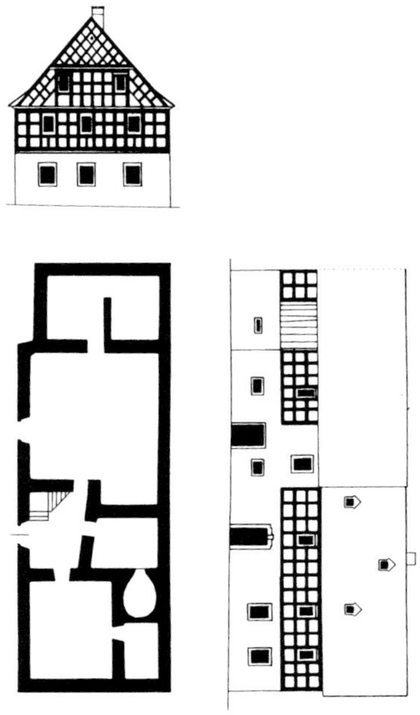

Ort	
Niederlamitz, Hauptstraße 3	

Gebäude	
Gebäudeart	Wohnstallhaus
Wandkonstruktion	Ziegel, verputzt/Fachwerk
Geschoßzahl	2 + Dach
Geschoßhöhe	3,0 m
Grundfläche (B × L)	215,4 qm (8,9 × 24,2 m)
Umbauter Raum	
Vollgeschosse	1110 cbm
Dachgeschoß	540 cbm

Dach	
Dachart	Satteldach
Dachneigung	50°
Dachdeckung	ehem. Stroh, nun Schiefer
Dachüberstand	30 cm (Giebelseite)

Erschließung	
Hauseingang Lage	Traufseite
Flur Lage	Querflur
Grundfläche (B × L)	13,9 qm (2,9/3,4 × 4,4 m)
Treppe Art	zweiläufig
Laufbreite	120 cm
Steigungsverhältnis	25/23,8 cm, 46°

Stube	
Lage	Südostecke
Grundfläche (B × L)	27,4 qm (4,9 × 5,6 m)
Fensterzahl	4
Fensteröffnung (B × H)	85 × 95 cm
Belichtungsfaktor Fensteröffnung: Grundfläche	1:8,5
Stubenofen	ehem. Hinterlader

Küche	
Lage	Flurende
Grundfläche (B × L)	10,7 qm (2,9 × 3,5/3,9 m)

Gebäudemerkmale für Bauberatung

Das große Wohnstallhaus schließt die Hofstelle nach Norden ab und bildet mit der im Westen angebauten querstehenden Scheune eine hakenförmige Gesamtanlage.

Der langgestreckte Rechteckbaukörper von 8,9 m Breite und 24,2 m Länge weist ein Seitenverhältnis von 1:2,7 auf. Er wird von einem 50° geneigten, ehemals mit Stroh, heute mit Schiefer gedeckten Satteldach abgeschlossen. Im Grundriß sind die drei Raumzonen von Stube, Flur (Hausplatz mit Küche) und Stall deutlich erkennbar. Der Hausplatz liegt an der südlichen Traufseite und enthält die Treppe, die am Podest ihre Laufrichtung 90° ändert, um zwischen den Deckenträgern ohne Auswechslung das Obergeschoß zu erreichen. Die Küche schließt in der Haustiefe an den Flur an. Der Backofen ist hier, wohl wegen des nahen Wasserlaufes im Norden, nicht außen angebaut, sondern in die Zone der Stubenkammer eingeschoben.

Die Stube (4,9 × 5,6 m) erhält die Ecklage mit je zwei Fenstern nach Osten und Süden. Dies gilt auch im Obergeschoß, dessen seitliche Kammerzone über dem Backofen klar erkennbar ist. Die Fensterachsen der Stuben sind in beiden Geschossen auf eine regelmäßige Innenraumgestaltung ausgerichtet und nehmen dafür die Verschiebung aus der Symmetrieachse des Giebels in Kauf.

Dieses auf dem massiven Erdgeschoß errichtete Rasterfachwerk stellt mit den durchgehenden, eng gereihten Ständern ohne schräge Streben eine hochwertige Entwicklungsstufe im Fachwerkbau dar, die in ihrer Rationalität auf den späteren Holzelementebau vorausweist. So ist es nicht nur für die Gestaltung, sondern auch für die Konstruktion interessant, wenn im Giebeldreieck das Fachwerk den Dachschrägen folgt und durch die Neigungswinkel von 50° rautenförmige Felder bildet. Der innere Bereich des Giebels mit den zwei Fenstern des ausgebauten Dachbodens nimmt wieder die senkrechte Stellung der Ständer und Riegel auf.

Die Schönheit des Hauses beruht auf dem Gegensatz zwischen dem gemauerten Erdgeschoß und dem Rasterfachwerk des Obergeschosses, aber ebenso auf der alle Gegensätze zusammenfassenden, geschlossenen langgestreckten Baukörpergestalt mit dem durchgehenden Satteldach.

Bei 215 qm überbauter und überdachter Fläche ergibt sich mit dem Umrechnungsfaktor von 0,75 eine Wohnfläche von 160 qm je Geschoß.

Schönwald

Ellweg 6

Stadt Schönwald, Landkreis Wunsiedel

Trüpfhaus
1855: »Wohnhaus mit Zubehör«
1968: Abbruch

Zur Siedlung

Die Stadt Schönwald liegt nördlich von Selb. Angelegt wurde der Ort im 12. Jahrhundert von baierisch-nordgauischen Siedlern. Der Name Schönwald wurde erstmalig 1316 anläßlich einer Schenkung des Hofes von Fritz Forster aus Selb an das Kloster Waldsassen erwähnt. 1412 verkauften die Gebrüder Forster ihre Besitzungen an die Burggrafen von Nürnberg, darunter auch den Rauhen-Hof in Schönwald. Zu dieser Zeit bestanden in Schönwald 43 Haushalte.
1818 wurde eine mittelbare Gemeinde unter dem Paschwitzischen Patrimonialgericht im Königlich Bayrischen Landgericht Selb gebildet. Im 19. Jahrhundert umfaßte der Ort 58 Anwesen. Die Bevölkerung setzte sich aus zahlreichen Bauern mit mittelgroßen Gehöften und aus mehreren Handwerkern und Tagelöhnern mit kleinen Trüpfhäusern zusammen. Durch die Gründung einer Porzellanfabrik im Jahre 1879 entwickelte sich Schönwald mehr und mehr zur Kleinstadt.

Zur Hofgeschichte

1855 gehörte das Wohnhaus mit Zubehör der Schreinerswitwe Margaretha Anna Hoffmann. Laut Vertrag von 1835 hatte sie in Gemeinschaft mit dem inzwischen verstorbenen Johann Georg Hoffmann das Wohnhaus mit Stall, Backofen, Scheune mit Schupfen und Hofraum aus dem Nachlaß ihres Vaters

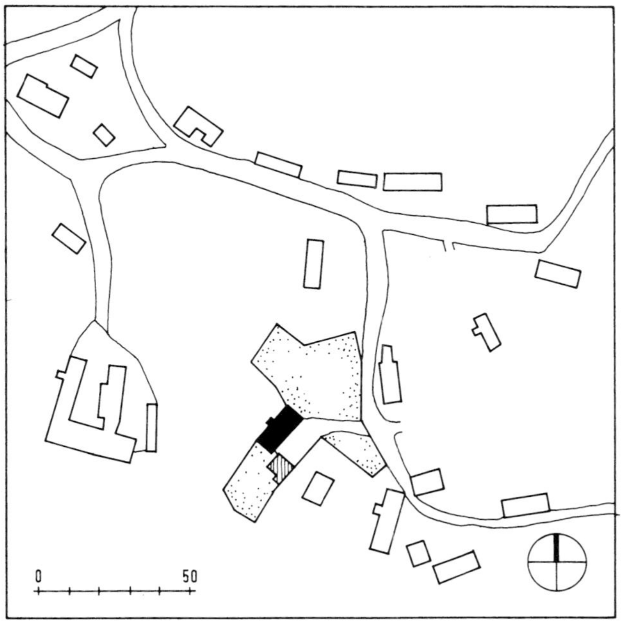

Lageplan.

Das Wohnstallhaus, 1968 abgebrochen.

Georg Franz Wolf für 625 Gulden übernommen. Die Wirtschaftsfläche umfaßte 3,17 Tagwerk.
Im Jahre 1968 wurde das Wohnstallhaus abgerissen.
Der eingeschossige Wohnstallbau war wohl ursprünglich als reiner Blockbau auf einem Steinsockel errichtet, wurde allerdings im Zuge einer Umbaumaßnahme teilweise durch massive Bruchsteinmauern ersetzt. Die Außenwände waren mit Weißkalk gefaßt. Im Bereich des alten Blockbaus standen die Deckenbalken auf der Hoftraufseite etwas über und bildeten so einen Dachüberstand als Wetterschutz. Auf diesen Balkenlagen war ein Blockwerkkranz aufgekämmt, in den die Dachsparren eingezapft waren.
Das Fachwerk der Giebel bestand aus einfachen Ständern mit Streben, die Gefache waren mit Lehmwerk gefüllt. Die Giebel des Hauses waren aus Witterungsgründen mit Brettern verschalt, das Satteldach war ursprünglich mit Scharschindeln gedeckt und wurde später mit Blechbahnen überzogen.
Vom Hausplatz des einraumtiefen Hauses wurden die Küche, die Stube und der Stall, nach den Umbaumaßnahmen auch die neue Stube erschlossen. Eine einfach geradläufige Treppe führte ins Dachgeschoß, das als Kehlbalkendach mit einem zweifach stehendem Stuhl ausgebildet war. Die mit Lehmflechtwerk gefüllten Innenwände weisen auf eine im Dachgeschoß bestehende Bodenkammer hin.
Die tonnengewölbte Schwarze Küche war massiv ummauert. Von ihr ragte der ehemalige erkerartig angebaute Backofen nach außen. In der Schwarzen Küche waren noch das Schürloch für den Kachelofen zur Beheizung der Stube und der offene Herd vorhanden. An die Küche schloß sich die Stube in Blockbauweise an. Die Decke war mit zwei Unterzügen unterfangen, die bis in den Dachüberstand fortgesetzt waren. Vom Hausplatz erreichte man nach links den früheren massiv errichteten Stall. Bei Umbaumaßnahmen entstand durch eine Teilung des Stalles mit einer Massivwand eine neue Stube und ein kleiner Stall.

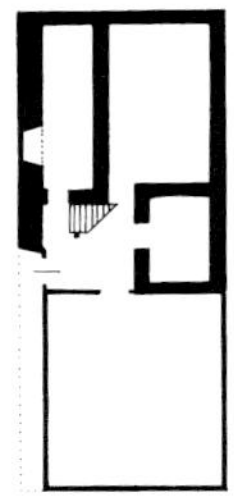

Ort	
Schönwald, Ellweg 6	
Gebäude	
Gebäudeart	Wohnstallhaus
Wandkonstruktion	Blockbau/Naturstein
Geschoßzahl	1 + Dach
Geschoßhöhe	2,6 m
Grundfläche (B × L)	112,9 qm (7,1 × 15,9 m)
Umbauter Raum	
Vollgeschoß	290 cbm
Dachgeschoß	290 cbm
Dach	
Dachart	Satteldach
Dachneigung	55°
Dachdeckung	ehem. Holzschindeln, später Blech
Dachüberstand	60 cm (Traufseite)
Erschließung	
Hauseingang Lage	Traufseite
Flur Lage	Querflur
Grundfläche (B × L)	8,7 qm (2,9 × 3,0 m)
Treppe Art	einläufig
Laufbreite	75 cm
Steigungsverhältnis	
Stube	
Lage	Nordostseite
Grundfläche (B × L)	31,7 qm (5,8 × 6,4 m)
Fensterzahl	5
Fensteröffnung (B × H)	80 × 100 cm
Belichtungsfaktor Fensteröffnung: Grundfläche	1 : 9,3
Stubenofen	Hinterlader von Schwarzer Küche
Küche	
Lage	Flurende
Grundfläche (B × L)	5,8 qm (2,9 × 2,0 m)

Gebäudemerkmale für Bauberatung

Das kleine Wohnstallhaus liegt zurückgesetzt vom Erschließungsweg und wendet seine südöstliche Traufseite der Hofstelle zu.

Der Rechteckbaukörper von 7,1 m Breite und 15,9 m Länge erreicht ein gestrecktes Längenverhältnis von 1:2,3 und trägt ein 55° steiles Satteldach. Der Grundriß läßt drei Raumzonen klar erkennen. Der nordöstliche Teil des Gebäudes ist als Blockbau erhalten. In ihm ist auch die von drei Seiten belichtete Stube (5,8 × 6,4 m) untergebracht.

Eine spätere Bauphase zeigt der südwestliche in Bruchsteinmauerwerk aufgeführte Teil des Hauses mit den Zonen von Flur und Stall. Der Hausplatz wird von der Traufseite her betreten, enthält die einläufige Treppe in das Dachgeschoß und führt geradeaus in die gewölbte Küche. Dieser mittleren Hauszone folgt nach Südwesten die Stallzone, die ursprünglich die ganze Gebäudetiefe einnahm.

Das Satteldach schließt die drei Zonen zusammen und kragt über die Stube und Haustür mit den Deckenbalken aus. Die Stubenfenster des Nordostgiebels sind in den Blockbauteil symmetrisch eingesetzt. Das darüber errichtete Dachdreieck zeigt ebenfalls eine in sich schlüssige Symmetrie einschließlich der Auskragung an der südöstlichen Traufseite. Damit entstehen zwischen Erdgeschoß und Dachgiebel zwei gegeneinander verschobene Symmetrieachsen. Durch den gemeinsamen Baustoff Holz, die Blockbauzone des Erdgeschosses und die senkrechte Verschalung des Giebels werden jedoch die unterschiedlichen Elemente zu einer Gesamtgestalt zusammengefaßt.

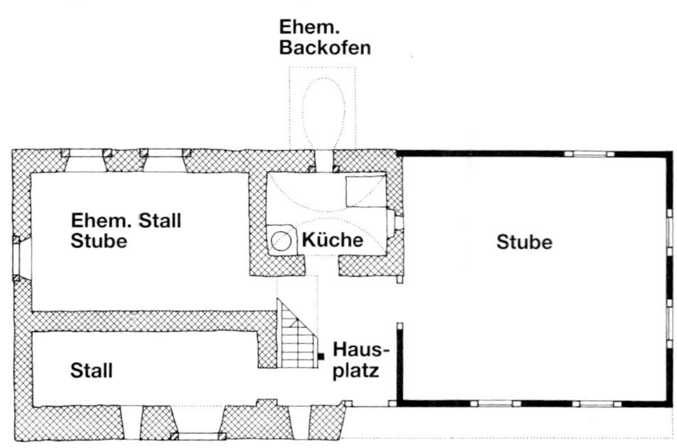

Erdgeschoß.

Ansicht von Nordosten.

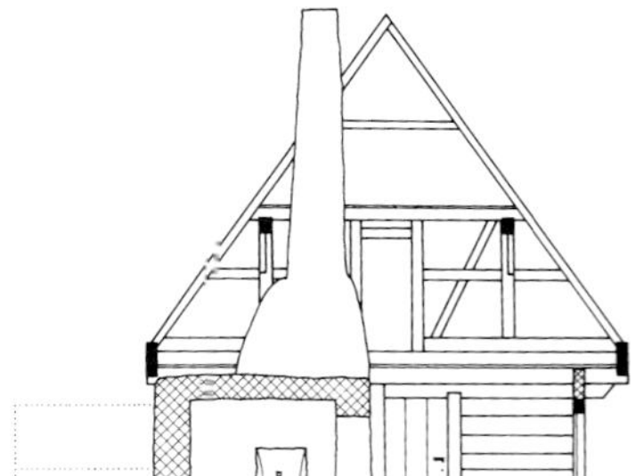

Querschnitt.

Bauberatung

HELMUT GEBHARD

Ziele der Bauberatung

Die Bauberatung stellt sich den Fragen: Was kann und soll künftig getan werden?
Die Bauberatung wird in den ehemaligen Grenzregionen, so auch in Oberfranken, erhöhten Ansprüchen gerecht werden müssen. Die Öffnung der Grenzen nach Osten zur Tschechischen Republik und nach Norden zu den neuen Bundesländern Sachsen und Thüringen schafft neue Perspektiven und erfordert die bewußte Annahme erweiterter Aufgaben im größer werdenden Raum konkurrierender Aktivitäten.
Wenn das Bauen den dauerhaften Kern aller räumlichen Maßnahmen darstellt, ist damit auch gesagt, daß von ihm nachhaltige Wirkungen auf die Lebensverhältnisse der in der Region wohnenden und arbeitenden Bevölkerung ausgehen.[1] Will man die neuen, erleichterten Verkehrserschließungen positiv nutzen, gilt es, die Anziehungskraft der Region zu stärken. Es sollten sich hier nicht die für periphere Gebiete negativen Entleerungsprozesse wie nach dem Bau der Eisenbahnen im 19. Jahrhundert wiederholen. Deshalb müssen die eigenen regionalen Potentiale aktiviert werden, um strukturelle Schwächen, auch im Bauwesen z. B. im Vergleich zu Mittelfranken zu überwinden.
Ein attraktiver Lebensraum mit eigenständigen kulturellen und wirtschaftlichen Potentialen wird dann die erforderliche Ausstrahlung entwickeln, wenn die Werte der Region, in einem zukunftsweisenden Gesamtbild gebündelt, vermittelt werden.[2] Dazu gilt es, das Selbstbewußtsein der eigenen Bevölkerung zu stärken, das nicht zuletzt mit der Qualität der landschaftlichen und baulichen Umwelt eng verbunden ist. Dies trifft aber ebenso für die Außenwirkung auf die benachbarten Regionen und die anderen Länder der Europäischen Union zu.
Besondere Aussagekraft für die Attraktivität ist dem Bereich Freizeit und Erholung beizumessen, da in ihm die Zielorte frei gewählt werden und nicht durch wirtschaftliche oder verwaltungstechnische Notwendigkeiten bestimmt sind. Mehr als das globale Schlagwort des sanften Tourismus steht heute die Frage nach der umfassenden Qualität eines Fremdenverkehrszieles im Vordergrund der Diskussion, gerade in Ländern mit rückläufigen Gästezahlen wie Schweiz, Österreich und der Bundesrepublik.[3] Ein »Total Quality Management«, wie es in Österreich entwickelt wurde, fordert entschieden die Verbesserung der gebauten Umwelt, die neben der Verkehrsberuhigung und Überschaubarkeit eine bessere Baugestaltung in den Orten einbezieht. Das Schlagwort Ortsverschönerung vom Beginn dieses Jahrhunderts erhält in diesem Zusammenhang eine neue Bedeutung. In Österreich werden mit den Bürgern und kompetenten Planungsfachleuten Ortsleitbilder erstellt und schrittweise verwirklicht, gerade auch in den baulichen Einzelmaßnahmen.[4]
Diese Bauberatung im Rahmen von demokratisch vereinbarten Ortsleitbildern sollte nicht auf eng bezogene Grenzen baulicher Detailfragen zielen, sondern auf grundsätzliche Übereinkünfte nachbarschaftsverträglichen und umweltschonenden Bauens. In den dabei nicht auszuschließenden Konflikten ist um so leichter eine Übereinstimmung zu erreichen, wenn über die gerade aktuell verfügbaren Kenntnisse der gegnerischen Parteien hinaus sachliche Grundlagen beigebracht werden können. Bauberatung erfordert daher auch das Aufzeigen des Variationsreichtums und der Tiefendimensionen der Bauten einer Region. Eine Lösung dieser scheinbaren Widersprüche zwischen Vielfalt der individuellen Ausprägung und der Einheit von grundsätzlichen Gemeinsamkeiten ist aus dem Zusammenhang der Hausbeispiele dieser Dokumentation zu ersehen.
Bauberatung zielt vor allem auf Meinungsaustausch zwischen der fachlichen Kompetenz und der bürgernahen Akzeptanz. Der Dialog soll darstellen, was ist, ohne Vorspiegelung einer heilen Welt, aber mit der Kenntnis der schützenden Widerstandskraft der von früheren Generationen errichteten baulichen Umwelt. Die hier in Wort und Bild veröffentlichten Fallbeispiele wiederhergestellter Bauernhäuser tragen dazu bei, die in dieser Bausubstanz verborgenen Werte nicht nur mit dem logischen Denken, sondern auch mit dem spontanen Gefühl zu entdecken.[5] Für die Alltagswahrnehmung soll gezeigt werden, welche Erfolgserlebnisse sanierte Bauernhäuser vermitteln, wie in ihrer weiteren Nutzung auch die Entfremdung von der eigenen Herkunft in eine Erfahrung der Übereinstimmung zwischen Lebensvorgängen und der gebauten Umwelt verwandelt werden kann.
Bauberatung hat immer wieder neu mit dem Vorurteil der rückwärts gewandten Bewahrung von überholten Bauformen zu kämpfen. Deshalb muß sie den Dialog mit den Bauwilligen als eine Fortschreibung der landschaftsbezogenen Qualitäten suchen.

Baukultur im Alltag

Die Dokumentation soll die Diskussion ländlicher Bauweisen vergangener Jahrhunderte nicht abschließen, also keinen Nachruf auf eine vergangene Kultur bilden. Sie soll vielmehr Anstöße geben, sich mit den alternativen Möglichkeiten künftigen Bauens auseinanderzusetzen vor dem weiten Horizont bisheriger regionaltypischer Lösungen. Das bauliche Erbe wird damit nicht als Möglichkeit der Kopie oder der Oberflächendekoration gesehen, sondern als Herausforderung, die Grundsätze, d. h. die Tiefendimension der aus örtlichen Rohstoffen und Energien gebauten Umwelt fortzuschreiben. Sie soll für das Bauen mit knapper werdenden Ressourcen und unter wirtschaftlichen Zwängen der Energieeinsparung für die kommenden Jahrzehnte neu interpretiert werden.

Wenn Wirklichkeiten immer umfassender sind als die für sie gefundenen Begriffe, gilt dies in besonderem Maße auch für die Alltagskultur in Stadt und Land. Die Zeugnisse des alltäglichen Lebens werden je nach den zeitbedingten Bewußtseinshorizonten geachtet, geschützt, dokumentiert und gesammelt.[6]

Die Veränderung der Lebenswelten durch die Industrialisierung Europas begann in der Mitte des 19. Jahrhunderts auch den süddeutschen Raum zu erfassen.[7] Das Verkehrsnetz der Eisenbahnen und die Stadterweiterung der Industriestandorte durch Wohn- und Arbeitsstätten für zugewanderte Arbeitskräfte signalisieren den Wandel. Die agrarisch-handwerkliche Epoche wurde von der Industrieepoche abgelöst. Parallel zur schrittweisen Entlastung von körperlicher Schwerarbeit und der Fertigung billiger Massenartikel veränderte sich auch die Sachkultur des alltäglichen Gebrauchs der Wohn- und Arbeitsstätten bis hin zu Kleidung und Gerät. Langlebige Handwerkserzeugnisse wurden von preiswerten und kurzlebigen Konsumgütern abgelöst. Die Tatsache, daß knapp werdende Güter für die menschliche Gesellschaft in ihrem Wert stiegen, gilt auch für die Alltagskultur, die ab Mitte des 19. Jahrhunderts als Zeugnis der Volkskultur gesammelt wurde.[8]

Der in der zweiten Hälfte des 19. Jahrhunderts vorherrschende Historismus lenkte jedoch die Aufmerksamkeit vor allem zu den auffallenden und besonders herausgehobenen Erzeugnissen der Volkskultur hin und bewirkte so die bis heute allgemeine Ansicht der unmittelbaren Nähe zwischen Sachkultur des Alltags und dem Kunstgewerbe. Damit treten die Mehrzahl der den Alltag bestimmenden Sachgüter in den Hintergrund des Interesses. Das gilt auch für die gegenwärtige Diskussion um das bauliche und volkskundliche Erbe. Hier wird mehr die Sehenswürdigkeit beachtet, die im Französischen »curiosité« heißt, das im Deutschen als Lehnwort »kurios« sich von selbst als das Außergewöhnliche darstellt.

Die Folge ist ein an den Oberflächenerscheinungen festgemachtes Urteil, das zu den unvollständigen und verkürzten Schlußfolgerungen des Vorrangs formaler vor strukturellen Erscheinungen führt. Diese zeitbedingte Ausrichtung spiegelt auch die Geschichte des germanischen Nationalmuseums in Nürnberg wider.[9] Es wurde 1852 von Hans von Aufsess gegründet, um die Vielfalt der Volkskultur in wirtschaftlichen, sozialen und kulturellen Zeugnissen umfassend zur Anschauung zu bringen. Unter seinem Nachfolger August von Essenwein (Direktor 1866–1892) wurde jedoch die Wendung zu einem kunst- und kulturgeschichtlichen Museum vollzogen.

Wenn die alltägliche Sachkultur früherer Generationen vorwiegend von der Oberflächenornamentik her beurteilt wird, dann ist es folgerichtig, sie als unwiederbringliche Vergangenheit einzustufen, deren Unterhaltungswert noch für Freizeit und Erholung genossen werden kann, deren Informationswert für heutiges Wohnen und zukünftiges Arbeiten jedoch verborgen bleibt. Das Verfehlen der strukturellen Tiefendimensionen, wie z. B. der konstruktiven Gestaltung aus der Materialwahl und den Arbeitsvorgängen hat deshalb verhängnisvolle Auswirkungen für die gegenwärtige Einschätzung der Sachkultur, zu der auch die Bauten zählen.

Dagegen stellt die Bauberatung für die Alltagskultur auf das Ziel ab, hinter den faktischen zeitbedingten Erscheinungen die Grundmuster räumlicher und baulicher Tätigkeit aufzuspüren und nach Wegen zu suchen, die in diesen Bauten gespeicherten Erfahrungen vorindustrieller Überlebensgesellschaften für die Gegenwart fortzuschreiben. Dazu sind mögliche Zukunftsperspektiven darzustellen, um im Bewußtsein der Öffentlichkeit, der Bürger, Politiker und Fachleute die konkreten Leistungen dieser Baukultur lebendig zu erhalten. Die Alltagsbauten regionaler Baukultur werden dann nicht mehr gesehen als Oberflächendekorationen, sondern als nüchterne Übereinstimmung von sozial verantworteter Raumanforderung und konstruktiv gelöster Raumgestaltung.

Von den Bauernhäusern kann gelernt werden, wie man mit den örtlichen Baustoffen einfache und energiesparende Baukörper gestaltet, um daraus abzuleiten, wie man bei dem gegenwärtigen Stand der Technik das Ziel wirtschaftlichen Bauens umweltschonend erreichen kann. Die Frage der Wirtschaftlichkeit und der Einfügung beginnt nicht erst bei der äußeren Erscheinung, vielmehr endet sie dort. Sie beginnt viel früher in der Standortwahl, der Ausrichtung des Gebäudes nach den Himmelsrichtungen. Ebenso grundlegend für ein wirtschaftliches Bauen ist die räumliche Organisation im Grundriß, die Wahl der Baumaterialien und die konstruktive Gestaltung. Keine der hier aufgezählten Merkmalgruppen wird allein zum Ziel eines gelungenen Hausbaus führen. Erst zusammen ergeben sie das ganze Gebäude. Sie müssen alle in der Vorbereitung des Bauens, d. h. in der Planung, erfaßt sein und berücksichtigt werden. Dann läßt sich ein Bauwerk errichten, das nicht nur bei der Herstellung, sondern auch in den späteren Lebensabläufen eine langfristige, gute wirtschaftliche Nutzung als menschliche Behausung bietet.

Hinweise der Dokumentation zur Bauberatung

Wenn alles Bauen in Europa ein Weiterbauen in den über Jahrhunderten geschaffenen Kulturlandschaften ist, dann wird der künftigen Nutzung schon bestehender Bausubstanzen ein ebenso hoher Stellenwert zukommen wie der Errichtung von Neubauten.[10] Sozialer Wandel, technische Innovation, industriegesellschaftliche Wirtschaftsverhältnisse haben bei den Arbeitsstätten, sei es in Landwirtschaft, im Gewerbe oder in Dienstleistungen, neue Raumforderungen ausgelöst, die in den bestehenden Dörfern und Stadtkernen nur bedingt unterzubringen sind. Flächenanforderungen und Produktionsverfahren führen ebenso wie höhere Immissionen und kurze Fristen für Errichtung und Abschreibung zur Ausweisung neuer Baugebiete. Auf deren Qualität, z. B. als in die Landschaft eingefügte Gewerbeparks, sollte in Oberfranken zur Steigerung seiner Attraktivität als Wohn- und Wirtschaftsstandort besonderer Wert gelegt werden.
Welchen Aufwand und Einsatz es erfordert, altindustrialisierten Regionen wieder zu einem positiven Image zu verhelfen, wie z. B. dem Ruhrgebiet, kann aus den Lösungsansätzen der internationalen Bauausstellung »IBA Emscher-Park« ersehen werden.[11] In dieser groß angelegten Aktion wird versucht, leer gefallene Gewerbe- und Industriebrachen wieder in zusammenhängende Landschaftsräume einzubinden und die bestehenden Siedlungen in ihrer gewachsenen Struktur herauszuarbeiten und zu sanieren. Dies alles wird unternommen, um dem Standort Ruhrgebiet eine neue Attraktivität für zukunftsorientierte Investitionen, und damit Arbeitsplätze, zu verleihen. Um so mehr sollten sich bisher ländlich geprägte Regionen den Umweg über eine Ausbeutungs- und Zerstörungsstufe zu der teuren Revitalisierungsstufe ersparen. Sie können jetzt ihre positiven Standortfaktoren von Kulturlandschaft und Siedlung in den Wettbewerb der Regionen Europas einbringen.[12]
Dazu soll die Dokumentation auch für die Bauberatung Hinweise vermitteln. Die schon erzielten Erfolge der Dorferneuerung und der städtebaulichen Sanierungsmaßnahmen bieten in Bayern günstige Ausgangspositionen, da den Bürgern und den Politikern verwirklichte Projekte vorgeführt werden können. Wie fachlich qualifizierte Planung auch größere Wirtschaftsbauten in alten Baugebieten überzeugend einfügen kann, ist in Coburg[13] und Marktredwitz zu besichtigen.[14] Diese überörtlichen Entwicklungstendenzen und Lösungsmöglichkeiten sind hier anzusprechen, da auch bei den Vollerwerbslandwirten ähnliche Fragen zur Lösung anstehen. Bauberatung soll nicht das Ziel haben, Inseln einer rückwärts gewandten Idylle zu bewahren, sondern dazu beitragen, durch qualitative Förderung des Neuen die langfristige Attraktivität einer Region zu fördern.
Wie alte Bauernhäuser heutigen Wohnanforderungen entsprechen, wird an den nachfolgenden Sanierungsbeispielen nachgewiesen. Die Chancen zur Weiternutzung beruhen letztlich auf den langfristig ähnlichen Raumbedürfnissen der alltäglichen Lebensabläufe des Wohnens. Hinter allen Unterschieden der zeitbedingten Formensprache bestehen ähnliche Grundstrukturen für Aufenthaltsräume zum Wohnen und Schlafen, Wirtschaftsräume zum Arbeiten, der Nahrungsmittelzubereitung und Körperpflege und den Erschließungsräumen mit Eingängen und Fluren.[15] Darüber hinaus bieten die Wohnstallhäuser in den ehemaligen Betriebsteilen Raumreserven, die erhöhte Anforderungen für zusätzliche Gemeinschafts- oder Individualräume auffangen können.
Mit Hinweisen für zukünftige Planungen wird die Schwelle der wissenschaftlichen Analyse zur planungsorientierten Wertung hin überschritten, da Planen Entscheiden bedeutet und Entscheidung selbst einen Wertungshorizont voraussetzt.[16] Auch wenn Wertungen einer rationalen Diskussion nur teilweise zugängig sind, können doch die Bewertungsgrundlagen offengelegt werden, um eine Mindestzahl von Einflußfaktoren zu erfassen.
So war es schon bisher selbstverständlich, die mit Zahlen belegbaren Faktoren in die Entscheidungsfindung einzubringen, bei Wertermittlungen von Gebäuden den Bodenwert und den Bauwert.[17] Um jedoch eine ausreichende Beurteilung für ein Gebäude zu erreichen, müssen über die vorgenannten quantitativen Wertgruppen hinaus auch qualitative Faktoren einbezogen werden:
– welche Wertschätzung ein Bauwerk durch seine Lage, bisherige Nutzungsgeschichte in der Öffentlichkeit genießt, also ein sozialer Stellenwert[18];
– wie hoch die Gestaltqualität des Gebäudes im Hinblick auf seine Nachbarschaft und für sich selbst zu bewerten ist.
Um quantitative mit qualitativen Einflußgrößen in der Dokumentation zu verknüpfen, wurden bei jedem Hausbeispiel die Gebäudemerkmale für die Bauberatung aufgegliedert in eine Übersichtstabelle mit ausgewählten Maßangaben und einen Text, der auf die speziellen Qualitätsmerkmale aufmerksam macht.
Aus der Hausforschung soll die Bauberatung tiefer begründete Zielvorstellungen gewinnen. Sie wird langfristig gültige Primärelemente, d. h. die Grundstrukturen der Baugefüge, von den nur mittelfristig wirksamen und damit mehr zeitabhängigen Sekundärelementen des Ausbaus, der Ausstattung und Ausschmückung unterscheiden.
Auf diese Weise kann auch der kulturpessimistische Unterton mancher Bauernhausforschung überwun-

den werden, wenn man neue Strategien für die Zukunft eröffnet. Bäuerliche Lebensweise wird hier weitergedacht als ländliche Lebensweise und parallel dazu das landwirtschaftliche Bauen in ein ländliches Bauen überführt. Das Leben ländlicher Regionen wird damit auch künftig von den konkreten Wechselbeziehungen zwischen Lebensweisen[19] der dort wohnenden und arbeitenden Menschen mit der natürlichen und gebauten Umwelt geprägt.

Die Wohnstrukturen der Hausbeispiele zeigen ein Bauen mit dem im Nahbereich vorgefundenen Materialien und naturnahen Energiequellen.[20] Daraus können für das heutige umweltschonende, energiesparende und kostenbewußte Bauen einige Hinweise abgeleitet werden, nicht zur Kopie, sondern zur weiteren Fortschreibung:

Zunächst ist bei den Dorflagen von der wirtschaftlichen Grundstücksausnutzung der von der Straße in die Tiefe entwickelten Hofstellen zu sprechen. Dort werden die Gebäude jeweils an eine Nachbargrenze gesetzt, um einen möglichst ungeteilten Hofraum zu erhalten. Das gleiche Recht des Grenzanbaus wird dem jeweils nächsten Nachbarn zugebilligt. Diese Bauweise, auch enge Reihe genannt, wurde vor dem Hintergrund fehlender Abwasserbeseitigung und der Feuergefährdung in der Bayerischen Bauordnung vom 27. Februar 1901 untersagt, eine Regelung, die bei dem heutigen Stand der Bautechnik nicht mehr überzeugt. Dennoch wurden auch bei späteren Neufassungen der Bauordnung die Abstandsflächenregelungen nur teilweise revidiert, so daß in den Bebauungsplänen auf dem Land nach wie vor das in der Mitte seines Grundstücks errichtete und auf allen Seiten nur Restflächen belassende Einzelhaus das Feld beherrscht.

Bei den Gebäuden selbst ist auf den Baukörper als geschlossene Klimahülle hinzuweisen. Die steil geneigten Dächer – die Strohdeckung erforderte ebenso wie die Biberschwanzziegeldeckung einen raschen Abfluß der Niederschläge – sitzen mit knappen Gesimsprofilen und schmalen Ortgängen auf den Baukörpern. Die Belichtung der Dachräume erfolgt von den Giebelseiten oder zum Teil über Dachgauben. Dachhaut und Baukörper werden so wenig wie möglich unterbrochen, um einen kostengünstigen Betrieb und Bauunterhalt zu sichern.

Die Grundrißorganisation entspricht der erprobten Raumfolge der traufseitigen Erschließung mit Flur und einläufiger Treppe sowie dem Zugang zu Stube und Küche. In größeren Gebäuden finden wir einen zusätzlichen schmalen Längsflur, der im Erdgeschoß die Wirtschafts- und Stallräume und im Obergeschoß Kammern erschließt. Besonders zu erwähnen ist die einläufige Treppe, die zum Dachgeschoß führt, ohne das statische Gefüge der Deckenbalken im Sparrendach auswechseln zu müssen. In den Grundrissen fallen die einfachen durchgehenden Anordnungen der Trennwände auf. Unabhängig von der jeweiligen Größenordnung entspricht dies den Anforderungen des Holzbaus, gleich ob im Fachwerk oder Blockbau. Daraus ergeben sich klare Grundrißdispositionen, hohe Raumausnutzung, wirtschaftliche Konstruktionen und eine überzeugende Raumgestaltung.

Die Leistungsfähigkeit von Baustrukturen beruht weniger auf der Anzahl unterschiedlicher Elemente als auf der Vielzahl ihrer Verbindungsmöglichkeiten. In den Bauernhäusern ist dies aus dem Variationsreichtum der Anordnung der Tür-, Fenster- und Lukenöffnungen in den Wänden der Vollgeschosse und Giebeldreiecke zu ersehen.

Alle bisherigen Lösungen im Hausbau stellen nur einen Teil der möglichen Variationen dar. Ein weites Feld steht der Kreativität offen.

Für den Beginn des 21. Jahrhunderts zeichnen sich Probleme bisher unbekannter Größenordnungen zwischen menschlicher Gesellschaft und ihrer natürlichen und kulturellen Umwelt ab. Sie können nur aus der Gesamtverantwortung aller Bürger zu tragfähigen Lösungen gebracht werden. Das Bauen wird dann, wie alle kulturellen Unternehmungen, weniger auf eine zeitbezogene, einmalige Originalität ausgerichtet sein als vielmehr auf eine zeitübergreifende fortwährende Kreativität.[21]

Dazu soll Bauberatung beitragen, nicht in dem sie fertige Rezepte für den Hausbau vergibt, sondern den Blick weitet für die Fülle von Kombinationen in den regionalen Kulturlandschaften, wenn wir sie nur sehen wollen. Auf allen Seiten von Werbung überflutet werden uns fortwährend Aufsehen erregende Neuheiten eingeredet und die überkommenen Kulturlandschaften und Siedlungen als Hindernisse für ein gewinnorientiertes Wirtschaften abgewertet.

Dabei wird das Kulturerbe immer wieder – bewußt oder unbewußt – mit oberflächlichen und falschen Fragen konfrontiert, nämlich denen nach einer musealen Konservierung oder eines gedankenlosen volkstümlichen Kopierens. Eingefahrene Denkschablonen und Sehgewohnheiten verhindern, daß wir über Oberflächenerscheinungen hinaus die Tiefendimensionen der Bauernhäuser wahrnehmen. Jedes dieser Häuser bedeutet mehr als nur sein nacktes Vorhandensein. Es weist auf in ihm verborgene Kräfte und gespeicherte Erfahrungen der uns vorausgegangenen Generationen hin, die genau in der Naturumwelt überleben mußten, die auch unausweichlich unsere eigene Lebensbasis ist und sein wird.

Wir sollten uns von den falschen Alternativen, sowohl einer bequemen Technikfeindlichkeit wie auch einer aufgeregten Innovationssucht befreien, und in dieser Freiheit die Kultur der Regionen verantwortungsbewußt weiterentwickeln. Verantwortung für diese Freiheit bedeutet die Werte der Kulturlandschaft als Maßstab anzuerkennen und sie in die Gesamtheit neuer Konzepte einzubringen. Gerade eine vertiefte Kenntnis des Variationsreichtums des regionalen Bauens wird vor Fehlurteilen bewahren und in echter Kreativität neue Kombinationen finden.

Westliches Oberfranken,
Maßstab 1:500

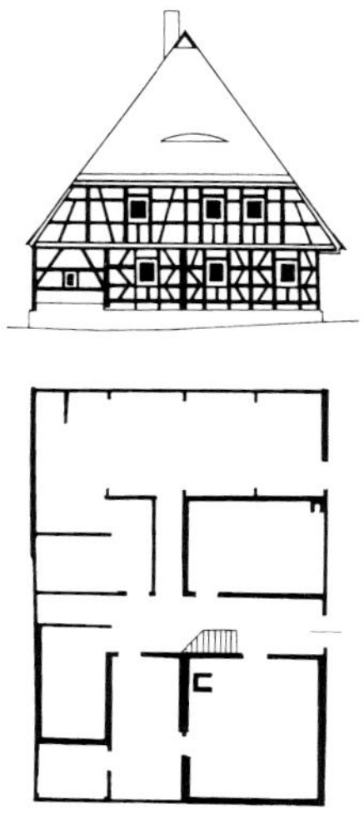

Poxdorf
Landkreis Forchheim
Breite: 11,6 m
Dachneigung: 54°
Querflur
Fachwerk

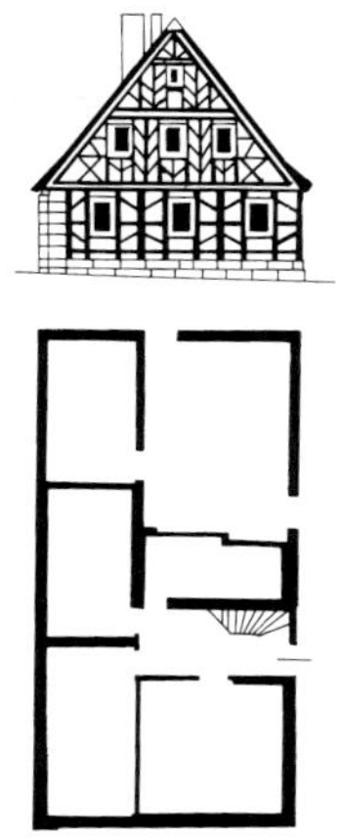

Hausen
Landkreis Forchheim
Breite: 8,9 m
Dachneigung: 52°
Querflur
Fachwerk

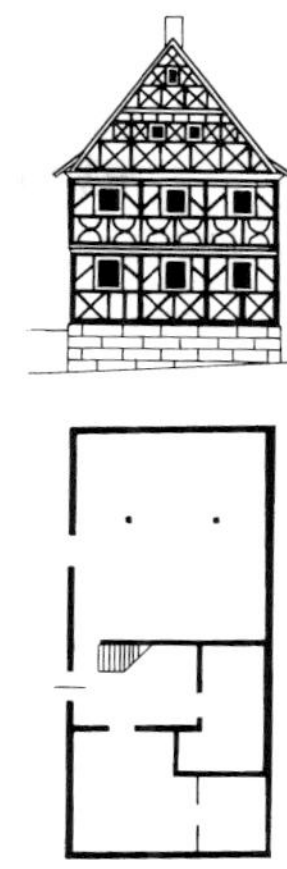

Döringstadt
Landkreis Lichtenfels
Breite: 6,8 m
Dachneigung: 52°
Querflur
Fachwerk

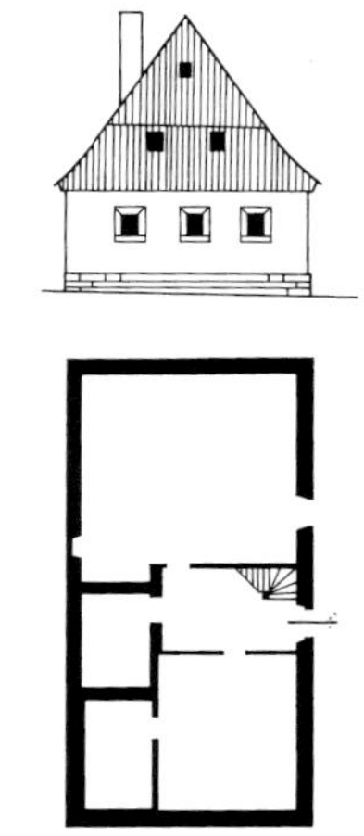

Waldbuch
Landkreis Kronach
Breite: 8,8 m
Dachneigung: 54°
Querflur
Massivbau

Die Vielfalt individueller Ergebnisse wird in acht ausgewählten Hausbeispielen der Dokumentation sichtbar. In der oberen Reihe werden Beispiele aus dem westlichen, in der unteren aus dem östlichen Oberfranken gezeigt. Wie Raumgefüge, Materialwahl und konstruktive Gestaltung in einer unbegrenzten Anzahl von Verbindungen kombiniert werden können, soll auch auf den folgenden Seiten in der Gegenüberstellung von Baukörpern und Dachzonen gezeigt werden, mit dem Ziel kreative Kräfte herauszufordern, diese Hauslandschaft mit neuen Mitteln fortzuschreiben.

Östliches Oberfranken
Maßstab 1:500

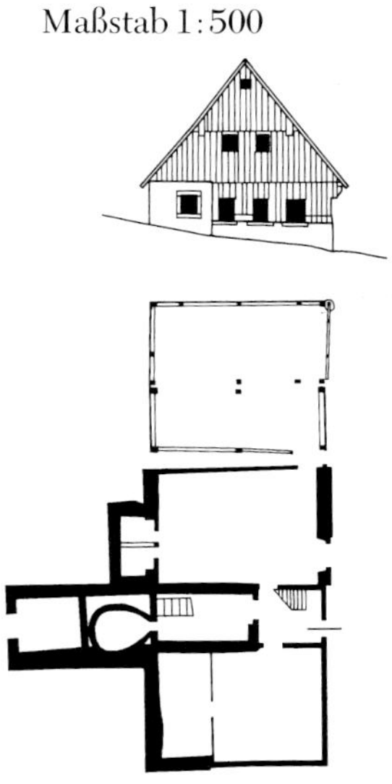

Grassemann
Landkreis Bayreuth
Breite: 8,2 m
Dachneigung: 53°
Querflur
Massivbau
Blockbau

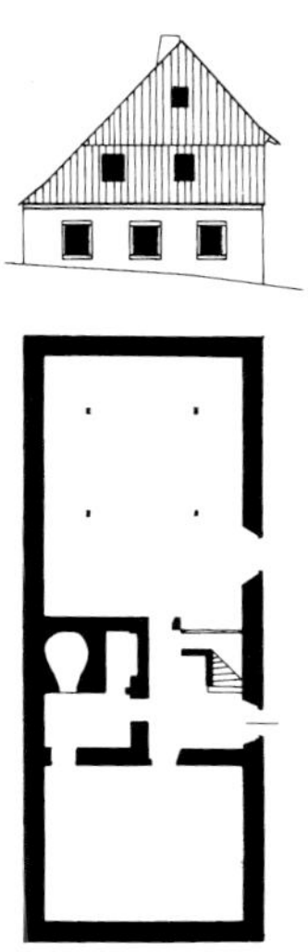

Kleinlosnitz
Landkreis Hof
Breite: 8,6 m
Dachneigung: 48/46°
Querflur
Massivbau
Fachwerk

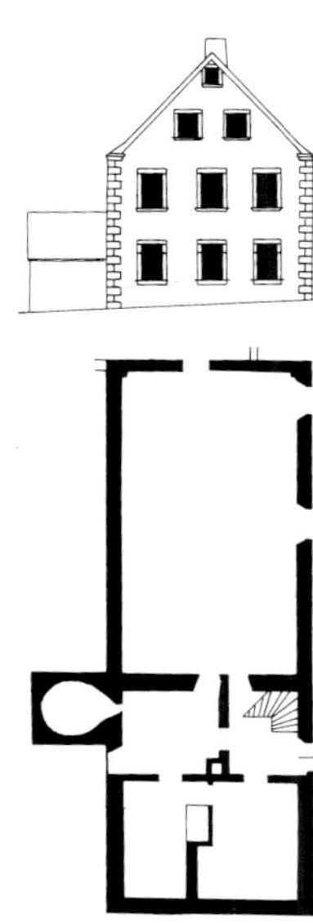

Erbsbühl
Landkreis Hof
Breite: 8,3 m
Dachneigung: 47°
Querflur
Massivbau

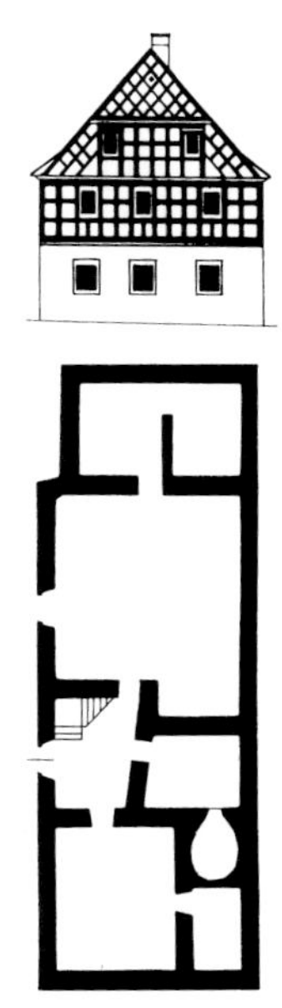

Niederlamitz
Landkreis Wunsiedel
Breite: 8,9 m
Dachneigung: 50°
Querflur
Massivbau
Fachwerk

Honings Nr. 4
Gemeinde Hetzles, Landkreis Forchheim
Breite 11,0 m, Dachneigung 54°

Erdgeschoß und Giebeldreieck werden durch ihr Fachwerk zu einer Einheit zusammengefaßt, innerhalb der die geschoßweise Gliederung in der Konstruktion und der Lage der Fensteröffnungen sichtbar bleibt.
Das liegende Rechteck des Erdgeschosses wird von vier gleichen, in stehenden Formaten ausgebildeten Fenstern belichtet. Die Wandfelder zeigen gleiche Detailausbildungen mit wandhohen Streben. Im Giebeldreieck werden die Ständer gegenüber dem Erdgeschoß verschoben, im ersten Dachgeschoß nach außen und im zweiten Dachgeschoß nach innen. Die oberen Dachluken folgen wieder der Mittelachse. Das Haus beweist, wie durch die Detailausbildungen eine vielfältige Gliederung erreicht wird.

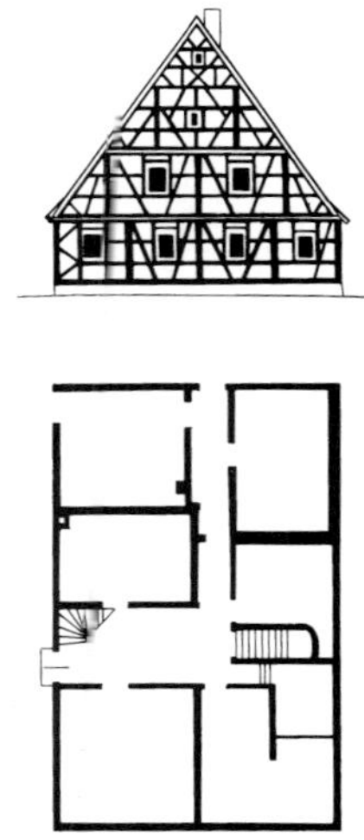

Wörlsdorf, Hauptstraße 12
Gemeinde Sonnenfeld, Landkreis Coburg
Breite 8,7 m, Dachneigung 51°

Die beiden Vollgeschosse zeigen in ihrer unterschiedlichen Ausbildung die Gestaltungsfreiheit einer stockwerksweise abgezimmerten Holzkonstruktion. Das Erdgeschoß entspricht einem späteren Typus des streng gereihten Fachwerkes gegenüber dem Obergeschoß mit der älteren Ausbildung von K-Streben. Auch Größe und Anordnung der Fenster weichen zwischen Erd- und Obergeschoß voneinander ab. Im Giebeldreieck folgen die Fensteröffnungen und die Ausbildung des konstruktiven Fachwerks der Symmetrieachse, jedoch auf eigenständige Weise: Im ersten Dachboden sind zwei Öffnungen neben einem mittigen Ständer und im darüberliegenden Spitzboden eine Öffnung eingesetzt.

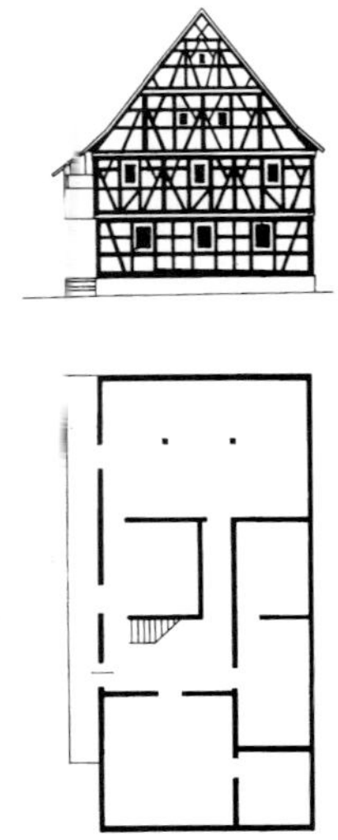

Rossach, Coburger Str. 29
Gemeinde Großheirath, Landkreis Coburg
Breite 9,1 m, Dachneigung 50°

Das Sandsteinquader-Mauerwerk des Erdgeschosses setzt sich im Baumaterial deutlich vom Fachwerk des Obergeschosses und des Hausgiebels ab. Im Erdgeschoß sind die vier gleich großen Fenster achsialsymmetrisch ausgerichtet, wogegen das Obergeschoß eine asymmetrische Fensteranordnung zeigt. Das darübersitzende Dachdreieck ist wieder auf die Mittelachse des Giebels bezogen.
Das Hausbeispiel zeigt eine mehrfache Ordnung, einmal die zwei Vollgeschosse gegenüber dem Dachdreieck und zum anderen das massive Erdgeschoß gegenüber dem Fachwerk im Obergeschoß mit dem Giebeldreieck.

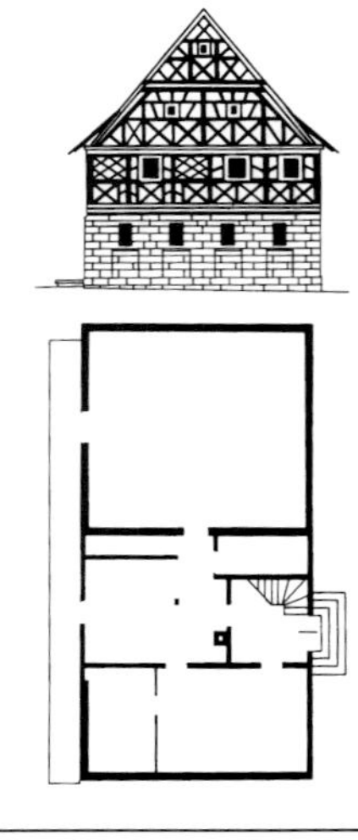

Frensdorf, Hauptstraße 5
Gemeinde Frensdorf, Landkreis Bamberg
Breite 7,6 m, Dachneigung 53°

Die Massivbaukonstruktion und die achsialsymmetrische Ausrichtung der drei Fensteröffnungen des Erdgeschosses sowie der zwei Fenster des Dachgeschosses, gekrönt durch die mittige Lage der Bodenluke, führen zu einer überzeugenden Giebelansicht. Voneinander abgesetzt sind die verschiedenen Geschosse durch Sandsteingesimse. Die Eckpilaster und Sandsteingewände der Fensteröffnungen betonen die bewußte Gestaltung der Straßenfront.

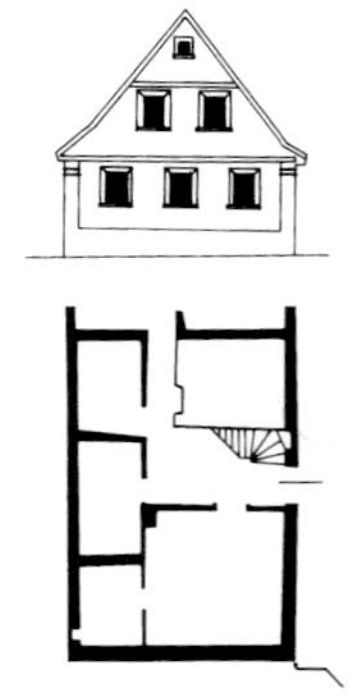

Ansicht, Grundriß M 1:500

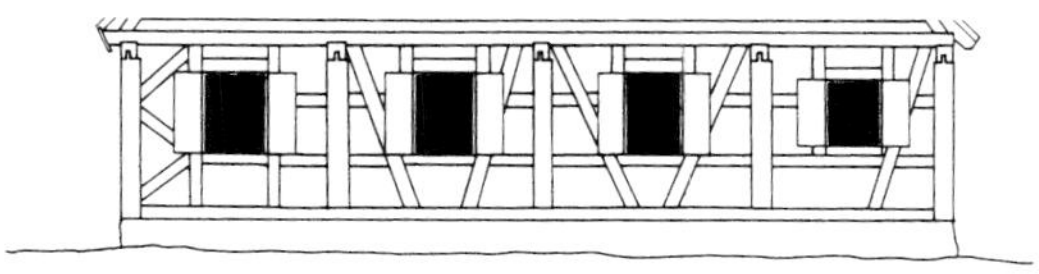

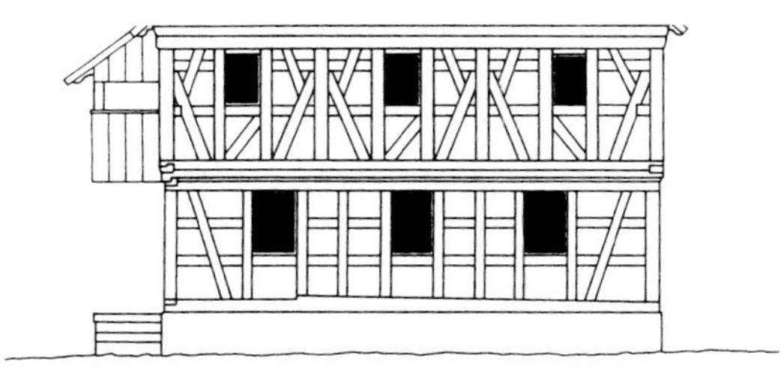

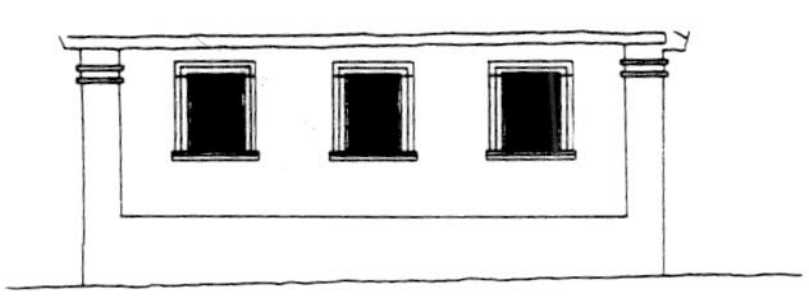

Ansicht Erdgeschoß M 1:200

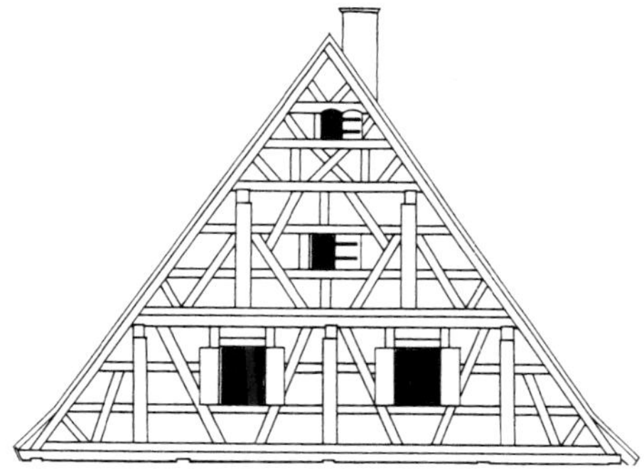

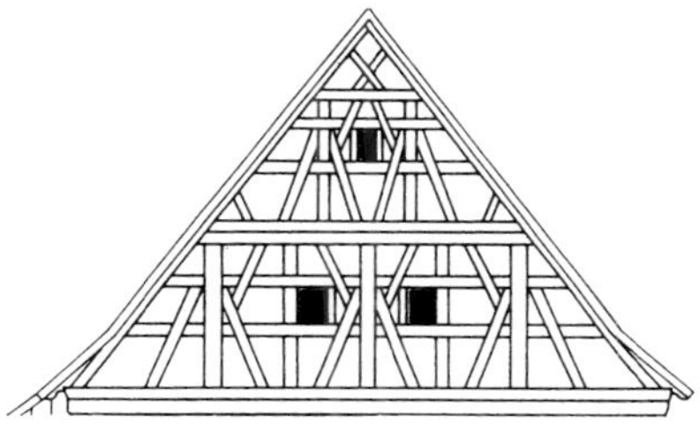

Ansicht Hausgiebel M 1:200

Neuhausen Nr. 10
Stadt Rehau, Landkreis Hof
Breite 8,3 m, Dachneigung 48°

Den beiden Vollgeschossen gemeinsam ist die symmetrische Anordnung von je drei Fensterachsen. In der konstruktiven Struktur setzen sie sich aber deutlich voneinander ab. Das Erdgeschoß ist als Blockbau auf einem massiven Sockel, das Obergeschoß dagegen in einem strebenlosen Rasterfachwerk mit eng stehenden Ständern und dazwischen eingeschnittenen Riegeln ausgebildet. Der Hausgiebel ist mit Brettern senkrecht verschalt, die in der Höhe des Kehlbalkens gestoßen sind. Alle Fensteröffnungen, auch im Dachdreieck, sind auf den First hin symmetrisch ausgerichtet und fassen damit das Bauwerk als einheitliche Gestalt zusammen, die durch den strukturellen Wechsel von Steinsockel, Blockwanderdgeschoß, Fachwerkobergeschoß und holzverschaltem Giebel eine starke Gliederung erfährt.

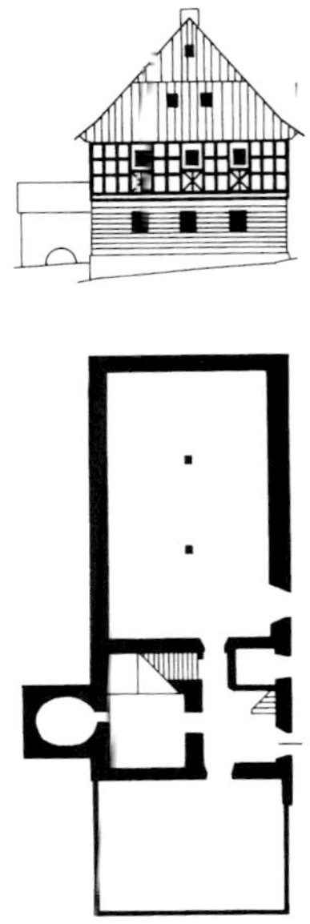

Joditz, Schlegelweg 2
Gemeinde Köditz, Landkreis Hof
Breite 7,4 m, Dachneigung 49°

Der einraumbreite langgestreckte Baukörper trägt über dem massiven Erdgeschoß ein Obergeschoß und Giebeldreieck aus Fachwerk. Wenn auch der seitliche Anbau einen asymmetrischen Akzent bildet, ist der Hauptbaukörper doch im Erdgeschoß und in den Obergeschossen deutlich symmetrisch gestaltet. Zwei mit Gewänden umrahmte und mit Klappläden gesicherte Fenster sind in ihren Abmessungen identisch und auf die Mittelachse des Erdgeschosses bezogen. Auch im Obergeschoß werden die Lage der Ständer, die Verstrebungen der Fachwerkfelder und die beiden Fenster nach der Giebelachse ausgerichtet. Das Obergeschoß ist mit dem Giebeldreieck durch die konstruktiven Ständer und K-Streben, aber auch durch die Zierfachwerkfüllungen zu einer Gestalteinheit zusammengefaßt. Hier liegt eine überzeugende mehrfache Gliederung des Baus vor. Die Vollgeschosse setzen sich gegenüber dem Dachdreieck ab, jedoch ist das Erdgeschoß als Massivbau wiederum unterschieden zu der Fachwerkkonstruktion des Obergeschosses und des Dachdreiecks.

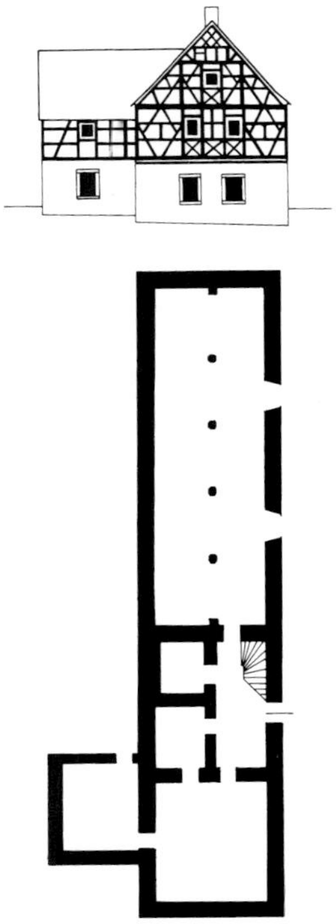

Kleinschwarzenbach Nr. 39
Stadt Helmbrechts, Landkreis Hof
Breite 7,5 m, Dachneigung 51°

Das einseitig zum Erdgeschoß heruntergezogene Frackdach bildet das kennzeichnende Gestaltmerkmal des Baukörpers. Das Erdgeschoß ist in Massivbauweise errichtet und von drei in gleichen Abständen symmetrisch eingesetzten Fenstern belichtet. Durch das Frackdach wird das Obergeschoß seitlich zurückgenommen und erhält zwei Fenster, die den rechten Fensterachsen des Erdgeschosses entsprechen. Im oberen Giebeldreieck betont die unter dem First eingesetzte Luke die Symmetrieachse. Dach und einseitiges Obergeschoß werden von der senkrechten Bretterverschalung zusammengefaßt und gegen das verputzte Mauerwerk des Erdgeschosses abgesetzt. Insgesamt ergibt sich durch konsequente Teilordnungen, aus dem Gegensatz der asymmetrischen Gestalt und dem Materialwechsel, eine überzeugende Gesamtgestaltung.

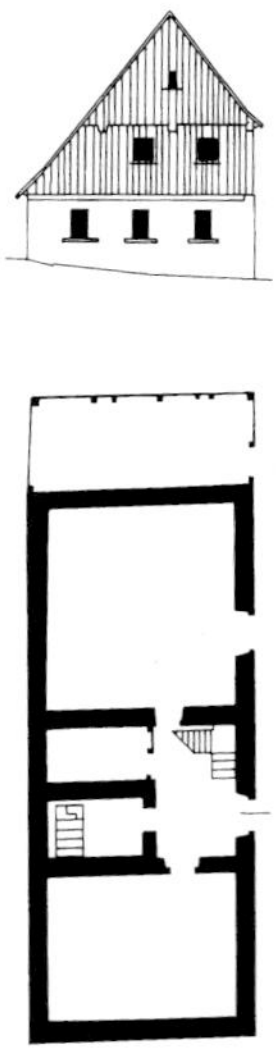

Ansicht, Grundriß M 1:500

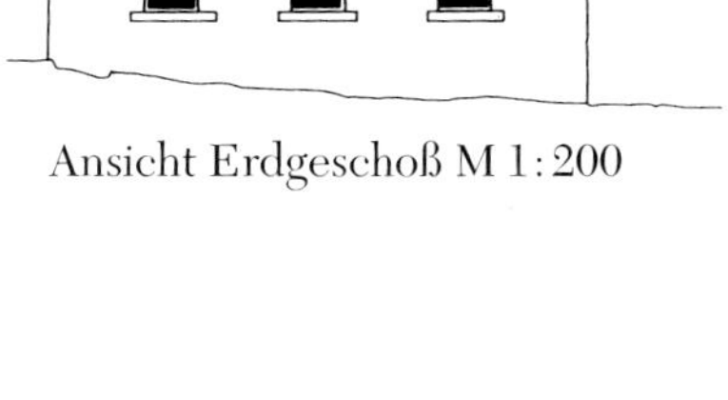

Ansicht Erdgeschoß M 1:200

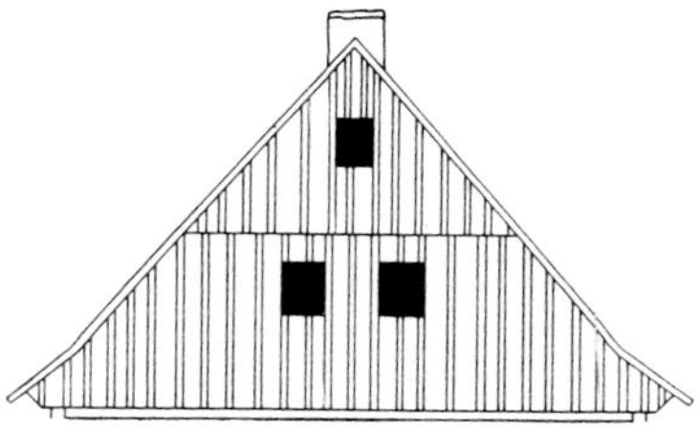

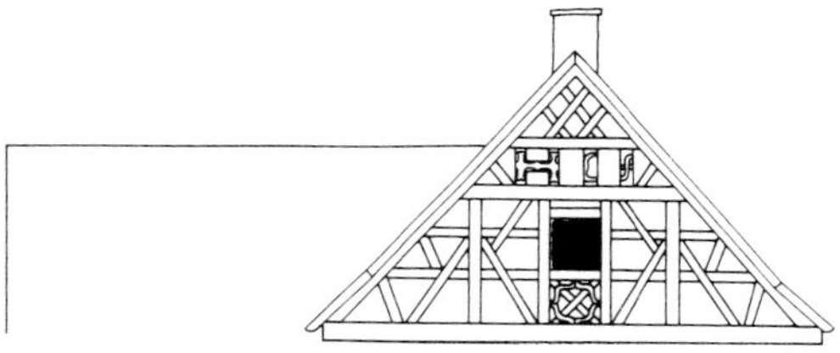

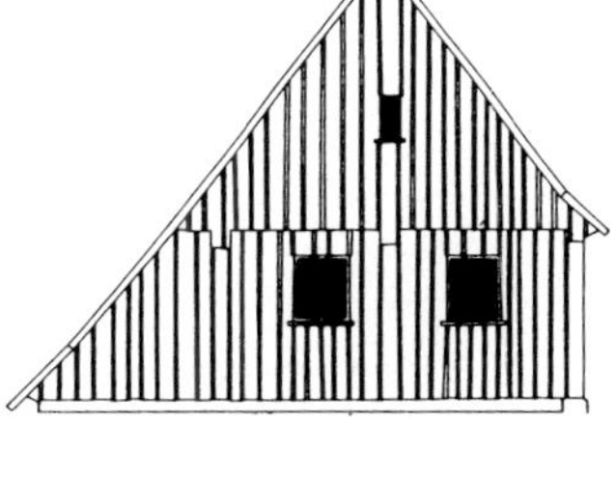

Ansicht Hausgiebel M 1:200

Krappenroth
Stadt Lichtenfels
Landkreis Lichtenfels
Bauernhof westliches
Oberfranken

Die vorausgehenden Nachweise der Vielfalt der Kombinationen von Grundrißeinteilung, Materialwahl, Konstruktion und Gestaltung sind auf die Gebäude selbst ausgerichtet. Konkrete Bauberatung wird jedoch immer auch die landschaftliche Einfügung, das Wegenetz und die Wasserversorgung einbeziehen, um nur einige grundlegende Teilbereiche zu nennen. In Krappenroth bilden die ziegelgedeckten Bauernhäuser mit den hohen Bäumen, dem einfachen Holzzaun um die Hauswiese und dem unversiegelten Fahrweg ein naturnahes Ensemble des Maintals bei Lichtenfels. Die massiv gemauerten, schiefergedeckten Bauernhäuser von Quellenreuth zeigen den Zusammenhang von landwirtschaftlichen Anwesen und ihrer Kulturlandschaft. Die hell getünchten Baukörper vermitteln mit dem Dorfweiher, den Großbäumen, den Holzzäunen und der einfachen Wegeführung die Zusammenhänge eines bäuerlichen Ensembles am Nordrand des Fichtelgebirges bei Schwarzenbach an der Saale.

Quellenreuth
Stadt Schwarzenbach
a. d. Saale
Landkreis Hof
Bauernhof östliches
Oberfranken.

Hausbeispiele und Detailgestaltung

Vorbemerkung

Die Verwirklichung von Ideen der Bauberatung soll an ausgeführten Beispielen, Sanierungen, Umbauten und Neubauten gezeigt werden. Dabei muß immer ihr Wechselverhältnis zu Kulturlandschaft und ländlichen Siedlungen im Bewußtsein lebendig bleiben.
Wie jedes Haus in seiner Umgebung, einer landschaftlichen und baulichen Nachbarschaft eingebettet ist, wie das Zusammenspiel von Grünraum und Bauanlage mit ihrer Erschließung über Vorzüge und Nachteile für Benutzer und Besucher entscheidet, ist bei jeder Bauberatung offenzulegen.
Die Gesamtheit von Kulturlandschaft und Siedlung kann aus der Abbildung der Effeltermühle im tief eingeschnittenen Frankenwaldtal der Dober ersehen werden. 1988 wurde der Umbau des großen Mühlenanwesens in eine Jugendfreizeitstätte der evangelischen Kirche durchgeführt. Es ist der Bauherrschaft und der planerischen Zusammenarbeit zwischen Architekt und Landschaftsarchitekten zu verdanken, daß sie durch eine gründliche Voruntersuchung und eine qualifizierte Planung die Bauanlage mit ihrer neuen Zweckbestimmung überzeugend in das Frankenwaldtal eingefügt haben. Die freie Lage eines ehemaligen großen landwirtschaftlichen Anwesens, die unmittelbar mit ihren Wiesen und Feldern räumlich verbunden ist, blieb auch bei der neuen Nutzung erhalten.
Die gezeigten Beispiele beanspruchen nicht, den repräsentativen Querschnitt des Bauens in Oberfranken zu bieten, dazu wäre eine wesentlich umfangreichere Veröffentlichung erforderlich. Vielmehr werden einige für das Bauen im ländlichen Raum anregende Lösungsansätze gezeigt, die gerade bei Neubauten nur als kurze Hinweise möglicher Entwicklungslinien zu verstehen sind.
Die Planunterlagen wurden alle einheitlich umgezeichnet. Im Sinne der Bauberatung, die zum selbständigen Planen anregen will, bietet die Veröffentlichung keine unmittelbar zu kopierenden Planungsvorlagen. Die eigene Verantwortung für jeden Hausbau wird daran deutlich, daß die laufend veränderten Bauvorschriften in den Detailplänen schon früher verwirklichter Bauten nicht nachgetragen wurden, und somit auch keine Fragen der Haftung daraus abgeleitet werden können.
Um die Bauberatung mit der Dokumentation zu verbinden, werden alle Beispiele ebenfalls im Maßstab 1/200 und bei den Detailplänen im Maßstab 1/20 veröffentlicht. Die Legende der Grundrißbeispiele, die nebenstehend aufgeführt ist, wird mit den gleichen Nummern bei allen Beispielen im Grundriß auftreten, jedoch in der Auswahl bezogen auf das jeweilige Beispiel.

Ansicht der Effelter Mühle von Süden im Dobertal.

Legende der Grundrisse

Flur, Windfang, Garderobe, Treppe	1
Küche	2
Eßraum	3
Wohnraum	4
Arbeitsraum	5
Schlafraum	6
Schlafraum Kind	7
Bad, Dusche, WC	8
Abstellraum, Speisekammer	9
Mehrzweckraum, Hausarbeitsraum	10
Terrasse, Wintergarten, Balkon	11
Garage	12
Geräteraum	13
Keller	14
Technikraum	15
Werkstatt	16

Jugendheim Effeltermühle Gemeinde Wilhelmsthal Landkreis Kronach

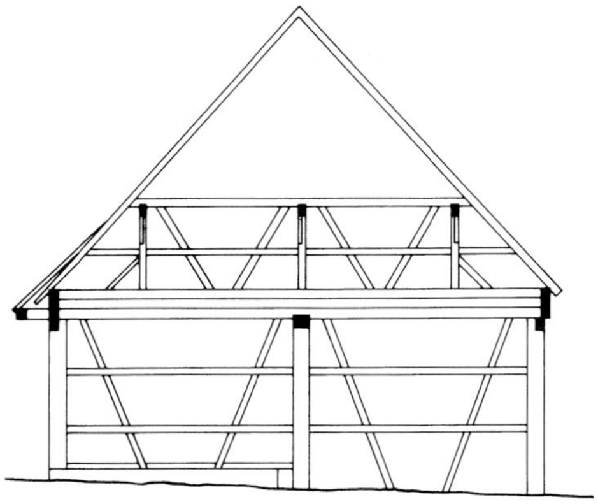

Querschnitt vor dem Umbau, Maßstab 1:200.

Die Mühle in dem tief eingeschnittenen Tal der nach Südwesten abfließenden Dober gehört zu dem über dem Tal liegenden Waldhufendorf Effelter, das bei der Besiedlung des Frankenwaldes im 13. bzw. 14. Jahrhundert gegründet wurde. Der Dorfanger ist auf eine Quellmulde ausgerichtet, an der vorbei ein direkter Weg zu der 120 m tiefer liegenden Mühle führt.

Die Mühle mit Hauptgebäude, Säge und Scheune ist in der Denkmalliste der Gemeinde Wilhelmsthal aufgenommen: »Effelter Mühle, Mansarddachbau, Obergeschoß verschiefter Blockbau, Bez. 1830«.

Das Mühlenanwesen wurde zu einer Jugendfreizeitstätte der evangelischen Kirche für Übernachtungsgelegenheiten, mit Gemeinschaftsräumen, Küchenanlage und einer Kapelle umgebaut. Hier ist es gelungen, die bisherigen Materialkombinationen mit Natursteinmauerwerk, Schieferverkleidung und naturbelassenem Holz mit den neuen Anforderungen zu verbinden und eine beispielgebende Baugruppe zu schaffen, in der die alte Bausubstanz mit neuem Leben erfüllt wurde.

Die große Holzscheune von 23 m Gesamtlänge und 10 m Breite steht westlich der Hauptgebäude frei im Wiesengrund. Nach einem hoffnungslos scheinen-

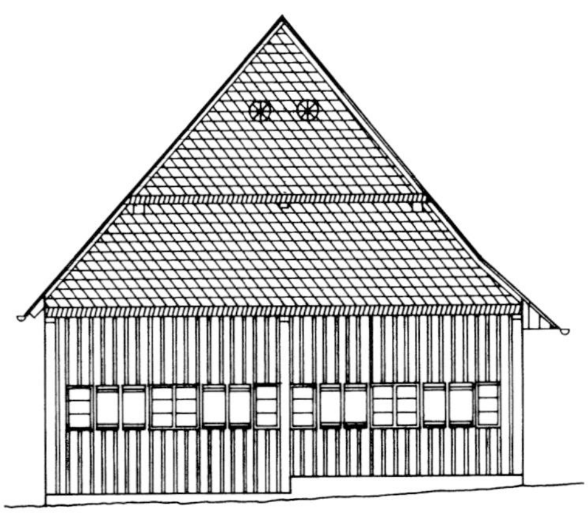

Südansicht.

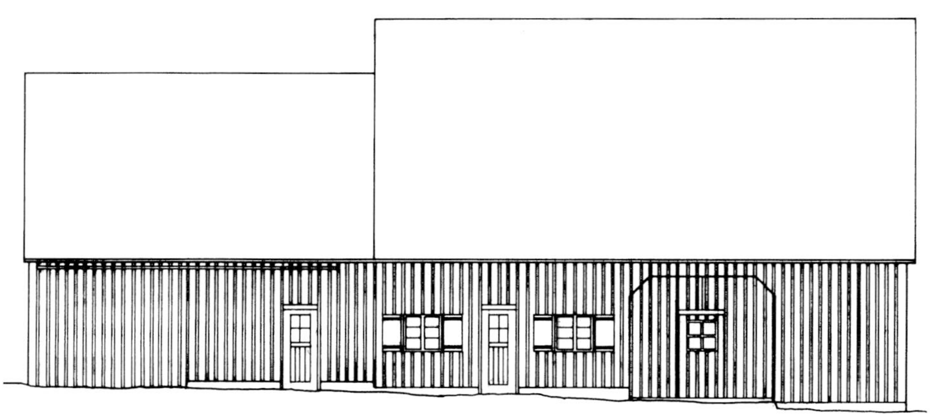

Westansicht.

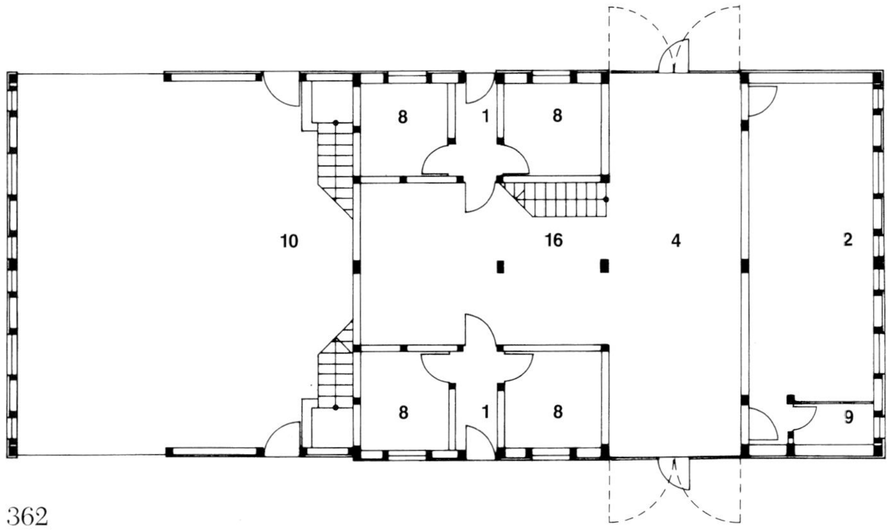

1 Flur
2 Wohnküche
4 Aufenthaltsraum
8 Dusche, WC
9 Abstellraum
10 Mehrzweckraum
16 Werkstatt

Grundriß Erdgeschoß.

Ansicht Scheune von Süd-
westen.

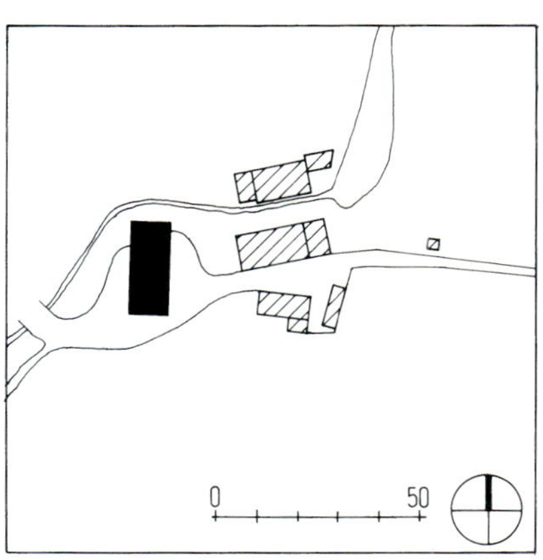

Lageplan, Maßstab 1:2500.

Holzschalung an der Traufseite der Scheune nach Umbau.

Scheune vor Sanierung und Umbau.

Scheune nach Sanierung und Umbau.

den Verfall konnte sie gerettet und einer neuen Nutzung zugeführt werden. Die neue Raumaufteilung nimmt die klare, konstruktive Gliederung des Holzbaues in überzeugender Weise auf. Die schwierige Aufgabe in eine durchgehende Schalung neue Öffnungen einzusetzen, wurde, wie die Südansicht des Giebels zeigt, mit den durchgehenden Fensterreihen gelöst, wobei die unkonventionelle Abfolge der zweigeteilten Fenster im Wechsel mit den Fensterläden einen besonderen Gestaltakzent darstellt. In der Detailausbildung ist auch auf die sorgfältige Abstufung der Holzschalung entlang des Faltengeländes an der Traufseite hinzuweisen. Das Bild der vor der Scheune spielenden Jugendgruppe zeigt die Einfügung in die Landschaft mit der Wiese und dem großen Eichenbaum.

Wohnhaus von Südosten, mit Nachbarhäusern.

Wohnhaus in Dörfles Gemeinde Mainleus Landkreis Kulmbach

Das ehemalige Wohnstallhaus wurde bis auf das Sandsteinquader-Mauerwerk des Erdgeschosses neu gebaut, jedoch in seinem Innenraumgefüge als Querflurhaus beibehalten. Die Hofstelle bildet mit dem westlichen Nachbarhaus und den eigenen Nebengebäuden eine das Ortsbild des oberfränkischen Dorfes prägende Baugruppe. Das Wohnstallhaus steht am Westrand seines Grundstücks mit dem Südgiebel zur Straße. Der Rechteckbaukörper erreicht bei einer Breite von 9,2 m und einer Länge von 18,5 m ein Seitenverhältnis von 1:2. Ein 51° steiles Satteldach schließt den Baukörper ab. Die Dachneigung von 51° führt im Dachdreieck zwischen Hausbreite und Giebelhöhe zu einem Seitenverhältnis des Goldenen Schnittes, eine Proportion, die bei Dächern in Franken häufig anzutreffen ist.
In der Grundrißorganisation wurde der bestehende Querflur mit der einläufigen Treppe in das Dachgeschoß aufgenommen und neu gestaltet. Er ist jetzt auf die gesamte Hausbreite durchgeführt. Die Stube nimmt die Fensterachsen der Giebelseite ein. Westlich des Flurs wurde in der ehemaligen Stallzone Küche mit Nebenraum und auf der Ostseite zwei Schlafräume eingebaut. Im Obergeschoß sind durch den Querflur ein Wohnarbeitsraum am Giebel und weitere Schlafräume erschlossen.
Um die erforderliche Wärmedämmung zu erreichen, wurde innerhalb der Sandsteinmauer eine neue, 24 cm starke Wand vorgesetzt, damit die Fensterlaibungen vertieft, die Proportionen der Fenster jedoch unverändert erhalten.
Innerhalb der Hofstelle fällt das Gelände nach Süden zur Straße um nahezu ein Geschoß ab. Dieser Höhenunterschied wird in dem einheitlichen Natursteinmauerwerk aufgenommen und durch einen ebenerdig zugänglichen Lagerraum zusätzlich genutzt. Entlang der östlichen Traufseite führt eine Freitreppe aus Sandstein-Blockstufen zur Haustür auf dem Niveau des Erdgeschosses.

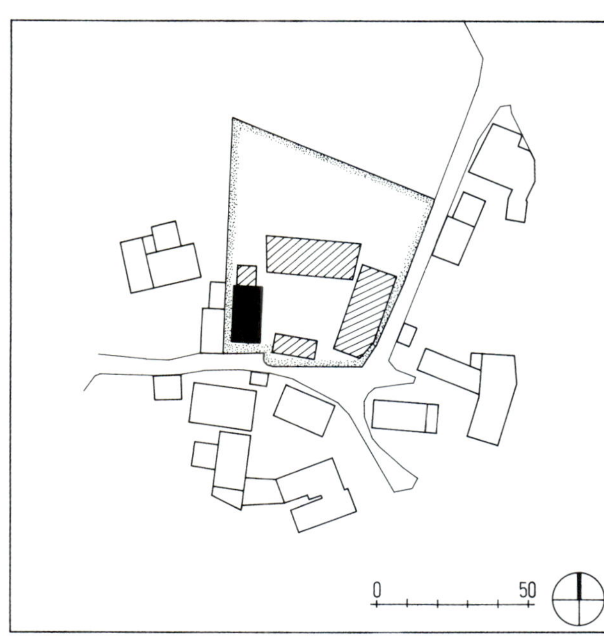

Lageplan, Maßstab 1:2500.

Wohnhaus von Südwesten, Straßenansicht mit Hofeinfahrt.

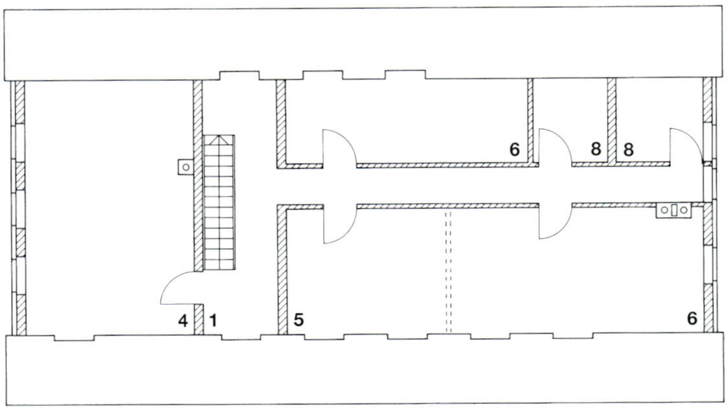

Grundriß Obergeschoß.

1 Flur
2 Küche
4 Wohnraum
5 Arbeitsraum
6 Schlafraum
8 Bad, WC
9 Abstellraum
15 Technikraum

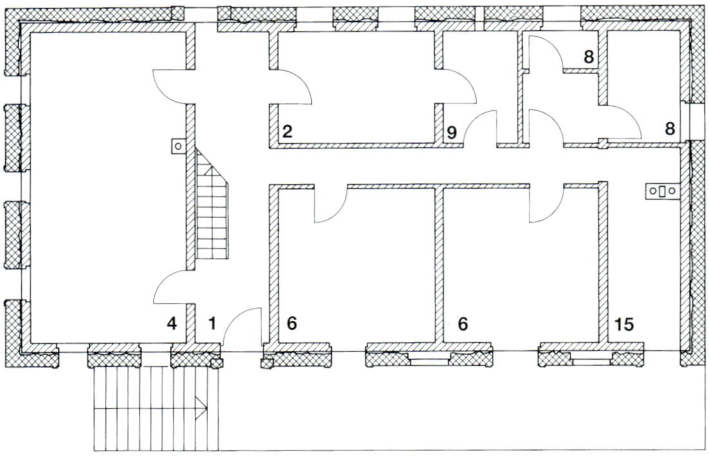

Grundriß Erdgeschoß, Maßstab 1:200.

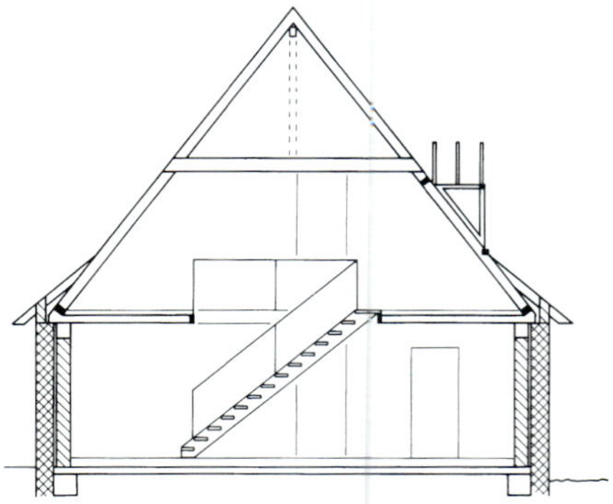

Querschnitt.

Hofansicht Wohnhaus, Freitreppe zum erhöhten Tritt.

Für das Giebelfeld konnte die Schieferverkleidung des Altbaus wiederverwendet werden. In die vorhandenen Öffnungen des Sandsteinquader-Mauerwerkes wurden Verbundfenster und Türen eingesetzt, um die Holzprofile, ähnlich dem Altbau, möglichst schlank zu halten. Die schwierige Aufgabe, eine größere Zahl von Dachgauben anzuordnen, ist hier mit der knappen Verkleidung und den flächig eingesetzten Verbunddoppelfenstern gelöst, zumal die Gesamtfläche des Daches nur zu einem Drittel von den Dachgauben beansprucht wird. Im Innenraum folgt die Holzschalung aus Fichtenriemen der Dachschräge, um auch in den Gauben eine größtmögliche Ausleuchtung zu erreichen. Diese einem Neubau gleichende Sanierung führte durch die qualifizierte Planung und die sorgfältige Detailausbildung zu einem überzeugenden Ergebnis, das nicht kopiert und sich dennoch nahtlos in das alte Dorfbild einfügt.

Ansicht von Süden, Maßstab 1:200.

Ansicht von Osten.

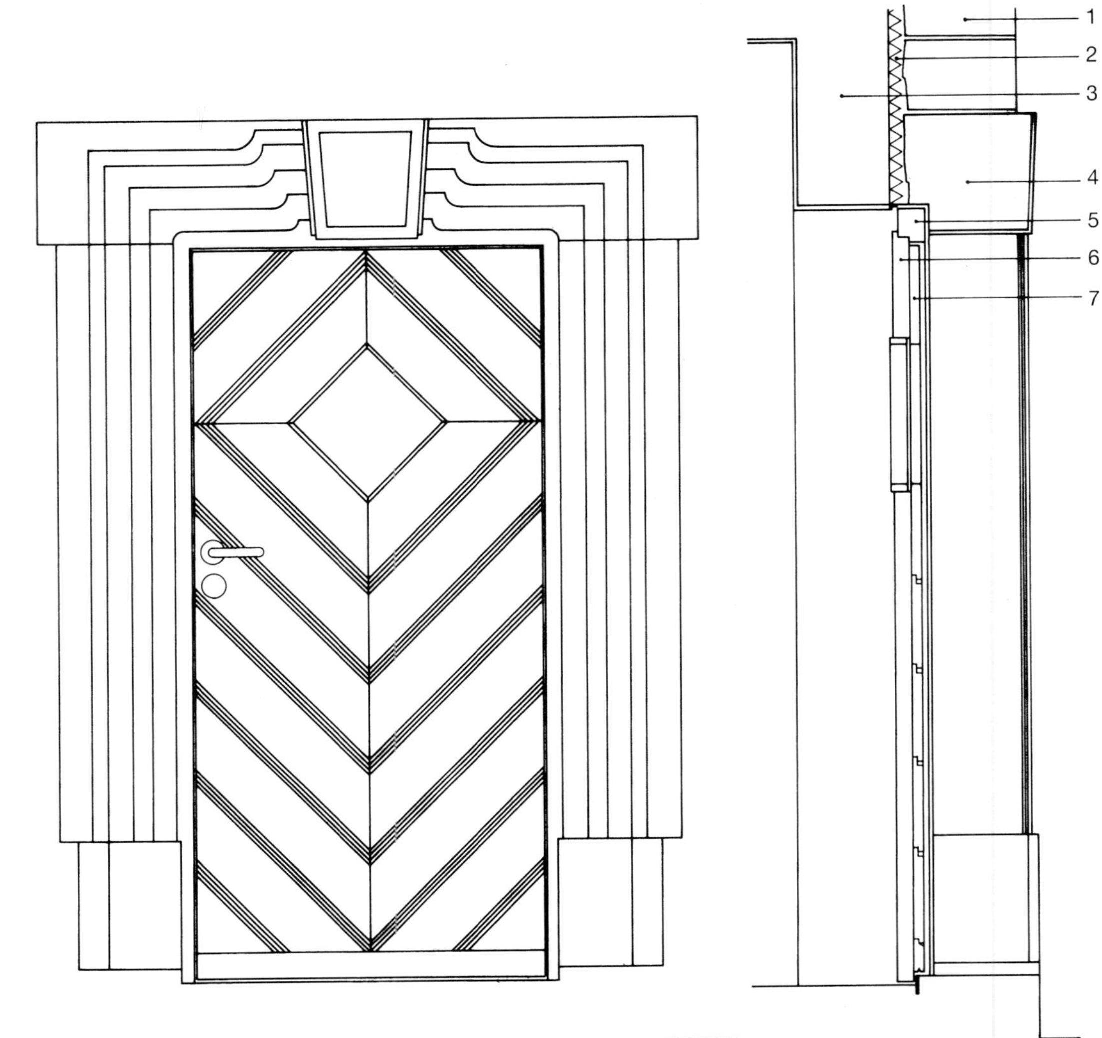

Türdetail, Ansicht, Schnitt, Maßstab 1:20.

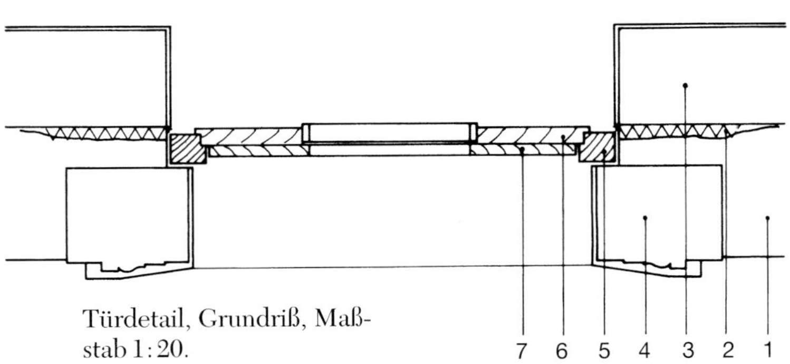

Türdetail, Grundriß, Maßstab 1:20.

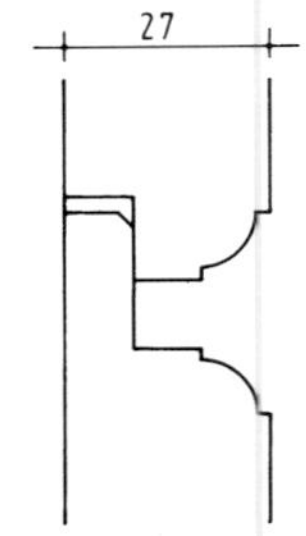

Türdetail, Profil der Aufdopplungsbretter, Schnitt, Maßstab 1:2.

Haustür

Die Haustür ist durch ein reiches Sandsteingewände besonders hervorgehoben. Die nach innen abgestaffelten Profile steigen von einem Quadersockel auf und setzen sich in dem waagrechten Sturz fort, bis sie an dem mittigen Schlußstein enden. Die Tür selbst zeigt eine über Eck gestellte Aufdoppelung, deren innerstes Feld für ein kleines Sichtfenster ausgespart ist. Das Problem, eine Fensteröffnung in einem aufgedoppelten Türblatt unterzubringen, ist hier ohne willkürlichen Einschnitt durch Einpassung in die Profile gelöst.

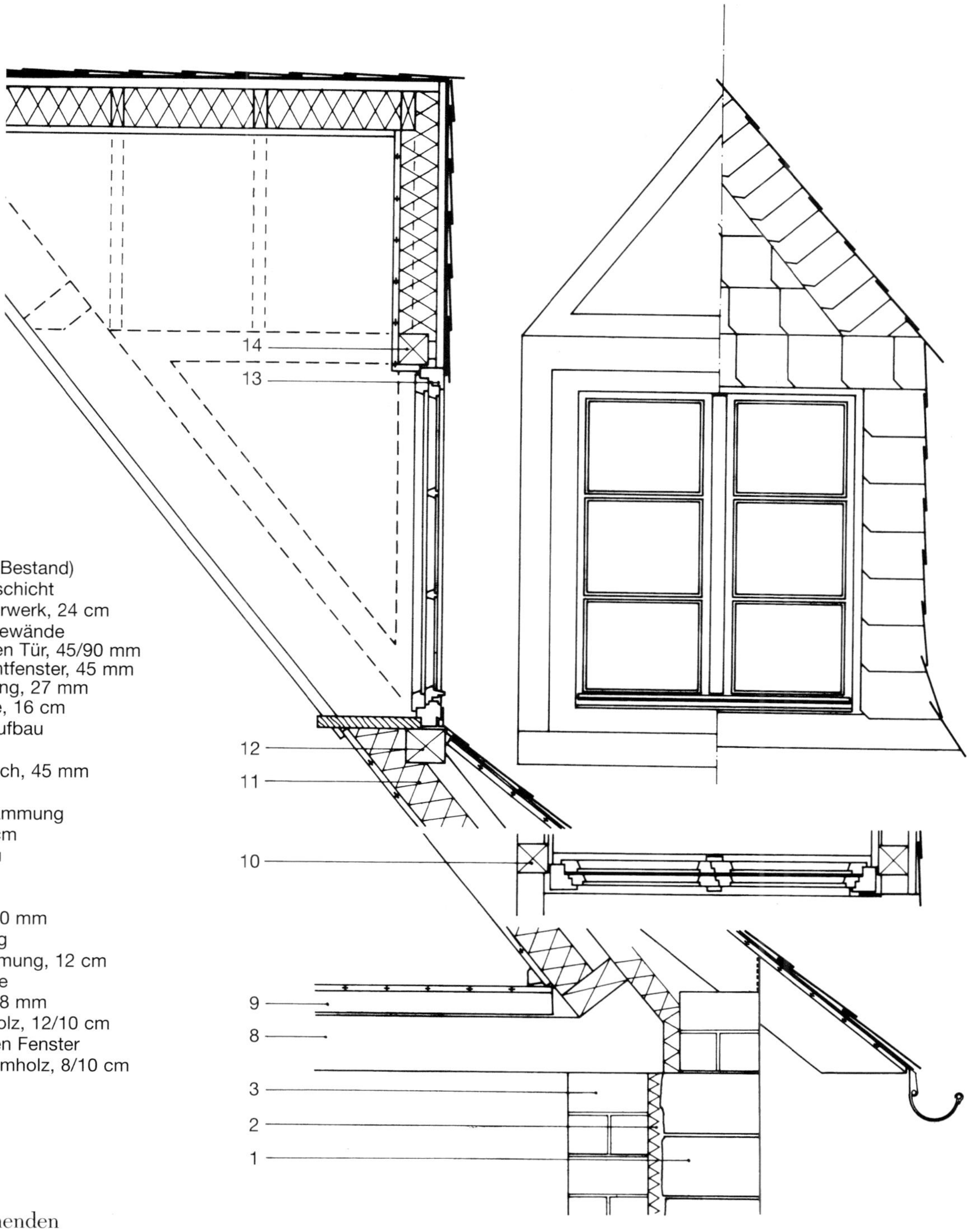

1 Naturstein (Bestand)
2 Ausgleichsschicht
3 Ziegelmauerwerk, 24 cm
4 Natursteingewände
5 Blendrahmen Tür, 45/90 mm
6 Tür mit Sichtfenster, 45 mm
7 Aufdoppelung, 27 mm
8 Betondecke, 16 cm
9 Fußbodenaufbau
Holzdielen
Zementestrich, 45 mm
Abdeckfolie
Trittschalldämmung
10 Stiel, 8/10 cm
11 Dachaufbau
Schiefer
Dachpappe
Schalung, 30 mm
Hinterlüftung
Wärmedämmung, 12 cm
Dampfsperre
Schalung, 18 mm
12 Brüstungsholz, 12/10 cm
13 Blendrahmen Fenster
14 Oberes Rahmholz, 8/10 cm

Detail der stehenden Gaube mit Schiederdekkung, Schnitte, Grundriß, Ansicht, Maßstab 1:20.

Stehende Gaube:
Stehende Gauben dienen der Belichtung großer Dachflächen in steilen Dächern über 35°. Bei flacheren Dachneigungen sollten Gauben stets vermieden werden, da die erforderliche Fensterhöhe das Dach zu weit aufreißt und konstruktiv fragwürdige Verblechungen erforderlich werden. Die hier gezeigte Satteldachgaube wurde auf dem 51° steilen Schieferdach des Hauses in Dörfles entwikkelt. Das Brüstungsholz bildet den unteren Abschluß. Die Stiele und Rahmenhölzer tragen das Bohlendreieck des Gaubendaches. Das Verbundfenster sitzt bündig in der Schieferverkleidung und trägt so zur geschlossenen Erscheinung der Gaube bei.

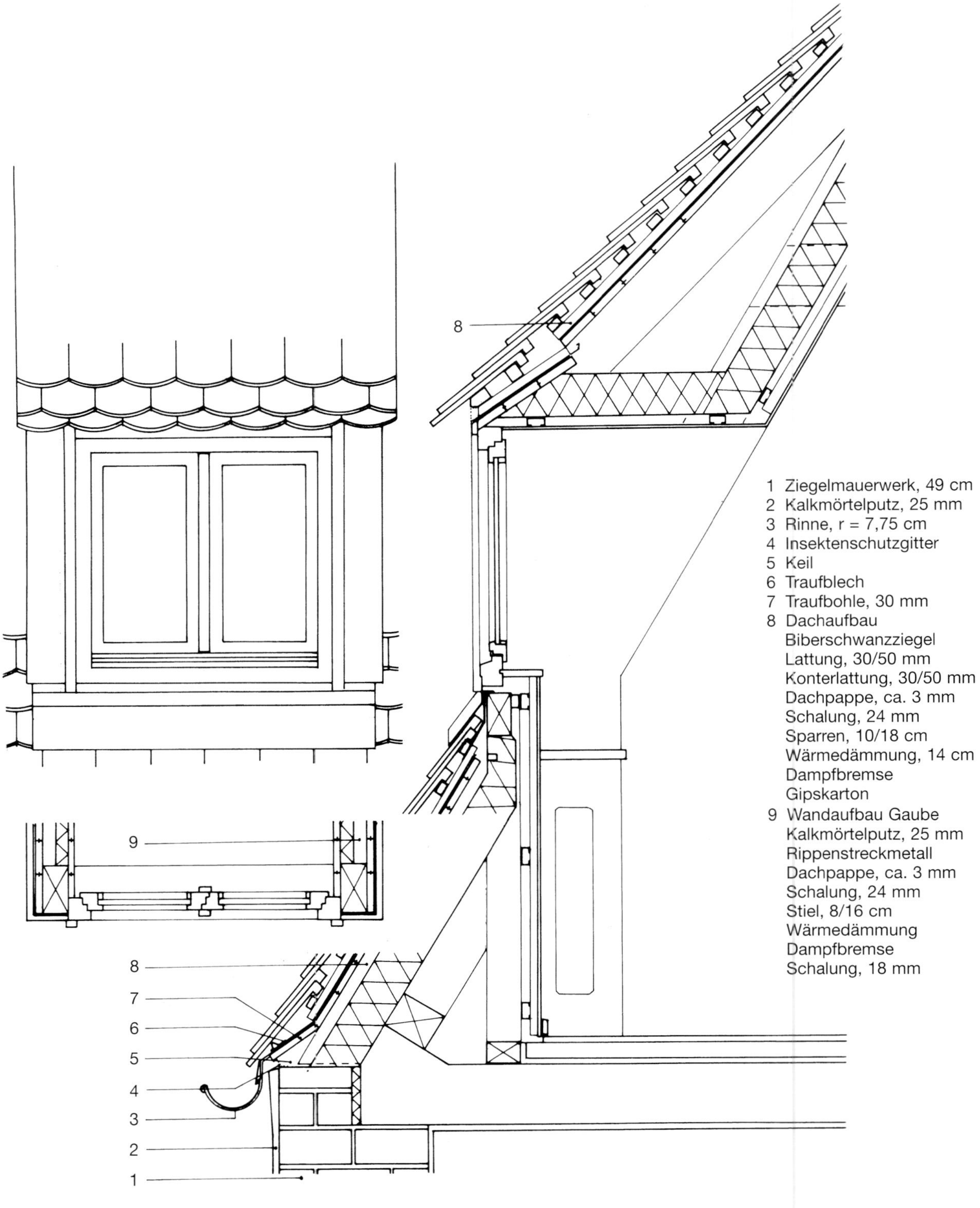

Detail einer liegenden Gaube mit Biberschwanz-Ziegeldeckung, Schnitte, Grundriß, Ansicht, Maßstab 1:20.

Schleppgaube:
In das mit gerade geschnittenen Biberschwanzziegeln gedeckte, 50 Grad steile Satteldach sind Schleppgauben mit verputzten Seitenwangen eingebaut. Eine befriedigende Lösung setzt voraus, daß die Gauben das gleiche Dachdeckungsmaterial haben wie das Hauptdach, das nur auf einem Viertel der Fläche unterbrochen werden soll.

Fledermausgaube:
Fledermausgauben bilden eine Sonderform der liegenden Gauben, die mit flachen Bogen in die Deckung des Hauptdaches übergehen. Sie eignen sich nur für geringe Fensterhöhen. Die gezeigten historischen Beispiele sind den heutigen gesetzlichen Anforderungen des Wärmeschutzes anzupassen.

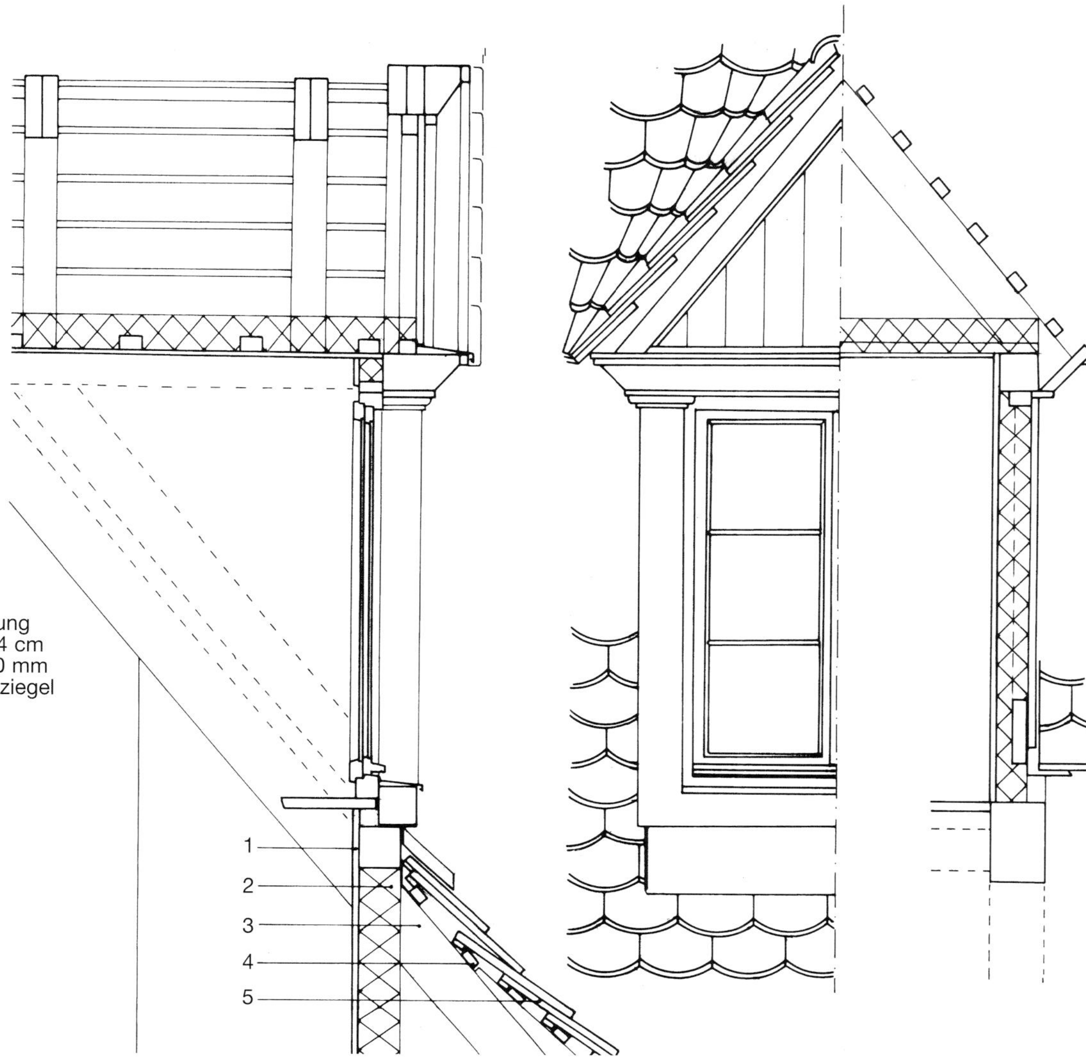

1 Gipskarton
2 Wärmedämmung
3 Sparren, 14/14 cm
4 Lattung, 30/50 mm
5 Biberschwanzziegel

Detail einer stehenden Gaube mit Biberschwanz-Ziegeldeckung, Schnitte, Ansicht, Maßstab 1:20.

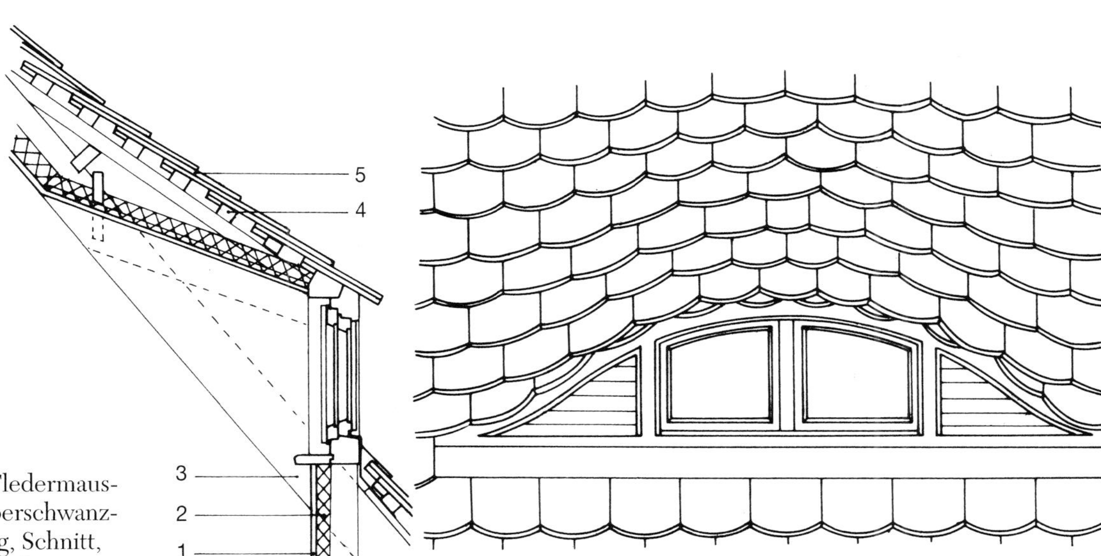

Detail einer Fledermausgaube mit Biberschwanz-Ziegeldeckung, Schnitt, Ansicht, Maßstab 1:20.

Wohnhaus Kottersreuth
Gemeinde Goldkronach
Landkreis Bayreuth

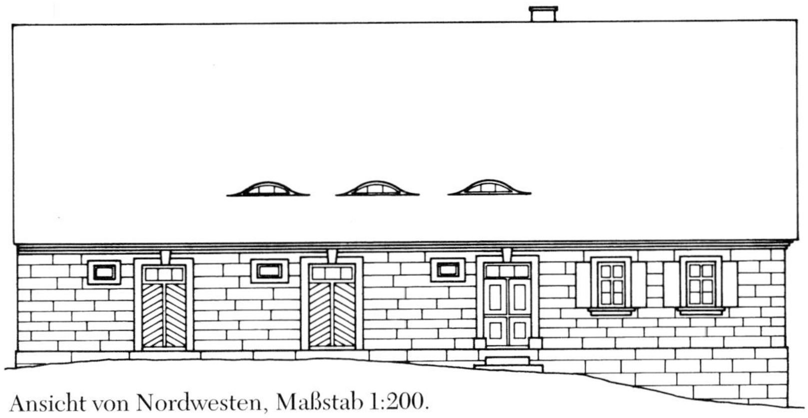

Ansicht von Nordwesten, Maßstab 1:200.

Ansicht von Südwesten.

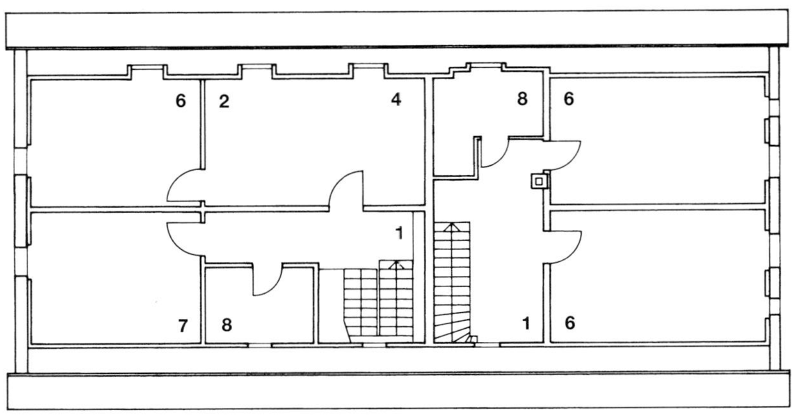

Grundriß Obergeschoß.

1 Flur
2 Küche
3 Eßraum
4 Wohnraum
6 Schlafraum
7 Schlafraum Kind
8 Bad, WC
9 Speisekammer

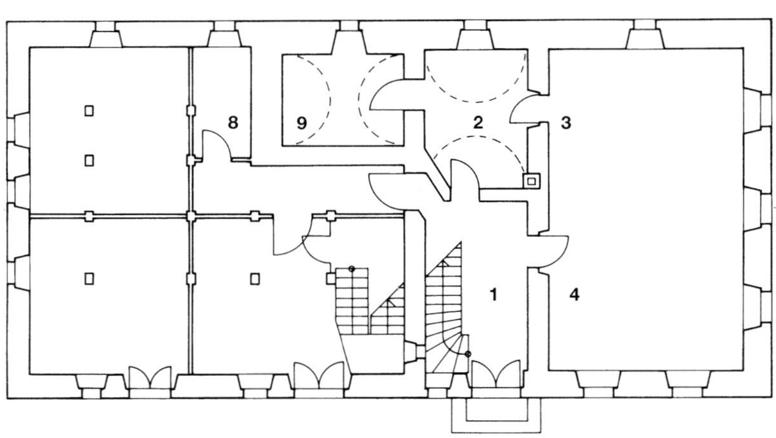

Grundriß Erdgeschoß.

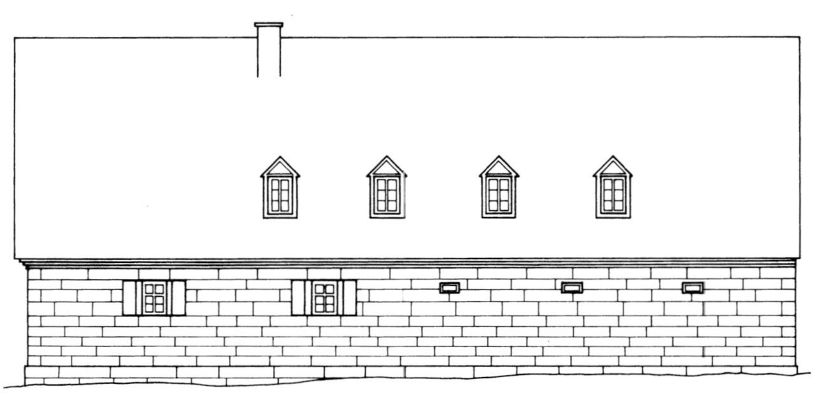

Ansicht von Südosten.

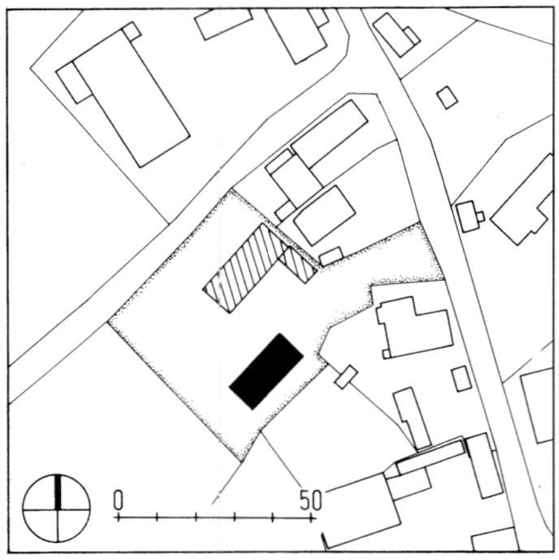

Lageplan, Maßstab 1:2500.

Ansicht von Westen mit Hauseingang.

Das im Sandsteinquader-Mauerwerk 1834 errichtete Wohnstallhaus eines Steinmetzmeisters weist im Gesamtkonzept und der Detailgestaltung auf sorgfältige Vorüberlegungen und handwerkliche Qualität hin. Der 10 m breite und 20 m lange Baukörper zeigt ein klares Seitenverhältnis von 1:2. Hinzu kommt, daß der Neigungswinkel des Satteldaches mit 50° dem Verhältnis des Goldenen Schnittes zwischen Hausbreite und Dachhöhe nahekommt.

Die Giebelansicht ist auf die Symmetrieachse des Dachdreiecks in der Anordnung der Fenster und im Steinschnitt des Quadermauerwerkes ausgerichtet. Geschoßweise sind die Fensterachsen jeweils auf Lücke gegeneinander versetzt, bleiben aber auf die Symmetrieachse bezogen. Das Erdgeschoß hat drei gleiche Fenster, davon eines in der Mittelachse, das Dachgeschoß zwei seitliche Fensterachsen, mit Zusatzfenstern ergänzt, und der Dachspitz wieder ein Fenster unmittelbar unter dem First.

Im Giebelfeld bilden Fensterschürzen unterhalb der Sohlbank die architektonische Gliederung der Brüstungen. Auch auf die profilierten Gewände der Fenster und Türen sowie der Geschoß- und Dachgesimse ist großes handwerkliches Können verwendet. Die Erdgeschoßfenster werden durch Klappläden gesichert, die als Gestaltelemente die Fensterzone noch einmal betonen.

Die 1982 durchgeführte Sanierung hat die Grundrißaufteilung im wesentlichen beibehalten. Man betritt einen Querflur mit seitlicher Treppe und geht gerade zur gewölbten Küche, rechts zu dem Wohn- und Eßraum, der jetzt über die gesamte Hausbreite durchgeführt ist. Der Querflur wird auch im Dachgeschoß aufgenommen, über der Küche sind ein Bad und im Westgiebel zwei Schlafräume untergebracht. Im östlichen Teil des Dachgeschosses ist eine Einliegerwohnung vorgesehen, die über eine der Stalltüren mit einer zusätzlichen zweiläufigen Treppe erschlossen ist.

Giebelfenster mit Fensterschürze.

Forkenhof Nr. 8
Gemeinde Bindlach
Landkreis Bayreuth

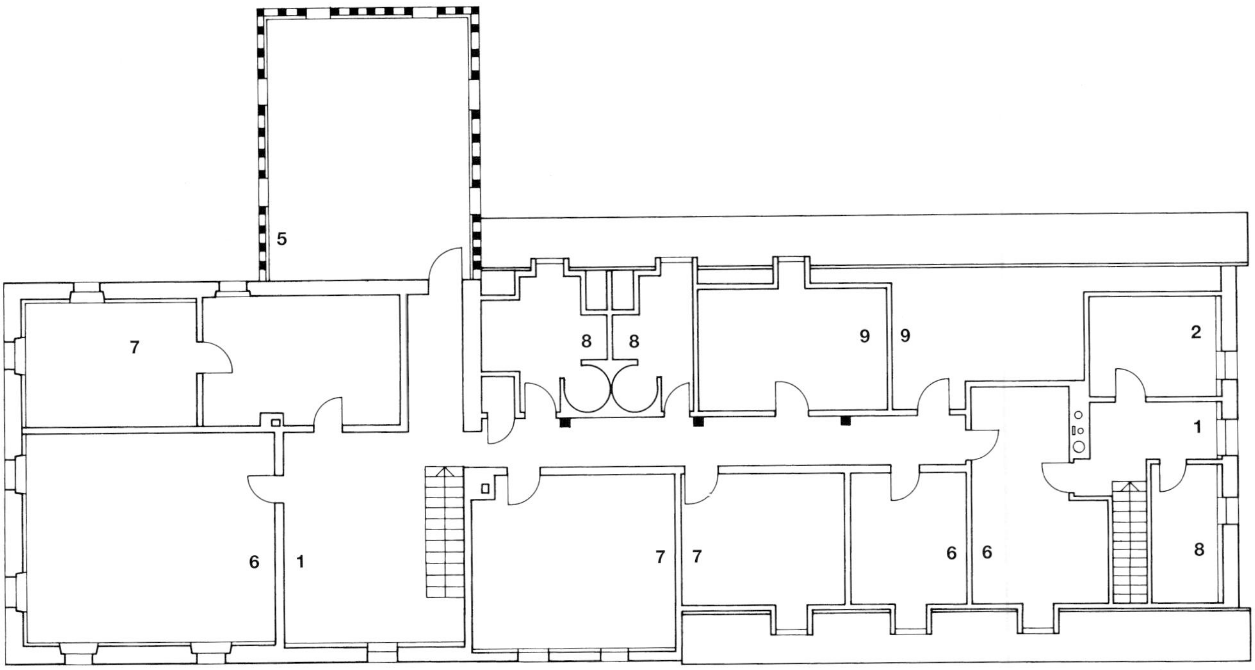

Grundriß Obergeschoß.

1 Flur
2 Küche
4 Wohnraum
5 Arbeitsraum
6 Schlafraum
7 Schlafraum Kind
8 Bad, WC
9 Abstellraum
10 Mehrzweckraum
14 Keller
15 Technikraum
16 Werkstatt

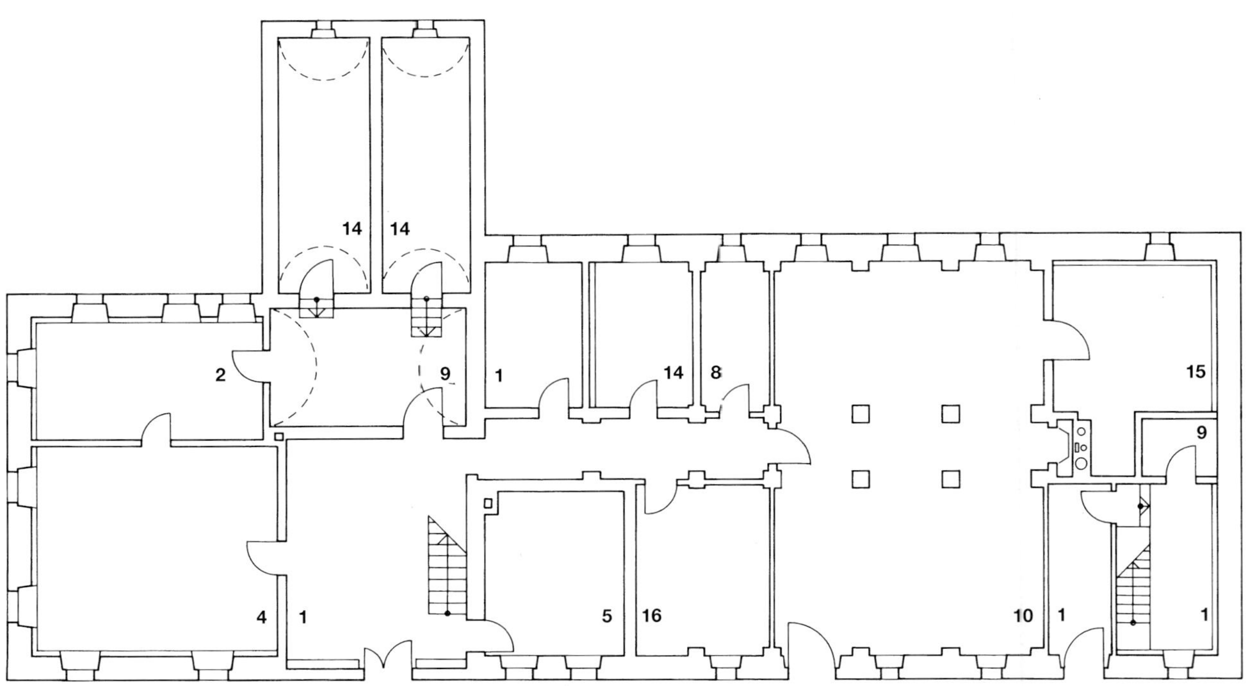

Grundriß Erdgeschoß,
Maßstab 1:200.

Gesamtansicht von Westen.

Der Forkenhof wurde 1977–1985 schrittweise vom Architekten saniert und dient heute als dessen Wohn- und Ateliergebäude mit Einliegerwohnung. Das große Wohnstallhaus, das früher als Gaststätte genutzt wurde, steht frei in seinem Grundstück und bildet mit den Scheunen einen nach Süden offenen Dreiseithof. Das 32,8 m lange und 11,5 m breite Haus zeigt die Merkmale eines auf der Traufseite erschlossenen Querflurbaus mit einläufiger Treppe in das Obergeschoß. Links betritt man die große Stube, die über Eck von je zwei Fenstern belichtet wird und mit der anschließenden Küche die Hausbreite einnimmt. Rechts vom Flur folgt eine Kammer und ehemalige Stallungen, die derzeit als Mehrzweckräume genutzt werden.

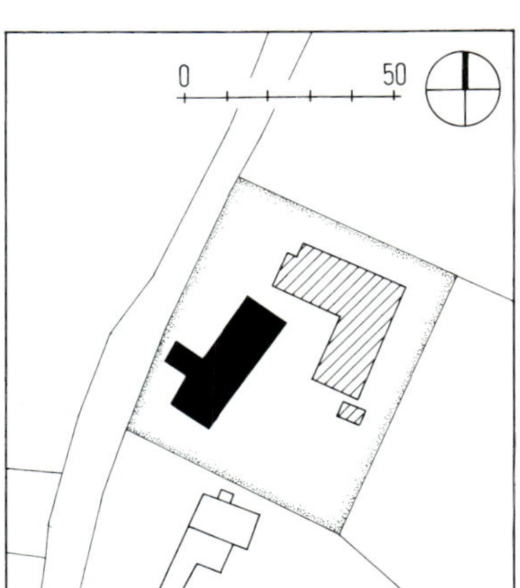

Lageplan, Maßstab 1:2500.

Im Obergeschoß zeichnen sich mehrere Bauphasen ab. Der zweigeschossige Wohnteil nimmt den geräumigen Querflur des Erdgeschosses auf und erschließt heute Schlafräume und einen großen Arbeitsraum, in dem vor der westlichen Traufseite errichteten Fachwerkbau. Dieser alte Saal ist durch ein sichtbares Fachwerk gekennzeichnet, das innen später übertüncht wurde. Die Holzdecken zeigen eine überlukte Schalung. Dieser Raum wird derzeit als Bibliotheks-, Musik- und Arbeitsraum genutzt. Östlich folgen in dem ausgebauten Dach des erdgeschossigen Stallteiles einige Schlafkammern.

Den ältesten Bauteil bildet der erdgeschossige Stallbau, mit dem biberschwanzziegelgedeckten Halbwalmdach. Der südliche anschließende Wohnteil wurde erst 1832 mit zwei Geschossen errichtet und anschließend der nach Norden vorgebaute Saal. Beide späteren Teile sind mit Schiefer gedeckt. Bei der Sanierung wurde besondere Sorgfalt auf die Erhaltung des Sandsteinquader-Mauerwerks mit den umlaufenden Fenstergewänden und Fensterschürzen unter der Sohlbank gelegt. Durch den Einbau von Kastenfenstern konnten die schlanken Profile des historischen Zustandes wieder erreicht werden.

Die im Einvernehmen mit der Denkmalpflege durchgeführte Sanierung stellt einen konkreten Nachweis dar für die Chancen der weiteren Nutzung auch größerer bäuerlicher Bauten. Welche beispielgebende Wirkung der Forkenhof hatte, geht aus den

Saalanbau von Westen.

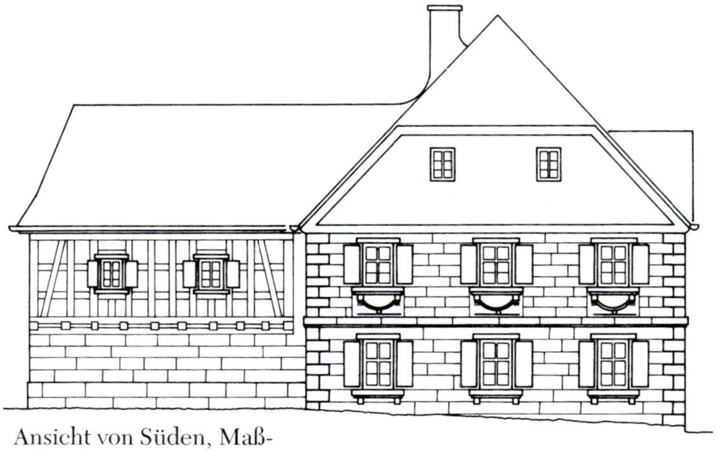

Ansicht von Süden, Maßstab 1:200.

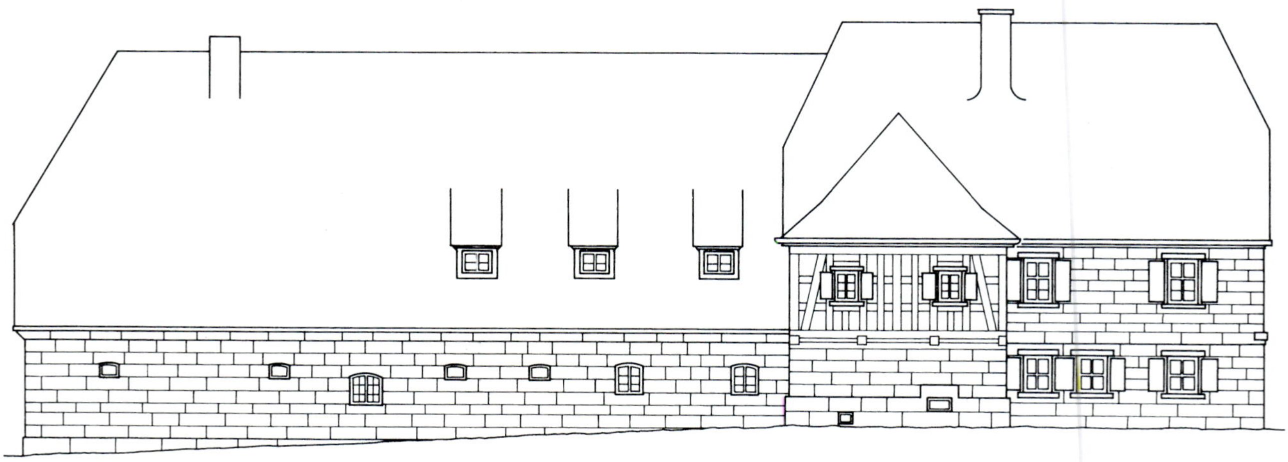

Ansicht von Westen.

Giebelansicht von Süden.

späteren Sanierungen des Gablerhofes in Fürsetz und des Wohnstallhauses in Kottersreuth hervor.
In der Denkmalliste ist der Forkenhof eingetragen: »Gemeinde Bindlach, Theta Nr. 8 Forkenhof, Wohnstallhaus, Sandsteinquader-Mauerwerk mit Halbwalmdach und Fassadendekor, Mitte 19. Jahrhundert«.

Kastenfenster mit Natursteingewände und Fensterschürze

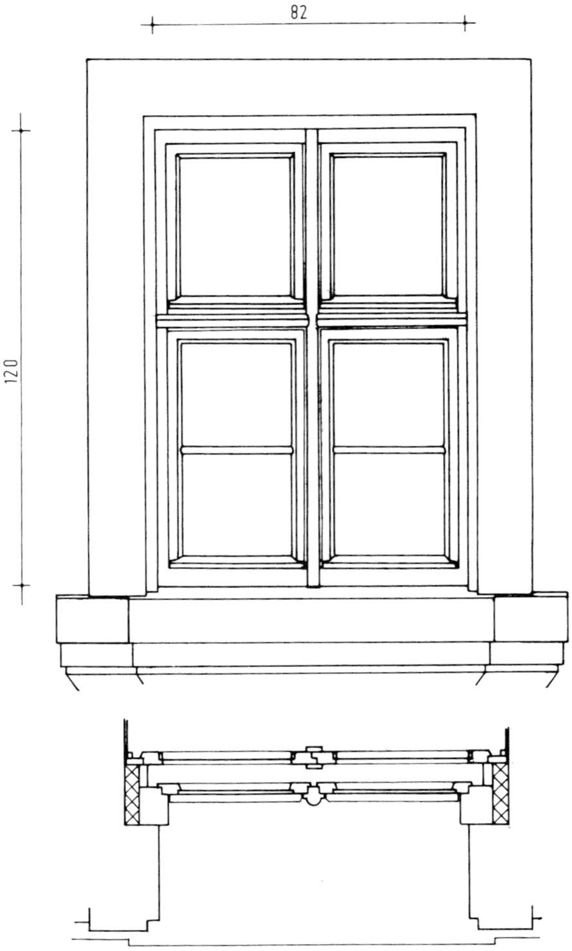

Kastenfenster mit Natursteingewände, Maßstab 1:20.

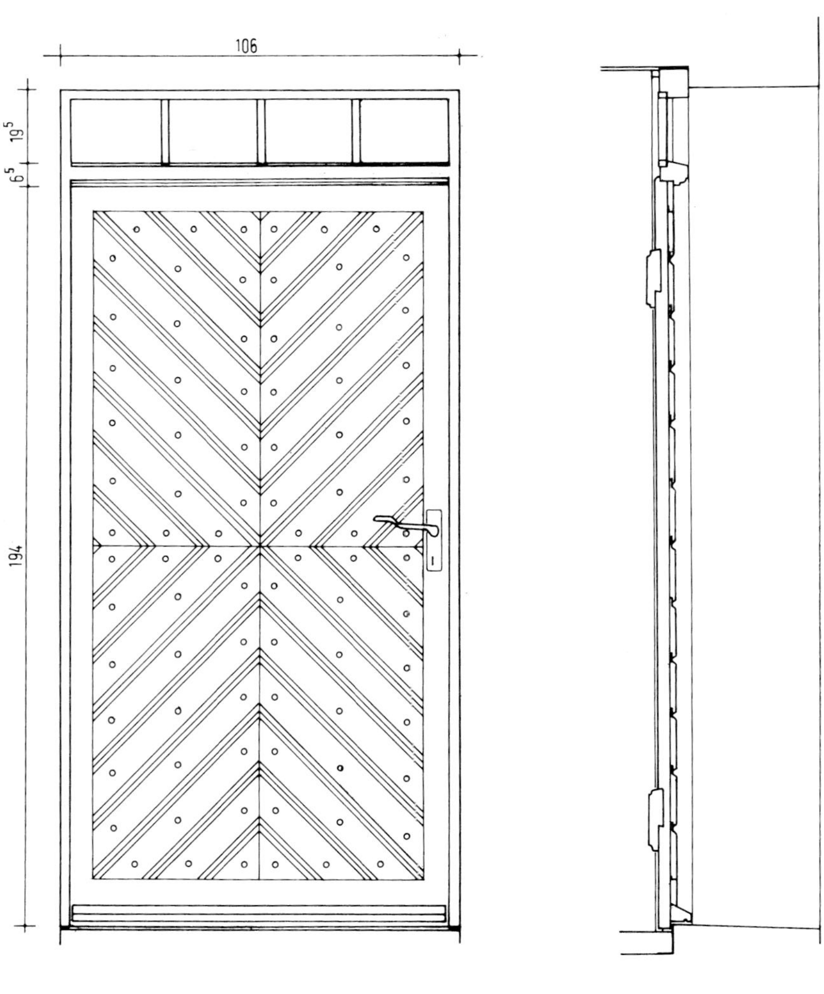

Aufgedoppelte Türe mit sichtbarer Nagelung, Maßstab 1:20.

Gesamtansicht von Nordosten mit Scheune.

Gablerhof
Bayreuth, Fürsetzer Straße 50

Die landschaftlich freie Lage am Südrand der Stadt Bayreuth stellt die erste besondere Qualität des Anwesens für eine Weiternutzung dar. Das zweigeschossige 13 m breite und 28 m lange Wohnstallhaus wurde 1860 erbaut und weist in allen Räumen ausreichende Geschoßhöhe und durch die gleich großen Fenster gute Belichtungsverhältnisse auf.
Das Haus ist in der Denkmalliste aufgenommen: »Fürsetzer Straße 50, Bauernhof, stattliches zweigeschossiges Bauernhaus, Sandsteinquader, bez. 1860, Backhaus 18./19. Jahrhundert«. Da das Haus auch in der Dokumentation näher analysiert ist (S. 158), soll hier die Sanierung näher betrachtet werden.
Im Wohnteil konnte der alte Grundriß weitgehend übernommen werden, zumal der über 3 m breite Querflur mit der einläufigen Treppe auch im Obergeschoß voll aufgenommen ist. Er bildet damit einen großzügigen Erschließungsraum, von dem aus im Erdgeschoß rechts die Stube und geradeaus die Küche sowie der Längsgang zum Stall erreicht werden. Im Obergeschoß erschließt der Querflur wieder die Stube, Bäder und eine Reihe von Schlafräumen. Auch hier findet man einen Längsflur, der mit dem Stallbereich im Erdgeschoß durch eine parallel zum First laufende Treppe verbunden ist, über die eine vom übrigen Wohnteil abgeschlossene Wohneinheit zugänglich gemacht werden kann.
Das Sandsteinmauerwerk ist mit einfachen Gesimsbändern gegliedert. Die Fenster sind in Abmessungen der stehenden Formate und ihrer Detailausbildung mit Segmentbögen gleichartig gestaltet und mit Fensterläden gesichert. Ähnliche Gestaltmerkmale sind auch bei den Fenstertüren des Stallteiles angewendet, die für die Mehrzweckräume Belichtung und Terrassenzugang darstellen.
Die sorgfältige Sanierung stellt ein Beispiel dar, wie eine großzügige Gestaltung mit der weiteren Nutzung wertvoller Bausubstanz im ländlichen Raum verbunden werden kann.

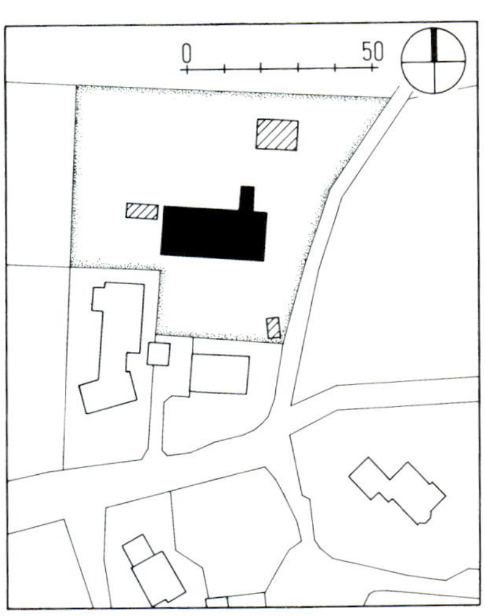

Lageplan, Maßstab 1:2500.

Wohnhaus. Giebel von Osten, Maßstab 1:200.

Wohnhaus. Ansicht von Süden, Maßstab 1:200.

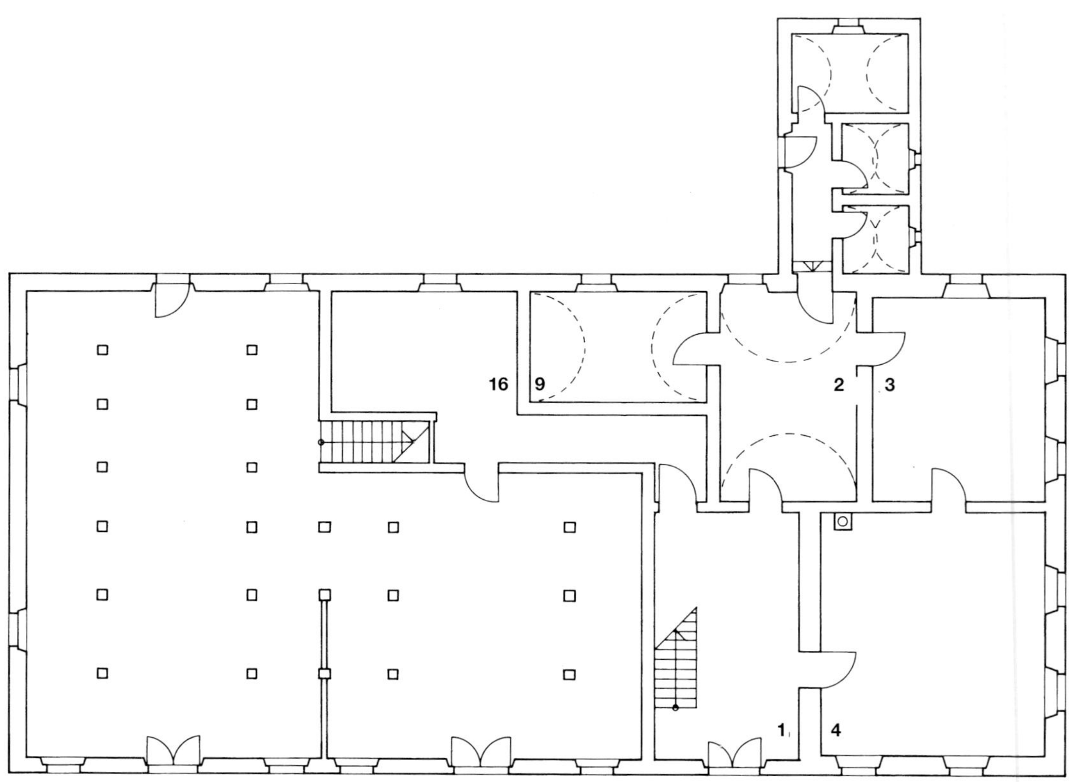

Grundriß Erdgeschoß.

1 Flur
2 Küche
3 Eßraum
4 Wohnraum
9 Speisekammer
16 Werkstatt

Ansicht von Südosten mit Backhaus.

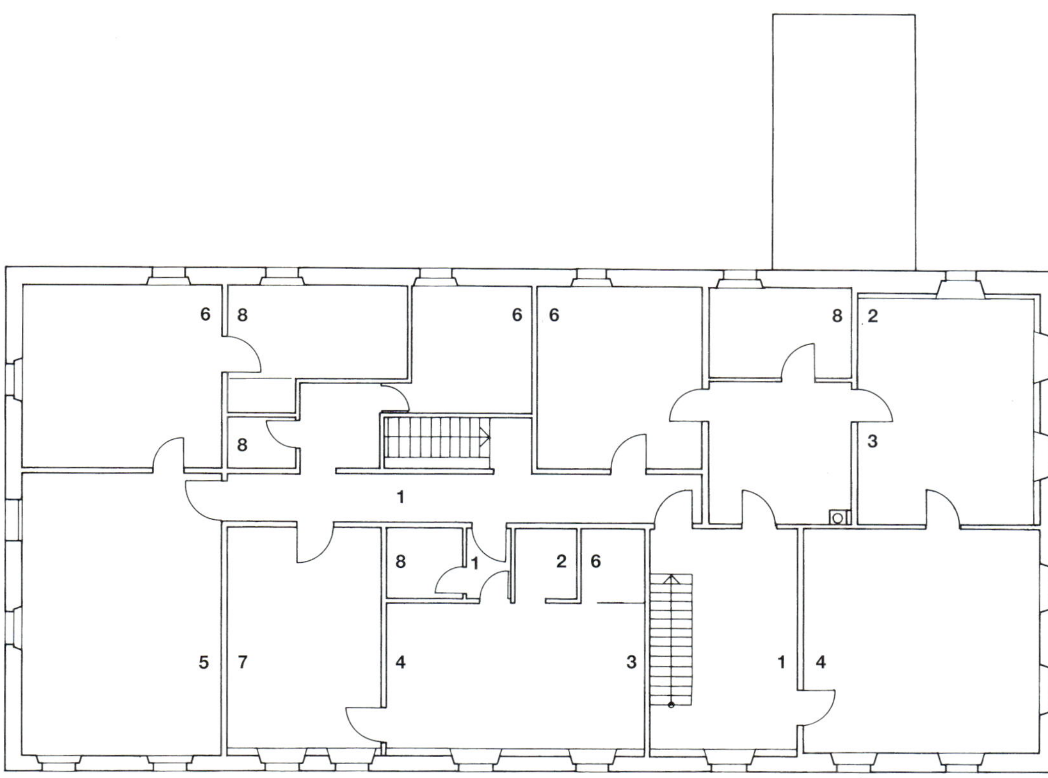

Grundriß Obergeschoß, Maßstab 1:200.

1 Flur
2 Küche
3 Eßraum
4 Wohnraum
5 Arbeitsraum
6 Schlafraum
7 Schlafraum Kind
8 Bad, WC

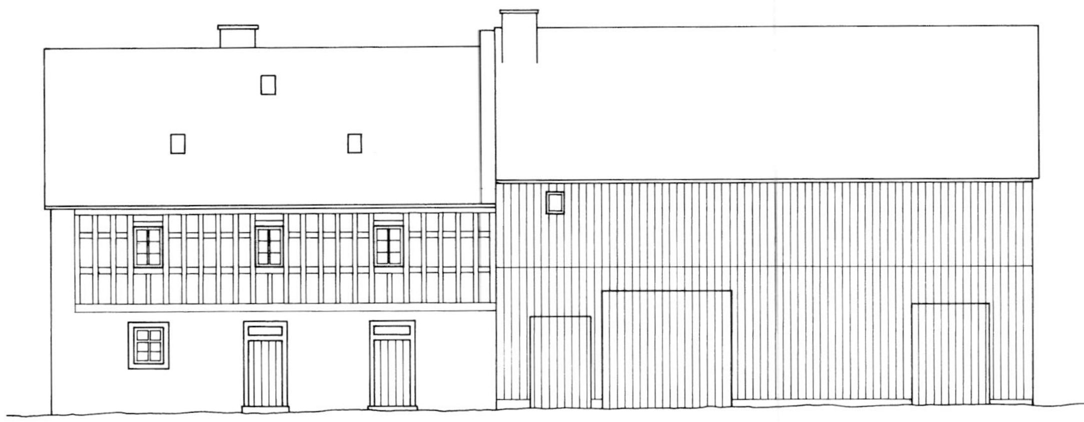

Ansicht Wohnstallhaus und Scheune von Südosten, Maßstab 1:200.

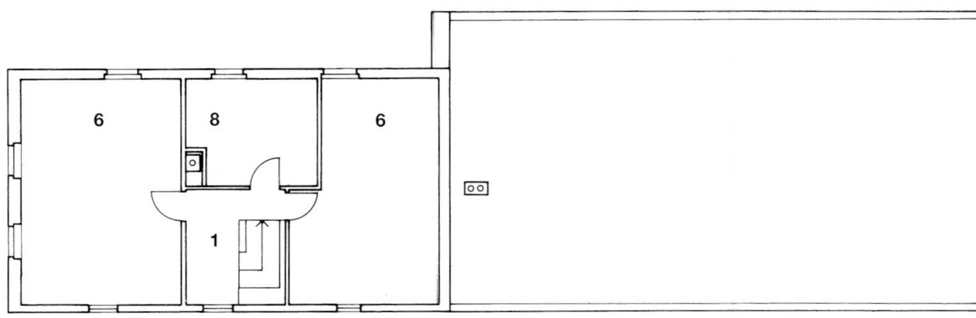

Grundriß Obergeschoß.

1 Flur
2 Küche
3 Eßraum
4 Wohnraum
6 Schlafraum
8 Bad, WC
15 Technikraum
16 Werkstatt

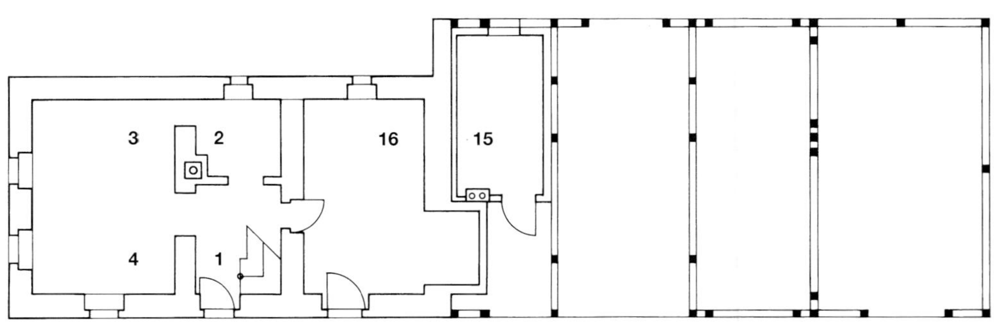

Grundriß Erdgeschoß.

Vierst Nr. 7
Gemeinde Tröstau
Landkreis Wunsiedel

Das Austragshaus des Bauernhofes des Angerdorfes bestand aus einem Wohnstallteil mit angebauter Scheune. Die verschiedenen Bauphasen brachten einschneidende Veränderungen. 1911 wurde die Scheune neu gebaut und 1934 das Frackdachhaus auf der Westseite zu einem vollen Obergeschoß aufgestockt. Im engen Einvernehmen mit der Denkmalpflege wurde das Haus 1989–1991 durch den Besitzer saniert.

Der 6,2 m breite und 12 m lange Baukörper des Wohnstallteiles ist im Erdgeschoß aus Lesesteinen massiv errichtet und verputzt, wogegen das Obergeschoß als einfaches Rasterfachwerk aufgesetzt ist. Die Holzteile sind oxydrot gefaßt, die Putzfelder

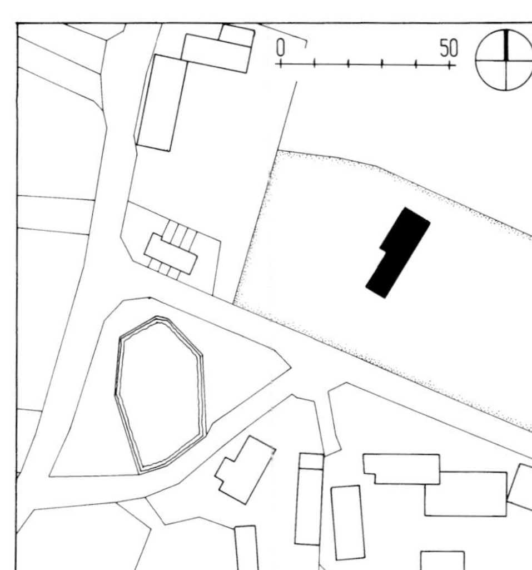

Lageplan, Maßstab 1:2500.

Gesamtansicht von Osten.

weiß gekalkt. Die Natursteingewände der Fenster und Türen (Granit) sind graugrün (grüne Erde) abgesetzt. Die Eingangstür, Obergeschoßfenster und Fensterläden waren rot, die Erdgeschoßfenster weiß gestrichen, wie Befunde ergeben hatten.

Der Grundriß folgt dem Querflurhaus mit anschließender gewölbter Küche und der einraumtiefen Stube. Der Stall ist gewölbt. Nach der Sanierung wurden im Erdgeschoß Wohnstube und Küche weitergenutzt, der Stall zum Mehrzweckraum ausgebaut. Im Obergeschoß konnte ein Arbeitszimmer, ein Schlafraum und ein neues Bad eingerichtet werden. Da die gewendelte Treppe so steil ist, daß sie keine größeren Möbeltransporte erlaubt, sollte zum angebauten Holzstadel im Obergeschoß eine Tür durchgebrochen werden.

Für die Sanierung wurde dem Haus die bayerische Denkmalschutzmedaille verliehen.

Ansicht Wohnhaus und Scheune von Südosten.

Ansicht von Norden, Maßstab 1:200.

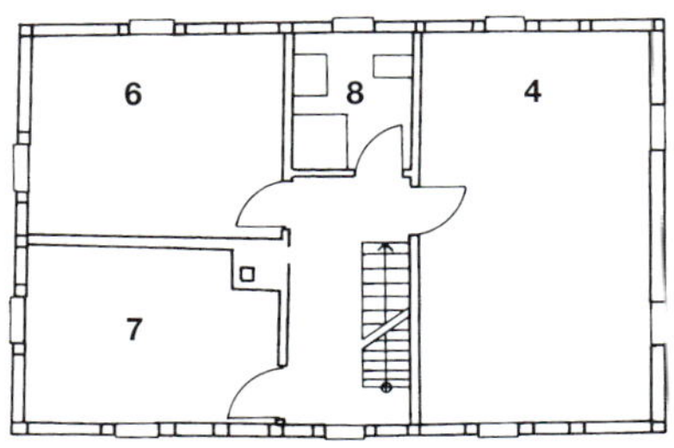

Grundriß Obergeschoß.

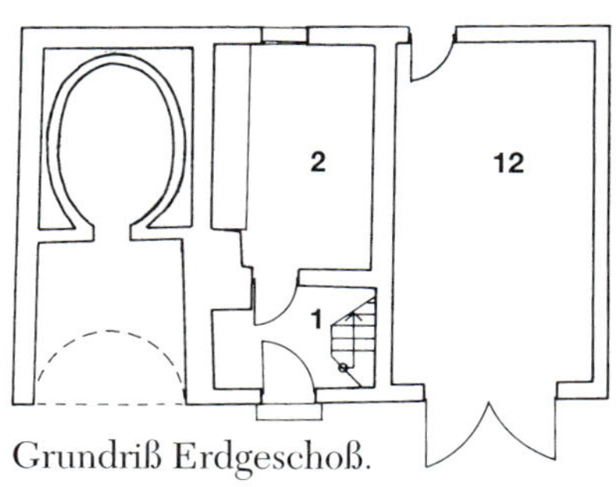

Grundriß Erdgeschoß.

Ansicht von Südosten.

1 Flur
2 Küche
3 Eßraum
4 Wohnraum
6 Schlafraum
7 Schlafraum Kind
8 Bad, WC
12 Garage
14 Keller

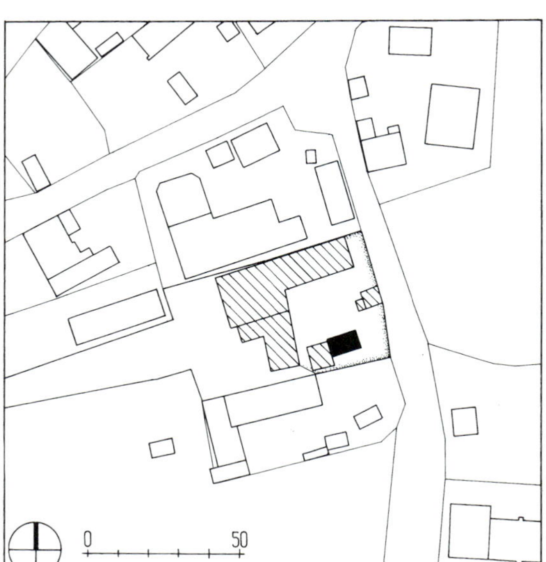

Lageplan, Maßstab 1:2500.

Austragshaus in Schwürz
Stadt Creußen
Landkreis Bayreuth

Der Typus des Hauses gleicht dem Beispiel Großweiglareuth. Über einem Natursteingeschoß für Wirtschaftsräume ist ein Fachwerkgeschoß mit Satteldach für Wohnnutzungen aufgeführt. Der Grundriß entspricht hier dem Querflurhaus. Man betritt das Gebäude im Erdgeschoß über einen kleinen Flur, gelangt über eine abgewinkelte Treppe zu dem Obergeschoß mit beidseitigen Räumen für Wohnen und Schlafen. Das Dachgeschoß selbst ist an der Giebelseite ausgebaut. Auch hier ist auf das Beispiel einer sorgfältigen Sanierung und Weiternutzung des Austragshauses hinzuweisen.

Wohnstallhaus mit Austragshaus von Südosten.

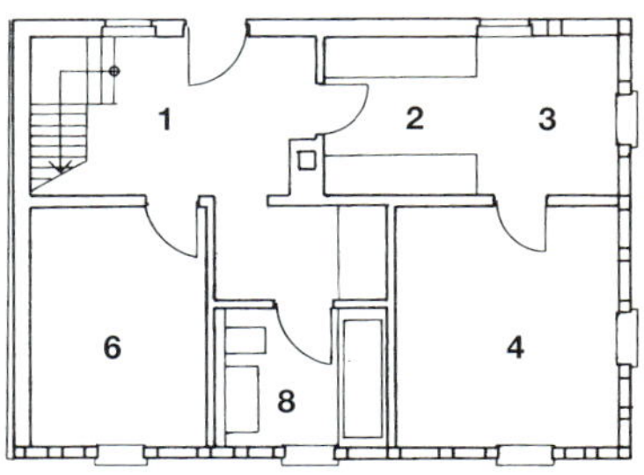

Grundriß Obergeschoß.

Ansicht von Süden.

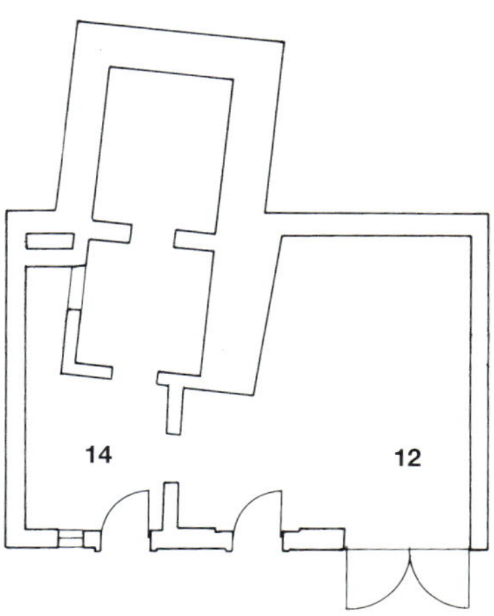

Grundriß Erdgeschoß.

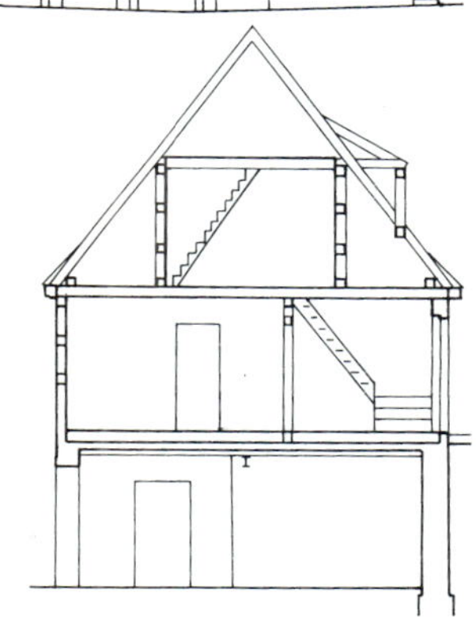

Schnitt.

Austragshaus Großweiglareuth Stadt Creußen Landkreis Bayreuth

Das Austragshaus zählt zu dem Typ der gestelzten Häuser mit einem Erdgeschoß für Wirtschaftsräume und dem Obergeschoß für das Wohnen. Das Erdgeschoß ist aus Sandsteinquader-Mauerwerk errichtet, in das die Öffnungen für Stall- bzw. Wagenremise, heute als Garage, eingesetzt sind. Das Obergeschoß besteht aus einem regelmäßigen Fachwerk mit senkrecht durchgehenden Ständern und reichen Brüstungsfeldern. Durch die Hanglage befinden sich Tor und Türen des Erdgeschosses auf der dem Hof zugewandten Seite, während das Obergeschoß von Norden her betreten wird. Über einen Flur mit abgewinkelter Treppe werden die Räume der neu ausgebauten Wohnung erreicht.

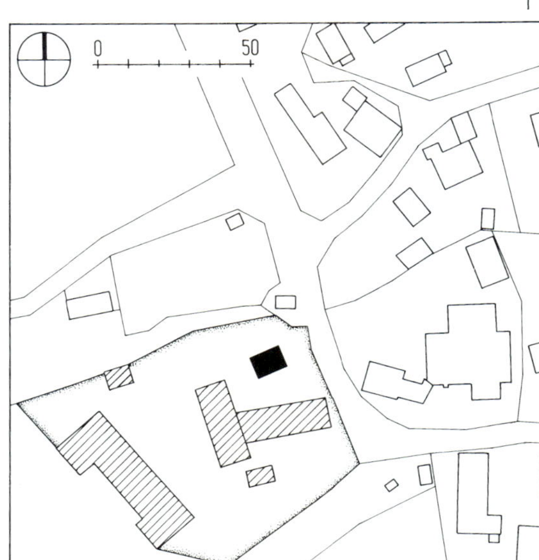

Lageplan, Maßstab 1:2500.

Perspektiven zur Fortschreibung der regionalen Bauweisen

Vergleiche von Hausmerkmalen

Die Hinweise der Dokumentation für die Bauberatung sollen nicht dem starren Kopieren, sondern der Fortschreibung der Hausmerkmale dienen.
Ohne auf die Literatur über Baugestaltung näher einzugehen oder Vollständigkeit anzustreben, sollen einige Merkmale aufgezeigt werden, wie neue Teile eine Ergänzung und Bereicherung des Bestandes darstellen können.
Zunächst ist auf ein häufiges Mißverständnis einzugehen: Im ländlichen Raum bilden öffentliche Bauten eine eigene Gruppe, die sich in der sozialen Stellung, ihrer Größenordnung, ihrer Materialwahl und ihrer Gestaltung durch eine betonte Eigenständigkeit auszeichnen. Sie sind deutlich zu unterscheiden von der Vielzahl der in ihrem sozialen Stellenwert ähnlichen und von daher auch in ihrer Größenordnung, Materialwahl und Ausformung verwandten Gebäude für das private Wohnen und Wirtschaften der Bauern und Bürger.
Hier geht es um diese Fortschreibung des privaten Bauens, das grundsätzlich keinen Anlaß bietet, aus seinem sozialen Stellenwert heraus die Nachbarschaft zu übertrumpfen, sondern vielmehr eine Einfügung in die größere Gesamtheit der Siedlung anstreben soll.
Wenn die folgenden Beispiele teilweise von gewohnten Mustern des Bauens in Oberfranken abweichen, so kann doch nachgewiesen werden, daß sie eine Mehrzahl von grundsätzlichen in der Dokumentation aufgezeigten Merkmalen aufgreifen und auf neue Weise kombinieren.
Es ist ein verbreiteter Irrtum, die Hausmerkmale einer bestimmten Region als formale Rezepte aufzufassen. Sie entstanden als Ergebnisse des auf wirtschaftlicher Notwendigkeit und naturnahe Konstruktion ausgerichteten Bauens der vorindustriellen Überlebensgesellschaften. Die Gestalt bildet hier das Endergebnis und kann nicht isoliert diskutiert werden. Diese immer wieder auftretenden Kurzschlüsse sollten vermieden werden, wenn im folgenden von vier Gruppen von Gestaltmerkmalen in der Gegenüberstellung gesprochen wird:

1. Größenordnung des Baukörpers
2. Form von Querschnitt und Grundriß
3. Materialwahl
4. Farbgebung

Jedes Bauwerk ist ein aus Elementen zusammengesetztes Gesamtsystem. Art und Maße der Elemente und ihre Anordnung als Struktur bestimmen das Ganze.

In den folgenden Beispielen werden die historischen Bauten mit Ansätzen von Neubauten verglichen und dabei auf Ähnlichkeiten bzw. neue Ansätze im Rahmen der regionalen Bauweise hingewiesen.
Wie Wandel und Kontinuität auch in vorindustrieller Zeit miteinander verflochten sind, wird am Vergleich der beiden im Itztal errichteten Bauernhäuser des 18. Jahrhunderts in Gleußen und in Meschenbach offenkundig.
Schon in der Größenordnung der Baukörper liegen deutliche Ähnlichkeiten vor, Gleußen 8,5 × 15,0 m und Meschenbach 8,6 × 16,0 m Seitenlänge.
So sehr die Grundrisse nach Art und Maß verwandt sind, so unterscheiden sich die Querschnitte und die Außengestaltung.
Das kleinere Wohnstallhaus in Gleußen ist in den Hang mit einem hohen Sandsteinsockel eingefügt, in Fachwerk konstruiert und trägt ein steiles Satteldach.
Dagegen ist das Haus in Meschenbach mit größeren Stockwerkshöhen zweigeschossig mit einem symmetrischen Mansarddach ausgeführt. Die repräsentative Gestaltung tritt besonders in den regelmäßigen Fensterachsen des Obergeschosses in Erscheinung.
In der Materialwahl zeigen beide Häuser ähnliche Ansätze: den Massivbau im Sockel (Gleußen) bzw. im Erdgeschoß (Meschenbach). Das Obergeschoß ist im vereinfachten Fachwerk des 18. Jahrhunderts konstruiert.
Damit werden unterschiedliche Kombinationen der Einzelelemente der Gebäude, hier des Aufbaus über gleichen Grundrissen, bildhaft nachgewiesen. Gebäude sind zusammengesetzte Ganzheiten, deren einzelne Teile im Lauf der Zeit unterschiedliche Entwicklungen aufweisen und damit schrittweise zu einer Fortschreibung der Hauslandschaften beitragen.
Wenn im folgenden Bauernhäuser zu Neubauten in Beziehung gesetzt werden, so soll gerade dieser Zusammenhang in der Fortschreibung deutlich werden. Von den Hausmerkmalen, wie dem Baukörper, dem Dach, dem Grundriß, der Materialwahl, der Raumaufteilung und der Detailgestaltung werden jeweils Teilbereiche verändert. In den Beispielen bleiben die einfachen Baukörper, die geneigten Dächer und das Holz als Baumaterial langfristig erhalten, während andere Teile wie die Fenster- und Türöffnungen und die Dachausbildung Veränderungen erfahren. Bei der Kompliziertheit der heutigen industriegesellschaftlichen Baufragen wird eine Fortschreibung der Hauslandschaften nur durch eine fachlich qualifizierte Planung erfolgreich durchgeführt werden können. Vor diesem Horizont ist jede Bauherrin oder jeder Bauherr vor die Entscheidung gestellt, ob sie einen wirklichen Beitrag zur Zukunft der europäischen Kulturlandschaften leisten wollen oder nicht.

Ansicht von Südwesten.

Ansicht von Osten.

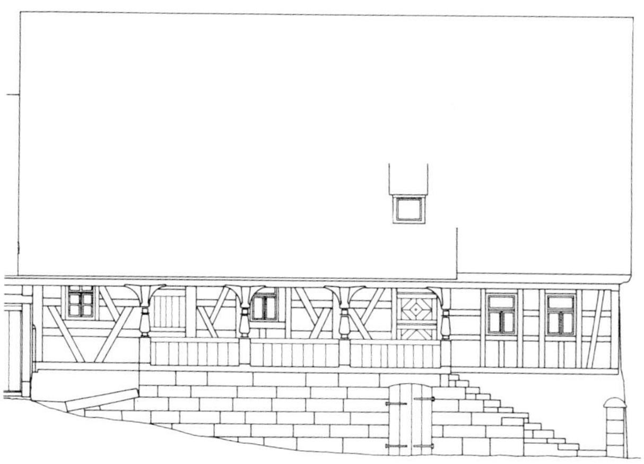
Ansicht von Westen.

Ansicht von Osten.

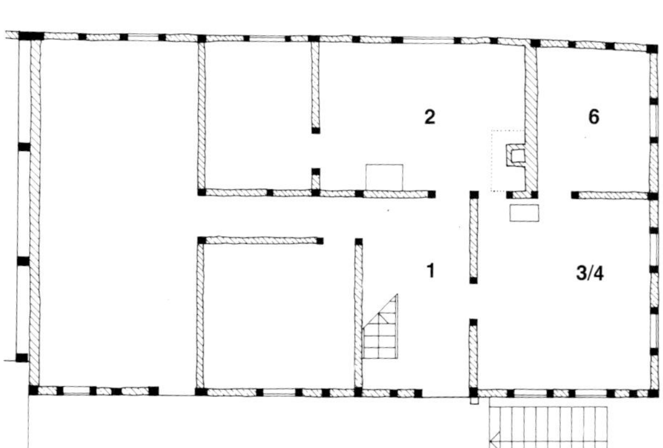

Erdgeschoß, M 1:200
Gleußen Nr. 3, Gemeinde Itzgrund, Landkreis Coburg
Eingeschossiges Wohnstallhaus
Fachwerkbau aus der zweiten Hälfte des 18. Jahrhunderts
Baukörper: 8,5 × 15,0 m

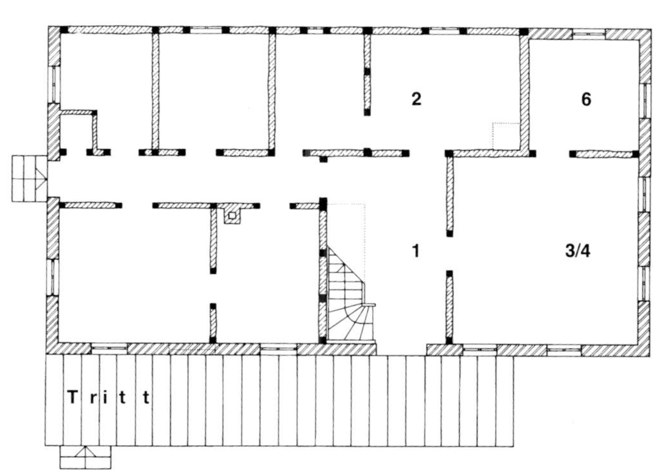

Erdgeschoß, M 1:200
Meschenbach, Bamberger Straße 10, Landkreis Coburg
Zweigeschossiges Wohnstallhaus
Massiv-/Fachwerkbau Ende des 18. Jahrhunderts
Baukörper: 8,6 × 16,0 m

Wohnstallhaus aus Saalenstein, Gemeinde Köditz, Landkreis Hof, jetzt Museum Kleinlosnitz.

Wohnhaus
Weitramsdorf
Landkreis Coburg

Die Freiheitsgrade der baulichen Entwicklung in Oberfranken werden am Typ des Frackdachhauses sichtbar. Der schmale zweigeschossige Hauptbaukörper des Wohnstallhauses Köditz ist von einem Satteldach abgeschlossen, das an einer der Traufseiten bis zum Erdgeschoß herabgeführt ist. Über dem zweigeschossigen Teil wird ein symmetrisches Giebeldreieck durch die sichtbaren Traufpfetten und die abgesetzte Bretterschalung hervorgehoben. Für den Gesamtbaukörper bleibt aber die asymmetrische Gestalt des einseitigen Frackdaches bestimmend.

Wie ein schmaler, langgestreckter Hauptbaukörper durch Anbauten einseitig erweitert werden kann, ist an dem zweigeschossigen Wirtschaftsgebäude des Bauernhofes Woja nachzuweisen. Die Geschoßauskragung selbst ist durch eine überlukte Schalung geschlossen und durch kleine zweiflügelige Fenster belichtet. Es entsteht ein asymmetrischer Akzent.
Die Beispiele zeigen eine Übereinstimmung nach Größenordnung, Materialwahl und Farbe, jedoch eine freie Handhabung der auskragenden bzw. aneinandergestellten Dächer.

Wirtschaftsgebäude, Bauernhof Woja 2, Stadt Rehau, Landkreis Hof.

Ansicht Neubau, Wohnhaus von Südosten.

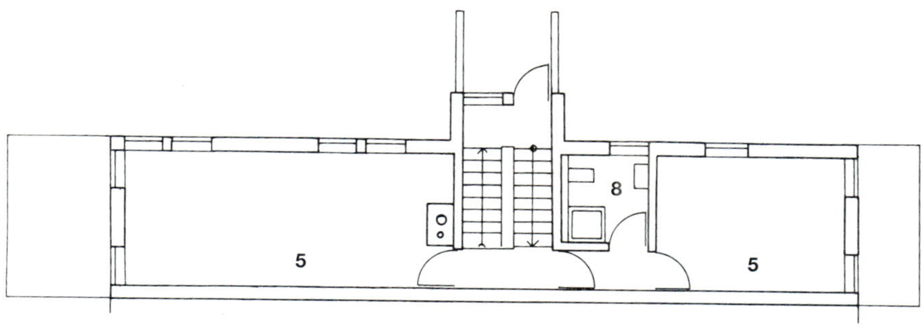

Grundriß Dachgeschoß.

1 Flur
2 Küche
3 Eßraum
4 Wohnraum
5 Arbeitsraum, Büro
6 Schlafraum
7 Schlafraum Kind
8 Bad, WC
9 Abstellraum
11 Balkon, Wintergarten

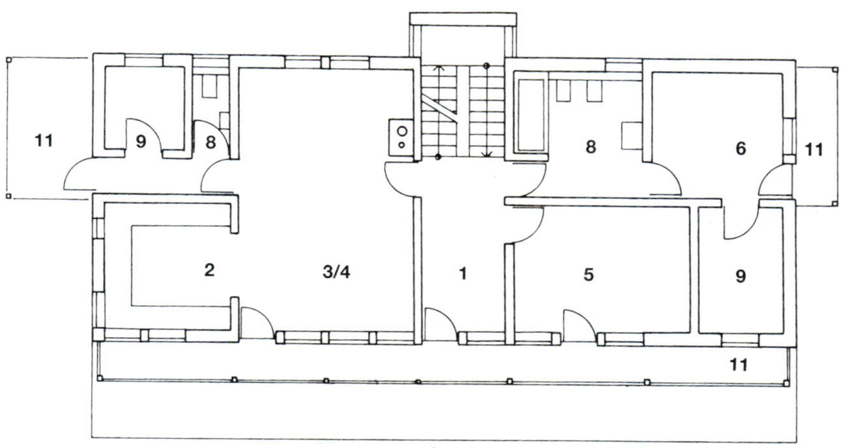

Grundriß Erdgeschoß.

Mit den gestaffelten Ziegeldächern über dem Garagen- und Gerätebau und dem höherliegenden Wohn- und Bürohaus nimmt die neue Bauanlage in Weitramsdorf die Bewegung des ansteigenden Hanges auf. Betrachtet man den Neubau eingehender, zeigt sich trotz der flacher geneigten Dächer eine große Anzahl von Übereinstimmungsmerkmalen mit der regionalen Bauweise, die eine mögliche Fortschreibung darstellen. Übereinstimmungsmerkmale finden sich in folgenden Punkten:

1. Größenordnung eines Wohnhauses als geschlossener Baukörper, Anbauten als untergeordnete Teile des Ganzen.

2. Dachflächen in einheitlicher Ziegeldeckung.

3. Klares Innenraumgefüge mit einfachen Raumzuschnitten, gute Orientierbarkeit mit Querflurerschließung.

4. Konsequente Holzkonstruktion mit senkrecht strukturierter Holzschalung.

5. Konzentration auf wenige regionstypische Materialien (Ziegel und Holz).

Gesamtansicht Neubau Wohnhaus.

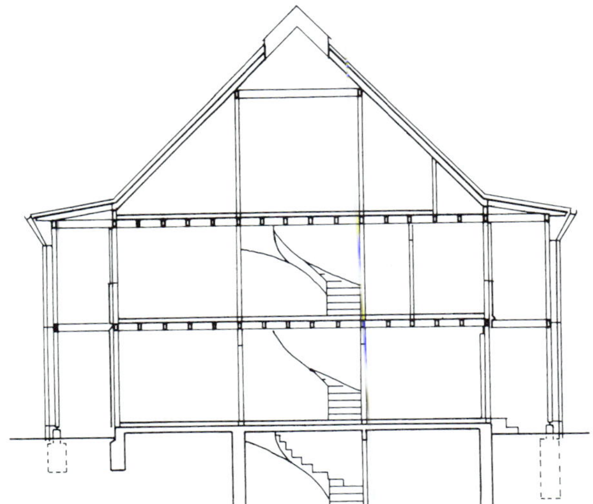

Querschnitt, Maßstab 1:200.

Wohnhausgruppe Poppenreuth Stadt Fürth

Die Bauanlage der gereihten Familienhäuser schließt sich zu einem klaren Rechteckbaukörper zusammen, der von einem steilen, ziegelgedeckten Satteldach abgeschlossen wird. An beiden Traufseiten sind variable Anbauzonen mit flacher geneigten Dächern vorgelagert. Sie können als Freisitze, Loggien oder Innenraumerweiterungen wahlweise genutzt werden. Die sehr wirtschaftlich erstellte Baugruppe zeichnet sich durch eine konsequent durchgehaltene konstruktive Einfachheit bis in den Dachstuhl hinein aus. Hinzuweisen ist parallel zu der Scheune in Unterstürmig, daß die durchgehenden Stützen des Erd- und Obergeschosses auch den Kehlbalken tragen.

Folgende Übereinstimmungsmerkmale mit der regionalen Hauslandschaft sind festzustellen:

1. Größenordnung eines Wohnhauses mit geschlossenem Baukörper und Anbauten als untergeordnete Teile des Ganzen.

2. Dachflächen in einheitlicher Ziegeldeckung.

3. Einfache Innenraumaufteilung.

4. Konsequentes konstruktives Baugefüge mit senkrechter Holzverschalung.

Neu sind die mit flacheren Dachneigungen seitlichen Anbauten, die von dem ziegelgedeckten Steildach zu einer Einheit zusammengefaßt werden.

1 Windfang, Flur
2 Küche
3 Eßraum
4 Wohnraum
6 Schlafraum
7 Schlafraum Kind
8 Bad, WC
11 Balkon

Grundrisse Erdgeschoß und Obergeschoß.

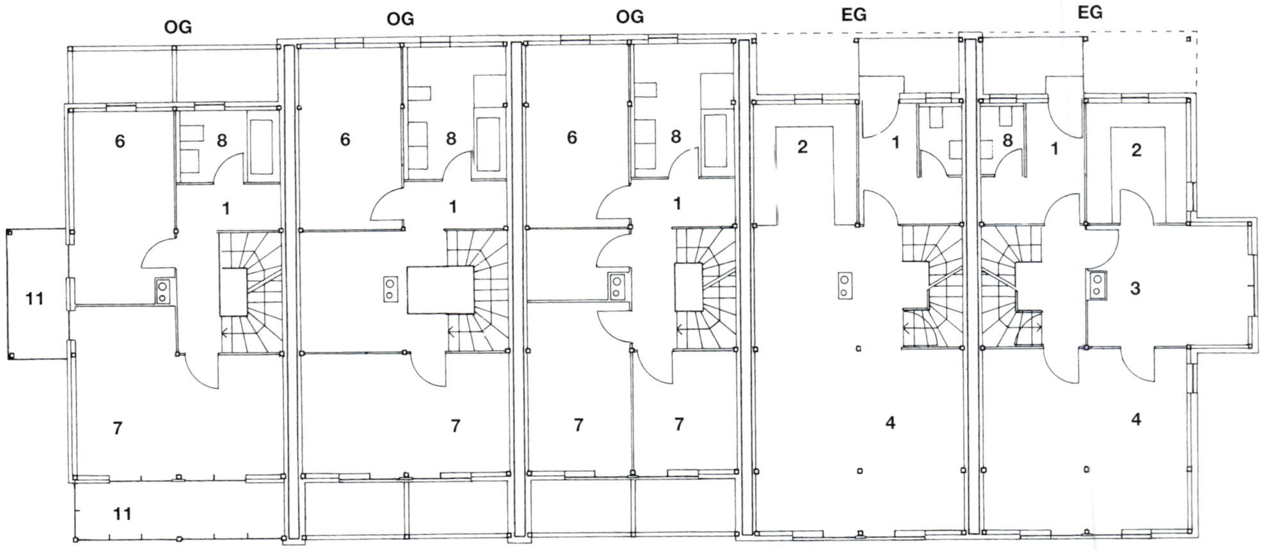

Scheune Unterstürmig, Markt Eggolsheim, Landkreis Forchheim.

Die Scheune in Unterstürmig bietet ein schönes Beispiel, wie unterschiedliche Dachneigungen überzeugend verbunden werden können. Der geschlossene Baukörper trägt ein steiles Satteldach mit Biberschwanzziegeln. Im Giebelfeld ist entsprechend der Traufhöhe ein flach geneigtes Klebdach vorgesetzt und mit kleinen Walmen an beiden Gebäudeecken weitergeführt. Dort schließt sich eine Auskragung an, die aus dem Aufschiebling der Traufe entwickelt ist. Die seitlichen Pfosten des großen zweiflügligen Scheunentores sind als Ständer in das klar konstruierte Fachwerk eingebunden.

Wie einfache Baukörper miteinander verbunden werden können, soll an dem Bauernhaus in Unterdornbach gezeigt werden. Das Wohnstallhaus trägt ein steil geneigtes Satteldach. Das untere Stalltor wird von einem eigenen, flacher geneigten herausgezogenen Vordach geschützt. Bei dem kleinen Schupfengebäude bestimmt der Aufschiebling so deutlich die Traufe, daß der untere Dachteil flacher geneigt ist als das Sparrendreieck. Die unterschiedlichen Gebäudegrößen und Bauformen werden zusammengefaßt durch die Gleichartigkeit des Dachdeckungsmaterials und die Farbgebung.

Bauernhof Unterdornlach, Stadt Kulmbach.

Neubau Wohngebäude des Jugenddorfes Martinsberg, Landkreis Hof.

Wohngebäude des Jugenddorfes Martinsberg Stadt Naila Landkreis Hof

Das in freier Lage neu erbaute Jugenddorf bildet für die Dokumentation einen Übergang zu den Gemeinschaftsanlagen, deren sozialer Stellenwert eine besondere Eigenständigkeit der Baugestaltung erlaubt. In den Wohngebäuden werden hier in einer gegenwartsbezogenen Architektur Grundelemente des regionalen Bauens aufgegriffen und fortgeschrieben. Die überlegene Detailbildung der holzverschalten Fassaden verbindet hell verputztes Mauerwerk mit flächiger Holzschalung und der dunklen Kupferbedachung. Die sorgfältig eingefügten Fenster- und Türöffnungen führen in der ruhigen Gesamtfläche zu einer lebendigen Gestaltung.

An dem Bauernhof in Martinlamitz kann gezeigt werden, wie die Verschalung mit dem nachwachsenden Rohstoff Holz weite Teile des Bauens im östlichen Oberfranken bestimmt und zusammen mit dem dunklen Schieferdach eine Gestalteinheit bildet.

Die Fortschreibung von regionalen Bauweisen sollen deutlich machen, daß Gebäude nicht starre Einheiten sind, sondern Ganzheiten aus einer Vielzahl von Einzelteilen. Wesentlich sind Größenordnung, Ausformung, Materialwahl und Farbgebung, wobei im Rahmen der Fortschreibung die Freiheit offengehalten werden muß, einen Teil dieser Merkmale zu verändern, da auch in der Vergangenheit die baulichen Traditionen weiterentwickelt wurden.

Wirtschaftsgebäude, Martinlamitz, Steinbachstr. 7, Stadt Schwarzenbach a. d. Saale, Landkreis Hof.

Glossar

LUDWIG MENNER

(a)
Datierung der Erbauungszeit eines Gebäudes anhand von Archivalien und Urkunden.

Ackerbürger
Landwirtschaft betreibender Stadtbewohner.

Allmende
Von den Bewohnern gemeinsam genutzte Gemeindefläche, meist für die Beweidung.

Andreaskreuz
X-förmige Verstrebungsfigur im Holzbau.

angeblattet, aufgeblattet
→ Fachwerk

Aufschiebling
Keilförmiges, dem unteren Sparrenende aufgeschäftetes Holz. Beim Sparrendach zur Abdeckung des statisch-konstruktiv notwendigen Vorholzes beim Balkenkopf. Der Aufschiebling verringert die Dachneigung über der Traufe und dient oft auch dazu, einen Dachvorsprung an der Traufseite zu erzielen.

ausgeblockter Ständerbau
Holzbauweise in der Art des → Ständerbohlenbaus, wobei jedoch die zwischen den Ständerhölzern eingefügten »Bohlen« ebenso stark sind wie die tragenden Ständer.

Auszüglerhaus
Austragshaus

Backsteinkalotte
Aus Backsteinen in Form eines Kugelausschnitts gemauertes Bauteil für den Backofen.

Badstube
Bis ins 18. Jahrhundert fast in jedem größeren Dorf vorhanden.

Bäula
Im Coburger Raum für: Schupfen.

Baiern – Bayern/Baireuth – Bayreuth
Am 19. Oktober 1825 legte Kronprinz Ludwig als neuer König Ludwig I. den Eid auf die Verfassung ab. Er verfügte, daß das Königreich Baiern statt mit »i« von nun an mit »y« geschrieben werde. Viele Orte, auch in Franken, wie Bayreuth folgten diesem Beispiel.
Wenn in dieser Dokumentation die Schreibweise »Bayern« oder »Bayreuth« für Geschehnisse auch vor 1825 gewählt wird, dann zur besseren Verständlichkeit aus heutiger Sicht.

Balusterstab
Stark profilierter Holz- oder Steinstab z. B. für Geländer.

Barn, Bansen, Barret
Futterkrippe, Lagerraum für Futter und Getreide.

Betriebsgröße
Trotz aller Differenzierungen in den verschiedenen Landesteilen des aus Altbayern, aus schwäbischen und fränkischen Herrschaftsgebieten zusammengesetzten Königreichs Bayern des Jahres 1806 gab es eine ähnliche Klassifizierung nach Betriebsgrößen. Es gab Ganze, Halbe und Viertelhöfe, zusätzlich die Selden, das Köbler- oder Häckergut, Gütlein, Haus und Häuslein, Begriffe, die die unterschiedliche rechtliche Qualität der einzelnen Hof- bzw. Hausstellen bezeichnen. Auch zu diesen Anwesen gehörte eine kleine Landwirtschaft, ebenso wie zum Pfarrer, Müller, Gastwirt und Bierbrauer oder zum Taglöhner, Hirten und Schäfer oder zu den Trüpfhäusern.

Blatt, Verblattung
→ Fachwerk

Blockwerk, Blockbau
Holzbautechnik, bei der ein Hauskörper aus aufeinandergesetzten Balkenkränzen besteht, wobei die Balken an den Enden auf verschiedenartige Weise miteinander verschränkt werden.

Böhmisches Gewölbe, Böhmische Kappen
Im Grundriß quadratischer oder rechteckiger Ausschnitt aus einer Kugelwölbung. Bei der böhmischen Kappe verteilt sich der Schub nach allen Seiten. Sie ermöglicht bei geringer Stichhöhe und Gewölbedicke größere Spannweiten als die preußische Kappe und läßt sich auch über unregelmäßigen Grundrissen ausführen. Durch Gurtbögen auf Pfeilern unterstützt und aneinandergereiht, überwölben die Kugelkappen ausgedehntere Räume. Böhmische Kappen sind bei einer Scheiteldicke von ½ Stein bis zu einer Spannweite von 5 m zu wölben. Die Gewölbekappen werden freihändig ohne Schalung über Scheitelbrettern und Lehrbögen gemauert.

Bohlenständerbau
→ Ständerbohlenbau

Borlaube (Borlaam)
Überdachter Gang auf hohem Sockel (→ Tritt, Dried) vor dem eingeschossigen Wohnhaus, auch: im Obergeschoß angeordnete → Laube (»Bor« vermutlich von Empore abgeleitet).

Breche
Vorrichtung zum »Brechen« des Flachses: Ein scharfkantiges, mit einem Handgriff versehenes Schwingbrett wird durch einen Zapfen an seinem unteren Ende zwischen zwei Brettern fixiert und kann scherenartig bewegt werden. Der gedörrte Flachs wird auf den Rand der geöffneten Breche gelegt und durch heftiges Durchschlagen des Schwingbrettes gebrochen. Dabei werden die Stengel aufgefasert, und die unbrauchbaren Pflanzenteile fallen in Form von sog. »Agen« ab.

Brustriegel
Waagrechtes Holz, das ein Feld in der Fachwerkwand quer unterteilt.

Büttner
Küfer, Schäffler.

Carbolineum
Imprägnierungs- und Schädlingsbekämpfungsmittel für Holz.

Clöterofen
Schlanker, hoher Ofentyp, entwickelt von Pfarrer Florian Clöter aus Schönbrunn bei Wunsiedel (1795–1883).

(d)
Datierung der Erbauungszeit des Gebäudes oder eines Bauteils durch dendrochronologische Untersuchung.

Dach, Dachgerüst, Dachstuhl
Das Dachgerüst ist die Tragkonstruktion, die die Dachhaut in ihrer Neigung hält und ihre Last einschließlich der anfallenden Schnee- und Winddrücke auf den Baukörper überträgt.

Stehende Gauben

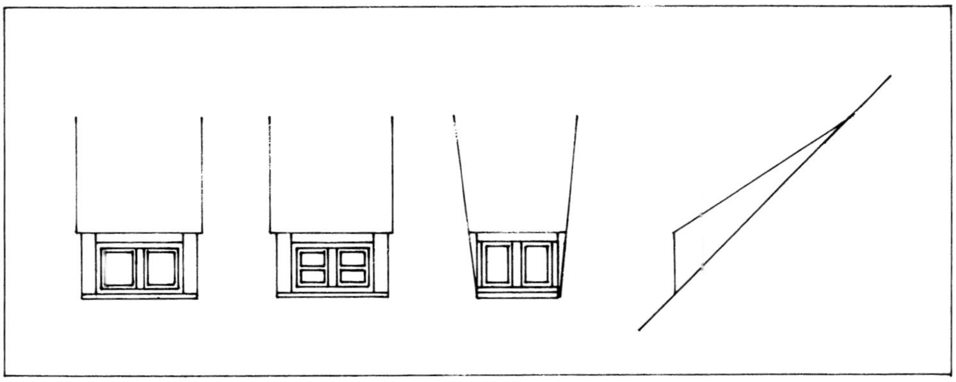

Liegende Gauben

Die geläufigere Bezeichnung »Dachstuhl« trifft eigentlich nur auf einen Teil der hölzernen Dachgerüste zu.

Dachgauben
Dachaufbauten zur Belichtung des Dachraumes oder von Dachgeschoßräumen. Gaubenformen: stehende Gauben, liegende oder Schleppgauben.

Dachkremper
→ Krempziegel

Dendrochronologie
Jahresringforschung; Verfahren zur Bestimmung des Alters vorgeschichtlicher Funde mit Hilfe der Jahresringe aufgefundener Holzreste.

Dendrologie
Gehölzkunde (Bäume, Sträucher, Halbsträucher).

Denkmalliste
Liste der Baudenkmäler entsprechend dem Bayerischen Denkmalschutzgesetz von 1973.

Deutscher Schlot
Weiter, besteigbarer Schornstein, der vom Rauchfang über der Feuerstelle aufsteigt.

Dismembration
Zerstückelung, Zerschlagung von Gütern.

Dismembrieren
Grundbesitz zerstückeln.

Dried
→ Tritt

Eckvolute
→ Volute

Einfirstanlage
→ Streckhof

einhüftige Dachbauweise
→ Frackdach

Erbhof
Das (nationalsozialistische) Erbhofgesetz vom 29. September 1933 verfügte, daß bestimmte Bauernhöfe vor Überschuldung und erblicher Zersplitterung geschützt werden sollten. Ein Erbhof mußte mindestens 7,5 ha und höchstens 125 ha groß sein. Bis 1939 wurden in Deutschland ca. 22%, in Bayern fast 28% der Besitzungen zu Erbhöfen erklärt und in die »Erbhofrolle« eingetragen. Das Gesetz wurde wegen der eingeschränkten wirtschaftlichen Freizügigkeit, vor allem der starren Regelung der Erbfolge unter Benachteiligung der Töchter vom Großteil der Bauern abgelehnt.

Ern
Bezeichnung für den Hausflur, besonders im Raum Coburg. Wortgeographisch zum mitteldeutschen Raum gehörend. Im ostoberfränkischen Haus tritt an Stelle der Bezeichnung Ern: Hausplatz, Hausgang oder einfach: »das Haus«.

Etter
Dorfzaun; der von Zäunen umschlossene Bereich; bebautes Ortsgebiet.

Exulanten
Einwanderer, die wegen ihrer protestantischen Gesinnung aus dem österreichischen Land ob der Enns vertrieben worden waren und vor allem zwischen 1647 und 1653 Aufnahme in den Territorien Ansbach und Bayreuth fanden. Die Zuzügler trugen nach dem Bevölkerungsrückgang während des Dreißigjährigen Krieges ganz wesentlich zur Neubesiedelung Frankens (→ Peuplierung) bei.

Fachwerk
Aus dem Ständerbau entwickelter Gerüstbau, bei dem in der Regel das Wandgefüge aus senkrechten Kanthölzern (Ständern) besteht, die unten auf einer waagrechten Schwelle aufsitzen und oben mit dem sog. Rähmholz abgebunden werden. Zur Aussteifung dienen horizontale Hölzer (Riegel) und schräge Streben (Kopf- und Fußbänder).

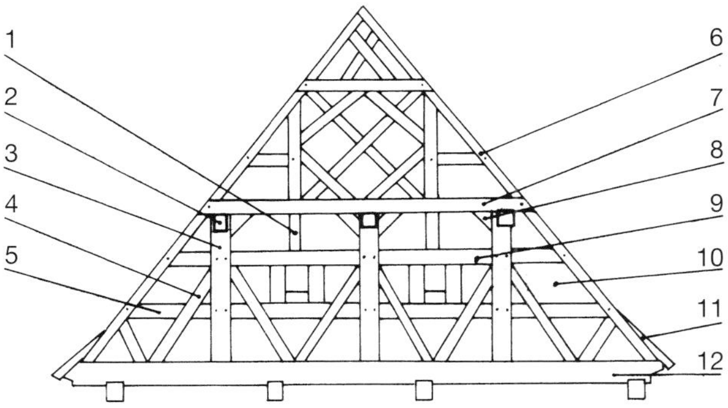

1 Stiel
2 Pfettenkopf
3 (Stuhl-)Säule
4 Fußstrebe
5 (Brust-)Riegel
6 Sparren
7 Kehlbalken
8 Kopfband
9 (Hals-)Riegel
10 Gefach
11 Aufschiebling
12 (Dach-)Balken

Die wichtigsten Bezeichnungen der Fachwerkhölzer am Beispiel eines oberfränkischen Giebels

Falzziegel
Sie greifen in der Längs- und Querfuge mit angeformten Rillen ineinander, so daß ohne Mörtel bei geringster Überdeckung ein dichter und doch beweglicher Fugenschluß erzielt wird.

Fehlboden
Zwischen den Deckenbalken eingefügte (nicht begehbare) Bretterlage, auf die Lehmschlag oder eine Schüttung aufgebracht wurde.

Feierabendziegel
Verzierter, gern mit Jahreszahl, Inschrift u. a. versehener Dachziegel.

Fensterschürzen
Äußeres Brüstungsfeld unter den Fenstern, im Sandsteinbau meist mehr oder minder reich ornamental verziert.

Frackdach
Wohl jüngere Bezeichnung für ein einhüftiges Dach, vor allem in den Gegenden von Tirschenreuth, Wunsiedel, Rehau, Stadtsteinach, Münchberg, Hof und Naila, nach Konrad Bedal (Ofen und Herd) auch als Schleifdach bezeichnet.

Frankenwaldhaus
Landläufige Bezeichnung für die (meist) eingeschossigen Häuser mit Schieferverkleidung im Frankenwald.

Fries
Streifenförmiger Schmuck einer Wand, einer Decke oder eines Gebälks. Der Schmuck kann malerisch flächig oder plastisch sein, meist ornamental. Rundbogen-, Kranzbogen-, Zahnschnitt- oder Zickzackfriese.

Funkenhut
Rauch- und Funkenfang über der offenen Feuerstelle.

Fußband
Schrägholz, aufgeblattet zur Verbindung von Säulen mit den Schwellhölzern.

Ganerben
Mehrere Familienmitglieder als Besitzer einer Hofstelle, zum Teil mit eigenen Wohnbauten.

Gauben, Gaupen
→ Dachgauben

Gefache
→ Fachwerk

Gespannfron
→ Frondienst

Gestelztes Haus
Bauwerk mit hohem Sockelgeschoß vor allem bei Hanglagen. Auch für Bauten verwendet, bei denen das Wohngeschoß über den Stallungen liegt. »Gestelzte« Häuser findet man vor allem im Raum zwischen Coburg, Kulmbach und Lichtenfels sowie in Unterfranken.

Gewann
Flurstück, Acker-, Feldfläche; Verband gleichlaufender, streifenförmiger Flurparzellen.
Schmeller II Sp. 943: die Wanne – Grenze zwischen zwei Grundstücken / die (das) Gewann – die Grenze der Gemarkung und die Gemarkung selbst.

Gewannflur
Feldflur, die durch streifenförmige Flurstücke gekennzeichnet ist.

Göpelhaus, Göbelwerk
Auch Roßmühle genannt; mechanische, von Ochsen oder Pferden getriebene (im Kreis gezogene) Vorrichtung zum Dreschen.

Güterausbrüche
→ Dismembrierung

Elemente des fränkischen Hauses

1 Ortgang
2 Traufgesims
3 Aufschiebling
4 Putzbänder
5 Fensterumrahmung
6 Sohlbank
7 Konsolen unter Sohlbänken
8 Ecklisenen
9 Türrahmung
10 Sprossenfenster
11 Kaminkopf

Häckergut
In verschiedenen Gegenden Frankens Bezeichnung für ein Kleinanwesen, entsprechend dem → Köblergut.

Hakenblattverbindung
Zimmermannsmäßige Holzverbindung (hakenförmige Verblattung) z. B. bei einem Pfettenstoß, der auch Zugkräfte aufnehmen soll.

Halbhof
→ Betriebsgrößen

Halbwalm, Schopf- oder Krüppelwalm
→ Walmdach

Handfron
→ Frondienst

Hauslandschaft
Ein durch einen bestimmten Haustyp geprägter geographischer Raum bzw. Verbreitungsgebiet eines Haustyps.

Hinterlader (-ofen)
Ofen, der von einem anderen Raum aus beheizt wird.

Herberge
Nach Leoprechting ist die Herberge bei manchen Häusern eine weitere Stube, für Geschwister oder die Kinder früherer Besitzer, denen ein Wohnrecht eingeräumt ist.

Herberger
Untermieter.

Höll, Hell, Hölle
Warmer Winkel zwischen Ofen und Stubenwand.

Hofhaus, Hofhäuschen
Nebenhaus auf dem Hof mit Wohnung für die Altenteiler bzw. für Taglöhner oder Dienstboten.

Hofraith, Hofreite
Im engeren Sinn: zum Hof gehörende Grundstücksfläche. Zum Teil auch Bezeichnung für Wirtschaftsgehöft bzw. allgemein für bäuerliches Anwesen.

Hohle Stube
Hohlraum zwischen Stubendecke und Bodenraum (im Raum Coburg und westlichem Oberfranken / Funktion nicht völlig geklärt / → Kapitel »Bäuerlicher Hausbau in Oberfranken«, S. 53 ff.).

Hüll
Höhlung (Vertiefung) im Boden, mit Wasser angefüllt, Lache (Misthül = Mistlache, Roßhül = Pferdeschwemme). Regionalspezifische Bezeichnung für den Dorfteich, der in der Regel künstlich, als Auffangbecken für Oberflächenwasser angelegt war.

(i)
Datierung der Erbauungszeit des Gebäudes oder eines Bauteils durch aufgefundene Inschrift.

Kabinett, Kabinettla
Bezeichnung für einen alkovenartigen, durch einen Verschlag abgetrennten Raum in der fränkischen Wohnstube.

Kalte Stube
Stube im Obergeschoß zur Aufbewahrung des wertvollen Hausrats, der Prunkstücke, die mit dem Kammerwagen ins Haus gekommen waren. Bezeichnung, weil dieser Raum kaum benutzt und daher auch selten beheizt wurde.

Kasten
1. Getreidespeicher (Traidkasten). In der Regel (zur Feuersicherheit) frei stehend. Vermutlich wegen der besseren Brandsicherheit im 18. Jh. meist verschwunden.
2. Kleiderschrank (Altbayern).

Kastenamt
Das Kastenamt hatte die Aufgabe, die landesherrlichen Güter, die Urbarsgüter, zu verwalten und von diesen die Naturalzehnte einzuheben.

Katasterselekte
Katasterauszug, Grundbuchauszug.

Keuper
Roter, sandiger Ton; geologische Formation.

Klebdach
Simsdächlein an der Giebelseite, das von einer leichten Stützkonstruktion getragen wird. Vorkommen regional begrenzt, in Oberfranken bei Forchheim und nordwestlich Bambergs, sonst in Teilen Mittelfrankens, in der Bodenseegegend und im Elsaß.

Kleiben
Mundartlich für Kleben (hier: mit Lehm verstreichen).

Kniestock
Aufgebockte Dachkonstruktion zur Erzielung eines größeren, nutzbaren Dachraums. Auch: halbhohes Geschoß unter dem Dachraum, in dem man nicht aufrecht stehen kann.

Köbler
Kleinbauer oder Gütler.

Köblerhaus, Köblergut
Haus oder Anwesen eines → Köblers.

Kopfband
Schräg aufgeblattete oder eingezapfte Strebe, die die Ständer mit dem Rähmholz verbindet und zur Verstärkung des Fachwerkverbandes dient.

Kratzputz
Außenputz, bei dem die bindemittelreiche dichte Putzhaut (aus $CaCO_3$) durch das Kratzen mit einem Nagelbrett wieder aufgerissen wird und die Luft-Kohlensäure leichter in das Mörtelinnere zur weiteren Carbonisierung eindringen kann.

Krempziegel
Kräftig profilierte Dachziegel (Hohlziegel). Krempe ≈ Vorläufer eines Falzes.

Kreuzgewölbe
Rechtwinklige Durchdringung zweier Gewölbetonnen. Das Kreuzgewölbe ist nach allen Seiten offen, der Kämpferdruck konzentriert sich auf die vier Ecken.

Krüppelwalmdach
→ Walmdach

Landesstelle für die nichtstaatlichen Museen
Zentrale Fachbehörde des Bayerischen Landesamtes für Denkmalpflege mit Dienstsitz in München, zuständig u. a. für die Betreuung der nichtstaatlichen Museen, z. B. der Freilandmuseen.

Landesverschönerung
Bestrebung im Zeitalter der Aufklärung am Ende des 18. und beginnenden 19. Jh. mit dem Ziel, das Land nach den Prinzipien der Harmonie und Schönheit zu gestalten. Führende Gestalten dieser geistigen Auseinandersetzung mit Landbau und Landeskultur waren Dr. Gustav Vorherr, Heinrich von Nagel und Joseph von Hazzi.

Laube
Regional unterschiedliche Bezeichnung für Balkon, Altane, Gang, Söller oder Schrot; in Oberbayern auch für: Hausflur. Vor der Traufwand angebaut oder in die Traufwand eingefügt.

Leerhaus
1/32-Hof, Kleinsthaus der Tagelöhner ohne Grund und Boden. →Betriebsgrößen

Lias
Schwarzer Jura; geologische Formation.

Liegender Stuhl
Pfettendachkonstruktion für größere, weitgespannte Steildächer. Kennzeichnend sind die durchgehenden tragenden Streben, die die Pfettenlasten zu den Außenwänden ableiten → Pfettendach, → Sparrendach, → Stehender Stuhl.

Lien
Beleuchtungseinrichtung der Stube durch Verbrennen von Harzbrocken in einer Pfanne (Vorkommen im Grenzraum zu Böhmen). Über den »Lienhut«, einem großen Blechhut oder Trichter, wurde der dabei entstehende Rauch aufgenommen und über ein Rohr abgeleitet.

Lisene
Senkrechter, leicht vorstehender (Putz-)Streifen als Wandgliederung.

Mansarddach
Dach mit geknickten Dachflächen, mit steiler Schräge unten und flacherer Schräge im oberen Teil.

Manteldach
→ Walmdach (Vollwalmdach)

Mediatisierung
Durch den »Reichsdeputationshauptschluß« (1803) und mit der Gründung des »Rheinbunds« (1806) verloren viele weltliche und alle geistlichen Territorien innerhalb des Deutschen Reichs (bis 1806) ihre Landeshoheit.

Migration
Bevölkerungswanderung.

Nuthobel, Nuteisen, Wolf
Spezialwerkzeuge zur Herstellung von Holzschindeln (z. B. Nutschindel).

Nutschindeldach
Aufwendigste Form des Holzschindeldaches. Die Nutschindeln sind auf einer Längsseite keilförmig und auf der anderen Längsseite mit einer entsprechenden keilförmigen Nut ausgebildet. Die Nutschindeln sind 50–70 cm lang, 10–15 cm breit, und etwa 2 cm stark und werden mit nur geringer Überdekkung verlegt.

Oberlaube
→ Laube

Obermainkreis
Bei der Neugestaltung des Bayerischen Staates durch die Konstitution vom 1. Mai 1808 (unter König Max I. Joseph und Graf Montgelas) erfolgte eine Einteilung in Kreise, die nach französischem Vorbild nach Flüssen benannt wurden. Zahl und Umfang der Kreise wechselten mit den politischen Verhältnissen. 1808 waren es 15 Kreise (Mainkreis, Pegnitzkreis, Naabkreis, Rezatkreis, Altmühlkreis, Oberdonaukreis, Lechkreis, Regenkreis, Unterdonaukreis, Isarkreis, Salzachkreis, Illerkreis, Innkreis, Eisackkreis und Etschkreis), 1810 neun Kreise (Mainkreis, Rezatkreis, Regenkreis, Oberdonaukreis, Unterdonaukreis, Illerkreis, Isarkreis, Salzachkreis, Innkreis) und schließlich 1817 acht Kreise (Isarkreis, Unterdonaukreis, Regenkreis, Oberdonaukreis, Rezatkreis, Obermainkreis, Untermainkreis, Rheinkreis). 1837 entschied sich König Ludwig wieder für die historische Benennung der Kreise, wie sie heute im wesentlichen noch gültig ist (Regierungsbezirke): Oberbayern, Niederbayern, Pfalz (d. i. die Rheinpfalz), Oberpfalz (und Regensburg), Oberfranken, Mittelfranken, Unterfranken (und Aschaffenburg), Schwaben (und Neuburg). Das Gebiet des Herzogtums Coburg kam erst 1920 zu Oberfranken.

Ofengabel
Langstieliges, zweizinkiges Werkzeug, mit dem Töpfe in die Glut geschoben und wieder herausgezogen werden.

Ortgang
Giebelseitiger Abschluß der Dachfläche, von der → Traufe zum First laufende Dachkante.

Patrimonialgerichtsbarkeit
Ausübung der Rechtsprechung über die Gutseingesessenen durch den Gutsherrn.

Pfannenziegel
Das Pfannendach vereinigt Rinn- und Deckstein (bei Dachneigungen $\geq 40°$).

Peunt
Grundstück, meist in der Nähe des Hofes, das dem Gemeindeviehtrieb verschlossen werden kann oder worauf das Recht liegt, es eingefriedet oder nicht eingefriedet zu halten.

Peuplierung
Aktive Siedlungspolitik zur Festigung oder Erweiterung bestehender oder zur Anlage neuer Orte, in der Regel mit Neusiedlern.

Pfette
1. Zum First parallellaufender Dachstuhlbalken. Auf der Pfette liegen die Sparren auf, die die Dacheindeckung tragen.
2. Alle firstparallelen tragenden Hölzer, wie Unterzüge.

Pfettendach
Dachkonstruktion, bei der die Sparren auf Fuß-, Mittel- oder Firstpfetten (→ Pfetten) aufliegen, die ihre Unterstützung und Lastableitung durch Mauern oder hölzerne Unterkonstruktionen erfahren (→ Liegender Stuhl, → Stehender Stuhl).

Pflege- und Kastenamt
→ Kastenamt

Pilaster
Flacher Wandpfeiler, meist nur mit dekorativer Bedeutung.

Physikatsberichte
Entschließung des Kgl. Innenministeriums vom 21. April 1858 zur Erstellung einer medizinisch-topographischen und ethnographischen Beschreibung aller Physikatsbezirke des Königreichs nach einem einheitlichen Schema. Diese Erfassung stand im Zusammenhang mit der von König Max II. in Auftrag gegebenen »Bavaria. Landes- und Volkskunde des Königreichs Bayern« (1860–1876).

Preußische Kappen
Flache Gewölbefelder bis 3,50 m Spannweite, durch Querwände oder Eisenträger in regelmäßiger Folge unterstützt.

Rähm
Bei Ständer- und Fachwerkbauten die waagrechten, oberen abschließenden Längshölzer, auf denen die Dachbalken ruhen (auch »Wandpfette«, Mauerlatte).

Rauchküche
→ Schwarze Küche

Realteilung, Realerbteilung
Erbsitte, bei der die Grundstücke eines Bauernbetriebes unter alle Erben gleichmäßig aufgeteilt werden. Führte zur Flurzersplitterung, zum bäuerlichen Kleinbesitz und dadurch verstärkt zum Arbeiterbauerntum.

Remise
Geräte-, Wagenschuppen.

Rinnenziegel
Schmale, lange Dachziegel mit S-förmigem Profil, die im Mörtelbett verlegt wurden (südlicher Coburger Raum).

Risalit
Vorstehender Gebäudeteil zur Wand- bzw. Fassadengliederung.

Rodungsorte
In größere Rodungsflächen von Waldgebieten gebaute Orte.

Russischer Kamin
Enger, nicht besteigbarer Kamin, der am Boden aufsitzt.

Säkularisation
Enteignung kirchlichen Eigentums infolge der Auflösung der geistlichen Territorien (Hochstifte, Reichsabteien) durch den Staat aufgrund des Friedens von Lunéville (1801) und des »Reichsdeputationshauptschlusses« (1803).

Salland
Grundstück, das in der Regel in der Nähe eines Dorfes liegt, stets eingehegt und nicht dem Flurzwang unterworfen ist. Es diente meist nicht dem Ackerbau, sondern Spezialkulturen.

Schab, Schaab
Ein Bund langes Stroh, das zur Dachdeckung dient.

Scharrierung
Steinmetzmäßige Oberflächenbehandlung von Werksteinen mit dem »Scharriereisen«, mit dem eine streifige Struktur erzielt wird.

Schiedung, Unterschied
Teilung der Stube durch einen hölzernen Verschlag oder eine gemauerte Wand in einen Koch- und einen Wohnbereich.

Schieferdächer
Mit Deckungen aus flachen, aus natürlichem Schichtgestein gespaltenen Dachsteinen, die schuppenartig auf Holzschalung oder Latten genagelt werden. Deckungsarten: altdeutsche Deckung, deutsche Schablonendeckung.

Schiff
→ Wasserschiff

Schill-, Schindelofen
Kachelofen, der mit einem hölzernen Gestell umbaut war, an dem Sachen zum Trocknen aufgehängt werden konnten und das oben mit einer Liegefläche abgeschlossen war (→ Schöllofen, Schüllofen).

Schleiße, Schleißenlicht
Beleuchtung mit einem Kienspan.

Schleppgauben
→ Dachgauben

Schöllofen, Schöll, Schüllofen
→ Schillofen, Schindelofen

Schopfwalm, Schopfwalmdach
→ Walmdach

Schorgarten
Hausgarten (schoren = umgraben).

Schrotbau
Regionale, ältere Bezeichnung des → Blockbaus.

Schuppen, Schupfen
Kleines Nebengebäude zur Unterbringung von Maschinen, Geräten, Brennholz u. dgl.

Schwalbenschwanzverbindung
Eine Form der Holzverbindung, bei der das Stirnstück der im (rechten) Winkel miteinander verbundenen (Kant-)hölzer in Form eines Schwalbenschwanzes zugerichtet wird. Beispiel: eine Form der Eckverbindung beim Blockbau.

Schwarze Küche
Auch Rauchküche genannt, seit dem 16. Jahrhundert vielfach gewölbt, mit offenem Herdfeuer.

Schwedenhäuser
Bezeichnung für Ständerbauten des 16. und 17. Jh. im Nürnberger Umland.

Schwellenbalken
Liegende Balken, auf denen Fachwerkwände oder Ständerbalken des Dachstuhls aufgestellt werden.

Sechsämterland
1437 erfolgte verwaltungsmäßige Zusammenfassung der Amtsstädte Wunsiedel, Kirchenlamitz, Weißenstadt, Thierstein, Selb und später auch Hohenberg zu den »Sechs Ämtern«, nachdem es den Burggrafen von Nürnberg um 1400 gelungen war, diese Gebiete dem Einfluß der böhmischen Könige zu entziehen.

Silberschiefermalerei, Silbermalerei
Eine Art Stanniolmalerei auf Schiefer im Frankenwald, aber auch in der Kulmbacher und Lichtenfelser Gegend häufig (auch darüber hinaus bekannt).

Sölde
Kleinbäuerliches Anwesen. → Betriebsgrößen

Spanndienst
Frondienst für die Grundherrschaft, mit einem Gespann zu leisten.

Sparrendach
Dachkonstruktion, bei der sich die Sparren paarweise im First gegeneinander stützen und so eine Reihe von gleichen, tragenden Dreiecken bilden, die sog. Gespärre. Das Sparrendach ist seiner Natur nach stehend und steil.

Spunddecke
Enge Balkendecke mit längs in eingestemmten Nuten eingeschobenen Brettern und darüber Lehm als Füllung – sog. Spunddecke, Bohlen-(Bretter-)Balkendecke, Riemendecke.

Sprengwerk
Komplizierte Dachkonstruktion zur Lastabfangung, die besonders große Spannweiten erlaubt.

Stadel
Bezeichnung für die Scheune im Sechsämterland wie im gesamten baierischen Sprachraum. Meist dreizoniger Grundriß mit mittlerer Tenne und beidseitigen Lagerbereichen für Heu oder Stroh.

Ständer
Senkrechtes, meist vierkantiges Holz, das im → Ständerbau waagrechte Balken trägt.

Ständerbalkenbauweise, Ständerbohlenbau
Wandsystem aus senkrechten Balken, in deren Nuten waagrechte Bohlen eingeschoben werden.

Ständerbau
Im Abstand der Dachbinder stehen kräftige Wandständer zwischen Kopf- und Fußschwelle. Die Ausfachung und Aussteifung bilden schwächere Riegel, Kopfbänder oder Andreaskreuze, die in die Ständer eingeblattet sind.

Stehender Stuhl
Pfettendachkonstruktion, bei der die Dachlasten über in der Regel senkrechte Stuhlsäulen auf den Baukörper abgeleitet werden.

Streckhof
Einfirstige Hofanlage, bei der Wohnteil, Stall und Scheune firstgleich in einem Gebäude unter einem Dach liegen. Als hauskundlicher Begriff in Oberfranken kaum verwendet, üblich ursprünglich im (österr.) Burgenland und in Ungarn.

Stuhlsäule
Senkrechtes oder liegendes Holz im Dach (→ Stehender Stuhl, Liegender Stuhl).

Translozierung, Transferierung
Übertragung (Abbruch und Wiederaufbau) eines Objektes an eine andere Stelle, in der Regel in ein Freilichtmuseum.

Traufe
Unterer Abschluß der Dachfläche.

Treppe, »Trebbm«
→ Tritt, »Dried«

Trift
1. Weiderecht, Weideplatz.
2. Triebweg zum Weideplatz.
3. Holzflößung.

Tritt, »Dried«
Im westlichen Oberfranken Bezeichnung für den überdachten Gang vor dem Haus, der meist erhöht über dem Hofraum und Mistplatz angeordnet ist, im Fichtelgebirge Treppe oder »Trebbm« genannt und nicht überdacht, allenfalls durch Dachvorsprung geschützt.

Tropf-, Trüpf- oder Tripfhaus
Bezeichnet ein Anwesen, zu dem nur soviel Grundfläche gehört, als die Dachtraufe reicht.

Umgebindebau, Umgebindebauweise
Bezeichnung für eine Ständergerüstkonstruktion, die den meist in Blockbauweise errichteten Stubenwänden vorgelagert ist und in Verbindung mit dem Fachwerk des Obergeschosses steht (im Grenzraum zu Sachsen und Böhmen).

Umschrot
3–5 Balken hoher Blockwerkkranz über dem Erdgeschoß. Konstruktionselement zur statischen Sicherung von Holzbauten im Sinne eines Ringankers. Vorkommen im Raum südöstlich von Selb und im angrenzenden Egerland.

Vogtland
Bergland zwischen Frankenwald, Fichtelgebirge und Erzgebirge.

Vollwalmdach
→ Walmdach

Volute
Zierelement in Form einer Schneckenlinie oder S-förmigen Spirale; als Schnecke charakteristischer Bestandteil des ionischen Kapitells. Voluten erscheinen als Gestaltungselement erst wieder in der Hochrenaissance und im Barock.

Volutengiebel
Mit Voluten geschmückter Giebel.

Vorderlader(-ofen)
Ofen, der vom Raum aus beheizt wird, in dem er steht.

Waldkante
Beim Nutzholzzuschnitt nicht scharfkantig beschnittene Teile.

Walmdach
Abgeschrägte Dachfläche an den Schmalseiten eines Hauses. Reicht die abgewalmte schräge Dachfläche bis zur Mauer des Hauses (Mauerbank), so spricht man von einem Vollwalm. Nimmt die Schrägfläche nur einen Teil des giebelseitigen Daches ein, so sprechen wir von einem Halbwalm oder von einem »Schopf«. Die Bezeichnung »Krüppelwalm« ist eine unschöne und unpassende Bezeichnung, da an einem »Schopf« nichts verkrüppelt ist.

Wasserschiff, Ofenhafen, Höllhafen
Wasserbehälter im Ofen oder Herd.

Widerkehr
Bezeichnung für einen Zubau, der im rechten Winkel an den Hauptbaukörper angebaut und in das Hauptdach eingebunden ist.

Winkel
Im südwestlichen Oberfranken Bezeichnung für das Altenteil.

Zahnschnittfries
→ Fries

Zehntscheuer
Scheune, in der die Zehentabgaben gesammelt und eingelagert wurden.

Zeidelgut
Anwesen zur Bienenhaltung.

Zelge, Zelch
Das bestellte Feld, mehrteilige, streifenförmig gegliederte Fläche der Feldflur, Grundeinheit der zelgengebundenen Dreifelderwirtschaft.

Zwerchhaus
Auch Giebelerker, ausgebauter Erker im Dach, meist für eine bevorzugte Stube.

Zwicker
Kleine Steine, mit denen beim Bruchsteinmauerwerk die Spalten zwischen den großen Mauerbrocken gefüllt (»ausgezwickt«) wurden.

Anhang

Anmerkungen zu den einzelnen Kapiteln

Anmerkungen zu Kapitel: Ziele der Dokumentation (H. Gebhard)

1 Carl Friedrich von Weizsäcker: Der Mensch und seine Geschichte. München 1991, S. 232–240.
2 Hans Immler: Vom Wert der Natur. Opladen 1989, S. 295.
3 Helmut Gebhard und Konrad Bedal: Dokumentation Mittelfranken, Bauernhäuser in Bayern, Bd. 1. München 1994, S. 9.
4 Wilhelm Kamlah und Paul Lorenzen: Logische Propädeutik. Mannheim 1967, S. 23.
5 Bertram Popp: Bäuerlicher Hausbau in Oberfranken. S. 53 ff. (in diesem Buch).
6 Heinz Ellenberg: Bauernhaus und Landschaft in ökologischer und historischer Sicht. Stuttgart 1990, S. 11.
7 Norbert Huse: Denkmalpflege, Vorstufen und Voraussetzungen. Alexander Markgraf zu Bayreuth »Landesväterliches Ausschreiben 1790«. München 1984, S. 27–29.
8 Landesentwicklungsprogramm Bayern (LEP) v. 25. 11. 1994, GVBL Nr. 4/1994, S. 116, Anhang 9: Regionen (Gebietsstand 1. Januar 1994).
Regionen Oberfranken West (4), kreisfreie Städte: Bamberg, Coburg; Landkreise: Bamberg, Coburg, Forchheim, Kronach, Lichtenfels.
Regionen Oberfranken Ost (5), kreisfreie Städte: Bayreuth, Hof; Landkreise: Bayreuth, Hof, Kulmbach, Wunsiedel, aus dem Landkreis Tirschenreuth (Oberpfalz) die Gemeinde Waldershof.
9 Wie Anm. 8: S. 28 Präambel: Leitlinien, S. 30. Übergeordnete Ziele, S. 38, Regionen, Nr. 4.2.2. (endogene Potentiale).
10 Wie Anm. 8: A I Nr. 3.7.1., raumstrukturelle Entwicklung: Die ländlichen Räume sollen »durch Verbesserung der infrastrukturellen, ortsgestalterischen, wirtschaftlichen, ökologischen, sozialen und kulturellen Verhältnisse als eigenständiger, gleichwertiger Lebensraum bewahrt und weiterentwickelt werden«.
11 Wie Anm. 8: 4.2.2. Grenzlandregionen, S. 38.
12 Manfred Sack: Von der Utopie, dem guten Geschmack und der Kultur des Bauherrn. Bremen 1993, S. 9.
13 Christopher Dawnson: The Making of Europe. Übers.: Die Gestaltung des Abendlandes. Köln 1950, S. 31–39; Seton Lloyd: Architektur der Hochkulturen Vorderasiens. Stuttgart 1972, S. 19.
14 Werner Rösner: Die Bauern in der Europäischen Geschichte. München 1993, S. 46–63.
15 Gerda Wangerin und Gerhard Weiss: Heinrich Tessenow. Ein Baumeister 1876–1950. Essen 1976, S. 34–35.
16 Germanisches Nationalmuseum Nürnberg: Albrecht Dürer, Ausstellungskatalog 1971, Nr. 421; Kupferstich »Der verlorenen Sohn«: »Im Unterschied zum Gleichnis Luk. 15,11–32 ... ist der Schweine hütende Sohn nicht auf dem Felde, sondern auf einem Bauernhof dargestellt. Schon in Vasaris Würdigung des Stichs wurden die sehr schönen Hütten, wie man sie in Deutschland auf dem Lande findet, hervorgehoben.«
17 Albrecht Dürer 1471–1525: Das gesamte graphische Werk, Bd. 2. München 1971, S. 1940: Eisenradierung »Die Kanone« 1517, das Dorf Kirchehrenbach bei Forchheim als landschaftlicher Hintergrund.
18 Konrad Bedal: Historisches Bauen in Oberfranken. In: Unser Dorf, Dorferneuerung und ländliches Bauen in Oberfranken. Bamberg 1991, S. 43–46; Max Gschwend: Schweizer Bauernhäuser. Bern 1971, S. 28 (Fachwerkbau), S. 40 (Blockbau), S. 51 (Steinbau).
19 Fritz Angerer: Die bäuerlichen Sandsteinbauten des Bayreuther Umlandes und ihre Fassadengestaltung. In: Schönere Heimat 76 (1987), Heft 3, S. 129–135.
20 Über die ornamentale Gestaltung ländlicher Bauten s. Oskar Moser: Die Verprächtigung im ländlichen Hausbau, in: Kilian Kreilinger und Georg Waldemer, (Hrsg.): Haus, Hof, Landschaft, Festschrift Karl Bedal. Hof 1994, S. 36–42; Margrit Seuling: Schmuckformen im schieferverkleideten Haus, ebenda, S. 60–73.
21 Ingolf Bauer: Möbel aus Franken. Gemeinschaftsausstellung des Bayerischen Nationalmuseums und des Germanischen Nationalmuseums Nürnberg. München 1991.

Anmerkungen zu Kapitel: Räumliche Grundlagen und zeitliche Entwicklung

Landschaft und Siedlung in Oberfranken (Th. Gunzelmann)

1 So der Geobotaniker Heinz Ellenberg in seinem Standardwerk über die Verflechtungen von Bauernhaus und Landschaft, das stärker durch biologisch-ökologische Gedankengänge als durch historisch-geographische geprägt ist; vgl. Heinz Ellenberg: Bauernhaus und Landschaft in ökologischer und historischer Sicht. Stuttgart 1990, S. 9.
2 Die nachfolgenden Ausführungen zur Naturausstattung Oberfrankens sind knapp gehalten und können ergänzt werden durch folgende Überblicksarbeiten: Klaus Müller-Hohenstein: Die natürlichen Grundlagen der Landschaften Nordostbayerns. In: H. Heller (Hg.): Exkursionen in Franken und Oberpfalz. Erlangen 1971, S. 1–20, oder Klaus Hüser: Oberfranken – Vielfalt seines Naturraumes. In: Rudi Engel und Jörg Maier (Hgg.): Flug über Oberfranken. Eine Landschaft in Luftbildern. Bayreuth 1986, S. 13–34. Immer noch lesenswert ist, insbesondere was die Beziehungen des Menschen zum Naturraum betrifft: Helmut Fuckner: Vergleichende Landschaftskunde und Erdgeschichte. In: Conrad Scherzer (Hg.): Franken – Land, Volk, Geschichte und Wirtschaft. Nürnberg 1955, S. 17–226.
3 Vgl. Erwin Rutte: Bayerns Erdgeschichte. Der geologische Führer durch Bayern. München 1992, S. 7.
4 Die wissenschaftliche Diskussion, ob eine Schichtstufenlandschaft eher eine Strukturlandschaft sei, in der die endogenen Bedingungen, also die Abfolge unterschiedlich harter Gesteine, für die Oberflächenformen ausschlaggebend sei, oder eine Skulpturlandschaft, in der die exogenen Bedingungen, also die Verwitterung in Abhängigkeit vom jeweils herrschenden Klima, bestimmend seien, soll hier nicht wiedergegeben werden. Im fränkischen Stufenland lassen sich Belege für beide Prozesse feststellen.
5 Vgl. Wolf-Dieter Grimm: Bildatlas wichtiger Denkmalgesteine der Bundesrepublik Deutschland. Arbeitshefte des Bayer. Landesamtes für Denkmalpflege 50, München 1990, hier Bildtafel Nr. 184. Hier finden sich auch zahlreich weitere Hinweise auf historische und aktuelle

Naturwerksteine. Die ganze Vielfalt historischer oberfränkischer Werksteine kann das Buch jedoch nicht erschließen. Die Grundlagenforschung zu regionalen historischen Bausteinen steckt noch in den Anfängen. Bisher sind lediglich zu bedeutsamen Baudenkmälern Arbeiten erschienen, kaum jedoch zum ländlichen Bauwesen; vgl. Manfred Fürst und Gisela Santowski: Naturstein historischer Baudenkmäler Bambergs und seiner Umgebung. In: Geologische Blätter für Nordost-Bayern 34/35 (1984/85), S. 563–601.

6 Z. B. bei Würgau, Melkendorf, Tiefenellern oder Pünzendorf, vgl. Prodomos Antoniadis, Nikolaos Fytrolakis u.a.: Geologische Karte von Bayern 1:25 000. Erläuterungen zum Blatt Scheßlitz. München 1972, hier S. 134.

7 Der Frankenwald ist damit in geomorphologischer Hinsicht eine »Rumpfflächenlandschaft«, eine Hochfläche im wesentlichen gleicher Höhenlage unabhängig von den Gesteinsschichten, die im Tertiär durch klimatische Formungsprozesse geebnet wurden; vgl. Walter Thauer: Morphologische Studien im Frankenwald und Frankenwaldvorland. In: Mitteilungen der Fränkischen Geografischen Gesellschaft 1 (1954), S. 1–232.

8 Vgl. Robert Gradmann: Altbesiedeltes und jungbesiedeltes Land. Studium Generale 1 (1948), S. 163–177.

9 So wurden die Gemarkungen der Rodungsinseln von Schmerb und Obersteinach vom Staat bzw. von Großwaldbesitzern in den letzten Jahrzehnten des 19. Jahrhunderts aufgekauft und bis auf geringe Reste aufgeforstet. Vgl. Thomas Gunzelmann: Wüstungen des 19. Jahrhunderts im Landkreis Bamberg. Heimat Bamberger Land, 2. Jg., Heft 4 (1990), S. 136–146.

10 Einer dieser Brunnen, der »Eschlipper Brunnen«, konnte kürzlich mit Hilfe der Direktion für Ländliche Entwicklung Bamberg und des Landesamtes für Denkmalpflege wieder instand gesetzt werden. Er ist damit eines der letzten Zeugnisse für die lebensbestimmende Wasserknappheit der Albhochfläche in den vergangenen Jahrhunderten.

11 Vgl. Albert Reif und Ulrike Stötzer: Die Ködnitzer Weinleite (Oberfranken). In: Hoppea, Denkschrift Regensburger Botanische Gesellschaft 41 (1983), S. 289–309.

12 Zit. nach Otto Meyer: Oberfranken im Hochmittelalter. Politik-Kultur-Gesellschaft. Bayreuth 1973, S. 12.

13 Zur spätmittelalterlichen Territorialgeschichte Oberfrankens vgl. Gerd Zimmermann: Grundlagen und Wandlungen der politischen Landschaft. In: E. Roth (Hg.): Oberfranken im Spätmittelalter und der frühen Neuzeit, Bayreuth 1979, S. 12–51.

14 Zur Frage der Aktivität historischer Territorien im Hinblick auf die Gestaltung der Kulturlandschaft vgl. Friedrich Huttenlocher: Die ehemaligen Territorien des Deutschen Reiches in ihrer kulturlandschaftlichen Bedeutung. Erdkunde 11 (1957), S. 95–106.

15 Vgl. Hans Hubert Hofmann: Mittel- und Oberfranken am Ende des Alten Reiches (1792). Historischer Atlas von Bayern. Teil Franken. Reihe II. Heft 1. München 1954, S. 11.

16 Vgl. Winfried Schenk: Das Klosterdorf Neudorf bei Ebrach. Stabilität von Siedlungsstrukturen im Steigerwald unter ebrachischer Herrschaft in der Frühneuzeit. Heimat Bamberger Land 2 (1990), S. 25–30.

17 Vgl. Hartmut Heller: Die Peuplierungspolitik der Reichsritterschaft als sozialgeographischer Faktor im Steigerwald. Erlanger Geographische Arbeiten, Heft 30. Erlangen 1971.

18 Zu den neuzeitlichen Territorialstrukturen vgl. Gerd Zimmermann: Territoriale Staatlichkeit und politisches Verhalten. In: E. Roth (Hg.): Oberfranken in der Neuzeit bis zum Ende des Alten Reiches. Bayreuth 1984, S. 9–82.

19 Zit. nach Karl Müssel: 150 Jahre Regierungsbezirk Oberfranken. Ein Beitrag zur Entstehungsgeschichte des Regierungsbezirkes 1837/38. In: Archiv für Geschichte von Oberfranken 68 (1988), S. 171–221.

20 Zu den rechtsgeschichtlichen Zusammenhängen von Bauern, Gemein und Herrschaften vgl. Hans Hubert Hofmann: Bauer und Herrschaft in Franken. In: Zeitschrift für Agrargeschichte und Agrarsoziologie 14 (1966), S. 1–29.

21 Vgl. Erich Freiherr von Guttenberg: Land- und Stadtkreis Kulmbach. Historisches Ortsnamenbuch von Bayern. Oberfranken, Band 1. München 1952, S. 32; für den Bayreuther Raum neuerdings Thomas Pöhlmann: Die Lehen des Hochstifts Würzburg um Bayreuth. In: Archiv für Geschichte von Oberfranken Bd. 72 (1992), S. 25–98, S. 90.

22 Vgl. Ferdinand Geldner: Das älteste Urbar des Cistercienserklosters Langheim (um 1390). Veröffentlichungen der Gesellschaft für Fränkische Geschichte. X. Reihe. Band 3, S. 81.

23 Dazu und zusammenfassend zum Komplex der mittelalterlichen Besitzeinheiten vgl. Helmut Jäger: Huben, Lehen, Güter und verwandte Einheiten in Franken. Zeitschrift für Agrargeschichte und Agrarsoziologie 22 (1974), S. 1–8.

24 Vgl. Friedrich Wilhelm Singer: Das Landbuch der Sechsämter von 1499. Wunsiedel 1987, S. 85.

25 Beispiele finden sich bei Thomas Gunzelmann: Hassenberg – ein Beispiel ritterschaftlicher Peuplierung im Coburger Land, Jahrbuch der Coburger Landesstiftung 35 (1990), 279–294.

26 Vgl. Thomas Pöhlmann: Das Amt Bayreuth im frühen 15. Jahrhundert. Das Landbuch B von 1421/24 – Eine spätmittelalterliche Quelle mit Erläuterungen. Bayreuth 1992, S. 22.

27 Vgl. Ernst Schubert: Arme Leute, Bettler und Gauner im Franken des 18. Jahrhunderts. – Veröffentlichungen der Gesellschaft für Fränkische Geschichte. Reihe IX. Darstellungen aus der Fränkischen Geschichte, Band 26 (1983), Neustadt a. d. Aisch.

28 In Demmelsdorf (2432 E.) lag der jüdische Bevölkerungsanteil 1826 bei 62,3%, in Zeckendorf (336 E.) bei 54,4 %, vgl. Karl-Heinz Mistele: Landjuden im Bamberger Umland – Beobachtungen an einer Minorität. In: Vergangene jüdische Lebenswelten im Bamberger Raum: ländliche Armutsinseln – städtisches Villenviertel (m. Beitr. v. Karl-Heinz Mistele und Volkmar Eidloth). Bamberger Geographische Schriften. Sonderfolge Bd. 3. Bamberg 1988, S. 1–18.

29 Vgl. Klaus Guth (Hg.): Jüdische Landgemeinden in Oberfranken (1800–1942). Ein historisch-topographisches Handbuch. Bamberg 1988, S. 18.

30 Vgl. Josef Motschmann: Als aus Juden Nachbarn und aus Nachbarn Juden wurden. Jüdische Gemeinden im 19. und 20. Jahrhundert. In: G. Dippold u. J. Urban (Hgg.): Im Oberen Maintal, auf dem Jura, an Rodach und Itz. Landschaft, Geschichte, Kultur. Zum 150jährigen Jubiläum der Kreissparkasse Lichtenfels. Lichtenfels 1990, S. 303–335, hier S. 307. Kartographische Darstellung bei Wolfgang Thiem: Denkmalpflegerischer Erhebungsbogen Altenkunstadt. Bamberg 1992 (unveröffentlicht).

31 Ingomar Bog: Die bäuerliche Wirtschaft im Zeitalter des 30jährigen Krieges, S. 21.

32 Vgl. Singer: Landbuch (wie Anm. 24), S. 23.

33 Zum Zelgensystem allgemein vgl. Helmut Hildebrandt: Studien zum Zelgenproblem. Untersuchungen über flür-

lichen Anbau aufgrund methodenkritischer Interpretationen agrargeschichtlicher Quellen, dargestellt an Beispielen aus dem deutschsprachigen Raum Mainzer Geografische Studien. Heft 14. Mainz 1980.

34 Vgl. Singer: Landbuch (wie Anm. 24), hier S. 24.

35 Vgl. Hans Weisel: Die Bewaldung der nördlichen Frankenalb. Ihre Veränderungen seit der Mitte des 19. Jahrhunderts. Erlanger Geographische Arbeiten. Erlangen 1971, S. 43.

36 Vgl. Singer: Landbuch (wie Anm. 24), hier S. 25.

37 Vgl. Johann Baptist Roppelt: Historisch-topographische Beschreibung des Kaiserlichen Hochstifts und Fürstenthums Bamberg. Nürnberg 1801, hier S. 33.

38 Vgl. Thomas Gunzelmann: Die Kulturlandschaft um 1840. In: Günter Dippold & Josef Urban (Hgg.): Im Oberen Maintal, auf dem Jura, an Rodach und Itz. Landschaft, Geschichte, Kultur. Festschrift zum 150jährigen Jubiläum der Kreissparkasse Lichtenfels. Lichtenfels 1990, S. 69–100, S. 89. So wurde 1855 im Landgericht Weismain auf 17,04 % der landwirtschaftlichen Nutzfläche Roggen angebaut, auf 17,51 % Gerste.

39 Werte für das Dorf Kremmeldorf, gemittelt 1826/27/30, vgl. Thomas Gunzelmann: Siedlungsregression in Oberfranken im 19. Jahrhundert am Beispiel des Weilers Stammberg. Forschungsforum. Berichte aus der Otto-Friedrich-Universität 1 (1989), S. 150–154, hier S. 153.

40 Vgl. Gunzelmann: Kulturlandschaft (wie Anm. 38), hier S. 90.

41 Vgl. Gunzelmann: Kulturlandschaft (wie Anm. 38), hier S. 90, zitiert nach: Thomas Rüblein: Statistische und agricole Beschreibung des Landgerichts Lichtenfels. Bamberg 1831, S. 101.

42 Zur Landsgemeinde, zur Frage ihrer Entstehung als Reste frühmittelalterlicher Königsmarken und ihrer Verbreitung vgl. Wilhelm Müller: Das Ahorntal. Landschaft und Siedlung. In: Archiv für Geschichte von Oberfranken 36/1 (1955), S. 42–161.

43 Vgl. Hans Jakob: Wasserschöpfräder auch an Itz und Main. Fränkische Blätter 4 (1952), S. 76.

44 Vgl. Martin Riedelbauch: Wasserschöpfräder am Roten Main. Archiv für Geschichte von Oberfranken 52 (1972), S. 255–264.

45 Vgl. W. Brenner: Schöpfräder im Flußgebiet der Regnitz. Schönere Heimat 75 (1986), S. 518–522.

46 Vgl. Bernd Gigglberger: Eine Bewässerungsanlage aus dem 19. Jahrhundert. Die Wiesenkulturgenossenschaft Baunach – Daschendorf – Ebing – Rattelsdorf. In: Frankenland 41/4 (1989), S. 106–112. Eine der mit 24 ha kleineren Anlagen im Tal der Wiesent, die von Kirchehrenbach-Weilersbach, konnte kürzlich umfassend instand gesetzt und somit als Zeuge der historischen oberfränkischen Wiesenkultur erhalten werden, vgl. Angelika Kühn: Bestandsaufnahme und Erhaltung der Wiesenbewässerungsanlage Kirchehrenbach/Weilersbach im Rahmen der Flurbereinigung. In: Kulturlandschaft 2 (1992), S. 16–20.

47 Zur wirtschaftlichen Bedeutung des Weinbaus in den Dörfern Oberfrankens vgl. Thomas Gunzelmann: Der historische Weinbau um den Staffelberg. In: Günter Dippold (Hg.): Der Staffelberg. Band 2. Lichtenfels 1994 (= Colloquium Historicum Wirsbergense Zwischenausgabe 1994), S. 7–32.

48 Vgl. Thomas Gunzelmann: Der historische Hopfenbau in Baunach. Frankenland 4/41 (1989), S. 99–105, hier S. 101.

49 Vgl. J. K. Bundschuh: Geographisches-Statistisch-Topographisches Lexikon von Franken. 6 Bde. Ulm 1802, Sp. 694; und Roppelt (wie Anm. 37), S. 524.

50 Vgl. F. A. Schneidawind: Versuch einer statistischen Beschreibung des Kaiserlichen Hochstifts Bamberg. Bamberg 1797, S. 36.

51 Vgl. Roppelt (wie Anm. 37), S. 425.

52 Vgl. Roppelt (wie Anm. 37), S. 35.

53 Vgl. Tilmann Breuer: Die Gärtnerei und Bambergs Eigenart als Stadtdenkmal. In: Jahrbuch der Bayerischen Denkmalpflege 38 (1984), München 1987, S. 180–199, hier S. 190. Breuer vergleicht das Bamberger Gärtnerhaus mit dem Typ des Kolonistenhauses des 18. Jahrhunderts in Westpreußen oder Ungarn.

54 Vgl. Wolfgang Geremus: Die Wiederaufbauformen des bäuerlichen Anwesens nach Ende des Dreißigjährigen Krieges (ca. 1650–1800), dargestellt am Untersuchungsgebiet des Landkreises Coburg. Diss. Braunschweig 1968, S. 25.

55 Dieser Auffassung folgt Martin Born: Geographie der ländlichen Siedlungen. Bd 1. Die Genese der Siedlungsformen in Mitteleuropa. Stuttgart 1977, obwohl auch in der jüngeren siedlungsgeographischen Fachliteratur der Terminus »Siedlung« in der Beschränkung auf den Wohnplatz verwendet wird, vgl. Horst Uhlig und Cay Lienau: Die Siedlungen des ländlichen Raumes. Materialien zur Terminologie der Agrarlandschaft II. Gießen 1972.

56 Selbstverständlich kann an einzelnen, naturräumlich bevorzugten Standorten Siedlungskontinuität archäologisch bis in germanische, sogar in keltische Zeit nachgewiesen werden, so in Eggolsheim, vgl. Jochen Haberstroh: Germanische Funde der Kaiser- und Völkerwanderungszeit aus Oberfranken. Unveröff. Diss. Bamberg 1994, Bd. 1, S. 148, Kriterium ist in unserem Zusammenhang jedoch der kontinuierliche Gebrauch der Siedlungsnamen, der nicht über das Frühmittelalter zurückgehen kann.

57 Vgl. Haberstroh: Germanische Funde (wie Anm. 56), Bd. 1, S. 156.

58 Vgl. Horst Graßmuck: Die Ortsnamen des Landkreises Coburg. Coburg 1955, S. 81.

59 Vgl. Werner Emmerich: Stand und Aufgaben der siedlungskundlichen Erforschung des östlichen Oberfranken. I. Die Grundlagen. In: Archiv f. Geschichte v. Oberfranken 35/3 (1951), S. 3–39, S. 36. Ferdinand Geldner, »Schwabthal« und die »-ing«-Orte des westlichen Obermaingebietes. In: Fränk. Blätter 4 (1952), S. 17–19, wollte hier einen Kleinraum suebischer Besiedlung nicht nach dem 6. Jahrhundert sehen.

60 Vgl. Karl Bosl: Franken um 800. Strukturanalyse einer fränkischen Königsprovinz. 2. Aufl. München 1969, S. 29/30.

61 Zuletzt vgl. Ferdinand Geldner: Das Problem der vierzehn Slavenkirchen Karls des Großen im Lichte der bisher unbeachteten Dorsalvermerke der Urkunden Ludwigs des Deutschen (845) und Arnulfs (889). In: Deutsches Archiv für Erforschung des Mittelalters. 42. Band, Köln, Wien, S. 192–205.

62 Vgl. Hans Losert: Die slawische Besiedlung Nordostbayerns aus archäologischer Sicht. In: Vorträge 11. Niederbayerischer Archäologentag. Deggendorf 1993, S. 207–270.

63 Vgl. Joseph Schütz: Das sogenannte Banzer Reichsurbar als Quelle slawischer Ortsnamen in Oberfranken. In: Jahrbuch für Fränkische Landesforschung 46 (1986), S. 27–44, S. 34. Diese Interpretation wird jedoch ebenfalls von sprachwissenschaftlicher Seite energisch bestritten.

64 Vgl. dazu Adolf Gütter: Sachsensiedlungen in Mittel- und Oberfranken. In: Archiv f. Gesch. v. Oberfranken 70 (1990), S. 57–84, noch weitergehend: Joachim An-

draschke: Die nordischen Vorfahren Oberfrankens. Sachsen- und Friesensiedlungen in unserer Heimat, Bamberg 1993.

65 Vgl. Ernst Schwarz: Sprache und Siedlung in Nordostbayern. Erlanger Beiträge zur Sprach- und Kunstwissenschaft. Nürnberg 1962.

66 Vgl. Erich Freiherr von Guttenberg: Kirchenzehnten als Siedlungszeugnisse im oberen Maingebiet. In: Jahrbuch für Fränkische Landesforschung 6/7 (1941), S. 40–129 und neuerdings Pöhlmann, Lehen, (wie Anm. 21), der zusätzlich jüngere Würzburger Lehenbücher des 14.–16. Jahrhunderts ausgewertet hat.

67 Vgl. Wilhelm Müller: Alte Paßlagen im Fichtelgebirge. In: Archiv für Geschichte von Oberfranken 41 (1961), S. 53–120, S. 56.

68 Vgl. Werner Emmerich: Das Hauptwegenetz des 11. Jahrhunderts in den oberen Mainlanden und seine Grundlagen in karolingischer Zeit. In: Jahrbuch für fränkische Landesforschung 15 (1955), S. 255–283.

69 Vgl. Wilhelm Müller, Paßlagen, (wie Anm. 67), S. 106, neuerdings von sprachgeschichtlicher Seite Adolf Gütter, Germanisch-frühdeutsche Ortsnamen im Oberegergebiet, vor allem im ich um Thiersheim – Arzberg – Schirnding. In: Archiv für Geschichte von Oberfranken 69 (1989), S. 7–48.

70 Vgl. Werner Emmerich: Bemerkungen zur Besiedlung des Fichtelgebirges und seiner Vorlande. In: Von Land und Kultur. Festschrift für R. Kötzsche. Leipzig 1937, S.116–139, und ders.: Stand und Aufgaben der siedlungskundlichen Erforschung des östlichen Oberfranken, 2. Teil. – Archiv für Geschichte von Oberfranken 36 (1952), S. 33–81.

71 Vgl. Helmut Zwosta: Geschichte des nördlichen Frankenwaldes. Teil I. Von der Frühzeit bis 1400. Heimatbeilage des amtlichen Schulanzeigers für den Regierungsbezirk Oberfranken Nr. 146. Bayreuth 1988.

72 Vgl. Erwin Herrmann: Zur mittelalterlichen Siedlungsgeschichte Oberfrankens. In: Archiv für Geschichte von Oberfranken 39 (1979), S. 1–21, S. 8.

73 Vgl. Herrmann, mittelalterliche Siedlungsgeschichte, (wie Anm. 72), S. 16.

74 Vgl. Hubertus Habel: »... und die Berge sind aus Erde und Stein, die Wälder Holz«. Menschen und Wälder im hohen Fichtelgebirge: ein mentalitäts- und wirtschaftsgeschichtliches Beziehungsgeflecht. Wunsiedel 1992, S. 38/39.

75 Vgl. Wilhelm Müller: Mittelalterliche Wüstungen in Oberfranken. AO 55 (1951), S. 40–68, und Hans Jakob: Die Wüstungen der Obermain-Regnitz-Furche und ihrer Randhöhen vom Staffelberg bis zur Ehrenbürg. In: Zeitschrift für Archäologie des Mittelalters 12 (1984), S. 73–144 und 13 (1985), S. 163–192.

76 Vgl. Helmut Jäger: Die spätmittelalterliche Kulturlandschaft Frankens nach dem Ebracher Gesamturbar vom Jahr 1340. In: Gerd Zimmermann (Hg.): Festschrift Ebrach 1127–1977. Ebrach 1977, S. 94–122.

77 Zur Agrarkrisentheorie vgl. Wilhelm Abel: Die Wüstungen des ausgehenden Mittelalters. 4. Aufl. Stuttgart 1976.

78 Vgl. Hans Jakob: Die Wüstungen des frühmittelalterlichen Herrschaftsgutes Döringstadt/Ofr. In: Historischer Verein Bamberg. 120. Bericht (= Festschrift Gerd Zimmermann) (1984), S. 49–60.

79 Vgl. Heller, (wie Anm. 17), hier S. 28.

80 Vgl. Gunzelmann, Hassenberg, (wie Anm. 25).

81 Vgl. Thomas Dippold: Österreichische Exulanten im Bayreuth-Kulmbacher Land. In: Archiv für Geschichte von Oberfranken 36/2 (1953), S. 194–205.

82 Vgl. Gunzelmann, Stammberg, (wie Anm. 39).

83 Vgl. Landratsamt Wunsiedel (Hg.): Der Landkreis Wunsiedel, München-Assling 1968.

84 Zit. nach Harald Stark: Burg und Amt Thierstein. Selber Hefte Band 12. Selb 1993, S. 56.

85 Vgl. Wolfgang Thiem: Denkmalpflegerisches Sondergutachten zu den Rotheuler und Mitwitzer Wustungen. Unveröff. Manuskript Bamberg 1993.

86 Vgl. Siedlungsanalyse bei Werner, Emmerich, Siedlungsforschung in Oberfranken. Ein Schrifttumsbericht (2. Teil) – Archiv für Geschichte von Oberfranken 40: 3–54, Bayreuth, hier S. 20.

87 Vgl. unveröff. Denkmalpflegerischer Erhebungsbogen Stollen, erstellt durch Dr. Th. Gunzelmann 1989.

88 Vgl. Emmerich, (wie Anm. 70), S. 69.

89 Vgl. unveröff. denkmalpflegerischer Erhebungsbogen, erstellt durch Roland See 1991.

90 Vgl. Hansjörg Gruber: Harsdorf. Eine siedlungsgeschichtliche Studie. Archiv für Geschichte von Oberfranken 45 (1965), S. 5–87.

91 Zum Angerdorf und besonders zum Thema Dorfanger vgl. Wolfgang Thiem: Der Anger und seine Elemente im östlichen Oberfranken. Historisch-geographische Untersuchungen von Gestalt und Funktion anhand ausgewählter Beispiele, In: Thiem, W. & Th. Gunzelmann: Historische Dorfstrukturen im Fichtelgebirge. Siedlungsgeographische Arbeiten Dorferneuerung und Denkmalpflege. Bamberger Wirtschaftsgeographische Arbeiten. Heft 7, S. 1–160. Bamberg 1991.

92 Vgl. Josef Maria, Ritz: Dorfforschung in Franken. Zeitschrift für bayerische Landesgeschichte 18 (1955), S. 308–314, S. 311.

93 Vgl. den unveröff. denkmalpflegerischen Erhebungsbogen Quellenreuth, Stadt Schwarzenbach a. d. Saale, Lkr. Hof, erstellt durch Dr. Th. Gunzelmann 1988.

94 Vgl. denkmalpflegerischer Erhebungsbogen Mainroth, Stadt Burgkunstadt, Lkr. Lichtenfels, erstellt durch Dr. Th. Gunzelmann, 1991.

95 Vgl. Thomas Gunzelmann: Das Zeilendorf Reicholdsgrün im Fichtelgebirge. Historisch-geographische Ortsanalyse als Grundlage für Denkmalpflege und Dorferneuerung. In: Thiem, W. und Th. Gunzelmann: Historische Dorfstrukturen im Fichtelgebirge. Siedlungsgeographische Arbeiten zur Dorferneuerung und Denkmalpflege. Bamberger Wirtschaftsgeographische Arbeiten. Heft 7. Bamberg 1991, S. 161–196.

96 Vgl. Denkmalpflegerischer Erhebungsbogen Hegnabrunn, Lkr. Kulmbach, erstellt durch Dr. Th. Gunzelmann 1990.

97 In der Dokumentation von Josef Maria Ritz: Das unterfränkische Dorf. Augsburg 1926, ist es mit immerhin 4 Aufnahmen als umfangreichstes Einzelbeispiel dokumentiert.

98 Die Ortsanalyse folgt im wesentlichen dem denkmalpflegerischen Erhebungsbogen Mürsbach, erarbeitet von Thomas Krüger, überarbeitet von Thomas Gunzelmann und dem Artikel von Thomas Krüger: Dörfer im Landkreis Bamberg II – Mürsbach. In: Heimat Bamberger Land 3 (1991): 79–89.

99 StAWÜ Häusersteuerkataster der Steuergemeinde Mürsbach 1853.

100 Die Darstellung folgt dem denkmalpflegerischen Erhebungsbogen Plech, erstellt durch Dr. Th. Gunzelmann 1991, sowie Heinz Stark: Zur Geschichte des Marktes Plech (= Altnürnberger Landschaft Sonderheft 42). Simmelsdorf 1994, und Markt Plech (Hg.): Aus der Geschichte eines alten Marktes. Plech 1994.

101 In der jüngeren Ortsnamenforschung wurde zwar die Nennung »Plez« mit Plößberg (Oberpfalz) in Verbindung

gebracht, die gleichzeitige Erwähnung des »cimerberc«, heute als Flurname »Zimmerberg« südöstlich von Plech erhalten, legt jedoch den Schluß nahe, daß es sich doch um Plech handelt, vgl. Stark, Plech, (wie Anm. 100), S. 13.

102 Vgl. Stark: Plech, (wie Anm. 100), S. 13.

103 Vgl. die Karte bei Stark: Plech, (wie Anm. 100), S. 135.

104 Die Darstellung folgt dem denkmalpflegerischen Erhebungsbogen Fischern, erstellt 1988 durch Dr. Th. Gunzelmann.

105 Roppelt, (wie Anm. 37), S. 37.

106 Eine isometrische Ansicht und ein Grundriß dieses 1945 abgebrannten Hofes finden sich bei Bernhard Hermann Röttger: Landkreis Wunsiedel und Stadtkreis Marktredwitz. Kunstdenkmäler von Oberfranken Band 1. München 1954.

Bäuerlicher Hausbau in Oberfranken (B. Popp)

1 Eduard Fentsch: Haus und Wohnung. In: Bavaria, Landes- und Volkskunde des Königreichs Bayern, Bd. 3, 1. Abt. Oberfranken. München 1865, S. 171–191.

2 Georg Landau: Der Bauernhof in Thüringen und zwischen Saale und Schlesien. In: Beilage zum Correspondenz-Blatte des Gesammtvereins der deutschen Geschicht- und Alterthums-Vereine, Stuttgart 6 (1862), S. 1–48; Georg Brückner: Das nordfränkische Bauernhaus, In: Globus Bd. 7. Hilburghausen 1865, S. 59–63; Eduard Fritze: Fränkisch-thüringische (althennebergische) Holzbauten aus alter und neuer Zeit, Meiningen 1892; Alois John: Oberlohma, Geschichte und Volkskunde eines Egerländer Dorfes. In: Beiträge zur deutsch-böhmischen Volkskunde IV 2. Prag 1903; Ewald Kaune: Untersuchungen über slavische und germanische Einflüsse auf die Entwicklung des vogtländischen Bauernhauses. Plauen 1915; Josef Hofmann: Ländliche Bauweise, Einrichtung und Volkskunst des 18. und 19. Jahrhunderts in der Karlsbader Landschaft, Karlsbad 1928.

3 Das Bauernhaus im deutschen Reich und seinen Grenzgebieten. Hg.: Verband Deutscher Architekten- und Ingenieur-Vereine. Dresden 1906, S. 313; siehe auch Rudolf Kempf: Das Bauernhaus im nordöstlichen Bayern. In: Volkskunst und Volkskunde 1 (1903), S. 32–35.

4 Ernst Zeh: Heimatkunde des bayerischen Bezirksamtes Rehau, Rehau 1919.

5 Alfred Fiedler und Jochen Helbig: Das Bauernhaus in Sachsen. Berlin 1967; Oskar Schmolitzky: Das Bauernhaus in Thüringen. Berlin 1968; Helmut Richter: Die Wand des Bauernhauses in Böhmen, Sachsen, Schlesien in Beziehung zum angrenzenden Bayern. In: Bayerische Hefte für Volkskunde 13 (1940), H. 3, S. 38, H. 4, S. 60.

6 Arbeiten von Karl Bedal zum ländlichen Hausbau: Die Feuerstellen im Bauernhaus des Fichtelgebirges. In: Bayerisches Jahrbuch für Volkskunde 1955, S. 23–29; Forschungsstand und Probleme ostoberfränkischer Hausforschung. In: Archiv für Geschichte von Oberfranken 39 (1959), S. 64–96; Das Umgebindehaus im nordöstlichen Bayern. In: Archiv für Geschichte von Oberfranken 48 (1968), S. 1–12; Exkursionsberichte in: Bericht über die Tagung des Arbeitskreises für deutsche Hausforschung in Bayreuth. Münster 1968; Haus und Hof in Fichtelgebirge und Frankenwald. Hof, 2. Aufl. 1977.

7 Wolfgang Geremus: Die Wiederaufbauformen des bäuerlichen Anwesens nach Ende des Dreißigjährigen Krieges, dargestellt am Untersuchungsgebiet des Landkreises Coburg, Braunschweig 1968; Konrad Bedal: Ofen und Herd im Bauernhaus Nordostbayerns. München 1970.

8 Benignus Pfeufer: Beiträge zur topographischen und statistischen älteren und neueren Geschichte des Fürstbistums Bamberg. Bamberg 1791; M. G. W. A. Fikenscher: Leitfaden beim Vortrage der Topographie des Fürstenthums Bayreuth. Nürnberg 1807; ders.: Topographie des Fürstenthums Bayreuth. Bayreuth 1811; Joseph Anton Eisenmann: Geographische Beschreibung des Erzbisthums Bamberg nebst kurzer Übersicht der Suffragan Diöcesen. Bamberg 1833; Christian Meyer: Hardenberg und seine Verwaltung der Fürstenthümer Ansbach und Bayreuth. Breslau 1892, S. 31; Karl Heinrich Ritter von Lang: Geschichte des Fürstentums Ansbach Bayreuth, neu herausgegeben von Adolf Bayer, o. O. 1911.

9 Conrad Scherzer: Die stamm- und landschaftsgebundenen Hausformen in Dorf und Stadt. In: Hans Scherzer (Hg.): Gau Bayreuth – Land, Volk und Geschichte. München 1941, S. 405–454.

10 Bernhard Hermann Röttger: Landkreis Wunsiedel und Stadtkreis Marktredwitz. Die Kunstdenkmäler von Oberfranken 1. München 1954, S. 709–710.

11 Rudolf Endres: Die Folgen des 30jährigen Krieges in Franken. In: Hermann Kellenbenz (Hg.): Wirtschaftsentwicklung und Umweltbeeinflussung. Wiesbaden 1982, S. 125–144; Karl Dietel: Münchberg – Geschichte einer Amts- und Industriestadt. Münchberg 1963, S. 322; Wolfgang Geremus: Wiederaufbauformen. München 1968, S. 12.

12 Konrad Bedal: Fachwerk in Franken. Hof 1980; ders.: Fachwerk vor 1600 in Franken. Bad Windsheim 1990; Alfred Höhn: Fachwerkbauten in Franken. Würzburg 1980; Ursula Pfistermeister: Fachwerk in Franken. Nürnberg 1993.

13 Maria Winter: Das fränkische Bauernhaus. Nürnberg 1924; Rudolf Helm: Das Bauernhaus in Franken – Beispiele und Richtlinien. Erlangen 1937; ders.: Das Bauernhaus im Gebiet der freien Reichsstadt Nürnberg. Berlin 1940.

14 Die Häuser von Zimmermeister Jörg Hoffmann (1663–1734) in Scheßlitz, Burgkunstadt oder Zeil aus den Jahren 1692 und 1698.

15 Robert Barnickel: Haustypen im Frankenwald. Bamberg 1981 (unveröffentlichte Hausarbeit); Hans Schmitz: Heimische Bauweise in Oberfranken. In: Heimatbilder aus Oberfranken, 2. Jg. (1914), H. 1–4. München und Berlin, S. 177–185.

16 Zur Laube vgl. Erich Kulke: Die Laube als ostgermanisches Baumerkdenkmal unter besonderer Berücksichtigung der Bauernhöfe an der unteren Oder. München 1939.

17 Eduard Fentsch: Bavaria, S. 185.

18 StAB: Finanzamt Kemnath. Katasterunterlagen; Konrad Bedal: Häuser ganz von Holz. Zum Blockbau in Franken, seiner Verbreitung und Bedeutung. In: Franken unter einem Dach 11 (1988), S. 6–32; Wilhelm Neu: Das Frankenwaldhaus. In: 19. Bericht des Bayerischen Landesamtes für Denkmalpflege. München 1959, S. 85–91.

19 S. Anm. 3.

20 Martin Schnelle: Die Verbreitung des Umgebindehauses in Sachsen und seinen Grenzgebieten. In: Mitteldeutsche Blätter für Volkskunde 1934, H. 3., S. 80–83; Karl Bedal: Das Umgebindehaus im nordöstlichen Bayern. In: Archiv für Geschichte von Oberfranken 48 (1968), S. 1–12; Joachim Hähnel: Umgebinde – Studien zum Gefüge des Bauernhauses im mitteldeutschen Osten und seiner Stellung im Hausbau Mitteleuropas. Münster 1968, S. 385–405.

21 Konrad Bedal: Bäuerliche und bürgerliche Wohnkultur Nordostbayerns in Inventaren des 16. und 17. Jahrhunderts. In: Günther Wiegelmann (Hg.): Kulturelle Stadt-Land-Beziehungen in der Neuzeit. Münster 1978, S. 186; Ernst Zeh: Heimatkunde, S. 242; freundlicher Hinweis von Herrn Horst Lochner, Bayreuth.
22 Torsten Gebhard: Der Bauernhof in Bayern. München 1981, S. 14–26.
23 StAB: Nachweis über die im Hofer Kreis befindlichen Feuerstellen. C 7 II a 508.
24 StAB: Die landwirtschaftlichen Gebäude im Obermainkreis. K 3 F IV 12.
25 Konrad Bedal: Ofen und Herd, S. 231.
26 S. Anm. 25. ebenda. S. 232–239; Friedrich Wilhelm Singer: Beleuchtung mit Schleißen und Kienspänen. In: Heimatkalender für Fichtelgebirge, Frankenwald und Vogtland 47 (1995). Hof, S. 65–75.
27 S. Anm. 25, ebenda, S. 123.
28 S. Anm. 25, ebenda, S. 188.
29 Das Bauernhaus im deutschen Reich, S. 313.
30 Bertram Popp: Das Frackdach – Bemerkungen zu einer eigentümlichen Dachform. In: Franken unter einem Dach 15 (1993), S. 86–94.
31 Hans Edelmann: Der Kasten – wesentlicher Bestandteil des fränkischen Bauernhofes. In: Aus der fränkischen Heimat – Beilage zur Bayer. Rundschau, Oktober 1951.
32 Martin Rehm: 850 Jahre Geschichte von Dormitz 1142–1992. Dormitz 1992.
33 Zu den Bränden vgl. Bertram Popp: Bauweisen in Nordostoberfranken vor und nach den großen Bränden des 19. Jahrhunderts. In: Kilian Kreilinger und Georg Waldemer (Hg.): Haus, Hof, Landschaft. Hof 1994, S. 107–121; StAB K 3 F IV Nr. 120: Brand zu Steinfeld; Nr. 121: Brand zu Unterstürmig; Nr. 200: Brand zu Kirchahorn; Nr. 201 und 202: Brand zu Poxdorf; Nr. 203: Brand zu Lochau.
34 StAB C VIII 3010. Einsendung der Baurisse zur Approbation von 1800/04.
35 Dietrich Pirson: Baurecht, S. 36–39.
36 Allgemeine Bauordnung für die Landestheile diesseits des Rheins vom 30. 6. 1864; vom 15. 3. 1866; vom 32. 1. 1872; vom 30. 8. 1877.
37 Corpus Constitutionum Brandenburgico Culmbacensium, 2. Teil, 2. Band Bayreuth 1748, S. 797 f.
38 StAB C 7 VIII 3001. Erbauung neuer Häuser betr.
39 StAB C 7 VIII 3006. Häuserbauten mit Schrotholz betr.
40 Die Bauplanunterlagen im Staatsarchiv Bamberg belegen, sofern sie vor oder um die Mitte des 19. Jahrhunderts einsetzen, für die Bezirksämter Berneck, Münchberg, Wunsiedel, Rehau einesteils noch sehr späte Blockbauvorhaben, andererseits eine zügige Verdrängung der Holzbauweise durch Massivbau.
41 Corpus Constitutionum, S. 801.
42 StAB C 7 VIII 3010.
43 StAB C 7 VIII 3001.
44 Helmut Hennig: Geschichte Stammbachs. Stammbach 1989, S. 152.
45 StAB K 3 F IV a 289.
46 StAB K 3 IV a 24. Umfrage zur Schieferdeckung.
47 Margrit Seuling: Die Schieferverkleidungen im Landkreis Kronach unter besonderer Berücksichtigung ihrer Schmuckformen. Magisterarbeit, Bamberg 1991; Anke Hermannsdörfer: Schieferbemalung im nördlichen Oberfranken. Abschlußarbeit im Aufbaustudium Denkmalpflege, Bamberg 1985/86.
48 Zitiert bei Dietrich Pirson: Baurecht, S. 101.
49 Zum Quaderbau: Georg Habermehl: Schmuckformen an ländlichen Wohnbauten. Vielfalt architektonischer und figuraler Schmuckformen an ländlichen Wohnbauten im nördlichen Steigerwald. Magisterarbeit, Bamberg 1991; Birgit Seebach: Schmuckformen an Sandsteinhäusern im Bayreuther Umland. Diplomarbeit, Bamberg 1982.
50 StAB C 7 VII 3002.
51 Torsten Gebhard: Wegweiser zur Bauernhausforschung in Bayern. München 1957, Tafel 26 auf Grund von Angaben Rudolf Hoferers.
52 StAB K 3 F IV 24: Anwendung der Schneid- und Scharschindeleindeckung 1870/71.
53 Zur Geschichte der Dachziegel: Michael Bach: Dachziegel. Herstellung, Formbildung, Erhaltung. Abschlußarbeit im Aufbaustudium Denkmalpflege, Bamberg 1986/87; zur Verbreitung in Nordostoberfranken: Ludwig von Feilitzsch: Oekonomisch praktische Bemerkung über den Ackerbau. Hof 1802. Vor allem Teil 3: Von der Anlegung und Bauart der ländlichen Wohnungen und Wirtschaftsgebäude, S. 152–338.
54 Friedrich Wilhelm Singer: Beleuchtung, S. 75.
55 Corpus Constitutionum, S. 1171.
56 Karl Sigismund Kramer: Volksleben im Hochstift Bamberg und im Fürstentum Coburg (1500–1800). Würzburg 1967, S. 207: Dietrich Pirson: Das Baurecht des fürstlichen Absolutismus im hohenzollernschen Franken. Düsseldorf 1961; Konrad Bedal: Ofen und Herd, S. 299.
57 Dietrich Pirson: Baurecht, S. 57–58; StAB K 3 F IV a 100. Karl Bedal fand in den 50er Jahren noch eine Reihe von lehmbeworfenen Holzschloten im Frankenwald.
58 Zur Geschichte der Landwirtschaft siehe Hans Dörfler, genannt Six: Aus der Geschichte der Landwirtschaft in Oberfranken, 1.–5. Teil. Bayreuth 1962, 1963, 1967.
59 Hans Dörfler: Landwirtschaft, Teil 1, S. 175.
60 F. Lehner: Heimische Bauweise in Oberfranken. Lichtenfels 1908; Imhoff: Alt-oberfränkische Dorfbilder. Bayreuth 1929; Gottlieb Schwemmer: Fränkische Baufibel. Feuchtwangen 1934.

Ländliche Wirtschaftsbauten (C. Reichert)

1 Anton Schuster: Bamberg als Bierstadt. In: Bamberger Stadt- und Landkalender 1921, S. 88.
2 Die Geschichte des oberfränkischen Brauwesens ist noch nicht geschrieben. Zu einzelnen Aspekten vgl. Schuster, Bierstadt, S. 81–90; Emil Struve: Die Entwicklung des Bayerischen Braugewerbes im 19. Jahrhundert. In: Staats- und socialwissenschaftliche Forschungen. Hrsg. v. Gustav Schmoller. Bd. 12 (1893), Heft 1. S. 1–291. Reprint Bad Feilnbach 1990; Paul Will: Die Hausbrauer in den Regierungsbezirken Unter- und Oberfranken. Diss. Erlangen 1948 (Maschinenschrift); Rudolf Scheler: Brauwesen im Frankenwald. Zulassungsarbeit am Lehrstuhl für Heimat- und Volkskunde, Bamberg 1984 (Maschinenschrift); Ottokarl Tröger: Brauwirtschaft und Kommunbrauwesen in Oberfranken. Selb-Oberweißenbach 1983; Bernd Winkler: Das Bierbrauen in Kulmbach. Kulmbach 1987. Herrn Th. Gunzelmann möchte ich darüber hinaus für zahlreiche wertvolle Hinweise zu diesem Thema danken.
3 Tröger, Brauwirtschaft, S. 10.
4 Nach Karl-Sigismund Kramer: Volksleben im Hochstift Bamberg und im Fürstentum Coburg (1500–1800). Würzburg 1967, S. 37; vgl. Johann Baptist Roppelt: Historisch-topographische Beschreibung des Fürstenthums Bamberg. Nürnberg 1801.
5 Vgl. StAB, Rep. K 216 Nr. 75 I–VI (Grundsteuerkataster 1848).
6 Vgl. die Literaturangaben im Kapitel über die Obstdarren in Eggolsheim.

7 Zitiert nach Kramer. Bamberg, S. 254.
8 Max Seydel: Bayerisches Staatsrecht. Bd. 5, Freiburg i. Br. 1891, S. 662.
9 Zitiert nach Johannes Schulters: Die Bierstadt Bamberg. In: Heimat Bamberger Land 1 (1989), S. 8.
10 Tröger: Brauwirtschaft, S. 14.
11 Vgl. ebenda, S. 10–14.
12 F. A. Schneidawind: Versuch einer statistischen Beschreibung des kaiserlichen Hochstifts Bamberg. Bamberg 1797, S. 30. Die speziellen Daten werden in der Sekundärliteratur widersprüchlich wiedergegeben.
13 Dörfler, Bd. 1, S. 129, u. Bd.2, S. 68.
14 Tröger: Brauwirtschaft, S. 8.
15 Will: Hausbrauer, S. 5f. u. 15.
16 StAB, Rep. K. 5 Nr. 6218, o. P (Gewerbekataster 1835/36).
17 Vgl. z. B. Johann Georg Krünitz: Ökonomisch-technologische Encyclopädie oder allgemeines System der Staats-, Stadt-, Haus- und Landwirtschaft. 242 Bde., Berlin 1782–1852. Hier Bd. 5., Brünn 1787, S. 40–42.
18 Johannes Cramer: Handwerkerhäuser in Bamberg. In: Bericht des historischen Vereins Bamberg 124 (1988), S. 85–132, S. 99.
19 Vgl. Tröger: Brauwirtschaft; Michael Imhof: Bauen und Wohnen in einer fränkischen Kleinstadt. Bamberg 1993, S. 232–251 mit zahlreichen Abbildungen; ders: Das ehemalige Gasthaus »Zum Ochsen« in Memmelsdorf. In: Heimat Bamberger Land 5 (1993), S. 35–45. Zu den Kommunenbrauhäusern siehe auch oben im Beitrag von Thomas Gunzelmann.
20 Imhof: Bauen und Wohnen, S. 234.
21 Hildegard Weiß: Historischer Atlas von Bayern. Teil Franken. Stadt- und Landkreis Bamberg. München 1974. S. 259.
22 StAB, Rep. K 5 Nr. 6228, o. P. (Gaststättenkonzessionen Oberoberndorf).
23 StAB, Rep. K. 5 Nr. 6128, o. P. (Gewerbekataster 1835).
24 StAB, Rep. K 232 Nr. 325, o. P. (Steuerumschreibebuch 1813ff).
25 Vgl. StAB, Rep. A 221/VI Nr. 2832 b (Standbuch Amt Zapfendorf 1746).
26 StAB, Rep. K 232 Nr. 324, f. 23 (Häuser- und Rustikalsteuerkataster 1812) und ebd. Nr. 326, o. P. (Besitzfassionen 1808).
27 Vgl. StAB, Rep. K 232 Nr. 325, o. P. (Steuerumschreibebuch 1813ff.)
28 Vgl. StAB, Rep. K. 232 Nr. 331, S. 48–50 (Grundsteuerkataster 1850).
29 Zu den Umbau- und Erweiterungsmaßnahmen vgl. im folgenden StAB, Rep. K 232 Nr. 333, Prod. 50 (Grundsteuerkataster Umschreibehefte 1848ff.) und die Baupläne StAB, Rep. K. 5 Nr. 11/1897, 126/1897, 14/1884, 221/1909, 67/1920 und 138/1927.
30 Der Familie Lieb und ganz besonders Frau Schulz möchte ich an dieser Stelle für ihre ausführliche Auskunft danken.
31 Wolfgang Geremus: Die Wiederaufbauformen des bäuerlichen Anwesens nach Ende des Dreißigjährigen Krieges (ca. 1650–1800), dargestellt am Untersuchungsgebiet des Landkreises Coburg. München 1968, S. 99. Vgl. auch die Kartierung von Gemeindebacköfen anhand archivalischer Belege in Franken bei Günther Kapfhammer: Gemeindebacköfen im nördlichen Unterfranken. In: Bayerisches Jahrbuch für Volkskunde 1969 (1970), S. 133–175, S. 146.
32 Kramer: Bamberg, S. 39.
33 Ebenda, S. 37f. Vgl. Roppelt: Beschreibung.
34 Vgl. Kapfhammer: Gemeindebackhäuser, S. 149–151. Kapfhammer vermutet ebd. S. 134 eine »territoriale Zugehörigkeit bei der Entstehung von Gemeinschaftsbackanlagen«, der mit gezieltem Quellenstudium noch weiter nachzugehen wäre.
35 Oppelt: Chronik, S. 138.
36 Vgl. StAB, Rep. K 216 Nr. 75 I–VI (Grundsteuerkataster 1848).
37 Vgl. Konrad Bedal: Ofen und Herd im Bauernhaus Nordostbayerns. München 1972, S. 215–229. Siehe auch die Hausgrundrisse der Einzelbeispiele im vorliegenden Band.
38 Siehe Abbildung im Beitrag von Bertram Popp, S. 53ff.
39 StAB, Rep. A 90 IV Nr. 2662, S. 4. (Gemeindeordnung Pettensiedel 1684). Vgl. Gustav Schrepfer: Dorfordnungen im Hochstift Bamberg. Diss. Erlangen 1941, S 133–135.
41 S. u.
42 Vgl. Bedal: Ofen und Herd, S. 215–229.
43 Vgl. ebenda, S. 218.
44 Dabei lagen die hinteren beiden über den vorderen. Zuerst wurde hinten im Ofen geheizt, wobei die vorderen Züge, die an der Ofenwand zuunterst lagen, geöffnet wurden. Anschließend sollte umgekehrt verfahren werden, wodurch der Ofen möglichst schnell und gleichmäßig zu beheizen war. Vgl. Krünitz: Encyclopädie, Bd. 3, S. 346–377.
45 Vgl. StAB, Rep. K 227 Nr. 446 I, S. 1–312 (Grundsteuerkataster 1847).
46 Vgl. StAB, Rep. K 227 Nr. 543, o. P. (Besitzfassionen 1808/09) und ebd. Nr. 446 I, S. 1–312 (Grundsteuerkataster 1847).
47 StAB, Rep. 227 Nr. 449 b (Grundsteuerkataster Umschreibehefte 1847ff.).
48 Vgl. StAB, Rep. K 227 Nr. 446 I, S. 13–24 und 263–282 (Grundsteuerkataster 1847).
49 Das Gebäude ist in den Besitzfassionen von 1808/09 noch nicht verzeichnet. Vgl. StAB, Rep. K 227 Nr. 543, o. P.
50 StAB, Rep. K 227 Nr. 446 I, S. 265 (Grundsteuerkataster 1847).
51 Vgl. StAB, Rep. K 227 Nr. 449 c, S. 60 (Grundsteuerkataster Umschreibehefte 1847ff.).
52 Diesen und den folgenden Ausführungen liegt eine Beschreibung von Eiko Wenzel vom November 1984 zugrunde, die noch vor dem Einsturz des Backofens entstand. Dieser Bericht wurde mir freundlicherweise vom Bayerischen Landesamt für Denkmalpflege, Außenstelle Schloß Seehof, zur Verfügung gestellt. Darüber hinaus danke ich Frau E. Schmidt für ihre freundliche Auskunft, insbesondere über den Betrieb des Backofens.
53 Hans Dörfler gen. Six: Aus der Geschichte der Landwirtschaft von Oberfranken. 4 Bde., Bayreuth 1962–1965, hier Bd. I, S. 71. Zur Geschichte der Weberei in Nordostoberfranken siehe u. a. bei A. Härlein: Zur Geschichte der Hausweberei im bayerischen Vogtland. In: Archiv für Geschichte und Altertumskunde von Oberfranken 23 (1905), Heft 1, S. 57–89; Friedrich Kästner: Die oberfränkische Handweberei, Bayreuth 1918; H. Dengler: Die Heimarbeit des Frankenwaldes. Hof 1932, und die Literaturangaben bei Rainer Trübsbach: Sozial- und Wirtschaftsgeschichte. In: Oberfranken im 19. und 20. Jahrhundert. Hg. v. Elisabeth Roth, Bayreuth 1990, S. 585–672.
54 Vgl. ebenda, S. 611–615 und S. 623.
55 Bertram Popp: Von Flachsbrechhäusern und Dörröfen. In: Blätter vom Fichtelgebirge und Frankenwald 76 (1990), Nr. 7. O. S. Ich danke Herrn Popp, der mir zu diesem Thema umfangreiches Quellen- und Untersuchungsmaterial aus dem Archiv des Oberfränkischen

Bauernhofmuseums in Kleinlosnitz zur Verfügung gestellt hat.
56 Trübsbach: Sozial- und Wirtschaftsgeschichte, S. 613f.
57 Bavaria. Landes- und Volkskunde des Königreichs Bayern. Bd. 3, Teil 1 Oberfranken. München 1865, S. 446.
58 StAB, Rep. C 7 Nr. 3450 VIII (Prinzipiensammlung Landwirtschaft 1773f.). Freundlicher Hinweis von Bertram Popp. Unter den zahlreichen Schriften des 19. Jahrhunderts vgl. Friedrich Breunlin: Anleitung zur vortheilhaftesten Cultur und Bearbeitung des Flachses. 2. Auflage, Stuttgart 1843.
59 Dörfler, Bd. I, S. 71.
60 Ebenda.
61 Dörfler, Bd. II, S. 68 und 87.
62 Popp: Flachsbrechhäuser, o. S.
63 Dörfler, Bd. II, S. 192.
64 Aus der umfangreichen Literatur vgl. z. B. Max Flad: Flachs und Leinen. Ostfildern 1984.
65 Vgl. im folgenden Popp: Flachsbrechhäuser, o. S.
66 Ebenda. Vgl. auch oben im Kapitel über die Backhäuser.
67 Popp: Flachsbrechhäuser, o. S.
68 Vgl. im folgenden bei Florian Clöter: Das Trocknen und Dörren mit erhitzter Luft. Hof und Wunsiedel 1837. Zur Person Clöters vgl. Bedal: Ofen und Herd, S. 264f.
69 An dieser Stelle sei auch auf Flachsdarren in Mittelfranken hingewiesen. Esther Gajek: Flachsbrechhäuser. In: Franken unter einem Dach (1985) Nr. 8, S. 30–35.
70 StAB, Rep. K 220 Nr. 737, S. 1–123 (Grundsteuerkataster 1856).
71 Wilhelm Götz: Geographisch-Historisches Handbuch von Bayern. München 1898, S. 215.
72 Popp, Flachsbrechhäuser, o. S.
73 Die folgenden Angaben beruhen auf einer Befragung von Gewährspersonen und wurden nach einem Manuskript von Anne Söllner zusammengestellt, das sich im Archiv des Museums befindet.
74 Befundbericht: Flachsdörr- und Brechhaus Wurlitz von 9. 1. 1992 im Archiv des Museums.
75 Vgl. Popp, Flachsbrechhäuser, o. S.
76 Benignus Pfeufer: Beyträge zu Bambergs Topographischen und Statistischen so wohl älteren als neueren Geschichte. Bamberg 1791, S. 149.
77 Ebenda, S. 149.
78 Schneidawind, Beschreibung, S. 142.
79 Dörfler, Bd. I, S. 41, 52 u. 133.
80 Vgl. Dörfler, Bd. II, S. 69 und 83f.
81 Ebenda, Bd. II, S. 193.
82 StAB, Rep. K 216 Nr. 522, o. P. (Statistischer Zusammentrag... nach Kulturarten).
83 J. K. Bundschuh: Geographisches Statistisch-Topographisches Lexikon von Franken, Bd. I, Ulm 1799, Sp. 696.
84 Dörfler, Bd. II, S. 194.
85 Vgl. Georgica curiosa. Das ist: Umständlicher Bericht und klarer Unterricht Von dem Adelichen Land- und Feldleben. Nürnberg 1682, 1. Buch, S. 61. Den Hinweis auf dieses Werk verdanke ich Frau B. Hertlein.
86 Vgl. bes. Krünitz: Encyclopädie, Bd. 103, S. 451–488, der die ältere Literatur zusammenfaßt.
87 Vgl. ebenda, Bd. 103, S. 468–474.
88 Zur Geschichte des Marktes Eggolsheim vgl. Martin Knorr: Aus der Geschichte des Marktes Eggolsheim bis um 1850. Hg. von Benno Ochs. Hirschaid 1993, S. 31, und die dort angegebene Literatur; C. Ringelmann: Geschichte des Marktfleckens Eggolsheim in Oberfranken. Forchheim 1876, S. 24f. und S. 31f.; Roppelt: Beschreibung; Martin Oppelt: Chronik Marktgemeinde Eggolsheim o. J. (um 1960). Gebundene Maschinenschrift im Archiv der Marktgemeinde Eggolsheim, S. 188–198; Weiß, Historischer Atlas, S. 52–55. Für ihre freundliche Unterstützung danke ich besonders Frau Bähr von der Marktgemeinde Eggolsheim.
89 Bundschuh: Lexikon, Bd. 1, S. 702.
90 Vgl. StAB, Rep. K 216 Nr. 75 I–VI (Grundsteuerkataster 1848).
91 Siehe dazu oben im Abschnitt über das ehemalige Brauhaus in Oberoberndorf.
92 Vgl. StAB, Rep. K 216 Nr. 75 I–VI (Grundsteuerkataster 1848).
93 Vgl. im folgenden StAB, Rep. K 216 Nr. 73 a und b (Besitzfassionen 1809).
94 Vgl. im folgenden StAB, Rep. K 216 Nr. 75 I–VI (Grundsteuerkataster 1848).
95 Daß es sich bei den »Dörrhäusern« nur um Gebäude mit einem zusätzlichen Arbeitsraum gehandelt hat, konnte anhand der erhaltenen Objekte nicht festgestellt werden.
96 Im Extraditionsplan sind manche Gebäude mit dem für Darren typischen Standort eingezeichnet, deren Registrierung im zugehörigen Katasterband aber offensichtlich versäumt wurde. Es bleibt zu prüfen, ob die Verlagerung der Darren an den vor der drohenden Feuersgefahr geschützteren äußeren Rand der Grundstücke auf eine obrigkeitliche Maßnahme zurückzuführen ist.
97 Zur Hausgeschichte des Anwesens Brückenstraße 4 vgl. im folgenden Martin Oppelt: Häusergeschichte Markt Eggolsheim, 5 Teile, o.J. (um 1960). Handschriftliches Manuskript im Archiv der Marktgemeinde Eggolsheim. Hier Teil 3, Hausnr. 151. O.S.
98 StAB, Rep. K 216 Nr. 73 a, f.134 (Besitzfassionen 1809).
99 StAB, Rep. K 216 Nr. 73 a, Deckblatt (Besitzfassionen 1809).
100 Vgl. StAB, Rep. 216 Nr. 75 VI, f. 1127–1133 (Grundsteuerkataster 1848).
101 Der Familie Weber, die mir zahlreiche Hinweise zum Gebäude gab, möchte ich für ihre freundliche Auskunft danken.

Anmerkungen zu Kapitel: Dokumentation der Hausbeispiele

Überblick (H. Gebhard)

1 Michael Petzet (Hg.): Denkmäler in Bayern, Bd. 4: Oberfranken. München 1986, S. 109/110, Mürsbach, Markt Rattelsdorf, Bamberg.
2 Thomas Gunzelmann: Landschaft und Siedlung in Oberfranken, in diesem Buch S. 19ff. Mürsbach, das Ortsnamen-Grundwort verweist auf das 8. und 9. Jahrhundert, wenn auch die Jahresangabe 802 der historischen Prüfung nicht standhält.
3 Helmut Gebhard: Dorfstrukturen. In: Dorfbilder in Bayern, Sonderheft 3, Schönere Heimat. München 1984, S. 2–9. Hinweise auf die siedlungstechnische Organisation des Grenzanbaues in Dörfern.
4 Wie Anm. 1: S. 110, Einzeldenkmal: »Haus Nr. 73; Bauernhof, eingeschossiger Wohnstallbau mit Borlaube, 17./18. Jahrhundert, Fachwerk, Scheune und Hoftor (Fl.-Nr. 119)«.
5 Wie Anm. 1: S. 110, Einzeldenkmal: »Haus Nr. 72; Wohnstallbau, bez. 1701, mit Zierfachwerk (Fl.-Nr. 117)«.

Beispiel einer wissenschaftlichen Dokumentation und Bauforschung (K.-H. Betz und H. Stark)

1 Aus der Fülle der hierzu erschienenen Literatur nur einige grundlegende Publikationen mit einführendem Charakter bzw. breitangelegter Methodendarstellung: Manfred Schuller: Bauforschung. In: Peter Morsbach (Hg.): Der Dom zu Regensburg. Ausgrabung, Restaurierung, Forschung. München, Zürich 1989, S. 168–223; Ulrich Großmann: Einführung in die historische Bauforschung. Darmstadt 1993; Gert Mader: Vorbereitende Untersuchungen. In: Petzet/Mader: Praktische Denkmalpflege. Stuttgart 1993, S. 145–209; Konrad Bedal: Historische Hausforschung. Eine Einführung in Arbeitsweise, Begriffe und Literatur. Bad Windsheim 1993.

2 Johannes Cramer: Handbuch der Bauaufnahme. Stuttgart 1984; Gerda Wangerin: Bauaufnahme. Grundlagen, Methoden, Darstellung. Braunschweig, Wiesbaden 1992; Franz Hölzl: Verformungsgerechte Bauaufnahmen. Methoden, Zeitaufwand, Kosten. In: Arbeitsheft 7 des Sonderforschungsbereichs 315 »Erhalten historisch bedeutsamer Bauwerke«, Universität Karlsruhe. Karlsruhe 1987.

3 Aus der vorwiegend technisch orientierten Literatur exemplarisch: Karl Krauss: Photogrammetrie. Band I, Grundlagen und Standardverfahren. 2. Auflage. Bonn 1985; Band II, Theorie und Praxis der Auswertesysteme. Bonn 1984.

4 Die zu dieser erst seit gut zwei Jahrzehnten systematisch entwickelten Untersuchungsmethode verstreut erschienene Literatur stellt überwiegend Ergebnisse vor; eine umfassende Methodendarstellung steht noch aus: Arbeitsheft des Bayerischen Landesamts für Denkmalpflege, Nr. 6: Konservierung, Restaurierung, Renovierung. Grundsätze, Durchführung, Dokumentation. München 1979; Konrad Bedal: Das farbige Haus. Bad Windsheim 1984; Arbeitsheft des Bayerischen Landesamts für Denkmalpflege, Nr. 21: Farbige Architektur. Regensburger Häuser – Bauforschung und Dokumentation. München 1984; Hartmut Hofrichter (Hg.): Putz und Farbigkeit an mittelalterlichen Bauten (Veröffentlichungen der Deutschen Burgenvereinigung: Reihe B, Schriften; 1). Marksburg/Braubach 1993; Xaver Luderböck, Karl Menner u. a.: Befunddokumentation Domkirche Regensburg. In: Peter Morsbach (Hg.): Der Dom zu Regensburg. Ausgrabung, Restaurierung, Forschung. München, Zürich 1989, S. 132–136.

5 Allgemeine Darstellung: Bruno Huber: Dendrochronologie. Handbuch der Mikroskopie in der Technik 5, Teil 1. Frankfurt a. Main 1970, S. 171–211.

6 Beispielhaft etwa: Gert Mader: Bauuntersuchung historischer Holzkonstruktionen. In: Arbeitsheft 8 des Sonderforschungsbereichs 315 »Erhalten historisch bedeutsamer Bauwerke«, Universität Karlsruhe. Karlsruhe 1988.

7 Grundlegend: Wolf Schmidt: Das Raumbuch. Arbeitsheft des Bayerischen Landesamts für Denkmalpflege, Nr. 44. München 1989.

8 Silvia Codreanu und Werner Endres: Der Fund. In: Konrad Bedal (Hg).: Ein Bauernhaus aus dem Mittelalter. Bad Windsheim 1987, S. 121–158.

9 Konrad Bedal: Historische Hausforschung, S. 33 und 40.

10 Heinz Stark: Zur Geschichte des Marktes Plech. Simmelsdorf 1994 (Mitteilungen der Altnürnberger Landschaft e.V., Sonderheft Nr. 42), S. 101, 102, 124 (Anm. 261) und Beilage 2.

11 Stark: Plech, S. 101.

12 Fritz Schnelbögl: Siedlungsbewegungen im Veldener Forst. In: Jahrbuch für fränkische Landesforschung 11/12, S. 226. Der Markt Plech ist danach »vor rd. 1275 ... ins Leben gerufen worden«.

13 Stark: Plech, S. 15.

14 Wilhelm Schwemmer und Gustav Voit: Lauf-Hersbruck. München 1967 (Historischer Atlas von Bayern, Teil Franken, Reihe I, Heft 14), S. 7.

15 Vgl. auch Stark: Plech, S. 102.

16 Staatsarchiv Bamberg, Standbuch Nr. 3.

17 Planungsbüro Tisje, Neu-Isenburg: Dendrochronologische Gutachten vom 13. November 1991 und vom 20. April 1992.
Horst Wedel: Die Hausgeschichte in dendrochronologischen Bohrproben-Daten, Untersuchungsobjekt: Das Baudenkmal Neuhauser Straße 3 in Plech, Sulzbach-Rosenberg, 4. Juli 1992.

18 Heinrich Bauer: Geschichte der Stadt Pegnitz und des Pegnitzer Bezirks. Pegnitz 1938^2, S. 338. Paulus Ewald: Geschichte der Pfarrei Plech und Umgegend. Bayreuth 1841, S. 75.

19 Stark: Plech, S. 20.

20 Stark: Plech, S. 116 (Anm. 198).

21 Pfarrarchiv Plech, Kirchenbücher.

22 Alfred Schädler: Die Kunstdenkmäler von Oberfranken II, Landkreis Pegnitz. München 1961, S. 415 und 420.

23 Pfarrarchiv Plech, Bauwesen Kirche Plech, Signatur Nr. 208. »Quadersteine« für den Kirchenbau hatten Prey und seine Gesellen bereits vom 4. bis 19. Mai 1778 »im Wald gebrochen.«

24 Stark: Plech, S. 117 (Anm. 198).

25 Pfarrarchiv Plech, Ortsgeschichte Plech, Signatur Nr. 40, Blatt 158.

26 Pfarrarchiv Plech, Signatur Nr. 40, Blätter 173' und 176.

27 Stark: Plech, S. 9 und 17.

28 Die Beschreibung der Anwesen des Marktes Plech von 1791 ist veröffentlicht in Stark: Plech, S. 39-99.

29 Jacob und Wilhelm Grimm: Deutsches Wörterbuch, Band 4. Leipzig 1878.

30 Vgl. Löwenrestaurierung Müller GmbH: Befunduntersuchung März 1993, S. 2 und 5.

31 Stark: Plech, S. 103 (Anm. 5)

32 Staatsarchiv Bamberg, Häuser- und Rustikal-Kataster 1811, Signatur K 228 Nr. 205.

33 Stark: Plech, S. 105 (Anm. 15) und Beilage 1.

34 Staatsarchiv Bamberg, Grundsteuer-Kataster 1844, Signatur K 228 Nr. 210.

35 Stark: Plech, S. 115 (Anm. 182).

36 Ebd., S. 116 (Anm. 197).

37 Ebd., Beilage 5.

38 Staatsarchiv Bamberg, Renovirtes Grundsteuer-Kataster, Signatur K 228 Nr. 211.

39 Staatsarchiv Bamberg, Grundsteuer-Kataster-Umschreibhefte, Signatur K 228 Nr. 213 V.

40 Stark: Plech, S. 104 (Anm. 11).

Anmerkungen zu Kapitel Hausbeispiele, Quellen

(B. Popp, A. Mörtl, M. Seuling, H. Gebhard)

Landkreis Bamberg

Ebing, Bahnhofstr. 5 (alte Hs.-Nr. 34, Fl.-Nr. 53), Markt Rattelsdorf

Gebäudedokumentation Verformungsgetreue Bauaufnahme (2 Grundrisse, 1 Querschnitt, 3 Ansichten, 3 Details) im Maßstab 1:50 von Chr. Gaissmaier und E. Ehrmann aus dem Jahr 1981, im Auftrag des Bayerischen Landesamtes für Denkmalpflege, Referat Bauforschung.

Quellen und Literatur StA BA Häuser- und Rustikalkataster K 235 Nr. 151, Grundsteuerkataster K 235 Nr. 157 I, II, Baupläne Landratsamt Staffelstein K 20 Ebing Nr. 167 u. 538. – Archiv BLfD, Außenstelle Schloß Seehof, Denkmalpflegerischer Erhebungsbogen Dorferneuerung Ebing. – Bayerische Kunstdenkmale Staffelstein, S. 101.

Frensdorf, Hauptstr. 5 (alte Hs.-Nr. 48, Fl.-Nr. 92), Gemeinde Frensdorf

Gebäudedokumentation Verformungsgetreue Bauaufnahme (1 Grundriß, 3 Querschnitte, 3 Ansichten) im Maßstab 1:50 von Chr. Gaissmaier aus dem Jahr 1982 im Auftrag des Bayerischen Landesamtes für Denkmalpflege, Referat Bauforschung.

Quellen und Literatur StA BA Häuser- und Rustikalkataster K 211 Nr. 152, Grundsteuerkataster K 235 Nr. 157 I–IV. – Archiv BLfD, Außenstelle Schloß Seehof. – Denkmäler, 1986, S. 94. – Lederer 1987.

Heiligenstadt, Mühlengasse 7 (alte Hs.-Nr. 10, Fl.-Nr. 14), Markt Heiligenstadt

Gebäudedokumentation Verformungsgetreue Bauaufnahme (2 Grundrisse, 1 Querschnitt, 1 Längsschnitt) im Maßstab 1:50 von K. Fischer, R. Brunn, S. Schug aus dem Jahr 1986, im Auftrag des Bayerischen Landesamtes für Denkmalpflege, Referat Bauforschung.

Quellen und Literatur StA BA Häuser- und Rustikalkataster K 214 Nr. 205, Grundsteuerkataster K 235 Nr. 210 I–III. – Archiv BLfD, Außenstelle Schloß Seehof.

Mistendorf, Lindenplatz 6 (alte Hs.-Nr. 27, Fl.-Nr. 46), Gemeinde Strullendorf

Gebäudedokumentation Verformungsgetreue Bauaufnahme (2 Grundrisse, 1 Querschnitt, 1 Längsschnitt, 2 Ansichten) im Maßstab 1:50 von Tillman Kohnert, Mike Dunn, Dorothee Buckendahl aus dem Jahr 1994, im Auftrag des Bayerischen Landesvereins für Heimatpflege. – Dendrochronologisches Gutachten von Jutta Hofmann, Nürtingen, Oktober 1994.

Quellen und Literatur StA BA Häuser- u. Rustikalkataster K 211 Nr. 497, Grundsteuerkataster K 211 Nr. 502. Archiv BLfD, Außenstelle Schloß Seehof. – Denkmäler. 1986, S. 122. – Fachwerk vor 1600, S. 259 u. 260 (Abb).

Mürsbach Nr. 97 (alte Hs.-Nr. 97, Fl.-Nr. 150), Markt Rattelsdorf

Gebäudedokumentation Bauaufnahme (1 Grundriß, 1 Querschnitt, 1 Ansicht) im Maßstab 1:50 von Friedrich Dümpert aus dem Jahr 1943.

Quellen und Literatur StA WÜ Haussteuerkataster der Steuergemeinde Mürsbach 1853. – Archiv BLfD, Außenstelle Schloß Seehof, Archiv BLfD Schloß Seehof, Denkmalpflegerischer Erhebungsbogen Dorferneuerung Mürsbach. – Denkmäler 1986, S. 110.

Windischletten Nr. 31 (alte Hs.-Nr. 31, Fl.-Nr. 76), Stadt Scheßlitz

Gebäudedokumentation Verformungsgetreue Bauaufnahme (2 Grundrisse, 1 Querschnitt, 1 Längsschnitt, 3 Ansichten) im Maßstab 1:25 von Markus Lohr aus dem Jahr 1990 im Auftrag des Bayerischen Landesamtes für Denkmalpflege, Referat Bauforschung. – Dendrochronologisches Gutachten im Auftrag des BLfD Außenstelle Schloß Seehof im Jahr 1990.

Quellen und Literatur StA BA Häuser- und Rustikalkataster K 232 Nr. 465, Grundsteuerkataster K 232 Nr. 668 I–IV. – Archiv BLfD, Außenstelle Schloß Seehof, Archiv BLfD Schloß Seehof, Denkmalpflegerischer Erhebungsbogen Dorferneuerung Windischletten. – Denkmäler 1986, S. 116.

Zettelsdorf Nr. 7 (alte Hs.-Nr. 5, Fl.-Nr. 802), Gemeinde Walsdorf

Gebäudedokumentation Verformungsgetreue Bauaufnahme (2 Grundrisse, 1 Querschnitt, 1 Längsschnitt, 1 Ansicht) im Maßstab 1:50 von Stefanie Woditsch und Bärbel Liewer aus dem Jahr 1994.

Quellen und Literatur StA BA Häuser- und Rustikalkataster K 211 Nr. 1061, Grundsteuerkataster K 211 Nr. 1066 I–III. – Archiv BLfD, Außenstelle Schloß Seehof.

Stadt Bamberg

Bamberg, Kaimsgasse 30 (Fl.-Nr. 1430)

Gebäudedokumentation Verformungsgetreue Bauaufnahme (3 Grundrisse, 1 Querschnitt, 1 Längsschnitt, 4 Ansichten) im Maßstab 1:50 von Georg Lang 1988.

Quellen und Literatur Registratur Stadt Bamberg, Bauakten. – Roth 1981, S. 41–47. – Denkmäler 1986, S. 20.

Landkreis Bayreuth

Fürsetzer Straße 50 (alte Hs.-Nr. 21, Fl.-Nr. 196), Stadt Bayreuth

Gebäudedokumentation Bauaufnahme (2 Grundrisse, 3 Querschnitte, 4 Ansichten) im Maßstab 1:100 von K. Hereth aus dem Jahre 1987.

Quellen und Literatur StA BA Grundsteuerkataster K 212 Nr. 898. – Denkmäler 1986, S. 53.

Forkenhof Nr. 8 (Fl.-Nr. 614 a), Gemeinde Bindlach

Gebäudedokumentation Bauaufnahme (2 Grundrisse, 1 Querschnitt, 4 Ansichten) im Maßstab 1:100 von R. Zülcke aus dem Jahre 1990.

Quellen und Literatur StA BA Grundsteuerkataster K 212 Nr. 345. – R. Zülcke, Baudokumentation 1990 im Archiv des Bayerischen Landesamtes für Denkmalpflege, Außenstelle Schloß Seehof.

Grassemann Nr. 3 (Fl.-Nr. 904), Gemeinde Warmensteinach

Gebäudedokumentation Verformungsgetreue Bauaufnahme (1 Grundriß, 2 Schnitte, 4 Ansichten) im Maßstab 1:25

von Ebeling aus dem Jahre 1987/88. – Dendrochronologisches Gutachten vom Planungsbüro Tisje, Neu-Isenburg 14. 11. 1990 und 2. 11. 1991.

Quellen und Literatur StA BA Grundsteuerkataster K 212 Nr. 988. – Bedal, K. Haus und Hof, S. 18. – Franken unter einem Dach, H. 14 (1991), S. 57–63. – Das Schwärzer-Haus 1989. – Denkmäler 1986, S. 154.

Großweiglareuth Nr. 1 (Fl.-Nr. 1038), Stadt Creußen

Gebäudedokumentation Bauaufnahme (3 Grundrisse, 1 Querschnitt, 4 Ansichten) im Maßstab 1:50 von U. Jannsen aus dem Jahr 1984, im Auftrag des Bayerischen Landesamtes für Denkmalpflege, Referat für Bauforschung.

Quellen und Literatur StA BA Grundsteuerkataster K 228 Nr. 80 I–IV. Archiv des Bayerischen Landesamtes für Denkmalpflege. Denkmäler 1986, S. 136.

Prebitz Nr. 13 (Fl.-Nr. 37), Gemeinde Prebitz

Gebäudedokumentation Verformungsgetreue Bauaufnahme (1 Grundriß, 1 Querschnitt, 1 Längsschnitt, 1 Ansicht) im Maßstab 1:50 von Büro Kohnert aus dem Jahre 1994. Dendrochronologisches Gutachten vom Planungsbüro Tisje, Neu-Isenburg 2. 12. 1994.

Quellen und Literatur StA BA Grundsteuerkataster K 228 Nr. 225 I.

Landkreis Coburg

Ahorn, Alte Schäferei Nr. 2 (alte Hs.-Nr. 57, Fl.-Nr. 591), Gemeinde Ahorn.
Gebäudedokumentation Bauaufnahme (1 Grundriß, 1 Längsschnitt, 2 Ansichten) im Maßstab 1:200 von Wolfram v. Erffa aus dem Jahr 1948.
Quellen und Literatur StA CO Grundarchiv Nr. 310, 311. – Archiv BLfD, Außenstelle Schloß Seehof. – Denkmäler 1986. S. 159. Hofmann 1992, S. 135–142.

Birkach am Forst, Untersiemauer Str. 4 (alte Hs.-Nr. 15, Fl.-Nr. 65), Gemeinde Untersiemau
Gebäudedokumentation Bauaufnahme (2 Grundrisse, 1 Querschnitt, 2 Ansichten) im Maßstab 1:50 von Wolfgang Geremus aus dem Jahr 1960-65.
Quellen und Literatur StA CO Grundarchiv Nr. 338, 339, Bauakten LRA Nr. 2501, 2392. – Geremus 1968, S. 93 u. 116. – Denkmäler 1986, S. 173.

Buchenrod, Bergstr. 6 (alte Hs.-Nr. 18, Fl.-Nr. 50), Gemeinde Großheirath
Gebäudedokumentation Bauaufnahme (3 Grundrisse, 1 Querschnitt, 1 Längsschnitt, 4 Ansichten) im Maßstab 1:50 von R. Wessels aus dem Jahr 1993.
Quellen und Literatur StA CO Grundarchiv Nr. 361–364, Bauakten LRA Nr. 3423, 3434, 3714. – Archiv BLfD, Außenstelle Schloß Seehof. Denkmäler 1986, S. 160.

Gleußen Nr. 33 (alte Hs.-Nr. 33, Fl.-Nr. 51), Gemeinde Itzgrund
Gebäudedokumentation Bauaufnahme (1 Grundriß, 2 Querschnitte, 2 Ansichten) im Maßstab 1:50 von Wolfgang Geremus aus dem Jahr 1960-65.
Quellen und Literatur StA BA Häuser- und Rustikalkataster K 235 Nr. 256, Grundsteuerkataster K 235 Nr. 262, Baupläne Landratsamt Staffelstein K 20 Gleußen Nr. 153, 352. – Geremus 1968, S. 88, 107 u. 142.

Großwalbur, Rodacher Str. 4 (alte Hs.-Nr. 95, Fl.-Nr. 102), Gemeinde Meeder
Gebäudedokumentation Bauaufnahme (3 Grundrisse, 2 Querschnitte, 2 Ansichten) im Maßstab 1:50 von Wolfgang Geremus aus dem Jahr 1960–65.
Quellen und Literatur StA CO Grundarchiv Nr. 504–515. – Geremus 1968, S. 91 u. 112. – Denkmäler 1986, S. 164.

Großwalbur, Hauptstr. 23 (alte Hs.-Nr. 27, Fl.-Nr. 178); Gemeinde Meeder
Gebäudedokumentation Bauaufnahme (2 Grundrisse, 1 Querschnitt, 4 Ansichten) im Maßstab 1:50 von Wolfgang Geremus aus dem Jahr 1960–65.
Quellen und Literatur StA CO Grundarchiv Nr. 504–515. – Geremus 1968, S. 142.

Meschenbach, Bamberger Str. 10 (alte Hs.-Nr. 8, Fl.-Nr. 24), Gemeinde Untersiemau
Gebäudedokumentation Bauaufnahme (2 Grundrisse, 1 Querschnitt, 2 Ansichten) im Maßstab 1:50 von Wolfgang Geremus aus dem Jahr 1960–65.
Quellen und Literatur StA CO Grundarchiv Nr. 626–628, Bauakten LRA Nr. 22117, 22119, 22091, 22118, 22089, 22090, 22162, 22132. – Archiv BLfD, Außenstelle Schloß Seehof. – Geremus 1968, S. 94f. u. S. 117f. Denkmäler 1986, S. 173.

Rossach, Coburger Str. 29 (alte Hs.-Nr. 43, Fl.-Nr. 165), Gemeinde Großheirath
Gebäudedokumentation Bauaufnahme (3 Grundrisse, 1 Querschnitt, 1 Längsschnitt, 2 Ansichten) im Maßstab 1:50 von Wolfgang Geremus aus dem Jahr 1960–65.
Quellen und Literatur StA CO Grundarchiv Nr. V 328–330, Bauakten LRA Nr. 32808, 32904, 32809, 32906, 33057. – Archiv BLfD, Außenstelle Schloß Seehof. – Geremus 1968, S. 93 u. 114. – Denkmäler 1986, S. 161.

Seßlach, Luitpoldstr. 31 (alte Hs.-Nr. 31, Fl.-Nr. 60), Stadt Seßlach
Gebäudedokumentation Bauaufnahme (2 Grundrisse, 1 Querschnitt, 2 Ansichten) im Maßstab 1:100 von Wolfram v. Erffa aus dem Jahr 1947.
Quellen und Literatur StA BA Häuser- und Rustikalkataster K 235 Nr. 630 a, b, Grundsteuerkataster K 235 Nr. 636, Baupläne Landratsamt Staffelstein K 20 Seßlach Nr. 120, 290, 333, 538. – Archiv BLfD, Außenstelle Schloß Seehof. – v. Erffa 1977, S. 175–177. – Bayerische Kunstdenkmale Staffelstein, S. 214. – Denkmäler 1986, S. 169.

Weitramsdorf, Schlettacher Str. 17 (alte Hs.-Nr. 26, Fl.-Nr. 88), Gemeinde Weitramsdorf
Gebäudedokumentation Bauaufnahme (3 Grundrisse, 1 Querschnitt, 2 Ansichten) im Maßstab 1:50 von Wolfgang Geremus aus dem Jahr 1960–65.
Quellen und Literatur StA CO Grundarchiv Nr. V 446, 447, Bauakten LRA Nr. 56552, 56561, 56633, 56655, 56556, 56762, 56981, 57564. – Geremus 1968, S. 90 u. 110.

Wörlsdorf, Hauptstr. 12 (alte Hs.-Nr. 4, Fl.-Nr. 12), Gemeinde Sonnefeld
Gebäudedokumentation Bauaufnahme (2 Grundrisse, 1 Querschnitt, 1 Längsschnitt, 2 Ansichten) im Maßstab 1:50 von Wolfgang Geremus aus dem Jahr 1960–65.
Quellen und Literatur StA CO Grundarchiv Nr. V 459–461, Bauakten LRA Nr. 47815, 58880, 58912, 58938, 59004. – Archiv BLfD, Außenstelle Schloß Seehof, Archiv BLfD Schloß Seehof, Denkmalpflegerischer Erhebungsbogen Dorferneuerung Wörlsdorf. – Geremus 1968, S. 91 u. 113. Denkmäler 1985, S. 173.

Landkreis Forchheim

Gosberg, Gosberger Str. 8 (alte Hs.-Nr. 16, Fl.-Nr. 26), Gemeinde Pinzberg

Gebäudedokumentation Bauaufnahme (1 Grundriß, 1 Längsschnitt, 1 Querschnitt, 2 Ansichten) im Maßstab 1:50 von der Bauschule Nürnberg aus dem Jahr 1916/17.

Quellen und Literatur StA BA Häuser- und Rustikalkataster K 216 Nr. 308 I–III, Grundsteuerkataster K 216 Nr. 131 I–III. – Archiv BLfD, Außenstelle Schloß Seehof. – Bayerische Kunstdenkmale Forchheim, S. 110. – Denkmäler 1986, S. 205. – Voit 1991, S. 135.

Gosberg, Bahnhofstr. 6 (alte Hs.-Nr. 31, Fl.-Nr. 47), Gemeinde Pinzberg

Gebäudedokumentation Verformungsgetreue Bauaufnahme (3 Grundrisse, 1 Querschnitt, 1 Längsschnitt) im Maßstab 1:50 von Christian Meggendorfer und Irmgard Ochs aus dem Jahr 1990, im Auftrag des Bayerischen Landesamtes für Denkmalpflege, Referat Bauforschung.

Quellen und Literatur StA BA Häuser- und Rustikalkataster K 216 Nr. 308 I–III, Grundsteuerkataster K 216 Nr. 131 I–III. – Archiv BLfD, Außenstelle Schloß Seehof. – Denkmäler 1986, S. 205.

Gosberg, Gosberger Str. 3 (alte Hs.-Nr. 41, Fl.-Nr. 64), Gemeinde Pinzberg

Gebäudedokumentation Bauaufnahme (2 Grundrisse, 1 Querschnitt, 2 Ansichten) im Maßstab 1:50 von der Bauschule Nürnberg aus dem Jahr 1916.

Quellen und Literatur StA BA Häuser- und Rustikalkataster K 216 Nr. 308 I–III, Grundsteuerkataster K 216 Nr. 131 I–III. – Archiv BLfD, Außenstelle Schloß Seehof. – Bayerische Kunstdenkmale Forchheim, S. 111. – Denkmäler 1986, S. 205. – Voit 1991, S. 107.

Hammerbühl, Nr. 5 (alte Hs.-Nr. 5, Fl.-Nr. 1596), Markt Egloffstein

Gebäudedokumentation Verformungsgetreue Bauaufnahme (3 Grundrisse, 1 Querschnitt, 1 Längsschnitt) im Maßstab 1:25 von Wolfgang Albert 1986.

Quellen und Literatur StA BA Häuser- und Rustikalkataster K 228 Nr. 117, Grundsteuerkataster K 228 Nr. 122 I–V. Archiv BLfD, Außenstelle Schloß Seehof.

Hausen, Dr.-Kupfer-Str. 4 (alte Hs.-Nr. 21, Fl.-Nr. 80), Gemeinde Hausen

Gebäudedokumentation Verformungsgetreue Bauaufnahme (2 Grundrisse, 1 Querschnitt, 1 Längsschnitt, 2 Ansichten) im Maßstab 1:50 von Christian Meggendorfer und Irmgard Ochs aus dem Jahr 1990, im Auftrag des Bayerischen Landesamtes für Denkmalpflege, Referat Bauforschung.

Quellen und Literatur StA BA Häuser- und Rustikalkataster K 218 Nr. 339, Grundsteuerkataster K 216 Nr. 159 I, II. – Archiv BLfD, Außenstelle Schloß Seehof, Archiv BLfD Schloß Seehof, Denkmalpflegerischer Erhebungsbogen Dorferneuerung Hausen. – Kupfer 1956, S. 54f. – Bayerische Kunstdenkmale Forchheim, S. 126. – Denkmäler 1986, S. 194.

Honings Nr. 4 (alte Hs.-Nr. 4, Fl.-Nr. 2432), Gemeinde Hetzles

Gebäudedokumentation Verformungsgetreue Bauaufnahme (2 Grundrisse, 1 Querschnitt, 1 Längsschnitt, 3 Ansichten) im Maßstab 1:50 von Christian Meggendorfer und Irmgard Ochs aus dem Jahr 1990, im Auftrag des Bayerischen Landesamtes für Denkmalpflege, Referat Bauforschung.
Dendrochronologisches Gutachten im Auftrag von C. Meggendorfer u. I. Ochs 1990.
Restauratorische Befunddokumentation von Peter Wolf, Nürnberg.

Quellen und Literatur StA BA Häuser- und Rustikalkataster K 227 Nr. 227, Grundsteuerkataster K 227 Nr. 231 I–III. – Archiv BLfD, Außenstelle Schloß Seehof.

Poxdorf, Steinweg Nr. 6 (alte Hs.-Nr. 41, Fl.-Nr. 57), Gemeinde Poxdorf

Gebäudedokumentation Verformungsgetreue Bauaufnahme (3 Grundrisse, 1 Querschnitt, 1 Längsschnitt, 3 Ansichten) im Maßstab 1:25 von Christian Meggendorfer und Irmgard Ochs aus dem Jahr 1990, im Auftrag des Bayerischen Landesamtes für Denkmalpflege, Referat Bauforschung.
Dendrochronologisches Gutachten vom Planungsbüro Tisje, Neu-Isenburg 1990.

Quellen und Literatur StA BA Häuser- und Rustikalkataster K 216 Nr. 197, Grundsteuerkataster K 216 Nr. 326 I, II. – Archiv BLfD, Außenstelle Schloß Seehof. – Denkmäler 1986, S. 206. – Voit 1991, S. 148. – Fachwerk vor 1600, S. 314f.

Landkreis Hof

Erbsbühl Nr. 7 (Fl.-Nr. 152), Markt Zell

Gebäudedokumentation Bauaufnahme (3 Grundrisse, 1 Querschnitt, 3 Ansichten) im Maßstab 1:100 von Albrecht Bedal aus dem Jahre 1981.

Quellen und Literatur StA BA Grundsteuerkataster K 226 Nr. 132.

Fohrenreuth Nr. 14 (Fl.-Nr. 14), Stadt Rehau

Gebäudedokumentation Bauaufnahme (2 Grundrisse, 1 Querschnitt, 1 Längsschnitt, 2 Ansichten, 2 Details) im Maßstab 1:50 und 1:100 von Keßler aus dem Jahre 1950.

Quellen und Literatur StA BA Grundsteuerkataster K 220 Nr. 133. – Denkmäler 1986, S. 228.

Joditz, Schlegelweg 2 (alte Hs.-Nr. 19, Fl.-Nr. 67), Gemeinde Köditz

Gebäudedokumentation Bauaufnahme (3 Grundrisse, 1 Querschnitt) im Maßstab 1:100 von Kropf aus dem Jahre 1992. Dendrochronologisches Gutachten vom Planungsbüro Tisje, Neu-Isenburg 14. 11. 1994.

Quellen und Literatur StA BA Grundsteuerkataster K 220 Nr. 281. Stadt und Landkreis Hof 1960, S. 45. – Denkmäler 1986, S. 223.

Kleinlosnitz Nr. 5 (Fl.-Nr. 10a), Markt Zell

Gebäudedokumentation Bauaufnahme (2 Grundrisse, 4 Ansichten, 1 Längsschnitt, 1 Querschnitt) im Maßstab 1:50 von H. Friedrich aus dem Jahre 1979.

Quellen und Literatur StA BA K 226 Nr. 132. – Oberfränkisches Bauernhofmuseum Kleinlosnitz, Museumsführer, S. 94–99.

Kleinlosnitz Nr. 6 (Fl.-Nr. 72), Markt Zell

Gebäudedokumentation Bauaufnahme (2 Grundrisse, 2 Ansichten, 1 Längsschnitt, 1 Querschnitt, 3 Details, 1 Isometrie) im Maßstab 1:50 und 1:100 von Konrad Bedal aus dem Jahre 1969.

Quellen und Literatur StA BA Grundsteuerkataster K 226 Nr. 132. – Oberfränkisches Bauernhofmuseum Kleinlosnitz, Museumsführer, S. 86–93. – K. Bedal 1977, S. 140, 141. – Arbeitskreis für deutsche Hausforschung 1969, S. 105–111. – Denkmäler 1986, S. 234.

Kleinschwarzenbach Nr. 39 (Fl.-Nr. 99), Stadt Helmbrechts

Gebäudedokumentation Verformungsgetreue Bauaufnahme (3 Grundrisse, 4 Ansichten, 2 Längsschnitte, 2 Querschnitte,
3 Details) im Maßstab 1:50 von Grunewald aus dem Jahre 1989 im Auftrag des Landesamtes für Denkmalpflege, Referat Bauforschung. Dendrochronologisches Gutachten vom Planungsbüro Tisje, Neu-Isenburg 2. 12. 1994.

Quellen und Literatur StA BA Grundsteuerkataster K 226 Nr. 1181 I-IV. – Denkmäler 1986, S. 222.

Nentschau Nr. 34 (Fl. Nr. 82), Gemeinde Regnitzlosau

Gebäudedokumentation Bauaufnahme (1 Grundriß, 2 Ansichten) im Maßstab 1:50 von Karl Bedal aus dem Jahre 1965.

Quellen und Literatur StA BA Grundsteuerkataster K 220 Nr. 448. – Denkmäler 1986, S. 227.

Neuhausen Nr. 10 (Fl.-Nr. 97), Stadt Rehau

Gebäudedokumentation Bauaufnahme (2 Grundrisse, 2 Ansichten, 2 Längsschnitte, 2 Querschnitte) im Maßstab 1:50 von Konrad Bedal aus dem Jahre 1965. Dendrochronologisches Gutachten vom Planungsbüro Tisje, Neu-Isenburg 1994.

Quellen und Literatur StA BA Grundsteuerkataster K 233, Nr. 163. – Arbeitskreis für deutsche Hausforschung 1969, S. 111–113. – Denkmäler 1986, S. 228.

Saalenstein Nr. 4 (Fl.-Nr. 160), Gemeinde Köditz

Gebäudedokumentation Verformungsgetreue Bauaufnahme (2 Grundrisse, 2 Ansichten, 1 Längsschnitt, 1 Querschnitt) im Maßstab 1:25 von Konrad Bedal/Crowell aus dem Jahre 1982 im Auftrag des Bayerischen Landesamtes für Denkmalpflege, Referat Bauforschung.

Quellen und Literatur StA BA Grundsteuerkataster K 220 Nr. 52. – Oberfränkisches Bauernhofmuseum Kleinlosnitz, Museumsführer, S. 100–105. – Denkmäler 1986, S. 223.

Landkreis Kronach

Birnbaum Nr. 2 (Fl.-Nr. 4a), Markt Steinwiesen

Gebäudedokumentation Bauaufnahme (1 Grundriß, 3 Ansichten, 1 Längsschnitt, 2 Querschnitte, 4 Details) im Maßstab 1:100 und 1:10 von Karl Bedal aus dem Jahre 1955.

Birnbaum Nr. 2 Scheune, Markt Steinwiesen

Gebäudedokumentation Bauaufnahme (1 Grundriß, 1 Längsschnitt, 1 Querschnitt, 2 Details) im Maßstab 1:100 und 1:10 von Karl Bedal aus dem Jahre 1955.

Quellen und Literatur StA BA Grundsteuerkataster K 231 Nr. 6. – Archiv des Bayerischen Landesamtes für Denkmalpflege, Außenstelle Schloß Seehof. – Landkreis Kronach 1964, S. 24. – Denkmäler 1986, S. 252.

Birnbaum Nr. 9 (Fl.-Nr. 12a), Markt Steinwiesen

Gebäudedokumentation Bauaufnahme (1 Grundriß, 1 Längsschnitt, 1 Querschnitt, 2 Ansichten, 2 Details) im Maßstab 1:50 und 1:10, veröffentlicht im Kurzinventar Landkreis Kronach 1964, S. 24/25.

Quellen und Literatur StA BA Grundsteuerkataster K 231 Nr. 6. – Landkreis Kronach 1964, S. 24, 25.

Dörfles Nr. 13 (alte Hs.-Nr. 7, Fl.-Nr. 24), Stadt Kronach

Gebäudedokumentation Verformungsgetreue Bauaufnahme (3 Grundrisse, 4 Ansichten, 1 Längsschnitt, 1 Querschnitt) im Maßstab 1:50 von Kroneburg aus dem Jahre 1986 im Auftrag des Bayerischen Landesamtes für Denkmalpflege, Referat Bauforschung.

Quellen und Literatur StA BA Grundsteuerkataster K 221 Nr. 92. – Archiv des Bayerischen Landesamtes für Denkmalpflege, Außenstelle Schloß Seehof.

Steinwiesen, Frankenwaldstr. 9 (alte Hs.-Nr. 137, Fl.-Nr. 223), Markt Steinwiesen

Gebäudedokumentation Verformungsgetreue Bauaufnahme (2 Grundrisse, 1 Längsschnitt, 1 Querschnitt) im Maßstab 1:25 aus dem Jahre 1983 im Auftrag des Bayerischen Landesamtes für Denkmalpflege, Referat Bauforschung. Planverfasser nicht angegeben.

Quellen und Literatur StA BA Grundsteuerkataster K 221 Nr. 908 I/II. – Archiv des Bayerischen Landesamtes für Denkmalpflege, Außenstelle Schloß Seehof. – Denkmäler 1986, S. 252.

Tschirn, Bergweg 11 (alte Hs.-Nr. 75, Fl.-Nr. 3), Gemeinde Tschirn

Gebäudedokumentation Bauaufnahme (3 Grundrisse, 1 Querschnitt, 1 Längsschnitt) im Maßstab 1:50 von A. Schelter aus dem Jahre 1992.

Quellen und Literatur StA BA Grundsteuerkataster K 231 Nr. 428 I/II.

Waldbuch Nr. 7 (Fl.-Nr. 609), Markt Marktrodach

Gebäudedokumentation Bauaufnahme (2 Grundrisse, 1 Querschnitt, 2 Ansichten) im Maßstab 1:50 von Wolfram von Erffa aus dem Jahre 1948.

Quellen und Literatur StA BA Grundsteuerkataster K 234 Nr. 432. – Denkmäler 1986, S. 247.

Zeyern, Kronacher Str. 5 (alte Hs.-Nr. 70, Fl.-Nr. 153a), Markt Marktrodach

Gebäudedokumentation Verformungsgetreue Bauaufnahme (3 Grundrisse, 1 Längsschnitt, 1 Querschnitt) im Maßstab 1:50 von Thomas Schmidt aus dem Jahre 1991 im Auftrag des Bayerischen Landesamtes für Denkmalpflege, Referat Bauforschung.

Quellen und Literatur StA BA Grundsteuerkataster K 234 Nr. 1146 I/II. – Archiv des Bayerischen Landesamtes für Denkmalpflege, Außenstelle Schloß Seehof. – Denkmäler 1986, S. 247.

Landkreis Kulmbach

Langenstadt Nr. 24 (Fl.-Nr. 48a), Gemeinde Neudrossenfeld

Gebäudedokumentation Verformungsgetreue Bauaufnahme (3 Grundrisse, 3 Ansichten, 1 Längsschnitt, 2 Querschnitte) im Maßstab 1:25 und 1:50 von Chr. Meggendorfer und J. Ochs aus dem Jahre 1994 im Auftrag des Bayerischen Landesamtes für Denkmalpflege, Referat Bauforschung.

Quellen und Literatur StA BA Grundsteuerkataster K 236 Nr. 161. – Archiv des Bayerischen Landesamtes für Denkmalpflege, Außenstelle Schloß Seehof. Dendrochronologisches Gutachten vom Planungsbüro Tisje, Neu-Isenburg 1994.

Oberzettlitz Nr. 5 (Fl.-Nr. 1330), Stadt Kulmbach

Gebäudedokumentation Verformungsgetreue Bauaufnahme (1 Grundriß, 3 Ansichten, 1 Längsschnitt) im Maßstab 1:50 von Albrecht Bedal aus dem Jahre 1978.

Quellen und Literatur StA BA Grundsteuerkataster K 222 Nr. 245. – Fachwerk in Franken 1980, S. 11. Häuser aus Franken, Museumsführer 1982, S. 148-150.

Schlömen Nr. 2 (Fl.-Nr. 817a), Gemeinde Neuenmarkt

Gebäudedokumentation Verformungsgetreue Bauaufnahme (2 Grundrisse, 2 Ansichten, 1 Längsschnitt, 1 Querschnitt) im Maßstab 1:25 von Konrad Fischer aus dem Jahre 1985 im Auftrag des Bayerischen Landesamtes für Denkmalpflege, Referat Bauforschung.

Quellen und Literatur StA BA Grundsteuerkataster K 222 Nr. 102. – Archiv des Bayerischen Landesamtes für Denkmalpflege, Außenstelle Schloß Seehof. – Denkmalpflegerischer Erhebungsbogen Dorferneuerung Schlömen im Archiv des Bayerischen Landesamtes für Denkmalpflege, Außenstelle Schloß Seehof. – Stadt und Landkreis Kulmbach 1985, S. 83. – Denkmäler 1986, S. 273.

Unterdornlach Nr. 5 (Fl.-Nr. 19a), Stadt Kulmbach

Gebäudedokumentation Verformungsgetreue Bauaufnahme (2 Grundrisse, 3 Ansichten, 1 Längsschnitt, 1 Querschnitt) im Maßstab 1:25 von Sell/Van Beek aus dem Jahre 1989 im Auftrag des Bayerischen Landesamtes für Denkmalpflege.

Quellen und Literatur StA BA Grundsteuerkataster K 222 Nr. 534. – Archiv des Bayerischen Landesamtes für Denkmalpflege, Außenstelle Schloß Seehof.

Untersteinach, Tradgasse 15 (alte Hs.-Nr. 12, Fl.-Nr. 40), Stadt Stadtsteinach

Gebäudedokumentation Verformungsgetreue Bauaufnahme (3 Grundrisse, 1 Längsschnitt, 1 Querschnitt) im Maßstab 1:25 von Quinger/Gierlich/Knotz-Beda/Walter aus dem Jahre 1987 im Auftrag des Bayerischen Landesamtes für Denkmalpflege.

Quellen und Literatur StA BA Grundsteuerkataster K 234 Nr. 488 I. – Archiv des Bayerischen Landesamtes für Denkmalpflege, Außenstelle Schloß Seehof. – Denkmäler 1986, S. 280.

Landkreis Lichtenfels

Altenkunstadt, Theodor-Heuß-Str. 11/13 (alte Hs.-Nr. 61 a, b, Fl.-Nr. 107, 108), Gemeinde Altenkunstadt

Gebäudedokumentation Verformungsgetreue Bauaufnahme (3 Grundrisse, 1 Querschnitt) im Maßstab 1:50 von E. Katzer und H. Körner aus dem Jahr 1988 im Auftrag des Bayerischen Landesamtes für Denkmalpflege, Referat Bauforschung.

Quellen und Literatur StA BA Häuser- und Rustikalkataster K 238 Nr. 1, Grundsteuerkataster K 238 Nr. 7 I, II. – Archiv Bayerisches Landesamt für Denkmalpflege, Außenstelle Schloß Seehof, Archiv Bayerisches Landesamt für Denkmalpflege Schloß Seehof, Denkmalpflegerischer Erhebungsbogen Dorferneuerung Altenkunstadt. – Motschmann 1988, S. 104 f.

Döringstadt Nr. 23 (alte Hs.-Nr. 23, Fl.-Nr. 43), Markt Ebensfeld

Gebäudedokumentation Bauaufnahme (3 Grundrisse, 1 Querschnitt, 3 Ansichten) im Maßstab 1:50 von Wolfram v. Erffa aus dem Jahr 1948.

Quellen und Literatur StA BA Häuser- und Rustikalkataster K 235 Nr. 121 a, b, Grundsteuerkataster K 235 Nr. 127 I, II. – Archiv BLfD, Außenstelle Schloß Seehof. – Gunzelmann 1990, S. 79 ff.

Kleukheim, Hauptstr. Nr. 45 (alte Hs.-Nr. 21, Fl.-Nr. 44), Markt Ebensfeld

Gebäudedokumentation Verformungsgetreue Bauaufnahme (3 Grundrisse, 1 Querschnitt, 1 Längsschnitt, 1 Detail) im Maßstab 1:25 von Fritz Sell aus dem Jahr 1990 im Auftrag des Bayerischen Landesamtes für Denkmalpflege, Referat Bauforschung.

Quellen und Literatur StA BA Häuser- und Rustikalkataster K 235 Nr. 346, Grundsteuerkataster K 235 Nr. 352 I–IX. – Archiv Bayerisches Landesamt für Denkmalpflege, Außenstelle Schloß Seehof, Archiv Bayerisches Landesamt für Denkmalpflege Schloß Seehof, Denkmalpflegerischer Erhebungsbogen Dorferneuerung Kleukheim. – Bayerische Kunstdenkmale Staffelstein, S. 135. – Denkmäler 1986, S. 301.

Oberküps Nr. 28 (alte Hs.-Nr. 28, Fl.-Nr. 54), Markt Ebensfeld

Gebäudedokumentation Verformungsgetreue Bauaufnahme (1 Grundriß, 1 Querschnitt, 1 Längsschnitt) im Maßstab 1:25 von Anke Hermannsdörfer aus dem Jahr 1989 im Auftrag des Bayerischen Landesamtes für Denkmalpflege, Referat Bauforschung.

Quellen und Literatur StA BA Häuser- und Rustikalkataster K 235 Nr. 505, Grundsteuerkataster K 235 Nr. 511 I, II, Baupläne Landratsamt Staffelstein K 20 Oberküps Nr. 76. – Archiv Bayerisches Landesamt für Denkmalpflege, Außenstelle Schloß Seehof. – Bayerische Kunstdenkmale Staffelstein, S. 164. – Denkmäler 1986, S. 302.

Unterzettlitz, Dorfplatz 1 (alte Hs.-Nr. 27, Fl.-Nr. 6), Stadt Staffelstein

Gebäudedokumentation Bauaufnahme (3 Grundrisse, 2 Querschnitte, 6 Ansichten) im Maßstab 1:50 von Wolfram v. Erffa aus dem Jahr 1949.

Quellen und Literatur StA BA Häuser- und Rustikalkataster K 235 Nr. 770, Grundsteuerkataster K 235 Nr. 776, Baupläne Landratsamt Staffelstein K 20 Zettlitz Nr. 122 u. 126. – Archiv Bayerisches Landesamt für Denkmalpflege, Außenstelle Schloß Seehof. – Bayerische Kunstdenkmale Staffelstein, S. 275. – Denkmäler 1986, S. 319.

Landkreis Wunsiedel

Bergnersreuth, Wunsiedler Str. 12 (alte Hs.-Nr. 16/17, Fl.-Nr. 47, 48a), Stadt Arzberg

Gebäudedokumentation Bauaufnahme (2 Grundrisse, 1 Längsschnitt, 2 Querschnitte) im Maßstab 1:100 von Karl Mayer aus dem Jahre 1938.

Quellen und Literatur StA BA Grundsteuerkataster K 239 Nr. 23. – Archiv des Bayerischen Landesamtes für Denkmalpflege, Außenstelle Schloß Seehof. – Denkmäler 1986, S. 326.

Fischern Nr. 9 (Fl.-Nr. 17), Gemeinde Schirnding

Gebäudedokumentation Verformungsgerechte Bauaufnahme (3 Grundrisse, 1 Längsschnitt, 1 Querschnitt) im Maßstab 1:50 von Büro Kohnert aus dem Jahre 1993 im Auftrag des Bayerischen Landesamtes für Denkmalpflege, Referat Bauforschung. – Bauaufnahme (1 Ansicht) von Konrad Bedal. – Dendrochronologische Untersuchungen von Jutta Hofmann, Nürtingen, 1993.

Quellen und Literatur StA BA Grundsteuerkataster K 239 Nr. 151. – Die Kunstdenkmäler von Oberfranken 1954, S. 110/111. Ch. Hans-Schuller, H. Spitzner, Befundbericht zu Fischern Nr. 9, 1994. – Denkmäler 1986, S. 332.

Holzmühl Nr. 3 (Fl.-Nr. 411), Stadt Marktleuthen

Gebäudedokumentation Bauaufnahme (2 Grundrisse, 1 Ansicht) im Maßstab 1:100 von B. H. Röttger aus dem Jahre 1953 und von Karl Bedal o. J.

Quellen und Literatur StA BA Grundsteuerkataster K 239 Nr. 468 I. – Kunstdenkmäler von Oberfranken, s. 132, 133. – Denkmäler 1986, S. 331.

Niederlamitz, Hauptstr. 3 (alte Hs.-Nr. 5, Fl.-Nr. 8), Stadt Kirchenlamitz

Gebäudedokumentation Bauaufnahme (2 Grundrisse, 1 Längsschnitt, 1 Querschnitt, 1 Ansicht) im Maßstab 1:50 von Karl Bedal aus dem Jahre 1937.

Quellen und Literatur StA BA Grundsteuerkataster K 239 Nr. 498. – Kunstdenkmäler von Oberfranken, S. 204. – Archiv des Bayerischen Landesamtes für Denkmalpflege, Außenstelle Schloß Seehof. – Denkmäler 1986, S. 329.

Schönwald, Ellweg 6 (alte Hs.-Nr. 46, Fl.-Nr. 136), Stadt Schönwald

Gebäudedokumentation Bauaufnahme (1 Grundriß, 1 Querschnitt, 1 Ansicht) im Maßstab 1:50 von Konrad Bedal aus dem Jahre 1968.

Quellen und Literatur StA BA Grundsteuerkataster K 233 Nr. 211 I.

Anmerkungen zu Kapitel: Bauberatung
(Helmut Gebhard)

1 Helmut Gebhard: Das bauliche Erbe als Herausforderung an das Bauen im ländlichen Raum. In: Das Dorf im Wandel, Deutsches Nationalkomitee für Denkmalschutz. Dokumentation der internationalen Tagung im Rahmen der »Europäischen Kampagne für den ländlichen Raum 1987/88«, Merdingen/Tuniberg 16.–19. Mai 1988, S. 16 und 30.

2 Peter Jurcek/Isolde Roch/Richard Mundial: Grenzüberschreitendes Entwicklungskonzept für das Dreiländereck Bayern – Böhmen – Sachsen. München, Dresden. Prag 1994, S. 183. – Erarbeitung eines Imagekonzeptes für die Gesamtregion.

3 Peter Zimmer: Bausteine des Tourismus, Neue Wege der Planung bis zur Umsetzung, SZ v. 9. Nov. 1994, S. 55: »die Vorteile eines ›offenen Forums‹ und auch der Zukunftswerkstätten liegen auf der Hand. Aktive Bürgerbeteiligung, ... breite Basis zur Formulierung eines Leitbildes mit ganzheitlichem Anspruch, das auch schwachen Regionen zu selbstbewußter Stärke und eigenständigem Profil verhilft.«

4 Ludwig Neck: Dorfentwicklung ohne Dogma. In: Holger Magel/Alfred Winter: Was braucht das Dorf der Zukunft. Salzburg 1988, S. 94–103.

5 Hellmut Albrecht/Manfred Kolles: Ländliches Bauen. In: Unser Dorf. Bamberg 1991, S. 41.

6 Norbert Huse: Denkmalpflege und Heimatschutz. München 1984, S. 150–160.

7 Bernward Dennecke: Volkstümliche Heimatkunst. In: Ingolf Bauer: Möbel aus Franken. Oberflächen und Hintergründe. München 1991, S. 98–106.

8 Bernward Dennecke: Europäische Volkskunst. Frankfurt/Main 1980, S. 11–23.

9 Bernward Dennecke: Germanisches Nationalmuseum Nürnberg, Abteilung Volkskunst. München 1979, S. 4–6.

10 Helmut Gebhard: Besser Bauen im Alltag. München 1982.

11 Karl Ganser/Klaus Wermker: Kulturlandschaftspflege, Industrielandschaft und Identität. In: Garten und Landschaft 7/994, S. 29–34.

12 Konrad Goppel: Arbeiten, wo andere Urlaub machen Ausstellung, Geborgenheit und Weite im Europa der Regionen Kronach, ein Landkreis in Bayern Bamberg 1994, S. 7–9. – »Es geht um die Profilierung des Landkreises als Wirtschafts-, Kultur-, Wohn- und Fremdenverkehrsstandort. Will man sich selbstbewußt nach außen darstellen, dann bedarf es des Bewußtseins der eigenen Qualitäten, der inneren Identifikation mit dem eigenen Raum«.

13 Hans Busse v. Busse und Partner, Architekten BDA. Bauanlage integriertes Parkhaus, Altstadtsanierung Coburg.

14 Otto Steidle und Partner, Architekten BDA, Bauanlage integriertes Parkhaus, Altstadtsanierung Marktredwitz.

15 Grete Mayer Ehlers: Wohnung und Familie. Stuttgart 1968, S. 13–17.

16 Helmut Gebhard: Wertvorstellungen als Elemente der Planung. In: Stadtbauwelt Berlin 1968, S. 1278, S. auch in Gerd Albers: Papugeorgiou Venetas: Stadtplanung, Entwicklungslinien 1945–1980. Tübingen 1984, S. 342, 418, 650.

17 Vgl. Wertermittlungsverordnung v. 15. August 1972, Teil IV, Sachwertverfahren § 15–19.

18 Wie Anm. 16.

19 Gottfried Korff: Kultur. In: Hermann Bausinger: Grundzüge der Volkskunde. Darmstadt 1978, S. 63–80.

20 Friedrich Klemm: Zur Kulturgeschichte der Technik, München 1992, S. 59–75.

21 Glenn Gould: Schriften zur Musik. München 1992, S. 152.

Literaturverzeichnis

Angerer, Fritz: Die bäuerlichen Sandsteinbauten des Bayreuther Umlandes und ihre Fassadengestaltung. In: Schönere Heimat 76 (1987), Heft 3, S. 129–135.

Bach, Michael: Dachziegel. Herstellung, Formbildung, Erhaltung. Abschlußarbeit im Aufbaustudium Denkmalpflege. Bamberg 1986/87.

Bauen in Oberfranken (BDA in Bayern). Kronach 1993.

Bauer, Heinrich: Geschichte der Stadt Pegnitz und des Pegnitzer Bezirks. Pegnitz 1938.

Bauer, Ingolf (Hg.): Möbel aus Franken. Katalog der Gemeinschaftsausstellung des Bayerischen Nationalmuseums und des Germanischen Nationalmuseums Nürnberg. München 1991.

Bauernhaus im Deutschen Reiche und in seinen Grenzgebieten, Das. 2 Teile. Hannover 1906.

Baumgarten, Karl: Das deutsche Bauernhaus. 2. Aufl., Berlin 1985.

Bausinger, Hermann (Hg.): Grundzüge der Volkskunde. Darmstadt 1978.

Bavaria. Landes- und Volkskunde des Königreichs Bayern. Bd. 3, Teil 1: Oberfranken. München 1865.

Bedal, Karl: Exkursionsberichte. In: Bericht über die Tagung des Arbeitskreises für deutsche Hausforschung in Bayreuth. Münster 1968.
– Die Feuerstellen im Bauernhaus des Fichtelgebirges. In: Bayerisches Jahrbuch für Volkskunde 1955, S. 23–29.
– Forschungsstand und Probleme ostoberfränkischer Hausforschung. In: Archiv für Geschichte von Oberfranken 39 (1959), S. 64–96.
– Haus und Hof im Fichtelgebirge und Frankenwald. Hof 1975.

Bedal, Konrad: Bäuerliche und bürgerliche Wohnkultur Nordostbayerns in Inventaren des 16. und 17. Jahrhunderts. In: Wiegelmann, Günther (Hg.): Kulturelle Stadt-Land-Beziehungen in der Neuzeit. Münster 1978, S. 186.
– Fachwerk in Franken. Hof 1980.
– Fachwerk vor 1600 in Franken. Bad Windsheim 1990.
– Häuser ganz von Holz. Zum Blockbau in Franken, seiner Verbreitung und Bedeutung. In: Franken unter einem Dach 11 (1988), S. 16–32.
– Ofen und Herd im Bauernhaus Nordostbayerns. München 1972.

Breuer, Tilmann: Stadt und Landkreis Forchheim (Bayerische Kunstdenkmale 12). München 1961.
– Landkreis Lichtenfels (Bayerische Kunstdenkmale 16). München 1962.
– Landkreis Kronach (Bayerische Kunstdenkmale 19). München 1964.

Brix, Michael und Lippert, Karl-Ludwig: Ehemaliger Landkreis Rehau und Stadt Selb (Bayerische Kunstdenkmale 34). München 1974.

Brückner, Georg: Das nordfränkische Bauernhaus. In: Globus Bd. 7. Hildburghausen 1865, S. 59–63.

Bundschuh, J. K.: Geographisches Statistisch-Topographisches Lexikon von Franken, 6 Bde. Ulm 1799–1802.

Busse, Hans-Busso von: Der Anspruch auf Baukultur als Selbstverständnis der Region. In: Bauen in Oberfranken. Kronach 1993, S. 19–21.

Clöter, Florian: Das Trocknen und Dörren mit erhitzter Luft. Hof 1837.

Cramer, Johannes: Handwerkshäuser in Bamberg. In: Bericht des Historischen Vereins Bamberg 124 (1988), S. 85–132.
– Handbuch der Bauaufnahme. Stuttgart 1984.

Dengler, H.: Die Heimarbeit des Frankenwaldes. Hof 1932.

Denkmäler in Bayern, hg. von Michael Petzet, Bd. 4: Oberfranken. München 1986.

Denecke, Bernward: Europäische Volkskunst, Frankfurt/Main 1980.
– Volkstümliche Heimatkunst. In: Bauer, Ingolf (Hg.): Möbel aus Franken. München 1991, S. 98–106.

Dörfler, Hans gen. Six: Aus der Geschichte der Landwirtschaft von Oberfranken, 4 Bde. Bayreuth 1962–1965.

Dorf, Das. Seine Pflege und Gestaltung. München 1938.

Ellenberg, Heinz: Bauernhaus und Landschaft in ökologischer und historischer Sicht. Stuttgart 1990.

Erffa, Wolfram v.: Das Bürgerhaus im westlichen Oberfranken. (Das deutsche Bürgerhaus 27). Tübingen 1977.

Esterer, Rudolf: Heimatschutz und neue Baugesinnung (Schriften für Volksbildner 23). Wien 1929.

Ewald, Paulus: Geschichte der Pfarrei Plech und Umgegend. Bayreuth 1841.

Feilitzsch, Ludwig von: Oekonomisch praktische Bemerkungen über den Ackerbau. Hof 1802 (vor allem Teil 3: Von der Anlegung und Bauart der ländlichen Wohnungen und Wirtschaftsgebäude, S. 152–338).

Fentsch, Eduard: Haus und Wohnung. In: Bavaria. Bd. 3/1, Abt. Oberfranken. München 1865.

Fiedler, Alfred und Helbig, Jochen: Das Bauernhaus in Sachsen. Berlin 1967.

Gebessler, August: Stadt und Landkreis Bayreuth (Bayerische Kunstdenkmale 6). München 1958.
– Stadt und Landkreis Hof (Bayerische Kunstdenkmale 7). München 1960.
– Stadt und Landkreis Kulmbach (Bayerische Kunstdenkmale 3). München 1958.

Gebhard, Helmut: Das bauliche Erbe als Herausforderung an das Bauen im ländlichen Raum. In: Das Dorf im Wandel. Deutsches Nationalkomitee für Denkmalschutz. Dokumentation der internationalen Tagung im Rahmen der »Europäischen Kampagne für den ländlichen Raum 1987/88«. Merdingen/Tuniberg 1988.
– Besser Bauen im Alltag. München 1982.
– Dorfstrukturen, Einheit von Siedlungsgrundriß und Ortsbild. In: Schönere Heimat, Sonderheft 3, 1984, S. 3–64.
– Kultur im ländlichen Raum. In: Schönere Heimat, Sonderheft 9, 1993, S. 1–6.
– Welche Natur wollen wir schützen – aus der Sicht der Architektur. In: Bayerische Akademie der Wissenschaften. Rundgespräche der Kommission für Ökologie. München 1990, S. 45 ff.

– und **Bedal, Konrad** (Hgg.): Bauernhäuser in Bayern: Mittelfranken. München 1994 (Dokumentation, Bd. 1).

Gebhard, Torsten: Alte Bauernhäuser. München 1977.
– Ansätze zur wissenschaftlichen Hausforschung in Bayern in den dreißiger Jahren. In: Bewährtes bewahren – Neues gestalten. Festschrift für V. H. Pötzler. Liezen 1994, S. 63–70.
– Der Bauernhof in Bayern. München 1981.
– Landleben in Bayern in der guten alten Zeit. München 1986.
– Wegweiser zur Bauernhausforschung in Bayern (Bayerische Heimatforschung 11). München 1957.

Geremus, Wolfgang: Die Wiederaufbauformen des bäuerlichen Anwesens nach Ende des Dreißigjährigen Krieges (ca. 1650–1800), dargestellt am Untersuchungsgebiet des Landkreises Coburg. Braunschweig 1968.

Götz, Wilhelm: Geographisch-Historisches Handbuch von Bayern, Bd. 2. München 1898.

Goppel, Konrad: Arbeiten, wo andere Urlaub machen. Ausstellung »Geborgenheit und Weite im Europa der Regionen«. Bamberg 1994.

Großmann, Ulrich: Einführung in die historische Bauforschung. Darmstadt 1993.

Gunzelmann, Thomas: Die Kulturlandschaft um 1840. In: G. Dippold und J. Urban (Hgg.): Im Oberen Maintal, auf dem Jura, an Rodach und im Itzgrund. Landschaft, Geschichte, Kultur. Zum 150jährigen Jubiläum der Kreissparkasse Lichtenfels. Lichtenfels 1990, S. 60–100.

Habermehl, Georg: Schmuckformen an ländlichen Wohnbauten. Vielfalt architektonischer und figuraler Schmuckformen an ländlichen Wohnbauten im nördlichen Steigerwald. Magisterarbeit, Bamberg 1991.

Hähnel, Joachim: Spätmittelalterlicher Fachwerkbau in fränkischen Städten. Eine Bestandsaufnahme (Beiträge zur Hausforschung 4). Münster 1982.

Hänlein, A.: Zur Geschichte der Hausweberei im bayerischen Vogtland. In: Archiv für Geschichte und Altertumskunde von Oberfranken 23 (1905), Heft 1, S. 57–89.

Hart, Franz: Baukonstruktion. Stuttgart 1950.

Heidrich, Hermann: Wohnen im ländlichen Franken. In: Bauer, Ingolf (Hg.): Möbel aus Franken. München 1991, S. 139–142.

Heller, Hartmut: Die Peuplierungspolitik der Reichsritterschaft im Steigerwald. Erlangen 1971.

Hempel, Andreas: Anonyme Architektur und Ortsbild. In: Bauen in Oberfranken. Kronach 1993, S. 13–17.

Hermannsdörfer, Anke: Schieferbemalung im nördlichen Oberfranken. Abschlußarbeit im Aufbaustudium Denkmalpflege. Bamberg 1985/86.

Heydenreuther, Reinhard: Recht, Verfassung und Verwaltung in Bayern 1505–1946, Ausstellungskatalog des Bayerischen Hauptstaatsarchivs. München 1981.

Höhn, Alfred: Fachwerkbauten im Coburger Land. In: Jahrbuch der Coburger Landesstiftung 1977, S. 163–176.
– Fachwerkbauten in Franken. Würzburg 1980.

Hölzl, Franz: Verformungsgerechte Bauaufnahmen: Methoden, Zeitaufwand, Kosten (Arbeitshefte des Sonderforschungsbereichs 315, Heft 7). Karlsruhe 1987.

Hoferer, Rudolf: Dachdeckung des Bauernhauses in Bayern um 1810. In: Bayerischer Heimatschutz 31 (1935), S. 36–41.

Hofmann, Lothar: Das Gerätemuseum des Coburger Landes, Alte Schäferei Ahorn. In: Schönere Heimat 81 (1992) Heft 3, S. 135–142.

Huber, Bruno: Dendrochronologie. Handbuch der Mikroskopie in der Technik, Bd. 5, Teil I. Frankfurt a. Main 1970.

Huse, Norbert: Denkmalpflege und Heimatschutz. München 1984.
– Denkmalpflege, Vorstufen und Voraussetzungen: Alexander Markgraf zu Bayreuth »Landesväterliches Ausschreiben 1790«. München 1984.

Jäger, H.: Huben, Lehen, Güter und verwandte Einheiten in Franken. In: Zeitschrift für Agrargeschichte und Agrarsoziologie 22 (1974), S. 1–8.

Kästner, Friedrich: Die oberfränkische Handweberei. Bayreuth 1918.

Karlinger, Hans: Bezirksamt Ebern (Kunstdenkmäler des Königreichs Bayern, Oberfranken, 15). München 1916.

Kempf, Rudolf: Das Bauernhaus im nordöstlichen Bayern. In: Volkskunst und Volkskunde 1 (1903), S. 32–35.

Klemm, Friedrich: Zur Kulturgeschichte der Technik. München 1992.

Klöckner, Karl: Alte Fachwerkbauten. München 1981.

Knorr, Martin: Aus der Geschichte des Marktes Eggolsheim bis um 1850. Hg. von Benno Ochs Hirschaid 1993.

Korte, Michael H.: Neue Wege in der Bauforschung – das analytische Bauaufmaß mit EDV. In: Beiträge zur Denkmalkunde (Bayerisches Landesamt für Denkmalpflege, Arbeitsheft 56). München 1991, S. 145–155.

Kramer, Karl-S.: Volksleben im Fürstentum Ansbach und seinen Nachbargebieten (1500–1800). Würzburg 1961.
– Volksleben im Hochstift Bamberg und im Fürstentum Coburg (1500–1800). Würzburg 1967.

Kreilinger, Kilian und Waldemer Georg (Hgg.): Haus, Hof, Landschaft. Festschrift für Karl Bedal. Hof 1994.

Krünitz, Johann Georg: Ökonomisch-technologische Encyclopädie oder allgemeines System der Staats-, Stadt-, Haus- und Landwirtschaft, 242 Bde. Berlin 1782–1852.

Kupfer, Konrad: Geschichte des Dorfes Hausen. Forchheim 1956.

Lederer, Wilfried: Bauernmuseum Frensdorf/Landkreis Bamberg e. V. Führer durch das Museum. Bamberg 1987.

Lippert, Karl-Ludwig: Landkreis Naila (Bayerische Kunstdenkmale 17). München 1963.
– Landkreis Staffelstein (Bayerische Kunstdenkmale 28). München 1968.

Mader, Gert Thomas: Angewandte Bauforschung als Planungshilfe bei der Denkmalinstandsetzung. In: Erfassen und Dokumentieren (Schriftenreihe des Deutschen Nationalkomitees für Denkmalschutz 16). Stuttgart 1982, S. 37–53.
– Bauaufnahme als Forschungsmethode und Bestandsdokumentation des Denkmalpflegers. In: Arbeitshefte des Sonderforschungsbereiches 315 »Erhalten historisch bedeutsamer Bauwerke«, Universität Karlsruhe 17. Karlsruhe 1987, S. 44–70.

– Bauforschung und Denkmalpflege. In: Arbeitskreis Theorie und Lehre der Denkmalpflege e.V.: Dokumentation der Jahrestagung 1987 in Bamberg, Thema: Bauforschung und Denkmalpflege. Bamberg 1989, S. 11-31.
– Bauuntersuchung historischer Holzkonstruktionen. In: Arbeitshefte des Sonderforschungsbereiches 315 »Erhalten historisch bedeutsamer Bauwerke«, Universität Karlsruhe 8. Karlsruhe 1988, S. 36–57.

Magel, Holger und Winter, Alfred: Was braucht das Dorf der Zukunft. Salzburg 1988.
– Zukunftsperspektiven ländlicher Kulturarbeit. Salzburg 1993.

Motschmann, Josef: Es geht Schebbes ei. Vom Leben der Juden in einem fränkischen Dorf. Lichtenfels 1988.

Neu, Wilhelm: Das Frankenwaldhaus. In: 19. Bericht des Bayerischen Landesamtes für Denkmalpflege. München 1959, S. 85–91.

Petzet, Michael und Mader, Gert Thomas: Praktische Denkmalpflege. München 1993.

Pfeufer, Benignus: Beiträge zu Bambergs Topographischen und Statistischen so wohl älteren als auch neueren Geschichte. Bamberg 1791.

Pfistermeister, Ursula: Fachwerk in Franken. Nürnberg 1993.

Phleps, Hermann: Holzbaukunst. Der Holzbau. Karlsruhe 1942.

Pirson, Dietrich: Das Baurecht des fürstlichen Absolutismus im hohenzollernschen Franken. Düsseldorf 1961.

Pöttler, Viktor Herbert: Alte Volksarchitektur. Graz-Wien-Köln 1975.

Popp, Bertram: Bauweisen in Nordostoberfranken vor und nach den großen Bränden des 19. Jahrhunderts. In: Kreilinger, Kilian und Waldemer, Georg (Hgg.): Haus, Hof, Landschaft. Hof 1994, S. 107–121.
– Das Frackdach – Bemerkungen zu einer eigentümlichen Dachform. In: Franken unter einem Dach 15 (1993), S. 86–94.
– Von Flachsbrechhäusern und Dörröfen. In: Blätter vom Fichtelgebirge und Frankenwald 76 (1990), Nr. 7.

Rösner, Werner: Die Bauern in der europäischen Geschichte. München 1993.

Röttger, Bernhard Hermann: Landkreis Wunsiedel und Stadtkreis Marktredwitz (Die Kunstdenkmäler von Bayern, Oberfranken 1). München 1954.

Roppelt, Johann Baptist: Historisch-topographische Beschreibung des Kaiserlichen Hochstifts und Fürstenthums Bamberg. Nürnberg 1801.

Roth, Elisabeth: Historische Entwicklung der Region. In: Bauen in Oberfranken. Kronach 1993, S. 2–6.
– (Hg.): Oberfranken im 19. und 20. Jahrhundert. Bayreuth 1990.
– Häuser der Gärtner und Häcker. In: Bamberg – die Altstadt als Denkmal (Hg. Stadt Bamberg). München 1981, S. 41–47.

Roth, Hans: Aus den Anfängen des Bayerischen Landesvereins für Heimatpflege. In: Schönere Heimat 61 (1972), Heft 3, S. 235–238.
– Franz Zell und Gustav von Kahr. Zwei Wegbereiter der Heimatpflege in Bayern. In: Schönere Heimat 71 (1982), S. 520–527.

Sack, Manfred: Von der Utopie, dem guten Geschmack und der Kultur des Bauherrn. Bremen 1993.

Schädler, Alfred: Landkreis Pegnitz (Die Kunstdenkmäler von Bayern, Oberfranken 2). München 1961.

Schelter, Alfred: Denkmalpflege heute. In: Bauen in Oberfranken. Kronach 1993, S. 7–11.

Scherzer, Conrad: Die stamm- und landschaftsgebundenen Hausformen in Dorf und Stadt. In: Scherzer, Hans (Hg.): Gau Bayreuth – Land, Volk und Geschichte. München 1941, S. 405–454.

Schmeller, Johann Andreas: Bayerisches Wörterbuch. 3. Neudruck der Ausg. 1872–1877, Aalen 1974.

Schmidt, Wolf: Das Raumbuch. (Arbeitsheft des Bayerischen Landesamts für Denkmalpflege Nr. 44). München 1989.

Schmolitzky, Oskar: Das Bauernhaus in Thüringen. Berlin 1968.

Schneidawind, F. A.: Versuch einer statistischen Beschreibung des kaiserlichen Hochstifts Bamberg. Bamberg 1797.

Schnelle, Martin: Die Verbreitung des Umgebindehauses in Sachsen und seinen Grenzgebieten. In: Mitteldeutsche Blätter für Volkskunde 1934, Heft 3, S. 80–83.

Schreiber, Willi: Wann die Unterthanen Häußer bauen… 1754 (Heimatkundliches Jahrbuch des Landkreises Kronach 9). Kronach 1981.

Schuster, Anton: Bamberg als Bierstadt. In: Bamberger Stadt- und Landkalender 1921, S. 81–90.

Schwemmer, Gottlieb: Fränkische Baufibel. Feuchtwangen 1934.

Seebach, Birgit: Schmuckformen an Sandsteinhäusern im Bayreuther Umland. Diplomarbeit. Bamberg 1982.

Seuling, Margrit: Die Schieferverkleidungen im Landkreis Kronach unter besonderer Berücksichtigung ihrer Schmuckformen. Magisterarbeit, Bamberg 1991.

Stark, Heinz: Zur Geschichte des Marktes Plech. (Mitteilungen der Altnürnberger Landschaft e.V., Sonderheft 42). Simmeldorf 1994.

Struve, Emil: Die Entwicklung des Bayerischen Braugewerbes im 19. Jahrhundert. In: Staats- und Socialwissenschaftliche Forschungen, hg. von Gustav Schmoller, Bd. 12 (1893), Heft 1, S. 1–291 (Reprint Bad Feilnbach, 1990).

Stumpf, Pleickhard: Bayern. Ein geographisch-statistisch-historisches Handbuch des Königreiches, 2 Teile. München 1853.

Teufel, Richard: Bau- und Kunstdenkmäler im Landkreis Coburg. Coburg 1956.

Topographisch-statistisches Handbuch des Königreichs Bayern. München 1876.

Tröger, Ottokarl: Brauwirtschaft und Kommunbrauwesen in Oberfranken. Selb-Oberweißenbach 1983.

Unser Dorf. Dorferneuerung und ländliches Bauen in Oberfranken. Hg. von der Regierung von Oberfranken und der Direktion für ländliche Entwicklung. Bamberg 1991.

Voit, Johann Michael: Handbuch der landwirtschaftlichen Baukunst, 2 Teile. München 1817.

Voit, Otto: Das Fachwerk in der Fränkischen Schweiz. Erlangen 1991.

– Fachwerke der Fränkischen Schweiz. Musterhäuser im Landkreis Forchheim. In: Schönere Heimat 79 (1990), Heft 2, S. 83–87.

Vorherr, Gustav: Ueber die Anforderung, neu entstehende isolierte Gebäude mit Ziegeln zu decken und vom Grunde heraus zu mauern. In: Monatsblatt für Bauwesen und Landesverschönerung, 4. Jg. (1824), Nr. 7, S. 33–38.

Waldemer, Georg: Bauen auf dem Land zwischen Tradition und Innovation im alten Bayern. In: Forschungen zur historischen Volkskultur (Beiträge zur Volkstumsforschung 26). München 1989, S. 45–62.

– Hausforschung in Bayern. Ein Literaturbericht zur Dokumentation ländlicher Bauten. In: Siedlungsforschung – Archäologie – Geschichte – Geographie 5 (1987), S. 235–250.

Wangerin, Gerda: Bauaufnahmen. Grundlagen, Methoden, Darstellung. Braunschweig/Wiesbaden 1992.

Wege der Volkskunde in Bayern. Ein Handbuch. Hg. von Edgar Harvolk (Beiträge zur Volkstumsforschung 22, zugleich Veröffentlichungen zur Volkskunde und Kulturgeschichte 25). München/Würzburg 1987.

Weiß, Hildegard: Historischer Atlas von Bayern, Teil Franken. Stadt- und Landkreis Bamberg. München 1974.

Weizsäcker, Carl Friedrich: Der Mensch und seine Geschichte. München 1991.

Winkler, Bernd: Das Bierbrauen in Kulmbach. Kulmbach 1987.

Zeh, Ernst: Heimatkunde des bayrischen Bezirksamtes Rehau. Rehau 1919.

Ortsverzeichnis

Das folgende Ortsverzeichnis gliedert sich in zwei Teile: Zunächst sind die Hausbeispiele des dokumentarischen Teils aufgeführt, und zwar in der Reihenfolge ihres Erscheinens und mit den Orten innerhalb der einzelnen Landkreise. Danach folgt ein Register aller im Buch erwähnten Orte, Gemeinden und Städte (einschließlich der Hausbeispiele), diesmal in alphabetischer Ordnung.

Planernachweis

Im Kapitel Bauberatung werden für die Sanierungen oder Neubauten die Architekten genannt.

Jugendheim Effelter Mühle, Gemeinde Wilhelmsthal: Prof. Georg Küttinger / Arch. Ingrid Küttinger, München, Arch. Hubert Peter, Gauting
Dörfles, Gemeinde Meinleus: Arch. Dr. Ing. Friedhelm Amslinger, München
Kottersreuth, Gemeinde Goldkronach: Arch. K. Ludwig, Bayreuth
Gablerhof, Stadt Bayreuth: Arch. Hereth und Süss, Bayreuth
Schwürz, Gemeinde Creussen: Arch. Uwe Jannsen, Speichersdorf
Großweiglareuth, Gemeinde Bindlach: Arch. Uwe Jannsen, Speichersdorf
Wohnhaus Weitramsdorf: Prof. A. Grünig, Weitramsdorf
Hausgruppe Poppenreuth, Stadt Fürth: Arch. Güthlein / Kress / Johannes, Erlangen
Jugenddorf Martinsberg, Stadt Naila: Arch. Büro v. Busse und Partner, München

Bildnachweis

Die Vorlagen für die Abbildungen des Bandes haben die im folgenden genannten Leihgeber aus ihren Archiven zur Verfügung gestellt. Die Zeichnungen wurden im wesentlichen vom Lehrstuhl für Entwerfen und ländliches Bauwesen, TU München und dem Architekturbüro Gebhard angefertigt.

Hellmut Albrecht, Bayreuth: 15 m, 185 u., 185 o., 363, 364 u., 373, 375, 376, 377, 379, 381, 383, 384, 385.
Friedhelm Amslinger, München: 365, 366.
Architekturbüro Busse & Partner: 390 o., 392 o.
Architektburbüro H. Gebhard (Klaus Beutler, Stephan Feldmaier, Markus Schmidt), München: Gebäudemerkmale für die Bauberatung S. 127–386; Zeichnungen Bauberatung S. 351–386.
Archiv des bayerischen Landesvereins für Heimatpflege: 13, 17.
Archiv zur Hausforschung des Institut für Völkerkunde, München: 55 o. m., 56, 57, 60 o., 61 u., 61 l., 64 l., 65 l., 75 u., 76 u., 77, 85 o., 88, 193 (W. Neu), 198, 249, 260, 321, 331, 333, 387 l. (W. Neu).
Archiv Landesbildstelle Nordbayern, Bayreuth: 27, 43 u., 45 o., 48, 49.
Archiv des Oberfränkischen Bauernhofmuseums, Kleinlosnitz: 55 u., 58, 59, 60 u. 62 r., 64 r. (König) 65 r. (Bedal), 66 l. o., 66 u., 68 l., 69 u. (König), 74 o., 76 o., 78 o., 87 o., (Rosenbusch), 87 u. 90, 92 u., 93, 100, 136, 140, 155, 159, 161, 166 o., 169 (Popp), 177, 197 (Sänger), 205 (Sänger), 230 (Rühl), 243, 245, 256 u., 257, 297, 299, 301, 310, 329 (van Effa), 345, 346.
Archiv des Hochbauamtes Nürnberg/Dr. Nagel, Nürnberg: 68 r., 69 o., 76 m.
Peter Bäumel: 31
Bayerisches Landesamt für Denkmalpflege, München: 28 u., 43 o., 44, 45 u., 46 u., 51 (alle K. Leidorf), 117 (S. Mühlbauer), 137, 139 (van Beek), 287, 288.
Bayerisches Landesamt für Denkmalpflege, Seehof: 285, 286, 322.
Karl Bedal, Hof: 71, 83 o. m., 272 u., 280.
Konrad Bedal, Bad Windsheim: 74 u., 101, 131, 135, 146, 246, 249, 250, 263, 267, 273, 339, 342, 349.
Konrad Fischer, Michelau-Schwürbitz: 307.
Fränkisches Freilandmuseum, Bad Windsheim: 305 (H. Heidrich).
U. Gaasch: 227, 229.
Franz Grammling: 289.
Thomas Gunzelmann, Bamberg: 21, 22, 25, 28 o., 36, 96, 109 u.
Helmut Jahn, Bayreuth: 125 o.
Küffner: 171.
Georg Küttinger, München: 364 o.
Landesstelle für Nichtstaatliche Museen in Bayern: 194.
G. Lang: 151, 153.
Lehrstuhl für Entwerfen und ländliches Bauwesen TU München, Prof. M. Reichenbach-Klinke, wiss. Ass. Vinzenz Dufter (Mitarbeiter: Ursula Bauer, Tobias Brand, Dieter Eck, Marion Fehmi, Judith Hahn, Dörthe Krause, Birgit Koch, Ulrike Pässl, Thomas Schlierbach, Susanne Veit), München: Zeichnungen Hausbeispiele 99, 103, 106, 108 u., 121, 127–350.
Ludwig Menner, München: 367.
Alfons Mörtl: 145, 181, 183, 186, 206, 217, 220, 221, 223, 224, 225, 231, 233, 238, 240.
Josef Motschmann: 317.
Löwen-Restaurierung Müller GmbH, Erlenbach: 117 o., 122 r.
Bertram Popp, Kleinlosnitz: 15 o., 18 o., 61 o., 62 u., 64 u., 66 r. o., 67, 75 o., 83 u. 84, 85 u., 166 u., 175, 239, 255, 256 o., 271 m., 277 o., 296, 313, hinteres Umschlagbild.
Herrmann Reichmann, München: vordere Umschlagseite, 10, 11, 14, 18 u., 111, 112, 113, 184 m. u., 185 m. u.,188, 208, 270, 271 o. u., 295, 311, 325, 377 u., 361, 388, 390 u.
Christiane Reichert, Bamberg: 98, 105, 107, 109 o.
Georg Schmidt, Plech: 50.
Adolf Schoder: 207.

Margret Seuling, Bamberg: 176, 290, 291, 293, 298, 306,312, 315 o., 335, 336, 341.
Staatsarchiv Bamberg: 70, 78 u., 79, 81, 81, 91, 92 o., 97, 118.
Staatsbibliothek Bamberg: 56 o.
Staatliches Vermessungsamt Forchheim: 46 o.
Stadtarchiv Coburg: 178 (F. Höch), 203, 214 (A. Gruner), 387 r.
Stadtarchiv Lichtenfels: 24.
Heinz Stark, Plech: 115, 122 l., 124, 125 u., 172.
Gemeinde Weitramsdorf: 211.

Danksagung

Die Herausgeber dieser Dokumentation danken besonders für wissenschaftliche Beratung und Unterstützung und für die Bereitstellung von Plan- und Bildmaterial:

Univ.-Prof. Dr.-Ing. Gerd Albers, München

Ltd. Baudirektor Hellmut Albrecht, Bayreuth

Hauptkonservator Dr. Ingolf Bauer, München

Karl Bedal, Hof

Museumsleiter Prof. Dr. Konrad Bedal, Bad Windsheim

Generalkonservator a. D. Prof. Dr. rer. techn. Torsten Gebhard

Oberkonservator Dr. Karl-Heinz Betz, Bamberg

Oberkonservator Dr. Annette Faber, Bamberg

Dr. Wolfgang Geremus, Gauting

Dr. Egon Johannes Greipl M. A., Regensburg

Lothar Hofmann, M. A., Ahorn

Hanns Iacob, M. A., Bergnersreuth

Dipl.-Ing. (FH) Architekt Manfred Kolles

Oberkonservator Dr. Kilian Kreillinger, München

Archivdirektor Prof. Dr. Franz Machilek, Bamberg

Hauptkonservator Dr.-Ing. Gerd Mader, München

Architekturbüro Meggendorfer & Ochs, Neunkirchen am Brand

Hauptkonservator Dr. Manfred Mosel, München

Hauptkonservator Dr. Peter Pause, Bamberg

Dipl.-Ing. Regierungsbaumeister Architekt Christian Prechter, Harburg

Geschäftsführer Hans Roth, München

Hauptkonservator Dr. Alfred Schelter, Bamberg

Oberkonservator Dr. Wolf Schmidt, Bamberg

Kreisheimatpfleger Otto Voit, Forchheim

Georg Waldemer, München

Stellv. Geschäftsführer Martin Wölzmüller, München

Siglinde Wuillemet M. A., München

Dipl.-Ing. Architekt Richard Zühlcke Bindlach

Die Gemeinschaftsarbeit dieser Dokumentation verdankt ihre Entstehung einer großen Zahl von Mitarbeitern, Beratern und unterstützenden Institutionen:

Beteiligte Geschäftsbereiche und Institutionen:

Bayer. Staatsministerium für Ernährung, Landwirtschaft und Forsten (federführend zuständig für das 5b-Programm der EU und Herausgeber der Dokumentation)

Bayerischer Landesverein für Heimatpflege e. V. (Mitherausgeber der Dokumentation und federführend für das Autorenteam)

Bayer. Staatsministerium des Innern

Bayer. Staatsministerium für Unterricht, Kultus, Wissenschaft und Kunst

Regierung von Oberfranken, Bayreuth

Technische Universität München

Bezirksheimatpflege von Oberfranken, Bayreuth

Bayerisches Nationalmuseum München

Staatsarchiv Bamberg

Staatsarchiv Nürnberg

Bayer. Landesamt für Denkmalpflege, München sowie Außenstelle Seehof, Memmelsdorf bei Bamberg

Landesstelle für die Nichtstaatlichen Museen, München

Institut für Volkskunde der Kommission für bayer. Landesgeschichte bei der Bayer. Akademie der Wissenschaften, München

Zweckverband Oberfränkisches Bauernhofmuseum Kleinlosnitz

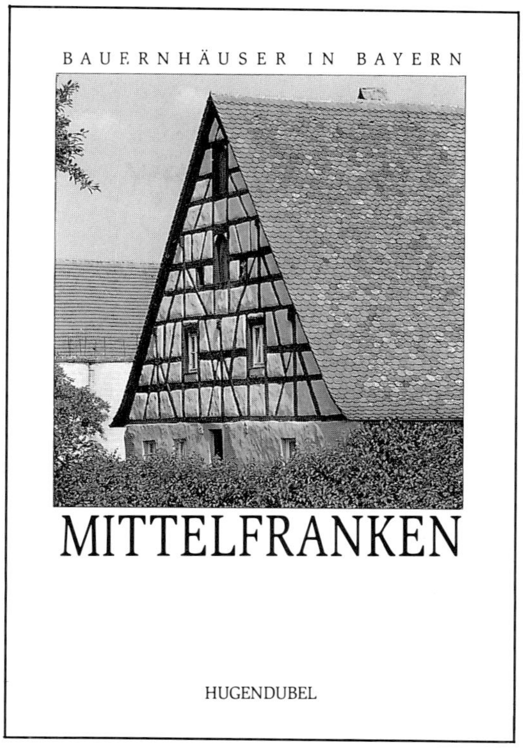

Bauernhäuser in Bayern

Mittelfranken

Herausgegeben vom Bayerischen Staatsministerium für Ernährung, Landwirtschaft und Forsten und dem Bayerischen Landesverein für Heimatpflege e. V.

400 Seiten mit 60 Farbfotos und über 700 weiteren Abbildungen

Der erste Band der Reihe »Bauernhäuser in Bayern« dokumentiert die Schönheit und konstruktiven Grundlagen von Bauernhöfen in Mittelfranken. Sowohl die wissenschaftliche Fachwelt als auch Leser ohne spezielle Vorkenntnisse können anhand der über 700 Abbildungen, Baupläne und Grundrisse und der 60 ausgewählten Hausbeispiele die Entwicklungsgeschichte, die kulturhistorischen und siedlungsgeschichtlichen Grundlagen und die bauliche Gestaltung der Bauernhöfe ihrer Region nachvollziehen. Für zukünftiges Bauen und Sanierungen weist der Band Perspektiven und bietet eine ausgezeichnete Grundlage für die Bauberatung.

Weitere Bände in Vorbereitung:

Niederbayern
Oberpfalz
Unterfranken

Heinrich Hugendubel Verlag